W0255764

Informatik Fachberichte 108

Herausgegeben von W. Brauer
Im Auftrag der Gesellschaft für Informatik (GI)

GI/OCG/ÖGI-Jahrestagung 1985

Wirtschaftsuniversität Wien
Übersichtsbeiträge und Fachgespräche
zu den Themenschwerpunkten
Softwaretechnologie/Standardsoftware/
Büroautomation/Bildschirmtext

Herausgegeben von Hans Robert Hansen

Springer-Verlag
Berlin Heidelberg New York Tokyo

Herausgeber
Hans Robert Hansen
Wirtschaftsuniversität Wien
Augasse 2-6, A-1090 Wien

CR Subject Classifications (1982): D.2, H.4, H.4.1, H.4.3, C.2

ISBN-13:978-3-540-15697-0 e-ISBN-13:978-3-642-70639-4
DOI: 10.1007/978-3-642-70639-4

2145/3140-543210

Vorwort

Die deutsche Gesellschaft für Informatik (GI), die Österreichische Computer Gesellschaft (OCG) und die Österreichische Gesellschaft für Informatik (ÖGI) veranstalten gemeinsam ihre Jahrestagung 1985 an der Wirtschaftsuniversität Wien.

Themenschwerpunkte sind

Softwaretechnologie / Standardsoftware / Büroautomation / Bildschirmtext,

wobei Anwendungsfragen, insbesondere auch ökonomische Aspekte, im Vordergrund stehen.

Das Programm der Tagung besteht aus eingeladenen Übersichtsbeiträgen (16. September 1985) und neun eintägigen Fachgesprächen (17. bis 19. September 1985), von denen jeweils drei parallel abgehalten werden. An jedem dieser drei Tage wird ferner ein Fortbildungsseminar (Tutorium) durchgeführt. Zwei öffentliche Gastvorträge behandeln Zukunftsaspekte der Informatik im Büro und in der Gesellschaft. Im Rahmen eines Industrieprogramms stellen österreichische Computerhersteller neue Produkte und Verfahren auf dem Gebiet der Informatik vor (Ausstellung und Herstellervorträge).

Der vorliegende Tagungsband enthält die Übersichts- und Gastvorträge sowie die ausgewählten Beiträge zu den Fachgesprächen.

Die Auswahl der Fachbeiträge erfolgte durch spezielle Programmkomitees, deren Mitglieder jeweils bei der Einführung in die Thematik der einzelnen Fachgespräche genannt sind. Die Einführungen wurden von den Vorsitzenden der speziellen Programmkomitees geschrieben.

Ihnen und den Mitgliedern des allgemeinen Programmkomitees sei für die gute und hilfreiche Zusammenarbeit an dieser Stelle vielmals gedankt. Weil die Informatik-Jahrestagung 1985 erstmals an einer "Anwendungshochschule" stattfindet, die über keine eigene Informatik-Fakultät verfügt, mußte ein großer Teil der wissenschaftlichen Vorbereitungsarbeit von den genannten Kolleginnen und Kollegen getragen werden. Daß dies ehrenamtlich geschah, d.h. daß sogar die Reisespesen zu den Programmkomiteesitzungen, zur Jahrestagung und die Tagungsgebühren selbst von den Programmkomiteemitgliedern zu finanzieren waren, soll hier nicht unerwähnt bleiben.

Letzteres trifft auch für die Referenten zu. Ihnen sei für die interessanten, wissenschaftlich fundierten Beiträge sowie ihre Termintreue bei der Einreichung der Manuskripte gedankt.

Bei insgesamt 87 Vorträgen wurden nur in vier Fällen die schriftlichen Fassungen nicht rechtzeitig für die Veröffentlichung zum Tagungszeitpunkt eingereicht.

Die ganze Last der organisatorisch-technischen Vorbereitungen, die bisher üblicherweise im Rahmen eines Organisationskomitees auf die Hochschullehrer einer gesamten Informatik-Fakultät verteilt wurde, mußte allein von Frau Lore Alkier getragen werden. Ihr gilt mein ganz besonderer Dank für ihre selbständige, ideenreiche, effiziente und überaus erfolgreiche Tätigkeit.

Auch meinen anderen Mitarbeitern an der Abteilung Wirtschaftsinformatik der Wirtschaftsuniversität Wien, die sich tatkräftig bei der Tagungsdurchführung engagiert haben, danke ich auf diesem Wege.

Schließlich habe ich im Namen der veranstaltenden wissenschaftlichen Vereinigungen einer Vielzahl von Firmen sowie der Wirtschaftsuniversität Wien zu danken, welche die Tagung finanziell oder durch Sachspenden unterstützt haben.

Wien, im August 1985

Hans Robert Hansen
(Tagungsleiter)

Ehrenschutz

Heinz Fischer
(Bundesminister für Wissenschaft und Forschung der Republik Österreich)

Heinz Riesenhuber
(Bundesminister für Forschung und Technologie der Bundesrepublik Deutschland)

Helmut Zilk
(Bürgermeister der Stadt Wien)

Allgemeines Programmkomitee

W. Barth (Technische Universität Wien)
H. Biller (Siemens, München)
H.R. Hansen (Wirtschaftsuniversität Wien)
H. Kerner (Technische Universität Wien)
H. Krallmann (Technische Universität Berlin)
D. Krönig (Dornier, Friedrichshafen)
F. Margulies (IFAC-Sekretariat, Laxenburg)
H. Maurer (Technische Universität Graz)
A. Schulz (Universität Linz)
O. Spaniol (RWTH Aachen)
W. Wahlster (Universität Saarbrücken)
K. Wenke (Wenke Informatik, Achim)

INHALTSVERZEICHNIS

Übersichtsbeiträge

Fachgespräch 1: Requirements Engineering und Projektmanagement

Fachgespräch 2: Bürokommunikation

Fachgespräch 3: Graphische Datenverarbeitung - Sprachen und Systeme

Nachträglich eingegangene Beiträge:

Übersichtsbeiträge

REQUIREMENTS ENGINEERING IN GROSSEN PROJEKTEN

Übersichtsbeitrag zum Fachgespräch

"Requirements Engineering und Projektmanagement"

H. Morgenbrod

Siemens AG

München

1. Das Problemfeld

Die Realisierung umfangreicher Softwaresysteme ist zunehmend mit technischen und wirtschaftlichen Risiken verbunden. Gründe hierfür sind die Komplexität der zu lösenden Aufgabe (Funktionsvielfalt, Funktionsverknüpfung), die Unklarheit der Zielvorgaben und Kommunikationsprobleme.

Die drei Problemfelder sind nicht unabhängig voneinander: je komplexer eine Aufgabe ist, desto schwieriger wird es sein, sie genau und vollständig zu beschreiben. Die Beherrschung der Komplexität zwingt zu einer Arbeitsteilung der an der Beschreibung der Aufgabe Beteiligten. Diese Arbeitsteilung zieht eine Spezialisierung nach sich, die als Folge ein Auftreten von Verständigungsproblemen und damit Kommunikationsschwierigkeiten mit sich bringt [MOR85, S. 170].
Zur Beherrschung der Komplexität verfolgt man seit Jahren zwei sich ergänzende Lösungsansätze: den Managementansatz und den analytisch-kommunikativen Ansatz. Der Managementansatz beinhaltet vor allem die Anwendung der Prinzipien des Projektmanagements, der Planung, Strukturierung und Kontrolle. Der analytisch-kommunikative Ansatz umfaßt Methoden und Verfahren zur Problemanalyse, insbesondere durch die Bereitstellung geeigneter Beschreibungstechniken, die die zwischenmenschliche Kommunikation verbessern. Diese Beschreibungstechniken müssen für alle am Problem- bzw. Aufgabendefinitionsprozeß Beteiligten verständlich und akzeptabel sein. Angesichts der an der Formulierung beteiligten Personengruppen wird diese Forderung schwer zu erfüllen sein (Bild 1).

Die Personengruppen bedienen sich sehr unterschiedlicher Problemlösungsmittel [NIE83]. Darüber hinaus sind auch die mit der Definition verbundenen Ziele sehr verschieden. Die Definition, also die modellhafte Beschreibung des Zielsystems, bedeutet für die Nutzergruppen vor allem die Bewältigung einer Abstraktionsaufgabe [BUD83]: ausgehend von Wünschen und Vorstellungen müssen Funktionen formuliert werden. Relativ vage Ideen über das Zielsystem müssen präzisiert werden. Für die Nutzergruppe selbstverständliche Fakten, Sachverhalte und Zusammenhänge dürfen nicht als der technischen Gruppe bekannt vorausgesetzt werden, sondern müssen objektiv, d.h. standpunktunabhängig formuliert werden.

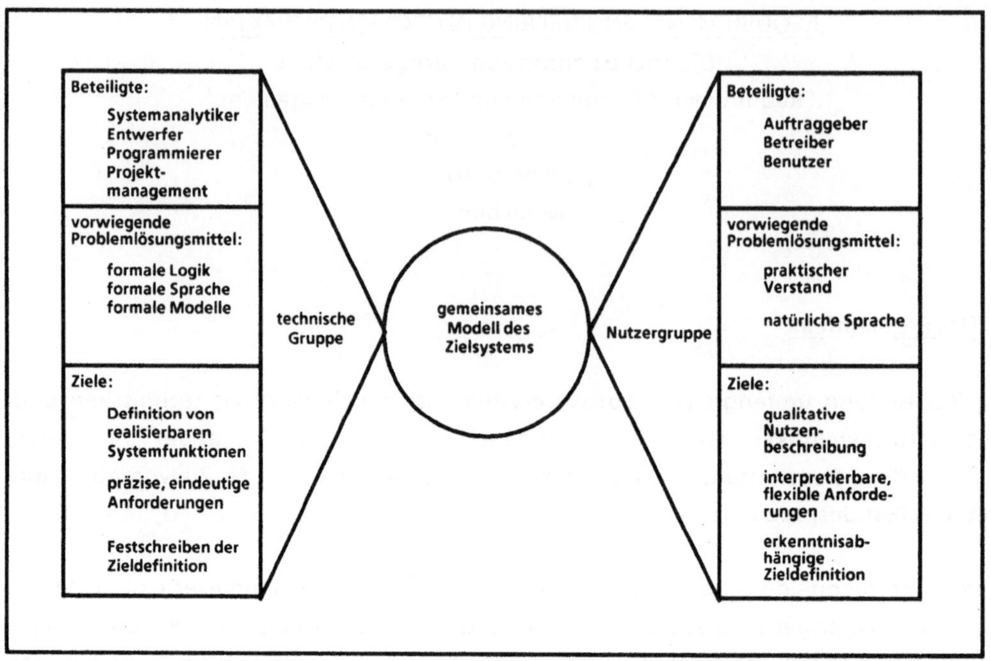

Bild 1: Charakteristika der an der Aufgabendefinition Beteiligten

Es darf auch nicht verkannt werden, daß die von der jeweiligen Gruppe bei der Aufgabendefinition mehr oder weniger bewußt angewandten Prinzipien bzw. methodischen Grundlagen sehr unterschiedlich sind. Hier steht dem Prinzip der Abstraktion auf der Seite der technischen Gruppe die Konkretisierung auf seiten der Nutzergruppe gegenüber. Dekomposition - also das Zerlegen in Teilkomplexe - bei der einen Gruppe steht im Gegensatz zu der ganzheitlichen Sicht bei der anderen. Hierarchisierung, d.h. eine Strukturierung mit dem Ziel einer Rangordnung, steht im Gegensatz zum Prinzip der Gleichwertigkeit. Während die technische Gruppe eine Modularisierung verfolgt - also die Bildung von Funktionsbündeln -, sieht die Nutzergruppe eher eine Reihung von nicht zusammengehörenden Einzelfunktionen. Dem Bestreben nach Standardisierung, d.h. dem Durchsetzen von allgemein akzeptierten Normen, steht die Betonung spezieller Eigenheiten gegenüber.

In den klassischen Hardware-Disziplinen greift man auf konkrete Modelle oder Prototypen zurück: nicht nur um Machbarkeitsüberlegungen anstellen zu können, sondern auch um Systemrealisierungen nicht auf Basis unvollständiger Information beginnen zu müssen. Auch bei Software-Systemen geht der Trend zur Verwendung von Prototypen. Mit Hilfe einer vorläufigen und in der Regel unvollständigen Version des Zielsystems können Teilleistungen demonstriert und damit Anforderungen präzisiert werden. Allerdings sind solche Prototypen immer nur Teillösungen und können daher nicht als geeignetes Mittel zur völligen Klärung der Zielvorgaben betrachtet werden.

Technische Leistungen sind meistens das Ergebnis einer Kooperation. Zusammenarbeit setzt allerdings Kommunikation voraus. Fachwissen und technisches Wissen werden aber von sehr unterschiedlichen Personengruppen repräsentiert. Eine problemlose Kommunikation wird eher die Ausnahme sein. Die inhärente Mehrdeutigkeit der natürlichen Sprache erschwert den Kommunikationsprozeß. Daher ist etwa die Überprüfung eines Requirementkataloges oder die Beurteilung einer Leistungsbeschreibung eine schwierige Aufgabe. Das Aufdecken von Informationslücken, das Erkennen von Mißverständnissen anhand von Formulierungen in natürlicher Sprache setzen etwas nur schwer Erreichbares voraus: eine bei allen Beteiligten gleiche Semantik der Sprache.

Erschwert wird diese Situation noch dadurch, daß der Mensch aufgrund von Anschauungen und Werturteilen zu systematischen Kommunikationsfehlern neigt [CAM58]. Die menschliche Fehlerrate ist eine Konstante unabhängig vom Darstellungsmittel (verbaler Text, formale Notationen, Tabellen, Zeichnungen). Diese Fehlerrate liegt bei etwa 1,5 % aller Zeichen oder Striche [SNE83]. Die Hälfte aller Fehler entdeckt der Autor in der Regel selbst.

Auch der Anschauungsförderung durch zeichnerische Darstellungen sind Grenzen gesetzt. Ganz allgemein lassen sich drei Arten von Darstellungstechniken unterscheiden [JÄG78, S. 24]:

- abstrakte Techniken, bei denen graphische Zeichen verwendet werden, deren Bedeutung variieren kann (z.B. Bäume, Netze),
- symbolische Techniken, die Zeichen mit genau definierter Bedeutung benutzen (z.B. elektrische Schaltpläne),
- ikonische Techniken, die auf einer direkten Assoziation zwischen Objekt und Symbol für das Objekt beruhen (z.B. maßstäbliche Modelle).

Zur Anschauungsunterstützung bei Aufgabendefinitionen wird von allen aufgeführten Repräsentationsarten Gebrauch gemacht. Da diese Darstellungsarten aber auch die für die technische Gruppe relevanten Prinzipien (Abstraktion, Dekomposition usw.) unterstützten und Beziehungen zwischen Funktionen oder Komponenten deutlich machen müssen, spielen Netzwerke - wie in den meisten Ingenieursdisziplinen - auch in der Softwaretechnik eine große Rolle. Allerdings sind sie primär eine Unterstützung für die abstrakt denkende technische Gruppe. Anders als in vielen historisch gewachsenen technischen Disziplinen, die über laienverständliche Darstellungstechniken verfügen (z.B. Baupläne von Häusern), existiert für Softwaresysteme noch keine genormte und zugleich allgemein akzeptierte Darstellungsform.

2. Requirements Engineering

Die geschilderten Probleme zeigen, daß die sachadäquate Definition von Anforderungen eine schwierige Aufgabe ist. Die aufgezeigten Probleme sind auch der Grund dafür, daß viele Fehler, die in einem Softwaresystem während seines Lebenszyklus auftreten, bei der Anforderungsdefinition gemacht werden. Da der Aufwand für die Fehlerbehebung umso größer ist, je später der Fehler entdeckt wird, kommt einer möglichst frühen Fehleraufdeckung, d.h. also einer konsistenten und lückenlosen Aufgaben- und Anforderungsdefinition große Bedeutung zu.

Requirements Engineering ist die Disziplin, die die Modelle, Methoden, Verfahren und Werkzeuge zur Aufgaben- und Anforderungsdefinition bereitstellt. Requirements Engineering ist eine systematische Vorgehensweise zur Analyse, Dokumentation und Überprüfung von Anforderungen [RZE85]. Die Analyse als zielgerichtete Untersuchung des vorliegenden Problems oder der zu lösenden Aufgabe bringt häufig Kommunikation zwischen der technischen Gruppe und der Nutzergruppe mit sich und liefert letztlich Erkenntnisse über Objekte, Aktivitäten und Zusammenhängen zwischen ihnen. Diese Erkenntnisse müssen so dokumentiert werden, daß sie den Erfordernissen beider beteiligten Gruppen genügen. Über den optimalen Grad an Formalisierung dieser Dokumentation ist noch kein endgültiges Urteil möglich [TIM85]. Eine völlig freie, d.h. in Bezug auf den Zweck nicht reglementierte Sprache verbietet sich wegen der daraus resultierenden unerwünschten Interpretationsmöglichkeiten. Eine streng mathematisch-orientierte (und damit eindeutige) Notation kommt in den meisten Fällen wegen der sich ergebenden Kommunikationsprobleme nicht infrage. Die Praxis bedient sich daher meist semi-formaler Beschreibungsmittel.

Die für die Dokumentation verwendete Darstellungsart hängt nicht nur ab vom Formalisierungsgrad, sondern wird auch bestimmt von einer Reihe anderer Faktoren:

- Ausbildung, Erfahrung (und Neigung) der Personen, für die die Dokumentation gedacht ist,
- technische Mittel, die zur Erstellung der Dokumentation benutzt werden und
- ökonomische Randbedingungen (Kosten für Schulung oder Gerätenutzung).

Die Überprüfung der Dokumentation umfaßt sowohl die Kontrolle der Einhaltung vorher definierter formaler Anforderungen , als auch die Prüfung auf sachliche Mängel.

Endresultat dieser eventuell mehrfach durchlaufenen Schritte Analyse, Dokumentation und Überprüfung ist eine Sammlung der Anforderungen: die Anforderungsspezifikation oder der Requirementkatalog. Dieses Dokument beinhaltet zwei Gruppen von Requirements [ROM85]: funktionale und nicht-funktionale Requirements.

Beschrieben werden dadurch die Verhaltensweise, Leistung, Qualität und Einbettung der Software in ihre Umwelt, sowie einschränkende Randbedingungen, die von der Nutzergruppe oder auch von der technischen Gruppe eingebracht werden; sie werden bestimmt durch das angestrebte Entwicklungsergebnis (Funktionalität, Performance Charakteristika, Qualitätsanforderungen), den Entwicklungsprozeß (einschränkende Randbedingungen) und durch den Einsatzfall (Schnittstellen). Der Requirementkatalog ist als Ausgangsbasis für Vereinbarungen mit dem Auftraggeber und als Grundlage für die spätere Entwicklung ein wichtiges Dokument, an das selbst wieder Anforderungen zu richten sind.

Requirements müssen als solche erkennbar sein. Dies ist eine wichtige Voraussetzung um zu prüfen, ob die anderen Anforderungen an die Requirements erfüllt sind. Eine formale bzw. semi-formale Notation der Requirements erleichtert die Identifizierbarkeit.

Requirements sind für alle am Projekt Beteiligten Entscheidungs- und Handlungsgrundlagen, sie müssen also verständlich sein. Eine klare, möglichst fachbegriffsfreie Sprache oder eine entsprechende Notation sind Essentials.

Präzise, eindeutig interpretierbare Anforderungen sind eine wichtige Voraussetzung zur Vermeidung von Fehlentwicklungen und damit letztlich zur Vermeidung von unnötigem Aufwand. Requirements müssen also eindeutig sein.

Sie sollten auch erforderlich sein. Nicht selten sind Requirements Folge eines übertriebenen Rationalisierungs- oder auch Entwicklungsehrgeizes, der nicht problem- und projektadäquat ist.

Requirements sollen auch erfüllbar sein, d.h. machbar unter den gegebenen technischen Voraussetzungen und den zeitlichen sowie materiellen Einschränkungen.

Die Überprüfbarkeit der Erfüllung von Requirements muß bei Projektabschluß gewährleistet sein; überprüfbare Requirements dienen also der Kontrolle der Zielsetzung.

Das frühzeitige Festschreiben von möglichen Lösungen bei der Formulierung von Requirements engt den Lösungsraum ein und mindert die Beachtung des eigentlichen Problems.

Requirements sind - insbesondere bei komplexen Projekten - nicht voneinander unabhängige Anforderungen; vielmehr stehen sie miteinander im Kontext und bedingen einander teilweise. Der Zusammenhang zwischen einzelnen Requirements sollte deutlich sein, sie sollten untereinander verfolgbar sein.

Die Artikulation von Kernzielen bzw. von Wunschzielen stellt eine Orientierungshilfe bei der späteren Auswahl der optimalen Lösungsalternative dar; eine Priorisierung der Requirements ist auch eine wichtige Voraussetzung für die Planung einer stufenweisen Realisierung der Projektziele (Versionsplanung).

Schließlich sollen Requirements auch nutzbar für Betrieb und Wartung sein; auf ihrer Grundlage kann dann das geforderte Systemverhalten gegenüber dem aktuellen oder modifizierten Systemverhalten beurteilt werden.

Auch an den Requirementkatalog, also die Sammlung aller Requirements, sind bestimmte Qualitätsanforderungen zu stellen. Diese Sammlung sollte lückenlos alle Anforderungen an das zukünftige System enthalten. Die einzelnen Elemente des Katalogs sollen untereinander widerspruchsfrei sein, um Zielkonflikte auszuschließen. Redundanzfreiheit und Strukturiertheit erleichtern das Verständnis für die Gesamtheit der im Requirementkatalog enthaltenen Forderungen. Schließlich sollte sein Aufbau Änderungen ermöglichen.

3. Besonderheiten des Requirements Engineering in großen Projekten

Große Softwaresysteme übersteigen wegen ihrer außerordentlichen Funktionalität das geistige Fassungsvermögen eines einzelnen wesentlich [FLO85]. Projekte, deren Ziel es ist, große Programme bereitzustellen, erfordern eine besonders sorgfältige Organisation, Planung, Überwachung und Steuerung von Menschen und Ressourcen, kurz ein ausgeprägtes Projektmanagement. Eine wesentliche Aufgabe ist dabei die zeitliche und sachliche Strukturierung der Aktivitäten und Aufgaben: die Phasenorganisation, aus der Bild 2 einen Ausschnitt zeigt.

Requirements Engineering bildet einen Teil der Aktivitäten in den Subphasen Anstoß und Studie; es ist - vordergründig betrachtet - abgeschlossen mit dem Requirementkatalog.

Die in diesem Artikel geschilderten Erfahrungen wurden in Projekten zur Bereitstellung von CAD-Software gewonnen. Diese Erfahrungen sind aber typisch und charakteristisch für Projekte ähnlicher Komplexität und Dauer. Unsere Projekte zur Bereitstellung von CAD-Programmen für den Schaltkreis- bzw. Rechnerentwurf dauern zwei bis drei Jahre und binden in dieser Zeit zwischen 100 und 150 Mitarbeiter. Die hohe Funktionalität der CAD-Software sowie die Menge und Heterogenität der am Projekt direkt und indirekt Beteiligten bringen Besonderheiten für das Requirements Engineering und das Ergebnis dieses Prozesses - den Requirementkatalog - mit sich.

Phase	Anstoß	Studie	REQUIREMENT BASELINE	Projektierung
Phasenziel	Projekt-/ Produktzielsetzung festlegen	Systemanforderungen und Randbed. festlegen		Systemgrobstruktur und -eigenschaften festlegen
Teilprozesse: • Produkt • • • •	• Katalog der Kundenwünsche • • • •	• Requirementkatalog • Pflichtenheft (System als black box) • • • •		• • • •

Bild 2: Beispiel für Phasenorganisation in großen Projekten

Die in Bezug auf Ausbildung, Erfahrung und Tätigkeit sehr heterogene Zusammensetzung der Nutzer- und Technikergruppe erzwingt beinahe die natürlich-sprachliche Notation der Requirements als kleinste gemeinschaftliche Kommunikationsbasis. Die geforderten Qualitätseigenschaften von Requirements legen eine sehr formale Notation nahe. Der hier gefundene Kompromiß ist eine semi-formale Beschreibung der Requirements (Bild 3).

Der Requirementkatalog als Abbild der Zielhierarchie des Projektes muß gegliedert sein. Im Falle eines Requirementkataloges für ein CAD-System etwa stellt Kapitel 1 eine Zusammenfassung der übergeordneten Ziele dar. Kapitel 2 enthält die große Masse der technischen Requirements, während in Kapitel 3 Requirements bezüglich der Projektdurchführung festgeschrieben sind. Den Abschluß bilden ein Stichwortverzeichnis und eine Liste der verwendeten Abkürzungen und Akronyme.

Der hier vorgestellte Requirement Katalog enthält etwa 400 Requirements in Groß/-Kleinschrift auf rund 170 durchnumerierten DIN A4 Seiten. Wie auch bei anderen Dokumetnationen sollte die Verwendung des üblichen Schnelldruckerformates mit Großschrift unterlassen werden, es sei denn man nimmt eine Senkung der Lesbarkeit um 10 % in Kauf [PAK81]. Auch das Layout hat Einfluß auf die Lesbarkeit. Von großer Bedeutung

• formaler Aufbau eines Requirements	• Beispiel für Requirement
- Identifikation	**BO 01.004**
- Kurzstatement	**Datenschutz**
- Erläuterungen	Erläuterungen Die im CAD-System gehaltenen Daten müssen vor absichtlicher oder versehentlicher Zerstörung und vor dem Zugriff unberechtigter Personen geschützt werden. Darüberhinaus muß eine unberechtigte Nutzung der Leistungen des Systems verhindert werden.
- Priorität	Priorität: 1
- Begründung	Begründung: Die Forderung ergibt sich aus dem hohen Entwicklungsaufwand, dem Wert des entwickelten Objektes als Produktpotential und Forderungen nach Geheimhaltung bei sicherheitssensitiven Projekten.
- Anmerkungen, Verweise	Anmerkungen, Verweise: Hier muß ein Kompromiß zwischen wirksamer Kontrolle und Behinderung des legitimierten Benutzers gefunden werden → BO 04, BO 06

Bild 3: Requirement: formaler Aufbau und Beispiel

ist der Füllgrad der Seite:bei Rändern und Abständen zwischen Absätzen sollte nicht gespart werden [REP74].

Die Lesbarkeit des Requirementkatalogs wird außer vom Layout entscheidend durch die Formulierung der Requirements bestimmt. Daher verlangt E. Dijkstra zurecht: "Die wichtigsten Fähigkeiten eines kompetenten Programmierers sind vielleicht in dieser Reihenfolge eine ausgezeichnete Beherrschung seiner Muttersprache und beträchtliche mathematische Fähigkeiten" [DIJ81]. Leider wird die Praxis diesem Anspruch nicht immer gerecht.

Bei großen Systemen kann der Requirementkatalog unmöglich in sachadäquater Zeit von einem einzelnen aufgestellt und formuliert werden. Der hier beschriebene Katalog bzw. seine jeweiligen Kapitel wurden von darauf spezialisierten Fachleuten erarbeitet. Die Arbeit dieser Requirement Engineers müssen mit Managementtätigkeiten unterstützt werden. Eine Person, die diese Tätigkeiten wahrnimmt, könnte man Requirementmanager nennen (Bild 4).

Der Requirementmanager ist derjenige, der die Erstellung des Requirementkataloges plant, seine Formulierung unterstützt und schließlich die Qualitätskontrolle vornimmt.

- Aufgaben:
  - Planung des Requirementkataloges
    festlegen Formalismen
    priorisieren Qualitätseigenschaften
    schulen Requirements Engineers
    vorschlagen Gliederung
  - Unterstützung bei Formulierungen
    artikulieren Requirements
    formulieren der Zusammenfassung
  - Kontrolle
    überprüfen der Formalismen
    durchführen Qualitätskontrolle
- Fähigkeiten/Eigenschaften
  - analytische Fähigkeiten
  - Abstraktionsvermögen
  - Sinn für Systematik
  - Formulierungsfähigkeiten
  - Verbindlichkeit
  - Kommunikationsfähigkeit
- organisatorische Aufhängung
  - Mitglied der Qualitätssicherung
  - Mitglied im Change Control Board (CCB)

Bild 4: Requirementmanager: Aufgaben, Fähigkeiten, organisatorische Aufhängung

Kontrolliert werden die Einhaltung von Formalismen und das Erfüllen der Qualitätsanforderungen an Requirements. Die Überprüfung der Anforderungen Identifizierbarkeit, Verständlichkeit, Eindeutigkeit, Überprüfbarkeit und Lösungsfreiheit kann der Requirementmanager selbst vornehmen. Bei der Überprüfung der anderen Anforderungen an einzelne Requirements und den Requirementkatalog bedient er sich problemadäquater Reviewtechniken. Dabei bestimmen Umfang und Komplexität des Katalogs die Art der Technik: Walk Through oder DDC (Development Document Control) durch Auftraggeber, Anwender oder Betreiber unter Anwesenheit der Requirement Engineers.

Ein Requirementmanager muß ein bestimmtes Eigenschaftsprofil haben. Seine Kernaufgaben erfordern einen analytischen Verstand, Abstraktionsvermögen und einen Sinn für Systematik. Mittelbar benötigte Fähigkeiten betreffen die Interaktion mit Menschen: die Fähigkeit zur Kommunikation, Verbindlichkeit und Ausdrucksvermögen. Der Requirementmanager ist Mitglied der organisatorischen Subeinheit Qualitätssicherung. Seiner Wichtigkeit entsprechend ist er Mitglied des Change Control Boards (CCB).

Die Aufgaben des Requirementmanagers sind schwierig und aufwendig; sie sollten daher maschinell unterstützt werden. Ein unterstützendes Dokumentationssystem sollte
- Requirements identifizieren,
- zwischen ihnen Querbezüge herstellen,
- formale Überprüfungen vornehmen,
- unterstützen bei der Aufstellung des Indexregisters und Liste der Abkürzungen und
- Lesbarkeitskriterien feststellen können.

4. Requirementmanagement über den gesamten Lebenszyklus

Requirements sind flüchtig; zusätzliche Erkenntnisse während der Entwicklung, neues Wissen der potentiellen Anwender führen zu Änderungsanforderungen (Change Requests). Erfahrungen zeigen, daß sich etwa ein Viertel der Requirements bei großen Projekten im Laufe der Zeit ändert [BOE81, S. 680]. Dieser Tatsache begegnet man bei großen, d.h. auch langdauernden Projekten, am besten durch die frühzeitige Einführung eines Änderungsverfahrens. Ein solches Verfahren regelt

- die Form der Änderungsmitteilung,
- den Empfänger,
- die technische Vorklärung und
- den Entscheidungsprozeß.

Bild 5 gibt den Überblick über ein vereinfachtes Verfahrensmodell.

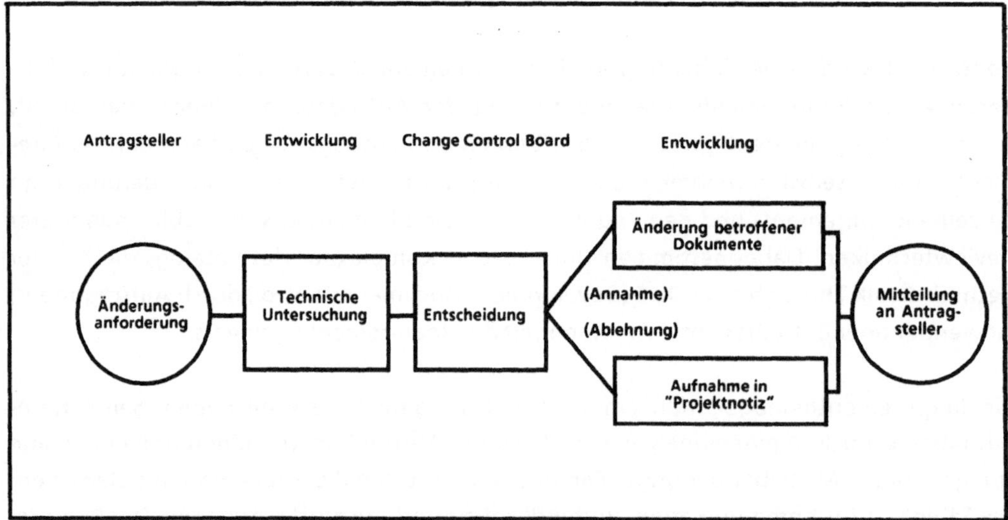

Bild 5: Verfahrensmodell für Änderungsbehandlung

Bislang wurden nur Change Requests als Meldungen betrachtet, die zu Änderungen der ursprünglichen Requirements führen können. Ein großes Softewaresystem ist aber während seines gesamten Lebenszyklus von Wünschen nach Änderungen betroffen, die sich in Meldungen repräsentieren.

Requirements und Change Requests wurden bereits erläutert. Die anderen in unseren Projekten verwendeten Meldungstypen beziehen sich auf Abweichungen von einem geforderten Systemverhalten bzw. Requirement. Dabei betreffen die sogenannten Fehlermeldungen die bereits ausgelieferte Produktversion, die sogenannten Testmeldungen die im Test befindliche neue Produktversion. Eine gewisse Sonderstellung nehmen die Problemmeldungen ein. Sie beschreiben ein Verhalten, das sich noch nicht näher klassifizieren läßt. Ein Beispiel könnte sein, daß bestimmte Speicherbereiche unerklärlicherweise mit Nullen überschrieben werden, ohne daß diese Tatsache bisher zu Fehlern geführt hat.

Die Bearbeitung, Verwaltung und Auswertung solcher Requirement-bezogener Meldungen läßt sich in großen Projekten nur mit Rechnerunterstützung bewältigen. Hierbei werden die Meldungen in der Projektbibliothek verwaltet. Eine Projektbibliothek ist eine Datenbasis für die Archivierung und Änderung sämtlicher Entwicklungsergebnisse (Pläne, Dokumente, Meldungen). Damit sind Requirements und sie betreffende Meldungen einbezogen in den gesamten Entwicklungs- und Kontrollprozeß des Projektes.

Requirements Engineering und Requirementmanagement in dem hier definierten Sinn sind nicht Aufgaben, die in den Frühphasen enden. Sie sind insbesondere bei großen Projekten über sämtliche Phasen des Software-Lebenszyklus durchzuführen und stellen damit eine Aufgabe des übergreifenden Projektmanagements dar.

Besondere Anstrengen gelten dabei

- der intensiven Kommunikation zwischen der technischen Gruppe und der Nutzergruppe,
- einer formalen und zugleich verständlichen Notation der Requirements,
- der Einrichtung eines effektiven Requirementmanagements und
- dem Einsatz rechnergestützter Verfahren.

Seit Jahren schon unterstützen klassische Verfahren wie SADT [ROS77] oder moderne Weiterentwicklungen wie AKL [KÜH83] und die eben geschilderten Verfahren diese Anstrengungen. Auch der Einsatz von Expertensystemen wird diskutiert [BAL83]. Gemeinsame Zielrichtung ist eine stärkere Formalisierung, eine bessere Berücksichtigung des Änderungsprozesses, dem Requirements unterworfen sind, sowie eine rechnergestützte Requirementverwaltung. Im Fachgespräch "Requirements Engineering" werden einige dieser Aspekte genauer diskutiert.

Literatur

[BAL83] Balzer, R. et al.: Software Technologie in the 1990's: Using a New Paradigm, Computer, November 1983, S. 39-56

[BOE81] Boehm, B.: Software Engineering Economics, Prentice-Hall, Englewood Cliffs, 1981

[BUD83] Budde, R.; Züllighoven, H.: Socio-Technical Problems of System Design Methods; aus: U. Briefs et al. (Hrsg.): System Design For, With, And By Users, North-Holland, Amsterdam, 1983, S. 147-155

[CAM58] Campbell, D.: Systematic Error on the Part of Human Links in Communication Systems; Information and Control 1, 1958, S. 334-369

[DIJ81] Dijkstra, E.: American Programming's Plight; ACM SIGSOFT, Vol. 6, Jan. 1981, S. 5

[FLO85] Floyd, C.; Pasch, J.: Methoden Für Den Entwurf Großer Softwaresysteme, aus: Morgenbrod, H.; Remmele, W. (Hrsg.): Entwurf großer Software-Systeme, Teubner, Stuttgart, 1985, S. 12-37

[JÄG78] Jäger, H.: Darstellungstechniken für EDV-Informationssysteme; Industrielle Organisation, Zürich, 1978

[KÜH83] Kühnel, B.; Teuschler, G.: Systematische Aufgabenklärung am Beispiel Software, aus: Hommel, G.; König, D. (Hrsg.): Requirements Engineering, Springer, Berlin, 1983, S. 159-172

[MOR85] Morgenbrod, H.; Remmele, W. (Hrsg.): Entwurf großer Software-Systeme, Teubner, Stuttgart, 1985

[NIE83] Nielsen, S.: Education for the users, by the users, with the users, aus: U. Briefs et al. (Hrsg.): System Design For, With, And By Users, North-Holland, Amsterdam, 1983, S. 405-409

[PAK81] Pakin, S.: Evaluate User Documentation Before You Buy The Software, IEEE Trans. on Prof. Comm., Vol. PC-24, No. 2, July 1981, S. 75-78

[REP74] Repko, M.: Legibility and Comprehension in Computer Output, Eurocomp Conf. Proc., 1974, S. 347-360

[ROM85] Roman, G.-C.: A Taxonomy of Current Issues in Requirements Engineering, Computer, April 1985, S. 14-22

[ROS77] Ross, D.: Structured Analysis: A Language for Communicating Ideas, IEEE Trans. on Software Eng., Vol. SE-3, No. 1, January 1977, S. 16-34

[RZE85] Rzepka, W.; Ohno, Y.: Requirements Engineering Environments: Software Tools for Modelling User Needs, Computer, April 1985, S. 9-12

[SNE83] Sneed, H.: Sinn, Zweck und Mittel der dynamischen Programmanalyse; Angewandte Informatik 8/83, S. 321-327

[TIM85] Timm, M.: Ein systematisches Vorgehensmodell zur Spezifizierung der Benutzeranforderungen, Angewandte Informatik 4/85, S. 145-151

10 JAHRE GRAPHISCHE STANDARDS

Günter Enderle
Standard Elektrik Lorenz AG
Lorenzstraße 10
D-7000 Stuttgart

1. EINLEITUNG

Die Entwicklung von Computer-Graphik-Software war in den letzten Jahren geprägt von Bestrebungen, graphische Schnittstellen zu normen. Das Graphische Kernsystem GKS, jetzt ISO-Norm, ist das erste Resultat einer Entwicklung, die vor 10 Jahren begonnen hat. Aber die Entwicklung ist nicht abgeschlossen. Im Gegenteil, GKS ist der Ausgangspunkt für eine ganze Reihe weiterer Projekte, die die Standardisierung graphischer Schnittstellen zum Ziel haben. Die wichtigsten Schlagworte sind hier: 3D-GKS, PHIGS, CGM, CGI und WSI.

Auf dem CAD-Gebiet wurde ebenfalls mit der Normung von Schnittstellen begonnen. Das prominenteste Projekt im CAD-Bereich ist IGES, weitere Schlagworte sind VDAFS und TAP. Im Bereich der Dokumentenbearbeitung sind graphische Standards die Basis für die Integration von Abbildungen in Schriftstücke. Viele der Normen im Computer-Graphik-Bereich sind stark von europäischen Entwicklungen geprägt. GKS ist auch nach der internationalen Normung eindeutig ein deutsches Produkt, bei CGM, CGI, WSI und bei den Normen im Bereich CAD und Dokumentenbearbeitung besteht eine starke deutsche und europäische Beteiligung und damit auch Einflußnahme.

Dieser Beitrag gibt einen Überblick über die Entwicklung graphischer Standards und die Projekte in diesem Bereich.

2. DIE ENTSTEHUNG DER COMPUTER GRAPHIK STANDARDS

Die Entwicklung auf dem Gebiet der Computer-Graphik wurde eingeleitet durch die Entwicklung von graphischen Geräten. Vor allem auf Kathodenstrahlröhren und Plottern wurden Computer-generierte Bilder dargestellt. Um solche Geräte anzusteuern, wurden Software-Schnittstellen entwickelt, die zum größten Teil von den Geräteherstellern stammten und zum Teil de-facto Standards wurden (siehe Abbildung 1).

Abbildung 1: Spezielles Software-Interface

2.1 Die ersten Computer-Graphik-Systeme

Anfang der 60iger Jahre erschienen die ersten interaktiven Geräte und man benötigte neue Software-Schnittstellen, um diese interaktiven Möglichkeiten auszunutzen. Die ersten zwischen dem Anwendungsprogramm und dem graphischen Gerät angesiedelten Software-Systeme waren noch einfache Treiber, die lediglich die Gerätefunktionen dem Anwendungsprogrammierer zur Verfügung stellten. Später kamen neue, höhere Funktionen dazu, wie Transformationen, höhere Darstellungselemente, komplexere Attribute, die Bildstruktur und Funktionen für die graphische Interaktion. So entstanden aus einfachen Software-Schnittstellen die ersten wahren Computer-Graphik-Systeme.

Es wurde sehr schnell offenbar, daß die Entwicklung effektiver und anwenderfreundlicher Anwenderschnittstellen eine schwierige Aufgabe war. Dies führte zu einer großen Zahl von Forschungs- und Entwicklungsaktivitäten und auch zur Entwicklung einer Vielzahl von Computer-Graphik-Systemen. Diese Aktivitäten waren der Ausgangspunkt für die Etablierung der Computer-Graphik als eigenständiges wissenschaftliches Fachgebiet.

2.2 Spezialsysteme

Sowohl bei den graphischen Ausgabegeräten als auch bei den Eingabegeräten nahm die Typenvielfalt ständig zu. Hauptbeispiele für graphische Ausgabegeräte sind:

Stiftplotter, Raster-Plotter, Mikrofilm-Plotter, Speicherröhren, Kathodenstrahlröhren mit Bildwiederholspeicher und Farbrastergeräte.

Bei den Eingabegeräten ist die Vielfalt genauso groß. Wenn man die Funktionalität der verschiedenen Geräte vergleicht, erscheint es fast unmöglich, sie durch ein einheitliches Systemkonzept ansprechen zu können. Deshalb war auch die Computer-Graphik-Software, die für die verschiedenen Geräte entwickelt wurde, zunächst einmal sehr unterschiedlich und imkompatibel, da die Geräteeigenheiten voll bis zur Anwenderschnittstelle durchgereicht wurden.

Die ersten Computer-Graphik-Systeme waren überwiegend:
- geräteabhängig;
- anwendungsabhängig;
- betriebssystem- und rechnerabhängig.

Diese Situation wird in Abbildung 2 dargestellt. Das Grundschema dieser Abbildung und der folgenden Abbildung wurde schon in einem der Schlüsselartikel über Computer-Graphik-Standards durch Newman und van Dam im Jahre 1978 benutzt /1/. Jedes Computer-Graphik-System hatte eine eigene Schittstelle zum Anwendungsprogramm und zum graphischen Gerät. Das bedeutete, daß die Graphik-Systeme nur in der Umgebung angewandt werden konnten, für die sie entwickelt wurden. Für neue Geräte mußten oft große Teile der graphischen Software neu programmiert werden. Oft wurden anwendungsabhängige Besonderheiten innerhalb des Graphik-Systems implementiert und oft benutzten die Graphik-Systeme spezielle Eigenschaften des betreffenden Betriebssystems. Diese Situation war hinnehmbar, solange die Software-Kosten gering waren gegenüber den Kosten für die Hardware und solange eine einheitliche Meinung über den geforderten Funktionsumfang graphischer Systeme nicht zu erzielen war.

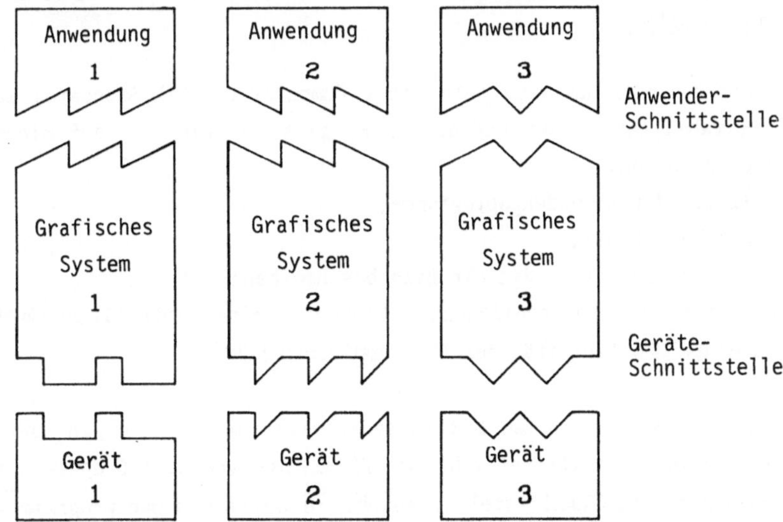

Abbildung 2: Spezialsysteme

Als jedoch Anfang der 70er Jahre graphische Geräte immer billiger und damit verbreiteter wurden, war diese Situation nicht mehr länger tolerierbar. Es gab immer mehr Anwender, die graphische Systeme nutzen wollten, ohne sie vorher entwickeln zu müssen. Der Wunsch, graphische Anwendungsprogramme auszutauschen, auch zwischen Installationen mit verschiedenen Rechnerumgebungen und graphischen Geräten, wurde immer dringender. Als sich Mitte der 70er Jahre auch ein Trend abzeichnete zu mehr Einheitlichkeit in der Funktionalität graphischer Systeme und graphischer Geräte, war die Zeit reif für erste Standardisierungsbemühungen.

2.3 Der Seillac-I Workshop

In dieser Situation startete der Unterausschuß WG5.2 der International Federation for Information Processing (IFIP) eine Initiative zur Entwicklung einer graphischen Methodologie. Führende Computer-Graphik-Experten aus Europa und Nordamerika wurden zu einem Workshop über "Methodology in Computer-Graphiks" in Seillac in Frankreich zusammengerufen. Dieser Workshop bekam den Namen Seillac-I, er war die Geburtsstunde für die Normungsbemühungen auf dem Gebiet der Computer-Graphik. Dort wurden einige Grundprinzipien herausgearbeitet, die in der Folgezeit die Standardisierungsbemühungen stark beeinflußten: das Konzept der Portabilität und die Trennung zwischen Modellierung und graphischen Kernfunktionen.

2.4 Portabilität

Bei den Diskussionen um die Ziele eines Computer-Graphik-Standards wurde der Begriff Portabilität besser definiert. Es gibt Portabilität auf mindestens 4 verschiedenen Ebenen:

1. Portabilität der Anwendungsprogramme;
2. Geräteunabhängigkeit;
3. Portabilität von Daten, die ein Bild beschreiben; und
4. Portabilität der zugrundeliegenden Konzepte (eine einheitliche Ausbildung, die zu einer "Portabilität der Programmierer" führt).

Das Konzept, das in Seillac-I herausgearbeitet wurde, ist in Abbildung 3 dargestellt (zuerst veröffentlicht in /1/). Das Computer-Graphik-System hat eine standardisierte Schnittstelle, sowohl zu dem Anwendungsprogramm als auch zu den Geräten hin.

Dadurch wird die Portabilität in den Bereichen 1 und 2 erreicht. Für die Portabilität von Bildern ist ein genormtes Bilddateiformat erforderlich.

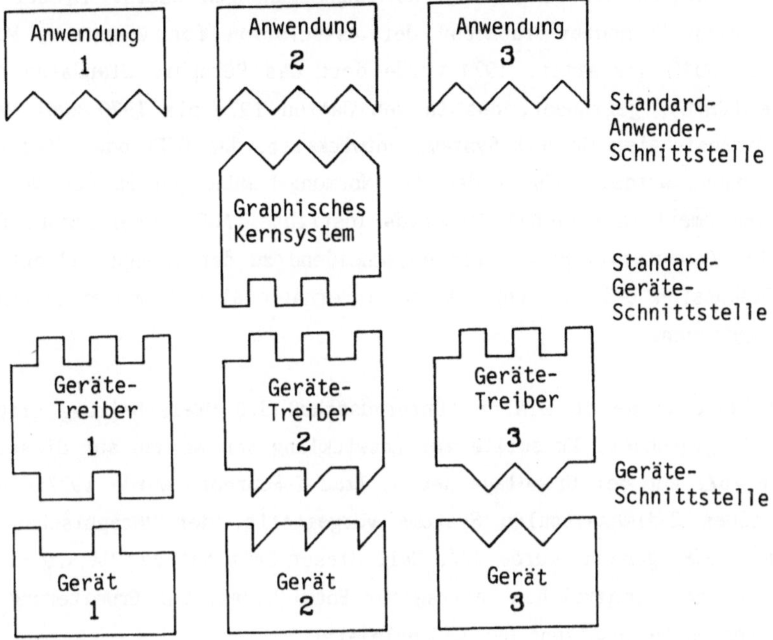

Abbildung 3: Standard-Computer-Graphik-System

2.5 Modellierung und Kernsystem

Forderung 4 von oben ist vielleicht am schwersten zu erzielen. Man braucht die Entwicklung eines allgemein akzeptierten Referenzmodells für Computer-Graphik, ein einheitliches Verständnis für die Computer-Graphik-Methoden und Konzepte und eine einheitliche Terminologie. In Seillac wurde Übereinstimmung darin erzielt, daß ein Computer-Graphik-System getrennt werden sollte in

- ein Modelliersystem, und
- ein Kernsystem.

Das Modelliersystem enthält alle anwendungsabhängigen Funktionen, ist aber geräteunabhängig, das Kernsystem ist anwendungsunabhängig und bis zur Geräteschnittstelle auch geräteunabhängig. Der Gerätetreiber bildet die geräteunabhängigen Funktionen des Kernsystem auf die geräteabhängigen Funktionen der verschiedenen angeschlossenen Geräte ab. Diese Seillac-I Konzepte führten zu dem Beginn von Normungsbemühungen auf dem Gebiet der Computer-Graphik in verschiedenen Ländern.

2.6 Erste Normungsbemühungen

In den Vereinigten Staaten wurden Normungsbemühungen zuerst in der Special Interest Group "Computer-Graphics" der Association for Computing Machinery (ACM - SIGGRAPH) gestartet. 1974 wurde dort das "Graphic Standards Planning Committee (GSPC)" gegründet, das in den Jahren 1975 bis 1979 zwei Versionen eines 3-dimensionalen Graphik-Systems entwickelte, das GSPC oder "Core-System" /4, 5/ genannt wurde. 1979 wurden die Normungsbemühungen in den Vereinigten Staaten vom American National Standards Institute (ANSI) übernommen. Der Ausschuß X3H3 "Computer-Graphics" hat entscheidend zu der langen und oft kontroversen Diskussion bei der Entwicklung internationaler Computer-Graphik-Standards beigetragen.

In Deutschland wurde im DIN der Unterausschuß 5.9 "Verarbeitung graphischer Daten" 1975 gegründet. Er sollte zur Entwicklung von Normen auf diesem Gebiet beitragen /6/. Auf der Grundlage der Seillac-I-Konzepte wurde 1977 ein erster Entwurf eines 2-dimensionalen Systems vorgestellt, der "Graphisches Kernsystem" oder "GKS" genannt wurde /7/. Seit dieser Zeit hat der UA 5.9 einen entscheidenden und umfangreichen Beitrag zur Entwicklung, zur Erweiterung und zur internationalen Durchsetzung des GKS geleistet.

Viele andere Normungsinstitutionen haben zu der Entwicklung der Computer-Graphik Normen beigetragen. International wurden diese Bemühungen in einer Arbeitsgruppe der ISO (International Standardization Organization) zusammengefaßt. 1978 wurden dort sowohl GSPC als auch GKS behandelt und verglichen und 1979 wurde GKS als alleinige Grundlage eines ersten internationalen Computer-Graphik-Standards ausgewählt.

3. DAS GRAPHISCHE KERNSYSTEM "GKS"

Das GKS ist ein Standard für den Programmierer, der graphische Anwendungsprogramme erzeugt. Für einen FORTRAN-Programmierer, der ein Programm für Kreisdiagramme erstellt, stellt sich GKS z. B. als FORTRAN-Unterprogrammpaket dar.

Das Graphische Kernsystem GKS wurde 1983 ein ISO-Normentwurf ISO DIS 7942. Fast gleichzeitig erschien der DIN-Normentwurf DIN 66252 (Gelbdruck) "Graphisches Kernsystem". Dieser Normentwurf stellt eine deutsche Übersetzung der ISO-Norm dar.

Ebenso wurde GKS 1983 nationaler Normentwurf in den USA, in Großbritannien und in Frankreich. Weitere nationale Normungsinstitutionen werden die GKS-Norm übernehmen. Das vom DIN-Unterausschuß UA 5.9 entwickelte GKS wurde im Rahmen der ISO-Normung in der ISO-Arbeitsgruppe ISO TC97/SC5/WG2 überarbeitet und erweitert. Damit ist GKS die erste und bisher einzige Norm aus dem Bereich Informationsverarbeitung, die in der Bundesrepublik entwickelt und in der ISO als internationale Norm angenommen wurde. Mit dem internationalen GKS-Standard fand eine Entwicklung einen vorläufigen Abschluß, die seit 1976 das Ziel verfolgte, die Kernfunktionen eines Computer-Graphik-Systems zu normen und eine einheitliche Methodologie für die graphische Datenverarbeitung zu entwickeln /8, 9, 10, 11, 12/.

Die GKS-Norm definiert eine einheitliche Schnittstelle zwischen Anwenderprogrammen und einem graphischen System. Darüberhinaus ist sie die Grundlage einer einheitlichen Systematik für graphische Systeme und der Konzepte, auf denen sie aufbauen. GKS stellt die grundlegenden Fähigkeiten zur Erzeugung computergenerierter zweidimensionaler graphischer Darstellung zur Verfügung. Es unterstützt die interaktive graphische Datenverarbeitung durch Funktionen zur Dialogsteuerung und zur Werteeingabe durch einen Bediener, zur Bildstrukturierung und zur Manipulation von Teilbildern.

Die GKS-Norm erforderte folgende Entwicklungen:

- Die Grundfunktionen eines graphischen Systems, die für die Anwendungsprogrammierung erforderlich sind, wurden festgelegt. Da diese Festlegung nach einem langen internationalen Abstimmungsprozeß erfolgte, besteht über den Funktionsumfang weitgehende Einigkeit. Daher belasten weder unnötige Funktionen das System noch fehlen erforderliche Funktionen.

- Die Festlegung der Norm konnte nur auf der Basis eines konsistenten Gesamtmodells der Computer-Graphik erfolgen. Dafür wurde zum ersten Mal ein Rahmen für die verschiedenen Konzepte der Computer-Graphik entwickelt. Dies ermöglicht ein einheitliches Verständnis für die Entwicklung und Anwendung von Computer-Graphik-Systemen, für die wissenschaftliche Kommunikation und Ausbildung.

- Die Begriffswelt für den Computer-Graphik-Bereich wurde einheitlich entwickelt und festgelegt, sowohl im englischen als auch im deutschen und französischen Sprachbereich.

Auf dieser Grundlage bietet das GKS folgende Vorteile:

- Graphische Anwendungsprogramme werden portabel, d. h. sie können ohne aufwendige Anpassungen auf andere Anlagen übertragen werden.

- Geräteunabhängigkeit, d. h. eine graphische Anwendung kann mit einer Vielzahl verschiedener Geräte laufen, ohne daß das Programm geändert werden muß.

- Das GKS erlaubt die Ausbildung von Programmierern, Technikern und wissenschaftlichem Personal auf der Grundlage einer einheitlichen Methodik.

- Als erstes genormtes System wird das GKS als Referenzsystem zur Beurteilung neuerer Entwicklungen dienen.

- Die GKS-Funktionalität ist eine Richtschnur für die Fähigkeiten der Hardware. Bereits heute werden verschiedene Graphik-Workstations angeboten, die genau die GKS-Funktionalität enthalten.

4. ÜBERSICHT ÜBER DAS GKS

4.1 GKS-Schnittstellen

Das Graphische Kernsystem GKS stellt Funktionen zur Erzeugung graphischer Darstellungen unabhängig von einer bestimmten Anwendung bereit. Über die Anwenderschnittstelle greift ein Anwendungsprogramm auf die GKS-Funktionen zu (siehe Abbildung 4).

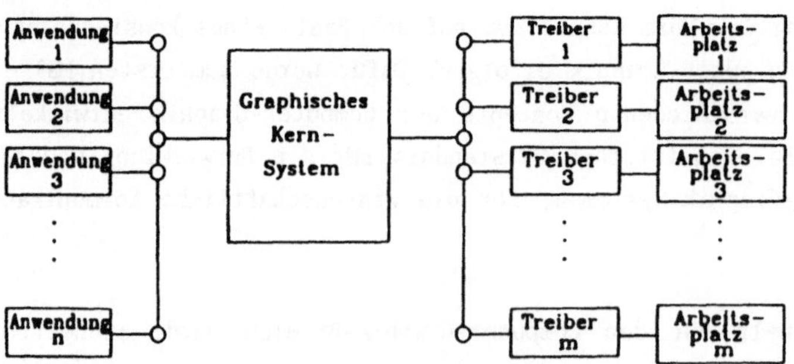

Abbildung 4: Anwender- und Geräteschnittstelle

Das GKS stellt seine Fähigkeiten darüberhinaus unabhängig von den verwendeten graphischen Geräten bereit. Graphische Ausgabe- und Eingabegeräte bilden im GKS einen graphischen Arbeitsplatz, der über die Arbeitsplatzschnittstelle mit dem Kernsystem verbunden ist. GKS bildet die Funktionen an der Anwenderschnittstelle auf die Fähigkeiten der verschiedenen graphischen Arbeitsplätze ab. Die Umsetzung der geräteunabhängigen Darstellung der Funktionen in die geräteabhängige Form, die an die Bedürfnisse der einzelnen Arbeitsplätze angepaßt ist, wird durch Arbeitsplatztreiber vorgenommen. Eine einheitliche Arbeitsplatzschnittstelle wird im Rahmen der nationalen und internationalen Normung entwickelt (siehe Kapitel CGI und WSI).

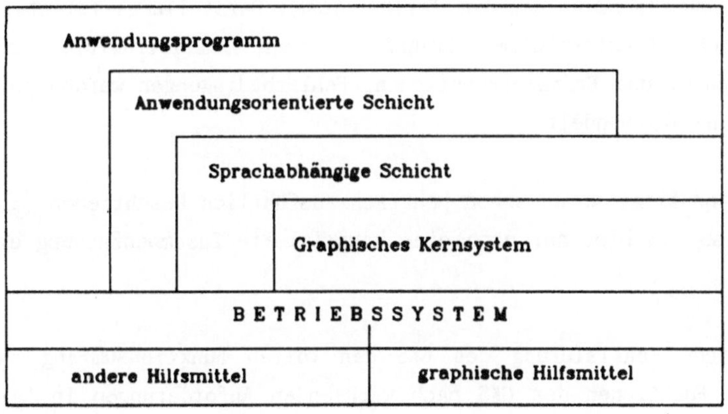

Abbildung 5: Schichtenmodell des GKS

Die GKS-Norm definiert den Kern eines graphischen Systems unabhängig von einer Programmiersprache. Zur Anwendung des Graphischen Kernsystems muß dieser Kern in die jeweils gewünschte Programmiersprache eingebettet werden, wobei die Konventionen dieser Programmiersprache beachtet werden müssen. Für alle wichtigen Programmiersprachen wird aber in Zusatznormen für "Sprachschalen" (ISO 8651 bzw. DIN 66292) festgelegt, wie GKS innerhalb dieser Programmiersprachen verwendet wird (siehe Abbildung 5). Für Basic, FORTRAN /13/ und Pascal sind die Arbeiten weitgehend abgeschlossen, für Ada und C bestehen stabile Vorschläge, die Sprachschalen für PL/1, Cobol und Algol 68 sind in Arbeit. Für den Basic-Programmierer stellt sich GKS als Erweiterung der Sprache um graphische Funktionen dar, also um Statements, die z. B. Teile eines Bildes auf dem Bildschirm oder Plotter erzeugen.

Auf den GKS-Sprachschalen aufbauend können anwendungsabhängige Unterprogrammpakete auf GKS-Basis bereitgestellt werden, z. B. für Präsentationsgraphik.

Abbildung 5 zeigt das Schalenmodell des GKS. Jede Schale kann die darunterliegenden Schalen benutzen. Ein Anwenderprogramm kann also auf die Funktionen der Anwendungsschale, der sprachabhängigen GKS-Schale und auf Funktionen zum Ansprechen von Betriebssystemleistungen zugreifen. Graphische Funktionen sollen immer über das GKS angesprochen werden.

4.2 GKS-Teilbereiche

Die GKS-Funktionen gehören zu den Teilbereichen Darstellungselemente, Attribute, Graphische Arbeitsplätze, Transformationen, Bildstruktur, graphische Eingabe, Bilddatei und Erfrage-Funktionen. Fehlerbedingungen werden durch eine Fehlerbehandlung abgehandelt.

Die GKS-Funktionalität wurde schon mehrfach ausführlich beschrieben (z. B. /8, 9, 10, 11/), so daß hier nur noch eine komprimierte Zusammenfassung erforderlich ist.

Damit nicht jede Realisierung des GKS den vollen Funktionsumfang enthalten muß, sind die Funktionen des GKS nach wachsenden Anforderungen in Leistungsstufen gegliedert, die ein weites Spektrum von Anwendungen und Geräten abdecken. Sie ist als Matrix von jeweils drei Leistungsstufen für Ausgabe und Segmentierung und für die Eingabe aufgebaut. Während die niedrigste Stufe 91 Funktionen enthält (davon 38 Erfragefunktionen), umfaßt die höchste Leistungsstufe 188 Funktionen (davon 75 Erfragefunktionen).

Darstellungselemente sind die elementaren Bestandteile, aus denen ein Bild aufgebaut ist (siehe Abbildung 6). Im GKS gehören dazu die Linienelemente Linienzug (eine Sequenz von Vektoren), Polymarke (eine Menge von Symbolen, die einen Punkt markieren) und Text (eine Zeichenfolge).

Besonders für Darstellungen auf Rasterbildschirm-Geräten sind die Darstellungselemente Füllgebiet und Zellmatrix geeignet. Ein Füllgebiet ist eine durch einen geschlossenen Polygonzug umrandete Fläche, die farbig ausgefüllt, mit einem Muster belegt oder schraffiert sein kann. Eine Zellmatrix ist die Verallgemeinerung eines aus Rasterpunkten verscchiedener Farbe aufgebauten Rechteckes. Zur Ansteuerung von geräteabhängigen, nicht normierten Funktionen dient das Verallgemeinerte Darstellungselement (VDEL).

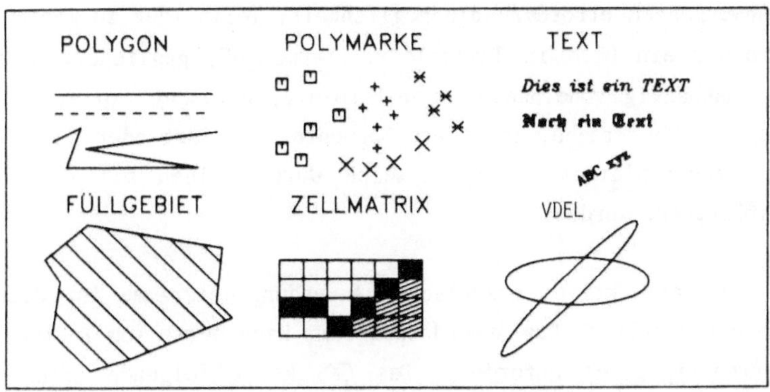

Abbildung 6: GKS-Darstellungselemente

Ein Darstellungselement ist einerseits durch seine geometrische Form, andererseits durch die Art gekennzeichnet, wie es auf der Darstellungsfläche eines Gerätes optisch in Erscheinung tritt. Dies wird durch einen Satz von Darstellungsattributen beschrieben. Für die Linienelemente gehören dazu Farbe, Strichstärke, Linienart und für Polymarken die Symbolnummer. Texte besitzen Attribute, die die Größe, die Richtung, den Zeichenabstand, den Zeichensatz und die Farbe der Zeichen beschreiben. Füllgebiet-Attribute sind Ausfüllungsart (ungefüllt, farbig ausgefüllt, gemustert, schraffiert) und zusätzlich die Musterdefinition, die Farbe oder eine Schraffurkennzeichnung.

Ein wesentliches Element der GKS-Systemarchitektur ist das Konzept eines abstrakten graphischen Arbeitsplatzes. Dieses Konzept erlaubt die geräteunabhängige Programmierung graphischer Anwendungsprogramme. Ein Graphischer Arbeitsplatz ist eine Verallgemeinerung realer graphischer Geräte, er enthält eine Darstellungsfläche und eine Reihe von Eingabegeräten. Ausgabe kann nacheinander oder parallel auf verschiedene Graphische Arbeitsplätze erfolgen, ebenso kann von mehreren Arbeitsplätzen Eingabe gelesen werden.

Die Plazierung der in verschiedenen Anwenderkoordinatensystemen erzeugten Darstellungselemente auf einer normalisierten Gerätedarstellungsfläche und die Abbildung dieser normalisierten auf die realen Darstellungsflächen verschiedener Graphischer Arbeitsplätze mit unterschiedlichen Gerätekoordinatensystemen wird vom GKS verwaltet.

Interaktive Anwendungen erfordern die Möglichkeit, Teilbilder zu manipulieren. Im GKS kann daher ein Bild in Teilbilder, "Segmente", gegliedert sein. Segmente können unabhängig voneinander transformiert, gelöscht, zu einem Graphischen Arbeitsplatz übertragen, in andere Segmente eingefügt oder durch den Bediener eines Arbeitsplatzes (beispielsweise durch Zeigen mit einem Lichtgriffel) identifiziert werden.

Zur Ermöglichung interaktiver graphischer Anwendungsprogramme ist die graphische Eingabe erforderlich. Das Anwenderprogramm kann Werte vom Bediener eines graphischen Arbeitsplatzes anfordern. Das GKS kennt folgende sechs Klassen logischer Eingabegeräte, die eine Verallgemeinerung realer Eingabegeräte darstellen: Lokalisierer (liefert die Koordinaten eines Punktes), Strichgeber (liefert eine Folge von Punktekoordinaten), Wertgeber (liefert einen numerischen Wert), Picker (liefert die Bezeichnung eines durch den Bediener identifizierten Segmentes), Auswähler (liefert eine bestimmte aus n Möglichkeiten) und Text (liefert eine Zeichenfolge). Die flexible Kontrolle dieser Eingabegeräte durch das Anwenderprogramm bietet zusammen mit der Bildsegmentierung die Grundlage für die Gestaltung interaktiver Anwendungen, ohne daß die Geräteunabhängigkeit aufgegeben werden muß.

GKS enthält eine Schnittstelle zu einer Bilddatei, die sowohl das langfristige Speichern als auch das Wiedereinlesen von Bildern erlaubt. Die Bilddatei kann z. B. zum Archivieren von Bildern, zum Übertragen von Bildern oder zum Wiederaufnehmen einer abgebrochenen Sitzung dienen.

Falls während der Ausführung einer GKS-Funktion ein Fehler auftritt der von der Funktion festgestellt werden kann, geht das GKS in einen besonderen Fehler-Zustand über die GKS-Fehlerbehandlung wird aufgerufen. Das Anwenderprogramm hat die Möglichkeit, die Fehlerbehandlung selbst zu steuern.

5. GKS - NUR DER ERSTE SCHRITT

Mit GKS wurde eine solide und belastungsfähige Grundlage für eine Systematik der Graphik-Software geschaffen. Der Prozeß ist noch nicht abgeschlossen, vor allem die GKS-Sprachschalen erfordern noch weitere Anstrengungen. Auf der Grundlage von GKS sind aber eine ganze Reihe von Projekten in der Bearbeitung, die weitere Standard-Schnittstellen im Graphik-Bereich bereitstellen sollen. Das sind die Projekte 3D-GKS, PHIGS, CGM/GKSM, CGI/WSI.

Abbildung 7 zeigt die Zusammenhänge: GKS erfährt zwei wesentliche Erweiterungen - einmal in Richtung 3D-Graphik, da GKS ein 2D-System ist; und andererseits in Richtung hierarchisch strukturierter Bilder und dynamischen Bildänderungen. Diese Erweiterungen erfordern wie GKS Sprachschalen. Alle Graphiknormen haben einheitliche Schnittstellen in Richtung Bildspeicherung (GKSM, CGM) und eine andere einheitliche Schnittstelle zu den graphischen Geräten (CGI und WSI).

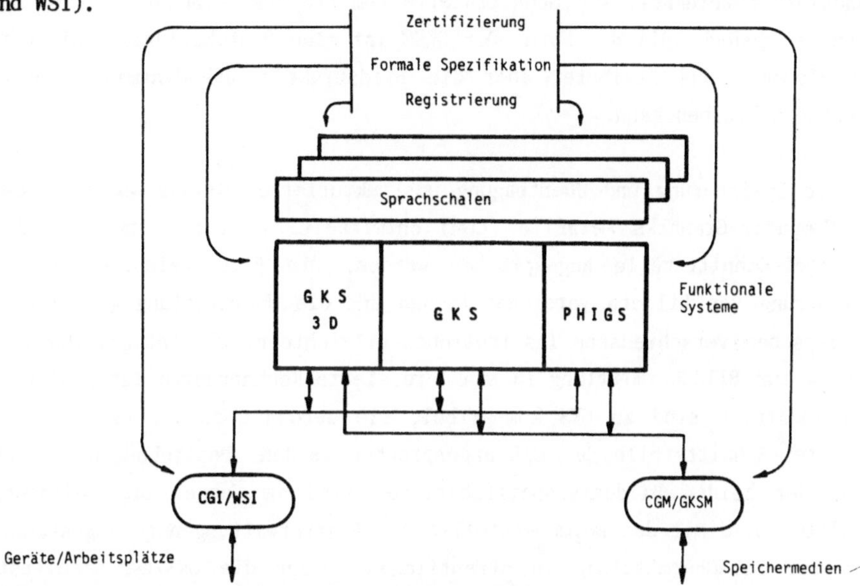

Abbildung 7: Zusammenhang zwischen den Graphik-Normen

6. 3D-GKS UND PHIGS

Das GKS ist ein zweidimensionales graphisches System. Es deckt damit einen großen Teil der Anwendungen solcher Systeme ab. Es bleiben jedoch Anwendungsbereiche, für die ein dreidimensionales (3D) graphisches System als Grundlage wünschenswert ist. Ein solches System, das als Erweiterungsmodul nahtlos an das 2D-GKS angepaßt ist, steht vor der Vollendung /14/. Noch dieses Jahr kann mit einem ISO-Normentwurf gerechnet werden. Die bestehende GKS-Norm wird dadurch nicht verändert.

In manchen Bereichen ist es wünschenswert, die behandelten graphischen Darstellungen in hierarchischer Bildstruktur zu untergliedern und Teilbilder in Realzeit dynamisch zu ändern. Das erfordert allerdings eine sehr aufwendige Hardware. Für diesen Bereich ist ein zu GKS kompatibles System - PHIGS - in der Entwicklung, das den obersten Bereich der Computergraphik abdeckt. PHIGS wird in etwa 2 bis 3 Jahren als ISO-Normentwurf vorliegen.

7. GKSM UND CGM

Zur Speicherung und Übertragung von Bildern dienen Bilddateien. Es gibt zwei Vorschläge für Bilddateien: Die GKS-Bilddatei (GKS Metafile-GKSM) wurde zusammen mit GKS entwickelt und ist in einem Anhang der GKS Norm beschrieben. In der ISO-Fassung dieser Norm ist allerdings dieser Anhang als "nicht Teil des Standards" bezeichnet. Die Schnittstelle vom GKS zum GKSM und anderen Bilddateien ist jedoch Teil der Norm. Der GKSM ist eine Protokolldatei, die Darstellungselemente und Atribute, aber die Bildstruktur und dynamische Bildänderungen beschreiben kann.

Für die Speicherung und Übertragung unstrukturierter Bilder wurde in der ISO der Computer-Graphiks Metafile (CGM) entwickelt. Auch er kann über die GKS Bilddatei-Schnittstelle angesprochen werden. Die Bilddateinormen werden die Speicherung von Bildern vereinheitlichen und die Übermittlung graphischer Daten zwischen verschiedenen Institutionen erleichtern. Die Integration von Prozeduren zur Bildübermittlung in standardisierte Rechnernetze ist geplant. Beide Bilddateien sind zu GKS kompatibel, sie werden über die (schon genormte) Bilddatei-Schnittstelle des GKS angesprochen werden. Bestrebungen zur Angleichung der beiden Bilddateispezifikationen sind im Gange. Die Kodierung der Bilddatei wird mit den Normungsstellen der Postverwaltungen so abgestimmt, daß auch zur Bildübermittlung in öffentlichen Netzen die GKS/CGM-Schnittstellen verwendet werden können.

8. CGI UND WSI

GKS normt die Anwenderschnittstelle eines graphischen Systems, die Anpassung an die vielfältigen Geräteschnittstellen verschiedener Geräte müssen zur Zeit noch die (oft sehr komplexen) Gerätetreiber vornehmen. Mit der Normung der Geräteschnittstelle (Computer-Graphiks Interface-CGI) wird der Anschluß von Geräten an das GKS stark vereinfacht werden /19/. Mit dieser Schnittstelle können alle Geräte, von einfachen Plottern zu hochinteraktiven Arbeitsplätzen, angesteuert werden. Eine spezielle Untermenge der CGI-Funktionen bildet das GKS-Workstation-Interface (WSI,/17/), das genau die GKS-Funktionen an der Geräteschnittstelle bereitstellt. Eine ganze Reihe von Geräteherstellern bieten diese Schnittstelle an - quasi ein GKS im graphischen Arbeitsplatz.

9. GKS IM BEREICH CAD

9.1 CAD-Schnittstellen

Viele CAD-Systeme sind aus einzelnen Komponenten aufgebaut, die am Markt erhältlich sind, z. B. einem Rechner mit Datenbanksystemem und graphischer Grundsoftware, graphischen Arbeitsplätzen und Plottern. Die CAD-Software solcher Systeme ist sogar oft von einem Rechnertyp zum anderen portabel, und das CAD-System kann mit verschiedenen Typen graphischer Arbeitsplätze betrieben werden. Damit ergeben sich weitere Schnittstellen, über die die verschiedenen Systemkomponenten miteinander kommunizieren müssen. Seit wenigen Jahren wird versucht, einige dieser Schnittstellen zu normen, um so das Zusammenstellen von Systemen aus Komponenten zu erleichtern. Für CAD-Systeme bedeutet dies eine Verbesserung der Portabilität und der Geräteunabhängigkeit und eine Vereinheitlichung des CAD-Datenaustausches und der Archivierung.

Abbildung 8 zeigt den grundsätzlichen Aufbau eines CAD-Systems, in einer vereinfachten Darstellung:

- Die Schnittstelle zwischen der CAD-Software und dem graphischen System. Die Norm für diese Schnittstelle ist das Graphische Kernsystem GKS.

- Die Schnittstelle zwischen dem graphischen System und den graphischen Geräten oder Arbeitsplätzen. Dafür werden die CGI- bzw. WSI-Schnittstellen entwickelt.

- Die Schnittstelle zwischen dem graphischen System und einer einheitlichen Bilddatei zur Speicherung und Übermittlung von Bildern. Diese Schnittstelle wird durch GKS, GKSM und CGM definiert.

- Die Schnittstelle zwischen dem CAD-System und der CAD-Datenbank.

- Die Schnittstelle zwischen der CAD-Datenbank und anderen CAD-Systemen zum Zwecke des Datenaustausches.

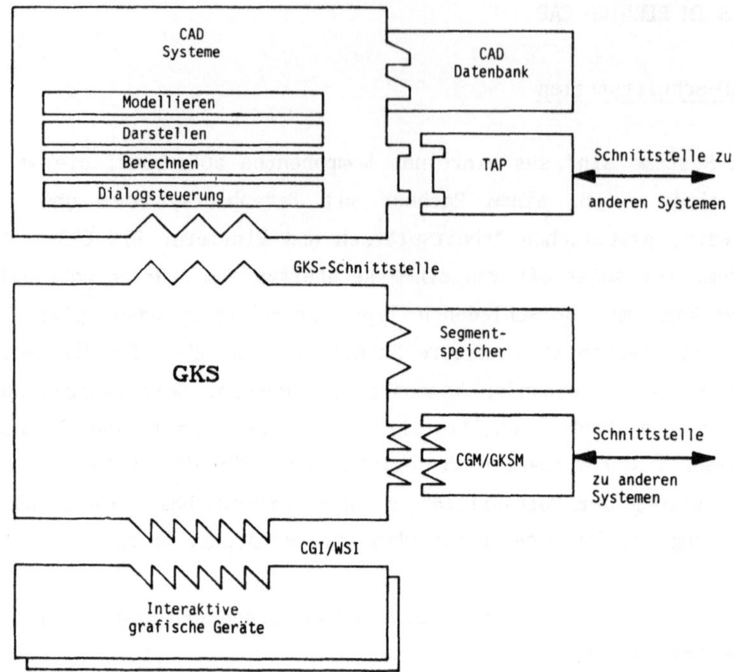

Abbildung 8: CAD-System und wichtige Schnittstellen

9.2 Die GKS-Funktionen für CAD

CAD ist ein Hauptanwendungsgebiet der Computer-Graphik. Das Graphik-System hat dabei zwei wesentliche Aufgaben:

- Visuelle Darstellung der CAD-Entwurfsobjekte, und
- Behandlung der graphisch-interaktiven Kommunikation.

Darstellung von Objekten

Die Computer-Graphik dient der anschaulichen Darstellung der Entwurfsobjekte, sie wendet sich an den Konstrukteur. Bereits in der konventionellen Konstruktion sind graphische Darstellungen, z. B. technische Zeichnungen, Hauptinformationsträger. Für CAD ist die Objektdarstellung eine Voraussetzung.

Anwenderdialogführung

Noch wichtiger als die reine Objektdarstellung ist Computer-Graphik-Unterstützung für den interaktiven Entwurfsprozeß. Auf ein flexibles und mächtiges Graphik-System wie GKS läßt sich eine effiziente und erfreuliche Bedienerschnittstelle aufbauen. In den letzten Jahren wurden "User Interface Management Systems (UIMS)" /18/ entworfen, die eine solche optimale Bedienerschnittstelle realisieren. Ein UIMS gründet sich auf GKS und ist damit der Mittler zwischen GKS und den Anwendungsprogrammen. Es erledigt die Bedienerkommunikation einschließlich Dialogführung und Help-Funktionen. Es erlaubt die Änderung der Charakteristika des Dialoges ohne Änderung der Anwendungsprogramme.

9.3 IGES und andere CAD-Files

Ein CAD-System verwaltet i. a. nicht nur Zeichnungen, sondern komplexe CAD-Objekte, z. B. die mechanischen Teile mit ihrer 3D-Geometrie und sonstigen Eigenschaften. Solche CAD-Objekte können ganze Produkte, z. B. ein Getriebe oder eine Kamera, beschreiben.

Um diese CAD-Objekte systemunabhängig archivieren oder zu anderen Systemen übertragen zu können, bedarf es einer genormten seguentiellen Schnittstelle. Hierher gehören die Schlagworte IGES, TAP und VDAFS. Es handelt sich um Formate für seguentielle Dateien, die z. B. auf Band gespeichert oder über Leitungen übertragen werden können. IGES (Initial Graphik-Exchange Specification) wurde vom amerikanischen NBS (National Bureau of Standards) entwickelt. Die Spezifikation des IGES-Formates wurde 1981 amerikanische Norm.

Seit 1984 werden die CAD-Objekt-Datei-Normen in der ISO behandelt. Der deutsche Beitrag heißt TAP (Transfer und Archivierung produktdefinierender Daten).

Der VDA (Verband der Automobilindustrie) und der VDMA (Verband Deutscher Maschinen- und Anlagenbau) entwickelten aus einem dringenden Bedarf heraus die Schnittstelle zur Übertragung von freien Oberflächen VDAFS (VDA-Flächenschnittstelle). Sie stellt für ein eng begrenztes Aufgabenspektrum eine funktionsfähige Lösung dar und wird daher auch eine DIN-Norm werden /20/.

10. WEITERE ENTWICKLUNG

Die Computer-Graphik-Normen beeinflussen stark die Normung auf angrenzenden Gebieten. Ein wichtiges neues Projekt ist die Einbeziehung von Graphik in Dokumentenarchitekturen-Normen zur Beschreibung, Speicherung, Übermittlung und Ausgabe von Dokumenten, bestehend aus Text und Graphik. Diese Normen werden im Graphikbereich GKS-kompatibel definiert. Ein weiteres wichtiges Projekt ist die Normung von Fenstersystemen, die z. B. durch den PC LIZA in den Mittelpunkt des Interesses gerückt wurden. Dafür wurden Vorarbeiten begonnen.

Neuerdings erfahren einige Normungsvorhaben eine starke Beschleunigung, verbunden mit der Stärkung des europäischen und deutschen Einflusses, durch begleitende geförderte Projekte. Hervorzuheben sind hier das ESPRIT Projekt "CAD-Schnittstellen (CAD Interfaces CAD*I)" und die vom BMFT geförderten Projekte des DFN (Verein Deutsches Forschungsnetz) zum Thema "Graphik in Rechnernetzen", das die Bereiche CGM, CGI, WSI und Graphik in Dokumenten bearbeitet.

In der vor uns liegenden Zeit wird sich die Normung graphischer Systeme auf die folgenden Gebiete konzentrieren:

- GKS-Sprachschalen für weitere Programmiersprachen;
- Zertifizierung und Validierung, d. h. Überprüfung der Normkonformität von GKS-Implementierungen;
- Abschluß der Normung von Bilddateien;
- Normung der Geräteschnittstelle;
- Fertigstellung des 3D-GKS;
- Graphische Anwendungspakete auf GKS-Basis können der Ausgangspunkt weiterer Normungsaktivitäten sein;
- Graphik in Dokumenten.

Literatur

/1/ W.M. Newman, A.v. Dam:
Recent Efforts Towards Graphics Standardization.
Computing Surveys 10,4 /1978) 365-380

/2/ F. Nake, A. Rosenfeld (Eds.):
Graphic Languages, Proc. IFIP Working Conference on Graphic Languages, Vancouver, Canada, 1972.
North-Holland, Amsterdam (1972).

/3/ R.A. Guedj, H.A. Tucker (Eds.):
Methodology in Computer Graphics.
Proc. IFIP WG5.2 Workshop SEILLAC I, May 1976.
North-Holland, Amsterdam (1979).

/4/ ACM SIGGRAPH:
GSPC '77. Status Report of the Graphics Standards Planning Committee.
Computer-Graphics 11,3 (1977).

/5/ ACM SIGGRAPH:
GSPC '79. Status Report of the Graphics Standards Planning Committee.
Computer-Graphics 13,3 (1979).

/6/ J. Encarnacao:
Entstehung und Entwicklung des Graphischen Kernsystems GKS.
In: J. Encarnacao, W. Strasser (Eds.):
Geräteunabhängige graphische Systeme.
Oldenburg (1981) 13-34

/7/ R. Eckert, G. Enderle, K. Kansy, F.J. Prester:
GKS '79, Proposal of a Standard for a Graphical Kernel System. Proc. Eurographics '79, Bologna (1979).

/8/ G. Enderle, K. Kansy, G. Pfaff:
Computer-Graphics Programming - GKS - The Graphics Standard. Springer (1983).

/9/ F.R.A. Hopgood, D. Duce, J. Gallop, D. Sutcliffe:
Introduction to the Graphical Kernel System. Academic Press (1983).

/10/ International Standardization Organization (ISO):
Information Processing - Computer-Graphics - Graphical Kernel System (GKS) - Functional Description ISO IS 7942 (1985).

/11/ Deutsches Institut für Normung (DIN):
Informationsverarbeitung - Graphisches Kernsystem (GKS) - Funktionale Beschreibung. DIN 66 252, Beuth-Verlag Berlin (1985).

/12/ G. Enderle
Genormte Schnittstellen für die Computer Graphik, GKS und Co. erhöhen die Unabhängigkeit. Computerwoche Nr. 5, Februar 1985.

/13/ Deutsches Institut für Normung (DIN):
Deutsche Norm (Entwurf) DIN 66 292, GKS-Sprachschalen, Teil 1 FORTRAN, Beuth-Verlag Berlin, 1984.

/14/ Deutsches Institut für Normung:
DIN 66 252 Teil 2 - Entwurf:
Graphische Systeme der Informationsverarbeitung, Graphisches Kernsystem, Erweiterung für 3D-Graphik, Funktionale Beschreibung, Juni 1984

/15/ Deutsches Institut für Normung:
DIN 66 293 Teil 1-4 - Entwurf:
Graphische Systeme der Informationsverarbeitung, Datei für Speicherung und Übertragung von Bildinformation, Juni 1985

/16/ International Standardization Organization:
CGI Working Draft: Information Processing, Computer-Graphics, Interface for the Dialog with Graphical Devices, Part 1-4, December 1984.

/17/ Deutsches Institut für Normung:
The GKS Workstation Interface, Version 1.0, August 1984.

/18/ G. Pfaff, P. ten Hagen (Eds.):
Seeheim Workshop on User Interface Management Systems. Proc. and Report. EuroGraphic Seminars. Springer (1984).

/19/ American National Standards Institute:
Engineering Drawing and Related Documentation Practices - Digital Representation for Communication of Product Definition Data (IGES) American National Standard ANS Y14.26M (1981).

Standardsoftware und Programmentwicklung für Personal-Computer

Ludwig Nastansky

Überblick

In diesem Beitrag werden Möglichkeiten vorgestellt, die in der Verwendung von sog. "Integrierten PC-Softwarepaketen" für die Systementwicklung von Standardsoftware gegeben sind. Schwerpunkte liegen in einem beispielhaften Aufzeigen von Konzepten und Einzelwerkzeugen des inzwischen weitverbreiteten SYMPHONY-Paketes der Lotus Development Corp.. Betont wird dabei die prinzipielle Offenheit dieser Systeme. Damit werden neue flexible Entwicklungsumgebungen für die Implementierung individualisierbarer PC-Standardapplikationen geboten. Die bisher vorliegenden Erfahrungen in diesem Bereich sind äußerst spärlich.

1. Begriffsumfang von Standard-Software

Der Begriff "Standard"-Software diente schon immer mehr der weichen Umschreibung als exakten Definition bestimmter Klassen von Software. Dieser Unschärfebereich hat sich gerade durch die neueren Entwicklungen im PC-Bereich eher noch weiter vergröbert. Von der Vielfalt möglicher Nutzer her ist weiterhin sehr relativ, was als Standard-Software angesehen wird. Softwareentwickler legen ihr Augenmerk auf normierte Standards in Softwareentwicklungsumgebungen und insbesondere Sprachen; Endanwender stellen eher den Akzent fremdentwickelter anstelle von selbsterstellter Software in den Vordergrund, wenn sie über Standard-Software diskutieren.

Im Mainframe- und Mini-Computerbereich hat sich mehr oder weniger ein Profil eingebürgert, bei dem mit Standard-Software vor allem lauffähig konfektionierte Programme gemeint sind, die für spezifische Anwendungen fertige Lösungen bieten. Individuelle Anpassungen sind in Grenzen möglich. Typische Beispiele sind die weitverbeiteten kommerziellen Anwendungsprogramme für betriebliche Funktionen wie Materialwirtschaft, Lohn- und Gehalt, Produktionsplanung und -steuerung, Vertriebsabwicklung, usw. oder auch branchenspezifische Lösungen. Typische Beispiele sind weiterhin Pakete für allgemeine Datenverarbeitungsfunktionen wie Text- und Dokumentenverarbeitung, Datenmanagement oder Graphik.
Derartige Pakete sind auch im PC-Bereich inzwischen in Fülle verfügbar. Beredtes Zeugnis für dieses explodierende Angebot an fertig konfektionierter PC-Software auf dem deutschsprachigen Markt geben z.B. der laufend wachsende ISIS Personal Computer Report (ISIS 1985) - dort werden kommerzielle PC-Programme auf ca. 250 Seiten vorgestellt - oder das vielfältige Angebot von PC-Softwarehäusern. Man findet zahlreiche Pakete für Textverarbeitung, Datenmanagement, (Tabellen-) Kalkulation, Graphik, Kommunikation oder Projektmanagement. Weiterhin wird dort ein variantenreiches Angebot an branchenspezifischer Software oder für bestimmte betriebliche Funktionsbereiche offeriert. Auf diesen Typ von Standardsoftware soll im weiteren jedoch nicht eingegangen werden, da hier kaum der Kern von Entwicklungstrends deutlich gemacht werden kann, welcher sich in neueren

Sichtweisen bei der Systementwicklung für PC-Standardapplikationen eröffnet.

Vielmehr sollen in diesem Beitrag vor allem Möglichkeiten diskutiert werden, die im Graubereich zwischen fertig konfektionierter Anwendungssoftware und offenen Entwicklungsumgebungen für Individualanwendungen liegen. Man kann die Entwicklung offener und anpaßbarer Anwendungssoftware als einen Schwerpunkt im Softwaredesign für Mainframe- und Minicomputer in den letzten Jahren ansehen. Die jeweilig verwandten Techniken zur Implementierung individueller Softwareversionen liegen auf einer weiten Skala. Sie reichen von komplexen Zielcode-Generierungskonzepten bis hin zu einfacheren Techniken etwa spezifischer Parametersetzungen für Individualanwendungen. Eine kommerziell erfolgreiche Generierungsumgebung für komplexe kundenspezifische Modulzusammenstellungen stellt z.B. das weitverbreitete COMET-System von Nixdorf im Minicomputerbereich dar. Reportgeneratoren geben viele Beispiele für leistungsfähige parametrisierte Systeme. Ähnlich bieten die Benutzerschnittstellen von Datenbanksystemen mit ihren Hochsprachen und alternativen Zugriffkonzepten im externen Schema Beispiele für die Flexibilität eines Standardprofils für die Anpassung an Individualwünsche.

2. Standard-Software und Integrierte PC-Softwarepakete

Im PC-Bereich haben derartige flexible Konzepte für standardisierte Endnutzerapplikationen aus vielerlei Gründen von vornherein eine viel größere Rolle gespielt. Daneben gibt es PC-Entwicklungsumgebungen für praktisch alle weiterverbreiteten Hochsprachen, deren Reifegrad inzwischen mit den gewohnten Standards der Mainframe- und Mini-Computer durchaus konkurrenzfähig ist. Auf diese "klassischen" Entwicklungswerkzeuge im Umfeld höherer Programmsprachen soll hier jedoch nicht weiter eingegangen werden.
Vielmehr eröffnen sich bei den seit etwa einem Jahr verstärkt auf den Markt dringenden sog. "Integrierten PC-Softwarepakete" (im weiteren: IPCSW) Konzepte und ein Bündel mächtiger Einzelwerkzeuge für die Entwicklung von Standardapplikationen, die eine fast unüberschaubare Fülle an Designvarianten für komplexe Anwendungen anbieten. Beispiele für derartige IPCSW sind OPEN ACCESS, FRAMEWORK, KNOWLEDGE MAN oder SYMPHONY. Andere Beispiele liegen in der integrierten Verwendung von PC-Einzelwerkzeugen in multitasking PC-Betriebssystemen, wie etwa Digital Research's CONCURRENT-PCDOS VS-3.2. Schwerpunkt dieses Beitrags sind konzeptionelle Probleme der Entwicklung von Standard-Software mit IPCSW.

Die bei IPCSW verwendbaren einzelnen Bausteine sind in der Informatik im Grunde schon länger bekannt. Was neu ist, ist die integrierte Verfügbarkeit dieser Werkzeuge auf hardwaremäßig leistungsfähigen PC-Workstations. Damit kommt durch die Komplexität von Konzepten und einzelnen Tools eine neue Dimension in das Software-Engineering, für die eine ausgewogene Beurteilung zur Zeit mangels breiter Erfahrungen mit diesen Paketen, sowohl bei der Softwareentwicklung wie auch im Anwendungsbetrieb, kaum möglich erscheint. Dieses Argument sei pointenhaft verdeutlicht.

Ein IPCSW wie z.B. SYMPHONY (1984) bietet Architekturkonzepte wie:

- komplexes Fenstermanagement;
- Umgebungen für Text, Kalkulation, Datenmanagement, Graphik und Kommunikation;
- praktisch beliebig offene Daten- und Fileformate nach außen, z.B. mit Optionen für benutzerdefinierte Übersetzungstabellen;
- automatisierbare Anbindung externer Applikationen;

- Netzoffenheit für Fremdsysteme, LANs oder Öffentliche Netze;
- integrierte Konzepte für internationale und landesspezifisch anpaßbare Versionsvarianten;
- Modularisierungsmöglichkeiten für das aktive Worksheet wie auch beliebige Verzahnung mit externen Worksheetmodulen;
- Tastaturmacros und eine Macrosprache mit wichtigen prozeduralen Konstrukten höherer Sprachen (u.a. subroutines, loops, if-then-else); autoexec-Mechanismen; direkte, symbolische, indirekte wie auch relative Adressierung; umfassende Funktionen z.B. für Stringmanipulation, Realzeitfunktionen, Formatierung, (Datenbank-) Statistiken oder mathematische Formeln;
- wahlweise Abbildung von Verarbeitungsprozessen auf die implizite typische Worksheet-Struktur eines Tabellenkalkulationssystems oder auf hochsprachenanaloge Prozeduren in den Macros;
- identische und damit transparente Parametertabellenkonzepte für die systemeigene Parameterverwaltung wie auch für Applikationsparameter beliebiger Anwendungen; identische und damit gleichfalls transparente Menüsteuerungskonzepte für das System selber wie auch für Applikationsmenüs (siehe z.B. Abb. 1, unterer Teil, letzte Menüzeile: Applikation, Menüzeilen davor: SYMPHONY-System); entsprechend transparente Help-Konzepte für das System selber wie für die Applikation;
- Benutzerinteraktionen zur Systemsteuerung bei turn-key Anwendungen können auf einer breiten Skala zwischen (Abhol-) Menükonzepten, Funktionstastenbelegungen und Kommandosteuerung abgebildet werden;
- es können Worksheet-Templates bis 4 MByte RAM verwaltet werden.

Derartige IPCSW bieten dabei im Einzelnen Werkzeuge, die neben der klassischen prozedurorientierten Codierung Konstrukte umfassen wie z.B.:

- Datenbankgenerierung mit Merkmalen wie: Formularediting, vielfach prüfbare Datenerfassung, Reportgenerierung oder Schnittstellen zur Textverarbeitungsumgebung für Bausteinbriefe;
- vielfältige mächtige Konzepte für Kommunikations-Handshake von unteren Protokollebenen im Sinne des ISO/OSI-Modells bis zu höheren Ebenen des Verbindungsaufbaus, z.B. für automatisches Login, gegebenenfalls mit intelligenten Wiederholungsversuchen oder verdeckter Passwortübergabe;
- in der X/Y-Graphikoption durch die Verbindung mit String-Manipulationen flexible Möglichkeiten tabellengesteuerter automatischer Graphikgenerierung eines breiten Layoutspektrums;
- im Tabellenkalkulationsteil vielfältige logische, numerische und String-Verarbeitungsfunktionen, Datum- und Uhrzeitfunktionen, Zinsformeln, Rückrechnungsmöglichkeiten von Ausgangsparameterkonstellation bei gegebenem Zielparameter, u.v.a.m..

Es sei dabei beispielhaft eine Facette im Detail hervorgehoben. Wenn man etwa bedenkt, daß bei SYMPHONY jegliche Benutzerinteraktion auf Macros abgebildet werden kann (in einem learn-mode auch automatisch) und die Macros konzeptionell als Strings verankert sind, die während des Macroablaufs beliebig manipuliert werden können, wird ein wenig deutlich, welche Flexibilität im Systemdesign gegeben ist, gleichzeitig aber auch, welche hohen Anforderungen an die Qualifikation der Softwareentwickler sich dabei auftun (man kann im Macro-Interpretationsmodus durch (Quell-) Macros (Ziel-) Macrocode generieren lassen, der dann in weiteren Schritten selber interpretiert wird). Die Macros können dabei z.B. auch durch die Kommunikationsfunktion der IPCSW über das Netz von außen heruntergeladen werden (siehe Abb. 2: Fenster oben rechts). Für derartige Entwicklungsumgebungen sind z.Zt. kaum qualifizierte Softwareentwickler verfügbar. Es sprechen viele Gründe dafür, daß das Qualifikationsprofil eher im Bereich anwendungsnäheren Systemdesigns liegt als bei herkömmlichen Hochsprachen.

3. Benutzertypen

Die Dienstleistungen von "Standard"-Software können sich an unterschiedlichste Benutzertypen richten (MÜLLER 1983, S. 20f; NASTANSKY 1984, S. 97f.). Gerade im PC-Bereich besteht die Gefahr, daß durch das Aufbrechen der gewohnten Arbeitsteilung zwischen professionellen Systementwicklern und Anwendern verschiedene Ebenen vermengt werden, die vernebeln, was man denn nun eigentlich unter Standard-Software verstehen soll.

Es ist in diesem Kontext sicherlich mindestens zwischen folgenden Benutzertypen zu unterscheiden:

- "Systementwickler". Diese nutzen verschiedenste Softwareentwicklungsumgebungen zum Erstellen von Standardsoftware. Im PC-Bereich ist ein Problem, daß die Entwicklungsumgebung identisch sein kann mit der Applikationsumgebung. Dies ist z.B. bei IPCSW der Fall. Hier sind dann alternativ die Verwendungsprofile des Systems zu unterscheiden: Softwareentwicklung oder Produktionsanwendung.

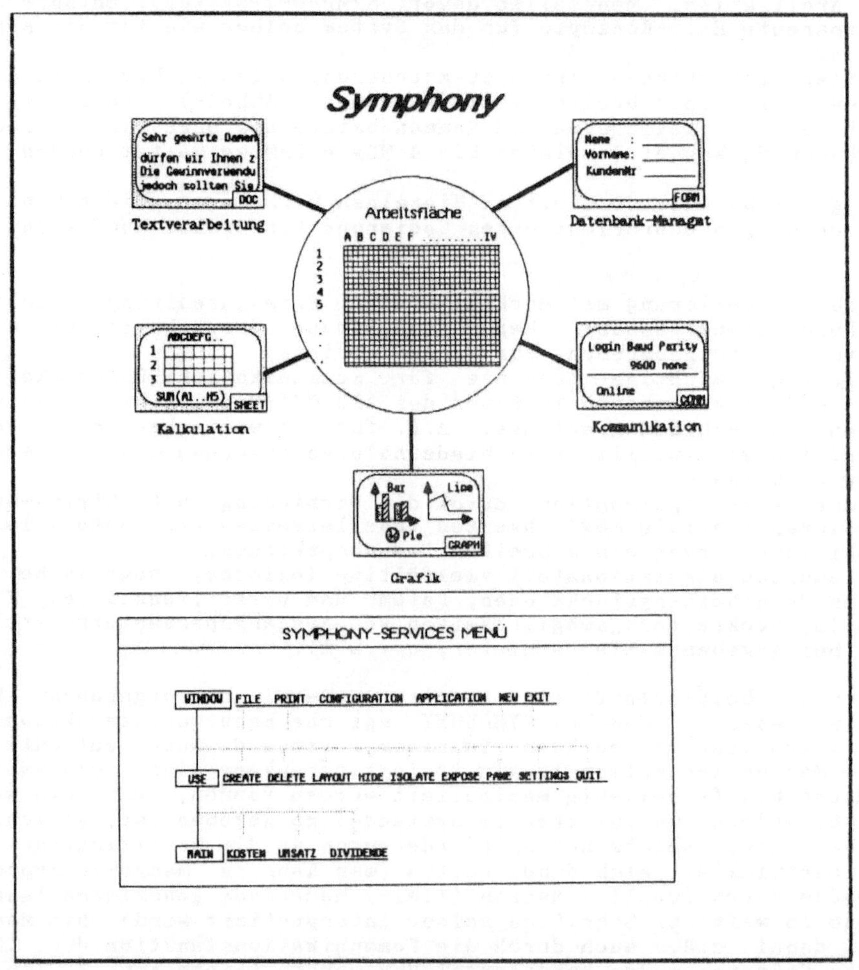

Abb. 1: Standarddienstleistungen eines Integrierten PC-Softwarepaketes (*)

- (Qualifizierte) "Endnutzer" in Anwendungsumgebung. Diese nutzen PC-Standardsoftware zweifach. Entweder verwenden sie diese PC-Standardsoftware als Werkzeuge für einfache selbstentwickelte Anwendungen. Oder aber sie arbeiten mit vorbereiteten Templates für komplexe Anwendungen; diese Standardtemplates können unverändert genutzt werden oder im laufenden Applikationsbetrieb von diesen Endnutzern fallweise oder auf Dauer modifiziert werden. Es ist notwendig, daß dieser Endnutzertypus sowohl in grundsätzlichen Konzepten wie auch mancherlei Details in der Verwendung der IPCSW geschult ist.
- "Operator". Diese nutzen Standardsoftware als turn-key Anwendungen. Schulung erstreckt sich auf reine Beherrschung der Bedienungsfunktionen.

4. Entwicklung von Standardsoftware mit Integrierter PC-Software

Im weiteren soll der beispielhaften Argumentation auf der Grundlage typischer Merkmale von Standardapplikationen mit IPCSW der Vorzug gegenüber einem referierenden Überblick gegeben werden. Als Beispiel sei das IPCSW-Paket SYMPHONY gewählt. Für diese Wahl sprechen zwei Gründe. Einmal ist dieses System auf dem US-Markt kurz nach

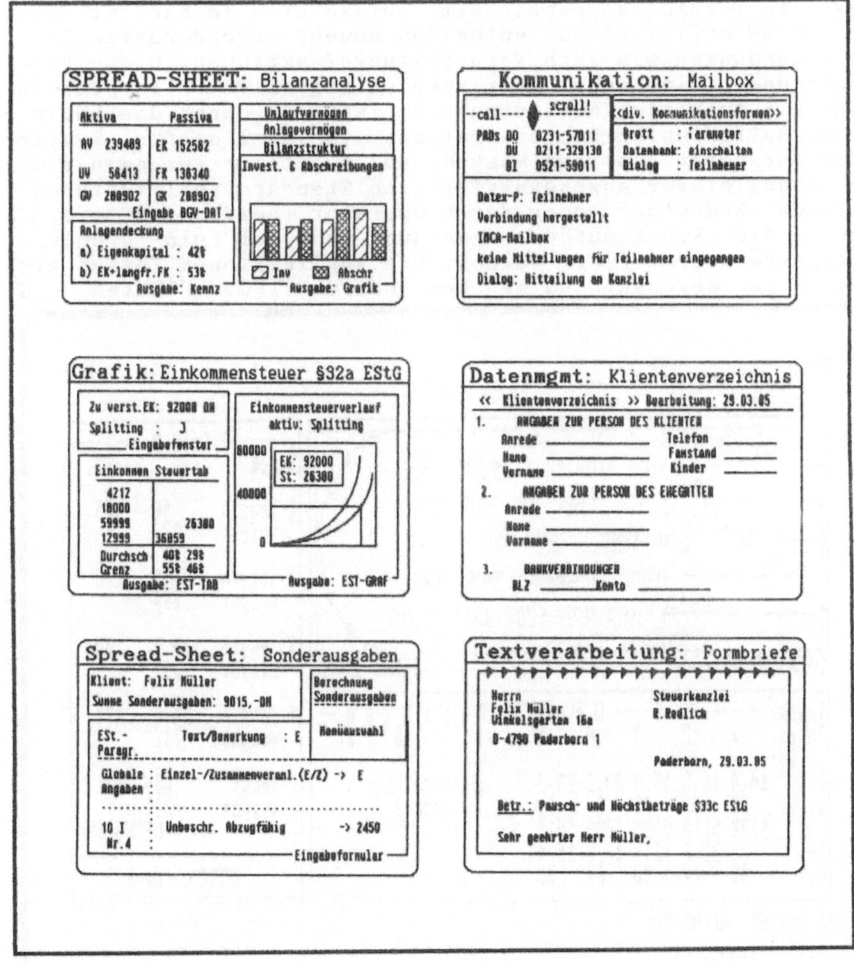

Abb. 2: Beispiele für IPCSW-Anwendungen mit vorbereiteten Templates (*)

seiner Einführung Mitte 1984 bereits äußerst erfolgreich (Marktdurchdringungsindex bei PC-Anwendern ca. 50%; vgl. PC-Magazin, Nr. 15, 4/1984, S. 7), zum weiteren bietet es z.Zt. die wohl allgemeinste Architektur und variantenreichsten Designmöglichkeiten für die Entwicklung professioneller PC-Standardsoftware.

SYMPHONY wie auch die anderen IPCSW-Pakete sind direkt nutzbar als Standard-Werkzeuge für allfällige tägliche Datenverarbeitungsaufgaben am PC-Arbeitsplatz, meist als Einmalanwendungen. Als jetziger Standard des Dienstleistungsprofils werden dabei integriert verwendbare Tools für Text- und Dokumentenverarbeitung, Datenmanagement, (Tabellen-) Kalkulation, Graphik und Kommunikation, z.T. weitere Funktionen (z.B. Termin- und Projektmanagement), angeboten (vgl. Abb. 1). Von den Benutzerschnittstellen her sind diese Werkzeuge dabei für den Anwender am Arbeitsplatz in der Fachabteilung ausgerichtet. Sie sind EDV-technisch weitgehend entschlackt, erfordern jedoch fraglos Einarbeitungs- und Trainingsaufwand für den Endnutzer.

Weiterhin sind diese Systeme nutzbar für vorbereite spezialisierte Datenverarbeitungsaufgaben, regelmäßig für laufende sich wiederholende Anwendungen. Die Struktur dieser dedizierten Anwendungen wird dabei in Templates gespeichert. Diese sind im Kontext der verwandten IPCSW definiert und enthalten sowohl Anwenderdaten der speziellen Anwendungen wie auch Verarbeitungsfunktionen. Diese Verarbeitungsfunktionen sind dabei sehr komplex abgebildet: in prozeduralem Macrocode wie auch als Tastaturmacros, implizit durch die Logik eines tabellenorientierten Worksheet-Systems, in Tabellen für System- und Anwendungsparameter oder für Masken, durch externe Bezüge u.a.m..
Die Handhabung dieser anwendungsfertigen Standard-Applikationen kann dabei durch Endnutzer oder durch Operator (beides im o.a. Sinn) geschehen. Die Sicht auf die Anwendung kann auf rein problemorientierte Aspekte konzentriert werden. Die Applikationen lassen sich bei SYMPHONY - im Gegensatz zu manchen anderen IPCSW-Paketen - derart

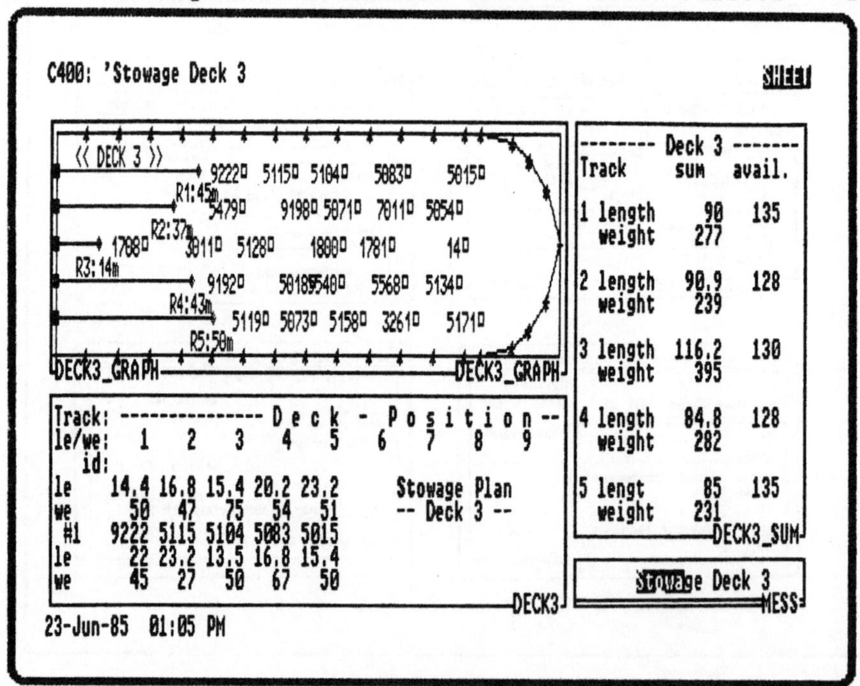

Abb. 3: Anwendungsbeispiel: Stauplanung eines Eisenbahnfährschiffes

gestalten, daß an den Schnittstellen der Benutzermaschine (Bildschirm, Tastatur, Drucker) im Prinzip nicht erkennbar ist, daß die Implementierung über ein IPCSW-Paket erfolgt und nicht z.B. über eine höhere prozedurorientierte Sprache. Beispiele für Bildschirmsichten derartig implementierter typischer betrieblicher Anwendungen finden sich in Abb. 2.

5. Designkonzepte bei Integrierten PC-Softwarepaketen

Einige Designkonzepte bei der Softwareentwicklung mit IPCSW sollen im weiteren an Beispielen diskutiert werden. Dabei wird der Aspekt hervorgehoben, daß offene Standardapplikationen entwickelt werden, die vom Konzept her individualisierbar sind.

In Abb. 3 ist eine Bildschirm-Hardcopy der Endnutzersicht eines Anwendungssystems zur Stauplanung für ein Eisenbahnfährschiff wiedergegebenen. Geöffnet sind Fenster, mit deren Hilfe der Beladungsvorgang auf Deck 3 des Schiffes geplant und überwacht werden kann. Im (Graphik-) Fenster oben links findet sich ein maßstabgerechtes Layout der aktuellen Beladungssituation. Im (alpha-num.) Fenster rechts sind Summeninformationen über Spurlängen und aktuellen Ausnutzungsgrad der fünf Schienenstränge auf Deck 3 sowie über Ladegewichte wiedergegeben. Das (alpha-num.) Fenster unten links enthält einen Ausschnitt der Einzelinformationen: Länge, Gewicht und Id-Nr. über die einzelnen Güterwagen. Wie man sieht, ist z.B. Güterwagen Id-Nr. 5015 auf Schienenstrang 1 von Deck3 am weitesten am Schiffsbug untergebracht. Die verfügbaren Restlängen sind sowohl in der Graphik links maßstabgerecht angezeigt, wie auch aus dem Summenfenster rechts ersichtlich.

Entsprechend der Worksheet-Struktur des gesamten Systems, führt eine Informationsänderung in Fenstern mit Eingabedaten zu einem sofortigen Update der davon abhängenden Informationen im gleichen Fenster wie auch gegebenenfalls in anderen geöffneten Fenstern. Wird etwa im Fenster unten links auf Spur 1 ein neuer Güterwagen an 6-ter Deckposition mit seinen Daten: Länge, Gewicht und Id-Nr. eingebucht, werden entprechend die neuen Summen im Fenster rechts ausgewiesen und die Graphik maßstabgerecht bei zusätzlicher Aufnahme des neuen Güterwagens aktualisiert.

Die Graphik wurde mit der standardmäßig verfügbaren X/Y-Graphik des IPCSW-Paketes SYMPHONY generiert. Alle Informationen dazu sind im Worksheet in Tabellen (ohnehin) verfügbar oder werden für gewünschte Visualisierungseffekte besonders aufbereitet. Texte lassen sich über die Label-Option an beliebiger Stelle einblenden. Vor dem konzeptionellen Hintergrund von SYMPHONY, daß Texte als Zeichenketten immer das Ergebnis einer (beliebig komplexen) Stringmanipulation sein können, bedeutet das für diese Anwendung, daß hier in die Graphik neben dem graphischen Layout beliebige Zeichenketteninformationen wie Id-Nr., Restlängen oder erklärende Texte eingeblendet werden können. So ist etwa die ausgewiesene Restlänge von 45 m auf Spur 1: "R1:45m" Ergebnis einer String-Concatenation, in die wiederum Rechenergebnisse (verfügbare Spurlänge minus Summe der aufgelaufenen Güterwagenlängen) einfließen. Die geeignete Einbettung der Positionsinformation für dieses Restlängenlabel in die X/Y-Graphik bewirkt, daß sich die Position maßstabentsprechend ändern würde, wenn ein weiterer Güterwagen auf Spur 1 zugewiesen würde.
Es ließen sich noch weitere Facetten hervorheben. Der Tenor dieses beispielhaften Exkurs ins Detail sollte der folgende sein. Bei erster Betrachtung der standardmäßigen Leistungsmerkmale üblicher X/Y-Graphik besteht die Gefahr, daß man die damit gegebenen Designmöglichkeiten weit unterschätzt, da man die Mächtigkeit der übrigen verfügbaren Funktionen im Kontext des gesamten IPCSW-Paketes fehlgewichtet. Diese Erfahrung gilt analog auch für andere Verarbeitungsfunktionen.

Systementwickler müssen hier intensive handwerkliche Erfahrungen gewinnen!

6. Standard-Entwicklungstemplates

Inwieweit man Änderungseingriffe des Endnutzers zur Änderung der im Template verankerten Standardstruktur zulassen will, hängt vom Implementierungsdesign und der Endnutzerführung ab. Prinzipiell lassen sich beliebige Komponenten der Anwendung vor dem Endnutzerzugriff durch Protect- und Hide-Mechanismen für Worksheet-Daten oder Tastaturfunktionen mit Passwortunterstützung schützen. Wenn die Benutzerführung streng menüorientiert gestaltet wird, kann z.B. jegliches systeminterne Detail dem Endnutzer verborgen bleiben. Auf der anderen Seite ist aber auch eine volle Offenheit des gesamten Systems möglich.

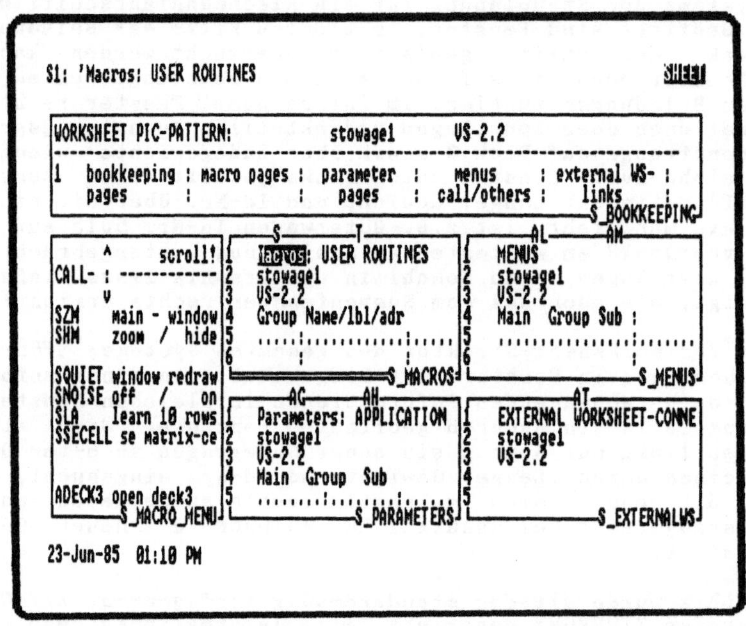

Abb. 4: Konzept einer Standard-Entwicklungsumgebung für SYMPHONY

Im o.a. Stauplanungsbeispiel läßt sich z.B. durch Aufruf eines Tastaturmacros (dieses Macro ist beispielhaft in Abb. 5 wiedergegeben) sofort auf die interne Entwicklungssicht der Anwendung umschalten. In Abb. 4 sind die dabei auf das Worksheet geöffneten Fenster als Bildschirm-Hardcopy wiedergegeben. Es handelt sich hier um sechs standardmäßig vorbereitete Fenster, in denen Parameter, Macrocode und insbesondere die Dokumentation der Systementwicklung selber festgehalten sind. Vor Beginn der Softwareentwicklung mit dem IPCSW-Paket wurde hier nicht mit einem leeren Worksheet angefangen, sondern mit einer Standardumgebung, in der wichtige Komponenten der Systementwicklung als Vorschläge vorstrukturiert sind. Im konkreten Fall ist hier ein vom Verfasser für die eigene Nutzung entwickeltes SYS-SHEET für SYMPHONY gezeigt. Dieses SYS-SHEET enthält vorbereitete Fenster für die Sicht auf:

- generelles Layout der Worksheet-Belegung (S_BOOKKEEPING),
- Menü mit Steuerungsmacros für die Systementwicklung (S_MACRO_MENU),
- den Macrocode auf verschiedenen Seiten (S_MACROS),
- globale Systemparameter (S_PARAMETERS),

- alle verwandten Menüs der Applikation (S_MENUS) sowie
- externe Bezüge (S_EXTERNALWS).

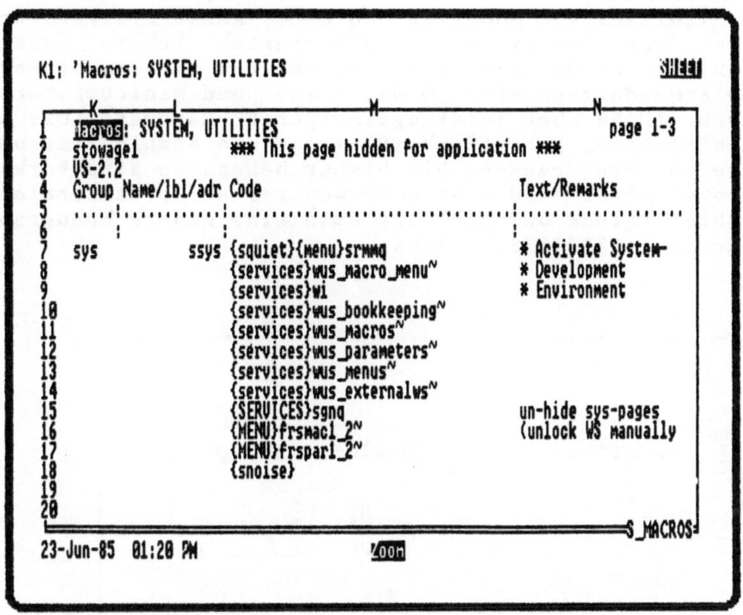

Abb. 5: Beispiel für IPCSW-Macrocode

Soll z.B. neuer Macrocode aufgenommen werden oder vorhandener Code modifiziert werden, läßt sich dies durch Öffnen des S_MACROS-Fensters (Tastaturfunktion ZOOM) durchführen. Ein beispielhafter Blick auf Seite 1, Zeilen 7-20, des Macrobereiches findet sich in Abb. 5. Diese Seite, die gegebenefalls originären lizenzgeschützten Code enthalten mag, kann z.B. vor dem Anwender vollständig verborgen werden, entsprechend der Konzeption von SYMPHONY manuell interaktiv oder wiederum durch ein Macro selber. In der vorgestellten Anwendung verbirgt ein solches Macro mit Passwortschutz genau definierte Worksheet-Bereiche vor Einsicht und Zugriff des Anwenders.

In einem anderen Fenster, S_BOOKEEPING, sind Bereiche des Worksheets sichtbar, in denen die gesamte Belegung der Worksheet-Matrix sowohl textlich-tabellarisch wie auch als semi-graphische Layoutmuster (siehe Ausschnitt dieses Fensters in Abb. 6) dokumentiert sind. Wie man sieht, sind hier die Zeilen 1-50 und Spalten a-az für das standardmäßige Systementwicklungs-Template vorgesehen.
Das macrogesteuerte schnelle Wechseln zwischen diesen Fenstern bei der Systementwicklung ermöglicht eine schrittweise Systementwicklung bei paralleler Dokumentation des gesamten Systems im Applikations-Template selber. Wenn externe Dokumentation gewünscht ist, ließe sich entsprechend beliebig ein externes Worksheet/Template für die Aufnahme dieser Dokumentation zuladen oder ausblenden. Durch geeignete Betriebssystemeinstellung könnte dieses externe Worksheet für praktisch verzögerungsfreie Nutzung in RAM-Bereiche gelegt werden oder auf Plattenmedien mit entsprechend größeren Zugriffszeiten.

7. Strukturierung und Modularisierung

Zweckmäßige Strukturierung komplexer Softwaresysteme ist ein lang bekanntes Problem, dessen eine Facette ist, daß eine fast unüberschaubare Vielzahl von Modellen und auch kommerziellen Entwicklungsumgebungen zur Generierung strukturierter Pakete existieren. Diese Komplexität wurde bisher vor allem bei Systemsoftware und umfangreichen Anwendungspaketen im Mainframe- und Minicomputerbereich gesehen. Durch IPCSW über leistungsfähiger PC-Hardware (bis mehrere MByte RAM, Festplatten, Netzoffenheit) ist diese Komplexität nun auch in den PC-Bereich vorgedrungen. Die bisher bekannten Strukturkonzepte für Softwareentwicklung sind mehr oder weniger auf prozedurale Sprachen ausgerichtet (siehe beispielhaft etwa eine neuere Monographie zu Software-Konzepten: FERSTL/SINZ 1984).

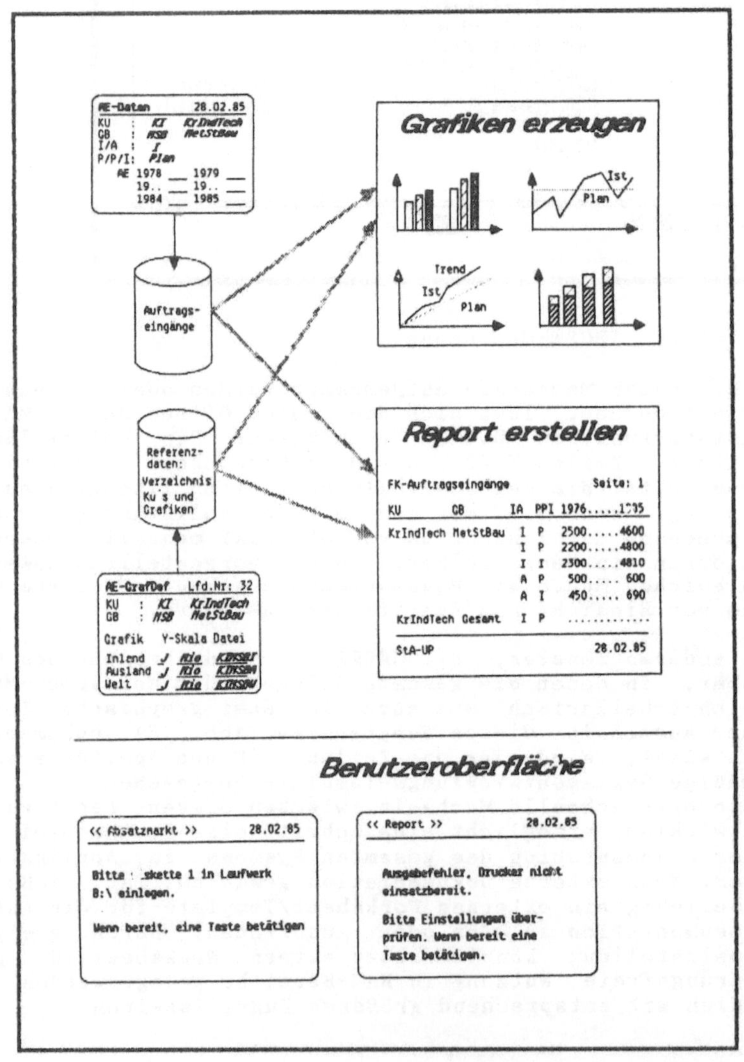

Abb. 8: Beispiel einer Marketing-Applikation mit SYMPHONY (*)

```
A31: 'WORKSHEET PIC-PATTERN:                                              SHEET

 -----------------------------------------------------------------------------
 WORKSHEET PIC-PATTERN:          stowage1        WS-2.2
 -----------------------------------------------------------------------------
 1   bookkeeping : macro pages : parameter  :    menus     : external WS- :
     pages       :             :   pages    : call/others  :    links     :
     #1       #2 : #1  #2  #3  : #1  #2  #3 :     #1       :     #1       :
     a         j : k    o   v  : w   ab  ak : al        as : at        az :
 50  -------------------------------------------------------------------------
 51  deck3             n51 ----------                      :
     MAIN                 deck3_sum                        :
                       ---------- q67                      :
     a71 -----------------------------------------------   :
     deck3_graph                                           :
     ------------------------------------------ dz80       :
 80  -------------------------------------------------------------------------
     <<< north-west unused area

 ==================================================================S_BOOKKEEPING
23-Jun-85  01:15 PM                     ZOOM
```

Abb. 6: Standard-Buchhaltungsfenster zur Dokumentation der Worksheet-Belegung

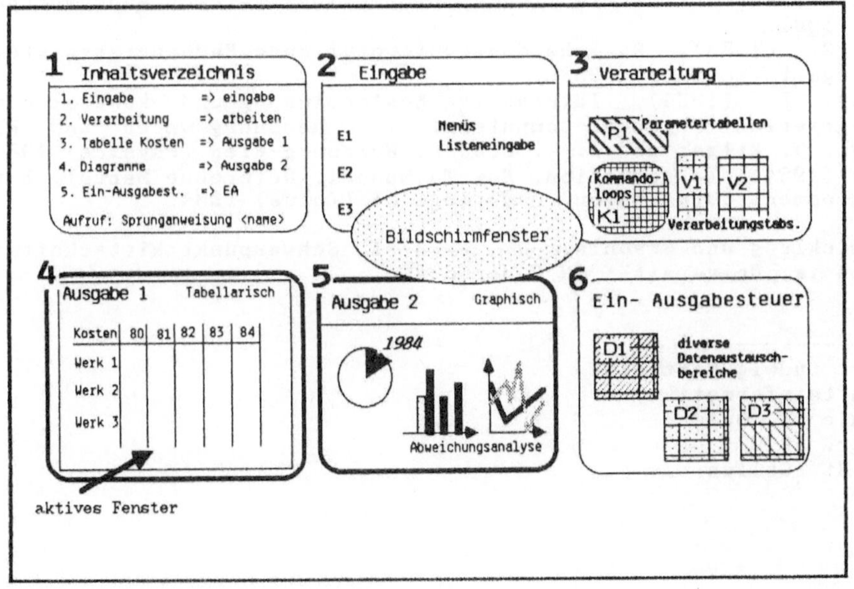

Abb. 7: Worksheet-Strukturierung und Fenstertypen bei Integrierter PC-Software

Diese Konzeptionen können nicht ohne weiteres auf die Struktur eines IPCSW-Paketes mit den oben skizzierten Eckmerkmalen, insbesondere der Templatekonzeption mit einer Integration von expliziten und impliziten Verarbeitungsmechanismen wie auch System- und Anwendungs-Daten, übertragen werden. Ein einfaches Modell als Ausgangspunkt für ein mögliches Design von Standardapplikation über einer tabellarischen Worksheet Struktur wie bei SYMPHONY findet sich in Abb. 7. Es ist notwenig, diese (Detail-) Konzepte zu integrieren in umfassende Entwurfsmethoden betrieblicher Informationssysteme und abzustimmen mit den eingesetzten Funktionsbeschreibungsmethoden und Modellen für Data-Dictionaries (siehe z.B. ÖSTERLE 1981).

Ein weiteres Beispiel, das vielleicht weitere Hinweise zum notwendigen Umdenken bei der Entwicklung von PC-Standardsoftware geben mag, findet sich in Abb. 8. Dort sind einige Strukturmerkmale einer realisierten SYMPHONY-Marketingapplikation in einem Großunternehmen der BRD wiedergegeben. Im Worksheet werden dabei z.B. Strukturen unterschiedlicher Graphiktypen in einer Datenbank verwaltet. Weiterhin werden auch die Daten für diese Diagramme in davon getrennten Datenbanken im Worksheet verwaltet. Wenn man so will ist hier also in der PC-Applikation eine Diagrammdatenbank als integrierte Teilfunktion implementiert und in turn-key Umgebung verfügbar.

Literaturhinweise

Isis (1985): Isis Personal Computer Report, München (Nomina Verlag) 1985.

Ferstl, O.K. und E.J. Sinz (1984), Software-Konzepte der Wirtschaftsinformatik, Berlin-New York (de Gruyter) 1984.

Österle, H., Entwurf betrieblicher Informationssysteme, München (Hanser) 1981.

Müller, G. (1983), Entscheidungsunterstützende Endbenutzersysteme. Stuttgart (Teubner) 1983.

Nastansky, L. (1984), Interaktive Kostenplanung und -kontrolle auf integrierten Personal-Computern. In: Rechnungswesen und EDV, Hrsgb. W. Kilger und A.-W. Scheer, Würzburg-Wien (Physica) 1984.

Symphony (1984): Introduction; How-To Manual; Reference Manual. Lotus Development Corporation, Cambridge MA (Lotus) 1984.

(*) Entwicklung und Graphik: D. Wichert, Schwerpunkt Wirtschaftsinformatik, Universität GH Paderborn

----

Prof. Dr. Ludwig Nastansky
Wirtschaftsinformatik
Hochschule St. Gallen
Dufourstr. 50
CH-9000 St. Gallen
Schweiz

Software Development in the Cedar Programming Environment

James Donahue
Xerox Corporation, Palo Alto Research Center
Palo Alto, California, USA 94304

Abstract

Cedar is an environment for "experimental programming," the development of systems of moderate size that are used by moderate numbers of people. The Cedar environment runs on a collection of high-performance workstations connected by a network. This paper will discuss the mechanisms in the Cedar environment to support software development by small teams using workstations on a network and describe some of the successes and shortcomings of Cedar in this regard.

1. Introduction

Cedar, an environment for "experimental programming," has been under development in the Computer Science Laboratory at the Xerox Palo Alto Research Center for the past several years. Many aspects of Cedar are taken from, or are natural outgrowths of, many years of work inside PARC and the System Development Division of Xerox in developing Mesa-based, networked programming environments for high-performance personal workstations. Teitelman's CSL technical report [Teitelman84a] gives a detailed description of Cedar from the programmer's perspective; additional aspects of Cedar are discussed in [Deutsch80, Teitelman84b, Brown85, Donahue85, Swinehart85, Rovner85].

To quote from the report outlining the proposed requirements for Cedar [Deutsch80], "Experimental programming is the production of moderate-sized systems that are usable by moderate numbers of people in order to test ideas about such systems." Experimental programming falls somewhere between *exploratory programming*, the development of primarily one-person, one-of-a-kind software that is used by the developer to solidify some systems idea, and *production programming*, the development, probably by a large group, of a software system that is intended to be a major capital asset for the developer. The groups working on Cedar projects are fairly small, but the system is intended to be used for the production of reasonably sized, robust systems: while we aren't building large scale capital assets, the Cedar users generally depend on the system for all of their day-to-day work.

In this paper, we will focus on only one part of the Cedar environment, the use of the network in software development. To understand the benefits and problems of software development in a networked environment, we first contrast the networked workstation environment with a large time-sharing system. The point we wish to make is that there are two important aspects of time-sharing systems that are hard to reproduce in a workstation environment: having the system be much larger than the perspective of a single user and providing the sharing that central control and administration makes possible. The remainder of the paper will discuss these points in detail and describe the mechanisms that Cedar provides to attack these problems.

2. Workstations vs. Time-Sharing

2.1 Workstations' Advantages

The advantages of a networked environment of personal workstations have been described in many places. Having a personal workstation provides two very important benefits: guaranteed performance and redundancy in the face of hardware failures.

One of the major advantages of the workstation model of computing is that a workstation provides the user with guaranteed computational resources (the machines don't run any faster at night). This means that the productivity of a programmer need not fall off in the afternoon just because a number of other users are trying to work on the system. Cedar runs on the collection of Xerox workstations, the 1100 (or Dolphin), the 1108 (or Dandelion), and the 1132 (or Dorado) processors, with most of its users having Dandelions or Dorados. The Dandelion processor (also used in the Xerox Star system) runs at about 1/2 the speed of a VAX 11/780 for typical processing [Harslem82] and the Dorado is a very high-performance personal computer (it has a cycle time of 60ns [Pier83]).

The performance gains to be made by using high-performance workstations like Dorados are hard to quantify, but in our environment they seem substantial. For instance, Pier [83] reports that, "it seemed as if a few hours on a Dorado were more productive than an entire day on a smaller machine running a comparable environment. . . . An informal survey of Cedar users found that expert users claimed subjective productivity improvement factors ranging from two to five over Cedar or similar programming environments running on less powerful machines."

The other obvious advantage of workstations in a networked environment is that one has a certain amount of redundancy in the system to reduce the effect of hardware failures. This is true both for servers and for individual workstations. The paper by Schroeder, Birrell and Needham [84] describes the way the Grapevine system uses replicated information to achieve high system reliability to provide mail delivery, naming, authentication, resource location and access control services. In the case of the individual workstation, it should (in principle) be easy to move to another workstation if the one currently in use fails because of some hardware problem. Of course, what should be easy in principle turns out to be somewhat more difficult in practice – below we will describe several aspects of Cedar that can be used to make the workstations more or less interchangeable.

2.2 Time-Sharing Advantages

It is important to remember that workstations are not uniformly better than time-sharing systems. There are at least two aspects in which most workstation environments fail to provide some of the facilities that time-sharing users have come to take for granted.

The first is a matter of size. For most users of a time-sharing system, the system is much larger than it appears to an individual user. In particular, this means that the amount of physical resources that could be potentially available to the user is generally much, much larger than needed. In a workstation environment, the user generally works much closer to the limits of the computing system. The advantage that a time-sharing system has in this regard is that it is much easier for the user to get more resources if his application demands it -- there's generally a lot of disk space or processing cycles. In the workstation environment, while there may be substantial disk space or processing power available on the network, it generally does not come packaged in a way that makes it readily accessible to a demanding user.

The second advantage that a time-sharing system has over most workstation environments is in the degree of sharing allowed because of the centralized control that a time-sharing system provides. Because the central system is the repository of all of the information accessible to the users, it is relatively easy to build a sense of "community" among the users – it's easy to provide information on the activities of other users of the system, to ensure that all users see consistent versions of the basic files composing the system, or to build up bulletin boards of important information.

We now describe some of the features of Cedar allow us to provide the advantages of a time-sharing environment while maintaining the virtues of the single-user workstation. We first focus on the question of size: Cedar includes two interesting features that relax the limitations imposed by a single workstation. We then discuss the problems of sharing in a networked environment and discuss a number of facilities that have been added to Cedar to make it possible to build a system that has some of the advantages of a time-sharing environment.

3. Making the Machine Seem Bigger than it is

The two major resource constraints on a workstation are the amount of secondary storage (disk) space available and the speed of the processor. Most of the workstations in our environment have 40 or 80 megabyte local disks, although many have 315 megabyte disks. While these disks are not small by current standards, the smallest disk is not sufficient to hold all of the source and object files for the Cedar release; this is a serious problem, since the debugger (at least) requires these files to do symbol lookup and to set breakpoints.

Processor speed is not a critical concern for most of the Dorado users in the lab, although certainly the VLSI designers would prefer to have a much faster engine for their simulations. However, not all of the Cedar users in the lab have Dorados for their personal use; we also run Cedar on a sizable number of Dandelions, which are about four times slower than a Dorado. While the Dandelions running Cedar perform respectably for normal operations, compute-bound tasks like compilation, binding (linkage editing) or document formatting are quite slow. Thus, to make the Dandelion a useful machine for large-scale program development demands that the user not be limited to the processing power available on the workstation.

3.1 Having Bigger Disks

Obviously the first requirement for any file system for a networked environment is a uniform (hierarchical) naming structure for both local and remote files. In Cedar, a file name consists of a server, a root directory, zero or more subdirectories, a simple name and a version. For instance,

/Cedar/Cedar6.0/IO/IO.mesa!3

denotes version 3 of the file IO.mesa in the IO subdirectory of the Cedar6.0 directory of the Cedar server. To allow replication and easy moving of the code of the system to other networks, the server names may refer to "pseudo-servers," that get mapped to real file servers through an additional table in the system; each user generally defines two pseudo-servers, "Cedar" and "User," to denote the server(s) on which the sources for the system are kept and on which his own personal files may be found.

Instead of having only the network file name space available to the user, Cedar provides for a separate local name space: if the server is omitted, it is taken to be the local machine, e.g.,

///Cedar/Users/Donahue.pa/IO.mesa!4

names the IO.mesa file in the directory /Users/Donahue.pa/ on my local Cedar volume. Through the use of *attachments* in the Cedar file system, a name in the local name space may refer to a file stored on the network. The contents of remote files named in an attachment are not retrieved until the local file is actually opened; the file system uses the portion of the disk not occupied by local files as a cache of remote files to make subsequent accesses efficient. The paper by Schroeder, Gifford, and Needham [1985] gives more details of the design and implementation of the file system.

The use of a separate local name space and the separation of the referencing of a remote file from the retrieval of its contents has several important consequences:

1. The local name space can be very large (attachments are quite inexpensive). My local name space generally includes over 5000 files (approximately 50 megabytes of storage). I don't actually work on 5000 files at a time; most of my local names refer to copies of the system components. The Cedar system itself currently comprises some 4500 files, so for me to have local names for all of the files in the system requires a large name space.

2. Having local names for remote files makes it easy to manage file names without having to use complicated search path rules. In particular, it means that most of the time just the simple name can be used (which is interpreted relative to the current "working directory" on the local machine). This is especially important because some of the Cedar components, like the compiler, work in a non-hierarchical

name space, using just simple names, e.g., IO.mesa instead of /Cedar/Cedar6.0/IO/IO.mesa!3. It is common for many of the local directories to contain attachments to a substantial number of files in the Cedar release, so that the system source and object files can be used by simple name just by setting the appropriate "working directory."

3. To make it easier for many users to share the same machine (at different times, of course!), there are a commonly used set of conventions for setting up a "basic Cedar system" on a machine. It involves copying the commonly used tools and packages to the "///Commands/" directory and then using the "///Users/" directory as the common directory for each user (e.g., my files would be stored in ///Users/donahue.pa/. This gives the local name space a rather different "cut" across the file space than one sees by examining the remote directories. Our file servers tend to have their directories organized by project, while the local name space can be organized more by function (e.g., ///Commands/ contains packages that are spread among many different remote directories). Given a standard organization of the local file name space, users can easily set up their own collection of search rules to allow multiple users to share a workstation without stepping on one another's toes. We have a small number of "pool Dorados" that get heavily used by our summer students, who appreciate being able to log into a public machine and not having to spend a good deal of their precious time just setting up the appropriate working environment.

One obvious question that arises is how one can guarantee consistency among the many files in such a large name space; in Section 4, we will discuss the tools that the Cedar environment provides to allow many users to share a file server while maintaining consistent versions of all of the files that make up a package.

3.2 Having Faster Processors

Using attachments makes the disk of the system appear much larger than it really is, while preserving the advantages of having a separate local naming environment. One would also like to make the processor appear faster by making additional processing resources available to the user by a similar separation of the local environment from the local machine capabilities. This has been done in Cedar through the development of the "Process Server" [Hagmann85].

The idea of the Process Server was to use network resources for programs that require reasonably substantial computation resources, where it is obvious that processing advantages of using a faster machine offset the network costs of moving the site of the computation. The current Process Server software is used to remotely run the Cedar compiler and two document formatters, each of which is clearly a "cycle hog." A brief description of the Process Server operation is given below; it is taken from [Hagmann85].

Three types of entities cooperate to provide the Process Server: the *Client*, the *Server*, and the *Controller*. Any Cedar workstation can be a Client and can ask for computations to be performed. Some number of machines have Servers, and a group of them form a cluster. The cluster is managed by the (normally unique) Controller, which is a distinguished Server. Collections of software, called *packages*, are entered into the cluster. The list of all packages on a cluster is called the *package list*. Each package implements a set of *commands*, the execution of which is called a *request*.

A top level request begins on a machine with a Client. Typically, the user interface part of a tool or the front end of a command line interpreter would gather parameters for a request. The request is passed to the Client on the workstation. The Client contacts the local cluster's Controller, and if the request seems valid (e.g., the command is known), the Controller selects a Server machine, and returns the machine's identifier to the Client. The Client then contacts this Server.

The Server fetches from a file server the (possibly cached) code for the packages necessary to process the request, and prepares the packages for execution. The request is then passed to the package. During execution of the request, the Client is used by the Server to do file name resolution, to perform some file operations, and to answer questions about the user's environment. If an unhandled error occurs on the Server inside a package execution, the Client puts up an error window for the user on its display for debugging. If an abort is requested on the Client, it is propagated to the remote system. The request running on the Server is free to spawn additional processes, and to make further requests inside the Process Server (it now becomes the Client for these requests). Eventually the request returns from the Server, and thus the call on the Client now also returns.

Use of the Process Server does not make the workstations appear uniform in computational power; since most of the workload still resides at the local machine, it is abundantly obvious to the user whether he has a fast or slow workstation. However, the Process Server does make a slower workstation much more useful by not making the processor speed of the local machine the sole criterion of the time necessary to complete a task. Thus, as long as a slower workstation provides reasonable responsiveness to simple tasks (which constitute most of the processing done on a workstation anyway), then the system will be a comfortable tool to use.

4. Sharing

The preceding discussion focused on the resources of the workstation; the more pressing problems of software development in a networked environment are the problems of sharing work among a collection of workstations. The usual panoply of server products that Xerox and others provide (print servers, file servers, mail servers, name servers) are important components of a networked environment because they make sharing possible. However, software development imposes some particular stresses on the networked environment that require additional tools.

One of the advantages of a networked environment for software development is the autonomy of the individual workstations; when trying out a new piece of software, it is easy to ensure that no other user is affected. However, this same autonomy causes its own set of headaches. The first among these is guaranteeing consistency among all of the various versions of the system that are currently in use. I would guess that among the Cedar implementors in CSL, there are probably no two that share a completely identical system for an extended period. Two serious problems arise: managing the remote file systems so that it is easy for users to find consistent versions of all of the files needed to build a Cedar system, and managing the local file system so that multiple users can share a machine, with each tailoring it to run the particular collection of Cedar software he wishes. In the next section, we will present the Cedar facilities that are used to solve these problems.

Sharing files is not the only sort of sharing that users of a networked environment do. The most obvious means of using the network is to debug another machine when it fails; below we will discuss how this is done in Cedar.

Additionally, there are a collection of facilities that allow the development of a community of users, e.g., bulletin boards. In the Cedar environment, we are just beginning to use shared databases as the means of providing these facilities; below, we will discuss the current tools that the environment provides and describe some of our future plans.

4.1 Guaranteeing Consistent Files

The primary means of guaranteeing consistency of versions in Cedar is through the use of "DF files," which are discussed in detail in [Schmidt82]. A DF file contains the description of the files needed to construct a tool (with version numbers and create dates) and the location of these files on public servers; a DF file may refer to a remote file directly or through another DF file (e.g., the description may take the form "the file ConvertImpl.mesa described in the DF file IO.df of June 11, 1985 10:05:10 am PDT"). When a user wishes to use a tool, he "brings over" a DF file into a local directory, ensuring that all of the files referenced in the DF file are attached to simple names in the directory (remember that this does not necessarily involve copying the contents of the remote files to the local disks). When an implementor has finished building a new tool, he "stores back" a DF file onto a server, causing all of the changed files mentioned in the DF file to be copied back to the server and the version numbers and create dates of all of the copied files to be updated in the DF file (so it now describes a consistent version of the tool). Finally, there are programs that can be used to insure that the contents of a DF file in fact "cover" the files necessary to build a tool – the DF file must contain references to all the files used in actually building the tool and should contain no superfluous references (these may be indications of errors).

DF files make it possible to describe all of the files included in a Cedar release in only a very small number of files that users must be aware of: these DF files reside (by convention) on /Cedar/Cedar®/Top/, where ® is the number of the current release. *BootEssentials.df* lists all of the files necessary to boot a Cedar machine; the booting code ensures that the contents of this DF file are brought over to the local disk. *LifeSupport.df* includes all of the source and object files for the basic components of the system; when setting up a new project directory on the local disk, it is common to bring over the contents of LifeSupport to build a "Cedar naming environment" in the directory (note that because of the caching of the Cedar File System, it is possible to bring over LifeSupport into many different local directories on the same machine). Finally, *Environment.df* contains the commonly used tools and applications packages developed in Cedar. Commonly, the contents of Environment.df are stored in the local ///Commands/ directory, so that all users of the machine have a common working environment for most of their activities. Implementors developing new versions of packages that are part of Environment.df generally store their development versions in ///Users/*CurrentUser*/Commands/ (where *CurrentUser* is the name of the currently logged in user), so that they do not overwrite the released version in ///Commands/; by using the appropriate search rule, a user can guarantee that he will access either his private version or the public one when using the tool. Users also generally have a personal DF file that contains references to all of the personal files that they need to carry out their day-to-day activities. When beginning work on a new machine, the contents of the DF file are brought over to set up the working environment; storing back a DF file after completion of a task (or at the end of a day) is an easy way to make sure that all of the files that have been changed are safely copied back onto the file servers.

DF files have been a major success; while they first were developed for Cedar, they have been also incorporated in the Mesa environment. They have made it possible for us to work productively in an environment in which the components of the system are both fairly tightly connected and change regularly. In conjunction with the large local naming space that the file system provides, DF files make it possible for users to easily maintain consistent versions of the files that they depend on and to share a machine where each user has a slightly different mix of applications programs that he wishes to use.

4.2 Remote Debugging

One natural use of the network is to do remote debugging. This is useful both in having a place to stand when debugging some of the very low-level system components (like the debugger itself) and in making it possible for experts at remote sites to track down particularly difficult bugs. The Cedar system provides a programmer's interface into multiple virtual memories, which include the local address space, a *worldswap* environment (a restartable memory image stored on the local disk), or to a remote environment (accessed through the network communications package). Cedar implementors working on low-level components generally keep their own worldswap environment, so that they don't always need two machines when debugging. Most Cedar users, however, can do without this extra baggage and use remote debugging whenever they get in really serious trouble. We have also used remote debugging to use machines in Palo Alto to diagnose Cedar problems that were detected in Pasadena (a distance of about 400 miles). While slow phone lines made this somewhat tedious, there is no doubt that having the ability to reach into a running system a great distance away is an important capability.

4.3 Databases of Community Information

One wants to be able to share information other than files and virtual memory images, which is what we have focused on previously. In our environment the availability of the Grapevine mail distribution system and a good mail storage and retrieval system in Cedar makes it easy for us to carry on much of our day-to-day business via electronic mail.

The most interesting aspect of the Cedar mail storage system (called Walnut) is that it uses a relational database stored on a shared transaction-based file server – each user has his own mail database on the server. Storing private mail on a shared file server allows a user to read his mail from any machine on the network; we also have built some public mail databases that contain important information for all Cedar users, like a Cedar folklore message database. Because the server provides transaction support, Walnut is freed from (most of) the details of crash recovery and protection from concurrent updates.

Walnut was the first Cedar application to take full advantage of the use of a transaction-based file server and a relational database system. It is clear, however, that many other important facilities of a software development environment can be provided using these tools – our long-term plans for Cedar include increasing use of databases as the glue that holds a distributed environment together.

4.3.1 Whiteboards

The 'Whiteboards' system is intended to be an electronic equivalent of the whiteboards and corkboards that we have in our offices (more details can be found in [Donahue85b]). A Whiteboard database has similar qualities of storing disparate collections of data and saving their spatial location in a window to help with organization. A Whiteboard database can contain references to arbitrary entities: text files, notes, programs, tools, pictures, etc. Furthermore, a Whiteboard display allows the user to move these entities around on the screen and then to save their positions in the database; thus spatial relations among items can easily be established and maintained.

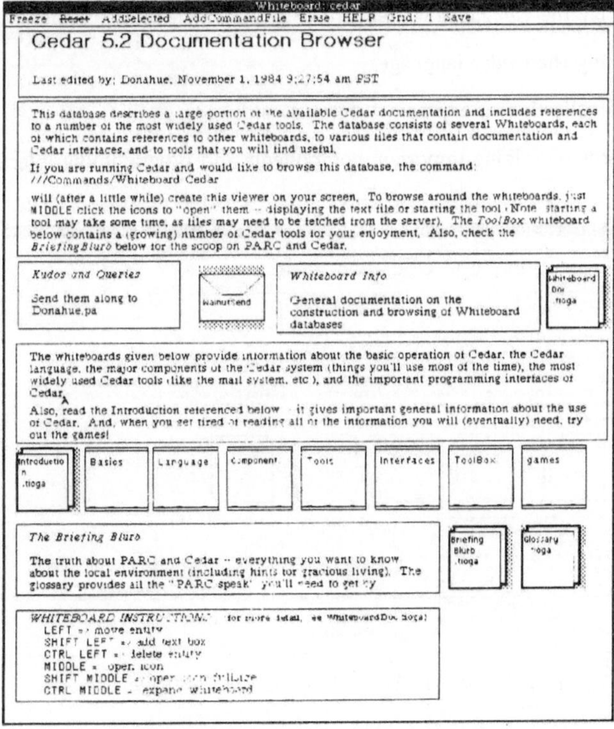

Copyright © 1985 by Xerox Corporation. All rights reserved.

Fig. 1 A Whiteboard Viewer

A Whiteboard viewer contains a collection of text boxes and icons. The spatial arrangement, along with the contents of the text boxes and the names of the icons, is stored in a Whiteboard database. The Whiteboard browser is responsible for storing the arrangement of a Whiteboard in a database and then later reconstructing the viewer from the stored information. Additionally, the browser implements the semantics of "opening" an icon on a Whiteboard. Opening a Whiteboard icon has the same effect as opening a similar icon residing in the icon row of the Cedar display; this may involve opening a file (for text file icons), performing database operations (for opening other Whiteboards or accessing stored electronic mail), or loading and running a program (for tool icons). Figure 1 is a picture of a Whiteboard named *Cedar*, on which there are icons for other Whiteboards (e.g., *Basics*), documents (e.g., *Glossary.tioga*) and tools (e.g., *WalnutSend*).

The initial work on the Whiteboards system was done primarily as a means of experimenting with the spatial organization of personal data – it seemed like an attractive way to structure a large and fairly unstructured collection of things (a common problem in the office environment). However, it became obvious that the same flexibility that made Whiteboards suitable for managing personal information would make it attractive for managing the large collection of diverse information that makes up the documentation and code of a system like Cedar. Thus, we built a collection of Whiteboards to describe the Cedar system itself.

The "root" of the Cedar documentation Whiteboards is the Whiteboard labelled *Cedar* shown in figure 1. It contains basic information about Whiteboards themselves, how to get this particular whiteboard displayed (so that one can go from the picture in hardcopy documentation to the real thing), some generally useful "cultural" items like the *Briefing Blurb*, and finally a collection of additional Whiteboards giving detailed information on various aspects of the system. For instance, from the *Cedar* Whiteboard one can choose to display the *Language* whiteboard [Fig. 2], which contains references to:

1. the documents defining the Cedar language,

2. a document giving a collection of example programs, and

3. additional Whiteboards describing important components and programming interfaces in the system.

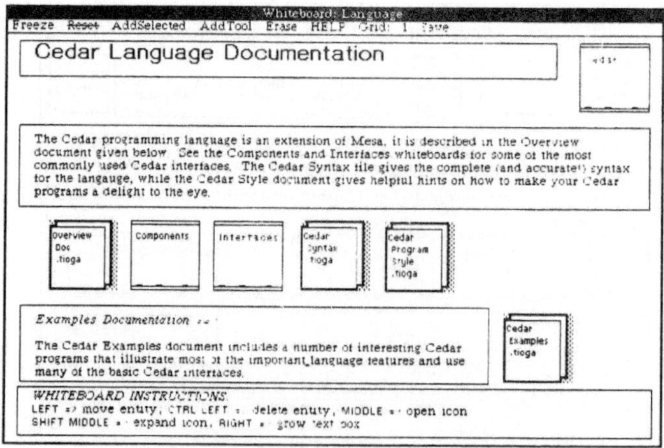

Fig. 2 The Language Whiteboard

Perhaps the most interesting of these Whiteboards is the Cedar Toolbox [Fig. 3]. As well as fully illustrating the diversity of objects that can be organized together on a Whiteboard, it points out one of the aspects of the Whiteboards system that we have found particularly useful. In any large, changing environment such as Cedar, one problem is trying to guarantee that accurate information exists (in some form) about the available tools. But even having accurate information is not sufficient; there are the additional problems of knowing that a tool exists, but not where to find it, or being oblivious to the proper tool because one hasn't come across it in the mountain of system documentation. Users of large programming environments need browsing tools such as Whiteboards so they can spend some time just "hunting around," familiarizing themselves with what is available in the system. Whiteboards allows the user to browse through available tools, with the additional advantage that from a Whiteboard the user can activate any tool pictured – thus he needn't know in advance the exact name or where the necessary files are stored on the servers in order to run the tool. We have found the Cedar Whiteboards to be extremely helpful as a means of introducing newcomers to the features of the Cedar environment.

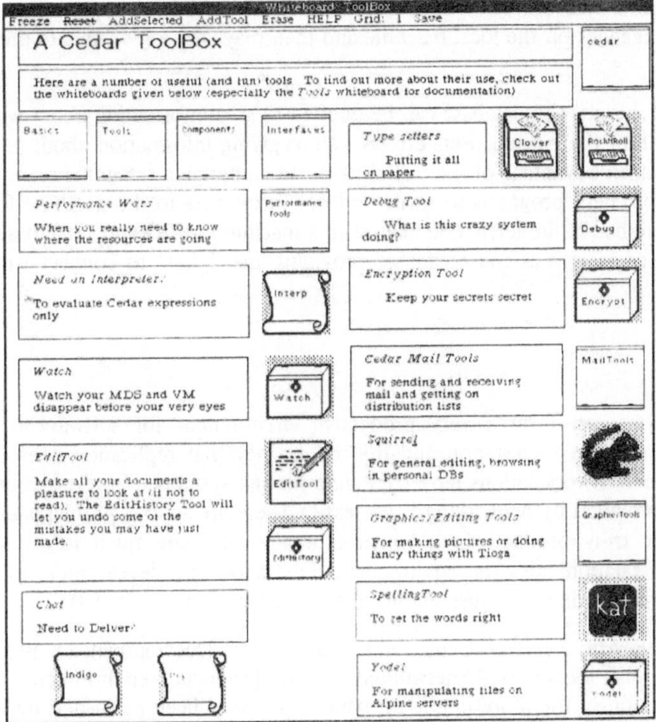

Fig. 3 The Cedar ToolBox

Other public Whiteboard databases have been built for use by groups within the lab. For instance, when a group of lab members were writing a collection of papers on the Cedar environment, we made a database of notes sharing our ideas on organization and important material to include. A Whiteboard database of documentation on a major project to build a new high-performance workstation in CSL is also being used. The documentation on a project like this comes in many forms – notes, diagrams, documents, mail messages – and the "free form" nature of a Whiteboard database makes it easy to collect and organize this diverse collection of items. Additionally, there have been several personal Whiteboard databases built.

4.3.2 Finger

One of the problems that we have in the summer is tracking down the summer students who are working on Cedar projects. They move among a collection of public, pool machines and the private machines that are free because their owners are not in the office. Sometimes it is hard to find these "Dorado gypsies" even though you know that they are in the building running Cedar on some machine. On a time-sharing system, maintaining information about the currently logged on users is easy – in a distributed environment, it is a more difficult matter.

We decided to build a "finger" system in Cedar that would record information about who the last logged-in user of a particular machine was, whether the machine is currently in use and when a Cedar user last read his mail. Finger is run as part of the basic system; each time a user logs in or out, or reads his mail, the Finger program updates the state information about the machine or user that is stored in a central database (we have not yet tried to build a truly distributed Finger). The most interesting part of building the system was to make it fail-safe in the presence of server crashes, since you don't want to hold up a user who is trying to log out and go home just because the database in which Finger records its information is inaccessible! So, we use a form of "ASAP updating" to manage the database: Finger logs the state changes on the local machine and then plays the log to update the database as soon as it can.

Finger is a quite useful tool: the database can be queried to give information about which machines are not in use and who all of the current users are, as well as giving information about particular users and machines. We have taken advantage of the flexibility of the underlying relational schema of the database to make it possible for client programs to easily add new properties to the database for both users and machines (e.g., the number of the telephone nearest to a machine). We expect database applications like Finger to be used increasingly as the means of providing the "glue" to connect workstations on the network.

5. Conclusions

Networked workstations can form a very productive environment for software development: the guaranteed performance of a workstation and the redundancy that replication provides are important advantages that networked workstations have over time-sharing systems. However, taking full advantage of the opportunities provided by networking is not easy. There are serious problems of size and sharing to overcome. To be truly productive, the environment must seem much larger than the physical limitations of the workstation; also the environment must allow the development of a community of users sharing programs and data (not just sharing files stored on central servers).

Xerox, both in the Palo Alto Research Center and in the System Development Division, has had a long history of work developing tools to build networked software production environments: the bibliography below contains a selection of the more important papers that have been published by Xerox researchers in this area. The Cedar environment has added some new ideas to the software development "toolkit": DF files, the Process Server, the Cedar File System, and some of the database applications. Because of the use of these new tools in conjunction with the mature networking software developed in the past, the Cedar environment has become a very comfortable and productive environment in which to do software development.

References

[Birrell82] A. D. Birrell, R. Levin, R. M. Needham and M. D. Schroeder. Grapevine: An Exercise in Distributed Computing. *CACM* 25, 4 (April 1982), pp. 260 - 274.

[Boggs80] D. R. Boggs, E. A. Taft, J. F. Shoch, and R. M. Metcalfe. PUP: An Internetwork Architecture. *IEEE Transactions on Communications*, April 1980, pp. 612 - 624.

[Boggs83] D. R. Boggs. *Internet Broadcasting.* Xerox Palo Alto Research Center Report CSL-83-3, 1983.

[Deutsch80] L. P. Deutsch and E. A. Taft. *Requirements for an Experimental Programming Environment.* Xerox Palo Alto Research Center Report CSL-80-10, 1980.

[Donahue85a] J. E. Donahue. Integration Mechanisms in Cedar. ACM SIGPLAN Conference on Language Issues in Programming Environments. Seattle, 1985.

[Donahue85b] J. E. Donahue and J. Widom. *Whiteboards: A Graphical Database Tool.* Xerox Palo Alto Research Center Report CSL-85-4, 1985.

[Gifford81] D. K. Gifford. *Information Storage in a Decentralized Computer System.* Xerox Palo Alto Research Center Report CSL-81-8, 1981.

[Hagmann85] R. Hagmann. Process Server: Sharing Processing Power in a Workstation Environment, to appear.

[Harslem82] E. Harslem and L. E. Nelson. A Retrospective on the Development of Star. Proceedings of the Sixth International Conference on Software Engineering, Tokyo, 1982.

[Metcalfe76] R. M. Metcalfe and D. R. Boggs. Ethernet: Distributed Packet Switching for Local Computer Networks. *CACM* 19, 7 (July 1976), pp. 395 - 404.

[Nelson81] B. J. Nelson. *Remote Procedure Call.* Xerox Palo Alto Research Center Report CSL-81-9, 1981.

[Pier83] K. Pier. *A Retrospective on the Dorado, a High Performance Personal Computer.* Xerox Palo Alto Research Center Report ISL-83-1, 1983.

[Shoch80] J. F. Shoch and J. A. Hupp. Measured Performance of an Ethernet Local Network. *CACM* 23, 12 (December 1980), pp. 711 - 721.

[Shoch82a] J. F. Shoch, Y. K. Dalal, R. C. Crane, and D. D . Redell. Evolution of the Ethernet Local Computer Network. *IEEE Computer* 15, 8 (August 1982), pp. 10 - 27.

[Shoch82b] J. F. Shoch and J. A. Hupp. Notes on the 'Worm' Program – Some Early Experiences with a Distributed Computation. *CACM* 25, 3 (March 1982), pp. 172 - 180.

[Schroeder85] M. D. Schroeder, D. K. Gifford and R. M. Needham. A Caching File System for a Programmer's Workstation, to appear.

[Swinehart85] D. Swinehart, P. Zellweger, and R. Hagmann. The Structure of Cedar. ACM SIGPLAN Conference on Language Issues in Programming Environments, Seattle, 1985.

[Schmidt82] E. Schmidt. *Controlling Large Software Development in a Distributed Environment.* Ph.D Thesis, U.C. Berkeley EECS Dept. December 1982; also available as Xerox Palo Alto Research Center Report CSL-82-7, 1982.

[Teitelman84a] W. Teitelman. *The Cedar Programming Environment: A Midterm Report and Examination.* Xerox Palo Alto Research Center Report CSL-83-11, 1984.

[Teitelman84b] W. Teitelman. A Tour Through Cedar. *IEEE Software* 1, 2 (April 1984), pp. 44 - 73.

Das österreichische BTX-Konzept und seine Auswirkungen auf andere Länder

Peter J. Hofbauer
Hofbauer Ges. m. b. H.
Wiener Neustadt

1. Das österreichische BTX-Konzept

Als in Österreich der Bildschirmtext- (im folgenden nur kurz BTX genannt) Pilotversuch begann, war das Prestelsystem in Europa zwar vorherrschend, aber mit keinem überragenden Erfolg gesegnet.Die Erwartungen, die man in England in das BTX-System setzte, wurden bei weitem nicht erfüllt.

Rückblickend wundert uns das nicht mehr, da das Ur-BTX-System, wie wir es heute schon nennen dürfen, von der technischen Entwicklung überholt wurde. Der Prestelstandard mit seinen geringen Darstellungsmöglichkeiten und den damit verbundenen Primitivdecodern ist dem Informationsbedarf der modernen Gesellschaft nicht mehr adäquat.

Darüberhinaus besteht heute weder aus technischer noch aus finanzieller Sicht ein zwingender Grund, BTX-Endgeräte mit Primitivdecodern auszustatten, da die Preise für Microprozessoren und Speicher auch die Entwicklung von preiswerten und leistungsfähigen Decodern zulassen.

Diese Überlegungen führten in Österreich dazu, daß noch vor der Umstellung auf den CEPT-BTX-Standard im Rahmen des österreichischen BTX-Pilotversuchs die erste Generation des "Mehrzweck universellen programmierbaren intelligenten Decoders", kurz Mupid, als BTX-Endgerät zum Einsatz kam. Das Ergebnis war verblüffend, da das Interesse an BTX in Österreich schlagartig zunahm und die Nachfrage von der Post nicht gedeckt werden konnte.

Zwei wesentliche Eigenschaften zeichnen die "programmierbaren intelligenten Decoder (PID)" aus:

- Sie sind frei programmierbar und ermöglichen daher die Ausführung von im BTX-System gespeicherten Programmen, sgn. Teleprogramme.

- Sie ermöglichen die Darstellung von graphischen Primitiven in etwa von dem Umfang, wie im graphischen Kernsystem (GKS) festgelegt.

Die Festlegung des CEPT-BTX-Standards mit den zwei wesentlichen Klassen C0 (Text und Mosaikgrafik) und C2 (Vollgrafik) durch die europäischen Postverwaltungen ließ in Österreich die Diskussion entstehen, ob auch hier dem Beispiel der Bundesrepublik Deutschland folgend nur der CEPT-BTX-Standard C0 zur Anwendung kommen sollte. Aufgrund der positiven Erfahrungen mit der ersten Mupid-Generation fiel schließlich die Entscheidung für CEPT-BTX-C2 als Mindeststandard.

Diese Entscheidung der österreichischen Post wird noch dahingehend unterstützt, daß den BTX-Teilnehmern zu einer vergleichsweise günstigen Miete BTX-Decoder zur Verfügung gestellt werden, die zusätzlich die Leistungsmerkmale von Personalcomputern haben.

Die zweite Generation der MUPIDs, die die österreichische Post als BTX-Endgeräte in Verbindung mit einem BTX-Anschaltgerät (BAG) vermietet, prägt ganz entscheidend die Anwendungsmöglichkeiten des BTX-Systems.

BTX entwickelt sich mit diesen Decodern zu einem außerordentlichen preiswerten, stets verfügbaren und mit Speicherungsmöglichkeiten ausgerüsteten Datennetz, das zusätzlich den Vorzug eines einheitlichen Standards bietet. Damit wird neben dem privaten Teilnehmer der Nutzer aus dem Bereich der Wirtschaft sehr stark angesprochen.

Der Rechnerverbund mit externen Rechnern, die an BTX angeschlossen sind, in Verbindung mit PIDs erschließt völlig neue Anwendungsgebiete und ermöglicht einen Bedienungskomfort, der bisher nur von wesentlich teureren und größeren Rechnern geboten wurde.

Man kann nach unseren Erfahrungen daher davon ausgehen, daß das österreichische BTX-Konzept, fußend auf dem Einsatz frei programmierbarer Decoder, BTX neue Impulse verleiht und eine Integration des PC-Marktes in BTX ermöglicht.

2. Das Österreichische BTX-System

Das österreichische BTX-Netz besteht aus derzeit 3 (ab Anfang 1986 fünf) BTX-Zentralen in Wien, Salzburg und Klagenfurt (bzw. Graz und Innsbruck) und einem Kontrollzentrum in Wien. Die Postrechner haben im Gegensatz zur BRD alle die gleichen Informationen gespeichert, was den Vorteil hat, daß bei Ausfall einer BTX-Zentrale nicht das gesamte BTX-Netz zusammenbricht. Zur Erhöhung der Ausfallsicherheit werden über dies Doppelrechnersysteme verwendet. Das Kontrollzentrum in Wien übernimmt Steuer- und Verwaltungsfunktionen (u.a. werden geänderte Seiten an alle Zentralen verteilt), um laufende Informationsgleichheiten zu gewährleisten.

Die BTX-Teilnehmer werden an die für sie zuständige Zentrale angeschaltet. Die Anwahl dieser Zentrale erfolgt automatisch durch das BAG 1A. Sollte die zuständige BTX-Zentrale besetzt sein, so ist es auch möglich, durch Handwahl eine andere BTX-Zentrale anzuwählen.

Der Dialog mit der BTX-Zentrale kann auf zwei Arten erfolgen - anonym oder mit Indentifizierung. Damit ist das österreichische Bildschirmtextsystem das erste der Welt, welches dem Teilnehmer ermöglicht, anonym Informationen abzurufen.

Ein wesentlicher Bestandteil des österreichischen Bildschirmtextsystems sind die geschlossenen Benutzergruppen. Jeder Informationsanbieter kann einen Teil seiner Seiten nur bestimmmten Teilnehmern zugänglich machen bzw. für den Zugriff allgemein sperren.
Dies ist ein vor allem für die Wirtschaft interessanter Aspekt des BTX-Systems.
So könnten sich z. B. Groß- und Einzelhändler zu geschlossenen Benutzergruppen zusammenschließen, um über BTX das gesamte Bestellwesen abzuwickeln.

3. Der österreichische BTX-Decoder

Der von der österreichischen Post vermietete Decoder gehört der zweiten Generation der frei programmierbaren Decoder an. Seine wesentlichen Eigenschaften sind:

- Vollständige Darstellung der CEPT-BTX-CO Klasse
- Vollständige Darstellung der CEPT-BTX-C2 Klasse
- Zwischencodeinterpreter für Teleprogramme
- Z80A Microprozessor
- 128 kB flüchtiger Speicher (RAM)
- 32 kB permanenter Speicher (PROM)

Einige Systemprogramme wie z.B. das Editiersystem oder das Basic-Entwicklungssystem ermöglichen es, den Decoder zusätzlich als preiswerte Editierstation bzw. als Teleprogrammentwicklungssystem einzusetzen.

Darüber hinaus kann der Decoder mit verschiedenen Zeichensätzen betrieben werden. Zu nennen wären hier der Zeichensatz für die Darstellung von 80 Zeichen pro Zeile. Dieser ermöglicht in Verbindung mit dem CP/M-System den Einsatz von vielen Standardprogrammen aus der CP/M-Familie. Auch kann der Decoder damit als Terminal für Fremdrechner eingesetzt werden.

Der Decoder ist neben der Schnittstelle zu BTX auch mit seriellen Schnittstellen (V24, bis 19200 Bit/sek) für Druckerausgabe, Kassettenbetrieb, Diskettenbetrieb und einer weiteren seriellen Schnittstelle ausgerüstet.

Zwei Analogeingänge ermöglichen den Anschluß von Spielkontrollen, Grafiktabletts etc.

Somit ist eine Verbindung zu anderen Geräten, insbesondere zu anderen Rechnern unschwer möglich.

Ein eingebauter Tongenerator erlaubt die Verwendung von akustischen Signalen insbesondere in Teleprogrammen. Auch einstimmige Melodien können damit gespielt werden.

4. Anwendungen der CEPT-BTX-C2 Klasse

Die ursprüngliche Konzeption von BTX, nämlich die ausschließliche Darstellung von Text, ist so überholt wie die ursprüngliche Nutzung des Telefons ausschließlich zur Sprachübertragung. Bildschirmtext selbst nutzt das Telefon zur Übertragung von Codezeichen mit vergleichsweise geringen Übertragungsraten. Es ist zu erwarten, daß die Mehrzahl der BTX-Teilnehmer auch noch in den nächsten Jahren mit 1200 Bit/sek empfangen und 75 Bit/sek senden wird. Dies wird insbesondere für den flächendeckenden Dienst gelten. Die geplanten Übertragungsraten bis 9600 Bit/sek werden für die Mehrzahl der Teilnehmer somit wahrscheinlich nicht in Betracht kommen.

Moderne BTX-Systeme sind daher in der Lage, neben der farbigen Darstellung von Text mit den verschiedensten Attributen (Schriftgröße, Schriftbreite, Blinkattribute, ...), auch grafische Darstellungen zu ermöglichen. Die im CEPT-BTX-Standard festgelegten Darstellungsformen dafür sind:

- Mosaikgrafik mit geringer Auflösung

- Frei definierbare Zeichen, z. B. zur Darstellung von Symbolen, etwa Firmenlogos etc.

- Darstellung von grafischen Primitiven, wie z. B. Punkt, Strecke, Rechteck, Polygonzug, Kreis, Kreissegment und Splinefunktion.

Der letzte Punkt wird im CEPT-BTX-Standard der Klasse C2 zugeordnet. Für die Darstellung von grafischen Zusammenhängen eignet sich die CEPT-BTX-Klasse C0 nur in sehr beschränktem Umfang. Die Ursachen dafür sind mehrere:

- Hoher Aufwand für die Erstellung von Bildern.

- Lange Wartezeiten bis zum Aufbau eines Bildes.

- Geringe Wartungsfreundlichkeit bereits erstellter Bilder.

Für den rein kommerziellen Bereich scheint die grafische Darstellung zunächst entbehrlich zu sein. Sobald aber dynamische Zusammenhänge, wie z. B. Trends etc. verfolgt werden sollen, wird die grafische Darstellung zu einem unentbehrlichen Hilfsmittel, viel Information auf einem Blatt darzustellen. Der Erfolg von "Businessgrafic" - Paketen scheint auch in die gleiche Richtung zu deuten.

Die verschiedensten Angebote, die heute in Katalogen (unterstützt durch Grafiken oder Fotos) zu finden sind, eignen sich natürlich in hervorragender Weise dafür, zusätzlich über BTX unterstützt zu werden. Dies ganz besonders deshalb, weil durch den Mitteilungsdienst eine unmittelbare Bestellung möglich ist.

Im technisch-industriellen Bereich wird es kaum möglich sein, ohne Grafiken auszukommen. Dies trifft auf Kataloge (z. B. Pumpen, Werkzeuge, etc.) genauso zu wie z. B. auf Normen. Hier scheint sich ein sehr vielfältiges Anwendungsgebiet aufzutun.

5. Teleprogramme

Durch den Einsatz von Teleprogrammen wird dem österreichischen Bildschirmtextsystem ein völlig neuer Anwenderkreis erschlossen. Einige Beispiele mögen das verdeutlichen.

Beratungsprogramme

Die Eingliederung von Beratungsprogrammen in BTX erweitert das Bildschirmtextsystem um eine vor allem für private Teilnehmer interessante Komponente. Teleprogramme wie z. B. Bausparen (Errechnung der günstigsten Bausparvariante), Genußscheine (Anlageberatung) oder Investplan (Vergleich von Investitionsobjekten unter Vorgabe persönlicher Präferenzen) stellen kostenlose Dienstleistungen dar und ermöglichen dem privaten BTX-Benutzer sich vor Kontaktaufnahme eingehend über diverse Leistungen des Anbieters zu informieren.

Auskunftsterminals

Unter Mupid-Auskunftsterminals, kurz MAT, versteht man Teleprogramme, die für öffentliche BTX-Terminals vorgesehen sind. Die Hauptanwendung von Auskunftsterminals liegt im informativen Bereich. Aus den zahlreichen Anwendungsmöglichkeiten für Auskunftsterminals seien BTX-Terminals z. B. im universitären Bereich genannt, wo sie wesentlich dazu beitragen, Verwaltungsaufgaben zu erleichtern und Institutsmitglieder von Routineanfragen befreien. Dies wirkt sich insofern positiv aus, als dem einzelnen Insitutsmitarbeiter mehr Zeit zur Verfügung steht, sich dem einzelnen Studenten und dessen Problemen zu widmen. Die Palette der Anwendungsmöglichkeiten von Auskunftsterminals ist sehr weit gestreut und erstreckt sich vom privatwirtschaftlichen Bereich (z. B. Fremdenverkehr) über Behörden und andere große Institutionen bis zum Auskunftsterminal am Bahnhof.

Computerunterstützter Unterricht (CCU)

Die Kopplung externer Rechner an das BTX-Netz bietet universitären Einrichtungen die Gelegenheit, mit an Bildung interessierten Menschen in Kontakt zu kommen. Durch Lehr- bzw. Lernssysteme, wie es z. B. Plato dargestellt, wird es möglich Kurse zu entwickeln, die über den BTX-Dienst zum Selbststudium angeboten werden können.

Kontoservice

Dieses Teleprogramm ermöglicht dem BTX-Teilnehmner sämtliche Transaktionen über sein Konto rasch, problemlos und vor allem auch außerhalb der Öffnungszeiten seines Kreditinstitutes durchzuführen, ohne dieses aufsuchen zu müssen.

Verschlüsselungsprogramme

Erst der Einsatz von PID's ermöglicht in BTX die Anwendung von Verschlüsselungsverfahren. Neben den klassischen Verschlüsselungsverfahren zeichnet sich schon die Möglichkeit ab, Verfahren mit öffentlichen Schlüsseln einzusetzen. Die praktisch erreichbare Verschlüsselungsrate liegt bei 150 Bit/sek. Allerdings sind diese Verfahren nicht längentreu und daher mit dem BTX-Protokoll nur bedingt verträglich.

In Verbindung mit externen Rechnern und auch zwischen Teilnehmern scheint diese Verschlüsselungsrate zur Zeit ausreichend zu sein.

Verschiedene Zeichensätze

Eine beträchtliche Erweiterung der Anwendungsmöglichkeiten von MUPID besteht darin, verschiedene Zeichensätze zu verwenden. Außerdem existiert ein 80 Zeichen-Modul, der in Verbindung mit den CP/M-System ermöglicht, zahlreiche Standardprogramme des CP/M-Betriebssystems zu verarbeiten.

Druckprogramme

Größtenteils kostenlos angebotene und auf verschiedene Druckertypen abgestimmte Druckprogramme ermöglichen den Ausdruck von BTX-Seiten. Zu unterscheiden sind Bild- und Textausdruck. Beim Bildausdruck wird der gesamte Bildschirminhalt inklusive Grafiken ausgedruckt, beim Textausdruck hingegen nur der Text. Große Bedeutung kommt zweifellos dem schnelleren Textdruckprogramm zu, das es ermöglicht, unter anderem Mitteilungen auszudrucken.

Mailbox

Eine Möglichkeit zur Kommunikation im österreichischen Bildschirmtextsystem stellt der Mitteilungsdienst dar. Jeder Teilnehmer kann einem anderen Teilnehmer eine elektronische Mitteilung schicken. Ähnlich dem Telegrammdienst gibt es auch im BTX-System "Formulare" für die verschiedensten Anlässe, wie z. B. Geburts- und Namenstage, Weihnachten, Ostern oder völlig neutrale Seiten für allgemeine Mitteilungen.
Beim Ein- und Ausstieg aus dem BTX-System wird der Teilnehmer automatisch auf neue Mitteilungen hingewiesen, ebenso wenn während der Benutzung des BTX-Systems eine neue Mitteilung eintrifft. Empfangene Mitteilungen können bis zum Ausdruck bzw. bis zum Löschen in der BTX-Zentrale abgespeichert werden.

6. Auswirkungen auf andere Länder

Das österreichische BTX-Konzept nimmt dadurch, daß der CEPT-BTX-Standard der Klasse C2 verwendet wird, "programmierbare intelligente Decoder" flächendeckend zum Einsatz kommen und der anonyme Zugang zum Netz gewährleistet ist, in Europa eine Sonderstellung ein.

Diese Eigenschaften des österreichischen BTX-Systems lassen die Hoffnung zu, daß sich BTX in Österreich zu einem weiteren erfolgreichen Dienst der Post entwickelt. Obwohl die Schwierigrkeiten anläßlich der Umstellung vom Prestel-Standard auf CEPT-BTX-Standard sehr groß waren scheint sich das BTX-System und der Rechnerverbund stabilisert zu haben.

Bildschirmtext wird von den Anwendungen getragen. Nur lesbare Information über BTX-Seiten anzubieten ist heute sicher zu wenig, um den BTX-Dienst attraktiv zu machen. Dienstleistungen für die private und allem auch betriebliche Nutzung, die dem Teilnehmer echte Votrteile (Zeit, Bequemlichkeit, Kosten) bringen, erhöhen erst die Akzeptanz und damit die Teilnehmerzahlen.

Das österreichische BTX-Konzept mit dem höheren CEPT-BTX-Standard (C2) und dem Einsatz von Teleprogrammen, insbesondere in Verbindung mit extrernen Rechnern, bietet die zur Zeit besten Voraussetzungen, um BTX zu einem Erfolg zu machen.

Knowledge Engineering:
Werkzeuge zum Erstellen von Expertensystemen

Werner Horn

Institut für Medizinische Kybernetik und Artificial Intelligence,
Universität Wien, und
Österreichisches Forschungsinstitut für Artificial Intelligence, Wien.

1. Einleitung

Als "Expertensysteme" werden Programmsysteme bezeichnet, die über das Wissen von Experten in einem bestimmten (abgegrenzten) Problembereich verfügen und fähig sind, dieses Wissen zur Lösung von Problemen anzuwenden. Damit wird eine einem Experten dieses Fachgebietes vergleichbare Performanz erzielt. Die Güte eines Expertensystems hängt somit entscheidend von Qualität und Umfang des im System repräsentierten Expertenwissen ab, womit nicht nur das reine Faktenwissen gemeint ist, sondern auch die Problemlösungsheuristiken des Experten, seine "Faustregeln", die er durch jahrelange Erfahrung gewonnen hat.

Die "Kunst", dem Experten sein Wissen zu entlocken und in eine für ein Expertensystem geeignete Repräsentationsform zu bringen, bezeichnet man als "Knowledge Engineering (KE)" (Feigenbaum, 1977). Sie erfordert üblicherweise eine intensive Zusammenarbeit von Experten und Knowledge Engineeer, d.h. jenes Artificial Intelligence-Spezialisten, der die Wissensbasis aufbaut. Wie auch meine eigene Erfahrung gezeigt hat, bedeutet dies für den Knowledge Engineeer eine meist mühevolle Einarbeitung in den Spezialbereich des Experten, um mit diesem kommunizieren zu können. Weiters kommt es durch die Zwischenschaltung des Knowledge Engineers zwischen Experten und Wissensbasis zu einer nicht wünschenswerten Informationsreduktion. Der derzeitige Mangel an gut ausgebildeten Knowledge Engineers trägt zusätzlich zur Problematik bei. Dadurch ist die Hauptschwierigkeit beim Aufbau neuer Expertensysteme und wissensbasierter Systeme kurz charakterisiert (vgl.Lenat, 1983).

Kapitel 2 bis 4 geben einen Überblick über Methoden und Werkzeuge zur

Untertützung des Knowledge Engineering (KE-Werkzeuge). Kapitel 5 und 6 beschreiben KE-Werkzeuge, die am Institut für Medizinische Kybernetik und Artificial Intelligence der Universität Wien in Zusammenarbeit mit dem Österreichischen Forschungsinstitut für Artificial Intelligence entwickelt werden.

2. Entstehung von KE-Werkzeugen aus historischer Sicht

Betrachtet man die historische Entwicklung von Expertensystemen, so läßt sich nahezu überall der in Bild 1 dargestellte Weg verfolgen.

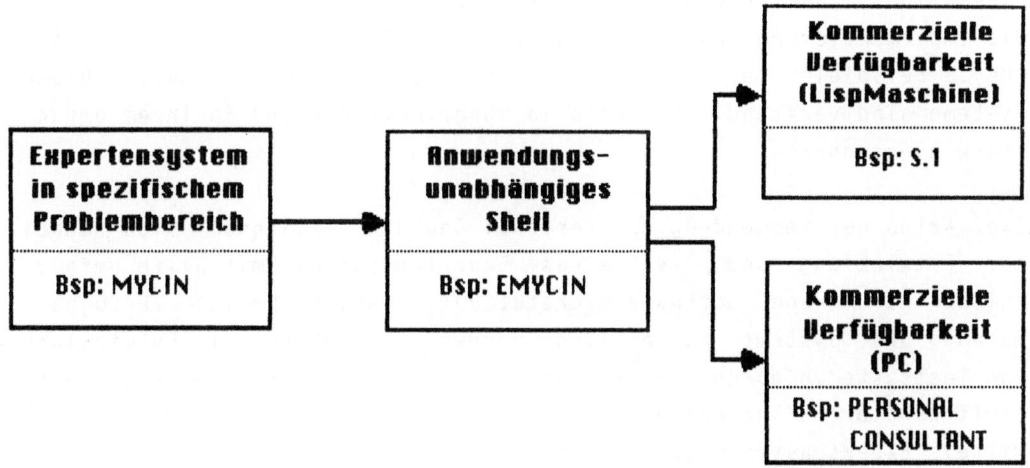

Bild 1: Entwicklung von KE-Werkzeugen

Zuerst wurde ein Expertensystem zur Lösung eines spezifischen Problems entworfen und implementiert, indem eine Wissensbasis und eine Inferenzkomponente aufgebaut wurde. Um die damit entwickelte Methodik auch bei anderen Problemstellungen anwendbar zu machen, wurde im Prinzip das anwendungsspezifische Wissen aus der Wissensbasis des fertigen Expertensystems entfernt und die Wissenserwerbskomponente benutzerfreundlicher gestaltet. (Dies bedeutete jedoch meist auch eine Neuimplementierung). Damit entstanden sogenannte Expert System Shells, Systeme mit vorgegebener Wissensrepräsentationsform und Inferenzkomponente. Diesen Weg kann man etwa von MYCIN zu EMYCIN, von HEARSAY-II zu HEARSAY-III und AGE, und von PROSPECTOR zu KAS verfolgen. Damit standen in den AI-Forschungslabors Entwicklungssysteme zur Verfügung, mit denen relativ rasch Expertensysteme aufgebaut werden konnten. Eine zusammenfassende Beschreibung der bedeutendsten Systeme findet man in Hayes-Roth, Waterman und Lenat, 1983.

Ein weiterer Schritt war die kommerzielle Verfügbarmachung dieser Tools zum Aufbau von Expertensystemen. Hier kann man den Weg von EMYCIN über KS300 zu S.1 und von UNITS zu KEE verfolgen. Im Vordergrund steht dabei die Verfügbarmachung eines möglichst umfangreichen Environments auf Lisp Maschinen, um bei verschiedensten Anwendungen sehr schnell einen Prototyp bzw. ein Applikationssystem entwickeln zu können.

Die hohen Hard- und Softwarekosten schränken die breite Verfügbarkeit dieser Tools weitgehend ein. Daher beschreitet man als zweiten Weg die Implementierung von Expert System Shells am Personal Computer (PC). Beispiele dafür sind M.1 und PERSONAL CONSULTANT. Diese Systeme sind verständlicherweise in ihrer Methodik und in ihrem Umfang stark eingeschränkt.

Zwei Arten der Verwendung des Personal Computer zeichnen sich dabei ab: Entwicklung und Test eines Expertensystems mit Hilfe umfangreicher Hard- und Softwareunterstützung, danach breite Verfügbarmachung des Systems auf billiger Hardware. Zweitens die Entwicklung von Testsystemen durch Implementierung eines ersten kleinen Prototyps. Damit wird dreierlei ermöglicht: ein Erkennen ob die Problemstellung mittels Expertensystemtechnologie bewältigbar ist, das Erkennen wo die Hauptschwierigkeiten liegen und welche Restriktionen gemacht werden müssen, und ein schnelleres Vertrautwerden des Anwenders mit Expertensystemen. Einen Überblick über kommerziell verfügbare Systeme geben Harmon und King, 1985.

3. Methoden des Wissenserwerbs

Hauptaufgabe beim Knowledge Engineering ist der Wissenerwerb, d.h. die Transformation des Wissens einer Wissensquelle in die Wissensbasis eines Expertensystems. Bild 2 zeigt vier mögliche Methoden des Wissenserwerbs.

Die derzeit übliche Methode (A) besteht darin, daß der Knowledge Engineer einen Experten befragt und das dabei ermittelte Wissen in die Wissensbasis eingibt. Der Knowledge Engineer muß dazu sowohl den

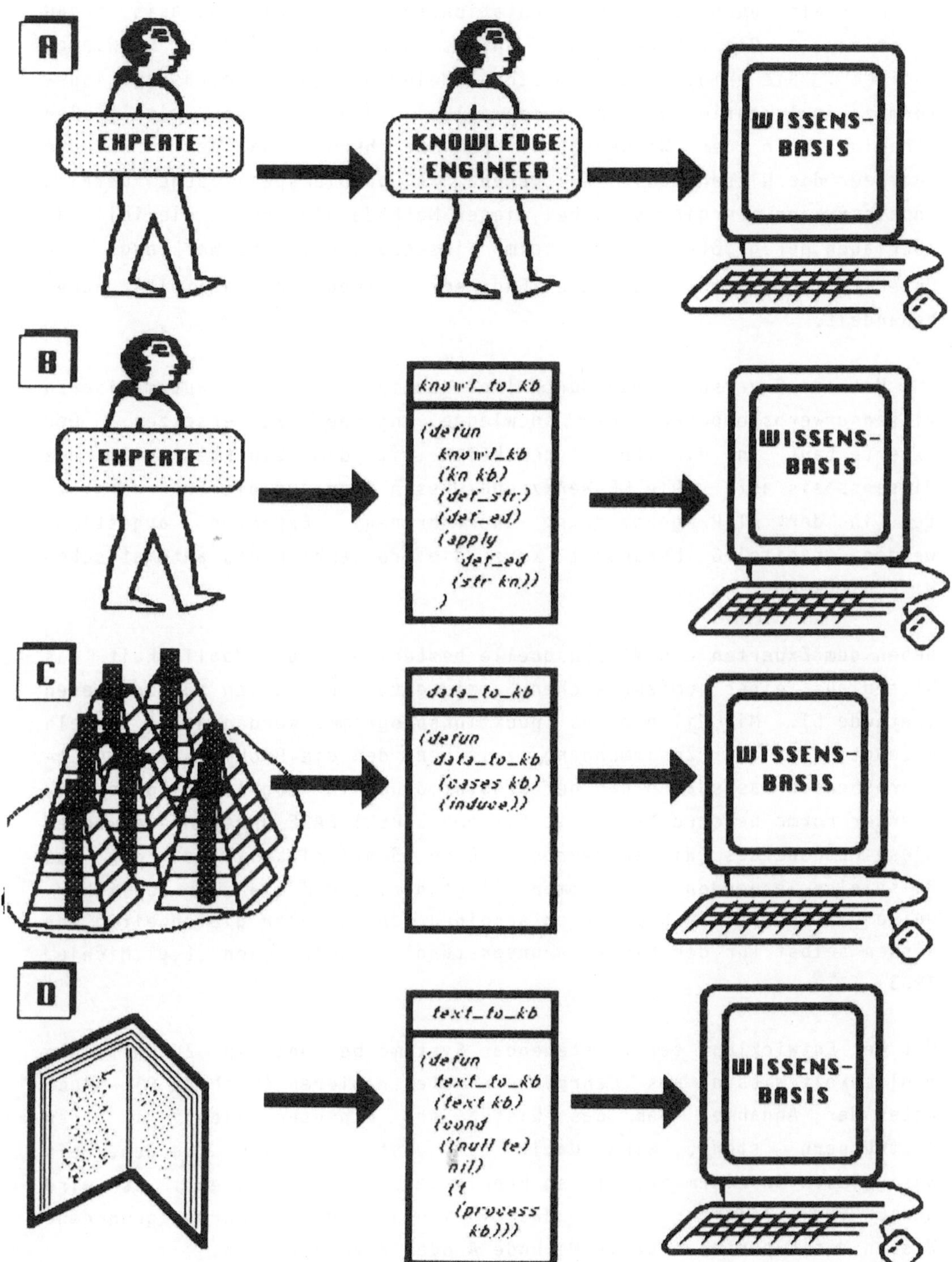

Bild 2: Methoden des Wissenserwerbs

Experten als auch die Repräsentationsform der Wissensbasis genau verstehen. Die KE-Werkzeuge unterstützen dabei den Knowledge Engineer. Sie ermöglichen ihm schnell eine geeignete Repräsentationsform zu implementieren (oder auszuwählen) und das Wissen mit großer Genauigkeit in der Wissensbasis zu speichern. Da der Knowledge Engineer die Wissensbasis weitgehend an problemspezifische Details anpassen kann, ergibt sich bei dieser Methode die größte Flexibilität aber auch der größte Aufwand beim Wissenserwerb. KE-Werkzeuge zur Unterstützung des Knowledge Engineer werden in Kapitel 4 näher behandelt.

Bei Methode B versucht man durch Implementierung einer automatischen Wissenserwerbskomponente den Knowledge Engineer zu ersetzen. Der Experte baut in direkter Interaktion mit dem Expertensystem die Wissensbasis auf. Die KE-Werkzeuge müssen hier auf die Erfordernisse des (in der AI-Programmierung unerfahrenen) Experten abgestimmt werden. Kapitel 6 behandelt kurz die Problematik des automatischen Wissenserwerbs.

Neben dem Experten als Wissensquelle besteht auch die Möglichkeit das Wissen aus einer umfangreichen Sammlung von Testfällen zu generieren (Methode C). Mit Hilfe eines Induktionsprogramms werden dabei Regeln erzeugt, die den Zusammenhang zwischen den die Problemstellung beschreibenden Basisdaten und der Problemlösung in möglichst generalisierter Form beschreiben. Die Systeme EXPERT EASE und TIMM verwenden diese Methode des Wissenerwerbs. Eine Schwierigkeit bei den aus Beispielen lernenden Programmen liegt darin, daß sie zwar möglicherweise besser als ein Experte entscheiden können, aber gleichzeitig ihr Wissen selbst für den Experten unverständlich sein kann (vgl.Michie, 1983).

Mit der Entwicklung textverstehender Systeme besteht in Zukunft die Möglichkeit Wissen aus Lehrbüchern zu extrahieren (Methode D). Auch unter der Annahme, daß das Wissen der Experten nicht in den Textbüchern steht, wird damit zumindest ermöglicht werden, ein Basiswissen in einem bestimmten Problembereich aufzubauen. Es wird danach viel leichter sein, das in langjähriger Erfahrung gewonnene Wissen des Experten mittels Methode A oder B zu erfassen.

4. KE-Werkzeuge

Werkzeuge zum Aufbau von Expertensystemen dienen heute vorwiegend der Unterstützung des Knowledge Engineers. In Form eines Spektrums dargestellt, steht dabei auf der einen Seite die AI-Programmiersprache (LISP, PROLOG), auf der anderen Seite das vorgefertigte Expert System Shell. Vergleicht man diese zwei Extreme so ergeben sich folgende Vor- (+) und Nachteile (-):

AI-Programmiersprache:
- \+ große Mächtigkeit,
- \+ genaue Anpassung des Systems an Problemstellung
- \- hoher Aufwand
- \- Fehleranfälligkeit
- \- unnötige Reimplementierung von Systemen bei ähnlicher Problemstellung

Expert System Shell:
- \+ schnelle Entwicklung von Prototyp / Expertensystem
- \+ keine Programmierung notwendig
- \- fest vorgegebene Repräsentationsform, in die das Wissen gepreßt werden muß
- \- nur für einen bestimmten Aufgabenbereich geeignet (z.B.Diagnose)

Ein Expert System Shell besitzt genau eine vorgegebene Repräsentationsform für das Expertenwissen, eine darauf abgestimmte Inferenzkomponente und eine einfache Erklärungskomponente. Die Dialogkomponente realisiert bei interaktiven Systemen die Datenerfassung meist durch Generierung von Multiple-Choice-Fragen. Jene Form des Shells, die am ehesten dafür geeignet ist, ein Expertensystem ohne jede Programmierung aufzubauen, ist das Produktionensystem. Das Wissen wird dabei in Form von IF-THEN Regeln repräsentiert. Die Wissenerwerbskomponente eines derartigen Shells ist entweder ein interaktiver Regeleditor oder ein Regelcompiler, der die mittels eines Textverarbeitungssystems erstellten Regeln in die interne Repräsentationsform umwandelt. Das im nächsten Abschnitt beschriebene System VIE-PCX ist ein Beispiel für ein auf Regeln basierendes Shell.

Systeme, die ihr Wissen in Form von Frames repräsentieren, haben die Notwendigkeit, Inferenzprozeduren in Form von Methoden oder Demons, die an gewisse Slots im Frame gebunden sind, zu definieren. AI-Programmierung ist hier somit auf jeden Fall unvermeidlich. Dadurch wird aber gleichzeitig wieder eine größere Flexibilität möglich. Nach dem heutigen Stand der Technik bieten Frames mit den ihnen innewohnenden Vererbungsmechanismen die beste Möglichkeit hierarchisch strukturiertes Wissen in überschaubarer Form darzustellen.

Vereint man mehrere Repräsentationsformen in einem System, entsteht ein hybrides KE-Werkzeug. Dadurch wird das System für viele Aufgabenstellungen und Anwendungsbereiche nutzbar. Beim Aufbau eines spezifischen Expertensystems können jeweils Teile des Expertenwissens in der geeignetsten Form repräsentiert werden. Zusätzlich bieten diese Werkzeuge mittels graphische Darstellungen verbesserte Interaktionsmöglichkeiten (zum Beispiel Active Images in KEE). Andererseits macht die Komplexität hybrider Systeme diese nur für sehr erfahrene Knowledge Engineers effizient nutzbar. Das derzeit in Entwicklung stehende System VIE-KET stellt den Versuch dar, ein hybrides Werkzeug am Personal Computer zu implementieren.

5. KE-Werkzeuge am Personal Computer: VIE-PCX und VIE-KET

Am Österreichischen Forschungsinstitut für Artificial Intelligence wurde in Zusammenarbeit mit dem Institut für Medizinische Kybernetik und Artificial Intelligence das Expert System Shell VIE-PCX (Vienna PC Expert System) mit der Zielsetzung entwickelt, ein Werkzeug zur Verfügung zu haben, mit dem sehr schnell ein Prototyp eines Beratungssystems für im Umfang stark eingeschränkte Problemstellungen am Personal Computer entwickelt werden kann. Der Aufgabenbereich beschränkt sich dabei auf diagnostische Fragestellungen.

Die Struktur von VIE-PCX ist in Bild 3 dargestellt. Die Konzepte des Anwendungsbereiches sind in VIE-PCX in Form von Entities dargestellt. Entities werden zu Entityklassen zusammengefaßt. Sie können zusätzlich mit Attributen versehen sein, die das Entity näher beschreiben. Einzelne Entityklassen können als Frageklasse bzw. als Ergebnisklasse definiert werden. Frageklassen werden am Beginn der Beratung dem Benutzer in Form von Multiple-Choice-Fragen präsentiert. Entities von Ergebnisklassen mit positiver Bewertung werden am Ende der Beratung als Ergebnis ausgegeben. Das Expertenwissen ist in Form von IF-THEN Regeln gespeichert. Regeln können zu Regelklassen gruppiert werden. Dadurch ist es möglich, den Aufgabenbereich zu partitionieren und

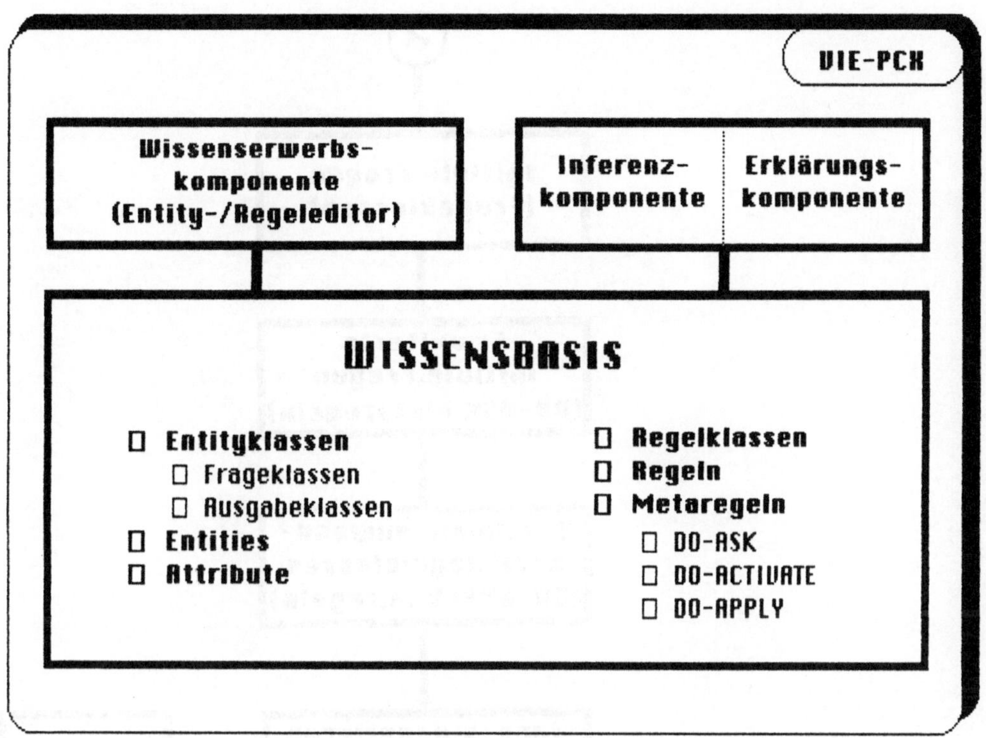

Bild 3: Struktur von VIE-PCX

abhängig von den initialen Daten nur wenige Regeln in einer aktuellen Beratungssituation anwendbar zu machen. Verglichen mit anderen kommerziell verfügbaren Shells (EXSYS, INSIGHT, AL/X) hat VIE-PCX den Vorteil, daß eine Steuerung der Inferenzkomponente explizit durch Metaregeln definiert werden kann. Drei Typen von Metaregeln sind definiert:

- DO-ASK Metaregeln definieren Entityklassen, die zusätzlich am Beginn der Beratung erhoben werden sollen;
- DO-ACTIVATE Metaregeln aktivieren alle Entities einer Klasse als zu prüfende Hypothesen; und
- DO-APPLY Metaregeln aktivieren Regelklassen, die in der aktuellen Beratungssituation anwendbar sind.

Die Wissenserwerbskomponente ist in Form eines interaktiven Editors realisiert. Die Funktion der Inferenzkomponente ist in Bild 4 schematisch dargestellt. Durch einen Forward Chainer wird jedes Entity, das in der Conclusio einer Regel vorkommt, als Hypothese aktiviert, wenn ein Entity in der Prämisse dieser Regel positiv bewertet ist. Eine

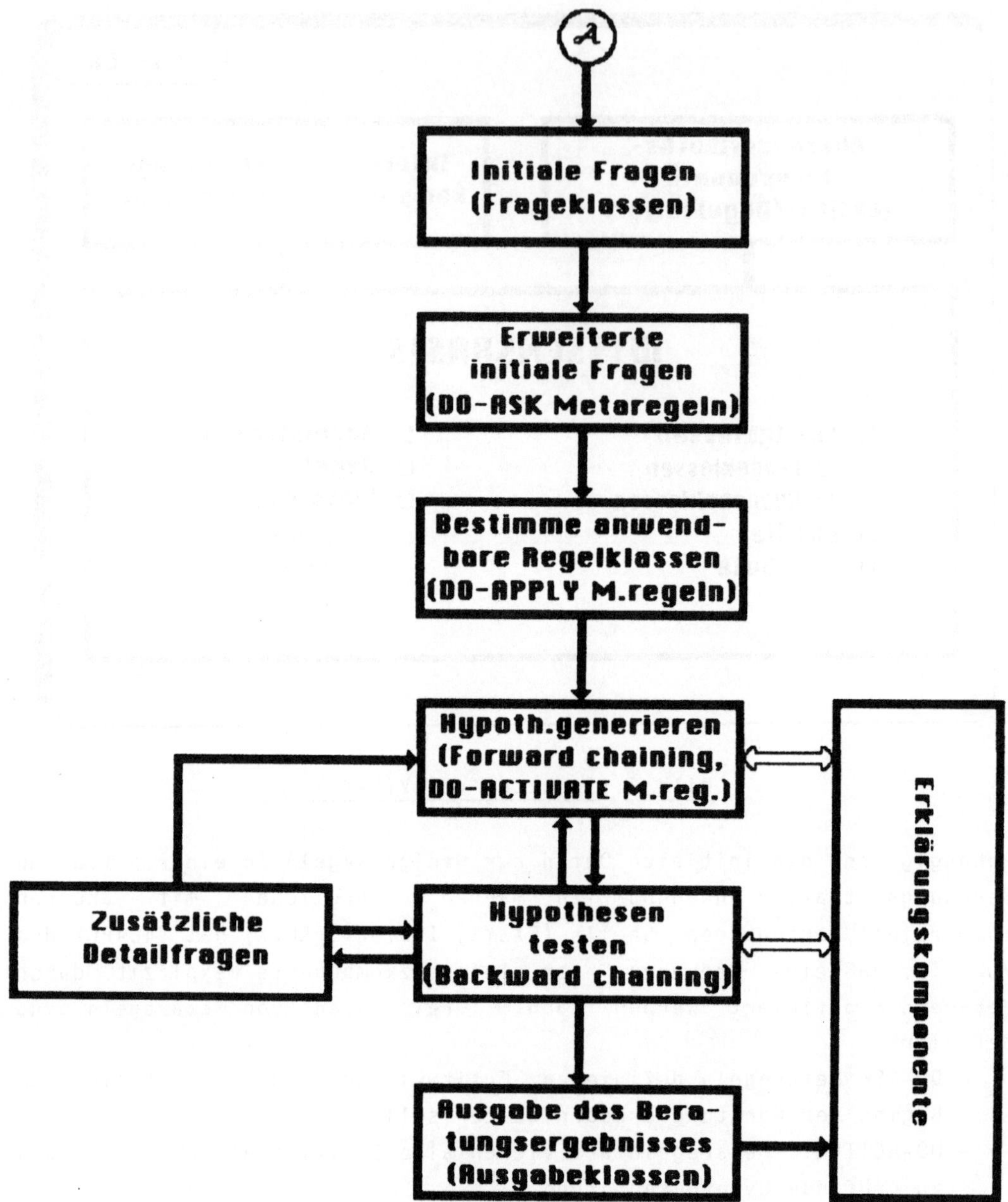

Bild 4: Inferenzkomponente von VIE-PCX

zusätzliche Aktivierung von Hypothesen erfolgt durch DO-ACTIVATE Metaregeln. Der Backward Chainer versucht jede aktivierte Hypothese zu beweisen. Die Erklärungskomponente ermöglicht, die jeweils aktivierten bzw. bewiesenen Hypothesen zu sehen, sowie WHY- und HOW-Fragen zu stellen. Eine detaillierte Darstellung des Systems ist in Widmer und Horn, 1984 und 1985, zu finden.

Im Unterschied zum Produktionensystem VIE-PCX ist das derzeit in Entwicklung befindliche System VIE-KET (Vienna Knowledge Engineering Tool) als hybrides Werkzeug konzipiert. Die Basis von VIE-KET bilden Frames. Jeder Frame repräsentiert ein Konzept, das durch Slots beschrieben wird. Jeder Slot kann sowohl Werte als auch Funktionen enthalten, deren Bedeutung durch folgende Facetten festgelegt ist:

- Value: Angabe des Slotwertes (auch in Form von Indirektion oder Evaluation);
- Default: Default-Wert;
- IfAdded: Funktion, die getriggert wird, wenn ein Wert eingetragen wird;
- IfRemoved: Funktion, die getriggert wird, wenn ein Wert gelöscht wird;
- Askable: Funktion, die interaktiv den Wert erhebt;
- ForwardRules: Regeln, die getriggert werden, wenn ein Wert eingetragen wird;
- BackwardRules: Regeln, die getriggert werden, wenn der Slotwert benötigt wird. Der Backward Chainer ist als Prolog-Beweiser implementiert. Er kann auch auf Regeln mit Variablen angewandt werden und erlaubt Pattern Matching-Operationen;
- Method: Funktion, die beim Message Passing getriggert wird;
- HowToGet: Definiert Reihenfolge der Methoden um den Wert zu bestimmen (z.B. zuerst mittels Backward Rules, dann durch Frage an Benutzer, dann Default-Wert). Steuert ferner den Vererbungsmechanismus;
- Require: Bedingungen, die der Slotwert erfüllen muß.

Ein Frame-Editor, ein graphisches Interface zur Darstellung der Framestruktur und zum Aufbau von Ein-/Ausgabemasken, sowie eine ATN-Grammatik zur Interpretation englischer Sätze mit eingeschränkter Syntax stehen als Benutzerschnittstelle zur Verfügung. VIE-KET stellt den Versuch dar, die Mächtigkeit von Frames mit der von LISP und PROLOG in einem System zu vereinen.

6. Automatischer Wissenserwerb

Das bekannteste automatische Wissenserwerbssystem ist TEIRESIAS (Davis und Lenat, 1982). Durch Analyse der in der Wissensbasis des Expertensystems vorhandenen Regeln erzeugt TEIRESIAS Regelmodelle, die zur Unterstützung des Experten bei der Definition einer neuen Regel verwendet werden.

Abweichend davon haben wir ein System konzipiert, bei dem der Experte selbst die Struktur der Wissensbasis definiert. Auf Grund der von ihm selbst definierten Struktur soll er danach fähig sein, den Aufbau der Wissensbasis ohne Hilfe des Knowledge Engineers durchzuführen.

Das Wissenserwerbssystem umfaßt drei Subsysteme:

- ein Generator zur Definition der Struktur der Wissensbasis. Mit diesem Generator erstellt und editiert der Experte gemeinsam mit dem Knowledge Engineer die Definition seiner Wissensbasis. Die Struktur der Wissensbasis (Semantisches Netz, Frames) wird mit einer attributierten Grammatik beschrieben;
- ein Editor-Generator zur Erzeugung des Struktureditors für die Wissensbasis. Ausgehend von der Strukturbeschreibung der Wissensbasis erzeugt der Experte gemeinsam mit dem Knowledge Engineer durch Auswahl, Kombination und Adaptierung von Graphik- und/oder Texteditoren
- einen Struktureditor für die Wissensbasis. Diesen Struktureditor benutzt der Experte, um selbstständig die Wissensbasis des Expertensystems aufzubauen.

Die bisher noch nicht gelöste Hauptschwierigkeit bei der Definition der Wissensbasis liegt in der Semantikdefinition. Dazu muß zuerst eine abstrakte Inferenzkomponente definiert und danach die Strukturbeschreibung der Wissensbasis mit dieser abstrakten Inferenzkomponente in Beziehung gesetzt werden.

7. Schlußbemerkung

Werkzeuge zum Aufbau von Expertensystemen stellen eine unabdingbare Notwendigkeit dar, um auf schnelle und effiziente Weise einen Prototyp bzw. ein lauffähiges Expertensystem entwickeln zu können. Im kommerziellen Bereich zeichnen sich dabei derzeit zwei Trends ab: Erstens die Entwicklung von einfachen Expert System Shells am Personal Computer (PC), die für einfache und in ihrem Umfang stark eingeschränkte Problemstellungen geeignet sind. Sie sind einfach zu handhaben. Zweitens die Entwicklung hybrider Systeme, die versuchen dem Knowledge Engineer möglichst vielfältige Werkzeuge zur Verfügung zu stellen. Sie sind bei komplexen Problemstellungen in verschiedensten Aufgaben- und Anwendungsbereichen verwendbar. Bisherige hybride Werkzeuge erfordern spezielle AI-Hardware, die Leistungskapazität neuerer PCs rechtfertigt jedoch den Versuch, solche Werkzeuge auch für den PC zu entwickeln.

Eine breite Anwendbarkeit von Expertensystemen wird erst mit der Entwicklung effizienter automatischer Wissenserwerbssysteme und lernfähiger Systeme möglich werden. Hier ist man jedoch über das Forschungsstadium noch nicht hinausgekommen.

Danksagung

Meinen Mitarbeitern Gerhard Widmer (VIE-PCX), Christian Holzbaur und Bernhard Pfahringer (VIE-KET), und Paul Tavolato (automatisches Wissenserwerbssystem), die für die Entwicklung und Implementierung der beschriebenen Systeme mitverantwortlich sind, sowie Robert Trappl, der mir sehr oft mit Rat und Tat zur Seite gestanden hat, möchte ich hier herzlich danken. Eine Förderung dieser Projekte erfolgt durch das Bundesministerium für Wissenschaft und Forschung bzw. den Jubiläumsfonds der Österreichischen Nationalbank (Projektnr.2332).

Literatur

[1] Davis R., Lenat D.B.: Knowledge-Based Systems in Artificial Intelligence, McGraw-Hill, New York, 1982.

[2] Feigenbaum E.A.: The Art of Artificial Intelligence: Themes and Case Studies of Knowledge Engineering, in Michie D.(ed.), Expert Systems in the Micro Electronic Age, Edinburgh Univ.Press, Edinburgh, 1977.

[3] Harmon P., King D.: Expert Systems, Wiley, New York, 1985.

[4] Hayes-Roth F., Waterman D., Lenat D.(eds.): Building Expert Systems, Addison-Wesley, Reading, Mass., 1982.

[5] Lenat D.B.: The Role of Heuristics in Learning by Discovery: Three Case Studies, in Michalski R.S., et al.(eds.), Machine Learning: An Artificial Intelligence Approach, Tioga, Palo Alto, Calif., 1982.

[6] Michie D.: Inductive Rule Generation in the Context of the Fifth Generation, in Michalski R.S.(ed.), Proceedings of the International Machine Learning Workshop, Department of Computer Science, University of Illinois at Urbana-Champaign, 1983.

[7] Widmer G., Horn W.: VIE-PCX - The Vienna PC Expert System, Bericht 84-04, Institut für Medizinische Kybernetik und AI, Universität Wien, 1984.

[8] Widmer G., Horn W.: VIE-PCX - Ein Expert System Shell für den PC, in: Proceedings der Österreichischen Artificial Intelligence Tagung 1985, Springer, Berlin, 1985.

Entwicklungstendenzen auf dem Gebiet der Textverarbeitungssysteme

PETER WISSKIRCHEN

Gesellschaft für Mathematik
und Datenverarbeitung mbH

Zusammenfassung: *Der folgende Artikel zeigt anhand einer Einführung in das Gebiet der Textverarbeitungssysteme und durch Hinweise auf die spezifischen Beiträge des Fachgesprächs "Textverarbeitungssysteme" neuere Trends auf: Hierbei handelt es sich besonders um verstärkte Normungsbemühungen, die einhergehen mit einer Systematisierung dieses Gebietes und dazu beitragen können, bestehende Inkompatibilitäten und Geräteabhängigkeiten zu überwinden.*

1. Einleitung

Der folgende Beitrag dient einer Einführung in das auf dieser Tagung veranstaltete Fachgespräch "Textverarbeitungssysteme". Es soll versucht werden, die Einzelbeiträge* einzuordnen und auf einige Punkte, die beim Fachgespräch nicht behandelt werden, einzugehen. Es sei darauf hingewiesen, daß im September 1982 eine umfassende Darstellung des Entwicklungsstandes und der historischen Entwicklung auf dem Gebiet der Textverarbeitungssysteme in "ACM Computing Surveys" erschien [MEYR82A,MEYR82B,FURU82]. Diese Beiträge seien dem Leser, der sich breit informieren will, empfohlen. Die Entwicklung ist jedoch nicht stehengeblieben, und die in diesem Fachgespräch dargestellten Beiträge setzen einige wichtige Akzente: Genannt seien besonders Aktivitäten im Bereich der Normung, die zu einer herstellerneutralen *offenen* Dokumentenarchitektur beitragen - eine Thematik, auf die mehrere Autoren unter verschiedenen Aspekten eingehen.

Die heutige Situation auf dem Gebiet der Textverarbeitungssysteme ist gekennzeichnet durch

— die Möglichkeit, Texte in hoher Druckqualität ausgeben zu können.

— die Integration der Texterverarbeitung in multifunktionale Bürosysteme (Zusammenspiel mit Elektronischen Postsystemen, Integration von Text- und Datenverarbeitung, Berücksichtigung von Graphik).

— "multimediale" Informationsverarbeitung (Text, Graphik, Festbild, Sprache).

— Fortschritte auf Gebiet der Normung.

— die Erschliessung neuer Zielgruppen (Textverarbeitung für "Jedermann", weg vom zentralen "Schreibpool").

— verstärkte Bemühungen zur Verbesserung der Mensch-Maschine-Schnittstelle.

* Dem Autor lagen lediglich erste Versionen (fast) aller Tagungsbeiträge vor.

2. Gerätetechnik – Stand und Trends

Bevor wir auf Software- und Anwendungsaspekte eingegehen, einige Ausführungen zu gerätetechnischen Entwicklungen:

Die Verfügbarkeit von hochqualitativen Ausgabegeräten für die Ausgabe von Informationen auf Papier (Drucker, Lichtsatzgeräte) mit punktweiser Adressierung gestattet es, ein beliebiges Zeichen in beliebiger Größe an eine beliebige Stelle zu positionieren. Darüber hinaus ist über die punktweise Adressierung auch die Darstellung von Liniengraphik und Schwarz/Weiß-Bildern möglich. Hinzu kommen Arbeitsplatzsysteme mit einem hochauflösenden rastergrafischen Bildschirm (Rasterbildschirmsysteme). Auf diesen Bildschirmgeräten läßt sich Schrift in einer Qualität (verschiedenen Schrifttypen, Schriftgrößen, Formeldarstellung) darstellen, die der Erscheinungsform auf Papier sehr nahe kommt. Mit dem Cursor können beliebige Stellen auf dem Bildschirm angefahren werden, die Steuerung erfolgt meist über ein zusätzliches Eingabegerät (z.B. die sog. "Maus"), das von einer Hand des Benutzers über eine horizontale Fläche geführt wird und das die Bewegung der Hand in analoge Bewegungen des Cursors auf dem Bildschirm umsetzt.

Auch für die Realisierung fortschrittlicher Editierer/Formatierer (s. 3.4), die nach jeder gestalterischen Änderung den Text nahezu so zeigen, wie er auf Papier dargestellt wird, sind diese Systeme geeignet. Rasterbildschirmsysteme bieten auch zur Erstellung von Grafiken jeglicher Art und ihrer Einbettung in Texte die grundlegenden technischen Voraussetzungen. Sie sind ebenfalls zur Darstellung von Faksimiles geeignet.

Zu den "Exoten" unter den Endgeräten gehören zumindest heute noch Ein/Ausgabegeräte für die digitale *Faksimile-Technik* und die digitale Verarbeitung *gesprochener Sprache*. Bei der ersteren Klasse von Geräten handelt es sich um Faksimile-Scanner und Faksimile-Drucker. Mit einem Faksimile-Scanner lassen sich Papierdokumente unabhängig von ihrem Inhalt in digitale Form umwandeln, und zwar durch zeilenweises Abtasten mit einer hohen Auflösung (vergleichbar dem Verfahren beim Fernsehen) und Umsetzen in eine digitale Bildmatrix aus Schwarz-Weiß-Werten. Mit einem entsprechenden Drucker läßt sich ein digital faksimiliertes Dokument wieder auf Papier ausgeben. Für die digitale Verarbeitung gesprochener Sprache wird die Ein/Ausgabefunktion häufig in einem telefonähnlichen Endgerät integriert. Hier kann Information als gesprochene Sprache ein- und auch wieder ausgegeben werden. Das kontinuierliche analoge Sprachsignal wird dabei durch Abtasten in sehr kleinen Zeitintervallen digitalisiert und bei der Ausgabe durch den umgekehrten Vorgang aus dieser Form wieder "analogisiert".

Die neuen technischen Voraussetzungen verlangen zunehmend im Zusammenhang mit der *eigentlichen* Textverarbeitung die Beachtung der anderen Medien Graphik, Festbild und Sprache vor allem auch, weil all diese Medien in einem Dokument vermischt vorkommen können. Die Anwendung dieser "Mischdokumente" für die Bürokommunikation wird in [WISS83] näher erläutert. Bemerkt sei, daß in der letzten Zeit daher häufig auch von *Dokumenten* gesprochen wird, wenn man sich nicht auf Texte im eigentlichen Sinne beschränken will. Ein Dokument wird dabei nicht notwendig als ein urkundenähnliches Objekt verstanden, sondern als eine analoge (machmal sogar synonyme) Bezeichnung für *Text*.

3. Texte editieren und formatieren

Bei der rechnergestützten Erstellung von Texten unterscheidet man gewöhnlich zwei Tätigkeiten, das Editieren, das sich mit dem inhaltlichen Aufbau eines Textes befaßt, und das Formatieren, das die adäquate Darstellung des Textes bei der Ausgabe auf Papier oder auf dem Bildschirm zum Ziel hat.

Zum Editieren gehören die Erfassung und Überarbeitung eines Textes: Hineinkopieren von existierenden Texten aus Textbeständen, Formatierung umfaßt die Tätigkeiten, die die Ausgabe eines Textes auf Papier (oder auf den Bildschirm) steuern: Auswahl von Schriftart und -größe, Zeilen- und Seitenumbruch, Einrücken bei Spiegelstrichlisten, Plazierung von Fußnoten usw.

Texte besitzen eine Struktur: Ein wissenschaftlicher Artikel besteht meist aus Titel, Autor, Zusammenfassung, Inhalt, Literaturverzeichnis, der Inhalt besteht aus einer Folge von Abschnitten, jeder Abschnitt hat eine Überschrift und eine Folge von Absätzen, wahlweise noch Abbildungen und Fußnoten, die bestimmten Textteilen zugeordnet sind. Die Absätze bestehen aus Sätzen, diese wiederum aus Worten u.s.w. Die Struktur eines Textes hat Einfluß auf den Editierungs- und Formatierungsprozeß. Die von menschlichen Bearbeiter geplanten Manipulationen beim Editierungsprozeß beziehen sich in der Regel auf die Struktur. Der Benutzer möchte Worte oder Kapitel löschen, ersetzen und ändern, Worte suchen und Beziehungen zwischen Strukturelementen - wie etwa bei Literaturverweisen - aufbauen. Leider sind die verfügbaren Editoren heute nur selten unmittelbar auf die Bearbeitung dieser Strukturen abgestimmt oder abstimmbar. Der Benutzer muß daher erst durch eine Folge von Elementaroperationen auf unterer Ebene (Manipulation von Buchstaben und Zeilen) die "eigentliche" Operation synthetisieren (s. 3.2).

Der Formatierungsprozeß wird von der Textstruktur beeinflußt, weil die gewohnte Darstellung von Texten auf Papier dazu dient, die Struktur des Textes möglichst gut sichtbar, das heißt für den menschlichen Betrachter möglichst leicht erfaßbar zu machen. Man denke etwa an den Geschäftsbrief, in dem einzelne Strukturelemente wie Adresse, Betreff oder Anrede ihren bestimmten Platz in einem bestimmten Format haben, oder an einen wissenschaftlichen Bericht, wo Titel und Überschriften größer und fetter, die Zusammenfassung enger und kleiner gedruckt werden, wo der Beginn eines neuen Absatzes durch größeren Durchschuß oder Einrücken der ersten Zeile dargestellt wird und Fußnoten und Literaturverweise besonders gekennzeichnet werden.

3.1 Texteditoren

Die meisten Systeme zur Texteditierung verfügen über einen gemeinsamen Grundvorrat von Funktionen. Hierzu gehören Funktionen zum Eingeben/Einfügen von Texten über die Tastatur, zum Löschen von Textteilen, zum Ersetzen von Textteilen durch andere und zum Kopieren/Verschieben von Textteilen (auch aus anderen Schriftstücken als dem gerade bearbeiteten).

Texteditoren unterscheiden sich erheblich in der Art und Weise, wie der Benutzer die ihn interessierende Stelle im Text aufsucht, wie ihm ein Textausschnitt angezeigt wird oder wie er Textteile zur Bearbeitung auswählt, bevor er schließlich die eigentlichen Editieroperationen anwendet. Eine gute Übersicht über die verschiedenen Konzepte geben die sehr lesenswerten Beiträge [MEYR82A, MEYR82B].

3.2 Struktureditoren

Die meisten Editoren herkömmlicher Art kennen lediglich -wie bereits erwähnt - Textstrukturen auf unterster Ebene: zum Beispiel Zeichen und Zeilen. Eine weitergehende Unterstützung des Benutzers kann dann verwirklicht werden, wenn der Editor die Textstrukturen verwaltet, in denen der Benutzer beim Editieren eines Textes denkt. Hierzu gehört vor allem eine hierarchische Strukturierung von Texten - bei längeren Texten etwa die Einteilung in Kapitel, Unterkapitel und Absätze, wobei die letzteren neben reinem Text auch noch Abbildungen, Fußnoten und Verweise auf Literatur enthalten können. Bei solchen Struktureditoren wird also ein Text im allgemeinen als eine Baumstruktur aufgefaßt. Die Knoten eines solchen Baumes (etwa Kapitel, Unterkapitel, Abschnitt) enthalten Verweise auf die Unterknoten und auch Formatiervorschriften, die sich auf den ganzen Teilbaum beziehen, der an diesem Knoten hängt. Die Endknoten enthalten den eigentlichen Text. Der Benutzer kann sowohl die Baumstruktur als auch den Inhalt der Knoten editieren [ALLE81, STRÖ81]. "Editieren der Baumstruktur" bedeutet etwa bei der Erstellung eines Berichtes, daß es mit einer bzw. ganz wenigen Operationen möglich ist, ganze Abschnitte eines Berichtes zu verschieben, zu kopieren oder zu löschen. Der Benutzer kann sich mit einem Struktureditor auch einen Überblick über einen

Text verschaffen, indem er sich nur die Knoten einer bestimmten Ebene des Textbaums anzeigen läßt, zum Beispiel nur die Kapitelüberschriften oder innerhalb eines Kapitels die ersten Zeilen der Absätze. Weitergehende Möglichkeiten bieten *Syntaxeditoren*, die über die Editierung von Strukturen hinaus die syntaktische Integrität von Textstrukturen überprüfen und gewährleisten [BURK82, MEYR82B]. Derartige Editoren sind bisher vor allem zur Unterstützung bei der Programmierung eingesetzt worden.

Da es verschiedene *Textstrukturklassen* (Berichte, Formulare u.s.w.) gibt, sollte ein Struktureditor auf diese Klassen abstimmbar sein. Das sich derzeit in der Normung befindliche Dokumentenarchitekturmodell kennt solche Klassen (*generic structures*), sodaß sich prinzipiell sehr anpassungsfähige Struktureditoren entwickeln lassen. Auf ein derartiges Projekt geht G. Kröhnert in seinem Beitrag ein.

3.3 Formatierer

Unter einem Formatierer verstehen wir ein Programmsystem, das die Ausgabe eines Textes über entsprechende Geräte (Zeilendrucker, Laserdrucker, Lichtsetzanlagen) steuert. Dabei werden die vom Formatierer zu verarbeiteten Regeln als Kommandos in den eigentlichen Text an den erforderlichen Stellen eingestreut. In Anlehnung an analoge Verfahren aus dem Druckwesen spricht man auch von *Textauszeichnung*. Eine Kette von Formatierkommandos, die häufiger verwendet werden soll, kann bei den meisten Formatierern zu einer Formatieranweisung (sogenannter "Makro") zusammengefaßt werden, die dann über einen Namen wie ein normales Formatierkommando aufgerufen werden kann. Eine Parametrisierung von Formatieranweisungen ist meist zugelassen.

Die ersten Formatierer, die innerhalb der Datenverarbeitung eingesetzt wurden, dienten dazu, die Textausgabe auf den üblichen Druckern einer Datenverarbeitungsanlage zu steuern. Die Gestaltungsmöglichkeiten und damit auch der Funktionsumfang der verwendeten Formatierer war relativ beschränkt, weil diese Geräte Buchstaben nur in einem gleichabständigen festen Raster plazieren konnten (keine Proportionalschrift) und auch nur über einen einzigen Schrifttyp verfügten. Durch die erweiterten Ausgabemöglichkeiten sind die Anforderungen an die Formatierer gewachsen. Formatierer sollen nun in der Lage sein, die Ausgabe von verschiedenen Schrifttypen sowie die Verwendung von Spezialsymbolen, etwa aus dem Bereich der Mathematik, zu unterstützen. In diesem Zusammenhang sind insbesondere der Formatierer TEX [KNUT84] und die Formatierprogramme des UNIX-Systems (troff, eqn, tbl) [KERN75, KERN78] zu erwähnen. Sie bieten die Möglichkeit, außer Schrift auch mathematische Formeln und Tabellen zu setzen. Bei der Entwicklung von TEX ist man sogar so weit gegangen, mathematische Optimierungsverfahren für den Umbruch einzusetzen; dadurch läßt sich z.B. die Zahl der Worttrennungen minimieren.

Da bei der Benutzung von Formatierern die gesamte Gestaltung der Ausgabe über im Text eingestreute Kommandos erfolgt, können die zu formatierenden Texte an normalen Terminals mit üblichen Editoren erstellt werden. Bei einem solchen Vorgehen braucht man ein großes Vorstellungsvermögen darüber, wie die endgültige Ausgabe auf Papier aussehen wird – man arbeitet sozusagen "im Dunkeln". Diese Schwierigkeiten bei der Formatierung treten dann in extremem Maße auf, wenn es sich um komplizierte Texte mit einer reichhaltigen Symbolik handelt, zum Beispiel bei mathematischen Fachtexten. Hochleistungsfähige Formatierer wie etwa TEX bieten naturgemäß eine Vielzahl von Funktionen an. Hierdurch entsteht häufig ein den Benutzer überforderndes Überangebot. Es ist daher wichtig, für verschiedene Dokumentklassen Makropakete zur Verfügung zu stellen und die Editierung hierauf abzustimmen. Auf diese Möglichkeiten gehen mehrere weiter unten erwähnte Tagungsbeiträge ein und zwar unter verschiedenen Gesichtspunkten.

Auf heute verfügbaren hochauflösenden Rasterbildschirmgeräten lassen sich, wie oben erwähnt, Schriftstücke in einer Qualität darstellen, die der des angestrebten Ausgaberesultats auf Papier sehr nahekommen. Aus diesem Grunde befaßt man sich im Bereich der Forschung und Entwicklung im wesentlichen mit der Konzeption von Werkzeugen, die Editierung und Formatierung in sich vereinigen. Hierauf wollen wir in den nächsten beiden Abschnitten eingehen.

3.4 Das Schlagwort: WYSIWYG

Das Schlagwort WYSIWYG steht für *"what-you-see-is-what-you-get"*. Gemeint ist die zur Verfügungstellung eines Editors, der sofort bei der Erfasung eines Textes die "fertige" Formatierung vornimmt. Genauer heißt dies: Die Darstellung auf dem Bildschirm soll der endgültigen Darstellung auf Papier möglichst nahe kommen. Für einfache Texterstellung (ein Schrifttyp, gleichabständige Zeichen, kein Formelsatz) ist dieses Prinzip einfach zu realisieren und in vielen kommerziellen Textverarbeitungssystemen realisiert. Wesentlich schwieriger ist die Realisierung eines Systems zur Erstellung komplexer Darstellungen mit integrierter Editierung/Formatierung. Das System *Star* von Xerox ist eines der ersten auf dem Markt (dort aber unter anderen Produktbezeichnungen) angebotenen Systemen, das Darstellungen von höherer (nach Ansicht von TEX-Anhängern noch nicht hochqualitativer) Ausgabequalität erlaubt. Die z.B. auf einen Textabsatz wirkenden Formatieranweisungen werden hier durch Ausfüllen eines speziellen Formulars (*paragraph property sheet*) am Bildschirm definiert [MEYR82B]. Danach gibt man den Text über die Tastatur ein, und auf dem Bildschirm erscheint sofort die endgültige formatierte Darstellung.

3.5 Das Zweifensterprinzip

Die oben genannte Schwachstelle herkömmlicher Formatierer - Arbeit "im Dunkeln" - kann durch das "Zweifensterprinzip" weitgehend überwunden werden. Die Grundidee ist recht einfach zu beschreiben: Der Autor eines Textes soll - unter Nutzung eines leistungsfähigen Formatierers - die Möglichkeit haben, den mit Formatierkommandos ausgezeichneten Eingabetext gleichzeitig mit dem fertig umgebrochenen Text zu sehen. Werden Fehler erkannt, so soll eine Korrekturmöglichkeit bestehen und der korrigierte Teil (Seite, Absatz oder mathematische Formel) neu "übersetzt" d.h. umgebrochen werden. Dieses Prinzips nicht neu; es wurde z.B. im IBM-Forschungslabor, San Jose, verfolgt, wo ein Prototyp mit dem Namen *Janus*, der noch mit zwei getrennten Bildschirmen arbeitete, entwickelt wurde [CHAM82].

Im Beitrag von W. Appelt in diesem Tagungsband wird eine wesentlich produktnähere Entwicklung, realisiert auf einem Rasterdisplay-System mit dem Betriebssystem UNIX und auf der Basis des Formatierers TEX, vorgestellt. Wichtig war hier u.a. eine Umstellung des TEX-Systems auf eine absatzweise Verarbeitung und die Nutzung der UNIX-Pipe zur Verbindung des TEX-Programms mit dem - die Darstellung auf dem Bildschirm generierenden - Treiberprogramms.

3.6 Textbausteinverarbeitung

Ein wichtiges Spezialproblem bei der Textverarbeitung ist deren Zusammenspiel mit anderen "benachbarten" Funktionsgruppen. Bei der Integration von Text- und Datenverarbeitung geht es darum, Datenbankinhalte (etwa Daten einer Stammdatei) in Texte einzuspielen. Ebenfalls ist es häufig erforderlich, vorgefertigte Textbausteine in Texte zu integrieren. Oft muß des System auch über Fähigkeiten des Rechnens (Arithmetik) verfügen. Der Tagungsbeitrag von H. Göttler et al. zeigt am Beispiel einer Rechtsanwaltskanzlei Schwachstellen existierender Editoren auf und entwickelt ein Konzept für eine komfortable Textbausteinverarbeitung.

3.7 Multimediale Editierung

Bei der Benutzung von Textverarbeitungssystemen tritt häufig das Problem auf, daß Dokumente, die für eine Aufgabe benötigt werden, nur zum Teil als Texte im Textverarbeitungssystem gespeichert sind, etwa weil sie als Papierdokument vorliegen und das Eingeben über die Tastatur zu aufwendig wäre oder ihren Charakter zerstören würde (Unterschrift, Stempel, handschriftliche Anmerkungen) oder weil es sich zum Beispiel um Fotos handelt, die mit den bislang behandelten Eingabegeräten überhaupt nicht ins System eingegeben werden können. Eine Möglichkeit zur Integration solcher Dokumente in ein Textverarbeitungssystem bietet die (digitale) Faksimile-Technik. Bei der Faksimile-Technik werden Dokumente, die auch Abbildungen oder handschriftliche Anmerkungen enthalten können, mit einem speziellen Erfassungsgerät, einem Faksimile-Scanner, rastermäßig abgetastet und digital verschlüsselt. Sie können dann im System gespeichert werden. Auf der Ausgabeseite wird das digitale Faksimilebild als sichtbare Kopie reproduziert, auf Papier oder auf einem geeigneten rastergrafischen Bildschirm. Starke Zusammenhänge mit dem Bereich der Textverarbeitung ergeben sich dadurch, daß digital faksimilierte Abbildungen in Texte hineinkopiert werden können, über Netze übertragen werden können und am Zielort weiter verarbeitet werden sollen. Dies macht die "integrierte" Editierung dieser Mischdokumente erforderlich; hinzu tritt kommt hierbei noch das Erfordernis, auch Liniengraphik, die in der Regel über graphische Eingabegeräte wie *Maus* oder *graphisches Tablett* bzw. algorithmische Umsetzung numerischer Information in graphische Darstellungen (*Kuchendiagramme*) ensteht, zu berücksichtigen.

Eine Integration von Sprachbestandteilen kann dann durchgeführt werden, wenn außer einem "Sprachterminal" ein Textterminal zur Verfügung steht bzw. beide in einem Gerät integriert sind. Derartige Terminals reichen vom "Komfort-Telefon", das zusätzlich über eine Tastatur und einen kleinen Bildschirm verfügt, bis hin zu einem komfortablen *multimedialen Kommunikationsarbeitsplatz* mit großem Bildschirm (etwa im DIN A4-Format) und grafischen Darstellungsmöglichkeiten, der um Mikrofon und Lautsprecher ergänzt wird.

Mischformen von Text und Sprache bieten sich zu verschiedenen Zwecken an:

— Man ergänzt (uncodierte und daher inhaltlich nicht erschließbare) Sprachnachrichten durch textliche Deskriptoren, etwa bei Sprachnachrichtensystemen durch Absender, Datum, Uhrzeit und Betreff.

— Man möchte zu einer textlich dargestellten Nachricht, etwa einem elektronisch übermittelten Brief, einen Sprachkommentar abgeben und dieses *Kombinationsgebilde* aus Text und gesprochener Sprache über ein elektronisches Postsystem weiterleiten.

— Man möchte einen am Bildschirm dargestellten Text durch Sprachkommentare ergänzen, die sich auf bestimmte Positionen im Text beziehen.

Im letzten Falle könnte man von einem *Mischgebilde* aus Text und Sprache sprechen. Anwendungen ergeben sich etwa bei der Kommentierung einzelner Textstellen zur Abstimmung eines Textes durch eine Autorengruppe oder bei der Zusammenarbeit zwischen Chef und Sekretärin. Bei der Editierung eines derartigen Mischgebildes müssen Text- und Sprach-Ein/Ausgabe gleichzeitig aktiviert werden können. So will zum Beispiel eine Sekretärin eine an einer Stelle angefügte sprachliche Ergänzung abhören und an dieser Stelle per Tastatur in den Text einfügen. Der Umgang mit derartigen Mischgebilden ließe sich durch zwei auf der Bildschirmfläche frei positionierbare Marken realisieren, eine Textmarke und eine Sprachmarke, die zum Anfahren von Text- bzw. Sprachbestandteilen dienen. Ähnlich wie bei der Texteditierung nach Banddiktat sind dabei sowohl der Texteditor als auch der Spracheditor (Vorlauf, Rücklauf, Abhören, Eingeben) aktiv. Derartige Editieranforderungen sind keineswegs Utopie, sondern dürften sich sehr bald durch die Verfügungsmöglichkeit entsprechender Vermittlungstechniken (digitale Nebenstellenanlagen und geplanter ISDN-Dienst) ergeben.

4. Texte verwalten

Aufschluß über die zu verwaltende Information erhält man durch eine Auflistung des Materials, mit dem der Benutzer eines künftigen Textverarbeitungssystems bei seiner Tagesarbeit umgeht. Der Benutzer

— editiert Briefe, Berichte, Mitteilungen;

— er erhält Nachrichten über ein elektronisches Postsystem;

— er erzeugt "strukturierte" Informationen durch Ausfüllen von Formularen;

— er generiert bzw. erhält faksimilierte Information und, er erhält auch noch normale Papierpost.

Es müssen also in einem fortschrittlichen System möglichst einheitlich folgende Arten von Informationen verwaltet werden:

— Uncodierte Information wie etwa digitalisierte Sprachnachrichten oder digitalisierte bildliche Darstellungen (Faksimile), deren inhaltliche Erschliessung mit den am Arbeitsplatz zur Verfügung stehenden Instrumenten beim gegenwärtigen Stand der Technik nicht vorgenommen werden kann.

— Codierte Information wie Texte, die inhaltlich durch Verfahren der Textanalyse in beschränktem Umfange erschlossen werden können.

— Strukturierte Information wie Formulare mit vorgegebenen Feldern und Feldtypen, für deren automatisierte Bearbeitung klassische Datenbankverfahren existieren.

Um mit der nicht strukturierten Information im Textverarbeitungssystem sinnvoll arbeiten zu können (Ablegen, Wiederauffinden, Verknüpfen und Ändern), empfiehlt sich in der Regel eine automatische oder vom Benutzer vorgenommene Indexierung, d.h. eine Vergabe von zusätzlichen Deskriptoren, die den Inhalt oder den Status des betreffenden Dokuments näher bezeichnen.

Dabei bietet sich eine Indexierung nach folgenden Gesichtspunkten an:

— Eine Indexierung nach Autor, Entstehungsdatum, Versanddatum. Eine derartige Indexierung kann in der Regel automatisch vorgenommen werden.

— Eine Indexierung nach dem Inhalt eines Dokuments über vom Benutzer frei vergebbare Schlagworte sowie nach "gebundenen" Schlagworten aus einem Katalog, der in einem persönlichen Aktenplan festgelegt ist.

— Eine Indexierung, die vom Benutzer nach pragmatischen Gesichtspunkten vorgenommen wird, etwa "zur Information", "zur Erledigung", "zur Wiedervorlage bis zum usw.

Eine Indexierung kann auch für nicht digital abgespeichertes Material sinnvoll sein, etwa um ein elektronisches Postbuch auch für die "Papierpost" zu führen oder das Wiederauffinden von in Aktenordnern abgehefteten Schriftstücken zu erleichtern.

In diesem Zusammenhang beleuchtet der Beitrag von M. Schumann die vielfältigen Gesichtspunkte zur Verwaltung der Eingangspost.

Die oben aufgeführten Beispiele zur Indexierung werden (zumindest teilweise) in elektronischen Postsystemen angeboten [WISS83]; hinzu kommt, daß hier auch pragmatische Bezüge zwischen einzelnen Texten (besser: Textnachrichten) automatisch hergestellt werden können, die die Verwaltung von Texten erleichtern, z.B. Bezugsketten zwischen Nachrichten und deren Beantwortung. Auf dieser Verkettung basierend, können ganze Vorgänge im Sinne einer Nachrichtenliste verfügbar und damit rekonstruierbar gemacht werden.

Die genannten Anwendererfordernisse stellen eine ganze Reihe neuer Anforderungen an die Leistung von Datenbanksystemen. Diese stellten einen Schwerpunkt auf der GI-Tagung *Datenbanksysteme für Büro, Technik und Wissenschaft* dar; verwiesen sei auf den Tagungsband [BLAS84].

Die wesentliche in Textverarbeitungssystemen abgespeicherte Information ist Personen zugeordnet und in deren Besitz, so etwa die über elektronische Dienste eingegangenen Nachrichten oder die am Arbeitsplatz generierten Dokumente. Will man Information anderen zugänglich machen, so wird diese durch den Versand über elektronische Medien übermittelt oder die Übertragung von Zugriffsrechten (sharing) auf andere Personen. In modernen Textverarbeitungssystemen ist man somit eigener Organisator der wesentlichen Information.

Die von A. Scheller dargestellten Aktivitäten im Rahmen des *Deutschen Forschungsnetzes* streben einen "Dokumentdienst" an, der – unter Beachtung neuerer Normvorschläge – die Dokumentenerstellung und den Austausch von Dokumenten in offenen Rechnernetzen fördern soll. Damit soll sowohl die arbeitsteilige Erstellung von Texten, die von Wissenschaftlern im Team erstellt werden, gefördert werden als auch eine Reduzierung der bei Publikationen anfallenden Tätigkeiten erreicht werden (Unterstützung von Standardformaten für wichtige Pubklikationsreihen, weg von Klebetechniken!).

5. Dokumentenarchitektur

Eine der wichtiges Tendenzen auf dem Gebiet der Textverarbeitungssysteme ist die Festlegung einer *Dokumentenarchtitektur*, die den Austausch von Dokumenten in Rechnernetzen fördern soll. Das allgemeine Ziel dieser Anstrengungen kann vereinfacht so beschrieben werden:

Falls es eine festgelgte Dokumentenarchitektur gibt, kann ein Textverarbeitungssystem folgende Eigenschaften erfüllen:

- Der Texteditor kann auf die Textstrukturen abgestimmt werden.
- Das Layout kann hersteller- und geräteunabhängig generiert werden.
- Die Verwaltung von Dokumenten kann eleganter erfolgen.
- Alle über ein Netz empfangenen Standard-Dokumente können verarbeitet werden.

Der Tagungsbeitrag von H. Musielak entwickelt allgemeine Konzepte einer derartigen Architektur, wobei die Datenintegration im Mittelpunkt steht: Anwendungsbeispiel ist hier die Generierung von Briefen, die auf einem Zielrechner B (etwa einem Schreibsystem) erstellt werden sollen. Dieses erhält die entsprechenden Informationen (Textbausteine und Daten) von einem Ausgangsrechner A (etwa einem Großrechner).

5.1 Normungsbestrebungen

Mehrere Autoren des Fachgesprächs gehen auf Normungsbestrebungen für ein "Standard-Dokumentenarchitekturmodell" ein. Dort ist ausführlich dargelegt, welches Grundkonzept diesen Überlegungen zugrundeliegt. Im Mittelpunkt derzeitiger Bemühungen steht die Festlegung strukturierbarer, in offenen Rechnernetzen austauschbarer und vom Empfänger weiter editierbarer (*revisable*) Dokumente. Konzeptionell handelt es sich hierbei um multimediale Dokumente. Interessant ist, daß neben der Strukturierung dieser Dokumente auch die Formatierung derartiger Dokumente, unabhängig von speziellen Editoren in festgelegter Weise beschrieben werden soll. An diesen Konzeptionen sind sowohl ECMA (European Computer Manufactures), ISO (International Organisation for Standardisation) als auch CCITT (Comite Consultatif International Telegraphique et Telephonique) beteiligt, die stark aufeinander abgestimmt diese Thematik bearbeiten.

G. Kröhnert geht in seinem Beitrag darauf ein, wie aufgrund einer festgelegten Dokumentklasse die Editierung durch einen hierauf abstimmbaren Struktureditor unterstützt werden kann. Auch das von W. Appelt beschriebene System bietet die Möglichkeit, spezielle Dokumenttypen vorzugeben und auf diese die Textauszeichnung abzustimmen.

6. Zur Bewertung der Benutzerschnittstelle

Amerikanische Entwicklungen zur Bewertung der Benutzerschnittstelle von Texteditoren konzentrieren sich vorwiegend auf Zeitprobleme (Wie schnell und mit wieviel Schritten ist es möglich, eine vorgegebene Editieraufgabe zu lösen?). Hier sei insbesondere auf das Lehrbuch S. K. Card, Th. P. Moran und A. Newell und die dort zitierten Untersuchungen verwiesen [CARD83].

Befragt man Benutzer von Textverarbeitungssystemen so werden folgende, die Benutzerschnittstelle betreffende, Kritikpunkte genannt: Undurchschaubarkeit von Systemzuständen, Inkonsistenzen bei Dialogkommandos, unverständliche Fehlerkommentare und unzureichende Hilfsfunktionen.

R. Dierstein geht in seinem Beitrag u.a. auch auf diese Problematik ein: Für den Nutzer eines Universalrechners ergeben sich Inkonsistenzen etwa dadurch, das gleichartige Funktionen, etwa Löschen, in verschiedenen Systemebenen (etwa Betriebssystemebene oder Editierebene) verschiedene Kommandos erfordern. Das Problem tritt häufig auch für den Benutzer eines PCs auf, der außer der Benutzerschnittstelle seines Editors diejenige des Betriebssystems und verschiedener anderer Funktionskomponenten, etwa die eines Tabellenkalkulationsprogramms beherrschen muß. Ähnliche Inkonsistenzen gelten auch für Fehlerkommentare, z.B. erhält der Benutzer bei einer Systemebene oder Funktion deutsche, bei einer anderen englische Kommentare.

Problematisch ist auch – selbst der leistungsfähige Formatierer TEX ist hierfür ein Beispiel –, daß bei der Generierung von Fehlermeldungen nur ein eng und auf einer tiefen Ebene erkannter Systemzustand ausgewertet wird. Dies hat zur Folge, daß der Benutzer Meldungen erhält, die sich aus seiner Systemsicht auf ihm intransparente Folgereaktionen von Bedienungsfehlern (etwa falsche Verwendung eines höheren Formatiermakros) beziehen. Eine weitgehende Beseitigung derartiger Mängel ist *generell* ein schwieriges Problem: Fehlerkommentare müßten in Abhängigkeiten von umfassenderen – auch die Dialoghistorie mitberücksichtigenden – Kontexten generiert werden, wozu vermutlich wissensbasierte Architekturen am ehesten geeignet sein dürften. Im *speziellen* Fall der makrofähigen Formatierer sollten für vorgefertigte Makropakete auf deren Anwendung abgestimmte Fehlerkommentare generiert werden: die syntaktisch richtige Verwendung dieser Makros würde überprüft, bei falscher Anwendung würde ein hierauf "zugeschnittener" Fehlerkommentar generiert.

Zur Systematisierung der an eine Benutzerschnittstelle zu stellenden Anforderungen wurden im Bereich der Normung allgemeine Grundsätze zur Dialoggestaltung für Bildschirmarbeitsplätze entwickelt [DIN66234]. Diese sind unter den Gesichtspunkten Aufgabenangemessenheit, Selbsterklärungsfähigkeit, Steuerbarkeit, Verläßlichkeit, Fehlertoleranz und Fehlertransparenz zusammengestellt. Es gilt nun, diese Kriterien zu operationalisieren und in Rezepte für konkrete Gestaltung herunterzubrechen! Verweisen möchten wir auch auf den von J. Nievergelt auf der GI-Tagung 1983 gehaltenen Vortrag [NIEV83] und besonders auf die von ihm mit japanischen Kollegen durchgeführten Evaluationen verschiedener Schnittstellen (auch zur Texteditierung) [MAED84]. Für denjenigen, der sich einen schnellen Überblick über Designkriterien für Texteditoren verschaffen will, sei auf den Beitrag von St. Jong verwiesen [JONG82].

Ärgerlich ist es, daß so wenige Editoren es gestatten, vom Benutzer verursachte Fehlbedienungen zurückzunehmen (*Undo-Kommando*), obwohl bei den heutigen Voraussetzungen – wie erfogreiche Implementationen zeigen – die Realisierung von Editoren, die sogar *alle* bei einer interaktiven Sitzung erreichten Zwischenzustände rekonstruierbar machen, kein grundsätzliches Problem ist.

7. Schlußbemerkung

Wenn wir die Möglichkeiten, die moderne Textverarbeitungssysteme – im Verbund mit anderen Bürofunktionen, wie Nachrichtenversand, Graphik u.s.w. – bieten können, berücksichtigen und in Betracht ziehen, daß systemübergreifende Standards Importabilitäten und Inkompatibilitäten abzubauen helfen, wenn wir uns klarmachen, daß immer mehr Zielgruppen sich dieser Techniken bedienen, so scheint uns damit auch ein qualitativer Wandel verknüpft zu sein. Die Schnelligkeit, in der ein Text *geschrieben* werden kann, verliert an Bedeutung im Vergleich zu der Möglichkeit, wie der kreative Prozeß der *Textgenerierung* unterstützt werden kann:

— Ein Autor kann einen Text beginnend mit einer Stichwortliste iterativ auf seinem System fortentwickeln.

— Ein Autor kann Textpassagen aus früheren Beiträgen übernehmen und dann modifizieren.

— Ein Autor kann die Möglichkeiten der technischen Bürokommunikation nutzen, um Kommentare einzuholen und diese gegebenenfalls untermittelbar in seinen Text einspielen.

— Ein Autor kann den inhaltlich fertiggestellten Rohtext seiner Sekretärin zur endgültigen Formatierung überspielen.

— Ein Autor hat neue Möglichkeiten, Texte zu verwalten und wiederzufinden.

Insgesamt erschließen uns also – falls wir die richtigen Konzepte für uns und unsere Organisation entwickeln – moderne Textverarbeitungssysteme neue Potentiale als Alternative zu bisher häufig praktizierten Lösungen, etwa dem zentralen Schreibpool als dem einzige Ort in einer Organisation, an dem Textverarbeitungsysteme eingesetzt werden.

8. Nachwort

Dieser Text wurde unter Verwendung des von W. Appelt (GMD) geschriebenen Makropaket *MiniTEX* formatiert. Benutzt wurde der Editor *EDOR* auf einem Siemens-System unter BS-2000. Für Texte der hier beschriebenen Komplexität ist die oben erwähnte Batchformatierung unproblematisch.

Folgende Schwachstellen sind uns bewußt: Zunächst fehlen uns Zeichensätze im geeigneten Format für die *Informatik-Fachberichte* des Springer Verlags (Zeichen zu klein nach der beim Verlag vorgenommenen Verkleinerung!). Das Layout läßt zu wünschen übrig! Das liegt nicht an der Unzulänglichkeit von TEX , sondern daran, daß die Konzeption von Makropaketen nicht Informatikern allein überlassen werden darf (Wir planen, uns bei der Überarbeitung unseres Makro-Systems von einem Fachmann aus dem Druckereiwesen beraten zu lassen). Nicht zuletzt wird es als umständlich empfunden, die Ausgabe lokal zu generieren und auf vorgefertigte Formblätter kleben oder kopieren zu müssen: Es ist daher zu wünschen, daß die von Frau Angela Scheller dargestellten Aktivitäten im Rahmen des *Deutschen Forschungsnetzes* zu einer – auch von den wissenschaftlichen Verlagen akzeptierten – Lösung führen werden.

9. Literatur*

ALLE81 T. ALLEN, R. NIX, A. PERLIS: "*PEN: A hierarchical document editor*"; SIGOA Newsletter 2, 1&2 (1981), 74-81.

BLAS85 A. BLASER, P. PISTOR (HRSG.): "*Datenbanksysteme für Büro, Technik und Wissenschaft*"; Informatik-Fachberichte 94, Springer-Verlag, Heidelberg (1985).

* Die in diesem Tagungsband folgenden Beiträge zum Fachgespräch "Textverarbeitungssysteme" wurden nicht ins Literaturverzeichnis aufgenommen. Die dort referierte Literatur wurde in diesem Beitrag nur ausnahmsweise zitiert.

BURK82 H. BURKHARDT, J. NIEVERGELT: "*The development of editors: From utility program to the integrated interactive system*"; in [ENDR82].

CARD83 S. K. CARD ET AL.: "*The psychology of human-computer interaction*"; Lawrence Erlbaum Publ., London (1983).

CHAM82 D. D. CHAMBERLIN ET AL.: "*JANUS: An interactive document formatter based on declarative tags*"; IBM Sys. J. 21,3 (1982), 250-271.

DIN66234 DIN: "*Bildschirmarbeitsplätze - Grundsätze zur Dialoggestaltung*"; DIN-Entwurf 66234, Teil 8.

ENDR82 A. ENDRES, J. REETZ (HRSG.): "*Textverarbeitung und Bürosysteme*"; Oldenbourg, München, 1982.

FURU82 R. FURUTA ET AL.: "*Document formatting systems: survey, concepts, and issues*"; ACM Comp. Surv. 14, 3 (1982),417-472.

JONG82 ST. JONG: "*Designing a text editor? The user comes first*"; BYTE, April (1982), 284-300.

KERN75 B. W. KERNIGHAN, L. L. CHERRY: "*A system for typesetting mathematics*"; Comm. ACM 18, 3 (1975).

KERN81 B. W. KERNIGHAN: "*Pic - a language for typesetting graphics*"; SIGOA Newsletter 2, 1&2 (1981), 92-98.

KNUT84 D. E. KNUTH: "*The TEXbook*"; Addison-Wesley, Reading, Mass., 1984.

MAED84 K. MAEDA ET AL.: "*A comparative study of man-machine interfaces in interactive systems*"; SIGCHI bulletin 16, 2 (October 1984),44-61.

MEYR82A N. MEYROWITZ, A. VAN DAM: "*Interactive editing systems, part 1*"; ACM Comp. Surv. 14, 3, (1982), 321-352.

MEYR82B N. MEYROWITZ, A. VAN DAM: "*Interactive editing systems, part 2*"; ACM Comp. Surv. 14, 3, (1982), 353-416.

NIEV83 J. NIEVERGELT: "*Die Gestaltung der Mensch-Maschine-Schnittstelle*"; Informatik Fachberichte 73 (Hrsg. I. Kupka), Springer Verlag Heidelberg (1983), 41-50 .

SIGO81 ACM-SIGOA (HRSG.): "*Proc.SIGPLAN/SIGOA Symposium on Text Manipulation*"; SIGOA Newsletter 2, 1&2 (1981).

STRÖ81 O. STRÖMFORS, L. JONESJÖ: "*The implementation and experiences of a structure-oriented text editor*"; SIGOA Newsletter 2, 1&2 (1981), 22-27.

WISS83 P. WIKIRCHEN ET AL.: "*Informationstechnik und Bürosysteme*"; Teubner Verlag 1983 (255 S.).

STAND, ENTWICKLUNGSTENDENZEN UND AUSWIRKUNGEN DER TELEARBEIT

Jürgen Friedrich

Universität Dortmund, Fachbereich Informatik
Postfach 500500, D-4600 Dortmund 50

In dem Maße, in dem die dezentrale Datenverarbeitung und die durch sie notwendig werdende grundlegende Umstrukturierung der Arbeitsorganisation auf betrieblicher Ebene durchgesetzt wird, wird zugleich eine noch "radikalere" Dezentralisierung möglich: Die Auslagerung der Rechnerleistung mit Hilfe von Datenübertragungstechniken vom betrieblichen Arbeitsplatz in außerbetriebliche Bereiche, seien es Wohnungen, Service-Büros oder dezentrale Zweigstellen der Unternehmen. Mit dieser technisch-organisatorischen Auslagerung betrieblicher Funktionen entsteht zugleich ein neuer Typ von Arbeit: die sogenannte Telearbeit.

1 Organisatorische und technische Aspekte der Telearbeit

1.1 Organisationsformen

In räumlicher Hinsicht können - mit steigendem Grad der Dezentralisierung - folgende Formen der Telearbeit unterschieden werden (SCHRÖDER 1984, S. 20; KERN 1985, S. 1N-12 ff.):

1. Telearbeit in dezentralen Zweigstellen von Unternehmen (auch als Regional- oder Satellitenbüros bezeichnet). Derartige Einrichtungen sind zwar räumlich von der jeweiligen Zentrale getrennt, gelten aber in rechtlicher und wirtschaftlicher Hinsicht als Bestandteile des Unternehmens.
2. Telearbeit in Nachbarschaftsbüros. Im wohnnahen Bereich werden von den Telearbeitern selbst oder von den Unternehmen Räumlichkeiten angemietet und informationstechnisch ausgestattet. Die Telearbeiter im Nachbarschaftsbüro bearbeiten Aufträge für einen oder mehrere Auftraggeber.
3. Telearbeit in der eigenen Wohnung (Teleheimarbeit) als weitestgehende Form der Dezentralisierung. Im Wohnbereich wird ein informationstechnisch ausgestatteter Heimarbeitsplatz eingerichtet, an dem Auftragsarbeiten - in der Regel für

ein Unternehmen - ausgeführt werden. Teleheimarbeit tritt auch als Mischform auf: Die Arbeit zu Hause wird ergänzt durch regelmäßiges oder gelegentliches Arbeiten in der Zentrale, sei es zur Abstimmung der Arbeit mit Kollegen, zur Entgegennahme neuer Aufträge oder zur Durchsicht von nur in der Zentrale vorhandenen Unterlagen.

In personeller Hinsicht läßt sich danach unterscheiden, ob eine bestimmte Arbeit als Erwerbstätigkeit oder als Freizeittätigkeit ausgeübt wird. Wenn z.B. ein freiberuflicher Versicherungsaußendienstmitarbeiter an seinem Heimterminal Kundendaten eingibt, so ist dies bezahlte Teleheimarbeit. Wenn jedoch die gleiche Arbeit vom Versicherungskunden selbst (z.B. über Btx) durchgeführt wird (Direktvertrieb), so ist dies unbezahlte Teleheimarbeit, die auch als "elektronische Selbstbedienung" bezeichnet werden kann und die in den unterschiedlichsten Branchen als Mittel zur Überwälzung von Kosten auf den Konsumenten zunehmend an Bedeutung gewinnt. Beispiele für die elektronische Selbstbedienung ("Tele-Eigenarbeit") sind Fernbuchen, Fernbestellen, Fernbeantragen und Fernauskunft.

Schließlich lassen sich auch in ablauforganisatorischer Hinsicht verschiedene Formen der Telearbeit unterscheiden. Die Auslagerung von Arbeit ist umso einfacher und effektiver, je stärker die Arbeiten in der Zentrale bereits organisatorisch durchstrukturiert und informationstechnisch durchdrungen sind, wobei der Rechner nicht nur als Arbeitsmittel, sondern häufig auch bereits als Organisationstechnologie eingesetzt wird. Branchen mit stark formalisierten Arbeitsprozessen und hohem "Terminalisierungsgrad" (Anteil der Bildschirmarbeitsplätze an der Gesamtzahl der Arbeitsplätze), wie dies z.B. in der Versicherungswirtschaft der Fall ist (Terminalisierungsgrad: ca. 20 %), sind in dieser Hinsicht geradezu prädestiniert für Telearbeit. In ablauforganisatorischer Hinsicht gibt es entsprechend unterschiedliche Konzepte bei der Versorgung der Telearbeiter mit Arbeitsaufträgen bzw. beim Rückfluß der Arbeitsergebnisse. Bei Telearbeit ist definitionsgemäß mindestens ein Weg durch Telekommunikation ersetzt. Denkbar sind z.B. bei Textverarbeitung folgende Kombinationen: Anlieferung über Boten oder Bundespost, Ablieferung über Teletex (wie dies z.B. im baden-württembergischen Modellversuch geschieht), oder: Anlieferung über Telefondiktat (auf Diktiergerät am Heimarbeitsplatz), Ablieferung über leitungsvermittelten DATEX-P-Anschluß. Denkbar ist aber auch, z.B. bei Programmierarbeit, eine vollständig interaktive Arbeit etwa an einem mit der zentralen EDV online verbundenen Mikrorechner.

1.2 Technische Grundlagen

Innerbetriebliche Voraussetzung für die breite Einführung von Telearbeit - darauf wurde bereits hingewiesen - ist das Vorhandensein einer ausgeprägten informationstechnischen Infrastruktur. Konzepte dezentraler arbeitsplatzorientierter DV können als innerbetriebliche Vorstufe für Telearbeit angesehen werden.

Als Verbindung zwischen Betrieb und außerbetrieblichem Telearbeitsplatz kommen fast alle heute bekannten Telekommunikationsdienste der nationalen Fernmeldegesellschaften in Frage. In der Bundesrepublik Deutschland ist eine Datenübertragung sowohl im analogen Fernsprechnetz wie auch im speziell dafür eingerichteten digitalen Integrierten Text- und Datennetz (IDN) möglich (BOHM 1982). Das IDN besteht aus verschiedenen Teilnetzen, deren Dienste sich vor allem hinsichtlich der Datenübertragungsgeschwindigkeit, aber auch in bezug auf andere Leistungsmerkmale (Fehlerrate, Übertragungsprotokoll usw.) unterscheiden. Die Übertragungsgeschwindigkeit reicht im Fernsprechnetz bis 4,8 kbit/s und im IDN bis 48 kbit/s. Im Fernsprechnetz werden außer den Datenübertragungsdiensten im engeren Sinne auch der Fernkopier-Dienst (Telefax) und der Bildschirmtext-Dienst realisiert, die zusammen bereits als ausreichende technische Basis für einfache Formen der Telearbeit angesehen werden können. Weitergehende Möglichkeiten, insbesondere im Hinblick auf interaktive Telearbeit (Sachbearbeitung, Programmierung), bestehen aufgrund der höheren Übertragungsraten in den Teilnetzen des IDN; im leitungsvermittelten DATEX-L-Netz lassen sich bis zu 9,6 kbit/s übertragen, im paketvermittelten DATEX-P-Netz sowie im fest geschalteten Direktrufnetz (HfD-Netz) sogar bis zu 48 kbit/s. Teilweise existieren spezielle Dienste im Rahmen dieser Netze, die sich jeweils für bestimmte Aufgaben besonders gut eignen. So wird etwa im DATEX-L-Netz der Bürofernschreib-Dienst (Teletex) angeboten, der sich im Rahmen der Telearbeit vor allem für die Textverarbeitung nutzen läßt.

Eröffnen bereits die gegenwärtig verfügbaren Telekommunikationsdienste ein weites Feld für die Einführung von Telearbeit, so gilt dies in noch stärkerem Maße für die in Planung befindlichen Technologien. Ziel der Deutschen Bundespost ist der Aufbau eines Integrierten Breitband-Fernmeldenetzes (IBFN). Der erste Schritt in dieser Richtung ist die Integration der verschiedenen Fernmeldedienste in einem Netz. Dazu wurde im Rahmen des IDN zunächst ein "Modellnetz 64 kbit/s" installiert, das heutige DATEX-L-64000, mit dessen Hilfe Erfahrungen für den geplanten Aufbau des dienstintegrierten digitalen Netzes (ISDN, Integrated Services Digital Network) gesammelt werden sollen. Beim ISDN können alle Datenarten (Text, Grafik, Sprache, numerische Daten usw.) von einem einzigen Teilnehmeranschluß aus mit 64 kbit/s übertragen werden. Das ISDN soll etwa ab

1988 flächendeckend zur Verfügung stehen und die bisher getrennt realisierten Fernsprech-, Text- und Datenübertragungsdienste integriert anbieten. Die weitere Entwicklung wird über das sogenannte Breitband-ISDN (bis 34 Mbit/s), mit dem zusätzlich Bildfernsprechen und Videokonferenzen übertragen werden können, zum breitbandigen Universalnetz führen, in dem neben sämtlichen Fernmeldediensten auch Hörfunk und Fernsehen integriert sind (ROSENBROCK 1984). Auch in diesem Bereich werden heute bereits Pilotversuche auf der Basis von Glasfaserkabeln durchgeführt (BIGFON/BIGFERN; bis 565 Mbit/s).

Schließlich soll noch ein Blick auf die für die Telearbeit notwendigen Endgeräte geworfen werden. Im einfachsten Fall können die - ohnehin in immer mehr Haushalten vorhandenen - Geräte der Unterhaltungselektronik eingesetzt werden, etwa das um eine Tastatur erweiterte Fernsehgerät als Datensichtgerät, der Videorecorder als Datenspeicher oder der Bildschirmtextanschluß zur Datenübertragung. Aufwendigere Ausstattungen reichen von kommunikationsfähigen Schreibmaschinen bis zu komfortablen PCs mit grafikfähigem Bildschirm, Winchester-Platte und korrespondenzfähigem Drucker.

2 Einsatzbereiche und Tätigkeitsfelder

Branchen mit einem hohen Anteil an informationsverarbeitenden Prozessen oder solche, bei denen die erzeugten Endprodukte selbst Informationen sind (z.B. Presseprodukte, Programme) oder aber als Information dargestellt werden können (z.B. der Versicherungsvertrag als Leistungszusage im Schadensfall) eignen sich naturgemäß besonders gut für eine Auslagerung auf Telearbeitsplätze. Es gibt aber bisher keine Statistik darüber, welchen Anteil die einzelnen Branchen am Gesamtaufkommen der Telearbeit haben. Die 17 dem Autor aus der Literatur bekannt gewordenen (in- und ausländischen) Unternehmen, die bisher Telearbeit eingeführt haben, verteilen sich auf folgende Branchen:

Rechner-Hersteller	5
Software-Häuser	4
Beratungsunternehmen	2
Versicherungen	1
Banken	1
Luftverkehrsgesellschaften	1
Versandhandel	1
Chemische Industrie	1
Militärische Einrichtungen	1

(Dabei sind die Teilnehmer am baden-württembergischen Telearbeitsversuch nicht berücksichtigt, da ihre branchenmäßige Zuordnung der Literatur nicht zu entnehmen war.)

Bei aller Unvollständigkeit zeigt die Aufstellung jedoch einen eindeutigen Schwerpunkt im Bereich der Informatik-Industrie (Hard- und Software-Hersteller), die offensichtlich im Interesse einer weiteren Vermarktung ihrer Systeme selbst als Promotoren der Telearbeit auftreten wollen. Aber auch, wenn andere Branchen, wie etwa die Versicherungswirtschaft, in dieser Aufstellung nur eine untergeordnete Rolle spielen, sollte deren Einsatzpotential für Telearbeit nicht unterschätzt werden. So räumen Vertreter der Versicherungsbranche ein: "30.000 bis 50.000 Sachbearbeiterpositionen, die bereits 'papierarm' geworden sind, ließen sich mindestens verlagern." (MÜLLER-LUTZ 1984, S. 32)

Obwohl prinzipiell alle informationsverarbeitenden Tätigkeiten auslagerbar sind, haben sich in den bisher vorliegenden Fällen allerdings aus der Sicht der Unternehmen bestimmte Tätigkeiten als besonders geeignet erwiesen. Dazu gehört vorrangig die Datenerfassung, eine Tätigkeit, die ohnehin bereits häufig organisatorisch aus den Betrieben ausgegliedert und eigenständigen Datenerfassungsbüros übertragen wurde. Als ähnlich attraktiv für eine Auslagerung stellt sich die Textverarbeitung dar. Datenerfassung und Textverarbeitung gemeinsam ist - und das läßt sie gerade für die Telearbeit prädestiniert erscheinen -, daß der Arbeitsanfall unregelmäßig ist, die auftretenden Spitzenbelastungen also durch Telearbeiter aufgefangen werden können, bzw. umgekehrt: daß keine Personalreserven vorgehalten werden müssen (Flexibilisierung).

Nach Auffassung der meisten Autoren eignet sich die Telearbeit aber auch für qualifizierte Sachbearbeitertätigkeit. Aufgrund der mittelfristig eher rückläufigen Bedeutung einer separaten Text- und Datenerfassung (Spracheingabe, Reintegration in die Sachbearbeitung usw.) kommen einige Autoren sogar zu der Auffassung, daß der Schwerpunkt der Telearbeit in Zukunft gerade auf der Auslagerung qualifizierter Angestelltentätigkeiten liegen wird (HERB 1985, S. 12). Als Beispiele seien aus dem Siemens-Modellversuch mit Telearbeit genannt: Angebots- und Auftragsbearbeitung, Bestell- und Abrechnungswesen, technische Erzeugnisdokumentation, Dolmetschertätigkeit, Handelsvertretertätigkeit u.a. (WEGENER 1983). Während diese Aufgaben immer noch stark "schreiborientiert" sind, ist das bei Tätigkeiten, wie interaktivem Programmieren und Testen, computerunterstütztem Konstruieren und Zeichnen oder Personalsachbearbeitung am dialogorientierten Personalinformationssystem, nicht mehr der Fall. Inbesondere für Programmierarbeiten werden, aufgrund der gegenwärtigen Personalknappheit in diesem Bereich, verstärkt Telearbeitsplätze angeboten; in den USA sind bereits einige Tausend Teleprogrammierer tätig. (HEILMANN/HEILMANN 1983; HEILMANN/

VITTORELLI 1984). Im englischsprachigen Raum werden sogar noch weit umfassendere Tätigkeitsfelder für Telearbeiter avisiert: "Telecommuting (Telearbeit, J.F.) is now embracing a much wider range of skilled white-collar employees such as journalists, designers, financial controllers, and non supervisory managers. (...) To these should be added the information scientists, business and computer analysts, designers and programmers working within the computer industry itself." (SHIRLEY 1982, S. 269)

3 Verbreitungschancen

3.1 Gegenwärtige Verbreitung und Abschätzungen für die Zukunft

Als Ausgangsbasis zur Abschätzung der zukünftigen Einsatzzahlen könnte das Ausmaß der gegenwärtigen Verbreitung dienen, das etwa mit Hilfe von Extrapolationsmethoden auf die kommenden Jahre hochgerechnet werden könnte. Das Verfahren läßt sich im vorliegenden Fall jedoch nicht anwenden, da das Phänomen Telearbeit in Deutschland noch zu jung ist, um stabile Extrapolationen zuzulassen. Das Battelle-Institut kommt in seiner Studie über Telearbeit zu dem Schluß: "In der Bundesrepublik lassen sich die vorhandenen informationstechnisch gestützten Heimarbeitsplätze fast noch an den Fingern einer Hand abzählen." (BALLERSTEDT 1983, S. 313) Diese Angabe stellt zwar eine völlige Untertreibung der tatsächlichen Situation dar; allein durch einfaches Addieren auch nur der bekanntesten in der Literatur für die Bundesrepublik Deutschland erwähnten Einsatzfälle kommt man bereits auf ca. 140 Arbeitsplätze, und das Institut für Rechtsinformatik an der TU Hannover geht in seiner Schätzung immerhin von 400 Telearbeitsplätzen aus (LUX 1985, S. 31). Aber auch dies scheint noch eine betont vorsichtige Schätzung zu sein, wenn man sie mit Aussagen von Experten der Versicherungswirtschaft vergleicht, die heute bereits von mehreren tausend Telearbeitsplätzen alleine im Bereich der Versicherungsvertreter sprechen (MÜLLER-LUTZ 1984, S. 28). Trotz allem aber sind die gegenwärtigen Verbreitungszahlen in der Bundesrepublik noch so gering, daß eine Trendextrapolation auf dieser Basis unterbleiben muß.

So bliebe gegebenenfalls der Versuch, Verbreitungszahlen aus den USA heranzuziehen und unter Berücksichtigung des bei technologischen Entwicklungen häufig zugrunde gelegten time lag von 5 bis 10 Jahren eine Prognose für die deutsche Situation Anfang der neunziger Jahre abzuleiten. In den USA existieren gegenwärtig ca. 100.000 Telearbeitsplätze (KERN 1985, S. 1N-14; LUX 1985, S. 28). Aber auch diese Zahlen können aufgrund der geographisch anderen Situation in den USA für Deutschland nur beschränkt als Basis herangezogen werden: Die generell größeren Entfernungen in den USA, die sich zum Teil auch bei den Pendlerströmen wiederfinden, begünstigen die Ausbreitung von Telearbeit durch die möglichen Fahrzeiteinsparungen stärker als dies in Deutschland der Fall ist.

Eine Studie des MIT kommt zu dem Ergebnis, daß 1990 etwa 15 bis 20 % aller Arbeitskräfte in den USA Telearbeit verrichten werden (NILLES 1982); und für das Jahr 2000 schätzt eine von der National Science Foundation in Auftrag gegebene Untersuchung den Anteil der Telearbeiter in den USA auf 40 % (HUBER 1982). Nach einer dem Computer-Magazin vorliegenden Studie für die Bundesrepublik Deutschland liegt hier der Anteil der Telearbeit zukünftig in der Bandbreite zwischen 4 und 40 % (HERB 1985, S.12); zu ähnlichen Ergebnissen kommt auch LUX bei einer Auswertung von Expertenmeinungen zu diesem Thema (LUX 1985, S. 8). Lediglich die erwähnte Battelle-Studie sieht gegenwärtig keinen nennenswerten Impuls für eine Verbreitung der Telearbeit.

Vielleicht wichtiger als der Versuch einer exakten quantitativen Abschätzung des Verbreitungspotentials ist die Frage nach den wesentlichen qualitativen Einflußgrößen, die den Verbreitungsprozeß bestimmen. Dazu ist es erforderlich, die auf gesamtgesellschaftlicher Ebene vertretenen politischen Strategien (Kap. 3.2) ebenso zu analysieren wie die wirtschaftlichen Aktionsparameter auf der einzelbetrieblichen Ebene (Kap. 3.3).

3.2 Politische Einflußfaktoren

Im politischen Raum sind es vor allem die weitreichenden Verkabelungspläne der Bundesregierung, die die netzmäßige Infrastruktur für eine Verbreitung der Heimarbeit in den nächsten zehn Jahren vorbereiten. Dabei stehen staatliche Investitionen in Höhe von zunächst 25 Milliarden DM für die Kupferverkabelung und anschließend noch einmal ca. 100 Milliarden DM für die Glasfaserverkabelung zur Debatte. Derartige Investionen sind nur zum geringeren Teil mit medienpolitischen Argumenten zu rechtfertigen; sie sind nur sinnvoll, wenn die Kabelnetze zugleich auch eine starke Ausrichtung am Bedarf der geschäftlichen Kommunikation erfahren. Dadurch verstärken sie mittelbar auch vorhandene Trends zur Telearbeit.

Aber auch die Politik der Deutschen Bundespost im Rahmen der bereits bestehenden schmalbandigen Fernmeldekanäle begünstigt die Verbreitung der Telearbeit außerordentlich. Nachdem praktisch eine Vollversorgung mit Fernsprechanschlüssen erreicht ist, geht es der Post nun zunächst um eine möglichst optimale ökonomische Verwertung der vorhandenen Netze durch die Entwicklung zusätzlicher

Dienste. Diese neuen Dienste beziehen sich nur in geringem Maße auf die Verbesserung der Sprachkommunikation, sondern zielen vorrangig auf eine Ausdehnung der Text- und Datenkommunikation insbesondere in Richtung auf kleinere Anwender und private Haushalte. Die qualitativ hochwertigen und teuren Datenübertragungsdienste, etwa im HfD-Netz, werden durch "Billigversionen" im traditionellen Fernsprechnetz, zum Beispiel durch Btx, aber auch durch kostengünstige Dienste im IDN, zum Beispiel durch Teletex und Datex-P, ergänzt. Gerade diese kostengünstigen Dienste sind es, die zur Zeit als Übertragungsmedium für die Telearbeit im Gespräch oder schon im Einsatz sind.

Neben der Telekommunikationspolitik der Bundesregierung und der Bundespost, stellt insbesondere auch die Technologiepolitik auf Landesebene einen zusätzlichen Trendverstärker für die Ausbreitung der Telearbeit dar. Erwähnt sei hier als Beispiel die Politik der Landesregierung von Baden-Württemberg, die durch einen eigenen Modellversuch ("Schaffung dezentraler Arbeitsplätze unter Einsatz von Teletex") zur weiteren Verbreitung von Telearbeit beiträgt. Dabei formuliert die Landesregierung ausdrücklich das Ziel, entgegen den in der öffentlichen Diskussion vorherrschenden massenmedialen Aspekten der Neuen Medien deren Nutzungsmöglichkeiten im Rahmen der geschäftlichen Kommunukation in den Blick zu rücken (MINISTERIUM 1982, S.2).

3.3 Betriebliche Einführungsgründe und -hemmnisse

Auf der einzelbetrieblichen Ebene ist die Rentabilität und Praktikabilität der Telearbeit gelegentlich bestritten worden. Dabei wurden von den Unternehmen hauptsächlich folgende Gründe angegeben (BALLERSTEDT u.a. 1982; LUX 1985):

1. Der Stand der technologischen Entwicklung sei gegenwärtig noch nicht ausreichend, um eine vollkommen dezentrale Arbeit zu ermöglichen. Insbesondere müßten höhere Datenübertragungsraten zur Verfügung stehen, etwa im Bereich des Fernkopierens oder zur Realisierung von Videokonferenzen als partiellem Ersatz für persönliche Präsenz.
2. Telearbeit bringe noch eine Menge ungelöster arbeitsorganisatorischer Probleme mit sich, etwa bezüglich der notwendigen Abstimmungen sowie der Einbindung der Telearbeiter in die betrieblichen Abläufe. Man befürchtet gravierende Reibungsverluste.
3. Darüber hinaus werden Geheimhaltungsprobleme genannt; sei es, daß die Preisgabe von Betriebsgeheimnissen befürchtet wird, wenn Daten und Unterlagen außerhalb des Unternehmens bearbeitet werden; sei es, daß man Probleme bei der Einhaltung der Datenschutzbestimmungen bei personenbezogenen (Kunden- oder Mitarbeiter-)Daten sieht.

4. Teilweise wird auch ein Problem darin gesehen, daß die Arbeitszeit der Mitarbeiter nicht mehr kontrolliert werden könne. Zudem berge die räumlich-organisatorische und personelle Trennung vom Betrieb die Gefahr, daß der Telearbeiter die - als wichtig erachtete - Identifizierung mit dem Unternehmen zunehmend verliert.
5. Wesentlicher scheinen allerdings unmittelbar ökonomische Faktoren für die Akzeptanzprobleme des Managements zu sein:
   - Die Kostensituation bei Telearbeit sei noch unbefriedigend. Geräte- und DFÜ-Kosten seien gegenwärtig noch zu hoch. Wenn man schon bereit ist, Arbeiten auszulagern, so tendiert man eher dazu, das Kostenrisiko gleich mitauszulagern; d.h. die Teledienstleistungen kleiner selbstständiger Serviceunternehmen in Anspruch zu nehmen.
   - Teilweise wird auch darauf hingewiesen, daß die zentralen Serviceeinrichtungen der Unternehmen gegenwärtig nicht voll ausgelastet seien und deren Kapazitäten daher vorrangig genutzt werden müßten.

Die genannten Begründungen werden vor allem von solchen Unternehmen formuliert, die noch keine eigenen Erfahrungen mit Telearbeit haben. Demgegenüber verbreiten Unternehmen, die selbst an Pilotprojekten beteiligt sind, überwiegend positive Einschätzungen bezüglich der Rentabilität und Praktikabilität von Telearbeit. Aus ihrer Sicht stellen sich die oben genannten Probleme folgendermaßen dar:

1. Sicher läßt der Stand der technologischen Entwicklung heute keine vollständige Dezentralisierung der Büroarbeit zu, andererseits gibt es aber bereits heute eine Vielzahl informationeller Tätigkeiten, für die die gegebenen Übertragungstechnologien ausreichen. Allenfalls beim voll interaktiven grafischen Arbeiten, z.B. bei bestimmten CAD-Anwendungen, könnten gewisse Engpässe auftreten; aber auch die wären - denkt man an die Verfügbarkeit der 48 kbit/s-Dienste im HfD- und DATEX-P-Netz - eher ökonomischer als technischer Natur. Insgesamt läßt wohl der starke Trend in Richtung breitbandige Datenkommunikation die genannten Probleme ohnehin mittelfristig verschwinden.

2. Die arbeitsorganisatorischen Probleme bei Telearbeit sind keineswegs zu unterschätzen. Allerdings gibt es heute bereits große Bereiche in den Unternehmensverwaltungen, die ohnehin hochgradig arbeitsteilig organisiert sind und deren Auslagerung daher nur geringe Probleme bereiten dürfte.

3. Ob die Geheimhaltungsprobleme bei Telearbeit generell gravierender sind als bei zentraler Arbeit, kann bezweifelt werden: Große Teile der betrieblichen Informationsverarbeitung sind nicht sonderlich geheimhaltungsbedüftig; das gilt wohl für den größten Teil der zu erstellenden Texte ebenso wie für eine Vielzahl von Sachbearbeitungsaufgaben auf der operativen Ebene der kommerziellen

Datenverarbeitung. Ähnliches gilt für die Datenschutzproblematik. Jedenfalls sehen beispielsweise die Versicherungsunternehmen, die traditionell sehr sensibel hinsichtlich des Datenschutzthemas sind, hier keine Probleme: "Datenschutzprobleme werden bei dieser Tätigkeit (Telearbeit, J.F.) nach Ansicht unserer Gesprächspartner nicht auftreten." (BALLERSTEDT u.a. 1982, S. 110).

4. Das Problem der Arbeitszeitkontrolle der Mitarbeiter stellt sich bei Telearbeit nicht oder doch nicht in derselben Form, wie bei zentraler Arbeit: Erstens werden schon aus arbeitsorganisatorischen Gründen vorrangig solche Tätigkeiten ausgelagert, die hinsichtlich Inhalt und Umfang klar abgrenzbar und damit auch einer leistungsbezogenen Entlohnung zugänglich sind. Zweitens: Fälle, in denen keine direkte mengenorientierte Entlohnung möglich ist, stammen wahrscheinlich eher aus dem Sachbearbeitungsbereich. Da die Telearbeit in diesem Bereich durch stark interaktives Arbeiten am System gekennzeichnet ist, besteht hier die Möglichkeit der automatischen Kontrolle des Arbeitsverhaltens durch das zentrale Rechnersystem. Drittens scheinen sich in der Praxis Arbeitszeitkontrollen - welcher Art auch immer - als überflüssig zu erweisen. Untersuchungen in den USA haben ergeben, daß Telearbeiter mit festem Gehalt durchschnittlich sogar länger arbeiten als ihre Kollegen an den entsprechenden zentralen Arbeitsplätzen.

5. Schließlich muß auch das Problem der Rentabilität der Telearbeit differenzierter gesehen werden, als dies mit dem einfachen Hinweis auf die hohen Geräte- und DFÜ-Kosten geschehen ist. Abgesehen von den seit langem - teilweise dramatisch - fallenden Kosten der Mikroelektronikgeräte und dem auch bei der Post feststellbaren Trend, kostengünstige Datenübertragungsdienste anzubieten, tragen mittelfristig gegebenfalls auch noch andere Effekte zu einer Kostenentlastung der Unternehmen auf diesem Gebiet bei: Gemeint ist die sich möglicherweise durchsetzende Eigenfinanzierung der Arbeitsmittel durch den Telearbeiter selbst. Einerseits könnte die Konkurenz auf dem Arbeitsmarkt eine solche Tendenz erzeugen, andererseits gehören Heimcomputer, Bildschirmtext- oder Breitbandkabelanschluß und Videostation wahrscheinlich bald ohnehin zur Standardeinrichtung einer Wohnung. Auch bezüglich der Datenübertragskosten sind Kostenüberwälzungsmodelle im Gespräch. Die Vorsitzende des größten Telearbeits-Unternehmens in Großbritannien empfiehlt: "(...) employers must decide how to apportion the cost with the home worker." (SHIRLEY 1982, S. 271)

Selbst wenn die Geräte- und DFÜ-Kosten (und die sicherlich zusätzlich noch zu berücksichtigenden Organisationskosten) voll von den Unternehmen getragen werden müßten, so stehen dem doch erhebliche Nutzenaspekte gegenüber: Zunächst ist mit Einsparungen bei Gebäuden und Sozialeinrichtungen zu rechnen. Die wesentlichen Einsparungen, die die Verbreitung der Telearbeit stark fördern werden, sind jedoch folgende: a) Es ergibt sich die Möglichkeit zur Realisierung eines kapazitätsorientierten variablen Arbeitskräfteeinsatz. Personal braucht nicht mehr für Spitzenbelastungen vorgehalten zu werden. b) Es ist aus zwei Gründen mit einer Absenkung des Lohnniveaus und damit der Personalkosten zu rechnen. Einerseits werden Frauen, die aus privaten Gründen an die Wohnung gebunden sind, als Konkurrenten auf dem Arbeitsmarkt auftreten. Dadurch wird nicht nur das Lohnniveau der Telearbeiter selbst, sondern auch das der mit ihnen konkurrierenden zentralen Büroarbeiter sinken. Zum anderen wird, da Telearbeit nicht an bestimmte Standorte gebunden ist, diese Form der Arbeit möglicherweise vor allem in bundesrepublikanischen "Billiglohn-Zonen" Verbreitung finden, also in traditionell strukturschwachen Gebieten, wodurch die Lohnkosten für das Unternehmen weiter gesenkt werden können. Dieser kostensenkende Struktureffekt wird möglicherweise allerdings dadurch konterkariert, daß gerade die strukturschwachen Gebiete auch nur mit erheblicher Verzögerung in den Ausbau der telekommunikativen Infrastruktur einbezogen werden (wie etwa am Verlauf der geplanten BIGFERN-Trasse bereits ansatzweise deutlich wird).

Insgesamt verweisen alle vorliegenden Erfahrungsberichte darauf, daß die Produktivität durch Einführung der Telearbeit (teilweise erheblich) gestiegen ist: Bei CDC in den USA schätzen die Manager den Produktivitätszuwachs auf 10 bis 40 % (HEILMANN/HEILMANN 1983, S. 99). Insgesamt liegen die Schätzungen für die USA laut Angaben eines Expertengremiums der Electronic Services Unlimited noch deutlich höher, nämlich bei 40 bis 50% (MÜLLER-LUTZ 1984, S. 32). Die aus Großbritannien vorliegenden Zahlen bestätigen diese Größenordnungen: Bei dem erwähnten Softwarehaus F. International 30% und bei dem Rechnerhersteller ICL 60% (HUWS 1984, S. 16). Ähnliches gilt auch für die Bundesrepublik, wie z.B. aus dem Ergebnis des Modellversuchs bei Siemens deutlich wird: "Bestätigt ist die aus wissenschaftichen Untersuchungen abgeleitete Annahme, daß bei der Telearbeit Qualität und Arbeitsproduktivität größer sind als bei vergleichbarer Büroarbeit." (WEGENER 1982).

Wenn also Rentabilitätsgesichtspunkte eher für als gegen die Einführung von Telearbeit sprechen, so wären als letztes gegebenenfalls kapazitätsbezogene Gründe für die gegenwärtig nur zögernde Ausbreitung der Telearbeit heranzuziehen: Die ersten Versuche mit Telearabeit wurden in der Tat zu einem Zeitpunkt durchgeführt, als die zentralen betrieblichen Kapazitäten voll ausgeschöpft waren. Damals waren die Unternehmen bestrebt, Frauen, die ihren Beruf aus familiären Gründen aufgeben wollten, durch Telearbeit für die Betriebe zu erhalten. Bei anhaltender Massenarbeitslosigkeit bestehen derartige Probleme heute in den meisten Berufen nicht mehr. Eine Ausnahme bilden die nach wie vor knappen Arbeitskräfte, z.B. im Bereich Software-Entwicklung, was eine weitere Erklärung für die starke Präsenz der Informatik-Industrie bei den gegenwärtigen Heimarbeitsprojekten liefert.

4 Soziale Wirkungen der Telearbeit auf Individuum und Gesellschaft

Aufgrund der Neuartigkeit und der bisher noch geringen Verbreitung der Telearbeit liegen empirische Untersuchungen zu den sozialen Auswirkungen dieses Phänomens bisher nur vereinzelt vor. Für die Bundesrepublik wurden erste theoretische Überlegungen zur Folgenabschätzung von BALLERSTEDT u.a. (1982, S. 195 ff) vorgelegt, empirisch gestützte Aussagen werden aus der noch laufenden Begleitforschung zum baden-württembergischen Modellversuch erwartet (KERN/WAWRZINEK 1984; WAWRZINEK 1985); für einzelne Unternehmen liegen derartige Ergebnisse bereits vor (z.B. WEGENER 1982/83). Im folgenden werden die in der gegenwärtigen Diskussion vertretenen Standpunkte dargestellt und erläutert. Dabei zeigen sich die jeweiligen Wirkungen umso ausgeprägter, je dezentraler die einzelnen Telearbeitsplätze angesiedelt sind (vgl. Kap.1.1). Teleheimarbeitsplätze sind insofern vergleichsweise am stärksten betroffen.

4.1 Raumordnung und Umweltschutzpolitik

Die weitgehende Standortunabhängigkeit der Telearbeit kann zu einer Entflechtung der traditionellen (in vielen Fällen zu hoch verdichteten) Ballungszentren genutzt werden. Der ohnehin in den hochindustrialisierten Ländern inzwischen feststellbare Dezentralisierungstrend, der sich an Phänomenen wie Stadtflucht und Suburbanisierung zeigt, würde durch die Ausbreitung telekommunikativer Arbeitsformen verstärkt (HENCKEL/NOPPER/RAUCH 1984; HENCKEL/NOPPER 1984). Zukunftsforscher sehen eine Wiederbelebung dörflicher Wohnformen heraufziehen: das Dorf neuen Typs als Ansammlung von "electronic cottages" (TOFFLER 1983). In der Rückverlagerung der Arbeit in den häuslichen Bereich wird die Chance zur Reintegration von Arbeit und Freizeit, von Produktion und Konsumtion gesehen. Ob diese Rückbesinnung auf traditionelle Sozialstrukturen bei ansonsten unveränderten ökonomischen Verhältnissen nicht in sich widersprüchlich ist, bedarf noch der eingehenden Untersuchung. Die in Telearbeit ausgelagerten Teilarbeiten sind jedenfalls gegenwärtig zumeist hochgradig repetitiv und verlieren ihren entfremdeten Charakter auch dadurch nicht, daß sie im häuslichen Bereich ausgeführt werden.

Unbestritten ist demgegenüber, daß weit verbreitete Telearbeit einen Beitrag zur Reduzierung des Verkehrsaufkommens leisten kann. Dies ist besonders in einer Gesellschaft der Fall, die in extremer Weise am motorisierten Individualverkehr orientiert ist. "Durch die Realisierung der Heimarabeit in vollem Umfang würden in München über 40% der Informationseinpendler (Pendler, die in Informationsberufen tätig sind, J.F.) von 1980 wegfallen, in Köln über 30%, in Stuttgart über 20% und in Frankfurt immer noch 17%." (HENCKEL/NOPPER/RAUCH 1984, S. 127) Andererseits muß bedacht werden, daß durch die Einführung von Telearbeit nicht nur das Individualverkehrsaufkommen sinkt, sondern auch das Verkehrsaufkommen des Öffentlichen Personennahverkehrs, der dadurch zu Preiserhöhungen gezwungen sein könnte, was wiederum den motorisierten Individualverkehr fördern würde.

Schließlich wird unter räumlichen Gesichtspunkten als Vorteil der Telearbeit angesehen, daß sie aufgrund des eintretenden Dezentralisierungseffekts zu einem regionalen Beschäftigungsausgleich beitragen könnte. Die Berücksichtigung der strukturschwachen Gebiete bei der Verteilung der Arbeit, wie sie über Telearbeit erreicht werden könnte, ist grundsätzlich zu begrüßen. Dem wird allerdings entgegengehalten, daß diese Umverteilung bei insgesamt knapper gewordener Arbeit selbst wieder zu Beschäftigungseinbußen in den entwickelten Regionen führt.

In umweltpolitischer Hinsicht wirkt die Einführung der Telearbeit in doppelter Weise: Einerseits werden Energiekosten in nicht unerheblichem Maße eingespart; andererseits wird die durch Autoabgase verursachte Luftverschmutzung verringert.

4.2 Sozialpolitische Aspekte

Telearbeit eröffnet die Möglichkeit zur Reintegration von Randgruppen. In diesem Zusammenhang werden vor allem Behinderte erwähnt, die über Telearbeit die Möglichkeit erhalten, einen Beruf auszuüben, ohne beschwerliche Wege zurücklegen zu müssen. So wurde etwa bei Control Data (USA) das Plato-System entwickelt, mit dem behinderte Programmierer ihre Arbeit von zu Hause aus erledigen können (ZAPPATINI 1983); in Chicago gibt eine eigene Gesellschaft, die Lift Inc., die ausschließlich das Ziel verfolgt, Behinderte mit Hilfe von Telearbeit wieder in den Arbeitsprozeß zu integrieren (BALLERSTEDT u.a. 1982, S. 79 f.).

Die Firmen, die Behinderte über Telearbeit beschäftigen, sind vor allem daran interessiert, die Erfahrung langjähriger Mitarbeiter weiter nutzen zu können. Auch hinsichtlich der Kosten ergibt sich für diese Unternehmen eine positive Bilanz: Es entfallen die Kosten für die Einarbeitung neuer Mitarbeiter sowie für die Einrichtung eines behindertengerechten Arbeitsplatzes (bzw. die entsprechenden Schwerbehindertenabgaben).

In sozialpolitischer Hinsicht werden jedoch auch Bedenken gegen die Telearbeit von Behinderten geäußert. Es ist zu fragen, inwieweit durch Telearbeit die ohnehin häufig bestehende Isolation der Behinderten eventuell noch verstärkt wird. Statt in die Verkabelung der Behinderten - so lautet das Argument - sollten die Finanzmittel eher in die Schaffung einer behindertengerechten Umwelt investiert werden, um die gesellschaftliche Integration zu fördern. Insofern sollte die Telearbeit auf solche Behinderte beschränkt bleiben, die auch unter günstigen Bedingungen ihre Wohnung nur schwer verlassen können.

4.3 Auswirkungen auf die Beschäftigten

Frauenerwerbstätigkeit

Die hauptsächlich von Telearbeit Betroffenen sind die Frauen. Einerseits erhalten sie durch Telearbeit die Möglichkeit, ihre berufliche Tätigkeit auch dann fortzusetzen, wenn sie im Zusammenhang mit der Erziehung von Kindern weitgehend an den häuslichen Bereich gebunden sind. Andererseits resultiert gerade aus dieser Aufgabenkopplung auch eine starke Belastungserhöhung: Die Arbeitszeiten am Teleheimarbeitsplatz müssen sich nach den familiären Bedingungen richten; in der Regel liegen die Arbeitszeiten zwischen 9 und 12 Uhr, während die Kinder in der Schule sind, und zwischen 19 und 21 Uhr, wenn sie bereits schlafen. Ob der zweite Zeitraum für konzentriertes Arbeiten am Bildschirm physiologisch geeignet ist, kann bezweifelt werden.

In arbeitspsychologischer Hinsicht wird in der Literatur darüber hinaus auf folgende Probleme hingewiesen (LEHR, zit.nach HUBER 1985, S. 148): Die Telearbeit von Frauen führt zum Verlust positiver Erlebnisfaktoren von Berufstätigkeit (Erfahrung der eigenen Leistung, Anerkennung durch andere, Erweiterung des Lebensraums und der Sozialkontakte).

Die Zufriedenheit der Frauen selbst mit der Teleheimarbeit scheint insgesamt nicht sonderlich hoch zu sein. Zwar werden in der Literatur immer wieder einzelne Frauen zitiert, die sich durchweg positiv zu ihrer Situation als Teleheimarbeiterin äußern (z.B. HEILMANN/VITTORELLI 1984; HAUG 1983), allerdings handelt es sich dabei nicht etwa um Textverarbeiterinnen, die heute die Masse der Teleheimarbeiterinnen stellen, sondern häufig um höher qualifizierte Beschäftigte, z.B. Programmiererinnen. Eine britische Studie zur Situation von Teleheimarbeitern - 95 % davon waren Frauen - ergab, daß nur 35 % von ihnen eine generelle Präferenz für Teleheimarbeit äußerten. Die übrigen würden, wenn sie könnten, lieber im zentralen Büro arbeiten; oder sie sehen die Situation (der Kinder wegen) nur als vorrübergehend an und wollen später wieder in das zentrale Büro wechseln; oder sie würden zumindest eine Mischung von Telearbeit und zentraler Büroarbeit der reinen Teleheimarbeit vorziehen (HUWS 1984, S. 17). Eine Studie, die das Verhältnis von Telearbeit und Frauenerwerbstätigkeit für die Bundesrepublik Deutschland untersucht, wird zur Zeit an der Sozialforschungsstelle Dortmund durchgeführt (SOZIALFORSCHUNGSTELLE 1984).

Flexibilisierung der Arbeitszeit

Telearbeit ist in doppelter Weise mit einer Flexibilisierung der Arbeitszeit verbunden. Einerseits wird betont, Telearbeiter könnten ihre Arbeit nach eigenen Wünschen einteilen. Andererseits möchten auch die Unternehmen, die Telearbeit einführen, die Flexibilität dieser Arbeitsform für ihre Zwecke nutzen, d.h. insbesondere zur Bewältigung von Belastungsspitzen im eigenen Betrieb. Da die Konkurrenz der Telearbeiter untereinander um die Vergabe von Aufträgen auch über das "Leistungsmerkmal Flexibilität" laufen wird, ist zweifelhaft, ob die oben als Vorteil benannte "Arbeitseinteilung nach eigenen Wünschen" tatsächlich realisiert werden kann. Darüber hinaus könnten andere Faktoren die Arbeitszeitflexibilität für die Telearbeiter weiter einschränken. So weist die Vorsitzende der bereits erwähnten Firma F. International daraufhin, daß die Leitungskosten dadurch verringert werden könnten, daß die Telearbeiter zu Zeiten niedriger Fernmeldegebühren arbeiten (SHIRLEY 1982, S. 271), also z.B. am späten Abend, nachts und an Wochenenden.

Die mit der Flexibilisierung der Arbeit einhergehende Verwischung der Grenze von Arbeit und Freizeit wirft schließlich auch psychologische Probleme auf. Die bei traditioneller Arbeit im Verlaufe der beruflichen Sozialisation herausgebildeten wechselseitigen Kompensationsmechanismen von Arbeit und Freizeit werden bei Telearbeit aufgelöst (SCHRÖDER 1984, S. 28). Bei einer amerikanischen Untersuchung zeigte sich, daß es knapp der Hälfte der Telearbeiter schwer fiel, zwischen Arbeit und Freizeit zu trennen (HEILMANN/HEILMANN 1983, S. 99).

Arbeitsschutz

Die Kontrolle der Einhaltung von Arbeitsschutzbestimmungen ist bei Heimarbeit äußerst schwierig. Abgesehen von dem praktischen Problem für die Gewerbeaufsichtsämter, sich mit den über eine ganze Region verstreuten Einzelarbeitsplätzen zu befassen, stellt sich z.B. auch in rechtlicher Hinsicht die Frage, ob nicht die Unverletztlichkeit der Wohnung einer derartigen Überwachung des Arbeitsschutzes entgegensteht. Soweit die Telearbeiter für die Ausstattung des Heimarbeitsplatzes selbst aufkommen müssen, steht zu befürchten, daß aus Kostengründen Billiggeräte bevorzugt werden, die erfahrungsgemäß den ergonomischen

Anforderungen häufig nicht genügen. Auch die üblicherweise im häuslichen Bereich vorliegenden Umgebungsbedingungen (Beleuchtung, Raumangebot usw.) dürften den Bestimmungen für Büroarbeitsplätze in einer Vielzahl von Fällen nicht entsprechen.

Arbeitsinhalt und Arbeitsorganisation

Die Einführung von Telearbeit setzt, wie oben bereits ausgeführt wurde, eine starke Arbeitsteilung sowie eine Standardisierung der Arbeitsabläufe voraus. Daraus ergibt sich die Gefahr, daß bei den in Telearbeit ausgeführten Tätigkeiten nur begrenzte Arbeitsinhalte und relativ monotone Arbeitsabläufe entstehen, jedenfalls im Vergleich mit den entsprechenden Tätigkeiten im zentralen Büro, wo aufgrund der Möglichkeit zur jederzeitigen Kooperation das Ausmaß der Arbeitsteilung und der Grad der notwendigen Formalisierung arbeitsorganisatorischer Schnittstellen kleiner gehalten werden kann. Gleichzeitig verhindert die starke Arbeitsteilung an Telearbeitsplätzen die bei Bildschirmarbeit heute weitgehend als notwendig erachtete Einrichtung von Mischarbeitsplätzen. In der Literatur wird darüber hinaus die Gefahr gesehen, daß den Telearbeitern durch die Abkopplung vom betrieblichen Geschehen die Möglichkeit zur Höherqualifizierung weitgehend genommen wird. Dies wird besonders deutlich, wenn man bedenkt, daß wohl die Mehrzahl der Qualifizierungsprozesse eher informell (Lernen von Kollegen, training on the job) als formell (Seminare) organisiert ist.

Leistung, Entlohnung und Kontrolle

Einer der Anreize für die Unternehmen, Telearbeit einzuführen, besteht in der Möglichkeit zur Verdichtung der Arbeitsleistung. Bei Tätigkeiten, die im Betrieb abgewickelt werden, müssen gewisse Personalreserven zur Kompensation von Fehlzeiten oder zur Bewältigung nicht einplanbarer Zusatzarbeiten vorgehalten werden, wodurch häufig Phasen der Unterauslastung (Arbeitsunterbrechungen, Wartezeiten) auftreten. Durch Telearbeit wird diese Situation in doppelter Hinsicht vermieden: Einerseits kann das im Betrieb vorgehaltene Personal reduziert werden; andererseits brauchen Leerlaufzeiten bei den Telearbeitern nicht bezahlt zu werden. Sowohl für die Beschäftigten in den zentralen Büros wie auch für die Telearbeiter bedeutet dies eine Intensivierung der Arbeit und eine Verringerung der normalerweise im Betrieb immer vorhandenen "natürlichen" Erholzeiten. Streßsituationen sind damit in Zukunft häufiger zu erwarten als früher.
Trotz Leistungsverdichtung wird angenommen, daß die Einkommenssituation sich ceteris paribus verschlechtert. Von den Unternehmen werden dazu folgende Überlegungen geäußert:

1. Nach Möglichkeit soll der Telearbeiter für die notwendige technische Aus-

stattung selbst aufkommen (HEILMANN 1983) oder sich zumindest an den Geräte- und Übertragungskosten beteiligen (SHIRLEY 1982, S. 271).

2. Durch den Abschluß von Werkverträgen mit den Telearbeitern kann auf die Zahlung der gesetzlichen Sozialversicherungsbeiträge verzichtet werden. Gleichzeitig brauchen tarifvertragliche Lohnsätze bei Werkverträgen nicht eingehalten zu werden.

3. Durch Telearbeit wird das Angebot von Arbeitskräften auf dem Arbeitsmarkt aufgrund des Zustroms von "familiengebundenen" Frauen und von Arbeitssuchenden aus strukturschwachen Gebieten stark erhöht, so daß ein Druck auf die (tarifvertraglich nicht fixierten) Einkommen einsetzen wird.

4. Der zunächst noch als Vorteil für die Telearbeiter diskutierte Wegfall der Fahrzeiten und -kosten, wird von den Unternehmen inzwischen als Möglichkeit zur Einsparung von Personalkosten gesehen. Telearbeit sei dann rentabel, "wenn die Telemitarbeiter - wie in den Vereinigten Staaten - bereit wären, auf einen den eingesparten Pendelkosten entsprechenden Gehaltsanteil zu verzichten." (HEILMANN 1983).

Zumindest für Großbritannien und die USA liegen auch bereits empirische Belege für eine Einkommensminderung vor. Von einem der größten Pilotanwender in den USA, der Firma Tymshare im kalifornischen Cupertino, ist über Gehaltskürzungen speziell bei Telearbeitern berichtet worden (HEILMANN/HEILMANN 1983). Eine empirische Studie für Großbritannien ergab, daß Programmierer und Systemanalytiker, die Telearbeit verrichten, insgesamt ein um mindestens 20 % geringeres Einkommen erhielten, als ihre festangestellten Kollegen in der Zentrale (HUWS 1984, S.17).

Durch den Wegfall der unmittelbaren Arbeitszeitkontrolle, wie sie bei Mitarbeitern in der Zentrale möglich ist, stellt sich für die Unternehmen die Frage, welche anderen Kontrollmechanismen bei Telearbeit anwendbar sind. Routinetätigkeiten, z.B. Text- und Datenerfassung, können technisch überwacht werden, indem Arbeitsleistung und -qualität im Arbeitsprozeß selbst vom System protokolliert werden. Daneben besteht die Möglichkeit einer mengenbezogenen Entlohnung (Akkord), so daß Arbeitszeitkontrollen entfallen können. Auch bei qualifizierten Telearbeitern, z.B. Programmierern, ist ein gegenüber herkömmlicher Büroarbeit verstärktes Überwachungssystem feststellbar: Das bereits mehrfach erwähnte Softwarehaus F. International "has developed sophisticated and thorough techniques for monitoring and controlling home-based workers. Major components of this sytem are accurate estimating with frequent reestimation; detailed staff performance records; extremly high management ratios and the breaking down of all assignments into short and discrete time periods, with separate productivity targets for each period." (HUWS 1984, S. 17) Insgesamt läßt sich also bei Telearbeit im Vergleich zur herkömmlicher Büroarbeit ein Anstieg akkordähnlicher und technisch-organisatorisch überwachter Arbeit feststellen.

Kooperation, Kommunikation und Interessenvertretung

Der weitgehende Wegfall von Kooperations- und Kommunikationsbeziehungen zu den übrigen Mitarbeitern des Unternehmens stellt wohl die einschneidenste Veränderung der Arbeitsbedingungen bei Einführung von Telearbeit dar. Soweit empirische Studien vorliegen, wird deutlich daß dies auch von den Teleheimarbeitern selbst so empfunden wird: "Among the disadvantages of working from home, by far the most important was isolation, cited 60 per cent of cases." (HUWS 1984, S. 17) Diese Isolation führt auch dazu, daß eine angemessene Interessenvertretung der Teleheimarbeiter, z.B. durch einen Betriebsrat, kaum mehr möglich ist. Arbeitsplatzbesuche, Betriebsversammlungen, Treffen gewerkschaftlicher Vertrauensleute und ähnliche Formen der aktiven Interessenwahrnehmung bleiben Teleheimarbeitern praktisch verschlossen. Dadurch wird die ohnehin starke ökonomische Abhängigkeit von dem jeweiligen Auftraggeber möglicherweise noch gesteigert.

5 Rechtliche Aspekte der Telearbeit

In welchem Ausmaß die genannten Auswirkungen im Einzelfall eintreten, hängt in starkem Maße auch davon ab, welche rechtliche Stellung der Teleabeiter besitzt (vgl. SCHMAGER 1985; SCHMAGER/WANIOREK 1985; ANDREAS 1984; UNTERHINNINGHOFEN 1983). Dabei lassen sich grundsätzlich vier Möglichkeiten mit weitgehend unterschiedlichen Voraussetzungen und Rechtsfolgen unterscheiden: Unternehmer-Status, Freier Mitarbeiter-Status, Heimarbeiter-Status, Arbeitnehmer-Status.

Voraussetzung für das Vorliegen des Unternehmer-Status ist neben dem freien Auftreten auf dem Markt, was z.B. auch das Recht umfaßt, einzelne Aufträge abzulehnen, die Tätigkeit für verschiedene Auftraggeber und damit eine gewisse wirtschaftliche Unabhängigkeit. Beim Status des freien Mitarbeiters, der meist bei höher qualifizierten Tätigkeiten vereinbart wird, besteht zwar keine persönliche, wohl aber eine wirtschaftliche Abhängigkeit vom Auftraggeber, so daß insgesamt häufig eine sozial schutzbedürftige Situation vorliegt. Allerdings finden dennoch die meisten Arbeitsschutzgesetze keine oder nur eine sehr eingeschränkte Anwendung; so gilt insbesondere das - wegen des hohen Frauenanteils bei Telearbeit besonders wichtige - Mutterschutzgesetz nicht. Der Heimarbeiter-Status richtet sich nach dem Heimarbeitsgesetz (HAG) und ist ähnlich definiert wie der des freien Mitarbeiters (persönliche Unabhängigkeit, wirtschaftliche Abhängigkeit), findet aber demgegenüber eher auf einfachere Tätigkeiten Anwendung. Die Schutzrechte sind für Heimarbeiter äußerst unbefriedigend geregelt; so gilt weder das Mutterschutzgesetz, noch die Arbeitszeitordnung oder das Lohnfortzahlungsgesetz. Ein Kündigungsschutz existiert praktisch kaum (vgl. § 29

HAG),und das Bundesurlaubsgesetz gilt nur in abgeschwächter Form (vgl.§ 12 HAG). Demgegenüber gilt jedoch das Schwerbehindertengesetz und das Jugendarbeitsschutzgesetz, wobei letzteres allerdings rechtlich nicht verhindern kann, daß die Kinder der Telearbeiter mit zur Arbeit herangezogen werden.

Der Arbeitnehmer-Status schließlich ist dadurch gekennzeichnet, daß sowohl eine persönliche als auch eine wirtschaftliche Abhängigkeit besteht. Eine persönliche Abhängigkeit ist dann gegeben, wenn eines oder mehrere der folgenden Kriterien vorliegen: fachliche Weisungsgebundenheit, örtliche und zeitliche Bindung, Arbeitskontrolle, Annahmeverpflichtung bezüglich einzelner Aufträge.

Prüft man die genannten rechtlichen Voraussetzungen von Heimarbeiter- bzw. Arbeitnehmer-Status auf ihre Anwendbarkeit bei Telearbeit, so bestehen in der Literatur Bedenken, ob die Kriterien des Heimarbeiter-Status tatsächlich erfüllt sind. Der Telearbeiter hat nämlich in aller Regel bestimmten fachlichen Weisungen, z.B. bezüglich der Anwendung von Programmierrichtlinien oder der Verwendung vorgegebener Masken bei der Datenerfassung zu folgen. Auch in zeitlicher und organisatorischer Hinsicht bestehen häufig Auflagen, so z.B. bezüglich der Einhaltung bestimmter Abgabetermine. Auch eine möglicherweise stattfindende Überwachung der Arbeitsmenge über das technische System würde dem Kriterium der persönlichen Unabhängigkeit widersprechen. Die genannten Kriterien sprechen also eher dafür, den Telearbeitern des Status eines Arbeitnehmers zuzusprechen. Möglicherweise reichen aber auch die bestehenden gesetzlichen Regelungen angesichts des "neuen Phänomens Telearbeit" nicht aus. Verschiedentlich sind daher Vorschläge zur normativen Gestaltung der Telearbeit entwickelt worden (vgl. z.B. PFARR 1985).

Abschließend läßt sich feststellen, daß die Telearbeit in der Bundesrepublik - im Gegensatz zu anderen europäischen Ländern - zu sehr unter dem ausschließlichen Blickwinkel der Heimarbeit betrachtet wird. Es fehlen Modellversuche, die kollektive informationstechnisch gestützte Arbeitsformen erproben. In Skandinavien existieren bereits derartige Projekte, die in Form von Nachbarschaftszentren organisiert sind. Auch in Frankreich geht man diesen Weg. Die staatlich unterstützten Telearbeitsprojekte sind dort bewußt nicht als Heimarbeitsprojekte angelegt worden, um die negativen Auswirkungen auf die Beschäftigten von vorne herein zu vermeiden (vgl. insgesamt SIMOLEIT 1985). Derartige Versuche, gesellschaftlich innovative Formen des Informationstechnikeinsatzes zu erproben, die nicht kurzfristigen Rentabilitätsgesichtspunkten folgen, sondern einen Beitrag zur langfristigen Entwicklung sozial verantwortbarer Technologie leisten, wären auch für unsere Gesellschaft von außerordentlicher Bedeutung.

6 Literatur

Andreas, K.: Rechtliche Aspekte der Heimarbeit, in: Personal, 36 (1984) 2, 69-72

Ballerstedt, E.: Heimarbeit - Der Arbeitsplatz der Zukunft?, in: Umschau (1983) 10, 313-316

Ballerstedt, E. u.a.: Studie über Auswahl, Eignung und Auswirkungen von informationstechnisch ausgestalteten Heimarbeitsplätzen. Eggenstein-Leopoldshafen, August 1982 (Bundesministerium für Forschung und Technologie, Forschungsbericht DV 82-002)

Bohm, J.: Stand und Entwicklung der Datenübertragung im Bereich der Deutschen Bundespost, in: Elias, D. (Hrsg.): Telekommunikation in der Bundesrepublik Deutschland 1982. Heidelberg/Hamburg 1982, 95-125

Friedrich, J.; Wicke, F.; Wicke, W.: Computereinsatz: Auswirkungen auf die Arbeit. Reinbek 1982

Haug, H.: Erste Heimprogrammiererin, in: Computer-Magazin (1983) 9, 16-17

Heilmann, W.: Bringt "Telearbeit" eine neue Heimarbeiterwelle?, in: Blick durch die Wirtschaft v. 20.5.83, 3

Heilmann, W.; Vittorelli, J. de: Teleprogrammierung in der Bundesrepublik Deutschland, in: Office Management 32 (1984) 5, 442-444

Heilmann, W.; Heilmann, H.: Softwareentwicklung am Telearbeitsplatz. Erfahrungen und Trends aus den USA, in: Handbuch der modernen Datenverarbeitung, Heft Nr. 110, 1983, 95-100

Henckel, D.; Nopper, E.: Büroarbeitsplätze und Dezentralisierung in der Stadtentwicklung, in: Office Management 32 (1984) 5, 418-421

Henckel, D.; Nopper, E.; Rauch, N.: Informationstechnologie und Stadtentwicklung. Stuttgart 1984

Herb, A.: Computerheimarbeit: Telearbeit und Recht, in: Computer-Magazin 14 (1985) 4, 12

Huber, M.: Job 2000: Arbeitsplatz zuhause, in: Psychologie heute (1982) 9, 7-8

Huber, M.: Frauen und die neuen Technologien: Schöne Welt der elektronischen Heimarbeit, in: Geschafft. Über Arbeit, keine Arbeit und Freizeit. Weinheim/ Basel 1985, 142-150 (Psychologie heute, Sonderband)

Huws, U.: New technology homeworkers, in: Employment Gazette 92 (1984) 1, 13-17

Kern, P.: Telearbeit - Auf dem Weg in die Dezentralität? Bestandsaufnahme und Problemaufriß. Düsseldorf, Februar 1985 (Tagungsband, ONLINE 85, 12.-15.2.85, Düsseldorf)

Kern, P; Wawrzinek, St.: Dezentrale Schreibarbeitsplätze im Verbund mit der Zentrale. Erste Erfahrungen aus dem Modellversuch Baden-Württemberg "Schaffung dezentraler Arbeitsplätze unter Einsatz von Teletex", in: Office Management 32 (1984) 5, 436-441

Lux, B.: Bedingungen und Auswirkungen von Telearbeit, oder: Bleibt informationstechnisch gestützte Heimarbeit eine Randerscheinung? Oldenburg 1985 (Studie im Auftrag der Hans-Böckler-Stiftung)

Ministerium für Wirtschaft, Mittelstand und Verkehr, Baden-Württemberg: Modellversuch zur Schaffung dezentraler Arbeitsplätze unter Einsatz von Teletex, 1. Entwurf (Stand: 1.7.82)

Müller-Lutz, H.L.: Büro-Heimarbeit in der Versicherung, in: Versicherungsbetriebe (1984) 3, 27-32

Nilles, J.: Telework may soon make daily long-distance commutes obsolete while enhancing worker productivity and satisfaction, in: Technology Review 85 (April 1982) 3, 57-62

Pfarr, H.M.: Vorschlag für eine gesetzliche Regelung der Fernarbeit. o.O., März 1985 (Vervielfältigtes Manuskript)

Rosenbrock, K.H.: ISDN - eine folgerichtige Weiterentwicklung des digitalen Fernsprechnetzes, in: Jahrbuch der Deutschen Bundespost 1984. Bad Windsheim 1984, 509-577

Schmager, B.: Rechtprobleme der Teleheimarbeit. Hamburg 1985 (Diplomarbeit, Hochschulübergreifender Studiengang Wirtschaftsingenieur)

Schmager, B.; Waniorek, G.: Teleheimarbeit. Hamburg 1985 (Vervielfältigtes Ms.)

Schröder, K.T.: Telearbeit. Ein Problemaufriß. Trier, Mai 1984 (Arbeitspapiere zu Organisation, Automation und Führung, 84/3, Universität Trier, Fachbereich Betriebswirtschaftlehre)

Shirley, S.: The distributed office, in: Stokes, A.V. (Hrsg.): Integrated office systems. Maidenhead (Berkshire, England) 1985, 257-275 (Infotech State of the Art Report, Series 10, Number 5)

Simoleit, J.: Sozialpolitische und beschäftigungswirksame Formen der Anwendung neuer Informations- und Kommunikationstechnologien. Hamburg 1985 (Kooperationsprojekt DGB-Gewerkschaften - Hochschule, Kooperationsstelle Hamburg, Heft Nr. 6)

Sozialforschungsstelle Dortmund: Tele-Heimarbeit in "typischen" Frauenarbeitsbereichen. Projekt-Kurzdarstellung. Dortmund, Oktober 1984 (Vervielfältigtes Manuskript)

Toffler, A.: Die Dritte Welle. Zukunftschance. München 1983

Unterhinninghofen, H.: Rechtlicher Status von Elektronischer Heimarbeit, in: Die Mitbestimmung 29 (1983) 12, 577-578

Wawrzinek, St.: Dezentrale Texterstellung mit Teletex: Erste Ergebnisse aus dem Modellversuch der Landesregierung Baden-Württemberg "Schaffung dezentraler Arbeitsplätze unter Einsatz von Teletex". Düsseldorf, Februar 1985 (Tagungsband, ONLINE 85, 12.-15.2.85, Düsseldorf)

Wegener, H.-U.: Advent der freien Texterfassung, in: Der Erfolg (1982) 12, 14-20

Wegener, H.-U.: Teletex bringt Arbeit zum Menschen, in: Der Erfolg (1983) 1/2, 20-22

Zappatini, G.: Bildschirmarbeit zu Hause: Fallbeispiel Control Data Corporation, USA, in: Gottlieb Duttweiler Institut (Hrsg.): Arbeit. Beispiele für ihre Humanisierung. Olten 1983, 305-314

Mensch und Computer in der Gesellschaft der Zukunft

Die Gestaltung der human computerisierten Gesellschaft[1)]

Klaus Haefner

Universität Bremen
Fachbereich 3, MZH
Mathematik und Informatik
Postfach 33 04 40

D-2800 Bremen 33

Lösungsansätze als Planungsrahmen. Akzeptiert man die Grundprämisse, daß sich die Informationstechnik angesichts der mannigfaltigen, sie vorantreibenden Kräfte in der Gesellschaft ausbreiten wird, so ist es unabdingbar, für die verschiedenen Bereiche gesellschaftlichen Handelns Lösungsansätze aufzuzeigen, mit Hilfe deren es möglich erscheint, die Zukunft positiv zu bewältigen. Es kommt darauf an, Optionen in Form realistischer und sinnvoller Handlungsspielräume darzustellen. Diese Optionen müssen in den verschiedenen Bereichen gesucht und gefunden werden. Dabei ist zu berücksichtigen, daß sie sowohl Antworten auf die drängenden Fragen des Individuums als auch Lösungsansätze für die organisatorischen Strukturen der gesamten Gesellschaft bieten müssen. - Angesichts der grundsätzlichen Unplanbarkeit der Details der Zukunft kommt es hier nicht darauf an, Szenarien im einzelnen zu entwickeln und diese als realistische Zukunftserwartungen darzustellen. Vielmehr ist es wichtig, darüber nachzudenken, welche Prozesse eigentlich anzustoßen sind, um eine positive Bewältigung der Herausforderung der Informationstechnik zu gewährleisten.

Individuelle Anreize und Perspektiven sind notwendig. Ausgehend von der Tatsache, daß wir in Westeuropa keine Planwirtschaft und keine die Politik planmäßig und langfristig bestimmenden Ideologien haben, kommt es auch nicht darauf an, primär für die Regierung, die Parteien oder die gesellschaftlichen Organisationen ein gemeinsames Konzept im Detail zu erarbeiten. Vielmehr ist es wichtig, individuelle Anreize an der "Basis" zu entwickeln und den Einzelpersonen Perspektiven zu geben. Gerade an dieser Stelle sind ja auch z.Z. die eigentlichen Schwierigkeiten. Es ist das Individuum, welches verunsichert ist durch Probleme wie Arbeitslosigkeit, Datenschutz, neue Medien oder Wettbewerb mit der "Intelligenz der Rechner". Wenn es gelingt, dem Bürger ein konsistentes Instrumentarium in die Hand zu geben, welches zur Bewältigung der Herausforderung geeignet ist, so sollte dieses letztlich auch ausreichen, um dann auf den organisatorischen Ebenen Problemlösungen möglich zu machen. Nur viele optimistisch oder zumindest realistisch in die Zukunft schauende Individuen sind in einer Demokratie in der Lage, einen Bewältigungsprozeß angemessen zu transportieren. Die Vorstellung, daß es gelingen würde, durch eine große zentralistisch

1) Auszug aus **K. Haefner:** Mensch und Computer im Jahre 2000 - Politik und Ökonomie für eine human computerisierte Gesellschaft. Basel 1984

gelenkte Bewegung den Schub der Informationstechnik aufzufangen und in die richtigen Bahnen zu leiten, erscheint völlig unrealistisch. Zu komplex sind die vielen durch die Computerisierung betroffenen Zusammenhänge und zu groß ist auch die Herausforderung an jeden einzelnen.

Eine angemessene Technologie-Antizipation berücksichtigen. Von großer Wichtigkeit für den Versuch einer Vision für die human computerisierte Gesellschaft ist eine angemessene Antizipation der Technik und ihrer wissenschaftlichen Grundlagen ("Technologie", hier die Informatik). Im zweiten Abschnitt des zweiten Kapitels sind die wichtigsten Eckdaten der Technologie-Entwicklung bereits zusammengefaßt worden. Hier können nur noch sehr globale, allgemeine Aussagen über die Entwicklung gemacht werden. Erstens ist zu berücksichtigen, daß wir große Bandbreiten der möglichen Technikschübe und der Marktdurchsetzungen zu erwarten haben. Zweitens ist festzuhalten, daß der Einfluß der Informationstechnik sektoral außerordentlich unterschiedlich ablaufen wird. Drittens ist es wichtig zu erkennen, daß neben der Rationalisierungsqualität der Informationstechnik zunehmend der Aspekt der Integration verschiedener Einzelkomponenten zu Gesamtsystemen ("Vernetzung") eine auch die Qualitäten verändernde Rolle spielt.

Über eine human computerisierte Gesellschaft nachzudenken, heißt insbesondere zu akzeptieren, daß viele "wohl-beschreibbare" Prozesse der Informationsspeicherung und Informationsverarbeitung zunehmend auf Informationstechnik übertragen werden. Es heißt ferner, zur Kenntnis zu nehmen, daß diese Prozesse an vielen Stellen von technischen Systemen schneller, zuverlässiger und - bezogen auf die heutigen Lohnkosten - billiger abgewickelt werden können als vom Menschen.

Eine realistische Auseinandersetzung mit der Zukunft ist schließlich nur möglich, wenn man sich klarmacht, daß die Integration und Penetration der Informationstechnik wirklich in alle Bereiche menschlichen Handels vorstoßen kann: Dies beginnt irgendwo beim Computerspiel im Kinderzimmer, geht über das Fern-Einkaufen mit Bildschirmtext und den Bankautomaten und endet bei der Nutzung von Informationstechnik in der vollautomatisierten Produktion und in theologischen Experten-Systemen. Es hieße sich nur mit einem Teil der Probleme, und damit nur mit einem Teil der dann notwendigen Lösungen, zu beschäftigen, wenn man diese gewaltige Bandbreite nicht zur Kenntnis nimmt - wie dies insbesondere in den Geisteswissenschaften häufig geschieht! Es erscheint insgesamt eher hilfreich, eine zu breite Antizipation der Technik zu berücksichtigen, von der sich dann eventuell nur ein Teil realisiert, als umgekehrt vorzugehen und mit einer Unterschätzung der Potenzen der Informationstechnik zu arbeiten und dann von den realen Wirkungen überrascht zu werden.

Negative Konsequenzen nicht verniedlichen, sondern bewältigen. In unserer Gesellschaft gibt es mannigfaltige, sich widersprechende Interessen und Kräfte. Deshalb ist es nur zu leicht zu verstehen, daß aus gewissen Perspektiven die Konsequenzen der Informtaionstechnik eher gering oder sogar vernachlässigbar eingeschätzt werden können. Derartige a-priori-Bewertungen sind aber in der Regel mit Vorsicht zu betrachten. Eben weil die Zukunft nicht im Detail planbar ist, ist auch im Detail nicht sagbar, welche Wirkungen die Informationstechnik wirklich haben wird. Insbesondere ist dann auch nicht sicher festzustellen, daß sie nur zu vernachlässigende negative Wirkungen zeigen wird! So sollten in der jetzigen Phase Argumente für und gegen die Informationstechnik offen und ehrlich vorgetragen werden. Nur aus einer alle Faktoren berücksichtigenden Analyse heraus kann man mittelfristig erwarten, daß es zu einer Bewältigung der Probleme kommt. Jeder Versuch, gewisse Aspekte der Entwicklung "unter den Teppich zu kehren", führt letzlich dazu, daß unbewältigte Probleme und Spätwirkungen zurückbleiben. Diese werden dann als Hypothek von Generation zu Generation weitergegeben und führen in unserer Gesellschaft typischerweise zu immer neuen "Reparatur-Systemen", die möglichst vermieden werden sollten.

Wenn-dann-Perspektiven diskutieren. In der Frage nach der Ausformulierung und Gestaltung der human computerisierten Gesellschaft ist es heute möglich, gewisse Wenn-dann-Beziehungen anzugeben. Mit einem derartigen Vorgehen kann man die Breite des Spektrums der Probleme und der möglichen Problemlösungen darstellen. Da natürlich die verschiedenen Aspekte außerordentlich kompliziert miteinander verwoben sind, hat eine bestimmte Wenn-dann-Beziehung in einem Feld sofort Folgen für Wenn-dann-Beziehungen in anderen Bereichen. Man muß sich hier insbesondere vor monokausalen Betrachtungen hüten, darf aber auf der anderen Seite auch nicht ausweichen in ein kompliziertes vernetztes Gesamtmodell, dessen Transparenz dann für den einzelnen Bürger derart undurchsichtig ausfällt, daß er mit den Aussagen dieses Modells nichts mehr anfangen kann. Bei der Auswahl von Wenn-dann-Beziehungen muß man auch eine angemessene Kreativität und Entscheidungsbreite der in der Zukunft Handelnden berücksichtigen. Heute wird die Diskussion über die Konsequenzen der Informationstechnik häufig dadurch unnötig eingeengt, daß schon sehr frühzeitig gewisse Felder ausgeklammert werden (z.B. "der Mensch ist immer intelligenter als die Maschine" oder "Arbeitslosigkeit läßt sich durch Wachstum problemlos beseitigen").

Blick bis ins Jahr 2000. Obwohl hier wiederholt darauf hingewiesen wurde, daß die informationstechnologische Entwicklung und Integration ein langfristiges Problem ist, erscheint es zunächst sinnvoll, sich mit Lösungsansätzen auf dem Zeithorizont der nächsten 15 bis 20 Jahre zu befassen. Nach allen jetzt erkennbaren Trends werden in diesem Zeitraum wichtige Entscheidungen über die Integration der Informationstechnik zu treffen sein und die Weichen richtig oder falsch gestellt werden.

Mit aller Vorsicht, die man bei historischen Analogien zu wahren hat, läßt sich wohl auch sagen, daß wir heute im Bereich der Ergänzung, Erweiterung und Ersetzung von kognitiven

Leistungen durch Informationstechnik in einer ähnlichen Situation sind wie am Anfang der industriellen Revolution vor ca. 130 bis 150 Jahren bezüglich der manuell-motorischen Leistungen. Aber während damals zum ersten Mal Erfahrungen mit einer großen Automatisierungswelle gemacht wurden und eine mittel- oder sogar langfristige Konzeption ohne jegliches historisches Vorbild zu entwickeln war, so sind wir heute in einer etwas besseren Position: Obwohl die Informationstechnik mit ihren vielfältigen Anwendungen weit über das Potential der "elektro-mechanischen" Technik hinausgeht, so gibt es doch viele Prozesse, die aus der Geschichte gelernt werden können. Aber alte Ansätze, die primär Lösungen für die aus der industriellen Revolution des vorigen Jahrhunderts resultierenden Probleme angeboten haben, sind hier nicht einfach übertragbar; die Marxschen Vorstellungen gehen z.B. immer noch davon aus, daß der Mensch am Arbeitsprozeß unmittelbar beteiligt ist. Die vollautomatische Fabrik - keine Fiktion, sondern bereits heute in einigen kleinen Bereichen Realität - geht aber weit über die Perspektiven des 19. Jahrhunderts hinaus.

Neue Probleme: die Bio-Technik. Es gibt einen weiteren - pragmatischen - Grund, sich in den konstruktiven Überlegungen für eine human computerisierte Gesellschaft zunächst auf ca. 20 Jahre zu beschränken. In dieser Zeit wird die Penetranz der Informationstechnik ein bestimmendes Thema des gesellschaftlichen Wandels sein. In der gleichen Zeit wird aber auch die neue Bio-Technik insbesondere mit der Möglichkeit der genetischen Manipulation der Eigenschaften von Pflanzen, Tieren und schließlich des Menschen mehr und mehr ins Blickfeld gesellschaftlichen Handelns rücken. Hierdurch wird eine neue gewaltige Schicht an Problemen entstehen, die "jenseits" der Fragen der Informationstechnik liegen. Während es heute dringend gilt, eine positive Vision gegen Orwells "1984" zu stellen, so wird es das Anliegen der 90er Jahre sein, eine neue Konzeption gegen Huxleys bedrückende "Schöne neue Welt" zu entwickeln. Die Zeit drängt also.

Die zentralen Probleme. Die vielfältigen Phänomene, die z.Z. in unserer Gesellschaft durch Nutzung der Informationstechnik zu beobachten sind, dürfen nicht dazu führen, daß man sich in der Bewältigung von Problemen auf Teilaspekte begrenzt und damit von vornherein verzettelt. Eine isolierte Kabelfernsehdiskussion ist genauso unsinnig wie überzogene Datenschutzansprüche; die Ablehnung des Bildschirms am Arbeitsplatz streift in gleicher Weise nur ein Randproblem der informatonstechologischen Konsequenzen in der Arbeitswelt, wie der Streit um den Aufbau und die Nutzung von Personalinformations-Systemen. Die Einzelfrage nach der Treffsicherheit moderner Fernlenkwaffen ist genauso nur ein Spezialproblem wie die Arbeitsplatzvernichtung durch Industrieroboter.

Zentral sind letzlich eigentlich nur drei große Themenkomplexe: Erstens die Frage nach einer "sozial gerechten" Verteilung der durch die Informationstechnik möglichen großen Zuwächse der Produktivität. Zweitens das Problem der Kontrolle der computerisierten Kriegsmaschinerie und damit der langfristigen Friedenssicherung und drittens die Frage nach dem menschlichen Selbstverständnis in einer Welt, in der Wissen und Information mehr und mehr in technischen Systemen und nicht mehr nur in menschlichen Gehirnen verfügbar sind und in der es eine rasch zunehmende Anzahl technischer Systeme gibt, die kognitive Prozesse abarbeiten können. In den letzteren Bereich gehören auch die tiefgreifenden Fragen an Theologie und Philosophie, was es eigentlich heißt, daß einzelne Menschen durch Schaffung "intelligenter" Systeme zum einen weit über die "mittlere" Leistungsfähigkeit des Gehirns hinausgehen und zum anderen die Basis für eine neue Schicht sozio-technischer Integration legen.

Nur wenn es gelingt, auf diese drei zentralen Fragen einigermaßen plausible und für breite Kreise akzeptable Lösungen zu finden, können diese einen Beitrag zur Stabilisierung einer lebenswerten Zukunft liefern. Mit der neuen Informationstechnik gewinnt der Auftrag des "Machet Euch die Welt untertan" eine grundsätzliche neue Perspektive; der Mensch beginnt an einer neuen sozio-technischen Integrationsstufe zu arbeiten, in der er sich selbst einbezieht. Dies gilt es zu verstehen und demokratisch und humanistisch umzusetzen.

Resümee. Wenn wir die Zukunft im Sinne einer positiven Entwicklung bewältigen wollen, so bedarf es zunächst einer gewissen Zuversicht, daß auf breiter Basis akzeptable Lösungen überhaupt möglich sind. Hierzu sind geeignete Rahmenvorstellungen und angemessene Konzepte zu entfalten. Diese müssen soweit schlüssig und in sich konsistent sein, daß sie für die nächsten 20 Jahre einen akzeptablen Planungsraum darstellen. Sie müssen die Bandbreiten möglicher informationstechnologischer Entwicklungen berücksichtigen. Potentiell negative Folgen der Informatisierung und Computerisierung sind dabei deutlich anzusprechen und zu bewältigen. - Es wird in den nächsten 20 Jahren nicht darauf ankommen, an Details herumzukurieren. Vielmehr muß das Schwergewicht einer angemessenen Antizipation und Problemlösung darin liegen, Antworten auf die zentralen Fragen - Produktivitätsverteilung, Friedenssicherung und menschliches Selbstverständnis - zu geben.

Wissensbasierte Systeme im Büro der Zukunft

Helmut Balzert
TRIUMPH-ADLER AG
Nürnberg

Zusammenfassung

Technik und Ökonomie verursachen gravierende quantitative und qualitative Veränderungen im Büro.

Multifunktionalität, ergonomische Mensch-Computer-Schnittstellen, integrierte Anwendungen, preiswerte Arbeitsplatzrechner, offene und globale Kommunikation ermöglichen es, daß jeder Mitarbeiter im Büro einen eigenen Arbeitsplatzrechner zur Verfügung hat, der seine Tätigkeiten und Kommunikationserfordernisse unterstützt. Durch die Vernetzung können arbeitsteilige, kooperative Tätigkeiten abgewickelt werden, die Informationsflußzeit sinkt auf nahezu Null ab, Informationsbeschaffung und -austausch erfolgen weltweit.

Der Übergang von der Informationsverarbeitung zur Wissensverarbeitung ermöglicht qualitativ neue Anwendungsgebiete und Unterstützungsmöglichkeiten. Die Flexibilität und Selbsterklärungsfähigkeit wissensverarbeitender Systeme sowie ihre Möglichkeit, heuristisches Wissen zu verarbeiten, erlaubt die Abkehr von Standardlösungen und die Hinwendung zu individuellen, transparenten Lösungen.

Büroanwendungen sind gekennzeichnet durch zunehmende integrierte Anwendungen pro Arbeitsplatz und kooperierende, verteilte Anwendungen. Die benötigten Leistungen von Anwendungssystemen werden immer anspruchsvoller bis hin zur Beratung. Einheitliche, unabhängige Mensch-Computer-Schnittstellen, aktive und passive Hilfesysteme sowie tutorielle Systeme sind notwendig, um komfortable, akzeptable und ökonomische Bürosysteme zu erhalten. Nur durch wissensbasierte Systeme und Expertensysteme kann die notwendige neue Qualität erzielt werden.

Durch die neuartige Qualität und die gesteigerte Quantität entstehen Synergieeffekte, die die Ökonomie des Büros steigern.

Gliederung

Dieser Beitrag entstand im Rahmen des vom BMFT geförderten Projektes WISDOM.

1. Entwicklungstendenzen im Büro

Das Büro steht **quantitativ** und **qualitativ** vor seiner vielleicht gravierendsten Umwälzung. Der Horizont der Möglichkeiten ist revolutionär, die Realisierung wird evolutionär sein. Die Verursacher und gleichzeitig die Motoren der Veränderung sind **Technik und Ökonomie.**

Die Technik ermöglicht
- leistungsfähige **und** preiswerte Hardware,
- komplexe **und** benutzerfreundliche Software,
- universell erweiterbare **und** dem Betrieb angepaßte organisatorische Lösungen.

Die Ökonomie erfordert
- Erhöhung der Quantität,
- Verbesserung der Qualität,
- Reduzierung der Kosten

Zwei Haupttrends werden das Büro der Zukunft prägen /Balzert 85/, /Balzert, Fritsch 84/:

(A) **Neue Quantität:**
Von Automatisierungsinseln zu Informations- und Kommunikationsnetzen

(B) **Neue Qualität:**
Von der Informationsverarbeitung zur Wissensverarbeitung

Neue Quantität bedeutet, daß in Zukunft **jeder** Mitarbeiter im Büro über seinen eigenen Arbeitsplatzrechner verfügen wird, von dem aus er mit **jedem anderen** direkt kommunizieren kann (Abb. 1).

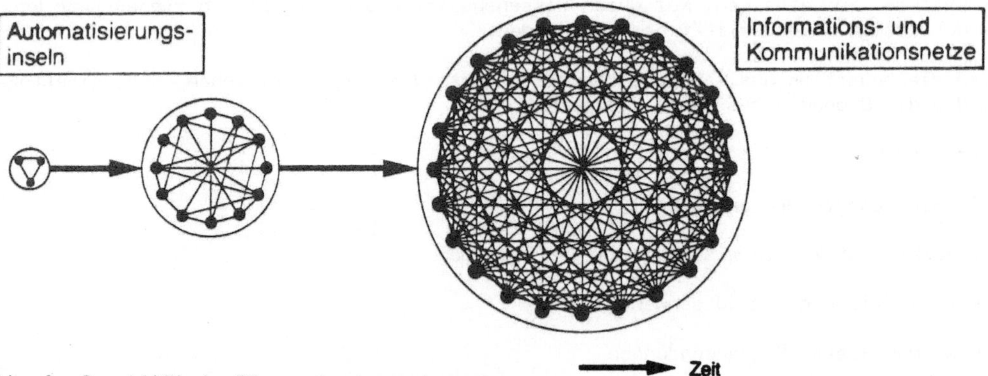

Abb. 1: Quantität im Büro - heute und morgen

Dieser Trend läßt sich folgendermaßen begründen:

Weitgehend bedingt durch die bisherigen beschränkten Möglichkeiten der Hardware und Software sowie der begrenzten organisatorischen Flexibilität konzentriert sich die Unterstützung auf spezialisierte, routinemäßige und monofunktionale Tätigkeiten wie Textverarbeitung und dedizierte Datenverarbeitung. Dadurch entstanden Automatisierungsinseln mit unterschiedlichen, nichtkompatiblen Technologien. Die Bedienung erfordert Spezialisten mit einer langen Trainingszeit. Der Bedienungskomfort spiegelt das Leistungsvermögen der Technik wider, unterstützt aber nicht die mentalen Fähigkeiten des Benutzers.

Monofunktionalität, Trainingszeit, Anwendungsspektrum, Preis und begrenzte Kommunikation schränkten die Verbreitung auf dedizierte Mitarbeitergruppen ein.

Diese aufgeführten Einschränkungen treffen in Zukunft nicht mehr zu:

- Monofunktionalität wird durch **Multifunktionalität** ergänzt, d.h. an einem Arbeitsplatz können an einem Gerät viele Funktionen ausgeführt werden. Dadurch können bei in etwa gleichen Kosten mehr Funktionen durch ein Gerät angeboten werden, so daß mehr Mitarbeiter bei ihren Aufgaben Unterstützung finden können.

- Trainingszeit wird durch **ergonomische Mensch-Computer-Schnittstellen,** selbsterklärungsfähige Software sowie Hilfesysteme wesentlich reduziert, so daß Akzeptanz bereits in der Lernphase und bei Gelegenheitsbenutzern vorhanden ist. Der Benutzerkreis kann damit auf Führungskräfte und Fachkräfte ausgedehnt werden.

- Aus dedizierten Anwendungen werden **integrierte Anwendungen,** d.h. die Multifunktionalität wird ergänzt durch die Integration von Anwendungen. Beispielsweise können in einem Dokument Text, Daten, Graphik, Bild und Sprache gemischt auftreten und verarbeitet werden.

- Die Kosten eines Arbeitsplatzrechners sinken und/oder die Leistungsfähigkeit steigt, so daß es ökonomisch ist, **jedem Mitarbeiter einen eigenen Arbeitsplatzrechner** zur Verfügung zu stellen.

- Aus abgegrenzter, geschlossener Kommunikation mit einer festen Anzahl von Kommunikationspartnern wird eine **offene, globale** und **integrierte Kommunikation.** Durch LANs können die Rechner untereinander, über Gateways und/oder öffentliche Netze mit anderen LANs, Arbeitsplatz- oder Zentralrechnern kommunizieren.

Folgende neue Möglichkeiten eröffnen sich dadurch:

Durch die Vernetzung ergeben sich neue Anwendungen, insbesondere die **Unterstützung arbeitsteiliger, kooperativer Tätigkeiten.** Durch die elektronische Kommunikation sackt die **Informationsflußzeit** auf **nahezu Null** ab /Naisbitt 84, S. 38/. **Informationsbeschaffung** und **Informationsaustausch** erfolgen **weltweit:** "Die Welt wird zum Dorf".

Neue Qualität bedeutet, daß in Zukunft immer mehr Anwendungen im Büro durch **wissensbasierte Systeme** und **Expertensysteme** realisiert werden (Abb. 2).

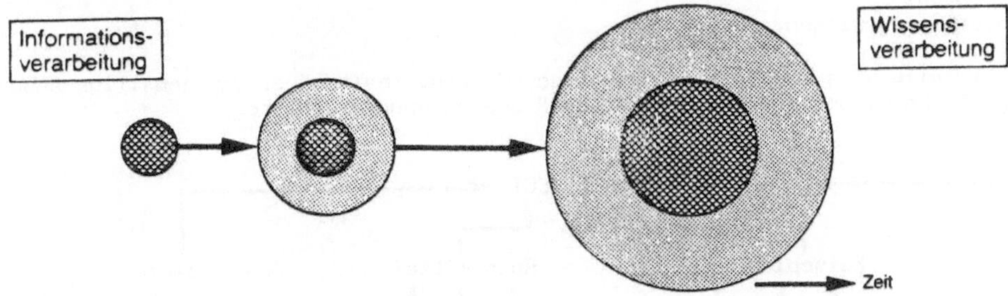

Abb. 2: Qualität im Büro - heute und morgen

Dieser Trend läßt sich folgendermaßen begründen:

Heutige Büroanwendungen nutzen die klassischen Leistungen der elektronischen Datenverarbeitung:
Informationen (z. B. Daten, Text, Grafik, Sprache) erfassen, abspeichern, suchen, verknüpfen, verarbeiten, aufbereiten, ausgeben.

Die Ausnutzung dieser Leistungen führt jedoch nur zu einem beschränkten und fest definierten Anwendungsspektrum. Insbesondere Tätigkeiten von Führungs- und Fachkräften, die typischerweise keine Routinetätigkeiten sind und eine hohe Adaption an Anwendungsprobleme erfordern, können bisher nicht ausreichend unterstützt werden.

Bisherige Anwendungssysteme
- antizipieren nur eine vom Entwickler vorherbestimmte Anzahl von Standardlösungen,
- liefern nicht ein Informationsoptimum, sondern höchstens ein Informationsmaximum,
- können ihre Ergebnisse typischerweise nicht begründen,
- sind nicht in der Lage, Einzelresultate eigenständig und situationsspezifisch zu kombinieren.
- verwerten nur die explizit vorhandenen Informationen.

Einen qualitativen Sprung bringt die Technik der **Wissensverarbeitung,** die im nächsten Abschnitt skizziert wird. Anschließend werden Büroanwendungen klassifiziert und diskutiert, welche Anwendungen durch wissensbasierte Systeme in welchem Umfang unterstützt und realisiert werden können. Nach der Darstellung von drei Szenarios und des WISDOM-Projektes erfolgt ein Ausblick.

2. Charakteristika von wissensbasierten Systemen

Als Teilgebiet der Künstlichen Intelligenz sind wissensbasierte Systeme (WiS) und Expertensysteme (ExS) in den letzten Jahren aus dem reinen Forschungsstadium herausgetreten und beginnen praktikabel, einsetzbar und ökonomisch zu werden.

> **WiS** und **ExS** verwenden menschliches Wissen, um in erklärungsfähiger Form Probleme zu lösen, die normalerweise menschliche Intelligenz erfordern.

Die neue Qualität, die sich durch den Einsatz von WiS und ExS für Anwendungen ergibt, wird deutlich, wenn man sie mit den Leistungen und Möglichkeiten bisheriger, konventionell realisierter Anwendungssysteme (AS) vergleicht.

Im folgenden werden die Charakteristika, die für Büroanwendungen relevant sind, herausgearbeitet und teilweise am Beispiel einer Reiseplanung verdeutlicht.

Menschliches Wissen setzt sich aus verschiedenen Komponenten zusammen /Lutze 84/:

(1) Strukturelles Wissen,
(2) Fachwissen,
(3) Problemlösungswissen.

Das **Strukturelle Wissen** modelliert "statische" Sachverhalte über das jeweilige Anwendungsgebiet. Es bildet das "Begriffsgerüst" des Anwendungsgebietes.

Beispiel

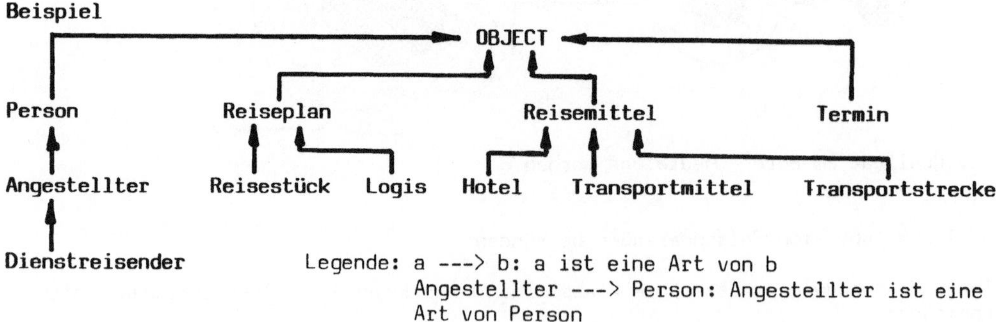

Abb. 3: Ausschnitt aus dem Begriffsgerüst des Anwendungsgebietes Reiseplanung

Mit Hilfe eines Beschreibungsschemas /Lutze, Horras 85/ lassen sich die einzelnen Objekte näher beschreiben.

```
OBJECT      Dienstreisender
ISA         Angestellter
PROPERTIES  Genehmigungsbefugter: Angest.
            Abreise: Termin
            Terminplan: Termin, ...
            Rückkehr: Termin
            Reiseroute: Reiseplan
END         Dienstreisender

OBJECT      Termin
ISA         OBJECT
COMPONENTS  Termin-Datum: Datum
            Termin-Ort: Ort
            mit-wem: Person
            von-Zeit: Zeit
            bis-Zeit: Zeit
END         Termin

OBJECT      Reiseplan
ISA         OBJECT
SPECIALIZATIONS Reisestück, Logis
END         Reiseplan

OBJECT      Reisemittel
ISA         OBJECT
SPECIALIZATIONS Transportmittel, Trans-
            portstrecke
END         Reisemittel

OBJECT      Reisestück
ISA         Reiseplan
COMPONENTS  ab-Datum: Datum
            an-Datum: Datum
            von-Ort: Ort
            nach-Ort: Ort
            mit-Mittel: Transportmittel
            ab-Zeit: Zeit
            an-Zeit: Zeit
            Reservierungsidentifikation
END         Reisestück

OBJECT      Transportmittel
ISA         Reisemittel
PROPERTIES  Identifikationsnummer
            Kapazität
            Klassen: (First, Business,
                     Tourist)
            Kosten
            Buchung Person, ...
            Typ: Auto, Schiff, Zug, Flug-
                 zeug
END         Transportmittel
```

■

Das **Fachwissen** ist das "dynamische" Wissen über das Anwendungsgebiet, das zum Handeln oder zum Bilden von Schlußfolgerungen benötigt wird.

Beispiel

Regel 1:
WENN es in der Reiseroute eines Dienstreisenden eine **Logis** gibt, deren Reservierungsidentifikation bekannt ist,
DANN kann die **Logis** zurückgegeben werden (*Logis canceln*)

Regel 2:
WENN die Kapazität eines **Transportmittels** größer der Anzahl der Personen in der Buchungsliste des Transportmittels für das Datum-x ist
DANN ist das **Transportmittel** am Datum-x verfügbar ■

Das **Problemlösungswissen** bestimmt, in welcher Reihenfolge und unter welchen Randbedingungen eine jeweilige Regel des Fachwissens anzuwenden ist. Es beschreibt also die Strategie und Taktik zum Erreichen einer Problemlösung.

Beispiel

Regel A:
WENN es einen **Dienstreisenden** gibt mit einem nicht leeren Terminplan derart: es gibt einen **Termin** in diesem Terminplan, dessen Termin-Ort ungleich dem Termin-Ort des Termins der Abreise
UND es gibt kein **Reisestück** in der Reiseroute des **Dienstreisenden** deren nach-Ort gleich dem Termin-Ort ist, dessen an-Datum gleich dem Termin-Datum oder früher ist, dessen an-Zeit substantiell früher als die von-Zeit des Termins ist
DANN beschaffe ein solches **Reisestück,** dessen **Transportmittel** für das geeignete Datum verfügbar ist, reserviere das **Transportmittel** des **Reisestücks** gliedere das **Reisestück** in die Reiseroute ein, beschaffe notwendige **Logis.**

■

Wissen kann auch zwischen Problemlösungswissen und Fachwissen liegen.

Beispiel

Regel I:

WENN das mit-Mittel eines **Reisestücks** ein Flugzeug ist
UND das ab-Datum eine Jahreszeit ist zu der am von-Ort wahrscheinlich Nebel herrscht
UND das Reisestück in der Reiseroute eines Dienstreisenden verwendet wird, der als Angestellter "Führungskraft" ist
DANN ist präventiv eine **Logis** für das ab-Datum am von-Ort zu beschaffen (mit Reservierungsidentifikation) ■

Anhand des Beispiels lassen sich drei wichtige Eigenschaften verdeutlichen, die die neuen Möglichkeiten wissensbasierter Anwendungssysteme gegenüber traditionellen Anwendungssystemen zeigen:

(A) Flexible Anpaßbarkeit an neue Problemstellungen
(B) Selbsterklärungsfähigkeit
(C) Heuristisches Wissen

(A) **Flexible Anpaßbarkeit an neue Problemstellungen**
In traditionellen AS wird das **Fachwissen** so in einem Algorithmus angeordnet, wie es dem **Problemlösungswissen** des Entwicklers des AS entspricht.

Beispiel

Bei der traditionellen AS-Entwicklung erfolgt nach der Festlegung der Funktionalität (Kriterium: Problemangemessenheit) eine Aufteilung der Anwendung in Funktionen (Kriterium: Benutzerprofil), anschließend erfolgen Entwurf und Implementierung jeder einzelnen Funktion (Kriterium: Abfragereihenfolge so, daß zuerst Ausschließungsbedingungen abgefragt werden).

Im Beispiel der Reiseplanung bedeutet dies, daß eine Funktion **Reisestück beschaffen** realisiert wird:

```
...
VAR Termin = RECORD Termin-Datum: datum;
                    Termin-Ort: ort;
                    ....
             END;

    Reisestück = RECORD ab-Datum: datum;
                        von-Ort: ort;
                        ....
                 END;
    ...
BEGIN
WITH Termin DO
  WITH Reisestück DO
    IF Termin-Ort <> Abreise-Ort AND
       NOT Reisestück-vorhanden (nach-Ort, Termin-Ort, an-Datum, Termin-Datum,
           an-Zeit, von-Zeit)
       THEN Reisestück-beschaffen (Reisender, Termin-Datum, beschafftes-Reise-
            stück)
....
END
FUNCTION Reisestück-vorhanden (...): boolean;
....
PROCEDURE Reisestück-beschaffen (Reisender: ..; Datum-x: ..; var Reisestück:..)
....
```

```
BEGIN
....
IF Transportmittel-verfügbar (Datum-x, Strecke)
THEN BEGIN Transportmittel-reservieren (Datum-x, Strecke, Reisender);
           Logis-beschaffen (Datum-x, Reisender, Reservierungsidentifikation);
....
....END
END
```

■

Explizites **Problemlösungswissen** des AS-Entwicklers geht über in implizites Problemlösungswissen, inkorporiert im Algorithmus und seinen Kontrollstrukturen.

Das stückweise vorhandene **Fachwissen** wird durch die Einbettung in einen Algorithmus - entsprechend dem Problemlösungswissen - zu einem monolithischen Block verschmolzen.

Das **Strukturelle Wissen** ist i. a. rudimentär und nur implizit in den Datenstrukturen und den Aufruf-Parametern abgebildet.

Im Gegensatz dazu bleiben bei wissensbasierten AS die verschiedenen Wissenskomponenten auch zur Laufzeit **explizit** und **getrennt.**

Abb. 4 veranschaulicht die Unterschiede, Tabelle 1 verdeutlicht die Vor- und Nachteile beider Ansätze.

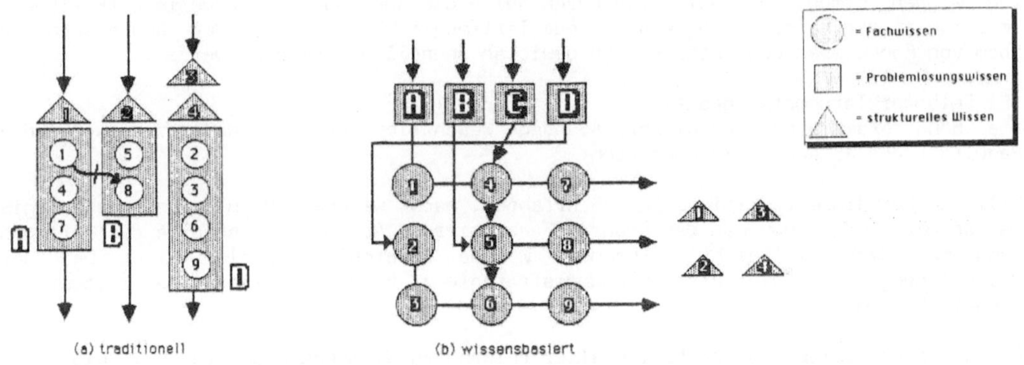

Abb. 4: Unterschiede in der Wissensrepräsentation

Eigenschaften	traditionell	wissensbasiert
Architektur	monolithisch	hohe Granularität
Wissensrepräsentation	implizit	explizit
Übersetzung	ja, durch Compiler	nein, aber Optimierung möglich
Ausführung	entsprechend dem einmal codierten Algorithmus	entsprechend dem Problemlösungswissen mit Hilfe einer Suchstrategie
Anzahl möglicher Problemlösungswege	endlich, entsprechend den durch die Kontrollstrukturen vorgegebenen Pfade	beliebig
Ausführungsgeschwindigkeit	schnell	langsam

Flexibilität	nur wenige, antizipierte Standardlösungen	viele, individuelle Lösungen, da Lösung bei Bedarf konstruierbar
Änderbarkeit	aufwendig (Zeit & Kosten), da (zum Verständnis) implizites Wissen im Algorithmus erst wieder decodiert und neues Wissen im (geänderten) Algorithmus codiert werden muß	leicht möglich, da nur explizit repräsentiertes Wissen modifiziert oder neues Wissen eingetragen werden muß
Ausführung von Änderungen	Programmierer	Anwender
Anpassung	des Menschen an die Anwendung	der Anwendung an den Menschen

Tabelle 1: Unterschiede zwischen traditionellen und wissensbasierten AS

Eine hohe Flexibilität erfordert einen leistungsfähigeren Computer, um akzeptable Ausführungsgeschwindigkeiten zu garantieren. Die leichte Änderbarkeit oder Ergänzung von Wissen ermöglicht auf der anderen Seite die Anpassung an aktuelle Situationen. Im Beispiel der Reiseplanung können neue Tarifmöglichkeiten z. B. der Bundesbahn in Form von Fachwissen oder Problemlösungswissen schnell eingebracht werden.

(B) **Selbsterklärungsfähigkeit**
Die Benutzerakzeptanz komplexer AS hängt wesentlich davon ab, daß der Benutzer die Resultate des AS nachvollziehen kann.

Will man bei einem traditionellen AS erfahren, nach welcher Problemlösungsstrategie es arbeitet, dann muß man das Programm analysieren. Aus der Reihenfolge der Abfragen kann man dann vielleicht entnehmen, welche Strategie verfolgt wird. Bei der Reiseplanung kann die Problemlösungsstrategie z. B. kostenoptimal oder zeitoptimal ausgelegt sein.

Durch die explizite Repräsentation aller relevanten Wissenskomponenten bei WiS können dem Benutzer folgende Fragen beantwortet werden /Lutze 85/:

(1) **Was ist ein ...?**
Solche Fragen können durch Zugriff auf das **Strukturelle Wissen** beantwortet werden.
Beispiel:
Was ist ein Transportmittel?
Antwort: Auto, Schiff, Zug, Flugzeug

(2) **Warum gibt es hier ...? Warum gilt hier ...?**
Solche Fragen können durch Zugriff auf das **Fachwissen** und die Historie der Verwendung dieses Fachwissens im AS beantwortet werden.
Beispiel:
Warum gilt hier "Transportmittel ist am Datum x nicht verfügbar"?
Antwort: Die Kapazität des Transportmittels am Datum x ist kleiner als die Anzahl der Personen in der Buchungsliste.

(3) **Wie kann ich erreichen ...?**
Solche Fragen können durch Zugriff auf das **Problemlösungswissen** beantwortet werden.
Beispiel:
Wie kann ich erreichen, daß ein Reisestück beschafft wird?
Antwort: Wenn Transportmittel für das geeignete Datum verfügbar ist, dann

Transportmittel des Reisestücks für das Datum reservieren, Reisestück in Reiseroute einordnen, notwendige Logis beschaffen. Ein Transportmittel wird für ein Reisestück reserviert, indem ...

Die Selbsterklärungsfähigkeit erfordert:
- ein weitgehend vollständiges Modell des Anwendungsgebietes, speziell des **Strukturellen Wissens** (Was-Fragen).
- eine Ablaufsteuerung im AS, die das explizite **Fach-** und **Problemlösungswissen** auf das Strukturelle Wissen (Objekte) anwendet. Sind Änderungen des Strukturellen Wissens die einzigen Seiteneffekte des AS, so können diese rückgängig gemacht werden. Im Bedarfsfall kann deshalb das WiS sein zuvor getätigtes Verhalten dem Benutzer aus dem alten Zustand des Strukturellen Wissens heraus begründen (Warum-Fragen) (siehe auch /Ritter 85/).
- sämtliche mögliche Operationen des AS sind vollständig modelliert. Durch Anwendungen des **Problemlösungswissens** und ggf. des Fachwissens kann eine Operatorenfolge **geplant** werden, die der Zielbeschreibung des Benutzers genügt (Wie-Fragen) (siehe auch /Janson, Müller 85/).

(C) **Heuristisches Wissen**
Wissen läßt sich in Typen gliedern /Hayes-Roth 84/:
- Fakten, die gültige Aussagen beschreiben
- Glauben, der plausible Aussagen ausdrückt,
- Heuristik, die gut begründete Regeln für Situationen beschreibt, wo gültige Algorithmen i. a. nicht existieren.

Die Aufgaben, die menschliche Experten ausführen, erfordern eine geübte und fundierte Urteilsfähigkeit. Dies ist erforderlich, da i. a. die verfügbaren Informationen und Problemlösungsmethoden komplex, widersprüchlich oder unsicher sind.

Im Gegensatz zu konventionellen AS arbeiten die meisten wissensbasierten AS in Situationen, in denen es keine optimalen oder korrekten Lösungen gibt. In solchen Fällen muß der Problemlöser die Qualität der Antwort gegen den erforderlichen Ermittlungsaufwand abwägen. Ein Experte findet den besten Kompromiß, indem er eine akzeptable Lösung mit vertretbaren Ressourcen findet.

Mit der konventionellen Technik der AS können nur Probleme gelöst werden, die auf Fakten basieren.

WiS und ExS eröffnen neue Anwendungsgebiete, da sie Techniken benutzen, die auch Wissen verarbeiten können, die Glauben und Heuristik enthalten (siehe z. B. Regel I bei der Reiseplanung).

WiS und ExS unterscheiden sich vom Anwendungsgebiet her.

ExS enthalten Wissen über ein Anwendungsgebiet, für dessen Bearbeitung menschliche Expertise erforderlich ist, üblicherweise eine langjährige Expertenausbildung sowie entsprechende Erfahrung.
Im Extremfall gibt es weltweit nur einige menschliche Experten, die auf einem Gebiet Expertise besitzen z. B. auf medizinischen Spezialgebieten, Auswertung von Ölexplorationsbohrungen, Diagnose technischer Sachverhalte usw. Bei ExS wird daher versucht, das extensiv strukturierte Sachwissen von Experten in einer Wissensbasis zu formalisieren /Heyer, Lutze 85/. Das ExS soll sich dann bei der Problemlösung im Anwendungsgebiet ähnlich wie ein menschlicher Experte verhalten.

WiS lösen demgegenüber einfachere Aufgaben in einem typischerweise nur schwach strukturierten Anwendungsgebiet, die normalerweise menschliche Intelligenz erfordern, aber keine Expertise auf einem Spezialgebiet /Hayes-Roth et al. 83/.
Bei ExS steht deshalb das Fachwissen und das Strukturelle Wissen im Vordergrund, bei WiS das heuristische Wissen und Problemlösungswissen /Raulefs 82/.

Um WiS und ExS anwenden zu können, müssen folgende Voraussetzungen erfüllt sein:
- Abgrenzbares Wissen für ein Sachgebiet,

- Rational formalisierbares Wissen für das Sachgebiet,
- Bei ExS Verfügbarkeit menschlicher Experten zur Formalisierung des Wissens.

3. Klassifizierung von Büroanwendungen

Büroanwendungen lassen sich nach drei Dimensionen klassifizieren:
(a) Grad der Kontextabhängigkeit
(b) Grad der Allgemeinheit
(c) Art der Anwendung

Der **Grad der Kontextabhängigkeit** nimmt immer mehr zu (Abb. 5).

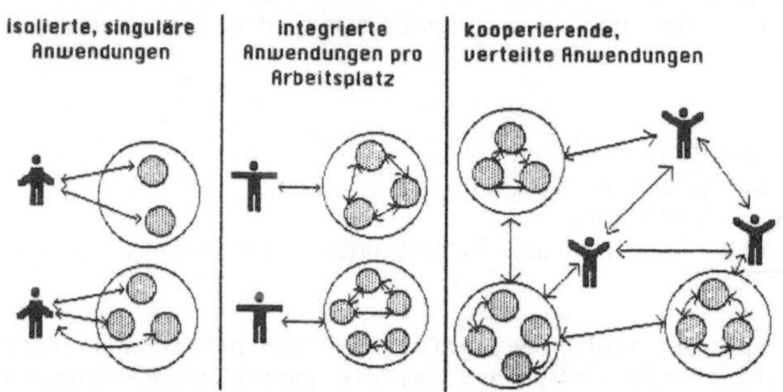

Abb. 5: Grad der Kontextabhängigkeit von Büroanwendungen

In der Vergangenheit herrschten **isolierte, singuläre Anwendungen** pro Arbeitsplatz vor wie Textverarbeitung und dedizierte Datenverarbeitung. Diese Anwendungen sind von der Umgebung weitgehend unabhängig, d.h. Ergebnisse von anderen Anwendungen müssen nicht übernommen werden, die eigenen Ergebnisse werden von anderen Anwendungen nicht weiterbearbeitet.

Heute werden zunehmend **integrierte Anwendungen** pro Arbeitsplatz benötigt, die dadurch gekennzeichnet sind, daß sie mit anderen Anwendungen kommunizieren und gegenseitig Ergebnisse austauschen und verwenden können. Ein Beispiel dafür ist die Integration von Textverarbeitung, Datenverarbeitung und Grafik. In ein Textdokument können Ergebnisse der Datenverarbeitung übernommen werden oder Grafiken integriert werden. Auch können Werte aus der Tabellenkalkulation übernommen werden oder Sprachanmerkungen im Text gemacht werden.

Das Büro ist wesentlich dadurch gekennzeichnet, daß Arbeitsergebnisse **kooperativ, räumlich** und **zeitlich verteilt**, von verschiedenen Personen erstellt werden. Durch die neue Quantität im Büro werden Teilaufgaben bei der Vorgangsbearbeitung zunehmend von AS übernommen. Diese AS müssen nicht nur integriert mit anderen Anwendungen am gleichen Arbeitsplatz, sondern auch mit anderen Anwendungen auf anderen Arbeitsplätzen kooperieren können.

Als zweite Dimension läßt sich der **Grad der Allgemeinheit** zur Klassifizierung verwenden.

Danach lassen sich fünf Gruppen abgrenzen:
- Mensch-Computer-Schnittstelle (MCS),
- passives und aktives Hilfesystem (HS) und tutorielle Systeme (TS),
- Bürobasisanwendungen,
- horizontale Branchenanwendungen,
- vertikale Branchenanwendungen.

Die ersten beiden Gruppen fallen aus dem Rahmen, da es sich um keine eigentlichen Büroanwendungen handelt. Mit beiden lassen sich keine Arbeitsergebnisse erstellen. Sie bilden jedoch die Voraussetzung für den effektiven und akzeptablen Einsatz der eigentlichen Anwendungen.

Die MCS muß jeder Anwender benutzen, wenn er eine Anwendung benutzen will. Sie besitzt daher einen hohen Allgemeinheitsgrad.

Das HS unterstützt den Benutzer bei der Bearbeitung seiner Anwendungen. Um nicht für jede Anwendung ein eigenes HS zu benötigen, muß das HS ebenfalls allgemein ausgelegt sein. Um anwendungsspezifische Hilfe leisten zu können, hat es Zugriff auf Wissen der jeweiligen Anwendung.

Die Basisarchitektur eines Bürosystems der Zukunft wird folgendermaßen aussehen (Abb. 6):

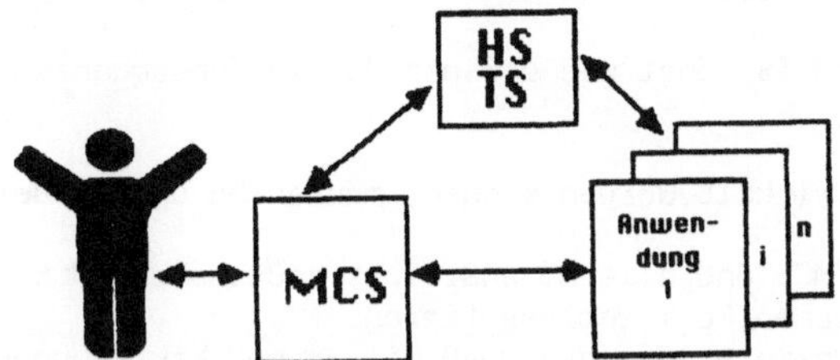

Abb. 6: Basisarchitektur eines Bürosystems der Zukunft

Eine für alle Anwendungen **einheitliche, unabhängige MCS** ist aus folgenden Gründen erforderlich:
- leichte Erlernbarkeit, da einheitliche, konsistente, standardisierte Schnittstelle zur Bedienung aller Anwendungen,
- hohe Flexibilität und leichte Änderbarkeit, da weitgehend von den einzelnen Anwendungen entkoppelt,
- Anwendungen werden von der Komplexität der MCS entlastet,
- komfortable MCS möglich, da sie nur einmal entwickelt werden muß und MCS-Spezialisten die Gestaltung vornehmen,
- ökonomisch, da nicht bei jeder Anwendung eine MCS mitentwickelt werden muß.

Hilfesysteme und **tutorielle Systeme** erleichtern dem Benutzer den Umgang und die Einarbeitung sowohl in die MCS als auch in die einzelnen AS /Fischer, Lemke, Schwab 84/, /Lutze 85/.

Passive HS werden durch eine Frage des Benutzers oder auf explizite Anforderung des Benutzers (z. B. Drücken einer Hilfetaste) aktiv und geben Hilfe.

Aktive HS werden von sich aus aktiv und geben Ratschläge, wenn der Benutzer die MCS oder das AS ungeschickt oder nicht optimal benutzt oder vorhandene Funktionalität des AS in Unkenntnis nicht nutzt (siehe auch /Horras et al. 85/, /Janson, Müller 85/).Empirische Untersuchungen haben ergeben, daß von komplexen AS durchschnittlich nur 40 % der vorhandenen Funktionalität benutzt werden (Abb. 7) /Fischer, Lemke, Schwab 84, S. 119/.

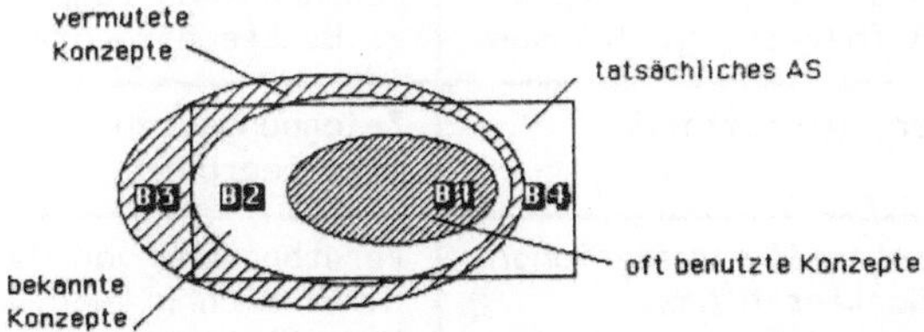

Abb. 7: Verschiedene Bereiche bei der Nutzung komplexer AS /Fischer, Lemke, Schwab 84, S. 119/

Ein gutes HS muß daher passive und aktive Hilfeleistungen zur Verfügung stellen.

Tutorielle Systeme unterstützen den Benutzer beim Erlernen der MCS oder eines AS (siehe auch /Sleemann, Brown 82/).

HS und TS bringen folgende Vorteile mit sich:

- Einarbeitung in die Grundkonzepte eines AS erfolgt durch ein TS, Handbücher müssen keine gelesen, Trainingskurse nicht besucht werden.
- Nach der Einarbeitung kann mit dem jeweiligen AS gearbeitet werden, fehlendes Wissen wird nach und nach vom HS beigesteuert.
- Situationsgebundene und individuelle Hilfestellungen ermöglichen ein effektives Arbeiten.
- Die Komplexität der einzelnen AS sowie ihre kombinierte Anwendung ist nur durch HS- und TS-Unterstützung noch kognitiv zu bewältigen und zu beherrschen.

Der Einsatz von komfortablen HS und TS führt wie bei der MCS zu Konsequenzen für die Architektur von Bürosystemen:

- Damit HS und TS ökonomisch entwickelt werden können, müssen HS und TS selbständig sein.
- Damit ein HS und ein TS für die MCS und alle AS ausreicht, müssen die MCS und die AS ihr Wissen in einer einheitlichen Form repräsentieren.
- AS müssen von vornherein so konzipiert werden, daß Hilfen und Erklärungen dem AS-Wissen entnommen werden können.

Bürobasisanwendungen bieten dem Benutzer eine branchenunabhängige Grundfunktionalität eines Bürosystems, die an den meisten Arbeitsplätzen nötig oder sinnvoll sind.

Horizontale Branchenanwendungen sind Anwendungen, die Querschnittsfunktionen zwischen Branchen wahrnehmen oder in mehreren Branchen benötigt werden wie:
Lohn- und Gehaltsbuchhaltung, Finanzbuchhaltung, Lagerverwaltung, Auftragsbearbeitung, Umzugsplanung, Büroplanung.

Vertikale Branchenanwendungen sind Anwendungen, die branchenspezifisch sind wie:
Lohn- und Einkommenssteuerberechnung, Baulohnberechnung, Verwaltung von Arztpraxen, Immobilienverwaltung, Vertragskonfigurierung im Notariat /WISDOM 84/, Software-Entwicklungsumgebung.

Als dritte Dimension zur Klassifizierung von Büroanwendungen kann die **Art der Anwendung** betrachtet werden. Darunter wird verstanden, welche Schwerpunkte der Anwendungsstruktur vorherrschen. Tabelle 2 gibt einen Überblick über die Anwendungsarten.

Art	Kennzeichen	Beispiele
Eingabe-orientiert	Eingabe, Plausibilitätsprüfungen, Transformation in interne Repräsentationen	Dateneingabe
Ausgabe-orientiert	Transformation aus internen Repräsentationen, Aufbereitung, Ausgabe	Datenbank-Anfragen z. B. Steuerrechts-DB
Verwaltungs-orientiert	Ablegen, Ändern, Wiederfinden	Zeichnungsarchiv im Ingenieurbüro
Verarbeitungs-orientiert	Verarbeitungsintensive Operationen wie Rechnen, Sortieren usw.	Verarbeitung von Daten z. B. Buchhaltung, Texten; Statikberechnung im Bauingenieur-Büro

Kommunikations-orientiert	Kommunikationsabwicklung und -ansteuerung, Konvertierungen	Einkaufsabwicklung, elektronische Post
Analyse-orientiert	Trenderkennung, Ableitung von Schlußfolgerungen	Analyse von Massendaten, MCS
Synthese-orientiert	Konfigurierung aus Elementen, Kombination anhand von Regeln	Programmerstellung, MCS, Statistik-Methodenbanken, Konfigurierung von Verträgen
Planungs-orientiert	Planungsvorschläge hinsichtlich beliebiger Kriterien ausarbeiten	Organisationsabläufe, Umzugsplanung, Projektplanung, Materialplanung, HS
Simulations-orientiert	Simulationen von Sachverhalten, die willkürlich definierbaren Gesetzmäßigkeiten gehorchen	Auswirkungen von Tariferhöhungen, 35-Stunden-Woche, ökologische Systeme
Beratungs-orientiert	Fragen beantworten, Vorschläge machen, Empfehlungen geben, Zuraten, Abraten	Beratung bei der Wohnungssuche, Finanzberatung (Portfolio-Managem.)

Tabelle 2: Kennzeichen von Anwendungsarten im Büro

In Tabelle 3 sind heutige und zukünftige Bürobasisanwendungen aufgeführt. Die Tabelle ist gruppiert nach der Art der Anwendungen. In Klammern gesetzte Merkmale werden erst in Zukunft Realität.

Nr.	Bezeichnung	Funktionalität	Zeit	Kontext-abhängigkeit	Art der Anwendung
1	integriertes Telefon	Automatisches Wählen nach Selektion des Teilnehmers aus einer Telefon- & Adreßliste einschl. Wahlwiederholung; Verwaltung der Telefonliste; u.U. einschl. Anrufbeantworter	morgen	singulär & integriert	Eingabe & Verwaltung
2	Geschäftsgrafik	Erstellung von Büro- & Präsentationsgrafiken (Kreissektor-, Linien-, Säulen-, Balkendiagramm)	heute	singulär & integriert	Ausgabe &
3	Information Retrieval	Abfrage von Datenbanken & Wissensbanken z. B. Bibliotheken, Fahrpläne über Btx	heute & (morgen)	singulär & integriert	Ausgabe & Kommunikation & (Analyse)

4	Freizeichnen	Generierung und Manipulation von grafischen Objekten einschl. deren Beschriftung	heute & (morgen)	singulär & integriert	Ausgabe & Verarbeitung & (Synthese)
5	elektronisches Archiv	Ablage und Wiederfinden von (multimedialen) Dokumenten; Ablageformen: hierarchisch, inhaltsorientiert, freier Text	heute & morgen	integriert	Verwaltung
6	Terminkalender	Verwaltung von Terminen, in Zukunft auch Terminkoordination; Erinnerung, autom. Wiedervorlage	heute & (morgen)	integriert & verteilt	Verwaltung & Kommunikation & (Planung)
7	Emulation	Emulation von Terminals anderer Computer	heute	singulär & integriert	Verarbeitung
8	Tabellenkalkulation	Rechnen in einer Matrix, mit der Möglichkeit, Tabellenelemente formelmäßig zu verknüpfen	heute & (morgen)	singulär & integriert	Verarbeitung & (Simulation)
9	Taschenrechner	übliche Taschenrechnerfunktionen	heute & (morgen)	singulär & integriert	Verarbeitung & (Synthese)
10	Textverarbeitung; Dokumentenverarbeitung	übliche Textverarbeitungsfunktionen einschl. Integration von Daten, Grafik, Sprachanmerkungen; in Zukunft verteilte Textsysteme für die kooperative Erstellung von Texten	heute & (morgen)	singulär & integriert	Verarbeitung & (Analyse) & (Synthese)
11	Statistik	Erstellung und Auswertung von Statistiken	heute	integriert	Analyse & Verarbeitung
12	Postbearbeitung und -erzeugung	Analyse, Klassifizierung, Filterung und Vorverarbeitung eingegangener Post; formatgerechte Erzeugung von Post entspr. dem Kommunikationsmedium	morgen	integriert	Analyse & Synthese

13	elektronische Post	Versenden und Empfangen elektronischer Dokumente und Sprachnotizen; Def. von Verteilern	heute	integriert & verteilt	Kommunikation
14	Projektplanung	Planung und Verwaltung von Projekten	heute & (morgen)	singulär & integriert	Planung & Verwaltung& (Simulation)
15	Vorgangsbearbeitung	Definition, Initiierung, Durchführung und Abwicklung von Bürovorgängen z. B. Reisegenehmigung und -abrechnung	morgen	integriert & verteilt	Planung & Kommunikation & Verarbeitung

Tabelle 3: Überblick über wichtige Bürobasisanwendungen

4. Wissensbasierte Büroanwendungen

Analysiert man zukünftige Büroanwendungen, dann kann man folgendes feststellen:

(1) Es wird kaum noch rein singuläre Anwendungen geben. Die **Mehrzahl der Anwendungen** ist **integriert** oder **verteilt** oder integriert & verteilt.

(2) Es werden zunehmend **anspruchsvollere Anwendungsarten** benötigt (Kommunikation, Analyse, Synthese, Planung, Simulation, Beratung).

(3) Bei MCS, HS, TS und Branchenanwendungen überwiegt Expertenwissen, während bei **Bürobasisanwendungen** mehr **Allgemeinwissen** benötigt wird.

(4) Heterogene Benutzer benutzen immer **komplexere, leistungsfähigere** und **kontextabhängigere AS.** Solche AS werden mehr deklarativ als prozedural beschrieben sein.

(5) MCS, HS und TS werden nahezu **Echtzeitverhalten** erfordern.

Aus diesen Feststellungen ergeben sich folgende Konsequenzen:
zu (1)
Für integrierte Anwendungen pro Arbeitsplatz wird u. a. folgendes Wissen benötigt:

(A) Lokales AS-Wissen bzw. Werkzeugwissen
- Welche AS sind auf dem Arbeitsplatzrechner vorhanden?
- Mit welchen AS kann kommuniziert werden?
- Welche AS sind miteinander kompatibel?

(B) Lokales Kommunikationswissen
- Über welche Schnittstellen und Protokolle kann kommuniziert werden?
- Welche Transformationen sind nötig?

Für kooperierende, verteilte Anwendungen wird u. a. folgendes Wissen benötigt:

(A) Lokales und globales AS-Wissen
- Welche AS sind auf welchen Arbeitsplatzrechnern vorhanden?
- Mit welchen AS kann bzw. muß kommuniziert werden?

(B) Lokales und globales Kommunikationswissen
- Welcher Rechner ist über welche Medien erreichbar?
- Für welche Kommunikationsart ist welches Medium geeignet?
- Über welche Schnittstellen und Protokolle kann kommuniziert werden?
- Zwischen welchen Medien sind welche Transformationen möglich?

(C) Organisationswissen
- Wie ist die Organisation in Organisationseinheiten strukturiert?
- Welche Personen gehören in welcher Funktion zu welcher Organisationseinheit?
- Wer ist über welche Medien mit welcher Identifikation erreichbar?

Dieses Wissen ist dadurch gekennzeichnet, daß es
- dynamisch ist (insbesondere (B) und (C)),
- heuristisch ist (insbesondere (C)),
- durch Regeln für Ausnahmesituationen und neue Beispiele ergänzbar ist.

Eine solche Flexibilität kann nur durch die Granularität von WiS realisiert werden.

zu (2)
Je anspruchsvoller die Anwendungsarten werden, desto weniger können die Anwendungsfälle antizipiert werden. Das bedeutet, daß vorgesehene Standardlösungen immer weniger die Erfordernisse des jeweiligen Anwenders treffen.
Als Konsequenz ergibt sich daraus, daß ein AS spezifische Problemlösungen erst auf Anfragen des Benutzers in dessen speziellem Kontext hin ermitteln können muß.

zu (3)
Im Gegensatz zur Vielzahl heutiger ExS-Anwendungen wird für Bürosysteme viel Allgemeinwissen benötigt, das typischerweise nur schwach strukturiert ist und von Firma zu Firma - insbesondere im Bereich des Organisationswissens - sehr unterschiedlich sein kann.
Als Konsequenz hieraus ergibt sich, daß diese Wissenscharakteristika bei der Konstruktion des WiS berücksichtigt werden müssen. Im Gegensatz zu ExS werden WiS eine längere Reifephase benötigen, bis sie voll einsatzbereit sind und eine Kompetenz besitzen, die für eine Akzeptanz durch den Benutzer notwendig ist.

zu (4)
Je komplexer ein AS wird, umso transparenter muß es sein, insbesondere wenn heterogene Benutzer damit arbeiten.
Eine wesentliche Voraussetzung für Transparenz ist die Selbsterklärungsfähigkeit eines AS. Eine allgemeine Selbsterklärungsfähigkeit kann nur erreicht werden, wenn das zugrundeliegende Wissen explizit repräsentiert ist.

zu (5)
Die Akzeptanz interaktiver AS hängt auch ganz wesentlich vom Antwortzeitverhalten des AS ab. In Kenntnis arbeitsintensiver Operationen akzeptiert der Benutzer auch längere Antwortzeiten.
Für MCS, HS und TS sind längere Antwortzeiten jedoch nicht vertretbar, insbesondere nicht für die MCS, da hiermit permanent gearbeitet wird.

Als Konsequenz ergibt sich daraus, daß die Architektur des WiS für schnelle Antwortzeiten ausgelegt wird.

Der intensive Einsatz WiS und ExS im Büro erfordert leistungsfähige und vernetzte Arbeitsplatzrechner, die umfangreiche lokale und zentrale Wissensbasen speichern können, die durch Parallelverarbeitung kurze Antwortzeiten garantieren, die hardwaremäßig komplexe Basisoperationen abarbeiten können und hohe Zuverlässigkeit durch Fehlertoleranz erreichen.

5. Szenarios

Im folgenden werden drei Szenarios vorgestellt, die typisch wissensbasierte Anwendungen skizzieren.

5.1 Postbearbeitung - heute und morgen

Heute gelangt eingehende Post über die Hauspost zur jeweiligen Organisationseinheit z. B. zum Abteilungssekretariat. Die Sekretärin öffnet die Post und versieht sie mit dem Eingangsstempel. Je nach Organisationsanweisung sortiert die Sekretärin die Post für den Abteilungsleiter und die Gruppenleiter oder verteilt sie - soweit anhand der Anschrift oder Anrede erkennbar - direkt an die angesprochenen Mitarbeiter. Fehlgeleitete Post leitet sie an die richtige Stelle weiter oder schickt sie zurück; unerwünschte Reklame wirft sie in den Papierkorb. Wichtige Briefe legt sie direkt vor.

Der Abteilungsleiter sieht ein- oder zweimal am Tag die in seiner Postmappe befindliche Post durch. Die Post wird meist diagonal gelesen, um die Relevanz zu erkennen. Nach dem Anbringen von Bearbeitungsvermerken an die einzelnen Briefe wie Ablage in Ordner X, Wiedervorlage am Y-Tag, zur Bearbeitung an Z, bitte Rücksprache von M, wird die Post an die Sekretärin zurückgegeben. Die Sekretärin verteilt die Post weiter, legt sie ab, sucht Unterlagen aus der Ablage heraus, die zur Bearbeitung eines Vorgangs gebraucht werden usw.

Charakteristisch für diese Postbearbeitung ist
- die Verwendung von Organisations- und Postbearbeitungswissen im Sekretariat,
- die geringe inhaltliche Vorverarbeitung durch das Sekretariat.

In Zukunft wird Post sowohl auf elektronischem als auch auf traditionellem Wege in den einzelnen Organisationseinheiten ankommen.

Dadurch, daß immer mehr Mitarbeiter einen eigenen Arbeitsplatzrechner haben, wird immer mehr Post - sowohl für den externen als auch den internen Schriftverkehr - auf diesen Rechnern erstellt und aufbewahrt. Über **elektronische Post** kann diese Post an all diejenigen geschickt werden, die über einen **elektronischen Briefkasten** verfügen. Die Schriftstücke werden in **elektronischen Archiven** dezentral und/oder zentral abgelegt.

Dennoch wird es auch in Zukunft **Papierpost** geben, die an Geschäftspartner gehen bzw. von Geschäftspartnern kommen, die elektronisch nicht erreichbar sind. Um nicht zwei unterschiedliche Ablagesysteme - ein manuelles und ein elektronisches - verwalten zu müssen, lohnt sich der technische Aufwand, ankommende Papierpost in elektronische Post zu wandeln.

Eingegangene Post kann durch einen Scanner in elektronische Post transformiert werden. Technisch ist das heute auf zwei Wegen möglich:
Das zu transformierende Dokument wird
(a) digitalisiert und als Bitmuster dem Computer zur Verfügung gestellt.
(b) durch einen zeichenerkennenden Blattleser Zeichen für Zeichen erkannt und die erkannten Zeichen als ASCII-Code an den Computer gegeben. Solche Blattleser sind heute in der Lage, eine Vielzahl von Schreibmaschinenschriftarten sowie teilweise Buchdruck und handgeschriebene Druckbuchstaben zu erkennen.

Notwendig ist eine Lösung (a), bei der ein nachgeschaltetes ExS ein multimediales Dokument so analysiert, daß Grafik-, Bild- und Textbereiche separiert werden (Aufgabenbereich: Mustererkennung). Anschließend können die Textbereiche dann durch ein zeichenerkennendes Programm erkannt und durch ASCII-Zeichen dargestellt werden, während Grafik- und Bildbereiche als Bitmuster - u. U. in unterschiedlicher Auflösung - aufbewahrt werden.

Ein ExS zur Zeichenerkennung könnte wesentlich flexibler als heutige Zeichenerkennungsprogramme arbeiten.
Den systematischen Ablauf der Transformation konventioneller Dokumente in elektronische Dokumente zeigt Abb. 8. Nach Vornahme dieser Transformationen ist das elektronische Dokument von Dokumenten, die über die elektronische Post eingegangen sind, nicht mehr zu unterscheiden.
Nun beginnt die eigentliche Postbearbeitung.

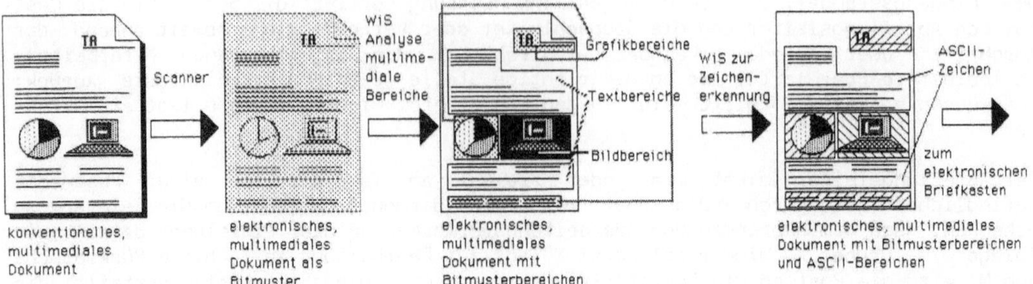

Abb. 8: Transformationsschritte zur Umwandlung eines physikalischen Dokumentes in ein elektronisches Dokument.

Während sich die heutige Postbearbeitung im wesentlichen auf organisatorische Arbeiten konzentriert (Stempeln, Verteilen) wird in Zukunft ein WiS die eingegangene Post **vorklassifizieren** (siehe auch /Wöhl 84/).

In jedem Brief wird versucht, den Absender, den Empfänger, die Bezugszeichen (Ihre Zeichen, Unsere Zeichen), das Datum, den Betreff, die Anrede und den bzw. die Briefunterzeichner zu ermitteln.

Ausgangspunkt für die Analyse ist Wissen über die Layoutstruktur in Dokumenten, z. B. in deutschen Geschäftsbriefen (Abb. 9).

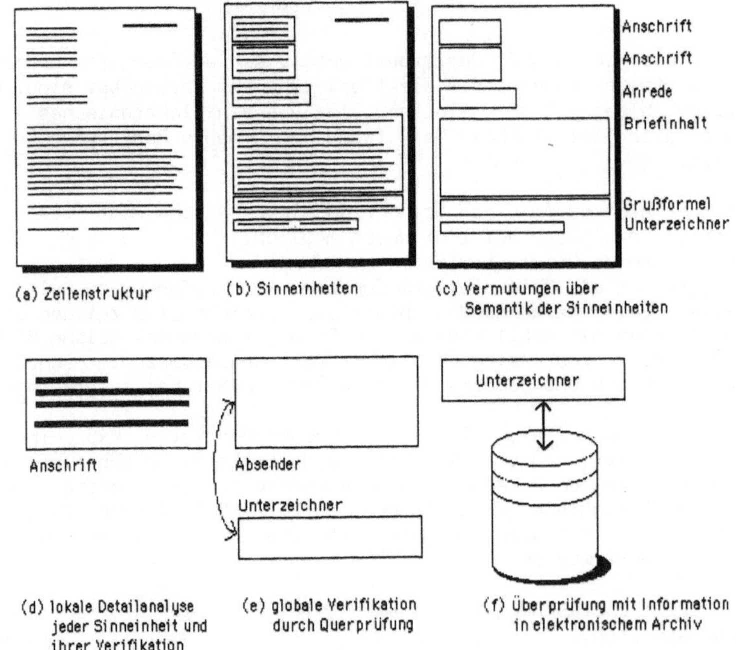

Abb. 9: Wissensbasierte Vorklassifizierung und Vorverarbeitung eingegangener Post

Durch Fachwissen und Problemlösungswissen werden die Übergänge zwischen den Analyseschritten beschrieben.

Das Wissen zur Vorklassifizierung eingegangener Post kann natürlich auch benutzt werden, um umgekehrt Briefe zu generieren. Der Briefaufbau kann so geschehen, daß er den Anforderungen des vorgegebenen Versandmediums (physikalischer Brief, Telex, Teletex, Btx) entspricht (Abb. 10).

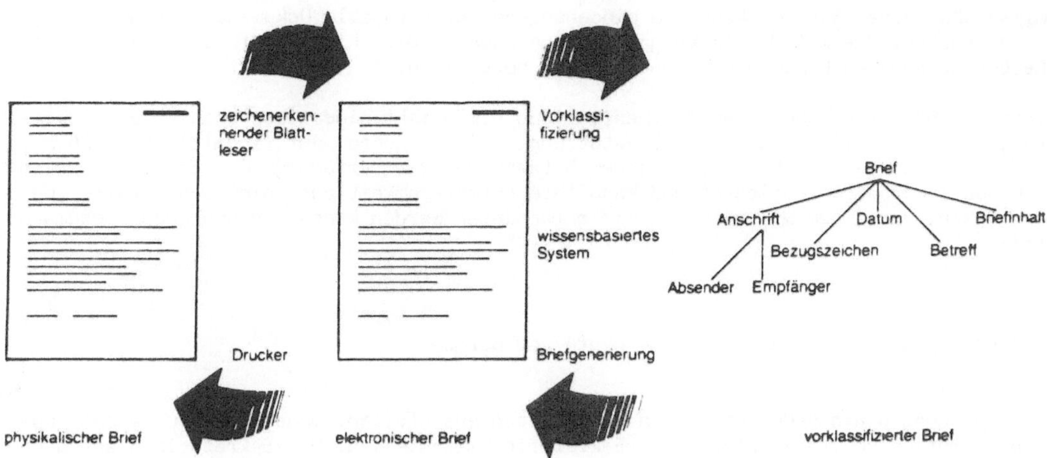

Abb. 10: Wissensbasierte Postverarbeitung

Die weitere Postvorverarbeitung erfolgt nun mit den analysierten Informationen. Im Archiv wird recherchiert, ob der Absender bereits bekannt und an wen im Unternehmen der Brief gerichtet ist. Im positiven Fall wird der Brief über die elektronische Post sofort an den Empfänger weitergeleitet. Andernfalls erhält ihn die Sekretärin zur weiteren Bearbeitung. Damit sind aber die Möglichkeiten der wissensbasierten Vorverarbeitung noch nicht erschöpft.

Sind Dokumente direkt oder indirekt über das Sekretariat beim Zielempfänger angelangt, dann können sie auf Wunsch des Empfängers **automatisch vorverarbeitet** werden. Das wissensbasierte Vorklassifizierungssystem schaut in dem Ablagesystem des Empfängers nach, welche Stichworte dieser Benutzer zur Klassifizierung seiner Dokumente verwendet. Die neu eingegangenen Dokumente werden nun auf diese Stichworte durchsucht. Gefundene **Stichworte** werden im Dokument **markiert** z. B. durch inverse Darstellung.

Öffnet der Benutzer nun seinen elektronischen Briefkasten, dann sind die Dokumente bereits mit den Stichworten markiert. Dadurch wird das "Überfliegen" des Inhalts bzw. das "Querlesen" von Briefen wesentlich unterstützt. Natürlich können die markierten Stichwörter vom Benutzer ergänzt, verändert und gelöscht werden. Neue können ebenso hinzugefügt werden.

Die Ablage und Suche über Stichwörter hat den Vorteil, daß Dokumente über ihren Inhalt gesucht werden. Die Kenntnis spezieller Directories oder Dateien ist damit unnötig geworden.

Zusätzlich ist es für den Benutzer möglich, Stichworte, die für ihn immer oder für eine bestimmte Zeit eine besondere Bedeutung haben, in seiner Anlage mit **Prioritäten** zu versehen. Alle Briefe, die solche Stichworte enthalten, werden dem Benutzer dann mit Priorität vorgelegt. Die Art und Weise dieser Vorlage kann jeder Benutzer mit seinem Rechner individuell vereinbaren z. B. inverse Darstellung des Dokuments oder Lautsprecheransage, wenn ein solches Dokument angekommen ist.

Der Benutzer hat außerdem die Möglichkeit, **Filter** zu definieren, so daß Post von bestimmten Absendern oder Absendergruppen z. B. in Abhängigkeit von der Hierarchie nicht angenommen oder umgeleitet wird.

Dieses Filtern wird an Bedeutung gewinnen: elektronische Post vereinfacht es, eine Mitteilung an viele verschiedene Adressaten zu versenden. Wenn dies, womit zu rechnen ist, verstärkt genutzt wird, kann es zu einer wahren Dokumentenüberflutung, einem "verstopften elektronischen Briefkasten" gewissermaßen, führen.

Die Unterstützung der Postverarbeitung kann aber noch weiter gehen. Das wissensbasierte System kann zu eingegangenen Briefen alle Dokumente aus dem Archiv heraussuchen, die mit diesem **Vorgang** zu tun haben. Die Klassifizierung kann damit **Bezüge** zu anderen Dokumenten und Vorgängen herstellen.

Verglichen mit der heutigen Postbearbeitung ermöglicht eine wissensbasierte Bearbeitung eine wesentlich stärkere Unterstützung - insbesondere auf **inhaltlicher Ebene.** Diese Leistungen stehen dann jedem Mitarbeiter zur Verfügung. Die Sekretärin wird von Routinearbeiten entlastet und kann ihre Aufmerksamkeit auf die Sonderfälle beschränken, die vom WiS nicht allein entschieden werden können (siehe auch /Schumann 85/).

5.2 Reiseplanung und -abrechnung - heute und morgen

Reiseplanung **heute** bedeutet, einen Reiseantrag auszufüllen, genehmigen zu lassen und die wichtigsten Reisedaten der Sekretärin mitzuteilen. Die Sekretärin plant dann aufgrund ihres Wissens über die Vorlieben und Gewohnheiten des Reisenden sowie unter Beachtung der Reiserichtlinien die Reise und besorgt alle notwendigen Reiseunterlagen.

Da die Reiseplanung oft kurzfristig durchgeführt werden muß und der Organisationsaufwand hoch ist (in Fahrplänen nachsehen, Hotels heraussuchen, Stadtpläne besorgen usw.), können alternative oder optimale Reisepläne meist nicht erstellt werden.

Nach der Reise erfolgt die Reiseabrechnung unter Beachtung der Reiserichtlinien und unter Beifügung der Belege. Nach Abzeichnung durch den Vorgesetzten (sachlich richtig) und Überprüfen durch das Rechnungswesen (rechnerisch richtig) erfolgt die Begleichung der Reisekosten.

In **Zukunft** kann jeder Mitarbeiter an seinem Arbeitsplatzrechner ein Reiseplanungs- und -abrechnungssystem aufrufen. Er gibt den oder die Orte und Termine ein. Das zugrundeliegende WiS weiß die im jeweiligen Ort bevorzugten Hotels, die normalerweise vom Reisenden bevorzugten Transportmittel in Abhängigkeit vom Ort, welche Orte der Reisende bereits besucht hat, welche Reisekostenbestimmungen für den Reisenden zu beachten sind (z. B. Hotelkategorie), wer die Reise genehmigen muß, die Gewohnheiten und Vorlieben des Reisenden.

Das WiS greift - je nach Transportmittel - z. B. über Btx auf die Fahrpläne der Bundesbahn zu und ermittelt Alternativen unter Berücksichtigung des vorgegebenen Zeitrahmens. Ebenso ist es möglich, über Btx auf die örtlichen Fahrpläne der öffentlichen Verkehrsmittel am Zielort zuzugreifen.

Der Mitarbeiter erhält vom WiS eine Reiseplanung u. U. mit mehreren Alternativen. Wenn er die Planung akzeptiert hat, wird der Reiseantrag über elektronische Post an die genehmigende Stelle weitergeleitet. Nach erfolgter Genehmigung nimmt das WiS alle notwendigen Buchungen und Reservierungen vor. Treten gravierende Abweichungen von der Planung auf (z. B. gewünschter Flug ist ausgebucht), dann ermittelt das WiS Alternativen und legt sie dem Reisenden zur Entscheidung vor. Das WiS veranlaßt die Bereitstellung der Reisedokumente und läßt die Reiseplanung ausdrucken.

Es ist durchaus denkbar, daß Reisedokumente wie Fahrkarten und Flugscheine in Zukunft nicht mehr physikalisch benötigt werden, sondern die Reservierungen und Fahrberechtigungen auf eine Chipkarte am Arbeitsplatzrechner überspielt werden, die der Reisende dann als Legitimation mitnimmt.

Nach Abschluß der Reise werden die Ausgaben entsprechend den Belegen eingegeben, so daß die Reiseabrechnung erstellt werden kann. Die Belege werden über einen Scanner in eine elektronische Form gebracht und zusammen mit der Reiseabrechnung an das Rechnungswesen elektronisch gesandt. Dort erfolgt die rechnerische Überprüfung und die

Freigabe der Überweisung der errechneten Reisekosten.

Auch die Erstellung und Überprüfung einer Reiseabrechnung ist ein geeignetes Einsatzgebiet für ein WiS, da die zu beachtenden Vorschriften und ihre jeweilige Anwendbarkeit im Einzelfall oft sehr komplex sind.

5.3 Vorgangsbearbeitung - heute und morgen

Büroarbeit besteht zu einem großen Teil aus der Bearbeitung von Vorgängen.

Ein **Vorgang** ist dabei eine arbeitsteilige Aufgabe, deren Teilaufgaben räumlich und zeitlich verteilt von verschiedenen Akteuren kooperativ bearbeitet werden und deren Teilergebnisse aufeinander aufbauend zu einem abschließenden Ergebnis führen /Kreifelts 84/.

Notwendige Voraussetzung für einen Vorgang ist, daß die betreffende Arbeitsaufgabe nicht durch einen Akteur allein bearbeitet und entschieden werden kann.

Weitere Merkmale von Vorgängen sind Arbeitsteiligkeit, Nebenläufigkeit, Alternativen, Regelungen für die einzelnen Akteure, Koppelung von Vorgängen, Nachvollziehbarkeit /Wißkirchen 82/.

Ein **Initiator** definiert, plant und organisiert Vorgänge. Dies kann sowohl ein betrieblicher Organisator als auch ein beliebiger Mitarbeiter sein.
Ein **Akteur** ist an der Bearbeitung von Vorgängen beteiligt. Er übernimmt die Bearbeitung einer oder mehrerer Teilaufgaben.

Heutige Vorgangsbearbeitung läßt sich folgendermaßen kennzeichnen:
- Breites Spektrum von Vorgangstypen, von streng formalisierbaren Vorgängen (Beispiel: Reisegenehmigung und -abrechnung) bis hin zu "offenen" Vorgängen (Beispiel: unspezifische, atypische Anfragen und arbeitsteilige Aufträge).
- Meist informelle Suche nach kompetenten und/oder zuständigen Stellen und Personen.
- Sachfremde Einflußfaktoren auf Vorgänge.

Daraus ergeben sich folgende Mängel der Vorgangsbearbeitung:
- lange, nicht abschätzbare Durchlaufzeiten,
- keine Transparenz im Arbeitsfortschritt,
- mangelnde Eingriffsmöglichkeiten in gestartete Vorgänge.

Eine wissensbasierte Vorgangsbearbeitung kann in folgenden vier Bereichen Verbesserungen bewirken /Hollitzer 85/:

(1) **Lokale Automation und Koordinierung**
- Der Akteur kann für bestimmte Vorgänge immer gleiche Ablauffolgen definieren, die dann automatisch ablaufen.
- Das Vorgangssystem (VS) bietet dem Akteur zum aktuellen Vorgang geeignete AS an (z. B. Tabellenkalkulation, Datenbank-Abfrage).
- Das VS beobachtet das Verhalten des Akteurs und bietet ihm für häufig wiederkehrende Bedienungsfolgen Bedienungskurzformen (shortcuts) automatisch an.
- Automatischer Anstoß von definierten, existierenden Vorgängen (bzw. von Exemplaren davon) zu bestimmten Zeiten oder bei definierten Ereignissen oder Bedingungen.

(2) **Planung von Vorgängen**
Der Initiator kann Fragen folgender Art an das VS stellen:
- Wer ist innerhalb der Organisation zuständig für ...?
- Welche Personen, Stellen, Organisationseinheiten sind an dem Vorgang x zu beteiligen?
- Welche Organisationsrichtlinien sind für das Problem y zu beachten?

Um solche Fragen beantworten zu können, muß eine Wissensbasis folgendes Wissen enthalten:

- Organisationswissen über Funktionen, Stellen, Hierarchie, Organisationseinheiten, Organisationsanweisungen
- Wissen über Grundaktivitäten wie beschaffen, verkaufen, planen, genehmigen.
- Wissen über definierte, vorhandene, gelaufene Vorgänge.

(3) **Abwicklung von Vorgängen**

- Vorschläge für den weiteren Fortgang eines Vorgangs bzw. aller Vorgänge, z. B. bei Organisationsänderungen.
- Unterstützung bei weiteren Schritten in einem noch nicht endgültig definierten Vorgang, insbesondere bei Alternativen.
- Unterstützung bei der Abwicklung von Vorgangsexemplaren, die ähnlich sind.
- Hinweis auf später gestartete, vergleichbare oder von anderen Akteuren durchgeführte Vorgänge, um Doppelarbeit zu vermeiden.

(4) **Auskunft und Beratung**

Antwort auf Fragen wie:

- Gibt es ähnliche Vorgänge?
- Welche Vorgangstypen gibt es?
- Gibt es Vorgänge zu Themen X, Y, Z?
- Welche Vorgangsteile können übernommen werden?

Mit Unterstützung eines wissensbasierten Vorgangssystems kann ein Szenario "Maschinenbeschaffung" folgendermaßen aussehen:

Der Einkäufer beschreibt dem wissensbasierten Vorgangssystem vage seine Aufgabenstellung. Er gibt folgende Stichworte ein: - beschaffen - Elektronik - Werkzeugmaschine - Investitionsvolumen - Herstellersuche - Marktentwicklung.

Er fragt das VS, ob ähnliche Aufgabenstellungen im Unternehmen bereits abgewickelt wurden oder werden. Das VS schlägt dem Einkäufer drei Vorgangstypen vor.

Der Einkäufer formuliert eine Anfrage an Herrn x vom Marketing und an Herrn y von der Entwicklung und versendet sie über das VS. Nach Auswertung der Antworten auf seine Anfrage kann er seinen Vorgang definieren:

1. Die Bitte um Abgabe von Angeboten an 3 Firmen soll Herr a erledigen.
2. Wenn diese Angebote eingegangen sind, sind sie an Herrn b und Herrn c zu verteilen.
3. Die Ergebnisse sind an den Kollegen der Normungsstelle zur Überprüfung von betriebsinternen Vorschriften zu senden.
4. Einleitung des normalen Beschaffungsvorganges.

Das VS meldet sich nach dieser Vorgangsdefinition durch den Einkäufer und macht auf folgendes aufmerksam:

- bei dem hohen Investitionsvolumen muß ein Fachmann aus dem zentralen Controlling beteiligt werden,
- laut Organisationsanweisung XZ muß bei allen Elektronik betreffenden Fragen ein Koordinierungsteam Elektronik in der Qualitätssicherung eingeschaltet werden,
- neben dem Bereichsleiter muß in diesem Fall auch noch der Vorstand unterschreiben.

Der Einkäufer modifiziert nach diesen Hinweisen seinen definierten Vorgang entsprechend und setzt zusätzlich Termine fest.

Da das VS über die Urlaubs- und Reisetermine der am Vorgang beteiligten Personen verfügt, weist es den Einkäufer auf Terminkonflikte hin und benennt automatisch Stellvertreter. Der Einkäufer schlägt den Vorschlag des VS aus und modifiziert stattdessen die Termine. Nach Abschluß der Vorgangsdefinition initiiert der Einkäufer den Vorgang.
Einige Wochen später meldet sich das VS beim Einkäufer und macht ihn auf Terminverschiebungen und Rückfragen aufmerksam.

6. Das WISDOM-Projekt

Die in diesem Artikel aufgezeigten und skizzierten Ansätze für wissensbasierte Systeme im Büro der Zukunft werden im Rahmen des vom BMFT geförderten Verbundprojektes WISDOM (Wissensbasierte Systeme zur Bürokommunikation: Dokumentenbearbeitung, Organisation, Mensch-Computer-Kommunikation) verfolgt /WISDOM 84/.

Unter der Federführung der TRIUMPH-ADLER AG in Nürnberg sind an dem Projekt folgende Partner beteiligt:
- Forschungsgruppe INFORM der Universität Stuttgart,
- Fraunhofer-Institut für Arbeitswirtschaft und Organisation (IAO) in Stuttgart,
- GEI Systemtechnik in München
- Gesellschaft für Mathematik und Datenverarbeitung (GMD) in Bonn und
- Technische Universität München.

Die Schwerpunkte der Forschungsarbeiten konzentrieren sich auf folgende Themen:
- Grundlagen wissensbasierter Systeme (Wissensrepräsentationsmechanismen, Inferenztechniken),
- wissensbasierte Mensch-Computer-Kommunikation,
- aktive und passive Hilfesysteme einschließlich tutorieller Systeme,
- wissensbasiertes Filing und Retrieval,
- wissensbasierte Vorgangsbearbeitung,
- wissensbasierte Vertragskonfiguration im Notariat.

Die Forschungsarbeiten werden an drei aufeinander aufbauenden Prototypen evaluiert.

7. Ausblick

Das Büro von morgen wird durch eine **Neue Quantität** und eine **Neue Qualität** geprägt. Beide Veränderungen tragen bereits einzeln betrachtet ein enormes Verbesserungspotential in sich. Kombiniert man beide, sind unter gewissen Bedingungen zusätzliche Synergieeffekte möglich; multiplizieren sich die Vorteile anstatt sich nur zu addieren (Abb. 11).

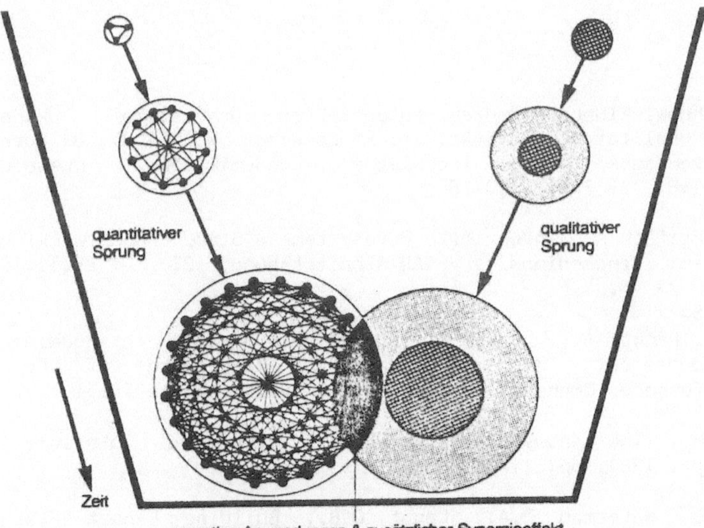

Abb. 11: Synergieeffekte durch Quantität **und** Qualität

Dies trifft besonders auf die Fälle zu, in denen folgendes gilt:
- Zeitrestriktionen müssen beachtet werden,
- verschiedene Aktivitäten müssen koordiniert werden,
- einzelne Aufgaben müssen in Kooperation durchgeführt werden,
- alternative Lösungen müssen erarbeitet, bewertet und in Handlungsvorschläge umgesetzt werden.

Es sind jedoch bis zur Verwirklichung dieser Trends noch vielfältige Probleme zu lösen:
- Wie formalisiert und modelliert man allgemeines Bürowissen?
- Inwieweit kann man Bürowissen verallgemeinern, so daß es für viele Büros gilt?
- Wie erreicht man eine Architektur von WiS, die ein Echtzeitverhalten ermöglicht?
- Wie sehen die Schnittstellen zwischen MCS, HS, TS und jeweiligem AS aus?
- Gibt es einen Wissensrepräsentationsmechanismus, der es ermöglicht, anwendungsspezifisches Wissen adäquat und vollständig zu repräsentieren?
- Wie sind heutige ExS und Sprachen weiterzuentwickeln, damit sie Fachwissen, Problemwissen und Strukturelles Wissen explizit und separat repräsentieren?

> "... unsere Arbeitswelt wird durch die Verbindung von Computern mit der Telekommunikation allmählich eine Auflockerung des Prinzips erlauben, daß Menschen, die etwas gemeinsam tun, dies auch zur gleichen Zeit am gleichen Ort tun müssen. Eine zeitliche und räumliche Individualisierung der Arbeit wird für viele möglich werden." /Lohmar 85, S. 39/.

Danksagung

Mein Dank gilt allen Verbundpartnern, die in den Diskussionen zum Verbundprojekt WISDOM zu den Forschungszielen wissensbasierter Systeme im Büro der Zukunft beigetragen haben. Besonders danke ich Herrn Dr. P. Wißkirchen, GMD, und meinen Mitarbeitern P. Erbar, A. Fauser, Dr. G. Heyer, T. Hollitzer, A. Kohl und R. Lutze und W. Rupietta, die durch Diskussionen und Beiträge entscheidend zur Gestaltung dieses Artikels beigetragen haben. Für das sorgfältige Schreiben und Gestalten des Manuskripts danke ich vielmals meiner Sekretärin Frau M. Ewald.

Literatur

/Balzert 85/
Balzert H., Entwicklungstendenzen integrierter Bürosysteme - Ökonomie durch neue Qualität & Quantität, in: Proceedings ONLINE ´85, 8. Europäische Kongreßmesse für Technische Kommunikation, Düsseldorf 12. - 15.02.1985, S. 2J-1 - 2J-18

/Balzert, Fritsch 84/
Balzert H., Fritsch K., Integrierte Bürosysteme - Stand und Entwicklungstendenzen, in: Proceedings 3. IAO-Arbeitstagung, 27. - 28.11.1984, Stuttgart, S. 27 ff.

/Fischer, Lemke, Schwab 84/
Fischer G., Lemke A., Schwab T., Active Help Systems, in: Readings on Cognitive Ergonomics - Mind and Computers, Proceedings of the 2nd European Conference, Gmunden, Austria, Sept. 1984, pp. 116 - 131

/Hayes-Roth 84/
Hayes-Roth F., The Knowledge-Based Expert System: A Tutorial, in: Computer, Sept. 1984, pp. 11-28

/Hayes-Roth et al. 83/
Hayes-Roth F., Waterman D.A., Lenat D.B., Building Expert Systems, Reading MA., 1983

/Heyer, Lutze 85/
Heyer G., Lutze R., Perspectives on Knowledge Representation, Forschungsbericht FB-TA-85-4, TRIUMPH-ADLER AG 1985

/Hollitzer 85/
Hollitzer T., Wissensbasen der Vorgangsbearbeitung, WISDOM-Arbeitsbericht AB-TA-85-2, TRIUMPH-ADLER AG, Nürnberg 1985

/Horras et al. 85/
Horras K-H., Janson A., Lutze R., Müller B., Ritter G., Eine erste Studie über Hilfesysteme, WISDOM-Forschungsbericht, FB-TA-85-2, TRIUMPH-ADLER AG, Nürnberg 1985

/Janson, Müller 85/
Janson A., Müller B., TAPS - Ein Planungssystem, WISDOM-Forschungsbericht FB-TA-85-2, TRIUMPH-ADLER AG, Nürnberg 1985

/Kreifelts 84/
Kreifelts T., DOMINO: Ein System zur Abwicklung arbeitsteiliger Vorgänge im Büro, in: Angewandte Informatik 4/84, S. 137 - 146

/Lohmar 85/
Lohmar U., Im Schatten des Giganten, in: DIE ZEIT, 17.04.1985. S. 39 f.

/Lutze 84/
Lutze R., Experten-Systeme, Vorlesungsskriptum, TH Darmstadt, WS 1984/85

/Lutze 85/
Lutze R., Hilfesysteme - ihre Beziehungen zu Anwendungssystemen und zukünftige Entwicklungstendenzen, in: Tagung Software-Ergonomie ´85, Stuttgart 1985

/Lutze, Horras 85/
Lutze R., Horras K. H., CABOS - Ein Objektsystem auf der Grundlage von capabilities, WISDOM-Forschungsbericht FB-TA-85-5, TRIUMPH-ADLER AG, Nürnberg 1985

/Naisbitt 84/
Naisbitt J., Megatrends, Bayreuth 1984

/Raulefs 82/
Raulefs P., Methoden der künstlichen Intelligenz: Übersicht und Anwendungen in Expertensystemen, in: Proceedings GI-Jahrestagung 1982, S. 170 - 187

/Rich 84/ Rich E., The Gradual Expansion of Artificial Intelligence, in: Computer, May 1984, pp. 4-12

/Ritter 85/
Ritter G., Eine Komponente zur Unterstützung des Benutzers eines interaktiven Systems durch Erklärungen, WISDOM-Forschungsbericht FB-TA-85-8, TRIUMPH-ADLER AG, Nürnberg 1985

/Schumann 85/
Schumann M., Computergestützte Eingangspostbearbeitung - Überblick über den Stand und weitere Forschungsaufgaben, in: Proceedings Office Automation, Erlangen 1985

/Sleemann, Brown 82/
Sleemann D., Brown J. S. (eds), Intelligent Tutoring Systems, London 1982

/WISDOM 84/
Anlage 1 zum Verbundprojekt WISDOM, TRIUMPH-ADLER AG, Nürnberg, 1984

/Wißkirchen 82/
Wißkirchen P., Was sind eigentlich Bürovorgänge?, in OVD/Online, 1982, S. 78 - 80

/Wöhl 84/
Wöhl K., Automatic Classification of Office Documents by Coupling Relational Data Bass and PROLOG Expert Systems, in: Proceedings 2nd Conference on VLDB, Singapore 1984

Adresse des Autors:

Dr.-Ing. Helmut Balzert
TRIUMPH-ADLER AG
- Neue Technologien/Basisentwicklung -
Nürnberger Str. 159/161

/Hayes, Lutze 85/
Hever B., Lutze R.: Perspectives on Knowledge Representation, Forschungsbericht TR 14.85.., TRIUMPH-ADLER AG 1985

/Hallfinger 85/
Hallfinger B.: Philosophisches über Vorgangsbearbeitung, Wissenschaftlicher Bericht TR 14-85-2, TRIUMPH-ADLER AG, Nürnberg 1985

/Horton et al. 85/
Horton R., Jannoy A., Hahn H., Müller J., Rautor U.: Eine erste Studie über Hilfesysteme, Wissenschaftlicher Bericht TR 14-85-4, TRIUMPH-ADLER AG, Nürnberg 1985

/Jansen, Müller 85/
Jansen M., Müller B.: TAPS - Ein Planungssystem, Wissenschaftlicher Bericht TR 14-85-4, TRIUMPH-ADLER AG, Nürnberg 1985

/Kupka et al. 84/
Kupka I. et al.: [illegible] In: System zur Entwicklung [illegible] Beratungssysteme, Informatik [illegible] 1984, 145 - 148

/Lenat 85/
Lenat D.: Scheduling [illegible] Agenda, in: IJCAI [illegible] 85, pp. [illegible]

/Lutze 84/
Lutze R.: Expertensysteme, [illegible] Darmstadt, [illegible]

/Kurze 84/
Kurze [illegible] Anforderungen zu Anwendung, [illegible] Aspekte [illegible] Konferenz [illegible] 1984

/Morze, Horton 85/
[illegible] R., Horton K. R.: [illegible] - ein Bürosystem auf der Grundlage [illegible], Wissenschaftlicher Bericht TR 14-85-5, TRIUMPH-ADLER AG, Nürnberg 1985

/Nagelstein 84/
[illegible] Bericht 1984

/Paulus 84/
Paulus P.: Methoden der [illegible] und Anwendung [illegible] Expertensysteme [illegible] 1984, S. 171 - 187

/Rich 84/
Rich E.: The Gradual Expansion of Artificial Intelligence, in: Computer, May 1984, pp. 4-12

/Röttger 85/
Röttger [illegible]: Ein [illegible] zur Unterstützung des Benutzers eines intelligenten Bürosystems [illegible], Wissenschaftlicher Bericht TR 14-85-6, TRIUMPH-ADLER AG, Nürnberg 1985

/Schumann 85/
Schumann M.: Computergestützte Unterstützung [illegible] der [illegible] Vorgangsbearbeitung, [illegible] Erlangen 1985

/Sloman et al. 82/
Sloman A., [illegible]: Knowledge-Based Systems, London 1982

/WISDOM 84/
Projekt WISDOM, TRIUMPH-ADLER AG, Nürnberg 1984

/Wüstermann 84/
Wüstermann P.: [illegible] Organisationsentwicklung, in: [illegible] 1984, S. 78 - 80

/Zahl 84/
Zahl [illegible]: Automatic Classification of Office Documents by Coupling Relational Data Bases and PROLOG Expert Systems, in: Proceedings 2nd Conference on VLDB, Singapore 1984

Anschrift des Autors:

[illegible]
TRIUMPH-ADLER AG
[illegible] Technologie/Systementwicklung
[illegible] 8500 Nürnberg

Fachgespräch 1

Requirements Engineering

und Projektmanagement

Einführung in das Fachgespräch

"Requirements Engineering und Projektmanagement"

B. Kühnel
Siemens, E TDV-SWT
Postfach 3240
D-8520 Erlangen

Auf der Fachtagung "Requirements Engineering für die Automatisierung von Systemen" im Oktober 1983 in Friedrichshafen zeigte sich reges Interesse an diesem Bereich der Systementwicklung. Dort wurde der Wunsch laut, gemeinsam mit den vielfältigen Ausprägungen, Betrachtungsweisen und Ergebnissen des Requirements Engineering auch die Verbindung zur Projektführung und damit das Zusammenwirken mit dem Projektmanagement aufzuzeigen und zu diskutieren. Diese Anregung führte zu dem Fachgespräch "Requirements Engineering und Projektmanagement", dessen Beiträge nachfolgend veröffentlicht sind.

Veranstaltet wird dieses Fachgespräch vom Fachausschuß 4.3 "Requirements Engineering" in Zusammenarbeit mit dem Fachausschuß 2.1 "Programmiersprachen und Software-Entwicklung" der Gesellschaft für Informatik. Es findet im Rahmen der Jahrestagung 1985 der Deutschen Gesellschaft für Informatik, der Österreichischen Computer Gesellschaft und der Österreichischen Gesellschaft für Informatik statt.

Angesprochen sind Praktiker und Wissenschaftler, die sich mit dem Requirements Engineering, dem Projektmanagement oder dem Zusammenwirken dieser Gebiete befassen.

Die im Thema des Fachgesprächs genannten Gebiete sollen hier folgendermaßen verstanden werden.

Requirements Engineering umfaßt das Ermitteln, Strukturieren, Beschreiben und Prüfen von Anforderungen an Systeme, wie z.B. Automatisierungssysteme, Informationssysteme, allgemeine Software- oder Software/Hardware-Systeme, sowie deren Aufbereitung zur Realisierung. Solche Anforderungen sind von unterschiedlicher Natur, wie z.B. technische Anforderungen zum System, Anforderungen zur Mensch-Maschine-Kommunikation, zur Fehlertoleranz und Qualität, zur Installation, Wartung, Diagnose.

Projektmanagement ist die Gesamtheit von Führungsaufgaben, -organisation, -techniken und -mitteln für die Abwicklung eines Projekts. Somit gehört zum Bereich des Projektmanagements die Planung und Überwachung von Projekten (Führungsinformation) ebenso wie die Verteilung und Zuordung von Tätigkeiten im Projekt (Projektgliederung und Führungsorganisation). Zusätzliche Aspekte liefert das Verwalten der Ergebnisse während und nach der Entwicklung. Ziel des Fachgesprächs ist es, den Erfahrungaustausch zwischen Theorie und

Praxis zu fördern, den Stand und die Trends für die Gebiete Requirements Engineering und Projektmanagement aufzuzeigen, speziell auch Beiträge vorzustellen, die sich mit dem Zusammenwirken beider Gebiete auseinandersetzen und sich mit einer integrierenden Rechnerunterstützung befassen.

Es sind viele qualifizierte Beiträge zu den angesprochenen Themen beim Programmkomitee eingegangen. Die meisten Beiträge behandeln einzelne Teilthemen, nur wenige das Zusammenspiel und die Integration der beiden Gebiete.

Das Programmkomitee hatte die schwierige Aufgabe, im vorgegebenen Zeitrahmen des Fachgesprächs hieraus eine thematisch ausgewogene Vortragsfolge zusammenzustellen. Dabei konnte nur ein Bruchteil der eingereichten Beiträge berücksichtigt werden.

Das Fachgespräch gliedert sich in zwei Sitzungen. Die erste Sitzung befaßt sich vorwiegend mit Grundlagen und Methoden, während in der zweiten Sitzung vor allem Werkzeuge und Anwendungen behandelt werden.

An dieser Stelle bedanke ich mich herzlich bei allen, die an der Vorbereitung und Durchführung des Fachgesprächs mitgewirkt haben, vor allem bei den Autoren der Beiträge, der angenommenen sowie der nicht angenommenen, beim Programmkomitee dieses Fachgesprächs und bei den Organisatoren der gesamten Tagung.

Es bleibt zu hoffen, daß das Fachgespräch für alle Teilnehmer Anregungen für ihre weitere Arbeit bringt.

Programmkomitee für dieses Fachgespräch: H. Karl (CSID, Frankfurt), B. Kühnel (Siemens, Erlangen), R. Lauber (Universität Stuttgart), M. Schröder (VOEST Alpine, Linz), M. Nagl (Universität Osnabrück), H. Partsch (Technische Universität München), W. Ruisinger (Daimler Benz, Stuttgart), A. Schulz (Universität Linz), K. Wendler (DATEV, Nürnberg).

Phasenübergreifende Software-Entwicklung mit Hilfe eines Transformations-Expertensystems

Guido Persch
GMD Forschungsstelle
an der Universität Karlsruhe
Haid-und-Neu-Strasse 14
D-7500 Karlsruhe, West Germany

Schlüsselworte: Software Engineering, Transformationelle Software-Entwicklung, Anforderungsdefinition, Algebraische Spezifikation, Prototyping, Ada.

Zusammenfassung: Der Übergang zwischen den Dokumenten der Software-Entwicklung kann als Transformation von Sprachen betrachtet werden. Je nach Grad der Eindeutigkeit und Vollständigkeit der Dokumente ist diese Transformation automatisierbar oder zumindest durch Rechner zu unterstützen. Wir definieren ein allgemeines Modell einer Software-Entwicklungsumgebung auf der Basis eines Transformations-Expertensystems. Das Transformationssystem hat einen an Prolog angelehnten Regelauswertungsmechanismus. An Hand der Phasen Anforderungsanalyse, Spezifikation, Prototyping und Implementierung zeigen wir exemplarisch, wie das Modell auf Anwendungsgebiete zugeschnitten wird. Dazu setzen wir zur Anforderungsanalyse Stimulus-Response-Netze ein, zur Spezifikation benutzen wir algebraische Spezifikation und zum Prototyping und zur Implementierung werden Ada Programme generiert.

1. EINFÜHRUNG

Die Software-Entwicklung wird unterteilt in Phasen wie z.B. Anforderungsanalyse, Entwurf, Implementierung, Wartung, um die einzelnen Arbeitsschritte abzugrenzen. Diese Unterteilung kann je nach Bedürfnissen verfeinert oder erweitert werden. Als Produkte dieser Phasen entstehen Dokumente wie z.B. Anforderungsdefinition, Systemspezifikation, Programm. Die Dokumente sind in Sprachen formuliert, die für die jeweilige Phase als adäquat betrachtet werden, wie z.B. Simulus-Response-Netze für die Anforderungsdefinition, algebraische Spezifikation für die Systemspezifikation und Ada für das Programm. Die Aufgabe der Software-Entwicklung ist es nun, ausgehend von einer Idee eines Softwaresystems die Dokumente der einzelnen Phasen herzuleiten [Leh83]. Die Dokumente späterer Phasen entstehen dabei durch Transformation (im allgemeinsten Sinne) von früheren Dokumenten mit dem Ziel detailliertere, eindeutige und ausführbare Beschreibungen des Softwaresystems zu erhalten [Bau81]. Diese transformationelle Software-Entwicklung wurde in der Vergangenheit nur informell benutzt. Neuere Ansätze [Bro83], [Bal82] versuchen diesen Prozeß explizit zu machen. Hierzu sind drei Schritte notwendig:

- Definition von Sprachen, um die Objekte der Transformation auszudrücken (die Dokumente)
- Definition von Transformationsregeln und -kalkülen, um die formale Beschreibung der Transformation zu ermöglichen
- Entwicklung von Rechnerunterstützung zur Durchführung der Transformation

Das CIP-System [Par83] ist ein transformationelles Entwicklungssystem basierend auf einer algebraisch definierten Breitbandsprache. Auf der theoretischen Seite ist das CIP-System bahnbrechend für den allgemeinen transformationellen Ansatz zur Software-Entwicklung. Zur Zeit umfaßt CIP keine Erweiterungen zur Anforderungsdefinition. Die Transformationsregeln und die Transformationsausdrücke in CIP müssen deterministisch sein und erlauben keine automatische Auswahl unter gleichartigen Mustern. Somit muß der Programmierer die Transformation explizit auf einem niedrigen Niveau führen.

Das GIST-System [Bal82], [Fic83] ist ein transformationelles Entwicklungssystem für eine speziell entwickelte Spezifikationssprache. Die Spezifikationssprache basiert auf einer sehr hohen operationalen Beschreibung, die nicht-deterministische Konstrukte enthält. Die Spezifikationssprache ist nicht dediziert auf bestimmte Anwendungsgebiete. Zielsprache der Transformation ist eine selbst definierte Implementierungssprache. Damit ist das Transformationssystem zugeschnitten auf diese zwei Sprachen. Werkzeuge zur Unterstützung der Anforderungsdefinition bzw. der Implementierung sind in dem GIST-System nicht enthalten.

Ein wichtiger Gesichtspunkt für die Software-Entwickling ist die Einführung von formalen Beschreibungen in den frühen Phasen (Anforderungsdefinition). Dies wurde bislang verzögert, weil solche Dokumente nicht weiter verarbeitbar sind. Eine formale Anforderungsdefinition macht nur dann Sinn, wenn sie zum einen die Überprüfbarkeit erleichtert, und zum anderen eine Basis des weiteren Vorgehens darstellt. Mit Transformationssystemen ist es möglich, Anforderungsdefinitionen schrittweise in

Systementwürfe und Implementierungen zu überführen. Insbesondere bietet es sich damit an, spezialisierte Spezifikationssprachen für Anwendungsgebiete zu benutzen, die Wissen über das Anwendungsgebiet dem Benutzer implizit zur Verfügung stellen. Das Transformationssystem hat dann die Aufgabe, dieses Wissen in der Systementwurfsphase explizit zu machen.

2. MODELL EINER UMGEBUNG

Der allgemeine Aufbau einer transformationellen Software-Entwicklungsumgebung ist dreischichtig, bestehend aus Benutzerschnittstelle, Werkzeugen und Datenbasis. Die Benutzerschnittstelle dient der Organisation der Kommunikation Mensch-Maschine. Hierauf gehen wir hier nicht weiter ein. Die Werkzeugebene umfaßt außer den konventionellen Werkzeugen wie Editoren, Analysatoren, Übersetzern, Informationssystem auch das Transformationssystem als wichtigen Bestandteil. Das Transformationssystem hat sogar eine dominierende Rolle, da es auch Regeln zum Einsatz der übrigen Werkzeuge beinhalten kann (z.B. die Steuerung der Übersetzung von konfigurierten Programmoduln zu einem Programmsystem). Die Datenbasis enthält wie in konventionellen Systemen die Dokumente, die in der Software-Entwicklung entstanden sind, und die Zustandsinformation. Um den Einsatz der Werkzeuge (insbesondere des Transformationssystems) zu erleichtern, werden die Dokumente jedoch nicht in textueller Form gehalten, sondern strukturiert abgespeichert. Dies geschieht in Form eines Entity/Relationship-Schemas [Chen76], um die Beziehungen zwischen den Elementen der Dokumente zu erhalten. Daraus ergibt sich die Anforderung an die Werkzeuge wie z.B. die Editoren, auf solchen Strukturen zu arbeiten (syntax-gesteuerte Editoren). Diese Form der Dokumentenspeicherung erlaubt es auch, benutzerfreundliche Editoren wie z.B. Graphikeditoren zur Anforderungsanalyse einzusetzen.

Als weiteres enthält die Datenbasis die Regeln, die zur Transformation angewendet werden. Hierbei unterscheiden wir Regelbasen, die das gesammelte Wissen für ein Anwendungsgebiet darstellen (z.B. wie transformiert man Stimulus-Response-Netze in Ada-Programme) und die aktuell angewandten Regeln, um aus einem Dokument ein anderes zu erzeugen (Entwicklungsgeschichte).

Die Entwicklung von Software in einer solchen Umgebung kennt nun drei Stadien für die verschiedenen Phasen: editieren, analysieren, transformieren. Mit Hilfe der Editoren kann der Benutzer Dokumente erstellen oder verfeinern. Die Analysatoren untersuchen die Dokumente auf Konsistenz und Vollständigkeit (statische Analysatoren) oder validieren sie durch Ausführung oder Simulation (dynamische Analysatoren, z.B. Interpreter, Debugger). Mit dem Transformationssystem können Dokumente innerhalb einer Phase bzw. von einer Phase zur nächsten transformiert werden. Diese Transformation kann zum einen stark interaktiv erfolgen, d.h. der Benutzer gibt explizit an, welche Regeln anzuwenden sind, bzw. entwirft interaktiv neue Regeln, die das Dokument in den gewünschten Zustand bringen. Zum andern kann die Transformation generationsartig ablaufen, d.h. das System kann automatisch (z.B. auf Grund eingehender Analyse bzw. durch trial-and-error) das Dokument herleiten, oder aber eine Transformation nachvollziehen, die bereits unter ähnlichen Bedingungen abgelaufen war.

Die Vorteile einer solchen Software-Entwicklung sind vielfältig:

Korrektheit -
: Werden die Dokumente allein durch Transformation mit verifizierten Regeln aus einem Ursprungsdokument hergeleitet, so sind diese Dokumente bzgl. des Ursprungsdokuments korrekt (Korrektheit durch Konstruktion). Die Verifikation der Regeln ist jedoch kein triviales Unterfangen.

Entwicklungsbeschleunigung -
: Durch Festhalten der Transformationsregeln in Regelbasen für bestimmte Anwendungen können diese in späteren Projekten wiederverwendet werden. Wichtig ist es jedoch, die Regeln nach Anwendungen zu klassifizieren, um die Regelbasen klein zu halten.

Produktivität -
: Durch Automatisieren von einfachen Transformationsaufgaben wird der Entwickler entlastet und eine konsistente Durchführung garantiert (z.B. ersetze Unterprogramm an allen Aufrufstellen durch Rumpf und substituiere die Parameter).

Prototyping -
: Durch die Transformation der Dokumente der frühen Phasen in hohe ausführbare Sprachen ist Rapid Prototyping möglich. Dadurch können Fehler und Mißverständnisse früh erkannt werden. Ein Prototyping, das per Hand durchgeführt wird, ist normalerweise aus Kostengründen nicht möglich.

Wiederverwendbarkeit -
: Die Vergangenheit hat gezeigt [Yeh83], daß Bibliotheken von festgefügten Programmoduln allein noch nicht die Wiederverwendbarkeit garantieren, da normalerweise für verschiedene Anwendungen immer wieder Anpassungen notwendig sind. Mit Hilfe eines Transformationssystem können diese Anpassungen automatisiert werden, bzw. aus verallgemeinerten Moduln generiert werden.

Wartbarkeit -
: Durch das Aufheben der Entwicklungsgeschichte können in der Wartungsphase Entscheidungen rückverfolgt werden, und an den entsprechenden Stellen verändert werden. Danach ist evtl. eine erneute Implementierung mit Hilfe der bereits vorhandenen Regeln möglich. Hierbei werden die Auswirkungen auf andere Systemteile spürbar, was bei Änderungen in der Implementierung oft nicht der Fall ist.

Als Nachteil einer transformationellen Software-Entwicklung sind drei Punkte zu nennen:

Regelbasengröße -
: Die Regelbasen wachsen stark an, so daß die Durchführung der Transformationen für große Dokumente nur mit großem Aufwand möglich ist. Dies wird dadurch vermieden, daß die Regelbasen auf Anwendungen zugeschnitten werden, und ausserdem für abgeschlossene Regelbasen eine Compilation versucht wird.

Effizienz -

Die durch Transformation aus Spezifikationen erzeugten Implementierungen sind weniger effizient als von Hand erzeugte Implementierungen, da es bisher nicht gelungen ist, Implementierungstechniken zu formalisieren. Dies kann zum einem akzeptiert werden, da die Vorteile (wie z.B. grössere Produktivität) überwiegen, zum andern ist es für bestimmte Anwendungsgebiete inzwischen möglich, Programme zu generieren die handgeschriebenen gleichwertig sind (z.B. im Übersetzerbau).

Verständlichkeit -

Die Transformationen können Dokumente erzeugen, die für den menschlichen Leser nur schwer verständlich sind und Änderungen so gut wie unmöglich machen. Falls diese Dokumente nur noch automatisch weiterverarbeitet werden, spielt dies jedoch keine Rolle mehr. Außerdem sind die Schritte, die das Transformationssystem durchführt, oft so komplex, daß ein interaktiver Eingriff schwer fällt, da dem Benutzer der Kontext fehlt. Deshalb sollte in dem Transformationssystem eine Erklärungskomponente vorgesehen sein, die auf Bedarf die Einzelschritte erläutert.

3. TRANSFORMATIONS-EXPERTENSYSTEM

Das Transformationssystem TREX, das wir in der Software-Entwicklungsumgebung einsetzen, ist nach den Prinzipien von Expertensystemen aufgebaut. Es besteht aus drei Komponenten, der Regelbasis, dem Regelauswerter und der Erklärungskomponente.

3.1 TREX-Regeln

Nach [Bau81] haben Transformationsregeln die Form:

Eingabe-Muster -- Bedingung --> Ausgabe-Muster

mit der Bedeutung, daß eine Struktur, die auf das Eingabe-Muster paßt, zu dem Ausgabe-Muster transformiert wird, wobei die Bedingung erfüllt sein muß. Die Muster und auch die Bedingung können dabei Variable beinhalten, was bedeutet, daß eine beliebige Substruktur an dieser Stelle stehen kann.

TREX-Regeln sehen folgende Erweiterungen zu dieser Form vor:

- Regeln werden mit Hilfe von Regelnamen strukturiert. Dadurch wird eine Art von Modulkonzept für Regeln eingeführt, was den Entwurf und die Anwendung von Regeln erleichtert.
- Mit Hilfe von Parametern in Regelnamen können Metaregeln formuliert werden, die die Anwendung von Regelmengen steuern. Des weiteren können Regelausdrücke in den Regelnamen angegeben werden, die das Zusammenfassen von Regelmengen erlauben.

- Über die Regelnamen können Informationen in die Regelanwendungen transportiert werden, vergleichbar dem Attributtransport in Übersetzern. Damit steht auch die Information für die Bedingungen zur Verfügung, die nicht aus dem lokalen Kontext stammt.
- Muster können außer den Variablen für beliebige Substrukturen auch Substrukturen teilweise durch Muster beschreiben. Dadurch sind insbesondere Variable für Funktoren möglich. (Es lassen sich z.B. Muster der Art "alle zweistelligen Operationen" beschreiben.)
- Muster können Regelanwendungen enthalten. Sie führen dazu, daß an dieser Stelle das Ergebnis dieser Transformation eingesetzt wird. Damit kann der Benutzer die Transformation in der gewünschten Richtung fortsetzen.

Die TREX-Regeln erwarten, daß die zu transformierenden Dokumente in einer abstrakten Syntax (oder Termstruktur) vorliegen. Diese Darstellung von Dokumenten kann als spezielle Sicht der Dokumente in der Entity-Relationship-Datenbasis betrachtet werden. Auf diese abstrakte Syntax wird in den Mustern Bezug genommen.

TREX-Regeln haben die Form:

rule regelname : eingabe => ausgabe **cond** bedingung

Regelanwendungen innerhalb von Mustern sind 'regelname : eingabe', Muster für Funktoren haben die Form 'variable#argumente', Regelnamen sind Terme mit Variablen, die auch in den Mustern und der Bedingung erscheinen dürfen. Variablen werden dadurch gekennzeichnet, daß sie mit Großbuchstaben beginnen. Bedingungen bestehen aus Konjunktion, Disjunktion und Negation von Prädikaten.

Beispiel: TREX-Regeln zur Ausdrucksvereinfachung

```
rule simple : plus(X,0)  => X.
rule simple : times(X,1) => X.
rule simple : OP#[C1,C2] => C3
     cond constant(C1) and constant(C2) and eval(OP,C1,C2)=C3.

rule inner(R): F#[X] => R: F#[inner(R): X].
rule inner(R): F#[X,Y] => R: F#[inner(R): X,inner(R): Y].
rule inner(R): X => X cond atom(X).

rule simple_exp: Exp => inner(simple): Exp.
```

Das Beispiel besteht aus zwei Regelbasen, den 'simple'-Regeln, die die verschiedenen Vereinfachungsregeln beschreiben, und den 'inner'-Regeln, die die Strategie der Regelanwendung von innen nach außen beschreiben. Wir wollen an Hand des Beispiels die oben genannten TREX Eigenschaften analysieren. Die dritte 'simple'-Regel beschreibt, dass ein zweistelliger Ausdruck mit konstanten Operanden durch das Ergebnis ersetzt wird. Hierzu wird ein Muster für zweistellige Operatoren benutzt. Die 'inner'-Regeln haben einen Parameter, nämlich die Regelmenge, die von innen nach außen anzuwenden ist. Außerdem sehen wir an dem Zielmuster der ersten 'inner'-Regel, wie ein Term wieder zusammengesetzt wird aus dem Ergebnis der Anwendung von 'inner(R)' auf das Argument 'X' einer Struktur 'F#[X]'. Auf diesen Term wird dann die Regelmenge 'R' angewendet.

Ende

3.2 Regelauswertung

Der Regelauswerter eines Expertensystems hat die Aufgabe eine Menge von Regeln auf Daten anzuwenden. Hierbei spielen insbesondere folgende Fragen eine Rolle:

Mustervergleich -
: Es muß definiert werden, wie Muster mit Daten verglichen werden. In TREX ist dies die Unifikation der Prädikatenlogik wie sie z.B. in Prolog realisiert wird.

Auswertung der Bedingungen -
: Nachdem der Mustervergleich erfolgreich ist, wird die Anwendungsbedingung mit den Variablensubstitutionen in der Gastsprache des TREX-Systems ausgewertet (z.B. in Prolog). Hierbei sind insbesondere auch Anschlüße an Beweissysteme für komplexere Anwendungsbedingungen möglich. Des weiteren kann eine interaktive Schnittstelle eingesetzt werden, falls die Entscheidung vom Programmierer zu fällen ist.

Anwendungsreihenfolge -
: Es muß definiert werden, in welcher Reihenfolge die Regeln auf den Datenbestand angewandt werden. In TREX wird die Regelanwendung größtenteils durch den Benutzer durch Metaregeln und innere Regelanwendungen (s. Beispiel) gesteuert. Stehen mehrere Regeln gleichen Namens an, so arbeitet das System sie sequentiell durch, bis eine passende Regel gefunden wird.

Verhalten bei Mißerfolg -
: Wenn keine weitere Regel mehr anzuwenden ist, so halten viele Regelauswerter an. War dies eine Sackgasse, da an einer Stelle eine falsche Regel ausgewählt wurde, so muß der Benutzer selber die Rücksetzung vornehmen. Da TREX zielgerichtet ist, hält der Auswerter erst an, wenn das Zielausgabe-Muster erreicht ist, d.h. bei Mißerfolg wird automatisch rückgesetzt zur letzten Regelanwendung. Mit der Anwendungsreihenfolge zusammen, ergibt dies eine Tiefensuche mit Rücksetzen als Strategie des TREX-Systems.

Kommutativität, Assoziativität, Idempotenz -
: Bei Tiefensuche verursachen solche Regeln Probleme, da der Regelauswerter in Endlos-Schleifen gerät. In TREX tritt das Problem nicht so stark auf, da der Benutzer mit Metaregeln die Anwendung solcher Regeln kontrollieren kann (z.B. wende Kommutativität höchstens einmal an).

Beispiel: Regelauswertung für Ausdrucksauswertung

```
simple_exp : times(a, 1)
=> inner(simple) : times(a, 1)
=> simple : times # [inner(simple): a, inner(simple): 1]
                                 => [a, 1]
=  simple : times(a, 1)
=> a
```

Ende

In der ersten Implementierung von TREX werden TREX-Regeln auf Prolog-Klauseln abgebildet und ein Prolog-Interpreter als Regelauswerter genutzt. Da Prolog-Interpreter recht effizient implementiert sind, ist diese erste Implementierung für Anwendungen durchaus geeignet. Des weiteren ist ein Regel-Transformator geplant, der abgeschlossene Regelbasen mit deterministischen Regeln in Programme wandelt, die dann an den Anwendungsstellen aufgerufen werden.

3.3 Erklärungskomponente

Die Erklärungskomponente hat die Aufgabe den Benutzer über die durchgeführten Transformation zu unterrichten. Hier fallen zwei Aufgaben an:

Erfolg -
: Das Festhalten und Aufbereiten von erfolgreich durchgeführten Transformationen, so daß diese wiederholt oder überarbeitet werden können.

Scheitern -
: Falls eine (Sub-) Transformation nicht gelingt, oder das System nicht automatisch Bedingungen herleiten kann, so muß der Benutzer über den augenblicklichen Stand unterrichtet werden. Er soll dadurch in die Lage versetzt werden, in die Transformation interaktiv eingreifen zu können.

In der Prolog-Implementierung von TREX werden die durchgeführten Transformationen aufgesammelt und auf Bedarf dem Benutzer mitgeteilt. Werden in den Bedingungen Prädikate benutzt, die keine Definition haben, oder Regeln angewandt für die keine Regeldefinition vorliegt, so kann das System Informationen (Regelname, augenblickliche Programmstelle, Bedingung) ausgeben und interaktiv vom Benutzer Eingabe erwarten.

4. ANWENDUNG

In diesem Kapitel wird die Anwendung der transformationellen Entwicklungsumgebung für Prozeßsteuerungssoftware aufgezeigt. Wir nehmen dafür ein Phasenmodell an, das aus Anforderungsanalyse, Spezifikation, Prototyping und Implementierung besteht.

4.1 Ablauf der Software-Entwicklung

Als Sprache für die Anforderungsdefinition wird LARS eingesetzt [Epp83a]. Für Prozeßsteuerungssoftware sind Stimulus-Response-Netze [Alf80] eine etablierte Methode der Anforderungsanalyse. LARS ist eine Überarbeitung der Sprache RSL, die von Alford entwickelt wurde. Für LARS stehen insbesondere ein graphischer Editor [Epp83b] und ein Analysewerkzeug zur Verfügung, die ein einfaches Erstellen von Anforderungsdefinitionen ermöglichen. LARS-Beschreibungen bestehen aus drei Teilen: dem Guard, der zentral die Aktivitäten steuert, den Stimulus-Response-Netzen (kurz SRM-Netze), die auf Grund eines Ereignisses (Stimulus) einen Response erzeugen, und den Interfaces, die die Schnittstelle zum technischen Prozeß darstellen. Daten und die Operationen über Daten werden in LARS in der Anforderungsdefinition durch natürliche Sprache beschrieben. Nicht-funktionale Anforderungen (z.B. Bearbeitungszeit) werden in LARS bereits beschrieben. Die Formalisierung der Operationen geschieht in der Spezifikationsphase durch algebraische Spezifikation [Bau81], die nur die minimale Eigenschaften der Operationen festlegt und dadurch von Implementierungsdetails abstrahiert. Eine formale Beschreibung eines Systems liegt somit als LARS plus algebraische Spezifikation vor. Dieses Dokument bildet den Ausgangspunkt der Transformation in den Phasen Prototyping und Implementierung.

Die algebraische Spezifikationssprache ist ähnlich zu OBJ [Gog84]. Abstrakte Datentypen werden als Signatur und Axiome in der Form von bedingten Gleichungen beschrieben. Die Gleichungen erlauben Ausnahmen als Werte, die propagiert und behandelt werden können. Die Datentypen können auf bereits existierenden aufbauen und parametrisiert werden.

In der Prototyping Phase wird die Spezifikation auf ein Programm in der Sprache Ada transformiert. Prototyping ist die beste Methode um in einem frühen Stadium zu gewährleisten, daß die Spezifikation mit der Intension des Kunden übereinstimmt. Normalerweise werden sehr hohe Sprachen (z.B. Prolog, SETL) für Prototyping benutzt. Dies bedeutet jedoch, daß Prototyp und endgültige Implementierung in verschiedenen Sprachen implementiert werden. Durch die Benutzung von Ada für Prototyping und Implementierung kann dieser doppelte Aufwand vermieden werden und außerdem in einem sehr frühen Stadium existierende Software übernommen werden (z.B. Implementierungen von Datentypen, Gerätetreiber). Ziel des Prototypings ist ein Ada-Programm, das das funktionale Verhalten der Spezifikation wiedergibt. Es kann mit einem Ada-Übersetzer verarbeitet werden und durch Werkzeuge analysiert werden (z.B. Debugger, Aufrufverfolger, Meßwerkzeuge [Per85]).

In der Implementierung wird nun die Struktur des endgültigen Ada-Programms festgelegt. Hierbei fließen insbesondere nicht-funktionale Anforderungen mit ein, die im Prototyp ignoriert wurden. Außerdem wird versucht, effizientere Implementierungen der Datentypen einzusetzen.

Ada wurde als Zielsprache für Prototyping und Implementierung gewählt, da es alle Konstrukte für Prozeßsteuerungssoftware enthält, also Tasking, Maschinenrepräsentationen, Unterbrechungsbehandlung und Geräte-Ein/ausgabe. Auf der anderen Seite hat Ada Möglichkeiten zur Datenabstraktion und Modularisierung. Daher erscheint Ada als ideales Vehikel zum nahtlosen Übergang von Spezifikation über Prototyp bis zur Implementierung.

4.2 Transformation

Wir beschreiben die generelle Vorgehensweise bei der Transformation und zeigen an einigen Beispielen, welche Art von Transformationsschritten auftreten.

Der Ada-Prototyp muß die vier Teile der Spezifikation widerspiegeln. Der Guard als zentrale Steuerung des Systems wird abgebildet auf eine Ada Task, wobei die Anweisungen die Aktivitäten des Guards (Warten auf Ereignisse, Aktivieren von SRM-Netzen, Ausgaben in den technischen Prozeß) definieren. Die Interfaces werden zu Task-Entries der Guard-Task. Auf die Interface-Daten wird mit Geräte-Ein/Ausgabe zugegriffen. Die SRM-Netze, die als parallele Aktivitäten vom Guard gestartet werden können, werden ebenfalls auf Ada-Tasks abgebildet. Die abstrakten Datentypen werden auf (generische) Pakete in Ada abgebildet.

Die Spezifikation beschreibt nicht eindeutig wie die Ausführung des Systems aussieht. Diese Implementierungsfreiheit muß in der Transformation nach Ada festgelegt werden. Dazu stehen zwei Informationsquellen zur Verfügung, einmal der Datenfluß, der sich aus der Spezifikation ergibt, und zum andern, das Wissen des Designers über das System. Wir zeigen hier zwei Beispiele für die anstehenden Entscheidungen in der Transformation, nämlich die Abbildungen der SRM-Netze und die Abbildung der abstrakten Datentypen.

Ein SRM-Netz kann parallel mehrfach aktiviert werden. Es kann lokale Daten haben, die über eine Aktivierung hinaus erhalten bleiben sollen. Hieraus ergeben sich drei Möglichkeiten zur Abbildung von SRM-Netzen: (1) ein Taskobjekt mit permanenten lokalen Daten wird erzeugt, (2) ein Tasktyp wird erzeugt, wobei die Objekte dynamisch aktiviert werden mit temporären Daten, bzw. (3) ein Tasktype wird erzeugt innerhalb eines Paketes, das die permanenten Daten enthält. Die Entscheidung für eine der Alternativen wird getroffen auf Grund der Existenz von permanenten Daten (dies ergibt sich aus dem Datenfluß in der Spezifikation) und der Notwendigkeit von parallelen Aktivierungen (dies entscheidet der Designer).

Beispiel: Regeln zur Transformation von SRM-Netzen

```
rule net(GUARD) : net(ID,GLOBALS,LOCALS,ALPHAS)     % case (1)
            =>        [ task(ID, entry('start'))
                      , task_body(ID,
                                      decls: LOCALS,
                                      net_body(GUARD): ALPHAS) ]
            cond sequential_activation(GUARD,ID).
rule net(GUARD) : net(ID,GLOBALS,LOCALS,ALPHAS)     % case (2)
            =>        [ task_type(ID, entry('start'))
                      , task_body(ID,
                                      decls: LOCALS,
                                      net_body(GUARD): ALPHAS) ]
            cond not permanent_data(ALPHAS).
rule net(GUARD) : net(ID,GLOBALS,LOCALS,ALPHAS)     % case (3)
              => [ package(ID,
                             [ task_type(ID, entry('start'))
                             | decls: LOCALS   ])
                   , package_body(ID,
                                      task_body(ID,...)) ]
              cond permanent_data(ALPHAS).
```

Ende

Generische Pakete mit privaten Typen erlauben die Formulierung von parametrisierten abstrakten Datentypen in Ada. Die Signatur eines abstrakten Datentyps kann eins-zu-eins in eine Ada Paketdeklaration transformiert werden. Die zu definierende Sorte wird zum privaten Typ des Pakets, die Operationen werden als Funktionen ausgedrückt. Die Parameter des abstrakten Datentyps werden zu generischen Parametern.

Die Idee, die Semantik des abtrakten Datentyps (die Axiome) in Ada auszudrücken, ist wie folgt [Per84]. Die Termalgebra (d.h. die Terme, die man mit Hilfe der Operationen bilden kann) kann durch eine Termdatenstruktur und Funktionen, die darauf operieren, in Ada dargestellt werden. Die Funktionsrümpfe werden dabei so formuliert, daß sie die initiale Semantik auf der Termdatenstruktur simulieren. Wenn wir uns auf ein praktikable Teilmenge von erlaubten Axiomen einschränken, so können die Funktionen automatisch aus der algebraischen Spezifikation erzeugt werden. Hiermit ist die Transformation der Spezifikation auf einen Prototyp in Ada automatisierbar.

In der Implementierung werden weitere Transformationen in lokalen und globalen Iterationen angewandt. Sie dienen der Verbesserung der Implementierung der abstrakten Datentypen. In lokalen Iterationen werden Moduln eins-zu-eins umgewandelt, wobei das Wissen über das Gesamtsystem eingesetzt wird. Hierzu gehören Datentypräsentationen, bei denen ein abstrakter Datentyp mit Hilfe eines Homomorphismus auf andere Datentypen abgebildet wird. Ein weitere Verbesserung basiert auf der Analyse, daß nur ein Objekt eines Datentyps existiert. Dann kann der private Typ in Ada aufgelöst werden, und die Funktionen werden zu Prozeduren, wobei der Typparameter gelöscht wird. Die Daten sind lokal im Paketrumpf definiert.

Bei globalen Iterationen wird die Modulstruktur des Systems teilweise geändert. Typisch ist die Integration von mehreren Moduln in der Spezifikation zu einem Modul in Ada. Wir beschreiben hier zwei globale Techniken, die 'combine' und die 'pipe' Technik.

Die 'combine' Technik nach [Dar81] expandiert mehrere Funktionen an ihren Anwendungsstellen und versucht dann eine neue Funktion zu erzeugen, die alle Aktivitäten vereinigt. Hierdurch wird der Aufbau von Datenstrukturen zur Übergabe zwischen den Funktionen vermieden. Typisches Beispiel ist eine Funktion f1, die eine Sequenz aufbaut, und eine Funktion f2, die diese Sequenz konsumiert. Die kombinierte Funktion erzeugt nun ein Element und konsumiert es sofort, womit der Aufbau der Sequenz vermieden wird. Diese Transformation findet bereits auf der Spezifikationsebene statt, da dort die notwendige Datenflußinformation direkt zur Vefügung steht.

Die 'pipe' Technik ist eine Erweiterung des UNIX pipe Mechanismus. Für obiges Beispiel wird die Funktion f2 in eine Task abgebildet mit einen Eingang, der von f1 aufgerufen wird, sobald ein Element produziert ist. Auch hierdurch wird der Aufbau der Sequenz vermieden. Diese Technik bietet sich immer an, wenn Daten in der gleichen oder beliebiger Reihenfolge produziert und konsumiert werden. Diese Eigenschaften werden sinnvollerweise auf der Spezifikation nachgewiesen.

5. SCHLUSSBEMERKUNG

Das aufgezeigte Modell einer Software-Entwicklungsumgebung ist allgemein genug, um auf verschiedene Anwendungsgebiete angepaßt werden zu können. Wichtig ist die Einteilung der Aktivitäten in editieren, analysieren und transformieren. Als Grundlage der Werkzeuge, die diese Aktivitäten unterstützen, dient eine Datenbasis, die die Dokumente strukturiert darstellt. Sie erlaubt die Einführung von struktur-orientierten und graphischen Editoren, was die Benutzerfreundlichkeit des Systems erhöht.

Wir haben gezeigt, wie ein Transformations-Expertensystem als Kern der Software-Entwicklungsumgebung angewendet werden kann, um verschiedene Sprachen eines Softwarezyklus aufeinander abzubilden. Das System muß dabei einen weiten Bereich von der interaktiven bis zur vollautomatischen Transformation abdecken. Das hier vorgestellte System erfüllt diese Anforderung. Als weitere Verbesserung wird ein Regel-Transformator zur Überführung abgeschlossener Regelbasen in Programmgeneratoren entwickelt werden.

Aufgabe der Zukunft muß es sein, erkannte Techniken der Software-Entwicklung in dem dargestellten Formalismus zu beschreiben, um dadurch die Rechnerunterstützung beim Softwareentwurf zu erhöhen.

Referenzen

Alf80 M. Alford: SREM at the Age of Four, Proc. 4th COMPSAC, Chicago, IEEE 1980

Bal82 R. Balzer, N. Goldman, D. Wile: Operational Specification as the basis for rapid prototyping, Proc. ACM SIGSOFT Workshop on Rapid Prototyping, Columbia 1982

Bau81 F.L. Bauer, K. Woessner: Algorithmische Sprache und Programmentwicklung, Springer Verlag 1981

Bro83 M. Broy: Algebraic Methods for Program Construction - The Project CIP, Proc. Workshop Program Transformations, Springer Verlag F8-1984

Chen76 P. Chen: The Entity/Relationship Approach to Data Modelling

Dar81 J. Darlington, R.M. Burstall: A System which Automatically Improves Programs, Proc. IFIP Congress 1981, North Holland

Epp83a W. Epple, M. Hagemann, M. Klump, G. Koch: SARS - System zur anwendungsorientierten Anforderungsspezifikation, University of Karlsruhe, Inst. f. Informatik III, Report 1983

Epp83b W.K. Epple, M. Hagemann, M. Klump, U. Rembold: The Use of Graphic aids for Requirements Specification of Process Control Software, Proc. 7th COMPSAC, IEEE 1983

Fic83 S.F. Fickas: Automating the Transformational Development of Software, USC-ISI/RR-83-108, Ph.D. Dissertation, Marina del Rey, 1983

Gog84 J.A. Goguen: Parameterized Programming, IEEE Software Engineering September 1984, 5/10

Leh83 M.M. Lehman, V. Stenning, W.M. Turski: Another Look at Software Design Methodology, Imperial College London, Report DoC 83/13

Par83 H. Partsch: The CIP Transformation System, Proc. Workshop Program Transformations, Springer Verlag F8-1984

Per84 G. Persch: Designing and Specifying Ada Software, Proc. IFIP WG 2.4, Canterbury, North Holland 1984

Per85 G. Persch et al.: Karlsruhe Ada System - User Manual, Gesellschaft für Mathematik und Datenverarbeitung mbH, Report 1985

Yeh83 R.T. Yeh: Software Engineering - The Challenges, IEEE Spectrum, Nov. 1983

Formale Beschreibung von Anforderungen: Eine netzorientierte Vorgehensweise zur konzeptuellen Modellierung von Informationssystemen

Georg Lausen, Andreas Oberweis, Frank Schönthaler

Institut für Angewandte Informatik
und Formale Beschreibungsverfahren
Universität Karlsruhe
D-7500 Karlsruhe
West-Germany

Abstract:

Das formale Beschreiben von Anforderungen für Softwaresysteme, die unter Verwendung von Datenbanksystemen realisiert werden, bezeichnet man als konzeptuelle Modellierung. Es werden die Grundlagen einer Methode für die konzeptuelle Modellierung eingeführt.
Als Modellierungsaspekte werden die Verhaltens-, Datenstruktur- und Transaktionsmodellierung betrachtet. Die Besonderheit der Methode liegt in der konsequenten Verwendung von Konzepten der Netztheorie. Ein rechnergestützter Arbeitsplatz zur konzeptuellen Modellierung und Softwareentwicklung wird skizziert.

Diese Arbeit wurde teilweise von der Deutschen Forschungsgemeinschaft im Rahmen des Schwerpunktprogramms "Interaktive betriebswirtschaftliche Informations- und Steuerungssysteme" unter der Nummer STU 98/6-1 gefördert.

1. Einleitung

Das formale Beschreiben von Anforderungen für Softwaresysteme, die unter Verwendung von Datenbanksystemen realisiert werden, bezeichnet man als konzeptuelle Modellierung. In allgemeinen System-Life-Cycle-Modellen ist dieser Schritt zwischen der Anforderungsspezifikation im üblichen Sinn, d.h. ohne besondere Berücksichtigung des Datenbanksystems, und dem Entwurf des Systems in einer noch implementationsunabhängigen Sprache einzuordnen.

Ziel der konzeptuellen Modellierung ist ein implementationsunabhängiges, umfassendes Modell des betreffenden Realweltausschnittes, d.h. des für die Softwareentwicklung relevanten Teiles des Unternehmens. Im konzeptuellen Modell sollen sowohl die statischen als auch die dynamischen Aspekte enthalten sein [ISO82]. Während der statische Teil sich auf die Beschreibung der Daten und ihrer Beziehungen zueinander beschränkt, bezieht sich der dynamische Teil auf die Beschreibung der Operationen und ihrer Koordination [N85].

In dieser Arbeit wird eine netzorientierte Methode für die konzeptuelle Modellierung beim Entwurf von Informationssystemen dargestellt. Ausgangspunkt ist eine Hierarchie von Informationsflußdiagrammen ähnlich SADT [R77] oder ISAC [LU82].

Ausgehend von dieser hierarchisch strukturierten Spezifikation wird zunächst ein dynamisches Modell abgeleitet, in dem die Diagramme auf der untersten Stufe der Hierarchie als Petri-Netze interpretiert werden. Zur formalen Überprüfung dieses Schrittes werden Verhaltensrestriktionen eingeführt, die das zulässige Schnittstellenverhalten der Netze definieren. Unter dem Schnittstellenverhalten verstehen wir die erreichbaren Markierungen der Senken eines Netzes von einer Markierung der Quellen des Netzes, während alle übrigen Stellen keine Markierung besitzen. Die Integration sämtlicher Netze der untersten Ebene der Diagrammhierarchie zu einem globalen Petri-Netz ergibt dann das ***Verhaltensmodell*** des Informationssystems.

Die Modellierung der statischen Aspekte des Informationssystems besteht aus zwei Schritten. Zunächst werden die Informationsflüsse der Informationsflußdiagramm-Hierarchie unter Verwendung eines semantisch hierarchischen Datenmodells [SMI77,BRO81,SCH83] beschrieben. Danach werden die erhaltenen "lokalen" Strukturen zu einer "globalen" Struktur zusammengesetzt, wobei für diesen Konstruktionsprozeß die in den Diagrammen enthaltenen Vorgängerbeziehungen ausgenutzt werden. Das Resultat dieses Schrittes ist das ***Datenstrukturmodell*** des Informationssystems.

Aufbauend auf dem Datenstrukturmodell wird schließlich eine Grobspezifikation der Transaktionen entworfen. Als Transaktion werden die Prozesse der untersten Ebene der Informationsflußdiagramm-Hierarchie betrachtet. Für jede Transaktion wird der Zusammenhang zwischen Eingabe- und Ausgabedaten modelliert. Als Resultat ergibt sich das ***Transaktionsmodell*** des Informationssystems.

Eine umfassende Modellierung in der angegebenen Form läßt sich praktisch nur bei geeigneter Computerunterstützung erreichen. Computerunterstützung verlangt eine Formalisierung der Vorgehensweise. Die oben angegebenen Modellierungsschritte basieren auf formalen Konzepten der Netztheorie: eine Informationsflußdiagramm-Hierarchie ergibt sich durch Verfeinerung von Netzen, die Analyse der Netze der untersten Hierarchieebene mit Verhaltensrestriktionen ist über Erreichbarkeitsanalysen von Petri-Netzen möglich, das Datenstrukturmodell läßt sich als spezielle Interpretation eines Netzes darstellen und die Grobspezifikation einer Transaktion ist als Teilnetz des Datenstrukturmodells darstellbar. Die in dieser Arbeit vorgestellten Konzepte sind somit genügend formalisiert, so daß eine geeignete Computerunterstützung möglich wird.

Die Arbeit ist wie folgt gegliedert: In Kapitel 2 werden zunächst einige benötigte Begriffe der Netztheorie eingeführt. Eine Definition der Informationsflußdiagramm-Hierarchien folgt in Kapitel 3. Kapitel 4 beschreibt dann die einzelnen Schritte der konzeptuellen Modellierung und in Kapitel 5 wird die Struktur eines computergestützten Arbeitsplatzes zur Unterstützung des Entwurfs und zur Ableitung eines Prototyps des Informationssystems angegeben. Kapitel 6 enthält eine kurze Zusammenfassung der Arbeit.

2. Definitionen aus der Netztheorie

Ein ***Netz*** ist ein Tupel $N = (P,T,F)$, mit $P \cup T \neq \emptyset$, $P \cap T = \emptyset$, $F \subseteq (P \times T) \cup (T \times P)$ und $dom(F) \cup cod(F) = P \cup T$. Die Elemente p von P werden als ***Stellen***, die Elemente t von T als ***Transitionen*** bezeichnet. F wird ***Fluß-Relation*** genannt. Grafisch werden Stellen durch Kreise, Transitionen durch Rechtecke und Elemente von F durch Pfeile, die Stellen und Transitionen miteinander verbinden, dargestellt.

Sei ein Netz $N = (P,T,F)$ gegeben und sei $X(N) = P \cup T$. Ein Element $x \in X(N)$ wird als ***Quelle*** bezeichnet, wenn $(x,y) \in F$ und $(y',x) \notin F$, $\forall y' \in X(N)$. x wird ***Senke*** genannt, wenn $(y,x) \in F$ und $(x,y') \notin F$, $\forall y' \in X(N)$. Wenn $(p,t) \in F$, dann wird p ***Input-Stelle*** von t genannt. Ist $(t,p) \in F$, nennt man p ***Output-Stelle*** von t. Die Menge aller Input-Stellen einer Transition t wird als t bezeichnet, die Menge aller Output-Stellen als $t\bullet$.
Ein Netz $N' = (P',T',F')$ wird ***Teilnetz*** von N genannt, wenn $P' \subseteq P$, $T' \subseteq T$ und $F' = F \cap (X(N') \times X(N'))$. Die ***Umgebung*** t+ einer Transition $t \in T$ ist ein Teilnetz von N mit der alleinigen Transition t, wobei die Menge der Stellen die Vereinigung von $\bullet t$ und $t\bullet$ ist.

Stellen können eine unterschiedliche Anzahl von Marken tragen, wobei Marken grafisch durch Punkte innerhalb einer Stelle dargestellt werden. Ein Netz zusammen mit einer Anfangsmarkierung bezeichnet man üblicherweise als ***Petri-Netz***. Eine Transition t kann schalten, wenn alle Input-Stellen von t markiert sind. Beim Schalten wird den Input-Stellen von t jeweils eine Marke entnommen und den Output-Stellen jeweils eine Marke hinzugefügt.

3. Informationsflußnetz-Hierarchien

Zum Entwurf komplexer Systeme, z.B. von Informationssystemen, ist es sinnvoll, hierarchisch strukturierte Spezifikationen zu verwenden. Häufig werden Hierarchien von Informationsflußdiagrammen verwendet (vgl. SADT [R77], ISAC [LU82]). Informationsflußdiagramme können durch Netze dargestellt werden: Marken in Stellen entsprechen konkreten Informationsflüssen (z.B.: Dokumente, Formulare) und Transitionen stellen Prozesse dar.

Im folgenden werden Netz-Hierarchien betrachtet, die durch rekursives Verfeinern von Umgebungen durch ganze Netze entstehen.
Sei t+ eine Umgebung mit mindestens einer Input- und einer Output-Stelle, N' ein Netz und $g: X(N') \rightarrow X(t+)$ eine surjektive Funktion. N' wird ***Verfeinerung*** von t+ unter der ***Verfeinerungsfunktion*** g genannt, wenn

(1) das Urbild jeder Input- (Output-) Stelle von t+ eine Menge von Stellen ist,

(2) jede Stelle in dem Urbild einer Input- (Output-) Stelle eine Quelle (Senke) von N' ist.

Verfeinerungen sind spezielle Netzmorphismen [GS80].

Eine ***Netz-Hierarchie*** ist ein Tupel NH = (NN,G), wobei NN eine Menge von Netzen und G eine Menge von Verfeinerungsfunktionen über den Netzen aus NN ist, so daß der gerichtete Digraph U(NH) = (V,W) ein Baum ist. U(NH) wird wie folgt definiert:

(1) V = NN ist die Menge der Knoten.

(2) Jedes Netz N aus NN ist eine Verfeinerung unter höchstens einer Verfeinerungsfunktion $g \in G$.

(3) W = {$N_i \rightarrow N_j$ / $N_i, N_j \in$ NN und es existiert eine Funktion $g_{ij} \in G$, so daß N_i Verfeinerung einer Umgebung in N_j unter g_{ij} ist} ist die Menge der Kanten.

Eine ***Informationsflußnetz-Hierarchie*** ist eine Netz-Hierarchie INH = (NN,G), so daß die Wurzel von U(INH) das folgende Netz N_0 ist:

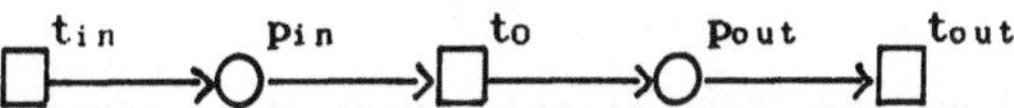

Die Transitionen t_{in} und t_{out} modellieren die Umgebung des Informationssystems, die Input-Information für das Informationssystem produziert und Output-Information des Informationssystems konsumiert.

Ein Beispiel für eine Informationsflußnetz-Hierarchie zeigt die Abbildung 1.

Abbildung 1:

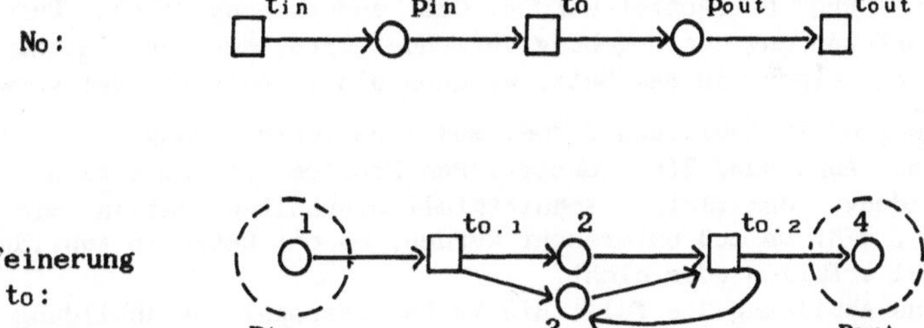

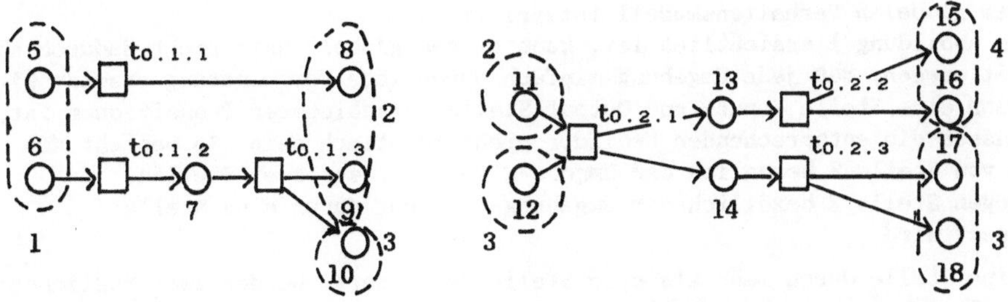

Verfeinerung von $t_{0.1}$ Verfeinerung von $t_{0.2}$

4. Konzeptuelles Modell

4.1. Verhaltensmodell eines Informationssystems

Das Verhaltensmodell eines Informationssystems wird aus einer Informationsflußnetz-Hierarchie abgeleitet.

Für die Herleitung des Verhaltensmodells werden zunächst nur die Netze auf der untersten Hierarchieebene als Petri-Netze behandelt. Dies ist sinnvoll, da auf höheren Ebenen im allgemeinen nicht die Petri-Netzschaltregel für Transitionen gilt. Das Verhaltensmodell erhält man durch Integration aller (Petri-) Netze der untersten Ebene zu einem globalen Petri-Netz.

Als ein Verifikationsschritt der dynamischen Modellierung wird das ***Schnittstellenverhalten*** der Netze auf der untersten Hierarchieebene untersucht. Mit Schnittstellenverhalten wird im folgenden das Verhalten einer Verfeinerung bezeichnet, beschränkt auf ihre Schnittstellen, d.h. ihre Quellen und Senken. Beim Schnittstellenverhalten einer Verfeinerung interessieren nur solche Markierungen der Senken (Output-Schnittstelle), die von Markierungen der Quellen (Input-Schnittstelle) aus erreichbar sind, wobei alle anderen Stellen nicht markiert sind.

Zur Überprüfung des korrekten Schnittstellenverhaltens einer Verfeinerung wird das Konzept der Verhaltensregeln vorgeschlagen. Zur Veranschaulichung sei zunächst ein Beispiel gegeben: Das Netz in Abbildung 2(a) kann als grobe Beschreibung eines Moduls "Auftragsbearbeitung" angesehen werden. Zur genaueren Spezifikation soll ausgedrückt werden, daß die Bearbeitung eines Auftrags entweder nur zu einer Lieferung führt oder zu einer Lieferung und einer Kundenmitteilung, wenn die Bestellung nicht direkt ausgeführt werden kann. Dieses gewünschte Verhalten wird durch das Netz in Abbildung 2(b) beschrieben. Obwohl dieses Netz noch nicht die gewünschte Verfeinerung des Moduls "Auftragsbearbeitung" ist, kann es als Verhaltensregel aller gültigen Verfeinerungen von "Auftragsbearbeitung" betrachtet werden. Oder anders ausgedrückt: Das Netz, welches zur Verfeinerung der Umgebung verwendet wird, muß das gleiche Schnittstellenverhalten zeigen wie das Netz, welches als Verhaltensregel verwendet wird.

Als Beispiel werden in Abbildung 3 zwei mögliche Verfeinerungen von "Auftragsbearbeitung" aus Abbildung 2(a) gezeigt. Das Problem ist, zu entscheiden, ob die Netze in Abbildung 3 das gleiche Schnittstellenverhalten zeigen wie das Netz in Abbildung 2(b), d.h. es muß untersucht werden, ob die Netze in Abbildung 3 die Verhaltensregel erfüllen oder nicht.
Das Netz N_2 aus Abbildung 3 erfüllt die Verhaltensregel aus Abbildung 2(b), während N_1 diese Verhaltensregel nicht erfüllt.

Das Testen von Verhaltensregeln wird in [LA85a] diskutiert. Wenn jedes Netz der untersten Hierarchieebene seine Verhaltensregel erfüllt, dann werden diese Netze zu einem globalen Verhaltensmodell integriert.
Wie aus Abbildung 1 ersichtlich ist, kann dieses globale Netz nicht dadurch abgeleitet werden, daß jede Umgebung einfach durch ihre Verfeinerung ersetzt wird. Denn wenn eine Stelle Input- und Output-Stelle verschiedener Transitionen ist, dann müssen die entsprechenden Urbilder nicht identisch sein. So besteht das Urbild von Stelle 2 bezüglich der Umgebung von $t_{0.1}$ aus zwei Stellen, wohingegen Stelle 2 bezüglich der Umgebung $t_{0.2}$ nur durch eine Stelle verfeinert wird.

Wird eine Stelle durch mehr als eine Stelle verfeinert, werden zwei Möglichkeiten für die Beziehung zwischen Stelle und Verfeinerung betrachtet: entweder bedeutet eine Marke in der Stelle auf der höheren Ebene eine Marke in jeder Stelle oder in genau einer Stelle auf der unteren Ebene. Im ersten Fall werden die Stellen der

Verfeinerung durch eine UND-Struktur, im zweiten Fall durch eine ODER-Struktur ersetzt (vgl. Abb. 4). Anschließend können Umgebungen in natürlicher Weise durch ihre Verfeinerungen ersetzt werden, so daß das Verhaltensmodell gebildet werden kann.

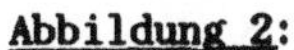

<u>Abbildung 2</u>:

(a)

(b)

Auftrag
Auftr.-
bearb.
Kundenmitteilung
Lieferung
Auftrag
t1
t2
Kundenmitteilung
Lieferung

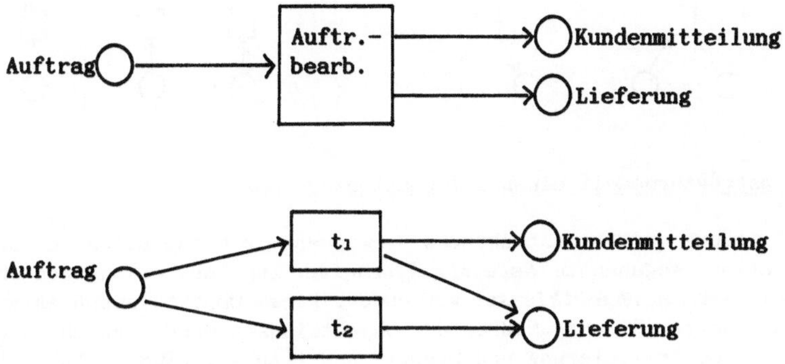

<u>Abbildung 3</u>:

(a) N_1

(b) N_2

Auftrag t1
eingeben
Auftrag
t2
bearb.
verspt.
Auftrag
Kunden-
Nachricht
interner
Auftrag
t3
bear-
beiten
Auftrag
bearbeiteter
Auftrag
t4
Versand
Lieferung
Auftrag t1
eingeben
Auftrag
t2
bearb.
rückst.
Auftrag
Kunden-
Nachricht
interner
Auftrag
t3
bearb.
wartend.
Auftrag
wartender
Auftrag
t4
bear-
beiten
Auftrag
bearbeiteter
Auftrag
t5
Versand
Lieferung

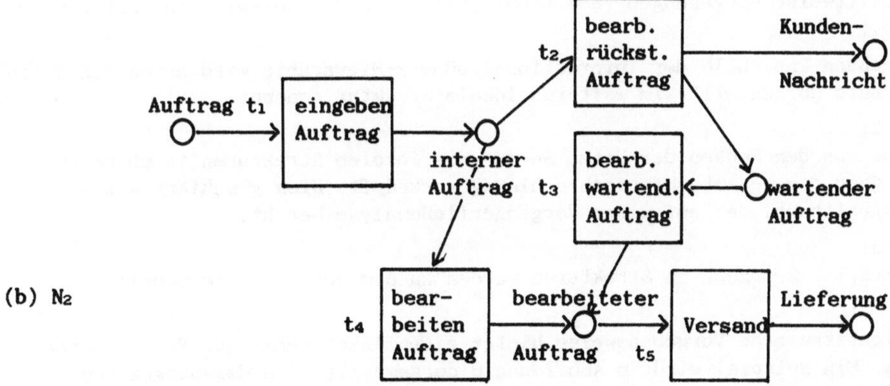

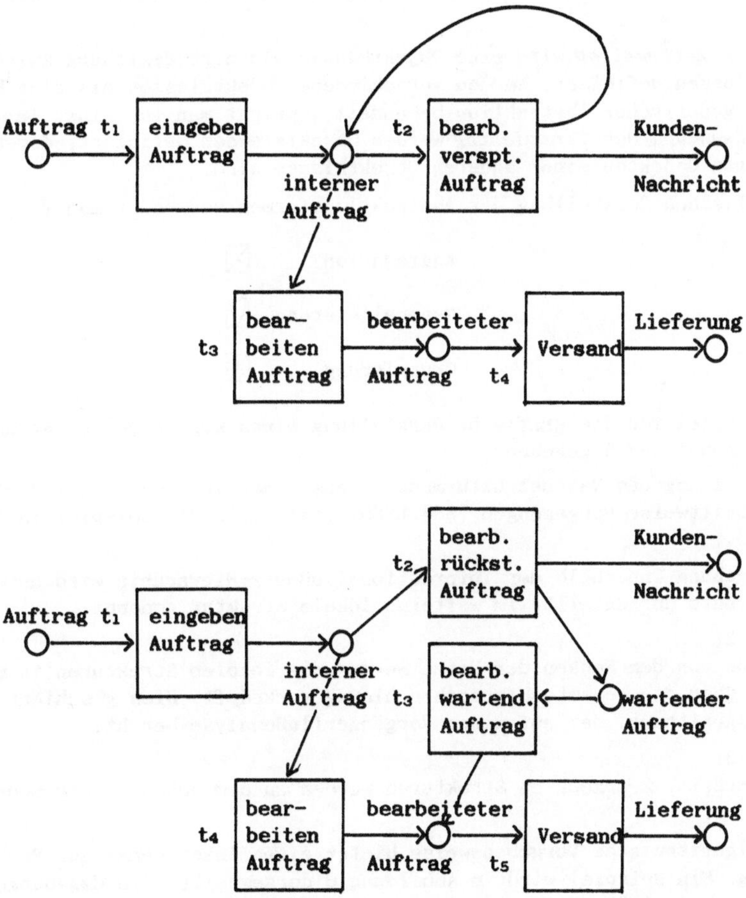

Abbildung 4:

UND-Struktur: ODER-Struktur:

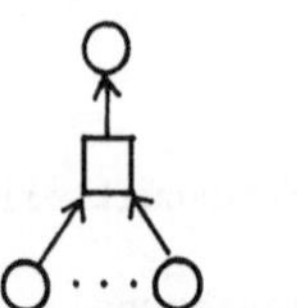
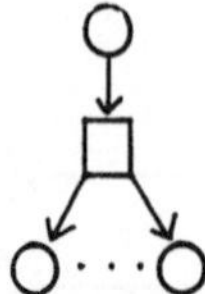
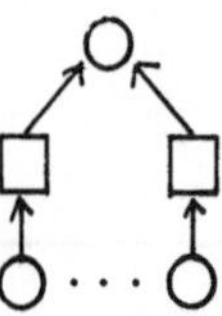
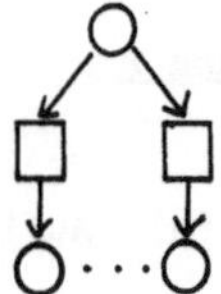

4.2. Datenstrukturmodell eines Informationssystems

Zur Modellierung der Datenstrukturen verwenden wir Netze mit einer speziellen Interpretation, sogenannte ***Datenstrukturnetze***. Zur Darstellung von Objekten der realen Welt werden ***Objektklassen*** verwendet. Diese Objektklassen entsprechen den Stellen der Netze. Die Strukturen der Objektklassen werden durch Anwendung von Aggregation, Generalisierung und Gruppierung ([AH84],[BRO81],[LA85],[SCH83], [SMI77]) definiert. Die Strukturierungskonzepte werden durch Transitionen dargestellt.

Bei einer ***Aggregation*** wird eine Objektklasse als eine Beziehung zwischen anderen Objektklassen definiert. Werden verschiedene Objektklassen als eine Klasse höherer generischer Abstraktion behandelt, spricht man von einer ***Generalisierung***. Durch Anwendung der ***Gruppierung*** werden Objektklassen definiert, deren Objekte Mengen von Objekten einer anderen Objektklasse sind.

Zur grafischen Darstellung der Abstraktionsformen verwendet man folgende Symbole:

Aggregation ⊠

Generalisierung ◸

Gruppierung ⊞

Ein Beispiel für die grafische Darstellung eines konzeptuellen Strukturnetzes wird in Abbildung 5 gegeben.

Zur Herleitung des Datenstrukturmodells aus einer Informationsflußnetz-Hierarchie wird schrittweise vorgegangen [S84,LS85] (vgl. auch das Beispiel in Abbildung 6).

Schritt 1:
Jede Umgebung innerhalb der Informationsflußnetz-Hierarchie wird durch ein Datenstrukturnetz dargestellt, im weiteren lokale Struktur genannt.

Schritt 2:
Ausgehend von den Senken der Netze werden die lokalen Strukturen in mehreren Phasen über die gesamte Hierarchie hinweg verknüpft. Dies geschieht mit Hilfe eines Algorithmus, der auf einer Vorgängerflußanalyse beruht.

Schritt 3:
Die in Schritt 2 erzeugten Strukturen werden zu dem Datenstrukturmodell integriert.

Diese algorithmische Vorgehensweise bietet einen Ansatzpunkt zur Rechnerunterstützung. Ein Beispiel wird in Abbildung 6 dargestellt. Die Umgebungen von "eingeben Auftrag" und "prüfen Auftrag" werden durch Datenstrukturnetze verfeinert und diese Netze anschließend verknüpft.

Abbildung 5: Datenstrukturnetz für einen Auftrag

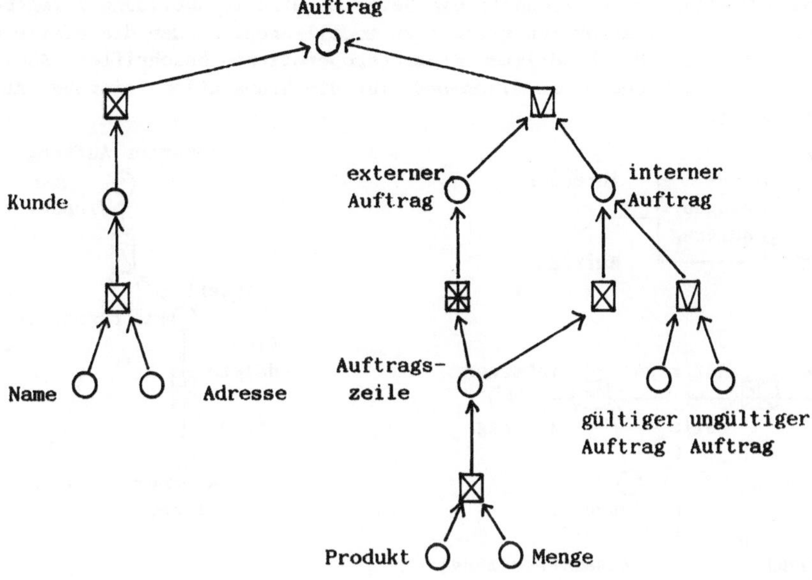

Abbildung 6: Verknüpfung von Datenstrukturnetzen

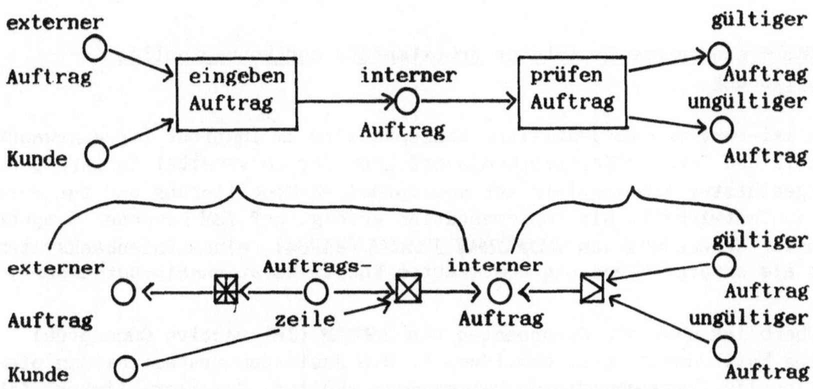

4.3. Transaktionsentwurf

Der Entwurf von Transaktionen basiert auf dem Datenstrukturnetz und der Informationsflußnetz-Hierarchie. Wir nehmen an, daß jeder Prozeß auf der untersten Hierarchiestufe einer atomaren Benutzer-Operation entspricht, d.h. einer ***Transaktion***. Im folgenden wird kurz gezeigt, wie bei der Grobspezifikation von Transaktionen vorgegangen werden kann. Diese Vorgehensweise ist von [BRO84] beeinflußt.

Im ersten Schritt wird jede Umgebung durch ein ***Strukturnetz*** dargestellt. Hinter dieser Darstellung steht die Idee, daß jede Transaktion in einem ersten Schritt ihre Eingabe in Komponenten zerlegt und diese dann in einem zweiten Schritt zur Ausgabe zusammenfügt. Das erhaltene Netz wird als ***Verhaltensnetz*** der entsprechenden Transaktion bezeichnet; ein Beispiel wird in Abbildung 7 gegeben. Um das Verhalten einer Transaktion genauer zu modellieren, werden die Pfeile des Verhaltensnetzes mit den benötigten Elementaroperationen beschriftet. Abbildung 8 zeigt das sich ergebende ***Transaktionsnetz*** für die Transaktion "eingeben Auftrag" aus Abbildung 7.

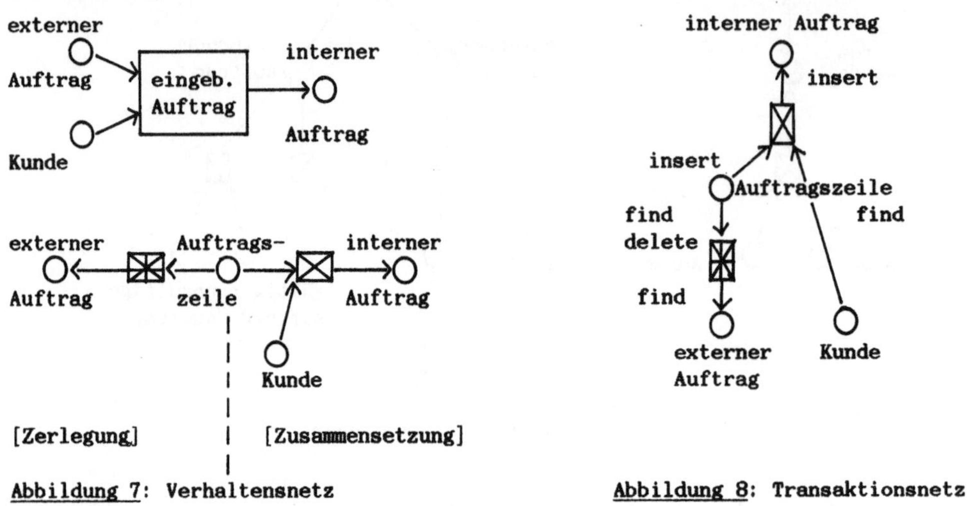

Abbildung 7: Verhaltensnetz

Abbildung 8: Transaktionsnetz

5. *INCOME* - ein rechnergestützter Arbeitsplatz zur konzeptuellen Modellierung

Zur Realisierung der vorgestellten Konzepte wird am Institut für Angewandte Informatik und Formale Beschreibungsverfahren der Universität Karlsruhe ein rechnergestützter Arbeitsplatz zur konzeptuellen Modellierung und zur Softwareproduktion entwickelt. Die Implementation erfolgt auf IBM-Personal-Computern XT/AT unter Verwendung von ***DATENBANK-PASCAL*** [KAR84], einem Datenbanksystem, welches als externe Ebene ein erweitertes Entity-Relationship-Datenmodell unterstützt.

Einen Überblick über die Komponenten von ***INCOME*** (INteractive COnceptual Modelling Environment) gibt Abbildung 9. Die Basis des Systems bilden eine konventionelle ***Programmentwicklungsumgebung*** (Editor, Compiler, Linker, Library-Manager usw.), ein ***Textsystem*** zur Projektdokumentation sowie das ***Datenbanksystem***. Dieses bietet neben einer mächtigen Dialogschnittstelle (Generierung von Datenbanken, Zugriff auf Datenbanken über Formulare und Reports) auch eine Programmschnittstelle, die in den nachfolgend beschriebenen Systemkomponenten, aber auch in der zu erstellenden Applikation, verwendet wird. Neu konzipiert werden ein Dictionary-, Grafik-, Prototyping- und ein Konstruktionssystem:

Das ***Dictionary-System*** ermöglicht die Eingabe aller Entwicklungsdaten im Design-Dictionary über das ***DATENBANK-PASCAL***-Zugriffssystem sowie die Prüfung und Erhaltung der Konsistenz dieser Daten.

Das ***Grafik-System*** bietet einen Editor zur Eingabe und Manipulation beliebiger Diagramme. Über die Grafikschnittstelle übernehmen die übrigen ***INCOME***-Komponenten und die Applikation eine Vielzahl von Standard-Grafik-Prozeduren. Das System unterstützt Fenster- und Zoomtechniken.

Abbildung 9: *INCOME* Systemkomponenten

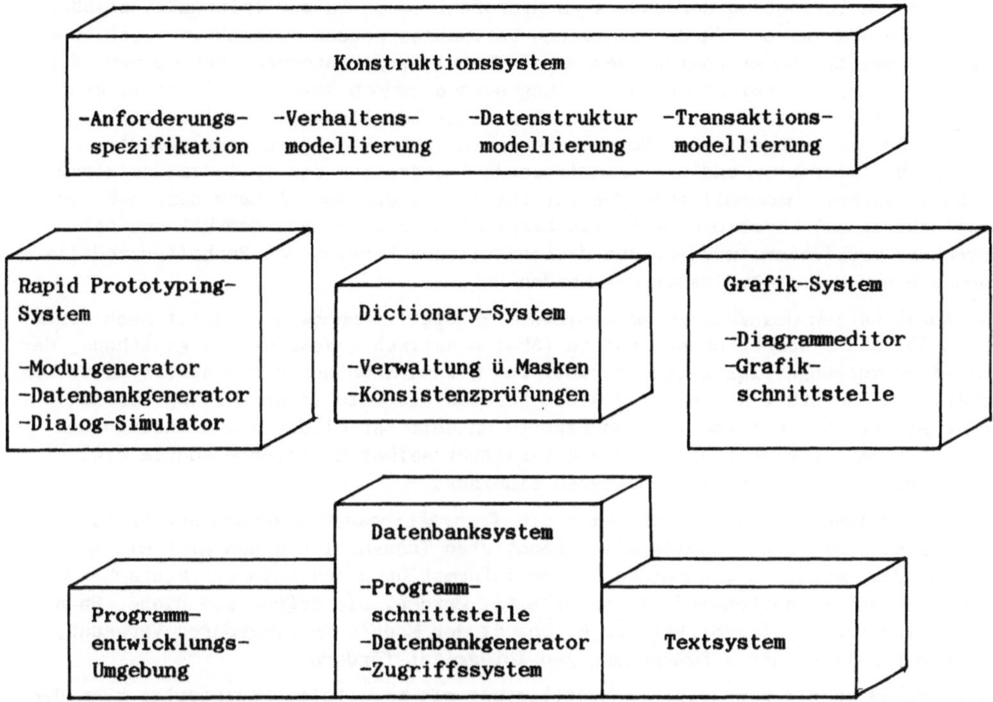

Ein Modul- und Datenbankgenerator sowie ein Dialog-Simulator bilden das ***Rapid-Prototyping-System.*** Aus den Daten des Design-Dictionaries kann zu beliebigen Zeitpunkten ein Prototyp der Applikation interaktiv erstellt werden. Die Funktionen, die dieser Prototyp ausführen kann, richten sich nach dem aktuellen Umfang des konzeptuellen Modells. Die in den einzelnen Phasen erstellten Prototypen bilden die Diskussionsgrundlage zwischen Designer und Benutzer und ermöglichen eine Prüfung des konzeptuellen Modells. Unter Verwendung des Formular-, Report- und Relationengenerators des Datenbanksystems kann der Prototyp jederzeit manipuliert werden, wobei das System die Erhaltung der Konsistenz zwischen Prototyp und Design-Dictionary überwacht.

Im Gegensatz zu [WAS82] wird bei ***INCOME*** zunächst auf die Möglichkeit verzichtet, den Dialog explizit für alle Teile der Applikation über Transitionsdiagramme zu definieren. Es wird stattdessen ein einheitliches Interaktionsschema für alle Module vorgegeben, wodurch sich die Einfachheit der Systembedienung wesentlich erhöht. Entspricht dieses Schema nicht den Vorstellungen der Benutzer, so kann es vom Designer geändert werden.

Das ***Konstruktions-System*** ermöglicht das Erfassen der funktionalen Anforderungen sowie eine interaktive Ableitung der übrigen Teile des konzeptuellen Schemas (Verhaltensmodell, Datenstrukturmodell, Transaktionsmodell).

Im ersten Schritt werden die funktionalen Anforderungen an die neu zu erstellende Applikation in Form einer Informationsflußnetz-Hierarchie spezifiziert, die im Design-Dictionary abgelegt wird. Der Prototyp der nach diesem Schritt interaktiv erstellt werden kann, liefert die Module der Applikation, die -zusammen mit noch unstrukturierten Formularen und Reports- bereits eine Simulation des Benutzer-System-Dialogs ermöglichen.

Nach Überprüfung und Manipulation der funktionalen Spezifikation anhand des Prototyps wird das Verhalten der Applikation modelliert. Das ***Verhaltensmodell*** wird aus den Teilnetzen der untersten Hierarchieebene in der Informationsflußnetz-Hierarchie abgeleitet. Zu den einzelnen Teilnetzen werden interaktiv Verhaltensregeln erzeugt, die zu Analysezwecken als Petri-Netze interpretiert werden. Zur Vereinfachung der grafischen Darstellung werden jedoch keine Petri-Netze, sondern eine modifizierte Variante verwendet. Das Schnittstellenverhalten von Teilnetzen und den dazugehörigen Verhaltensregeln kann automatisch analysiert werden. Die Korrektur und die anschließende Integration der Teilnetze zu einem globalen Verhaltensmodell erfolgen interaktiv. Dieses Modell kann dann z.B. auf Deadlockfreiheit, Erreichbarkeit von bestimmten Markierungen geprüft und entsprechend modifiziert werden. Aus der endgültigen Version des Verhaltensmodells kann ein neuer Prototyp generiert werden.

Die Konstruktion des ***Datenstrukturschemas*** erfolgt im nächsten Schritt nach einem in [LS85] näher beschriebenen und in [S84] praktisch angewandten Algorithmus, der auf einer Vorgängerflußanalyse beruht. Das Schema kann durch die Arbeit mit einem Prototypen überprüft werden, der jetzt bereits die Relationen der Applikation sowie strukturierte Formulare und Reports enthält. Er bildet die Grundlage des neuen Systems. Der Designer wird nun verstärkt selbst definierte Module bzw. Module einer Bibliothek im Prototypen einbinden.

Im letzten Konstruktionsschritt wird die ***Transaktionsmodellierung*** durchgeführt. Das System führt eine Tabelle aller benötigten Transaktionen und gibt ein entsprechendes Modell vor, wobei vor allem Informationen des Datenstrukturschemas, aber auch des Verhaltensmodells verarbeitet werden. Die Ergebnisse dieser Phase werden vom Prototyping-System zur Ergänzung der Module um Prozeduren verwandt, die die Erhaltung der schemaabhängigen Integrität fördern.

Im Anschluß an die konzeptuelle Modellierung mit parallelem Prototyping kann der Prototyp nun zum fertigen Anwendungssystem erweitert werden, bzw. -falls die Applikation nicht in der Entwicklungsumgebung laufen soll- in ein System der Anwendungsumgebung umgesetzt werden.

Mit ***INCOME*** wird ein System entwickelt, das es dem Designer ermöglicht, unter Einbeziehung des Endbenutzers, Informationssysteme für beliebige Umgebungen zu entwickeln. Welche ***INCOME***-Komponenten der Designer für seine Arbeit verwenden möchte, bleibt ihm weitgehend selbst überlassen. Dies wird vor allem auch dadurch unterstützt, daß der Designer den Zeitpunkt der Eingabe bestimmter Informationen im Design-Dictionary frei wählen und somit auch den Grad der Interaktion während der Konstruktionsschritte oder beim Rapid-Prototyping direkt beeinflussen kann.

6. Zusammenfassung und Ausblick

Im vorliegenden Beitrag wurden in den ersten Kapiteln die Grundlagen einer Methode für den konzeptuellen Entwurf kurz dargestellt. Als Aspekte der Modellierung wurden die Verhaltens- sowie die Struktur- und Transaktionsmodellierung betrachtet. Die Besonderheit der Methode liegt in der konsequenten Verwendung von Konzepten der Netztheorie, auf denen alle beschriebenen Schritte beruhen.

Weiterhin wurde kurz aufgezeigt, wie derzeit an der Universität Karlsruhe diese Ansätze in einem Software-Werkzeug zur konzeptuellen Modellierung integriert werden. Ziel dieses Projektes ist es, dem Designer mit ***INCOME*** eine grafik-orientierte Entwurfsumgebung bereitzustellen, die ihn in allen Phasen des konzeptuellen Entwurfs unterstützt und auf den einheitlichen Konzepten der Netztheorie beruht.

7. Literaturverzeichnis

[AH84] Abiteboul S.,Hull R.,IFO: A Formal Semantic Database Model,in: Proc.3rd ACM SIGACT-SIGMOD Symp.PODS 84 (1984)

[BRO81] Brodie M.L.,Association: A Database Abstraction for Semantic Modelling, in: Proc.2nd Int.ER-Conf.(1981)

[BRO84] Brodie M.L.,Ridjanovic D.: On the Design and Specification of Database Transactions,in: On Conceptual Modelling,Springer Verlag (1984)

[BRO84a] Brodie M.L.: On the Development of Data Models,in: On Conceptual Modelling,Springer Verlag (1984)

[GL81] Genrich H.J.,Lautenbach K.: System Modelling with High-Level Petri-Nets, Theoretical Computer Science 13 (1981)

[GS80] Genrich H.J.,Stankiewicz-Wiechno E.: A Dictionary of some Basic Notions of Net Theory,in: Net Theory and Application,LNCS 84, Springer Verlag(1980)

[ISD82] Olle T.W.et al.(Ed.): Information Systems Design Methodologies: A Comparative Review Proc. IFIP WG8.1,North-Holland Publ. Comp.(1982)

[ISO82] Griethuysen van J.J.(Ed.): Concepts and Terminology for the Conceptual Schema and the Information Base, ISO TC97/SC5/WG3(1982)

[KAR84] Karszt J.: DB-Pascal: Ein ausbaubares Datenbanksystem nach einem ER-Datenmodell, Dissertation Universität Karlsruhe(1984)

[LA85] Lausen G.: Conceptual Modelling Based on Net Refinements in: Proc. IFIP TC-2 Working Conference on Data Base Semantics (DS-1), North-Holland(1985) to appear

[LA85a] Lausen G.: On Behaviour Modelling of Information Systems, Institut für Angewandte Informatik und Formale Bescheibungsverfahren, Forschungsbericht 156, Universität Karlsruhe, März 1985

[LS85] Lausen G.,Schönthaler F.: A Constructive Method for Conceptual Data Schema Design, in preparation

[LU82] Lundeberg M.: The ISAC Approach to Specification of Information Systems in [ISD82]

[N85] Neuhold E.:Objects and Abstract Data Types in Information Systems, wie [LA85]

[P81] Peterson J.L.: Petri Net Theory and the Modelling of Systems,Prentice Hall(1981)

[R77] Ross D.T.: Structured Analysis(SA):A Language for Communicating Ideas, IEEE TOSE Vol.SE-3,No.1(1977)

[S84] Schönthaler F.: Problemanalyse und konzeptueller DB-Entwurf der Schroff S.A.R.L. Betschdorf; Diplomarbeit Universität Karlsruhe(1984)

[SCH83] Schiel U.: An Abstract Introduction to the Temporal Hierarchic Data Model(THM),in: Proc. 9th Int. Conf.VLDB(1983)

[SMI77] Smith J.M.,Smith D.C.P.: Database Abstractions: Aggregation and Generalization,ACM Trans. on Database Systems,Vol.2,No.2(1977)

[WAS82] Wassermann A.I.: The User Software Engineering Methodology in [ISD82]

EDDA-S, EINE GRAPHISCHE, STRUKTURIERTE DATENFLUSSPRACHE FÜR DEN SOFTWARE-ENTWURF

Helmut Kerner
Renate Pitrik
Herbert Motschnig
Institut für Angewandte Informatik und Systemanalyse
Technische Universität Wien
Argentinierstraße 8, A-1040 Wien

Werner Trattnig
National Semiconductor GmbH
Industriestraße 10, D-8080 Fürstenfeldbruck

Abstract

Mit zunehmender Computerunterstützung in weiten Bereichen gewinnen Bestrebungen, Softwaresysteme übersichtlich und verständlich darzustellen und hierdurch die Kosten für Entwicklung und Wartung zu reduzieren, zunehmend an Bedeutung. Einen Ansatz in diese Richtung bieten Datenflußsprachen. Wegen ihrer einfachen Semantik, ihrer Freiheit von Seiteneffekten, ihrer klaren modularen Strukturen und Interaktion zwischen den Moduln erleichtern Datenflußsprachen (die zur Gruppe der funktionalen Sprachen gerechnet werden) die Konstruktion leicht verständlicher und wartbarer Software.

Mit EDDA-S stellen wir eine Sprache vor, welche diese günstigen Eigenschaften der Datenflußsprachen mit den ergonomischen Vorteilen eines klaren, graphischen Formalismus vereint. Die Verständlichkeit des Modells wird durch eine Strukturierung des Datenflusses verbessert. Gleichzeitig werden hierdurch Verklemmungen und Pufferüberläufe, welche in parallelen, verteilten Systemen auftreten können, vermieden. Die Verwendung von Datenbanken, einem imperativen, in der Praxis oft benötigten Sprachelement wird ermöglicht, wobei die funktionalen Grundzüge der Sprache weitestgehend erhalten bleiben.

1. EINFÜHRUNG

Untersuchungen über die Erhöhung der Softwareproduktivität weisen auf die Notwendigkeit hin, die frühen Phasen der Softwareentwicklung wesentlich zu unterstützen und eine Darstellung der Programmstruktur zu finden, die leicht verstanden werden kann. Ganz offensichtlich ist die einfache Modifizierbarkeit während der Entwurfsphase oder später während der Wartungsphase stark von der Verständlichkeit abhängig.

Eine Vielzahl von Sprachen wurde vorgestellt, um die frühen Phasen der Entwicklung zu unterstützen. Eine dieser Sprachen, SADT (Ref. 1), ist weit verbreitet und wird vor allem wegen ihrer graphischen Darstellungsform, die menschliches Verstehen unterstützt und wegen ihrer Methode der sukzessiven Zerlegung von oben nach unten geschätzt. Trotz ihres großen Wertes für die Konstruktion des Grobmodells eines Informationssystems läßt SADT aber eine Vielzahl von Interpretationen zu und unterdrückt die Darstellung zahlreicher Angaben, die jedoch selbst in einem sehr frühen Modell notwendig sind, wenn Code vom Modell abgeleitet werden soll. Auch die Modellierung von Daten ist unbefriedigend gelöst. Auf den Grundlagen von SADT aufbauend wurde daher eine Entwurfssprache, EDDA-S (Ref. 2,3,6,7), entwickelt, welche zwar die grundlegenden Eigenschaften und das Erscheinungsbild von SADT beibehält (nämlich graphische Darstellungsform und funktionale Zerlegung), die aber um all jene Elemente erweitert wurde, die notwendig sind, über das Niveau einer Requirementsprache wie es SADT ist, hinaus zu einer Sprache zu gelangen, die sich für Entwurf und Programmgenerierung eignet. Diese Erweiterungen sind

1) eine Syntax und auf Datenfluß basierende Semantik für alle Operationen;
2) Sprachmittel zur Beschreibung von Daten;
3) ein einfaches Modularisierungskonzept mit Daten- und Resourceabstraktion;
4) syntaktische Regeln zur Strukturierung des Datenflusses (Ref. 12).

Der Entwurfsprozeß mit EDDA-S (einer strukturierten, vereinfachten Version von EDDA) wird durch automatische Hilfsmittel für graphisches Edieren, Entwurf, Analyse und Programmerstellung unterstützt. Selbstverständlich bewahrt EDDA-S die hohe Qualität der Dokumentation, für die SADT bekannt geworden ist. EDDA-S kann sogar als lebende Dokumentation des Entwurfsprozesses angesehen werden.

2. ZERLEGUNG UND DAS DATENFLUSSPRINZIP IN EDDA-S

In EDDA-S wird ein Informationssystem als ein hierarchisch geordnetes System modelliert. Eine oberste Aktivität des Systems wird in Teilaktivitäten zerlegt und die Verbindungen der Teilaktivitäten zueinander werden festgelegt. Die Zerlegung der Aktivitäten in Teilaktivitäten wird solange fortgesetzt bis ein ausreichender Detaillierungsgrad vorliegt. Ist eine Ausführung auf einem von-Neumann Computer geplant, stellt die Erreichung einfacher Unteraktivitäten das Ende des Spezifikationsprozesses dar.

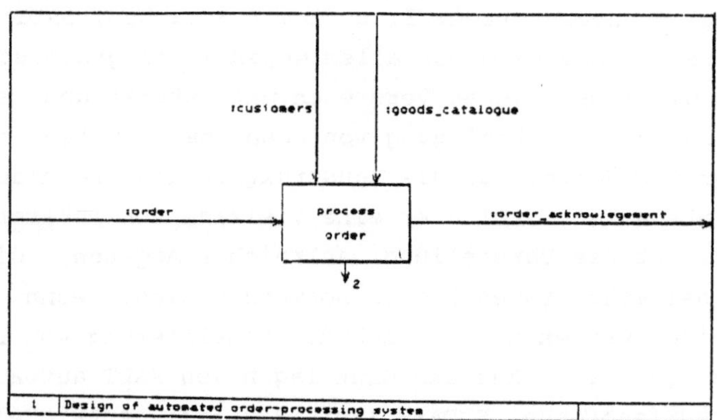

Abb. 1: "Auftrag bearbeiten" - höchste Abstraktionsebene

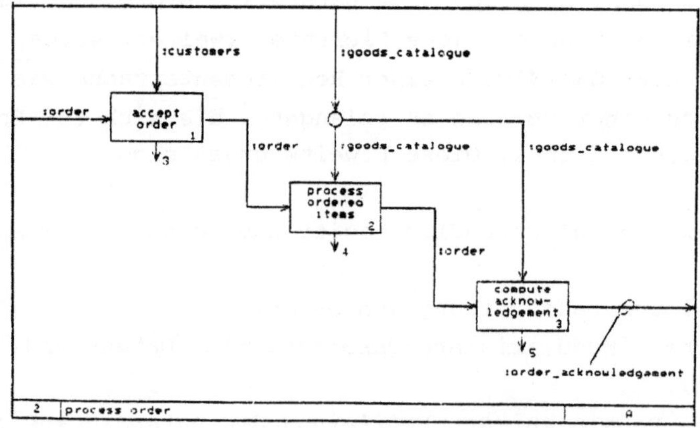

Abb. 2: Erstes Zerlegungsniveau

Das Beispiel in Abb. 1 und Abb. 2 illustriert diese Zerlegungen. Ein Informationssystem für Auftragsverarbeitung akzeptiert drei Eingänge: einen Kundenauftrag, für dessen Verarbeitung eine Kundenliste und ein Warenkatalog benötigt werden. Aus diesen Eingaben produziert das System eine Auftragsbestätigung.

Zwischen einem Diagramm und seiner Verfeinerung muß eine volle Schnittstellenkonsistenz der Ein- und Ausgabedatenpfade herrschen. Diese Forderung wird automatisch durch das EDDA-Entwurfswerkzeug überprüft. Abb. 2 zeigt dieselben Ein- und Ausgabepfade wie Abb. 1 und zusätzliche Pfade zwischen den Komponenten des Diagramms.

Daten sind typisiert, d.h. die Informationen, die über Datenpfade fließen, müssen genau zu korrespondierenden Typbeschreibungen passen, die auf separaten Blättern definiert werden (siehe Kapitel 4).

Datenwerte werden als Tokens (Marken) auf den Datenpfaden dargestellt. Ein Datenpfad kann zu einem Zeitpunkt maximal ein Token tragen. Die Steuerung erfolgt dezentral in jeder Aktivität durch Anwendung der folgenden Schaltregel:

Eine Aktivität (Kästchen) kann verarbeitet werden, wenn zumindest ein Datenwert auf jedem der einmündenden Dateneingänge anliegt. Durch die Verarbeitung wird von jedem Dateneingang ein Token entfernt und auf jeden Datenausgang ein Resultattoken gelegt.

Daher kann die Aktivität 1 in Abb. 2 unmittelbar nach Ankunft eines Wertes auf dem "Auftrags"pfad und dem "Kunden"pfad starten. Aktivität 2 muß auf das Ergebnis der Aktivität 1 warten, auch wenn Werte auf dem "Katalog"pfad anliegen.

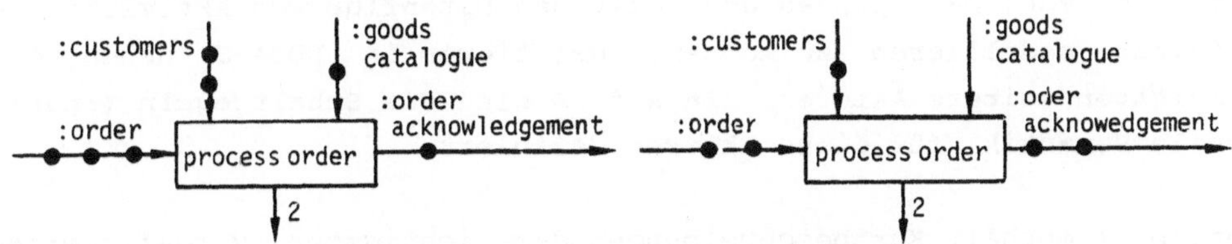

Abb. 3: Datenfluß in Aktivitäten

Alle drei Aktivitäten (Module) in Abb. 2 werden nun weiter zerlegt. Die Aktivität 1 enthält, wie in Abb. 4 gezeigt, eine solche Datenabhängigkeit, daß beide Unteraktivitäten 1 und 2 einen Datenwert von "Auftrag" erfordern. Folglich können diese zwei Aktivitäten parallel verarbeitet werden, wenn der "Auftrags"datenwert kopiert wird und am "Kunden"pfad ein Datenwert anliegt. Aktivität Nummer 3 muß auf die Ausgaben der Aktivitäten 1 und 2 warten und benötigt eine weitere Kopie des Wertes Auftrag.

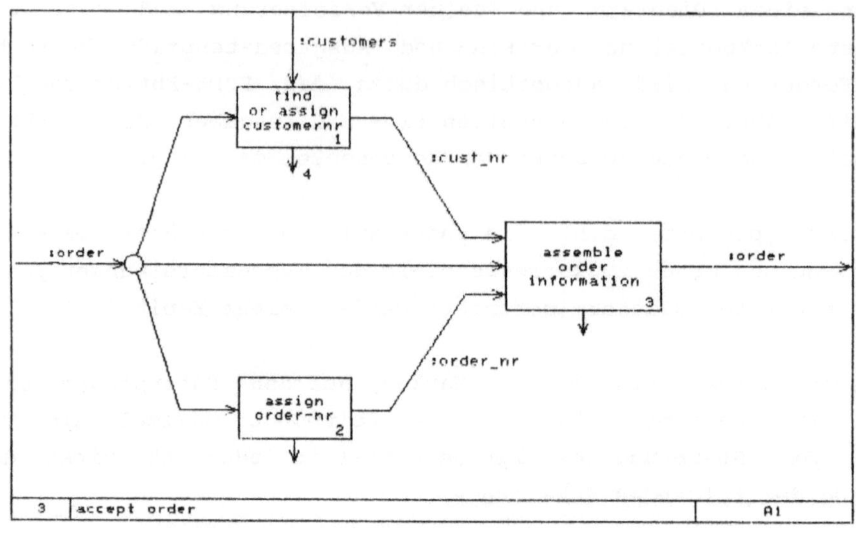

Abb. 4: Zerlegung der Aktivität "Auftrag annehmen"

3. AKTOREN UND STRUKTURIERTER DATENFLUSS

Der für die funktionale Zerlegung eines Systems in EDDA-S wichtigste Aktor ist die Aktivität, die zur Abstraktion verschiedenster Verarbeitungsvorgänge dient. - Um auch Verzweigungen und Zusammenführungen von Datenpfaden und somit den Datenfluß von Aktivität zu Aktivität modellieren zu können, existieren in EDDA-S neben den Aktivitäten weitere Aktoren. In Ref. 6 sind die Schaltregeln (operationale Semantik) für diese Aktoren definiert.

Tabelle 1 enthält Kurzbeschreibungen der wichtigsten vordefinierten Aktoren. Die Beschriftungen i_S und o_S zeigen an, daß an entsprechenden Stellen nicht nur ein Datenpfad, sondern ein Satz von Datenpfaden erlaubt ist. Die Verarbeitung von Tokens durch einen Aktor wird auch als 'Schalten' des Aktors bezeichnet.

Die letzten drei Aktoren der Tabelle werden aufgrund ihres Aufbaues aus mehreren Teilen auch Konstrukte genannt. Sie ermöglichen die Formulierung eines strukturierten Datenflusses, indem sie den Datenfluß entlang einer durch das jeweilige Konstrukt vorgeschriebenen Schablone lenken.

Symbol	Aktor-bezeichnung	Beschreibung
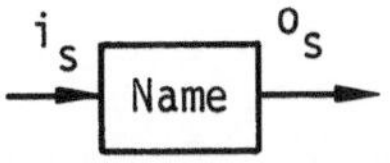 i_s Name o_s	Aktivität	'Name' steht für den zu spezifizierenden Verarbeitungsvorgang. Bei der Verarbeitung wird jedem Datenpfad von i_s ein Token entnommen, verarbeitet und auf jeden Pfad von o_s ein Token gesetzt.
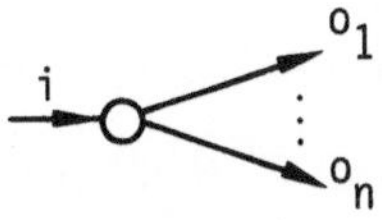 i o_1 ... o_n	Fork	Dient zum Kopieren und/oder Aufspalten eines Datenwertes von i auf o_1 bis o_n. Beim Schalten von Fork wird ein Token von i entnommen und auf jeden Pfad von o_1 bis o_s wird ein Token gesetzt.
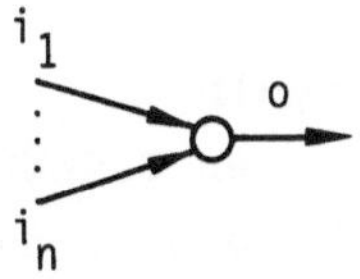 i_1 ... i_n o	Join	Dient zum Vereinigen und Synchronisieren von Datenwerten, die auf i_1 bis i_n ankommen. Der Join Aktor kann schalten, wenn an jedem der Pfade i_1 bis i_n ein Token anliegt. Beim Schalten wird jedem der Pfade i_1 bis i_n ein Token entnommen und auf o ein Token gesetzt.
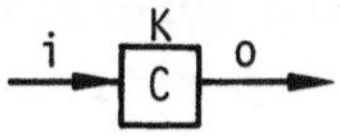 i K C o	Constant	Dient zur Erzeugung konstanter Datenwerte. Beim Schalten des Constant Aktors wird von i ein Token entnommen und die dem Aktor zugeordnete Konstante K auf den Outputdatenpfad gesetzt.
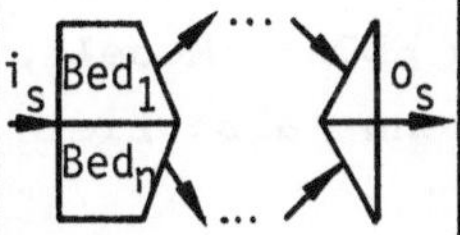 i_s Bed_1 Bed_n ... o_s	Choose Merge Konstrukt	Dient zur Modellierung von Verzweigungen aufgrund einer Bedingung (Bed_i) und anschließender Zusammenführung des Datenflusses. Trifft z.B. Bed_1 zu, werden mittels des Choose Teiles Tokens von i_s entnommen, in den zu Bedl gehörigen Zweig gesendet, verarbeitet, durch den Merge Teil vom entsprechenden Zweig entnommen und auf o_s gesetzt.
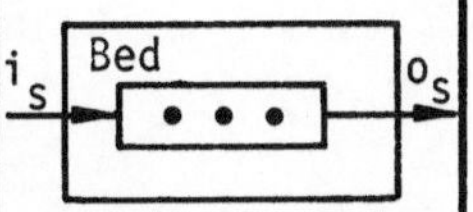 i_s Bed ••• o_s	Loop Konstrukt	Dient zur Darstellung von Iterationen, bei denen ein Rumpf, (dargestellt durch "...") wiederholt wird. In "Bed" ist die Iterationsbedingung formuliert.
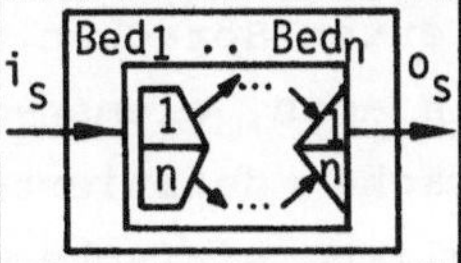 i_s Bed_1 .. Bed_n 1 n ... o_s	Case While Konstrukt	Modelliert Iterationen, bei denen jeweils aufgrund einer Bedingung der zu wiederholende Rumpf bestimmt wird.

Tabelle 1: Übersicht über EDDA-S Aktoren

Ein Beispiel für das Choose Merge Konstrukt ist in Abb. 5 enthalten. Zur Erklärung ist an der rechten Seite der Abbildung die entsprechende Pascal Anweisung angeführt.

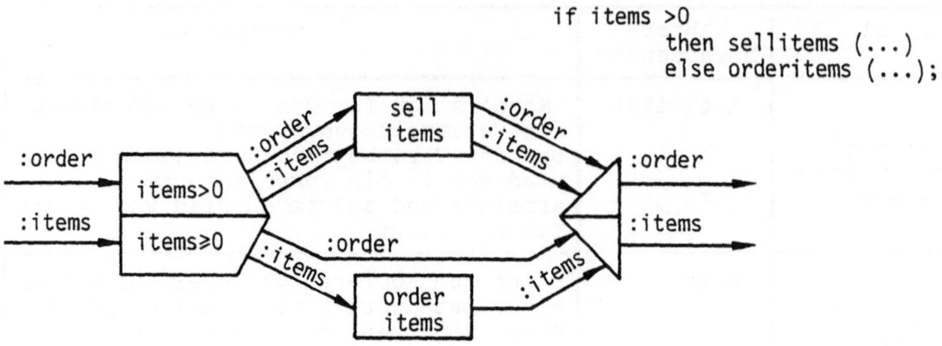

Abb. 5: Beispiel für das Choose Merge Konstrukt

Die Verwendung der EDDA-S Konstrukte und Strukturierungsregeln

- erhöht die Verständlichkeit der EDDA-S Spezifikation. Dieser Effekt des strukturierten Datenflusses kann als Analogie zur Verbesserung der Verständlichkeit durch die strukturierte Programmierung in konventionellen Sprachen gesehen werden.
- vereinfacht den Modellierungsprozeß, da keine explizite Synchronisierung zur Vermeidung von 'Überholungen von Tokens' spezifiziert werden muß; als Nebeneffekt wird auch der Übergang zu strukturierten, konventionellen Programmiersprachen erleichtert;
- ermöglicht die Analyse (auf Verklemmungen und Pufferüberläufe) und erleichtert die Modellierung des dynamischen Verhaltens;
- vermindert zwar die maximal mögliche Parallelität im EDDA-S Modell, dieser Effekt fällt jedoch nicht ins Gewicht, wenn als Zielarchitektur ein von-Neumann Rechner verwendet wird.

4. DATENTYPEN

EDDA-S gehört (wie etwa Pascal) zur Gruppe der typisierten Sprachen. Während jedoch z.B. in Pascal sowohl strukturierte als auch elementare Datentypen als Bestandteil der Programmiersprache definiert sind, beinhaltet das Typkonzept von EDDA-S lediglich einfache, logische Beschreibungen strukturierter Datentypen. Diese können in einer späteren Phase in einfacher Weise in die Notation einer Programmiersprache übertragen werden.

Grundsätzlich unterscheiden wir, in Analogie zur Jackson's Sequenz, Selektion und Iteration (Ref. 10) drei Grundstrukturen: den record Typ, den one-of Typ und den Typ iteration. Durch beliebige Zusammensetzung der Grundstrukturen sind sowohl Typkombinationen als auch rekursive Datentypen definierbar.

Typdefinitionen werden graphisch durch Typdiagramme dargestellt. Die allgemeine Form der Repräsentation der Grundstrukturen befindet sich in Abb. 6a-c.

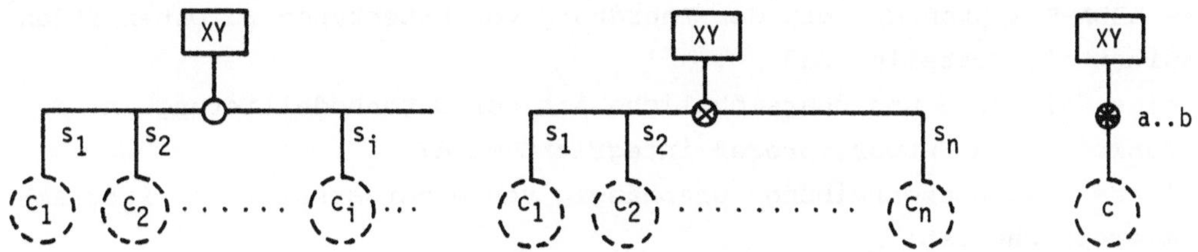

Abb. 6: Allgemeine Beschreibung von
(a) record Typnamen (b) one-of Typnamen (c) iteration Typnamen

In Abb. 6 bezeichnet S die Selektoren und C die den Selektoren zugeordneten Komponenten. (Das exklusive oder 'x' in ⊗ und der Iterationsstern in ⊛ sind mnemotechnische Hilfen zur Unterscheidung von one-of Typ und Typ Iteration.

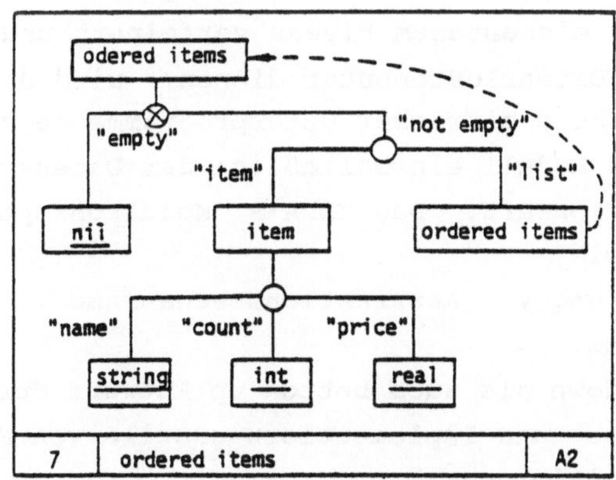

Abb. 7: Typdiagramm des Typnamens "Bestellte Artikel"

Als konkretes Beispiel diene das Typdiagramm mit dem Typnamen "Bestellte Artikel" in Abb. 7. Die Liste "Bestellte Artikel" ist als rekursive Struktur angeordnet. Die Struktur auf oberster Ebene ist ein one-of Typ, der aus zwei einander ausschließenden Zweigen besteht: leer oder nicht leer. Der Typ der nächsten Ebene ist ein record Typ.

Die Verbindung zwischen den Typdefinitionen (in Typendiagrammen) und den Datenpfaden (in Aktivitätendiagrammen) geschieht durch die Bezeichnung der Datenpfade mit Typnamen (und ggf. Angabe der Seitennummer des Typenteils). Jedem Datenpfad ist ein Typname zugeordnet, wodurch nur solche Werte auf einem Datenpfad zugelassen werden, die dem spezifizierten Typ angehören.

Das EDDA-S Typkonzept mit der Zuordnung von Datentypen zu Datenpfaden besitzt die Vorteile, daß
- eine einfache und übersichtliche Art der Datenmodellierung in den funktionalen Entwurfsprozeß integriert wird;
- diese Datenbeschreibung unabhängig von einer speziellen Programmiersprache ist;
- die Überprüfung der Konsistenz von Schnittstellen in bezug auf Datentypen ermöglicht wird.

5. MODULKONZEPT UND DATENBANKEN

Im Gegensatz zu einem reinen Datenflußvorgehen, bei dem Datenflußdiagramme bis zu elementarem Niveau verfeinert und als Maschinensprache für einen Datenflußcomputer dienen, wird die Verfeinerung in EDDA-S auf der Ebene einfacher Unterprogramme abgebrochen und das graphische EDDA-S Modell einschließlich der Datenabstraktionen wird in Module partitioniert. Das EDDA-S Modulkonzept ermöglicht es, moderne Konzepte wie
- die Formulierung von Abstraktionsmechanismen;
- Datenkapselung;
- sowohl top down als auch bottom up Entwurf durch Trennung der Spezifikations- und Implementierungsstile von Moduln;
- separate Kompilierung;

bereits in der Entwurfsphase einzubringen (Ref. 13). Ein Charakteristikum des EDDA-S Modulkonzeptes ist seine Einfachheit. Wegen des weitestgehend funktionalen Charakters der Sprache brauchen lediglich Aktivitäten (und nicht auch Konstante, Typen, Variable) in den Import- und Exportlisten der Schnittstellen angegeben werden. Dadurch wird eine knappe und übersichtliche Beschreibung sämtlicher Intermodulbeziehungen erreicht und ein klarer Übergang zur textuellen Implementierung geschaffen. Tabelle 2 enthält eine kurze Beschreibung der Modularten von EDDA-S.

Modulart	Verwendung	Kommentar
activity Modul	Abgrenzung einer Hauptaufgabe	geht aus einem EDDA-S Teilbaum hervor; ein ausgezeichneter activity Modul bildet das Hauptprogramm;
collection Modul	Zusammenfassung zusammengehöriger Definitionen	Verwandte Aktivitäten werden zusammenhängend an einer Stelle definiert;
constant type Modul	Definition aller Konstanten und Typen, die an mehreren Stellen verwendet werden	geht aus EDDA-S Typendiagrammen hervor; wird implizit in alle Module importiert;
adt Modul	Definition eines Datentyps mit zugehörigen Operationen	besitzt funktionales Verhalten; Datenabstraktion in EDDA-S ist mit dem Clusterkonzept (s. Ref. 8) verwandt;
database Modul	Definition von Datenobjekten und Zugriffsoperationen zur Manipulation dieser Objekte	notwendig zur Integration von Datenbanken in den funktionalen Entwurf;

Tab. 2: Arten von EDDA-S Moduln

Der Datenbank Modul ermöglicht es, globale Datenbestände und Zugriffe darauf in EDDA-S zu integrieren. -
Oft ist es, hauptsächlich der Einfachheit halber erwünscht, globale Datenbanken nicht als Datenwerte, die auf Datenpfaden fließen, zu modellieren, sondern sie global (der Realität entsprechend) zur Verfügung zu stellen. Es ist jedoch darauf hinzuweisen, daß die Verwendung von Datenbanken vom reinen Datenflußprinzip abweicht und Seiteneffekte verursacht.

In der graphischen Syntax von EDDA-S werden Datenbanken als Kreise dargestellt, die den Namen und die Referenznummer der Definition enthalten. Als Beispiel siehe Abb. 9.

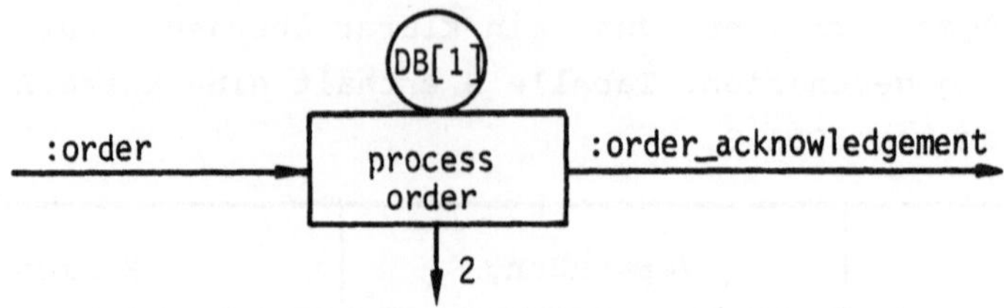

Abb. 9: Aktivität, welche die Datenbank "DB" verwendet

Als Schnittstelle zu Datenbanken sieht EDDA-S einen Softwaremodul vor, in dem die Zugriffsoperationen auf die Datenbank definiert sind.

6. DER ENTWURF MIT EDDA-S

EDDA-S unterstützt die Methode der schrittweisen Verfeinerung sowohl durch funktionale Zerlegung als auch durch datenorientierten Entwurf (vgl. Ref. 9 und Ref. 10). Der Entwurfsprozeß wird von einem System für die Dokumentadministration begleitet, das auf der hierarchischen Organisation des Modells beruht. Das oberste Diagramm (mit dem Namen A) wird in Module des nächsten Niveaus A1, A2, ..., An zerlegt. Diese wiederum werden verfeinert in die Diagramme A11, ..., A1k, ..., An1, ..., Anl usw. Typdiagramme und Kommentarseiten werden ebenfalls nach dem hierarchischen System der Aktivitäten geordnet.

Der funktionale Stil von EDDA-S unterstützt die Unabhängigkeit einzelner Module: ein Vorteil, der sich besonders für die leichte Verständlichkeit des Entwurfs auswirkt und die Arbeit des Systementwurfs im Team leichter durchführen läßt. Dies ist möglich, weil Modifikationen und Wartung weitestgehend von einer sichtbaren Programmstruktur und von der Unabhängigkeit der Module profitieren.

Ein System, das mit EDDA-S modelliert wurde, kann in jedem Abarbeitungsschritt auf Entwurfsfehler analysiert werden. Tests auf korrekte Semantik und Konsistenz können für jedes Diagramm und seine ungeordneten Teile durchgeführt werden.

7. DAS EDDA-UNTERSTÜTZUNGSWERKZEUG

Jede Sprache, die für den Entwurf sehr großer Systeme vorgesehen ist, benötigt die Hilfe computer-unterstützter Werkzeuge, wie in Abb. 10 zusammmengefaßt. Einige Werkzeuge (diejenigen im oberen Halbkreis in Abb. 10) haben für die interaktive Verwendung eine Schnittstelle nach außen hin zum menschlichen Anwender und nach innen hin eine Schnittstelle zu der gemeinsamen Modelldatenbank. Die andere Gruppe der Werkzeuge bereitet die Daten in der Modelldatenbank für die weitere Computerverarbeitung vor (unterer Halbkreis des Bildes).

Der "Editor" ist eines der Werkzeuge, das den Menschen unterstützt. Er dient der Erstellung des graphischen EDDA-Codes durch Menütechnik. Der Entwerfer wählt einzelne EDDA-Aktoren aus, positioniert sie am Bildschirm und verbindet sie durch Datenpfade. Dabei entsteht ein syntaktisch richtiger Graph, der in der Modelldatenbank in computerlesbarer Form abgespeichert wird. Somit ist er jederzeit wieder verfügbar, sowohl für die Regenerierung des Bildes am Bildschirm (zum Lesen oder Modifizieren), als auch für die weitere Verarbeitung durch den Computer, insbesondere für die Codeerzeugung und die Analyse.

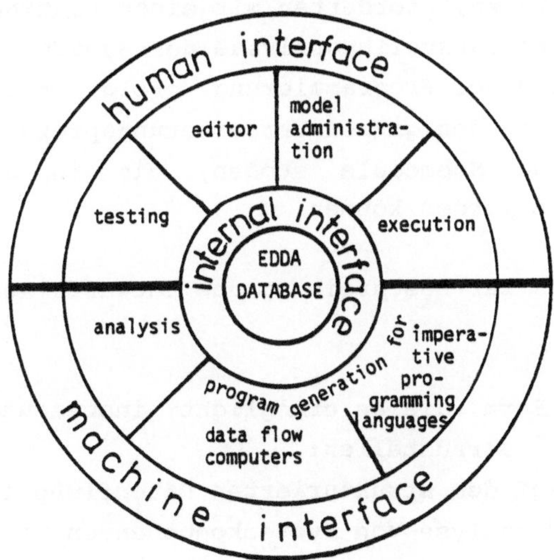

Abb. 10: EDDA Werkzeug

Die Modelldokumentation wird gleichzeitig mit dem Modell erzeugt. Ein weiteres Unterstützungswerkzeug (Modellverwaltung) sieht den Zugang zu einem gewünschten Modellteil über verschiedene Wege vor: über die

Diagrammnummer, oder den Diagrammnamen, oder den Datenpfad und Datentyp, oder über das Datum der Erstellung oder den Namen des Erstellers des Modellteils. Die Analysewerkzeuge beschäftigen sich mit statischen Semantiktests und Vollständigkeitsanalysen (Konsistenz von Datenpfadnamen über alle Niveaus des Modells) - ein sehr nützliches Werkzeug speziell für den Entwurf großer Systeme.

Zum unteren Halbkreis der Abbildung gehören weiters Codegeneratoren, die EDDA-S von der in der Modelldatenbank gespeicherten Form in Programmcode transformieren. Dabei sollen einerseits Codegerüste konventioneller Programmiersprachen (z.B. Pascal) generiert und textuell durch Programmcode vervollständigt werden, andererseits sind Forschungsarbeiten für die vollkommen automatische Übersetzung von EDDA (ergänzt durch Sprachelemente elementaren Niveaus) im Gange.

8. ZUSAMMENFASSUNG

Um eine sehr häufige Fehlerursache auszuschalten, die durch den Wechsel der Darstellungsformen in den einzelnen Phasen des Entwicklungsprozesses entstehen, forderten wir einen kontinuierlichen Übergang vom sehr hohen Darstellungsniveau des Systementwurfs bis zum detaillierten Niveau der Programmierung. Folglich benützen wir die gleiche Sprache durch den ganzen Verfeinerungsprozeß, bis wir auf strukturell einfache Submodule stoßen, die in einer beliebigen Sprache programmiert werden können.

Die Sprache EDDA-S zur Beschreibung des Entwurfs erfüllt folgende Forderungen:

1) eine graphische Form, die es ermöglicht, insbesondere die Struktur des Problems klar darzustellen;
2) eine einfache, auf dem strukturierten Datenflußprinzip basierende Modellierung und Analyse von Systemkomponenten und deren Zusammenhängen;
3) eine maximale Unabhängigkeit der Einzelmodule voneinander für Entwurf und Wartung.

EDDA-S kann als eine Synthese von funktionsorientiertem Design (Constantine) und datenorientiertem Design (Jackson) gesehen werden, weil sowohl Funktionen als auch Datentypen in EDDA-S in jedem Niveau abstrahiert und verfeinert werden, wobei beide Aspekte vereint werden, anstatt den Entwerfer in eine Richtung zu zwingen.

Wir setzen EDDA-S derzeit für die Erstellung sequentieller Programme ein, die Sprache ist jedoch genausogut für die Beschreibung verteilter oder paralleler Systeme verwendbar. EDDA-S wird durch die Verwendung von Werkzeugen für die Erstellung, Analyse und Verwaltung unterstützt.

Die Hauptvorteile von EDDA-S sind die Verwendung einer einfachen Modellierungssprache, welche einen klaren Blick in die Struktur großer Programmsysteme ermöglicht, die Wartung verbessert und die Programmerstellung unmittelbar aus dem in früheren Phasen erstellten Modell ermöglicht.

REFERENZEN

1. Ross D. T.: "Structured Analysis (SA): A Language for Communicating Ideas", in: IEEE Trans. on Software Engineering, Vol. 3, No. 1, 1977.
2. Trattnig W., Kerner H.: "EDDA, a very high-level programming and specification language in the style of SADT", in: IEEE-CS's Proc. of the 4th Int. Computer and Software & Application Conf., Chicago, Ill., USA, Oct. 29-31, 1980, pp. 436-443.
3. Kerner H. et al: "Methoden des Software Engineering und die Entwurfssprache EDDA", TR 85/06/01, Inst. f. Angew. Informatik und Systemanalyse, TU-Wien, 1985.
4. Ackermann W. B.: "Data Flow Languages", in: IEEE-Computer, Feb. 1982, pp. 15-25.
5. Trattnig W.: "Eine Abstrakte Datenflußmaschine zur raschen Erzeugung von Prototypen eines Softwaresystems", Dissertation, Univ. Wien, June 1982.
6. Motschnig H.: "EDDA und Feinentwurf", TR DA 83/05/05, Inst. f. Angew. Informatik und Systemanalyse, TU-Wien, 1983.
7. Pitrik R.: "Denotationale Semantikdefintion von EDDA", Diplomarbeit, Inst. f. Angew. Informatik und Systemanalyse, TU-Wien, 1982.
8. Liskov B. et al: "Abstraction Mechanisms in CLU", Comm. of ACM, Vol. 20, No. 8, Aug. 1977, pp. 564-576.
9. Yourdon E. and Constantine L. L.: "Structured Design", Prentice-Hall Inc., 1979.
10. Jackson M. A.: "Principles of Program Design", Academic Press, 1975.
11. Kerner H.: "Funktionales Programmieren und Datenflussrechner - die Ära nach von-Neumann", in: Elektronische Rechenanlagen, Jubiläumsheft, Vol. 25, 1983.
12. Rainel H.: "Strukturierung des Datenflusses in EDDA", TR 85/03/01, Inst. f. Angew. Informatik und Systemanalyse, TU-Wien, 1985.
13. Pitrik R.: "The Role of Modularisation in Functional and Conventional Languages", in: 3rd Internat. Workshop on Software Specification and Design, Aug. 26-27, 1985, London, IEEE, 1985.

LITOS-A und LITOR-A - EINE METHODE UND EIN WERKZEUG FÜR DIE ANALYSE- UND DEFINITIONSPHASE VON SOFTWARE-PROJEKTEN

H. Färberböck, E. Wallmüller
Johannes Kepler Universität
Linz/Österreich

1. Einleitung

Software-Entwicklung ist ein Prozeß, der erfahrungsgemäß in Phasen abläuft. Obwohl die verschiedensten Firmen, die Software-Entwicklungsmethoden und -werkzeuge anbieten, die unterschiedlichsten Namen und Charakteristiken dafür verwenden, zeichnet sich ein gemeinsamer Durchschnitt ab, der aus Problemidentifikation und -definition, Anforderungsdefinition, Entwurf, Kodierung und Test, Installation und Wartung besteht.

Vielfach wird das Identifizieren und Definieren von Problemen als eine separate, sich von den anderen Aktivitäten unterscheidende Aufgabe verstanden. Dies findet seinen Niederschlag darin, daß es Aktivitäten gibt, die identifizieren, was gemacht werden muß (Anforderungen) und andererseits Aktivitäten ablaufen, die aufzeigen, wie es gemacht werden muß (Entwurf). Die Software-Entwickler beklagen sich aber oft bitter, daß Anforderungen, wenn überhaupt, dann ungenau definiert wurden. Auftraggeber und Entwickler beklagen hingegen oft, daß der Entwurf nicht die richtige Antwort auf die Probleme ist, die sie identifiziert hatten. Bei diesem Dilemma stellt sich die Frage, ob es Mechanismen oder Konzepte gibt, die diese Kommunikations- und Anschauungsschwierigkeiten beseitigen helfen.

Aus der Wissenschaftstheorie wissen wir, daß eine "Problemaussage" bereits eine "Aussage über die Lösung" ist. Obwohl dies etwas einfach klingt, enthält diese Aussage ein ausgeklügeltes Konzept, das oft von Software-Entwicklern übersehen wird: die Anforderungsdefinition ist bloß eine Vorstufe des Entwurfs. Unter der Annahme, daß dies zutrifft, sind Anforderungsdefinition und Entwurf eng miteinander verbunden.

In der Praxis finden wir dann dies bestätigt, müssen aber erkennen, daß mindestens die Anforderungsdefinition schwach, d.h. meist zu oberflächlich ausgeführt wurde. Dies zeigt sich auch darin, daß der Entwerfer Probleme lösen muß bzw. auf Anforderungen stößt, die eigentlich in der Anforderungsdefinitionsphase gelöst bzw. definiert hätten werden müssen. Als Entschuldigungsgrund wird die Instabilität der Anforderungen vorgebracht und der Verweis, daß man ja einmal etwas vorzeigen müsse, fehlt meist auch nie. Wie kann dies verhindert bzw. beide Aktivitätengruppen enger aneinander gebunden werden?

Gegenwärtig in der Praxis vorzufindende Werkzeuge wie PROMOD /HRUS83/ und EPOS /EPOS84/ versuchen diesem Trend gegenzusteuern und bieten Lösungen an, die eine verstärkte Integration von Anforderungsdefinition und Entwurf mitsichbringen.

2. Lösungsansatz durch Prototyping

Die Lösung dieser Probleme wurde im Rahmen einer Methoden- und Werkzeugentwicklung /SCHU78/, /NIED82/, /MERK81/, /BASL81/, /WALL84b/ am Institut für Informatik der Johannes Kepler Universität angegangen.

Es wurden Methoden (LInzer Technique Of Software development-Analyse/-Entwurf) und Software-Werkzeuge (LItos-GeneraTOR-A/-E) auf dem dedizierten Software-Entwicklungssystem PET-MAESTRO-System entwickelt. Daneben wurde ein grafikunterstützendes Entwurfssystem für Großrechner implementiert /SCHU82/, /ZINC83/.

Auch die Geschichte dieser Werkzeugentwicklungen ist interessant und zeigt den sich immer erweiternden Erkenntnisraum. Glaubte man zunächst, eine rein grafische Entwurfsmethode, die durch ein interaktives Werkzeug unterstützt wird, führt zum Erfolg, so kam nach den ersten Projekten die Ernüchterung, daß ohne eine Anforderungsdefinitionsmethode (LITOS-A) nur schwer eine Lösung aller bekannten Probleme möglich ist /WALL84a/.

Es war von Vorteil, daß LITOS-A voll auf die Entwurfsmethode LITOS-E abgestimmt werden konnte. Im Rahmen der Werkzeugentwicklung für die beiden Methoden stellten wir fest, daß aber auch ein veränderter Phasenablauf wesentliche Vorteile bei instabilen Anforderungen mit sich bringt. Dies ist in der Abbildung 1 dargestellt.

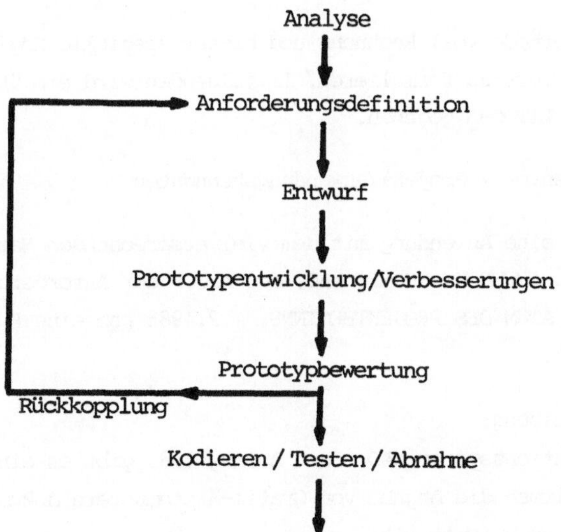

Abbildung 1: Phasenablauf bei instabilen Anforderungen

Gerade bei der Entwicklung von Software-Werkzeugen für Methoden wurden sich laufend verändernde Benutzerschnittstellen festgestellt. Dies konnte durch Einführung eines Prototypkonzepts zufriedenstellend gelöst werden. Es umfaßt 2 Stufen. Zunächst wird durch die Methode LITOS-A der Aspekt der Benutzerschnittstellen in Form eigener Syntaxelemente wie z.B. Modell der Schnittstelle, Beleg, Liste oder Dialog, beschrieben. Das Modell der Schnittstelle erlaubt über Interaktionsdiagramme /DENE77/, /SCHN82/, das Ablaufverhalten aus Benutzersicht zu beschreiben. Dem kann sich dann die konkrete Beschreibung der physischen Ausprägung der Benutzerschnittstelle (Layouts) anschließen.

Die zweite Stufe umfaßt die Erzeugung eines vorführbaren Prototyps durch das Werkzeug LITOR-A. Sämtliche Layouts werden in einem Layoutfile beschrieben.

Das Werkzeug bietet nun im Dialogbetrieb die Möglichkeit, die Bildschirmmasken entsprechend der Ablaufspezifikation zu verknüpfen. Es wird dabei eine Prozedur generiert, die nach ihrer Übersetzung ausgeführt werden kann, d.h. der Prototyp kann sofort demonstriert werden. Als zukünftige Erweiterung ist geplant, die Simulation der Benutzerschnittstellen zur Sammlung von Testdaten heranzuziehen. Das heißt, bei der Präsentation des Prototyps werden gleich mit dem Benutzer charakteristische Eingabedaten ermittelt und diese als Testdaten abgespeichert.

3. Struktur einer Spezifikation in LITOS-A

Die beiden Hauptaufgaben in der Analyse-/Definitionsphase eines Software-Projekts sind einerseits die Modellierung der fachtechnischen Funktionen (Aufgaben) und andererseits die Modellierung der in der Anwendung vorkommenden Datenobjekte und deren Beziehungen.

Dem trägt die LITOS-A Methode voll Rechnung und bietet spezielle Möglichkeiten, dies sauber und strukturiert zu formulieren. Im folgenden wird ein Überblick über die Anforderungssprache LITOS-A gegeben.

APPLICATION : Anwendungsname + Projekt/Anwendungskenndaten

Als Beispiel wählen wir eine Anwendung mit dem vielversprechenden Namen MAD. In diesem Teil wird nun der ANWENDUNGSNAME: MAD, der AUTOR der Anforderungsdefinition: Hannes Färberböck, das DATUM DES PROJEKTBEGINNS: 1.2.1985 und eine KURZBESCHREIBUNG der Anwendung festgelegt.

Hier ist die Kurzbeschreibung:
Das Ärztemusterdokumentationssystem MAD. Seit Anfang 1985 gibt es eine Weisung, daß alle pharmazeutischen Firmen die Abgabe von Gratis-Ärztemustern dokumentieren müssen. Die Abgaben wurden auch limitiert.

USED FUNCTIONUNITS: Katalog der fachtechnischen Anwendungsfunktionen

In unserem Beispiel gibt es die Anforderung nach einer Funktion mit dem NAMEN: ARZT_EINGEBEN.

Wir liefern, nachdem wir die ABSTRAKTIONSEBENE der Funktion (O2) festgelegt haben, eine KURZE BESCHREIBUNG dieser Funktion:

Nachdem wir herausgefunden haben, daß der Arzt, der Muster erhielt, nicht aufzufinden war, müssen wir ihn eingeben, um seinen Namen und seine Adresse dem System MAD bekanntzugeben. Dann soll der Arzt in die Liste der Ärzte alphabetisch eingereiht werden. Nun definieren wir die SCHNITTSTELLE, die diese Funktion zu anderen Funktionen (der selben Abstraktionsstufe) oder zu Entities bildet. Bsp.: Das Objekt neuer_Arzt wird an das Entity Arztliste exportiert.

Wir legen nun die RESTRIKTIONEN dieser Funktion fest: Da MAD auf einem Mikrocomputer realisiert wird, darf die Ärzteanzahl in einem politischen Bezirk 400 nicht übersteigen. Nun definieren wir die BENUTZERSCHNITTSTELLE, welche Ein- und Ausgabefelder die Arzteingabemaske benötigt und von welchem Typ diese sind. Weiters können wir Zugangsrechte für diese Maske bestimmen (Owners).

USED ENTITIES: Entity-Katalog

Zuerst geben wir dem Entity einen Namen, z.B. ARZT. Dann legen wir die SCHLÜSSEL-ATTRIBUTE fest, in unserem Fall eine Arztnummer. Bei den Informationsattributen unterscheiden wir ZEITABHÄNGIGE ATTRIBUTE (Bsp.: Familienname) und ZEITUNABHÄNGIGE ATTRIBUTE (Bsp.: Geburtsdatum).

Damit hätten wir ein einfaches Entity beschrieben, was in dieser Anwendung ausreichen würde. Bei größeren Anwendungen würden eine Unmenge von Entities anfallen, die ohne eine Strukturierung nicht mehr zu überblicken wären. Wir haben zur Strukturierung von Entities zwei Konstrukte eingeführt: Das IS-A Konstrukt, um ein Entity zu unterteilen und das INCLUDE Konstrukt, um aus bestehenden Entities ein neues aufzubauen.

Bsp. für IS-A: Wir unterteilen Krankenhäuser in: Öffentliche Krankenhäuser und Private Krankenhäuser. Wir definieren das mit LITOS-A so: Öffentliches Krankenhaus IS-A Krankenhaus und Privates Krankenhaus IS-A Krankenhaus. Somit haben wir drei Entities geschaffen, die alle Attribute des Entities Krankenhaus übernehmen. Es können natürlich Attribute umdefiniert werden, oder zusätzliche Attribute definiert werden. Bsp.: Beim Privaten Krankenhaus der Name des Besitzers.

Bsp. für INCLUDE: Das Auto setzt sich aus Karosserie und Motor zusammen. Mit LITOS-A definieren wir das so: Entity Auto INCLUDES Entity Motor, INCLUDES Entity Karosserie.

USED CLUSTERS: Katalog mit unterschiedlichen Entity-Klassifikationen

Ein Entity wird ja nicht nur nach einem Kriterium unterteilt, wie es bei der Unterteilung des Entities Krankenhaus nach dem Kriterium Öffentlich/Privat in öffentliche und private Krankenhäuser der Fall gewesen ist, sondern oft wollen wir ein Entity nach mehreren Kriterien unterteilen, z.B. Öffentlich/Privat, Subventioniert/Eigenkapital. Wir geben in LITOS-A einfach an, WELCHES ENTITY UNTERTEILT wurde, das KRITERIUM der Unterteilung und die ENTITIES, die durch diese Unterteilung entstehen.

z.B.: Unterteiltes Entity: Krankenhaus
Kriterium : Subvention
Entities: subventionierte_KHs, Eigenkapital_KHs
Diese Entities bilden dann einen sogenannten Cluster.

USED RELATIONS: Relationen-Katalog

Mittels Relationen definieren wir die Beziehungen zwischen Entities. Wir vergeben einen RELATIONSNAMEN, z.B. ist_angestellt. Dann definieren wir die BEIDEN ENTITIES, zwischen denen diese Beziehung herrscht, z.B. Arzt, Krankenhaus. Weiters müssen wir die ART der Beziehung CAN oder MUST (im Bsp.: CAN) und den Typ 1 : 1 , 1 : N oder N : M (im Bsp.: N : M) definieren. Dann definieren wir die UMKEHRUNG dieser Beziehung, ob sie sich INVERS verhält, NICHT EXISTENT ist, oder wir definieren die Umkehrung neu (im Bsp.: Invers).

USED ENTITY/RELATION MODELS: grafische Darstellungen der Entity-/Relationen-Modelle

Wir kennen in LITOS-A auch grafische Darstellungen von ENTITIES, RELATIONEN, IS-A und INCLUDE Konstrukten. Diese Grafiken dienen zur Veranschaulichung des Sachverhalts und geben einen guten Überblick.

In Abbildung 2 wird als Beispiel die Relation ist_angestellt dargestellt.

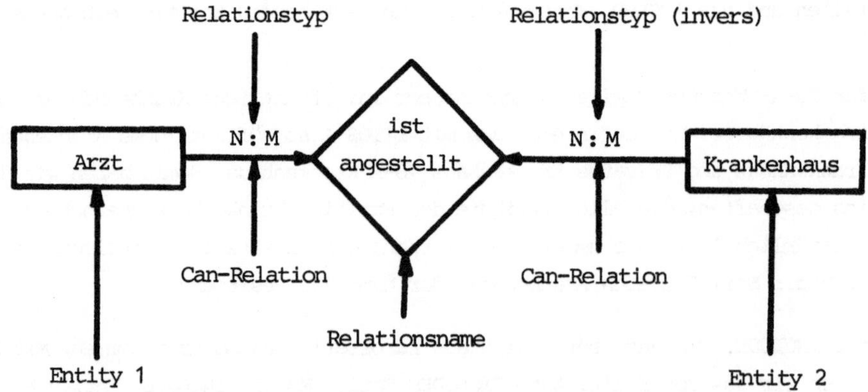

Abbildung 2: Entity-/Relationen-Modell

USED TYPES: Typenkatalog

Hier beschreiben wir unsere verwendeten Typenbezeichnungen genauer.

USED LAYOUTS: Layouts der Benutzerschnittstellen

In dieser Liste beschreiben wir das Layout, auf das wir uns in einer Benutzerschnittstelle beziehen, genauer.

Neben den funktionalen und den Datenanforderungen gibt es natürlich verschiedene andere Klassen von Leistungsanforderungen. Für die Erfassung dieser Klassen von Anforderungen hat sich ein Produktmuster für ein Pflichtenheft sehr bewährt. Der Analytiker bekommt das Skelett (Inhaltsstruktur und Ausfüllregeln) der Anforderungsdefinition aus einer Produktmusterdatei zur Verfügung gestellt und arbeitet dann mit dem Werkzeug LITOR-A die Klassen der funktionalen und der Datenanforderungen ab. Parallel kann er die übrigen Anforderungsklassen durch die Textverarbeitungsmöglichkeiten des Pet/Maestro-Systems erstellen. Der Wechsel zwischen dem Anforderungswerkzeug und dem Basiswerkzeug Pet ist sehr einfach (ein Tastendruck) und geht sehr rasch (< 1 Sekunde).

4. Funktionen des Werkzeugs LITOR-A

Es war bereits bei der Methodenentwicklung klar, daß ein effektiver Einsatz der Methode LITOS-A nur über rechnergestützte Werkzeuge sinnvoll ist. Es wurden dafür Prototypen im Pet/Maestro-System entwickelt. Der erste Prototyp unterstützte nur Formulare, die auszufüllen waren. Beim zweiten wurden bereits Prüf- und Auswertfunktionen implementiert. Der dritte Prototyp umfaßt ein Mehrdateienkonzept, strukturierte Anzeige von Teilen der Spezifikation und umfassende Prüf- und Auswertfunktionen.

Die wichtigsten Funktionen, die das Werkzeug LITOR-A bietet, sind:

- Der SYNTAXGETRIEBENE EDITOR. Mit dieser Funktion erstellt beziehungsweise ändert der Benutzer des Werkzeugs die Anforderungsdefinition im Dialog gemäß der Methode LITOS-A. Zu jedem Dialogschritt gibt es eine speziell auf diesen Schritt abgestimmte Hilfsinformation. Weiters stehen Informationen über das Werkzeug und die Methode zur Verfügung. Die Idee der individuellen Hilfestellung ist auch verwirklicht, und zwar kann der Benutzer jederzeit Fragen absetzen. Diese werden vom Schulungspersonal bzw. vom Werkzeugbetreuer in regelmäßigen Abständen beantwortet.

- PUZZLING. Diese Funktion ermöglicht die Gliederung bzw. Umgliederung der in der Anforderungsdefinition enthaltenen Anwendungsfunktionen (Funktionseinheiten). Wie bei der praktischen Arbeit festgestellt wurde, gibt es keine reine top-down Gliederung der Anforderungen in Form von Funktionseinheiten. Vielmehr wurde festgestellt, daß gerade bei technisch komplizierten Aufgabenstellungen, beispielsweise der Anforderungsdefinition eines Maskengenerators, vielerorts erst durch bottom-up Aggregierung von Anforderungen zu Funktionseinheiten die echten und teilweise versteckten Probleme gelöst werden konnten. Diese Dialogfunktion erlaubt es uns, die durch bottom-up bzw. top-down Sammlung gewonnenen Anforderungen hierarchisch zu gliedern.

- Die PRÜFFUNKTIONEN. Mit diesen Funktionen kann die Anforderungsdefinition auf korrekte Syntax, formale Vollständigkeit und innere Konsistenz geprüft werden. Spezielle Prüfbereiche sind die Schnittstellen der Anwendungsfunktionen (fachtechnische Aufgabenbeschreibungen), strukturelle Fehler wie Schnittstellen von Anwendungsfunktionen auf unterschiedlichen Abstraktionsebenen sowie Entities. Ein wesentlicher Punkt ist, daß für die Anforderungsdefinition Korrektheitsmaße ermittelt werden. Das heißt, es wird für alle erkennbaren Fehlerarten eine Maßzahl errechnet, und zwar durch den Quotienten aus der Anzahl der tatsächlich gemachten Fehler und der Anzahl der möglichen Fehler.

- Die AUSWERTUNGEN. Mit dieser Funktion kann die Anforderungsdefinition grafisch bzw. auch in textlicher Form aufbereitet werden. Spezielle Auswertungen sind jene der Benutzerschnittstellen, Entity-Relationen, Kreuzverweise (Funktionsvernetzungen, Entities als Quelle bzw. als Senke von Funktionen etc.) bzw. der Qualitätsmaßzahlen. Grundsätzlich geht es bei letzteren um Bezugszahlen, die das Auftreten vorhandener Spezifikationsmerkmale zu möglichen Merkmalen angeben. Beispielsweise wird ausgewertet, wieviele Unterfunktionen, Dummy-Einträge oder Entities im Durchschnitt einer Funktion zugeordnet sind.

- Der PROTOTYPER. Diese Funktion ermöglicht, wie schon vorher beschrieben, die Verknüpfung von Maskenlayouts und die Generierung einer Prozedur zur Maskensimulation.

- Der ENTWURFSGENERATOR. Diese Funktion erzeugt aus der Anforderungsdefinition einen Entwurfsvorschlag in der Syntax von LITOS-E /WALL84b/. Es werden aus allen Funktionseinheiten Module generiert. Dabei wird zwischen reinen Funktionsmoduln ohne Gedächtnis und Datenmoduln (Datenkapseln) mit Gedächtnis und Zugriffsfunktionen unterschieden. Das Gedächtnis von Datenmoduln wird aus der Entitydefinition abgeleitet, die Zugriffsfunktionen aus den Import- und Exportdefinitionen der Anwendungsfunktionen, denen dieses Entity als Quelle oder Senke dient.

  Ein Beispiel:

  Es gibt ein Entity ARTIKEL. Aus der Definition des Entities ARTIKEL wird das Gedächtnis des Datenmoduls ARTIKEL abgeleitet. In der Funktion LIES_ARTIKEL ist die Schnittstelle zum Entity ARTIKEL so definiert: ARTNAM IN FROM ENTITY ARTIKEL. Daraus wird eine Zugriffsfunktion READ_EN_ARTIKEL_ARTNAM abgeleitet. In der Funktion SCHREIB_ARTIKEL ist die Schnittstelle zum Entity ARTIKEL so definiert: ARTNAM OUT TO ENTITY ARTIKEL. Daraus werden die Zugriffsfunktionen WRITE_EN_ARTIKEL_ARTNAM und DELETE_EN_ARTIKEL_ARTNAM abgeleitet. Bei Funktionseinheiten, wo die Benutzerschnittstelle DIALOG spezifiziert wurde, werden die Modultypen SEND, RECEIVE und INIT generiert. Bei Drucklisten wird ein Modul des Typs PRINTLIST generiert.

- Die DOKUMENTENGENERIERUNG. Diese Funktion erzeugt ein Anforderungsdokument in druckfertiger Form. Es wird ein Titelblatt, ein Seitenheader und ein Inhaltsverzeichnis erstellt. Es werden zwei Dokumente gedruckt: eines für den Auftraggeber, das die informalen und grafischen Teile der Anforderungsdefinition enthält, und eines für die Entwurfsgruppe, das die gesamte Anforderungsdefinition enthält.

- Die ANALYSEDOKUMENTVERWALTUNG. Diese Funktionen bieten die Möglichkeiten, Anforderungsdefinitionen anzulegen, aufzuschlagen, zu löschen, umzubenennen, zu schließen, eine Liste der Analysedokumente anzuzeigen, Zugriffsrechte zu vergeben, sowie Informationen über die Aktivitäten bei einer speziellen Anforderungsdefinition einzusehen.

5. Implementierung des Werkzeugs

LITOR-A ist ein Programmsystem, das eine interaktive Benutzerschnittstelle im Pet/Maestro-System besitzt. Gewisse Funktionen wie der syntaxgesteuerte Editor, das Puzzling der Anwendungsfunktionen, der Prototyper sowie die Dokumentengenerierung und -verwaltung wurden direkt am Arbeitsplatzrechner Pet im Dialog implementiert. Alle zeitaufwendigen Funktionen wie Prüfungen auf Konsistenz und Vollständigkeit und die Auswertungen werden im Batch am Großrechner betrieben. Die Ergebnisse dieser Batchjobs werden dann an den Arbeitsplatzrechner Pet zurückübertragen und über die einheitliche Benutzerschnittstelle weiterverwendet.

Die Funktionen im Pet wurden unter Zuhilfenahme der Menü- und der Prozedursprache implementiert. Der Batchteil wurde in PL/1 implementiert.

In Abbildung 3 ist das Schichtenmodell des Werkzeugs dargestellt.

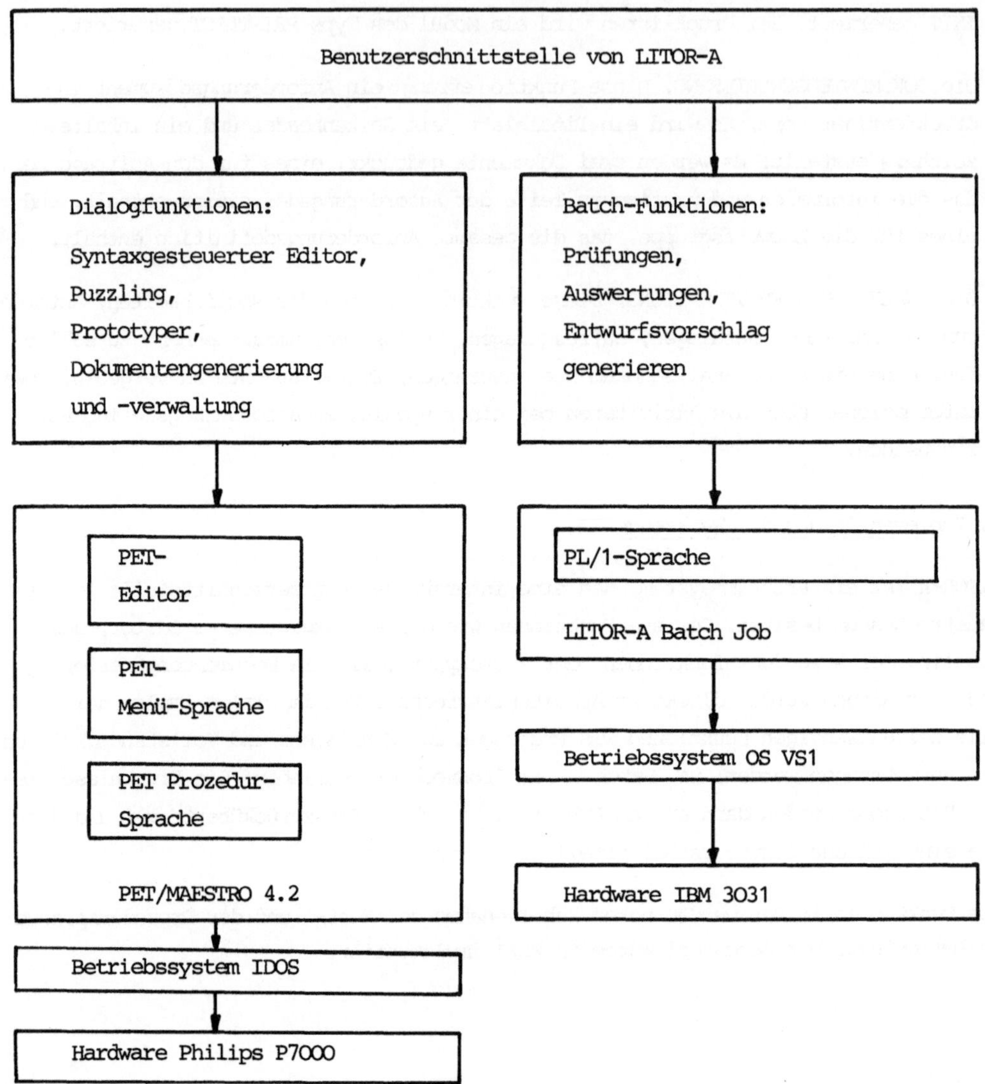

Abbildung 3: Schichtenmodell von LITOR-A

Der syntaxgesteuerte Editor des Werkzeugs LITOR-A führt den Benutzer durch die Methode LITOS-A beim Erstellen der Anforderungsspezifikation. Dabei bleiben aber alle Editierungsmöglichkeiten des PET-Editors voll erhalten, und der Anwender ist in der Lage, auch frei im Anforderungsdokument zu editieren.

Die Hilfestellung des Werkzeugs ist einfach durch das Betätigen der Helptaste abzurufen.

6. Erfahrungen

Die Antwort auf die Probleme der frühen Phasen von Software-Projekten heißt "Methodisches Vorgehen, Werkzeugunterstützung und Schulung". Diese Aussage wurde in drei Projektpraktikas gewonnen. Dabei wurden ein CICS-Maskengenerator, ein Ärztemusterdokumentationssystem und ein Informationssystem für das Universitätssportinstitut entwickelt. Grundsätzlich konnten wir feststellen, daß durch den Einsatz einer Anforderungsdefinitionsmethode und eines Werkzeugs zu deren Unterstützung die Qualität der Lösungen erheblich über dem Niveau vergleichbarer Arbeiten an unserem Institut lag. Methodisches Vorgehen hat sich auf alle Fälle rentiert, obwohl der Aufwand für die Schulung einer Methode und eines unterstützenden Werkzeugs von uns allen unterschätzt wurde.

Eine wesentliche Verbesserung der Projektarbeit ergab sich aus der automatischen Herstellung der Dokumentation und der möglichen Prüfungen von Lücken und Widersprüchlichkeiten.

Die Frage nach dem erforderlichen oder zulässigen Grad der Formalisierung der Beschreibung der Anforderungsdefinition führt zu gegensätzlichen Wünschen: Vom Standpunkt des Einsatzes leistungsfähiger Werkzeuge wäre ein hoher Grad an Formalisierung anzustreben, wegen der Kommunikationsverhältnisse zwischen Entwickler und Benutzer ist dies aber nicht voll realisierbar.

Unsere Erfahrungen gehen in die Richtung, daß Anforderungswerkzeuge in der Lage sein müssen, Anforderungsbeschreibungen auf zumindest zwei unterschiedlichen Beschreibungsniveaus zu liefern, einmal für die Benutzer/Auftraggeber und das andere Mal für die Entwickler. Weiters muß eine Technik zur Anforderungsdefinition genügend Raum und Möglichkeiten für natürlich-sprachliche Beschreibungen bieten. Dies ist bei LITOR-A gelungen.

Die Probleme, die festgestellt wurden, rühren meist von menschlichen Fehlermechanismen, wie z.B. Denkfehler, Kommunikationsfehler, Interpretationsfehler, Flüchtigkeitsfehler etc. Werkzeuge, die Hilfen und Prüfungen zum Erkennen dieser Fehlermechanismen bieten, wirken sich somit auf die Qualität der Anforderungsdefinition positiv aus und erhöhen weiters die Produktivität der Entwickler.

Diese Prüf- und Auswertfunktionen sind dann besonders wirkungsvoll, wenn ihre Ergebnisse in Inspektionen durch gruppendynamische Prozesse durchleuchtet werden. Wenn dies in einem positiven Projektklima geschieht, so steigt die Akzeptanz von Methode und Werkzeug erheblich.

7. Literatur

/BASL81/ Basler E.
Ein Generator zum computergestützten Entwurf von Software-Systemen (Teil 2A)
Diplomarbeit, Nov. 1981, Inst. für Informatik, J. Kepler Universität Linz

/DENE77/ Denert E.
Specification and Design of Dialogue Systems with State Diagrams
North-Holland, Int. Computing Symposium, 1977

/EPOS84/ IRP, GPP:
EPOS - Kurzbeschreibung
Feber 1984

/HRUS83/ Hruschka P.
PROMOD - ein durchgängiges Projektmodell
Elektr. Rechenanlagen, 25, 1983, pp 129 - 138

/LITA84/ Färberböck H., Wallmüller E.
LITOS-A und LITOR-A Methoden- und Programminformation,
Institut für Informatik, J. Kepler Universität Linz, 1984

/MERK81/ Merkinger G.
Ein Generator zum computergestützten Entwurf von Software-Systemen (Teil 2B)
Diplomarbeit, Dez. 1981, Inst. für Informatik, J. Kepler Univ. Linz

/NIED82/ Niedermayr F.
Ein Generator zum computergestützten Entwurf von Software-Systemen (Teil 1)
Diplomarbeit, April 1982, Inst. für Informatik, J. Kepler Univ. Linz

/SCHN82/ Schnupp P.
Rechnernetze
deGruyter, 1982, pp 210 - 215

/SCHU78/ Schulz A.
Methoden des Softwareentwurfs und Strukturierte Programmierung
deGruyter, 1982, 2. Auflage, pp 100

/SCHU82/ Schulz A.
Vom CAD zum CAS
Angewandte Informatik, 12/82, pp 607 - 614

/WALL84a/ Wallmüller E.
Erfahrungen mit einem softwaretechnischen Verfahrens- und Methodenmix bei einem universitären Projektpraktikum
Angewandte Informatik, 1/84, pp 22 - 26

/WALL84b/ Wallmüller E.
LITOS-E und LITOR-E
Technischer Bericht, Okt. 1984, Inst. für Informatik, J. Kepler Universität Linz

/ZINC83/ Zincke G.
CAS mit der LITOS-Methode: Ein Werkzeug für den interaktiven Programmentwurf mit grafischen Hilfsmitteln
Informatik-Berichte, Jänner 1983, Inst. für Informatik, J. Kepler Universität Linz

SOFTWARE-SPEZIFIKATION DURCH HALBFORMALE, ANSCHAULICHE MODELLE

Jochen Ludewig, Martin Glinz, Hans Matheis
Brown Boveri Forschungszentrum, CH-5405 Baden

Zusammenfassung

Der Beitrag erörtert die Frage, welche Ansätze zur Spezifikation grundsätzlich in Frage kommen, und begründet, warum in der industriellen Praxis das Prinzip der halbformalen Spezifikation auf der Basis anschaulicher Modelle vorteilhaft ist. Die Beispiele und die am Schluss wiedergegebenen Erfahrungen stammen aus unserer Arbeit mit dem Spezifikationssystem SPADES, das auf dem Prinzip der halbformalen Beschreibung beruht.

Einleitung

Spricht man von Spezifikationsproblemen, so können zwei ganz unterschiedliche Komplexe gemeint sein, nämlich die Schwierigkeit, eine Spezifikation zu erreichen, oder die, eine Spezifikation fehlerfrei in Code umzusetzen.

Natürlich ist beides nötig, um von einer vagen Idee zu einem Software-Produkt zu gelangen oder zu einem System, das Software enthält. Da wir aber heute keine Techniken kennen, mit deren Hilfe das Gesamtproblem systematisch bearbeitet werden kann, konzentrieren wir uns je nach Interessen, Erfahrungen und Prioritäten auf einen der beiden Aspekte. Nachfolgend werden die beiden entsprechenden Ansätze verglichen; der Einfachheit halber sind sie mit den Klischees "Mathematiker" und "Ingenieur" identifiziert.

Der Ansatz des Mathematikers erlaubt es nicht, fehlerhafte Programme zu akzeptieren. Darum stellt er die Verifikation des Programms oder besser noch die Programmerzeugung durch Semantik-erhaltende Transformationen in den Vordergrund. Beides bedarf einer streng formalen Spezifikation. So sind die Techniken der formalen Spezifikation entstanden (axiomatisch, denotationell, im Prädikatenkalkül usw.).

Die korrekte Implementierung spielt natürlich auch für den Ingenieur, also den Informatik-Anwender in der Industrie, eine sehr bedeutende Rolle. Sie bildet aber nicht sein einziges, oft nicht einmal sein schwerstes Problem. Dafür gibt es zwei Gründe:

- Die Erfahrungen zeigen, dass sich in sehr vielen Anwendungen (ausser in solchen mit hohem Risiko) auch mit fehlerhafter Software leben lässt. Die Aussage, ohne Korrektheit seien alle anderen Eigenschaften der Software irrelevant (nicht ganz so scharf formuliert bei Goos, 1976, S. 48), stimmt eben nicht: Nur die wenigsten Anwender würden von ihrem definitiv fehlerhaften Betriebssystem auf ein sicher korrektes umsteigen, wenn dieses um Grössenordnungen langsamer wäre. Auch die Korrektheit hat also ihren endlichen Wert, und der ist nicht so hoch, wie die Theorie das gelegentlich postuliert.

- Wichtiger noch ist die besondere Schwierigkeit, unter den Bedingungen der Praxis die Anforderungen an ein System so festzustellen, dass daraus eine brauchbare Spezifikation entsteht. "Bedingungen der Praxis" bedeutet hier:
  - Die Spezifikation muss nach begrenzter Zeit vorliegen.
  - Die Randbedingungen sind nur teilweise klar.
  - Der Kunde, der die Spezifikation akzeptieren muss, hat keine Ausbildung als Informatiker.
  - Selbst, wenn zum Spezifizieren ein hochqualifizierter Mitarbeiter zur Verfügung steht (ein seltener Ausnahmefall) und damit der Einsatz einer streng formalen Sprache möglich ist, muss das Ergebnis doch verständlich sein für die Codierer.
  - Das System wird über einen langen Zeitraum (typisch 5 bis 20 Jahre) modifiziert und erweitert werden, wobei nicht a priori klar ist, worin diese Aenderungen bestehen werden (vgl. Lehman, 1980).

Aus diesem Gründen erscheinen die Schwierigkeiten der korrekten Implementierung einer Spezifikation zwar nicht als gering, aber als <u>geringer</u>. Dieser Beitrag ist aus der Sicht des Ingenieurs geschrieben, und er konzentriert sich daher auf die Frage, wie sich die <u>Anfertigung</u> einer Spezifikation erleichtern lässt.

Lösungsneutrale und konstruktive Spezifikation

Rein formal stellt die Spezifikation ein Prädikat dar, das auf alle Systeme angewandt werden kann und genau dann den Wert WAHR hat, wenn das System der Spezifikation genügt, also eine zulässige Implementierung darstellt. Spezifikationen, die sich ganz konkret so interpretieren lassen, nennt man überprüfbar. (Das Wort ist eigentlich falsch, denn überprüft wird das Programm anhand der Spezifikation.) Typisch sind Forderungen wie

- Das Programm soll den GGT zweier natürlicher Zahlen berechnen.
- In keinem Fall darf eine Tastatur-Eingabe einen Laufzeitfehler verursachen.
- Die Antwortzeit darf 1 s niemals übersteigen, solange die Hardware des Rechners fehlerfrei arbeitet.

Nehmen wir einmal an, dass die Spezifikation nur Aussagen dieser Art enthält, so handelt es sich um eine Black-Box-Spezifikation. Das Zielsystem wird als ein amorpher Automat beschrieben, von dem nur das Ein-/Ausgabe-Verhalten betrachtet werden kann. Noch vor wenigen Jahren war es in der Literatur unbestritten, dass jede Spezifikation so aussehen müsse, und es galt nur als eine Frage der Zeit, bis wir die geeigneten Verfahren und Sprachen dafür hätten.

Diese Hoffnung war unbegründet, denn es hat sich herausgestellt, dass die strenge Einhaltung der Regel, die Spezifikation solle das "WHAT, not HOW" enthalten, in der Praxis weder möglich noch erwünscht ist (Swartout, Balzer, 1982; Ludewig, 1982). Daher gehen heute die meisten Ansätze davon aus, dass die Spezifikation wenigstens teilweise den Charakter eines Modells hat, über dessen Struktur und andere innere Eigenschaften Aussagen zulässig und sogar notwendig sind.

Die beiden Ansätze sollen hier als lösungsneutrale und als konstruktive Spezifikation bezeichnet werden. Der wesentliche Unterschied ist, dass die konstruktive Spezifikation Aussagen über Teile des Gesamtsystems enthält, die prinzipiell nicht erforderlich sind und daher in der lösungsneutralen Spezifikation vermieden werden.

Betrachten wir als Beispiel die folgende lösungsneutrale Spezifikation:

> Zu liefern ist ein Strassen-Transportmittel für genau eine Person, die dieses Transportmittel aus eigener Kraft, also ohne Fremdenergie, antreibt. Die Person kann dazu eine Leistung bis zu 80 mW liefern. Das Transportmittel soll höchstens 60 cm breit und 150 cm lang sein und nicht schwerer als 20 kg sein. Es soll eine Gesamtlebensdauer von 10 Jahren und 20 000 km haben und nicht mehr als 300 SFr. kosten.

Eine konstruktive Spezifikation zur gleichen Aufgabe könnte etwa lauten:

Zu Liefern ist ein Fahrzeug, bestehend aus einem Rahmen, zwei Rädern mit Bereifung, Antrieb über Pedale und Kette, Sattel, Lenker und Gepäckträger. Die Teile sind in bestimmter Weise angeordnet: ... .
Gewicht, Lebensdauer, Preis, Grösse sind wie folgt beschränkt: ... .

Vergleich der lösungsneutralen und der konstruktiven Spezifikation

Die lösungsneutrale Spezifikation hat, wie der Name sagt, den Vorteil völliger Neutralität gegenüber verschiedenen Lösungsvarianten. Dadurch sind auch Lösungen möglich, die sich fundamental von den zuvor bekannten unterscheiden.

Die konstruktive Spezifikation enthält bereits Entwurfselemente und ist daher (wenigstens prinzipiell) operational, also simulierbar, falls die Grundelemente operational sind. Entsprechend ist sie auch leichter zu implementieren.

Die Verwendung anschaulicher Grundelemente macht auch die Spezifikation anschaulich, und das selbst dann, wenn die Grundelemente nicht präzise definiert sind. Im Beispiel oben gilt dies für Wörter wie "Rahmen" und "Rad", in der bekannten Spezifikationssprache PSL (Teichroew, Hershey, 1977) für Begriffe wie INPUT, PROCESS und OUTPUT, die nirgends definiert sind. Daher kann eine konstruktive Spezifikation trotz Unklarheiten erstellt werden.

Der wichtigste Vorteil der konstruktiven Spezifikation zeigt sich jedoch beim Versuch, ein sehr komplexes System in den Griff zu bekommen: Nur durch die Darstellung mittels bekannter (oder doch vorstellbarer) Grundelemente erhalten wir eine Vorstellung des Systems und werden dadurch erst in die Lage versetzt, sinnvolle Forderungen (oder Fragen) zu stellen. Dies ist besonders wichtig im Hinblick auf die völlig normale Situation, dass der Kunde erst im Zuge der Entwicklung seine Anforderungen klärt. Die in der Literatur gezeigten lösungsneutralen Spezifikationen sind in aller Regel auf sehr kleine Systeme beschränkt (beispielsweise auf den unsäglichen Stack).

Wir sind daher der Meinung, dass es bei Arbeiten an komplexen Systemen zur konstruktiven Spezifikation keine Alternative gibt.

Eine konstruktive Spezifikation soll nachfolgend als Modell bezeichnet werden. Hier geht es also um einen anschaulichen Modellbegriff, wie wir ihn auch bei Modellen von Bauwerken anwenden. Natürlich hat auch eine integrale Spezifikation Modell-Charakter, doch geschieht dort die Modell-Bildung nur durch Abstraktion.

Ebenen der Modellierung

Der Modell-Begriff, wie er hier verwendet wird, ist mehrstufig, wie von Luft (1984) beschrieben. Ist die spezielle Spezifikation also ein Modell des zu entwickelnden Systems, so sind die Spezifikationen einer gewissen Klasse wiederum repräsentiert durch ein (Meta-)Modell, das typisch als Spezifikationssprache ausgeprägt ist. Die - in den meisten Veröffentlichungen übliche - Konzentration auf eine Sprache führt allerdings weg vom Wesentlichen: Während im Sinne der Modellbildung die Syntax irrelevant ist (bis hin zur Frage, ob es sich um eine lineare oder eine zweidimensionale Syntax handelt), sind in der Sprache die für die Modellbildung zentralen Konzepte - dieses Wort soll nachfolgend die Meta-Modelle bezeichnen - nicht unmittelbar erkennbar.

Ueber den Konzepten gibt es noch eine weitere Ebene, auf der die Strukturen der Konzepte definiert sind. Anschaulich ist dies die Ebene der Datenbank, auf der ein Spezifikationssystem realisiert ist. Die Grundbegriffe sind dann durch das Datenbank-Modell repräsentiert, beispielsweise das Entity-Relationship-Prinzip. Die Konzepte (im Sinne der Definition oben) werden durch ein spezielles Datenbank-Schema beschrieben, und die Spezifikation schliesslich bildet ein spezielles Modell im Rahmen des Spezifikationssystems (siehe Abb. 1).

Ebene	repräsentiert durch
Konzept-Struktur	Datenbank-System
(Darstellungs-) Konzept	DB-Schema, Semantik der Spezifikationssprache
Modell (des Zielsystems)	Spezifikation
Gegenstand	spezifizierte Software

Abb. 1: Modellierungsebenen

Nicht-exakte Modellierung

Auch beim Aufbau eines Software-Systems aus einer Baustein-Bibliothek erzeugen wir ein Modell im oben definierten Sinne, vorausgesetzt, die verwendeten Bausteine sind anschaulich. Ein Beispiel sind Programmiersysteme auf der Basis von Funktionsblocksprachen (Kaufmann, Schillinger, 1984). Die Bibliothek stellt dabei eine vollständig implementierte Menge von Konzepten dar. Ihre Bedeutung ist zumindest durch die Implementierung präzise und eindeutig definiert, es entsteht also ein formales Modell, das im genannten Beispiel auch operational ist. Gewisse Spezifikationsmethoden liefern ebenfalls ein formales Modell, beispielsweise die denotationelle Spezifikation (Klaeren, 1983, S. 17), das aber in der Regel nicht operational ist.

Die Vorteile der formalen Spezifikation liegen auf der Hand: Sie ist perfekt im Sinne des oben beschriebenen Mathematiker-Standpunkts. Ihr wesentlicher - und für den Ingenieur entscheidender - Nachteil liegt in der schwierigen Handhabung. Fragt man einen Techniker, wie dies oder jenes funktioniert, so zeichnet er in der Regel eine Skizze auf, die einige wichtige Komponenten oder Merkmale zeigt. Die Skizze hat wieder Modell-Charakter, doch ist dieses Modell nicht exakt, es lässt sich nicht nach klaren Regeln auf das skizzierte System übertragen. Die Abstraktion in einer Skizze ist von drei Arten:

- Fehlen ganzer Teile (Beschränkung auf das Wesentliche, Einengung)
- Unbestimmtheiten (offene Entscheidungen, Vagheit)
- Fehlen von Details (Abstraktion im engeren Sinne, Vereinfachung)

Hinzu kommen noch Unklarheiten, die typisch aus einer Mischung der drei genannten Abstraktionsarten entstehen und sich in schwammigen Formulierungen ausdrücken.

Abb. 2: Beschreibung durch eine Skizze

Für das Beispiel "Fahrrad" sieht eine Skizze typisch aus wie Abb. 2. Darin fehlen einige Komponenten (Bremsen, Beleuchtung), und Entscheidungen bleiben offen; letzteres zeigt sich in der Skizze durch vergröbernde Unschärfe (Lenkerform ist nicht erkennbar) oder durch mehrere Varianten (für alternative Rahmenformen). Schliesslich fehlen Details (Felgen, Speichen und Reifen als Teile der Räder).

Ein halbformales Modell

Eine konstruktive Spezifikation in der Art einer Skizze bezeichnen wir als halbformales Modell. Die zugrundeliegenden Konzepte müssen dazu Freiheit für die oben genannten Abstraktionsformen bieten. Für Fahrräder wären dies typisch Begriffe wie "Rahmen", "Rad" usw. Für Echtzeitprogramme bietet unser Spezifikationssystem SPADES (Ludewig et al., 1985) in Anlehnung an die Denkwelt von PSL/PSA (Teichroew, Hershey, 1977) einige relativ einfache Konzepte an, nämlich

Module	zur Beschreibung der statischen Struktur
Aktoren (Prozeduren, Blöcke)	als ausführbare Komponenten
Parameter	in Verbindung mit Prozeduren
Medien (Variablen, Puffer, Trigger, Betriebsmittel)	für die Kommunikation zwischen Aktoren
Typen	zur näheren Beschreibung von Medien
Fristen	zur Beschreibung dynamischer Eigenschaften
Konstanten	zur Angabe von System-Parametern
Textobjekte	zur Archivierung (noch) nicht formalisierter Angaben und für Dokumentationszwecke

Objekte dieser Arten lassen sich miteinander verknüpfen, so dass die folgenden Beziehungen beschrieben werden können:

strukturelle Eigenschaften,	z.B. Modulhierarchie, Typaufbau
Kommunikation,	z.B. lesen und schreiben von Variablen
Koordination,	z.B. starten oder verzögern von Aktoren
Abläufe,	z.B. sequentielle Ausführung von Aktoren
Restriktionen,	z.B. für den Gültigkeitsbereich eines Mediums
allgemeine Verweise	zwischen beliebigen Objekten

Aus Instanzen dieser Konzepte können Spezifikationen aufgebaut werden. Es entsteht damit zunächst eine "abstrakte Skizze". Es liegt nahe, diese auch konkret als Bild zu behandeln, wie es die Abb. 3 zeigt.

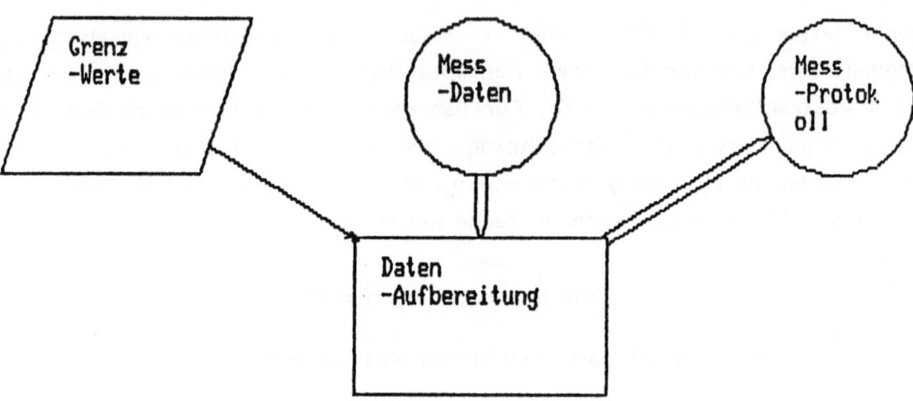

Abb. 3: Beispiel einer Software-Skizze (Datenfluss)

Bei der Auswahl von Konzepten für ein Spezifikationsproblem gibt es ein Dilemma: Einerseits soll die Zahl klein gehalten werden, um die Einarbeitung und Anwendung zu erleichtern und damit auch die Bereitschaft zur Anwendung des Systems zu erhöhen. Andererseits reichen in fast keinem speziellen Fall die wenigen Konzepte zu einer exakten Spezifikation aus, so dass es naheliegt, ihre Zahl immer weiter wachsen zu lassen. Zwei Gegenmittel stehen uns dafür zur Verfügung:

- Die Sprache wird auf einen bestimmten Anwendungsbereich (SPADES: Echtzeit-Software) zugeschnitten. Damit fallen Anforderungen aus anderen Bereichen weg.

- Da die Modellierung nicht exakt sein muss, hat der Anwender die Möglichkeit, sich die Begriffe "hinzubiegen", indem er Erklärungen in Textform zufügt, die seine spezielle Interpretation angeben. Auf schematischen technischen Zeichnungen beispielsweise werden Symbole (für "Welle", "Lager", "Zahnrad" usw.) durch Schrift ("Wälzlager", "schrägverzahnt") ergänzt. Auch SPADES bietet formal nur ein kleines Vokabular an, das jedoch informal präzisiert wird. Man kann dies vergleichen mit einem Baukasten, der nur wenige Grundformen bietet. Will man daraus das Modell eines Hauses bauen, so kann man die Elemente "kommentieren", etwa in der Form "Die Neigung des Daches ist real etwas geringer als im Modell".

Anwendung des halbformalen Modells

Wir müssen das halbformale Modell auf der Grundlage des informalen Modells aufbauen, das wir zu Beginn im Kopf haben. Dazu benötigen wir gewöhnlichen Text oder einfache, durch Text kommentierte Graphen. Anschliessend können wir beginnen, das Modell genauer zu machen, indem wir Fehlendes ergänzen, offene Fragen klären und Details zufügen.

Entsprechend beginnt in SPADES die Spezifikation in aller Regel mit sogenannten Text-Objekten. Diese können hierarchisch gegliedert werden, so dass bereits eine gewisse Strukturierung erkennbar wird. Im Laufe der Zeit werden immer mehr Informationen aus den Texten "herausgebrochen" und in spezifische Objekte, z.B. Module oder Prozeduren, umgewandelt. Dieser Prozess wird durch das Werkzeug unterstützt. Freilich bleiben die Texte dabei ein unverzichtbarer Bestandteil der Spezifikation, schon allein, weil gewisse Aussagen nicht formalisiert werden können (beispielsweise alle Arithmetik). Mit Hilfe der Werkzeuge wird die Spezifikation gespeichert, überprüft und bei Bedarf in andere Darstellungsformen gewandelt. Ist der Anwender der Meinung, alle zur Implementierung notwendigen Informationen in der Spezifikation (d.h. in der Datenbank) gesammelt zu haben, so lässt er nochmals deren formale Konsistenz überprüfen und übergibt dem Codierer die vom Spezifikationssystem generierte Dokumentation.

Konzept-Struktur und Datenbank-System

Was oben für die Vielfalt der Konzepte gesagt wurde, gilt ganz gleich auch auf der nächsthöheren Ebene, auf der Ebene der Konzept-Strukturen. Ist die Konzept-Struktur zu primitiv, so lassen sich gewisse Konzepte nicht beschreiben (z.B. erlaubt die streng hierarchische Struktur keine Beschreibung der Aufrufbeziehungen mehrfach verwendeter Unterprogramme, da diese keinen Baum bilden). Eine grosse Struktur-Vielfalt (z.B. Bäume _und_ Schichten-Strukturen _und_ allgemeine gerichtete Graphen, deren Knoten wieder strukturiert sein dürfen) erschwert dagegen das Verständnis und mehr noch die Realisierung der Datenbank, in der die Beschreibungen gespeichert werden sollen.

Die allgemein zu beobachtende Neigung, komplexe Systeme durch _Objekte_ und ihre _Verbindungen_ darzustellen, legt es nahe, diese Begriffe auch zur Grundlage der Konzept-Struktur zu machen. In diesem Sinne schuf Chen (1976) das _Entity-Relationship-Konzept_ (das nachfolgend, um eine Verwechslung mit dem oben eingeführten Konzept-Begriff zu vermeiden, als _ER-Prinzip_ bezeichnet wird). Das ER-Prinzip ist einerseits für die Konzepte im wesentlichen ausreichend, andererseits auch als Datenbank-Modell für eine effiziente Implementierung geeignet. Es wurde damit zur bevorzugten Konzept-Struktur für Spezifikationssysteme. Auch die Datenhaltung in ESPRESO, dem Vorgänger von SPADES, wurde nach dieser Idee realisiert (und sehr pragmatisch ausprogrammiert). An einigen Punkten gab es jedoch Schwierigkeiten, beispielsweise bei der Behandlung der Texte, für die im ER-Prinzip kein geeigneter Platz erkennbar war.

SPADES verwendet daher eine (ebenfalls selbst realisierte) Datenbank (Glinz, Huser, Ludewig, 1985), die in einigen Merkmalen über das ER-Prinzip hinausgeht. So besteht die Möglichkeit zur Generalisierung von Arten und Relationen (und damit zur Formulierung der Unbestimmtheit) und zur Bildung von Mustern, die sowohl eine elegante Beschreibung von Aehnlichkeiten zwischen verschiedenen Teilen der Spezifikation wie auch eine Darstellung von Varianten gestatten. Eine Erweiterung des Konzepts für die Versionenverwaltung ist in Arbeit. Die Datenbank bietet damit wesentlich mehr Flexibilität, als durch SPADES gegenwärtig ausgenutzt wird.

Erfahrungen und Probleme

Eine Reihe von Erfahrungen mit der halbformalen Spezifikation gehört inzwischen zur Folklore des Software Engineerings, vgl. etwa Reinshagen (1983, 141 ff.). Hier sollen unsere eigenen auf den Modellierungsaspekt bezogenen Beobachtungen beim praktischen Einsatz von SPADES wiedergegeben werden.

- Die Anwendung der Konzepte, im Klartext also der Einsatz einer grundsätzlich neuen Sprache, erfordert massive Schulung, denn der Sprung ist viel grösser als beim Wechsel auf eine neue Programmiersprache.

- Allgemein wird es als vorteilhaft empfunden, eine wenigstens teilweise formalisierte und damit durch Werkzeuge analysierbare Darstellung zu besitzen, lange bevor an eine vollständige Formalisierung oder Realisierung zu denken wäre. Die halbformale Spezifikation konkurriert also erfolgreich mit der Spezifikation in natürlicher Sprache (und nicht mit der Codierung).

- Ein echtes Problem ist die Tendenz, die Spezifikationssprache als Codiersprache zu missverstehen oder, wenn die Anwender aus dem Hardware-Bereich kommen, die Strukturierung als Geräte-Entwurf aufzufassen. Hier wird quasi der neue Schraubenzieher nicht verwendet, um damit wie geplant Schrauben zu drehen, sondern um (wie bisher mit dem Hammer) Nägel einzuschlagen.

- Eine Schwierigkeit ist die Abgrenzung der Anwendungsphase. Die Frage, wann man mit dem "Füttern" des Spezifikationssystems beginnen, wann man aufhören sollte, wird sich nach unserer Meinung niemals ganz klar beantworten lassen; wir empfehlen den Einsatz des Spezifikationssystems von Anfang des Projekts bis zu einer Situation, in der die Konzepte nicht mehr ausreichen.

- Auch die Anwendungsbreite ist unklar, also die Frage, welche Bereiche der Spezifikation durch die Konzepte sinnvoll abgedeckt werden können. Bei uns sind solche Grenzbereiche die Dialoge und die Kommunikationsprotokolle. Prinzipiell gibt es auf den Wunsch nach einem grösseren Sprachumfang drei Antworten, jede mit offensichtlichen Vor- und Nachteilen:

  - strikte Beschränkung auf eine "kleine" Sprache
  - Ausbau der Sprache durch Konzepte für spezielle Aspekte
  - Unterstützung auch anderer Sprachen (durch Definition von Schnittstellen und durch Werkzeuge), so dass in <u>einer</u> Spezifikation <u>mehrere</u> Sprachen eingesetzt werden können. Für unsere Anwendung von SPADES wäre beispielsweise eine Kombination mit SDL (Specification and Description Language des CCITT) zu erwägen.

- Das Entity-Relationship-Prinzip beruht auf der Darstellung durch einen bipartiten Graphen. Eine auch wirklich <u>graphische Darstellung</u> ist also naheliegend und wird von den Anwendern im technischen Bereich dringend gefordert. Die entsprechende Erweiterung von SPADES wurde vor kurzem fertiggstellt; Abb. 3 ist damit generiert worden (vgl. Ludewig et al., 1985).

Ausblick

Diese Arbeit ist zu verstehen als Versuch, auf dem - in weiten Teilen noch immer brachliegenden - Feld der <u>Entwicklungsmethoden</u> voranzukommen. Wir hoffen, damit die Aufmerksamkeit von der Sprach-Verarbeitung, also von den <u>Werkzeugen</u>, auf die <u>Sprach-Inhalte</u> zu lenken und so eine Diskussion darüber anzustossen, welche Konzepte für die Spezifikation besonders geeignet sind, in welchem Masse sie nach Anwendungen aufgefächert werden müssen und wie weit sie dem menschlichen Bedürfnis nach unscharfer Darstellung entgegenkommen können.

Literaturangaben

Chen, P.P.-S. (1976): The Entity-Relationship Model - toward a unified view of data. ACM Transactions on Data Base Systems, 1, 1, 9-36.

Glinz, M., H.J. Huser, J. Ludewig (1985): SEED - A database system for software engineering environments. in Blaser, Pistor (Hrsg.): Datenbanksysteme für Büro, Technik und Wissenschaft, Informatik-FB 94, Springer, S.121-126.

Goos, G. (1976): Programmkonstruktion. Skriptum, Universität Karlsruhe.

Kaufmann, F., D. Schillinger (1984): Funktionale Sprache als anwenderfreundliches Projektierungsmittel. Brown Boveri Mitteilungen, 71, 488-493.

Klaeren, H.A. (1983): Algebraische Spezifikation. Springer Verlag, Berlin usw.

Lehman, M.M. (1980): Programs, life cycles, and laws of software evolution. Proc. of the IEEE, 68, 9, 1060-1076.

Ludewig, J. (1982): Computer aided specification of process control software. IEEE COMPUTER, Mai 1982, 12-20.

Ludewig, J., M. Glinz, H.J. Huser, G. Matheis, H. Matheis, M.F. Schmidt (1985): SPADES - A specification and design system and its graphical interface. 8th Intern. Conf. on Software Engineering, IEEE, London, August 1985.

Luft, A.L. (1984): Zur Bedeutung von Modellen und Modellierungs-Schritten in der Software-Technik. Angewandte Informatik, 5, 189-196.

Reinshagen, K.-P. (1983): Erfahrungen beim Einsatz eines entwurfsunterstützenden Spezifikationssystems. In J. Ludewig: Spezifikation von Realzeit-Systemen - Konzepte, Lösungen, Erfahrungen. Schweizerische Gesellschaft für Automatik, Seefeldstr. 301, 8008 Zürich. pp.127-152.

Swartout, W., R. Balzer (1982): On the inevitable intertwining of specification and implementation. Commun. ACM, 25, 7, 438-440.

Teichroew, D., E.A. Hershey III (1977): PSL/PSA: a computer aided technique for structured documentation and analysis of information processing systems. IEEE Trans. Software Eng., SE-3, 41-48.

Rechnerunterstützung für die Anfangsphasen eines Projekts

P. Lempp
Institut für Regelungstechnik und
Prozeßautomatisierung, Universität Stuttgart

Zusammenfassung

In der Vergangenheit wurden beim Requirements Engineering vielfach ausschließlich die technischen Anforderungen für die zu entwickelnden Software/Hardwaresysteme betrachtet. Für die Strukturierung und Beschreibung dieser Anforderungen entstanden teilweise sehr leistungsfähige rechnergestützte Systeme. Die Managementaspekte der Anforderungen an die Durchführung des Entwicklungsprojekts - die Projektplanung - wurden getrennt betrachtet und u.a. zusätzlich mit sogenannten Projektführungssystemen unterstützt. Diese Trennung ist jedoch aufgrund der zahlreichen Wechselwirkungen und Abhängigkeiten zwischen den Aufgabenbereichen nicht sinnvoll.

Ebenso stiefmütterlich vernachlässigt wurde bisher die Einbeziehung des Konfigurationsmanagements in die Rechnerunterstützung als integraler Bestandteil der Planungsaufgabe von Beginn eines Projekts an. Eine wirkungsvolle Verwaltung, vor allem aber wirkungsvolle Änderungsmechanismen, können nur dann gewährleistet werden, wenn alle Anforderungen und Planungen (mit den zugehörigen inhaltlichen Beziehungen!) rechnergestützt in einer gemeinsamen Datenbank modelliert werden.

1. Einleitung

Bei der Entwicklung umfangreicher Systeme, z.B. bei größeren Automatisierungsanlagen oder bei großen kommerziellen Softwareprojekten, arbeiten aufgrund der komplexen Struktur der Aufgabe, der vielfältigen Verflechtungen und technischen Möglichkeiten Spezialisten der verschiedensten Fachrichtungen in einem Team zusammen. Zusätzlich zur ständig wachsenden Komplexität der entwickelten Anlagen steigen durch den Einsatz umfangreicher Software/Hardwaresysteme in sicherheitsrelevanten Anwendungen die Anforderungen an Zuverlässigkeit und Sicherheit der Anlagen; der hohe Kapitalbedarf und das damit verbundene Risiko machen eine effiziente Überwachung und Kontrolle von Qualität, Terminen und Kosten des entwickelten Produkts unumgänglich.

Vor diesem Hintergrund ist die Zuhilfenahme von rechnergestützten Systemen - schon beginnend bei der Projektinitialisierung - notwendig. Dabei trägt die Verwendung sogenannter Software/Hardware-Produktionsumgebungen den Erkenntnissen Rechnung, daß die frühen Phasen (Requirements Engineering, Entwurf) besonders wesentlich sind und daß die Organisation des Projektteams, eine gemeinsame Vorgehensweise sowie der Informationsaustausch innerhalb des Teams ein entscheidender Angelpunkt des Projekts sind /11/. Diese Produktionsumgebungen bieten eine integrierte Rechnerunterstützung, die sowohl eine Unterstützung für alle Phasen als auch für alle Tätigkeitsbereiche beinhaltet.
In den nachfolgenden Abschnitten werden die Anforderungen an die Rechnerunterstützung, v.a. in den frühen Phasen des Projekts, sowie die integrierte tätigkeitsübergreifende Unterstützung am Beispiel von EPOS (Entwicklungs- und Projektmanagement-orientiertes Spezifikationssystem) erläutert.

2. Anforderungsdefinition - gemeinsames Ergebnis von "Requirements Engineering" und "Projektmanagement"

2.1 Technische Anforderungen und Managementanforderungen in einem Entwicklungsprojekt

In den ersten Zeitabschnitten zu Beginn des Projekts besteht die Aufgabe darin, die Anforderungen an ein zu entwickelndes System von einer vagen Vorstellung in den Köpfen einiger weniger Menschen in einem allgemein verständlichen Dokument zu präzisieren und festzuhalten.
Diese Formulierung der Zielsetzung des Projekts und der Anforderungen an das Gesamtsystem dient einerseits dazu, eine Vertragsgrundlage (Pflichtenheft /7/) zu erhalten, andererseits sollten bei diesem Prozeß der Definition der Anforderungen Widersprüche und Unvollständigkeiten in den Vorstellungen ausgeräumt werden.
Die Anforderungen, die während dieser Phase ausgearbeitet werden, kann man dabei in zwei Gruppen einteilen:
(1) technische Anforderungen
(2) Managementanforderungen

Der größere Teil ist üblicherweise die Beschreibung der Aufgabenstellung an das Gesamtsystem in technischer Hinsicht, aber auch nicht-technischer Rahmendaten wie (Grenz-) Gesamtkosten, Projektendtermin, Richtlinien und Vorüberlegungen zur Projektplanung, zur Projektorganisation und -überwachung sowie zur Qualitätssicherung und zum Konfigurationsmanagementplan werden meist parallel und sehr früh abgesteckt.

2.2 Beschreibungsmittel für die Anforderungsdefinition

An die Beschreibungsmittel für die Pflichtenheft-Erstellung werden vor allem zwei widersprüchliche Forderungen gestellt: Auf der einen Seite sollen sie genau und vollständig die gewünschten Sachverhalte - ohne Interpretationsspielräume - beschreiben, auf der anderen Seite muß das Pflichtenheft und mehr noch die (Zwischen-) Versionen bis zum endgültigen Dokument - als Kommunikationsmedium zwischen den verschiedenen projektbeteiligten Personen (Prozeßfachleute, Systemanalytiker, Softwareentwickler etc.) aus den verschiedenen Institutionen (Anwender, Fachabteilung) mit unterschiedlicher Vorbildung und Denkweise dienen (/5/, /10/).

Die in der Software/Hardware-Produktionsumgebung EPOS zur Verfügung stehenden Spezifikationsmittel lösen diesen Widerspruch in der Weise, daß für Sachverhalte, die von einem inhomogenen Personenkreis verstanden werden müssen (z.B. das Pflichtenheft) ein niedriger Grad an Formalisierung (in der Spezifikationssprache EPOS-R) vorgesehen ist, wohingegen bei Sachverhalten für spezielle Personengruppen innerhalb des Projekts (z.B. Projektplaner, -leiter, -assistenten einerseits und Software/Hardwareentwickler andererseits) Spezifikationssprachen mit hohem Grad an Formalierung zur Verfügung stehen (Spezifikationssprachen EPOS-P bzw. EPOS-S).
Die Beschreibungsmittel für die Anforderungsdefinition (Pflichtenheft) umfassen zu einem großen Umfang "natürliche Sprache" und "zeichnerische Darstellungen", durch einen einheitlichen Aufbau und ein (vorgeschlagenes) Gliederungsschema wird die Erstellung eines vollständigen widerspruchsfreien Pflichtenheftes erleichtert.

Zwei Elemente der Spezifikationssprache EPOS-R haben eine zusätzlich hervorzuhebende Bedeutung:

- ein Begriffslexikon stellt eine Basis für die Vereinheitlichung der Begriffswelten der Projektbeteiligten dar, das die Kommunikation fördert. Neben der rein fachtechnischen Klärung der Bedeutung ist das Lexikon zusätzlich unter dem Managementaspekt der Projektsteuerung und der Einarbeitung neuer Mitarbeiter zu sehen.

- Mit der Formulierung spezieller Anforderungen und Voraussetzungen (sogenannter "identifizierbarer Aufgabenkomponenten") läßt sich die Gesamtaufgabe in Einheiten gliedern, die im Verlauf des Projekts als eine der Grundlagen für die Projektkontrolle und Qualitätssicherung dienen.

Beide Sprachelemente - Begriffe und Aufgabenkomponenten - lassen sich außerdem mit frei wählbaren Kategorien (Deskriptoren) attributieren, mit deren Hilfe projekt- und tätigkeitsübergreifend eine Zusammenstellung zur gezielten Selektion, Sortierung und Kennzeichnung erreicht wird.

3. Projektplanung - unter Berücksichtigung der Anforderungen

3.1 Projektplanungsablauf bei vorgegebenem Lasten- bzw. Pflichtenheft

Nach der (Grob-) Analyse der technischen Anforderungen und der Aufstellung eines Lasten- bzw. Pflichtenhefts können die Tätigkeiten für die weitere Projektplanung wie folgt vereinfacht dargestellt werden:(Bild 1)

- Definition von Teilprojekten und Arbeitspaketen als Grundlage für einen Projektstrukturplan sowie für die Aufstellung von Kosten- und Ressourcenplänen
- Festlegung der Projektbeteiligten, d.h. Firmen, Abteilungen und die Aufstellung eines Organisationsplans
- Verantwortungs- bzw. Bearbeitungszuordnung von Arbeitspaketen zu Projektbeteiligten sowie die Klärung von Kompetenzen
- Planung des zeitlichen Ablaufs sowie des zeitlichen Abflusses von Kapital mittels Netz- bzw. Meilensteinplanung.

Vor allem der Projektstrukturplan muß wesentliche Teile der technischen Aufgabenstellung widerspiegeln. Selbstverständlich müssen bei der Projektplanung auch die nicht-technischen Rahmenbedingungen des Pflichtenheftes wie Gesamtkosten, Projektendtermin etc. eingehalten werden.

3.2 Beschreibungsmittel für die Projektplanung

Für die Beschreibung der speziell für das Projektmanagement, die Produktverwaltung und die Qualtitätssicherung relevanten Sachverhalte dient die formale Spezifikationssprache EPOS-P. Die Grundelemente dieser Projektspezifikationssprache sind verschiedene Typen von sogenannten Managementobjekten (z.B. Aktivität, Fortschrittsbericht etc.), die außer beschreibenden Texten vor allem die Modellierung von Strukturen und Relationen, sowie die formale Beschreibung quantifizierender Daten - z.B. Zeitabstände, Kosten etc. - ermöglichen.

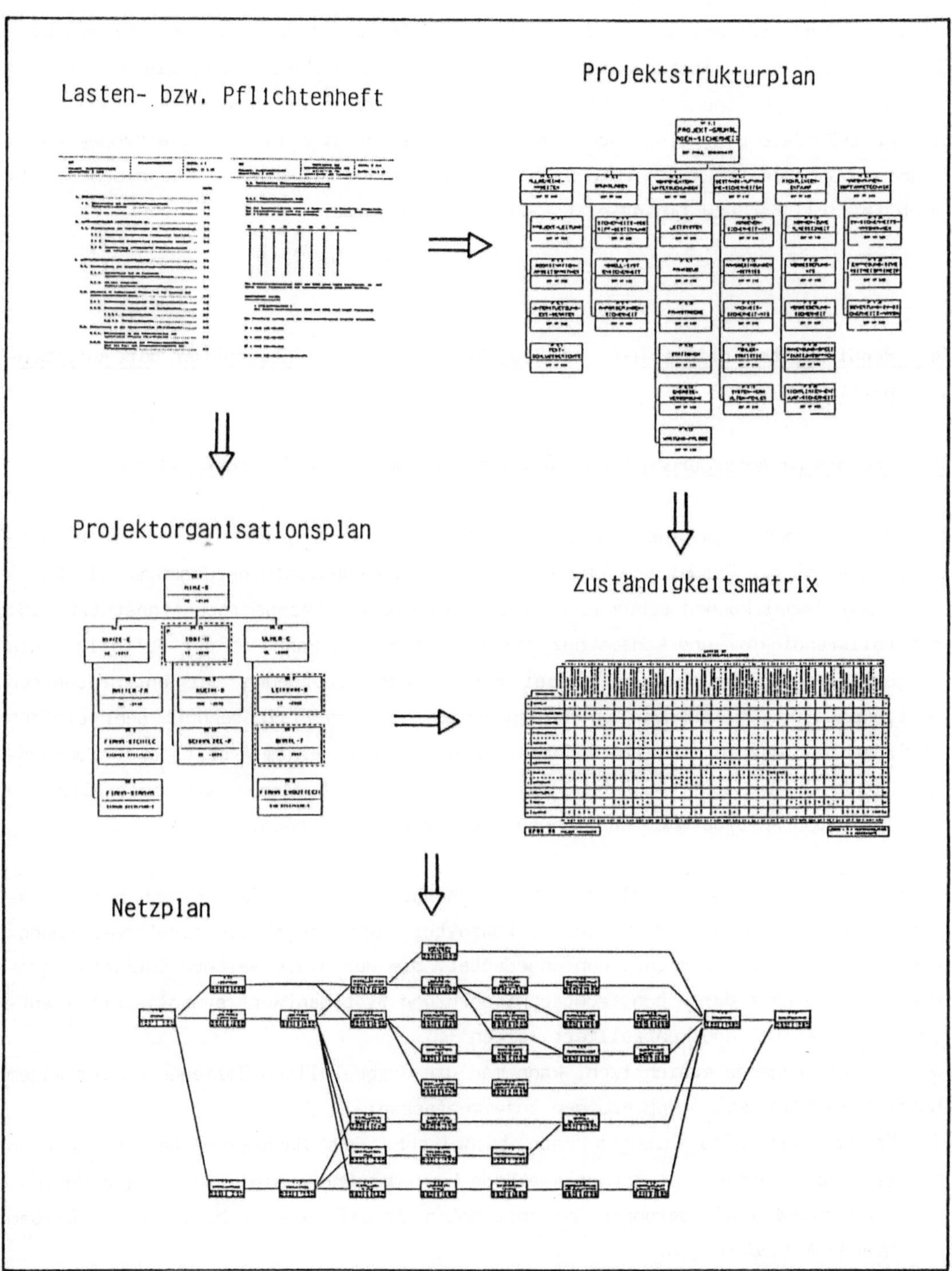

Bild 1: Vereinfachter Projektplanungsablauf

Die Projektstruktur- und Netzplanung sind durch Managementobjekte vom Typ Aktivität, die Projektorganisation, die Zuständigkeiten und Kompetenzen der Firmen bzw. Personen mit Managementobjekten vom Typ Projektbeteiligter und die Kosten und Ressourcen mit Managementobjekten vom Typ Einsatzmittelart beschrieben /11/.
In der EPOS-Datenbank sind nach diesen Planungsschritten die für die Projektüberwachung und Qualitätssicherung wichtigen Relationen mit sowohl technischen, als auch terminlichen und finanziellen Vorgaben abgebildet.

4. Requirements Engineering und Projektmanagement - Integration der Aufgabenbereiche

4.1 Technische Anforderungen und Managementvorgaben für die Entwicklung

Durch ein enges Zusammenwirken zwischen Requirements Engineering und Projektplanung entsteht ein Gerüst von technischen und Managementanforderungen an die Entwicklung. Dabei können schon frühzeitig diese Zusammenhänge rechnergestützt z.B. auf Vollständigkeit und Konsistenz geprüft werden. So kann bei der Aufteilung des Projekts in Teilprojekte und Arbeitspakete nach Zuordnung der entsprechenden Sektionen, Voraussetzungen und Anforderungen aus dem Pflichtenheft sehr einfach z.B. geprüft werden, ob alle Anforderungen zumindest einem Arbeitspaket zugeordnet worden sind und ob Widersprüche zwischen Kategorieangaben einerseits und Sektions- und Anforderungszuordnungen andererseits bestehen.

Bild 2 zeigt eine Übersicht über die wichtigsten Beziehungen zwischen den Planungselementen Pflichtenheft, Projektstruktur- und Projektorganisationsplanung. Des weiteren sind die Relationen angedeutet, die durch die weitere Entwicklung - hier beispielhaft durch den fachtechnischen und Systementwurf symbolisiert - aufgebaut, verwaltet und kontrolliert werden[1].
Wie aus der Legende ersichtlich, kann man die dargestellten Beziehungen vor allem unter folgenden zwei Gruppierungen zusammenfassen:

(1) Es bestehen Anforderungen nach technischen und Management-Gesichtspunkten (z.B. die Vorgabe der Entwurfsmethode bzw. der Endtermin), sowie eine Zuordnung dieser Anforderungen zu bestimmten Arbeitspaketen bzw. die Erfüllung dieser Anforderungen.

----

1) Falls schon die Erstellung des Pflichtenhefts Bestandteil des Projektstrukturplans ist, werden weitere Relationen modelliert und überprüft, die in Bild 2 nicht eingezeichnet sind.

(2) Projektbeteiligte sind für Teilprojekte, Arbeitspakete usw. zuständig und besitzen entsprechende Kompetenzen in Form von Zugriffsrechten auf Teile der EPOS-Datenbank.

Die gezeigten Beziehungen sind allerdings als Sammelbegriff für ein ganzes Bündel von einzelnen Relationen zu verstehen. So umfassen z.B. die Managementanforderungen alle Vorgaben in Kosten- und Terminhinsicht.

Zusätzlich zu den gezeigten, standardmäßig vorgegebenen können projektspezifische Relationen durch entsprechende Kategorien (Deskriptoren) definiert und überwacht werden. So können z.B. besonders kritische Anforderungen und Planungen beispielsweise mit 'sicherheitsrelevant' o.ä. attributiert werden. Dies läßt zu, daß man auf diese Objekte rechnergestützt sehr einfach seinen besonderen Augenmerk richten kann.

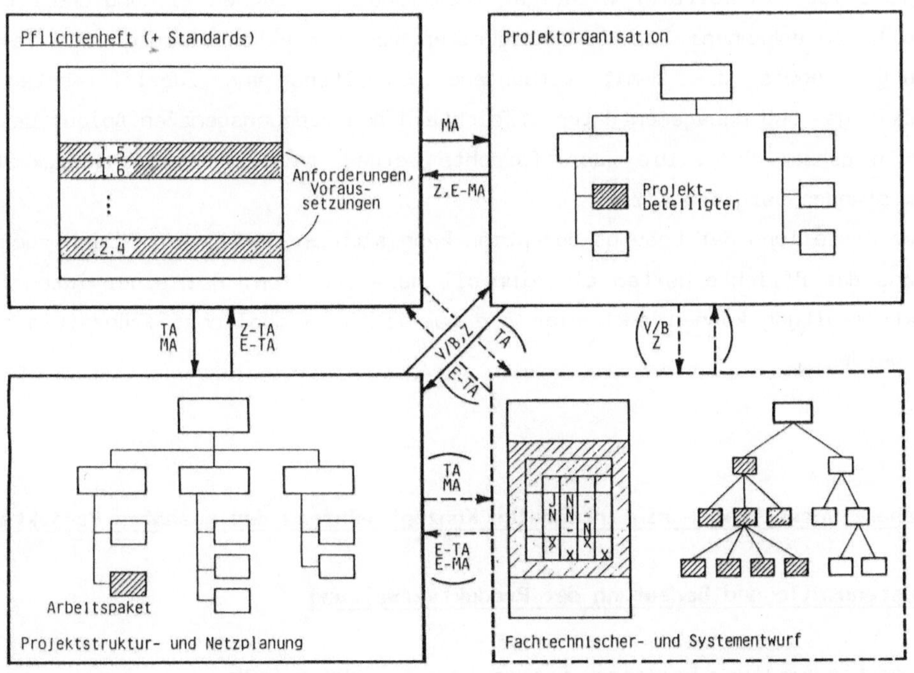

Bild 2: Darstellung der wichtigsten Relationen zwischen Pflichtenheft/Projektplanung und dem Entwurf

4.2 Projektverfolgung beim Übergang zum fachtechnischen Lösungskonzept und Systementwurf

Die Erarbeitung und Beschreibung der fachtechnischen Lösungskonzeption als weiterer Bereich des Requirements Engineering /8/ und der Systementwurf als anschliessende Projekttätigkeiten können aufgrund der vorausgegangenen technischen- und Managementplanung wirkungsvoll überwacht werden.

Die Freigabe der Aktivitäten gemäß Netzplanung, die Überprüfung der Vollständigkeit der formalen Erfüllung von Anforderungen für diese Aktivitäten sowie die Abnahme z.B. eines Arbeitspakets erst, wenn alle Anforderungen erfüllt und - bei Softwareteilen - Code-Parts bzw. ein automatisch generiertes Programmodul vorhanden sind, sind einige Beispiele, wie die integrierte Rechnerunterstützung bei der Projektverfolgung Früchte trägt.
In Bild 2 ist ein weiterer wichtiger Zusammenhang zwischen Planung und Projektkontrolle zu erkennen: Die Zuständigkeiten von Projektbeteiligten für Teilentwicklungen sowie die damit verbundene Verwaltung von Zugriffsrechten auf Entwicklungs- und Managementdaten erleichtern den ordnungsgemäßen Ablauf des Projekts in großem Maße. Die Zugriffsrechte werden dynamisch in Abhängigkeit des Projektstandes vergeben /12/.
Bei der Erstellung der Lösungskonzeption kann sich in bestimmten Fällen auch eine Änderung des Pflichtenheftes als sinnvoll herausstellen. Bei einer integrierten Produktverwaltung können auch hier die Auswirkungen möglichst frühzeitig aufgedeckt werden.

5. Produktverwaltung - ein integrales Konzept während des gesamten Projekts

5.1 Bestandteile und Bedeutung der Produktverwaltung

Die Produktverwaltung bei einem Entwicklungsprojekt umfaßt
a) die Versions-/Variantenverwaltung
b) eine konsequente Anwendung eines Konfigurationsmanagement-Konzepts.

Sie muß sich über alle Zwischen- und Endprodukte während des Projekts erstrecken, d.h. ausgehend von der Aufgabenstellung über die Managementplanung, die Spezifikation des Entwurfs bis hin zum Programm bzw. den Hardwarekomponenten mit allen verbindenden Relationen.

Da Änderungen in Projekten unvermeidlich sind /2/, muß durch ein rechnergestütztes Produktverwaltungskonzept dem Verlust der Übersicht über bestehenden Versionen/Varianten vorgebeugt werden. Zusätzlich bietet ein entsprechend detailliertes Konzept die Möglichkeit, neben der reinen Verwaltung auch Bewertungshilfen über Ausmaß betroffener Teile bei Änderungen anzuzeigen und so eventuell kostspielige Fehlentscheidungen zu verhindern.

5.2 Versions-/Variantenverwaltung in EPOS

Die wichtigste Unterscheidung bei der Verwaltung ist zwischen Versionen - als Änderungszuständen aufgrund von Weiterentwicklungen - und Varianten - als verschiedene alternative Ausprägungen von Teilen des Software-/Hardware-Systems. Grundelement der Versionsverwaltung in EPOS ist die Zuordnung einer dreistelligen Versionsidentifikation der Form

Versionsnummer. Revisionsnummer . Änderungsnummer

zu jedem Verwaltungsobjekt (z.B. 4.3.7), Varianten werden durch alphanumerische Bezeichner unterschieden. /13/

Bild 3 zeigt, daß sich die Speicherung in der Datenbank auf die voneinander verschiedenen Objekte beschränkt. Ein Objekt - hier dargestellt innerhalb einer Hierarchie von Objekten beim Systementwurf kann dabei

- zu genau einer Variante
- zu mehreren Varianten
- zu allen Varianten des Systems gehören (variantenneutral sein).

Varianten sind also (eingeschränkte) Sichten innerhalb der Datenbank.
Durch Angabe des entsprechenden Variantenbezeichners kann eine Variante (z.B. VARIANTE-A) angewählt werden.
Mit Hilfe von Varianten lassen sich auch verschiedene Planungsalternativen ("what-if-Analysen") durchspielen, um Aufschlüsse über Auswirkungen von Änderungen zu erhalten.

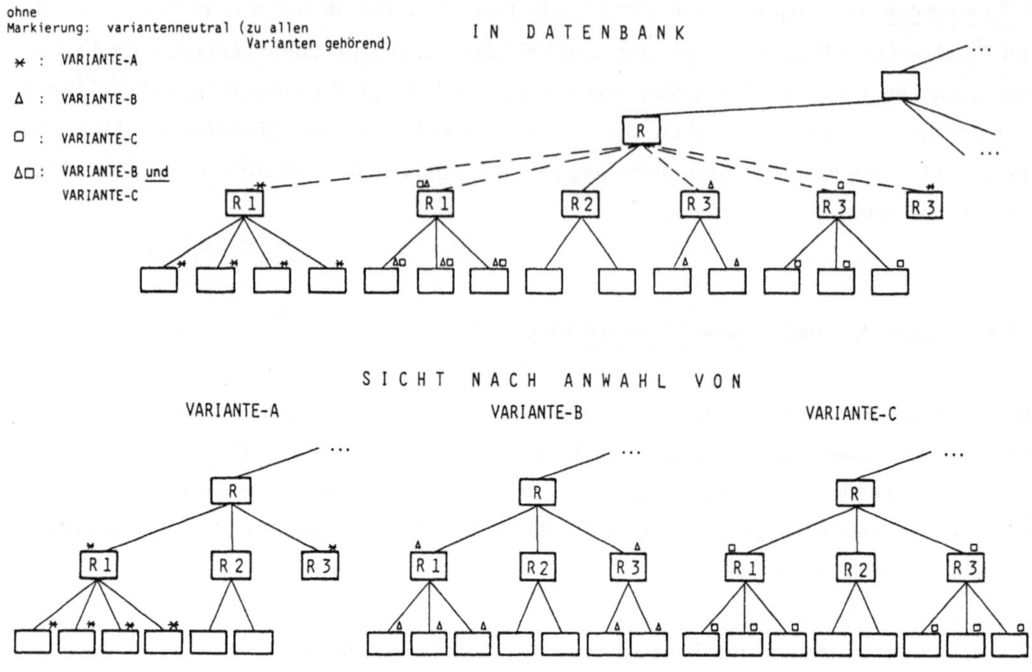

Bild 3: Variantenspeicherung und Sicht bei Anwahl von Varianten

5.3 Planung und Durchführung des Konfigurationsmanagements

Schon in der "Requirements Phase" werden im allgemeinen die Richtlinien für die Durchführung des Konfigurationsmanagements (KM-Plan) vereinbart und im Pflichtenheft festgehalten. Die wichtigsten Grundsätze dabei sind die Erfassung und Kennzeichnung von Baselines - z.B. nach Abschluß von Projektphasen nach einem Review festgehaltene Projektstände - sowie ein Schema, wie Änderungen an diesen Baselines mit einem bestimmten Kontrollmechanismus möglich sind /1/.
Beim Konfigurationsmanagement werden die Vorteile der integrierten Rechnerunterstützung und der gemeinsamen Datenbank für alle projektrelevanten Daten ebenfalls deutlich:

Es ist in EPOS nicht nur eine Formulierung von gewünschten Änderungsanträgen (z.B. des Pflichtenhefts aufgrund einer Änderung der Zielvorstellung des Auftraggebers) möglich, sondern es können auch aufgrund der gezeigten Relationen zwischen den verschiedenen Zwischenprodukten von der Änderung betroffene Teile aufgezeigt werden. Damit lassen sich die Änderungsauswirkungen leichter abschätzen. Dies ist eine wichtige Hilfe bei der Beurteilung der Durchführung der Änderung. Positiv beurteilte Änderungsanträge werden ähnlich wie Arbeitspakete des Projektstrukturplans bis zur Fertigstellung der Realisierung kontrolliert (s. Bild 4).

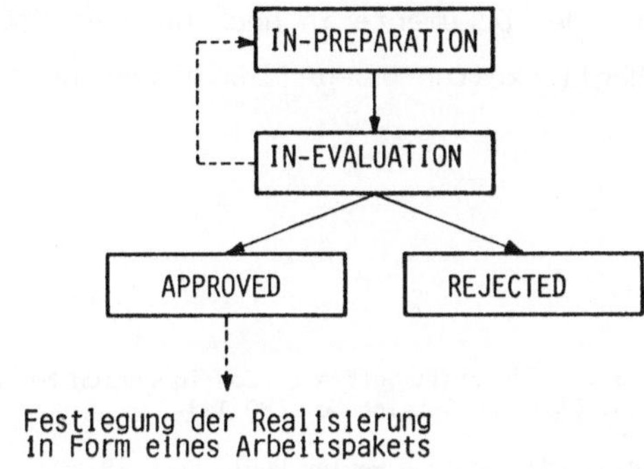

Bild 4: Standardzustandsdiagramm für Änderungsanträge

6. Schlußbemerkungen und Ausblick

Obwohl "Requirements Engineering" und "Projektmanagement" verschiedene Aufgaben innerhalb eines Projekts zu erfüllen haben, besteht eine enge Wechselwirkung zwischen technischen- und Managementaufgaben sowie der Entwicklungs- und Managementinformation.

Es ist daher nicht sinnvoll, getrennte Rechnerunterstützung für beide Aufgabenbereiche bereitzustellen. Vielmehr ist es notwendig, in einem integrierten, auf einer gemeinsamen Datenbank aufbauenden Konzept den Verknüpfungen zwischen den Aufgabenbereichen Rechnung zu tragen und durch geeignete Analyse-, Dokumentations- und Bewertungskomponenten allen Projektbeteiligten schon in den frühen Phasen des Projekts sich wiederholende oder mühsame und fehlerträchtige Arbeiten abzunehmen.

Eine integrierte Produktverwaltung ist dabei eine Voraussetzung, den gesamten Lebenszyklus eines Projekts mit allen unvermeidlichen Änderungen im Griff zu behalten. Obwohl dies nicht weiter ausgeführt wurde, ist leicht einsichtig, daß auch die Aufgabe der Qualitätssicherung durch diese gemeinsame Daten- und Relationenverwaltung erheblich erleichtert wird.

Die integrierte Rechnerunterstützung durch EPOS hat sich bewährt. Gleichzeitig hat sich gezeigt, daß alle Projektbeteiligten, insbesondere auch das Management, die gebotene Informationsaufbereitung und -darstellung schätzen, daß aber auch der Wunsch besteht, die Gestaltung der Dokumente in noch höherem Maße anpaßbar zu machen. Die Untersuchungen der Möglichkeiten einer flexibleren Gestaltung werden daher in Zukunft verstärkt.

7. Literatur

/1/ Brian, W., Chadbourne, C., Siegel, S.: Tutorial: Software Configuration Management. IEEE Comp.Soc.Press., Los Alamitos, CA. IEEE Catalog No. EHO 169-3.

/2/ Brooks, F.P.: The Mythical Man-Month. Essay on Software Engineering. Reading, MA; Addison Wesley Publ. Co., 1975

/3/ Chen, P.P.(Ed.): Entity-Relationsship Approach to System Analysis and Design, North Holland Publ. Co., 1980

/4/ Ehrensperger, P.: Übersicht über am Markt befindliche Produktverwaltungs- und Projektführungssysteme. GI-Softwaretechnik-Trends, Heft 3-2, Juli 1983.

/5/ Jovalekić, S.: Erstellung von Anforderungsspezifikationen für Automatisierungssysteme mit EPOS - Eigenschaften und Erfahrungen. (Hrsg.:Hommel, G. und Krönig, D.) Informatikfachberichte Nr. 74, Springer-Verlag, Berlin, Heidelberg, New York, Tokio, 1983

/6/ Göhner, P.: Ingenieurgerechte Rechnerunterstützung für die Entwicklung und Pflege von Hardware-/Softwaresystemen. Intern. Kongreß Mikroelektronik, München, 13.-15.Nov.1984.

/7/ Hausen, H.L., Müllerburg, M.: Software Engineering Environments: State of the Art, Problems and Perspectives. Proc. COMPSAC 1982, IEEE Comp.Soc.Press, Los Angeles, CA, pp. 326 - 335.

/8/ Lauber, R. (Herausgeber): EPOS-Einführung. IRP Universität Stuttgart, fünfte, erweiterte Auflage, Juni 1985

/9/ Lauber, R., Jovalekić, S.: Wie formal soll und darf die Beschreibung des Pflichtenheftes für ein Prozeßautomatisierungssystem sein? Informatik-Fachberichte Nr. 50, Springer-Verlag, Berlin Heidelberg 1981, S. 484-490

/10/ Lauber, R.: Development Support Systems. IEEE Computer, Vol. 15, No. 5 (May 1982), pp. 36 - 46.

/11/ Lauber, R., Lempp, P.: Integrierte Rechnerunterstützung bei der Durchführung von Automatisierungsprojekten. Fachtagung Prozessrechner 1984 (Hrsg.: Trauboth, H. Jaeschke, A.), Informatik-Fachberichte Bd. 86, Springer-Verlag Berlin, Heidelberg, New York, 1984.

/12/ Lauber, R., Lempp, P.: Integrierte Rechnerunterstützung für Entwicklung, Projektmanagement und Produktverwaltung mit EPOS Elektron. Rechenanlagen, Oldenbourg Verlag, München, Nr. 2/1985

/13/ Lempp, P.: Versions-/Variantenverwaltung und Konfigurationsmanagement in EPOS. EPOS-INFO Nr. 7, 1984. Veröffentlichung der Universität Stuttgart (IRP) und der Firma GPP.

/14/ Nagel, R.: Contra sprachorientierte Programmierumgebungen. German Chapter of the ACM-News Nr. 3, 1984, S. 27.

/15/ NCC, DTI, NEDO: Software Tools for Application fo large Real Time Systems - The STARS Guide, 1982.

VICO -

Versions-, Schnittstellen- und Konfigurationskontrolle

H.-P. Subel
Werum Datenverarbeitungssysteme GmbH
2120 Lüneburg

VICO (Version, Interface and Configuration control system) ist eine Programmierumgebung für die Entwicklung modularer Programmsysteme. VICO verwaltet alle Dokumente (Spezifikationen, Quelltexte, Bindemodule, ...), die im Laufe des Entwicklungsprozesses anfallen und ermöglicht eine rechnergestützte Schnittstellen-, Versions- und Konfigurationskontrolle.

1. Einleitung

VICO ist entstanden aufgrund mehrjähriger Erfahrungen, die bei der Entwicklung modularer Programmsysteme für industrielle Anwendungen gesammelt worden sind. In der Feinspezifikations- und Programmierphase mangelte es an Hilfsmitteln zur Unterstützung der modularen Strukturierung eines Programmsystems. In der Test- und Wartungsphase sowie in späteren Portierungsphasen war die Unterstützung bei Änderungen und Anpassungen des Programmsystems ebenfalls nur unzureichend.

Zur Lösung dieser Probleme stellt VICO eine Programmiersprache sowie ein Auskunfts- und Verwaltungssystem zur Verfügung.

Die Programmiersprache VICO-L (VICO-Language) ermöglicht es, die modulare Struktur eines Programmsystems zu beschreiben, die Schnittstellen der Moduln festzulegen sowie den jeweiligen Anforderungen angepaßte Programme zu konfigurieren. VICO-L-Beschreibungen werden analysiert und die gewonnenen Informationen über Beziehungen und Abhängigkeiten innerhalb eines Programmsystems in einer Datenbank abgelegt. Auf der Basis dieser Informationen verwaltet VICO Quelltexte, automatisch ableitbare Dokumente (Bindemodule, ...) und begleitende Dokumente (Spezifikationen, Änderungsnotizen, ...).

VICO berücksichtigt insbesondere die Konsequenzen von Änderungen innerhalb eines Programmsystems. Wird beispielsweise der Quelltext eines Moduls geändert, stellt VICO fest, daß der zugehörige Bindemodul und alle Programme, die diesen Modul benutzen, nicht mehr aktuell sind, leitet automatisch einen Übersetzungs- und Bindevorgang ein und vermerkt, daß die begleitenden Dokumente nicht mehr aktuell sind.

2. Das VICO-Modell

Die Entwicklung von VICO basiert auf der Grundlage eines Modells, das die Struktur eines Programmsystems beschreibt. Dieses Modell ist angelehnt an Arbeiten, die im Rahmen des Gandalf-Projekts entstanden sind /1/.
Folgende Begriffe sind in diesem Zusammenhang von Bedeutung (vgl. /2/,/3/,/4/):

- Programmsystem
- Modulfamilie
- Implementierung
- Revision
- Konfiguration

Ein Programmsystems besteht aus einer Anzahl von Modulfamilien, die gemeinsam zur Lösung einer bestimmten Aufgabenklasse beitragen. Geläufige Beispiele für Programmsysteme sind Datenbanken oder Compiler. Die Mitglieder einer Modulfamilie sind Funktionseinheiten, die alle die gleiche Schnittstelle und das gleiche funktionale Verhalten besitzen, aber unterschiedlich implementiert sind. Die Implementierungen unterscheiden sich beispielsweise durch Anpassungen an bestimmte Betriebssysteme, die Benutzung verschiedener Algorithmen oder aufgrund der verwendeten Implementierungssprache. Implementierungen werden überarbeitet, modifiziert und korrigiert, so daß im Laufe der Zeit verschiedene Revisionen einer Implementierung entstehen.

Die folgende graphische Darstellung eines Beispiels dieses hierarchischen Modells berücksichtigt bereits die Benutzung einer Modulfamilie in mehreren Programmsystemen:

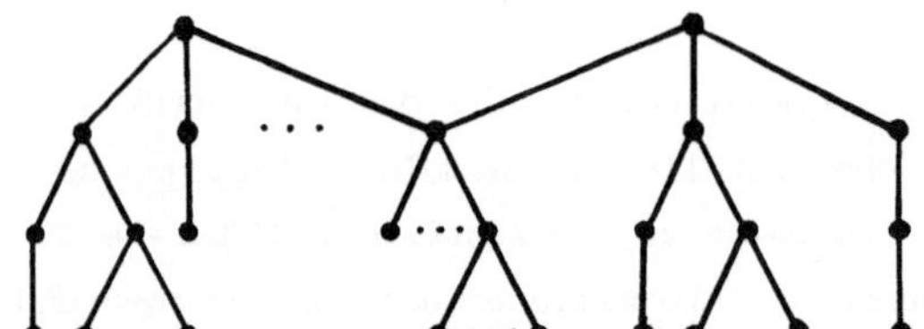

Programmsysteme

Modulfamilien

Implementierungen

Revisionen

Aufgrund von im- und exportierten Objekten (Prozeduren, Variablen, ...) können Modulfamilien untereinander in einer beliebig komplexen Beziehung stehen (obwohl eine hierarchische Struktur der Beziehungen vorzuziehen ist):

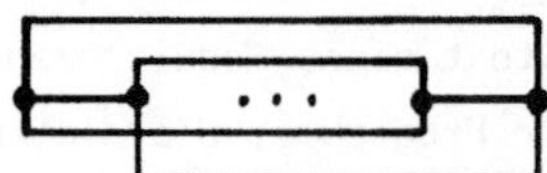

Mögliche Beziehungen der Modulfamilien untereinander

Zur Generierung eines ablauffähigen Programms wird aus den Modulfamilien eines Programmsystems jeweils eine bestimmte Revision benötigt. Die verschiedenen ablauffähigen Programme werden als Konfigurationen bezeichnet. Die Beziehungen zwischen Programmsystem, Konfiguration und Revision lassen sich ebenfalls graphisch veranschaulichen:

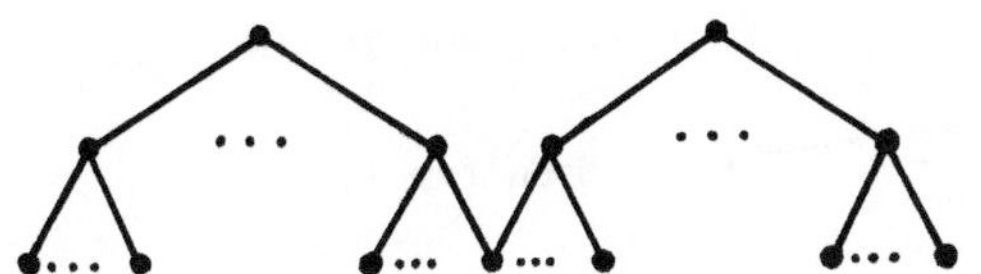

In größeren Programmsystemen sind die Konsequenzen einer Revisions- oder Schnittstellenänderung ohne Rechnerunterstützung kaum noch beherrschbar (vgl. /5/,/6/). Um die Konsistenz des gesamten Programmsystems gewährleisten zu können, muß eine Programmierumgebung sämtliche Abhängigkeiten und Beziehungen kennen, die anhand dieses Modells deutlich werden.

3. Die VICO-Sprache (VICO-L)

VICO-L ist eine Sprache zur formalen Beschreibung von Programmsystemen im Sinne des vorgestellten Modells. Diese Beschreibungen werden analysiert und in geeigneter Form in der VICO-Datenbank abgelegt (vgl. Kap. 4). Anschließend verfügt VICO über ein internes Abbild der Struktur eines Programmsystems, das die Grundlage der Schnittstellen-, Versions- und Konfigurationskontrolle bildet (vgl. /7/).

VICO-L unterscheidet die Analyseeinheiten

- (Programm) SYSTEM	(SYSTEM)
- KONFIGURATION	(CONFIGURATION)
- MODUL(familie)	(MODULE)
- IMPLEMENTIERUNG	(IMPLEMENTATION)

Ein SYSTEM führt alle Modulfamilien auf, die zu einem Programmsystem gehören. Eine KONFIGURATION beschreibt, welche Modulfamilien benutzt werden, welche Beziehungen zwischen den Modulfamilien bestehen und welche Revisionen heranzuziehen sind. Ein MODUL beschreibt die Schnittstelle und nennt die Implementierungen einer Modulfamilie. Die Schnittstelle wird definiert durch im- und exportierte Konstanten, Typen, Variablen und Prozeduren. Eine IMPLEMENTIERUNG entspricht einem Quellprogramm in anderen Sprachen.

Ein Teil der Möglichkeiten von VICO-L soll mit Hilfe eines Beispiels dargestellt werden. Ausführliche Informationen über VICO-L sind der Sprachbeschreibung zu entnehmen /11/.

Wir betrachten einen Compiler, der u.a. die Modulfamilien io und scanner umfaßt. Für die Modulfamilie io gibt es die beiden Implementierungen bs2000 und unix. Für die Modulfamilie scanner gibt es nur eine Implementierung gleichen Namens. Von jeder Implementierung liegen zwei Revisionen vor:

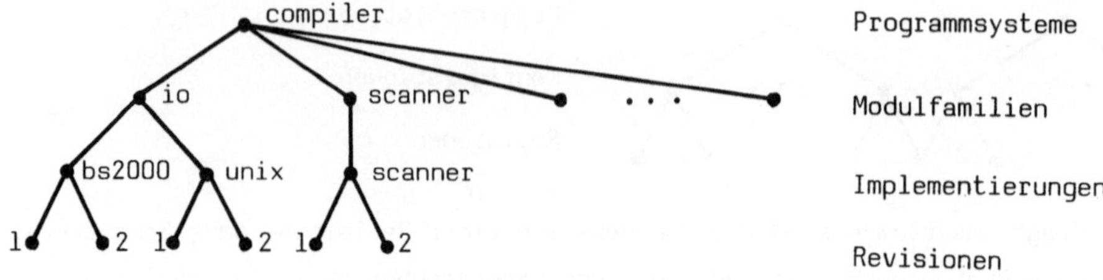

Im Rahmen der Realisierung dieses Compilers in VICO-L werden zunächst die MODULE für io und scanner erstellt:

```
MODULE io;
  EXPORT
    string = CHARACTER 14;
    open   : PROCEDURE ( filename: string, ...);
    read   : PROCEDURE ( ch: CHAR 1 );
    write  : PROCEDURE ( ch: CHAR 1 );
    close  : PROCEDURE;
  END;
  IMPLEMENTATION bs2000; unix END;
END io;

MODULE scanner;
  IMPORT
    io < string; open; read; close >;
  END;
  EXPORT
    token = ( keyword, identifier, number, ...);
    gettoken : FUNCTION RETURNS token;
  END;
END scanner;
```

Die Modulfamilie io exportiert den Typ string sowie die Prozeduren open, read, write und close. Die Namen der beiden Implementierungen sind im IMPLEMENTATION-Teil des MODULS angegeben.

Die Modulfamilie scanner benötigt von der Modulfamilie io den Typ string sowie die Routinen open, read, close und stellt ihrerseits den Typ token sowie die Funktion gettoken zur Verfügung. Zur Vermeidung von Inkonsistenzen der Objektbeschreibungen werden die importierten Objekte nur namentlich aufgelistet. Die vollständigen Beschreibungen werden im Verlauf der Analyse der VICO-Datenbank entnommen. Da die Angabe des IMPLEMENTATION-Teils fehlt, wird vereinbarungsgemäß die Existenz einer Implementierung scanner angenommen.

Es folgt die Zuordnung der Modulfamilien io und scanner zum Programmsystem compiler:

```
SYSTEM compiler;
  io; scanner; ...
END compiler;
```

Nachdem die beiden MODULE und das SYSTEM erfolgreich analysiert und die Informationen in die Datenbank eingetragen worden sind, kann die gewünschte KONFIGURATION erstellt werden:

```
CONFIGURATION compilerbs2000 OF compiler;
  MODULE io;
    EXPORT string; open; read; close; END;
  END io;

  MODULE scanner;
    IMPORT io < string; open; read; close >; END;
    EXPORT token; gettoken; END;
  END scanner;
    ...
  REVISION io.bs2000.1; scanner.2; ... END;
END compilerbs2000;
```

Die KONFIGURATION gibt einen Überblick über die benutzten Modulfamilien sowie alle im- und exportierten Objekte. Es müssen nicht alle Objekte, die von einer Modulfamilie exportiert werden, in einer Konfiguration verwendet werden. In diesem Beispiel wird die Prozedur write der Modulfamilie io nicht benötigt. Dieser Umstand kann bei der Übersetzung der Revision io.bs2000.1 berücksichtigt werden, indem die Codegenerierung für den Prozedurkörper von write unterdrückt wird. Es ist ebenfalls nicht notwendig, alle Modulfamilien eines Programmsystems in einer Konfiguration zu benutzen. Dementsprechend kann bei der Konfiguration eines Compilers beispielsweise auf einen Modul zur Codeoptimierung verzichtet werden. Im REVISION-Teil werden die Revision 1 der Implementierung bs2000 der Modulfamilie io sowie die Revision 2 der einzigen Implementierung der Modulfamilie scanner angegeben. Fehlt die Angabe einer Revisionsnummer, wird vereinbarungsgemäß die neueste Revision herangezogen.
Zuletzt werden die IMPLEMENTIERUNGEN für bs2000, unix und scanner eingebracht:

```
IMPLEMENTATION bs2000 OF io;
  open: BODY; ... END;
  ...
END bs2000;
IMPLEMENTATION unix OF io;
  open: BODY; ... END;
  ...
END unix;
```

```
IMPLEMENTATION scanner;
  gettoken: BODY; ... END;
  ...
END scanner;
```

Die Sprachkonstrukte, die für eine Implementierung in VICO-L zur Verfügung stehen, sollen nicht näher vorgestellt werden. Sie entsprechen denen PASCAL-ähnlicher Sprachen. Allerdings fehlen die sonst üblichen Beschreibungen der im- und exportierten Objekte, die in VICO-L ausschließlich in einem MODUL angegeben werden. Erwähnenswert ist in diesem Zusammenhang die Tatsache, daß VICO auch eingesetzt werden kann, wenn die Implementierung nicht in VICO-L sondern in einer anderen Sprache (PEARL, PL/I, C, Ada, ...) erfolgt.

4. Die VICO-Datenbank

Sämtliche Informationen über Programmsysteme sind in Relationen der VICO-Datenbank abgelegt. Diese Relationen, deren Definition direkt aus dem VICO-Modell abgeleitet werden kann, sind dem VICO-Benutzer bekannt und zugänglich (vgl. Kap. 5). Sie lassen sich in drei Klassen einteilen:

- Basisrelationen
- Verknüpfungsrelationen
- Dateirelationen.

Basisrelationen

Es gibt die Basisrelationen

- (Programm) SYSTEM
- KONFIGURATION
- MODUL(familie)
- IMPLEMENTIERUNG
- REVISION

Diese Basisrelationen enthalten einen Schlüssel zur eindeutigen Identifizierung eines Tupels, das Eintragsdatum, eventuell weitere Datums- und Zustandsangaben. Das Eintragsdatum bezieht sich auf den Zeitpunkt der letzten erfolgreichen Analyse der zugehörigen VICO-L-Beschreibung und der damit verbundenen Einträge in die Datenbank (vgl. Kap. 5, ENTER).

Der Relation SYSTEM ist zu entnehmen, welche Programmsysteme existieren und wann sie eingetragen worden sind. Der Zustand eines Systems ist aktuell, wenn der Zustand aller Modulfamilien und Konfigurationen aktuell ist:

Systemname	Eintrag	Zustand
compiler	11.11.84	nicht aktuell
editor	12.12.84	aktuell
...	...	...

Die Relation KONFIGURATION gibt Auskunft über die verschiedenen Konfigurationen eines Programmsystems, den Zeitpunkt des Eintrags, den Zeitpunkt des letzten erfolgreichen Bindevorgangs sowie über den Zustand des Lademoduls. Der Zustand ist aktuell, wenn alle benutzten Revisionen aktuell sind:

Konfigurationsname	Systemname	Eintrag	Bindelauf	Zustand
compilerbs2000	compiler	10.12.84	05.03.85	nicht aktuell
compilerunix	compiler	14.11.84	09.02.85	nicht aktuell
...	...	...	...	...

Der Relation MODUL ist zu entnehmen, welche Modulfamilien existieren und wann sie eingetragen worden sind. Der Zustand einer Modulfamilie ist aktuell, wenn alle Implementierungen aktuell sind:

Modulname	Eintrag	Zustand
io	05.09.84	aktuell
scanner	06.03.85	nicht aktuell
...	...	...

Die Relation IMPLEMENTIERUNG ist analog definiert. Das Eintragsdatum bezieht sich auf den Eintrag der neuesten Revision einer Implementierung. Der Zustand ist aktuell, wenn alle Revisionen aktuell sind:

Implementierungsname	Modulname	Eintrag	Zustand
bs2000	io	07.09.84	aktuell
unix	io	14.09.84	aktuell
scanner	scanner	06.03.85	nicht aktuell
...	...	...	...

Die Relation REVISION gibt an, welche Revisionen einer Implementierung existieren, wann sie eingetragen worden sind, wann die letzte Übersetzung stattgefunden hat und in welchem Zustand sie sich befinden. Der Zustand ist nicht mehr aktuell, wenn der Quelltext oder die Schnittstelle der Revision geändert worden ist und eine erfolgreiche Übersetzung noch nicht stattgefunden hat:

Implementierungsname	Modulname	Revision	Eintrag	Übersetzung	Zustand
unix	io	1	08.09.84	08.09.84	aktuell
unix	io	2	14.09.84	14.09.84	aktuell
scanner	scanner	1	02.03.85	02.03.85	nicht aktuell
scanner	scanner	2	04.03.85	06.03.85	nicht aktuell
...	...	...	...	...	...

Wegen der zentralen Bedeutung der Objektbeschreibungen im Hinblick auf die Schnittstellenkontrolle wird zusätzlich die Basisrelation OBJEKT eingeführt:

Objektname	Modulname	Eintrag	Klasse	Beschreibung
string	io	05.09.84	type	CHARACTER 14
read	io	05.09.84	procedure	(ch: CHAR 1)
token	scanner	06.03.85	type	(keyword, identifier, ...)
...	...	...	...	...

Verknüpfungsrelationen

Verknüpfungsrelationen beschreiben die Beziehungen innerhalb eines Programmsystems. Die Relation SYSTEM-MODUL gibt an, welche Modulfamilien zu einem Programmsystem gehören:

Systemname	Modulname
compiler	io
compiler	scanner
...	...

Die Relation KONFIGURATION-REVISION gibt an, welche Revisionen in einer Konfiguration benutzt werden:

Konfigurationsname	Systemname	Modulname	Implementierungsname	Revision
compilerbs2000	compiler	io	bs2000	1
compilerbs2000	compiler	scanner	scanner	2
...	...	...	...	...

Die Relation KONFIGURATION-OBJEKT gibt an, welche Objekte in einer Konfiguration benutzt werden:

Konfigurationsname	Systemname	Modulname	Modulname des Exporteurs	Objektname
compilerbs2000	compiler	io	io	string
compilerbs2000	compiler	io	io	read
compilerbs2000	compiler	scanner	io	read
...	...	...	...	...

Weitere Relationen (MODUL-REVISION, MODUL-OBJEKT, ...) sind analog definiert.

Dateirelationen

Sämtliche von VICO verwalteten Dokumente (Quelltexte, Spezifikationen, Bindemodule, Lademodule, ...) werden einem Programmsystem, einer Konfiguration, einer Modulfamilie, einer Implementierung oder einer Revision zugeordnet und in sogenannten Dateirelationen abgelegt:

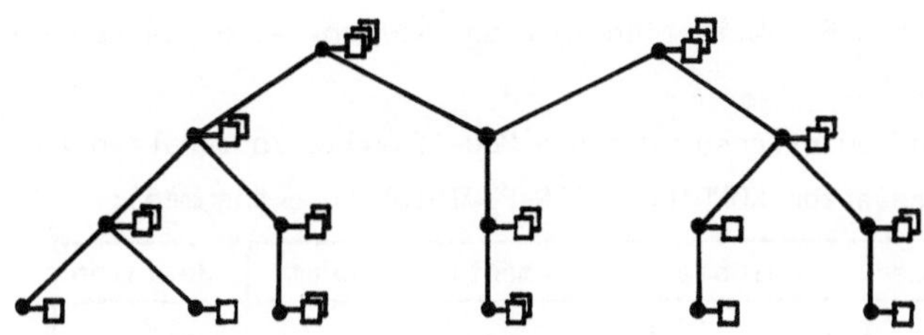

Programmsysteme

Modulfamilien

Implementierungen

Revisionen

Beispiele für Dateirelationen:

SYSTEM-QUELLTEXT, SYSTEM-DOKUMENTATION, ...
MODUL-QUELLTEXT, MODUL-DOKUMENTATION, ...
IMPLEMENTIERUNG-DOKUMENTATION, ...
REVISION-QUELLTEXT, REVISION-BINDEMODUL, REVISION-FEHLERMELDUNGEN, ...
KONFIGURATION-QUELLTEXT, KONFIGURATION-DOKUMENTATION, KONFIGURATION-LADEMODUL, ...

Ein Teil der Dateirelationen ist manuell erstellt (Quelltexte, Spezifikationen,...), während der andere Teil automatisch generiert ist (Bindemodule, Fehlermeldungen,...). Jede Dateirelation enthält einen Schlüssel zur eindeutigen Identifizierung eines Tupels, das Datum der Erstellung, das Datum des letzten Zugriffs sowie das Dokument. Als Beispiel sei hier die Relation MODUL-QUELLTEXT vorgestellt:

Modulname	Erstellung	Zugriff	Quelltext
scanner	10.11.84	06.03.85	MODULE scanner; ...
...	...	...	...

In der Praxis hat es sich gezeigt, daß es günstig ist, wenn es für jedes Tupel einer Dateirelation, die ein manuell erstelltes Dokument enthält, zwei Ausprägungen gibt. Das eine Tupel enthält die formal korrekte Originalversion, das andere die Arbeitsversion des Dokuments (vgl. Kap.5, EDIT, ENTER).

5. Die VICO-Benutzerschnittstelle

Der Benutzer kommuniziert mit dem VICO-System über eine menügesteuerte Dialogschnittstelle. Die zur Verfügung stehenden Funktionen arbeiten auf Tupeln einer Relation der VICO-Datenbank. Die Auswahl der gewünschten Tupel erfolgt mit Hilfe eines query-by-example-Mechanismus (vgl. /8/,/9/).

Der Benutzer gibt zunächst an, mit welcher Relation er arbeiten möchte. Daraufhin erscheint auf dem Bildschirm die Schablone eines Tupels dieser Relation. Die Schablone umfaßt nur die Spalten, die als Suchkriterien in Frage kommen. Alle Spalten sind mit einem Fragezeichen vorbelegt.

Beispiel für die Anwahl aller Konfigurationen, die die Modulfamilie io benutzen (diese Information ist der Verknüpfungsrelation KONFIGURATION-REVISION zu entnehmen):

Konfigurationsname	Systemname	Modulname	Implementierungsname	Revision
?	?	io	?	?

Beispiel für die Anwahl des Quelltextes einer Revision (der Quelltext ist in der Dateirelation REVISION-QUELLTEXT zu finden):

Modulname	Implementierungsname	Revision
io	bs2000	1

Die wichtigsten VICO-Funktionen sollen in diesem Rahmen nur kurz vorgestellt werden:

EDIT

Die EDIT-Funktion ist definiert für Dateirelationen, die manuell erstellte Dokumente enthalten. Ist die Anwahl eines Tupels der gewünschten Relation erfolgreich, wird das entsprechende Dokument bereitgestellt. Anderenfalls wird mit dem Einverständnis des Benutzers ein neues Tupel in die Relation eingetragen und ein leeres Dokument bereitgestellt. Anschließend wird ein Editor aktiviert, mit dessen Hilfe das Dokument bearbeitet werden kann. Wenn die Bearbeitung abgeschlossen ist, wird die Arbeitsversion des Tupels überschrieben bzw. neu generiert.

ENTER

Die ENTER-Funktion ist ebenfalls definiert für Dateirelationen, die manuell erstellte Dokumente enthalten. Handelt es sich bei dem Dokument um einen VICO-L-Quelltext, wird das Dokument der Arbeitsversion des angewählten Tupels entnommen und analysiert. Verläuft die Analyse fehlerfrei, werden die Ergebnisse in die Basis- und Verknüpfungsrelationen der Datenbank übernommen, indem existierende Tupel gelöscht, neue Tupel eingetragen und die Zustandsinformationen existierender Tupel aktualisiert werden. Anschließend wird der Quelltext in die Originalversion des Tupels übertragen und die Arbeitsversion des Tupels gelöscht. Im Fehlerfall werden die Datenbankrelationen nicht verändert. Fehlermeldungen werden in der entsprechenden Dateirelation abgelegt. Handelt es sich um ein beliebiges anderes Dokument, wird lediglich die Originalversion des Tupels aktualisiert und die Arbeitsversion gelöscht.

Wird beispielsweise ein Tupel der Relation REVISION-QUELLTEXT eingetragen, registriert VICO u.a., daß der Bindemodul der Revision, sämtliche Konfigurationen, die diese Revision benutzen,sowie die Dokumentation der Revision, nicht mehr aktuell sind. Wird ein Tupel der Relation MODUL-QUELLTEXT eingetragen, nachdem eine Objektbeschreibung geändert oder gelöscht worden ist, registriert VICO u.a., daß alle Implementierungen, die das betreffende Objekt im- oder exportieren, nicht mehr aktuell sind.

COMPILE

Die COMPILE-Funktion ist definiert für die Basisrelation KONFIGURATION. Mit Hilfe dieser Funktion werden alle nicht aktuellen Revisionen der Konfiguration übersetzt und gebunden. Der Lademodul oder eventuelle Fehlermeldungen werden in der entsprechenden Dateirelation abgelegt und die Zustandsinformationen aktualisiert.

GET, PUT

Mit Hilfe der GET-Funktion können Dokumente aus der VICO-Datenbank in die äußere Umgebung kopiert werden (z.B. ein Lademodul).
Die PUT-Funktion ermöglicht die Übernahme von manuell erstellten Dokumenten in die VICO-Datenbank.

LIST

Die LIST-Funktion ist definiert auf beliebigen Relationen. Die Informationen der angewählten Tupel werden in aufbereiteter Form wahlweise auf Bildschirm oder Drucker ausgegeben.

6. Implementierung

VICO ist implementiert in VICO-L. Ein Umsetzer bildet VICO-L wahlweise auf PEARL, PL/I, C oder PASCAL ab:

Die VICO-Datenbank ist mit Hilfe des Datenbanksystems BAPAS-DB realisiert worden /10/. VICO ist rechner- und betriebssystemunabhängig und zur Zeit auf CADMUS 9200 unter UNIX verfügbar.

7. Einsatzerfahrungen

VICO wurde erstmalig eingesetzt bei der Implementierung eines Compilers für eine umfangreiche Spezialsprache zur anwendungsorientierten Formulierung statistischer Problemlösungsverfahren. Das Programmsystem besteht aus 70 Moduln und ca. 1000 globalen Objekten. An der Realisierung waren Gruppen verschiedener Institutionen beteiligt. Mit Hilfe von VICO war es bereits in der Feinspezifikationsphase möglich, die festgelegten Modulschnittstellen auf formale Korrektheit zu überprüfen und in einer

Datenbank abzuspeichern. Die sonst üblichen Probleme bei Schnittstellenabsprachen und Schnittstellenänderungen konnten in diesem Projekt erheblich reduziert werden. Demgegenüber hat die Aktualisierung der begleitenden Dokumente trotz Rechnerunterstützung nicht in dem gewünschten Maße stattgefunden, da eine inhaltliche Kontrolle der durchgeführten Aktualisierungen nicht möglich ist.

In nächster Zukunft wird VICO bei der Implementierung eines verteilten Programmsystems zur Disposition und Schaltung eines komplexen Leitungsnetzes eingesetzt werden.

Im Hinblick auf die zur Zeit geführte Diskussion über Datenbanksysteme für Non-Standard-Anwendungen /12/ bleibt noch die Frage zu erörtern, inwieweit Komponenten von VICO, die gegenwärtig als Datenbankanwendungen implementiert sind, bereits als integrierte Bestandteile zukünftiger Datenbanksysteme anzusehen sind.

Literatur

/1/ Habermann, A.N.: The Gandalf Research Project, Dept. of Comp. Sc. Research Review, 1978 - 1979 (1980).

/2/ Habermann, A.N.;Perry, D.E.: System Composition and Version Control for Ada, Software Engineering Environments, Proceedings of the Symposium, June 16 - 20, 1980, Lahnstein, Hünke, H., North Holland Publishing Company.

/3/ Tichy, W.T.: Software Development Control Based on System Structure Description, Ph.D. Thesis, Dept. of Comp. Sc., Carnegie-Mellon University (January 1980).

/4/ Cheatham, T.E.: Comparing Programming Support Environments, s. /2/.

/5/ Rochkind, M.J.: The Source Code Control System, IEEE Transactions on Software Engineering, SE - 1, 4 (Dec. 1975), 364 - 369.

/6/ Feldmann, S.I.: MAKE - A Program for Maintaining Computer Programs, UNIX Programmer's Manual, Vol. 9, Apr. 1979, 255 - 265.

/7/ Warren,S.; Martin, B.C.; Hoch,C.: Experience with a Module Package in Developing Production Quality PASCAL Programs, Proceedings of the 6th International Conference on Software Engineering, 1982, Tokyo, IEEE Computer Society Press.

/8/ Zloot, M.M.: Query-by-Example: A data base language, IBM Systems Journal 16 (1977), 324 - 343.

/9/ Neves, J.C.: A Prolog Implementation of Query-by-Example, Proceedings of the International Computing Symposium 1983, Nürnberg, Teubner.

/10/ Goede,K.; Landwehr,K.: BAPAS-DB - Ein portables Datenbanksystem für Prozeßrechner, Informatik-Fachberichte 39, Springer-Verlag Berlin, Heidelberg 1980, 443 - 452.

/11/ VICO-L Sprachbeschreibung, Werum Datenverarbeitungssysteme GmbH, Lüneburg, Reg. 9.2.1/8402/EN.

/12/ Härder,T.; Reuter,A.: Architektur von Datenbanksystemen für Non-Standard-Anwendungen, in: Datenbank-Systeme für Büro, Technik und Wissenschaft, Informatik-Fachberichte 94, Springer-Verlag Berlin, Heidelberg 1985, 253 - 286.

AUTOMATISIERUNG EINER RECHTSANWALTSKANZLEI

(KONZEPTE, METHODEN, ERFAHRUNGEN)

Herbert Göttler
c/o Lehrstuhl für Programmiersprachen
Martensstraße 3
D-8520 Erlangen

Zusammenfassung: Die vorliegende Arbeit berichtet über ein Programmierprojekt aus dem Bereich Büroautomatisierung. Es will untermauern, daß das Requirements Engineering bereits Methoden kennt, die zweckmäßig eingesetzt werden können, wobei auf die Schwierigkeiten beim Methodenverbund eingegangen wird. Weitere Stichwörter sind: partizipative Phänomenologie, Modellerstellung, SADT, HDM, Prototyping.

Abstract: This paper reports on a programming-project in the field of office-automation. It intents to show that requirements engineering can already supply useful methods. Comments are made on the difficulties which arise if such methods are combined. Additional keywords are: participative phenomenology, modelling, SADT, HDM, prototyping.

1. EINLEITUNG

Zu Beginn des Jahres 1983 trug ein Nürnberger Rechtsanwalt an den Lehrstuhl die Bitte heran, eine Studie für ihn zu erstellen, welche Arbeitsvorgänge in seiner Kanzlei durch EDV-Einsatz unterstützt werden könnten. Die Aktualität des Themas wurde noch dadurch unterstrichen, daß der Deutsche Anwaltverein etwa zur gleichen Zeit beabsichtigte, mit der GMD, Birlinghoven, und der Fa. ADVODAT-GmbH als "Institut der Anwaltschaft für Büroorganisation und Bürotechnik GmbH" (Gründung August 1983) 'anwaltliche Software zu erarbeiten'.

Besonders für ein so anwendungsorientiertes Gebiet wie das der Software-Entwicklung ist es für einen Hochschulangehörigen wichtig, sich *Projekterfahrung* anzueignen, um nicht in der Lehre über *Methodeneinsatz* auf diesem Feld wie ein Blinder von der Farbe reden zu müssen. Freilich gibt es im universitären Bereich eine Reihe umfangreicher Programmierarbeiten für z.T. schwierige Aufgaben, an denen man Software-Entwicklungsmethoden studieren kann. Meist sind diese Probleme aber selbstgestellt, d.h. Auftraggeber und Ausführende(r) sind weitgehend identisch, was für "reale" Projekte nicht der Fall ist/(sein darf).

Für das Sammeln von Erfahrungen in der Projektarbeit kann es auch schon von Nachteil sein, wenn Auftraggeber und -nehmer zwar verschiedene Personen sind, aber gleiche oder ähnliche Vorbildung haben. Dann fällt zumindest in der Problemanalysephase die Erschwernis weg, daß Auftraggeber und -nehmer i.a. "verschiedene Sprachen sprechen". Wenn im Hochschulbereich von "interdisziplinären Projekten" gesprochen wird, werden auch Aufgabenstellungen aus dem gleichen Fachbereich darunter verstanden.

Den Projekten, die aus der sog. Praxis stammen, kommt eine besondere Bedeutung zu. Die o.g. Voraussetzungen sind meist erfüllt: Auftragnehmer und -geber sind verschieden; der Auftraggeber ist meist Nichtinformatiker. Außerdem sind die mitarbeitenden Studenten sehr motiviert, weil die Praxisrelevanz ihrer Ausbildung, die viele potentielle Arbeitgeber fordern, sofort offenbar wird.

Im vorliegenden Projekt, das zum Bereich "Büroautomatisierung" zu zählen ist, war die Motivation besonders leicht zu erreichen. Freilich ist nicht jedes Projekt für die Ausbildung von Interesse, insbesondere dann, wenn nur reine Programmierarbeiten zu leisten sind. Wichtig ist, daß die studentischen Bearbeiter bereits in der Problemanalysephase, dem Beginn des Software-Entwicklungszyklus, beteiligt sind, wo sie üben müssen, in einen Wust von Informationen Struktur zu bringen.

Der Reiz dieses Projektes war, in der Lehre vertretene Software-Entwicklungsmethoden wirklich anzuwenden und dies gleichzeitig unter (selbstauferlegtem) Konkurrenz- und Termindruck zu tun. Ergebnis sollte Software sein, die sich in der Praxis bewährt und von ihrer Qualität nicht als 'akademisches Produkt' abqualifiziert werden kann.

Wir konnten eine Reihe von Erfahrungen sammeln, die im folgenden beschrieben sind. Sie besitzen u.E. durchaus Allgemeingültigkeit und ihre Beachtung dürfte die Bearbeitung ähnlicher Projekte erleichtern: Der Abschnitt 2.1 beschreibt die Problematik bei der Erstellung eines graphischen Modells. In den Abschnitten 2.2.1 - 2.2.5 werden kurz die aus dem graphischen Modell herausgearbeiteten Module vorgestellt. Die bei der Erstellung der Anforderungsdefinition empfehlenswerte Systematik beschreibt 2.2.6. Abschnitt 3 und 4 gehen kurz auf Entwurf bzw. Implementierung ein. Die Zusammenfassung eines Vorgehensmodells für die Software-Entwicklung, das die Phase des *"Requirements Engineering"* besonders betont, findet man im Abschnitt 5.

2. PROBLEMANALYSE UND SOLLKONZEPT

2.1 ERSTELLUNG EINES GRAPHISCHEN MODELLS

Bei unserer Vorgehensweise betrachteten wir eine Rechtsanwaltskanzlei als ein *System*, das nach DIN 19226 definiert wird als "eine abgegrenzte Anordnung von aufeinander einwirkenden Gebilden. Solche Gebilde können sowohl Gegenstände als auch Denkmethoden und deren Ergebnisse (z.B. Organisationsformen, mathematische Methoden, Programmiersprachen) sein. Diese Anordnung wird durch eine Hüllfläche von ihrer Umgebung abgegrenzt oder abgegrenzt gedacht."

Eine Kunst, die der Informatiker beherrschen muß, ist die der *partizipativen Phänomenologie*, was nichts weiter bedeuten soll, als die streng objektive Aufzeichnung und Beschreibung des Gegebenen, die i.a. zusammen mit dem Auftraggeber erfolgt, mit all den in Abschnitt 1 angedeuteten Erschwernissen. Ziel der *Istanalyse* ist die Entwicklung eines geeigneten *Modells*, das die Gesamtheit aller notwendigen Informationen zur Untersuchung des vollständig oder teilweise zu automatisierenden Systems repräsentiert.

In einem Projekt wie dem vorliegenden ist es nicht möglich, die nötigen Informationen rein durch Einzelinterviews und Beobachtungsaufschreibung zu erhalten. Nötig sind Gruppengespräche zwischen Entwicklern und Anwendern. Empfehlenswert für die Kommunikation ist die Verwendung einer Syntax, die ein "anschauliches" Modell zu entwickeln gestattet. Die Syntax muß hinreichend formal sein, um sprachliche Mehrdeutigkeiten möglichst zu verhindern, darf sich aber zum Erlernen nicht zu schwierig erweisen. Zu diesem Zweck kommen fast ausschließlich graphische Darstellungen in Frage.

Nach unserer Erfahrung ist SADT [Ro 77] zur Modellierung von Bürogeschehen durchaus geeignet. Die Grundlage für dieses Werkzeug ist das Dogma, daß sich eine Problemwelt in Aktionen und Daten zergliedern läßt. Dementsprechend ergeben sich Diagramme der Gestalt wie in Fig. 1. Durch eine mittels des sog. ICOM-Code kontrollierten schrittweisen Verfeinerung der Kästen und Pfeile lassen sich die Informationen über die Problemwelt immer mehr präzisieren.

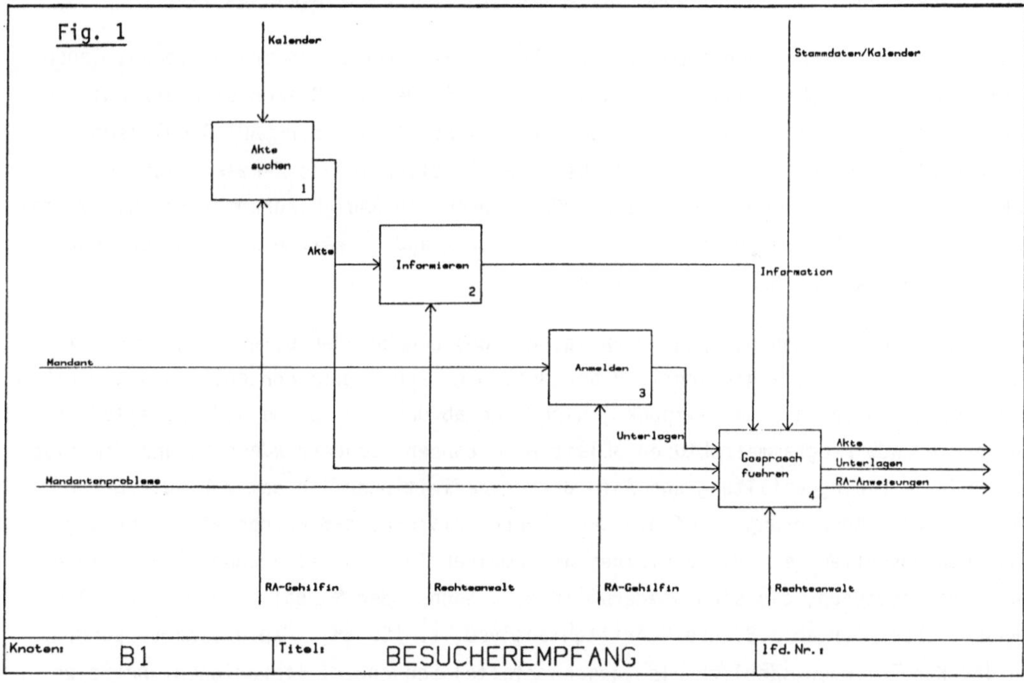

Wir machten mit SADT wiederholt die Erfahrung, daß auch Nichtinformatiker schnell mit diesem Werkzeug arbeiten und z.B. die geforderte ICOM-Klassifikation der Daten durchführen können. Andere Darstellungsarten - wenn sie als Hilfsmittel für Reviews herangezogen werden - wie REFA-Methoden, Jordt-Gscheidle, Information Control Nets usw. (siehe etwa [Wi 83])- sind als Kommunikationsmittel für den "gewöhnlichen" Anwender zu kompliziert.

Wie bei jeder graphischen Methode ist beim Umgang mit SADT ein erheblicher Zeichenaufwand erforderlich, der durch Rechnerunterstützung so niedrig wie möglich gehalten werden muß. Es ist nicht notwendig, daß die sofortige Erstellung der SADT-Diagramme am Bildschirm während der Gespräche zu erfolgen hat. Eine Gruppierung der beteiligten Personen um den Bildschirm herum ist für die Kommunikation eher hinderlich. Besser geeignet sind Flip-charts, die einen schnellen Rückgriff bzw. Synopse auf bereits erarbeitete Diagramme gestatten.

Allerdings ist es für die weitere Vorgehensweise und für 'Reviews' unbedingt vonnöten, die Diagramme in sauberer Form zu erstellen. Deshalb entwickelten wir im Vorlauf zum Projekt ein *SADT-Plotprogramm* [Sa 83], das uns eine große Hilfe war.

Die studentischen Mitarbeiter mußten während der Projektarbeit wechselseitig die Qualität der Ergebnisse der anderen prüfen. So sollte in Zusammenarbeit mit dem Auftraggeber durch die *Qualitätssicherung* sichergestellt werden, daß die SADT-Dokumente ein graphisches Modell der Kanzlei darstellen. Durch Augenschein wurde z.B. selbst das Diagramm "Besucherempfang" dahingehend überprüft, ob die graphische Darstellung der Interdependenzen von Aktionen und Daten ein Abbild der Realität ist.

SADT-Diagramme beschreiben zwar die Beziehungen zwischen Daten und Aktionen, legen aber damit i.a. nicht völlig fest, was wann und in welcher Reihenfolge erzeugt bzw. verbraucht wird (auch wenn man 'Treppendarstellungen' nach der SADT-Regel 'show dominance' verwendet). Um einen noch besseren Einblick in das Kanzleigeschehen zu bekommen, wurden die möglichen (Haupt)Pfade durch die SADT-Diagrammhierarchie mittels der klassischen Sprachelemente *Sequenz*, *Iteration* und *Selektion* strukturiert sowie unter dem Aspekt der Nebenläufigkeit betrachtet.

Wir erachteten es auch als sehr wichtig, die uns begegnenden Datenstrukturen - wie es [Ja 75] empfiehlt - hinsichtlich der drei o.g. Programmierkonzepte zu untersuchen. Wir erwarteten (zu diesem Zeitpunkt) nicht, gemäß der [Ja 75]-Methode bereits korrespondierende Programmstrukturen ableiten zu können, sondern wünschten uns Hinweise auf spätere Dialoggestaltung und Anforderungsdefinitionen: So hat z.B. die Erkenntnis sehr wohl Auswirkungen auf die Buchführungsdialoge, daß Buchen eine Iteration von Buchungssätzen ist, die aus einem allgemeinen Teil und einer Anzahl von Einzelbuchungen bestehen, die sich wiederum in z.B. Sach- oder Mandatsbuchung einteilen lassen. Ebenso ergab z.B. die Schriftgutanalyse, s. [Gö 85], daß die Korrespondenz in der Kanzlei hauptsächlich als (geschachtelte) Sequenzen, Iterationen und Selektionen von Textbausteinen betrachtet werden kann.

Bei all diesen Analysen ist der Anwender ein wichtiger Gesprächspartner, der nach unserer Erfahrung auch schnell mit den o.g. drei Sprachkonstrukten umgehen kann. Die Erkenntnisse aus diesen Untersuchungen sind (leider) nur als *Zusatzdokumente* zu den SADT-Diagrammen ("detailed reference sheet") zu verwalten.

2.2 ERSTELLUNG DES PFLICHTENHEFTES

Es war bald erkennbar, daß in der Kanzlei die Bereiche *Stammdatenverwaltung, Aktenspiegel, Buchhaltung, Termin-/Fristenkalenderverwaltung* und ganz besonders die *Textverarbeitung* EDV-unterstützt werden sollten. Die Fig. 2 zeigt das Zusammenspiel der Module. In Abschnitt 2.2.6 wird noch genauer auf die Darstellung eingegangen. Um aber einen groben Überblick über die Anforderungen an das System zu bekommen, sollen vorher die Einzelbausteine kurz geschildert werden.

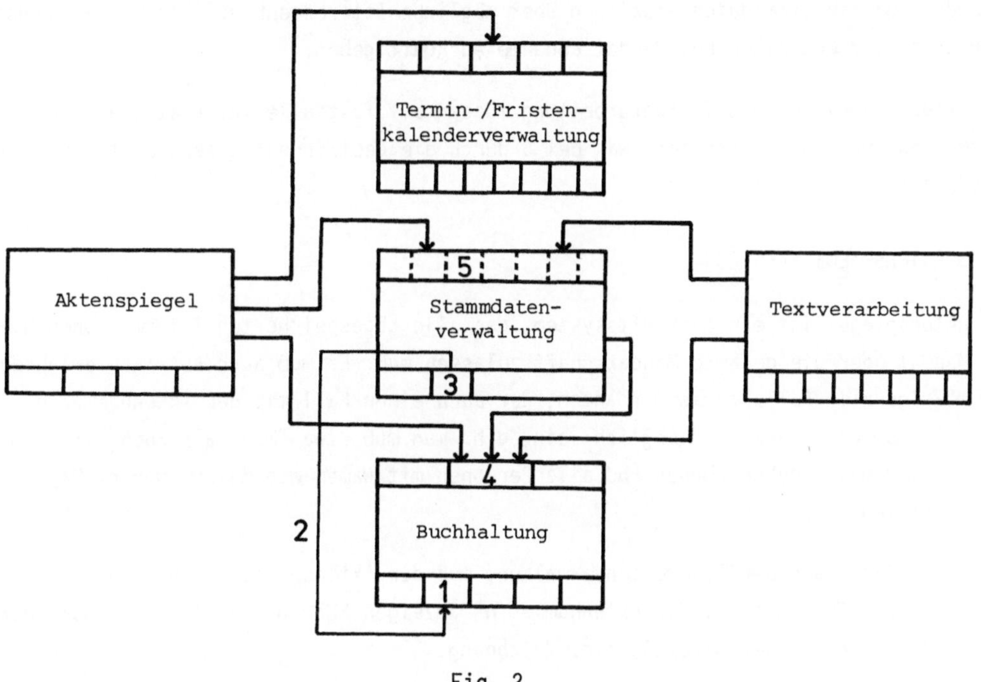

Fig. 2

2.2.1 BUCHHALTUNG [Am 84]

Der Modul Buchhaltung muß dialoggesteuert Menüs zur Auswahl der erforderlichen Funktionen anbieten. Es muß die üblichen geben, wie Jahresabschluß, Eröffnungsbuchung, Buchen einzelner Belege etc. Man braucht noch die Möglichkeit, ein Konto z.B. für einen Mandanten zu eröffnen, was durch die Bedienfunktion 1 angedeutet werden soll. Der Pfeil 2 soll darstellen, daß die Ausführung der Funktion 3 in der Stammdatenverwaltung, die "Mandatsannahme", unmittelbar eine Kontoeröffnung anstoßen muß. Die Funktion 4 hat das Ansehen eines Kontostandes zu erlauben, was z.B. von der Textverarbeitung für Mahnschreiben, von der Stammdatenverwaltung für die Zulässigkeit einer Archivierung und vom Aktenspiegel, dem allgemeinen Informationssystem, benutzt werden kann.

In der Buchhaltung muß es noch weitere Funktionen geben zu Kontenbestand, Mandatsforderung, Bestandsverzeichnis, Umsatzsteuer, Journal, Sachkonten, Archivierung etc.

2.2.2 STAMMDATENVERWALTUNG [De 84]

Auch die Stammdatenverwaltung muß menügesteuert sein und die erwarteten Funktionen erlauben: Wird ein Mandat angenommen, muß das System eine Aktennummer vergeben und einen Eintrag im Prozeßregister kreieren. Dieser nimmt u.a. die folgenden Angaben auf, wie Gerichtsaktennummer, Mandanten/Gegner(schlüssel)daten, Sache, Bearbeiter usw. Es ist zu vermeiden, daß bei Namens- oder Adreßänderungen bei Mehrfachmandanten in verschiedenen Prozeßregistern Berichtigungen durchgeführt werden müssen.

Außerdem muß die Stammdatenverwaltung über mögliche Interessenkonflikte mit aktuellen oder archivierten Fällen bei Mandatsannahme Auskunft geben.

Der Aktenspiegel und die Textverarbeitung müssen auf fast alle Informationen der Stammdatenverwaltung zugreifen, was bei 5 durch die gestrichelten senkrechten Linien angedeutet werden sollte.

2.2.3 AKTENSPIEGEL [Kn 85]

Der Aktenspiegel ist ein Auskunftssystem, das alle abgespeicherten Informationen über ein Mandat oder die gesamte Mandatschaft zulassen muß. Es muß auch Abfragen erlauben wie: "Zeige alle Fälle zu dem Mandanten, der auch einen Fall mit der Aktennummer n hat". Es muß dazu "*-Suche" möglich sein, d.h. man muß etwa "Ma*" als Suchkriterium bei einem Namen angeben können und alle Personen mit Namen wie Maier, Mayer, May usf. erhalten.

Neben den Daten aus der Stammdatenverwaltung muß der Aktenspiegel auch noch z.B. "den nächsten Termin bzgl. der Aktennummer n" anzeigen können (letzteres erlaubt der Termin-/Fristenkalender direkt), s.a. Zeichnung.

2.2.4 TERMIN-/FRISTENKALENDER [Mä 85]

In den in einer Rechtsanwaltskanzlei sorgfältig zu führenden Termin-/Fristenkalender werden Termine, Fristen, Vorfristen und Wiedervorlagen eingetragen und nach Daten, ggf. Uhrzeit und Bearbeiter geordnet abgelegt. Dabei können Abwesenheitstage der Bearbeiter (wie Urlaub, Krankheit u.ä.) berücksichtigt werden. Es können jederzeit Ergänzungen vorgenommen werden. Ebenso ist es möglich, im Kalender nach Einträgen mit bestimmten Inhalten suchen zu lassen.
Schließlich werden Einträge ggf. automatisch mit Erledigungs- oder Wiedervorlagevermerken versehen.

2.2.5 TEXTVERARBEITUNG

Von der EDV-Unterstützung der Textverarbeitung erhoffte sich unser Auftraggeber den höchsten Rationalisierungseffekt. Wie in Abschnitt 2.1 bereits angedeutet, war es für das Textverarbeitungssystem wichtig, neben den üblichen Editoranforderungen ein gutes Konzept für die Handhabung von Textbausteinen zu entwickeln. Genaueres darüber findet man bei [Gö 85] (in diesem Tagungsband).

2.2.6 PROBLEME BEIM ERSTELLEN DER ANFORDERUNGSDEFINITION

Beim Umgang mit SADT macht man immer wieder die Erfahrung, daß Diagramme, die wie Fig. 2 das spätere DV-Konzept für das modellierte System repräsentieren, also die Kanzlei in unserem Fall, i.a. nicht als isomorphe Strukturen in den SADT-Diagrammen zu entdecken sind. Dies liegt wohl daran, daß es i.a. unendlich viele Modelle für das reale System gibt und es ein Zufall wäre, wenn man gleich - also bevor die Problemanalyse bis zum Ende durchgeführt wurde - dasjenige SADT-Modell konstruiert, das dem DV-Modell am ähnlichsten ist.

Eine extrem andere Sicht der Kanzlei wäre z.B. gewesen, in der ersten Verfeinerung des 'obersten' Diagramms "Kanzlei" die Personen 'Anwalt', 'Bürovorsteherin', 'Schreibkräfte' in den Aktionskästen erscheinen zu lassen. Dann hätte man ggf. auf den Gedanken kommen können, für Schreibkräfte, die meist längere Schriftsätze anzufertigen haben, ein anderes Textverarbeitungssystem zu konzipieren als für die Bürovorsteherin, die mehr mit organisatorischen Dingen und dem Anfertigen von Standardbriefen beschäftigt ist.

In einer anderen Arbeit [Pi 81] machten wir den Versuch, die herausgearbeitete SADT-Modell-Struktur als Struktur für den Modulentwurf zu übernehmen. Die Blätter des SADT-Baums wurden als Prozeduren aufgefaßt, d.h. - anschaulich gesprochen - die Kästen der untersten SADT-Hierarchie wurden durch Struktogramme ausgefüllt und die ICOM-Pfeile als Parameter oder Dateien betrachtet. Das in [Pi 81] erzielte DV-Konzept konnte man durchaus als zufriedenstellend bezeichnen, wenn man auch schnell feststellen konnte, daß sich andere Modulstrukturen für die Realisierung wohl noch besser geeignet hätten.

So darf man sich i.a. nicht der Illusion hingeben, daß man etwa durch einen (automatisierbaren) *Transformations*prozeß aus dem SADT-Modell (oder anderen Modellen, die mit ähnlichen Verfahren erstellt wurden) eine gute Modulstruktur für das DV-Konzept hervorbringen kann, es sei denn, daß der Systemanalytiker aus einem Vorverständnis heraus das Modell bereits entsprechend konzipierte. Es ist vielmehr (nach der partizipativen Phänomenologie) die zweite Kunst des Informatikers gefordert, für das DV-Konzept eine 'geeignete' Modulstruktur aus dem Modell *heraus*zuarbeiten. Dahei kann es z.B. vorkommen, daß Aktionen und Daten, die in verschiedenen Diagrammen des SADT-Modells vorkommen, zu einem Modul zusammengefaßt werden.

Diese Vorgehensweise kann man etwa so veranschaulichen: Die Aktionen (und Daten) des SADT-Modells (und insbesondere die, bei denen man entschieden hat, daß sie künftig auf einem Rechner ablaufen sollen) werden im SADT-Modell farbig angestrichen. Aktionen, die man unter einem Gesichtspunkt zusammenfassen will, bekommen dieselbe Farbe, also werden z.B. alle Aktionen, die durch den späteren Modul Stammdatenverwaltung realisiert werden sollen, rot angestrichen.

Nach diesem Verfahren ergibt sich eine eindeutige Zuordnung der Objekte (Aktionen und Daten) des SADT-Modells zu den Moduln des (späteren) DV-Modells. Es sollte dabei z.B. nicht vorkommen, daß eine Funktion mit verschiedenen Farben belegt wird, da sonst das Prinzip der 'logischen Abgeschlossenheit' von Moduln verletzt werden würde.

Die o.g. Zuordnungen wurden bei uns über Tabellen verwaltet. Die Qualitätssicherung mußte hier genau kontrollieren, da wir diesen Vorgang noch nicht rechnerunterstützt durchführen konnten.

Das Pflichtenheft bestand schließlich aus einer Auflistung von Funktionen, die gemäß der in Fig. 2 gezeigten Hauptmodule gruppiert waren. Wir versuchten, bereits die Funktionen im Pflichtenheft mit einer eingeschränkten natürlichsprachlichen Syntax grob zu spezifizieren. Dabei mußten wir schnell erkennen, daß für Informatiker geläufige Syntaxkonstrukte, wie if ... then ... else ... fi, beim Anwender Schaudern hervorrief. Die simple Umstellung auf deutsche Darstellung erhöhte die Akzeptanz. Neben englischen Ausdrücken vermieden wir möglichst auch mathematische Notationen, achteten aber auf eindeutige Bezeichnungen.

Bei der Syntax der Funktionendarstellung orientierten wir uns an HDM, eine von SRI weiterentwickelten, auf [Pa 72] zurückgehenden Spezifikationsmethode [Ye 77]. Es werden zwei Typen von Funktionen eingeführt: Erstens solche, die Auskunft geben über den Zustand des Moduls (*V-Funktionen*). Sie sind in Fig. 2 durch die obere Reihe von kleinen Rechtecken in einem Modul symbolisiert. (Ein dicker Pfeil von Modul X nach Modul Y bedeutet "lesender Zugriff von X auf Y".) Zweitens gibt es "Bedienfunktionen" (*O-Funktionen*), die Veränderungen des Modulzustandes bewirken. Sie sind durch die unteren Reihen symbolisiert. Die zu behandelnden Objekte werden in einem *Parameterteil* aufgelistet und für die Funktionen wird ein *Anfangswert* sowie eine *Ausnahmebehandlung* und bei O-Funktionen noch ein *Effektteil* angegeben. Letzterer wird durch die Angabe des Zustandes der Daten vor und nach Ausführung der Funktionen spezifiziert.

Eine typische V-Funktion, die in der Anforderungsdefinition erschien, war z.B. 'mandname', deren Existenz für die spätere Implementierung die Aufgabe setzte, eine Funktion zu realisieren, die erlaubt, den Namen des Mandanten zu erfragen. Konsequenz daraus war trivialerweise, eine Funktion "te_mandname" zu fordern, die bei der Mandatsannahme 'trage ein den Mandantennamen' gestattet. Letztere ist eine O-Funktion, da sie den Datenbestand ändert.

Neben O- und V-Funktionen gab es noch einige wenige OV-Funktionen, die den Datenbestand veränderten *und* einen Wert lieferten; z.B. legt 'mandatsannahme' ein Mandat an, gibt eine (kanzleiinterne) eindeutige Aktennummer zurück und eröffnet ein Konto, was durch den Pfeil 2 in Fig. 2 angedeutet wird.

Es mag verwundern, daß bereits in diesem Abschnitt Begriffe verwendet werden, wie Module, O/V-Funktionen etc., die sonst ihren Platz beim "Entwurf" haben. Wir betrachten aber die Benennung der O/V-Funktionen als einen notwendigen Schritt, um *präzisere* Informationen zur Erstellung des Modells über die Kanzleivorgänge zu gewinnen. Deshalb modellierten wir alle Aktivitäten, auch die, die nach Einführung des EDV-Systems in der Kanzlei weiterhin von Menschen ausgeführt werden, als O/V-Funktionen. Als conditio sine qua non hatten wir die Vorgabe, daß auch bei Rechnerausfall die Kanzlei (in ihrer bisherigen Weise) funktionsfähig sein muß, d.h. EDV-Aktivitäten müssen dann auf menschliche Aktivitäten umgeschaltet werden können.

Es ist natürlich unsinnig, bereits zu diesem Zeitpunkt z.B. einen Modul 'Dateiverwaltung' zu spezifizieren, der u.a. die Generierung eindeutiger Schlüssel beschreibt. Was durch die O- und V-Funktionen beim Pflichtenheft erreicht werden soll, ist schlicht das, was allgemein als erste Beschreibung der *Benutzerschnittstelle* bezeichnet wird. Für eine solche Tätigkeit bedarf es einer Syntax und wir wollten vermeiden, neben SADT und dem von uns für die formale Spezifikation des Entwurfs favorisierten HDM noch eine weitere Notation ins Spiel zu bringen.

In Abschnitt 2.1 wurde darauf hingewiesen, daß wir zusammen mit dem späteren Benutzer die (Haupt)Pfade des SADT-Modells der Kanzleiabläufe diskutierten. Durch den *modellorientierten Grobentwurf* und die Funktionen im Pflichtenheft war es uns jetzt möglich, eine Prüfung zusammen mit dem Benutzer durchzuführen, ob die Handlungsabläufe in der Kanzlei, wie sie im SADT-Modell beschrieben werden, durch das HDM-Modell *simuliert* werden können. Durch dieses "*prototyping*" auf einem Papierrechner ergaben sich weitere Anforderungen an das Sollkonzept, an die wir zunächst noch nicht dachten, wie z.B. die einfache Erkenntnis, daß die Textverarbeitung an jeder Stelle unterbrechbar und wieder aufnehmbar sein muß, wenn etwa einem Mandanten Auskunft über den Kontostand gegeben werden soll.

(Es darf an dieser Stelle nicht verschwiegen werden, daß es trotz aller Sorgfalt zu Erweiterungen des Pflichtenheftes noch in der Implementierungsphase kam. Gründe dafür waren Meinungsänderungen unseres Auftraggebers und Anregungen durch andere Kanzlei- bzw. Textsysteme, obwohl das Ergebnis unserer Marktanalyse war (und die Initiative des Deutschen Anwaltvereins mag ein weiteres Indiz dafür sein), daß wir kein System fanden, das die anwaltliche Arbeit in allen genannten Bereichen zufriedenstellend unterstützt hätte. Dabei wurden Preisgesichtspunkte völlig außer acht gelassen. Außerdem schien es nicht möglich zu sein, vorhandene gute Software-Einzelbausteine zu einem zufriedenstellenden Gesamtsystem integrieren zu können.)

3. ENTWURF UND SPEZIFIKATION

Der gesamte Vorgang einer Programmentwicklung läßt sich idealisiert als eine Folge syntaktischer Transformationen auffassen, die - nach unserer Auffassung - bei einem graphischen Modell des realen Systems beginnen muß. Dieses Modell wird schrittweise bis zum lauffähigen Code (Semantik erhaltend) umgesetzt. Bis auf den Schritt des Compilierens läßt sich nicht alles automatisieren.

Wie schon angedeutet, ist eine Gefahr dabei, daß beim Übergang von einer syntaktischen Darstellung S_i zur nächsten, S_{i+1}, Information verlorengeht; eine andere Gefahr ist, daß in S_{i+1} Information erzeugt wird, die nicht nur ausschließlich die Präzisierung einer Information aus S_i ist. Stets muß der Ursprung einer Information bis zum Ausgangsmodell zurückverfolgbar sein; algebraisch ausgedrückt, muß also S_i ein *homomorphes Bild* (Vergröberung) von S_{i+1} sein.

Die o.g. Gefahren treten besonders bei den Schnittstellen zwischen graphischen zu nichtgraphischen (Syntax)Darstellungen des Modells auf. Uns erschien es deshalb nötig, zusammen mit dem Benutzer, also partizipativ, zu prüfen, ob die von uns benannten O/V-Funktionen in ihrer Gesamtheit als erstes nichtgraphisches *DV*-Modell des Systems "Kanzlei" dienen könnten.

Aus dem gleichen Grund, aus dem man moderne problemorientierte Programmiersprachen verwendet - sie erlauben eine weitgehend eineindeutige Modellierung von (problemorientierten) Informationsstrukturen, was das Verstehen unterstützt -, sollte man den bereits erwähnten modellorientierten Grobentwurf machen, um die im Abschnitt 2.6 empfohlene Simulation der Benutzerschnittstelle einfacher durchführen zu können.

Die weitere Problematik, eine brauchbare, s. z.B. [Al 78], Verfeinerung der Module zu erreichen, ist damit noch nicht gelöst. Für den *Feinentwurf* der Module schließlich verwendeten wir HDM in Reinform, was für ein Buchführungsprogramm wohl zum ersten Mal geschehen sein dürfte. Leider stand uns kein rechnerunterstütztes Entwurfs-/Spezifikationshilfsmittel wie etwa IPSEN [ES 82], [Na 83] zur Verfügung.

4. IMPLEMENTIERUNG

Die Programme wurden auf einem PCS Cadmus unter UNIX realisiert. Durch die Verwendung von PASCAL wurde (nach partizipativer Phänomenologie und Modulentwurf) die dritte Kunst des Informatikers unterstützt, geschickte Datenstrukturen nebst ihren Operationen zu entwerfen, um die Informationsstrukturen der Kanzlei über Datenstrukturen des SADT- und HDM-Modells programmiersprachlich nachzubilden.

Alle Dialoge wurden erst als Prototypen realisiert und dem Auftraggeber vorgeführt. Wir sahen im Gegensatz etwa zu [Bo 84] keinen Konflikt zwischen Prototypenentwicklung und Spezifikation, sondern eine wertvolle gegenseitige Ergänzung. Dummy-Prozeduren simulierten die Aktionen hauptsächlich mit writeln-Anweisungen. Wir bedauerten, keinen

Maskengenerator zur Verfügung zu haben, der uns bei der Festlegung der Layout-Gestaltung wohl erheblich Zeit gespart hätte. (Erstaunlich war, wie lange es dauerte, bis die einzelnen Bearbeiter *gleichartige* Menüs bei den verschiedenen Funktionen vorzeigten.)

5. ZUSAMMENFASSUNG

Die vorliegenden Ausführungen mögen hinreichend glauben machen, daß z.B. für den Bereich "Büroautomatisierung" das Requirements Engineering schon jetzt recht brauchbare Methoden zur Verfügung stellen kann. Sie müssen aber sowohl untereinander als auch noch mit Entwurfsmethoden kombiniert werden. Die dabei auftretenden Bruch-/ Schnittstellen sind jedoch explizit zu verwalten (wobei der derzeitige Stand etwas hausbacken wirken mag, da zeitaufwendige Qualitätssicherungsprozeduren (noch) nicht rechnerunterstützt sind). Dies trifft besonders für die "Grauzone" zwischen Anforderung und DV-Entwurf zu, wo die Adäquatheit der verschiedenen Modelle des zu realisierenden Systems zu verifizieren ist.

Im folgenden fassen wir die von uns eingeschlagene Vorgehensweise bei der Projektarbeit zusammen:

- *Auswahl nicht zu komplizierter graphischer Mittel zur Modelldarstellung*, etwa SADT.
- Bei der *partizipativen Phänomenologie* mittels Graphik und Interviews kann man des Guten nicht zuviel tun. Alle auftretenden Informations- und Aktionsstrukturen zusammen mit dem Benutzer hinsichtlich *Sequenz*, *Iteration* und *Alternative* untersuchen. Entstandenes Modell relativ zum realen System testen.
- *Modellorientierter DV-Grobentwurf;* Verwendung eingeschränkter natürlichsprachlicher Syntax und HDM-ähnlicher Aufbau der O/V-Funktionen. Führung von Tabellen, um die einzelnen syntaktischen Konstrukte zwischen den verschiedenen Darstellungsarten zu verwalten.
- *Papiersimulation der SADT-Pfade* durch die Funktionen des Grobentwurfs zusammen mit dem Benutzer; evtl. Modifikation des Modells vonnöten.
- *make-or-buy*-Überlegungen.
- *Feinentwurf;* Formalisierung der natürlichsprachlichen HDM-Funktionen evtl. durch Zuhilfenahme von sets, records, etc. Für die Qualitätssicherung Zuordnungen aufzeigen, falls Bezeichner aus dem modellorientierten Grobentwurf nicht mehr weiter verwendet werden können.
- Entwurf der *Benutzermenüs* (möglichst mit Maskengenerator); *Prototyp*-Erstellung für den Dialog und Test mit dem Benutzer. (Eine Prototyp-Entwicklungsumgebung für Dialoge könnte eine Kombination aus Masken- und Entscheidungstabellengenerator sein.)
- Implementierung, Installation, *sorgfältige* Schulung des Benutzers.

6. LITERATUR

[Al 78] W. ALTMANN: "Beschreibung von Programmoduln zum Entwurf zuverlässiger Softwaresysteme", Dissertation, Universität Erlangen-Nürnberg, 1978.

[Am 84] H. AMREHN: "Formale Spezifikation und Implementierung eines mit Textverarbeitung gekoppelten Buchführungssystems", Diplomarbeit, Universität Erlangen-Nürnberg, 1984.

[Bo 84] B.W. BOEHM et al.: "Prototyping versus Specifying", IEEE Transact. on Software Engineering, Vol. SE-10, 3/1984.

[DA 83] DEUTSCHER ANWALTVEREIN: "Sonderheft: 'Das rationelle Anwaltsbüro'", Bonn, 1983.

[De 84] C. DENNERLEIN: "Automatisierung einer Rechtsanwaltskanzlei", Diplomarbeit, Universität Erlangen-Nürnberg, 1984.

[ES 82] G. ENGELS/W. SCHÄFER: "Specification of a Programming Support Environment by Graph Grammars", in: H.J. Schneider/H. Göttler (Eds.): Proc. of WG'82 Conference on Graphtheoretic Concepts in Comp. Science, S. 47 - 62, Hanser Verlag, München, 1982.

[ER 82] A. ENDRES/J. REETZ (Eds.): "Textverarbeitung und Bürosysteme", Oldenbourg, München 1982.

[Gö 85] H. GÖTTLER et al.: "Ein Textsystem für eine Rechtsanwaltskanzlei", Proc. d. GI/OCG/ÖGI-Jahrestagung 1985, (in diesem Tagungsband).

[Ja 75] M.A. JACKSON: "Principles of Program Design", Academic Press, London, 1975.

[Kn 85] R.-U. KNOEDTEL: "Software Qualitätssicherung und Entwicklung eines Datenabfragesystems für eine Rechtsanwaltskanzlei", Studienarbeit, Universität Erlangen-Nürnberg, 1985.

[Ko 80] G. KOCH et al.: "Einführung in die Informatik, Teil 2", Hanser-Verlag, München, 1980, S. 140 - 260.

[Mä 85] F.-U. MÄDER: "Termin-/Fristen-Kalender für eine Rechtsanwaltskanzlei", Studienarbeit, Universität Erlangen-Nürnberg, 1985.

[Na 83] M. NAGL et al.: "Software Specification by Graph Grammars", Lect. Notes in Comp. Science 153, S. 267 - 287, 1983.

[Pa 72] D.L. PARNAS: "A Technique for Module Specification with Examples", CACM, 15(2), 1972, S. 330 - 336.

[Pi 81] G. PISARSKI: "Die Kombination der Softwaremethoden SADT und Struktogramme beim Entwurf eines Management-Graphik-Systems", Diplomarbeit, Universität Erlangen-Nürnberg, 1981.

[Ro 77] D.T. ROSS: "Structured Analysis (SA): A Language for Communicating Ideas", IEEE Transact. on Software Engineering, Vol. SE-3, Jan. 1977, S. 134

[Sa 83] R. SAUBER: "Implementierung eines Dialogsystems zur Unterstützung von SADT", Studienarbeit, Universität Erlangen-Nürnberg, 1983.

[Wi 83] P. WISSKIRCHEN et al.: "Informationstechnik und Bürosysteme", Teubner-Verlag, Stuttgart, 1983.

[Ye 77] R. YEH (Ed.): "Current Trents in Programming Methodology", Vol. II, Chap. 7, New Jersey, 1977.

Requirements Engineering in Realzeitsystemen am pragmatischen Beispiel einer Brauerei

K.-H. Sturm

Versuchsanstalt für Datenverarbeitung und Prozeßtechnik (VDP)

Berlin

Zusammenfassung:

Ausgehend von einigen Daten des Forschungsprogramms "Automatische Führung des Mälzungs- und Brauprozesses" wird die Brauerei als eine repräsentative System-Engineering-Aufgabe vorgestellt.
Hierzu werden im ersten Teil vielschichtige Umgebungsbedingungen und -aspekte für die Requirementsphase von PDV-Systemen dargelegt und erläutert.
Im zweiten Teil werden am Beispiel Sudhaus die Systemanforderungen der Brauerei beschrieben und hierzu eine pragmatische Methode vorgestellt, mit der in einem iterativen Prozeß sukzessiv die Requirements-Dokumente erarbeitet werden, die letztlich die Basis für das geplante System bilden.
Das abschließende Resümee liefert einen ergänzenden Beitrag zur Methoden-Diskussion.

0. Einleitung

Die industrielle Revolution hat dazu geführt, daß die über 6000 Jahre alte Kunst des Bierbrauens (Abb. 1) heute mit modernsten Produktionsanlagen durchgeführt wird.

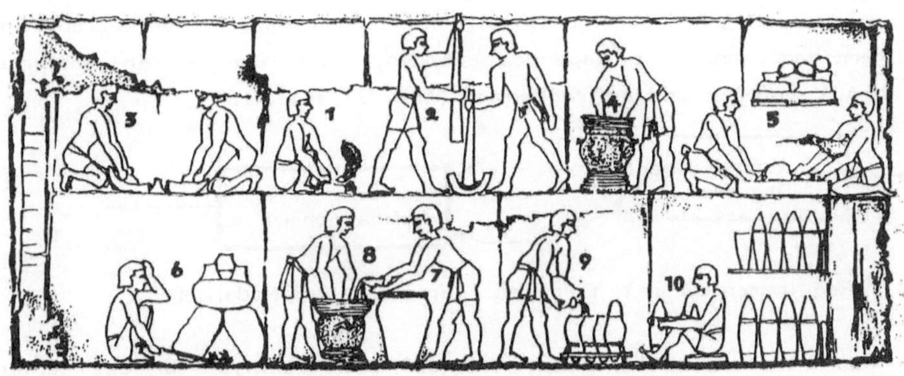

1. Entfernung der Körner aus der Hülse
2. Zerstoßen des Getreides
3. Mahlen und Zerreiben
4. Einteigen des Mehles
5. Kneten von Brot
6. Rösten der Bierbrote auf einem Herd
7. Ausschöpfen der durch Einweichen der Brote in Wasser entstandenen Maische
8. Durchseihen der Maische (Läutern)
9. Abfüllen des durch Naturgärung alkoholhaltig gewordenen Bieres
10. Schließen der Tongefäße (Nachgärung)

Abb. 1 Altägyptische Bierherstellung

Eine weitere Technisierung erfolgte in den 70er Jahren mit dem Einsatz von Computern zur Steuerung, Regelung und Überwachung des Prozeßablaufes. Unterstützt wurde diese Entwicklung 1973 durch ein umfangreiches Forschungsprogramm "Automatische Führung des Mälzungs- und Brauprozesses" (1) im Zusammenhang mit der Berufung von Professor Dr.-Ing. U. D. Runkel auf den damaligen Lehrstuhl für Brauereitechnologie der Technischen Universität Berlin. Im Rahmen dieses Programms wurden in Zusammenarbeit mit der TU Berlin, der Versuchs- und Lehranstalt für Brauerei in Berlin (VLB), der VDP und der Industrie innovative Arbeiten und Pilotprojekte (2, 3) durchgeführt. So kann die Brauindustrie heute zu den fortschrittlichsten Anwendern von Prozeßdatenverarbeitungs-(PDV)Systemen in der Lebensmittelbranche gerechnet werden. Aufgrund dieser Tatsache bietet die Brauerei sowohl eine vorbereitete Basis, eine unterstützende PDV-Dokumentation als auch eine repräsentative Aufgabenstellung und Umgebung, um Methoden und Werkzeuge für die Requirementsphase im weitesten Sinn zu überprüfen.

1. Brauerei-Projekt-Environment

Nachfolgend sind einige Umgebungsbedingungen und -aspekte dargelegt, die für die Requirementsphase von PDV-Systemen in der Brauindustrie von Bedeutung sind.

1.1 Brauerei-Environment

Da nur wenige große Unternehmen einen Engineeringbereich unterhalten, der in der Lage ist, weitgehendst eigenständig ein PDV-Projekt zu realisieren, kann im allgemeinen davon ausgegangen werden, daß der Requirementsprozeß zwischen Auftraggeber und Auftragnehmer (Abb. 2) abläuft.

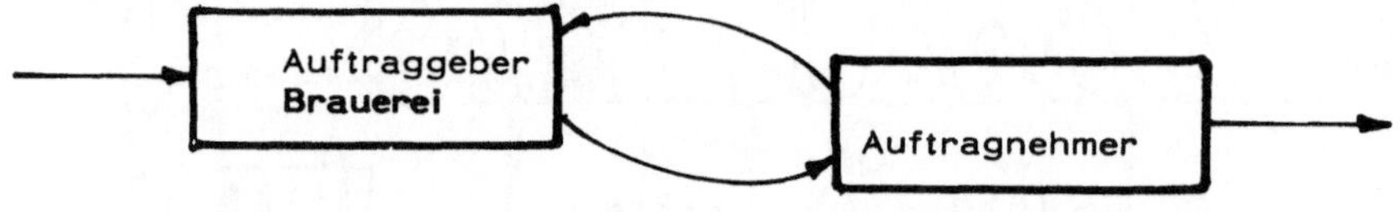

Abb. 2 Requirementsprozeß: Erfragen - Erfassen und Modellieren

Ebenso kann vorausgesetzt werden, daß die Bedarfsanalyse für das geplante System (z. B. Sudhaus, Filtration, Abfüllung, Automatisierungssystem usw.) bereits erstellt wurde. Bei größeren Ausgaben erfolgt dies im Kontext mittel- bzw. langfristiger Investitionsplanungen 1-3-5 Jahre vor der Auftragsvergabe, so daß die Rahmendaten für das geplante Projekt vorliegen.

- Investitionen, Terminpläne, Kosten-/Nutzenrechnungen,
- technische und personelle Aufwendungen,
- Konsequenzen und Nutzen des Systems.

Nicht uninteressant für alle Beteiligten sind in der daran anschließenden Ausschreibung die Konstrukte und Merkmale, die zur Vergabe der Aufträge führen. Die nachfolgende Tabelle 1 gibt hierzu einen Überblick.

Lieferanten	Liefer- umfang	Anmerkungen
Anlagenfirma	A, H, S	alles aus einer Hand turnkey-Systeme
PDV-Unternehmen	H, S	Nachrüstung: Automatisierungssysteme
Anlagenfirma PDV-Unternehmen	A H, S	komplexe PDV-Problemstellung spezielle PDV-Anforderungen
Anlagenfirma PDV-Unternehmen Computerhersteller	A S H	vereinzelte (Pilot-)Projekte z. B. PEARL (2)
Anlagenfirma PDV-Unternehmen	A, S H,	OEM-Verträge Hardwareforderungen der Brauerei
Anlagenfirma PDV-Unternehmen	A, H S	vereinzelte Projekte: Kleinprojekte Großprojekte mit Softwareunterstützung

A = verfahrenstechnische Anlage; H, S = PDV-Hardware, Software

Tabelle 1 Konstrukte und Merkmale der Auftragsvergabe

Ergänzend sei vermerkt, daß die Anlagenfirmen die erste Konstruktion als Alleinlieferant bevorzugen, begründet durch:

- Abwanderung von verfahrenstechnischem Know-how,
- Gewinneinbußen im Engineeringbereich,

so daß in den meisten anderen Fällen nur mit einem gewissen Druck (Auftragsvergabe an ein Konkurrenzunternehmen) eine projektorientierte Zusammenarbeit forciert werden kann.

1.2 Projekt-Environment

Unter den vorangegangenen Umgebungsbedingungen erfolgt der Requirementsprozeß für den involvierten Auftragnehmer in einer ersten Stufe vorwiegend unter dem Aspekt der Angebotsausarbeitung zur Erzielung des Auftrages.

In dieser Phase ist es für den Anbieter nicht nur notwendigerweise wichtig, die ausschlaggebenden systemtechnischen Anforderungen

- präzise, vollständig, verständlich, realistisch -

weitgehendst lösungsneutral zu erfassen, sondern ebenso die Liquidität und die auftragsabhängigen Umfeldgegebenheiten mit in die Angebotsphase einzubeziehen:

- Unternehmensstruktur, Produktion und Topmanagement
- Produktionstechniken und Instrumentierung
- PDV-Lösungen und Automatisierungsgrad
- systemtechnische und auftragsabhängige Entscheidungsstruktur.

Hier müssen auch die vorhandene apparative Ausführung der Produktionsanlage einschließlich der meß- und regelungstechnischen Einrichtungen mit berücksichtigt werden, da sie nicht nur den technologischen und betrieblichen Zustand widerspiegeln, sondern ebenso die hardwaremäßigen Schnittstellen des zu integrierenden PDV-Systems aufzeigen.

Desgleichen müssen softwaremäßige Lösungen partieller bzw. übergreifender PDV-Systeme, die heute bereits in der Brauindustrie in einer gewissen Breite vorhanden sind, in den Requirementsprozeß in bezug auf Kompatibilität, Interkommunikation, Flexibilität und Adaption eingeschlossen werden.

Im Trend einer weitgehend computerisierten Produktion und Fertigungssteuerung haben sich hierbei verteilte hierarchische Systeme durchgesetzt.
Dieses Strukturkonzept findet hier seine Akzeptanz auch im Hinblick auf die konforme Betriebsorganisation des Brauers (Abb. 3a, 3b).

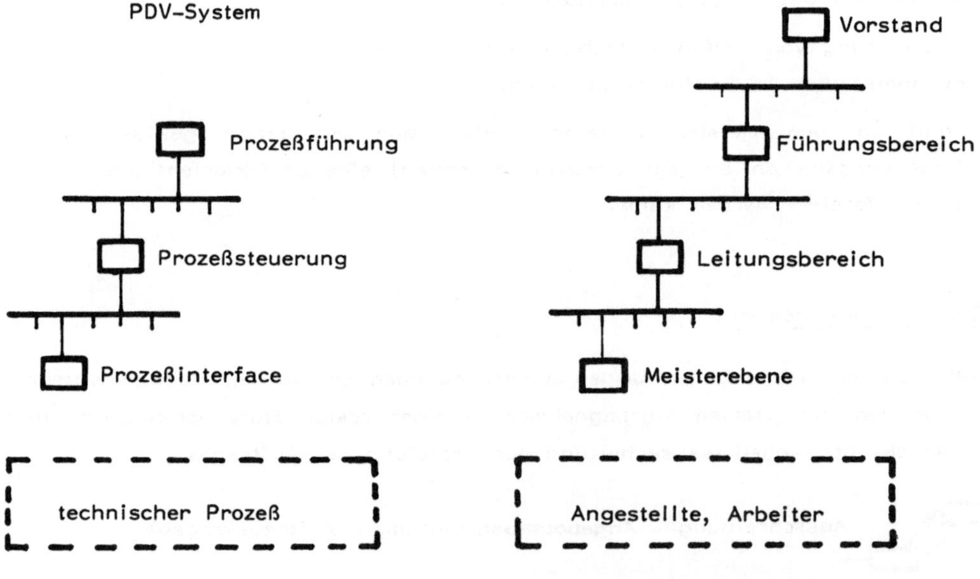

Abb. 3a PDV-Systemebenen

Abb. 3b Organisationsebenen

Im weiteren prägt die interne Betriebsorganisation die Requirementsphase in zweifacher Weise:

- Bereiche mit Maßgabe für die technische Auslegung des Systems,
- Bereiche, die den Entscheidungsprozeß für die Auftragsvergabe vorbereiten und durchführen.

Während bei der Auftragsvergabe die anstehende Entscheidung mehr auf den oberen Managementebenen getroffen wird, erfolgt die Anforderungsdefinition, zumindest innerbetrieblich, bis zur Meisterebene.
Aus dem Blickwinkel des Auftragnehmers verändern sich die perspektivischen Anforderungen an das System sowohl mit der zunehmenden Konkretisierung als auch in bezug auf die Auftragserzielung.

Schwieriger wird es für den Auftragnehmer, wenn im Zuge der weiteren innerbetrieblichen Mitbestimmung, und dies muß objektiv für die fortschreitende Computerisierung in allen Arbeitsprozessen erkannt werden, die Gewerkschaften in diesen Entscheidungsprozeß eingreifen, so daß die Eindeutigkeit der Kompetenzen verloren geht.

Trotzdem muß das Zusammenspiel und die gegenseitige Abhängigkeit von Effizienz, Akzeptanz und Humanität am Arbeitsplatz als eine kommende Anforderung gesehen werden, die bewußter berücksichtigt werden muß (4).

2. Requirements Engineering - Sudhausbeispiel

Einleitend zu diesem Abschnitt sei nochmals hervorgehoben, daß es sich bei diesem Requirements-Beispiel um ein Realzeitsystem, ein Anwendersystem, um ein sehr komplexes Menschen-Apparate-Computer-System handelt, das sowohl hard- und softwaremäßig sowie betriebsorganisatorische Komponenten miteinander verknüpft (Abb. 4).

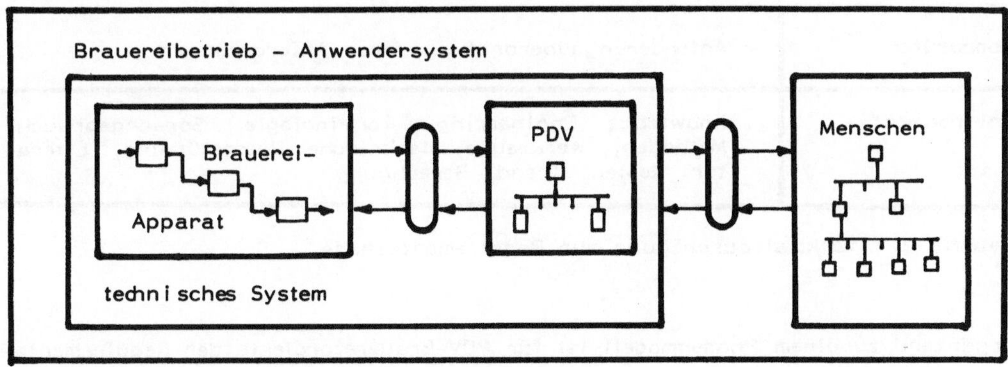

Abb. 4 Menschen-Apparate-Computer-System

Ausgehend von der obigen Struktur wird nachfolgend der übergeordnete Begriff System-Engineering impliziert verwendet, der sowohl die Hard- und Softwaretechnik als auch alle übrigen Systemobjekte bzw. -elemente, die durch Beziehungen miteinander verbunden sind, umfaßt.

2.1 Requirements-Ausprägungen

Aufbauend auf ein breites Anwenderspektrum und einer Vielzahl vorspezifizierter Requirementstätigkeiten sind nachfolgend ausgeprägte Merkmale der Requirementsphase in bezug auf ein System-Engineering-Vorgehensmodell aufgelistet.

Vorgehensmodell	Merkmalsausprägungen
Erfassen **Abgrenzen**	Gegenstand-, Zielbestimmung, Istanforderung, Erhebung der Anforderung, User-Anforderungen
Analysieren Gliedern, Ordnen	Istanalyse, Anforderungsanalyse, Systemanalyse
Erarbeiten Spezifizieren Modellieren Bewerten	Durchführbarkeitsstudie, funktionale Anforderungsbeschreibung, Spezifizieren, Systemstrukturierung, konzeptioneller Entwurf, Anforderungsdefinition, Alternativen
Kalkulieren	Ressourcen, Personal, Termine, Kosten
Entscheiden	Lösungsauswahl, Managemententscheidungen
Dokumentieren	Leistungsbeschreibung, Fortschreibung der Requirements, Systemübersicht, Pflichtenheft
Überprüfen	Anforderungsüberprüfung, neue Anforderungen
Environment	Knowledge Engineering, Terminologie, Sprachgebrauch, Methoden, Werkzeuge, technische Unterstützung, Literatur, Kosten: Trend, Berechnung

Tabelle 2 Merkmalsausprägung zur Requirementsphase

Ergänzend zu einem Phasenmodell ist für PDV-Brauereiprojekte der Requirementsbereich abgegrenzt durch die folgende idealisierte und markierte Darstellung.

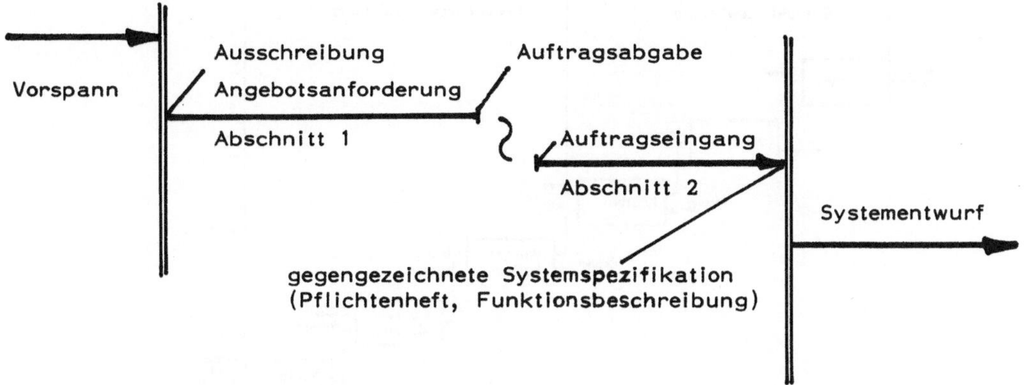

Abb. 5 Idealisierte Requirementsphasen

Zusammenfassend kann dieser Aufgabenbereich in Anlehnung an Mittermeir (11) informell wie folgt beschrieben werden:

> "Während der Requirementsphase soll die Basis für die Erstellung eines zukünftigen realen Systems geschaffen werden."

2.2 Anforderungen der Brauerei

Entweder erfolgt die einleitende Requirementsphase durch Akquisition des Auftragnehmers oder durch eine Ausschreibung, gerichtet an erwünschte und interessierte Auftragsbewerber. Im letzteren Fall wird in einem kurzen Anschreiben der Neubau eines Sudhauses angekündigt (z. B. 650 hl/Ausschlagwürze). Als Anlagen werden hierzu folgende Dokumente mitgeliefert:

- Prozeßbeschreibung (für Outsider der Brauerei-Zulieferungsindustrie)
- vorläufiges RI-Fließbild (nach DIN 28004)
- Anforderungskatalog für das PDV-System.

Im weiteren wird aus dem Führungsbereich der zuständige Leiter für Anlagen- und Betriebstechnik als Verhandlungspartner benannt und ein Termin für die Angebotsabgabe festgesetzt.

Prozeßbeschreibung

Ausgehend von einem konventionellen Sudhaus werden zur Gewinnung der Würze folgende Prozeßstufen durchlaufen: Schroten, Maischen, Abläutern, Würzekochen, Würzeklären, Würzekühlen (Abb. 6).

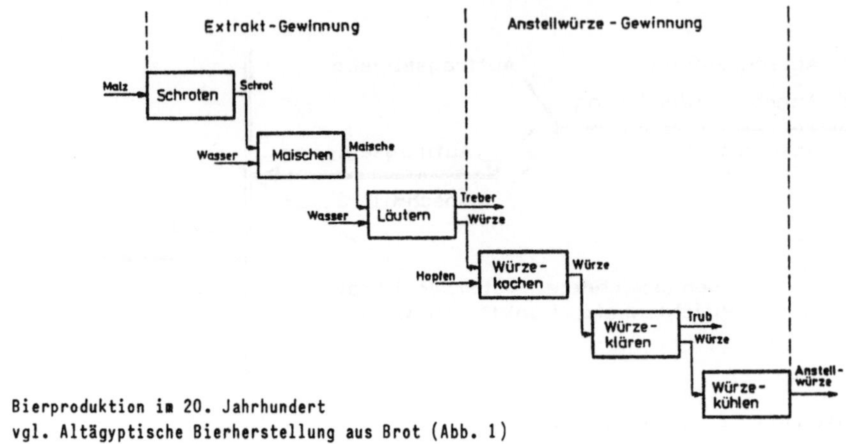

Bierproduktion im 20. Jahrhundert
vgl. Altägyptische Bierherstellung aus Brot (Abb. 1)

Abb. 6 Grundfließbild

Das Schroten: Die Zerkleinerung der in der Mälzerei aufbereiteten Gerste (Weichen, Keimen, Darren) - Malz - ist ein notwendiger mechanischer Vorgang, um die nachfolgende biochemische Reaktion beim Maischen vorzubereiten.

Das Maischen: Neben der Lösung der Malzinhaltstoffe in Wasser ist das Maischen ein biochemischer Vorgang, bei dem die festen Malzbestandteile mit Hilfe der im Malz vorhandenen Enzyme soweit abgebaut werden, daß sie in Wasser in Lösung gehen können. Die durch diese Prozeßstufe gewonnene Maische enthält als Extrakt alle in Lösung gegangenen Malzinhaltsstoffe (Stärke, Eiweiß, ...), wobei der Stärkeabbau der wichtigste enzymatische Vorgang ist.

Das Abläutern: Die Würzegewinnung vollzieht sich in zwei Schritten: 1. Abziehen der gewonnenen Würze in einem Filtrationsprozeß, 2. Auswaschen der nach dem Filtrationsprozeß in den Trebern noch verbleibenden Würze durch heißes Wasser.

Das Würzekochen: Ziel des Würzekochens ist das Verdampfen von überschüssigem Wasser zur Erzielung einer bestimmten Würzekonzentration, die Inaktivierung sämtlicher Enzyme und Sterilisierung der Würze, die Ausscheidung gerinnbarer Eiweißstoffe und die Lösung der Hopfenbestandteile, vor allem der Bitterstoffe und deren Überführung in die Würze.

Die Würzeklärung: Durch den Kochvorgang entsteht in der gehopften Würze eine Koagulation und Ausflockung verschiedener Würzeinhaltstoffe (Heißtrub).

Das Würzekühlen: Nach der Heißtrubentfernung wird die Würze auf die Anstelltemperatur im Gärkeller abgekühlt. Dies erfolgt meistens über einen zweistufigen Plattenkühler.

2.2.1 Anforderungskatalog

Bei dem Anforderungskatalog wird davon ausgegangen, daß die gewünschten Systemeigenschaften in folgender differenzierten Form geordnet vorliegen

- geforderte Eigenschaften — muß
- erwünschte Eigenschaften — soll
- ergänzende Eigenschaften — kann
- unerwünschte Eigenschaften — soll nicht
- verbotene Eigenschaften — darf nicht

und die übergreifende PDV-Problemstellung gegeben ist durch:

1. Automatische Steuerung, Regelung und Überwachung des Produktionsbereiches – Sudhaus – vom Malzsilo bis einschließlich Würzekühlung.
2. Automatische Meßwerterfassung sowie die Auswertung, Protokollierung und Speicherung der Produktionsdaten.

Gefordert: (a)

1. Die PDV-Hardware muß identisch sein mit der bereits bestehenden Gerätekonfiguration in Gär- und Lagerkeller.
2. Die Steuerung und Regelung des Sudprozesses muß bis auf die Verzuckerungsprobe vollautomatisch ablaufen.
3. Alle Prozeßelemente (Ventile, Antriebe, Sonden usw., s. RI-Fließbild) müssen vollautomatisch überwacht werden.
4. Die Bedienerkommunikation (Masken, Funktionstasten, interaktives Fließbild usw.) muß der bei der Brauerei X realisierten Technik entsprechen.

Erwünscht: (b)

1. Die Sudfolge soll im voraus für eine Produktionswoche (Montag 6.00 – Freitag 12.00 Uhr) für mindestens zwei Biertypen eingeplant werden können.
2. Die Rezepturparameter sollen in vorgegebenen Grenzen nur durch die Qualitätssicherung verändert werden können.
3. Die Prozeßdaten jeder Charge sollen langfristig gespeichert werden können.
4. Die Anlage soll sowohl im Automatik-, Halbautomatik- als auch im Handbetrieb gefahren werden können.
5. Das Wiederanfahren nach Störungen soll für den Automatikbetrieb über definierte Wiedereintrittspunkte erfolgen.
6. Die Systemverfügbarkeit soll in einem 1/4-jährlichen Raster über fünf Jahre spezifiziert sein.

Ergänzend: (c)

1. Die Regelung kann softwaremäßig durch DDC-Regler realisiert werden.
2. Das System kann zur Speicherung langfristiger Prozeßdaten eine innerbetriebliche EDV-Anlage benutzen.

Unerwünscht: (d)

1. Die Ablaufsteuerung – das Anwenderprogramm – darf durch den Bediener nicht geändert werden können.

Verboten: (e)

1. Die Sicherheitsverriegelung darf nicht softwaremäßig realisiert werden (z. B. bei der Reinigung bzw. Gulli).

Ergänzende Randbedingungen: (f)

1. Die vom Anlagenlieferanten garantierte Sudfolge (8 Sude/Tag) muß gewährleistet sein.
2. Die angrenzenden Produktionsbereiche müssen berücksichtigt werden.
3. Normen und innerbetriebliche PDV-Richtlinien müssen berücksichtigt werden.

2.3 Pragmatische Methode

Der nachfolgende Ansatz orientiert sich an dem natürlichen Sprachgebrauch der interrogativen Termini.

WAS: pronominal, sachbezogen,

WIE: modal, auf welche Art und Weise,

WOMIT: pronominal, mit welchen Mitteln,

WANN: temporal, zu welcher Zeit.

Ausgehend von diesen Termini und den bereitgestellten Brauereidokumenten (RI-Fließbild, Anforderungskatalog) kann nun der iterative Requirementprozeß erfragt werden. Die dabei letztlich gewonnenen und erarbeiteten Aussagen erschließen:

- (was) eine vollständige Problembeschreibung,
- (wie) ein realistisches Lösungsmodell mit dem notwendigen Detaillierungsgrad zur Akzeptanz, Bewertung und Überprüfung des Modells,
- (womit) eine hinreichende Bereitstellung von Hilfsmitteln und Ressourcen,
- (wann) eine terminliche Abwicklung des Projektes.

2.3.1 Requirementprozeß

Allgemein werden bei der Planung von PDV-Systemen im Anwendungsbereich der Brauindustrie für die Requirementsphase einfache, bewertete, klassische Techniken eingesetzt, um die erfragten Aussagen in eine mehr formale Darstellungswelt abzubilden. Im Vordergrund stehen hierbei verständliche, akzeptable Darstellungsformen, die von allen Beteiligten und Betroffenen eindeutig interpretiert werden. Im einzelnen gehören hierzu: Listen, Matrixen, Tabellen, Diagramme, bildliche Zeichnungen, Blockschaltbilder und Fließbilder.

Ausgehend von dem bereits angeführten iterativen Requirementsprozeß, der sukzessiv in Richtung des Zielsystems Dokumente erzeugt und diese neuen Dokumente wieder in seinen Iterationsprozeß einbezieht, entwickelt sich letztlich die Basis für das zukünftige System.

Nachfolgend wird dieser Vorstellungsablauf tabellarisch dargestellt.

Eingangsdokumente	**Ausgangsdokumente**		
Requirements, Daten	Nr.	Bezeichnung	Form
Technologie	1	Prozeßbeschreibung	Text
Verfahrenstechnik	2	RI-Fließbild 1	DIN
Wissen, Erfahrung	3	Anforderungskatalog	Text
1, 2, Informationen	4	Funktionsbeschreibung	Text + Blockdiagramm
2, 4	5	Verfahrensvarianten	Matrix, Fließbild
2,4,5,b1,b4,b5,I	6	Betriebsweise der Anlage	Diagramm
2, a2, a3, I	7	Meß-, Regelungstechnik	Tabelle
7, a1, a4, c1, c2, I	8	Rechnerkonfiguration	Liste, Blockdiagramm
8, a4, b2, b4, I	9	Bedienerschnittstelle	Matrix, Blockdiagramm
9, b2, b3, c2, I	10	Daten, Protokolle	Tabelle
b6, W, E	11	Wartung und Instandhaltg.	Text
a5, a6, W, E, I	12	Dokumentation u. Schulung	Text
4-12, W, E	13	Kalkulation	Tabelle, Diagramm
3-13, W, E	14	Angebot	Text
W, E, I	15	RI-Fließbild 2	DIN
5, 6, 15, b2, I	16	Technol. Beschreibung	Tabelle
8, 9, 10, a4, I	17	MMK-Detaillierung	Tabelle, Blockdiagramm
4,5,6,15,16,17, I	18	Prozeß-Ablaufbeschreibung	Tabelle
4-18, W, E	19	Revision	-
4-19, E	20	gez. Req. Dokument	Text

Tabelle 3 Iterationsprozeß

Wie hier aufgezeigt ist, werden ausgehend von einer gewissen Basis (Technologie, Verfahrenstechnik, Wissen (W) und Erfahrung (E)), die Ausgangsdokumente 1 - 3 erzeugt. Aufbauend auf diesen Dokumenten und weiteren Informationen (I) werden dann Dokument 4 und aus den Dokumenten 2 und 4 das Dokument 5 erzeugt.
Nun können in Verbindung mit den vorgegebenen Anforderungen (a1 - f3) unter Punkt 2.2.1 iterativ die anderen Dokumente (6 - 20) erstellt werden.

Bei einer abstrakten Betrachtung nähert sich dieser Ansatz der Methode von Heitmeyer und McLean (6).

Exemplarisch für diese Dokumente ist hier die technologische Beschreibung abgebildet:

Verfahrensschritt	von ... bis / Dauer	Technologische Parameter
Schroten	von Schrotrumpf leer bis Schrotmenge erreicht	Menge 12.000 kg
Einmaischen	von Schrotrumpfmenge erreicht bis Schrot in Maischebottich und Wassermenge erreicht	Menge Wasser (+ Glattwasser) 420 hl Temperatur Wasser 62°C
Teilmaische ziehen	bis Menge erreicht	Menge = 160 hl
Heizen Teilmaische	auf Temperatur Maltoserast	Temperatur = 65°C
Maltoserast	15 min	
Heizen Teilmaische	auf Temperatur Verzuckerung	Temperatur = 74°C
Verzuckerungsrast	5 min	
Heizen Teilmaische	auf Kochtemperatur	
Kochen Teilmaische	15 min	
Aufmaischen	bis Teilmaische leer	Pumpendrehzahl
Verzuckerung Gesamtmaische	20 min	Temperatur = 76°C
Abmaischen	bis MBPF leer	Pumpendrehzahl:
Trubrückführen	bis Trubtank leer	Menge = 40 hl
Vorderwürzeablauf	von Filter voll bis MBPF leer	Menge = 300 hl

Abb. 7 Technologische Beschreibung: Dekoktionsverfahren

2.4 Requirements-Dokumente

Zusammenfassend sind die in dem vorangegangenen Iterationsprozeß gewonnenen Dokumente entsprechend den zugeordneten Requirementsphasen I und II aufgelistet und in Relation zu den beteiligten Projektpartnern (Anlagenlieferant, Brauerei und PDV-Lieferant) tätigkeitsabhängig bewertet.

Pos.	Dokumente	Tätigkeitsbewertung extern	Brauer	PDV	Phase
1	Prozeßbeschreibung		*		
2	RI-Fließbild	*	+		Start
3	Anforderungskatalog		*		
4	Funktionsbeschreibung		o	*	
5	Verfahrensvarianten		+	*	
6	Betriebsweise der Anlage	o	+	*	
7	MR-Spezifikation	o	o	*	
8	Rechner-Konfiguration		o	*	
9	Bedienerschnittstelle		+	*	I
10	Daten / Protokolle		+	*	
11	Wartung und Instandhaltung			*	
12	Dokumentation und Schulung		o	*	
13	Kalkulation			*	
14	Angebot			*	
15	Endgültiges Fließbild	*	+		
16	Technologische Beschreibung		+	*	
17	MMK-Detaillierung		+	*	II
18	Prozeß-Ablaufbeschreibung		+	*	
19	Revision der Dokumente 2-14			*	
20	abgezeichnetes Req. Dokument			*	

Tabelle 4 Requirements-Dokumente (o beraten; + unterstützen; * ausführen)

Wie aus der Tabelle ersichtlich, ist anzustreben, den Auftraggeber fest in die Requirementsphasen einzubeziehen.

3. Resümee

Ausgehend von dem auf der Grassauer Tagung (7) geprägten Grundsatz

"Eine Methode ist besser als keine."

liefert der hier aufgezeigte pragmatische Ansatz eine Basis für die weitere Systementwicklung, selbst wenn die erstellten Requirements-Dokumente keine formalen Objekte bereitstellen für eine perfekte Transformation in ein ideelles System (8).

Requirements-Dokumente ➔ ideelles System ➔ Systemlösung

Ungeachtet dessen, daß es an der perfekten Transformation noch mangelt, scheint es auch keine perfekte Methode und auch kein Methodenbündel zu geben, um die Wahrnehmung, das Bewußtsein, die Vernunft, die Kreativität - den menschlichen Geist - zu ersetzen.

Aus diesen Überlegungen heraus werden sich, ausgenommen reproduzierter Anwendersysteme, nur jene Methoden und Werkzeuge erfolgreich durchsetzen, die diesen menschlichen Freiheitsgrad berücksichtigen.

Im weiteren sind für die Requirements-Dokumente verständliche, akzeptable Darstellungsformen notwendig, die von allen Beteiligten und Betroffenen eindeutig interpretiert werden können, d. h. minimale Anzahl formaler Elemente und Verknüpfungsmechanismen (SADT (9), RE-Diagramme (10), GRASPIN (5) ...).

Letztlich wurde mit dieser Arbeit auch der Versuch unternommen, ein klassisches Automatisierungsbeispiel für weitere mehr formale Requirementstechniken aufzubereiten.

Literaturliste

(1) Sturm, K.H.; Prozeßautomatisierung in der Brauereitechnologie, Zeitschrift der Technischen Universität Berlin TUB 2/3, 9(1977) S 340-347

(2) Eggert, H.; Eine Anwendung von Petri-Netzen für eine partielle Prozeßbeschreibung und deren Abbildung auf Echtzeitelemente von PEARL, Dissertation, Technische Universität Berlin, Nov. 1978

(3) Sturm, K.H. (ed.); Konzeptionelle Methoden, Richtlinien und Empfehlungen zur Prozeßautomatisierung in verfahrenstechnischen (Brau-)Prozessen, Kernforschungszentrum Karlsruhe, KfK-PDV 216, Dez. 1981

(4) Mambrey, P.; Oppermann, R.; Benutzerbeteiligung bei der Systementwicklung -Einschätzung der Möglichkeiten durch Experten-, Angewandte Informatik 3/85, S 111-119

(5) Heyderhoff, P.; GRASPIN: Eine kohärente Methodologie zur Softwareentwicklung, Der GMD-Spiegel 3/4 (1984), S 35-45

(6) Heitmeyer, C.; McLean, J.D.; Abstract Requirements Spezifikation: A New Approach and Its Application, IEEE Transaction on Software Engineering Vol. SE-9, No. 5, Sept. 1983, S 580-589

(7) Floyd, C.; Ergebnisse des Teilworkshops Entwurfsmethoden in: Morgenbrod, H.; Remmele, W. (ed): Entwurf großer Software Systeme, Ergebnisse des Teilworkshops, Grassau, Mai 1984

(8) Ross, D.T.; Guest Editorial, Reflections on Requirements. IEEE Transactions on Software Engineering, Vol. SE-3, No. 1/77, S 2-5

(9) Ross, D.T.; Structured Analysis (SA): A Language for Communicating Ideas, IEEE Transactions on Software Engineering, Vol SE-3, No. 1/77, S 6-15

(10) Chen, P. P.; The Entity-Relationship Model-Toward a Unified View of Data, ACM Transactions on Data Base System, March 1976, S 9-36

(11) Mittermeir, R.; Anforderungsmodellierung für Realzeitsysteme. Ansätze zur Bewältigung von Komplexität und von Unschärfe, in: Hommel, G. und Krönig, D.; Requirements Engineering, Informatik Fachberichte 74, Springer Verlag, Okt. 1983, S 208-222

Fachgespräch 2

Bürokommunikation

Einführung in das Fachgespräch "Bürokommunikation"

H. Kerner
Technische Universität Wien
Institut für Angewandte Informatik
Argentinierstraße 8
A-1040 Wien

Die Tätigkeiten im Büro werden in rasch wachsendem Grade durch die elektronische Datenverarbeitung unterstützt. Wir denken dabei an das Abfassen und Korrigieren von Texten, das interaktive Abfragen von Datenbasen, die Erstellung von Dokumenten als Formulare oder als Graphik mit Text, das Vereinbaren von Terminen und an den allgemeinen Austausch von schriftlicher Information anstelle von Telefonanrufen, die oft wegen Abwesenheit des Empfängers erforderlich sind. Die meisten dieser Büroaufgaben erfordern die Speicherung von Daten. Fast immer ist jedoch der Austausch von Information zwischen räumlich getrennten Bearbeitern, genauer zwischen den Arbeitsstationen dieser Bearbeiter nötig, mögen diese in einem Stockwerk, einem Gebäude, auf einem geschlossenen Firmengelände untergebracht sein oder über einer Stadt, ein Land verteilt sein.

Die folgenden Arbeiten betrachten die computerunterstützte Büroarbeit aus drei verschiedenen Sichten:

1. Sicht der Netztechnologie

Je nach der geographischen Anordnung der Arbeitsstationen und ihrer räumlichen Konzentration kommen verschiedene Kommunikationsmedien zum Einsatz: Lokale Netze (Local Area Networks: LANs) verschiedener Reichweite und Übertragungskapazität, Hausvermittlungen für die Datenübertragung (Public Access Branch Exchange: PABX) und die Weitverkehrsnetze der Post (Wide Area Network, WAN). Zwischen diesen Netzen sind vielerlei Übergänge nötig.

Die ersten vier Beiträge befassen sich demgemäß mit

der Integration von Kommunikationsdiensten für den Postteilnehmer (K. Sambor),
der Forschung in Europa auf dem Netzgebiet (H.J. Helms),
dem Übergang zwischen WANs und LANs (B. Butscher, L. Henckel),
und der Verwendung einer PABX im Büro (U. Dierk).

2. Sicht des Endbenutzers

Der Endbenutzer erlebt die Computerunterstützung vorwiegend durch die Eigenschaften der Endgeräte, ihre Funktionen und Leistungsfähigkeit. Diese sind bedingt durch die Hardware und Software der Endgeräte, welche neuerdings verschiedene Funktionen, die bisher getrennte

Maschinen erfordern, auf dem Gerät zur Verfügung stellen. Der Beitrag "Multifunktionale Endgeräte" (H.W. Strack-Zimmermann) gibt hiervon Zeugnis.

Neben den Geräteeigenschaften beeinflussen auch Standards für häufig vorkommenden Informationsaustausch zwischen Endbenutzern die Tätigkeit der Bearbeiter am Gerät. Hierzu gehört z.B. die "elektronische Post", für die in letzter Zeit Standards entstanden, welche den Austausch von Botschaften zwischen Rechnern verschiedener Hersteller gestatten. Der Beitrag "Elektronische Dokumente" (P. Schicker) informiert hierüber.

3. Sicht der Organisation

Die Unterstützung der Büroarbeit durch Rechner verändert Abläufe im Büro und beeinflußt somit die Organisation im Ganzen und die Beziehungen zwischen den Menschen. Über diese Einflüsse wurden häufig emotional gefärbte Spekulationen angestellt. Die beiden Beiträge "Benutzeraspekte beim Einsatz eines computergestützten Kommunikationssystems" (U. Pankoke-Babatz) und "Wie verändert kommunikationsfähige Technik die Bürowelt?" (R. Schwetz) berichten über tatsächliche Erfahrungen beim Einsatz der Büroautomatisierung.

Programmkomitee für dieses Fachgespräch: H.G. Hegering (Leipniz-Rechenzentrum, München), H. Kerner (Technische Universität Wien), P. Kühn (Universität Stuttgart), O. Spaniol (RWTH Aachen), F. Vogt (Hahn-Meitner Institut, Berlin), J.K. Wild (Internationaler Unternehmensberater, Augsburg), S. Schindler (Technische Universität Berlin).

INTEGRATION VON DIENSTEN IM TEILNEHMERBEREICH (KOMMUNIKATIONSANLAGEN)

K. Sambor
Fernmeldetechnisches Zentralamt
der österreichischen Post, Wien

Die österr. Post hat mit der einschlägigen Industrie einen Arbeitskreis gebildet, um gemeinsam die Bestimmungen für Kommunikationsanlagen (K-Anlagen) auszuarbeiten. In diesem Beitrag soll über den Stand der Überlegungen berichtet werden.

Zuvor werden jedoch einige Begriffe beschrieben, die in diesem Zusammenhang wichtig sind.

Der Fernmeldedienst wird als Oberbegriff für Trägerdienste (zB Datex-L = Wähldatendienst mit Leitungsvermittlung, Datex-P = Datenpaketvermittlungsdienst) und Teledienste verwendet. Letztere umfassen neben dem Fernsprechdienst die Telematikdienste (zB Teletex, Bildschirmtext, Telefax).

Für die Standardisierung von Telematikdiensten wird als Grundlage das 7-Schichten-Referenzmodell für "Offene Kommunikationssysteme" angewendet.

Das Referenzmodell hat die Aufgabe, die für die Kommunikation Offener Systeme nötigen Funktionen zu identifizieren und zueinander in Beziehung zu setzen. Das Referenzmodell beschreibt die Kommunikation zwischen Systemen, die über Übertragungsmedien untereinander verbunden sind. Man unterscheidet Endsysteme (zB Datenendeinrichtungen) und Transitsysteme (zB Vermittlungsstellen).

Trägerdienste umfassen nur den Funktionsumfang der untersten 3 Schichten (Bitübertragungsschicht, Sicherungsschicht und Vermittlungsschicht). Für Telematikdienste sind darüberhinaus die Schichten 4 bis 7 festgelegt.

Mit Hilfe des 7-Schichtenmodells lassen sich auch die folgenden Begriffe beschreiben:

- Netzübergang (siehe Abb. 1 und 3)
- Dienstübergang (siehe Abb. 2 und 3)
- Dienstwechsel (zB zwischen Sprechen und Fernkopieren)

Endgeräte können als

- Einzelanschluß (siehe Abb. 4),
- Multifunktionsanschluß (siehe Abb. 5) oder
- Mehrfachanschluß (siehe Abb. 6)

entweder direkt oder über Kommunikationsanlagen (siehe Abb. 7) an Fernmeldenetze angeschlossen werden.

Die "Grob-Definition" einer Kommunikationsanlage auf die man sich bisher in dem erwähnten Arbeitskreis geeinigt hat, sieht nun folgendermaßen aus:

"K-Anlagen sind Fernsprechnebenstellenanlagen, welche außer einem eigenen Zugang zum öffentlichen Fernsprechnetz, mindestens einen weiteren Zugang zu öffentlichen Fernmeldenetzen (zB Datex-L, Datex-P) besitzen.

Zufolge dieser Definition ist eine Fernsprechnebenstellenanlage, über die mittels Zusatzeinrichtungen auch andere Informationen als Sprache (zB Daten, Btx oder Faximile) über das öffentliche Fernsprechnetz übertragen werden, keine K-Anlage.

Anmerkung:

Die Definition einer K-Anlage wird bei Einführung eines ISDN überarbeitet werden."

Bei einer K-Anlage wird zwischen dem "Internverkehr"

- ohne Übergangsverkehr (Netzübergang oder Dienstübergang) und
- mit Übergangsverkehr und

dem "Amtsverkehr"

- ohne Übergangsverkehr in der K-Anlage und
- mit Übergangsverkehr in der K-Anlage

unterschieden. Beim Amtsverkehr wird bezüglich des Übergangsverkehrs noch genauer zwischen dem

- internen amtsseitigen Übergangsverkehr (zB ein Telexendgerät der K-Anlage kann über den internen amtsseitigen Übergangsverkehr eine Amtsleitung ins "Teletexnetz" erreichen) und dem
- externen amtsseitigen Übergangsverkehr (zB ein auf einer Amtsleitung des Telexnetzes ankommender Verkehr wird über den externen amtsseitigen Übergangsverkehr mit einer Amtsleitung ins "Teletexnetz" verbunden)

differenziert. Ein externer amtsseitiger Übergangsverkehr wird vermutlich nicht zugelassen.

Die Abb. 8 zeigt ein Beispiel für eine K-Anlage mit einer ausgewählten Anzahl möglicherweise sinnvoller Übergangsverkehrsmöglichkeiten.

Mit Abb. 9 soll gezeigt werden, daß bei Anschluß von Multifunktionsanschlüssen einerseits und Anschluß der K-Anlage an ein zukünftiges ISDN andererseits, der "Kern" der Anlage nicht unbedingt geändert werden müßte.

Bei der Ausarbeitung der Bestimmungen für K-Anlagen soll in 3 Schritten vorgegangen werden:

Schritt 1: Ausarbeitung der Bestimmungen ohne Netz- und/oder Dienstübergänge.
Schritt 2: Berücksichtigung von Netz- und/oder Dienstübergängen
Schritt 3: Erweiterte Bedingungen für ISDN

Für den Schritt 1 einigte man sich nach anfänglichen Auffassungsunterschieden auf folgende Grobstruktur:

1. Definition

2. Ausstattungsvorschrift

2.1 Regelausstattung
2.1.1 Anzahl der Anschlußorgane (Baustufen)
2.1.2 Verkehrsleistung

2.1.3 Technische Bestimmungen

- Für Sprache-Betrieb
- Für Nicht-Sprache-Betrieb
- Allgemeine Bestimmungen

2.2 Ergänzungsausstattung

2.2.1 Nur für Sprache-Betrieb
2.2.2 Nur für Nicht-Sprache-Betrieb
2.2.3 Für Sprache- und Nicht-Sprache-Betrieb
2.2.4 Allgemein das System betreffend

3. Anschaltung der Endgeräte

3.1 Einzelfunktional
3.2 Multifunktional

Für die Bestimmungen der Schnittstellen zwischen einer K-Anlage und dem Amt werden die derzeitigen Festlegungen für Einzelanschlüsse an das jeweilige Netz gelten (siehe Abb. 9).

Bezüglich der Frage, was grundsätzlich zur Regelausstattung und was zur Ergänzungsausstattung gehören soll, einigte man sich darauf, daß neben Fernsprechen noch ein beliebig wählbarer Dienst zur Regelausstattung gehören muß.

Auffassungsunterschiede bestehen darüber, welche Dienstgüte für K-Anlagen festgelegt werden soll.

Bei "transparenter Durchschaltung" bis zum Endgerät ist man sich noch einig. Hier sollen die Dienstgütefestlegungen wie für Einzelanschlüsse gelten. Bei "Zwischenspeicherung" soll die Dienstgüte nur bis zu einer noch zu definierenden "Schnittstelle" im System erbracht werden müssen. Ob Festlegungen bezüglich Dienstgüte für den Internverkehr überhaupt nur zwischen Teilnehmer und Hersteller einer K-Anlage ausgehandelt werden sollen, ist ein offener Punkt.

Die Schnittstellen zwischen Endgeräten und K-Anlagen lassen sich in

3 Gruppen gliedern:

a) derzeit genormte Schnittstellen für

- bestehende Fernmeldenetze,
- ISDN

b) "Fernmeldenetz- unabhängige Schnittstelle"

c) nicht genormte Schnittstellen (zB herstellerspezifische Schnittstellen)

Für die Gruppe a) sind Beispiele in der Abb. 10 und (ISDN berücksichtigend) Abb. 11 angegeben.

Das Prinzip der "Fernmeldenetz-unabhängigen Schnittstelle" zeigt Abb. 12. (Etwas detaillierter Abb. 13.)

Vermutlich werden in die Bestimmungen für K-Anlagen nur Empfehlungen für die Schnittstellen zwischen Endgeräten und K-Anlage aufgenommen werden.

Der Terminplan für das Ausarbeiten der detaillierten Bestimmungen für K-Anlagen ist geprägt von der Situation, daß bereits jetzt technische Realisierungen vorliegen, deren Anwendung nicht durch fehlende Bestimmungen verzögert werden soll.

- Grobstruktur der Bestimmungen: Ende 1985
- Vorlage eines 1. Entwurfes: Mitte 1986
- Genehmigung der Bestimmungen: Ende 1986

Ob die Einhaltung des Terminplanes gelingt, hängt sicher nicht nur von der Post ab, sondern vor allem von der intensiven Mitarbeit der Industrie in dem eingangs erwähnten Arbeitskreis.

Beispiel für Netzübergang von einem Trägerdienst (Netzart) zu einem anderen Trägerdienst

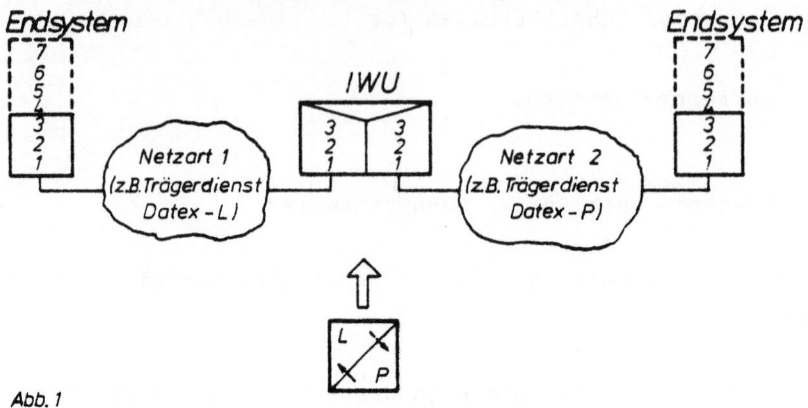

Abb. 1

Beispiel für Dienstübergang von Teletex zu Btx

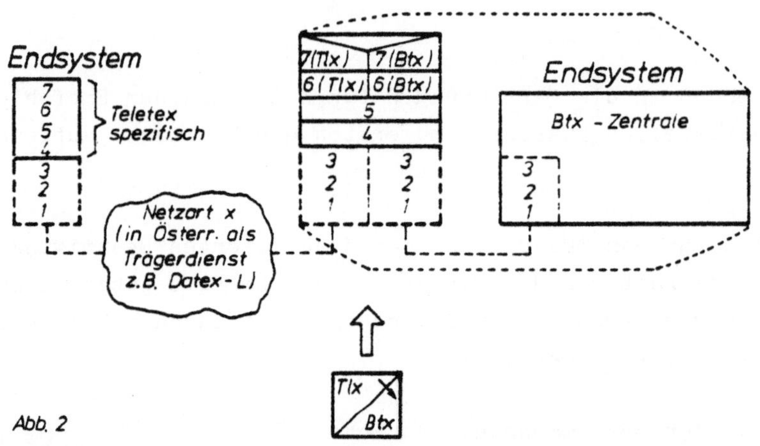

Abb. 2

Beispiel für Netzübergang und Dienstübergang

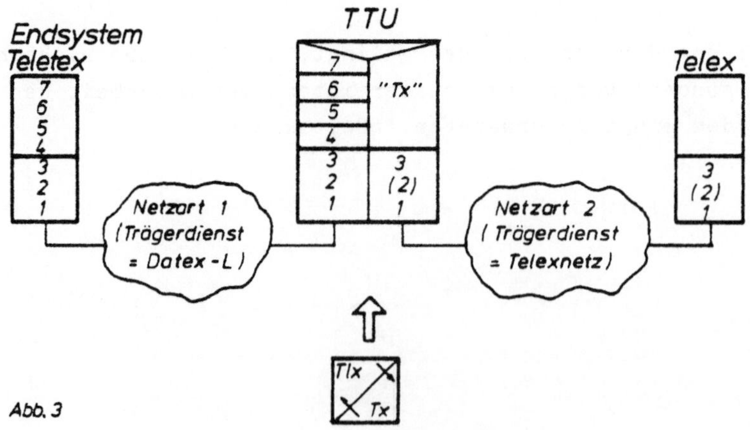

Abb. 3

Einzelanschluß (E)

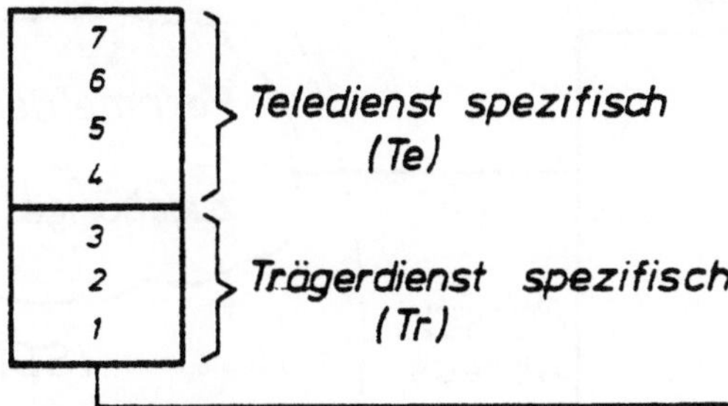

Abb. 4

Multifunktionsanschluß (MU)

Typ 1: Unterschiede in höheren Schichten

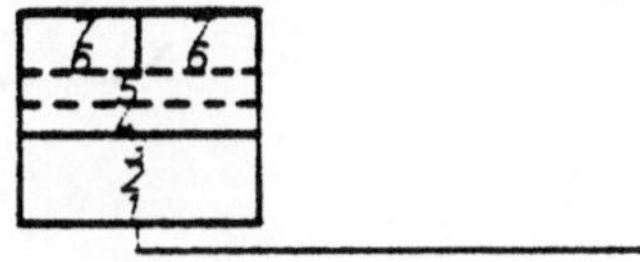

Typ 2: Unterschiede in unteren Schichten

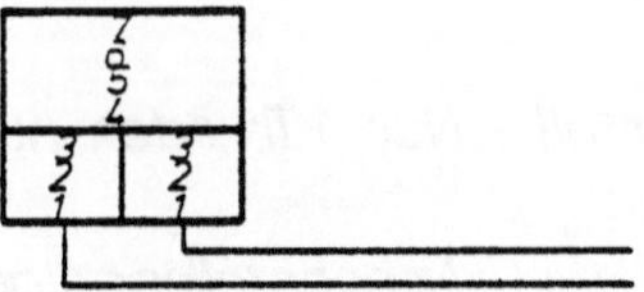

Typ 3: MU vom Bediener aus gesehen

- Tastatur
- Bildschirm
- Drucker

Elektronik in allen Kommunikations-schichten untersch.

Abb. 5

Mehrfachanschluß (MA)

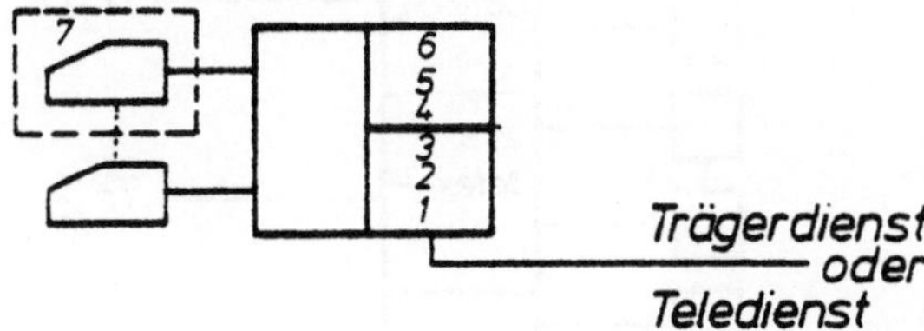

Abb. 6

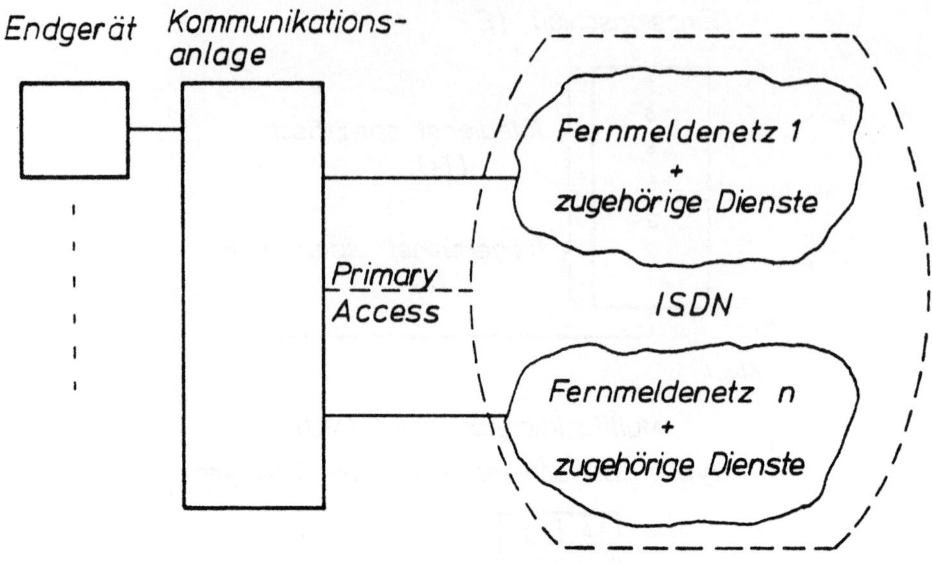

Endgerät
Kommunikations-anlage
Primary Access
Fernmeldenetz 1
+
zugehörige Dienste
ISDN
Fernmeldenetz n
+
zugehörige Dienste

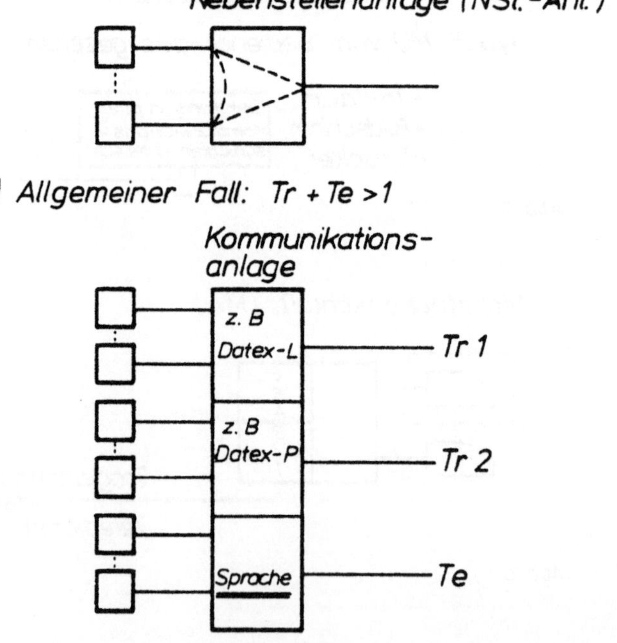

a) Sonderfall: Nur 1 Tr oder nur 1 Te
Nebenstellenanlage (NSt.-Anl.)
b) Allgemeiner Fall: Tr + Te >1
Kommunikations-anlage
z. B
Datex-L
Tr 1
z. B
Datex-P
Tr 2
Sprache
Te

Abb.7

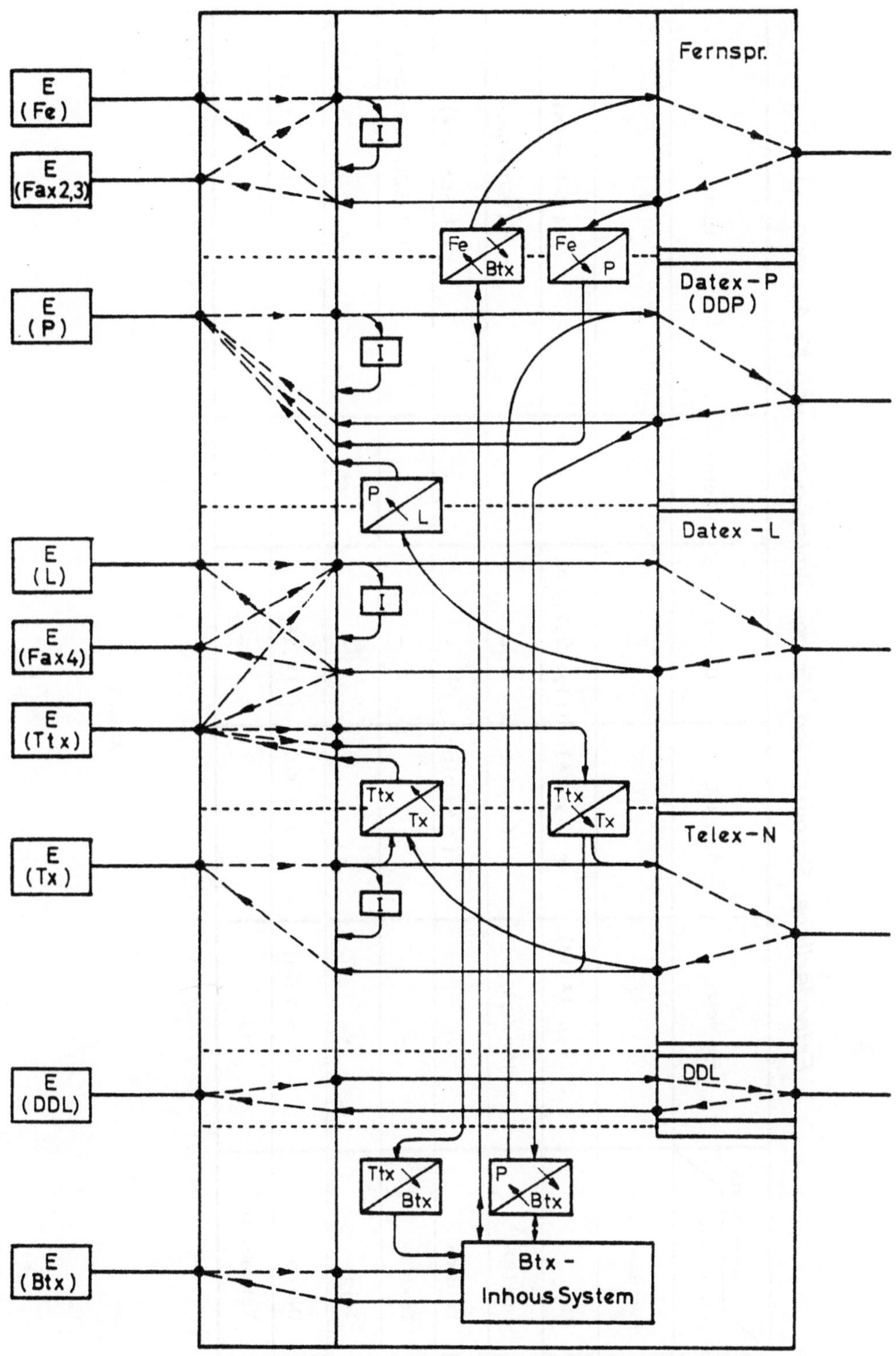
Fernspr.
E
(Fe)
I
E
(Fax2,3)
Fe
Btx
Fe
P
Datex-P
(DDP)
E
(P)
I
P
L
Datex -L
E
(L)
I
E
(Fax4)
E
(Ttx)
Ttx
Tx
Ttx
Tx
Telex-N
E
(Tx)
I
DDL
E
(DDL)
Ttx
Btx
P
Btx
Btx -
Inhous System
E
(Btx)

Abb.8

Erforderliche Schnittstellen für den Amtsverkehr von K-Anlagen

Trägerdienst / Teledienst	Fe-Netz	Datex-L	Datex-P	Telex	ISDN
Fernsprechen	+	–	–	–	+
Btx	+ (Typ 1A, 1B)	+ (Typ 4)	+ (Typ 1B, 2, 3, 5)	–	+ (ISDN-Btx)
Telefax	+ (Gr. 2, 3)	+ (Gr. 4)	–	–	+ (ISDN-Gr. 4)
Teletex	–	+ (2,4 kbit/s)	–	–	+ (ISDN-Ttx)
Textfax	–	+	–	–	+ (ISDN-Textfax)
Telex	–	–	–	+	–
Daten	+ (z.B. V.24)	+ (z.B. X.21)	+ (X.25)	–	+ (≤ 64 kbit/s)
Telemetrie	(+)	–	–	–	+

Abb. 9

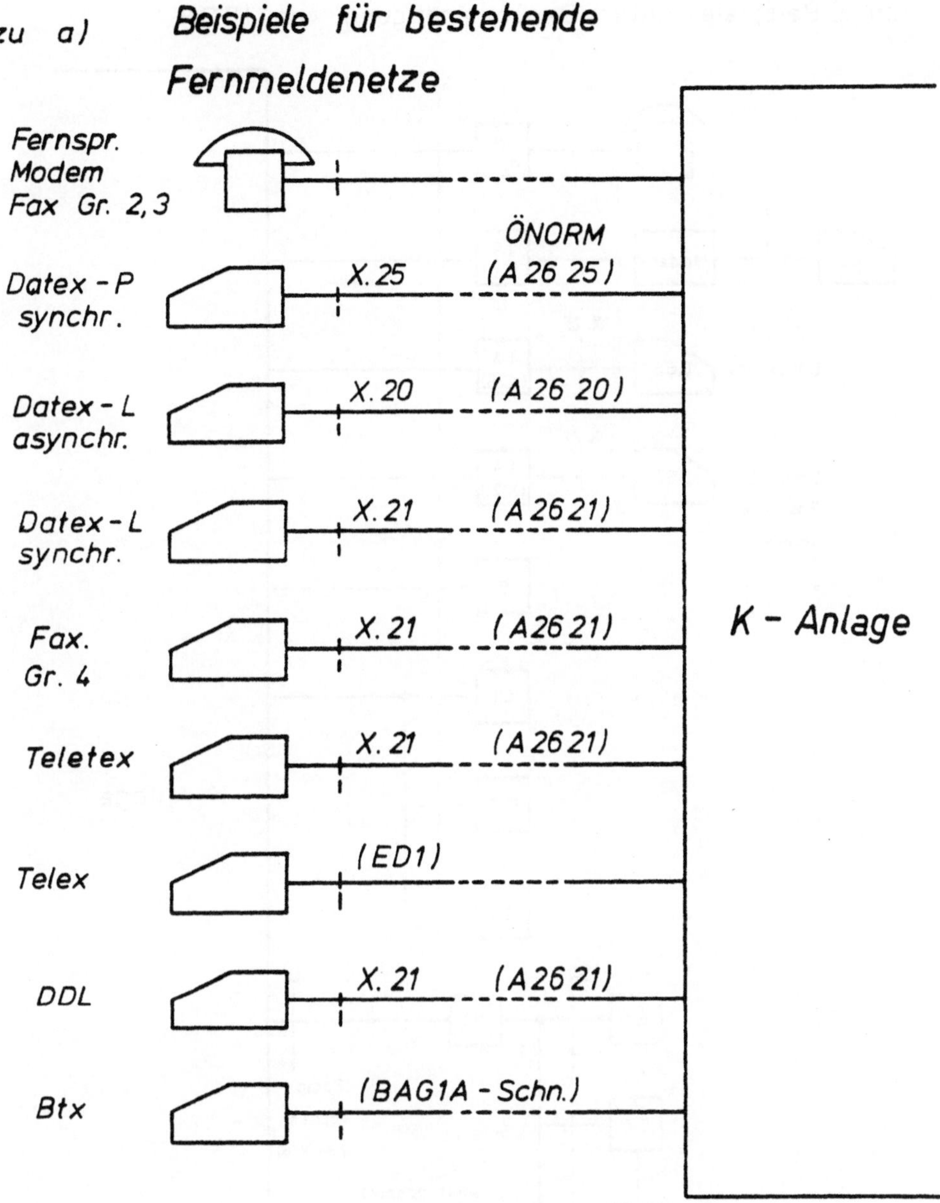
zu a)
Beispiele für bestehende Fernmeldenetze
Fernspr.
Modem
Fax Gr. 2,3
ÖNORM
Datex - P
synchr.
X.25
(A 26 25)
Datex - L
asynchr.
X.20
(A 26 20)
Datex - L
synchr.
X.21
(A 26 21)
Fax.
Gr. 4
X.21
(A 26 21)
Teletex
X.21
(A 26 21)
Telex
(ED1)
DDL
X.21
(A 26 21)
Btx
(BAG1A - Schn.)
K - Anlage

Abb.10

zu a) Beispiele unter Berücksichtigung von ISDN

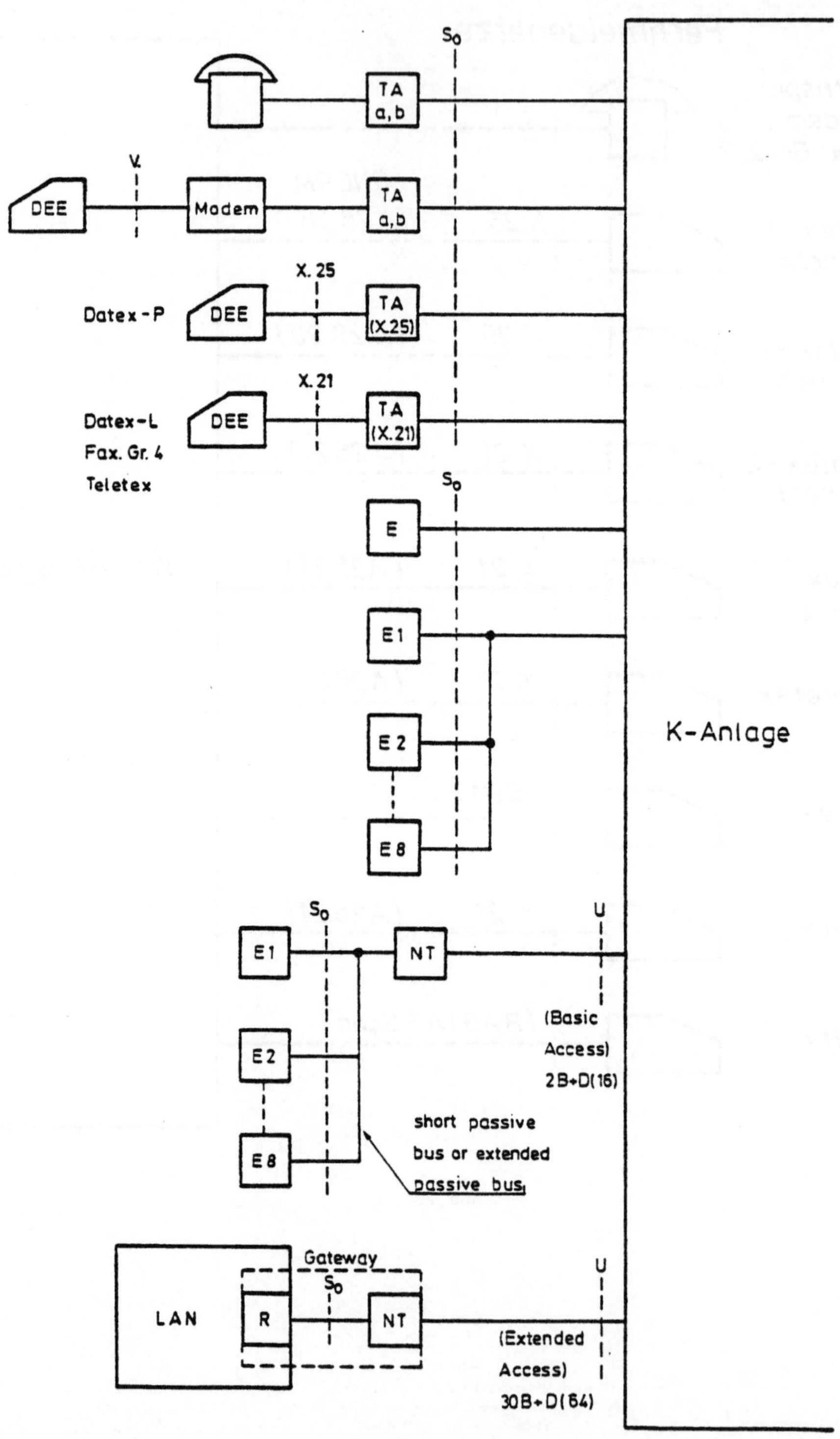

Abb. 11

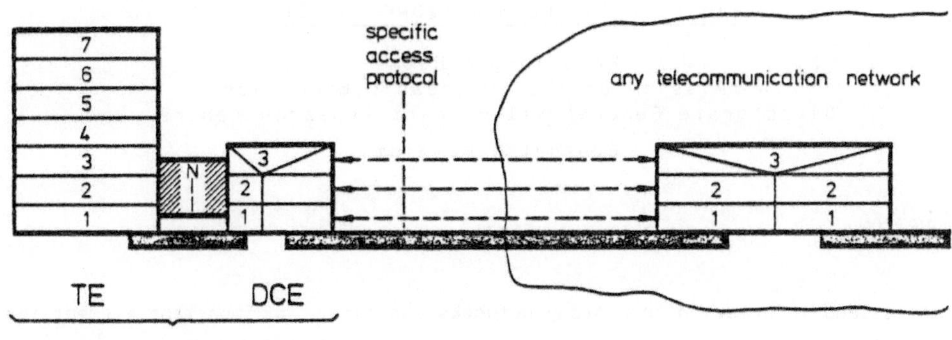
specific
access
protocol
any telecommunication network
7
6
5
4
3
2
1
N
TE
DCE
Telecommunication Station

Abb. 12

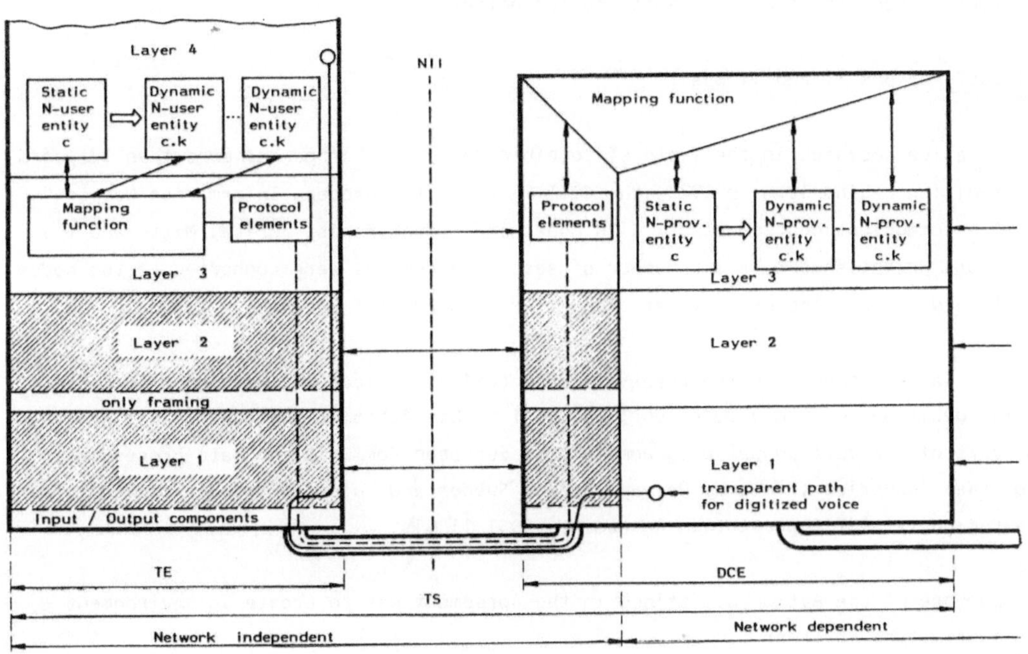
Layer 4
Static
N-user
entity
c
Dynamic
N-user
entity
c.k
Mapping
function
Protocol
elements
Layer 3
Layer 2
only framing
Layer 1
Input / Output components
NII
Mapping function
Static
N-prov.
entity
c
Dynamic
N-prov.
entity
c.k
transparent path
for digitized voice
TE
DCE
TS
Network independent
Network dependent

Abb. 13

STATE OF EUROPEAN NETWORK PROJECTS

Hans Jorgen Helms
Commission of the European Communities
Directorate General XII - Joint Research Centre
Brussels, Belgium

INTRODUCTION

Informatics and information technology networks constitute an important element for several policy areas of the European Communities. For more than a decade, the Commission of the European Communities has taken an active role in research and development of European networks, and has initiated a number of projects and programmes in this field, which is gaining an ever increasing importance. The present state of some of these projects is described hereafter with emphasis on their projection into the future years.

1. COST PROJECTS IN THE FIELD OF TELEINFORMATICS (COST = Concertation in Science and Technology)

1.1 COST Actions 11 and 11 Bis

Co-operative research in the field of teleinformatics in Europe has more than 12 years of tradition behind it. In 1973, the COST 11 Project "European Informatics Network" built a communications subnetwork with nodes in London, Paris, Zurich, Milan and the JRC Ispra Establishment, and a number of secondary centres were connected to the nodes via leased lines. The network was dismantled when EURONET became available.

Overall satisfaction with the results of the COST 11 Project was an important factor in the decision to form a successor, the COST 11 Bis Action. The COST 11 Bis Action was part of the multiannual programme of the European Community on data processing, and other countries (Finland, Norway, Spain, Sweden and Yugoslavia) participated under the Community-COST Concertation Agreement, COST 11 Bis.

The purpose of the Action as defined in the Agreement was to create an environment and a structure in order :

- to promote collaboration, exchange of results and pooling of resources between research teams working in the teleinformatics field;
- to facilitate the exchange of ideas, the identification of the problems and the definition of common strategies where this seems to present some advantages and to make

recommendations to the relevant authorities in the participating countries;
- to promote standardisation in developing and testing solutions to problems of a multinational character in contact with appropriate official standardisation bodies;
- to transfer the results of the research activities to European industry, users, standardisation bodies and interested parties;
- to assist industry or other outside organisations in testing some of their ideas.

The financial support granted to the activities was intended to cover the costs entailed by the collaboration. The activities themselves were supposed to be financed at the national level.

The 14 projects which were financed under the Action involved almost 70 Institutions with a total number of researchers estimated at 250. Existing international standards were consistently upheld and in particular, the definition of the protocols was based on the ISO Open System Interconnection architecture.

The project covered a spectrum of detailed activities in areas like the interconnection of computer-based message systems, inter-networking between local area networks using satellite links and X25 public services, formal description techniques, protocol specifications, distributed data-base management and systems etc.

1.2 COST Action 11 Ter

In 1984 it was concluded that there was a need for the continuation of Teleinformatics research at European level, complementary to the work done in the PTT's research laboratories and to that planned in the new Community programme ESPRIT. The support scheme adopted for the COST 11 Bis Action was considered appropriate for the environment to be addressed, i.e. mainly public research Institutions in the field of Informatics.

The extension of the multiannual programme of the Community on data processing, approved late 1984, provided the basis for the continuation of the Action, and the European countries of the COST framework were again invited to join the project by signing the "COST 11 Ter Agreement". This agreement is in the process of being approved by the Community and by several European countries.

The basic objectives of the new Action are the same as for the COST 11 Bis Action, and the activities will place greater emphasis on research into the requirements of user-oriented services and in particular, into ways of providing a higher degree of accessibility and service integrity.

The areas intended to be covered are chiefly :
- Those related to layer seven of OSI, in particular in the fields of :

- . computer assisted human communication services (mainly group communication in distributed message systems and directory support)
- . Graphics applications
- . human factors in computer networks
- . open shops for information services (signing and authenticating a payment message)
- . distributed system management
- . security mechanisms for computer networks
- . formal description techniques and testing protocols
- . distributed data bases

Of course, other topics may be considered if the situation makes it desirable.

The details of the activities have already been, or are being, defined by expert groups and a number of Institutes have declared their willingness to co-operate. The projects are nevertheless still open for further participation.

One important outcome of such an Action is to create a scientific community, the expertise of which can be used for various tasks. In particular, its contribution to the European network activities could be :

- to define and experiment with new services
- to offer possible solutions to the standardisation bodies
- to provide information and expertise to those who plan and develop networks
- to contribute to the coordination of the national and European initiatives for research networks on the basis of its expertise and of its own requirements in computing services (the past activities have contributed to promote the usage of the mailing and conferencing system COM developed at Q2, Sweden, and to develop portable versions of the system).

2. ESPRIT - INFORMATION EXCHANGE SYSTEM (IES)

2.1 ESPRIT Programme

The aim of the 1983-1987 ESPRIT Programme is to enhance the European Community Information Technology industry's competitivity, through collaborative precompetitive research and development projects in the fields of Advanced Information Processing, Advanced Microelectronics and Software Technology, and their application to Office Systems and Computer Integrated Manufacturing.

An Information Exchange System (IES) is being set up to provide for the multiple computer based communications requirements of the programme's widely dispersed collaborating teams, within the framework of the ISO Reference Model for Open Systems Inter-

Connection (OSI).

2.2 Existing Facilities

Since August 1983, University College, Dublin has provided the "EuroKOM" service based on the COM computer-based mailing and conferencing system. In addition, access to the large community of UNIX* mail users within the Community is provided through a UNIX machine. This pilot service, initially at the GEC Hirst Research Centre, London, is being transferred to University College, Dublin, as a full service.

These systems allow the transmission of electronic mail and messages, the holding of electronic conferences, file transfer and the transfer and collective editing of texts. They are being used to accelerate project work and to reduce the need for meetings. Documentary data bases of general interest to the ESPRIT Community are also being set up.

2.3 Further Developments

In view of the popularity of the UNIX portable operating system, its communications facilities are being adapted, through two 1983 projects, so as to conform to the Open Systems Interconnection (OSI) standards, thus enabling them to exchange information with other operating systems using the same interpretation of international standards.

The Research Open System for Europe (ROSE) project involves Bull, GEC, ICL, Olivetti and Siemens. The Centrum Voor Wiskunde en Informatica (NL), INRIA (F), University College Dublin and the University of York were also involved during the initial phase. It is developing OSI communications software for UNIX, enhancing the possibilities of network connection and network management, and implementing ISO file transfer (FTAM) and CCITT Message Handling (X.400) software.

The UNIX-United Aspects of the IES project, involving SG2 (F) and MARI (UK) have shown in practice the suitability for wide area use of the UNIX-United or Newcastle Connection method of interconnecting UNIX machines, originally developed for local area networks, and providing complete OSI Session Layer software within the Newcastle Connection environment.

In 1985, two studies were carried out, into encryption mechanisms (CSS-UK) and user requirements for messaging systems (A. Fischer-Madsen, DK), and two new development projects launched.

---

* UNIX is a registered trademark of Bell Laboratories. It is a portable operating system which is gaining increasing acceptance in computer research and other circles.

The Obviously Required Name-server (THORN) project involves Bull, CERN, DFN, GEC, ICL, INRIA, Olivetti, Siemens, SW (I) and University College London. Its aim is the design, implementation and large scale testing of distributed name server functions, such as "white pages", "yellow pages" and "aliasing", and is closely coordinated with the ROSE project.

The Communications Architecture for Layered Open Systems (CARLOS) project involves CASE (UK), and A. Fischer-Madsen, RC Computer and Sysware (DK). It is developing generalized interfaces between non-OSI machines (hosts and terminals) and OSI networks, a novel set of network management and presentation tools and an OSI-PC, a personal computer with full OSI software.

2.4 Related Activities, Future Developments

Among other Community projects, the following activities are closely related to the ESPRIT IES.

In the Experimental Telematics Environment (ELAN) Project, ICL, Bull, Olivetti and Siemens are providing a live environment for the interconnection of advanced telematics products via local area networks (LAN's), and a means of communication for the Commission's ITT Task Force.

Following early work by the European R+D and academic networking community, in 1983 and 1984, on the common choice of standards and mechanisms to enable inter-working across Europe, and a similar activity carried out within European industry, a joint CEN/CENELEC and CEPT Committee is establishing a harmonised set of European Norms under the Community's standardisation policy. Those involved in the early activities, recognising their common interest and requirements for interworking, have recently formed a European Association to promote the creation of a unified network infrastructure for the support of research and academic collaboration.

The plans for the future shape of the IES have been gradually refined, so as to ease its use and provide additional flexibility in its operation. Ultimately, a fully distributed ESPRIT Information Exchange System, resting on a network infrastructure provided by the PTT's, will provide maximum inter-connectivity to the European R+D community within an evolutive, globally coordinated networking environment.

3. INSIS PROGRAMME

The Community Programme on the Inter-institutional Integrated Services Information System (INSIS) is a strategic action plan to introduce advanced office technology and communications services into public institutions and representative bodies from the

Community and its Member States.

Present projects include an inter-institutional service of electronic mail (INSEM), a service using videotex in order to provide members of the European Parliament simple access to Community information of current interest, and a pilot experiment on communication between text processors.

Finally projects on teleconferencing (video) to reduce unnecessary travel between places of work are under way. In the latter case, it is interesting to note that the Council of Research Ministers requested in February 1984, upon French instigation, an initiative for an inter-governmental videocommunications network across Europe. Early demonstrations took place in late 1984, and a videoconferencing service between all Member States was available during the European Council meeting in Milan in June 1985.

4. JOINT RESEARCH CENTRE

The Commission of the European Communities disposes of a large, multi-disciplinary Joint Research Centre with research establishments in Italy, Belgium, the Federal Republic of Germany and the Netherlands. Informatics and Information Technology is an important asset for the execution of the research programme both in nuclear and non-nuclear fields. The Joint Research Centre, and in particular its establishment in Ispra, Italy, has participated actively in the several Community research projects in teleinformatics. It is also in collaboration with industry which is capitalizing on achieved research projects. These include SCRIBA : a message handling service to a population of users within an organisation; DUAL : a campus area network for data transmission, X25 facsimile : an interface that allows standard facsimile devices to communicate documents over the X25 network and voice terminal : a package to be installed on personal computers for automatic storing and forwarding of voice messages.

5. TELECOMMUNICATIONS, STANDARDISATION

5.1 The RACE Programme

The current Community telecommunications policy has also recently led to a technological development programme with the aim of introducing Integrated Broadband Communications (IBC) throughout the Community from 1995. During 1984, and in close cooperation with manufacturers and the Senior Officials Group on Telecommunications, a programme for R+D in Advanced Communication-technologies for Europe (RACE) was formulated. Further analysis of RACE showed that it was first necessary to proceed with a definition phase being in two parts : the development of an IBC reference model, and exploratory long lead-time R+D activities. The content of the RACE definition phase was approved in June 1985. The programme will have a duration of up to 18 months.

Part I of the RACE definition phase includes the following three areas :

- Development of an IBC reference model relating to the characteristics of the network
- Definition of the IBC terminal environment, analysing the functional characteristics required for IBC terminal equipment, and
- Future applications assessment, which evaluates the functional requirements of future services, their techno-economic characteristics and impact on the conception and implementation of IBC.

Part II of the RACE definition phase has, as its main objective, to start R+D on topics which are recognised as keys to IBC but where technology options need to be examined early on. These key areas are to be defined during the very first period of phase I, and cannot be defined in detail at this stage. However, the following eight areas have been suggested : high speed integrated circuits; high complexity integrated circuits; integrated optoelectronics; broadband switching; passive optical components; components for long haul links; dedicated communications software; and large area flat panel display technology.

5.2 Standards

Throughout the project descriptions, there have been several references to the efforts in the field of standardisation. Indeed, the Community attaches great importance to these aspects, and has recently defined its policy in the field of information technology standardisation which can be paraphrased as follows :

1) Without adequate conventions, a modern society is unable to communicate, and such conventions should be international standards like ISO standards or CCITT recommendations

2) The credibility of international standards should be improved at the application level, i.e. providing an appropriate degree of information interchange as requested by users

3) Technical work should be entrusted to the standardization bodies (e.g. CEN/CENELEC and CEPT)

4) Parallel actions are needed in the fields of information technology and telecommunications

The development of such a policy requires that the programme of work be based on well identified requirements, with a clear definition of the objectives.

The harmonised implementation of international standards in Europe also requires an exact definition of the standards, including some functional standards and adequate means to verify the conformity of products to such standards.

As this policy is now accepted as a goal of the Community, technical work is proceeding in a way which permits the participation of all European countries, members of CEN/CENELEC and CEPT and a first programme has been presented which should lead to the availability of the first standards at the end of 1985.

As described, such subjects obviously have a direct relationship with research projects in the field of networking :

- research projects often provide the upstream contribution or some interesting concepts which find their way in standards at a later stage. Research in the field is therefore essential.

- it is expected that research networks will make use of certified standards to ensure open communication based on OSI international standards.

This is the message dominating all Community R+D efforts in the network field.

ACKNOWLEDGEMENTS

The author is grateful for contributions to this paper from several colleagues in the Commission of the European Communities, Task Force on Information Technologies and Telecommunications, Directorate General Science, Research and Development - Joint Research Centre, and Directorate General Information, Market and Innovation.

REFERENCES

(1) D.L.A. Barber : A European Informatics Network : Achievements and Prospects, ICCC, Toronto, 1976

(2) T. Kalin (ed.) : EUTECO, European Teleinformatics Conference, Organised by European Action in Teleinformatics - COST 11 Bis, North Holland, 1983

(3) S. Schindler et al. : Electronic Office Systems, International Standards/Recommendations and Specifications for Document Exchange and the Committee Support System in ESPRIT 84, Status Report on On-going Work, (ed. J. ROUKENS and J. RENUART), North Holland, 1985

(4) B. Bittleston et al. : Implementation of OSI Protocols in the ESPRIT Information Exchange System in ESPRIT 84, Status Report on On-going Work, (ed. J. ROUKENS and J. RENUART), North Holland, 1985

(5) G. Bendayan : "UNIX-United" Aspects of IES - A Distributed Unix System in "An Open Systems Interconnection" environment in ESPRIT 84, Status Report on On-going Work (ed. J. ROUKENS and J. RENUART), North Holland, 1985

(6) A. Endrizzi et al. : SCRIBA; The Information Distribution System at the JRC. Published in (2)

LAN-WAN INTERCONNECTION

Ein Architektur- und Protokollansatz

B. Butscher, L. Henckel

Hahn-Meitner-Institut für Kernforschung Berlin GmbH
Bereich Datenverarbeitung und Elektronik
Glienicker Str. 100, D-1000 Berlin 39

Zusammenfassung

Das Papier beschreibt die möglichen Architekturansätze zur Kopplung von lokalen Netzen (LANs) mit öffentlichen, paketvermittelten Datennetzen (WANs). Ausgehend von den Einsatzgebieten und Anwendungen in den LANs werden die Anforderungen an die Transportdienste in LANs abgeleitet und die resultierenden Protokollarchitekturen dargestellt. Am Beispiel eines HMI-Projektes wird die Gateway-Architektur und die entsprechenden Protokollvorschläge für die LAN(XNS) - WAN(DFN) Kopplung dargestellt und die möglichen Anwendungen über den Gateway beschrieben.

1 Einleitung

Das "Institute of Electrical and Electronic Engineers Standards Commitee" beschäftigt sich im Rahmen des Projekts IEEE 802 /1/ mit der Standardisierung eines Architekturmodells für lokale Netze. Ein lokales Netz wird durch IEEE 802 durch eine vergleichbare geringe geographische Ausdehnung bis zu wenigen Kilometern charakterisiert und beschränkt sich auf eine abgeschlossene private oder öffentliche Einrichtung (z.B. Bürogebäude oder Gelände einer Institution). Der Einsatz eines LAN ergibt sich aus den Anforderungen von dedizierten Anwendungen, die je nach Topologie oder Verteilung der Betriebsmittel (Rechner, Server, Terminals, I/O- oder Prozeßbausteinen, etc.) die

Struktur des LAN bestimmen. Neben den internen, LAN-typischen Anwendungen besteht die Notwendigkeit des Zuganges zu Diensten, die in anderen Anwendungsumgebungen in entfernten LANs oder auf dedizierten Rechnern (Hosts) am öffentlichen Datennetz (WAN) verfügbar sind.

Das derzeitige Konzept des Deutschen Forschungsnetzes (DFN) sieht den Verbund von typischen Hostrechnern vor, die durch die im DFN-Protokollhandbuch festgelegten und zum Teil standardisierten Protokolle ihren Benutzern ein bestimmtes Dienstangebot - den sog. DFN-BasisDienst - anbieten.

Der Zusammenschluß von lokalen Systemen zu LANs bildet nun neben den traditionellen Hostrechnern eine neue Gruppe von "Endsystemen" an öffentlichen Netzen. Dabei kann das gekoppelte LAN sowohl als "verteiltes Endsystem" oder aber auch als "Subnetz" zum WAN gesehen werden. Daraus ergeben sich für die Kopplungsarchitektur, die Adressierung und die Protokollübergänge verschiedene Aspekte, die in den folgenden Kapiteln näher betrachtet werden.

2 Einsatzgebiete und Anwendungen im LAN

Bei der Auswahl der LAN-Technologie muß daraufhin gearbeitet werden, daß bis zur Transportschicht möglichst die sich in der Standardisierung befindlichen Protokolle in den verschiedenen LANs eingesetzt werden, um die Entwicklung von höheren Anwendungsprotokollen zu vereinheitlichen und die Kopplung von LANs an das DFN-WAN zu erleichtern. Insbesondere sollte das IEEE 802 Architekturmodell für LANs berücksichtigt werden.

Zur Zeit können die typischen Anwendungsgebiete für lokale Netze im DFN in drei Katagorien eingeteilt werden:

Dokumentverarbeitung

Über einen elektronischen Schreibtisch können Benutzer Dokumente erstellen, die Text, Daten und Graphiken enthalten. Diese Dokumente werden nach ihrer Erstellung in zentralen "Ordnern" und "Aktenschränken" zur Aufbewahrung abgelegt, gedruckt oder an andere Benutzer (Schreibtische) zur weiteren Bearbeitung verschickt.

Ein solches Dokumentverarbeitungssystem besteht aus mehreren intelligenten Komponenten, die für die Abwicklung von dedizierten Aufgaben eingesetzt werden:

- Ein intelligentes Arbeitsplatzsystem (elektronischer Schreibtisch) sollte aus einem hochauflösenden Positivbildschirm, einer Tastatur und einer sogenannte "Mouse" bestehen, mit deren Hilfe die Interaktionen mit dem System sehr benutzerfreundlich gestaltet werden können.
- Ein Datei-Server dient als systemunabhängiger netzweiter gemeinsamer Hintergrundspeicher.
- Als Druck-Server sollte möglichst ein hochwertiger Drucker (Laserprinter) eingesetzt werden, der Dokumente in Offsetqualität druckt.
- Ein Kommunikations-Server unterstützt die Kommunikation zwischen homogenen Dokumentverarbeitungssystemem und kann Gateway-Funktionen bereitstellen für den Zugang zu fremden Netzen.

Realzeitsysteme

Durch den Einsatz von lokalen Netzen können Realzeitsysteme zur Überwachung und Steuerung von technischen Prozessen dezentralisiert werden (verteiltes Realzeitsystem, VRS). Durch diese Dezentralisierung können unter Einbeziehung von Randbedingungen (Auslegung des Netzes, Verteilung der Funktionen) gegenüber einem leistungsfähigen zentralen Prozeßrechner Verbesserungen in Bezug auf Zuverlässigkeit, Flexibilität, Leistungsfähigkeit und Kosten erzielt werden.

Die allgemeinen Anforderungen eines verteilten Realzeitsystems an das Nachrichtentransportsystem (Transportdienste) sind in Abhängigkeit vom Nachrichtentyp folgende:

- hohe Verfügbarkeit
- geringe Fehlerrate
- kurze, vorhersagbare Übertragungszeit
- verbindungsloser Transportdienst zur Übertragung von: Command/ Responses, Alarms, Sychronization Signals, Logging Messages, etc.
- Broadcast- und Multicast-Adressierung
- verbindungsorientierter Transportdienst zur Übertragung von Dateien und Programmen

In der Regel ist die gebotene Durchsatzrate zweitrangig.

Rechenzentrumsumgebung

Ausgangspunkt der Überlegungen ist die zukünftige Kommunikationsinfrastruktur im Bereich von Hochschulen und Forschungseinrichtungen. Durch drastisch sinkende Kosten für Rechenleistung ist z.B. ein Einsatz von Arbeitsplatzrechnern möglich.

Gleichzeitig wandelt sich die Infrastruktur der bisher zentralen Organisation Rechenzentrum selbst. An die Stelle eines größeren Universalrechners, auf dem möglichst alle anfallenden Arbeiten erledigt werden, tritt ein im allgemeinen heterogener Verbund von für unterschiedliche Zwecke optimal konfigurierten Anlagen.

Auf diese Weise entsteht ein System von verteilten Ressourcen, in dem je nach Benutzeranforderung Last- und/oder Funktionsverbundmechanismen benötigt werden. Zusätzlich werden im System Peripheriegeräte (z.B. Massenspeicher, schnelle Druckausgabe, passive Graphikausgabe) aus wirtschaftlichen Gründen zentral oder in Anwendungsschwerpunkten vorgehalten.

Der qualitative Kommunikationsbedarf innerhalb eines derartigen Verbundsystems erfordert dabei überwiegend verbindungsorientierte Anwendungs- und Transportdienste. Zu nennen sind:

- File Transfer,
- Remote Spool,
- Remote Job Entry,
- Dialog- und Transaktionsorientierte Anwendungen,
- Electronic Mail,
- verbindungsorientierte Prozeß-Prozeß-Kommunikation,
- Netzwerk Management.

Für den quantitativen Kommunikationsbedarf sind einschlägige praktische Erfahrungen derzeit nicht bekannt. Nach einer Studie des NASA Ames Research Center: "Use of Microcomputer as a Scientist's Personal Workbench" /2/ werden für den Filetransfer (z.B. für Graphikanwendungen) Datenraten von über 1 Mbps zwischen Workstation und Rechensystem für durchaus erforderlich angesehen.

3 Anforderungen an die Transportdienste in LANs

Betrachtet man die aus den in Kapitel 2 beschriebenen Anwendungsgebieten hervorgehenden Anforderungen an die Transportdienste eines lokalen Netzes, so sollte die Transportschicht die folgenden Dienstarten unterstützen:

- verbindungsloser Transportdienst.
  Es werden dabei drei Typen von verbindungslosen Transportdiensten unterschieden: Datagramm, gesichertes Datagramm, Anfrage/Antwort-Transaktion.

  Mit dem Datagrammdienst werden unabhängige Nachrichten zu einem oder mehreren (Broadcast/Multicast) Empfängern übertragen mit dem Bemühen der korrekten Übergabe. Es wird weder vom Empfänger noch von der Transportschicht die korrekte oder mißglückte Zustellung der Nachricht angezeigt.

  Der sichere Datagrammdienst (provider-confirmed datagram) unterscheidet sich vom gewöhnlichen Datagrammdienst durch eine Quittung der Transportschicht, die dem Sender bei korrekter Übergabe der Nachricht an den Empfänger zugestellt wird.

  Der Anfrage/Antwort Transaktionsdienst (user-confirmed datagram) ist durch eine zusätzliche Antwortnachricht charakterisiert, die vom Empfänger der Anfragenachricht generiert und dem entsprechenden Sender zugestellt wird.

- verbindungsorientierter Transportdienst.

An dieser Stelle sollten unabhängig von einer Schicht die grundsätzlichen Unterschiede zwischen den beiden Typen - (VL) verbindungsloser Dienst und (VO) verbindungsorientierter Dienst - erläutert werden:

	VL	VO
Reservierung von Kommunikations-ressourcen	Es wird immer angenommen daß diese ausreichend zur Verfügung stehen	Beim Etablieren einer Verbindung
Adressierung	Explizit in jeder Nach-Nachricht	Explizit beim Etablieren einer Verbindung. Implizit in der Datenübertragungs- u. Auslösungsphase
Broadcast- und Multicast-Adressierung	möglich	Nicht üblich, da eine Verbindung nur zwischen genau zwei Instanzen

	VL	VO
Sicherheit und Datenverlust	Datenverlust bei Überlastung der gemeinsamen Kommunikationsressourcen	Kommunikationsressourcen sind für eine Verbindung reserviert
Flußregelung	nicht unterstützt	Unterstützt durch Protokollmechanismus
Reihenfolgeerhaltung	nicht unterstützt	Unterstützt durch Protokollmechanismus

Aus diesem Vergleich der unterschiedlichen Diensttypen und des Aufwands, der zur Unterstützung betrieben werden muß, wird ersichtlich, daß der verbindungsorientierte Dienst seine höhere Dienstqualität mit wesentlich mehr Aufwand erkauft.

4 Protokollarchitekturen in LANs

Im Bereich der lokalen Netze, wo der Betreiber mehr Freiheit auch bei der Festlegung der unteren Schichten hat, da er nicht auf die Dienste eines Monopolunternehmens (z.B. Deutsche Bundespost) angewiesen ist, haben die Standardisierungsbemühungen durch die Gründung der IEEE-Projektgruppe 802 erst im Februar 1980 eingesetzt und betreffen dort auch nur die unteren 2 Schichten. Die Normung paßt sich dabei soweit wie möglich den Begriffen des ISO - OSI-Referenzmodells an; das betrifft sowohl die Anordnung als auch den Funktionsumfang der einzelnen Schichten.

Das Architekturmodell des IEEE 802 Standards /1/ unterteilt die Sicherungsschicht in zwei Teilschichten: (siehe Fig. 1)

Die Logical-Link-Control-Teilschicht stellt zwei Typen von Diensten den höheren Schichten zur Verfügung:

- Typ 1, connectionless, d.h. verbindungslos (Datagramm)
  Jedes Datagramm ist durch das Mitführen der vollständigen Adressen von Absender und Empfänger selbstbeschreibend, um damit den Weg im Netz zwischen Sender und Empfänger zu finden. Es existiert dabei kein Bezug zu vorangegangenen oder folgenden Datagrammen. Die zeitliche Reihenfolge beim Senden von Datagrammen wird dem Empfänger nicht garantiert, wenn z.B. Datagramme im Netz zwischen Sender und Empfänger auf verschiedenen Wegen übertragen werden. Ein Datagramm

wird dem Empfänger mit hoher Wahrscheinlichkeit zugestellt, wobei ein Verlust im Netz jedoch nicht ausgeschlossen wird. Ein Datagramm kann Broadcast- bzw. Multicast-Adressen enthalten, womit alle Stationen bzw. eine Gruppe von Stationen des Netzes als Empfänger des Datagramms gekennzeichnet werden.

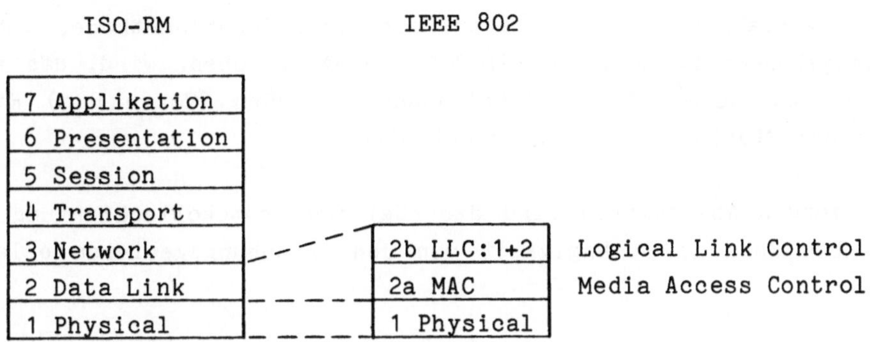

Fig. 2: IEEE 802 Architekturmodell

- Typ 2, connection-oriented, d.h. verbindungsorientiert
  Eine Verbindung ist eine Übereinkunft zwischen zwei Instanzen über die Reservierung von Kommunikationsressourcen (wie Datenpuffer) zu ihrer ausschließlichen Benutzung, um ordnungsgemäße Kommunikation zu gewährleisten und im Fehlerfall Statusinformationen zur Verfügung zu stellen. Bevor also Nachrichten zwischen Sender und Empfänger ausgetauscht werden können muß zunächst eine Verbindung etabliert werden. Diese etablierte Verbindung unterstützt dann einen sicheren, reihenfolgeerhaltenden und flußgeregelten Nachrichtenaustausch zwischen den Partnerinstanzen. Nach Beendigung des Nachrichtenaustausches kann die Verbindung wieder ausgelöst werden. Broadcast- bzw. Multicast-Adressierung beim Etablieren einer Verbindung ist zwar nicht ausgeschlossen, sie wird aber nur zwischen genau 2 Stationen des Netzes etabliert.

Die Media-Access-Control-Teilschicht unterstützt mehrere Medienzugangsverfahren, die über einheitliche MAC Dienstprimitiven der LLC-Teilschicht zur Verfügung gestellt werden. Diese Medienzugangsverfahren sind:

- CSMA/CD (carrier sense multiple access/collision detection) ist eine stochastische Zugangsmethode mit Konfliktrisiko und Abbruch nach Entdecken von Konfliktfällen. Die Übertragung wird dann nach einem zufällig gewählten Verzögerungsintervall ein weiteres Mal versucht.

- Token Ring und Token Bus Das Token-Verfahren ist eine deterministische Zugangsmethode, wobei die Zugangsberechtigung durch ein Token ausgesprochen wird, das auf einem physikalischen (Token Ring) oder logischen (Token Bus) Ring zwischen den Stationen weitergereicht wird.

In den folgenden Abschnitten wird die mögliche Protokollschichtung in einem lokalen Netz in Abhängigkeit von den Anwendungsgebieten erläutert:

- Anwendungen,die verbindungslose (VL) und verbindungsorientierte (VO) Transportdienste benötigen:

Auf eine Logical-Link-Control-Teilschicht, die einen verbindungslosen Dienst (Typ 1) unterstützt, kann mit geringem Overhead ein verbindungsloser Dienst auf der Transportschicht realisiert und damit den höheren Schichten zur Verfügung gestellt werden. Ein verbindungsorientierter Transportdienst kann durch die Verwendung des ISO Class 4 Transportprotokolls realisiert werden.

Auf die Vermittlungsschicht kann bei dieser Protokollschichtung verzichtet werden, da die Vermittlungsfunktionen bereits durch die Sicherungsschicht abgewickelt werden. Das Medium im lokalen Netz verbindet im allgemeinen alle und nicht nur die beiden benachbarten Stationen miteinander.

LAN-Typ A

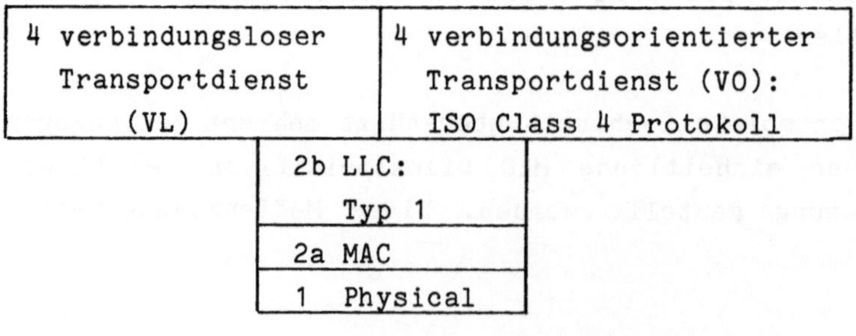

<table>
<tr><td>4 verbindungsloser
Transportdienst
(VL)</td><td>4 verbindungsorientierter
Transportdienst (VO):
ISO Class 4 Protokoll</td></tr>
<tr><td colspan="2">2b LLC:
Typ 1</td></tr>
<tr><td colspan="2">2a MAC</td></tr>
<tr><td colspan="2">1 Physical</td></tr>
</table>

Andere Protokollarchitekturen werden für Anwendungen, die beide Transportdienstarten verwenden, als nicht sinnvoll angesehen.

- Anwendungen, die ausschießlich einen verbindungsorientierten (VO) Transportdienst benötigen:

In einer Umgebung, in der nur ein verbindungsorientierter Transportdienst gefordert wird, kann die Protokollschichtung der unteren vier Schichten z.B. auf folgende Arten realisiert werden:

- Auf der Logical-Link-Control-Teilschicht wird zunächst ein verbindungsorientierter Dienst unter Einsatz der LLC Typ 2 Variante unterstützt. Damit verfügt man jeweils über eine gesicherte Systemverbindung zwischen den an das LAN angeschlossenen Stationen. Um nun ein Multiplexen auf den gesicherten Systemverbindungen zwischen jeweils zwei Stationen zu unterstützen kann entweder eine Vermittlungsschicht mit X.25 Level 3 Protokoll und ein Transportprotokoll der ISO Class 0/1 eingesetzt werden (LAN-Typ B1), oder auf die Vermittlungsschicht wird verzichtet und auf der Transportschicht ein ISO Class 2/3 Protokoll mit Multiplex-Fähigkeit verwendet (LAN-Typ B2).

LAN-Typ B1	LAN-Typ B2	LAN-Typ B3
Multiplexen auf Vermittlungsschicht	Multiplexen auf Transportschicht	Multiplexen auf Sicherungsschicht
4 VO: ISO Class 0/1	4 VO: ISO Class 2/3	4 VO: ISO Class 0/1
3 X.25 Level 3		
2b LLC: Typ 2	2b LLC: Typ 2	2b LLC: Typ 2 + Multiplexen
2a MAC	2a MAC	2a MAC
1 Physical	1 Physical	1 Physical

- Eine weitere mögliche Protokollschichtung ist der Einsatz eines durch Multiplexen erweiterten LLC Typ 2 Protokolls, das eine Vermittlungsschicht überflüssig macht sowie den Einsatz eines Protokolls der ISO Class 0/1 auf der Transportschicht zuläßt (LAN-Typ B3).

5 LAN-WAN Kopplung am Beispiel des HMI-Projektes: Gateway-Architektur für XNS - DFN Kopplung

Die Protokollarchitektur der Xerox Network Systems (XNS) basiert auf der Ethernet Spezifikation für LANs, die im wesentlichen der in Kapitel 4 vorgestellten Protokollarchitektur LAN-Typ A entspricht.

Die Ethernet Spezifikation füllt die Schicht 1 bis 3a des ISO - OSI-Referenzmodells aus. Die Media-Access-Control- Teilschicht (2a) der Sicherungsschicht unterstützt dabei das CSMA/CD Medienzugangsverfahren und die Logical-Link- Control-Teilschicht (2b) einen verbindungslosen Sicherungsdienst (Type 1: Datagram). Dieser Sicherungsdienst erfüllt aber auch sehon die Funktionalität, die sonst erst eine netzwerk-spezifische Vermittlungsschicht (3a) mit einem verbindungslosen Dienst unterstützen muß. Auf der (3c)- Schicht wird dann durch das Internet-Datagram-Protokoll (IDP) ein für gekoppelte XNS-LAN-Teilnetze globaler verbindungsloser Vermittlungsdienst unterstützt, der auch den Transportbenutzern zur Verfügung gestellt wird. Aufsetzend auf diesen verbindungslosen globalen Vermittlungsdienst wird auf der Transportschicht über das Packet-Exchange-Protokoll (PEP) ein transaktionsorientierter und über das Sequenced-Packet-Protokoll (SPP) ein verbindungsorientierter Transportdienst unterstützt.

Die Transportschicht ist in dieser Protokollarchitektur die erste Schicht von der ein XNS - LAN-spezifischer verbindungsorientierter Dienst (4a) unterstützt wird. Die Dienstelemente des SPP-Transportdiensts im LAN sind jedoch nicht in allen Fällen mit denen der T.70-Transportdienste im WAN verkettbar. So unterstützt z.B. der SPP-Transportdienst keine expliziten Disconnect-Dienstelemente und verwendet ein anderes Schema zur Adressierung von Dienstbenutzern der Transportschicht. Diese Unterschiede im Umfang der Dienstelemente und der Adressierung können im einzelnen aus den folgenden Tabellen entnommen werden:

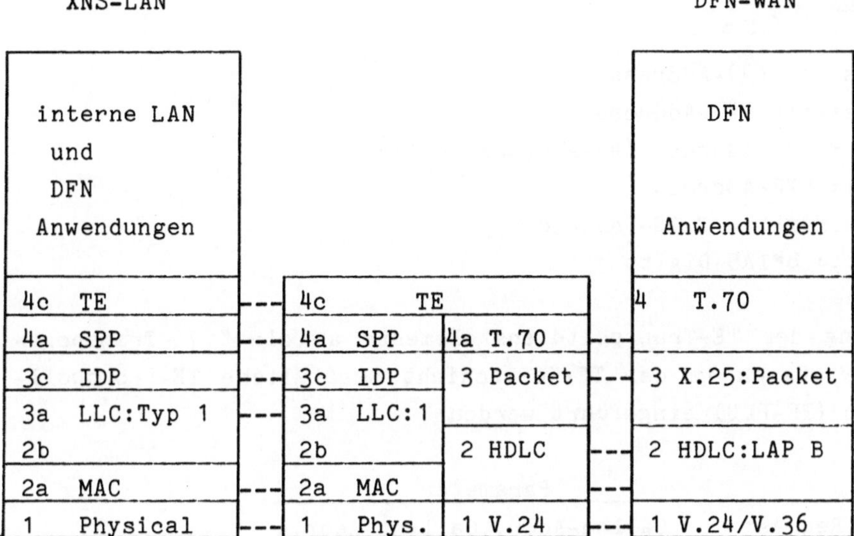

Der angeglichene Transportdienst (TE) im XNS-LAN besteht dann aus folgenden Dienstelementen und Parametern:

Phase	Dienstelement	Parameter
TC Establishment	TE-CONNECT request	(Called Addr.,Calling Addr., Quality of Service)
	TE-CONNECT indication	(Called Addr.,Calling Addr., Quality of Service)
	TE-CONNECT response	
	TE-CONNECT confirmation	
Data transfer	TE-Data request	(TS User-Data)
	TE-DATA indication	(TS User-Data)
TC Release	TE-DISCONNECT request	
	TE-DISCONNECT indication	(Disconnect reason)

TE-Adressierung

Called Address ::= (4)-Address
Calling Address ::= (4)-Address
(4)-Address ::= (3)-Address (4)-Address-Suffix
(3)-Address ::= DTE-Address
(4)-Address-Suffix ::= T.70-Tsap-Id
T.70-Tsap-Id ::= 8*IA5-Digits

Zur Angleichung der TE-Transportdienstelemente an die T.70-Transportdienstelemente müssen in der TE-Teilschicht zusätzliche TE-Protokolldateneinheiten (TE-PDU) eingeführt werden:

TE-PDU	Parameter
CR Connection Request	Called-Addr.,Calling-Addr., Quality of Service
CC Connection Confirm	
DR Disconnect Request	Disconnect-Reason
DT Data	User-Data

Weiterhin muß zur Abbildung der TE-Adressierung auf die SPP-Adressierung ein Abbildungsmechanismus in der TE-Teilschicht zur Verfügung gestellt werden. Die Abbildung der TE-Vermittlungsadressen (DTE-Adresse) auf die der SPP-Teilschicht (Network-Id,Host-Id) kann durch ein TE-Adreßbuch mit folgenden Einträgen realisiert werden:

DTE-Adresse , Network-Id , Host-Id.

Bei der Interpretation der Einträge des Adreßbuchs müssen jedoch bei der Kopplung von LAN und WAN durch einen Gateway zwei Fälle unterschieden werden:

- Kennzeichnet die DTE-Addresse einen Host im LAN, so wird dieser Host direkt über die zugeordnete Network-Id und Host-Id adressiert.
- Kennzeichnet die DTE-Addresse einen Host im WAN, so wird durch die zugeordnete Network-Id und Host-Id der Gateway adressiert, der das LAN mit dem WAN verkoppelt, mit dem der ursprünglich adressierte Host verbunden ist.

Die Abbildung der TE-Address-Suffixe (IA5-Digits) auf die der SPP-Teilschicht (Socket: Binary 16 Bits) kann durch eine Abbildungsfunktion (Digits decimal - binary) unterstützt werden.

6 Anwendungen über Gateways

Für die LAN interne Kommunikation sollen basierend auf der Ethernet-Technologie die von XEROX standardisierten Xerox Network System (XNS) Protokolle eingesetzt werden. Diese Protokolle werden bereits zum Teil von mehreren Zweitherstellern wie z.B. Interlan, Bridge, Fusion etc. für die im HMI verbreitetsten Rechner der Typen DEC VAX-11 und DEC-PDP-11 unter den Betriebssystemen VMS-11 und RSX-11M/M-Plus angeboten oder sind in der Entwicklung. Diese XNS Protokolle umfassen folgende Anwendungsdienste:

- Authentication - Clearinghouse - Filing
- Mailing - Printing -Terminal Access (Dialog)

Damit lassen sich die LAN internen Kommunikationsbedürfnisse der Anwendungsbereiche interaktives graphisches Auswertesystem, Dokumentverarbeitung, Rechenzentrumsumgebung und Mikrorechnersystementwicklung zum größten Teil abdecken.

Für die LAN interne Kommunikation in Realzeitsystemen werden üblicherweise spezielle auf die in der Umgebung zu steuernden und zu überwachenden technischen Prozesse abgestimmte Protokolle eingesetzt. Diese Protokolle können aber ebenfalls auf den XNS Internet Transport Protokollen (ITP) aufgesetzt werden, da diese ITP Protokolle die von Realzeitsystemen geforderten datagramm-, transaktions- und verbindungsorientierten Transportdienste unterstützen.

Die LAN interne Schichtung der Protokolle in Abhängigkeit von den Anwendungsbereichen wird aus der folgenden Abbildung ersichtlich.

Die charakteristischen Merkmale des LAN Konzeptes im HMI sind folgende:

- Einsatz einer einheitlichen lokalen Netzwerk-Technologie (Ethernet) für alle Anwendungsbereiche.
- Einsatz einheitlicher LAN Protokolle mindestens bis zur Transportschicht.
- Durch den Einsatz einer einheitlichen Netzwerk-Technologie können mehrere Anwendungsbereiche auf einem lokalen Netz zusammengefaßt werden.
- Durch den Einsatz einer einheitlichen Netzwerk-Technologie kann die Beschaffung, Installation und Wartung rationalisiert werden.

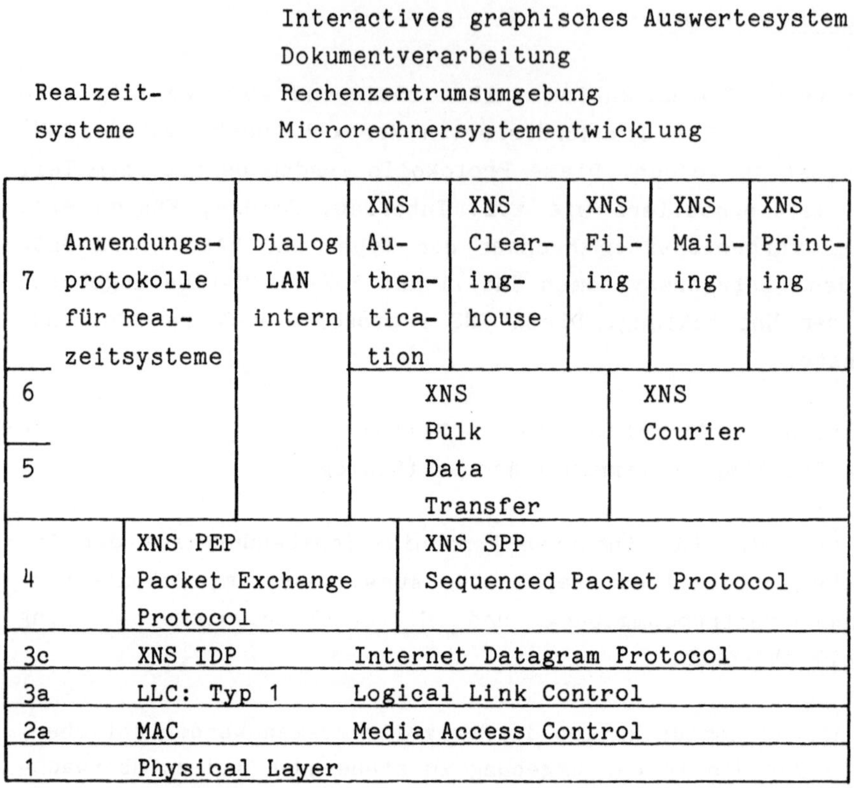

<table>
<tr><td></td><td>Interactives graphisches Auswertesystem
Dokumentverarbeitung</td></tr>
<tr><td>Realzeit-
systeme</td><td>Rechenzentrumsumgebung
Microrechnersystementwicklung</td></tr>
</table>

<table>
<tr><td>7</td><td rowspan="3">Anwendungs-
protokolle
für Real-
zeitsysteme</td><td rowspan="3">Dialog
LAN
intern</td><td>XNS
Au-
then-
tica-
tion</td><td>XNS
Clear-
ing-
house</td><td>XNS
Fil-
ing</td><td>XNS
Mail-
ing</td><td>XNS
Print-
ing</td></tr>
<tr><td>6</td><td colspan="2" rowspan="2">XNS
Bulk
Data
Transfer</td><td colspan="3" rowspan="2">XNS
Courier</td></tr>
<tr><td>5</td></tr>
<tr><td>4</td><td colspan="3">XNS PEP
Packet Exchange
Protocol</td><td colspan="4">XNS SPP
Sequenced Packet Protocol</td></tr>
<tr><td>3c</td><td colspan="2">XNS IDP</td><td colspan="5">Internet Datagram Protocol</td></tr>
<tr><td>3a</td><td colspan="2">LLC: Typ 1</td><td colspan="5">Logical Link Control</td></tr>
<tr><td>2a</td><td colspan="2">MAC</td><td colspan="5">Media Access Control</td></tr>
<tr><td>1</td><td colspan="7">Physical Layer</td></tr>
</table>

Neben dem Einsatz der XNS Protokolle zur Abdeckung der hauptsächlich benötigten LAN internen Kommunikationsbedürfnisse, sollen die einzelnen lokalen Teilnetze im HMI über einen Gateway an das lokale X.25-Netz HMINET-2 und damit auch an das DFN angeschlossen werden. Die Ansiedlung der Gatewayfunktion auf der Transportschicht durch die Einführung einer zusätzlichen Transport-Enhancement(TE)-Teilschicht wurde bereits in Kapitel 5 erläutert.

DFN File Transfer, Remote Job Entry, Message Handling Systems, Graphik

Durch die Einführung der TE-Teilschicht im LAN wird dem Transportbenutzer im LAN und WAN eine einheitliche Sicht der Transportschicht zur Verfügung gestellt und ist damit unabhängig von der darunterliegenden Netzwerkarchitektur. Für die DFN Anwendungen, die auf der Transportschicht aufsetzen, ergibt sich eine vollkommene Transparenz des Gateways. Dies hat zur Folge, daß die für die Hosts im WAN bereits existierenden oder noch zu realisierenden Implementierungen der DFN-Anwendungen File Transfer, Remote Job Entry, Message Handling System und Graphik für die entsprechenden Hosts im LAN ohne gravierende Änderungen übernommen werden können. Eine Anpassung könnten gegebenenfalls durch unterschiedliche Interfaces der Transportschicht im LAN und WAN notwendig werden.

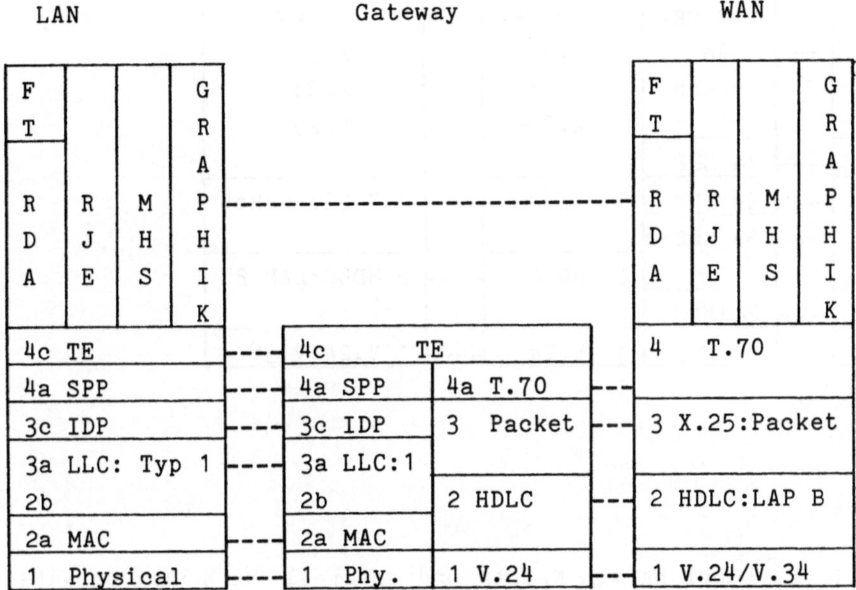

DFN Dialog (X.3,X.28,X.29)

Zur Unterstützung eines Dialogdienstes zwischen LAN und WAN wird die Gatewayfunktion erst auf der Anwendungsebene angesiedelt. Diese Lösung erscheint nach einer Gegenüberstellung der Vor- und Nachteile die Einfachste und auch die Günstigste zu sein. So unterstützt der WAN Dialog (X.3,X.28,X.29) lediglich einen zeilenorientierten Terminalverkehr, wobei ein LAN interner Dialog auch bildschirmorientierte Terminals unterstützt. Der Einsatz des WAN Dialog Systems im LAN würde also eine Einschränkung in der Funktionalität für die LAN Benutzer nach sich ziehen. Weiterhin müßte zunächst durch die Einführung einer zusätzlichen Network-Enhancement(NE)-Teilschicht eine einheitliche Sicht der Vermittlungsschicht im LAN und WAN zur Verfügung gestellt werden, was zusätzlichen Implementierungsaufwand bedeutet. Als einzigen Nachteil besitzt die Ansiedlung der Gatewayfunktion auf der Anwendungsschicht gegenüber der Realisierung auf der Vermittlungsschicht die fehlende einheitliche Sicht des Netzes für den Dialogbenutzer. So muß zunächst vom Dialogbenutzer eine Sitzung mit dem Gatewayrechner etabliert werden, um dann durch den Aufruf des Dialogsystems des gekoppelten Netzes den eigentlichen Zielrechner anwählen zu können.

LAN	Gateway		WAN
	Betriebssystem		
Dialog: LAN intern	Dialog: LAN intern	Dialog: X.3 X.28 X.29	Dialog: X.3 X.28 X.29
4a SPP	4a SPP		
3c IDP	3c IDP	3 Packet	3 X.25:Packet
3a LLC: Typ 1	3a LLC:1		
2b		2 HDLC	2 HDLC:LAP B
2a MAC	2a MAC		
1 Physical	1 Phy.	1 V.24	1 V.24/V.36

Schlußbemerkung

Obwohl generell die Kopplung von Netzen und speziell von LANs und WANs aus der Sicht des ISO/OSI Referenzmodelles architekturell in der Ebene 3 (Network Layer) stattfinden sollte /4/, wurde aus Produkt- und Realisierungsgründen die hier vorgestellte Lösung gewählt, um durch vertretbaren Aufwand im Sinne des 'Prototyping' zu verfügbaren Lösungen mit integrierten Anwendungen (LAN-interne und DFN-externe Protokolle) zu kommen.

Dieser Veröffentlichung liegt die im Rahmen der Konzeptphase des DFN vom Hahn-Meitner-Institut Berlin (HMI), des Regionalen Rechenzentrums für Niedersachsen, Uni Hannover (RRZN) und der Technischen Universität Berlin (TUB) erstellten Studie /3/ zugrunde.

7 Literaturhinweise

/1/ IEEE Project 802,
Local Network Standards,
Draft D, June 1983

/2/ Nasa Ames Research Center,
A Case Study:
Use of the Microcomputer as a Scientist's
Personal Workbench

/3/ DFN-Studie: Zur Architektur von Kopplungen von "Local Area Networks" und "Wide Area Networks" im Deutschen Forschungsnetz
HMI, RRZN, TUB, Juli 1984

/4/ B.Butscher, R. P.-Zeletin, et al
Network Interconnection: Principles, Architecture and Protocol Implications
COST 11 bis - Report Local Area Network Project
EG Brüssel November 1984

Möglichkeiten der Einbettung einer PABX in eine Bürokommunikationslandschaft

Dr. Udo Dierk

Nixdorf Computer AG

Pontanusstr. 55

4790 Paderborn

1.) Einleitung

Die Durchdringung der Bürowelt mit Produkten zur Bürokommunikation ist gekennzeichnet durch den Einsatz von multifunktionalen Terminals. Diese Terminals stellen dem jeweiligen Sachbearbeiter im Büro eine Reihe von Funktionen parallel auf einem Arbeitsplatzrechner zur Verfügung, zu deren Benutzung im Hintergrund Server verschiedener Funktionalität, z.B. Printserver, Fileserver, nötig sind. Zwischen dem multifunktionalen Terminal und einem Server besteht die Notwendigkeit, Daten auszutauschen. Der Umfang hängt zum einen von der Anwendung, zum anderen aber auch vom Typ des Servers ab.

Neben dem Kommunikationsbedarf zwischen dem multifunktionalen Sachbearbeiterterminal und dem jeweiligen Server existiert jedoch der weitaus wichtigere Kommunikationsbedarf zwischen den Sachbearbeitern selbst. Dieser Kommunikationsbedarf führt zu einer terminalorientierten Kommunikationslandschaft. Jeder möchte mit jedem kommunizieren ("any to any") können.

Einbettung einer PABX in eine Bürokommunikationslandschaft

Die ersten technischen Ansätze, diese Infrastruktur bereitzustellen, führten zum Einsatz von Local Area Networks (LAN). Als Beispiel soll hier die Entwicklung vom Ethernet (Xerox, Digital Equipment, Intel) angeführt werden.

Neben dem multifunktionalen Datenterminal ist das Telefon ein wesentliches Hilfsmittel des Sachbearbeiters, seine Aufgaben zu erfüllen. Wir finden heute multifunktionale Terminals auf dem Markt, in denen das Telefon integriert ist, normalerweise werden Terminal und Telefon voneinander unabhängige Geräte sein.

Da beide Geräte jedoch unabdingbar mit der Tätigkeit des Sachbearbeiters verknüpft sind und beide zur Befriedigung seines Kommunikationsbedarfs dienen, liegt es nahe, eine Kommunikationsinfrastruktur bereitzustellen, über die sowohl das Telefon als auch das Terminal kommunizieren kann.

Mit der Digitalisierung der Telefonnebenstellenanlagen ist es nun möglich geworden, sowohl Daten als auch Sprache über das von einer PABX aufgespannte Netz zu übermitteln. Die Möglichkeit besteht heute, die Frage stellt sich jedoch, ob die PABX auch eine geeignete Infrastruktur bereitstellt, um die Kommunikationsbedürfnisse im Büro zu befriedigen. Im Folgenden soll versucht werden, eine Antwort auf diese Frage zu finden und es werden Möglichkeiten der Einbettung einer PABX in eine Bürokommunikationsarchitektur aufgezeigt.

Zunächst wird jedoch die Einbettung einer PABX in das OSI-Modell diskutiert.

2.) Einbettung einer PABX in das OSI-Modell

Für die Betrachtungen zur Einbettung einer PABX in das OSI-Modell wollen wir folgende Netzwerk-Konfiguration zugrunde legen:

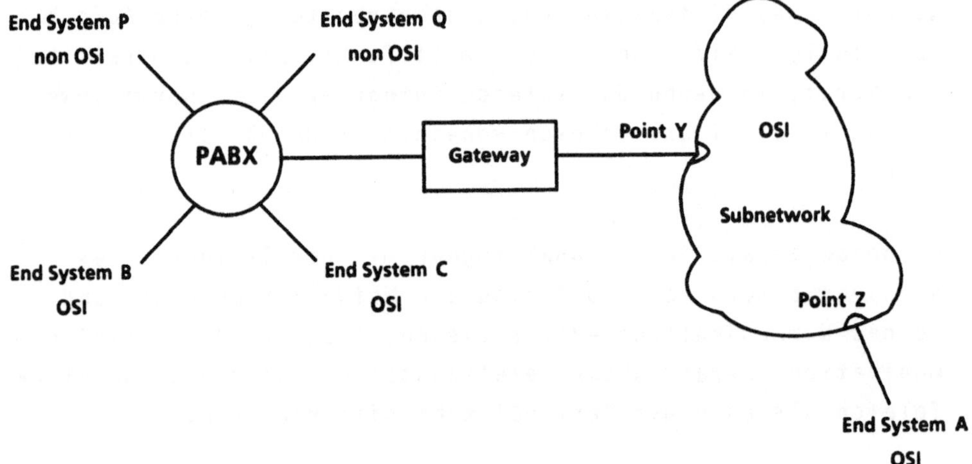

Bild 1: Konfiguration des Gesamtnetzes

An die PABX sind zwei Endsysteme P und Q angeschlossen, die nicht dem OSI-Modell der ISO entsprechen, sowie zwei OSI-Endsysteme, d.h. diese Systeme kommunizieren mit Protokollen nach OSI.
Die PABX ist über ein Gateway an ein OSI-Subnetwork angeschlossen. Dieses Gateway kann ein eigenständiges System, aber auch Teil der PABX oder des OSI-Subnetworks sein. Schließlich ist an das Subnetwork noch ein OSI-fähiges Endsystem A angeschlossen. Die Punkte Y und Z bezeichnen die Netzzugangspunkte des Gateways bzw. des Systems A.

Wir wollen 4 Kommunikationsszenarien diskutieren.

2.1) PABX als Subnetwork ohne Gateway

Das Kommunikationsszenario betrachtet die Kommunikation zwischen Endsystem B und C. In diesem Fall erscheint die PABX als OSI-Subnetwork. Um den OSI-Subnetwork Service auf die Signalisierungsfunktionen der ISDN-Protokolle abbilden zu können und um den von der PABX realisierten Subnetwork Service an den OSI-Subnetwork Service anzugleichen, ist eine Harmonisierungsfunktion in beiden Endsystemen nötig.

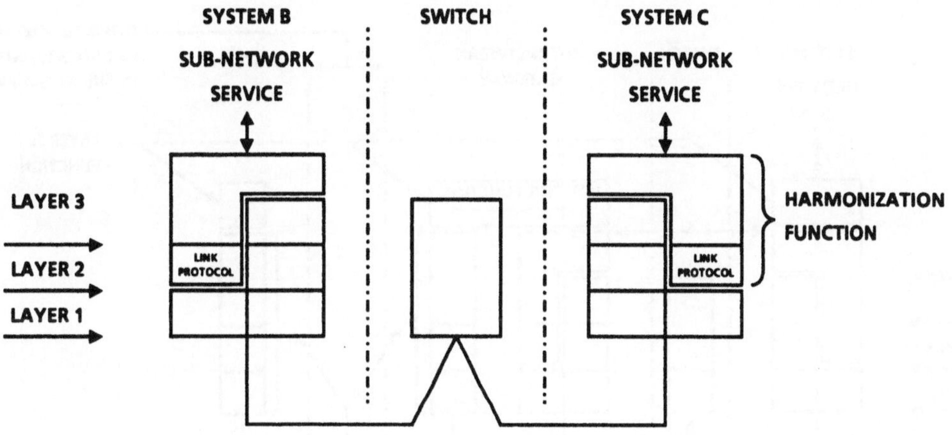

Bild 2: Protokollstruktur einer PABX als OSI-Subnetwork ohne Gateway

Die Verbindungen sind connection-oriented, da die PABX ein leitungsvermittelndes Subnetwork darstellt.

2.2) PABX als Subnetwork in Verbindung mit anderen Subnetworks

Dieses Szenario behandelt die Kommunikation zwischen Endsystem A und B.

Die Protokollhierarchie ist im unteren Bild dargestellt. Wiederum ist die Harmonisierungsfunktion nötig, in diesem Fall zwischen dem Endsystem B und dem Gateway zum benachbarten OSI-Subnetwork.

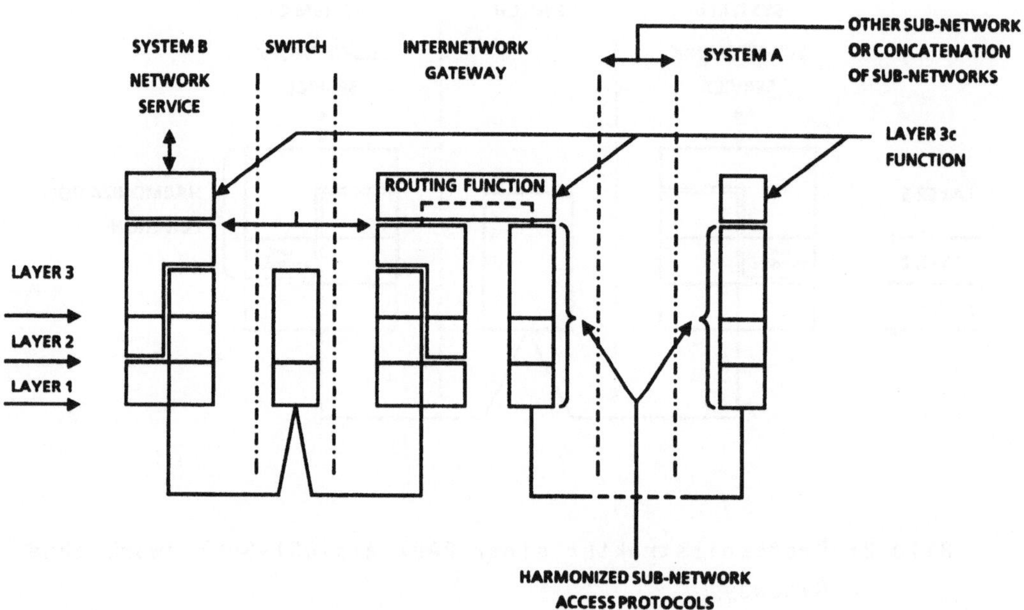

Bild 3: Protokoll Struktur einer PABX als Subnetwork

2.3) PABX als physikalischer Zugang zu einem Subnetwork

Dieses Szenario stellt wiederum die Kommunikation zwischen Endsystem A und B dar. Jetzt jedoch benutzt B keinen Subnetworkservice von der PABX, sondern benutzt lediglich den physikalischen Zugang zum Subnetwork, an dem auch A angeschlossen ist. Die PABX ist eine "Verdickung des Kabels."
Als Beispiele seien der Zugang zu einem paketvermittelnden Netz wie Datex-P oder der Zugang zu einem LAN über eine PABX genannt. In diesem Fall muß der Service, der vom OSI-Subnetwork am Punkt Y bereitgestellt wird, bereits in der PABX angeboten werden. Punkt Y wird sozusagen durch die PABX durchgereicht. Das Gateway ist ein Gateway oberhalb Layer 1. Die Funktion sollte sich auf die Weitergabe des Bitstroms mit Mitteln der "rate adaptation" beschränken und muß nicht notwendigerweise eine "store and foreward"-Funktion enthalten.

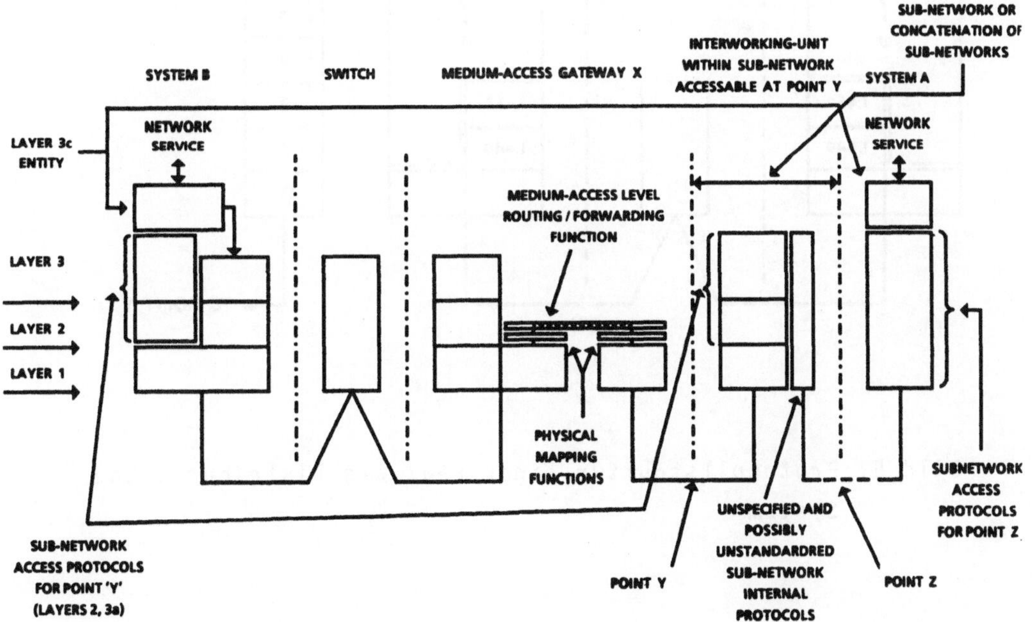

Bild 4: Protokollstruktur einer PABX als physikalischer Zugang zu einem Subnetwork

2.4) PABX als ein Distributed End System

In diesem Fall wird die Kommunikation über die PABX für die Endsysteme, die nicht an die PABX angeschlossen sind, nicht sichtbar. Die Endsysteme P und Q, aber auch B und C sind Teil dieses "Distributed End Systems". Der von der Kommunikation sichtbare Teil endet entweder im Gateway oder in der PABX. Die Protokolle, mit denen die Endsysteme B, C, P und Q kommunizieren, können, müssen aber nicht, OSI Protokolle sein.

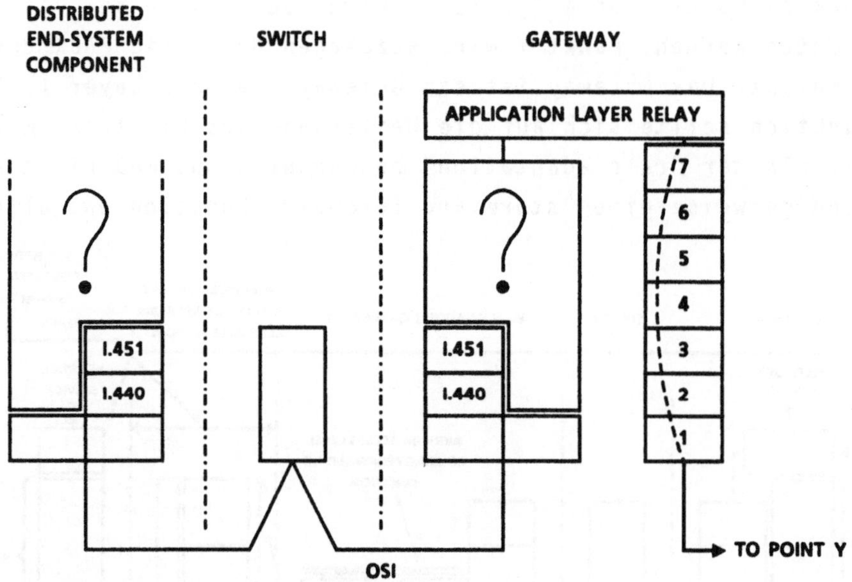

Bild 5: Protokollstruktur einer PABX als Distributed End System

3.) Eigenschaften einer PABX und eines LAN

Bevor wir die Möglichkeiten der Einbeziehung einer PABX in eine Bürokommunikationslandschaft diskutieren, wollen wir noch einmal die wesentlichen Eigenschaften einer ISDN-fähigen PABX und eines LAN rekapitulieren.

3.1) Eigenschaften einer IDSN-fähigen PABX

Eine ISDN-fähige PABX stellt 64 Kbps-Standardkanäle zur Verfügung, über die die Terminals miteinander kommunizieren können. Diese Standardkanäle sind transparent, d.h. die PABX kümmert sich nicht um deren Inhalt, sondern lediglich um deren Vermittlung und Bitsynchronisierung. Die PABX stellt somit eine Vermittlungsleistung für 64 Kbps-Kanäle bereit. Je nach Verwendung von S oder S -Schnittstellen werden dem Endgerät 2 x 64 Kbps oder 30 x 64 Kbps Kanäle zur Verfügung gestellt. Bei der S -Schnittstelle kann das Endsystem simultan mit maximal 2 anderen Endsystemen in Verbindung treten, bei der S -Schnittstelle entsprechend mit max. 30. Die Kommuniktion ist verbindungsorientiert und über die 64 Kbps-Kanäle vollduplex möglich.
Der Systemdurchsatz einer PABX wird errechnet aus der Anzahl der max. simultan unterhaltbaren Verbindungen multipliziert mit 64 Kbps. Ein Modell der Nixdorf 8818-PABX mit 256 parallelen Verbindungen hat somit einen Systemdurchsatz von 256 x 64 Kbps = 16 Mbps. Der Punkt-zu-Punkt Durchsatz beträgt 64 Kbps, unabhängig von der Zahl der Teilnehmer und den simultan unterhaltenen Verbindungen.

3.2) Eigenschaften eines LAN

Beim LAN wird den Endgeräten ein Kommunikationsmedium zur Verfügung gestellt, was unter ihnen nach bestimmten Kriterien aufgeteilt wird. Kurzfristig steht dem Sender und Empfänger die volle Bandbreite des Mediums zur Verfügung, über einen gewissen Zeitraum betrachtet, ist der Punkt-zu-Punkt Durchsatz jedoch deutlich geringer. Das LAN ist broadcast-orientiert, d.h. eine gesendete Nachricht, obwohl für einen Empfänger bestimmt, wird von allen angeschlossenen Endsystemen mitgehört. Kommunikation über ein LAN ist seinem Wesen nach verbindungslos. Die Vermittlungsleistung eines LAN besteht in seiner Broadcast-fähigkeit, d.h. die topologische Gestaltung des LAN als Bus, Stern oder Ring bedingt die Vermittlungsfähigkeit. Der Systemdurchsatz eines LAN liegt typischerweise zwischen 1 Mbps (z.B. Omninet) und 10 Mbps (Ethernet) für Basisband-LAN's und darüber für Breitband-LAN's. Der Punkt-zu-Punkt-Durchsatz hängt jedoch im Gegensatz zur PABX stark vom Verkehr auf dem LAN ab.

4.) Einbettung einer PABX in eine Bürokommunikationsarchitektur

Um die Einbettung einer PABX in die Kommunikationslandschaft des Büros vornehmen zu können, benötigen wir einige Daten über das Kommunikationsvolumen und über die Zeitanforderungen.

1 Schreibmaschinenseite mit reinem Text enthält ca. 1,5 KB Daten. Wird z.B. ein Briefkopf, d.h. Grafik, mit abgespeichert, erhöht sich der Bedarf auf ca. 7,5 KB. Eine Rechnung mit Formularanteil enthält ca. 39 KB. Im Mittel wird angenommen, daß eine durchschnittliche Seite ca. 21 KB Daten benötigt, um repräsentiert zu werden. Bei Einstreuung von Sprachelementen steigt der Bedarf auf ca. 60 KB.

Somit ergibt sich für die Übertragung einer Dokumentenseite über einen 64 Kbps-Kanal einer PABX eine Übertragungszeit von ca. 2,6 sec. Bei einer durchschnittlichen Größe eines Dokuments von 2 Seiten benötigt man ca. 5 sec., um ein Dokument von einem Terminal zu einem anderen zu schicken. Um von einem Fileserver 4 KB nachzuladen, benötigt man ca. 0,5 sec. Anzustreben sind jedoch Zeiten, die einer lokalen Diskette entsprechen.

Eine PABX kann damit nicht als einziger Kern einer Kommunikationsinfrastruktur für die Bürolandschaft betrachtet werden. Trotzdem kann ihr aber eine wesentliche Rolle zugedacht werden, wenn sie in der Funktion eines Terminalvermittlers für monofunktionale Terminals eingesetzt wird, bzw. wenn sie zur Vermittlung von seltener genutzter Spezialperipherie herangezogen wird. Auch ist ihr Einsatz als zentraler Zugang zum WAN sinnvoll.

Das folgende Bild veranschaulicht die Einbindung einer PABX in die Bürowelt.

Einbettung einer PABX in eine Bürokommunikationslandschaft

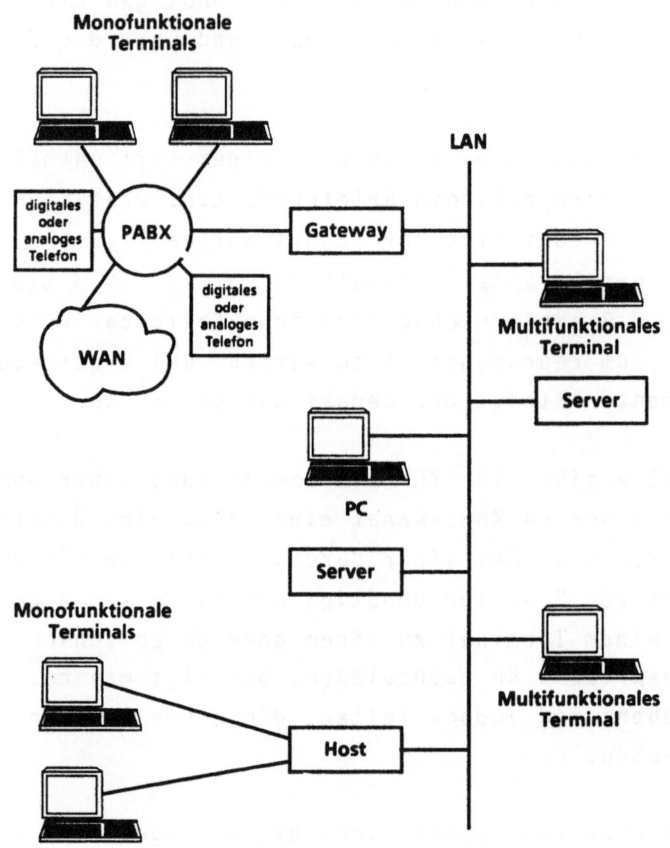

Bild 6: Einsatz einer PABX in einer Kommunikations-infrastruktur für die Bürolandschaft

Einbettung einer PABX in eine Bürokommunikationslandschaft

Die Bedeutung der PABX für die Kommunikationsinfrastruktur liegt in ihrer Multifunktionalität, Sprache und Daten vermitteln zu können. Dabei wird ein Kabelnetz benutzt, das vorhanden ist, nämlich das Telefonnetz, was ein ganz erheblicher Kostenvorteil gegenüber einer Neuverkabelung mit LAN-Kabeln darstellt.

Ob ein Nebeneinander von PABX und LAN oder eine Exklusivität eines von beiden angestrebt wird, hängt wesentlich vom Einsatz im Einzelfall ab. Wird eine hohe Datenübertragungsrate unbedingt benötigt, ist sicherlich ein LAN mit hinreichender Bandbreite nötig, spielen Verkabelungskosten und Vermittlungsleistung eine entscheidende Rolle, wird man auf die PABX zurückgreifen. Der häufigste Fall wird sicherlich durch das Bild auf vorheriger Seite dargestellt.

Elektronische Dokumente

Dr. Pietro Schicker
Zellweger Uster AG
CH-8634 Hombrechtikon

Nach der Abbildung von statischen Papierdokumenten auf elektronische Medien bringt bereits der Einbezug von Sprachkommentaren ein Element der Zeit in Dokumente ein. Die konsequente Weiterverfolgung dieser temporalen Dimension führt dazu, dass auch Lichtbildervorträge und Filme Spezialfälle von elektronischen Dokumenten sein können, und mit den heutigen Präsentationsund Manipulationselementen (zweidimensionaler Bildschirm, Lautsprecher, usw.) gehandhabt werden können.

Die elektronischen Dokumente werden als eine Menge von Objekten mit räumlichen und zeitlichen Relationen untereinander beschrieben. Für die Präsentation müssen die elektronischen Dokumente auf die zur Verfügung stehenden Medien transformiert werden. Umgekehrt werden Manipulationen am Dokument in der transformierten Form vorgenommen und müssen in das elektronische Dokument zurücküberführt werden.

The first treatment of electronic documents were an adaptation of the paper documents. However, already the inclusion of voice annotation introduces an element of time into the document. An analysis of this temporal dimension shows that also documents such as slide shows and movies are but special cases of a general electronic document. Today's presentation and manipulation possibilities (i.e., twodimensional screen, loudspeaker, etc.) are sufficient to handle such documents.

Electronic documents are described as a set of objects together with spacial and temporal relations between these objects. The electronic documents have to be transformed in order to allow the presentation on the available devices. On the other hand, manipulations on electronic documents must be done in the transformed form and must be translated back into the abstract document to take effect.

1. Einleitung

Die mit den heute bereits traditionellen Textverarbeitungssysteme hergestellten Dokumente können als Vorläufer der elektronischen Dokumente betrachtet werden. Das Ziel dieser Systeme ist, Papierdokumente effizienter herzustellen und da Papierdokumente von Natur her statisch sind, sind es auch die mit ihnen hergestellten elektronischen Dokumente. Neuere Systeme erlauben es, zusammen mit dem Text auch Graphiken darzustellen; dies ändert jedoch nichts am statischen Charakter.

Seit einiger Zeit in den Laboratorien entwickelt und getestet und jetzt auch kommerziell erhältlich sind Systeme, die neben Text und Graphik auch Sprachkommentare im Dokument ermöglichen. Diese Erweiterung bringt aber ein zeitliches Element in die Dokumente ein. Sprache ist von Natur her ein dynamisches Ereignis, was bereits bei einfachen Sprachsystemen wie Telefonbeantworter mit Nachrichthinterlassung offensichtlich wird.

Diese Dynamik muss nicht auf Sprache und Töne beschränkt bleiben. Ebenso können Text und noch vielmehr Graphiken von diesem temporalen Element Gebrauch machen, was zur Animation von Darstellungen führt. Weicht man auch noch vom traditionellen Schwarz-Weiss-Bild ab, so sind auch Lichtbildervorträge und Filme als elektronische Dokumente darstellbar.

Die beschriebene Animation ist eine Dynamik in der räumlichen Darstellung. Dynamik kann aber auch auf andere Relationen angewendet werden, zum Beispiel arithmetische, womit auch Tabellenkalkulationen als Teil eines elektronischen Dokuments definiert werden können.

Es ist klar, dass die Manipulationsmöglichkeiten eines Textsystems für diese neuen Elemente hoffnungslos überfordert sind. Betrachtet man den gesamten Umfang eines solchen Dokuments, so muss man wohl zur Einsicht kommen, dass es in näherer Zukunft kein integrales Dokumentsystem geben wird, das alle Möglichkeiten ausschöpfen und handhabbar machen wird.

2. Die elementaren Objekte eines elektronischen Dokuments

Die atomaren Bestandteile eines elektronischen Dokuments sind Objekte. Jedes Objekt ist nach einer gewissen Regel kodiert (z.B. ISO 646 für Text). Zusätzlich können zu jedem Objekt je nach Typ verschiedene Attribute definiert werden (z.B. Schreibstil). Die Aufzählung von Objekttypen und deren Attributen in den folgenden Abschnitten erhebt keinerlei Anspruch auf Vollständigkeit; sie dient lediglich dazu, die grosse Vielfalt der in einer künftigen Normierung von elektronischen Dokumenten zu berücksichtigenden Elemente zu demonstrieren.

Das auch in zukünftigen Dokumenten häufigste Objekt wird die Textinformation sein. Attribute definieren die Schriftart (z.B. lateinisch, kyrillisch, usw.), den Schriftstil, die Schriftgrösse, usw. Ein Typ von Textobjekt dürfte ausreichen, um alle Möglichkeiten darstellen zu können.

Für graphische Objekte reicht jedoch ein einziger Typ nicht aus, da je nach Komplexität verschiedene Kodierungen bevorzugt werden. So existieren bereits heute verschiedene Kodierungsvorschriften, je nachdem ob es sich um eine Liniengraphik, eine Schwarz-Weiss-Graphik (Facsimile), eine Farbfotographie, usw. handelt. Es ist auch nicht sinnvoll, alle diese verschiedenen Kodierungsvorschriften zu vereinheitlichen, denn eine Liniengraphik kann ganz anders manipuliert werden als z.B. eine Fotographie.

Abhängig vom Typ des graphischen Objekts können verschiedene Attribute definiert werden. Das Attribut "Strichdicke" zum Beispiel ist bei Liniengraphiken wesentlich, bei Fotographien jedoch sinnlos. Andererseits ist das Attribut "Auflösung" bei Liniengraphiken unbedeutend.

Auch bei den hörbaren Objekten kann man verschiedene Typen unterscheiden. Sprache kann nach einem LPC-Verfahren kodiert sein; Sprache und andere Töne können entweder in Telefonqualität oder HiFi-Qualität, monaural oder stereo kodiert sein, usw.

Mit den Text-, Graphik- und Tonobjekten sind die Objekttypen bei Weitem nicht erschöpft. So werden z.B. numerische Daten (boolsche, ganze, reelle, usw.) üblicherweise als Text dargestellt, lassen aber, wenn sie als numerische Objekte definiert sind, ganz andere Zusammenhänge zu (z.B. arithmetische). Auch Musik kann in Form von Noten kodiert werden, die dann entweder graphisch oder hörbar präsentiert werden kann.

Neben den objekttyp spezifischen Attributen existieren auch solche, die für mehrere Typen Gültigkeit haben. So sind die räumlichen Ausdehnungen für Text und alle Graphiktypen relevant; ebenso kann die Periodizität (z.B. "blinken") auf verschiedene Typen angewendet werden.

3. Beziehungen zwischen Objekten

Ein elektronisches Dokument setzt sich aus einer Menge von Objekten zusammen, die untereinander in Beziehung stehen. Je nach Objekttyp kann diese Beziehung räumlich, zeitlich oder objekttypspezifisch (z.B. arithmetisch) sein. Bei den räumlichen Beziehungen kann man wiederum zwischen den überlappenden und den nicht überlappenden Beziehungen unterscheiden.

Die nicht überlappende räumliche Beziehung kann mit einem Abstand und einer Masszahl für die Elastizität dieses Abstandes in beiden Dimensionen spezifiziert werden. Dabei spezifiziert die Masszahl Null, dass der Abstand genau eingehalten werden muss; je grösser die Elastzität, umso grösser der Freiheitsgrad, mit dem sich die einzelnen Objekte einer übergeordnetem Attribut anpassen können. So können z.B. eine Anzahl Text- und Graphikobjekte, die untereinander in einer räumlichen Beziehung stehen, zu einem zusammengesetzten Objekt, bei dem wiederum das Attribut "Ausdehnung" spezifiziert ist, zusammengefasst werden; die Masszahlen der Elastizität bestimmen dann, wo Abstände grösser oder kleiner werden dürfen, wenn die Ausdehnung des zusammengesetzten Objekts nicht genau der Summe der Ausdehnungen der Teilobjekte entspricht.

Eine überlappende räumliche Beziehung kann durch eine Ordnung (A vor B) und eine Masszahl für die Transparenz (von überdeckend bis voll transparent) spezifiziert werden.

Bei den zeitlichen Beziehungen unterscheidet man zwischen Sequenz und Parallelität. Die Sequenz ist dabei die üblichere und wird oft auch als logische Beziehung bezeichnet. So kann bei einem Papierdokument die Reihenfolge der Abschnitte und Kapitel als logische Struktur bezeichnet werden, ebensogut lässt sie sich aber als zeitlich sequentielle Struktur auffassen, denn normalerweise wird angenommen, dass das Dokument Abschnitt für Abschnitt, Kapitel für Kapitel gelesen wird.

Mit der Dynamik und der Animation muss aber neben der zeitlich unbestimmten Sequenz auch die Spezifikation einer Dauer ermöglicht werden. Dieser Dauer, die das Vorhandensein einer Uhr voraussetzt, kann ebenfalls eine Masszahl für Elastizität beigegeben werden.

Mit der Ermöglichung der zeitlichen Parallelität muss auch die Möglichkeit zur Synchronisation zweier zeitlicher Sequenzen gegeben werden (Sprache und Bild, Text und Bild, usw.). Diese Synchronisation ist nicht ganz unproblematisch, denn oft wird es dem Leser (Betrachter) des Dokuments überlassen, zu bestimmen, wie rasch im Dokument fortgeschritten werden soll. Damit ist die Spezifikation von Synchronisationspunkten anhand von zeitlichen Intervallen nicht gangbar. Es kann jedoch eine Ereigniszeit definiert werden, die nicht an Echtzeit sondern an das Fortschreiten im Dokument gebunden ist. Diese Ereigniszeit dient als Referenz für die Bezeichnung von Synchronisationspunkten.

Ein wichtiges Element bei sich zeitlich folgenden Objekten sind sogenannte Gabelpunkte. Diese sind bereits bei den Papierdokumenten bekannt, gibt es doch auch dort Hinweise auf Fussnoten oder Anhänge, wobei es dem Leser überlassen bleibt, ob er die Fussnote lesen will oder nicht. Die Gabelpunkte bleiben aber nicht auf Textobjekte beschränkt. So kann z.B. ein Gabelpunkt auf einen zu dieser Stelle gehörenden Sprachkommentar hinweisen.

4. Definition eines elektronischen Dokuments

Bis jetzt haben wir von Objekten und deren Beziehungen gesprochen. Damit besitzen wir die notwendigen Voraussetzungen, um ein elektronisches Dokument spezifizieren zu können:

Ein elektronisches Dokument ist ein zusammengesetztes Objekt. Ein zusammengesetztes Objekt ist entweder eine Menge von zusammengesetzten Objekten mit Beziehungen untereinander, denen in der Gesamtheit Attribute beigegeben werden können oder ein elementares Objekt mit den dazugehörigen Attributen. Ein elementares Objekt ist unteilbar. Die Unteilbarkeit wird vom Author des Dokuments bestimmt.

5. Präsentation und Manipulation

Die Definition eines elektronischen Dokuments beschreibt ein abstraktes Gebilde. Erst mit der Präsentation auf einem Medium (Papier, Bildschirm, usw.) wird es zu einem wahrnehmbaren Dokument. Bei Papierdokumenten wird die räumliche Präsentation durch den Author fixiert. Er hat jedoch keinen Einfluss auf die zeitliche Präsentation. So kann er nicht verhindern, dass ein Leser zuerst die Zusammenfassung, dann die Schlussbemerkungen und schliesslich die Diagramme mit ihren Legenden anschaut.

Aehnlich verhält es sich bei elektronischen Dokumenten. Wohl kann der Author einen oder mehrere (für verschiedene Medien) Präsentationsalgorithmus mit dem Dokument mitliefern, ob sich der Leser aber seines eigenen Algorithmus' bedient, bleibt im Ungewissen.

Die Präsentation bewirkt eine Transformation vom abstrakten Dokument auf ein Medium. Diese Transformation muss nicht unbedingt eindeutig sein und es ist durchaus möglich, dass dabei Information verloren geht (z.B. Farbe auf Schwarz-Weiss abgebildet). Der Author kann einen solchen Verlust voraussehen und als nachteilig genug beurteilen, dass er von der entsprechenden Transformation abrät; er hat aber wiederum keine Kontrolle über die Einhaltung dieser Empfehlung.

Ein wesentlicher Vorteil von elektronischen Dokumenten gegenüber den traditionellen Papierdokumenten ist deren Manipulierbarkeit. Dabei kann zwischen Manipulationen bei der Präsentation, die das Dokument unverändert lassen (z.B. Vergrösserung von Diagrammen, Wiederholung von Sprachkommentaren), und solchen, die das Dokument verändern, unterschieden werden. Die ersteren können als Teil des Präsentationsalgorithmus aufgefasst werden und brauchen daher nicht näher betrachtet zu werden.

Genau wie die Präsentation nur durch Medien erfolgen kann, können Manipulationen am elektronischen Dokument nur durch ein Medium vorgenommen werden. Es wird also primär das transformierte Dokument manipuliert und alle Veränderungen müssen ins elektronische Dokument zurücktransformiert werden. Damit zeigt sich auch die Einschränkung, die durch diese doppelte Transformation auferzwungen wird. Geht nämlich bei der ersten Transformation Information verloren, so ist diese nicht sichtbar und kann daher auch nicht manipuliert werden.

Damit wird offensichtlich, dass nicht auf allen Systemen alle Manipulationen durchführbar sein werden. Andererseits ist es nicht unbedingt notwendig, alle Veränderungen gleichzeitig vorzunehmen, und das Ueberarbeiten von komplexen elektronischen Dokumenten an verschiedenen Systemen mit verschiedenen Eigenschaften und Transformationen dürfte zur geläufigen Prozedur werden.

Dieser eher nachteilige Aspekt kann jedoch zur Tugend gemacht werden. Die Bedienung eines Systems, das eine grosse Vielfalt von Manipulationen zulässt, muss eventuell einer speziell ausgebildeten Person überlassen werden. Grosse Teile von Ueberarbeitungen und Erstellungen von Dokumenten (z.B. Revision von Text) kann auf einfacheren Systemen, die sich auch von weniger geschultem Personal bedienen lassen, vorgenommen werden.

6. Schlussbetrachtung

Elektronische Dokumente wurden als eine Menge von Text-, Graphik-, Ton- und anderen Objekten, die untereinander räumliche und temporale Beziehungen haben können, definiert. Wahrscheinlich wird sich die mit dieser Definiton bietende riesige Palette von Gestaltungsmöglichkeiten in der näheren Zukunft nicht ausschöpfen lassen. Man muss sich sogar fragen, ob diese Definition bei der Lösung heutiger Probleme etwas beitragen kann?

Ja, durchaus, wenn auch indirekt! Wir haben gesehen, dass die abstrakten Dokumente zur Präsentation und zur Manipulation transformiert werden müssen und dass nicht alle Systeme, mit denen die Dokumente behandelt werden, dieselben Eigenschaften zu haben und gleich leicht bedienbar zu sein brauchen. Arbeiten wir aber nicht hauptsächlich mit monolithischen Dokumentsystemen, die allen Aufgaben gerecht zu werden versuchen? Bauchen wir nicht eher unterschiedliche Systeme für die Texteingabe (z.B. in Entwicklungsabteilungen), für die Redaktion (Gestaltung und Vereinheitlichung) und die Druckerei?

Heute auch schon wichtig ist die Erkenntnis, dass der Einbezug von Sprache in Dokumente die zeitliche Dimension eröffnet und die Entfaltung dieser Dimension zu wesentlichen Erweiterungen der Gestaltungsmöglichkeiten in Richtung Dynamik und Animation führt. Diese Tatsache muss bereits heute bei der Normierung der Struktur von elektronischen Dokumenten berücksichtigt werden.

7. Literaturverzeichnis

/1/ J. M. Smith, Current ISO Work on Document Profile, Proceedings of the IFIP 6.5 Working Conference, May, 1984, North Holland

/2/ J. J. Garcia Luna Aceves and A. Poggio, Multimedia Message Content Protocols for Compute Mail,Proceedings of the IFIP 6.5 Working Conference, May, 1984, North Holland

/3/ H. Forsdick, R. Thomas, G. Robertson and V. Travers, Initial Experience with Multimedia Documents in Diamond,Proceedings of the IFIP 6.5 Working Conference, May, 1984, North Holland

/4/ A. Katz, An Experimental Multimedia Mail System,Proceedings of the IFIP 6.5 Working Conference, May, 1984, North Holland

Benutzeraspekte beim Einsatz eines computergestützen Kommunikationssystems

UTA PANKOKE-BABATZ

Gesellschaft für Mathematik
und Datenverarbeitung mbH

Abstrakt: *Das Computerkonferenzsystem* KOMEX *wurde in der GMD entwickelt und wird seit Anfang 1982 als GMD-internes Kommunikationssystem eingesetzt. Durch diesen Praxiseinsatz konnten Erfahrungen über den notwendigen Leistungsumfang eines solchen Systems, über adäquate Einführungsstrategien sowie über das tätigkeitsspezifische Nutzungsverhalten einzelner Nutzergruppen gewonnen werden.*

Abstract: *The computerconferencing system* KOMEX *developed at GMD is now used as an inhouse communication medium since 1982. Experiences about the required functionality of such a system, about appropiate introduction and training procedures and about task specific usage by special user groups were gained during this period.*

1. Einleitung

In den letzten Jahren wurden in zunehmenden Maße computergestützte Kommunikationssysteme entwickelt und eingesetzt. Die europäische Entwicklung folgt hier — noch etwas zögernd — dem amerikanischen Vorbild. Seit Ende 1984 von der CCITT internationale Standardisierungsempfehlungen für 'Message Handling Systems' (CCITT X.400 ff) verabschiedet worden sind, ist eine Verstärkung des Trends auch in Europa zu erwarten.

Die GMD hat bereits 1979 das im Hause entwickelte KOMEX-System auf der Hannover-Messe zum ersten Male einer breiten Öffentlichkeit vorgestellt. Seit drei Jahren steht KOMEX allen Mitarbeitern in Birlinghoven, Darmstadt und seit Mitte 1983 auch in Berlin und Karlsruhe als Kommunikationsmedium zur Verfügung.

Die Erfahrungen, die im Laufe der Nutzung von KOMEX gesammelt werden konnten, und die sich daraus ergebenden Konsequenzen für die Praxis werden im vorliegenden Papier geschildert.

Die Reaktionen und Einschätzungen der Benutzer insbesondere zu Beginn der Nutzung von KOMEX im Jahre 1982 haben wir durch Begleituntersuchungen in Fragebogenaktionen und Gruppendiskussionen ermittelt. Zur weiteren Beurteilung der Akzeptanz des Systems stehen uns außerdem die gemessenen technischen Nutzungsdaten zur Verfügung.

Im folgenden werden die einzelnen Benutzergruppen und ihr spezifisches Kommunikationsverhalten geschildert, dieses wird am Schluß des Papiers mit dem KOMEX-spezifischen Nutzungsverhalten verglichen.

2. Benutzergruppen

Die Beschäftigtenstruktur der GMD besteht im wesentlichen aus

— den Managern,

— den Sekretariaten,

— den Fachkräften im Forschungsbereich und

— den Fachkräften und Sachbearbeitern in der Administration.

Zusätzlich werden

— die externen Kommunikationspartner einbezogen.

Diese Tätigkeitsbereiche unterscheiden sich auch im Kommunikationsbedarf. Im Rahmen der Begleituntersuchungen wurden an die damaligen KOMEX-Benutzer einige allgemeine Fragen zum Kommunikationsverhalten gestellt. (Die im Fragebogen vorgegebenen Antwortkategorien werden im folgenden in Hochkommata eingeschlossen.) Eine exakte Arbeitsplatzanalyse wurde jedoch nicht durchgeführt. Im folgenden wird daher anhand von in der Literatur angebenen Analysen der Tätigkeitsmerkmale der einzelnen Gruppen deren spezifischer Kommunikationsbedarf abgeschätzt.

Im **Management** ist der Anteil der Arbeitszeit, die für Kommunikation verwendet wird, besonders hoch (50%-80% der Tätigkeit s. [SCHWETZ 83]). Hier überwiegen kurze Notizen, Anweisungen und Anfragen. Die bearbeiteten Informationen sind meist kurz und präzise, sie überdecken inhaltlich ein großes Spektrum, enthalten Organisations- und Sachinformationen und sind häufig vertraulicher Natur. Hauptkommunikationspartner sind alle anderen Manager. Manager zeichnen sich dadurch aus, daß sie häufig Initiatoren von Kommunikationsvorgängen sind und daß sie eng mit einem Sekretariat kooperieren.

Unsere Erhebungen zeigen, daß die meisten befragten GMD-Manager 'mehr als 12' Telefonate täglich führen, 'viele' Informationen weitergeben (Briefe, Vermerke, Akten, Veröffentlichungen) und außerdem 'häufig' schriftlich aber auch 'oft' mündlich mit Externen kommunizieren.

Ein **Sekretariat** arbeitet einem Manager zu. Die Kommunikation nimmt nur ca. 30% der Arbeitszeit in Anspruch. Haupttätigkeit ist hier die Erstellung und Ablage von Dokumenten (s. [SCHWETZ 83]). Hier wird keine eigenständige Korrespondenz geführt, sondern diese wird im Auftrag geführt. Wichtige Sekretariatsaufgabe ist, stets über alle laufenden Vorgänge und Aktivitäten (z. B. einschließlich Terminkalender) des Chefs/der Chefin informiert zu sein. Je nach Art des Sekretariats spielt außerdem die Erstellung von Texten eine wichtige Rolle.

Die Kommunikation beansprucht ca. 45% der Arbeitszeit der **Fachkräfte** (s.[SCHWETZ 83]). **Fachkräfte im Forschungsbereich** zeichnen sich dadurch aus, daß sie mit ihren Kommunikationspartnern in "Projekten" zusammen arbeiten. Nach Möglichkeit erfolgt — zumindest in der GMD — die Raumverteilung projektspezifisch. Damit kann ein erheblicher Teil der anfallenden Kommunikation durch direkte Gespräche abgewickelt werden. Gesprächsergebnisse, die zum Fortgang des Projektes notwendig sind, müssen schriftlich festgehalten werden (Projektdokumentation). Wichtig ist außerdem, daß alle Projektmitglieder über den Fortgang des Projektes auf dem laufenden gehalten werden. Die Praxis zeigt, daß hier häufig einzelne Mitarbeiter bei temporärer Abwesenheit nicht genügend informiert werden. Weitere wichtige Kommunikationspartner im Forschungsbereich sind Wissenschaftler anderer Organisationen, die an der gleichen oder ähnlicher Thematik arbeiten. Einen wichtigen Teil der Tätigkeit stellt die Bearbeitung von Veröffentlichungen dar (Studien, Artikel etc).

Die Befragungen haben hier ein — im Vergleich zu den Managern — deutlich geringeres Kommunikationsaufkommen beim Telefon ergeben (die meisten 'ca. 4-8' Gespräche täglich), außerdem werden hier nur 'einige' Briefe, Akten und Vermerke weitergeben. Veröffentlichungen dagegen werden 'öfter' weitergegeben. Bei diesen Ergebnissen ist jedoch zu berücksichtigen, daß nur diejenigen befragt wurden, die von Anfang an KOMEX-Nutzer waren und daher sicherlich einen größeren Kommunikationsbedarf haben als der Durchschnitt.

Fachkräfte und **Sachbearbeiter** im **administrativen Bereich** dagegen haben häufig als Hauptaufgabe die Abwicklung von Vorgängen, die meist durch Formularbearbeitung erfolgt. Kommunikationspartner sind hier alle an den Vorgängen beteiligten, d.h. auch die Initiatoren von Vorgängen oder die Empfänger der Ergebnisse von Vorgängen, die sich häufig außerhalb der Administration befinden.

Externe Nutzer, zumindest bei den Anwendern unserer KOMEX-Installation, sind im wesentlichen Wissenschaftler, die an überinstitutionellen Projekten arbeiten und externe Kooperationspartner von GMD-Mitarbeitern sind. Die Aufgaben, die hier anfallen, sind zum einen die Administration und Organisation des Projektablaufes (Treffen vor- und nachbereiten) und zum anderen die Erstellung gemeinsamer Projektberichte, Studien etc..

Diese kurze Analyse der Nutzergruppen zeigt die unterschiedlichen Anforderungen, die diese Gruppen an ein Bürokommunikationssystem stellen. Der Bedarf nach Kommunikationsunterstützung ist besonders groß im Managementbereich.

Welche der geforderten Funktionen von KOMEX angeboten werden, wird in der folgenden kurzen Beschreibung des Systems deutlich. (Eine ausführliche Beschreibung findet sich in [BABATZ 83B]).

3. Beschreibung von KOMEX

Beim Design von KOMEX wurde besonderer Wert auf die Unterstützung von Gruppenarbeit gelegt. Dies zeigt sich auch in der Gestaltung der Benutzerarbeitsplätze. Hier sind neben Funktionen zum Erstellen und Versenden von Texten und Nachrichten solche zum Herstellen von Kontexten vorhanden, d.h. Funktionen zum Identifizieren von Nachrichteninhalten (Dokumenten) und zum Herstellen von Bezügen zwischen Nachrichteninhalten (Antwort auf, Revision von etc.) sowie zum Archivieren und Retrieval von Nachrichten und Referenzketten.

Dies sind Grundfunktionen, die zur Unterstützung jeder Kommunikation zwischen zwei und mehr Partnern benötigt werden. Speziell zur Unterstützung themenspezifischer oder lang andauernder Kommunikation eines festen Teilnehmerkreises bietet KOMEX sog. "Konferenzen" an. Dies sind im wesentlichen Verteilerlisten, die im öffentlichen Teilnehmerverzeichnis verwaltet und expandiert werden. Die Nutzungsberechtigungen bezüglich eines Verteilers können für jeden Teilnehmer festgelegt werden (Lese-, Schreib-, Änderungsberechtigung). Mit diesem Hilfsmittel läßt sich z.B. die Verteilung von Informationen an einen festen Teilnehmerkreis (Bulletins) vereinfachen; es können Service-Angebote (User-Services, Sekretariate) unterstützt werden und auch Gremien-Arbeit läßt sich mit diesem Hilfsmittel vereinfachen.

Die Architektur von KOMEX umfaßt Benutzerarbeitsplätze (UA) und Nachrichtenvermittler (MTA). Das KOMEX-Netz in der GMD besteht aus miteinander verbundenen Vermittlern in den jeweiligen Niederlassungen der GMD (Birlinghoven und Darmstadt). An jedem Vermittler sind mehrere (z.Z. bis zu 200) Benutzerarbeitsplätze angeschlossen. Die Nachrichtenvermittlung erfolgt in 'store- and forwarding' Technik und zwischen Birlinghoven und Darmstadt unter Ausnutzung einer DATEX-P-Verbindung. Dies entspricht architekturell den CCITT-Empfehlungen X.400 für "Interpersonal Messaging Systeme".

Dies System ist damit geeignet, die im Bürobereich der oben genannten Benutzergruppen anfallenden Kommunikationstätigkeiten zu unterstützen. Für reine Textbe- und -verarbeitung bietet es jedoch noch nicht den Komfort, den spezielle Textautomaten heute anbieten.

Der erste Einsatz von KOMEX in einem Feldtest (1980-1981) hat deutlich gezeigt, daß die Einführung eines Kommunikationsmediums auch bei vorhandenem Bedarf einige Hilfestellungen erfordert, um die Akzeptanz des neuen Mediums nicht zu gefährden. Im folgenden werden daher die nach unseren Erfahrungen wichtigsten Akzeptanzfaktoren erläutert.

4. Akzeptanzfaktoren von elektronischen Kommunikationssystemen

Beim Einsatz von KOMEX hat sich gezeigt, daß die Akzeptanz des Systems wesentlich von zwei Faktorengruppen beeinflußt wird:

— von der technischen Ausstattung und der Funktionalität des Arbeitsplatzes

— von der sozialen Integration des Benutzers in die Kommunikationsumgebung, d. h. seiner organisatorische Einbettung in die systemspezifische Kommunikationskultur.

4.1 Technisch bedingte Akzeptanzfaktoren

Den technischen Faktoren kann Rechnung getragen werden, indem die Systeme stärker an die individuellen Aufgabenbereiche und Nutzungsgewohnheiten der einzelnen Benutzer angepaßt werden. Im Vordergrund muß hier die Anpassung der Systeme an die Benutzer stehen und nicht das Umgekehrte. Die Modifikation der Systeme anhand der Benutzerwünsche erhöht die Akzeptanz erheblich, dies aus folgenden Gründen:

— Das System erfüllt besser die von den Benutzern gewünschten Aufgaben.

— Am "Grünen Tisch" gefällte Design-Entscheidungen werden durch Rückkopplung aus der Praxis erheblich verbessert.

— Die Systeme "entwickeln" sich mit den Benutzern, d. h. zu Anfang steht ein simples System mit geringem Leistungsumfang bei geringem Lernaufwand zur Verfügung. System und Benutzer steigern ihre Leistung iterativ.

— Das Gefühl der Benutzer, das System mitdefinieren zu können, erhöht ihre Bereitschaft, auch mal Unschönheiten zu akzeptieren.

Die Ermittlung der Verbesserungsvorschläge der Benutzer erfolgte während der gesamten Einsatzerprobung durch das Beratungsteam, das diese Vorschläge dann an das Entwicklerteam weitergab. In der Anfangsphase wurde den Benutzern in den Begleituntersuchungen zusätzliche Gelegenheit gegeben, ihre Wünsche und Probleme zu artikulieren. Im ersten Jahr des Einsatzes wurde KOMEX dann auch erheblich verbessert und die Benutzerführung geglättet.

Ähnliche Erfahrungen wurden auch in einem Pilotversuch im Hause Siemens gemacht, bei dem mittels eines sogenannten 'Change-Agents' die Benutzerwünsche und Verbesserungsvorschläge in die Weiterentwicklung des Systems einbezogen wurden (s. [EIBL 84]).

Bei Neuentwicklungen ist es hier sinnvoll, mittels eines partizipativen Ansatzes die Benutzer bereits von Beginn an, an den Design-Entscheidungen zu beteiligen (s. [OPPERMANN 84]. Es ist ratsam, bei der Neuentwicklung von Bürokommunikationssystemen und Benutzerarbeitsplätzen diese Effekte des Mitwachsens der Systeme und der Anwendungen auszunutzen, d. h. einfach revidierbare und erweiterbare Systeme herzustellen. Außerdem sollten leistungfähigere Systeme an der Benutzerschnittstelle aus der Sicht der Benutzer mitwachsen. Das heißt, den Benutzern sollten dynamisch mit ihren durch Erfahrung komplexer werdenden Anwendungen zusätzliche Funktionen angeboten werden. Ebenso sollte das "Startset", mit dem ein Benutzer beginnt, auf seine Tätigkeitsgebiete zugeschnitten sein (Fachkräfte, Sachbearbeiter, Manager, Sekretariat).

4.2 Kommunikationsspezifische Faktoren

Es zeigt sich deutlich, daß die Benutzer entsprechend ihrer sozialen Stellung und ihres Tätigkeitsgebietes sehr unterschiedliche Kommunikations- und Nutzungsgewohnheiten für ein solches System entwickeln. Die Spiel- und Experimentierbereitschaft auf der einen Seite und die Skepsis gegenüber der Zerstörbarkeit und Zuverlässigkeit der Systeme z.B. durch falsche Benutzereingaben auf der anderen Seite prägen deutlich das Verhalten der Anfänger. In der Anfangsphase sollte man daher diese Spielbereitschaft einerseits ausnutzen und andererseits durch entsprechende Beratung und Übung etc. ein entsprechendes Sicherheitsgefühl vermitteln. Wichtig für die Ausnutzung des Spielbereitschaft ist, daß auch genügend Kommunikationspartner zur Verfügung stehen.

Problematisch für einen neuen Benutzer ist, daß er nicht weiß, welche Kommunikationsgewohnheiten die anderen Nutzer dieses Systems entwickelt haben. Diese Gewohnheiten — auch Kommunikationskultur genannt — sind von System zu System und von Nutzergruppe zu Nutzergruppe verschieden.

Das menschliche Lernverhalten von Kommunikationskultur wird durch Beobachten und Ausprobieren geprägt. In einem System wie KOMEX, in dem man nur persönliche Korrespondenz abwickeln kann, kann man leider nur seine eigene Korrespondenz beobachten. Bei einem System mit "Schwarzem Brett-Funktionen" — wie z. B. Telebox, IMCA-Mailbox etc. — oder mit Konferenzarchiven — wie z. B. COM und EIES — kann man zusätzlich zur eigenen Korrespondenz an diesen gemeinsam genutzten Archiven die diesbezüglichen Kommunikationsgewohnheiten der "Anderen" beobachten.

Das Ausprobieren setzt immer voraus, daß neue Benutzer selbst die Initiative zum Starten einer Korrespondenz ergreifen, d. h., daß sie aktiv werden. Dies ist aber in einer fremden Umgebung mit fremden Systemen und fremden Personen und nur zwecks Ausprobieren sehr schwierig. Unsere Gespräche in der Benutzerberatung und -schulung haben gezeigt, daß ein neuer Benutzer nicht weiß, mit wem und wie er in der neuen Kommunikationsumgebung kommunizieren soll. D.h. er weiß z.B. nicht

— ob der gewählte Korrespondenzpartner nicht bereits zuviel Post erhält;

— wer vielleicht auch in so einer Probierphase nach Partnern sucht;

— ob er Hierarchien überspringen darf;

— wann der Korrespondenzpartner die Nachrichten liest und wie er reagiert;

— in welchem Schreibstil die Nachrichten verfaßt werden sollten.

Antworten auf diese Fragen sollte der Benutzer in sogenannten Nutzungsempfehlungen finden. Diese sind jedoch meist nirgends explizit festgelegt.

Die Akzeptanz eines Systems durch einen neuen Benutzer wird deutlich durch seine individuellen Startbedingungen beeinflußt. Daher sollte es für neue Benutzer eine gezielte Unterstützung in einer Einführungsphase geben.

5. Einführung eines Kommunikationssystems

Bei der Einführung eines Kommunikationssystems sollte den Lerngewohnheiten der Benutzer Rechnung getragen werden. Es lassen sich bei der Einführung drei Situationen unterscheiden:

— die generelle Einführungsphase, d. h. der Start eines Systems für alle,

— das Hinzukommen neuer Nutzer, die als eigenständige Kommunikationszirkel hinzukommen,

— das Hinzukommen einzelner Benutzer durch Anregung bzw. Wunsch anderer Benutzer.

Für die generelle Einführungsphase läßt sich eine Strategie berücksichtigen, die wir während eines Piloteinsatzes von KOMEX (1980 - 1981) entwickelten und die beim Einsatz von KOMEX als Inhouse-System in der GMD ausprobiert wurde. Diese besteht im wesentlichen aus folgenden Punkten:

— Frühzeitig die Einführung ankündigen und das System öffentlich vorstellen.

— Unterstützung und Beteiligung des Managements sichern.

— Offiziellen gemeinsamen Startzeitpunkt definieren.

— Nutzungsgewohnheiten und -empfehlungen in einer Schulung vermitteln.

— Mehrwöchige Schulung mittels Informations- und Aufgabenverteilung über das System durchführen.

Die letzten beiden Punkte haben die Funktion, das Ausprobieren anzuregen, Beispiele im Kommunikationsstil zu geben und Nutzungsgewohnheiten zu entwickeln. Insbesondere wird durch die tägliche Aufgabenverteilung die regelmäßige Nutzung des Systems geübt. Die eigentlichen Vorteile dieses Mediums gegenüber anderen Kommunikationsmedien zeigen sich ebenfalls bei der Aufgabenbearbeitung. Die Benutzer können diese Erfahrungen bereits nach kurzer Zeit zur Entwicklung eigener individueller oder auch gruppenspezifischer Nutzungsempfehlungen und -gewohnheiten verwenden.

Für die Integration neuer Benutzergruppen kann man je nach Anzahl der Gruppenmitglieder die gleiche Strategie verwenden. Insbesondere das gleichzeitige Starten aller Mitglieder sollte gewährleistet sein. Den Gruppen aus dem inhouse-Bereich sollte man vor allem die inzwischen entwickelten Nutzungsempfehlungen verbal vermitteln. Gruppen externer Mitglieder sollten auf jeden Fall zuerst einen konkreten gemeinsamen Anwendungszweck definieren; die Beratung sollte mit ihnen dann Vorschläge für Nutzungsempfehlungen entsprechend diesem Zweck erarbeiten.

Neue Einzelbenutzer können nur dann sinnvoll das System nutzen, wenn bereits Kommunikationspartner über das System erreichbar sind. In diesem Fall ist es die Aufgabe der Partner, Nutzungsempfehlungen zu vermitteln.

Gemeinsame Nutzungsempfehlungen sollten u. a. folgende Punkte regeln:

— wie häufig sollte der Posteingang überprüft werden;

— welcher Art sind die Nachrichteninhalte: vertraulich, eilig, organisatorisch, wichtig...;

— wer darf an wen schreiben (hier sollten jedoch gerade zu Anfang wenig Beschränkungen erfolgen);

— Festlegung gemeinsamer Verteiler für spezielle Zwecke.

Diese Empfehlungen müssen bereits in der Startphase definiert sein, sie sollten aber dynamisch gruppen- und anwendungsspezifisch weiterentwickelt bzw. modifiziert werden.

Die genannten Strategien sind in der GMD während der dreijährigen Einsatzerprobung von KOMEX mit Erfolg angewendet worden, so daß — wie die folgenden Ausführungen zeigen — die Startphase mit ca. 100 Benutzern reibungslos und ohne Frustrationen der Benutzer ablief (s. [BABATZ 83A]). Auch nachträglich hinzugekommene Benutzer hatten — wie die technischen Nutzungsdaten zeigen — keine gravierenden Probleme (die Zahl der Teilnehmer liegt heute bei ca. 400).

6. Befragungsergebnisse

Im ersten Jahr des KOMEX-Einsatzes in der GMD wurden Begleituntersuchungen durchgeführt. Diese bestanden aus Gruppengesprächen — entsprechend den obigen Benutzergruppen — und aus zwei Fragebogenaktionen. (Eine ausführliche Darstellung findet sich in ([HÖRING 84]). Diese Ergebnisse spiegeln daher die Einschätzungen der Benutzer in der allgemeinen Einführungsphase wieder. Im folgenden werden einige allgemein genannte Vorteile der Nutzung des Systems geschildert. Anschließend werden die Benutzergruppen-spezifischen Aussagen und deren anhand der technischen Nutzungsdaten festgestellten spezifischen Nutzungsverhalten dargestellt.

Als Hauptvorteile der Nutzung von KOMEX berichten die Befragungsteilnehmer:

— breitere Verteilung von Informationen;

— Verteilung von zusätzlichen Informationen (Hinweise, kleine Notizen);
— schnellere Bearbeitung von Nachrichten;
— häufigeres und schnelleres Beantworten;
— keine Störung oder Unterbrechung (im Gegensatz zum Telefon) durch Nachrichten, daher größere Bereitschaft, diese auch weiterzugeben;
— keine gleichzeitige Anwesenheit erforderlich;
— spontaner und persönlicher als andere schriftliche Informationen;
— Vereinfachung bei der Delegation von Arbeiten und der Vertretungsregelung;
— Vereinfachung bei der Vor- und Nachbereitung von Sitzungen (Protokolle, Tagesordnungen erarbeiten und versenden, Termine abstimmen);
— die Kommunikation wird auch automatisch archiviert (mit Bezügen).

Das Befragungsergebniss des Vergleichs der Kommunikation mit KOMEX und Telefon, Brief und face-to-face-Kommunikation zeigt deutlich, daß die KOMEX-Kommunikation vom Stil her eher der gesprochenen Kommunikation mit dem Telefon entspricht. Sie wird als spontaner und weniger formal als sonstige schriftliche Kommunikation eingeschätzt.

Die genannten Vorteile zeigen sich auch bei der Nutzung der meisten andern elektronischen Kommunikationssystemen. Einzig der Vorteil der 'automatischen Archivierung' wird heute leider von den meisten Systemen nur sehr rudimentär angeboten. Ein häufig in der Literatur (s. [PALME 84]) befürchteter Nachteil der Nutzung eines elektronischen Kommunikationsmediums — der sogenannte 'information overload' — ist von den Befragungsteilnehmern nicht berichtet worden.

7. Benutzergruppen in KOMEX

Die unterschiedlichen Nutzungsverhalten der jeweiligen Benutzergruppen spiegeln sich deutlich in den technisch gemessenen KOMEX-Nutzungsdaten wider.

7.1 Nutzungsprofile

Für den gesamten Einsatzzeitraum von KOMEX, d.h. von 1982 bis heute, liegen automatisch gemessenene Nutzungsdaten vor.

	Post-eingang	Post-ausgang	Disposition	Registratur
Manager	62	37	18	9
Sekretariat	35	6	10	6
Fachkräfte	16	10	9	7
Externe	4	5	1	2
Gesamt	18	10	7	6

Tabelle: Monatliche Mittelwerte pro Person für Oktober 1984

Die Tabelle zeigt die Mittelwerte der monatlichen Nutzungsdaten pro Person der jeweiligen Nutzungsgruppe im Oktober 1984. Die monatlichen Mittelwerte pro Person unterliegen nur geringen Schwankungen, dieser Monat wurde ausgewählt, da hier keine Verzerrungen durch Feiertage oder Ferien auftreten. Die Tabelle zeigt, daß Manager ein erheblich über dem Durchschnitt liegendes Nachrichtenaufkommen haben. Die Tabelle verdeutlicht auch, daß die Manager die Archivierungsfunktionen (Disposition für Weiterleiten und individuelle Ablage und eine große Akzeptanz eines computergestützten Kommunikationsmediums erreicht worden. Es zeigte sich bei der Befragung nach einem dreiviertel Jahr Nutzung, daß die Zufriedenheit im Managementbereich sehr hoch war, deutlich höher als im Durchschnitt.

Durch die Möglichkeiten der Archivierung kann auch eine wesentliche Bürotätigkeit — die Verwaltung der Korrespondenz — an das System delegiert werden. Außerdem wird die gleichmäßige Informationsverteilung durch die Anwendung von öffentlichen Verteilerlisten mit Zugangsschutz erleichtert. Dies fand auch seinen Niederschlag in der Äußerung aller Befragten, daß sie sich besser informiert fühlen.

Die erfolgreiche Einsatzerprobung zeigt, daß der Einsatz eines Bürokommunikationssystems für Organisationen ähnlicher Größenordnung und Aufgabenstruktur heute schon zu empfehlen ist. Die Einrichtung eines deutschen Forschungsnetzes (DFN) einschließlich eines Kommunikationsdienstes läßt einen breiteren Einsatz dieser Technologie erwarten.

Eine Vernetzung des KOMEX-Systems mit anderen Systemen, wie sie z. B. im DFN geplant ist, wird durch die Implementation der CCITT-Empfehlung X.400 in naher Zukunft möglich. Dieses wird die Attraktivität erheblich erhöhen. Es ermöglicht bei zunehmender Verbreitung derartiger Systeme und in Verbindung mit anderen Systemen — z.B. dem Telebox, das die Post anbietet, — in hoffentlich naher Zukunft einen öffentlichen Kommunikationsdienst von Schreibtisch zu Schreibtisch.

Literatur

BABATZ 83A — BABATZ,R., PANKOKE-BABATZ,U., SANTO,H., THEIDIG,G. : "*Experimental Use of* KOMEX *in the GMD,* "; Computer Compacts April 83, pp.83.

BABATZ 83B — BABATZ,R., PANKOKE-BABATZ,U., SANTO,H., THEIDIG,G. : "*Computerkonferenzsystem* KOMEX, *Version 4.1, Benutzerhandbuch* "; Arbeitspapiere des GMD Nr.49, 1983.

BECKURTS 84 — BECKURTS,K.H., REICHWALD,R. : " *Kooperation im Management mit integrierter Bürotechnik — Anwendererfahrungen —*"; CW-Publikationen, München 1984.

BOGEN 84 — BOGEN,M., CAPPEL,B., KAUFMANN,P., SANTO,H., SCHULZE,G., SPETH,R., TSCHICHHOLZ,M., WARNKING,A., WOSNITZA,L., ZSCHINTZSCH,H. : "*Konzept für einen DFN-Message-Verbund auf der Basis von CCITT* "; Deutsches Forschungsnetz, Berlin, 1984.

CONRADS 84 — CONRADS,D., KAUFMANN,P., PANKOKE-BABATZ,U., SPETH,R., TSCHICHHOLZ,M., WARNKING,A., WALLERATH,P. : "*Funktionalität und Bewertung von Message Systemen* "; Deutsches Forschungsnetz, Berlin, 1984.

EIBL 84 — EIBL,G., HELMREICH,R., WIMMER,K. : " *Der Computerservice: Ein integriertes Bürosystem* "; in: Beckurts, Reichwald (Hrsg) Kooperation im Management mit integrierter Bürotechnik — Anwendererfahrungen —, CW-Publikationen, München 1984.

HÖRING 84 — HÖRING,K., SPENGLER-RAST,CH., STELLMACHER,P. : " *Untersuchung des Computerkonferenzsystems* KOMEX "; GMD-Arbeitsbericht Nr.110, Birlinghoven 1984.

OPPERMANN 84 — OPPERMANN,R. : " *Aktive Akzeptanzunterstützung durch Betroffenenbeteiligung* "; Office-Management, Nr.11 1984 (1982), pp.838.

PALME 84 — PALME,J.: " *Survey of computer-based message systems* "; in: Conference Papers Interact'84, Vol1, to apear Elsevier North Holland.

REICHWALD 83 REICHWALD,R. : " *Bürokommunikation im Teletextdienst — Produktivitätsmessungen im Feldexperiment* "; in: Witte, E. Bürokommunikation, Springer Verlag Berlin, 19834.

SCHWETZ 83 SCHWETZ,R. : " *Büroökonomie* "; in: Witte,E. Bürokommunikation, Springer Verlag, Berlin 1983.

SORG 84 ORG,S. : " *Integrierte Bürosysteme als Herausforderung für Anwender, Hersteller und Wissenschaft,* "; in: ONLINE Kongreß 1984 (Bd.4), Velbert 1984.

WIE VERÄNDERT KOMMUNIKATIONSFÄHIGE TECHNIK DIE BÜROWELT

Dr. Ing. Roland Schwetz
SIEMENS München

Zusammenfassung

Moderne Bürotechniken, insbesondere Bürokommunikations-Systeme dienen dazu, die Büroarbeit zu erleichtern und den Durchlauf von Vorgängen zu beschleunigen. Die Wirkung muss vor allen Dingen auch dann erreicht werden, wenn die inhaltlichen Zusammenhänge in einem Arbeitsfeld nicht formalisierbar sind.

Eine wirksame Verkürzung geht Hand in Hand mit einer Veränderung heute praktizierter Arbeitsteilung, welche allerdings erst durch Kommunikationssysteme möglich wird.

Wegen der deutlichen erkennbaren Arbeitserleichterung und bei laiengeeigneter Bedienoberfläche treten im Sachbearbeiterbereich keine grundsätzlichen Akzeptanzprobleme auf. Relativ rasch passen sich die Arbeitsgewohnheiten den neuen Möglichkeiten an. Lediglich die oft zögernde Haltung des Managements, sich in die Systembedienung mit einzubeziehen, schafft Probleme.

Allerdings muss das Einführen der Systeme planmässig erfolgen. Entscheidend wichtig in allen Überlegungen ist die Sicht, dass Bürosysteme eine Ergänzung, kein Ersatz von Groß-DV sind. Dezentrale, freizügige Archivierung ist eine notwendige Voraussetzung für Daten- und Betriebssicherheit.

Summary

Modern OA-equipment, especially communication systems serve to facilitate office work and to accelerate thruput in the office. This should also be achieved for those types of office work which cannot be reduced to simple rules and norms.

Effective rationalisation goes hand in hand with changes in the division of labor as is common today, which can only be achieved with the introduction of communication systems.

Because of the remarkable facilitation of office work and the simple handling of office systems which can be easily learned even by non-computer specialists, there are no grave acceptance problems. In a relatively short space of time the usual conditions of work will be adapted to the new possibilities. Problems, however, sometimes arise due to hesitancy on the part of managers when introduced to systems.

The installation of OA-systems however have to be carefully planned. It is important to bear in mind that OA-systems are not a substitute but a supplement to mainframes. Decentralised, free filing is a necessary precondition for foolproof operation and data files.

Einsatzfeld moderner Bürotechnik

Moderne Bürotechniken, insbesondere Bürokommunikations-Systeme dienen dazu, die Büroarbeit zu erleichtern und den Durchlauf von Vorgängen zu beschleunigen. Die Wirkung muss vor allen Dingen auch dann erreicht werden, wenn die inhaltlichen Zusammenhänge in einem Arbeitsfeld nicht formalisierbar sind. In diesen Fällen entzieht sich die inhaltliche Bearbeitung einer Automatisierung, wie sie vom Einsatz der Datenverarbeitung her bekannt ist. Die Unterstützungsleistung besteht dann weitgehend darin, die Fülle Handhabungstätigkeiten der Experten/Referenten, Sachbearbeiter und Assistenzkräfte durch Technikunterstützung drastisch zu reduzieren.

Eine wirksame Verkürzung geht Hand in Hand mit einer Veränderung heute praktizierter Arbeitsteilung, welche allerdings erst durch Kommunikationssysteme möglich wird. Im Mittelpunkt der Unterstützungsbemühen stehen die Referenten und Sachbearbeiter, die über 60 % der Arbeitszeit mit der Dokumentbearbeitung und Dokumenterstellung befasst sind und dabei sehr viele handwerkliche Tätigkeiten ausführen (Bild 1).

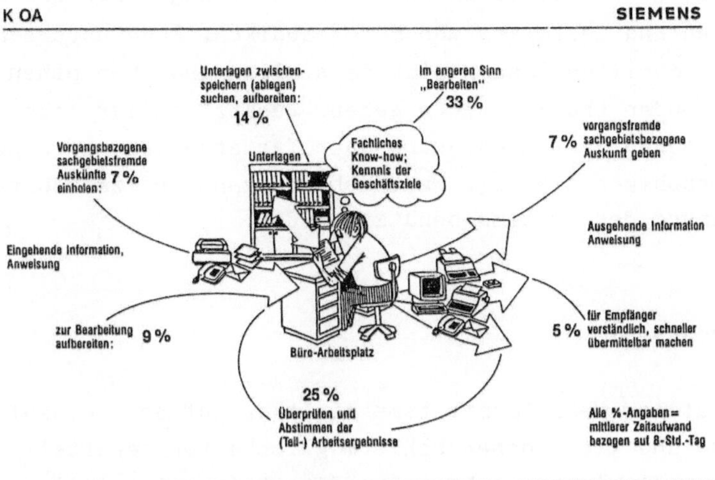

K OA SIEMENS

Unterlagen zwischenspeichern (ablegen) suchen, aufbereiten: 14 %

Im engeren Sinn „Bearbeiten" 33 %

Unterlagen

Fachliches Know-how; Kennnis der Geschäftsziele

Vorgangsbezogene sachgebietsfremde Auskünfte einholen: 7 %

7 % vorgangsfremde sachgebietsbezogene Auskunft geben

Eingehende Information, Anweisung

Ausgehende Information Anweisung

zur Bearbeitung aufbereiten: 9 %

5 % für Empfänger verständlich, schneller übermittelbar machen

Büro-Arbeitsplatz

25 % Überprüfen und Abstimmen der (Teil-) Arbeitsergebnisse

Alle %-Angaben = mittlerer Zeitaufwand bezogen auf 8-Std.-Tag

mittl. Verteilung der Teiltätigkeiten an einem Büroarbeitsplatz

K OA 0584

Diese Zusammenhänge und Nutzenaspekte werden im folgenden näher erläutert. Die Aussagen basieren auf einer Reihe von Systemeinsätzen in den verschiedensten Funktionen unseres Unternehmens.

Erfahrungsbasis

Die Erfahrungen beruhen auf dem Einsatz von zwei in ihrer Leistung und Bedienung unterschiedlichen Systemtypen (zur Wahrung der firmenneutralen Darstellung als System 1 bzw 2 bezeichnet) an ca 1000 Arbeitsplätzen:

1.) **Das betont textorientierte System 1.**

Das System 1 ist geeignet für die Textbe- und -verarbeitung und die völlig freizügige elektronische Archivierung von Textdokumenten. Es besitzt systemintern alle notwendigen Elektronic-Mail-Funktionen, verfügt über Anschluß an Siemens-BS 2000- und BS 3000- (IBM-kompatible) Systeme und an den TELETEX-Dienst.

2.) **Das betont grafikorientierte System 2.**

Dieses System bietet umfangreiche Leistungen für das Erstellen und Gestalten von Bürographiken. Auch unterschiedliche Schriften lassen sich darstellen und über einen hochauflösenden Drucker wiedergeben. Zusätzlich zur bekannten klassischen Systembedienung über Tastatur kann beim Gestalten von Graphiken die sog. Maus sehr elegant und zeitsparend zur Bedienung des Systems benützt werden.

Ziele eines Bürosystems

Die Konzeption dieser Mehrplatzsysteme zielt darauf ab, zeitaufwendige, oft unproduktive und mit grossen Fehlermöglichkeiten behaftete Tätigkeiten im Büro zu eliminieren. Einzelne Bürotätigkeiten sollen durch die Systeme so einfach auszuführen sein, daß eine arbeitsteilige Erledigung unterbleibt. Dadurch wird nicht nur die Höhe der aufgewendeten Arbeitszeit, sondern v.a. Dingen auch die Durchlaufzeit eines Bürovorganges wesentlich gekürzt.

Diese Vorteile sind nur zu erreichen, wenn die Informationen über möglichst viele Bearbeitungsphasen in elektronischer Form erhalten bleiben und an den Arbeitsplätzen zur Verfügung stehen. Voraussetzungen sind deshalb, neben der Verarbeitungsleistung, entsprechend große Speichermöglichkeiten, sowie die Kommunikation unformatierter Dokumente, auch in unfertigem Zustand.

Die elektronische Form eines Dokumentes bietet nämlich während des Bearbeitungsprozesses große Vorteile gegenüber der Form auf Papier. Büroarbeit dient letzten Endes dazu, Information nicht nur neu zu erarbeiten, sondern am Ende der Bearbeitung an jedem einzelnen Arbeitsplatz auch formal so anzuordnen, daß ein Optimum an Übersicht erreicht wird.

Je nach der Aufgabenstellung differieren jedoch die Anforderungen an die Übersichtlichkeit. Auf Papier fixierte Information kann nur durch Abschreiben einzelner Informationselemente in die gewünschte zweckmäßige Form umgewandelt werden. Dies ist ein zeitaufwendiger und mit großen Fehlergefahren verbundener Vorgang.

Untersuchungen haben gezeigt, daß im Durchschnitt rund 1/3 der Arbeitszeit im kreativen Sachbearbeiterbereich für das Abschreiben vorhandener Information benötigt wird (Bild 2).

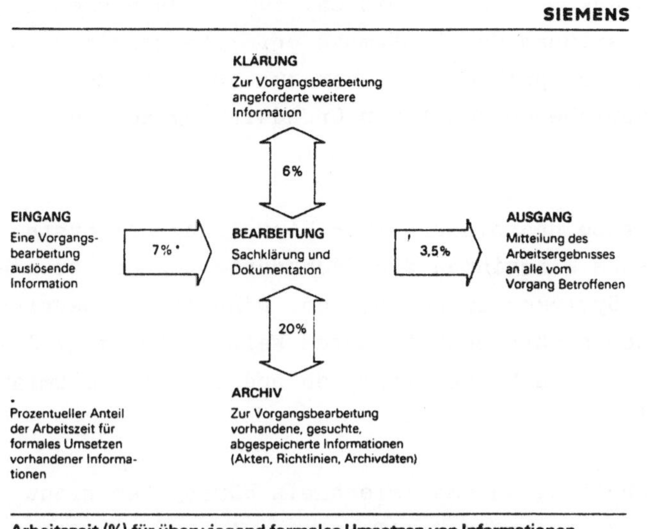

Arbeitszeit (%) für überwiegend formales Umsetzen von Informationen

Wird Information frühzeitig in elektronische Form gebracht, muß dagegen eine vom Ersterfasser eingegebene Anordnungsstruktur bei der Weitergabe an andere Arbeitsplätze nicht durch <u>Abschreiben</u>, sondern kann durch <u>Plazieren</u> neu geordnet werden. Durch Positionieren einer Schreibmarke ordnet das System die markierte Information ohne "Abschreibfehler" an der angegebenen Stelle an.

Der Zeitgewinn durch diese Arbeitsweise ist beträchtlich; besonders das Nachbessern von Schreibfehlern entfällt. Auch die Eingabe neuer Informationen ist problemloser: Schreibfehler, zuviel geschriebene oder vergessene Wörter erfordern kein Neuschreiben. Wörter wie Buchstaben können elektronisch überschrieben, neue Zeichen an beliebiger Stelle eingefügt, unnötige einfach gelöscht werden.

Weil das Korrigieren in der elektronischen Form keine Mühen verursacht, kann dem Autor am Bürosystem Korrekturlesen und Korrigieren im gleichen Arbeitsgang zugemutet werden. Das Verbessern einer Information während des Korrekturlesens bedeutet, daß der nochmalige Aufwand für das Abtippen eines mit ebenso grossem Zeitaufwand erstellen Korrekturkonzeptes entfällt. Korrektur und Reinschrift verschmelzen.

Der Vorteil der ökonomischeren Arbeitsweise bleibt jedoch nicht auf den Arbeitsplatz des Erstautors beschränkt. Dokumente, die hintereinander von Mehreren bearbeitet werden, können, elektronisch übermittelt, an jedem Arbeitsplatz der Tätigkeitskette ebenso mühelos weiter ergänzt und "korrigiert" werden.

Akzeptanz und Bewährung der Systeme

Das Einführen von über 40 Stück Systemen 1 mit ca. 500 Bildschirmen und weit über 500 Arbeitsplatzstationen des Systems 2 erfolgte schrittweise. Die zunächst erwarteten Akzeptanzprobleme blieben aus. Die Gründe hierfür liegen in der oben beschriebenen positiven Grundwirkung der Bürosysteme.

Nach dem Aufstellen der Systeme und einer kurzen Einweisung bei System 1 bzw. einer Schulung bei System 2 beginnen die Sachbearbeiter neu zu erstellende Dokumente mit den Systemen zu bearbeiten, während sie bereits angearbeitete Vorgänge in der bisher praktizierten Weise erledigen. Zunächst steht es also jedem Sachbearbeiter frei, ob und in welchem Umfang er das System benützen will.

Im Gegensatz zur Datenverarbeitung automatisiert ein Bürosystem nicht die Abarbeitung einer vorprogrammierten Teilfolge von Arbeitsschritten, sondern unterstützt Tätigkeiten, wie beispielsweise Schreiben, Korrigieren, Ausfüllen, Kopieren, Ablegen, Versenden usw. Deshalb entfällt der Zwang, zu einer ganz bestimmten Stunde die gewohnte Arbeitserledigung total aufzugeben und nur noch das System zu benützen. Deshalb gibt es auch nicht die von der Einführung von DV-Verfahren her bekannten Streßsituationen nach der Inbetriebnahme der Systeme.

Bereits nach wenigen Tagen erkennen die Sachbearbeiter Vorteile und Erleichterungen für die eigene Arbeit. Erstaunlicherweise wird schon nach sehr kurzer Zeit begonnen, die elektronische Korrektur von Konzepten, die von Schreibkräften erstellt und über Electronic-Mail dem Autor zugespielt werden, als etwas selbstverständliches zu praktizieren.

Sehr schnell beginnt auch der erwünschte Rückgriff auf abgelegte Dokumente, wenn in einem gerade bearbeiteten Vorgang Schriftstücke entstehen, die einer bereits früher erledigten Angelegenheit sehr stark ähneln. Die Sachbearbeiter verändern selbst an den zutreffenden Stellen die Dokumente, ordnen sie neu in das Archiv ein und haben ohne Einschalten einer Assistenzkraft inhaltlich und formal den neuen Vorgang erledigt.
Im Laufe der Anwendung entwickeln sich nach den ersten Wochen folgende Gewohnheiten:

- Die Electronic-Mail-Funktion wird von Anfang an benutzt. Die anfängliche Unsicherheit, ob abgesandte Nachrichten wirklich den Empfänger erreichen, schwindet schnell.

- Die elektronische Ablage ist zunächst ungewohnt, man mißtraut dem unsichtbaren Helfer, befürchtet Informationsverlust. Deshalb wird zunächst sehr viel ausgedruckt.

- Beim Einrichten des Archives und beim Ablegen von Dokumenten wird zunächst relativ willkürlich verfahren. Nach 8 bis 10 Wochen lernt man, dass die Arbeit viel leichter fällt, wenn man eine leicht merkbare, sachgebietsbezogene Archivordnung einhält.

- Ein wesentlich anders gelagertes und nicht durch reine Gewohnheit zu lösendes Problem taucht bei der Electronic-Mail auf, wenn hintereinander geringfügig korrigierte Varianten des gleichen Dokumentes an die gleichen Adressaten versendet werden.

  Da der Empfänger die Eingangspost der Reihe nach bearbeitet, ergänzt er zwangsläufig die zuerst erhaltene Fassung um die Information seines Arbeitsbereiches. Erst nach Abschluß der Arbeit stößt er auf das zweite Dokument und muss die schon geleistete Arbeit nochmals nachvollziehen. Diese Handeln entspringt einem Hang zum Perfektionismus, muß aber bei Bürosystemen von Anfang an bekämpft werden.

  Zusammen mit Electronic-Mail muß eine Spielregel im Betrieb eingeführt werden: Ein versendetes Dokument sollte aus der Sicht des Absenders endgültig und inhaltlich "freigegeben " sein. Formelle Korrekturen sollten, wenn überhaupt erforderlich, als Nachtrag übermittelt werden, den dann der Empfänger in das bei ihm vorhandene Dokument elektronisch einträgt. Dabei erkennt er, inwieweit dieser Nachtrag die von ihm bereits ergänzten neuen Informationen berührt. Bei gravierenden inhaltlichen Änderungen muß das bereits abgesendete elektronische Dokument zurückgezogen werden.

- Der Hang zur formalen Perfektionierung nach dem Motto: das können wir leicht ändern, denn es ist ja gespeichert, geht im übrigen bei Bürosystemen schnell und automatisch wieder zurück. Im Gegensatz zur Einführung der Speicherschreibmaschinen muß ja die Perfektionierungsarbeit letzten Endes der Autor selbst vornehmen. Der zusätzliche Hantierungsaufwand fällt ihm deshalb bald selbst lästig.

Nutzen der eingesetzten Systeme

Die bisher durchgeführten Systemeinsätze haben in allen Fällen die prognostizierten Arbeitserleichterungen sowie eine veränderte Arbeitserledigung gebracht.

Der jahrelange Druck auf die Reduzierung von Assistenzkapazitäten in Schreibdiensten, Zeichenbüros und im Botenbereich mit einer häufig begleitenden Zentralisierung dieser Dienste hat die Durchlaufzeit von Vorgängen verlängert. Die meist angespannte Auftragslage forderte andererseits eine rasche Erledigung aller Vorgänge im Bürobereich. Das Abhängigsein von zentralen Ressourcen - und das gilt gleichermaßen für Datenverarbeitungs- wie Textverarbeitungs-Unterstützung - führt zu überlang empfundenen Wartezeiten und damit zu einer Streßsituation im Sachbearbeiterbereich.

Das Wiederverwendenkönnen vorhandener Texte und Tabellen abschnittsweise oder zur Gänze ohne neuerliche zeitaufwendige Eingabe wird deshalb als sehr positiv empfunden und schon nach kurzer Übergangszeit praktiziert. Dadurch lassen sich auch individuelle Vorgänge so ökonomisch erledigen, wie dies bisher nur bei Standardschriftgut mit Hilfe von Textbausteinen möglich war.

Die raschere Erledigung der Vorgänge wird insgesamt sehr positiv beurteilt: Die Vorgangsbearbeitung ist weniger oft unterbrochen durch zwischenzeitliches Ausfertigen einer Reinschrift, Sammeln mehrerer gleichartiger Vorgänge zur konzentrierten Dateneingabe usw. Ein immer wieder Neuhineindenkenmüssen beim Fortsetzen der Bearbeitung entfällt. Die Terminverfolgung und -übersicht über Erledigtes und Nichterledigtes ist einfacher. Der frühere Umfang von doch recht untergeordneten Abschreib-, Kopier- und Sortiertätigkeiten sowie der relativ große Zeitaufwand hierfür werden erst bei Anwendung der Elektronik voll bewußt.

Allerdings gibt es auch bei Bürosystemen "niederwertige Tätigkeiten": Das Pflegen der Archive, das Sichern der elektronisch abgelegten Information, das Fortschreiben und Ergänzen von Electronic-Mail-Adressen, von Postein- und -ausgangsbüchern usw.

Vorbereitende Arbeiten vor der Einführung von Systemen

Bereits eine innerbetriebliche Insellösung bringt hohe Durchlaufbeschleunigung, weil über 85% aller Kommunikationsvorgänge zwischen den Sachbearbeitern im Hause ablaufen.

Völlig sich selbst überlassen darf man weder die Auswahl noch die Aufstellung der Systeme noch die Einrichtung der gemeinsamen Funktionen Electronic-Mail und Ablage. Die Planung der neuen Arbeitsweise bei Nutzung der Geräte darf aber nicht dazu führen, daß jeder einzelne Handgriff vorgegeben wird.

Die sachlichen Probleme werden verschärft wegen fehlender Bürosystemerfahrung der Organisatoren. Bei Rückgriff auf Mitarbeiter aus der DV-Planung wird ein Kreis mit einem ausgeprägten Hang zur Reglementierung kleinster Details angesprochen, was sich letzlich prohibitiv, zumindest schädlich auswirkt. Aus diesen Gründen muss man die Vorplanung künftiger Arbeitsweisen relativ grob und knapp halten, die Feinplanung sozusagen on-the-job den späteren Nutzern überlassen.

Das Vorgehen wird in folgenden Situationen vereinfacht:

Verfügt der betrachtete Bereich über eine etablierte Schreibdienstorganisation, läßt sich nach einer sehr kurzen Analyse des Schriftgutes zur Feststellung des Grafikanteiles und des Umfanges von Tabellen die Systementscheidung treffen. Auf die bestehende Organisationsstruktur kann ein Bürosystem einfach "übergestülpt" werden. Die Arbeitserleichterung und die Durchlaufbeschleunigung ergibt sich dadurch, dass nur noch die umfangreichen Arbeiten bei der Ersterfassung eines Dokumentes durch den Schreibdienst ausgeführt werden. Alle Korrekturen und Ergänzungen erledigen die Sachbearbeiter unmittelbar bei der Korrekturlesung des erfassten Dokumentes an ihrem eigenen Bildschirm.

Verfügt man über keine organisierte Testverarbeitung oder will man das Zusammenspiel von Sachbearbeitern und Führungskräften produktiver gestalten, ist eine Kommunikationsanalyse unerlässlich. Sie liefert quantitative Aussagen darüber, welche Mitarbeiter in welchem Umfang sehr viel miteinander zu tun haben. Diese Sachbearbeitungsplätze sind dann an ein Kommunikationssystem primär anzuschliessen.

Die in unserem Hause entwickelte Methode PLAKOM ermöglicht eine ausreichend gute Analyse mit vertretbarem Aufwand. Sie liefert auch Daten zur Dimensionierung von Archivgrösse, zur Electronic-Mail usw.

Weiterhin sind folgende Maßnahmen empfehlenswert:

- Frühzeitige Demonstration der Laienbedienbarkeit der Technik vor den Mitarbeitern.
- Einweisung in die Grundfunktionen erst zeitgleich mit der Installation.
- Vorbereiten und Abspeichern von Formularen, Briefbögen mit Briefkopf in internen und externen Formaten, sowie der gebräuchlichen Verteiler in Form von elektronischen Standarddokumenten vor der Inbetriebnahme des Systems.

Abgrenzung und Kooperation zur Groß-Datenverarbeitung

Der gravierende Unterschied zwischen Datenverarbeitung und Bürosystemen besteht darin, daß die Datenverarbeitung hundertprozentige formale und inhaltliche Erfüllung der vorgegebenen Datenstrukturschemata verlangt. Sie zwingt deshalb den Sachbearbeiter zu umfangreichen Zwischenaufzeichnungen bis er alle für die Dateneingabe benötigten Informationen komplett zur Verfügung hat. Auch ausgabeseitig läßt die Groß-DV häufig eine beliebige Weiterverwendung der Ergebnisinformation nicht zu.

Diese Arbeitsphasen im Vorfeld der Datenverarbeitung und in der Weiteraufbereitung von Ergebnissen sind die Domäne von Bürosystemen. Das über Tage verteilte Sammeln von Informationen kann in elektronischer Form formlos, unstrukturiert als Text oder als Datum vorgenommen werden. Ergänzungen sind beliebig möglich. Sind alle Informationen vorhanden, kann die strenge Struktur des Dateneingabesatzes durch elektronisches An- bzw. Umordnen einzelner Informationen am Bürosystem sehr einfach durchgeführt werden. Anschließend läßt sich der so erzeugte Struktursatz dem DV-Verfahren übergeben.

Ergebnisdaten der Großdatenverarbeitung, über Filetransfer in ein Bürosystem geholt, lassen sich aufwandsparend weiterbearbeiten: Auszüge, verbale Ergänzungen oder lesbarere Tabellen sind einfach herstellbar.

Bürosysteme sind deshalb eine Ergänzung, kein Ersatz für DV!!

Datenschutz, Datensicherheit und hierarchische Archivstruktur

Bürosysteme unterliegen den Datenschutzbestimmungen in gleicher Weise wie Datenverarbeitungsanlagen. Technisch besteht aber ein gravierender Unterschied zwischen den Archiven von Bürosystemen und den Datenbanken von Datenverarbeitungsanlagen und Personalcomputern.

In der Datenverarbeitung werden Informationen in vorgegebener Struktur als Daten gespeichert und verarbeitet. Bei Kenntnis der Aufbaustruktur eines Datensatzes kann jedes einzelne Datenfeld eindeutig interpretiert werden. Deshalb ist es möglich, Dateien automatisiert inhaltlich auszuwerten.

In Büroarchiven wird die Information nicht strukturiert abgespeichert. Es sind nur komplette Dokumente, d.h. DIN A4-Seiten ansprechbar. Ein automatisches Interpretieren des Informationsgehaltes ist bisher nicht möglich. Eine automatische Auswertung kann deshalb auf inhaltlicher Ebene nicht erfolgen. Bei entsprechend sorgfältiger Vergabe von Betreffs und Suchdeskriptoren kann allerdings auch in einem Büroarchiv die Menge aller, einen Deskriptor betreffenden oder zu einem Vorgang gehörenden Dokumente gesucht und auf Bildschirm oder Drucker voll inhaltlich sichtbar gemacht werden.

Im Hinblick auf die automatische Auswertung personenbezogener Daten sind Bürosysteme deshalb höchstens gleich, in der Regel weniger "gefährlich" als Datenverarbeitungssysteme.

Anders verhält es sich für den Aspekt Vertraulichkeit und Datensicherheit (hier besser Informationssicherheit).

Die Interpretation eines Datenbestandes einer Gross-DV-Anwendung setzt die genaue Kenntnis der einzelnen Satzbeschreibungen bzw. des Datenbankschemas voraus. Satzbeschreibung und Datenbankschemata sind jedoch nicht im Datenbestand abgespeichert, sondern Bestandteile von Dv-Programmen. Im angenommenen Fall einer unerlaubten Einsichtnahme in eiren Datenbestand muss sich der Eindringende deshalb nicht nur die einzelnen Daten, sondern an anderer Stelle auch durch die Strukturbeschreibungen deren Bedeutung besorgen.

Aus einem Büroarchiv widerrechtlich abgerufene Dokumente erscheinen optisch erkennbar auf Bildschirmen oder Druckern. Die Bedeutung der Information kann durch Lesen des Textes oder Betrachten des Bildes dem Dokument unmittelbar entnommen werden. Der Zugriff auf eine einzige Quelle liefert die Gesamtinformation für eine personelle Verwertung.

Den Schutzmechanismen bei elektronischen Archiven wird deshalb grosses Augenmerk gewidmet. Das Schutzprinzip beruht, wie bei der Grossdatenverarbeitung, auf Paßwörtern. Die Wirksamkeit des Schutzes hängt damit ausschliesslich von der Sorgfalt des Benutzers und seinem Willen ab, auch alle im System vorgesehenen Schutzmechanismen zu aktivieren.

Ein weiterer Schutz wird erreicht durch hierarchische, voneinander unabhängige Archive. Auch aus Gründen der Handhabbarkeit und aus ökonomischer Sicht sollte den Verfechtern nur zentraler Archive auf Großrechnersystemen eine endgültige Absage erteilt werden.

Denn man kann grundsätzlich davon ausgehen, daß eine reibungslose Zusammenarbeit von Fachressorts geradezu die Eigenständigkeit der elektronischen Abteilungsarchive bedingt. Da ein automatischer "Querzugriff" auf eine vorläufige, als Konzept abgespeicherte Information aus anderen Fachbereichen wegen der Erklärungsbedürftigkeit dieser Information keinen Sinn hat, gibt es auch keinen Zwang, die inhaltlich autarken Archive körperlich zusammenzufassen.

Bei Bürosystemen wird es deshalb eine gestufte Archivstruktur geben müssen, wie sie heute in der Papierorganisation praktiziert wird:

- Das "Schreibtischarchiv", elektronisch nachgebildet nach Möglichkeit im Endgerät am Arbeitsplatz,
- das "Abteilungsarchiv", elektronisch nachgebildet in den Clustern, Konzentratoren oder Archivservern, und selbstverständlich auch
- Zentralarchive für in der Breite benötigte, freigegebene Information.

Die bisher eingesetzten Systeme bestätigen die notwendige Mehrstufigkeit von Archiven.

Ausblick

Die bisher installierten Bürosysteme haben die Richtigkeit des eingeschlagenen Weges bewiesen. Das Abnehmen niederer Handhabungstägigkeiten schafft im Sachbearbeiterbereich mehr Zeit für die kreative inhaltliche Bearbeitung. Im Assistenzkräftebereich muß frühzeitig im Sinne einer Selektion ein Teil der Mitarbeiter an die einfache Sachbearbeitung herangeführt werden. Der andere Teil wird nach wie vor für das zurückgehende Volumen von Assistenzarbeit und für neue Dienste im Zusammenhang mit der Erhaltung der Anwendungsbereitschaft von Büro-systemen und elektronischen Archiven verbleiben.

Die rasch erkannte Arbeitserleichterung führt dazu, daß Sachbearbeiter und Assistenzkräfte sehr schnell ökonomische Arbeitsweisen praktizieren.

Offensichtlich größere Probleme beginnen sich auf der Führungsebene abzuzeichnen. Mangelnde Bereitschaft, selbst die Elektronik zu benutzen, führt bald zu Informationsverlust, weil nicht mehr alles in Form von Papier quasi automatisch über diese Arbeitsplätze läuft. Denn der Papierweg beginnt ja im direkten Sachbearbeiterverkehr ein mit Zusatzaufwand belasteter Sonderweg zu werden.

Die zweite Schwierigkeit besteht darin, daß fachabteilungsübergreifende Kommunikation oft als Untergraben der Abteilungsfachverantwortung eingestuft wird. Besonders große Zurückhaltung ist zu beobachten, wenn die elektronisch praktizierte Vorgangsbearbeitung nahelegt, gewisse Fachverantwortungen zusammenzufassen, bzw. die arbeitsteilige Erledigung begrenzt aufzugeben. Die früher geäußerte Vermutung, daß Bürosysteme erstmals nicht nur im Sachbearbeiterbereich, sondern auch im Führungsbereich Auswirkungen zeigen werden, haben sich bestätigt.

Die für jede einzelne Sachbearbeiter- und Assistenzkraft gleichermaßen spürbaren Vorteile sind jedoch so groß, daß diese Personengruppen nach der relativ kurzen Umgewöhnungszeit auf die Arbeitserleichterung durch die Bürosysteme nicht mehr verzichten wollen. Dadurch ist die weitere Verbreitung von Bürosystemen vorprogrammiert. Sie sollte auch im Sinne der Humanisierung der Arbeit forciert werden.

Aus den Erfahrungen mit den zahlreichen, z.T. seit über einem Jahr betriebenen Bürosysteminstallationen im Hause SIEMENS kann generell nur bestätigt werden, daß der Einsatz von Bürosystemen mit kombinierter Verarbeitungs-, Speicher- und Kommunikationsleistung <u>zur Unterstützung von Handhabungstätigkeiten und nicht zur Automatisierung von Fachfunktionen</u> der richtige Weg ist, die Produktivität im Büro wirkungsvoll zu erhöhen.

Fachgespräch 3

Graphische Datenverarbeitung -

Sprachen und Systeme

Einführung in das Fachgespräch

"Graphische Datenverarbeitung - Sprachen und Systeme"

W. Barth

Technische Universität Wien
Institut für Praktische Informatik
Argentinierstr. 8
A-1040 Wien

Die entscheidenden Fortschritte des letzten Jahrzehnts bei der Hardware (Mikroprozessoren, Rastertechnologie) sind die Grundlage für die schnelle Entwicklung der graphischen Datenverarbeitung zu einem bedeutenden Teilgebiet der Informatik. Die Schnittstelle zur Programmierung graphischer Systeme wurde durch das graphische Kernsystem (GKS) normiert. Auf dieser Grundlage entstehen vielfältige Systeme für die Lösung der speziellen Probleme dieses Gebietes wie auch seiner Anwendungen. Die Bedeutung der Standards, insbesondere von GKS, für die Entwicklung von Systemen der graphischen Datenverarbeitung wird in dem Übersichtsbeitrag "10 Jahre graphische Standards" ausführlich diskutiert.

In dem Fachgespräch werden drei Schwerpunkte behandelt:

1. Graphische Programmierung
2. Spezifische Algorithmen für die graphische Datenverarbeitung
3. Fragen der Kommunikation mit graphischen Systemen

Der einleitende Beitrag zeigt, welche Probleme bei der Verknüpfung der graphischen Datenverarbeitung mit Rechnernetzen, z.B. dem Deutschen Forschungsnetz, zu untersuchen sind.

Das graphische Kernsystem hat von Deutschland ausgehend weltweit Bedeutung erlangt (ISO-Norm). Es wird naturgemäß auch bei diesem Fachgespräch der Gesellschaft für Informatik intensiv behandelt. Besonders das Problem der Einbettung von GKS in verschiedene Sprach- und Anwendungsschalen spielt eine große Rolle. Großes Interesse dürften dabei in Zukunft objektorientierte Ansätze erregen. Auch bei der Erweiterung von Programmiersprachen um graphische Komponenten bildet GKS eine geeignete Grundlage und Schnittstelle zur Implementierung, ein Beitrag behandelt dieses Thema für PROLOG.

Anwendungen der graphischen Datenverarbeitung setzen sich oft deshalb zur zögernd durch, weil die potentiellen Anwender nicht oder nur schlecht auf die neue Technologie vorbereitet sind. Um dem vorzubeugen, werden an der Technischen Universität Dresden detaillierte Lehrkonzepte für Maschineningenieure mit Erfolg in die Praxis umgesetzt.

Zwei wichtige Anwendungen der graphischen Datenverarbeitung neben dem CAD sind die Präsentationsgraphik und die computerunterstützte Erstellung von Druckvorlagen, bestehend aus Text und Graphik. Auch diesen beiden Themen sind Beiträge gewidmet.

Bei den spezifischen Algorithmen für die graphische Datenverarbeitung wird zunächst eine neue Methode für die Bildgenerierung, das stochastische Sampling, vorgestellt. Eine interessante Verbindung mit dem Ray-Tracing-Verfahren wird aufgezeigt. Die Verschneidung von krummen Flächen ist ein oft rechenzeitaufwendiges Unterfangen, gewinnt durch den zunehmenden Einsatz von Freiformflächen im CAD aber enorm an Bedeutung. Unabhängig von speziellen Systemen werden Prinzipien für den Aufbau schneller Algorithmen auf diesem Gebiet zusammengefaßt.

Die Verlagerung von immer mehr Intelligenz in einen graphischen Arbeitsplatzrechner ermöglicht die Konstruktion immer leistungsfähigerer Konfigurationen für Graphik-Anwendungen. In Zukunft soll auch die Speicherverwaltung dezentral erfolgen. Andererseits sind viele Speicherungsprobleme so komplex, daß noch an ihrer prinzipiellen Struktur gearbeitet wird. Ein komplettes Datenbanksystem für geometrische Daten, das sogenannte Root Modelling Interface, wird in Entwurf und Implementierung vorgestellt. Fragen wie Datensicherheit und Portabilität spielen dabei eine wichtige Rolle.

Die Beschreibung des GKS-orientierten Kommunikationssystems GOCS bildet schließlich den Abschluß des Fachgespräches. Ein Anwender kann netzweit alle vorhandenen graphischen Hard- und Softwareressourcen auch interaktiv nutzen. Entsprechend den Forderungen an Netzwerkarchitekturen merkt der Benutzer dabei keinen Unterschied zur lokalen Nutzung.

Programmkomitee für dieses Fachgespräch: W. Barth (Technische Universität Wien), P. Egloff (Hahn-Meitner-Institut, Berlin), J. Encarnacao (Technische Hochschule Darmstadt), G. Enderle (Standard Elektrik Lorenz, Stuttgart), R. Gnatz (Technische Universität München), W. Straßer (Technische Hochschule Darmstadt), P. Wißkirchen (GMD, St. Augustin).

Graphische und Modell - Datenverarbeitung im Deutschen Forschungsnetz DFN

Peter Egloff
Hahn - Meitner - Institut Berlin

1. Einführung

Dieser Beitrag soll einen Überblick über einige Projekte aus dem Gebiet der Graphischen und Modell-Datenverarbeitung geben, die im Rahmen des Aufbaus des Deutschen Forschungsnetzes DFN durchgeführt werden. Wiederholt gab es in den vergangenen Jahren in verschiedenen Rechnernetzprojekten Vorhaben, eigene Protokolle für graphische Applikationen zu entwickeln, doch sind diese immer in Ansätzen stecken geblieben. Im DFN soll nun versucht werden, graphische und Modell-Datenstrukturen in einheitlicher Weise zu beschreiben und geeignet netzneutral für den Austausch innerhalb des DFN zu codieren.

2. Das Deutsche Forschungsnetz DFN

Die Ziele des Forschungs- und Entwicklungsvorhabens DFN sowie die Inhalte der einzelnen Projektbereiche sind detailliert in /18/ beschrieben. An dieser Stelle seien daher nur wenige markante Punkte aus dieser Quelle zitiert.

Hauptziel des DFN-Projektes ist es, Anwendern aus dem Wissenschaftsbereich (Hochschulen, Großforschungseinrichtungen und Forschungseinrichtungen der Industrie) ein Instrumentarium von Kommunikationsdiensten bereitzustellen. Mit solchen Diensten soll diesen Nutzern die Möglichkeit gegeben werden, auf lokal nicht vorhandene Datenverarbeitungsressourcen wie Spezialrechner, spezielle Software-Systeme, Datenbanken oder Spezialperipherie zugreifen zu können. Darüberhinaus sollen neuartige Kommunikationsdienstleistungen entwickelt werden wie z.B. rechnergestützte Message-Systeme.

Bei der Realisierung des DFN werden herstellerneutrale Kommunikationsstandards eingeführt, soweit dieses technisch durchführbar ist. Mittel- und langfristig werden Kommunikationsprotokolle nach CCITT-Empfehlung und/oder nach ISO-Norm eingesetzt werden. Um in der Aufbauphase des DFN (0. Generation) überhaupt akzeptable Dienste anbieten zu können, wurde für die Schichten 4 und 5 des Basis-Referenzmodells zunächst auf existierende Protokolle aus Vorgängerprojekten zurückgegriffen. In der 1. Generation der DFN-Protokolle werden dann wohldefinierte Untermengen der ISO-Protokolle für die Schichten 4 und 5 eingesetzt, die sich mit den entsprechenden CCITT-Empfehlungen decken.

Einen wesentlichen Beitrag bei der Planung des DFN wurde von sogenannten Nutzergruppen geleistet, die seit Beginn der Konzeptionsphase an der Definition der Ziele mitgearbeitet haben. Durch dieses Vorgehen soll sichergestellt werden, daß am Ende der Aufbauphase das Instrumentarium DFN vielfältig genutzt werden wird und sich dadurch finanziell selbst tragen kann.

3. Graphische Anwendungen in einer Rechnernetzumgebung

Anhand der in Abbildung 1 dargestellten Szenarien sollen die verschiedenen Forschungs- und Entwicklungsaufgaben erläutert werden, die in Projekten des Arbeitskreises Graphik des Deutschen Forschungsnetzes DFN durchgeführt werden.

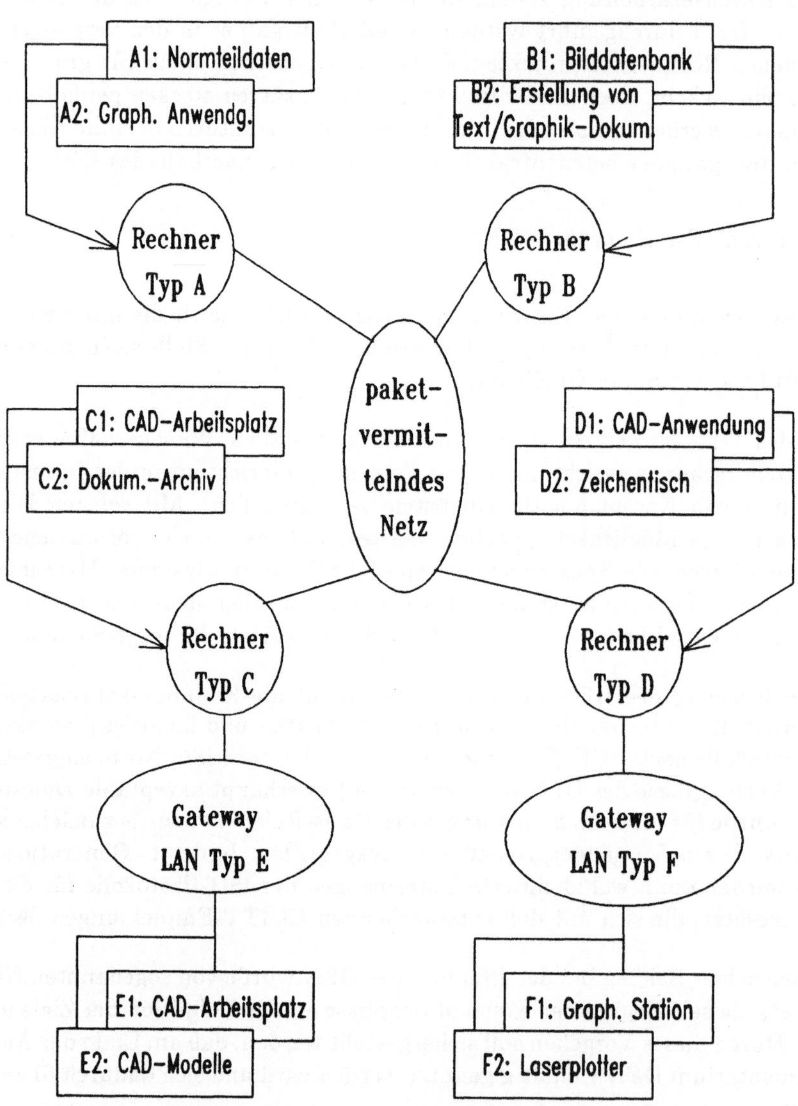

Abbildung 1: Szenario verteilter graphischer Anwendungen

Grundlage der Arbeiten ist ein paketvermittelndes Rechnernetz, in dem die Protokolle entsprechend den Schichten 1 bis 5 des Basis-Referenzmodells für die Kommunikation offener Systeme /1/ verfügbar sind. Unter "offen" wird dabei verstanden, daß Rechensysteme verschiedener Hersteller Informationen untereinander austauschen können. Es wird also vorausgesetzt, daß innerhalb des offenen Kommunikationssytems mindestens die Dienste eines einheitlichen Protokolls der Transportschicht (Schicht 4) oder aber diese Dienste oberhalb der Kommunikationssteuerungsschicht (Schicht 5) zur Verfügung stehen. Eine erste Analyse der Anforderungen an die Kommunikationsdienste seitens der Anwendungen der Graphischen und Modell-Datenverarbeitung hat gezeigt /8/, daß zunächst auf spezifische Dienste der Kommunikationssteuerungsschicht (z.B. Synchronisationsmechanismen) verzichtet werden kann. Weiterhin gilt die Annahme, daß lokale Netze (LAN) unterschiedlicher Architektur über spezielle Gateways Zugang zu dem offenen Kommunikationssystem haben. Über Lösungsansätze zu diesem Thema befindet sich ein Beitrag in diesem Tagungsband /9/.

Um die vielfältigen Kommunikationsbeziehungen für den Austausch von graphischer oder Modell-Information darzustellen, sollen einige mögliche, extreme, aber nicht untypische Anwendungen innerhalb des Szenario aus Abbildung 1 erläutert werden.

Szenario 1:

Ein Anwender arbeitet an der graphischen Dialogstation (F1) mit der Anwendung (A2); die erzeugten Bilder werden auf dem Zeichentisch (D2) ausgegeben.

Szenario 2:

Ein Anwender sitzt am CAD-Arbeitsplatz (E1) und erzeugt ein Modell (E2) in seiner lokalen Umgebung. Zur Weiterverarbeitung muß dieses Modell am CAD-Arbeitsplatz (C1) zur Verfügung stehen, von dem aus mit der Anwendung (D1) gearbeitet wird und Normteile aus der Modelldatenbank (A1) integriert werden.

Szenario 3:

Ein Anwender erstellt an der Dialogstation (B2) einen technischen Bericht. Dabei greift er auf Teile im Dokumentenarchiv (C2) zurück und integriert Bilder (B1) in sein Dokument. Das fertige Dokument wird auf dem Laserplotter (F2) ausgegeben.

Diese Szenarien wurden so gewählt, daß sie die drei Hauptarbeitsgebiete des Arbeitskreises Graphik im Deutschen Forschungsnetz DFN widerspiegeln:

— Graphischer Dialog und Bildaustausch

— Modellierdialog und Modellaustausch

— Dezentrale Erzeugung und Austausch von Dokumenten

Die einzelnen Themenkreise werden in Kapitel 5 behandelt.

4. Grundlagen der Entwicklungsarbeiten

Die Grundideen, die sämtlichen Planungen bei der Spezifikation von speziellen Diensten für die Anwendungsbereiche der Graphischen Datenverarbeitung und der Modell-Datenverarbeitung zugrunde lagen, waren einerseits die Erkenntnis, daß in den Jahren 1982/83 bei Aufnahme der Arbeiten zum Aufbau des Deutschen Forschungsnetzes DFN verbindliche Protokollempfehlungen für die Schichten 6 und 7 - die Darstellungsschicht und die Anwendungsschicht - des Basis-Referenzmodells national und international seitens ISO oder CCITT nicht vorlagen. Andererseits wuchs bei den Anwendern der Wunsch, über bereits vorhandene lokale, regionale oder überregionale Rechnernetze neben existierenden Diensten wie Filetransfer (FT), Remote Job Entry (RJE) oder Zugang zu Timesharing-Systemen (Dialog) auch spezifische Information aus den Anwendungsgebieten der Graphischen und Modell-Datenverarbeitung auszutauschen. Die Frage nach den spezifischen Anliegen der Gebiete Graphik und Modellverarbeitung bei der Konzeption der oberen Protokollschichten und implizit die Frage, was denn Graphische Datenverarbeitung und Modell-Datenverarbeitung überhaupt mit dem Aufbau eines Deutschen Forschungsnetzes zu tun habe, wurde damit beantwortet, daß Vereinbarungen zwischen verschiedenen Anwendungssystemen getroffen werden müssen, um z.B. Modelle zwischen verschiedenen CAD-Systemen oder auch Bilder (z.B. technische Zeichnungen) austauschen zu können.

Der Drang nach solchen Vereinbarungen zeigte sich zunächst noch unabhängig von der Entwicklung von Rechnernetzen in der Spezifikation von Schnittstellen zum Austausch von Modelldaten, z.B. der "Initial Graphics Exchange Specification IGES" /5/ oder auch der "Flächenschnittstelle des VDA-VDMA" /6/. Ebenso sind die Vereinbarungen über den Austausch von Bildern über den Metafile des Graphischen Kernsystems GKSM /2/ oder auch den Computer Graphics Metafile CGM /3/ einzuordnen. Sämtliche Entwicklungen dieser Art wurden zunächst aufgenommen, ohne die Möglichkeiten von oder auch Einschränkungen durch Rechnernetze(n) zu berücksichtigen. Durch die Erarbeitung des Basis-Referenzmodells für die Kommunikation offenener Systeme wurden Prinzipien über Strukturierungsmechanismen von Kommunikationsdiensten getroffen. Daher lag es nahe, diese Strukturierungsmechanismen auch bei der Spezifikation von Vereinbarungen über die Funktionalität und Codierungen von graphischen Basisfunktionen bzw. von Modellfunktionen anzuwenden. Im Rahmen der Arbeiten zum Aufbau des Deutschen Forschungsnetzes DFN wurde daher folgende Vorgehensweise verfolgt, die in /16/ detailliert beschrieben wird:

1. Spezifikation einer netzeinheitlichen Funktionalität für die Beschreibung von graphischen Funktionen, Bildern, Modellen und Dokumenten. Diese Vereinbarungen entsprechen der Definition von Protokollen der Anwendungsschicht (Schicht 7).
2. Spezifikation einer oder mehrerer netzneutraler Darstellungen der unter 1. festgelegten Funktionen. Diese Problematik der Codierung von Information entspricht der Definition von Protokollen der Darstellungsschicht (Schicht 6).
3. Komprimierung der auszutauschenden Information durch spezifische Algorithmen oder durch einen Intelligenzabgleich zwischen Sender und Empfänger. Je nach Art der Komprimierung handelt es dabei um Aufgaben, die entweder der Schicht 6 oder der Schicht 7 zuzuordnen sind.

5. Die Teilprojekte des Arbeitskreises Graphik im DFN

Am Ende von Kapitel 3 wurden die drei Hauptarbeitsgebiete des Arbeitskreises Graphik im DFN bereits erwähnt. An den Arbeiten sind derzeit folgende Einrichtungen beteiligt:

— Institut für Schiffs- und Meerestechnik, TU Berlin

— Institut für Baukonstruktion, TU Berlin

— Fraunhofer Institut für Produktionsanlagen und Konstruktionstechnik, Berlin

— Forschungszentrum Informatik, Universität Karlsruhe

— Forschungsabteilung Volkswagenwerk, Wolfsburg

— Fachgruppe für graphisch interaktive Systeme, TH Darmstadt

— Rechenzentrum Universität Stuttgart

— Zentraleinrichtung für Datenverarbeitung, Freie Universität Berlin

— Gruppe für Graphische Datenverarbeitung, Hahn-Meitner-Institut Berlin

Im folgenden sollen die Inhalte der einzelnen Teilprojekte etwas detaillierter beschrieben werden.

5.1. Graphischer Dialog und Bildaustausch

Die Anforderungen von Nutzern werden in Szenario 1 im Kapitel 3 dargestellt.

a. Einem Anwender, dessen Arbeitsplatz ein graphisches Sichtgerät (graphische Dialogstation, workstation) ist, soll das Arbeiten mit Anwendungssytemen lokal und über Rechnernetze in **gleicher** Weise ermöglicht werden. Dazu ist die Spezifikation einer netzneutralen Schnittstelle für den interaktiven Austausch graphischer Funktionen sowie die netzneutrale Codierung dieser Funktionen nötig. In den laufenden Projekten wurde dazu das "workstation interface" WSI /7/ innerhalb des Graphischen Kernsystems GKS definiert, über das die Kommunikation zwischen verschiedenen "workstations" im Sinne von GKS und den GKS-Kern-Funktionen zusammen mit dem Anwendungsprogramm abgewickelt wird. Die Ergebnisse dieser Arbeiten sollen dazu beitragen, die internationalen Aktivitäten auf dem Gebiet des "virtuellen graphischen Terminals" voranzutreiben. Details zu diesem Thema sind in /10/ in diesem Tagungsband enthalten.

b. Um den Austausch von Bildern innerhalb von Rechnernetzen zu ermöglichen, wurde neben dem GKS-Metafile der Computer Graphics Metafile CGM definiert /3/. Für diesen wurden rechenanlagenunabhängige Softwaresysteme zur Erzeugung und Interpretation entwickelt. In der ersten Ausbaustufe wurde der CGM in einer lesbaren, mit einem Texteditor modifizierbaren Codierung - der sogenannten Klartextcodierung - erzeugt, um die damit erzeugten Bilder mit dem Text-File-Transferdienst austauschen zu können. In der zweiten Stufe wird die sogenannte Character-Codierung implementiert, die gemeinsam von ISO, ECMA und CEPT entwickelten Prinzipien genügt /19/. Der erzeugte Code wird gegenüber dem klartextcodierten auf circa 30% reduziert; eine so beschriebene Datei wird binär innerhalb eines Rechnernetzes ausgetauscht.

5.2. Modellierdialog und Modellaustausch

Die Arbeiten auf diesen Gebieten im Rahmen des DFN befinden sich noch in der Konzeptionsphase. In dieser wird zunächst untersucht, inwieweit netzneutrale Darstellungen von Modelldaten gefunden werden, in die die systemspezifischen Datenstrukturen konvertiert werden sollen. Auf diese Weise wird ein Austausch von Modelldaten zwischen unterschiedlichen Modellierern ermöglicht, die dezentral in einem Rechnernetz vorliegen können. In einem weiteren Schritt sollen geeignete Codierungs- und Komprimierungsalgorithmen entwickelt bzw. eingesetzt werden, um das Volumen der zu übertragenden Daten zu reduzieren.

In einer zweiten Phase sollen die Probleme des Modellierdialogs gelöst werden. Eine einheitliche Anwenderschnittstelle zu Modelliersystemen in Rechnernetzen soll den Zugang für die Anwender vereinfachen. Die Ergebnisse der laufenden Arbeiten werden in /12/ publiziert und sollen hier nicht vorweggenommen werden. Der aktuelle Stand der Diskussion bei den an den Arbeiten beteiligten Projekten wird in /20/ dargestellt.

5.3. Dezentrale Erzeugung und Austausch von Dokumenten

In diesem Arbeitsschwerpunkt wurde zunächst eine netzneutrale Dokumentendatenstruktur definiert, die es dem Anwender ermöglicht, Texte zusammen mit Graphik bzw. Teile von Texten dezentral zu erzeugen und zu verwalten, um sie dann an zentraler Stelle zusammenfügen, aufbereiten - d.h. formatieren - und geeignet darstellen bzw. ausgeben zu lassen. Der Ansatz dieser Arbeiten orientiert sich an der Office Document Architecture ODA der ISO. Um Dokumente geeignet auszuzeichnen, wurde auf ein anderes Produkt der ISO - Generic Document Representation Specification SGML - zurückgegriffen. Diese Vorgehensweise befreit den Anwender von jeglichen Layout-Überlegungen, da er nur noch Einfluß auf die logische Struktur seines Dokuments hat. Dadurch besteht für die Nutzer die Möglichkeit des "joint editing", von der schon jetzt verschiedene Nutzergruppen innerhalb des DFN Gebrauch machen. Detaillierte Information über diesen Themenkreis ist in /11/ in diesem Tagungsband enthalten.

6. Ausblick

Die einzelnen diskutierten Projekte befinden sich teils noch in der Konzeptionsphase teils bereits in der Realisierung. Der graphische Dialog auf der Basis des Graphischen Kernsystems GKS wird zu Beginn des Jahres 1986 auf Rechenanlagen Siemens mit BS2000 und BS3000 sowie auf VAX unter VMS mit einigen GKS-Arbeitsplätzen realisiert sein. Bilder in Klartextcodierung nach dem Computer Graphics Metafile CGM können auf allen am DFN angeschlossenen Rechanlagen erzeugt werden. Das Dokumentenverarbeitungssystem läuft zur Zeit auf einer Rechanlage von Typ VAX unter VMS; als Formatierer wird TEXvon D. Knuth eingesetzt. Der Anschluß von UNIX-Systemen und von IBM-Script ist geplant.

7. Literaturverzeichnis

/1/ ISO/IS 7498 Open Systems Interconnection, Basic Reference Model, May 1983

/2/ ISO/IS 7942 Graphical Kernel System GKS, Functional Description, November 1984

/3/ ISO/DIS 8632/1...4/ Computer Graphics - Metafile for Transfer an Storage of Picture Description an Encoding, Part 1, 2, 3 and 4, March 1985

/4/ ISO/TC 97/SC 21 N 597 CG-VDI Baseline Document, Computer Graphics - Interfacing Techniques for Dialogues with Graphical Devices, Functional Description, Revision 3, March 1985

/5/ National Bureau of Standards (NBS): Initial Graphics Exchange Specification IGES, Version 2.0, U.S. Department of Commerce, Washington 1983

/6/ DIN 66301 Flächenschnittstelle des Verbands der Automobilhersteller (VDA) und Verbands Deutscher Maschinen- und Anlagenbau (VDMA), Februar 1985

/7/ DIN NI 5.9.4 -15/84 Das Workstation Interface WSI des Graphischen Kernsystems GKS, August 1984

/8/ Graphische Kommunikation in offenen Rechnernetzen, Workshop des Arbeitskreises Graphik im DFN, Zentrale Projektleitung DFN, Mai 1984

/9/ B. Butscher und L. Henckel: LAN-WAN Interconnection: Ein Architektur- und Protokollansatz, Jahrestagung des Gesellschaft für Informatik GI, Springer Verlag, Wien September 1985

/10/ Ch. Egelhaaf und G. Schürmann: Das GKS-orientierte Kommunikationssytem, Jahrestagung des Gesellschaft für Informatik GI, Springer Verlag, Wien September 1985

/11/ A. Scheller: Dezentrale Verarbeitung von Dokumenten im Rahmen des DFN auf der Basis internationaler Standards, Jahrestagung des Gesellschaft für Informatik GI, Springer Verlag, Wien September 1985

/12/ H. Nowacki, G. Spur, F.-L. Krause, H. Grabowski: Voruntersuchung über "Kommunikation zwischen Produktmodelliersystemen über neutrale Schnittstellen im Deutschen Forschungsnetz", Zentrale Projektleitung DFN (in Vorbereitung)

/13/ P. Egloff: Graphische Datenverarbeitung in Rechnernetzen nach dem Referenzmodell für offene Systeme, in Geräteunabhängige graphische Systeme, Hsgb.: J. Encarnacao und W. Straßer, Oldenbourg Verlag München Wien 1981

/14/ P. Egloff: Graphische und Modell-Datenverarbeitung im Rechnernetz DFN, Jahrestagung des Gesellschaft für Informatik GI, Springer Verlag, Hamburg Oktober 1983

/15/ P. Egloff: Graphische Datenverarbeitung in Rechnernetzen, CAMP '84, Berlin September 1984

/16/ P. Egloff: Die Graphischen Protokolle im Deutschen Forschungsnetz DFN, GI-Fachtagung "Kommunikation in Verteilten Systemen I", Springer Verlag, Karlsruhe März 1985

/17/ P. Egloff, Ch. Egelhaaf, G. Schürmann: Einsatz des Computer Graphics Interface CGI in offenen Rechnernetzen, GI-Fachtagung "Verteilte Graphik und ihre Anwendung in offenen Netzen", Darmstadt Mai 1985, Springer Verlag

/18/ K. Ullmann: Mehr Kommunikation für die Wissenschaft, in DFN-Mitteilungen, Heft 1, Februar 1985, Jahrgang 1, Hsgb.: Verein zur Förderung eines Deutschen Forschungsnetzes e.V., Pariser Str. 44, 1000 Berlin 15

/19/ Character Encoding Principles, aus Graphics Data Syntax for a multiple Workstation Interface, European Computer Manufacturer Association, ECMA TG PC N 44 Rev. 8 , March 1985

/20/ H. Grabowski, M. Koethe, F.-L. Krause, H. Hoffmann, H. Nowacki, K. Parlar: Anforderungen an geometrisches Modellieren in Rechnernetzen, GI-Fachtagung "Verteilte Graphik und ihre Anwendung in offenen Netzen", Darmstadt Mai 1985, Springer Verlag

Objektorientierte Sprachschalen für Graphische Kernsysteme

PETER WISSKIRCHEN, RÜDIGER KOLB, DIETER BOLZ

Gesellschaft für Mathematik
und Datenverarbeitung mbH

Zusammenfassung: *Eine bemerkenswerte Entwicklung der letzten Jahre ist die Konzeption und Verbreitung hochleistungsfähiger Arbeitsplatzrechner mit objektorientierter Programmierumgebung. Diese Systeme verfügen über leistungsfähige graphische Basissysteme, welche aber keineswegs genormt sind. Wir wollen im folgenden analysieren, inwieweit die bestehende GKS-Norm [ENDE83][ENDE84] und das in der Normung befindliche System PHIGS [ANSI84] sich für die Verwendung in objektorientierten Umgebungen eignen.* *

1. Objektorientierte Programmierung

Wir beginnen mit einem Zitat: "Viele Anzeichen sprechen dafür, daß das Attribut 'objektorientiert' zum Schlagwort der 80-er Jahre wird, wenn es um die Beschreibung von Sprachkonzepten, Systemen, Software- und Hardware-Architekturen geht [SYLL83] ".

Objektorientierte Systeme gelten nach Meinung vieler Fachleute als die Systeme, die einer flexiblen und inkrementellen Softwareentwicklung auf Arbeitsplatzsystemen am ehesten entgegenkommen. Zur Diskussion und Einführung in die Thematik sei auf [STOY83A] und [GILO83] verwiesen. Wir fassen einige Hauptmerkmale objektorientierter Programmierung zusammen [STOY83B]:

— Jeder Gegenstand in einem objektorientierten System ist ein **Objekt**.

— Jedes Objekt ist **Instanz** einer **Klasse** und verhält sich in der durch die Klassendefinition vorgeschriebenen Weise; daneben verfügen Objekte auch über instanzenspezifische individuelle Information.

— Klassen werden definiert durch die **Nachrichten**, die ihre Objekte empfangen, und die **Methoden**, die sie zu deren Bearbeitung verwenden.

— Die Programmierung in einem objektorientierten System besteht im Definieren von Klassen, Erzeugen von Instanzen dieser Klassen und Senden von Nachrichten an solche Instanzen.

Wesentliches Merkmal objektorientierter Systeme sind die in ihnen zur Verfügung gestellten Vererbungsmechanismen. So kann z.B. bei der Erzeugung von Klassen auf andere Klassen Bezug genommen werden, um deren Methoden zu übernehmen, zu unterdrücken oder neue hinzuzufügen. Programmiersprachen wie Simula oder Smalltalk [GOLD83] unterstüzen unmittelbar objektorientierte Prinzipien, während in anderen Sprachen, insbesondere Lisp, objektorientierte Erweiterungen realisiert wurden, die z.B. bei der Entwicklung von Systemen aus dem Bereich der Künstlichen Intelligenz Anwendung finden. Objektorientierte C-Erweiterungen unter Unix zielen darauf, die Vorteile des dieses Ansatzes in die "Unix-Welt" zu integrieren.

* Die angebrachte Kritik gilt allerdings auch für andere Sprachen, die höhere abstrakte Datentypen unterstützen (z.B. ADA), da die angeführten Punkte nicht alle an eine objektorientierte Betrachtungsweise gebunden sind.

2. Graphik in objektorientierten Systemen

Objektorientierte Programmiersprachen sind zunächst unabhängig von Graphik zur Programmierung beliebiger Anwendungen geeignet. Andererseits sind aktuelle Programmierumgebungen (etwa für Smalltalk-80 oder der Programmierumgebung von Lisp-Maschinen) auf graphischen Arbeitsplatzrechnern realisiert und es steht dort ein Graphik-Kern, realisiert durch vorgefertigte Graphik-Klassen, zur Verfügung. Für diese Systeme läßt sich die Situation etwa so beschreiben:

— Die Funktionalität des Graphik-Kerns ist schmaler als die von GKS.

— Die Funktionalität ist jedoch keine echte Teilmenge von GKS. Realisiert sind sog. Fenstersysteme und auf rastergraphischen Grundfunktionen aufbauende Algorithmen, die vermutlich auch auf der Basis von GKS realisierbar wären.

— Es gibt noch keine de-facto Norm für die auf diesen Systemen realisierten Graphikbausteine.

Die heute auf objektorientierten Systemen angebotenen Graphikbausteine stellen für die Interaktion am Bildschirm gewissermaßen einen Minimalumfang dar. Da die graphische Schnittstelle geräteabhängig ist, ist Portabilität nicht gewährleistet. Deshalb muß überlegt werden, wie ein Beitrag zur Portabilität geleistet werden kann, und ob GKS eine Chance haben könnte, auch für die hier diskutierten Systeme zum Graphikstandard zu werden. Zur Zeit scheint GKS in der objektorientierten "community" nahezu unbekannt zu sein! Eine der wenigen Veröffentlichungen, die sich mit GKS und objektorientierten Systemen befaßt, stellt [LUBI84] dar. Hier wurde die "Amsterdamer" C-GKS-Implementierung in eine objektorientierte C-Umgebung eingebettet.

3. Realisierbarkeit eines objektorientierten GKS

Bevor wir auf noch nicht verabschiedete Normvorschläge und dabei insbesondere auf die mit PHIGS verknüpfte Thematik eingehen, wollen wir zunächst GKS betrachten. Wenn wir unter dem Aspekt der Realisierbarkeit etwas salopp von einem objektorientierten GKS sprechen, so geschieht dies im Zusammenhang mit der Frage, ob die Funktionen von GKS grundsätzlich in objektorientierte Systeme integrierbar sind. Genauer:

— Ist es möglich und sinnvoll, die in GKS beschriebenen Funktionen mit ihren Parametern eins zu eins abzubilden, d.h. ohne Funktionen zusammenfassen oder zerstückeln zu müssen? oder:

— Verlangen objektorientierte Systeme von der Syntax oder Semantik her völlig neue Konzepte?

Wie in [WISS85] nachgewiesen, wirft die 1:1-Übertragung von GKS in z.B. eine SMALLTALK Umgebung keine grundsätzlichen Probleme auf. Die einzelnen GKS-Funktionen werden (statt wie bei Fortran durch Unterprogrammaufrufe) hier durch Nachrichten festgeschrieben. Die Definition z.B. eines Smalltalk-80-GKS ist also nichts anderes als das, was zur Festschreibung der sog. Sprachbindung (language binding) gehört. Hierzu einige Beispiele: Der Fortran-Aufruf in GKS zum Zeichnen eines Linienzuges (POLYLINE) ist nach [ISO84] definiert als:

```
(1) CALL GPL(N,PXA,PYA) .
```

Die 1:1-Übertragung nach Smalltalk-80 wäre

```
(2) PolyLine px: pxa py: pya.
```

In Beispiel (2) wird der Klasse PolyLine die Nachricht geschickt, eine neue Instanz von sich zu erzeugen. Besser - und mit den GKS-Spracheinbettungsregeln i.w. kompatibel wäre es, zunächst eine Klasse "Koordinatenfolge" (PointSequence) zu definieren, die gewünschte Koordinatenfolge als Objekt zu erzeugen und eine Zuweisung vorzunehmen:

```
(3) coordinates <--- PointSequence px : pxa py: pya.
```

Danach könnte dann mit dem Nachrichtenmuster "psequ" (für point-sequence) diese Koordinatenfolge (coordinates) an die Linienzug-Klasse PolyLine gesendet werden.

```
(4) PolyLine psequ: coordinates .
```

Das Beispiel zeigt, daß es sinnvoll ist einige häufig verwendete Datentypen (Punktfolge, Rechteck) als vordefinierte Klassen in das System zu integrieren. Instanzen dieser Klassen können als Nachrichten an andere Objekte gesendet werden. So können auch GKS-Funktionen, die Eingabewerte oder Systemzustände erfragen, realisiert werden. Beispielsweise die Abfrage des Lokalisierers (locator) mit den Eingabewerten wkid (workstation identifier) und lcdnr (locator device number) würde ein Objekt locator liefern.

```
(5) locator <--- Requlocator workst: wkid devn: lcdnr.
```

Dessen Ausgabeparameter werden durch unäre Nachrichten yourPosition und transformnr erfragt.

```
(6) position <--- locator yourPosition .
```

liefert ein Objekt, das den Positionswert darstellt und

```
(7) transnr <--- locator transformnr .
```

ein entsprechendes Objekt für die Transformationsnummer.

Wir sehen also, daß die Übertragung der GKS-Funktionen keine grundsätzlichen Probleme aufwirft. Dies gilt auch für die in GKS verfolgte Technik des "modalen" Setzens von Systemzuständen (etwa Setzen eines Darstellungsattributes) mit Wirkung auf zeitlich nachfolgende Funktionen. Derartige Befehle können als Meldungen an GKS-interne Objekte interpretiert werden, deren Zustände von späteren Nachrichten erfragt werden können. Beim oben angeführten Beispiel haben wir in (3) in klassischer Sprechweise den neuen Datentyp Punktfolge eingeführt und für die Darstellung eines Linienzuges genutzt. Ein Anwendungsprogrammierer, der unter Verwendung einer objektorientierten Programmierumgebung (ohne auf einen vorgefertigten Graphikkern zugreifen zu können) Linienzüge programmieren d.h. konstruieren und darstellen möchte, würde noch einen Schritt weiter gehen. Nach der Erzeugung der Klasse "PointSequence" genau wie in (3), würde er als Effekt des Aufrufes (4) nun mit

```
(8) poly <--- PolyLine psequ: coordinates .
```

das Objekt poly der Klasse PolyLine (anstatt wie in (4) das Trivialobjekt "nil") erzeugen ohne dieses sofort auf dem Bildschirm darzustellen. Für die Darstellung hätte er folgende Möglichkeit:

```
(9) GKS display: poly .''Meldung an GKS, poly darzustellen''
```

Nun haben wir die Situation, daß in (8) ein Objekt poly referierbar ist. Insbesondere kann poly damit an andere Objekte gesendet werden, z.B. in eine Liste eingesetzt oder sonst irgendwie wiederverwendet werden. Damit haben wir uns in "natürlicher" Weise dem Aufgabenkomplex genähert, der sich der Konstruktion komplexerer Bildstrukturen, neben der reinen Ausgabe auf graphische Geräte, widmet (siehe dazu Kapitel 5). Auch die Konstruktion von Segmenten und der damit verbundene Namensmechanismus wirft keine formalen Probleme auf. Die in objektorientierten Systemen vorhandenen Vererbungsmechanismen haben ebenfalls keine Auswirkungen auf eine GKS-artige Schnittstelle; in der Hand des Anwendungsprogrammierers stellen sie ein Hilfsmittel zur Modellierung komplexerer Graphikbausteine dar. Ein objektorientierter Graphik-Kern ist also machbar. Er würde dem Anwendungsprogrammierer Leistungen, die dem eines "normalen" Fortran- oder Pascal-GKS entsprächen, zur Verfügung stellen.

4. GKS und objektorientierte Philosophie

Grundgedanke einer objektorientierten, oder einer Programmierung mit abstrakten, höheren Datentypen allgemein, ist es, dem Anwendungsprogrammierer Konstrukte anzubieten, bzw. von ihm realisieren zu lassen, die es ihm erlauben, mit dem System so zu "reden" wie es seiner Modellvorstellung entspricht.

Das bedeutet für ein graphisches Kernsystem, daß es ermöglichen soll, graphische Objekte auf einem höheren Abstraktionsniveau bereitzustellen und Funktionen für deren Änderung bzw. deren Aufbau vorzusehen. Ist diese Forderung in GKS erfüllt? Wir möchten diese Frage schon vorweg mit ja beantworten.

Der Festlegung der GKS-Funktionalität liegt eine bestimmte Philosophie zugrunde, deren Inhalt es ist, daß der Anwendungsprogrammierer im **zeitlichen** Ablauf interaktive Anwendungsprogramme erstellt. Hierzu stehen ihm z.B. folgende Mechanismen zur Verfügung: der Anwendungsprogrammierer erzeugt unter Namensnennung einzelne Segmente, auf diese kann er (zeitlich später) zurückkommen im Sinne eines Referierens, etwa beim Einsetzen eines Segmentes in ein anderes. Ist ein Segment geöffnet, so werden später generierte Primitive automatisch diesem Segment zugeordnet. Ähnliches gilt auch für Attribute. Wichtig ist es, daß es ein **Überschreiben** von Attributen gibt. Wird etwa ein Maßstab geändert, so erfolgt bei GKS automatisch eine zeitlich zu interpretierende Änderung des Environments. Bemerkt sei, daß die Handhabung der GKS-Funktionen im Sinne der obigen Generierung strengen Regeln unterworfen ist. So darf z.B. nur ein Segment offen sein; gewisse Änderungen dürfen nur bei wohldefinierten Systemzuständen erfolgen, so daß letztlich Zuwiderhandlungen gegen diese Prinzipien zu frühem Zeitpunkt vom Anwendungsprogrammierer durch Erfragen von Fehlermeldungen korrigiert werden können.

Ebenfalls "spricht" GKS oft in höheren Objekten unter Nennung von deren Namen, etwa bei der Änderung von Segmentattributen oder beim Einsetzen eines Segmentes unter einer speziellen Transformation.

5. Zum Abstraktionsniveau der PHIGS-Spezifikation

Die von PHIGS vorgeschlagenen Funktionen zur Konstruktion komplexer graphischer Darstellungen basieren auf der Konstruktion von Strukturlisten (structures). Eine Strukturliste wird beschrieben durch eine lineare Liste, in der graphische Grundelemente, Darstellungsattribute, Verweise auf andere Strukturlisten, label u.s.w. "aufgesammelt" werden. Dies geschieht in Form üblicher Listenmanipulationen, insbesondere über die Navigation eines "Element pointer".*

Wir wollen im folgenden unsere Kritik an PHIGS durch die Diskussion einzelner Punkte verdeutlichen:

a) Zur "horizontalen" Kennzeichnung bestimmter Stellen in einer Struktur setzt PHIGS ein "Label" an eine Position der Strukturliste, will aber "eigentlich" eine Gruppe von graphischen Grundelementen benennen.

Analysieren wir PHIGS, so stellen wir auf dem Niveau der Benennung von Strukturen noch eine gewisse Ordnung fest: eine Struktur muß einen eindeutigen Namen haben, es wird überprüft, ob der hierarchische Zusammenhang zwischen Strukturen ein azyklischer, gerichteter Graph ist. Große Mängel sehen wir beim Editieren des Inhaltes einer Struktur. Kommen wir zunächst auf die Gruppenbildungsmechanismen innerhalb einer Struktur. Hierzu sieht PHIGS vor an einem Pointer innerhalb einer linearen Struktur einen Label zu setzen. Streng logisch wird hierbei nur der Bereich vor dem Label von dem Bereich dahinter abgetrennt. Damit ist aber das

* Neben PHIGS ist ein in seiner Mächtigkeit vergleichbarer Vorschlag von Steinhart [STEIN84] in der Diskussion, der sich stärker auf die Aufwärtskompatibilität zu GKS konzentriert, mit dem Namen "GKS Output Level 3". Die an PHIGS geäußerte Kritik gilt allerdings auch hier.

Bilden von durch Namen referierbaren Gruppen nur auf sehr niedrigem Niveau beschrieben. Natürlich kann man innerhalb einer linearen Liste diejenigen Abschnitte markieren, die z.B. eine Tür darstellen sollen; dem auf höherem Niveau operierenden Programmierer kommt diese Vorstellung aber nicht entgegen. Er muß in PHIGS entweder die Tür durch Türanfangs- und Türendelabels markieren (ein Vorgang, der dem Setzen von GOTO-Sprungmarken gleichkommt und leicht zu Spaghetticode führt, wenn man bedenkt, daß sich derart benannte Abschnitte auch überschneiden können) oder, noch schlimmer, als Türende einfach den Anfang der nächsten Gruppe, z.B. den Tankdeckel deklarieren.Besser wäre es, anstatt Labels Gruppenklammern zur horizontalen Benennungvon Elementen innerhalb einer Struktur vorzusehen, in der Art:

```
Group new:  door
....
....
door close
```

Um nun eine Tür zu löschen, muß man nicht den Bereich von Marken spezifizieren, zwischen dem gelöscht werden soll, sondern man kann das benannte Objekt mit einem Aufruf wie DELETE(door) entfernen.

Nebenbei bemerkt, läßt PHIGS es ausdrücklich zu, daß Marken auch mehrfach auftreten dürfen, und nimmt dabei alle daraus entstehenden Konsequenzen in Kauf.

b) PHIGS fügt nicht-graphische application data in die Strukturliste ein, will aber "eigentlich" diese Daten mit graphischen Objekten assoziieren.

Die nicht graphischen Daten beziehen sich auf das (graphische) Objekt in seiner Gesamtheit und gehören daher nicht mitten in die Strukturliste. Wenn einzelne Teile einer Struktur separat mit nicht-graphischen Daten versehen werden sollen, so wäre es auch hier besser, entsprechende Gruppen deklarierbar zu machen.

In einem objektorientiertem System wie SMALLTALK-80 ist, wenn man graphische Daten nicht bewußt von den "normalen" Objekten trennt, ein solcher Formalismus gar nicht notwendig, denn gerade die Gruppierung auf einem hohen Level ist eines der Fundamente objektorientierter Programmierung. Hier gehören graphische und nicht-graphische Daten zum selben Objekt, ein Objekt, welches sich der Programmierer für seine ganz konkrete Anwendung selbst optimal definieren kann. Er ist somit nicht auf die vorgefertigten Datenstrukturen, wie sie aber von PHIGS letztlich vorgeschrieben werden, angewiesen. Diese können einerseits zu leistungsfähig sein, und führen so zu unnötigem Overhead, oder zu schwach, womit der Programmierer dann doch noch seine eigene Lösung finden muß.

Die Trennung von graphischen und nicht-graphischen Daten mag aber aus verschiedenen Gründen dennoch notwenig sein, wenn z.B. aus Effizienzgründen oder, um ein PICK-Device zu unterstützen, ein Segmentspeicher verwaltet werden muß.In diesem Fall bietet es sich aber an, besagten Vorgang der Assoziierung mit nicht-graphischen Daten als Meldung an das graphische Objekt zu verstehen, eine Referenz zu eben diesen Daten herzustellen:

```
(10) car associate:  850 .  ''das Auto wiegt 850 kg''
```

und dann

```
(11) weight <--- car association .''Abfrage des Gewichtes''
```

c) PHIGS läßt es zu, daß in die Strukturen beliebig Elemente eingefügt werden, ohne Konsistenzüberprüfungen vorzunehmen

PHIGS verhindert nicht, daß der Programmierer fehlerhafte oder unsinnige Strukturen aufbaut. So kann man beispielsweise beliebig Transformationen aneinanderreihen, ohne daß das auf der logischen Ebene Sinn machen muß. Insbesondere ist es möglich, Strukturen aufzubauen, die gar nicht darstellbar sind. Zum Zeitpunkt der Definition werden keinerlei Prüfungen vorgenommen; erst beim Versuch, die Struktur auf dem angeschlossenen Gerät darzustellen, wird der Fehler offensichtlich. Die von uns vorgeschlagene Trennung von Objektdefinition (sprich Instantiierung) und Einfügen in eine Struktur ermöglicht es, schon bei der Definition Inkonsistenzen zu entdecken.

d) *Die PHIGS-Funktionalität wird viel zu implementationsnah beschrieben; der Programmierer immer wieder gezwungen, sich technische Details vor Augen zu halten, die mit der eigentlichen Aufgabe nichts zu tun haben. In PHIGS werden Strukturen in einer Art und Weise erstellt, die ein klares konzeptuelles Modell in Bezug auf die Darstellung von graphischen Objekten vermissen läßt.*

Zwischen der Darstellung graphischer Objekte in den PHIGS-Datenstrukturen und der Vorstellung eines Anwenders von solchen Objekten besteht eine Lücke. Im vertikalen Aufbau, das heißt der hierarchischen Anordnung von Unterstrukturen, ist noch die Konsistenz zwischen beidem gewahrt. Aber in horizontaler Richtung, das ist die Konkretisierung der Strukturen durch das Setzen von Transformationen, Attributen und Einsetzen von Primitiven, ist der Anwender gezwungen mit einer linearen Liste zu arbeiten. Er muß in dieser Liste die geeigneten Stellen für seine Manipulationen finden ohne damit einen direkten Bezug zum Gegenstand seiner Vorstellung zu haben. Die Eignung dieser Stelle hängt nicht zuletzt von der Wirkung der Veränderung auf andere Teile der Struktur ab. Die Position in der Liste bestimmt die spätere Wirkung eines Strukturelementes bei der Darstellung der gesamten Struktur auf einem Ausgabegerät.

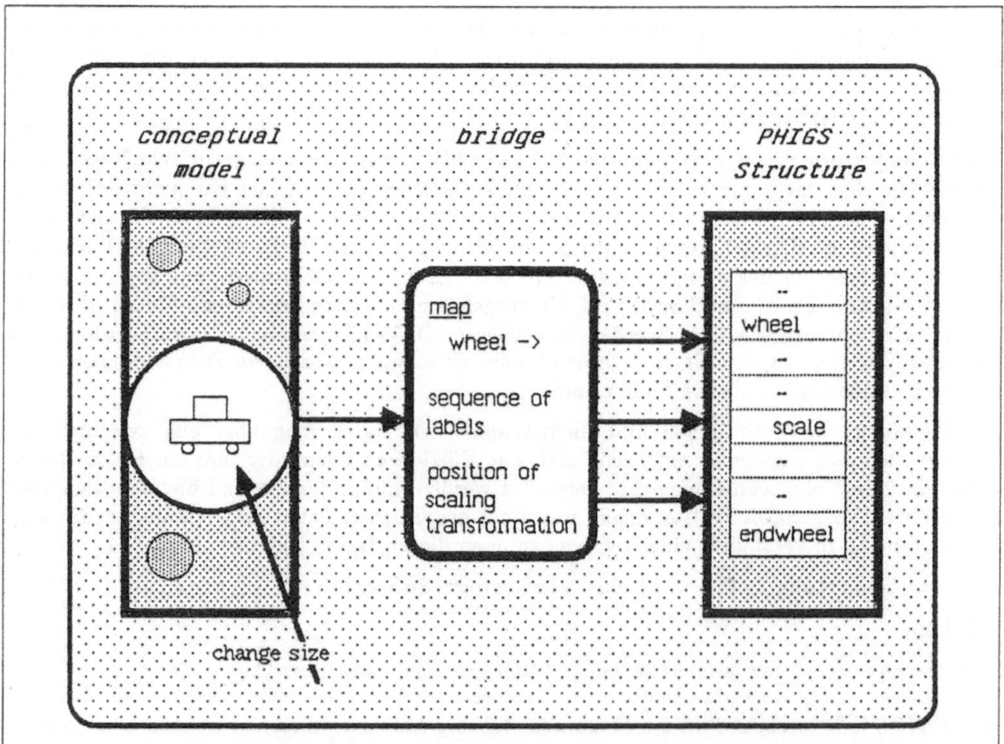

Abb. 1 eine Brücke zwischen unterschiedlichen Konzepten

Das bedeutet, daß der Programmierer eine Brücke zwischen seiner eigentlichen Anwendung und den zur Verfügung stehenden Datenstrukturen schlagen muß. Beispielsweise setzt eine

Manipulation an einem bereits konstruierten Auto (siehe Abbildung 1) voraus, daß in der oben beschriebenen Weise eine Markierung einzelner Teile, etwa der Räder, durch Anfangs- und Endemarke erfolgt ist. Ist das nicht der Fall, so ist ein Grad der Unübersichtlichkeit gegeben, der ein halbwegs komfortables Arbeiten unmöglich macht. Um nun eine Änderung der Reifengröße durchzuführen, muß zunächst das entsprechende Label gesucht werden, dann der Element pointer an eine geeignete Position gebracht werden und dann kann eine neue Transformation gesetzt werden. Aber nur die letzte Aktion ist die eigentliche Arbeit, die der Programmierer durchführen will.

Offenbar ist auch das Argument, mit einer solchen Liste die effizienteste Verwaltung für Strukturen zu haben, nicht stichhaltig, da der zusätzliche Aufwand durch den Anwender auf einem höheren Sprachniveau ebenfalls zu berücksichtigen ist. Eine weitere Möglichkeit wäre es, weitere Softwareschichten über das PHIGS zu legen, mit denen der Programmierer entlastet wird, aber auch dann ist ein Effizienzverlust die Folge.

Um auch bei PHIGS ein sauberes Modell zu erhalten, empfehlen wir die Verwendung des bereits beschriebenen Namensmechanismus. So ist der Gegenstand einer Manipulation referierbar - mit dem Namen aus der Vorstellung des Anwenders - und leicht lokalisierbar innerhalb der Struktur. Diese Sicht verträgt sich unmittelbar mit der objektorientierten Betrachtungsweise. Dabei bleibt auch der Vorteil, editierbare Strukturen zu besitzen, erhalten. Die Strukturen können wiedereröffnet werden und durch Nachrichten (in der objektorientierten Sprechweise) an ihre Bestandteile, sprich Objekte, verändert werden.

Es bleibt also festzuhalten, daß zwischen der PHIGS-Spezifikation und dem was man gemeinhin als graphisches Anwenderprogramm versteht, also einer Beschreibung von Veränderungen an einem graphischen Objekt, eine Grauzone besteht, die vom Programmierer ausgefüllt werden muß. Das heißt, daß er sich mit Details zu befassen hat, die von einem anwenderbezogenenen (P rogrammers HIGS) System eigentlich übernommen werden sollten.

Noch eine Bemerkung zur Editierung eines Segmentes in einem zu konzipierenden, flexiblen Graphiksystem mit objektorientierter Philosphie: man könnte einwenden, daß PHIGS bewußt eine lineare, horizontale Struktur editiert, um die erwünschte Flexibilität zu sichern. Dies ist unseres Erachtens nicht nötig. Wie das obige Beispiel zeigt, sind in objektorientierten Systemen graphische Primitive, wie poly in (8), unter diesem Namen referierbar. Unter Verwendung dieses Namens können sie also, falls es erforderlich ist, mehrfach zur Konstruktion neuer Segmente oder zum Herauslöschen eines Primitivs aus einem Segment verwendet werden. Ein relativ einfaches Problem ist es, Zusatzmechanismen, auch in klassischen Programmiersprachen wie FORTRAN zur Verfügung zu stellen, die dies ermöglichen. Das Grundprinzip lautet also, Editierung von graphischen Strukturen über Nennung von Namen wie bei GKS und nicht durch Hin- und Hergeschiebe, Ein- und Ausfügen aus lineraren, den Anwendungsprogrammierer in diesem Aufbau überhaupt nicht interessierenden Listen.

6. Ein Beispiel: ein sich bewegendes Objekt

Wir wollen im folgenden an einem kleinen, nicht vollständig ausgeführten Beispiel demonstrieren, wie sich die Modelle, die GKS und PHIGS dem Programmierer nach außen hin bieten, unterscheiden. Wir setzen uns als Aufgabe, ein als Segment bzw. Struktur vorliegendes Objekt zu bewegen. Das Segment sei vorgegeben; die Bewegung soll durch Umsetzen der Transformationsmatrix, die die Modellierung vornimmt, realisiert werden. Wir formulieren die jeweilige Realisierung in einem Pseudo-Pascal. In PHIGS würde das Problem wie folgt gelöst:

```
FOR I:=1 TO 10 DO                                      {das ganze 10 mal}
BEGIN

     EVALUATE TRANSFORMATION MATRIX(...);      {berechne neue Transformation}
     SET ELEMENT POINTER(..);                       {setze den Element pointer}
```

```
    DELETE ELEMENT();                              {entferne Mod.Transformation}
    SET MODELLING TRANSFORMATION(...);                          {neue Transf.}
    UPDATE WORKSTATION(..);
END;
```

Wir sehen, daß hier in der horizontalen Ebene editiert wird, wobei jedesmal der Element pointer auf die richtige Stelle gesetzt werden muss, dann die Transformationsmatrix gelöscht wird um dann neu gesetzt zu werden. Sinnvoller wäre es hier schon, wenn das betreffende Element **ersetzt** werden könnte. In GKS sieht die Lösung wesentlich eleganter aus:

```
FOR I:=1 TO 10 DO
BEGIN
    EVALUATE TRANSFORMATION MATRIX(...);
    SET SEGMENT TRANSFORMATION(.....);
    ...;
END;
```

Wir sehen hier eine viel klarere Lösung, die ein ähnliches Umherirren wie das mit dem Element pointer vermeidet. Eine Ersetzungsoperation wie oben erwähnt zusammen mit einem vernünftigen **Benennungsmechanismus** könnte in PHIGS diese unschöne Lösung verhindern.

7. Schlußbemerkung

Wir schlagen vor, ein hierarchisches graphisches System durch kontinuierlichen Ausbau der GKS-Funktionalität zu erreichen. Dies bedeutet, daß die Grundphilosophie des zeitlichen Aufbaus von Objekten und deren Änderung wie bei GKS beibehalten bleibt, und führt nicht, wie in PHIGS, zum zeitlich völlig unkoordinierten Aufbau horizontaler, linearer Strukturen mit Element pointern. Ziel unserer weiteren Forschungsarbeit ist es, GKS derart auszubauen, daß es etwa erlaubt ist, einmal kreierte Segmente wieder zu eröffnen und höhere hierarchische Strukturen im Sinne azyklischer Graphen, hierbei durchaus der Grundidee von PHIGS folgend, zu unterstützten. Aber eben nicht durch Update einer linearen Struktur und durch Navigation mit Element pointern, sondern durch Befehle wie REOPEN-SEGMENT(Segment Name) u.ä.. Wir sind der Meinung, daß ein Standard auf diesem höheren Level festgeschrieben werden soll, damit Implementationsdetails unter Benutzung von Brücken, wie im obigen Beispiel gezeigt, dem Anwendungsprogrammierer nicht aufgebürdet werden. Dies bietet außerdem die Möglichkeit, effiziente Hard- und Softwarearchitekturen durch den Hersteller eines Standards, also den Lieferanten, bauen zu lassen. Wir behaupten also, je höher die Funktionalität festgeschrieben wird, umso effizienter wird das Gesamtsystem (Kern und Anwendungsprogramm) und darauf kommt es an.

8. Literatur

ANSI84 ANSI/X3H31: "*PHIGS Baseline Document*"; Document ANSI/X3H3/85-21, 1985.

ISO84 ISO/TC97/SC5/WG2: "*Information Processing Systems - Computer Graphics -Graphical Kernel System (GKS) - Language Bindings, Part1: FORTRAN, ISO/DP/8651/1*"; (1984 December 5).

ENDE83 G. ENDERLE, K. KANSY, G. PFAFF: "*Die Funktionen des Graphischen Kernsystems*"; Informatik Spektrum 6 (1983), 55-75.

ENDE84 G. ENDERLE, K. KANSY, G. PFAFF: "*Computer Graphics Programming*"; Springer-Verlag, Berlin Heidelberg New York Tokyo 1984.

GOLD83 A. GOLDBERG, D. ROBSON: "*Smalltalk-80: The Language and its Implementation*"; Addison-Wesley, Reading, Mass., USA (1983).

GILO83 W. GILOI, M. SCHULZE-VORBERG JR. (HRSG.): "*Intelligenztechnologie*"; Teubner Verlag, Stuttgart (1983).

LUBI84 TH. LUBINSKY, I. HUTZEL: "*An Objekt-Oriented Graphical Kernel System*"; Comp. Graphics World, July 84, 70-75 (1984).

STOY83A H. STOYAN, H. WEDEKIND (HRSG.): "*Objektorientierte Software- und Hardwarearchitekturen*"; Teubner Verlag, Stuttgart (1983).

STOY83B H. STOYAN, G. GÖRZ: "*Was ist objektorientierteProgrammierung?*"; in [STOY83A, 9-31] .

SYLL83 K.-H. SYLLA: "*SIMULA und SMALLTALK - Sprachen zur objektorientierten Programmierung*"; in [GILO83, 9-47] .

WISS85 P. WISSKIRCHEN: "*Towards Object-Oriented Graphics Standards*"; (zur Veröffentlichung eingereicht), 1985 .

Eine Graphik-Erweiterung für PROLOG auf der Grundlage von GKS

W. Hübner
Fachgebiet Graphisch-Interaktive Systeme
FB Informatik ; TH Darmstadt
Alexanderstr. 24 ; D-6100 Darmstadt ; FR of Germany

Z.I. Markov
Institut of Industrial Cybernetics and Robotics
Bulgarian Academy of Sciences
Acad. G. Bonchev str. bl. 2 ; 1113 Sofia ; Bulgaria

1. Einführung

Die Programmiersprache **PROLOG** (Programming in logic) [1] gewinnt weltweit zunehmend an Bedeutung. PROLOG ist eine Sprache mit sehr mächtigen Datenverarbeitungsmechanismen wie Backtracking, Pattern Matching und relationale Datenbanken, und wird vor allem in Bereichen eingesetzt, die symbolische, deskriptive Methoden zur Problemlösung heranziehen. Hierzu zählen in erster Linie Anwendungsgebiete der künstlichen Intelligenz wie Expertensysteme und Verstehen natürlicher Sprache, aber auch die mathematische Logik (formale Ableitung von Beweisen, Spielprobleme), die Biochemie (Strukturanalysen) und Operations Research (Optimierungsalgorithmen).

Für viele dieser Anwendungen werden graphische Fähigkeiten benötigt. Zu diesem Zweck *muß* PROLOG um Möglichkeiten der graphischen Programmierung erweitert werden. Die Integration von Graphik und PROLOG schafft Voraussetzungen für die Entwicklung intelligenterer Umgebungen für die oben genannten Anwendungen.

Die hier vorgestellte Graphik-Schnittstelle für PROLOG basiert auf den Ideen und Prinzipien des **Graphischen Kernsystems GKS** [2]. GKS beinhaltet alle Fähigkeiten, die für die Mehrzahl der PROLOG-Anwendungen im Bereich Bildgenerierung und Ausgabe erforderlich sind. GKS hat sich darüber hinaus als internationaler Standard etabliert und ist weltweit anerkannt.

Dieser Aufsatz beleuchtet die Probleme bei der Integration von Graphik und PROLOG und definiert eine Schnittstelle, die nicht nur die GKS-Funktionalität abdeckt, sondern zusätzliche Möglichkeiten zur **deskriptiven, graphischen Programmierung** anbietet.

2. Prozedurale Graphiksysteme versus deskriptive Applikationen

Die graphische Programmierung ist bis heute eng verbunden mit algorithmisch-orientierten Sprachen. Die meisten der heute existierenden graphischen Applikationen wie Mensch-Maschine-Interaktionen sind **algorithmisch** konzipiert und implementiert und daher auf einer niedrigeren Abstraktionsebene als PROLOG anzusiedeln. Die Verarbeitung und Darstellung graphischer Daten sind gewöhnlich in algorithmische Programmiersprachen eingebettet. Diese algorithmischen Sprachen sind in aller Regel prozedural aufgebaut, d.h. die Realisierung eines Algorithmus erfolgt durch Prozeduren. Dadurch entwickelte sich die Computergraphik ebenfalls prozedur-orientiert. Eine graphische Aufgabe wird realisiert durch Unterprogramme und Funktionen, das Auslösen dieser Aufgaben erfolgt durch entsprechende Aufrufe.

Im Zuge der Standardisierungsbemühungen für graphische Systeme kristallisierte sich eine Gruppe von grundlegenden Funktionen für die Programmierung graphische Anwendungen heraus. Das Graphische Kernsystem GKS zum Beispiel definiert solch einen Funktionsumfang für interaktive und passive Graphik im Bereich zweidimensionaler Anwendungen. Die Struktur solcher an sich sprachunabhängiger Systeme basiert jedoch wiederum auf dem prozeduralen Ansatz algorithmischer Sprachen und verwendet deren gebräuchliche Datentypen. Dies ist zum einen historisch bedingt, zum anderen werden solche Systeme aber auch in erster Linie in block-orientierte Sprachen der dritten Generation eingebettet.

Mit der Entwicklung genormter graphischer Systeme hat sich das Problem der Spracherweiterungen für graphische Anwendungen auf die Definition von **Sprachanbindungen** des Standards an spezielle Programmiersprachen reduziert. Im Zuge der Normierung von GKS wurden derartige Sprachschalen für Fortran und Basic festgelegt, Sprachanbindungen für Ada, C und Pascal werden vorbereitet.

Für PROLOG als eine Sprache, die auf dem Prädikatenkalkül basiert und in ihren grundlegenden Konzepten stark von den gebräuchlichen algorithmischen Sprachen abweicht, erweist sich die Beschränkung auf eine funktionale Schnittstelle als unbefriedigend. Ein PROLOG-Programm ist eine Beschreibung eines Problemes durch Spezifikation von Fakten (*facts*) und durch Festlegung von Aussagen und Regeln darüber, wie die Lösung aus vorgegebenen Fakten abgeleitet werden kann. Die Lösung wird nicht algorithmisch durch Spezifikation von Umsetzungsschritten beschrieben, sondern **deskriptiv** durch Bezeichnung der Objekte und deren Beziehungen. Die graphische Programmierung soll in die jeweilige Anwendung eingebettet sein und daher ebenfalls deskripive Beschreibungselemente verwenden.

Für kleinere graphische Anwendungen ist es möglich, einige spezielle Graphik-Fähigkeiten anzubieten, die direkt auf PROLOG zugeschnitten sind und dabei in erster Linie die typischen PROLOG-Eigenschaften berücksichtigen.

Dieser Weg ist für bestimmte graphische Anwendungen, die eng mit PROLOG verbunden sind, geeignet. Dazu zählen z.B. graphische Darstellungen des PROLOG-Ausführungsbaumes als Visualisierung des Backtracking-Mechanismus oder der Einsatz eines graphischen Debuggers für PROLOG-Programme. Dieser Ansatz ist ebenfalls für Implementierungen auf Personal Computern geeignet, da dort Laufzeitverhalten und beschränkter Speicherplatz eine entscheidendere Rolle spielen. Ein schönes Beispiel für diese Lösung bietet *Graphics in Micro-PROLOG* [3].

Für komplexere graphische Anwendungen dagegen ist die Unterstützung durch ein leistungsstarkes graphisches System unumgänglich. PROLOG als eine Sprache der vierten Generation muß daher eine graphische Schnittstelle besitzen, die nicht nur den Funktionsumfang prozedur-orientierter graphischer Systeme besitzt, sondern auch den Anforderungen der deskriptiv-orientierten Wirtssprache und den dort üblichen Anwendungen genügt.

3. Ein zweistufigen Integrationsmodell

Die im vorigen Kapitel erläuterten Integrationsprobleme können durch ein zweistufiges Modell überwunden werden. Zunächst wird GKS als graphisches Basispaket in die PROLOG-spezifische Umgebung eingebettet. Als Umgebung für diese Kernfunktionen werden deskriptiv-orientierte Prädikate auf einer abstrakteren,PROLOG-näheren Ebene implementiert (Abb. 1). Mit dieser Schnittstelle werden dem Programmierer die zur Erzeugung graphischer Bilder erforderlichen Möglichkeiten auf einer ihm vertrauten Weise zur Verfügung gestellt.

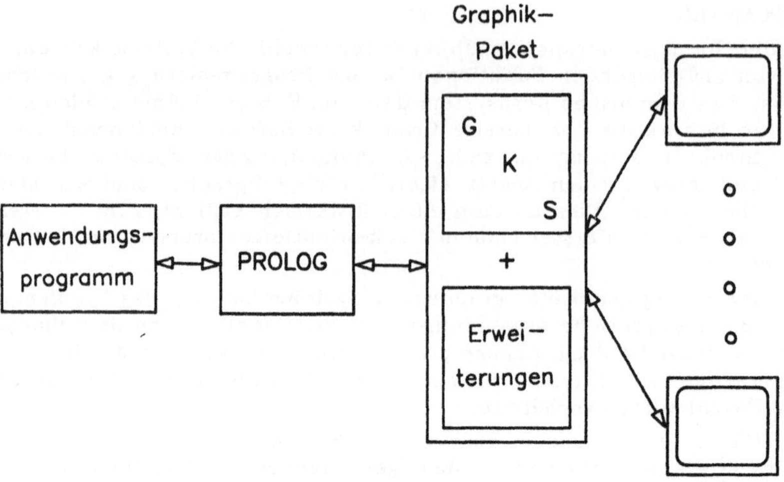

Abbildung 1: Die Schnittstelle Graphik - PROLOG

Die Integration des prozeduralen graphischen Paketes GKS erfolgt aus folgenden Gründen:

- GKS ist das Ergebnis einer Entwicklung, die das Ziel verfolgte, die Kernfunktionen einer Computergraphik-Systems zu spezifizieren. In dieses System flossen die wichtigsten Entwicklungen der vergangenen zehn Jahre auf dem Gebiet der graphischen Datenverarbeitung ein.
- Durch Übertragung der GKS-Konzepte und deren Funktionalität auf PROLOG wird ein mächtiges Werkzeug zur graphischen Programmierung geschaffen.
- Die Einhaltung des GKS-Standards gewährleistet die Portierbarkeit von GKS-Anwendungsprogrammen.
- Das Prinzip der Geräteunabhängigkeit erlaubt den Einsatz unterschiedlichster Hardware-Peripherien.
- Im Gegensatz zu den meisten block-orientierten Sprachen ist PROLOG eine interaktive und interpretierbare Sprache. Kommandos werden sofort ausgeführt, Übersetzungs- und Bindeläufe entfallen. Mit einer GKS-Schnittstelle in PROLOG lassen sich daher sehr schnell graphische Ausgaben erzeugen, die später modifiziert und verfeinert werden können (*rapid prototyping*).
- Die Effekte der graphischen Funktionen und somit auch Programmier- und Verständnisfehler werden sofort sichtbar. Insbesondere die praktische Ausbildung mit graphischen Systemen kann von der sofortigen Visualisierung der Kommandos profitieren.

Während die Programmierung in PROLOG nach Prinzipien der Logik erfolgt, basiert die Interpretation der Logik auf prozeduralen Mechanismen. Der PROLOG-Interpreter bietet einen Mechanismus zur prozeduralen Spracherweiterung an, die **direkten built-in Prädikate**. Die graphischen Basisfunktionen werden durch Verwendung dieser *built-in* Prädikate implementiert.

Durch die Anbindung der GKS-Funktionen als PROLOG-Prädikate ist damit das Fundament einer Graphik-Erweiterung geschaffen. Es repräsentiert im Sinne des Schichtenmodells von GKS [4] die **sprachabhängige Schicht**. Zur Beschreibung einer vollständigen Graphik-Schnittstelle für PROLOG ist die Definition der darüberliegenden **anwendungsorientierten Schicht** erforderlich. Diese Schicht verfügt über zusätzliche Bestandteile, die zur graphischen Programmierung in PROLOG zwingend notwendig sind.

(1) Da PROLOG besitzt in der Regel keine Gleitpunkt-Arithmetik besitzt, die in der graphischen Programmierung häufig gebraucht wird, müssen Prädikate zur Darstellung reeller Zahlen und zur Simulation der arithmetischen Operationen zur Verfügung gestellt werden. Diese Erweiterungen sind in Kapitel 4 beschrieben.

(2) PROLOG bietet nur wenige mathematische Funktionen an. Aus diesem Grund müssen zusätzliche graphische Funktionen, z. B. zur geometrischen Transformation geschaffen werden. Sie sind in Kapitel 5.2 beschrieben. In diesem Bereich können spezielle Anwendungen die Definition weiterer mathematischer Strukturen erforderlich machen.

(3) Vor allem aber *muß* ein Prädikatengerüst zur Bildgenerierung und -manipulation bereitgestellt werden. Damit werden graphische Datenstrukturen in PROLOG auf der Grundlage der *built-in* Prädikate für Basisfunktionen definiert. Diese Erweiterungen sind völlig unabhängig von GKS. Sie werden ebenfalls in Kapitel 5.2 vorgestellt.

Das damit geschaffene Integrationsmodell wird beiden angestrebten Entwurfszielen gerecht:

- Die prozedurale Graphik, die in vielen Bereichen gebräuchlich ist, wird mit den mächtigen Datenverarbeitungsmechanismen von PROLOG kombiniert. Damit erhält man ein neues Werkzeug für viele graphische Anwendungen.

- Es wird eine geeignete Umgebung für weitere Arbeiten in Richtung auf nicht-prozedurale graphische Anwendungen geschaffen. Damit kommt man dem erklärten Ziel, graphische Aufgaben mithilfe der logischen Programmierung zu lösen, einen Schritt näher.

4. Die Einbettung der GKS-Funktionen

Die Graphik-PROLOG Schnittstelle basiert auf einer Gruppe von direkten *built-in* Prädikaten, die exakt den abstrakten Funktionen des Graphischen Kernsystems entsprechen. Im Bereich der graphischen PROLOG-Anwendungen steht das Gebiet der **generativen Computergraphik** im Vordergrund. PROLOG wird momentan im Bereich der Bildverarbeitung und der Bildanalyse weniger eingesetzt. Aus diesem Grund wurde das graphische Kernpaket in PROLOG auf Funktionen zur Generierung und Darstellung von Bildern, zur Kontrolle des graphischen Arbeitsplatzes und zur Normalisierungs- und Gerätetransformation beschränkt. Damit bieten wir exakt den vollständigen Funktionsumfang der **GKS Leistungsstufe 0a** als prozedurales graphisches System an.

Dieser Ansatz unterstützt keine Eingabe an graphischen Arbeitsplätzen. Die Gastsprache PROLOG besitzt selbst bereits Interaktionsmöglichkeiten, *sodaß* der Dialog im Sprachkern und nicht in der Graphik-Erweiterung abgewickelt werden kann. Es ist denkbar, *daß* es Anwendungen geben wird, die komfortablere graphische Eingaben - abgekoppelt vom PROLOG-Dialog - wünschen. Für diesen Fall erscheint es unproblematisch, die prozedurale Graphik-Schnittstelle um Eingabe-Fähigkeiten zu erweitern (GKS Leistungsstufe 0b).

Der prozedurale Graphikteil deckt die Aufgaben der Erzeugung von Bildern und deren Darstellung auf Ausgabegeräten ab, während die Bildstrukturierung, Bildmanipulation und Langzeitspeicherung mit den deskriptiven, PROLOG-spezifischen Graphikerweiterungen bewältigt wird.

Die GKS-Funktionen werden **eins-zu-eins** auf Prädikate in PROLOG abgebildet. Es ist jedoch nicht Ziel dieser Arbeit, einen Normvorschlag zur Sprachanbindung von GKS an PROLOG zu erstellen, sondern vielmehr ein PROLOG-spezifisches, graphisches Interface zu implementieren. Die Einbettung der GKS-Funktionen der Leistungsstufe 0a und deren

Datentypen ist hierfür eine notwendige Voraussetzung. Wir würden allerdings Normungsaktivitäten auf diesem Gebiet, die zur Zeit zur Diskussion stehen, sehr begrüßen.

Die Einbettung erfolgt nach den Regeln zur Sprachanbindung, die in Anhang C des *ISO Draft Standard* [2] von GKS beschrieben sind. Die GKS Datentypen werden auf eine kleine Menge von PROLOG Datentypen abgebildet (Tab. 1).

GKS	PROLOG
Integer	Integer
Real	spezielle Prädikate
String	List of Character
Name	Integer
Enumeration Type	Integer
Data Record(ESCAPE)	List of Character
Data Record(GDP)	List of Real / List of Integer

Tabelle 1: Umsetzung der GKS-Datentypen auf PROLOG

Da in PROLOG keine reellen Zahlen existieren müssen, wird hierfür eine spezielle Datenstruktur definiert. Zur Kennzeichnung von reellen Zahlen als Parameter der Prädikate werden sie in doppelte Anführungszeichen eingeschlossen. In der Syntax von PROLOG werden dadurch reelle Zahlen als Listen der ASCII-Kodierungen ihrer einzelnen Ziffern einschließlich des Dezimalpunktes dargestellt. Die *built-in* Prädikate *ADD(X,Y,Z)*, *SUB(X,Y,Z)*, *MUL(X,Y,Z)* und *DIV(X,Y,Z)* sind als mathematische Operationen für reelle Zahlen implementiert worden. Z stellt das Ergebnis der Operation zwischen X und Y dar. Als Argumente können gleichermßen Integer-Werte eingesetzt werden. In diesem Fall erfolgt automatisch eine Konvertierung auf vollständige Realzahlen.

Der *GKS Data Record* ist im Standard nicht spezifiziert. Die Ausprägung dieses Datentyps kann implementierungs- und sprachabhängig realisiert werden. In unserem Ansatz wird der *Data Record* nur in Zusammenhang mit den Funktionen ESCAPE und GENERALIZED DRAWING PRIMITIVE (GDP) verwendet. Unsere Abbildung deckt sich mit dem Vorschlag zur Speicherung eins *GDP item* auf Metafile in Anhang E des Standards. Für strukturierte Datentypen wie Punkt, Matrix, etc. werden PROLOG-Terme verwendet, die geeignete Strukturen aus Standard-Datentypen definieren.

GKS bietet zum Ansprechen der besonderen geometrischen Fähigkeiten eines graphischen Arbeitsplatzes wie Zeichnen von Kreisen oder Splinekurven die Funktion GDP an. In der PROLOG-Welt ist dies die einzige Möglichkeit zur Beschreibung von Kurven, da keine trigonometrischen Funktionen zur Verfügung stehen.

5. Graphische Datenstrukturen in PROLOG

5.1. Die Erzeugung individueller, graphischer Strukturen

PROLOG besitzt sehr komfortable und flexible Datenstrukturen, die direkt vom Programmierer definiert werden können. Mit den im vorigen Kapitel definierten graphischen Prädikaten wird der Benutzer in die Lage versetzt, sich seine eigenen **anwendungsspezifischen, graphischen Datenstrukturen** zu erzeugen. In diesem Fall werden keine festen Datenstrukturen und *built-in* Prädikate zu deren Verarbeitung vorgegeben, sondern der Programmierer definiert seine anwendungsbezogenen Strukturen selbst mithilfe **regulärer Prädikate**.

Dieser Weg ist einfacher als die Konstruktion spezieller graphische Datenstrukturen und bietet dem Benutzer vielerlei Möglichkeiten zur Organisation seiner Anwendung in PROLOG. Es ergeben sich jedoch Schwierigkeiten im Bereich der Gültigkeit geometrischer Transformationen und Attributierungen. Diese Probleme können gelöst werden durch

- spezielle Attribute, die die aktuellen Transformations- und Attributierungsparameter rückgängig machen und die vorhergehenden Werte wieder aktualisieren,
- Beschränkung der Gültigkeit auf den aktuellen *clause*. In diesem Fall sind Transformationen und Attribute solange aktiv, bis der *clause*, in der sie erscheinen, beendet ist. Dies ist der Fall, wenn der *clause* aus dem Stack der aktiven *goals* entfernt wird. Dieser Weg ist für PROLOG sehr gebräuchlich. Die graphischen Prädikate werden wie die anderen PROLOG-Prädikate in den Backtracking-Mechanismus eingegliedert. Allerdings ist die Implementierung solch intelligenter Funktionen schwierig, weil die Algorithmen des Interpreters (insbesondere der Stack-Mechanismus) bekannt sein müssen.

5.2. Spezielle graphische Datenstrukturen in PROLOG

Alternativ werden **direkte built-in Prädikate** in PROLOG zur Erzeugung und Manipulation spezieller graphischer Datenstrukturen auf einer **deskriptiven Ebene** angeboten. Die Prädikate bilden eine verbindende Schicht zwischen den GKS-Funktionen und den Anwendungsprogrammen in PROLOG. Die geometrischen Transformationen und die Attributierung werden ebenfalls auf *clauses* beschränkt, ohne jedoch Eingriffe in den Interpreter vornehmen zu müssen. Mit diesem Konzept wird ein fester Rahmen zur Bildstrukturierung, Bildmanipulation und Langzeitspeicherung geschaffen.

Als Basiselement für die Erzeugung graphischer Datenstrukturen wird der Term **picture** eingeführt. Die formale Definition eines *pictures* ist in BNF beschrieben:

```
<picture> ::= <graphic primitives> |
          <picture> <graphic primitives> |
          <picture> <geometric transformations> |
          <picture> <attributes>

<graphic primitives> ::= <GKS polyline> | <GKS polymarker> | <GKS text> |
                     <GKS fill area> | <GKS cell array> | <GKS GDP>

<geometric transformations> ::= <translation> | <rotation> | <scaling>

<attributes> ::= <GKS polyline attributes> | <GKS polymarker attributes> |
             <GKS fill area attributes> | <GKS text attributes> |
             <GKS cell array attributes>
```

Die oben definierten Terme werden als Komponenten des Ausdruckes *picture* betrachtet. Die graphischen Primitive und die Darstellungsattribute entsprechen den GKS-Funktionen.

Kontroll- und Transformationsfunktionen aus GKS sind nicht in die Liste zur Bildbeschreibung aufgenommen worden, weil diese Funktionen nicht direkt bildbezogen sind wie z.B. das Setzen von Attributen. Sie werden in Verbindung mit den Prädikaten, die die graphische Datenstruktur *picture* bearbeiten, verwendet.

Auf dieser logischen Ebene werden nun eine Reihe von Prädikaten definiert. Sie basieren auf dem *picture*-Konzept und finden keine Entsprechung in GKS.

Die graphischen Datenstruktur *picture* wird mit dem folgenden Prädikat beschrieben:

picture(Name,List)

Name bezeichnet das Bild, während **List** eine PROLOG-Liste von Bildelementen als ausführbare *goals* spezifiziert. Der Name des *pictures* kann die Form eines *clause heads* annehmen. Damit ist sichergestellt, daß Parameter, die in der Bildbeschreibung auftreten, selbst wieder Parameter von Prädikaten in der Liste der Bildkomponenten sein können. Hierzu wird der PROLOG-Mechanismus der *geteilten Variablen* verwendet.

Diese Art der Bildbeschreibung ist eng an die Darstellung gewöhnlicher PROLOG-*clauses* angelehnt. Anstelle des PROLOG-*clauses* wurde jedoch die oben beschriebene Repräsentation gewählt, weil die Parameter der geometrischen Transformationen und Attributfunktionen lokal gehalten werden müssen. Diese Analogie geht so weit, daß Prädikate mit identischem Funktor ihrer Namen als ein Bildprädikat angesehen werden.

Ein Prädikat kann unterschiedliche Bedeutungen haben, d.h. unterschiedliche graphische Objekte repräsentieren. Dies hängt von der Art der Ausführung (mit oder ohne Backtracking) ab. Daher werden neben den Bildkomponenten auch Prädikate, die das Backtracking beeinflussen wie **cut** und **fail** in die Beschreibungsliste des *pictures* aufgenommen.

Selbstverständlich sind auch **rekursive Bilddefinitionen** möglich. Das folgende Beispiel beschreibt für X=4 einen Rhombus, dessen Größe von Y abhängt.

```
picture(rom(0,Y),[!]).
picture(rom(X,Y),[polyline([Y,0,0,Y]),rotate(90),Z is X-1,rom(Z,Y)]).
```

Die folgenden Prädikate wurden zur Verarbeitung der graphischen Datenstrukturen in PROLOG implementiert:

define_picture(Name,List)

Eine neue Bildbeschreibung wird erzeugt, indem das zugehörige *picture*-Prädikat in die PROLOG Datenbank geschrieben wird.

delete_picture(Name)

Dieses Prädikat streicht das Bild aus der Datenbank. Damit wird der entsprechende *picture-clause* gelöscht, jeoch nicht das Prädikat selbst. Die Implementierung erfolgte in Analogie zu dem Standard-Prädikat *retract*.

save_picture(File_name)

Alle Bilder, die in der PROLOG-Datendank existieren, werden auf die angegebene Datei gerettet. Es handelt sich dabei um eine PROLOG-Textdatei. Sie kann auch mit Hilfe eines Texteditors aufgebaut werden, solange die Syntax der *picture*-Definition beachtet wird.

load_picture(File_name)

Alle Bilder der spezifizierten Datei werden in die Datenbank geladen.

Neben Funktionen zur Manipulation der Datenstruktur *picture* zählen die folgenden **geometrischen Transformationen** zu den Erweiterungen:

translate (Tx,Ty)

Alle Elemente des *pictures* werden um einen Vektor, der im Ursprung des aktuellen Koordinatensystem beginnt und in (Tx,Ty) endet, transliert.

rotate (R)

Diese Funktion bewirkt eine Rotation der graphischen Objekte mit dem Winkel R um den Punkt (0,0).

scale (Sx,Sy)

Es wird eine Skalierung des aktuellen Koordinatensystems ausgeführt.

Die Parameter dieser drei Prädikate definieren eine Transformationsmatrix, die auf jedes graphische Primitive des Ausdruckes *picture* angewendet wird. Die Transformation erfolgt vor der Ausführung des entsprechenden GKS-Darstellungselementes.

Die Semantik der geometrischen Transformationen ist eng mit dem Konzept der Datenstruktur *picture* verknüpft. Ihre Effekte sind beschränkt auf den logischen Rahmen des *pictures*, in dem sie definiert sind. Auf die Gültigkeit dieser Funktionen wird in Zusammenhang mit dem folgenden Prädikat noch näher eingegangen.

show_picture(Name)

Hinter diesem Prädikat verbirgt sich ein **Bildinterpreter**. Er führt alle Bildkomponenten als PROLOG-*goals* aus (Abb. 2). Als Resultat erscheint das spezifizierte Bild auf allen aktiven Ausgabegeräten. Der Interpreter kontrolliert die geometrischen Tranformationen und Attribute. Wenn solche Funktionen innerhalb einer Bildbeschreibung auftreten, sind sie nur lokal gültig. Werden sie jedoch außerhalb der *picture*-Liste definiert, so ändern sie die globalen Parameter. Zu Beginn sind Default-Werte gesetzt, die auf diese Weise umgesetzt werden können. Sie sind gültig, wenn innerhalb der Bilddefinition keine Spezifikation vorgenommen wird.

Dieses Prädikat führt alle *goals* aus, die innerhalb des Parameters *List* des Prädikates *picture* auftreten. Die Prädikate *cut* und *fail* gewährleisten in diesem Zusammenhang, daß für die *picture*-Prädikate der gleiche Kontrollmechanismus (insbesondere bzgl. Backtracking) wie für alle anderen Prädikate gültig ist.

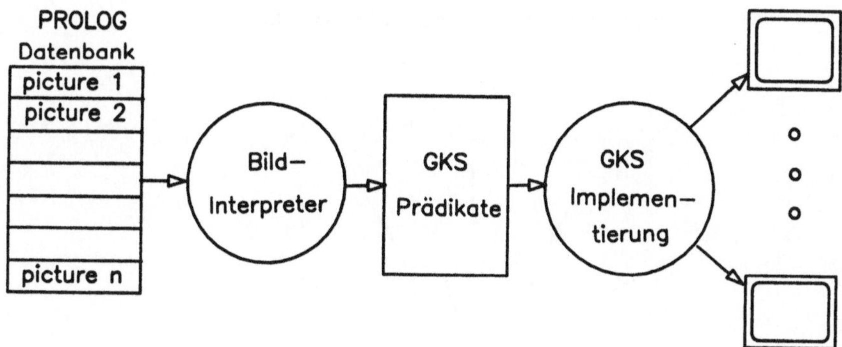

Abbildung 2: Der Bildinterpreter

Der Bildinterpreter spielt im hier vorgestellten Konzept eine zentrale Rolle. Er stellt die Verbindung zwischen der Bildbeschreibung in PROLOG und der funktionalen GKS-Schicht dar. Er hat für die graphischen Prädikate die gleiche Bedeutung wie der PROLOG-

Interpreter auf höchster Ebene für die anderen Prädikate. Es wäre denkbar, diesen Bildinterpreter innerhalb der PROLOG-Interpreters zu realisieren. In diesem Fall wären die Bildstrukturen direkt in PROLOG implementiert.

Unser Konzept der deskriptiven Bildbeschreibung unterscheidet sich von der üblichen festen und eindeutigen Beschreibung graphischer Objekte. Durch die Parametrisierung der *picture*-Liste werden die Bilder unabhängig von geometrischen Eigenschaften wie Größe und Position auf dem Ausgabegerät. Diese parametrisierte Bildbeschriebung ist stärker an logischen Zusammenhängen als an der realen Ausprägung am Bildschirm orientiert.

5.3. Handhabung der Graphik-Schnittstelle

Die folgenden zwei Beispiele sollen verdeutlichen, wie mithilfe der Graphik-Erweiterung Ausgaben erzeugt werden können.

Das erste Beispiel verdeutlicht die geometrischen Transformationen. Es wird eine Uhr dargestellt, deren Zeigerstellung parametrisiert ist (Abb. 3).

```
?- open_gks(3,1000),open_workstation(1,3,8),activate_workstation(1).
yes
?- set_window(1,0,0,1000,1000),set_viewport(1,0,0,1,1).
yes
?- select_normalisation_transformation(1).
yes
?- consult(clock).
picture(c(13),[]).
picture(c(X),[polyline([0,140,0,190]),rotate(30),Y is X + 1,c(Y)]).
picture(small,[polyline([0,0,0,100])]).
picture(big,[polyline([0,0,0,130])]).
picture(small(X,Y),[rotate(X * 30 + Y/ 2),small]).
picture(big(X),[rotate(X* 30 / 5),big]).
picture(clock(X,Y),[translate(500,500),c(1),small(X,Y),big(Y)]).
yes
?- show_picture(clock(12,32)).
yes
?- deactivate_workstation(1),clear_workstation(1),close_gks.
yes
?-
```

Abbildung 3: Ausgabe des Beispieles *clock*

Im zweiten Beispiel wird die Bildbeschreibung eines binären Baumes (**btree(X,Y,B)**) angegeben (Abb. 4). Ein spezieller Pfad in diesem Baum ist durch eine Knotenliste (dem *fact* **l([2,3,8])**) spezifiziert und wird als durchgehende Linie gezeichnet. Die anderen Teile des Baumes werden strichliert ausgegeben.

```
?- open_gks(3,1000),open_workstation(1,3,8),activate_workstation(1).
yes
?- set_window(1,0,0,1000,1000),set_viewport(1,0,0,1,1).
yes
?- select_normalisation_transformation(1).
yes
?- consult(binary_tree).
picture(b(_,50,_),[]).
picture(b(X,Y,S),[n(X+S,Y-100),polyline([X+S,Y-100,X,Y]),n(X-S,Y-100),
                  polyline([X-S,Y-100,X,Y]),P is Y-150,b(X-S,P,S/2),b(X+S,P,S/2)]).
picture(n(X,Y),[retract(n(N)),lt(N),sq(X,Y),text(X-15,Y-40,N),M is N+1,assertz(n(M))]).
picture(sq(X,Y),[polyline([X-25,Y,X+25,Y,X+25,Y-50,X-25,Y-50,X-25,Y])]).
picture(root(X,Y),[sq(X,Y+50),text(X-15,Y+10,'R')]).
picture(btree(X,Y,B),[root(X,Y),b(X,Y,B)]).
n(1).
lt(N):-l(L),member(N,L),set_linetype(1),!.
lt(N):-set_linetype(2),!.
yes
?- assertz(l([2,3,8])).
yes
?- show_picture(btree(500,500,200)).
yes
?- deactivate_workstation(1),clear_workstation(1),close_gks.
yes
?-
```

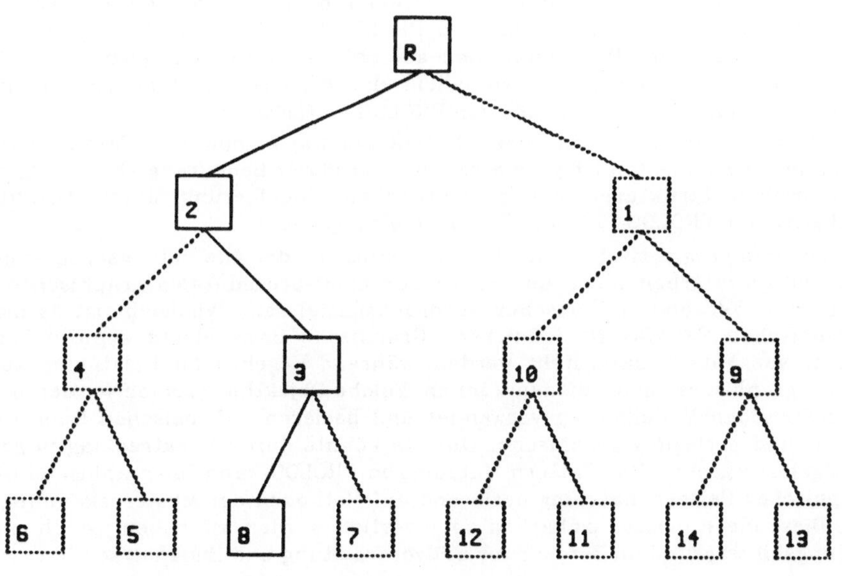

Abbildung 4: Ausgabe des Beispieles *btree*

6. Die Implementierung der Graphik-Erweiterung

Das hier beschriebene Konzept wurde auf einem PCS/Cadmus 9200 mit Hilfe von IF/PROLOG [5] und eine GKS-Implementierung in Fortran realisiert. Beide Komponenten laufen unter UNIX, das eine Kommunikation verschiedener Programme (Prozesse) über spezielle Files, sogenannte **pipes**, erlaubt. Dieser Mechanismus wurde als Verbindung PROLOG-GKS einer direkten Implementierung in IF/PROLOG vorgezogen.

Die GKS-Funktionen sind zu Fortran-Unterprogrammen gebunden, die mit Anwendungsprogrammen in PROLOG über den *pipe*-Mechanismus kommunizieren. Die Prädikate, die den prozeduralen Teil abdecken, übertragen ihren graphische Information einem in Fortran geschriebenen **Umsetzer**. Dieses Programm interpretiert den Code, transferiert die Funktionen und Parameter in die Fortran-Sprachschale für GKS und ruft die entsprechende Funktion auf. Die Schnittstelle zwischen PROLOG-Prädikaten und Fortran-Umsetzer besteht aus der UNIX-*pipe*. Diese Art der Implementierung gewährleistet

- eine einfache Realisierung,
- die Unabhängigkeit von PROLOG und GKS,
- eine einfache und schnelle Modifizierbarkeit.

In dieser Realisierung sind alle GKS-Funktionen des Levels 0a als direkte *built-in* Prädikate implementiert. Die Prädikate zur Erzeugung und Manipulation von Bildbeschreibungen sind als Bibliotheks-Prädikate in PROLOG implementiert und sind in die Initialisierungs-Bibliothek von IF/PROLOG gebunden. Beide Gruppen sind für die Anwendungsprogramme verfügbar. Damit kann der Programmierer entweder seine eigenen graphischen Strukturen aufbauen oder die vordefinierte Datenstruktur *picture* verwenden.

7. Ausblick

Mit dem hier vorgestellten Modell und seiner Realisierung wurden Methoden und Werkzeuge zur graphischen Programmierung in PROLOG vorgestellt. Damit wurde dem Anwenderwunsch nach einer Graphikerweiterung für PROLOG entsprochen.

Das System wird in praxisbezogenen Anwendungen erprobt und wird kann erweitert werden, um ein komplexeres graphisches PROLOG-Paket zu schaffen. Zum einen ist es denkbar, die Gruppe der Basisfunktionen auf höhere GKS-Leistungsstufen zu ziehen. In diesem Zusammenhang bietet sich vor allem eine geeignete Verbindung der graphischen Eingabeklassen mit der Dialogeingabe von PROLOG an (Level 0b).

Die Erweiterung der graphischen Datenbank um komplexere Datenstrukturen und Manipulationsmöglichkeiten ist jedoch von noch größerer Bedeutung. Es ist z.B. an speziellen graphischen Strukturen zur geometrischen Modellierung unter Ausnutzung der Möglichkeiten, die PROLOG für diese Zwecke bietet, gedacht.

Neben dem pragmatischen Ziel der Unterstützung der Anwendungsprogrammierung in PROLOG soll diese Arbeit auch ein Schritt zur **nicht-prozeduralen graphischen Programmierung** unter Verwendung logischer Ausdrucksmittel sein. Vielleicht ist es möglich, ein rein graphischen PROLOG zu definieren. Graphische Basisobjekte könnten dann durch einen Satz von Fakten dargestellt werden, während Regeln oder Relationen zum Aufbau komplexer graphische Bilder dienen können. Solche Objekthierarchien werden in Systemen zur geometrischen Modellierung verwendet und basieren auf logischen Operationen. Die Erzeugung und Zerlegung graphischer Objekte könnte durch **Backtracking in graphischen Bäumen** gelöst werden. Das Pattern Matching in PROLOG kann für graphische Objekte auf ein **graphisches Pattern Matching** basierend auf Methoden der Mustererkennung erweitert werden. Diese Ideen müssen sicherlich noch vertieft werden, sie haben jedoch einen realen Anwendungshintergrund im Bereich der Bildverarbeitung und Bildanalyse.

Die Vorteile der Integration von GKS und PROLOG wurden schon verdeutlicht. Durch die Verbindung dieser hochinteraktiven Sprachen werden so mächtige Datenverarbeitungsmechanismen wie Backtracking, Pattern Matching und relationale Datenbanken in den graphischen Anwendungsbereich getragen. Diese Methoden können in vielerlei Anwendungen wie wissensbasierte Graphik-Systeme [6], 'intelligente' CAD-Systeme [7], graphische Expertensysteme und benutzerfreundliche Mensch-Maschine-Schnittstellen zum Tragen kommen.

Nicht nur wegen der japanischen Aktivitäten in der Entwicklung der 5. Computergeneration, in der die logische Programmierung und PROLOG eine zentrale Rolle spielen, wird die Bedeutung dieses F&E-Bereiches weiterhin wachsen.

8. Literaturverzeichnis

[1] W.F. Clocksin and C.S. Mellish, *Programming in Prolog*. Springer-Verlag, Berlin 1981.

[2] ISO, Graphical Kernel System (GKS); Functional Description. Draft International Standard ISO/DIS 7942.

[3] S.M.P. Julien, *Graphics in Micro-Prolog*. Res. report DOC 8217. Imperial college-London 1982.

[4] G. Enderle, K. Kansy, G. Pfaff, *Computer Graphics Programming*. Springer-Verlag, Berlin 1984.

[5] *IF/Prolog User's Manual*. Interface Computer GmbH 1984.

[6] J. Encarnacao, *Incorporating knowledge engineering and computer graphics for efficient and user-friendly interactive graphics applications*. Proceedings Eurographics 85, North Holland, Amsterdam 1985.

[7] J. Encarnacao, L.A. Messina, Z.I. Markov, *Models and methods for decision support systems for evaluation and choosing CAD-Systems*. IFIP W.G. 5.2 Working Conference on Design Theory for CAD, Tokio/Japan 1985.

Computergrafik im Studien- und Forschungsprozess im Maschineningenieurwesen

H.Stahl, D.Orlamünder, B.Hetze
Technische Universität Dresden
Rechenzentrum
8027 Dresden / DDR

1. Einleitung

Gegenwärtig besteht in der DDR die Forderung, CAD/CAM-Systeme beschleunigt in Betrieben und Kombinaten der metallverarbeitenden Industrie einzusetzen.
Ein wesentlicher Schwerpunkt zur Lösung dieser Aufgabenstellung liegt in der Entwicklung leistungsfähiger Applikationssoftware durch die Anwenderbereiche unter Nutzung der vorhandenen rechentechnischen Basis.
Die internationale Entwicklung grafischer Technik wird derzeitig durch steigende Leistungsfähigkeit grafischer Systeme, sinkende Kosten für Hardware, weiterentwickelte Kommunikation, Fortschritte in der Bearbeitung und Speicherung geometrischer Daten und vernetzbare Rechner bestimmt.
Dabei findet in zunehmendem Maße standardisierte Basissoftware, wie das grafische Kernsystem (GKS) Anwendung (1), (2), (3). Aus dieser Tendenz kann für die momentane und zukünftige Hard- und Softwarebasis eine Einteilung in folgende drei Etappen abgeleitet werden:

1. Autonome, nicht GKS-gerechte Systeme,
2. fortgeschrittene Kleinrechentechnik, GKS-gerecht, als interaktives grafisches System mit umfangreicher grafischer Peripherie (Rastersichtgerät, Digitalisiergerät, Plotter, Zeichentisch),
3. netzfähige Hochleistungstechnik, Rechnerverbund mit leistungsstarkem Hintergrundrechner.

Der dargestellte Entwicklungstrend erfordert konkrete Maßnahmen zur Aus- und Weiterbildung von Ingenieuren, die auf dem Gebiet der rechnerunterstützten Konstruktion und technologischen Produktionsvorbereitung und -durchführung (CAD/CAM-Lösungen) entscheidende Fortschritte erzielen.
Am Rechenzentrum der Technischen Universität Dresden wurde deshalb 1984 erstmals für Studenten aus Vertiefungsrichtungen der Sektionen "Grundlagen des Maschinenwesens" sowie"Fertigungstechnik und Werkzeugmaschinen" obligatorisch die Lehrveranstaltung Computergrafik durchgeführt. In ihr wurden, aufbauend auf der Grundausbildung Informations-

verarbeitung sowie auf der Grundlage verfügbarer Technik (KRS 4201/GD '71), die Studenten an die Handhabung der Nutzerprogrammebene grafischer Systeme (Abb. 1) in einer FORTRAN-Sprachschale herangeführt (4). Diese Lehrveranstaltung versteht sich als ein wesentlicher Schritt bei der Herausbildung CAD/CAM-orientierter Ausbildungsinhalte für Studenten technischer Wissenschaften. Das Beispiel der Computergrafik verdeutlicht die Integration moderner Lehrinhalte in die Ausbildung im Sinne der Konzeption für die Gestaltung der Aus- und Weiterbildung der Ingenieure und Ökonomen in der DDR (5).

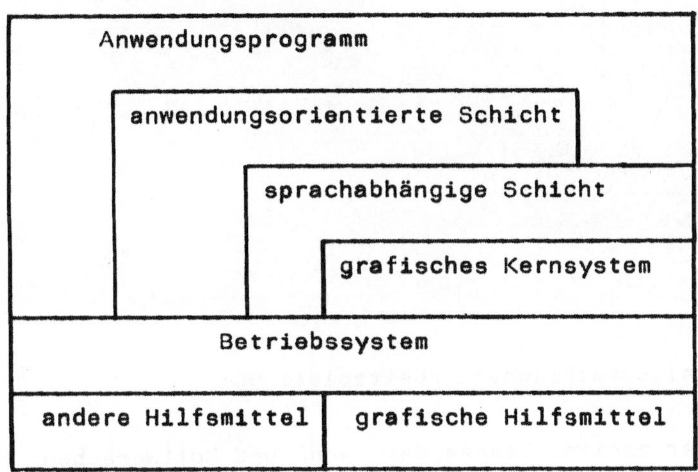

Abb.1: Schichtenmodell des GKS

2. Gerätetechnische Basis

Zur Durchführung der Praktika wurde der digitalgeometrische Arbeitsplatz (DGA) (Abb. 2) genutzt (6). Er konfiguriert sich aus dem Hostrechner KRS 4201 und dem grafischen Display GD'71. Neben der standardmäßigen Kleinrechnerperipherie (Wechselplatteneinheit, Bedienschreibmaschine, Seriendrucker, Lochbandleser und -stanzer), dienen Funktionstastatur, alphanumerische Tastatur, Rollkugel und Lichtstift als periphere Einrichtungen des GD'71 zur Realisierung der Eingabeklassen des grafischen Systems.
Für die autonome Nutzung des DGA steht das Betriebssystem GISD (Grafisches Interaktives System Diskorientiert) zur Verfügung. Es unterstützt die höhere Programmiersprache FORT 4200. Diese Gerätetechnik und das Betriebssystem haben sich im Praktikumsbetrieb voll bewährt.

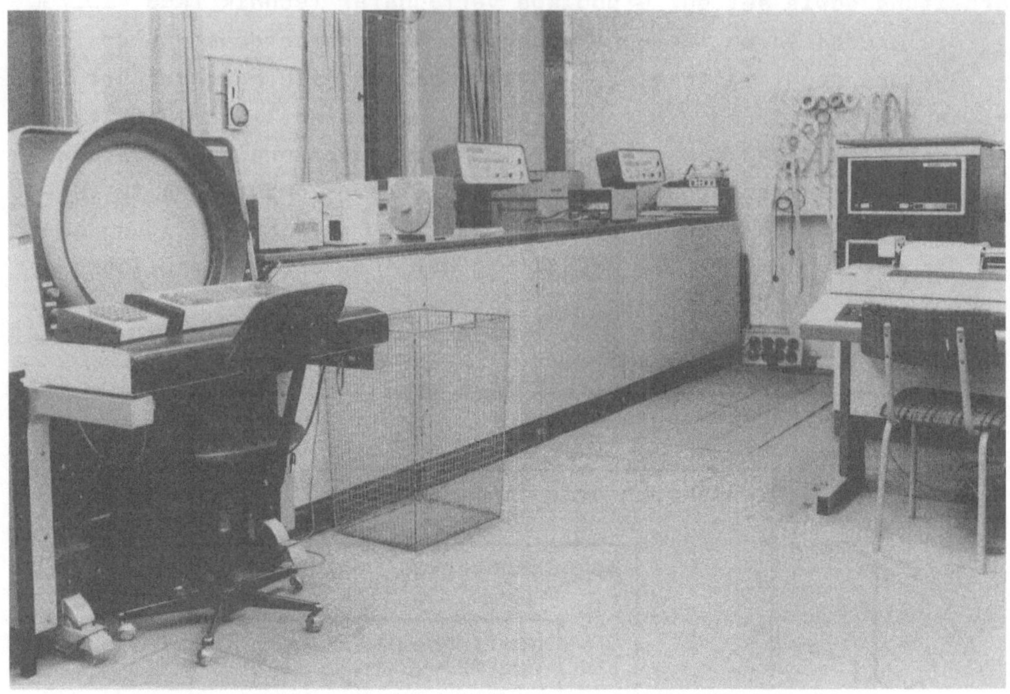

Abb. 2: Digitalgeometrischer Arbeitsplatz DGA

Zur Nutzung der zweiten Etappe der Hard- und Softwareebene werden gegenwärtig vorbereitende Arbeiten durchgeführt, das Gerätesystem Bürocomputer BC 5120/Rastersichtgerät K 8917 (Abb. 3) im Rahmen der Ausbildung in Computergrafik einzusetzen. Für dieses Gerätesystem wurde unter dem Betriebssystem BCV 880 das grafische Kernsystem in der Sprachschale FORTRAN implementiert.
In Abb. 4 wurden beide Systemvarianten aus der Sicht des Praktikums dargestellt.

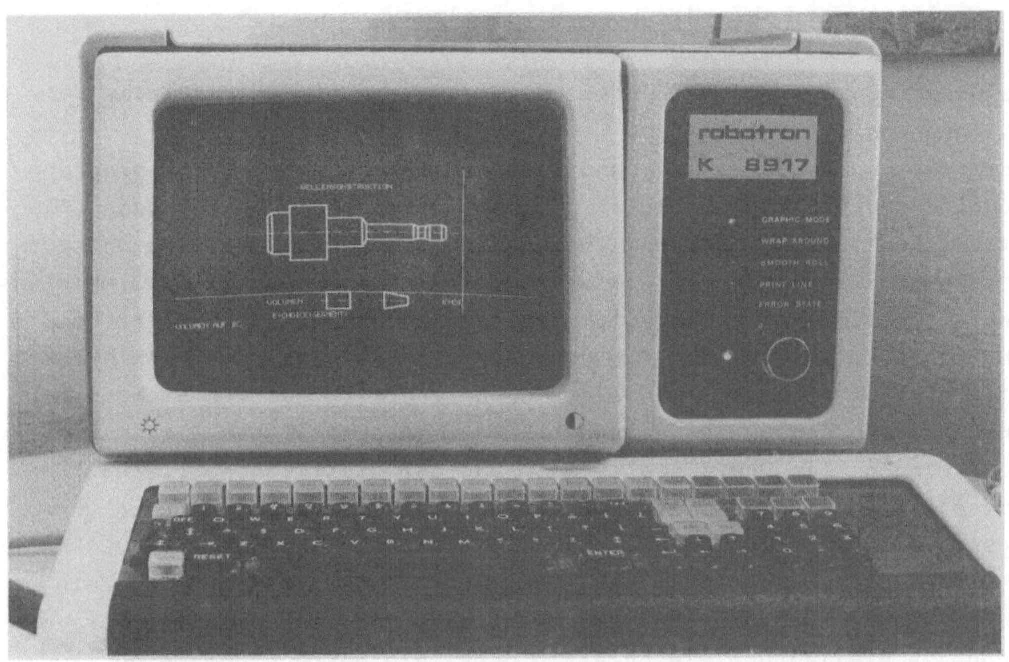

Abb. 3: Rastersichtgerät des Gerätesystems BC 5120/RSG K 8917

Hostrechner	KRS 4201	BC 5120
graf. Peripherie	graf. Vektordisplay GD'71	Rastersichtgerät K 8917
	Rollkugel	Richtungstasten zur Kursorsteuerung
	Funktionstastatur	Funktionstastatur
	Lichtstift	Spezialtaste in Verbindung mit Kursorposition
	alphanumerische Tastatur	alphanumerische Tastatur
Betriebssystem	GISD	BCV 880
Programmiersprache	FORT 4200	FORTRAN
Bemerkungen		GKS-gerecht

Abb. 4: Überblick über aktuell nutzbare grafische Systeme aus der Sicht eines Grafikpraktikums

3. Inhaltliche Aspekte der Lehrveranstaltung

Die Gesamtkonzeption der Lehrveranstaltung zielt primär auf die Vermittlung von Kenntnissen und Fertigkeiten zur Computergrafik, die es gestatten, vorhandene Hard- und Softwarekomponenten bei der programmtechnischen Lösung praktischer Aufgaben erfolgreich einzusetzen (7). Mit dieser Ausbildung werden Voraussetzungen zur Entwicklung und zur Nutzung von Elementen der Computergrafik für die Lösung CAD/CAM-orientierter Probleme im Fachstudium der technischen Wissenschaften geschaffen. Die Auswahl der Vorlesungsinhalte erfolgt unter dem Aspekt, integrativ Entwicklungstrends der Computergrafik aus der Sicht der Anwendertechnologien in den ingenieurwissenschaftlichen Disziplinen zu verbinden. Das Grafiksystem GISD und der digitalgeometrische Arbeitsplatz (DGA) sind innerhalb der DDR nur als Beispiellösung verfügbar. Deshalb erschien es sinnvoll, spezielle Software des DGA nur in einem solchen Umfang zu benutzen, der es gestattet, ein ausreichendes Instrumentarium für die praktische Programmierarbeit zur Verfügung zu stellen und gleichzeitig parallele Betrachtungsweisen zu Prinzipien und Struktur des grafischen Kernsystems zu sichern. Daraus leiten sich folgende inhaltlichen Schwerpunkte für die Lehrveranstaltung ab:

- Begriffsbildung, Einordnung und Einsatzgebiete der Computergrafik
  Dieser Problemkreis dient der grundlegenden Motivation und Zielorientierung für das Lehrgebiet. Es bietet sich die Möglichkeit, weltanschaulich-ökonomische Aspekte bewußt für den Bildungsprozess zu nutzen sowie am konkreten Gegenstand die Einheit von Forschung und Lehre zu verdeutlichen.

- Grafische Gerätetechnik
  Die Zielstellung dieses Abschnittes besteht im Bereitstellen von Grundlagenwissen zu den funktionellen Eigenschaften grafischer Aus- und Eingabetechnik (Vektor- und Rasterdisplay, Lichtstift, Positionierkugel, Funktionstastatur, alphanumerische Tastatur).

- Grafische Programmiersysteme, grafisches Kernsystem
  Mit der Vermittlung von Funktionen und Teilbereichen des GKS wird die zentrale Leitlinie für alle inhaltlichen Betrachtungen geschaffen. Es erfolgt die Darstellung solcher relevanter Inhalte wie:
  - GKS-Schnittstellen,
  - grafische Ausgabefunktionen und Attribute,
    Arbeitsstationen,

. Koordinatensysteme und Transformationen,
  Segmente,
. grafische Eingabeklassen und -modi.

- Dialogsteuerung und Programmiermethodik
  Betrachtet werden Fragen
  . des grafischen Dialogs,
  . der Werteeingabe durch den Bediener,
  . der Bildstrukturierung und
  . der Manipulation von Teilbildern.

Der Zugang zu den Problemen der Anwenderprogrammierung erfolgt über die Softwarebasis des DGA. Ein ausgewählter Umfang wird eingeführt und im Kontext vielfältiger Anwendungsprogramme gefestigt. Eine geringe Anzahl zusätzlich für das Praktikum formulierter Subroutinen ermöglicht die Nutzung parameterverminderter Notationsformen.
Bestandteil der Lehrveranstaltung bildet ein Grafikpraktikum, das die selbständige Bearbeitung von drei Aufgabenstellungen enthält, die gleichzeitig verschiedene Ebenen des Rechnerkontaktes repräsentieren:

- grafische Programmierung passiv (GPP)
- grafische Programmierung Struktur (GPS)
- grafische Programmierung aktiv (GPA)

Erste Ebene:
In der ersten Ebene der Rechnernutzung GPP sind drei Figuren auf dem Bildschirm darzustellen. Die Kodierung erfolgt im Sinne von Ausgabemoduln über getrennte FORTRAN-Unterprogramme, die in einem Hauptprogrammrahmen, der zur Bereitstellung entsprechender Parameterbelegungen und zur Realisierung einer geeigneten WINDOW-VIEWPORT-Transformation dient, aufgerufen werden. Die Darstellung der vorgegebenen Ausgabekomplexe erfolgt dabei als Summe von Ausgabeprimitiven auf dem Bildschirm.
Das genutzte System von Subroutinen für passive grafische Programmierung beinhaltet im wesentlichen Einzelroutinen zur Koordinatensystemvereinbarung, zur Realisierung grafischer Ausgabefunktionen und Attribute sowie zur Eröffnung einer Arbeitsstation ohne Struktur.

Zweite Ebene:
Die zweite Nutzungsstufe repräsentiert den Problemkreis der Segmentmanipulation. Eine Spezifikation von Operationsart und Segmentnummer durch alphanumerische Eingabe steuert die zu codierenden Programmaktionen:

. Neustart des Programmes,
. Neuaufbau eines Segmentes mit geänderten Maßen,
. Blinken, Ein- und Ausblenden von Segmenten,
. Kopieren und Verschieben eines Segmentes,
. Erreichen des Programmendes.

Die Lehrveranstaltung nutzt dabei weitere Subroutinen zur Sicherung der Segmentarbeit.

Dritte Ebene:

Die Nutzung der dritten Applikationsstufe gestattet die Bearbeitung der Aufgabenstellungen vorangehender Ebenen im Dialog mit Funktionstastatur, Lichtstift, Rollkugel und alphanumerischer Tastatur. Softwarebestandteile der grafischen Programmierung aktiv finden jedoch nur begrenzt direkte Anwendung. An ihre Stelle tritt eine auf implementierte Niveaus bezogene Programmierung, deren Vorteil darin besteht, daß in dieser Umgebung komplexer grafischer Dialog mit weitreichender Variabilität ohne spezielle Kenntnis der Unterbrechungstechnik realisiert werden kann.
Die somit zur Gestaltung des grafischen Dialogs bereitgestellte Softwarebasis wird zusammenfassend in Abb. 5 dargestellt.

	Eingabemodus								
Eingabegeräte des GD'71	REQUEST			EVENT			SAMPLE		
	Aktivieren	UP	Desaktivieren	Aktivieren	UP	Desaktivieren	Aktivieren	UP	Desaktivieren
LOCATOR (Rollkugel)							implementiert	LPOS NIV4	implementiert
CHOICE (Funktionstastatur	implementiert	NIV4 NIV6	REAK	AFUT	IFUT BEHA	REST			
PICK (Lichtstift)				implementiert	NIV4 NIV6	REAK			
STRING (alphanumerische Tastatur)	implementiert	EING	implementiert	implementiert	NIV4	REAK			

Abb.5: Eingabegeräte und -modi sowie deren Nutzung über Unterprogramme (UP) im Betriebssystem GISD

Zur Verdeutlichung der Wirkung der niveauorientierten Programmierung sei das Unterprogramm NIV6 näher charakterisiert:

Aufruf : CALL NIV6 (segnr,n)

Eingabemodi : REQUEST CHOICE
EVENT PICK

Geräte : Funktionstastatur, Lichtstift

Wirkung : Das durch den Lichtstift zuletzt identifizierte Segment segnr wird nach Betätigen der Funktionstaste n für die Eingabe bereitgestellt, wird kein Segment identifiziert, so erhält segnr den Wert Null zugewiesen.

Die Lehrveranstaltung Computergrafik wurde mit 20 Stunden Vorlesung, 10 Stunden Übung/Konsultation sowie 20 Stunden Praktikum pro Gruppe für einen Hörerkreis des 3. Studienjahres des Maschineningenieurwesens konzipiert. Die Lehrveranstaltung wird mit einer Einführungsveranstaltung eröffnet, die zu Programmdemonstrationen am Bildschirm genutzt wird und zu der die Studenten bereits mit ihrer Belegaufgabenstellung bekanntgemacht werden. In einem speziellen Aufgabenheft sind u.a. Listings zu allen in der Vorlesung verwendeten Programmbeispielen enthalten. Dadurch stehen zum Studium von Details eine Vielzahl problemrelevanter Anwendungen bereit. Bewährt hat sich dabei, nach einem etwa dreiwöchigem Vorlauf Vorlesungs- und Praktikumsbetrieb parallel durchzuführen und mit speziellen Übungen/Konsultationen den Übergang von der rezeptiven zur selbständigen Phase zu sichern.

4. Erfahrungen des Praktikums

Das Praktikum im Rahmen der Lehrveranstaltung Computergrafik umfaßt 40 % des Gesamtzeitfonds. Damit leitet sich bereits quantitativ die Bedeutung dieser Ausbildungskomponente ab. Voraussetzungen für eine erfolgreiche Durchführung dieses Praktikums sind die Verfügbarkeit einer stabilen rechentechnischen Basis (hier GDA mit dem Grafiksystem GISD) und die Mitarbeit engagierter, erfahrener Betreuer. Für den Praktikumsbetrieb wurden folgende Verfahrensweisen erprobt:

. Die Aufgabenbearbeitung erfolgte lochstreifenorientiert. Ein wesentlicher zeitlicher Mehraufwand durch wiederholtes Übersetzen von Programmsegmenten (Hauptprogramm bis 80 Quellzeilen, Unterprogramme ca. 50 Anweisungen) entstand nicht.

. Die Studentenaktivität konzentrierte sich auf die applikative Ebene der Programmierung. Rechnerbedienung und Betriebssystemsteuerung

wurden durch zwei Betreuer unterstützt.
Die Nutzung eines für das Praktikum entwickelten Programmsimulators erwies sich als wesentlicher Faktor, die selbständige Fehlersuche und Programmüberarbeitung durch Studenten zu gewährleisten.

Die Praktikumsdurchführung erstreckte sich über einen Zeitraum von 5 Wochen. Wöchentlich stand für die Praktikumsteilnehmer ca. 20 Stunden Rechenzeit, etwa gleichverteilt über die Werktage zur Verfügung. Über Fehlerhäufigkeiten bei der Umsetzung der Aufgabenstellungen grafische Programmierung passiv (GPP), grafische Programmierung Struktur (GPS) sowie grafische Programmierung aktiv (GPA) geben die in Abb. 6 dargestellten pauschalen Kennziffern (gemittelt über alle Praktikumsteilnehmer) Auskunft.

Aufgabenstellung	NQZ	NRL	FSY	FGEO	FSTR	FGES
1. Aufgabe GPP	120	5,7	68	16	16	37
2. Aufgabe GPS	40	2,1	21	36	43	19
3. Aufgabe GPA	80	6,7	17	28	55	44

NQZ : Anzahl neu zu codierender und zu testender Quellzeichen,

NRL : Anzahl notwendiger Rechnerläufe bis zur vollständigen Erfüllung der Aufgabe,

FSY : Anteil syntaktischer Fehler an der Gesamtfehleranzahl der Aufgabe in %,

FGEO: Fehlerhafte Ermittlung geometrischer Parameter in bezug zur Gesamtfehleranzahl der Aufgabe in %,

FSTR: semantische Fehler in Programmablauf und Programmstruktur in bezug zur Gesamtfehleranzahl der Aufgabe in %,

GES : Fehlerhäufigkeit bei der Einzelaufgabe im Verhältnis zur Gesamtfehleranzahl in %.

Abb. 6: Pauschale Kennziffern des Grafikpraktikums 1984

Man erkennt, daß die Anzahl der benötigten Rechnerläufe nach größeren Schwierigkeiten bei der Erstimplementation grafischer Programme im Übergang zur zweiten Aufgabenebene zurückgeht, um bei der Beschreibung komplexen grafischen Dialogs deutlich hervorzutreten. Dabei verlagert sich die Fehlerursache signifikant zu semantischen Fehlern in Programmablauf und -struktur. Häufungen syntaktischer Fehler bei der Teilaufgabe GPP sind durch den größeren Programmierumfang erklärbar. Fehlerarten der Ebene grafische Programmierung aktiv ordnen sich dabei im wesentlichen folgenden Problemkreisen zu:

. Fragen der Sichtbarkeit und Zugriffsmöglichkeit zu Segmenten bei Segmenttransformationsaktionen wie Verschieben, Kopieren, Streichen,
. Realisierung der Interruptbehandlung bei der Arbeit mit grafischen Eingabegeräten.

5. Zusammenfassung

Die erstmals durchgeführte Vorlesungsreihe Computergrafik erbrachte eine Vielzahl konkreter Erfahrungen bei der Umsetzung der dargelegten Konzeption. Den Verfassern ist dabei bewußt, daß die realisierte Lehrveranstaltung als ein erster Zugang zu entstehenden CAD/CAM-orientierten Ausbildungsinhalten eingeordnet werden muß. Diese Ausbildungsphase entspricht der aktuellen Notwendigkeit, künftige Ingenieure im breiten Maße bereits in der heutigen Ausbildung mit der Erstellung und Nutzung von Applikationssoftware auf dem Gebiet der Computergrafik vertraut zu machen. Diese Forderung impliziert ebenso die Durchsetzung einer weitdimensionierten Weiterbildung für Industriekader auf dem Gebiet des CAD/CAM. In Zukunft besteht weiterhin die Aufgabe, die angestrebten Nutzungsformen präsenter grafischer Systeme quantitativ und qualitativ zu erweitern. Dazu zählen u.a.:

. Die Erhöhung der Nutzerfreundlichkeit von Basissoftware,
. die Nutzung geeigneter und weiterentwickelter Technik für die CAD/CAM-Ausbildung entsprechend der in der Einleitung dargestellten Entwicklungsetappen,
. die Entwicklung praxisorientierter Ausbildungsformen unter Beachtung der sich herausbildenden Prinzipien rechnerunterstützter Ingenieurarbeit.

Literatur

(1) CAMP '84
Computer Graphics Applications For Management And Productivity.
Berlin 1984

(2) Aurich,H.; Franz,L; Schönfeld,S.:
Rechnerunterstütztes Konstruieren.
Leipzig 1984

(3) Neue Technik im Büro.
28(1984)1

(4) Die Funktionen des Grafischen Kernsystems.
Informatik Spektrum (1983)6, S. 55

(5) Konzeption für die Gestaltung der Aus- und Weiterbildung der Ingenieure und Ökonomen in der Deutschen Demokratischen Republik.
Das Hochschulwesen 31(1983)9, S. 251

(6) Dokumentation Digitalgeometrischer Arbeitsplatz.
Schriftenreihe des Weiterbildungszentrums für mathematische Kybernetik und Rechentechnik Informationsverarbeitung der TU Dresden, Dresden (1978)31

(7) Eberl,H.-W.:
Komplexe Gestaltung von Vorlesung und Praktika des Abschnittes "Grafik" der Lehrveranstaltung "Informationsverarbeitung im Maschineningenieurwesen".
Hochschulpädagogische Abschlußarbeit an der TU Dresden, Dresden 1983 (unveröffentl.)

Präsentationsgraphik und GKS

Rainer Kunz

Frankfurt am Main

Abstrakt

Die Entwicklung des internationalen Standards GKS eröffnete neue Perspektiven in der graphischen Datenverarbeitung. Geräteunabhängigkeit und die Möglichkeit der Erstellung komplexer graphischer Anwendungen sind wesentliche Vorteile dieses Standards. Die ständig wachsende Vielfalt graphischer Anwendungen legt es nahe, den, im GKS-Konzept mitbedachten, nächsten Schritt zu vollziehen - die Entwicklung von auf GKS aufbauenden Anwendungsschalen.

Im vorliegenden Papier wird eine Anwendungsschale 'Präsentationsgraphik' sowie eine Präsentationsgraphik-Anwendung, aufbauend auf eben dieser Schale, vorgestellt. Bei der Anwendungsschale stehen zwei wesentliche Aspekte im Vordergrund. Zum einen die Unabhängigkeit von der Anwendung und zum anderen die Unterstützung von Interaktionsfähigkeiten. Insbesondere letzteres bietet eine Reihe von Möglichkeiten, welche in den meisten existierenden Präsentationsgraphik-Anwendungen noch nicht zu finden sind.

1. Historie

Am Anfang der überlegungen standen allgemeine Anforderungen an Präsentationsgraphik-Anwendungen, gewisse Ansätze aus GRISGRAM (siehe /LUX84/) sowie Wünsche, Ziele und existierende Systeme der Teilnehmer der Gruppe 'Präsentationsgraphik' des GKS-Vereins (nachzulesen in /GKSV84a/). Die darauf erarbeiteden Konzepte wurden nach zwei weitern Sitzungen (/GKSV84b/, /GKSV84c/, /GKSV84d/) als Abschlußbericht der Gruppe übernommen /ENCA84/. Die ausführliche

Beschreibung der Anwendungsschale sowie des Präsentationsgraphiksystems IDEFIX (Interaktive Diagramm Erzeugung Für IX-beliebige Methoden) sind in /KUNZ84/ zu finden.

2. Entwurf einer Anwendungsschale Präsentationsgraphik oberhalb GKS

Zu Beginn sei die Bemerkung vorweggeschickt, daß eine Anwendungsschale (hier Präsentationsgraphik) möglichst hohe Verträglichkeit mit anderen Anwendungsschalen bieten sollte, um gleichzeitiges Benutzen problemlos zu ermöglichen. Gleichzeitige Benutzung ist hierbei nicht im Sinne von 'nebeneinander' sondern im Sinne von 'integriert' zu verstehen, d.h., eine Anwendung benutzt mehrere Anwendungsschalen gleichzeitig und kann Daten und Darstellungen der verschiedenen Schalen miteinander kombinieren. Dies impliziert natürlich sofort, sich mit Begriffen wie 'Window Manager' (WM), 'Resource Manager' (RM) oder auch 'User Interface Manager' (UIM) auseinanderzusetzen. Da aber eine Anwendungsschale unabhängig von solchen, teilweise noch nicht geklärten, Konzepten sein soll, werden diese Begriffe im folgenden nicht näher betrachtet werden.

2.1 Modell

Es erscheint sinnvoll, einige Voraussetz ungen für das nachher vorgestellte Modell voranzuschicken:

- Die Präsentationsgraphik-Anwendungsschale ist eine von vielen denkbaren Anwendungsschalen. Deswegen dürfen all jene Aspekte kein Teil der Anwendungsschale sein, welche nicht präsentationsgraphikspezifisch sind.
- Die Präsentationsgraphik-Anwendungsschale muß ins Konzept von mehreren Anwendungsschalen passen, d.h., die Einbettung in übergeordnete Teile sollte dann einheitlich sein.
- Bislang nicht geklärte Konzepte, wie z.B. das eines 'User Interface Managers' können nicht Bestandteil der Anwendungsschale sein.
- Das Konzept dieser Anwendungsschale sollte so gut wie möglich auch als Ansatz für andere Schalen denkbar sein.

Folgende Anforderungen sind an das Modell zu stellen:

- beliebig komplexe Datenzusammenhänge (sowohl 2D als auch 3D)
- variable Darstellungsmethodik (alle möglichen charts etc.)
- variable Darstellungsart (impliziert Attributshandling)
- Interaktionsmöglichkeiten (Umsetzung von GKS-Input)
- Abstraktion (abheben von GKS)

Aus den genannten Voraussetz ungen und Anforderungen ergeben sich folgende Folgerungen mit unmittelbarem Einfluß auf das Modell:

- Trennung von Daten und Attributen
- variable Datenstruktur
- anwendungsabhängige Zusammenführung von Daten und Attributen
- Kein Windowmanagement innerhalb der Anwendungsschale. Aufgrund der Vielfältigkeit der graphischen Anwendungen sollte ein Windowmanagement derart plaziert sein, daß mehrere Schalen und auch die Anwendung selbst Zugriff darauf haben.
- Alle schaleninternen Informationen werden von einer zentralen Stelle, dem Präsentationsmanager, verwaltet. Dieser ist auch die Schnittstelle zur Anwendung und kann in mehrere Einzelteile untergliedert werden.
- Interaktionsmöglichkeiten können späterhin mit Konzepten wie 'User Interface Management Systems' gekoppelt werden.
- Zur allgemeinen Benutzung von Segmenten und weitere GKS-Resourcen ist ein Resource Manager von Bedeutung, welcher, ähnlich dem Window Manager, von mehreren Schalen und der Anwendung benutzt werden kann.

Aus dem eben beschriebenen ergibt sich folgendes Modell:

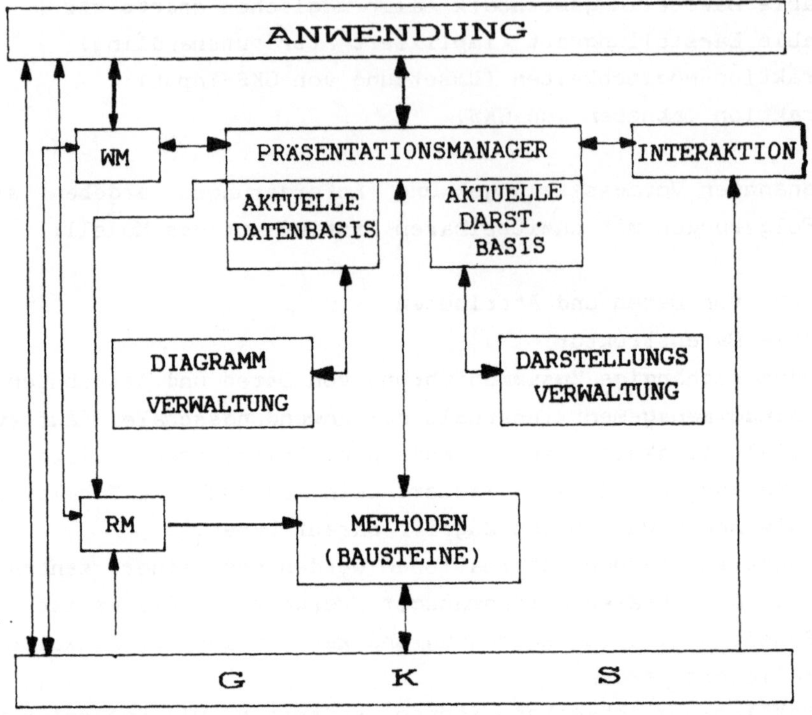

Abbildung 1: struktureller Aufbau, Informationsfluß

Begriffsbeschreibungen:

- aktuelle Datenbasis

Verwaltet aktuelle Datenstruktur, bestehend aus Überschrift, Einheit, Statistik und Legende. Überschrift und Einheit sind beliebige Strings. Die Legende beinhaltet Beziehungen zwischen Teilen der Statistik und weiteren Beschreibungen. Die Statistik wird von Sätzen und Daten gebildet und ist baumartig aufgebaut. Ein einzelner Satz besteht aus einem Satzoberbegriff und beliebig vielen Daten. Ein einzelnes Datum besteht aus einem Namen, dem Betrag und beliebig vielen Untersätzen.

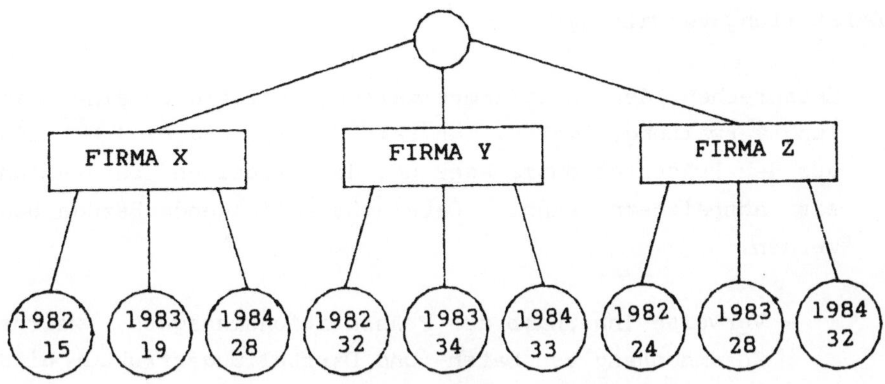

Abbildung 2: Beispiel einer aktuellen Datenbasis (Statistik)

- aktuelle Darstellungsbasis

  Verwaltet die aktuelle Darstellungsstruktur, bestehend aus Verweisen auf Primitivart und Primitivattribute sowie Relationen auf diesen Einträgen.

- Methoden(-bausteine)

  Dies sind Prozeduren zur Diagrammerzeugung oder zur Diagrammteilerzeugung (z.B. Überschrift, Balken etc.), welche mit den Informationen aus der aktuellen Datenbasis und der aktuellen Darstellungsbasis, gesteuert durch die Verweise des Präsentationsmanagers, Diagramme erzeugen. Ausschlaggebend für die Positionierung ist ein von der Anwendung definiertes Fenster.

- Diagrammverwaltung

  Möglichkeit zur langfristigen Speicherung von Diagrammen (aus der aktuellen Datenbasis), unabhängig von der Darstellung. Jedem Diagramm sind 5 Kenngrößen zugeordnet:

  - Diagrammname
  - Überschrift des Diagramms
  - zuletzt benutzte Darstellung
  - zuletzt bebutztes Fenster
  - zuletzt benutzte Methode

- Darstellungsverwaltung

  Entsprechend der Diagrammverwaltung existiert eine Darstellungsverwaltung, welche mehrere Darstellungen, d.h. Einträge aus dem Präsentationsmanager und der aktuellen Darstellungsbasis abspeichern kann. Dabei müssen folgende Bezüge beachtet werden:

  - Verweise innerhalb des Präsentationsmanagers, welche den Zusammenhang von Daten- und Darstellungsstruktur bilden
  - komplette Darstellungsstruktur
  - benutzte weitere Verweise mitsamt den Einträgen (z.B. Teile der bundle tables)

- Interaktion

  Mittels der Informationen des Präsentationsmanagers ist eine Rückführung des GKS-Inputs in höhere Strukturen (Überschrift, Datumsbetrag etc.) möglich. Die Anwendung erhält in diesem Fall direkt die entsprechende Eingtabe auf dem Niveau der Schale. Weiterhin werden direkte Aktualisierungen innerhalb der Strukturen der Anwendungsschale vollführbar, was zu einer 'Entlastung' der Anwendung führt.

2.2 Präsentationsmanager

Als zentrale Stelle der Anwendungsschale obliegen dem Präsentationsmanager 3 wesentliche Aufgabengebiete:

- Bereithalten einer funktionalen Schnittstelle
- Verwaltung aller aktuellen Strukturen der Schale
- Verbindungsglied aller elementaren Bestandteile

Die funktionale Schnittstelle beinhaltet alle Möglichkeiten, welche die Anwendungsschale der Anwendung über GKS hinaus bietet. Eine genauere Beschreibung ist in /ENCA84/ sowie /KUNZ84/ zu finden.

Die Verwaltung der aktuellen Strukturen beinhaltet 2 Unterpunkte:

- Verwaltung der Datenstruktur (aktuelle Datenbasis)
- Verwaltung der Darstellungsstruktur (akt. Darstellungsbasis)

Ein Verbindungsglied aller elementaren Bestandteile ist der Präsentationsmanager deswegen, weil in ihm die Zusammenführung der eben genannten Strukturen und weiterer Informationen zur Darstellung vonstatten geht. D.h. es existiert eine übergeordnete Struktur mit den Einträgen

- was - (Element der Datenstruktur)
- wie - (Element der Darstellungsstruktur)
- wo - (Plazierung, d.h. Segmentname)

Ein Beispiel aus der vorher aufgeführten Datenstruktur:

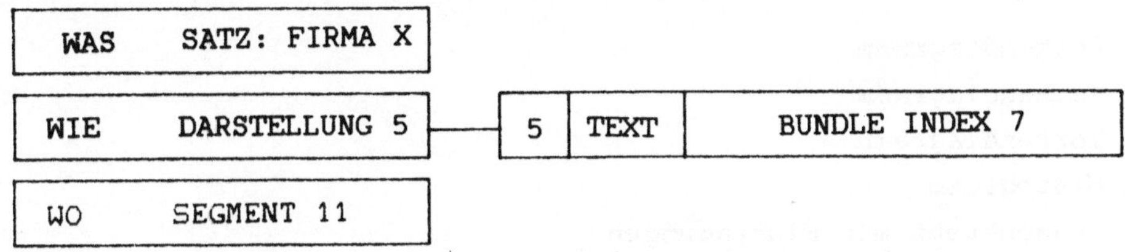

Abbildung 3: Beispiel zum Präsentationsmanager

Folgende Skizze zeigt den schematischen Aufbau und die daraus resultierenden Einflüße auf 'angrenzende' Teile des Modells:

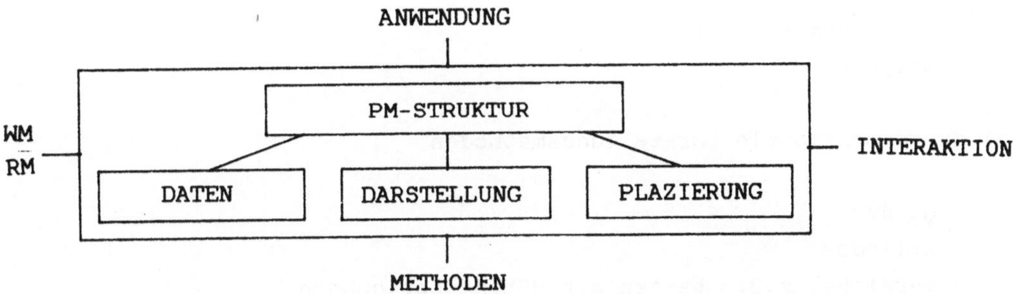

Abbildung 4: Strukturen des Präsentationsmanagers und deren Umgebung

Wesentlich dabei ist, daß diese Struktur der 'Interaktion' die Möglichkeit bietet, GKS-Input in Begriffe der Anwendungsschale umzusetzen.

2.3 Methoden-(bausteine)

Dies ist der umfassende Punkt der 'Sichtbarmachung' der Datenstruktur. Alle notwendigen Informationen zur Erzeugung einer Graphik sind über den Präsentationsmanager zu erhalten.

Der Phantasie sind bei der Sammlung von Darstellungsmethoden eigentlich keine Grenzen gesetzt. Folgender kleiner Einstieg sei gegeben:

a) zweidimensionale Darstellungsmethoden

- Balkendiagramm
- Kuchendiagramm
- Tortendiagramm
- Histogramm
- Achsenkreuz mit Eintragungen
- Kurven
- Bereiche z.B. Landkarten
- Kartogramme
- 'high low close chart' (siehe /ACKM84/)
- 'trilinear chart' (dito)
- 'bubble chart' (dito)
- 'metroglyph chart' (dito)
- 'kite chart' (dito)
- weitere

b) dreidimensionale Darstellungsmethoden

- Quader
- Zylinder
- Bereiche, z.B. Karten mit Höhenausprägungen
- Flächen im Raum
- weitere

Die Anwendung kann sich mittels verschiedener Methodenbausteine oder einer einzelnen Methode gewünschte Graphiken erzeugen. Eine Reihe von Parametern können diese Darstellungen begleiten, so z.B. Fenster, Verwendungstiefe der Datenstruktur, sichtbare Beschriftungen oder ähnliches mehr.

Folgendes Beispiel mit der Datenstruktur aus Abbildung 2 zeigt eine einfache Umsetzung.

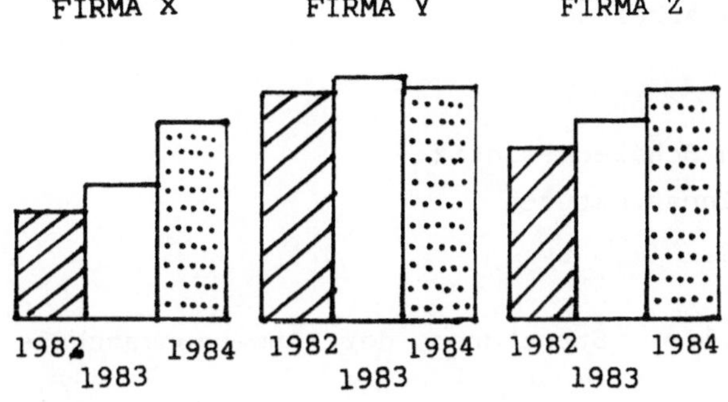

Bem: Eine andere Methode könnte andere Darstellung erzeugen (z.B. Gruppierung des Firmen pro Jahr).

Abbildung 5; Methode zur Balkengraphik

2.4 Interaktion

Obwohl es sich hierbei um ein zentrales Element handelt, wirft es mehrere Schwierigkeiten dahingehend auf, daß es erstens nicht einfach ist, den Begriff 'Interaktion' für die Anwendungsschale zu definieren, und zweitens die Plazierung innerhalb des Modells nicht unbedingt eindeutig ist. Es ist daher sinnvoll, ein paar Anforderungen für eine dialogorientierte Anwendungsschale zu stellen:

- Arbeiten mit Begriffen der Schale (Legende, Methode, ...)
- Automatische Aktualisierungsmöglichkeiten
- komfortable Benutzerführung

Um Interaktionsmöglichkeiten sinnvoll einpassen zu können, muß natürlich auch entschieden werden, ob man beim Konzept der Eingabemodi bleiben will oder nicht.

Zwei Formen der Interaktion lassen sich daher unterscheiden:

- reine Eingabe; Umsetzung und Weiterleitung an die Anwendung
- Eingabe mit direkter Aktualisierung

Die reine Eingabe ist eine konsistente Erweiterung der GKS-Eingabe, nur daß nun Begriffe der Schale an die Anwendung geliefert werden.

Dies wird für eine interaktive Anwendung aber nicht der Hauptaspekt sein. Vielmehr ist die zweite Eingabeform von Bedeutung, da hierbei der Anwendung viel Aufwand erspart bleibt. Solche Aktualisierungsfunktionen implizieren dann 4 Arbeitsgänge:

- Eingabe Anfordern
- Umsetzung der Eingabe in Schalensemantik
- Aktualisierung der Schalenstrukturen
- Meldung an die Anwendung

Es können prinzipiell alle Strukturen der Anwendungsschale aktualisiert werden:

- aktuelle Datenbasis
- aktuelle Darstellungsbasis
- Präsentationsmanager

Die Aktualisierung kann direkt auf einzelne Elemente bezogen werden (z.B. AKTUALISIERE LEGENDE), oder aber dies erst nach der Eingabe entscheiden.

3. Anwendungssystem IDEFIX

Auf der Basis einer Prototypimplementierung der Anwendungsschale wurde das System IDEFIX (Interaktive Diagramm Erzeugung Für IX-beliebige Methoden) entwickelt.

Vorrangiges Ziel von IDEFIX ist es, die Bedeutung der graphischen Interaktion in den Vordergrund zu stellen, da die meisten existierenden Systeme hierbei nur sehr eingeschränkte Möglichkeiten bieten, wenn überhaupt. Während nun bei diesen Systemen der Benutzer zur Änderung der Präsentation immer einige Stufen zurückgehen muß, d.h. Änderungen am Datenbestand oder einer Zwischensprache vollführen und damit eine erneute Berechnung bzw. Interpretation aktivieren, kann er bei IDEFIX direkt an den Präsentationen arbeiten. Er besitzt damit Möglichkeiten des direkten Einflusses auf die Schalenstrukturen. Ziel bei der Entwicklung des Programmsystems IDEFIX war es daher nicht, der Menge der bestehenden Business Graphics Systemen noch ein weiteres hinzuzufügen. Dies konnte schon deswegen nicht sinnvoll sein, da die meisten am Markt befindlichen Produkte einen zu großen Erfahrungsvorsprung besitzen bzw. über Jahre hinweg mit erheblich mehr Manpower entstanden sind. Vielmehr sollten zukunftsweisende Aspekte im Vordergrund stehen, welche momentan nicht oder nur sehr eingeschränkt zu finden sind. Als solche sind zu nennen:

- Geräteunabhängigkeit
- Benutzung von GKS
- Benutzung einer Anwendungsschale
- Interaktion

Während die ersten 3 Aspekte noch keinen direkten Einfluß auf die Art der Anwendung haben, sind die Interaktionsmöglichkeiten die wesentlichen Merkmale, welche IDEFIX das besondere Erscheinungsbild geben. Voraussetzung dafür ist auch eine entsprechende Hardwareunterstützung, z.B. eine Maus oder ein Tablet.

Der Benutzer von IDEFIX kann sowohl komplexe Diagramme als auch Einfachstdarstellungen erzeugen. Um einen schnellen Überblick über die Qualität der darzustellenden Eingangsdaten zu geben, erzeugt das System auf Wunsch eine einfache 'Erstversion' des Diagramms, welche nur mit Hardwaretext und einfachen Farben ausgestattet ist. Danach kann der Benutzer beliebige Teile des Diagramms editieren, um sich 'sein' Diagramm zu erzeugen (ein ähnlicher Ansatz ist auch in /SHIM83/ zu lesen). Wichtig dabei ist, daß die einmal erstellte Form eines Diagramms, d.h. die Summe aller Attribute, für alle beliebigen Folgediagramme sofort benutzt werden kann. Dies ist insbesondere dann interessant, wenn eine Serie von Diagrammen gewisse inhaltliche Zusammenhänge darstellen soll. Die Verwirklichung all dieser Komponenten werden im wesentlichen durch den in 2.2 beschriebenen Präsentationsmanager vollführt. Das System ist für eine Vielzahl von Darstellungsmethoden konzipiert und kann bei Bedarf laufend ergänzt werden.

IDEFIX und die Anwendungsschale sind in PASCAL auf einem PCS-CADMUS 9200 unter UNIX implementiert. Die Anwendungsschale sowie die Anwendung selbst basieren jeweils auf etwa 5000 lines of code. Die gebundene Version umfasst 584 KB. Das Graphische Kernsystem ist die Version 2.1 bzw. 3.0 von GTS/GRAL (Level 2b).

Schlußbemerkungen

All denjenigen Teilnehmern der Gruppe 'Präsentationsgraphik' des GKS-Vereins, welche in Diskussionen und Kommentaren wertvolle Beiträge zur Konzeption gegeben haben gilt mein Dank. Besonders erwähnen möchte ich die Beiträge der Herren T. Englert, H. Hanusa, G. Schmitgen und W. Tappert. Weiterhin möchte ich dem Leiter der Gruppe, Herrn J. Encarnacao, und meinem Betreuer während der Diplomarbeit, Herrn H. Kuhlmann, für deren Unterstützung herzlichst danken.

Literatur

/ACKM84/ D. Ackmann, 'Neue Darstellungsformen im Bereich Business Grapik', Proceedings CAMP'84, Berlin

/ENCA84/ J. Encarnacao, H. Kuhlmann, R. Kunz, 'Abschlußbericht der ad-hoc Gruppe Präsentationsgraphik des GKS-Vereins', Darmstadt 1984

/GKSV84a/ 'Protokoll der Sitzung der ad-hoc Gruppe Präsentationsgraphik des GKS-Vereins vom 10.2.84 in Darmstadt'

/GKSV84b/ R. Kunz, 'Return zu den Beiträgen zum Protokoll der Sitzung der Gruppe Präsentationsgraphik des GKS-Vereins', Darmstadt 1984

/GKSV84c/ 'Protokoll der Sitzung der ad-hoc Gruppe Präsentationsgraphik des GKS-Vereins vom 24.8.84 in Darmstadt'

/GKSV84d/ R. Kunz, "Konzeptionspapier zum Entwurf einer Anwendungsschale Präsentationsgraphik oberhalb GKS', Darmstadt 1984

/KUNZ84/ R. Kunz, 'Präsentationsgraphik und GKS', Diplomarbeit, FB Informatik, FG GRIS, TH Darmstadt, Dezember 1984

/LUX84/ G. Lux, 'GRISGRAM - GRIS Graphical Resources Associated Methods', Diplomarbeit, FB Informatik, FG GRIS, TH Darmstadt, Mai 1984

/SHIM83/ T. Shimomura, 'A Method for Automatically Generating Business Graphs', IEEE CG&A, Vol. 3 No. 6, September 1983

„Ein integriertes Graphik-, Bild- und Satzverarbeitungssystem"

von

Dipl.-Ing. Wolfgang Vitovec
Telefon- und Adreßbuchverlag „Herold", Wien

Präambel

Schon beim Lesen des Titels dieser Arbeit wird sich manchem die Frage aufdrängen, ob es sich hier nicht um einen Anachronismus handelt, wenn in einer Zeit, da die „papierlose Gesellschaft" in aller Munde ist, die Systementwicklung für einen Bereich der Druck- und Reproduktionstechnik das zentrale Thema darstellt.

Ohne die zahlreichen Vorteile der neuen Technologien im Bereich der Informationsverarbeitung in Frage stellen zu wollen, wage ich dennoch zu behaupten, daß Papier als „Informationsträger" auch in den kommenden Jahrzehnten eine bedeutende Rolle spielen wird. Die Verschiebung der Grenze zwischen „materieller" und „immaterieller" Informationsvermittlung wird einerseits weitgehend von der Entwicklung der jeweiligen Technologien abhängen und andererseits davon, wieweit sich die Drucktechnik (i.w.S. – also die Druckvorlagenerstellung eingeschlossen) neuer Methoden und Erkenntnisse der Informatik zu bedienen weiß.

In diesem Sinne besteht ein Hauptanliegen dieser Arbeit darin, den Dialog zwischen den Systemherstellern und Anwendern in der graphischen Industrie einerseits und der Wissenschaft andererseits zu initiieren bzw. zu fördern.

Abstract

Nachdem ich die Automatisierung des Satzes bis inklusive Seitenumbruch auf einem – zum Leidwesen der Satzsystem-Hersteller – unkonventionellen Weg durchgeführt habe, verbleibt als letzte manuelle Tätigkeit, bei der Erstellung der Druckvorlagen, das Einkleben von Graphiken (Signets, Logos, Zierschriften etc.) und Autotypien in die belichtete Seite an dafür vom Setzer manuell freigeschlagenen Stellen. Um auch die letzte manuelle Montagetätigkeit zu vermeiden, ist es notwendig, Graphiken und Bildvorlagen zu digitalisieren und in den Umbruch- und Belichtungsprozeß zu integrieren.

Von verschiedenen Systemherstellern werden „elektronische Seitenmontage"- (ESM-) Systeme angeboten. Das Grundprinzip dieser Verfahren ist die Digitalisierung aller zu einer Seite zu verarbeitender Informationen [SPRI82]. Dabei werden also auch die Texte in Rasterbilder zerlegt. Die dabei benötigte Speicherkapazität beträgt für eine Textseite ca 100 KB und für eine Zeitschriftenseite mit Schwarz/Weiß-Abbildungen ca 500 KB.

Im Vergleich dazu benötigt man für den Satz einer Telefonbuchseite zwischen 10 KB und 20 KB. Da sich der Speicherbedarf nicht nur auf die Plattenkapazität auswirkt, sondern auch auf die Verarbeitungszeiten, scheint es mir sinnvoller, den Satz als solchen zu belassen und die Graphiken und Halbtonbilder darin einzubetten.

Mein persönliches, spezielles Problem – nämlich die Erstellung von Druckvorlagen für Telefonbücher – ist insofern von allgemeiner Bedeutung, als es durch die Entwicklung von Direktausgabegeräten (Ausgabe auf „Normal-Papier" statt auf Film oder RC-Papier) auch nichtgraphischen Unternehmen und Institutionen möglich ist, hochwertige Druckwerke selbst kostengünstig zu erstellen und dadurch den Aktualitätsgrad der Publikationen drastisch zu verbessern. Da man darüberhinaus Textsysteme als eine Untermenge der Satzsysteme auffassen kann, scheint die folgende Betrachtung auch für den „Nicht-Verleger" bzw „Nicht-Setzer" von Interesse.

Erläuterungen zur Terminologie

Wann immer Typographen und Reprotechniker mit Informatikern kommunizieren, ergeben sich zumeist eine Reihe von Problemen, die darin liegen, daß die Terminologie des einen mit jener des anderen (historisch bedingt) nicht ident ist. Ein klassisches Beispiel wurde von Dr.Götze [DRUC84a /p 44] anhand des Begriffes „Editor" verdeutlicht: während Informatiker unter diesem Begriff ein Textbearbeitungsprogramm verstehen, bezeichnen Verleger den Verfasser bzw. denjenigen, der Texte redigiert, als „Editor". Um diesen Mißverständnissen vorzubeugen, seien die wichtigsten der hier verwendeten Begriffe in der Folge erläutert:

- Satz – darunter versteht man die aus Typen (Lettern) bzw. Typenreihen zusammengesetzte Druckform;
- Graphik – unter diesem Begriff wird hier die „nichtgeometrische Graphik" verstanden, die jedoch die „geometrische Graphik" einschließt – also die „manuell" angefertigten Zeichnungen, Schriften und dgl;
- Bild – darunter werden Halbtonvorlagen (u.a. Photographien) verstanden, die z.B. in der Schwarz/Weiß-Technik neben den Farbwerten „Weiß" und „Schwarz" noch andere Tonwerte (Graustufen) enthalten (analoges gilt für mehrfärbige Vorlagen); die Druckelemente der Reproduktionen besitzen jedoch nur die Werte „Weiß" oder „Schwarz";
- Werksatz (-druck) – umfaßt den Satz (Druck) von Romanen, wissenschaftlichen Arbeiten etc;
- Akzidenzsatz (-druck) – umfaßt den Satz (Druck) von Formularen, Plakaten, Formeln etc;
- Zeitungssatz (-druck) und Zeitschriftensatz (-druck) sind somit selbsterklärend;

Die Druckvorlagen für Telefon- und Adreßbücher setzen sich aus Werksatz, Akzidenzsatz, einer Mischform von Werk- und Akzidenzsatz, Graphiken und Halbtonbildern zusammen.

Während sich also die Computer-Graphik primär mit dem Generieren der Darstellungen synthetischer Objekte – als abstrakte Mengen von Linien, Punkten, Kurven, Flächen etc. – befaßt, handelt es sich hier bei Graphik und Bild um die Verarbeitung von digitalisierten Darstellungen realer Objekte.

Klassische Modelle der Druckvorlagenherstellung

Bei den klassischen Modellen werden die einzelnen Teile der Druckvorlage – Satz, Graphik und Halbtonbild – getrennt erstellt und danach erst zur endgültigen Form (Seite) montiert. Nicht-rechnerunterstützte Verfahren zur Satzherstellung sind z.B. der Bleisatz (= Handsatz), der Guß von einzelnen Lettern (Monotype), das Zeilengußverfahren (Linotype), das Fotolist-Verfahren oder die Satzherstellung mit Hilfe einer Schuppenkartei (wie derzeit noch der Satz des amtlichen Telefonbuches erfolgt).

Nicht-rechnerunterstützte Verfahren zur Erstellung von Druckvorlagen für den Druck von Halbtonbildern sind z.B. der Holzschnitt (seit dem 15.Jhdt.) oder der Kupferstich (diese Verfahren kommen heute nur mehr für künstlerische Zwecke zum Einsatz) oder photographische Verfahren, die heute am häufigsten vertretene Form.

Bei den rechnerunterstützten Verfahren sind vor allem Foto-, Licht- und Lasersatzsysteme zu nennen, wobei statt der üblichen Satzrechner auch universelle Rechner verwendet werden. Zur Erstellung der unechten Halbtonbilder kommen „Scanner" zum Einsatz, die elektronisch ein gerastertes Bild erzeugen und damit die Repro-Kamera ersetzen. Der Seitenumbruch (des Textes) erfolgt entweder im Rechner oder manuell in der Montage. Die für den Seitenumbruch notwendigen Informationen über Größe und (spaltenrelative) Lage von Bild und Graphik werden dabei manuell dem Setzer übermittelt, der dann einen entsprechenden Leerraum frei läßt („freischlägt").

Gab es 1982 bereits einige gute Lösungsansätze für den Ganzseitenumbruch von Zeitschriften und Zeitungen, so war der automatische Werksatz-Umbruch noch im Entwicklungsstadium [DRUC82]. Im Jahr 1984 standen bereits einige mehr oder weniger automatische Umbruchsysteme für den Werksatz zur Verfügung, die jedoch alle systemspezifisch sind.

Der batchorientierte, UNIX-spezifische Formatierer „TROFF", der bereits 1973 entwickelt wurde [DRUC84a /p 46f], ermöglicht mit Hilfe von UNIX-Preprozessoren auch den „Satz" von Formeln – „EQN" – und Tabellen – „TBL" [KERN83]. Dieser Formatierer, der einen Teil von UNIX darstellt, das Universitäten fast kostenlos zur Verfügung gestellt wird [AUST83], scheint jedoch lediglich für maximal 2-spaltigen Umbruch geeignet (siehe UNIX-„COL") und in seinen Möglichkeiten auf photomechanische Belichter (2. Generation) beschränkt zu sein [KERN83].

„Elektronische Seitenmontage"-Systeme

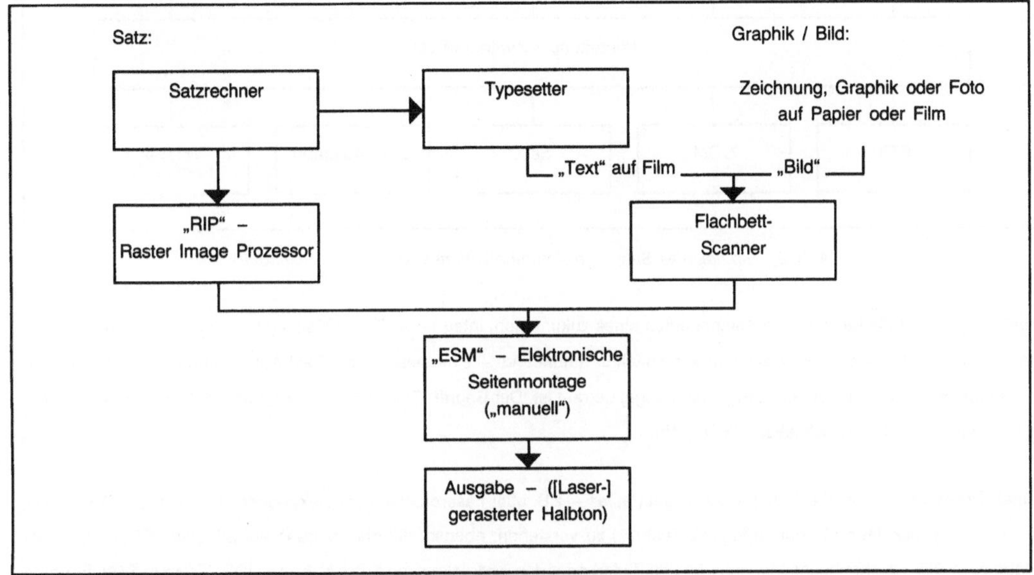

Abb. 1 ESM-Systeme

Bei den ESM-Systemen werden die im Satzrechner formatierten Textteile – also der Satz – entweder an einen Typesetter oder einen „Raster Image Prozessor – RIP" ausgegeben. Im RIP werden die Texte entsprechend den Satz-Parametern in digitale Rasterbilder zerlegt und an das eigentliche ESM-System übertragen. Bei Ausgabe des Satzes über einen Typesetter werden die auf Film vorliegenden Textteile mit Hilfe eines Scanners durch Zerlegung in Rasterbilder digitalisiert. Die dafür verwendeten (Flachbett-) Scanner dienen auch zum Digitalisieren der Graphiken und Halbtonvorlagen. Der Seitenumbruch – also die Gestaltung (Layout) der einzelnen Seiten – erfolgt im ESM-System „manuell" über ein Terminal. Dabei werden die Texte positioniert, Bildausschnitte gewählt und dgl.

Systeme dieses Modelltyps – etwa seit 1984 im Einsatz – werden vor allem im Bereich des Zeitungs- und Zeitschriftendrukkes angewandt. Der Grund dafür liegt sicher auch darin, daß für das Speichern der im ESM-System montierten Seiten durch die Zerlegung der Texte in Rasterbilder eine relativ große Speicherkapazität benötigt wird, nämlich ca. 300 MB für eine DIN A4-Farbseite, ca. 100 KB für eine Textseite und ca. 500 KB für eine Zeitschriftenseite mit Schwarz/Weiß-Abbildungen [DRUC84a /p 46].

Für den kombinierten Werk- und Akzidenzsatz kommen diese Systeme vor allem aus folgenden Gründen nicht in Frage:

1.) der Umbruch erfolgt nicht automatisch

2.) für die großen Datenmengen des Werksatzes ergibt sich durch die Zerlegung der Texte in Rasterbilder ein sehr großer Speicherplatzbedarf (natürlich auch große Verarbeitungszeiten).

Zukünftige Modelle

Schindler skizziert das Modell eines flexiblen Satz- und Kommunikationssystems [SCHI84a] etwa folgendermaßen:

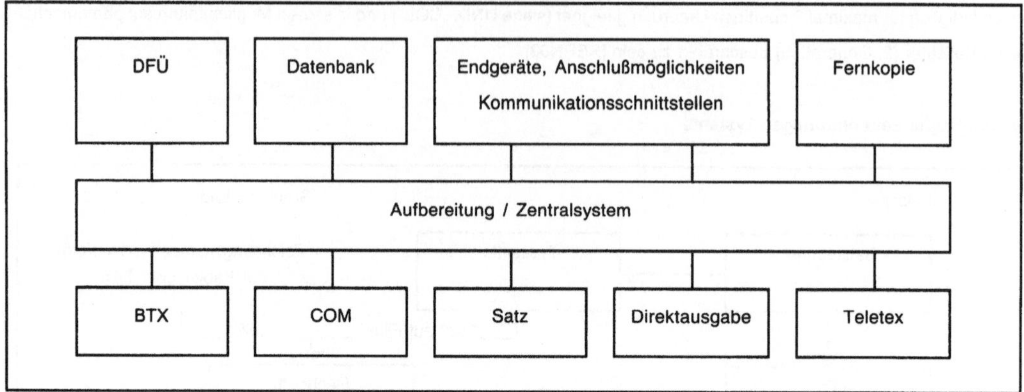

Abb. 2 Ein flexibles Satz- und Kommunikationssystem (nach Schindler)

Abbildung 2 zeigt die funktionalen Komponenten eines zukünftigen, integrierten Textsystems (i.S. eines Telematik-Systems), das – auf der Philosophie der Dokumentenarchitektur aufbauend – einerseits mit der Text-Aufbereitung (-Preparation) und andererseits mit dem Text-Austausch (-Interchange) betraut ist. Der Begriff „Text" ist in diesem Abschnitt i.w.S. zu verstehen, also Graphik und Bild einschließend [SCHI84b].

Unter „Direktausgabe" ist die (Satz-) Ausgabe auf Papier – z.B. über Laserdrucker oder elektronische Drucker (z.B. Agfa P400) – oder auf Druckplatte (Computer-to-plate-Technik) zu verstehen; ebenso fällt die Ausgabe auf Bildplatte (Kapazität einer Platte ca. 1.000 Taschenbuchseiten oder 54.000 Bilder) oder das Bedrucken von ROM-IC-Karten [DRUC84b /p 618] darunter.

Je nach Betriebsstruktur und Aufgabenstellung hat Schindler für das Zentralsystem einen Großrechner oder Micro vorgesehen. Schindler geht nicht explizit auf die Integration von Graphik und Bild ein. Die Direktausgabe bedingt jedoch die Integration der Graphik- und Bilddaten in den Satzdaten.

Ein Modell zur integrierten Satz-, Bild- und Graphikverarbeitung

Weniger vom Text-Austausch als von der Text-Aufbereitung betroffen – und hier wiederum nicht nur von der interaktiven Aufbereitung, sondern auch der automatischen – scheint folgendes Modell für die Druckvorlagenherstellung (auch für den gemischten Werk- und Akzidenzdruck) sinnvoll:

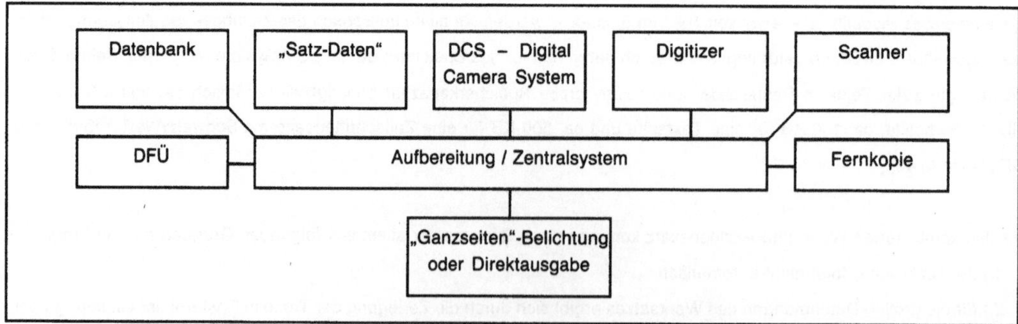

Abb. 3 Ein integriertes Satz-, Bild- und Graphik-System

Die in Abbildung 3 dargestellten Komponenten sind folgendermaßen zu verstehen:

- die Komponente **„Datenbank“** steht hier für die Verwaltung satzunabhängiger Daten, die erst bei der Produktion (d.h. unmittelbar vor dem Seitenumbruch) automatisch für den Satz aufbereitet werden; sie steht jedoch auch für alle Applikationen, die nicht mit Satz, Bild oder Graphik zusammenhängen;
- **„Satz-Daten“** steht für die Verwaltung und interaktive Aufbereitung von „tatsächlichem“ Satz, wo bereits bei der Datenverwaltung festgelegt ist, wie die Daten gesetzt werden sollen (Akzidenzsatzteile), wobei die Verwaltung der Daten natürlich auch mit Hilfe von Datenbanken erfolgen kann;
- die Komponenten **„Digital Camera System“**, **„Digitizer“** und **„Scanner“** stehen für die interaktive Aufbereitung – vor allem das Digitalisieren – von Halbtonvorlagen (Bildern) und Graphiken;
- **„DFÜ“** und **„Fernkopie“** stehen hier einerseits symbolisch für eine Reihe von Kommunikationsschnittstellen und andererseits für den „Versand“ von Bürstenabzügen oder die Übertragung von Autorkorrekturen;
- die Komponente **„Zentralsystem“** steht für die logische und physische Integration der verschiedenen Daten und deren Aufbereitung für die Ausgabe;
- unter **„Belichtung“** und **„Direktausgabe“** ist jede Art von „Ganzseiten“-Ausgabe zu verstehen, die aus **einer** Quelle – nämlich dem Zentralsystem – gespeist wird, wobei die Hardware ein Typesetter, ein elektronischer Drucker oder ein Laserdrucker sein kann;

Ein wesentliches Problem dieses Modells besteht darin, daß so ein System nur dann effizient ist, wenn es möglich ist, geeignete Darstellungsformen für Satz, Bild und Graphik in den einzelnen Verarbeitungsstufen zu finden. So ist z.B. für den Setzer oder Satzformatierer der Bildinhalt von untergeordneter Bedeutung. Es ist lediglich das logische Textobjekt „Bild“, das einen spezifischen Raum einnimmt – also auf eine spezifische topologische Struktur abgebildet wird – relevant. Andererseits ist für den Graphiker, der zu einem vorgegebenen Text ein Signet zu entwickeln hat, der Inhalt des Textes von sekundärer Bedeutung.

Bei der Entwicklung eines integrierten Systems wurde davon ausgegangen, daß es sich bei dem Zentralsystem um einen beliebigen (kommerziellen) Rechner handelt und daß die Hersteller der Ein- und Ausgabegeräte bzw. -Systeme nicht mit jenem des zentralen Systems ident sein müssen; d.h. es wurde die Offenheit des Gesamtsystems gefordert.

Dabei treten unter anderem folgende Probleme auf:

- das klassische Problem des automatischen Satzes und Umbruches, nämlich das Umsetzen ästhetischer Werte in Algorithmen
- das Codierungsproblem von Sonderzeichen und Schriftzeichen für die mehrsprachige Satz- (Text-) Verarbeitung
- die Integration von Graphik- und Bilddaten in die Satzdaten in einer für den Formatierer geeigneten Form
- das Umsetzen der Informationen der Lesegeräte in eine für den Typesetter geeignete Form
- die Korrektur von „Verzerrungen“, die durch die unterschiedliche Auflösung von Ein- und Ausgabegeräten entstehen können
- das Mengenproblem, das durch die, für Druckvorlagen erforderliche, hohe Auflösung von Bild und Graphik entsteht

In der Folge seien einige der angeführten Probleme ausführlicher behandelt.

Das Codierungsproblem

Verschiedene Typesetter arbeiten je nach Marke und Type in verschiedenen Befehlssprachen und verschiedenen Codes. Unter anderem wird auch der ASCII-Code, der TTS-6-bit-Code sowie der TTS-7-bit-Code verwendet (TTS = Teletypesetting). Während schon bei der einsprachigen Satzverarbeitung verschiedene Satzzeichen durch mehrere ASCII-Zeichen dargestellt werden müssen, so stellt sich bei der mehrsprachigen Verarbeitung das Problem noch diffiziler dar. Typesetter-seitig wird die Darstellung von Sonderzeichen durch Anwahl eines eigenen Schriftfonts erreicht. Für die Darstellung am Bildschirm hingegen stellt auch die ISO-Substitution keine geeignete Lösung dar. Einen Ansatz bietet die Hewlett-Packard-spezifische ASCII-Erweiterung – nämlich der ASCII-Roman-8-Code [SLAB84]. Noch wesentlich schwieriger als die gleichzeitige Verarbeitung von westeuropäischen Schriftzeichen gestaltet sich die Verarbeitung von z.B. Arabisch oder Hebräisch bzw. von ideographischen Schriftsystemen wie Chinesisch, Koreanisch oder Japanisch – einer Mischform aus ideographischen und silbenbezogenen Zeichen [BECK84].

Formatierer- und Typesettersprachen

Die Eingabesprache für einen Satzformatierer muß nicht notwendigerweise mit der Sprache des Typesetters ident sein. Ein Beispiel für eine Schriftsatz-Programmiersprache (Formatierer-Sprache) stellt „TEX" dar [KNUTH79, WINO84]. Ein wesentliches Merkmal der Formatierer- und Typesettersprachen liegt darin, daß die Befehle in den Text selbst eingebettet sind. Für spezielle Akzidenzsatzprobleme – wie den Formel- oder Tabellensatz – besteht zumeist die Notwendigkeit einer eigenen Eingabesprache, die jedoch in die Standardsprache eingebettet wird [KNUT79, KERN83]. Es liegt nahe, durch die Entwicklung einer Graphik-Eingabesprache und die Implementation eines Graphikpaketes, wie etwa dem von Foley und Van Dam beschriebenen SGP (Simple Graphic Package) [FOLE84], die Einbettung von Computergraphiken (d.h. Graphiken synthetischer Objekte) in den Satz zu ermöglichen.

Der Formatierer, der unter anderem auch die Aufgabe hat, die Eingabesprache(n) in die Typesettersprache zu übersetzen, stellt somit eine Art „Compiler" dar. Insoferne kann man gesetzte Texte als Programme in einer speziellen höheren Programmiersprache auffassen, die zwei Arten von Variablen aufweisen, nämlich den in den Satzbefehlen eingebetteten Text (!) sowie Satzbefehle mit variablen Argumenten, deren Wert durch den Formatierer ermittelt wird und vom Umbruch, der Dicktenrechnung, anderen (absoluten) Satzbefehlen oder dem Text selbst abhängen kann. Verschiedene Formatierer erstellen zunächst ein von der Ausgabe- (Typesetter-) Sprache unabhängiges Datenfile, das anschließend mit Hilfe verschiedener Treiber auf unterschiedliche Geräte ausgegeben werden kann [KNUT79, DRUC85].

Die Hardware

In der Folge seien die Hardware-Komponenten eines integrierten Systems und deren Funktionen kurz erläutert.

- die **zentrale Komponente** des Systems stellt ein universeller Rechner dar, mit konventioneller Peripherie wie Systemdrucker, Plattenlaufwerk(en), Bandstation und Terminals; neben der Daten-Verwaltung (Satz, Graphik, Bild und sonstige) übernimmt diese Komponente auch das Formatieren des Satzes und das physische Integrieren der Bild- und Graphik-Daten in den Satz;
- für das Digitalisieren von Graphiken und Halbtonbildern bieten sich prinzipiell zwei Möglichkeiten:
  - mittels eines **(Flachbett-) Scanners** (Auflösung ab 80 L/cm), der software-gesteuert sein sollte (und in der einfachsten Form bereits in den meisten Fernkopierern der Gruppe 3 enthalten ist), oder
  - mittels eines **„Digitalen Camera Systems"** (Auflösung ca. 118 L/cm), das zusätzlich zum Digitalisieren noch die Möglichkeiten der Ausschnittwahl sowie der Bildkorrektur bietet (Konsole mit 1720 × 2200 pixel);
- für die Bearbeitung bereits digitalisierter Graphiken (etwa deren Ergänzung um bestehende Logos etc.) bieten sich, mit Maus und/oder „Touch-Screen" ausgestattete, **PC's** an, die wahlweise als Terminals des Zentralsystems fungieren oder mit diesem vernetzt sind (Graphik-Auflösung mindestens 512 × 390 pixel);
- zur Unterstützung für die Online-Bearbeitung von Graphik und Bild können darüberhinaus **Digitizer** eingesetzt werden, die auch direkt mit den PC's verbunden sein können;
- für die Ausgabekomponente stehen sowohl **CRT- und Laser-Belichter** (Auflösung ca 500-2000 L/cm) als auch **elektronische Drucker** (Auflösung: ca 160 Punkte/cm) zur Verfügung;

Unter Umständen ist es erforderlich, zwischen dem zentralen Rechner einerseits und dem Flachbett-Scanner, elektronischen Drucker oder Belichter andererseits einen programmierbaren Tischrechner (oder eine „Blackbox") zu installieren, der zumeist nur eine „Puffer"-Funktion erfüllt. Ein finanzieller Vorteil dieses Hardwarekonzepts besteht darin, daß jedes beliebige Terminal des Systems als „Satz-Terminal" verwendet werden kann.

Die Software

Die wesentlichen Software-Komponenten für den Produktionsablauf seien hier in der Folge kurz erläutert.

- ein **Preprozessor** versieht die satzunabhängig verwalteten Daten (im speziellen Fall die redaktionellen Adressen – es könnten jedoch auch Tabellen etc. sein) mit den entsprechenden Satzbefehlen und „verschmelzt" diese mit den satzabhängigen Daten (Akzidenzsatz); gleichzeitig werden die expliziten „Kannbruchstellen" bestimmt, also jene Punkte gekennzeichnet (mittels Satzbefehl), an denen eine neue Spalte begonnen werden darf (Kapitel-Anfänge etc.); durch den Preprozessor wird also die in der Folge zu umbrechende „endlose Spalte" erstellt; Graphiken und Bilder werden in dieser Verarbeitungsstufe lediglich durch Identifikationsschlüssel an den entsprechenden Stellen positioniert; wenn keine satzunabhängigen Daten verarbeitet werden, so wird der Preprozessor nicht benötigt;
- der **Formatierer** muß über folgende Funktionen verfügen: Analyse der Umbruchparameter, Makroauflösung, Syntaxanalyse der Satzbefehle der jeweiligen Eingabesprache und Übersetzung in die Typesettersprache, Dicktenrechnung, Silbentrennung, Umbruch – vom Ästhetikproblem am meisten betroffen und von der Aufgabenstellung (Zeitung, Roman etc.) stark abhängig, sowie über einen integrierten Editor für die interaktive Verarbeitung (Akzidenzsatz); darüberhinaus hat er die Aufgabe, die Graphiken und Bilder als topologische Textobjekte zu integrieren und beim Umbrechen zu berücksichtigen (i.A. wird die Information über spaltenrelative Lage sowie vertikale Höhe genügen); der Formatierer erstellt also Seiten in der Typesettersprache, in denen die Graphiken und Bilder zwar als spezifische, topologische Objekte berücksichtigt werden, physisch jedoch nur durch einen Identifikationsschlüssel vorhanden sind, der mit den Informationen bezüglich der seitenrelativen Lage durch den Formatierer ergänzt wurde;
- der **Code-Konverter** hat die Aufgabe, die umbrochenen Seiten in den Typesetter-Code zu übersetzen, wobei Graphiken und Bilder physisch (unter Berücksichtigung ihrer seiten- und spaltenrelativen Lage) integriert werden;
- die **Datenübertragung** vom Zentralsystem an den Typesetter (elektronischen Drucker) kann in einem eigenen Vorgang erfolgen, was sich vor allem bei Unterbrechungen des Belichtungsvorganges, wie Filmende oder -stau, von Vorteil erweist;

Entwicklungen und Tendenzen der Graphik- und Bildverarbeitung

Für das Speichern von Bild- und Graphikdaten stellt eine – in der Faksimile-Technik übliche – Runlängen-Codierung (in modifizierter Form) sicherlich die platzsparendste Variante dar, die für computer-generierte Rastergraphiken nur etwa 10% des Platzes einer Byte-per-pixel-Speicherung benötigt [FOLE84]. Aus der Runlängen-Codierung und dem Mengenproblem – schon bei einer Auflösung von 80 L/cm ergibt sich eine Anzahl von ca. 3,6 Mio Pixel für eine DIN A4-Seite – resultieren eine Reihe von Verarbeitungsproblemen, die bei der Korrektur von „Verzerrungen" (Strecken und Stauchen), bei Maßstabsänderungen (Vergrößern oder Verkleinern), bei Drehungen und Spiegelungen auftreten. Bezugspunkt-bezogene vertikale und horizontale Translationen sowie inverse Darstellungen stellen hingegen kein Problem dar.

Da die Belichter der 3. Generation – und teilweise auch noch die der 4. Generation – auf der Eingabeseite zeichenorientiert sind, ergeben sich für die Übertragung der Bild- und Graphikdaten relativ große Zeiten. Für Graphiken besteht die Möglichkeit, die Bildelemente in horizontale und vertikale Linien unterschiedlicher Stärke zu „übersetzen" und die entsprechenden Linienbefehle an den Typesetter zu übertragen, was bei einer entsprechenden Optimierung der „Übersetzung" zu kürzeren Übertragungszeiten führt. Dieses Verfahren entspricht etwa der Umkehrung einer „Scan-Conversion". Für Bilddaten ist dieses Verfahren sicher nicht zielführend, weshalb die Entwicklung von „Graphik- und Bild-Schriften" erforderlich wird. Jedes der Schriftzeichen dieser – digitalisierten und in den Belichter geladenen – Schriften stellt dann eine gewisse Anordnung von Bildelementen dar, was wiederum einem „Cell Encoding" entsprechen würde. Inwieweit ein Vergrößern (Verkleinern) der Darstellungen durch den Typesetter durch Modifikation der „Schriftgröße" möglich ist, wird erst die Erfahrung in der Praxis bringen, wobei kleine Maßstabsänderungen aus heutiger Sicht durchaus wahrscheinlich scheinen.

Ferner kann man sagen, daß es für verschiedene reprotechnische Erfordernisse unumgänglich sein wird, Schriftzeichen in Rasterbilder zu zerlegen. Dies sollte jedoch nur in unumgänglichen Situationen der Fall sein. Als Beispiele seien hier das Freistellen von Texten in (mehrfärbigen) Bildern und das Positionieren von Texten in der Karthographie genannt.

Während zur Zeit noch das Bemühen im Vordergrund steht, mit (Flachbett-) Scannern digitalisierte Darstellungen rationell zu verwalten, zu verarbeiten und in den Ganzseitenumbruch automatisch einzubetten, zeichnen sich bereits künftige Entwicklungsmöglichkeiten ab. Die heute teilweise sehr mühsam erstellten, aus vielen Kleinteilen bestehenden Graphiken werden in Zukunft – etwa dem Vorbild der CAD-Systeme entsprechend – mit Hilfe des Rechners erstellt. Logos, Signets, Sonderzeichen und Symbole, die heute mit Hilfe von Schablonen gezeichnet oder von vorgefertigten Bögen abgerieben werden müssen, werden in digitalisierter Form vorliegen und brauchen dann lediglich noch positioniert und durch die individuellen Zeichnungen ergänzt zu werden. In der folgenden Entwicklung wird man häufig verwendete Logos und Sonderzeichen auch direkt in den Typesetter laden (als Sonderzeichen-Schriftfont), um die Übertragungszeiten weiter zu reduzieren.

Wie können Typographie und Reproduktionstechnik der Informatik helfen?

Im Bereich der rechnerunterstützten Informationsverarbeitung sind die Rastertechniken, gerätespezifisch bedingt, noch sehr jung. Im Bereich der Reprotechnik sind die Verfahren zur Simulation von echten Halbtonbildern durch unechte schon sehr ausgereift und reichen in ihrem Ursprung bis ins 15.Jhdt. zurück [MORG77]. Die dabei auftretenden Probleme – etwa der Tonwertdarstellung, Tonwertskalen, Moiréerscheinungen – wurden teilweise bereits ausführlich behandelt [HÄUS8?]. Die bereits gewonnenen Erkenntnisse können sicherlich nach entsprechenden Adaptionen für die rechnerunterstützte Verarbeitung verwendet und durch diese eventuell perfektioniert werden.

Betreffend der Typographie kann man sagen, daß diese sich seit Gutenberg (Johannes *um 1397, †1468) in einer permanenten Entwicklung befindende Kunst von EDV-Herstellern bisher weitgehend unbeachtet blieb. Während im EDV-Bereich vielfach nach dem Motto „egal wie, Hauptsache die Information kommt rüber" gearbeitet wird, sind sich Typographen sehr wohl bewußt, daß sie das nicht unwesentliche Glied einer Informationsübermittlungskette darstellen und eine gute typographische Gestaltung zur Verbesserung der Kommunikation beiträgt.

Ohne Sie näher mit Details zu belasten, möchte ich auf folgendes hinweisen. In einem Vortrag von Dipl.VW Peter Strässle (Compugraphic/Paris) wurde eine Untersuchung zitiert, nach der in den USA an einem Büroarbeitsplatz pro Tag durchschnittlich anfallen:

32 Seiten Computerpapier
4 Katalogseiten
18 Kopien
10 Seiten Ablage
46 neue Seiten

Wenn man berücksichtigt, daß bei gleicher oder besserer Qualität ein gesetzter Text nur 50% des Platzes (Papierbedarf) benötigt, den derselbe Text mit Schreibmaschine oder EDV-Drucker geschrieben einnimmt, so wird es verständlich, was die Informatik von der Typographie lernen kann und warum es auch heute noch sinnvoll ist, „eine Lanze für die Satz- und Reproduktionstechnik zu brechen". Oder können Sie sich vorstellen, Goethes „Faust" Btx-blätternd genußvoll zu lesen?

Epilog

Historisch bedingt verlief die Entwicklung von Satzsystemen und EBV-Systemen nur teilweise parallel zu jener der EDV-Systeme. Daraus ergab sich, daß es heute fast soviele Typesetter-Codes wie Systemhersteller gibt und mindestens soviele Satz-Eingabe-Sprachen wie Satzsysteme. Als Folge davon ergibt sich, daß diese untereinander zumeist nicht kompatibel sind und nur sehr aufwendig miteinander kommunizieren können. Die Entwicklung dieser Systeme liegt zumeist bei den Herstellern, die ihre Problemlösungen aus wirtschaftlichen Gründen nicht publizieren, was zu einer Reihe von geschlossenen Systemen führte, die bei den Anwendern zumeist Unbehagen hervorrufen, da sie mit der Anschaffung eines solchen Systems zwangsläufig stark vom Hersteller abhängig werden.

Eine ähnliche Entwicklung läßt sich bei den noch jungen EBV-Systemen erkennen, die wiederum allesamt sehr Hardware-spezifisch orientiert sind.

Glücklicherweise zeichnet sich eine Gemeinsamkeit der Technologiespitzen der drei Bereiche Satz, EBV und EDV auf dem Gerätesektor der Drucker und Belichter ab – die Typesetter der 4. Generation (Laserbelichter) sowie die Laser-EDV-Drucker beruhen auf dem selben Prinzip – nämlich der Rastertechnik.

Es wäre also höchste Zeit und im Sinne der Anwender und hoffentlich auch der Wissenschaft, die Bereiche Satz, Graphik und Bild dort hinzuführen bzw. zurückzubringen, wo sie hingehören – nämlich zur Informatik.

Literaturverzeichnis

AUST83: Austermühl, Burkhard: Computer Magazin 1983 / XII
BECK84: Becker, Joseph D.: Spektrum der Wissenschaft 1984 / IX
DRUC82: „Der Druckspiegel" Drupa '82
DRUC84a: „Der Druckspiegel" 1984 / I
DRUC84b: „Der Druckspiegel" 1984 / VI
DRUC85: „Der Druckspiegel" 1985 / II
FOLE84: Foley, J.D. / Van Dam, A.: Fundamentals of Interactive Computer Graphics, 1984
HÄUS8?: Häuser, Frank: Die Entstehung des Farbeindruckes bei der autotypischen Farbmischung (nach 1982)
KERN83: Kernighan, B.W. / McIlroy, M.D.: UNIX programmer's manual, University of California, 1983
KNUT79: Knuth, Donald E.: TEX and Metafont – New Directions in Typesetting, 1979
MORG77: Morgenstern, Dieter: Die Rasterverfahren und ihre Bedeutung für die kartografische Reproduktionstechnik, 1977
SCHI84a: Schindler, Sigram: Aufbau eines flexiblen Satz- und Kommunikationssystems unter besonderer Berücksichtigung kleinerer Druckereien, 1984
SCHI84b: Schindler, Sigram: Telematik – das Nervensystem der Informationsgesellschaft, 1984
SLAB84: Slaby, Karl (Hewlett-Packard): HP3000 und Europäische Sprachen, 1984
SPRI82: Springstein, K.-A.: Die elektronische Bildverarbeitung von A - Z, 1982
WINO84: Winograd, Terry: Spektrum der Wissenschaft 1984 / XI

EINE NEUE METHODE IN DER GRAPHISCHEN DATENVERARBEITUNG: STOCHASTISCHES SAMPLING

Werner Purgathofer
Institut für Praktische Informatik
Technische Universität Wien
A-1040 Wien, Karlsplatz 13/180

Kurzfassung

Bei der pixelweisen Ermittlung von Rasterbildern kann man an verschiedenen Stellen eine Qualitätssteigerung dadurch erreichen, daß man mehrere ähnliche Werte bestimmt und diese mittelt. In diesem Artikel wird eine Methode vorgestellt, all diese Mittelungen unter Berücksichtigung der jeweiligen Gewichtungen in einer einzigen Mittelwertsbildung zu vereinen, und dabei gleichzeitig den Gesamtaufwand erheblich zu reduzieren. Dies geschieht durch die Verwendung von (normalverteilten) Zufallszahlen zur Auswahl der einzelnen Bildwerte.

Schlüsselworte: Bildgenerierung, Sampling, Anti-Aliasing, Ray-Tracing, Motion Blur, Tiefenschärfe.

Ermittlung von Pixelwerten (Sampling)

Bei der Repräsentation eines Bildes auf einem Rastergerät (wir wollen hier ohne Beschränkung der Allgemeinheit von einem Rasterbildschirm ausgehen) entsteht das Problem, ein beliebig strukturiertes Bild mit einer endlichen Menge von diskreten Bildpunkten (Pixel) bestmöglich wiederzugeben (Sampling). Meist wird die Pixelfläche mit ihrem Mittelpunkt gleichgesetzt, was unter den einfachen Lösungen sicher die beste ist. Leider entstehen dabei aber Fehler, wenn die ganze Pixelfläche den Wert ihres Mittelpunktes erhält, man nennt diese Fehler Aliasing. Am bekanntesten ist hier sicherlich der Treppeneffekt bei schrägen Kanten. Nach dem Shannon-Sampling-Theorem kann ein Signal nur dann korrekt (vollständig) rekonstruiert werden, wenn die Abtastrate mindestens zweimal so hoch wie die höchste Frequenz des Signals ist. Die

Folge davon ist, daß sehr kleine Teile und Details oft sogar falsch wiedergegeben werden (siehe Abb.1).

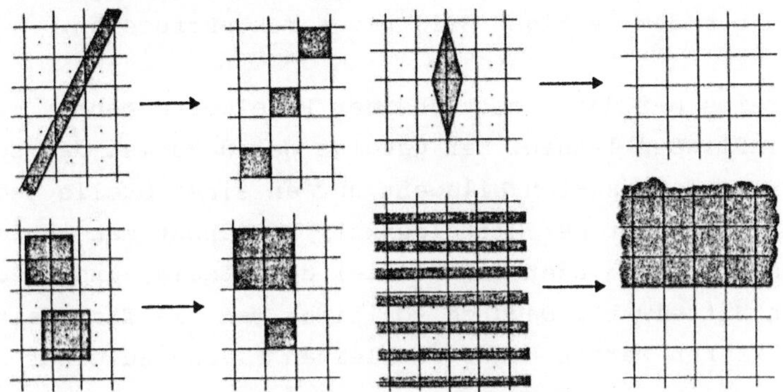

Abb.1. Aliasing-Effekte: a. schmale Teile bekommen Löcher, b. kleine Teile verschwinden, c. gleiche Teile erscheinen verschieden groß, d. Muster werden völlig falsch wiedergegeben

Ein besseres Bild kann man erhalten, indem man entweder die physischen Eigenschaften der Geräte verbessert (höhere Auflösung), oder versucht, softwaremäßig die Fehler zu mindern. Wie muß nun die "korrekteste" Wiedergabe eines Bildes entsprechend einer bestimmten Auflösung aussehen?

Jedes Pixel repräsentiert eine kleine Fläche. Diese Fläche ist so klein, daß selbst bei exakter Darstellung die darin enthaltenen Details nicht erkennbar wären. Das menschliche Auge integriert über solche kleinen Flächen und empfindet nur einen einzigen Farbwert, der etwa dem Durchschnitt der dort tatsächlich vorhandenen Werte ist. Dieser Effekt läßt sich sehr gut an Farbfernsehgeräten beobachten; hier besteht das ganze Bild nur aus roten, blauen und grünen Punkten, die erst vom Auge zu allen anderen Farben zusammengesetzt werden. Es ist daher naheliegend, dem Pixel nicht den Wert des Mittelpunktes zuzuweisen, sondern den Durchschnittswert der entsprechenden Fläche. Die Berechnung dieses Mittelwertes ist das eigentliche Problem des Anti-Aliasing /Cr081, Cro82/, da sich meist nur mathematisch exakte Bildpunkte ermitteln lassen.

Man kann diesen Mittelwert durch Anwendung eines Low-Pass-Filters auf das fertige Bild mit relativ wenig Aufwand für viele Fälle gut annähern (Postprocessing). Besonders der Treppeneffekt läßt sich damit einigermaßen vermindern. Echte Bildfehler allerdings, die auf Grund der zu hohen Frequenz des Bildsignals entstanden sind, lassen sich so nicht beheben. Teile, die einmal verschwunden sind, kann man durch noch so gute Algorithmen auf dem fertigen Bild nicht rekonstruieren.

Man muß also bereits bei der Ermittlung der Pixelwerte mehr Informationen einfließen lassen. Der gängige Weg dazu ist das sogenannte Oversampling. Statt den exakten Bildwert nur an einer Stelle jedes Pixels zu ermitteln (meist der Mittelpunkt), berechnet man ihn an mehreren Stellen (z.B. 3x3 oder 4x4 Punkte) des Pixels, und bildet anschließend den Mittelwert. Dadurch vollzieht man die Tätigkeit des Auges nach, die wahren Farben einer so kleinen Fläche zu einer zu mischen.

Die optische Vermischung der Farben kann klarerweise nicht auf eine Fläche vorgegebener Größe beschränkt werden, vielmehr ist es so, daß sich auch die einzelnen Pixelflächen gegenseitig beeinflussen. Es stellt sich heraus, daß ein optimales Ergebnis dann erzielt wird, wenn man den Mittelwert nicht nur über die Pixelfläche ermittelt, sondern auch darüber hinausgehende Informationen noch einfließen läßt. Je weiter ein Punkt vom Pixel entfernt ist, desto geringer wird selbstverständlich sein Einfluß sein. Die optimale Gewichtung läßt sich aus der Fourier-Zerlegung diskreter Funktionen ableiten, und wird durch eine Gauß-Glocke am effektivsten angenähert (Abb.2). Dadurch wird auch erreicht, daß jeder ermittelte Punktwert, der ja nun in das Ergebnis mehrerer Pixel eingeht, in Summe das gleiche Gesamtgewicht auf das ganze Bild ausübt /Eur84/.

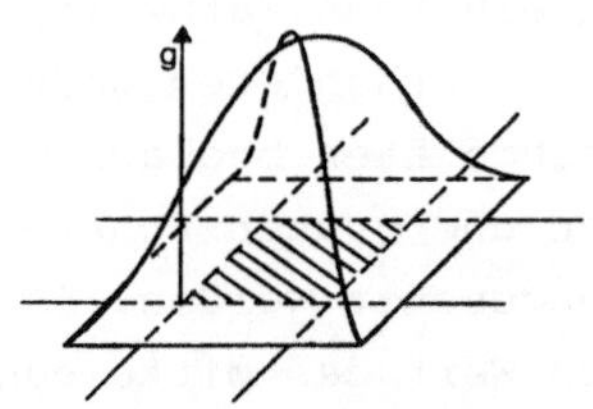

Abb.2. Gewichtung der erhobenen Werte über die Pixelfläche

Die übliche Vorgangsweise beim Oversampling ist also die, daß man weit mehr Bildpunkte exakt ermittelt, als dargestellt werden können, und anschließend gewichtete Mittelwerte bildet. Ein Problem dabei ist, daß an allen Teilen des Bildes so viele Werte ermittelt werden müssen, wie an den hochfrequentesten Stellen nötig sind. Diese Stellen machen aber meist nur einen kleinen Teil des Gesamtbildes aus. Man versucht daher in manchen Implementierungen, in einem ersten Schritt die hochfrequenten Bildausschnitte herauszusuchen, und den Oversampling-Mehraufwand auf diese Stellen zu beschränken (z.B. Kanten). Da diese kritischen Stellen aber aufgrund sehr weniger Werte pro Pixel (meist 1) bestimmt werden, kann man dabei nach wie vor sehr kleine Teile und Details "übersehen".

Die neue Methode

Der hier vorgestellte Ansatz geht von folgenden Voraussetzungen aus: Es wird angenommen, daß der "ideale" Wert jedes Pixel eindeutig durch das darzustellende Objekt festgelegt ist. Das Ziel der Bilderstellung muß es daher sein, diesen Idealwert so gut wie möglich anzunähern.

Die im exakten Bild auf der Fläche, die auf ein Pixel abgebildet wird, liegenden Werte unterliegen einer bestimmten (völlig unbekannten) Verteilung. Der durch die (zweidimensionale) Gauß-Glocke gewichtete Mittelwert dieser Verteilung ist der Wert, den wir suchen. Wenn man die Gauß-Glocke derart in die Verteilung eingehen läßt, daß eine einzige neue Verteilung entsteht, so kann man den gesuchten Wert auch als (nichtgewichteten) Mittelwert dieser (wieder unbekannten) neuen Verteilung ansehen. Es gilt daher, folgende beiden Aufgaben zu lösen; erstens, wie erhält man diese Verteilung, und zweitens, wie bestimmt man deren Mittelwert.

Das erste Problem läßt sich relativ einfach lösen. Wenn man die Punkte, an denen exakte Bildwerte erhoben werden, entsprechend der Gauß-Glocke über die Abbildungsfläche verteilt, anstatt fix vorgegebene Stellen zu verwenden, so werden die dem Pixelzentrum näherliegenden Gebiete wesentlich öfter untersucht, und erfahren eine dementsprechend höhere Gewichtung (Abb.3). Die Verwendung einer geeigneten Zufallsfunktion, die normalverteilte Zahlenwerte liefert, ist die Grundlage dieser Methode.

Der Abstand der erhobenen Punkte wird auf diese Weise an den Stellen, die einen wesentlichen Einfluß auf den Wert des Pixels haben, am kleinsten sein! Nachdem man auf diese Weise beliebig viele Ereignisse der Verteilung ermitteln kann, die alle gleichwahrscheinlich sind, kann man den Mittelwert ganz einfach durch den ungewichteten Mittelwert der Ausprägungen schätzen. Das einzige Problem, das jetzt übrigbleibt, ist eine Abschätzung über die Güte des geschätzten Mittelwertes. Die Verwendung einer Zufallsfunktion statt vordefinierten Punkten bringt zwei weitere Vorteile: erstens ist die Anzahl der zu ermittelnden Werte nicht von vorne herein festgelegt, und zweitens werden dadurch systematische Fehler vermieden (vergleiche Abb.1.d).

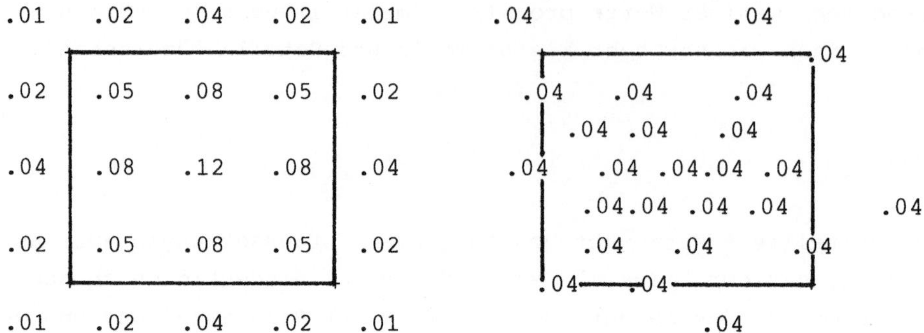

Abb.3. Verteilung und Gewichtung der Samplingpunkte bei der herkömmlichen Methode (links) und nach dem neuen Vorschlag (rechts).

Schätzung des Mittelwertes

Jedem Pixel wird im allgemeinen eine andere Verteilung zugrunde liegen. Bei manchen Verteilungen wird man bereits nach relativ wenigen Stichproben ein brauchbares Ergebnis haben, bei anderen wird man sehr viele Werte brauchen. Unter der Annahme, daß man eine obere Grenze für die (Helligkeits-)Werte des Bildes kennt, kann man nach folgender Methode vorgehen.

Für die Abschätzung der Güte eines Mittelwertes einer Verteilung, die man nicht kennt, gibt es keine geschlossene Formel. Nach dem zentralen Grenzwertsatz sind aber die Mittelwerte jeder beliebigen Verteilung asymptotisch normalverteilt. Auf diesem Satz basiert die Bestimmung einer ausreichenden Stichprobengröße.

1. Man legt die Größe a einer Stichprobengruppe fest (z.B. mit 3), sowie eine Gruppenanzahl N (z.B. 5).

2. Man berechnet die Werte aller neuen Stichproben, sowie den Mittelwert jeder der N Stichprobengruppen.

3. Nach Kolmogorov-Smirnov /Li167/ testet man diese Mittelwerte auf

Normalverteilung. Wenn noch keine Normalverteilung vorliegt (mit einer vorgegebenen Sicherheit p1), dann werden a und/oder N erhöht, und man fährt bei Punkt 2 fort.

4. Nachdem die Mittelwerte der einzelnen Gruppen nun normalverteilt sind, kann man den Mittelwert aller Stichproben bestimmen und überprüfen, ob er mit gewünschter Sicherheit p2 nicht mehr als eine Toleranz f vom Mittelwert der entstandenen Gauß-Verteilung abweicht; weicht er stärker ab, so wird N solange erhöht, bis die Bedingung erfüllt ist.

5. Der Mittelwert ist brauchbar!

Bei diesem Verfahren kann man z.B. zwei Werte f und p vorgeben, die bestimmen, daß mit Wahrscheinlichkeit p (=p1.p2) alle Pixel höchstens den Fehler f haben dürfen, das heißt also höchstens 1-p % der Pixel weichen um mehr als f vom Idealwert ab. Zahlen wie p=0.9 und f=5% des hellsten Punktes dürften hinreichende Werte sein, um bereits sehr gute Gesamtbilder zu erhalten. Denn erstens integriert das Auge über die schlechten Pixel großzügig hinweg, und zweitens sind die falschen Werte ja nicht komplett falsch, sondern meist nur knapp außerhalb der Schranke.

Die beschriebene Methode hat den Vorteil, daß sich das System selbständig der Komplexität des Bildes anpaßt. Wenn auf einer uniformen Fläche alle erhobenen Bildwerte nahezu identisch sind, wird bereits sehr früh abgebrochen; wenn dagegen die Varianz der auftretenden Verteilung groß ist, wird entsprechend ausführlicher untersucht.

Die Implementierung eines Programmes, das die in diesem Aufsatz beschriebenen Methoden zur Bildgenerierung verwendet, wird derzeit an unserem Institut durchgeführt. Statistische Versuche im Rahmen der Vorbereitung zu diesem Programm lassen darauf schließen, daß sich selbst an den kritischsten Stellen ein einigermaßen guter Wert mit akzeptabler Sicherheit (wie oben) mit etwa 100 Stichproben erzielen läßt. An uniformen Stellen werden die meisten Bildstichproben sehr ähnlich sein, sodaß man hier mit einer Mindestanzahl auskommt (z.B. 10). Nachdem die komplexen Stellen auch in sehr strukturierten Bildern selten mehr als 10% der Gesamtfläche ausmachen, kann man die durchschnittliche Anzahl benötigter Stichproben sehr grob mit etwa 20 bis 30 abschätzen.

Stochastisches Ray-Tracing

Ein weiterer Aspekt des stochastischen Sampling ist die Möglichkeit, es mit der Ray-Tracing-Methode zu kombinieren, und auf diese Weise das sogenannte "distributed" Ray-Tracing /CPC84/ zu implementieren. Ähnlich, wie sich jedes Pixel aus einer Anzahl getrennt ermittelter Werte ergibt, die so verteilt sind, daß ihr Mittelwert der korrekte Pixelwert ist, kann man in der Szene selbst auch vorgehen.

Beim Ray-Tracing werden zur Erzielung eines möglichst realitätsnahen Bildes einzelne (Blick-)Strahlen in die darzustellende Szene verfolgt, dabei versucht man, die optischen Eigenschaften des Lichtes zu simulieren /Pho75, Whi80, Rot82/. Jeder dieser Strahlen wird mit allen Objekten geschnitten, und unter den Schnittpunkten wird der ausgewählt, der der Bildfläche am nächsten liegt. Die getroffene Oberfläche legt dann den Wert des Strahls fest. Dabei spielen verschiedene Komponenten eine Rolle, etwa die Lage und Helligkeit der Lichtquellen, die Beschaffenheit der Oberfläche (Farbe, Muster, Struktur, matt, glänzend, spiegelnd) und die Lichtdurchlässigkeit des getroffenen Körpers. Diese Aspekte können durch rekursive Ermittlung der Werte weiterer Strahlen in alle relevanten Richtungen und anschließende gewichtete Mittelung berücksichtigt werden. Die Gewichte werden bestimmt durch die Lichtanteile, die in die einzelnen Richtungen verzweigen. Dabei wird meist in Richtung jeder Lichtquelle ein Strahl gelegt, um zu untersuchen, ob sich etwas dazwischen befindet (Schatten), in der exakten Reflexionsrichtung, um den spiegelnden Anteil des Lichtes zu ermitteln, und in Brechungsrichtung, um einen eventuell aus Transparenz resultierenden Lichtanteil zu bestimmen.

Man kann nun, in Anlehnung an /CPC84/, noch weitere Kriterien in das Bild einfließen lassen. Perspektive läßt sich durch geeignete Wahl der Richtung der einzelnen Blickstrahlen ohnehin leicht erreichen. Tiefenschärfe wird bewirkt durch das Vorschalten einer 100%-ig durchlässigen Linse. Wenn man nun statt jedes Strahles mehrere Strahlen in die Szene verfolgt, und diese durch verschiedene Punkte der Linse durchschickt, kann man anschließend den Mittelwert über die erhaltenen Werte bilden und erhält dabei ein Bild, das nur in einer z-Ebene scharf ist. Auch Bewegungsunschärfe ("Motion Blur") läßt sich solcherart leicht bewerkstelligen. Statt jedes Blickstrahles werden wieder mehrere Strahlen verfolgt, diesmal wird jedem dieser Strahlen ein unterschiedlicher Zeitpunkt des Belichtungsintervalls zugeordnet. Die Szene wird für all diese Zeitpunkte berechnet und die erhaltenen Werte werden wieder gemittelt. Auf diese Art streckt man den Belichtungszeitpunkt zu einem Intervall. Die Auswahl der Zeitpunkte erfolgt am besten wieder nach einer Normalverteilung, dadurch werden Effekte wie sich rückwärts drehende Räder, die ebenfalls unter den Begriff Aliasing fallen, vermieden.

In Verbindung mit dem stochastischen Sampling kann man nun auch anders vorgehen. Anstatt in jedem Verzweigungspunkt alle erwähnten Strahlen zu legen (und die Ergebnisse anschließend gewichtet zu mitteln), kann man in nur eine Richtung einen Strahl legen, und dieses Ergebnis zu 100% berücksichtigen. Dabei werden die jeweils gewählten Richtungen so verteilt, wie es den Gewichten bei der Mittelwertbildung nach der herkömmlichen Methode entspricht. Nachdem sich aufgrund des Oversampling zwecks Anti-Aliasing jeder Pixelwert ohnehin als (ungewichteter) Mittelwert mehrerer Bildpunkte ergibt, wird die Mittelung auf diese Weise nur aus der Rekursion auf die oberste Berechnungsstufe herausgehoben. Um einen brauchbaren Mittelwert zu erhalten, muß man allerdings mehr Strahlen vom Augpunkt in die Szene verfolgen. Die Anzahl der insgesamt zu verfolgenden Strahlen ändert sich aber kaum, weil sich die Strahlen nicht verzweigen (Abb.4).

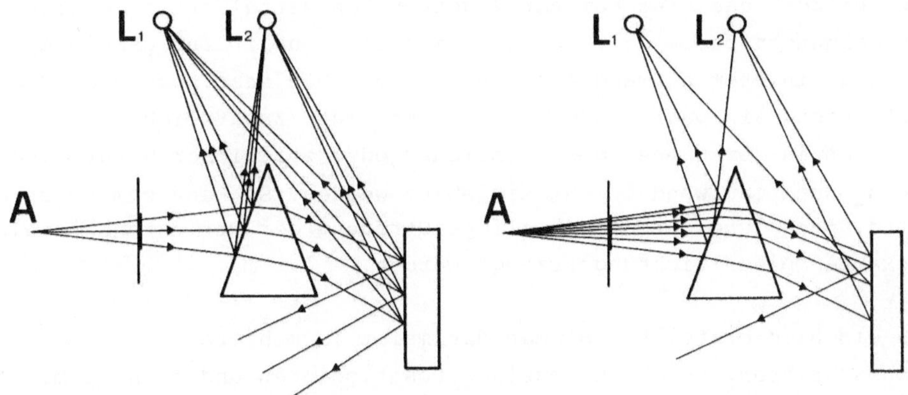

Abb.4. Vergleich von Anti-Aliasing beim Ray-Tracing durch gewöhnliches Oversampling (links) und stochastisches Sampling (rechts). Die Größenverhältnisse sind natürlich zur Verdeutlichung der Zusammenhänge verzerrt.

Aufpassen muß man lediglich bei den Lichtquellen, da dieses Licht nicht gemittelt, sondern addiert wird. Andernfalls würde eine hell beleuchtete

Fläche durch zusätzliche Definition einer sehr schwachen Lichtquelle dunkler werden! Daher muß man die Werte, die Lichtquellen liefern, mit dem Reziprokwert ihrer Wahrscheinlichkeit multiplizieren, bevor sie in die allgemeine Berechnung eingehen.

Die verbleibende Verteilung der nun erhaltenen Werte ist natürlich eine andere, als die ursprüngliche. Aufgrund der Methode ihrer Konstruktion bleibt der Mittelwert aber gleich! Gleichzeitig wird die Rekursion linearisiert, es erfolgt also nur eine rekursive Berechnung für jeden Strahl. Eine solche Rekursion läßt sich mit einfachen Mitteln übersichtlich auflösen, dadurch kann der Rechenaufwand (Organisationsaufwand für die Rekursion) reduziert werden.

Einer der Vorteile, die sich aus dieser Art der Bilderstellung ergeben, ist die unmittelbare Kontrolle der Bildqualität durch die Vorgabe einer gewünschten Sicherheitsschranke. Dabei sind alle Bildqualitäten gleichzeitig betroffen (Farbwert, Spiegelung, Schatten, Transparenz, Aliasing, Tiefenschärfe, Bewegungsunschärfe). Weiters wird der Aufwand zur Erstellung von Bildern, die all diese Effekte berücksichtigen, um ein Vielfaches reduziert. Mit den herkömmlichen Methoden braucht man für jede einzelne Bildqualität mindestens 10 Werte, um ein brauchbares Mittel zu bilden, das sind bei nur 4 getrennten Mittelwerten bereits 10000 Berechnungen pro Pixel. Nun kann man alle Qualitäten gemeinsam mit wesentlich geringerem Aufwand erzielen, selbst bei sehr komplexen Szenen werden höchstens ein paar hundert Werte benötigt. Zusätzliche Veränderungen in der Szene, die räumlicher oder zeitlicher Natur sind, können ohne Zusatzaufwand leicht eingebaut werden. So kann zum Beispiel eine matte Spiegelung durch zusätzliche Streuung der Reflexionsstrahlen um die exakte Spiegelrichtung erzeugt werden.

Wenn man ein Bild erstellt, tut man das meist in mehreren Iterationsschritten. Durch sukzessives Positionieren und Transformieren einzelner Objekte, der Lichtquellen oder der Kamerastellung erhält man schließlich eine Szene, die den Vorstellungen entspricht. Bei all diesen Zwischenschritten ist die Qualität des Bildes von geringstem Interesse, man möchte lediglich sehen, was auf dem Bild ist. Durch einfache Reduktion der gewünschten Genauigkeit, also durch einfaches Verändern einiger weniger Parameter, kann die Bildqualität zugunsten des Aufwandes beliebig zurückgedreht werden. Aber selbst bei niedrigsten Anforderungen (z.B. ein Wert pro Pixel) bleiben alle Effekte ansatzweise erhalten, das Bild wird lediglich sehr gestört wirken ("noisy"). Aus größerer Entfernung kann aber auch hier das Auge wieder durch Integration über die Bildfläche viele Fehler übersehen und das korrekte Bild erkennen.

Formale Darstellung

Der bestmögliche Wert eines Pixels einer Darstellungsfläche mit begrenzter Auflösung ist ein mehrfaches gewichtetes Integral über die Pixelfläche (und auch etwas darüber hinaus), über die Belichtungszeit und über eine Linse (zur Ermittlung der Tiefenschärfe), sowie eine Summenbildung über die verschiedenen Lichtanteile, die das Aussehen eines Punktes der Szene ausmachen, sieht also etwa folgendermaßen aus:

$$W=\int_x\int_y\int_t\int_L\sum_A G(A).w\ dl(L)\ dh(t)\ dg(y)\ df(x)$$

x und y sind dabei die Ausdehnungen der Pixelfläche, t ist die Zeit, L ist die Oberfläche der für die Tiefenschärfe erforderlichen Linse und A ist die Menge aller Lichtanteile, also der Lichtquellen, sowie dem Reflexions- und Transparenzanteil des jeweiligen Punktes. Entsprechend sind f(x) und g(y) die Gewichtungsfunktionen über die Pixelfläche, h(t) die Gewichtung der Zeitpunkte des Belichtungsintervalls, l(L) eine Gewichtsfunktion über die Linsenoberfläche, und G(A) sind die Anteile, die die einzelnen Lichtkomponenten am Gesamtwert des getroffenen Punktes haben.

Es ist unmöglich, dieses Integral tatsächlich zu berechnen, man nähert es daher allgemein durch Summen an:

$$W=\sum_{x=-kx}^{kx} f(x).\sum_{y=-ky}^{ky} g(y).\sum_{t=-kt}^{kt} h(t).\sum_{L=1}^{kL} l(L).\sum_{A=1}^{kA} G(A).w$$

Jede dieser Summen ist für einen eigenen Effekt verantwortlich, durch Weglassen des jeweiligen Formelteiles wird der zugehörige Effekt eliminiert. Die Berücksichtigung aller dieser Aspekte in einem Bild bringt jedoch einen kaum bewältigbaren Rechenaufwand mit sich. Eine Verbesserung läßt sich aber einfach erzielen, wenn man die Summenbildung aus der Formel herauszieht, und nur eine einzige Summe bildet:

$$W= \sum_{P=P1}^{Pmax} f(x).g(y).h(t).l(L).G(A).w$$

wobei Pi = (xi, yi, ti, Li, Ai) ein Parametersatz der Summe ist.

Nun wird nicht über alle möglichen Parametersätze summiert - das wäre ja keine Verbesserung - sondern es werden zufällig einige herausgegriffen, und zwar so viele, bis man das Ergebnis gut genug abschätzen kann. Statt jeden Parameter einzeln mit einer vorgegebenen diskreten Auswahl von Werten zu belegen (wie es in der ursprünglichen Summe der Fall ist), werden sie nun durch zufällige Werte aus den definierenden Intervallen festgelegt. Gleichzeitig werden die zugehörigen Gewichtungsfunktionen in die definierenden Zufallsverteilungen übernommen. Wenn dann die Parameter bereits proportional zu ihrer Gewichtungsfunktion verteilt sind, kann man diese in der Formel weglassen, und lediglich den einfachen Mittelwert bilden:

$$W= \frac{1}{n}. \sum_{P=P1}^{Pn} w$$

Die ganze Intelligenz dieser Formel liegt nun in der Berechnung der Pi, sowie auf einer Schätzung für n, um ein brauchbares Resultat zu erhalten. Jedenfalls kann durch die Wahl von n die Qualität des Ergebnisses leicht reguliert werden, und zwar umgekehrt proportional zum Aufwand.

Offene Probleme

Mit der "stochastischen Sampling"-Methode können viele Bereiche der Bildgenerierung auf Rastergeräten im Aufwand stark reduziert werden, bei gleichzeitiger Kontrolle über die Qualität des Ergebnisses. Ein schwacher Punkt dieser Methode ist allerdings, daß man davon ausgeht, den höchsten möglichen Helligkeitswert zu kennen, sonst könnte man den

Mittelwert nicht korrekt abschätzen. Dieser maximale Wert muß in einem vorgeschalteten Arbeitsgang ermittelt werden, was allerdings keine allzu große Mühe bedeuten sollte.

Ein weiteres ungelöstes Problem des Ray-Tracing, nämlich die Berücksichtigung von indirekter Beleuchtung, läßt sich auch durch diese stochastische Methode nur bedingt lösen. Durch Verwendung von Streuungsfunktionen bei jeder Rekursion des Strahles werden manche Strahlen in zufällige Richtungen geschickt. Je größer die Anzahl der untersuchten Strahlen (n) ist, desto größer ist natürlich jetzt die Wahrscheinlichkeit, daß zufällig eine Lichtquelle über einen entsprechend angebrachten Spiegel getroffen wird. Je kleiner die Lichtquelle allerdings ist, desto kleiner wird diese Wahrscheinlichkeit wieder.

Abschließend läßt sich jedoch sagen, daß alle Vorteile des herkömmlichen Ray-Tracing übernommen werden können, und die stochastische Methode sicher gerade für komplexe Szenen eine kostengünstige Alternative darstellt.

Literatur

/CPC84/ Cook, R., Porter, T., Carpenter, L.: Distributed Ray-Tracing. In: Computer Graphics (ACM), Vol.18/3, S. 137-145, 1984.

/Cro81/ Crow, F.: A Comparision of Antialiasing Techniques. In: IEEE Computer Graphics and Applications, Vol.1/1, S.40-48, 1981.

/Cro82/ Crow, F.: Computational Issues in Rendering Anti-Aliased Detail. In: Proc. IEEE Spring CompCon, S. 238-244, 1982.

/Eur84/ Eurographics Tutorials'84. Springer-Verlag, 1984.

/Lil67/ Lilliefors, H.: On the Kolmogorov-Smirnov Test for Normality with Mean and Variance unknown. In: Journal of the American Statistical Association, Vol.62, S. 399-402, 1967.

/Pho75/ Phong, B.: Illumination for Computer Generated Images. In: Communications ACM, Vol. 18/6, S. 311-317, 1975.

/Rot82/ Roth, S.: Ray-Casting for Modelling Solids. In: Computer Graphics and Image Processing, Vol. 18, S. 109-144, 1982.

/Whi80/ Whitted, T.: An Improved Illumination Model for Shaded Display. In: Communications ACM, Vol. 23/6, S. 343-349, 1980.

SCHNELLE ALGORITHMEN DER FLÄCHENVERSCHNEIDUNG IN DER GRAPHISCHEN DATENVERARBEITUNG

Hubert Frank
Dortmund

Die Schnittkurven zweier krummer Flächen im Raum sind im Bereich technischer Anwendungen wichtige Bestimmungsstücke zum Klären der Sichtbarkeit in Darstellungen, für technische Randkurven und für Abwicklungen. In der klassischen Konstruktion sind für die technisch wichtigen Flächen konstruktive Verfahren der Flächenverschneidung aus der Darstellenden Geometrie bekannt. Durch den Einsatz von Rechnern ist es möglich geworden, freigeformte Flächen nach bekannten mathematischen Methoden in technische Anwendungen einzubringen (siehe BÖHM [1]). Mit Hilfe geometrischer Modellierer in CAD wird die Verwendung von Freiformflächen leichter und beliebter.

Aus diesen Anwendungen erwächst die Anforderung, effiziente Flächenverschneidungsmethoden auf Rechnern zur Verfügung zu haben. Unter dem Aspekt der Interaktion ist die Forderung der Schnelligkeit unabdingbar. Die Forderung der Schnelligkeit ist jedoch in dem Sinne zu relativieren, als durch die mathematische Komplexität natürliche Schranken im Laufzeitverhalten der Algorithmen gesetzt sind. Unabhängig von verwendeter Hardware und Software können jedoch unter Berücksichtigung der mathematischen Komplexität Prinzipien für den Aufbau schneller Algorithmen der Flächenverschneidung angegeben werden.

1. Grundzüge rechnergestützter Flächenverschneidung

Für wenige Flächenpaare wie etwa Ebene/Ebene, quadratischer Zylinder/Ebene usw. sind die Schnittkurven mathematisch exakt und explizit in geschlossener Form beschreibbar. Es kann zweckmäßig sein, in einem Algorithmus der Flächenverschneidung diese Fälle gesondert zu behandeln und die Schnelligkeit dadurch zu erreichen, daß man die Schnittkurve explizit angibt (siehe GIERING, SEYBOLD [4]).

Für alle anderen Flächenpaare kann angenommen werden, daß die Verschneidungskurve in einem Approximationsprozeß punktweise gewonnen werden muß. Liegt eine der Flächen in impliziter Form (d. h. durch das Verschwinden einer Gleichung) und die andere Fläche parametrisiert vor, so kann die Verschneidungskurve punktweise auf Isolinien in einem Nullstellenverfahren gefunden werden. Dieser Fall ist einfach und die Schnelligkeit des Verschneidungsalgorithmus ist die Schnelligkeit des Nullstellenverfahrens.

Es verbleibt daher, nur die Flächenpaare zu betrachten, die beide parametrisiert oder beide implizit gegeben sind. In der numerischen Behandlung des Verschneidungsproblems wird man daher von einem Näherungspunkt ausgehen und diesen in einem konvergenten Approximationsalgorithmus zum Verschneidungspunkt verbessern. Man wird mit einem Startpunkt der Verschneidungskurve beginnen und dann dynamisch weitere Punkte der Verschneidungskurve suchen, die im Sinne einer unikursalen Durchlaufung hintereinander liegend erzeugt werden sollen.

Hieraus leitet man ohne weiteres ab, daß in einem Verschneidungsalgorithmus die drei Prozesse vorhanden sein müssen

START - Finden von angenäherten Startpunkten
STEP - Finden von angenäherten Nachfolger-Punkten
SCHNITT - Berechnung der Schnittpunkte aus den angenäherten Punkten.

Ein Verwaltungsprogramm "MASTER" hat dann die Aufgabe, diese Prozesse in der richtigen Reihenfolge in Gang zu setzen, die angenäherten Start- und Nachfolger-Punkte zu verwalten und dem Schnitt-Prozess sukzessive zuzuführen, die Schnittpunkte aus dem Schnittprozess zu Polygone der Verschneidungskurve zusammenzufassen, Punktgleichheiten und Anzahl der Zusammenhangskomponenten der Verschneidungskurve zu erkennen.

Insgesamt erhält man eine Struktur der folgenden Form

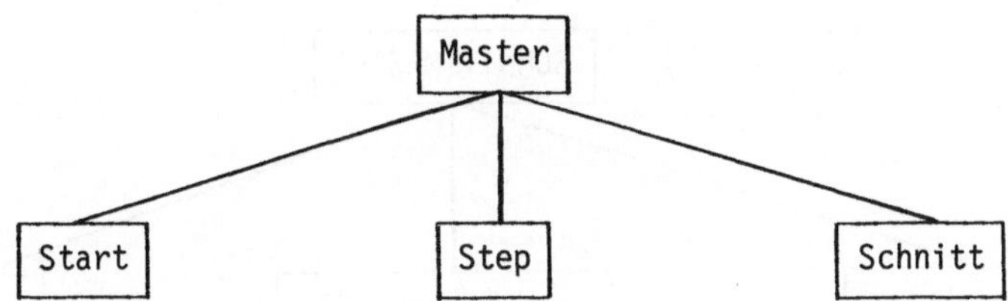

2. MASTER

Das Verwaltungsprogramm MASTER kann, neben den bereits aufgestellten, beliebig viele Funktionen aufnehmen, die der Benutzer wünscht. Dazu können gehören:

Wiederholung des Verschneidungsalgorithmus,
Verfeinern der Schrittweite und der Toleranz.

Des weiteren werden hier die Abbruchkriterien für die Erzeugung von Verschneidungspunkten verwaltet.

3. SCHNITT

Eine kurze Überlegung läßt bereits erkennen, daß es weder zweckmäßig noch ausreichend ist, in der Prozedur SCHNITT genau ein Approximationsverfahren für die Verschneidungspunkte aller zu erwartenden Flächentypen zur Verfügung stellen zu wollen. Unter dem Gesichtspunkt der Schnelligkeit bietet sich vielmehr an, Verschneidungs- und Approximationsalgorithmen einzubringen, die der mathematischen Komplexität des Problems entsprechen. Dies führt zu einem Aufteilen des Moduls SCHNITT in parallelarbeitende Prozeduren, die dem Problem entsprechend von einem übergeordneten Modul SCHNITT MASTER aufgerufen werden.

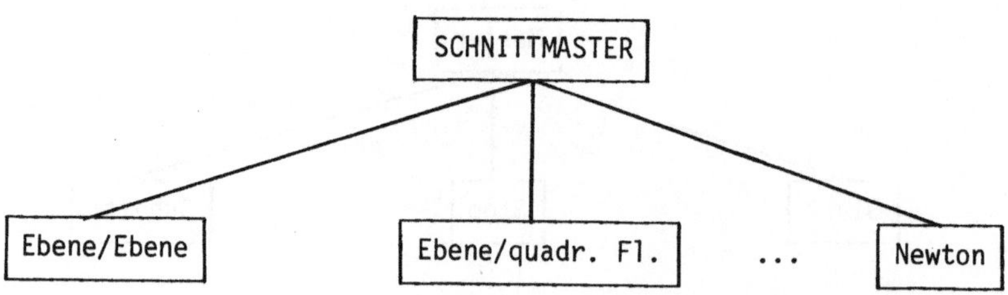

Als Schnittprozedur unterster Stufe kann die Verschneidung zweier Ebenen in einer Geraden angesehen werden. Dann können aufsteigende Prozeduren vorhanden sein, die die Verschneidung klassischer Flächenpaare in Form bekannter Verschneidungskurven behandeln. Diese Prozeduren sind für die Schnelligkeit des Verfahrens dann von besonderem

Gewicht, wenn die bekannte Schnittkurve hardwareabhängig erzeugt werden kann.

Abhängig von Systemkonfigurationen wird man eine Reihe weiterer Prozeduren einfügen bis zum allgemeinsten Fall der Flächenverschneidung. Eine allgemein anwendbare Prozedur kann etwa in einem dreidimensionalen Newton-Verfahren realisiert werden, das eine Isolinie durch einen Näherungspunkt auf der einen Fläche mit der zweiten Fläche verschneidet. Für Paare parametrisierter Flächen kann eine Isolinie als Parameterlinie gewählt werden, bei Paaren impliziter Flächen als Schnitt einer achsenparallelen Ebene mit einer der beiden Flächen, die hierbei nicht ausgezeichnet werden kann.

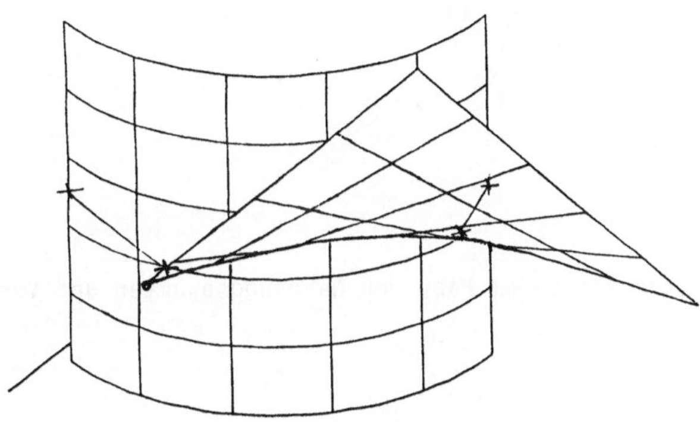

Figur 1: Randkurve als Isolinie durch einen Näherungspunkt in einem Newton-Verfahren

Die verwendeten Näherungspunkte für die Isolinien entstammen den Prozeduren START und STEP.

4. START

Wie bei der Prozedur SCHNITT kann auch die Prozedur START in aufsteigend komplexe Unterprozeduren aufgeteilt werden. Bei systematischem Vorgehen lassen sich jedoch zunächst nur die zwei Unterfälle der Verschneidung mit dem Rand einer der Flächen oder nur im Innern unterscheiden. Die Näherungspunkte können dann aus Gittern gefunden werden, die ganz grob oder verfeinert unter dem Gesichtspunkt der Bogenlänge auf den Flächen im parametrisierten Fall oder bei den Flächen im impliziten Fall angenommen werden können.

Die Verfeinerung des Gitters kann wahlweise automatisch oder durch den Benutzer erfolgen.

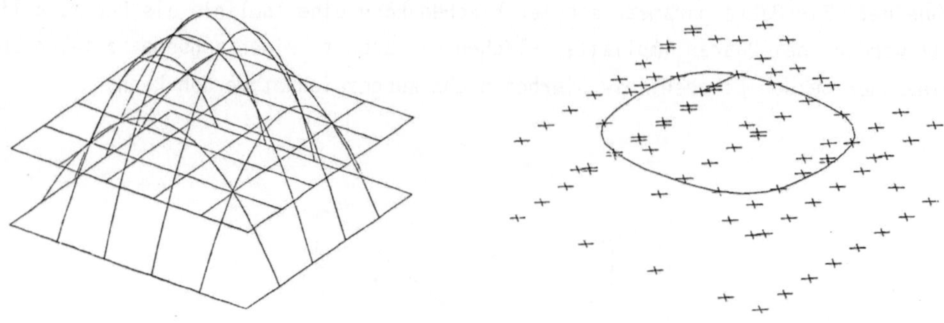

Figur 2: Punktgitter mit einem Paar von Näherungspunkten und Verschneidungskurve

5. STEP

Mehr Systematik kann in die Unterteilung der Prozedur STEP eingebracht werden. Auch hier kann zunächst zwischen den beiden Situationen unterschieden werden, daß nur ein Verschneidungspunkt bekannt ist oder ein Verschneidungspunkt mit einem Vorgänger vorliegt. Im ersten Fall kommen nun etwa die vier Eckpunkte eines geeignet gewählten schiefen Vierecks im Raum als Näherungspunkt für eine der Prozeduren in SCHNITT in Frage. Im Fall eines Verschneidungspunktes mit Vorgänger sind mögliche Näherungspunkte die vom Vorgänger-Punkt verschiedenen Punkte des schiefen Vierecks, dessen eine halbe Diagonale vom Vorgänger-Punkt und dem letzten Verschneidungspunkt (als Mittelpunkt) bestimmt ist.

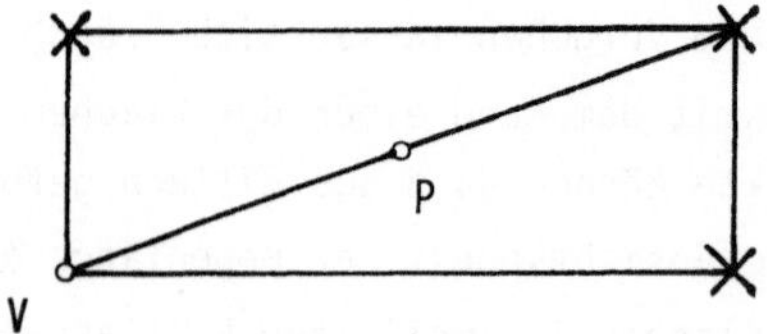

Figur 3:
Verschneidungspunkt P
mit Vorgänger-Punkt V

Man sieht nun unmittelbar, daß diese Prozedur für komplexere Situationen durch eine Tangentenmethode verfeinert werden kann. Die Tangente in einem Verschneidungspunkt wird durch den Schnitt der beiden Tangentialebenen an die Flächen im Verschneidungspunkt gegeben.

Ist dieser Schnitt wegen des ungefähren Übereinstimmens der beiden Tangentialebenen (in einem numerischen Verfahren) nicht definiert, so kann dies zu einem Suchverfahren höherer Komplexität Anlaß geben. In einer solchen feineren Prozedur ist dann zu klären, ob ein singulärer Punkt der Verschneidung vorliegt, oder eine Spitze oder ein Punkt, durch den mehrere Zweige der Verschneidungskurve hindurchgehen. Es ist ohne weiteres zu sehen, daß die Schnelligkeit des Verschneidungsverfahrens mit der Komplexität der verwendeten Prozedur abnimmt.

6. Schnelligkeit

Die Schnelligkeit der Verschneidungsalgorithmen wird im wesentlichen dadurch erreicht, daß in adäquater Weise die Komplexität des aktuellen Schnittproblems berücksichtigt wird. Dies geschieht zum einen dadurch, daß entsprechend der Algebraizität bzw. der Transzendenz der analytischen Flächenbeschreibung vom Algorithmus automatisch das optimale Schnittverfahren ausgewählt wird. Zum anderen werden bereits bei der Suche für angenäherte Startpunkte geometrische Eigenschaften wie die Ausdehnung der Flächenkurven und ihre Entfernung zur Partnerfläche effizient genutzt.

Diese Algorithmen setzen allerdings voraus, daß die rechnerinterne Darstellung der Flächen den Flächentyp mit dem algebraischen Grad oder bei Transzendenz mit der Kennung Null erkennen läßt. Hierauf lassen sich dann Entscheidungskriterien für die Auswahl der parallel stehenden Schnittprozeduren aufbauen.

7. Verschneidung bikubischer Bézier-Flächen

Die angeführten Methoden sollen nun noch auf einen technisch wichtigen Praxisfall angewandt werden.

Hierbei bietet sich dann zusätzlich an, die Verschneidungskurve nicht polygonal, sondern im gleichen Approximationsmodus zu modellieren.

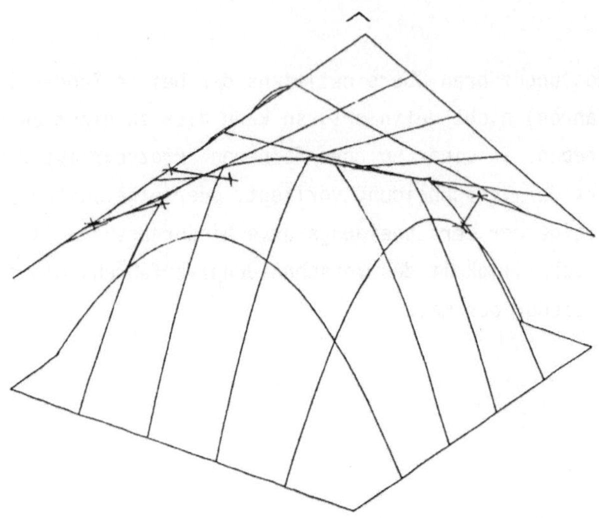

Figur 4: Schnitt zweier Bézier-Flächen mit Startpunktepaaren

Wir betrachten zwei bikubische Bézier-Flächen (siehe BÖHM et al. [1]), die stetig aus bikubischen Béziersegmenten zusammengesetzt sind. Man trägt für jede der beiden bikubischen Bézier-Flächen die Parametergebiete in eine gerasterte Ebene mit der Rasterkonstanten 1 so ein, daß der topologische Zusammenhang der Flächenstücke arithmetisch beschrieben werden kann. Die Parameterwerte aufeinander fallender Randkurven sind dann modulo ganzer Zahlen gleich.

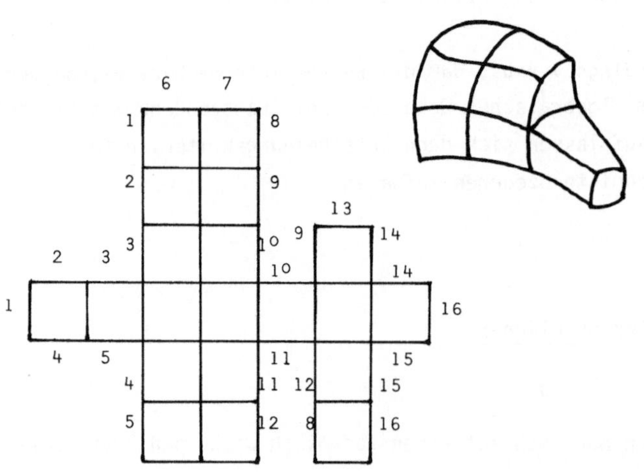

Figur 5: Topologischer Zusammenhang einer freigeformten Fläche mit Darstellung in der gerasterten Ebene

Wir können die Randkurven der Segmente der ersten Fläche nach dem START-Verfahren näherungsweise mit der zweiten Bézierfläche verschneiden. Als erste Randkurve bietet sich hier etwa die linke Vertikale des gerasterten Parametergebiets an. Aus diesen grob angenäherten Verschneidungspunkten werden im SCHNITT-Verfahren Startpunkte für die Zweige der Verschneidungskurve berechnet. Das MASTER-Programm wird dann im weiteren Verlauf feststellen, welche der in einer Liste verwalteten Startpunkte bereits auf vorangehenden Kurvenzweigen liegen und daher im weiteren Verfahren als Startpunkte ausgeschlossen werden.

Ausgehend von einem Startpunkt kann nun in einer STEP-Prozedur eine Folge hintereinander liegender Punkte der Verschneidungskurve so gefunden werden, daß diese Verschneidungspunkte jeweils auf Randkurven der Segmente der ersten Fläche liegen. Hieraus erhält man eine geordnete Liste von Verschneidungspunkten für die Zweige der Verschneidungskurve, die polygonal hieraus erzeugt werden können.

Nach der Methode der Segmentunterteilung (siehe BÖHM [2]) können durch geeignete Teilungsverfahren des Parametergebiets (z. B. Halbierung des Rasters) mit den gleichen Prozeduren die Verschneidungspunkte dichter erzeugt werden. Eine Veränderung der Flächendarstellungen ist bei dem beschriebenen Verschneidungsalgorithmus nicht erforderlich, da alle in einer SCHNITT-Prozedur benötigten Daten der Zwischenstellen aus dem Algorithmus von de Casteljau (siehe Böhm et al. [1]) gewonnen werden können.

An die Stelle der polygonalen Erzeugung der Verschneidungskurve kann eine Erzeugung als kubische Bézierkurve treten. Dieser Algorithmus kann so angelegt werden, daß für ein Paar von tangentialebenenstetigen Bézierflächen die Verschneidungskurve tangentenstetig modelliert wird (siehe FRANK, ARNOLD [3]). Insbesondere ist dann im Fall von Zylinderflächen mit kubischen Bézier-Leitkurven sogar eine Fehlerabschätzung für die Abweichung der modellierten Kurven zur exakten Verschneidungskurve möglich.

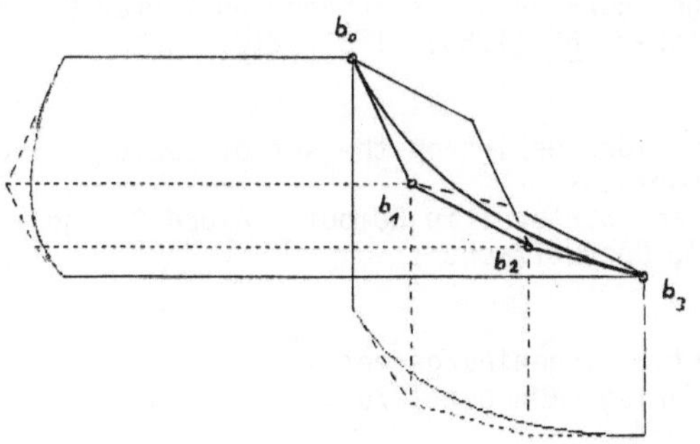

Figur 6: Modellierung einer Bézier-Schnittkurve zu zwei Bézier-Zylindern

8. Bemerkungen

Die vorangehenden Überlegungen zeigen, daß die Schnelligkeit von Verschneidungsalgorithmen von Flächen nicht nur von der Hardware abhängig sind. Die angeführten Prinzipien und Methoden können allerdings nur richtungsweisend für die Implementierung von Verschneidungsalgorithmen sein, da die geeignete Auswahl der möglichen Prozeduren stark von der CAD-System-Umgebung abhängen kann.

Es wird jedoch durch die obigen Ausführungen offenbar, daß die Schnelligkeit der Verfahren unmittelbar von der Komplexität der vorliegenden mathematischen Situation abhängt. Eine geeignete Unterteilung in parallele Prozeduren aufsteigender Komplexität führt zu schnelleren und wohl auch effizienteren Verschneidungsverfahren.

Die Verschneidungskurven können in dem oben beschriebenen Verfahren bis auf Spezialfälle, wie etwa im Beispiel bikubischer Flächenstücke nach der Methode von Bézier gezeigt wurde, nur als Polygone erzeugt werden. Über die Approximationsgüte dieser Polygone im Vergleich zu den exakten Verschneidungskurven, kann jedoch nur in Spezialfällen eine exakte Aussage gemacht werden. Eine Klasse solcher Spezialfälle besteht etwa in der Verschneidung mit zylindrischen Flächen (siehe FRANK [3]).

Literatur:

[1] BÖHM, W.; FARIN, G.; KAHMANN, J.: A survey of curve and surface methods in CAGD. Comp. Aided Geom. Design 1 (1984), 1 - 60.

[2] BÖHM, W.; KAHMANN, J.: Grundlagen kurven- und flächenorientierter Modellierung. Inf. Fachber. 65 (1983), 173 - 210.

[3] FRANK, H.; ARNOLD, R.: Computer Aided Design on the set of Bézier curves and Bézier surfaces. Meeting on 'Surfaces in Computer Aided Design', Nov. '84, Oberwolfach.

[4] GIERING, O.; SEYBOLD, H.: Konstruktive Ingenieurgeometrie. Hanser Verlag, München 1979.

PARALLELE SPEICHERVERWALTUNG FÜR EINEN GRAPHISCHEN ARBEITSPLATZRECHNER

I.Linemayr, M.Rudalics

Institut für Mathematik
Johannes Kepler Universität, Linz, Österreich

1 Einleitung

Die Entwicklung von graphischen Arbeitsplatzrechnern wird in zunehmendem Maße von zwei sich gegenseitig ergänzenden Trends dominiert: Der Migration von Funktionen in Firmware und spezielle Hardware, und der Parallelisierung von Funktionsausführung. Komponenten der graphischen Darstellungsreihe wie Koordinatentransformation, Klippen, Kreisgenerierung und Polygon-Füllung waren erwartungsgemäß unter den ersten Kandidaten für eine Realisierung in Silikon (9). Parallelität auf dem Arbeitsplatzrechner existiert bereits als MISD - Transformation, Klippen und Skalieren auf der Geometry Engine Pipeline (5), SIMD - RasterOp auf dem DisArray (21), und in Ansätzen MIMD - in einem Modell, das graphische Darstellungsreihen in unabhängige, konfigurierbare Prozesse zerlegt (2).

Dynamische Speicherverwaltung (das Recycling von nicht mehr benötigtem Speicherplatz) ist auf dem graphischen Arbeitsplatzrechner aus folgenden Gründen zweckmäßig:

- Der Durchsatz von graphischen Darstellungsreihen wird durch Speichern von verschiedenen Repräsentationen des gleichen Objekts erheblich verbessert. So verringert ein lokaler Segmentspeicher die durch ein Netzwerk (oder von einem Host) zum Arbeitsplatzrechner zu übertragende Datenmenge. Displays können von einer Bitmapdarstellung her aufgefrischt werden, während gleichzeitig dazu die nächste erzeugt wird.
- Die Aufspaltung der graphischen Darstellungsreihe in asynchrone Prozesse kann zur Folge haben, daß verschiedene Environments, in denen ein graphisches Objekt erzeugt wurde, gleichzeitig vorhanden sein müssen, um die korrekte Ausgabe des Objekts zu garantieren.
- Die Behandlung von Interaktionen verlangt, daß von Eingabegeräten erzeugte Werte zwischengespeichert werden, wie z.B. Ereignisse, die in eine Warteschlange einzuordnen sind.

Obwohl sich die Entwicklung von Speichertechnologien weiterhin sehr rasch fortsetzen wird, und bestimmte Objektrepräsentationen vom gemeinsamen Speicher verschwinden werden (wie z.B. Bitmaps für Farb-Displays, da die Übertragung der zum

Refresh benötigten Daten den Speicher praktisch blockieren würde), kann Speicherverwaltung ein Engpaß am graphischen Arbeitsplatzrechner werden, da:

- Parallelisierung und vertikale Migration bisher komplexe Prozesse um Größenordnungen schneller machen.
- Sich der Durchsatz einer Darstellungsreihe verschlechtert, wenn eine Komponente aufgrund unzureichenden Speicherplatzes aufgehalten wird.
- Dialogintensive Anwendungen Antwortzeiten zu einem wichtigeren Faktor als durchschnittliche Ausführungszeiten machen, und durch Speicherreorganisation bedingte, längere Verzögerungen nicht toleriert werden können.

Folgende Punkte standen daher beim Entwurf eines Speicherverwaltungssystems für einen graphischen Arbeitsplatzrechner im Vordergrund:

- Der sichtbare Effekt der Ausführung einer Funktion durfte durch das Speicherverwaltungssystem nicht oder nur insignifikant verzögert werden.
- Das Speicherverwaltungssystem mußte in einem Mehrprozessorsystem operieren können und von einem oder mehreren Prozessen parallel zur graphischen Darstellungsreihe realisiert werden.

2 Segmentierung und das Computer Graphics Interface

Die Abbildung von Speicherverwaltungsmechanismen auf VLSI-Komponenten wird durchführbar, wenn Zugriffsmechanismen auf und Verweilzeiten von im Speicher zu verwaltende(n) Objekte(n) beim Entwurf des Prozessors berücksichtigt werden können. Erste Entwicklungen dazu sind sprachabhängige Implementierungen, wie SCHEME-79 (26) für einen Dialekt von LISP und der iAPX-432 (22). Ähnlich effektiv kann die Migration von Speicherverwaltung am graphischen Arbeitsplatzrechner durch eine Normierung der Schnittstelle zu einem geräteunabhängigen graphischen System unterstützt werden. Eine solche Normierung ist derzeit von der Entwicklung des sogenannten Computer Graphics Interface (CGI, früher Virtual Device Interface (29)) zu erwarten. Ziel des CGI ist es, Arbeitsplatzrechner zu Implementierungen von GKS (10) und PHIGS (23) verträglich zu machen. Während erste Versionen des CGI bereits eine Reihe von gerätespezifischen Funktionen wie RasterOp oder Kreisgenerierung nachdrücklicher unterstützen als GKS, wo auf diese Funktionen nur mit Hilfe der Fluchtfunktion oder des verallgemeinerten Darstellungselements zugegriffen werden kann, werden künftige Versionen des CGI auch Segmentoperationen beinhalten. Dafür werden folgende Motive den Ausschlag geben:

- Das Editieren von in Segmenten enthaltenen Darstellungselementen ermöglicht, die zum Arbeitsplatz zu übertragende Datenmenge zu reduzieren, da Änderungen des Bildinhaltes lokal am Arbeitsplatzrechner durchgeführt werden können.
- Die Implementierung von Segmenthierarchien erlaubt es, die Menge der am Arbeitsplatz gespeicherten Daten zu verringern. {Bildhierarchien gehören zur Folklore von Window-Managern und multiplen Context-Frames. GKS verbietet Segmenthierarchien

nicht, fördert deren Implementierung aber auch nicht ausdrücklich. Verschiedene Möglichkeiten, Segmenthierarchien auf einem GKS-Arbeitsplatzrechner zu realisieren, werden in (24) beschrieben.}

• Durch die Fähigkeit auf oberster Ebene ein autonomes Environment zu bilden, ist das Segment das kleinste graphische Objekt, dessen Darstellungsreihe parallel zu der anderer Objekte evaluiert werden kann, wenn Seiteneffekte auf der Darstellungsfläche (Überlagerungen) entsprechend berücksichtigt werden.

Derzeit existieren zwei (gelegentlich widersprüchliche) Vorschläge für die Entwicklung eines Segmentierungsmodells, das GKS und PHIGS unterstützt. In einem Vorschlag (27) wird GKS um eine neue Ausgabeleistungsstufe erweitert, um auf diese Weise Unterschiede zu PHIGS bereits im Implementierungskern zu eliminieren. Der andere Vorschlag (4, 12) verlangt, daß Unterschiede zwischen GKS und PHIGS am CGI erkannt und behandelt werden, d.h. der Arbeitsplatzrechner muß Funktionen richtig interpretieren, je nachdem, ob sie in einer Implementierung von GKS oder PHIGS erzeugt wurden. Segmentierung am CGI beeinflußt die Entwicklung eines Speicherverwaltungssystems für einen Arbeitsplatzrechner vor allem durch zwei Forderungen von PHIGS:

• Das Editieren von Darstellungselementen verlangt, daß bereits geschlossene Segmente wieder geöffnet werden dürfen, alte Darstellungselemente gelöscht und neue hinzugefügt werden können. Dementsprechend kann der Speicherbedarf eines Segmentes nicht zum Zeitpunkt des Schließens des Segmentes bestimmt werden, und es wird praktisch unmöglich, Segmente in zusammenhängenden Speicherbereichen abzuspeichern.

• Eingesetzte Segmente dürfen nicht mehr ihre Identität aufgeben, da das Editieren von Darstellungselementen in eingesetzten Segmenten Seiteneffekte auf ihre Darstellung im zum Zeitpunkt des Einsetzens offenen Segment haben kann.

Ein zusätzliches Problem entsteht dadurch, daß GKS Attribute (mit Ausnahme der Segmentattribute und des Klipprechtecks) Darstellungselementen statisch zuordnet, während mit PHIGS Darstellungselemente ihre Attribute dynamisch beim Durchlaufen der Segmenthierarchie zugewiesen bekommen. Deswegen müssen während der Abarbeitung von Segmenthierarchien Attributtabellen (oder zumindest Zeiger zu ihnen) gestapelt werden. Dynamische Attributbehandlung à la PHIGS verhindert praktisch auch die parallele Evaluierung von Darstellungsreihen für einzelne Darstellungselemente.

Das im folgenden Abschnitt beschriebene Speicherverwaltungssystem unterstützt Segmenthierarchien und das Editieren von Elementen, setzt aber voraus, daß Definition und Manipulation von Segmenten in einer top-down Strategie vorgenommen werden.

3 Speicherverwaltung

Der Nachteil von traditionellen Speicherverwaltungssystemen ist, daß der Anwendungsprogrammierer entscheiden muß, ob auf ein Objekt noch von anderer Stelle her Bezug genommen wird, um sogenannte "dangling references" zu vermeiden, wenn ein Objekt gelöscht wird. Dieses Problem wurde durch Garbage Collection gelöst. Klassische Garbage Collection (15, 6) ist ein Prozeß, der in einer ersten Phase alle noch in Verwendung stehenden Objekte identifiziert ("markiert"), und sie in einer zweiten Phase entweder in einen Bereich des Speichers komprimiert, oder nicht mehr benötigte Objekte in eine Freispeicherliste einbindet. Auf Grund der unberechenbaren, durch Speicherreorganisation bedingten Unterbrechungen wurde vorgeschlagen, Garbage Collection parallel zum Benutzerprogramm ablaufen zu lassen.

Real-Time Garbage Collectors (3) komprimieren den Speicher, indem sie die vom Anwenderprogramm benutzten Objekte unablässig von einer Hälfte des Speichers in die andere Hälfte kopieren. Verfeinerte Varianten von Real-Time Collectors widmen sich verstärkt den Aufgaben, Speicherplatz für kurzlebige Objekte zu recyclen (18, 28, 19) und virtuelle Speicherverwaltung durch die bessere Linearisierung von Objekten im Speicher (7) zu unterstützen. Real-Time Collectors können durch Hardware effizient unterstützt werden - die Symbolics 3600 führt zum Beispiel den Test, an welcher Speicherstelle sich ein Objekt des Benutzerprogramms tatsächlich befindet, bereits bei der Adreßumsetzung aus (19) - sind aber andererseits für Mehrprozessorsysteme mit gemeinsamem Speicher schlecht geeignet, da die ständige Evakuierung von Objekten einen hohen Synchronisationsaufwand erfordert (11). Kopieren wirkt sich auch störend aus, wenn Hit-Detection (ein besonders zeitkritischer Prozeß, der untersucht, welches Segment oder Darstellungselement in einer Picker-Interaktion ausgewählt wurde) von einem autonomen Mechanismus simultan zur Speicherverwaltung ausgeführt wird.

Parallele oder On-the-Fly (25, 8, 16, 14) Garbage Collectors wurden speziell für Mehrprozessorsysteme entwickelt, haben aber den Nachteil, daß Markieren entweder zeitaufwendig wird, wenn der Speicher wiederholt nach einem in Verwendung stehenden, aber noch nicht markierten Objekt durchsucht werden muß (8) oder zusätzlichen Speicherplatz benötigt, um Zeiger zu noch nicht untersuchten Objekten zu stapeln (25, 16, 14). Die Hauptnachteile von Reference Count Systemen (15, 6) sind, daß zirkuläre Strukturen nicht korrekt behandelt werden können und zusätzlicher Platz gebraucht wird, um den Reference Count abzuspeichern. Außerdem verlangen Funktionen, die die Datenstruktur verändern, eine entsprechende Modifikation des Reference Counts. Für unseren graphischen Arbeitsplatzrechner ist ein Reference Count System nichtsdestoweniger geeignet, da:

- GKS und PHIGS einstimmig die Definition von Segmenten, die direkt oder indirekt auf sich selbst Bezug nehmen, verbieten,
- zusätzlicher Speicheraufwand dadurch reduziert werden kann, daß sich Mehrfachreferenzen nur auf Segmente beziehen dürfen, und
- Reference Counts am CGI bereits im Konzept des "Shared Use Counts" (12) präsent sind.

Wartezeiten bei destruktiven Operationen wie dem Löschen von hierarchisch definierten Segmenten werden dadurch beschränkt, daß jeder aktive Prozeß (Segmentausgabe, Interaktionsbehandlung) mit dem Speicherverwaltungssystem mit Hilfe einer

Warteschlange kommuniziert. Jede destruktive Operation bewirkt, daß der Prozeß ein Objekt an seinem Ende der Warteschlange einsetzt. Das Speicherverwaltungssystem seinerseits entfernt Eintragungen vom anderen Ende der Warteschlange(n) und verfährt in Abhängigkeit vom Typ des Objekts wie folgt:

- Wenn das Objekt ein Segment ist, überprüft das Speicherverwaltungssystem mit Hilfe des Reference Counts, ob auf das Segment von anderer Stelle Bezug genommen wird. Dazu wird der Reference Count des Segmentes um eins erniedrigt, und wenn er daraufhin gleich null wird, das Segment mit allen seinen Elementen markiert. Wenn das Speicherverwaltungssystem während des Markierens eines Segmentes den Aufruf eines anderen Segmentes entdeckt, wird der Reference Count des aufgerufenen Segmentes ebenfalls erniedrigt, und wenn dies die letzte Bezugnahme auf das Segment war, ein Rückwärtszeiger im aufgerufenen Segment installiert, und das aufgerufene Segment markiert.
- Wenn das Speicherverwaltungssystem von der Warteschlange ein Element entfernt, überprüft es, ob das Element den Aufruf eines Segmentes repräsentiert. In diesem Fall wird der Reference Count des aufgerufenen Segmentes erniedrigt, und sollte er null werden, das aufgerufene Segment markiert. Das Element selbst wird in jedem Fall markiert.

Weitere Mechanismen existieren, die es dem Speicherverwaltungssystem erlauben, selbständig alle Elemente zu markieren, die durch einen Aufruf der "empty segment body" und "delete copied segment" Funktionen nicht mehr gebraucht werden. Die "delete segment and all references" Funktion wird hingegen nicht unterstützt. Eingesetzte Segmente können nur dadurch völlig gelöscht werden, daß sämtliche Bezugnahmen auf sie einzeln gelöscht werden. Das stimmt mit unserer Einstellung überein, Definitionen und Manipulationen von Segmenten nur in top-down Weise zuzulassen.

Die Warteschlangen können auf unkomplizierte Weise mit Hilfe der Felder verkettet werden, die Segmente in der Segmentdarstellungsliste und Elemente in der Elementliste verbinden. Dieselben Felder werden auch benützt, um jene Rückwärtszeiger einzutragen, die während des Markierens von eingesetzten Segmenten benötigt werden. Da Reference Counts und die Warteschlange gemeinsame Resourcen von Speicherverwaltung und anderen Prozessen sind, müssen Zugriffe auf sie (durch das Speicherverwaltungssystem einerseits und die verschiedenen Prozesse andererseits) synchronisiert werden. Deswegen werden eingesetzte Segmente während des Markierens auch nicht an das vom Speichervewaltungssystem bearbeitete Ende der Warteschlange angehängt (wie in Kungs Output-Restricted Deque (16)).

Wenn darauf verzichtet werden soll, Objekte im Speicher zu komprimieren, muß der Segmentspeicherpool in Form einer Freispeicherliste organisiert werden. Die Verwaltung einer heterogenen Freispeicherliste, von der jederzeit ein Element für das Anlegen eines neuen Objektes im Speicher benützt werden kann, ist jedoch ein nichttriviales Problem:

- Im schlechtesten Fall muß die gesamte Liste durchsucht werden, um einen Block von geeigneter Größe zu finden. Ein einfacher Test, ob die Liste nicht leer ist (8,

16), ist nicht ausreichend.

• Das Verschmelzen von benachbarten markierten und freien Blöcken ist notwendig, um die "externe Fragmentierung" der Freispeicherliste zu verhindern. Deswegen kann ein Block aus zweierlei Gründen der Freispeicherliste entnommen werden: Einerseits, um die Anforderung zur Anlegung eines neuen Objektes im Speicher zu befriedigen, andererseits, um mit einem benachbarten freien Block verschmolzen zu werden.

Fünf Methoden für die Suche nach einem Block von geeigneter Größe wurden untersucht. Alle Methoden setzen voraus, daß die Freispeicherliste in einem linearen Durchlauf des Speichers rekonstruiert wird. {Reference Counts machen an sich einen separaten Speicherdurchlauf zur Rekonstruktion der Freispeicherliste unnotwendig. Da jedoch in einem Mehrprozessorsystem aufgrund von Synchronisationsproblemen die effizientesten Strategien zur unmittelbaren Eingliederung ("boundary-tag" Methoden (15)) nicht verwendet werden können, muß ein linearer Speicherdurchlauf als notwendig erachtet werden.} Die ersten drei Methoden operieren auf einer einfach verketteten Liste, die in Ordnung aufsteigender Speicheradressen verwaltet wird. Während des Verschmelzens werden Blöcke von dieser Liste nicht herausgenommen, sondern für das Anlegen eines neuen Objektes zeitweise dadurch ungeeignet gemacht, daß ihre Länge invertiert wird. Die jeweiligen Suchstrategien sind:

• Best-Fit (MO-Best) sucht nach dem kleinsten Block von ausreichender Größe.

• Mit First-Fit (MO-First) wird der erste Block auf der Liste gesucht, der groß genug ist, um die Speicheranforderung erfüllen zu können.

• Next-Fit (MO-Next) unterscheidet sich von MO-First dadurch, daß die Suche nach einem entsprechenden Block dort fortgeführt wird, wo die letzte Suche beendet wurde. MO-Next benötigt eine zirkuläre Freispeicherliste, und einige Vorsicht ist angebracht, da der rotierende Startpunkt für das Suchen bei Verschmelzungen verschoben werden kann.

Zwei Methoden wurden untersucht, die die Elemente der Freispeicherliste nach ihrer Größe ordnen:

• Best-Fit (SO-Best) mit einer doppelt verketteten Freispeicherliste.

• Best-Fit (TO-Best) mit einer Freispeicherliste, die in Form eines dreifach verketteten balancierten Binärbaumes (auch AVL-Baumes - (1)) verwaltet wird.

Speicherverwaltung mit Freispeicherlisten, die der Größe ihrer Elemente nach geordnet sind, sind komplizierter zu handhaben als Listen, die den Adressen ihrer Elemente nach geordnet sind, da die Position des Freispeicherblocks, der beim linearen Durchlauf des Speichers als nächster angetroffen wird, nicht vom Zeiger im zuletzt untersuchten Freispeicherblock abgeleitet werden kann. Deshalb wird eine unteilbare Operation benötigt, die den Typ eines Objektes im Speicher ermittelt und, sollte das Objekt ein Freispeicherblock sein, ihn aus der Freispeicherliste ausgliedert. Dieses Ausgliedern kann bei baumförmigen Listen ein Nachbalancieren erfordern. Außerdem ist es notwendig, daß ein Block, der für das Anlegen eines Objektes verwendet und in der Folge kleiner wird, auf der Liste wieder seine korrekte Position einnimmt.

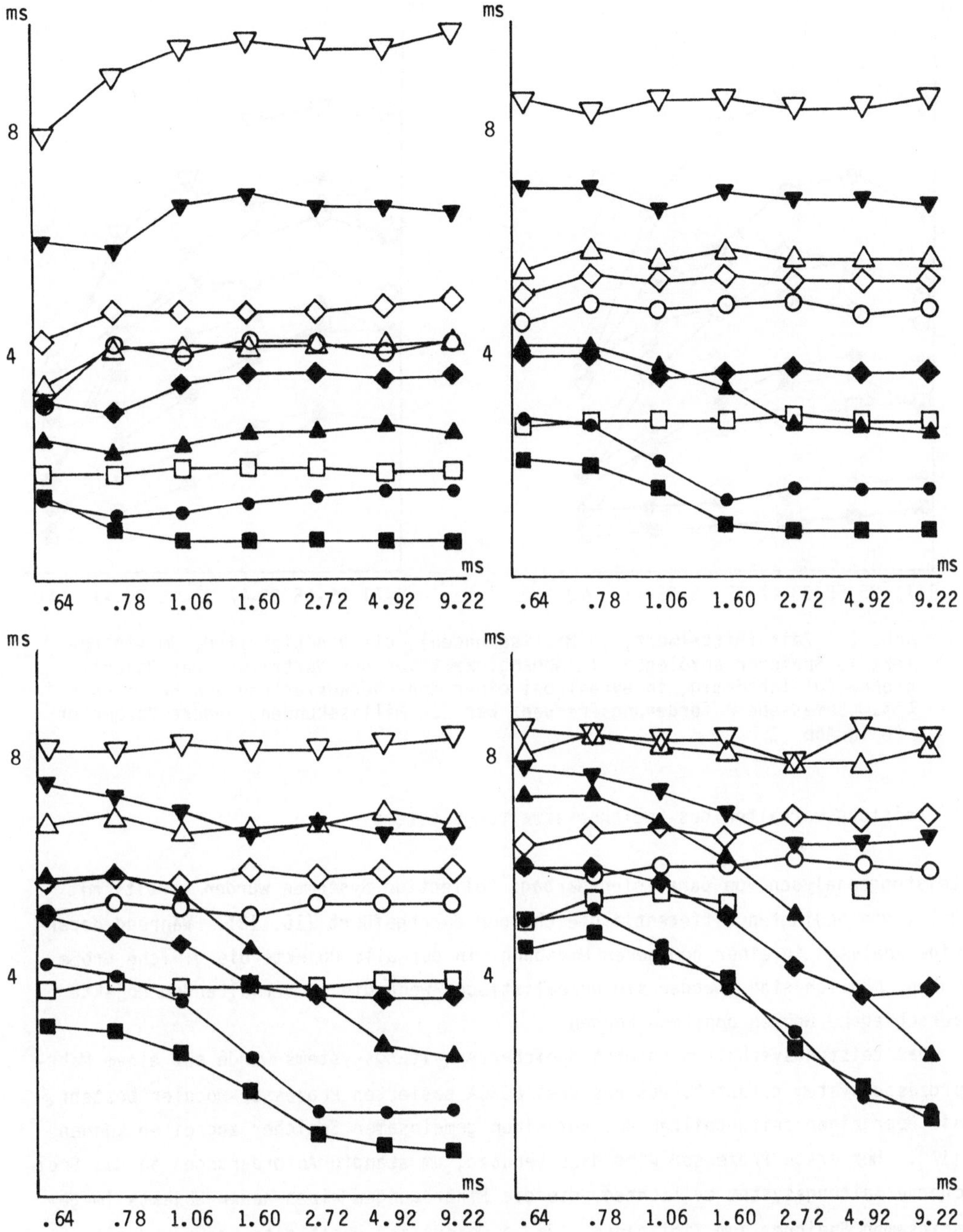

Abb. 1: Zeit (Mittelwert, in Millisekunden), um ein Objekt im Speicher anzulegen, in Abhängigkeit von verschiedenen Anforderungsfrequenzen (Mittelwert, in Millisekunden) bei einer Speicherauslastung von 50% (links oben), 66.7% (rechts oben), 75% (links unten) und 80% (rechts unten). Objektgrößen waren gleichförmig verteilt mit 33 bis 47 Bytes, Anzahl der Objekte war 120.

Volle Marken bezeichnen Werte für parallele Algorithmen, leere Marken für serielle Algorithmen. Folgende Zuordnungen Markenart - Suchmethode sind gegeben: ▼- MO-Best, ◆- MO-First, ■- MO-Next, ●- SO-Best, ▲- TO-Best.

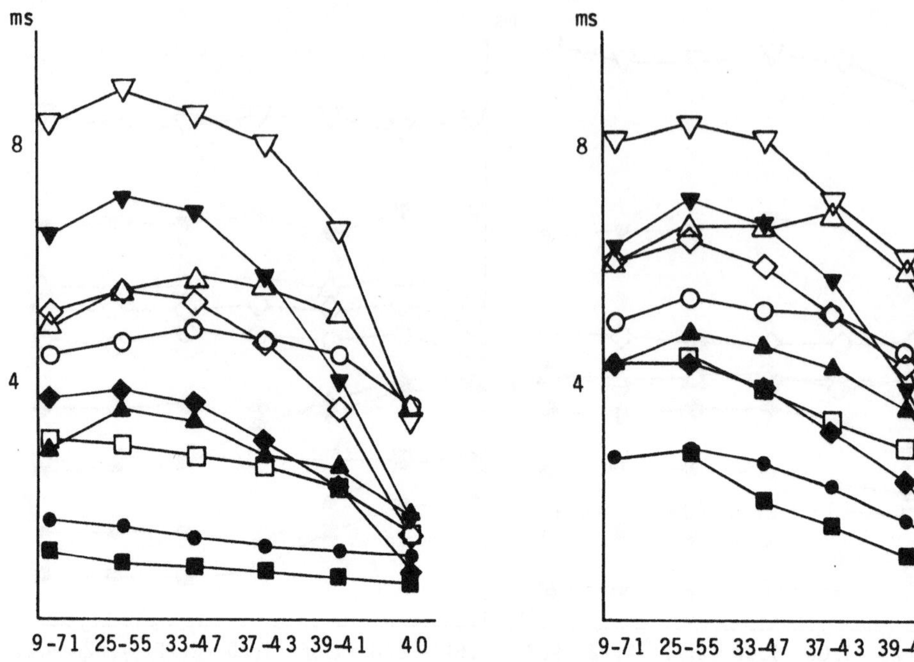

Abb. 2: Zeit (Mittelwert, in Millisekunden), die benötigt wird, um ein Objekt im Speicher anzulegen, in Abhängigkeit von der Verteilung der Objektgrößen (gleichförmig, in Bytes) bei einer Speicherauslastung von 66.7% und 75%. Gemessene Anforderungsfrequenz war 1.6 Millisekunden, andere Parameter wie in Abb. 1.

4 Leistungsverhalten des Speicherverwaltungssystems

Leistungsanalysen von parallelen Garbage Collection Systemen wurden bereits mit Hilfe von bedingten Differentialgleichungen durchgeführt (16, 13). Während derartige Analysen in einer homogenen Umgebung, in der alle Objekte die gleiche Größe haben, möglich sind, werden sie unrealistisch, wenn die zu verwaltenden Objekte verschiedene Größen annehmen können.

Das Leistungsverhalten unseres Speicherverwaltungssystems wurde auf einem Mehrprozessorsystem getestet, das aus drei 8080A basierten Prozessor-Modulen besteht, die über einen zeitgeteilten Bus auf einen gemeinsamen Speicher zugreifen können (17). Der erste Prozessor wird dazu benützt, um ständig Anforderungen an das Speicherverwaltungssystem zu richten, die die Eintragungen eines neuen Objekts im gemeinsamen Speicher zum Ziel haben. Jedes Objekt ist durch eine Größe und eine Verweilzeit charakterisiert. Sämtliche Objekte werden zyklisch überprüft, ob sie aufgrund des Ablaufens der Verweilzeit ersetzt werden müssen. Um ein neues Objekt anzulegen, wird die Speicherverwaltung, die vom zweiten Prozessor durchgeführt wird, unterbrochen, und der erste Prozessor wartet, bis er die Adresse des neuen Objekts zugewiesen bekommt. Der zweite Modul ist zu diesem Zweck mit einem Interruptsystem ausgestattet - wartende Prozesse fragen eine Zelle in einem Dual-Port Speicher ab.

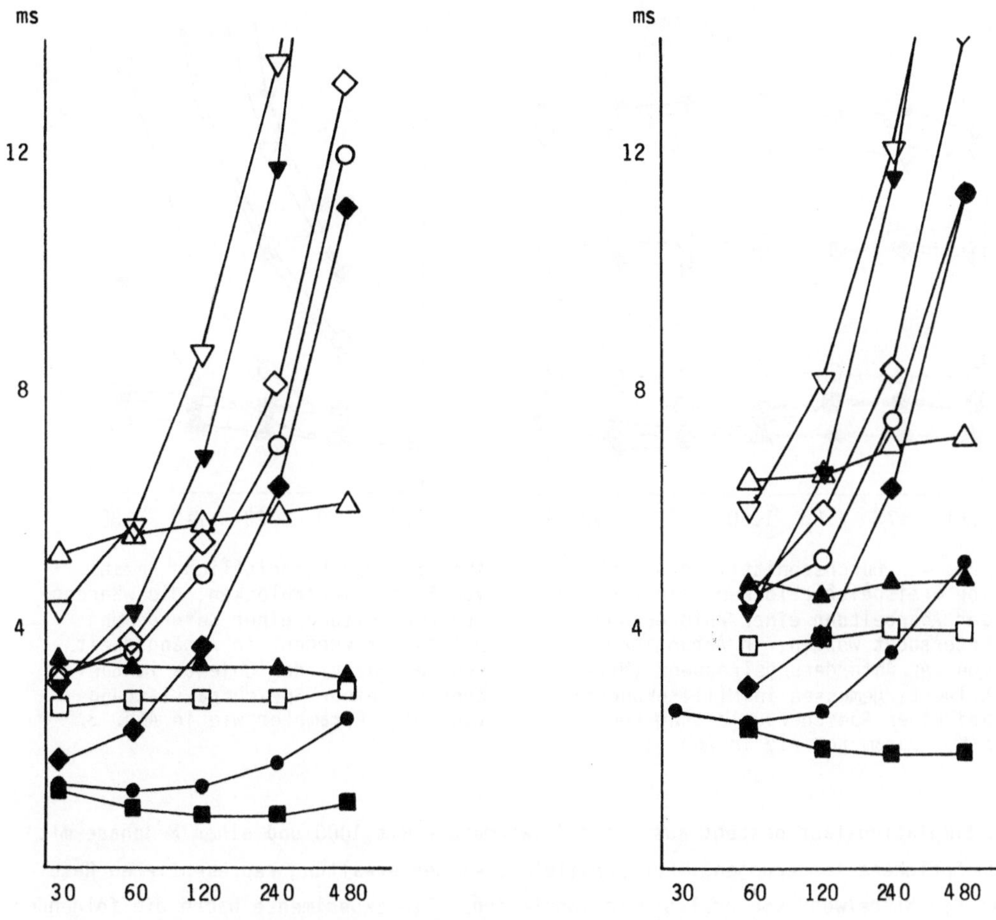

Abb. 3: Zeit (Mittelwert, in Millisekunden), die benötigt wird, um ein Objekt im Speicher anzulegen, in Abhängigkeit von der Anzahl der Objekte im Speicher, bei einer Speicherauslastung von 66.7% und 75%. Gemessene Anforderungsfrequenz war 1.6 Millisekunden, andere Parameter wie in Abb. 1.

Größen und Verweilzeiten von Objekten werden gemäß vorher definierter Zufallsverteilungen generiert. Die Größe des zu verwaltenden Speichers kann gemäß verschiedener Auslastungsstufen - 50%, 66.7%, 75%, 80% - variiert werden. In jedem Experiment wurden parallele und serielle Speicherverwaltung untersucht. Serielle Algorithmen unterscheiden sich von parallelen Algorithmen dadurch, daß die Synchronisationsoperationen fehlen, und die Rekonstruktion der Freispeicherliste erst aufgenommen wird, nachdem eine Speicheranforderung nicht befriedigt werden konnte. Während eines Experiments wird die Ausführung der Programme auf beiden Prozessoren periodisch unterbrochen, um einem Programm, das vom dritten Prozessor exekutiert wird, zu erlauben, die aktuelle Speicherbelegung zu analysieren. Da aufgrund dieser Unterbrechungen Exekutionszeiten verfälscht werden können, mußten sämtliche Simulationsläufe zweimal durchgeführt werden: Einmal, um exakte Ausführungszeiten, und ein zweites Mal, um die Speicherbelegung und verwandte Statistiken zu bekommen.

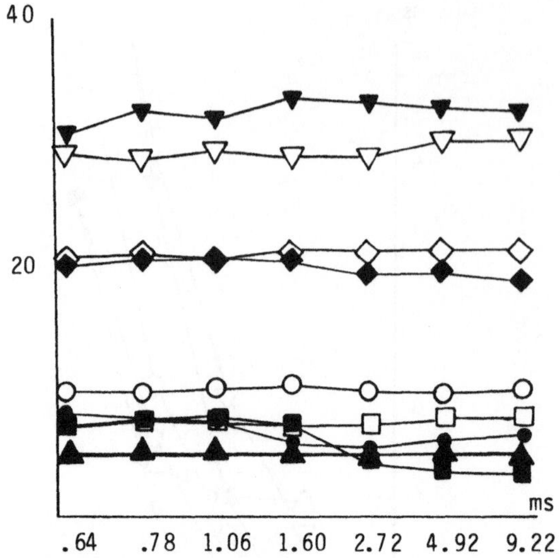

Abb. 4: Durchschnittliche Anzahl von Freispeicherblöcken, die während der Abarbeitung einer Anforderung untersucht wurden, in Abhängigkeit von der Anforderungsfrequenz (Mittelwert, gemessen in Millisekunden) bei einer Speicherauslastung von 75%. Parameter wie in Abb. 1.

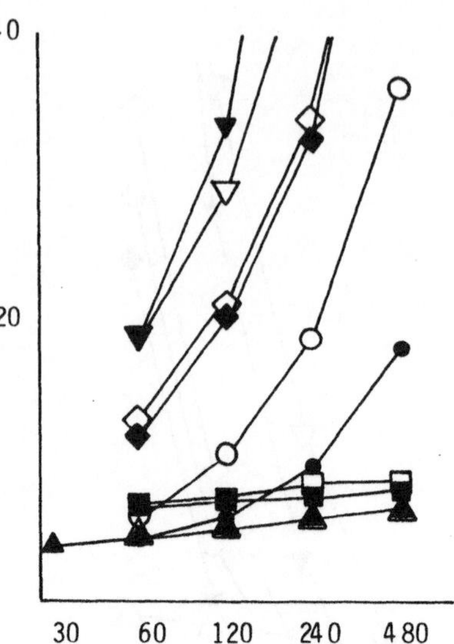

Abb. 5: Durchschnittliche Anzahl von Freispeicherblöcken, die während der Abarbeitung einer Anforderung untersucht wurden, in Abhängigkeit von der Anzahl der Objekte im Speicher bei einer Speicherauslastung von 75%. Parameter wie in Abb. 3.

Ein Simulationslauf besteht aus einer Aufwärmphase mit 1000 und einer Meßphase mit 5000 Speicheranforderungen. Für parallele Speicherverwaltung repräsentieren Resultate den Mittelwert von drei Simulationsläufen. Die Experimente haben die folgenden Gemeinsamkeiten aufgezeigt (siehe auch Abb. 1 bis Abb. 6):

- In allen Experimenten erwiesen sich parallele Algorithmen schneller als serielle.
- MO-Best und MO-First sind im allgemeinen langsamer als andere Methoden.
- MO-Next ist am schnellsten, nützt aber vorhandenen Speicher am schlechtesten aus. Dies bestätigt Ergebnisse für serielle Speicherverwaltung (20), der speed-up ist jedoch beim parallelen System eindrucksvoller.
- SO-Best ist jene Methode, bei der parallele Collection die relativ größte Leistungsverbesserung bringt, besonders mit einer großen Anzahl von Objekten und niedrigem Speicherauslastungsgrad: z.B. mit 480 Objekten bei 50%iger Auslastung muß serielles SO-Best zehnmal mehr Freispeicherblöcke auf ihre Eignung untersuchen als paralleles SO-Best.
- TO-Best ist besser mit einer großen Anzahl von Objekten und höherer Speicherauslastung, im allgemeinen aber langsamer als MO-Next. Es ist aber anzunehmen, daß TO-Best mit spezieller Hardware besser abschneiden würde, was auch die niedrige Anzahl von Blöcken, die während einer Anforderung untersucht werden müssen, bestätigt.
- Parallele Methoden verwenden Speicher nicht schlechter als serielle, gelegentlich sogar besser.

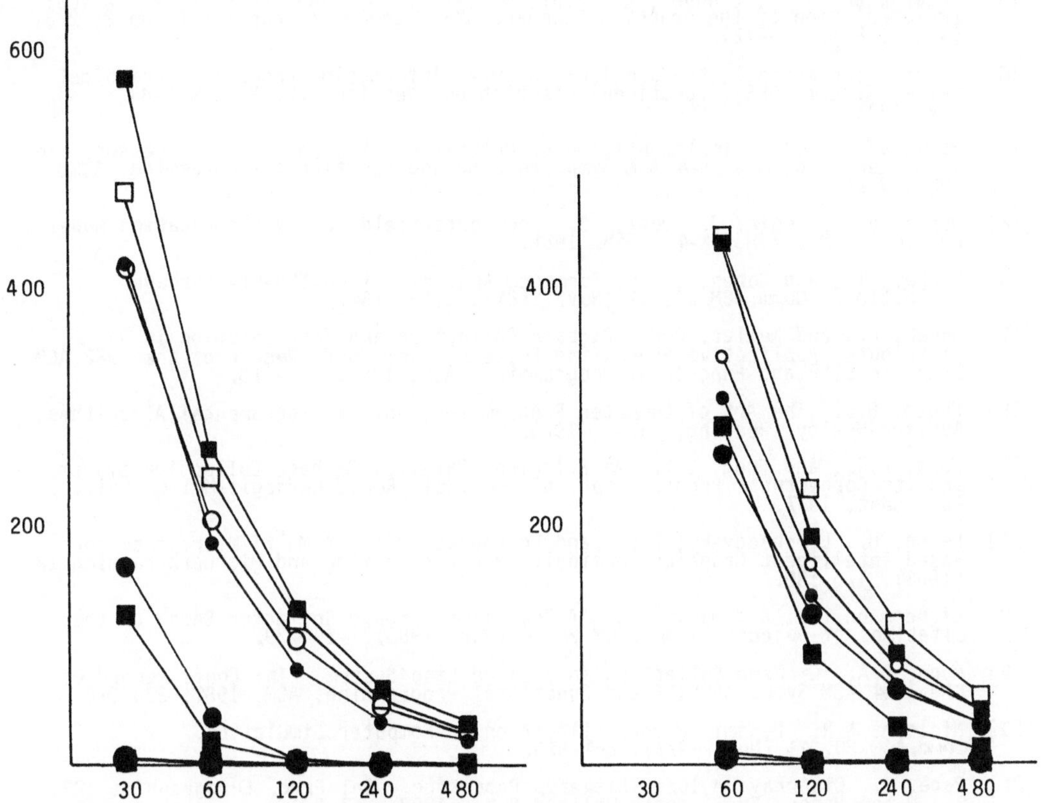

Abb. 6: Durchschnittliche Anzahl von Collectorzyklen für 5000 Anforderungen (jeweils kleinste Markengröße), Anzahl der Zyklen, deren Ende aufgrund eines Allokationsfehlers abgewartet werden mußte (mittlere Markengrößen), und Anzahl der Allokationsfehler, die einen eigenen Collectorzyklus erforderlich machten (größte Markengröße), in Abhängigkeit von der Anzahl der Objekte, bei einer Speicherauslastung von 66.7% und 75%. Parameter wie in Abb. 3.

Literatur:

(1) Adel'son-Vel'skii, G.M., and Landis, E.M. An Algorithm of Information Arrangement. In: Dokl.Akad.Nauk USSR, Vol.146, 2, 1962, 263-266.

(2) Arnold, D., Hall, G., and Reynolds, G. Proposals for Configurable Models of Graphics Systems. Computer Graphics Forum 3, 3 (Sept. 1984), 201-208.

(3) Baker, H.G.Jr. List Processing in Real-Time on a Serial Computer. Comm.ACM 21, 4 (April 1978), 280-294.

(4) Chin, J., Duffy, C., Hertzing, B., Porterfield, J., and Vecchiet, K. VDI Segment Instructions. ANSI X3H3/84-46, March 1984.

(5) Clark, J.H. The Geometry Engine: A VLSI Geometry System for Graphics. Computer Graphics 16, 3 (July 1982), 127-133.

(6) Cohen, J. Garbage Collection of Linked Data Structures. Computing Surveys 13, 3 (Sept. 1981), 341-367.

(7) Dawson, J.L. Improved Effectiveness from a Real-Time Lisp Garbage Collector. In: Conf. Record of the 1982 ACM Symp. on LISP and Functional Programming, ACM, 1982, 159-167.

(8) Dijkstra, E.W., Lamport, L., Martin, A.J., Scholten, C.S., and Steffens, E.F.M. On-the-Fly Garbage Collection: An Exercise in Cooperation. In: Lecture Notes in Computer Science, Vol. 46, Springer Verlag, New York, 1976, 43-56.

(9) Encarnacao, J.L., Lindner, R., Mehl, M., Pfaff, G., and Strasser, W. A VLSI Implementation of the Graphics Standard GKS. Computer Graphics Forum 2, 2/3 (Aug. 1983), 115-121.

(10) Draft International Standard ISO/DIS 7942, Information Processing Graphical Kernel System (GKS), Functional Description, Version 7.2, NI-5.9/1-83, Nov. 1982.

(11) Halstead, R.H.Jr. Implementation of Multilisp: Lisp on a Multiprocessor. In: Conf. Record of the 1984 ACM Symp. on LISP and Functional Programming, ACM, 1984, 9-17.

(12) Hertzing, B., Chin, J., Duffy, C., and Porterfield, J. A Segmentation Model for VDI. ANSI X3H3/84-48, Feb. 1984.

(13) Hickey, T., and Cohen, J. Performance Analysis of On-the-Fly Garbage Collection. Comm.ACM 27, 11 (Nov. 1984), 1143-1154.

(14) Hudak, P., and Keller, R.M. Garbage Collection and Task Deletion in Distributed Applicative Processing Systems. In: Conf. Record of the 1982 ACM Symp. on LISP and Functional Programming, ACM, 1982, 168-178.

(15) Knuth, D.E. The Art of Computer Programming, Vol. 1: Fundamental Algorithms, Addison-Wesley, Reading, Mass., 1973.

(16) Kung, H.T., and Song, S.W. An Efficient Parallel Garbage Collection System and its Correctness Proof. Dept. of Comp.Sci. Rep., Carnegie-Mellon Univ., Pa., Sept. 1977.

(17) Leich, H., Levchanovsky, F.V., and Prikhodko, V.I. A Multi-Microprocessor Based Intelligent Graphics Terminal. Microprocessing and Microprogramming 12 (1983), 175-180.

(18) Liebermann, H., and Hewitt, C. A Real-Time Garbage Collector Based on the Lifetimes of Objects. Comm.ACM 26, 6 (June 1983), 419-429.

(19) Moon, D.A. Garbage Collection in a Large Lisp System. In: Conf. Record of the 1984 ACM Symp. on LISP and Functional Programming, ACM, 1984, 235-246.

(20) Nielsen, N.R. Dynamic Memory Allocation in Computer Simulation. Comm.ACM 20, 11 (Nov. 1977), 864-873.

(21) Page, I. DisArray: A 16x16 RasterOp Processor. In: Proc. Eurographics '83, P.J.W.ten Hagen (Ed.), North-Holland Pub., 1983, 367-381.

(22) Pollack, F.J., Cox, G.W., Hammerstrom, D.W., Kahn, K.C., Lai, K.K., and Rattner, J.R. Supporting Ada Memory Management in the iAPX-432. In: Proc. of Symp. on Architectural Support for Programming Languages and Operating Systems, ACM SIGARCH Computer Architecture News 10, 2 (March 1982) and ACM SIGPLAN Notices 17, 4 (April 1982), 117-131.

(23) Functional Specification of the Programmer's Hierarchical Interactive Graphics System (PHIGS). ANSI X3H31/84-40, 1984.

(24) Rudalics, M. Software Issues as Related to the Arithmetics Processing Capabilities of an Intelligent Graphics Terminal. In: Proc. of Conf. on Computer Graphics, Bratislava, 1983, 152-157.

(25) Steele, G.L.Jr. Multiprocessing Compactifying Garbage Collection. Comm.ACM 18, 9 (Sept. 1975), 495-508.

(26) Steele, G.L.Jr., and Sussmann, G.J. Design of a LISP-Based Microprocessor. Comm.ACM 23, 11 (Nov. 1980), 628-645.

(27) Steinhart, J.E. Proposal for GKS Output Level 3 - Segment Hierarchy and Editing. ANSI X3H3/84-57R1 and Computer Graphics Forum 3, 4 (Dec. 1984), 289-297.

(28) Ungar, D. Generation Scavenging: A Non-disruptive High Performance Storage Reclamation Algorithm. In: Proc. of ACM SIGSOFT/SIGPLAN Software Engineering Symp. on Practical Software Development Environments, P.Henderson (Ed.), Software Engineering Notes 9, 3 (May 1984) and SIGPLAN Notices 19, 5 (May 1984), 157-167.

(29) Preliminary Draft of the Virtual Device Interface (VDI). ANSI X3H33, 1983.

ROOT MODELLING INTERFACE (RMI) eine effiziente und zukunftssichere Geometriedatenstruktur-Schnittstelle

Dr. W. Fischer, H. Eckert, Dr. D. Längle, K. Geissendörfer
Messerschmidt-Bölkow-Blohm GmbH, D8012 Ottobrunn

Zusammenfassung. Der Beitrag erläutert das portable Softwarepaket RMI (Root Modelling Interface), das für die Definition und Manipulation von Geometriedaten im CAE- und CAM-Bereich entwickelt wurde und in einem NC-System praktisch eingesetzt ist. RMI stellt dem Anwendungsprogramm die dafür notwendigen Schnittstellen zur Verfügung. Es wurde unter UNIX[TM] entwickelt und läuft derzeit unter UNIX und MVS.

Das System orientiert sich am CODASYL-Vorschlag, geht aber im Detail darüber hinaus. Es erlaubt die Verwaltung vernetzter Daten im Hauptspeicher unter Kontrolle eines Sicherungssystems mit Hintergrundspeicher. Im einzelnen wurde beim Design auf folgende Leistungsmerkmale besonders geachtet:

- o Netzwerkstruktur, wobei auch m:n-Beziehungen und "involuted sets" erlaubt sein sollen.
- o Trennung der Datendefinition von der Datenmanipulation und CODASYL-orientierte Schnittstellen, damit gegebenenfalls auch andere Datenbanksysteme (z.B. TORNADO[1]) ohne Änderung der Anwendungsprogramme eingesetzt werden können.
- o Sicherungsverfahren mit Kurz- und Langzeitrecovery.
- o Durchsatz.

Schlüsselwörter: Datenbanksystem, CODASYL, CAE, CAM, Datensicherheit, Portabilität.

TM UNIX ist ein Warenzeichen von AT & T Bell Laboratories

0. Einleitung

Es ist seit längerem zu beobachten, daß CAD/CAM-Systeme nicht mehr allein unter dem Gesichtspunkt ihrer Möglichkeiten bezüglich Geometrie- und Anwenderschnittstelle bewertet werden, sondern immer mehr auch die Datenstruktur und die Abspeicherung der Daten berücksichtigt wird. Vor allem im Zuge der fortschreitenden Integration des CAD/CAM-Bereichs in die gesamte Informationsverarbeitung wird die moderne und konsistente Datenbasis immer wichtiger; die Entwicklung führt offensichtlich weg von Insellösungen hin zu universeller einsetzbaren Datenbank Management Systemen[2] (DBMS).

Ein im kommerziellen Bereich eingesetztes DBMS ist überfordert, wenn mit ihm die Daten in CAD/CAM-Systemen verwaltet werden sollen, vor allem wegen der Komplexität der Verknüpfungen. Logische Operationen auf Objekte mit häufig hunderten von Elementen führen dann in der Regel zu unvertretbar langen Antwortzeiten. Im CAD/CAM-Bereich werden deshalb zur Zeit entweder bestehende DBMS verfeinert und CAD-fähig gemacht oder DBMS für CAD neu entwickelt.

Es gibt eine Reihe von eingeführten CAD-Systemen, deren Datenbasis nicht durch ein DBMS verwaltet wird und deren Weiterentwicklung und Integration dadurch erschwert oder sogar verhindert wird. Dies gilt z.B. für APT[3], das nur eine Scratchgeometrie kennt, die temporär während der Übersetzung des Teileprogramms existiert. Oder auch für NCG[4], das die Geometriedaten in einer nicht portablen Form im Realspeicher verwaltet und dessen Modellspeichergröße durch das verwendete Sicherungskonzept stark eingeschränkt ist. Für die Weiterentwicklung solcher Systeme ist zunächst eine Bereinigung der Datenstruktur und eine Überarbeitung der Zugriffe auf die Geometriedaten nötig. Um nicht gleichzeitig mit Problemen bei der Auswahl und Einführung eines DBMS belastet zu sein, wurde das im folgenden vorgestellte Root Modelling Interface (RMI) im Rahmen eines Projekts zur Integration von CAE- und CAM-Anwendungen realisiert und praktisch erprobt.

RMI erlaubt die Definition und Manipulation netzwerkartig verknüpfter Datenstrukturen über CODASYL-orientierte Schnittstellen. Es ist als vollwertiges Modellmanagement-System mit hoher Performance, praktisch unbegrenztem Modellspeicher und integriertem Sicherungsverfahren konzipiert. Durch die Anlehnung an CODASYL bleibt der Weg frei, der Anwendung andere entsprechende Datenbanksysteme ohne Änderung zu unterlegen und vergleichende Untersuchungen durchzuführen.

Die Leistungsmerkmale von RMI sind:

- o Speicherorientiert mit Protokollierung der Veränderungen auf einem Hintergrundspeicher. Die Größe des Modellspeichers ist nur durch die Größe des Adressraums begrenzt.
- o Langzeitspeicherung einer praktisch unbegrenzten Anzahl von Modellen. Kopieren und Weiterbearbeitung gespeicherter Modelle oder Teilen davon.
- o Kurzzeitspeicherung der Entwicklungsstufe eines Modells mit der Möglichkeit, auf die gespeicherte Entwicklungsstufe zurückzugehen.
- o Unversehrtheit des Datenbestands durch Kurz- und Langzeitsicherungsverfahren.
- o Beliebig vernetzte Datenstrukturen.
- o Variable Länge der Objekte.
- o Am CODASYL-Vorschlag orientierte Schnittstellen zum Anwendungsprogramm.
- o Geschrieben in der Hochsprache C.

1. Freispeicherverwaltung für die Geometriedaten

Die innerhalb des RMI verwendete Freispeicherverwaltung basiert auf der Überlegung, daß sich geometrische Modelldaten zumindest teilweise in Klassen ordnen lassen. Ein Geometriekonzept vorausgesetzt, heißt das: Punkte, Gerade, Kreisbögen, Splines, Flächenstücke usw. bilden Klassen hinsichtlich ihres Speicherplatzbedarfs.

Die klassentypische Blocklänge definiert den primären Teil des Schlüssels, mit dem die Freispeicherverwaltung operiert. Der sekundäre Teil wird aus der Modellspeicheradresse gebildet. Der Schlüsselbegriff ist Ordnungsbegriff für einen binären Baum, bezeichnet dort also einen Knoten.

Mit Ausnahme weniger fundamentaler Variablen liegt die Freispeicherverwaltung vollständig im Modellspeicher. Dieser ist zu Beginn homogen und unstrukturiert, Speicheranforderungen werden zunächst aus dem unstrukturierten Speicher befriedigt. Im Verlauf der CAD-Sitzung werden aber immer mehr freigegebene Speicherblöcke, soweit sie nicht wieder mit dem unstrukturierten Freispeicher verschmolzen werden konnten, durch Einhängen in den Binärbaum dem strukturierten Freispeicher zugeordnet. Aus diesem werden künftige Speicheranforderungen vorrangig befriedigt.

Von uns durchgeführte statistische Tests für simulierte CAD-Sitzungen zeigen das folgende Verhalten des Freispeicherverwaltungssystems:

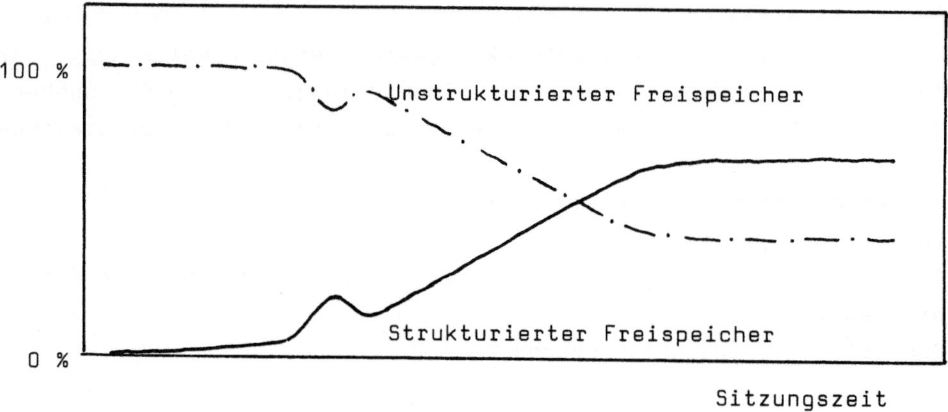

Fig.1 Verteilung der Anforderung an den strukturierten und den unstrukturierten Freispeicher im Verlauf einer simulierten CAD-Sitzung.

Im ersten Drittel überwiegen die Anforderungen an den unstrukturierten Speicher. Im zweiten Drittel wächst die Zahl der Anforderungen, die aus dem strukturierten Vorrat gedeckt werden kann, stark an und überwiegt leicht im weiteren Verlauf der Sitzung. Die für die Befriedigung einer Speicheranforderung benötigte Zeit steigt ebenfalls im Laufe der CAD-Sitzung an und nähert sich asymptotisch einem Wert T. T ist abhängig von der eingesetzten Hardware und liegt in der Größenordnung von 1 ms.

2. Definition der Geometriedaten

Die Definition der Geometriestruktur, d.h. der möglichen Rekordtypen und ihrer Verknüpfungen erfolgt über Funktionsaufrufe an RMI. Alle dabei übergebenen Informationen werden in über die Freispeicherverwaltung angeforderten, in sich dynamisch erweiternden Tabellen im Modellspeicher abgelegt und unterliegen voll dem Sicherungsverfahren. Ein Rekordtyp mit einer beliebigen alphanumerischen Typkennung wird mit der Funktion

DEFREC Define Record

dem System bekannt gegeben. Eine interne numerische Typkennung wird zurückgeliefert. Der Rekordtyp ist danach über alphanumerische oder interne numerische Typkennung identifizierbar. Bei der Definition kann der Defaultwert für die Größe des im Rekord vorzusehenden Datenbereichs mitgegeben werden.

Beziehungen (Association) zwischen Rekordtypen werden durch Sets dargestellt. Jeder Set besitzt einen Owner und beliebig viele Member beliebigen Typs; ein Rekord kann gleichzeitig Owner und Member in beliebig vielen Sets sein, eine Begrenzung ist nur durch den verfügbaren Modellspeicher gegeben. In Abweichung vom CODASYL-Vorschlag ist in RMI der Selbstbezug eingebaut, d.h. Owner- und Memberrekord dürfen vom gleichen Typ sein (involuted set).

Mit der Funktion

DEFASS Define Association

wird RMI die Typkennung von Owner- und Memberrekord, die Art der Verknüpfung zwischen beiden und eine beliebige alphanumerische Setkennung mitgeteilt. RMI legt diese Informationen in dynamisch verwalteten Tabellen ab und liefert eine interne numerische Setkennung zurück. Der Set ist danach über alphanumerische oder interne numerische Setkennung identifizierbar.

Mit RMI können die folgenden Verknüpfungen definiert werden:

o 1:n-Beziehungen mit der Möglichkeit von

- Verkettung im Ring (linked to next, LTN)
  mit wahlweiser zusätzlicher
  - Rückwärtsverkettung (linked to prior, LTP)
  - Verkettung zum Owner (linked to owner, LTO)
- Verkettung über Pointer Array (linked pointer array, LPA)
  mit wahlweiser zusätzlicher
  - Verkettung zum Owner (linked to owner, LTO)

o m:n-Beziehungen mit der Möglichkeit von

- Verkettung über Pointer Array (linked pointer array, LPA)

Um die Lage und die Anzahl der benötigten Pointerplätze braucht sich die Anwendung nicht zu kümmern, die Art der Verknüpfung wird über die memnotechischen Symbole LTN, LTP, LTO und LPA mitgeteilt. Aus Gründen der Portabilität werden die Pointer der Anwendung nicht zur Verfügung gestellt und bleiben allein unter Kontrolle von RMI.

Neben den Funktionen DEFREC und DEFASS stellt RMI die komplementären Funktionen

RELREC Undefine Record
RELASS Undefine Association

zur Verfügung, mit deren Hilfe Definitionen wieder zurückgenommen werden können.

Das mit obigen RMI-Funktionen definierte Geometriemodell kann unmittelbar im Anschluß an die Definition manipuliert werden oder auch über RMI-Funktionen angespeichert werden. Bei der Eröffnung einer CAD-Sitzung mit der Funktion

OPENM Open Model Storage

wird Bezug auf ein vorher gespeichertes Geometriemodell genommen, auf dem aufbauend die Datenmanipulation durchgeführt wird.

3. Manipulation von Geometriedaten

Die Manipulation der Geometrie, d.h. das Erzeugen und Löschen von Objekten, Elementen und Verbindungen zwischen denselben erfolgt unter ständiger Kontrolle durch RMI unter Verwendung der definierten Geometriestruktur. Dadurch ist eine Übereinstimmung der Geometrie mit dem Modell gewährleistet. Es genügen einige wenige Grundfunktionen, um die notwendigen Manipulationen durchführen zu können. Höhre Funktionen lassen sich durch die Basisfunktionen abbilden.

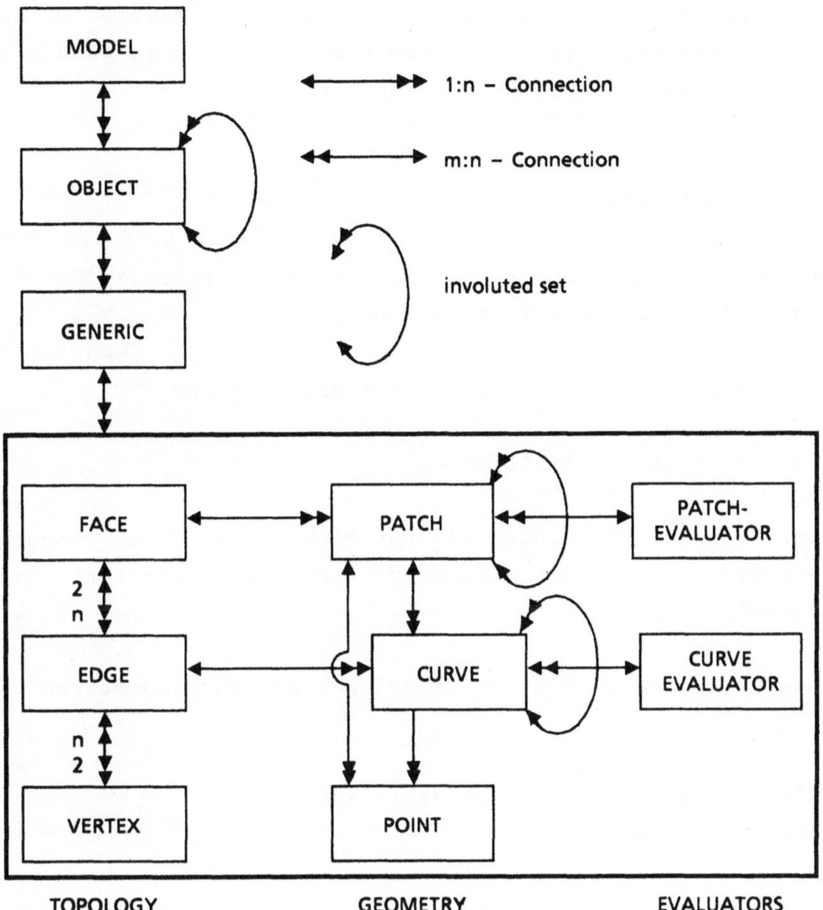

Fig.2 Beispiel für ein Geometriemodell, das direkt mit RMI definiert wurde.

Die folgenden Basisfunktionen stehen in RMI für die Manipulation zur Verfügung:

Ein Rekord eines vorher definierten Typs kann mit

CREREC Create Rrecord

erzeugt werden. Der Rekord ist eindeutig über eine Identifikation wieder auffindbar, die beim Aufruf von CREREC zurückgemeldet wird. Auf die Verknüpfung des Rekords mit einem von der Anwendung vergebenen alphanumerischen Namen kann für den Einsatz im CAE- und CAM-Bereich verzichtet werden. Diese Funktion wäre aber bei Bedarf leicht nachrüstbar.

Der Rekord wird mit einem variabel langen unstrukturierten Datenbereich im Modellspeicher angelegt. Die Datenbereiche im Rekord werden getrennt von der Anlage des Rekords mit den Funktionen

STODAT Store Data
GETDAT Get Data

mit Daten gefüllt bzw. ausgelesen, wobei auch Teilbereiche innerhalb des Datenbereichs adressiert werden können.

Mit CREREC angelegte Rekords werden mit der Funktion

CREASS Create Association

miteinander verknüpft, wobei die Position im Set durch Angabe eines Nachbar-Rekords und eines Lageparameters (before/after) festgelegt werden kann.

Neben den Funktionen CREREC und CREASS und den komplementären Funktionen

DELASS Remove Record from Asssociation
DELREC Delete Record

stellt RMI zwei weitere Funktionsaufrufe mit großer Mächtigkeit zur Verfügung:

UNLNK Unlink Record from all sets where it is member.
ERASE Erase Record and all members.

4. Manövrieren in der Geometrie

RMI stellt für das Manövrieren in der im Modellspeicher abgelegten Geometrie Funktionsaufrufe zur Verfügung, mit deren Hilfe auch alle notwendigen höheren Funktionen dargestellt werden können. Bei der Durchführung der angeforderten Funktionen sucht RMI dabei immer selbständig den optimalen Weg zum gesuchten Ziel. Durch überlegte Definition der Verknüpfungen im Modell kann aber erheblicher Einfluß auf die Effizienz der Suchvorgänge genommen werden.

Folgende Funktionen stehen für das Manövrieren zur Verfügung:

GETOWN	Get Owner Record for given member in given set
GETMEM	Get first, last, next or prior record in given set.
GETALL	Get all members of given owner.

5. Sicherungsverfahren

RMI führt alle Operationen im Modellspeicher ohne Zugriffe auf externe Speicher durch und gewährleistet dabei durch ein besonderes Sicherungsverfahren den Schutz gegen Datenverluste bei Hardware- oder Softwarezusammenbrüchen.

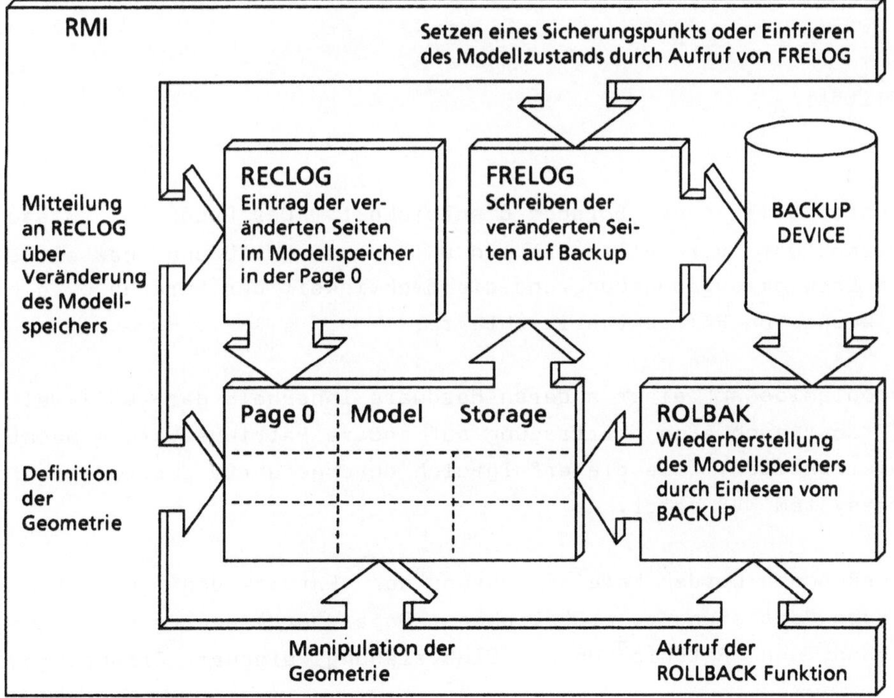

Fig. 4 Sicherungskonzept RMI mit Modell- und Backup-Speicher

Für die Sicherung wird der Modellspeicher in Seiten (zusammenhängende Blöcke von 4096 Byte) organisiert und laufend jede Veränderung in einer Seite in einer Tabelle festgehalten, die selbst Teil des Modellspeichers ist (Funktion RECLOG). Nach jeder erfolgreich abgeschlossenen RMI-Funktion werden die veränderten Seiten auf einen DA-organisierten Externspeicher geschrieben und die Blockadressen des Externspeichers in die Tabelle eingetragen (Funktion FRELOG). Auf den Zustand des Modellspeichers zu diesem Zeitpunkt (Sicherungspunkt) kann jederzeit zurückgegangen werden, bis ein neuer Sicherungspunkt erreicht ist. Der Benutzer hat zusätzlich die Möglichkeit, eigene Sicherungspunkte zu jedem beliebigen Zeitpunkt festzulegen, Modellzustände einzufrieren und auf eingefrorene oder gesicherte Modellzustände zurückzufallen (Funktion ROLBAK).

Dieses Sicherungskonzept wird von RMI selbst ausgenutzt, wenn während komplexer Operationen im Fehlerfall bereits durchgeführte Veränderungen wieder rückgängig zu machen sind. Das in RMI verwirklichte Sicherungskonzept erlaubt hier statt eines komplizierten Backtrackings ein einfaches "UNDO" mit Hilfe der Rollback-Funktion.

6. Portabilität

RMI wurde unter UNIX in der Sprache C entwickelt. Der Grund für diese Vorgehensweise war vor allem die von UNIX zur Verfügung gestellte komfortable Entwicklungsumgebung und die Mächtigkeit der Sprache C, die die Realisierung von RMI sehr erleichterte.

RMI ist problemlos auf einer anderen Hardware innerhalb der UNIX-Welt lauffähig, aber auch eine Übertragung auf andere Betriebssysteme macht keine Schwierigkeiten, wie die erfolgreich durchgeführte Umsetzung auf das Betriebssystem MVS zeigt.

Folgende Maßnahmen wurden bereits während der Entwicklung getroffen, um die spätere Portierung zu ermöglichen. Dabei wurde den Empfehlungen von Kernighan und Ritchie[5] unter Einbeziehung eigener Erfahrungen gefolgt.

- o UNIX-Systemaufrufe sind vermieden worden.
- o I/O-Aufrufe sind in speziellen Modulen zentralisiert.

- o Unterprogrammaufrufe, soweit sie eine andere Sprachumgebung ansprechen (z.B. Fortran 77), laufen über ein Sprachinterface ab. Dieses Sprachinterface enthält unter UNIX eine Leerfunktion und ist unter anderen Betriebssystemen entsprechend angepasst.
- o Characterstrings durchlaufen, soweit sie von der Anwendungsebene her kommen, eine ASCII-EBCDIC-Umsetzung. In der ASCII-Umgebung von UNIX läuft die Umsetzung als Leerfunktion ab und wird erst in einer EBCDIC-Umgebung wirksam.
- o Konfigurierungsparameter sind in include-Files zusammengefaßt.
- o Das von C benötigte UNIX-Environment ist in einer Routine zusammengefaßt, die in die Anwendung eingebunden werden muß, wenn diese nicht in einer UNIX-Umgebung abläuft. In einer UNIX-Umgebung läuft diese Funktion als Leerfunktion mit.

7. Technische Daten

Für die Realisierung von RMI wurde etwa 1 Jahr aufgewendet. Das System umfaßt ca 10.000 Lines of Code, Kommentar eingeschlossen. Das Lademodul hat eine Größe von ca 60Kbyte.

Vor kurzem wurde die Umstellung eines NC-Systems von einer internen Geometriedatenverwaltung auf RMI abgeschlossen. Der zur Zeit laufende Paralleltest zeigte bislang keine Durchsatzeinbuße.

Literatur

1. Ulfsby,S., Meen,S., Oian,J.: "Tornado: a Database Management System for Graphics Applications". IEEE Comp. Graphics Appl. (May 1982)
2. Buchmann, A. P.: "Current Trends in CAD Databases". Comput. aided Des. Vol 16 No 3 (May 1984), pp 161-165
3. CAM-I: "APT 4 Sculptured Surfaces Part Programmers Manual". Ausgabe Jan 85, TM-84-SS-01
4. NCG Numerical Control Graphics. MBB-interne Beschreibung
5. Kernighan, B. W., Ritchie, D. M.: "The C Programming Language". Prentice-Hall Inc., 1978

Das GKS-orientierte Kommunikationssystem

Christian Egelhaaf und Gerd Schürmann
Zentraleinrichtung Datenverarbeitung der Freien Universität Berlin

1. Einleitung

Im Rahmen des Deutschen Forschungsnetzes DFN wurde auf der Grundlage des Graphischen Kernsystems GKS /ISO7942/ sowie des Basis-Referenzmodells für die Kommunikation offener Systeme /ISO7498/ ein verteiltes graphisches System entwickelt. Dieses ermöglicht ein interaktives Arbeiten mit graphischer Anwendersoftware, die sich auf einem beliebigen anderen Rechner befindet. Außerdem ist die Benutzung spezieller graphischer Peripherie wie z.B. Farbfilmplottern netzweit moeglich.

Zur Realisierung des GKS-orientierten Kommunikationssystems (GOCS) wurde das 'Workstation Interface' (WSI) /WSI84/ definiert, das die Aufteilung des GKS in Kern und Arbeitsplätze beschreibt. Dieser Beitrag beschreibt den Einsatz des 'Workstation Interface' in offenen Rechnernetzen und gibt einen Überblick über die Architektur und Arbeitsweise des Systems.

2. Das GKS-orientierte Kommunikationssystem im DFN

Ein Anwender des GKS-orientierten Kommunikationssystems kann innerhalb des DFN alle vorhandenen und auf GKS basierenden graphischen Hard- und Softwareressourcen nutzen. Für den Benutzer des GKS-orientierten Dialogs in einem Netz besteht kein Unterschied zur lokalen Nutzung eines Anwenderprogramms. Das im GKS vorgesehene Konzept, mit einem Anwendungsprogramm beliebig viele graphische Geräte gleichzeitig betreiben zu können, wird durch die Verteilung auf mehrere Rechner nicht eingeschränkt.

Eine mögliche Konfiguration einer GKS-Anwendung in einem verteilten System zeigt Bild 1. Ein Benutzer des graphischen Anwendungsprogramm auf dem Rechner A kann mit graphischer Peripherie an den Rechnern A, B und C arbeiten. Dies ist unabhängig davon, an welchem der drei Rechner er sich befindet. Der Verbindungsaufbau und -abbau zwischen den Rechnern erfolgt für den Benutzer verdeckt.

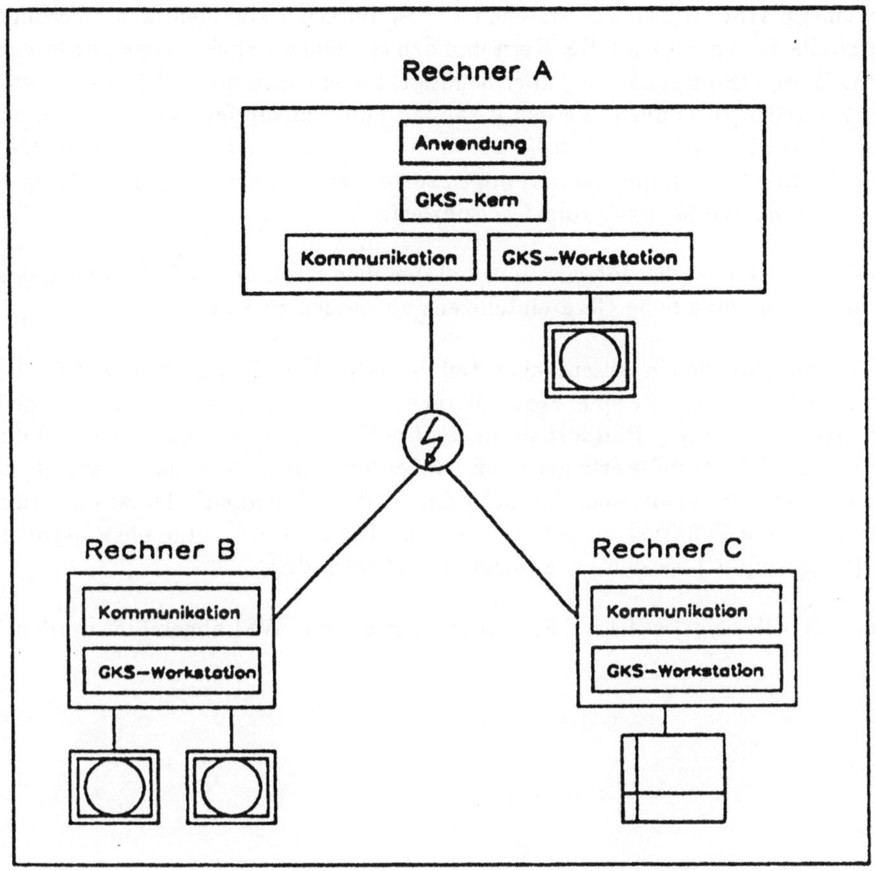

Bild 1: GKS-Anwendung in einem offenen Netz

Anwendungen des GKS-orientierten Dialogs sind beispielsweise Analyseprogramme für physikalische und chemische Daten, CAD-Anwendungen oder graphische Editoren.

3. Das 'Workstation Interface'

Das Konzept, beliebig viele Arbeitsplätze gleichzeitig von einem Anwendungsprogramm aus betreiben zu koennen, ist ein wesentlicher Bestandteil des graphischen Kernsytems GKS.

Was unter einem Arbeitsplatz zu verstehen ist, ist im GKS klar definiert, allerdings isı eine Schnittstelle zwischen dem GKS-Kern und den einzelnen Arbeitsplätzen nicht explizit beschrieben. Diese Schnittstelle wird aber benötigt, um ein verteiltes GKS realisieren oder um Geräte herstellen zu können, die den gesamten Funktionsumfang eines Arbeitsplatzes beinhalten. Außerdem ist es mit Hilfe dieser Schnittstelle möglich, Arbeitsplätze und Kerne verschiedener GKS-Implementierundgen zu koppeln. Daher wurde das 'Workstation Interface' als Grundlage für das Projekt spezifiziert.

Ziel der Definition war es, den Informationsfluß zwischen Kern und Arbeitsplatz möglichst gering zu halten und eine hohe Geräteintelligenz ausnutzen zu können.

Aus diesem Grund wurde ein wesentlicher Teil der GKS-Funktionalität dem Arbeitsplatz zugeordnet. So werden zum Beispiel Segmenttransformationen im Arbeitsplatz ausgeführt, so daß ein etwa notwendiger Bildaufbau lokal ausgeführt werden kann und kein Informationsfluß über die Schnittstelle erfolgen muß. Außerdem wurde Wert darauf gelegt, daß es sich um eine synchrone Schittstelle handelt, d.h. erst nachdem eine Funktion terminiert ist kann eine weitere Funktion ausgeführt werden. Die im GKS vorgesehen asynchronen Eingaben ('event input') werden im Arbeitsplatz abgehandelt.

Die folgende Tabelle zeigt, welche GKS-Funktionen auf das WSI abgebildet werden:

GKS-Funktionen	WSI-Funktion
-	
Kontroll-Funktionen	
- OPEN GKS, CLOSE GKS	nein
- Alle anderen Funktionen	ja
-	
Ausgabe-Funktionen	ja
-	
Ausgabe-Attribute	ja
-	
Transformationen	
- Normalisierungs-Transformation	nein
- Arbeitsplatz-Transformation	ja
-	
Segment-Funktionen	
- COPY,ASSOCIATE	nein
- Alle anderen Funktionen	ja
-	
Eingabe-Funktionen	ja
-	
Metafile-Funktionen	ja
-	
Erfrage-Funktionen	
- Betriebszustand	nein
- GKS-Beschreibungstabelle	nein
- GKS-Zustandsliste	nein
- Arbeitsplatz-Zustandsliste	ja
- Arbeitsplatz-Beschreibungstabelle	ja
- Segment-Zustandsliste	nein
- Pixel	ja
- Fehler-Zustandsliste	nein

Tabelle 1: Abbildung der GKS-Funtionen auf das WSI

Die mit dem WSI gemachten Erfahrungen werden in die zur Zeit auf nationaler (ANSI) und internationaler Ebene (ISO) laufende Normung einer Schnittstelle zu graphischen Geräten ('Computer Graphics Interface CGI' /CGI85/) eingebracht. Das CGI soll so konzipiert sein, daß sich CGI-Geräte ohne aufwendige Anpassungssoftware als Arbeitsplätze verwenden lassen, das WSI also eine Untermenge des CGI ist.

4. Architektur und Arbeitsweise des verteilten GKS

Aufgabe des GKS-orientierten Kommunikationssystems ist es, Dienste zur Verfügung zu stellen, die es ermöglichen, GKS-Kern und Arbeitsplätze an verschiedenen Rechnern zu betreiben mit der Forderung, daß sich lokale und entfernte Arbeitsplätze nicht unterschiedlich verhalten. Es ist also nötig, graphische Informationen, die durch die funktionale Beschreibung des 'Workstation Interface' definiert sind, zwischen Kern und Arbeitsplätzen auszutauschen.

Das GKS-orientierte Kommunikationssystem besteht aus mehreren Bausteinen, die zum Teil nicht GKS-spezifisch sind, sondern Dienste zur Verfügung stellen, die auch andere verteilte Systeme benötigen.

Basis des GKS-orientierten Kommunikationssystems ist ein Transportsystem. Es stellt Dienste zur Verfügung, die gewährleisten, daß Benutzer dieser Transportdienste miteinander kommunizieren können. Als Transportprotokoll innerhalb des DFN wird auf der Basis eines X.25-Netzwerkes /CCITT81/ das Protokoll T.70 eingesetzt. Das Transportsystem stellt die benötigten Kommunikationsdienste zum Verbindungsauf- und abbau sowie zur Übertragung von Daten zur Verfügung.

Für die Seite des GKS-Kerns wurde der Baustein 'Remote Workstation Controller' (RWC) entwickelt, der die Verbindungen zu den Rechnern mit den entfernten Arbeitsplätzen verwaltet, gegebenenfalls den Auf- und Abbau von Verbindungen veranlaßt und die Übertragung der graphischen Informationen iniziiert. Er ist außerdem in der Lage, Information für graphische Primitive, die an mehrere Arbeitsplätze eines entfernten Rechners gerichtet sind, nur einmal eine Übertragung zu veranlassen. Soll mit der WSI-Funktion 'Open Workstation' ein Arbeitsplatz an einem entfernten Rechner eröffnet werden, so überprüft der RWC, ob zu diesem Rechner bereits eine Verbindung existiert. Ist dies der Fall, wird über die existierende Verbindung an dem entfernten Rechner ein weiterer Arbeitsplatz eröffnet. Der entsprechende Prozeß auf dem entfernten Rechner wird durch den 'Connection Identifier' angesprochen, der in einem offenen Netx z.B. durch die DTE-Adresse (Datex-P Nummer) und DTE-Subadresse angesprochen wird. Soll ein Arbeitsplatz mit 'Close Workstation' am entfernten Rechner geschlossen werden, überprüft der RWC, ob an diesem Rechner noch weitere geöffnete Arbeitsplätze existieren; ist dies nicht der Fall, wird die Verbindung auf Veranlassung des RWC abgebaut.

Der 'Remote Workstation Controller' bildet die Schnittstelle zwischen GKS-Kern und dem GKS-orientierten Kommunikationssystem auf der Kernseite. Er kommuniziert mit einem Baustein, der auf dem Rechner mit den entfernten Arbeitsplätzen lokalisiert ist. Dieser 'Local Workstation Controller' (LWC) verwaltet die Arbeitsplätze, d.h. er verteilt die graphischen Informationen, die er über das Netzwerk erhält, auf die Arbeitsplätze.

Es wurde ferner ein Baustein entwickelt, der Datenstrukturen für die zu übertragenden Informationen aufbaut. Dieser Baustein (Converter) bildet die WSI-Funktionen auf Protokolldateneinheiten ab, die mit Hilfe des Transportsystems zur Partnerinstanz übertragen werden. Dies bedeutet, daß der WSI-Funktionscode und die Eingabeparameter der WSI-Funktionen vom Kern in Richtung Arbeitsplätze und die Ausgabeparameter von den Arbeitsplätzen in Richtung Kern übertragen werden. Ein Coder-/Decoderbaustein realisiert die Codierung und Decodierung der benötigten Datentypen.

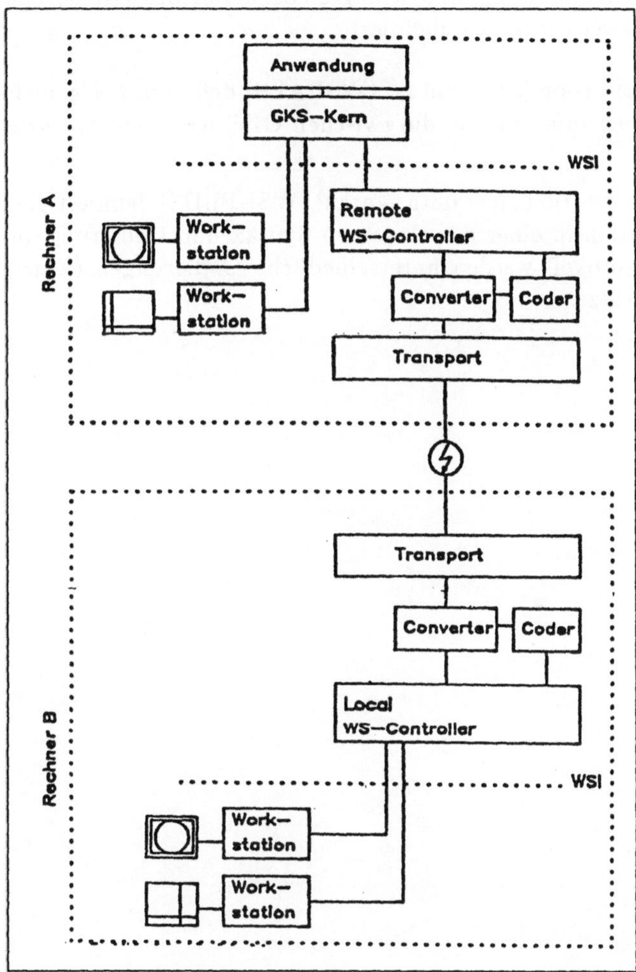

Bild 2: Architektur des GKS - orientierten Kommunikationssystems

5. Einordnung in das Basis-Referenzmodell

Das GKS-orientierte Kommunikationssystem wurde unter Berücksichtigung des Basis-Referenzmodells für die Kommunikation offener Systeme /ISO7498/ entwickelt. Dieses

Modell standardisiert die Architektur offener Systeme. Es trägt dazu bei, existierende Kommunikationsstandards zu integrieren und liefert eine gemeinsame Basis für die Entwicklung weiterer Standards. Es definiert aber keine Dienste und Protokolle für die Kommunikation offener Systeme.

In Bild 3 ist die Einordnung des GKS-orientierten Kommunikationssystems in das Referenzmodell skizziert. Anhand dieses Modells können die benötigten Instanzen und Protokolle für das GKS-orientierte Kommuniationssystem identifiziert werden. Sie sind auf der Anwendungs- und Darstellungsschicht angesiedelt. Für das GKS-orientierte Kommunikationssystem sind zwei Protokolle definiert:

— Die 'WSI application layer syntax' (WSI-ALS) definiert das 'gemeinsame Verständnis' der graphischen Information, die zwischen GKS-Kern und Workstations ausgetauscht werden.

— Die 'WSI presentation layer data syntax' (WSI-PLDS) definiert die Regeln, wie graphische Information in einer gemeinsamen Syntax und Codierung ausgetauscht werden. In diesem Protokoll werden unterschiedliche Codierungen (Klartext-, Zeichencodierung) unterstützt.

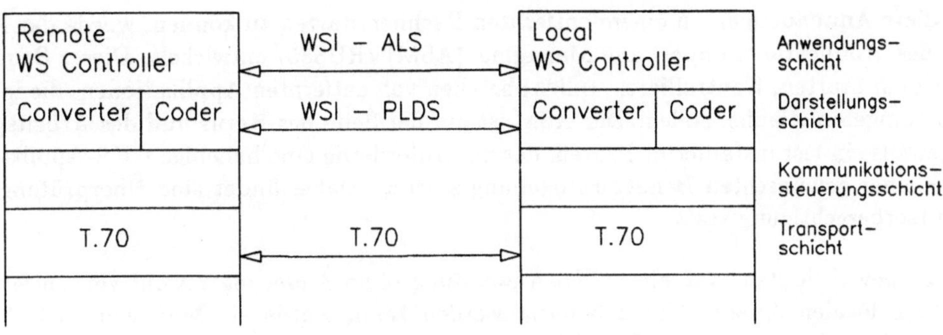

Bild 3: Einordnung des GKS-orientierten Kommunikationssystems

6. Initialisierung des GKS-orientierten Kommunikationssystems

Zwischen den etablierten Netzanwendungen wie Filetransfer (FT) und Remote Job Entry (RJE) und dem GKS-orientierten Kommunikationssystem (GOCS) besteht ein wesentlicher Unterschied: während es sich bei RJE und FT um fest installierte Prozesse handelt die jederzeit imstande sein müssen, einen Verbindungsaufbau zu akzeptieren, handelt es sich bei den Anwendungen des GKS-orientierten Kommunikationssystems um beliebige Anwendungen, die nicht alle fest installiert sein können.

Um diese Anwendungen an einem entfernten Rechner starten zu können, wurde das Konzept des 'Application Support and Managing' (ASM) /RUS85/ entwickelt. Dieser Baustein dient dem Starten, Kontrollieren und Abbrechen von entfernten Applikationen, die in Benutzerumgebung laufen sollen. Der ASM ist auf der Seite des Kerns und des Arbeitsplatzes jeweils ein fest installierter Prozeß, der auf Anforderng eine beliebige GKS-Applikation unter einer gewünschten Benutzerumgebung startet. Dabei findet eine Überprüfung der Benutzerberechtigung statt.

Um zu gewährleisten, daß eine GKS-Anwendung ohne Änderung sowohl von entfernten als auch lokalen Arbeitsplätzen benutzt werden kann, wurde ein Management-Rahmen entwickelt. Zwischen dem 'Local Manager' und dem 'Remote Manager' werden vor Start des Applikationsprogramms in der Benutzerumgebeung Daten ausgetauscht, die zur Durchführung des GKS-orientierten Dialogs benötigt werden. Es handelt sich hierbei vor allem um die Zuordnung der GKS 'Connection-Identifier' zu den DTE-Adressen der Arbeits/platz-Rechner. Diese Informationen werden auf der Kernseite in eine Tabelle eingetragen.

7. Realisierung

Das GKS-orientierte Kommunikationssystem wurde in einem Kooperationsprojekt zwischen der Freien Universität Berlin, Zentraleinrichtung für Datenverarnbeitung, und dem Hahn-Meitner-Institut Berlin auf den VAX Rechnern des Hahn-Meitner-Instituts in Berlin unter dem Betriebssystem VMS entwickelt. Die Bausteine der Anwendungs- und Darstellungsschicht des Referenzmodells wurden ausschließlich in FORTRAN 77 geschrieben, um die Portablilität des Systems zu gewährleisten. Die Bausteine der Darstellungsschicht setzen direkt auf einer DFN-einheitlichen FORTRAN-Schnitstelle der Transportschicht (T.70) auf. Ein Prototyp des GKS-orientierten Kommunikationssystem soll bis Ende dieses Jahres fertiggestellt sein, die Arbeiten für VAX/VMS sollen im naechsten Jahr abgeschlossen werden.

Als GKS-Implementierung wurde die Implementierung der Freien Universität Berlin 'Common Graphics Manager' (CGM) zu Grunde gelegt. Die Realisierung der Pilotimplementierung des Managementrahmens und des ASM für VAX/VMS liegt in Händen des Rechenzentrums der Universität Stuttgart. Die Implementierung des GKS-orientierten Kommunikationssystems für das Betriebssystem BS2000 wird von der Technischen Hochschule Darmstadt vorgenommen.

Die Installation unter dem Betriebssystem BS3000 bzw. MVS soll bis Ende des kommenden Jahres erfolgen.

8. Literaturverzeichnis

/GOCS84/ GKS-orientiertes Kommunikationssystem Pflichtenheft, Vers. 1.0 DFN, Projekt G003-1 Sept. 84

/CCITT81/ CCITT - Empfehlung der V-serie und der X-Serie Band I Datenpaketvermittlung - Internationale Standards 4. erweiterte Auflage R.V. Decker's Verlag, G.Schenk Heidelberg-Hamburg 1981

/CGI85/ Computer Graphics - Virtual Device Intereface CG-VDI Baseline Document, Functional Description, Revision 3, March 85 ISO/TC97 N-1511 ANSI X3H3/85-47 ANSI X3H33/84-10R2

/ISO7498/ ISO/IS 7498 Open Systems Interconnection Basic Reference Model May 1983

/ISO7942/ ISO/IS 7942 Information processing Graphical Kernel System (GKS) Functional Description, Nov. 1984

/RUS85/ Spezifikation der Anwender-Schnittstelle zu den Kommunikationsdiensten Designspezifikation Rev. 2.0, 13.3.85 C. Leser, R.Rabenseifner Rechenzentrum der Universität Stuttgart

/WSI84/ The GKS-Workstation Interface Vers. 1.1, Juni 1985 J. Bechlars, Chr. Egelhaaf, G. Schürmann DIN, AK 5.9.4, 15-84

Fachgespräch 4

Standardsoftware und Werkzeuge für Personal Computer

Einführung in das Fachgespräch

"Standardsoftware und Werkzeuge für Personal Computer"

G. Mußtopf
Percomp, Hamburg
Schimmelmannstraße 37a
D-2070 Ahrensburg

Personal Computer (PC) werden langsam nun auch von DV-Profis als äußerst interessante DV-Systeme erkannt. Die ständig weiter steigende Leistung ist nicht allein auf neue Prozessoren und Coprozessoren zurückzuführen, sondern zumindestens ebenso auf die mit Hilfe der Winchestertechnologie kompakten und zugleich preiswerten Großraumspeicher. Hand in Hand mit der Leistung der Mikrocomputer erweiterten sich zugleich auch seine Einsatzgebiete wie Einzelplatz- und Mehrplatzsysteme, "Front-End"-Rechner im Verbund mit Anlagen der Groß-DV oder Netzwerke aus Personal Computern.

Die Verfügbarkeit preiswerter und zugleich leistungsfähiger Hardware bildete jedoch nur eine - wenn auch wichtige - Voraussetzung für den Erfolg der Personal Computer. Zusätzlich müssen jedoch auch Betriebssysteme, Dienstprogramme, Compiler usw. verfügbar sein. Der entscheidende Beitrag dazu wurde durch das Betriebssystem CP/M (Digital Research) geleistet. Diese Behauptung bezieht sich selbstverständlich nicht auf die - verglichen mit Betriebssystemen konventioneller DV - niedrige Leistung von CP/M. Die Architektur von CP/M gestattete jedoch einerseits Mikrocomputerherstellern, ein sehr preiswertes (mit sehr geringen eigenen Investitionen verbundenes) Betriebssystem anzubieten und andererseits Softwarehäusern, ihre Produkte für eine sehr breite Palette von Personal Computern vermarkten zu können. Mit anderen Worten: Programme für "CP/M-Rechner" können ohne zusätzlichen Aufwand (Entwicklung und Programmpflege) so geschrieben werden, daß sie nicht nur als Quell-, sondern auch als Objektprogramme portabel sind. Dies beeinflußte direkt und indirekt die Preisentwicklung von PC-Hardware und -Software. Der rasch wachsende Markt ermöglichte wiederum die Entwicklung von Interpretern und Compilern für nahezu alle gängigen höheren Programmiersprachen. Allerdings bremste das breite Softwareangebot für CP/M-Rechner auch die Einführung neuer Generationen von Mikrocomputern. Noch heute werden neue "CP/M-Rechner" (mit CP/M Plus) entwickelt und erfolgreich auf dem Markt gebracht!

Auf dem 16-Bit Markt ist noch ein anderer Effekt zu beobachten: Die höhere Leistung der Prozessoren und die "höhere Intelligenz" der Schnittstellen (z.B. hochauflösende Graphik und Farbgraphik) behindern in einigen Bereichen die Portabilität von Software. Bereits 1983 wurde auf der NCC in Los Angeles in diesem Zusammenhang während einer Podiumsdiskussion eine gewisse "Vereinheitlichung" der Hardwarearchitektur von 16-Bit Systemen gefordert. Die

Welle IBM-PC-verträglicher PCs kommt dieser Forderung - aus welchen Gründen auch immer - entgegen. Der bevorstehende Übergang von 16- auf 32-Bit Systeme und der damit u.U. verbundene Übergang von PC-DOS auf UNIX dürfte analoge Auswirkungen besitzen.

Die Benutzer von Personal Computern unterscheiden sich oft von "konventionellen" DV-Anwendern. Der Anteil von Einsteigern ist besonders hoch. Sie besitzen - wenn überhaupt - nur sehr geringe DV- bzw. Informatik-Kenntnisse. Sie wollen nicht (mühsam) programmieren, sondern sie erwarten flexible, leicht bedienbare Anwendungsprogramme und interaktive Programmgeneratoren. Eine aktive Bedienerführung und ein wirksamer Schutz gegen Bedienungsfehler ist für diese Anwender unbedingt erforderlich. Aus dieser Situation heraus hat sich eine Gruppe von Programmen eine Sonderrolle erworben. Gemeinsam ist diesen Programmen, daß nahezu alle PC-Anwender sie benötigen: Textverarbeitung, Tabellenkalkulation, Datenbanken und Graphik. Sie werden deshalb auch mit dem Begriff "Standardsoftware" bezeichnet. Einige Hersteller sind dem Beispiel von Osborne gefolgt und liefern mit ihrem PC nicht nur ein Betriebssystem, einige Dienstprogramme und Compiler, sondern auch ein Paket Standardsoftware, das im PC-Preis enthalten ist.

Anfangs wurden außer Assemblern und einfachen Monitoren kaum Hilfsmittel für die Programmentwicklung angeboten. Heute ist das Angebot an leistungsfähigen Compilern, die eine Programmierumgebung einschließen, recht umfangreich. Darüber hinaus wächst das Angebot an interaktiven Programmgeneratoren und verwandten Werkzeugen.

Das Fachgespräch "Standardsoftware und Werkzeuge für Personal Computer" versucht diesem breiten Spektrum gerecht zu werden. Die vorgestellten Entwicklungen bieten dem Informatiker Anregungen für weiterführende Arbeiten und vermitteln dem Anwender einen Überblick. Eingeschlossen sind dabei auch Probleme des Softwareschutzes und der Aus- und Weiterbildung.

Programmkomitee für dieses Fachgespräch: H. Biller (Siemens, München), G. Chroust (IBM, Wien), S. Heine (IBM, Heidelberg), J. Mühlbacher (Universität Linz), G. Mußtopf (PERCOMP-Verlag, Hamburg), L. Nastansky (Hochschule für Wirtschafts- und Sozialwissenschaften St. Gallen), G. Ohland (Nixdorf, Paderborn).

PC/FOCUS: Werkzeug für die Fachabteilung

Dipl.-Kfm. Dr. Wafi Al-Baghdadi
D 5000 Köln 1

1. Einleitung

Die folgenden Ausführungen beschäftigen sich mit einem Software-Produkt, das - nach meiner Beobachtung und Erfahrung - einen besonderen Stellenwert auf dem Software-Markt für PC-Produkte im allgemeinen und für Software-Werkzeuge im speziellen verdient.

Ich bemühe mich hierbei, eine objektive Haltung und Beschreibung der umfangreichen und sehr flexiblen Funktionen dieses Produktes vorzunehmen; mit der positiven Haltung zum Produkt möchte ich mehr Transparenz über ein Produkt dieser Kategorie verschaffen. Vergleiche zu anderen ähnlichen Produkten konnte ich nicht vornehmen, da ich auf dem deutschen Markt keine gleichwertigen Produkte zu Vergleichszwecken finden konnte.

1.1. Merkmale der Informationsverarbeitung

Zwei wesentliche Aspekte kennzeichnen die Entwicklung der Datenverarbeitung in den letzten Jahren: Der sich verbreitende Einsatz der Endbenutzersprachen (Sprachen der vierten Software-Generation) und der ebenfalls sich verbreiternde PC-Einsatz. Mit beiden Instrumentarien ist es in Industrie, Handel und Verwaltung gelungen, mehr und mehr individuelle Anwendungen einfach und sehr nutzbringend durch den Benutzer selbst zu erstellen. Durch diesen Endbenutzer-Zugriff auf die Daten können die Berichte individuell und nach den Vorstellungen des Anwenders erstellt werden. Die Informationsgewinnung ist optimaler geworden: zwischen dem Zeitpunkt (-raum) der Bedarfsentstehung für Informationen und ihrer Bedarfsbefriedigung ist der Timelag geringer geworden. Die Erstellung der Informationen erfolgt in der gewünschten Form; der Anwender kann fast zu jeder Zeit die erstellte Anwendung variieren, optimieren und ggf. zusätzliche Variable aufnehmen. Die Informationsgewinnung erfolgt im Sinne der Bedarfsorientierung bzw. -befriedigung. Die unmittelbare Nähe des Anwenders zum Computer, ein sehr günstiges Preis/Leistungsverhältnis, und der Einsatz geeigneter Software-Mittel ermöglicht und forcieren diese Nutzung.

Die erwähnte Entwicklung in dem Bereich der 4. Software-Generation und des Einsatzes von Personal-Computern ist im Zentrum der Informationsverarbeitung zu sehen; beide Faktoren trugen zu einer strukturellen Veränderung innerhalb der Datenverarbeitung bei. Der Dezentralisierungsprozeß setzt sich fort; die Datenverarbeitungs-Leistungen orientieren sich mehr und mehr in Richtung Arbeitsplatz. Die PC§ gewinnen durch die Mehrplatzfähigkeit mehr an Bedeutung als 1-Platzsysteme. Der technische Fortschritt, die ständig fallenden Preise der Hardware, die durch die IBM am Markt gesetzten Quasi-Normen und nicht zuletzt die von den Anwendern gemachten positiven Erfahrungen mit den Standardprodukten tragen verstärkt dazu bei, die genannte Entwicklung zu forcieren.

Die Inanspruchnahme der Leistungen vom PC (und der Endbenutzersprache) führen zwangsläufig zu organisatorischen bzw. strukturellen Veränderungen in Unternehmen. Bestehende Organisationen müssen Verschiebungen erfahren, wenn die Informationsverarbeitung einen neuen Einsatzraum erhält. Konzeptionen für Bereitstellung von Anwenderdateien müssen erarbeitet und befriedigend realisiert werden. In diesem Zusammenhang sind folgende zwei Erscheinungsbilder zu beobachten:

- Eine Gewichtsverlagerung von der quantitativen zu der qualitativen Datenverarbeitung hat sich vollzogen. So wird die Nutzung der Datenverarbeitung als Instrument für Auswertung und Bereitstellung von Informationen mehr darauf ausgerichtet sein, daß neben der klassischen Form der operativen Daten in verstärktem Maße strategische Informationen zur Unterstützung der Managemententscheidungen verlangt werden.

  Strategische Informationen kennzeichnen sich durch geringes Volumen und hohe Bedeutung für Managemententscheidungen, während diese Bedeutung gering ist bei den operativen Daten, die durch hohes Volumen und geringe strategische Funktionen gekennzeichnet sind.

- Eine fortschreitende Verlagerung der Informationsverarbeitung von der Datenverarbeitungs- in die Fachabteilung, d.h. zum (End-)Benutzer, setzt sich sehr stark durch. Gerade mit dem in viele Betriebsbereiche transferierten technischen Fortschritt (Arbeitsplatz-Computer) wird den Anwendern eine direkte und aktive Partizipation am Entwicklungsprozeß der Informationsgewinnung und -verarbeitung ermöglicht. Dieser Prozeß wird durch die Elektronik- bzw. Mikroprozessor-Entwicklung stark begünstigt.

Die Diskussion um die Errichtung von Information Center hat in den letzten Monaten in Deutschland zugenommen. Die Überschrift dieses Beitrags bezieht sich zwar auf die Fachabteilung, die Nutzung des Produktes für Ziele des Information Center sind ähnlich und werden an entsprechenden Stellen unterstrichen.

1.2. Problemstellung

Der verbreitete Einsatz von Personal Computern wird jedoch von der Problematik begleitet, daß eine Vielzahl von Software-Produkten angeboten wird, die gleiche bzw. ähnliche Sachbereiche abdecken. Sehr viele Anwender sehen sich vor die Frage gestellt, welches geeignete Softwareprodukt für ein bestimmtes Anwendungsproblem einzusetzen ist.

Die Softwareindustrie trägt in diesem Zusammenhang aber auch dazu bei, die Lösung dieser Frage weitgehend zu erleichtern. Sie bietet Standard-Werkzeuge an, die verschiedene integrierte Funktionen haben, wie z.B. Tabellenkalkulation, Dateimanagement, graphische Darstellung etc. Zu solchen Programmpaketen zählt z.B. Lotus 1-2-3, Symphony oder Open Access. Es gibt jedoch ein Produkt, das neben wesentlichen "Standard-" auch zusätzliche Leistungen enthält, die sonst im Rahmen der Sprachen der 4. Software-Generation zu finden sind. Dieses Produkt heißt PC/FOCUS.

2. Funktionsbeschreibung des PC/FOCUS

Der PC/FOCUS verfügt über verschiedene integrierte Funktionen, die einfach zu beherrschen und zu bedienen sind, so daß der Anwender nach relativ kurzer Lernphase in die Lage versetzt wird, die Problemlösung durch Umsetzung in eine einfache Formulierung zu bewerkstelligen. Auf diesen Gedanken basierend enthält PC/FOCUS Module, die verschiedene Anwendungsbereiche und Funktionen abdecken und erfüllen. Diese Funktionen umfassen Leistungen, die über die der sogenannten Standard-Software sehr weit hinausgehen.

2.1. Bestandteile von PC/FOCUS

Im folgenden werden die wichtigsten Leistungen vorgestellt:

* REPORTERSTELLUNG
  Mit einfachen Befehlen werden Selektionen Verdichtungen, Berechnungen, Sortierungen und Formatierung des Berichtes gesteuert. Automatische Funktionen erlauben Matrixdarstellungen, Prozentuierungen und eine Vielzahl weiterer Funktionen. Die Daten können direkt eingegeben werden oder von FOCUS- oder von externen sequentiellen Dateien stammen.

* DIALOGMANAGER
  Wiederverwendbare Abläufe können in FOCUS gespeichert werden. Mit dem Dialogmanager kann eine volle hierarchische Menusteuerung oder ein Frage/Antwort Dialog für die Ausführung dieser Abläufe generiert werden.

* DATENBANK-MANAGEMENT
  FOCUS Befehle steuern das Einspeichern von Daten in die FOCUS Datenbank sowie die gesamte Datenverwaltung - Aendern, Löschen, Hinzufügen. Alle eingespeicherten Daten können geprüft werden, Berechnungen ausgeführt und alle Transaktionen zur Sicherheit aufgezeichnet werden.

* STATISTISCHE ANALYSEN
  Mit Dialogführung können alle Dateien statistischen Verfahren unterworfen werden, wie:
  - Prognoserechnungen und Zeitreihenanalysen
  - Kreuztabellierungen
  - Regressionsanalyse
  - Faktorenanalyse

* FINANZMODELLE
  Die Basissprache kann erweitert werden um Befehle, die der Generierung von
  - Cash Flow Analysen
  - Gewinn- und Verlustrechnungen
  dienen.

* GRAPHIK
  Die Visualisierung von Informationen erfolgt tabellarisch, in Reports

oder graphisch, als Kurvendarstellung, Balken, Histogramm, Scatter Diagramm und Kreisdiagrammen; abhängig von dem Bildschirm schwarz/ weiß oder farbig.

* DATEIUEBERTRAGUNG UND VERTEILTE VERARBEITUNG
  FOCUS auf dem Hauptrechner liest Daten von Dateien und Datenbanken und sendet sie direkt zu dem PC und zwar die Daten selbst, wie auch deren Beschreibung. Mit PC/FOCUS können also direkt Reports und Analysen erstellt werden, mit Daten, die vom Hauptrechner stammen.

  Das FOCUS "LINK" Modul steuert den gesamten Prozess und kontrolliert den Datentransfer. Der Vorteil liegt darin, daß die gesamte Verarbeitungslogik -Eingabe, Prüfungen- keine Ressourcen des Hauptrechners beansprucht.

  Zusätzlich kann ein echter "Prozess Sharing" durchgeführt werden: Der Anwender bestimmt, ob eine Verarbeitung in FOCUS auf dem HOST oder auf dem PC laufen soll.

2.2. Strategie des Herstellers

Der Hersteller verfolgt beim Anbieten des PC/FOCUS eine Strategie, die auch zu einer verstärkten Verbreitung und einem extensiven Einsatz des Produktes beiträgt.

* Ein wichtiges Kriterium ist die Integration des PC/FOCUS an den FOCUS des Hauptrechners. Beide Produkte haben dieselben Sprachelemente bzw. Syntax, die von der Fachabteilung leicht beherrscht werden kann. Als Oberfläche beider Produkte dient die FOCUS "TALK" Technologie: Einfache, voll menuegesteuerte Bedienerführung über Aktions"fenster". Fehlerfrei steuert sie die Leistungspalette der Produkte, insbesondere auf dem Gebiet des Reporting, der Statistik, der Finanzmodellierung und des Datenmanagement.

* Der Hersteller von PC/FOCUS hat rechtzeitig die Trends auf dem PC-Markt und die Bedeutung der IBM-PC erkannt. Schon 1983 wurde PC/FOCUS für den IBM-PC mit dem Betriebssystem PC-DOS (MS-DOS) konzipiert. Heute profitieren alle IBM-PC-kompatiblen PCs (z.B. Olivetti M24, Ericsson PC, Philips P3100, NCR P4...) von diesem Tatbestand, so daß PC/FOCUS auch auf diesen PCs genutzt werden kann. Für Wang und TI wurden zusätzlich separate Versionen erstellt.

* PC/FOCUS hat eine Schnittstelle zu Standard-Werkzeugen, wie Lotus 1-2-3, die einen besseren Tabellenkalkulationsteil besitzen als PC-FOCUS.

* Der Hersteller unterstützt die IRMA-Karte, um die Verbindung zum Hauptrechner und -FOCUS zu bewerkstelligen. Aehnlich ist die Funktion der Karte "Forte" und "PCOX" zu sehen, die gegenüber der IRMA-Karte zusätzliche Vorteile aufweist.

* Die Zugriffsicherung auf PC/FOCUS-Dateien ist durch den abgestuften Sicherungsmechanismus gegeben, so daß die Ueberprüfung bis auf Feldinhaltsebene gewährleistet ist.

* Der FOCUS-Hersteller arbeitet ständig an der Weiterentwicklung des PC- und HOST-FOCUS; Neue Leistungen sind insbesondere in der Dokumentation, der Tabellenkalkulation, der "künstlichen Intelligenz" und der Kommunikation (LAN§) angekündigt.

3. Nutzung des PC/FOCUS

PC/FOCUS ist für verschiedene Zielgruppen konzipiert. Entsprechend den oben genannten Bestandteilen ist sein Einsatz für verschiedene Bedarfsstrukturen geeignet.

3.1. Anwenderkreis

3.11. Nutzung

Eine kurze Analyse von Tätigkeiten im Fachbereich verdeutlicht, daß bestimmte Aufgaben effektiver bzw. rationeller durchführbar sind, wenn der PC-Einsatz mit geeigneten Standard-Softwareprodukten erwogen wird. Mit solchen Produkten wird es ermöglicht, daß die Verfügbarkeit von Information mit der individuellen Form ihrer Gestaltung einen synergetischen Effekt hervorbringen. Eine optimale Kombination von Software-Leistungen (Textverarbeitung, Datenmanagement, Grafik...) auf dem PC kann erzielt werden.

Doch ein wesentlich wichtiger qualitativer Teil der Aufgaben ist mit Standard-Software nicht zu bewältigen, wenn sie z.B. ereignisorientiert sind und eine Kombination unterschiedlicher Informationsquellen benötigen. Datenselektion, Management zusätzlich aufzunehmender Datenelemente, Unterziehung ausgesuchter Zahlenreihen statistischer Verfahren, Darstellung bestimmter Ergebnisse und Kombinationen in Graphikform beschreiben die kreative Form der Tätigkeit, die jedoch nicht manuell und nicht über Standard-Software, sondern mit einem integrierten Werkzeug, wie PC/FOCUS, gewährleistet sind. Die Nutzung solcher Computerleistung durch den Fachbereich am Arbeitsplatz kann mit PC/FOCUS vereinfacht werden.

3.12. Nutzung für die Systementwicklung

PC-Leistung für kommerzielle Systementwicklung (DV-Abteilung) haben bis jetzt keinen wesentlichen Teil innerhalb der für PC angebotenen Software. Die vermehrt eingesetzten Verfahren und Methoden orientieren sich weitgehend an den Hauptrechner, auf dem die komplexen Programme eingesetzt werden.

Während bestimmter Phasen der Systementwicklung bietet sich der PC grundsätzlich als nutzbringendes Element an, wenn es hierfür geeignete Techniken bzw. Hilfsmittel für die Mitarbeiter der Systementwicklung vorliegen.

PC/FOCUS kann hierbei als Beispiel erwähnt werden, das in folgende Richtungen eingesetzt werden kann:

* Als Hilfsmittel für die Entwicklung von DV-Projekten. Nicht nur Testdaten, sondern vor allem Prototypes können erstellt werden. Die darauf basierende Abstimmung mit der Fachabteilung beseitigt viele potentiellen Konflikte und erleichtert die Kommunikation.

  Durch die Benutzung des Dialogmanagers können in der Fachabteilung mit sehr geringem (Lern-)Aufwand Bildschirmmasken erstellt werden, die - abhängig von der jeweils geplanten Verarbeitung - mit der Systementwicklung abgestimmt und von diesem Bereich zur Verfügung gestellt werden.

* Die Abspeicherung häufig benötigter Prozeduren, die im Rahmen unterschiedlicher Aufgaben der Projektrealisierung implementiert werden können.

* Die Systementwicklung kann über PC/FOCUS auch eine bestimmte Ausbildungsoberfläche erzeugen, die "neue" Mitarbeiter der Systementwicklung in die einheitlichen Entwicklungs- Richtlinien binden kann. Das Dateiverwaltungssystem und der Dialogmanager bieten hierbei geeignete Voraussetzungen.

* Fernerhin können einfach über PC/FOCUS erstellte Routinen im Rahmen der Projektfortschreibung bzw. -kontrolle eingesetzt und genutzt werden; entsprechende Routinen sind individuell zu erstellen.

* Durch die Verbindung zum HOST-FOCUS können bereits auf dem PC erstellte Routinen und Definitionen in die HOST-Bibliothek überspielt und weitergenutzt werden.

3.13. PC/FOCUS für das Management

Im allgemeinen werden die benötigten strategischen Daten über klassische Informationssysteme gewonnen, die gemäß der in der Konzeptionsphase dieser Systeme festgelegten Form aggregierten Informationen bereitstellen. Diese sind häufig nicht für situative Entscheidungsmomente geeignet, so daß Informationslücken entstehen können.

Eine schnelle Verfügbarkeit der benötigten Führungsinformationen, die hohe Flexibilität und entsprechende Effizienz in der Selektion und Aufbereitung der strategischen Daten erleichtern die Aufgabe, individuelle, flexible und umfassende Informationssysteme für die Planungs- und Steuerungsaufgaben zu erstellen und dem Bedarf entsprechend zu modifizieren. Dieser hohe Anspruch kann durch die Endbenutzersprache PC/FOCUS erfüllt werden; mit den oben erwähnten Bestandteilen des Systems hat das Management über seinen PC die Möglichkeit, gezielt und spontan Informationen zu erhalten, situativ seine Entscheidungsvorlagen zu erstellen. Die ausgezeichnete Flexibilität von PC/FOCUS hinsichtlich Analyse, Modellierung und Visualisierung der Datebn bzw. Informationen ist dabei eine wesentliche Hilfe.

3.14. Einsatzmöglichkeit innerhalb des Information Centers

Als Endbenutzersprache eignet sich PC/FOCUS als brauchbares Instrument innerhalb des Konzeptes Information Center.

Das Information Center ist ein logischer Schritt der Fortentwicklung bzw. Evolution der Datenverarbeitung. Diese Einrichtung soll dazu beitragen, endbenutzerorientierte Datenverarbeitung zu fördern und zu unterstützen und hierbei koordinierend aufzutreten. Mit Hilfe dieses Konzeptes sollen die Entscheidungsträger aller Unternehmensebenen die benötigten Informationen in geeigneter Form erhalten.

Im Rahmen dieser Lösung sind Werkzeuge einzusetzen, welche diese Zielsetzung weitgehend gewährleisten und den Wert der gewonnenen Informationen steigern. Ein solches Instrument muß leistungsfähig, anwenderfreundlich und wirtschaftlich sein. Darüber hinaus soll es den Wildwuchs an PC-Anwendungen nicht fördern.

Mit PC/FOCUS sind diese gewünschten Eigenschaften weitgehend gewährleistet. Er trägt dazu bei, die Informationsflut zu verringern, in dem gezielt nur gewünschte Informationskombinationen selektiv bereitgestellt werden können. Das Information Center erstellt mit PC/FOCUS Modelle und lauffähige Prototypen sowie fertige Knopfdrucklösungen für das Management und für die Fachabteilung und hilft damit, vorhandene und potentielle Informationslücken zu schließen.

3.2. Einsatzvoraussetzungen

3.21. Benutzerqualifikation

Die Anwendung des Werkzeugs PC/FOCUS kann, wie oben geschildert, auf breiter Ebene des Unternehmens eingesetzt werden. Sowohl die Unternehmensleitung, das mittlere Management als auch die operierende Ebene kann diese Hilfsmittel nutzen und damit eigene Auswertungen erstellen, Planungen konzipieren und die anderen Leistungen des Produktes in Anspruch nehmen.

Diese breite Anwenderschaft spiegelt indirekt auch die für die Nutzung benötigte Qualifikation wider, die in drei Kategorien eingeteilt werden kann:

* Anwender, die (einfache) ad-hoc-Abfragen starten und entsprechende Berichte und Graphiken erstellen und analog zu den täglichen Aufgaben, z.B. im Bereich der Betriebswirtschaft, Finanzmodelle entwikkeln, benötigen für die PC/FOCUS-Nutzung keine Datenverarbeitungs-

bzw. Informatik-Kenntnisse. Über geeignete Schulungen (1-3 Tage) sind sie in der Regel fähig und in der Lage, die genannten Funktionen aber, auch das Datenbankmanagement zu beherrschen.

* Innerhalb PC/FOCUS sind Verfahren für statistische Analysen enthalten, deren Nutzung entsprechende Statistik-Kenntnisse voraussetzen. Die weitgehend dialogorientierte Anwendung der Routinen basieren dabei auf die entsprechend erstellten Daten, die den einzelnen Verfahren unterzogen werden.

* Das Erstellen von Routinen im Rahmen des Dialogmanagers sowie sehr komplexe Berichte bzw. Planungen und Berechnungen, die sich auf die Matrix-Logik erstrecken, setzt Datenverarbeitungs-Kenntnisse und entsprechende Erfahrungen voraus. Eine derartige Basis ist für solche Mitarbeiter geeignet, die innerhalb des Konzeptes "Information Center" Produkte und (Dialog-) Routinen für die Fachabteilung/das Management erstellen.

3.22. Hardware

Als Hardware sind die verschiedenen IBM PC-Derivate vorgeschrieben, die über das Betriebssystem PC-DOS bzw. MS-DOS genutzt werden können (IBM PC, PC/XT, PC 3270, AT...). Die besonders in den letzten Monaten auf dem Markt befindlichen, zu diesen Rechnern kompatiblen PCs, können ebenfalls für den Einsatz von
PC/FOCUS verwendet werden.

Der Anbieter hat dieses System auch für die PC§ von Wang und TI modifiziert.

Das Programmpaket setzt als Hardwarekomponente eine Festplatte mit 10 MB voraus; für die Nutzung des Graphikmoduls ist ein gephikfähiger (Farb-)Bildschirm notwendig.

Die Inanspruchnahme der Verbindung zwischen dem PC/FOCUS und dem Hauptrechner kann über die vom Hersteller unterstützte IRMA- (bzw. Forte-)Karte bewerkstelligt werden, mit der auch Datenaustausch ermöglicht wird. Die Nutzung der SDLC-Karte in Verbindung mit einem entsprechenden Modem ermöglicht z.Z. keinen von FOCUS unterstützten Filetransfer zwischen den FOCUS-Paketen auf dem PC und dem Hauptrechner.

4. Ausblick

Die vorgestellten Leistungen des Produktes PC/FOCUS zeigten das breite Spektrum dieser Software als geeignetes Werkzeug für Management, Fachabteilung und Systementwicklung.

Doch den vielen Vorteilen, die das System dem Management bietet, steht die mangelnde Akzeptanz gegenüber, einen PC in den Räumen der Unternehmensspitze, auf dem z.B. ein Tool wie PC/FOCUS für Entscheidungsvorbereitungen eingesetzt wird, zu nutzen. Dieses "fremde" Bild wird sich jedoch bald auch in Deutschland durchsetzen müssen, insbesondere, wenn das mittlere und obere Management von der Nutzung eines solchen Instrumentes überzeugt ist und ihrer Unternehmensführung von den eigenen positiven Erfahrungen berichten würden. Der Einzug des PC in die Chefetagen kleinerer und mittlerer Unternehmen wird auch dazu beitragen, die genannte Hemmschwelle zu überwinden. Der auf Konferenzen, Tagungen, Kongressen und ähnlichen Managementveranstaltungen gemachte Erfahrungsaustausch über Produkte wie PC/FOCUS wird ebenfalls zu einer Beseitigung der genannten Akzeptanzschwelle beitragen. Die mit dem Produkt erzielten Ergebnisse werden das Management von dem Konzept dieser Anwendersprache überzeugen, zumal dieses Produkt ein günstiges Preis/Leistungsverhältnis aufweist.

In der Fachabteilung und im Bereich des Information Centers werden die Problemlösungen, die mit Hilfe dieses Werkzeuges erstellt werden und u.U. in Verbindung mit FOCUS im Hauptrechner stehen, zur Verringerung des Anwendungsstaus beitragen. Die zusätzliche Motivation der Mitarbeiter innerhalb dieser Sachbereiche, in Verbindung mit den erzielten Ergebnissen und der aktiven Teilnahme im Prozeß der Anwendungsentwicklung, ist ein weiteres positives Kriterium im Rahmen des Einsatzes von PC/FOCUS.

Die Systementwicklung könnten Akzeptanzprobleme verursachen, die mit Ungewissheiten verbunden ist, ob die mit PC/FOCUS erstellten Anwendungen der Fachabteilung den Einsatz und die Funktion der DV-Abteilung in Frage stellen würden. Die Systementwicklung ist jedoch als Berater und Helfer der Fachabteilung zu sehen; eine funktionale Integration zwischen beiden Bereichen ist über die Nutzung von PC/FOCUS anzustreben.

Die Mehrplatzfähigkeit des IBM AT bedeutet einen zusätzlichen Nutzen beim Einsatz von PC-FOCUS; der über FOCUS ermöglichte kontrollierte Zugriff auf FOCUSdateien kann aus verschiedenen Bildschirmen erfolgen und trägt zu Problemlösungen angrenzender Bereiche bei.

Das Werkzeug PC/FOCUS als Endbenutzersprache wächst mit den Anforderungen des Unternehmens und ist für unterschiedliche Betriebsgrößen geeignet, weite Bereiche der individuellen Datenverarbeitung bzw. Informationsbereitstelung zu bewältigen.

Btx als DFÜ?

- Tabellenkalkulation zur Kostenabschätzung einer Btx-Anwendung -

Werner Herold
Universität-Gesamthochschule-Paderborn
Fachbereich Wirtschaftswissenschaften

Zusammenfassung: Die Gebührenvielfalt von Bildschirmtext (Btx) erschwert insbesondere dem Btx-Laien die Einschätzung seiner Erwartungen an eine Btx-Anwendung. Daher wird zur Kostenabschätzung des Btx-Einsatzes im Bereich der innerbetrieblichen Kommunikation ein Funktionen-Modell mit dem Tabellenkalkulationsprogramm MULTIPLAN beschrieben. Das Modell umfasst die Funktionen Eingabesystem, Datenbank, Informationssuche, Einzelschreiben, Rundschreiben, Datenerfassung und Rechneranbindung. Gegenüber einer einfachen Abbildung der Gebühren in einem Gebühren-Modell bietet das Funktionen-Modell dem Modellbenutzer den Vorzug, die Funktionen ohne Gebührensuche auswählen und ausgestalten zu können.

1. Zu den Erwartungen an Btx

Die hohen Leitungskosten herkömmlicher Datenfernverarbeitungsnetze haben frühzeitig das Interesse an Bildschirmtext (Btx) als vorteilhaftes Medium der Datenfernübertragung (DFÜ) geweckt.

Die Frankfurter Firma AREGON GmbH kommt 1981 in einem Kostenvergleich zu dem Ergebnis, daß eine bundesweite, dezentrale Online-Eingabe, z.B: von Auftragsdaten in einen zentralen Rechner über Btx bis zu 90 % billiger als über typische EDV-Netze ausfalle. Verglichen werden mit dem Btx-Terminal am Btx-Netz

- Eingabe von per Telefon durchgesagten Daten,
- dezentrale Eingabe über das Fernsprechnetz und
- dezentrale Eingabe über das Datex-P-Netz. (1)

Im 10. Zwischenbericht der wissenschaftlichen Begleituntersuchung zur Btx-Erprobung in Berlin gibt die Forschungsgruppe Kammerer die Einschätzung der am Versuch beteiligten Anwender hinsichtlich der durch Btx ersetzbaren Datenträger wie folgt an:

- Briefe: 50 %,
- Rundschreiben 70 %,
- Telefonate 50 %,
- Telex, Teletex 65 %,
- DFÜ: 70 %. (2)

Nach dem Abschlußbericht der wissenschaftlichen Begleitforschung Düsseldorf/Neuss hat Btx als Medium der DFÜ dort Chancen, wo vergleichsweise nur geringe Anforderungen an Kommunikationsfrequenz und Übertragungsgeschwindigkeit gestellt werden. (3) Ähnlich sehen verschiedene Servicerechenzentren in Btx eine Ergänzung ihrer Dienstleistungspalette im untersten kommerziellen oder semikommerziellen Bereich, wie etwa für Einzelhändler, Apotheker, Pfarrämter, Freiberufler. (4)

FORD in Großbritannien hat 1981 die verfügbaren Möglichkeiten interaktiver Kommunikation mit allen - auch den kleinsten - Händlern geprüft. Folgende Gründe waren für die Auswahl eines Btx-Systems entscheidend:

- Geringe Investionen bei Werk und Händlern,
- Keine Hersteller-Abhängigkeit bei den Terminals,
- Benutzerfreundlichkeit durch Menue-Technik, Schriftgröße und Farbe,
- Mehrfachanbindung der Händler-Terminals (Ford-System, Händler-Datenverarbeitungssystem, PRESTEL),
- Absehbare europäische Standardisierung.

Das Btx-Konzept wurde aber als Inhouse-System realisiert, mit 2 Rediffusion 1870/70 für die Zentrale (London) und Radio Rentals Btx-Terminals für die Händler. Als wesentlich für die Wahl eines privaten Systems galt, daß PRESTEL zu teuer und nicht flächendeckend ausgelegt war und keine Gateway-Möglichkeit bot. (5)

Selbst wenn PRESTEL mit Btx/CEPT nicht vergleichbar ist, macht der Auswahlprozeß bei FORD in Großbritannien deutlich, daß ein Einsatzvorteil von Btx im einzelnen nur anhand des konkreten Anwendungsfalles vor dem Hintergrund der Kosten- und Leistungsprofile zu vergleichender Dienste, einschließlich ihrer Restriktionen, beurteilt werden kann. Hierbei kommt der Kostenanalyse von Btx angesichts der Gebührenvielfal besondere Beachtung zu.

Ziel der Untersuchung ist es, ein einfaches Instrument zur Kostenabschätzung des Btx-Einsatzes im Bereich der innerbetrieblichen Kommunikation aufzuzeigen. Der Ansatz basiert auf dem - auch für den EDV-Laien leicht handhabbarem - Tabellenkalkulationssystem MULTIPLAN, implementiert auf einer Nixdorf 8810/30.

2. Zur Abgrenzung des Untersuchungsfeldes

Allgemein wird der Btx-Einsatz inbesondere für Touristik und Verkehr, Handel, Banken und Versicherungen, Informationsindustrie sowie Institutionen und Öffentliche Verwaltung als interessant angesehen. Hierbei lassen sich vier Einsatzbereiche unterscheiden:

- Interne Kommunikation
  - Erfassen
  - Mitteilen
  - Anfragen
  - Empfangen
- Vertriebsweg
  - Reservieren
  - Kaufen/Leihen
  - Modifizieren
  - Transferieren
- Vertriebsmittel
  - Werbung (Firmen-/Produktinformation)
  - Service- und produktbegleitende Beratung
  - Kunden-/Lieferanten-Betreuung
  - Ausschreibung
  - Kleinanzeige (Angebot/Nachfrage)
- Dienstleistung
  - Nachschlagbares
  - Aktuelles
  - Lehr- und Fach-Dienste
  - Unterhaltung

Die folgenden Überlegungen sollen auf den Einsatzbereich der internen Kommunikation beschränkt werden. Der Leistungsumfang wird dabei dahingehend abgegrenzt, daß Informationen zu erfassen, mitzuteilen, anzufragen und zu empfangen sind. Innerhalb von Btx läßt sich eine solche Anwendung umsetzen durch einen Kommunikationsverbund aus einem zentralen Anbieter und der gewünschten Anzahl dezentraler Teilnehmer.

Bei einem Wirtschaftlichkeitsvergleich verschiedener Varianten eines Kommunikationsverbundes sind die jeweiligen Leistungen und Kosten gegeneinander abzuwägen. Kann für die verschiedenen Varianten ein einheitliches Leistungsniveau unterstellt werden, so vereinfacht sich der Wirtschaftlichkeitsvergleich zu einem Kostenvergleich. Entsprechend soll hier die Betrachtung auf die Einmal-Kosten und laufende Kosten beschränkt werden.

Für ein Btx-System lassen sich Einmal-Kosten und laufende Kosten wie folgt strukturieren:

- Einmal-Kosten

  - Anbieter-Endgerät
  - ggfs. externer Rechner-Rechnerverbund (Hardware/Software)
  - Teilnehmer-Endgerät (Btx-fähiges Fernsehgerät incl. Decoder)
  - weitere Endgeräteausrüstung nach Bedarf
  - Anschließungsgebühren
  - Planungs- und Entwicklungskosten

- Laufende Kosten

  - Nutzungsunabhängige Kosten

    - Grundgebühren je Hauptanschluß (Fernsprech-/Datex-P-Netz)
    - Btx-spezifische Grund- und Speichergebühren
    - Kosten der Betriebsorganisation

- Nutzungsabhängige Kosten

  - Verbindungsgebühren (Fernsprech-/Datex-P-Netz)
  - Btx-spezifische Verkehrs- und Speichergebühren (Mitlg.)
  - Seiten-Entgelte.

Angesichts der vergleichsweise niedrigen Investitionskosten bei den Btx-Teilnehmern wird im folgenden eine weitere Betrachtung der Einmal-Kosten ausgeklammert. Ebenso werden die Grundgebühren der Hauptanschlüsse und die Kosten der Betriebsorganisation wegen der in etwa vergleichbaren Lage bei unterschiedlichen Auslegungen eines Kommunikationsverbundes nicht weiter berücksichtigt.

3. Die Gebührenvielfalt laufender Btx-Kosten

Sieht man von den Grundgebühren der Hauptanschlüsse ab, so verbleiben für die Betrachtung der laufenden Kosten eines Btx-Systems folgende postbedingte Kostenansätze. (6, 7)

- Grundgebühren pro Monat	EINHEIT	DM
- BTX-Anschluß mit Modem	(Anschluß)	8.00
- Bereithalten einer besonderen Kennung	(Kennung)	8.00
- Anbietergebühr		
- bundesweit	(Leitseite)	350.00
- regional je 1. Leitseite	(Leitseite)	50.00
- regional je weitere Seite	(Leitseite)	15.00
- Geschlossene Benutzergruppen (GGB)	(Leitseite)	50.00
- Anschluß externer Rechner	(DxP-Adresse)	250.00

- Speichergebühren	EINHEIT	Pf
- Informationsseiten bundesweit	(Seite/Tag)	7.5
- Informationsseiten regional	(Seite/Tag)	1.5
- zurückgelegte abgerufene Dialogseiten	(Seite/Tag)	1.5
- Verteillisten für Mitteilungen	(Eintrag/Tag)	0.5
- Einträge in Listen der GBG-Mitglieder	(Eintrag/Tag)	1.5
- Einträge von Mitbenutzern	(Eintrag/Tag)	5.0

- Verkehrsgebühren	EINHEIT	DM
- Benutzen des Eingabesystems im Dialog	(Minute)	0.02
- Einarbeiten von Seiten: unverzüglich	(Seite)	0.10
- Einarbeiten von Seiten: zeitversetzt	(Seite)	0.05
- Bearbeiten von materiellen Datenträgern	(Datenträger)	20.00
- Abrufen von Seiten aus fremden Regionen	(Seite)	0.02
- Absenden von Antwortseiten	(Seite)	0.30
- Absenden von Mitteilungsseiten	(Seite)	0.40
- Abs. von Dialogseiten im Rechnerverbund	(Seite)	0.01

- Fernsprechgebühren für Orts- und Nahgespräche

	08.00-18.00 Taggebühr	18.00-08.00 Nachtgebühr
Verbindungsdauer für eine Gebühreneinheit von 0.23 DM	480 s	720 s

- Datex-P-Gebühren

- Volumengebühren je übertragenem Segment (Sgm)

bei allen Übertragungsgeschwindigkeiten für

	die ersten 0.2 Mio Sgm	die zweiten 0.2 Mio Sgm	alle weiteren Segmente
Taggebühr	0.33 Pf	0.18 Pf	0.09 Pf
Nachtgebühr I	0.22 Pf	0.12 Pf	0.06 Pf
Nachtgebühr II	0.11 Pf	0.06 Pf	0.03 Pf

- Zeitgebühr bei gewählter virtueller Verbindung

  = bei allen Übertragungsgeschwindigkeiten je Minute: 0.01 DM

- Zuschlaggebühr je bereitgestellter Datex-Verbindung: 0.05 DM

- Sonstige Gebühren (Inkasso von Seitenentgelten)

  - Grundgebühr 20.00 DM/Monat
  - Anteil je Monatsgutschrift 2.00 %

4. Das Funktionen-Modell eines Kommunikationsverbundes

Aus den zusammengestellten Kostenansätzen kann mit Hilfe eines Tabellenkalkulationsprogramms relativ leicht ein Gebühren-Modell formuliert werden. Für den Btx-Laien ist jedoch ein solcher Ansatz wenig benutzerfreundlich, da hierbei für jede Btx-Anwendung Gebühren aus verschiedenen Komplexen zusammenzutragen sind. So ist etwa für das Versenden von Rundschreiben zu beachten, daß Speichergebühren für die Verteilliste und weitere Verkehrsgebühren für das Absenden und die Übertragung der Mitteilung anfallen.

Aus diesem Grund wurde einem Funktionen-Modell zur Ermittlung der laufenden Kosten eines innerbetrieblichen Kommunikationsverbundes der Vorzug gegeben. Das Modell umfasst die Funktionen Eingabesystem, Datenbank, Informationssuche, Einzelschreiben, Rundschreiben, Datensammelsystem und Rechneranbindung.

- Eingabesystem

Das Eingabesystems dient zur Pflege der Leitseiten, wie der bundesweiten oder regionalen Informationsseiten oder der Listen der GGB-Mitglieder. Leitseiten können unverzüglich oder zeitlich versetzt bzw. im Dialog- oder im Bulk-Modus (als Stapel) eingearbeitet werden.

- Datenbank

Als Datenbank wird die Sammlung betrieblicher Daten verstanden, die in bundesweiten oder regionalen Informationsseiten gespeichert sind. Innerhalb geschlossener Benutzergruppen (GGB) kann eine abgestufte Zugriffsberechtigung zu bestimmten Informationen vorgesehen werden. In dem Modell können bis zu drei gleichzeitige GGB angelegt werden. Die Anzahl der Einträge je GGB ist zu bestimmen.

- Informationssuche

Unter sonstiger Informationssuche wird erfasst, daß Informationen auch im gesamten öffentlichen Btx-Sytem gesucht werden können. Die Anzahl der Abrufe aus fremden Regionen ist gesondert anzugeben.

- Einzelschreiben

Individuell gerichtete Einzelschreiben werden als Mitteilungsseiten abgesendet. Die Anzahl der von den Empfängern monatlich zurückgelegten abgerufenen Dialogseiten kann bestimmt werden.

- Rundschreiben

Die für verschiedene Adressaten gleichlautenden Informationen können als Rundschreiben bei einmaliger Eingabe über die Verteillisten versendet werden. In dem Modell sind bis zu drei gleichzeitige Verteillisten vorgesehen. Die Anzahl der Einträge je Verteilliste ist zu bestimmen.

- Datenerfassung

Für eine standardisierte Datenübermittlung der dezentralen Btx-Teilnehmer an ihre Berichtszentrale ist eine Datenerfassung vorgesehen. Die Datenerfassung arbeitet mit Antwortseiten. Die abgesendeten Daten werden periodisch aus der Btx-Vermittlungsstelle (Btx-Vst) abgerufen.

- Rechneranbindung

Bei Rechneranbindung an das Btx-System können kostengünstige Dialogseiten genutzt werden. Es ist dafür eine je DxP-Adresse gebührenpflichtige Verbindung zum externen Rechner bereitzuhalten. Die Rechneranbindung erschließt weitere Möglichkeiten des Kommunikationsverbundes, die im einzelnen nicht weiter spezifiziert wurden.

Zur Datenübertragung kann bei einigen Funktionen zwischen dem Fernsprechnetz (Dialog-Modus) und Datex-P-Netz (Bulk-Modus) gewählt werden. Diese Möglichkeit ist vorgesehen bei

- Eingabe von Leitseiten,
- Absenden von Mitteilungsseiten,
- Abruf von Antwortseiten und Mitteilungsseiten aus der Btx-Vst.

Wo diese Wahlmöglichkeiten im Funktionen-Modell bestehen, werden neben den Standard-Eingaben zu

- Gesamtzahl der monatlichen Seiten je Funktion,
- durchschnittliche Sessionsdauer je Seite

ferner abgefragt

- monatlicher Anteil im Dialog- bzw. Bulk-Modus,
- Anzahl der Bulks je Woche bzw. Monat,
- Anzahl der Seiten je Bulk.

Für die Übertragung sind im Datex-P-Netz die Übertragungsraten 2400/4800/9600 bit/s und und für den Rückkanal im Fernsprechnetz die Übertragungsraten 75/1200 bit/s wählbar. Ferner können besondere Kennungen und Mitbenutzer berücksichtigt werden.

Das Funktionen-Modell wurde mit dem Tabellenkalkulationsprogramm MULTIPLAN der Microsoft Corporation (8) formuliert. Es wird demonstriert, wie mit dem Funktionen-Modell die monatlichen Gesamtkosten eines innerbetrieblichn Kommunikationsverbundes auf der Grundlage von Btx ermittelt werden können. Die Kosten werden aufgeschlüsselt nach Grundgebühren, Speichergebühren und Verkehrsgebühren bei getrennter Auflistung der Fernsprech- und der Datex-P-Gebühren. Soweit bei einzelnen Funktionen unterschiedliche Netzwege wählbar sind, bietet eine Auflistung der resultierenden Fernsprech- bzw. Datex-P-Kosten je übertragene Seite die Möglichkeit vergleichender Betrachtung. Der Modell-Ansatz gestattet auch einzelne Leistungen eines Btx-Systems kostenmäßig zu betrachten.

Quellenverweise
----

(1) Vgl. FIBA REPORT, Nr. 23/24, 1981, S. 2
(2) 10.Zwischenbericht der Forschungsgruppe Kammerer (Wissenschaftliche Begleituntersuchung zur Erprobung in Berlin, im Auftrage des BMPF; Endauswertung), 8/1982, Punkt B 51 a
(3) Wissenschaftliche Begleituntersuchung Feldversuch Bildschirmtext Düsseldorf/Neuss, Auftraggeber: Land Nordrhein-Westfalen, Beraterkreis Renate Mayntz et al., Band 1 (Abschlußbericht), 1983, S. 66-68
(4) Handelsblatt, 17.10.1983
(5) Vgl. FIBA REPORT, Nr. 10, 1983, S. 8f
(6) Wichtige Gebühren für die Datenübertragung über öffentliche Netze der Deutschen Bundespost, Stand 1.7.1982, FTZ L 16-4, Bestell-Nr. 66 (10/82)
(7) Vgl. FIBA REPORT, Nr. 4, 1983, S. 2
(8) Vgl. Digital Research, Inc.: Microsoft Multiplan Electronic Worksheet for CP/M-80, Bellevue/Canada 1982

PEG - Ein Programmierumgebungsgenerator

Andreas Krall
Institut für Praktische Informatik
Abteilung Programmiersprachen und Übersetzerbau
Technische Universität Wien

Kurzfassung

An der Technischen Universität Wien werden einerseits jährlich cirka 1500 Anfänger im Programmieren ausgebildet, andererseits werden in Lehre und Forschung auch viele größere Softwareprojekte durchgeführt. Programmierumgebungen, die diesen beiden Anforderungen gerecht werden, stehen auf den verwendeten Mikrocomputern nicht zur Verfügung. Deshalb wurde der PEG (Programming Environment Generator) entwickelt und unter Verwendung des Generators eine Reihe von Programmierumgebungen für die Lehre und die Softwareproduktion erstellt. Die Programmierumgebungen enthalten einen syntaxgesteuerten Editor, einen Interpreter/Debugger und einen inkrementellen Compiler. Kapitel 2 beschreibt die einzelnen Komponenten einer Programmierumgebung, Kapitel 3 enthält die bisher entwickelten Programmierumgebungen und Kapitel 4 bringt einige Aspekte der Implementierung.

Schlüsselwörter: Programmierumgebungen für Mikrocomputer, syntaxgesteuerte Editoren, Interpreter, Debugger, inkrementelle Compiler

1. Einleitung

Bei der Programmentwicklung wird ein sehr großer Teil der Zeit für Fehlersuche und Test verwendet. Auf einem Großteil der heutigen Rechner (sowohl Großrechner als auch Mikrocomputer) wird die Programmentwicklung in höheren Programmiersprachen sehr wenig unterstützt. Zwischen Editieren und Ausführen geht viel Zeit durch langsame Übersetzer verloren. Debugger auf Sourcecodeebene stehen größtenteils nicht zur Verfügung. In der Forschung sind zwar einige fortschrittliche Programmierumgebungen entwickelt worden (/GaMi84/, /Gold84/, /TeMa81/, /TeRe81/), aber für die Praxis und den Programmierunterricht stehen solche Hilfsmittel nicht zur Verfügung.

Deshalb werden an der Technischen Universität Wien Programmierumgebungen entwickelt, die sowohl den Anforderungen der Lehre gerecht werden als auch die Entwicklung umfangreicher Programmsysteme ermöglichen. Ende 1982 wurde eine Programmierumgebung für eine kleine Lehrsprache implementiert /Kral83/. Ende 1983 wurde mit einer Programmierumgebung für die Programmiersprache PASCAL begonnen und seit 1985 wird ein Generator für Programmierumgebungen entwickelt.

2. Die Elemente einer Programmierumgebung

2.1 Anforderungen an eine Programmierumgebung

Das System soll sowohl von Programmieranfängern bedient werden können als auch für die Produktion mittlerer Softwareprojekte geeignet sein. Daher wurde auf folgende Punkte Wert gelegt:

- Benutzerfreundlichkeit
- Wenig Syntaxkenntnisse nötig
- Pretty-Printing
- Interaktive Programmierung
- Sourcecode-Debugging
- Rückwärtsausführung
- Optimierter Code

Aus diesen Forderungen entstand ein System, das in drei Teile gegliedert ist:

- syntaxgesteuerter Editor zur Programmeingabe
- Interpreter/Debugger zur Programmausführung und zum Testen
- inkrementeller Compiler zur schnellen Ausführung von getesteten Programmen

Weiters ist ein Programmanalysator geplant, der auf Grund von statischer Programmflußanalyse einfache Programmierfehler erkennen kann. Die Elemente einer Programmierumgebung werden im folgenden am Beispiel der PASCAL-Programmierumgebung gezeigt.

2.2 Editor

Der Editor ist ein syntaxgesteuerter Struktureditor, d. h. der Benutzer wird vom System entsprechend der Syntax der Programmiersprache geführt. Die Cursorbewegungen erfolgen daher nicht zeichenorientiert, sondern entsprechend der Programmstruktur.

Zu Beginn des Editiervorganges wird eine Programmschablone vorgegeben. In diese fügt der Benutzer gemäß der Syntax durch Menüauswahl weitere Schablonen ein. Der Vorteil der Syntaxsteuerung liegt darin, daß nur syntaktisch richtige Programme eingegeben werden können. Die Eingabe statisch-semantisch falscher Programme ist teilweise möglich (fehlende Vereinbarungen sind erlaubt, falsche Vereinbarungen sind verboten). Bei der Ausgabe am Bildschirm werden falsche Programmteile invers dargestellt.

Beispiel für Editorschablonen:

Anfangsschablone:

```
<program>
```

Einsetzen für <program>:

```
PROGRAM <name> (<name>);
<declaration>
BEGIN
  <statement>
END.
```

Einsetzen für <statement>:

```
PROGRAM <name> (<namelist>);
<declaration>
BEGIN
  <variable> := <expression>
END.
```

Folgende Befehle stehen im Editor zur Verfügung:

Cursortasten: Mit den Cursortasten kann der Cursor im Programmtext entsprechend der Struktur eines Programmes im Text zwischen Einfügepunkten bewegt werden. Mit den Tasten "return" bzw. "enter" kann der Cursor ebenfalls im Text bewegt werden, zusätzlich werden allerdings optionale Schablonen im Text eingefügt.

Mit Funktionstasten werden folgende Aktionen abgedeckt:

Copy	kopiert einen markierten Programmteil
Delete	löscht den Programmteil (Unterbaum) an der Cursorposition
Get	lädt ein Programm in Textform
Load	lädt ein Programm in Codeform
Mark	markiert einen Programmteil
Quit	beendet den Editiervorgang
Save	Speichert ein Programm in Textform
Store	Speichert ein Programm in Codeform
Undo	nimmt den letzten Befehl wieder zurück

Die restlichen Zeichen dienen entweder zur Auswahl der Schablonen oder können für Texteingabe verwendet werden. Bei Texteingabe können Zeichen beliebig eingefügt, gelöscht oder überschrieben werden.

2.3 Interpreter/Debugger

Der Interpreter/Debugger führt die eingegebenen Programme aus und bietet verschiedene Testhilfen. Der Debugger eröffnet folgende Möglichkeiten:

- Ausführen von unvollständigen Programmen
- Ausführen des Programms im Einzelschrittmodus
- Ausführen des Programms rückwärts
- Setzen und Löschen von Breakpoints, Countpoints und Tracepoints
- Anzeigen und Verändern von Variablenwerten

Unvollständige oder fehlerhafte Programme können gestartet werden. Allerdings wird das Programm abgebrochen, falls fehlerhafte Programmteile zur Ausführung gelangen. Die Ein-/Ausgabe des Programms, des Debuggers und des Editors erfolgt auf virtuelle Bildschirme. Da auf dem Entwicklungsrechner kein Windowsystem zur Verfügung steht, wird zwischen Interpreterbildschirm, Debuggerbildschirm und Editorbildschirm über spezielle Funktionstasten umgeschaltet.

Das Programm kann durch Drücken von "PAUSE" jederzeit angehalten weren, mit "STEP" schrittweise abgearbeitet werden und mit "CONTINUE" wieder fortgesetzt werden.

Im gesamten Text können an den Einfügepunkten ähnlich wie im Editor durch Cursortasten Breakpoints, Countpoints und Tracepoints gesetzt werden. Breakpoints sind Stellen, an denen das Programm anhalten soll. Countpoints sind Stellen, an welchen mitgezählt wird, wie oft das Programm diese Stellen durchlaufen hat. Zusätzlich kann ein Countpoint als Breakpoint wirken, wenn ein bestimmter Wert erreicht worden ist. Tracepoints sind Punkte, an denen automatisch bestimmte Variablenwerte ausgegeben werden.

Die Ausgabe von Variablenwerten erfolgt immer in symbolischer Form. Es können nur Werte ausgegeben werden, auf die den Scoperegeln der Programmiersprache entsprechend zugegriffen werden kann. Sowohl Einzelvariablen, als auch Datenstrukturen und Teilbereiche von Datenstrukturen können ausgegeben und verändert werden.

Die Rückwärtsausführung ist ein ausgezeichnetes Hilfsmittel, um die Ursache von Programmfehlern zu finden. Allerdings ist die Rückwärtsausführung nur eingeschränkt möglich. Bei Zuweisungen an Variablen müssen die alten Werte in einem Puffer gesichert werden, der naturgemäß beschränkt ist. Die Größe kann allerdings vom Benutzer innerhalb bestimmter Grenzen frei definiert werden. Auch Dateioperationen lassen sich zurücksetzen.

2.4 Inkrementeller Compiler

Der inkrementelle Compiler dient dazu, um vom fertig ausgetesteten Programm eine in Maschinencode übersetzte Version des Programms zu erhalten. Gegenüber einem reinen Interpreter wird die Laufzeit eines Programms durch den Compiler um den Faktor 20 bis 100 verringert. Der Vorteil eines inkrementellen Compilers gegenüber einem herkömmlichen Compiler ist der geringere Übersetzungsaufwand bei kleinen Änderungen.

3. Bisherige Entwicklungen

3.1 PEG - der Programmierumgebungsgenerator

PEG kann zur Zeit syntaxgesteuerte Editoren generieren. Die erzeugten Editoren sind tabellengesteuert. Daher werden nur Tabellen generiert, der Editor ist für alle Strukturen derselbe.

Auch der Generator selbst bildet eine kleine Programmierumgebung. PEG enthält einen syntaxgesteuerten Editor und einen Generator zur Erzeugung der Editortabellen.

Die Beschreibungssprache für Editoren ist eine erweiterte kontextfreie Grammatik. Zusätzlich zur Syntax der Sprache können die Menüs zur Benutzerführung, Informationen für den Pretty-Printer und Attribute definiert werden. Attributberechnungsregeln können zur Zeit nicht angegeben werden. Die semantischen Aktionen, Interpreter, Compiler und Tabellengeneratoren müssen in PASCAL ausprogrammiert werden. Zur Entwicklung dieser Teile wird die Programmierumgebung für PASCAL verwendet.

3.2 Die PASCAL-Programmierumgebung

Die PASCAL-Programmierumgebung wurde schon weitgehend im Kapitel 2 vorgestellt. Es gibt bereits Programmierumgebungen für PASCAL, die aber nur Teilaspekte der hier entwickelten enthalten (/Vose84/).

Der implementierte PASCAL-Dialekt entspricht größtenteils ISO-PASCAL und wurde im Hinblick auf MODULA-2 um ein Modulkonzept erweitert. Dadurch erst ist PASCAL zur Entwicklung mittlerer und großer Softwaresysteme geeignet. Zusätzlich wurde das Typenkonzept bei Funktionen konsequent fortgesetzt (Funktionen dürfen beliebigen Ergebnistyp haben) und für Konstanten sind Konstantenausdrücke zulässig.

3.3 Das Computerlehrspiel Karel

Richard E. Pattis hat in seinem Buch "Karel the Robot" /Patt81/ ein Roboterspiel beschrieben, das den Einstieg beim Erlernen des Programmierens erleichtern soll. Dieses Buch beschreibt einen Roboter, der einfache Anweisungen ausführen kann und in einer einfachen Programmiersprache programmierbar ist, die alle algorithmischen Grundelemente (aber keine Variablen) enthält.

Der Roboter, von Richard E. Pattis "Karel" genannt, kann sich in einem rechtwinkeligen Straßennetz bewegen. In diesem Straßennetz können Mauern errichtet werden, die für den Roboter ein unüberwindliches Hindernis darstellen. Er kann sich um eine Straßeneinheit vorwärts bewegen (move) und um 90 Grad nach links drehen (turnleft). Er trägt einen Sack Beeper mit sich. Beeper sind kleine Gegenstände, die einen Piepston von sich geben. Der Roboter kann sie daher akustisch wahrnehmen. Weiters kann er Beeper aus seinem Sack nehmen und auf Straßenkreuzungen setzen (putbeeper) bzw. Beeper von der Straße aufheben und einsammeln (pickbeeper). Zur Bearbeitung komplexer Probleme durch Algorithmen kann der Benutzer vor Programmausführung im Straßennetz Beeper setzen bzw. Mauern errichten.

Die Syntax der Programmiersprache ist in den Kontrollstrukturen an die Programmiersprache PASCAL angelehnt. Anstelle logischer Ausdrücke gibt es 9 elementare Bedingungen und ihre Komplemente (front-is-clear, facing-west, no-beeper-in-bag, etc.). Diese Bedingungen können in while-Schleifen und if-Anweisungen verwendet werden. Zusätzlich gibt es noch eine Zählschleife (iterate). Die Unterprogramme sind, da es keine Daten gibt, parameterlos. Rekursive Verwendung von Unterprogrammen ist möglich.

Die Programmierumgebung für das Computerspiel umfaßt folgende Komponenten:

- eine Initialsierungseinheit zum Setzen der Mauern und Beeper im Straßennetz und Eingabe der Anfangsstellung des Roboters.
- einen syntaxgesteuerten Editor zur Eingabe der Programme.
- einen Interpreter zur Ausführung der Programme und zur graphischen Darstellung der Aktionen des Roboters auf dem Bildschirm.

3.4 Ein Texteditor

Der Texteditor ist ein Struktur-Texteditor. Ähnlich wie Programme eine Struktur aufweisen, sind Texte (Bücher, Artikel, Dokumentationen) ebenfalls strukturiert. Sie gliedern sich in einzelne Kapitel, ein

Inhaltsverzeichnis und einen Index. Kapitel gliedern sich in weitere Kapitel bzw. in eine Überschrift und Absätze.

Der Texteditor enthält Anweisungen zum Manipulieren dieser Kapitelstrukturen und entspricht beim Eingeben der Texte herkömmlichen Textsystemen. Zusätzlich kann er automatisch ein Inhaltsverzeichnis und einen alphabetischen Index erstellen.

4. Implementierung

4.1 Überblick

Bei der Entwicklung des Systems wurde hauptsächlich Wert auf Modularität und Portabilität gelegt. Speicher- und Laufzeiteffizienz standen eher im Hintergrund. Aus diesen Gründen ist das System in Jensen-Wirth-PASCAL auf einem Mikrocomputer implementiert. Systemabhängige Befehle wie Graphik und Bildschirmsteuerung sind in leicht austauschbaren Modulen zusammengefaßt.

Das Gesamtsystem hat folgende Struktur: Ein Steuermodul liest die Befehle ein und ruft die Module Editor, Interpreter und Compiler auf. Die Kommunikation des Steuermoduls mit den anderen Modulen erfolgt über die gemeinsame Datenstruktur des Zwischencodes.

4.2 Zwischencode

Bei der Entwicklung des Zwischencodes wurde auf folgende Punkte besonderer Wert gelegt:

- bijektive Abbildung zwischen Sourceprogramm und Zwischencode muß möglich sein
- der Code muß Rückwärtsausführung ermöglichen
- der Code soll wenig Speicherplatz benötigen
- der Code soll eine schnelle Abarbeitung ermöglichen
- das Erkennen von Semantikfehlern soll einfach und schnell erfolge
- Einfügen und Löschen im Code soll einfach möglich sein

Nicht alle diese Punkte können voll erfüllt werden, aber es wurde ein Kompromiß gefunden, der allen Anforderungen weitgehend genügt. Als Zwischencodedarstellung wurde eine hierarchische syntaxbaumartige Struktur gewählt:

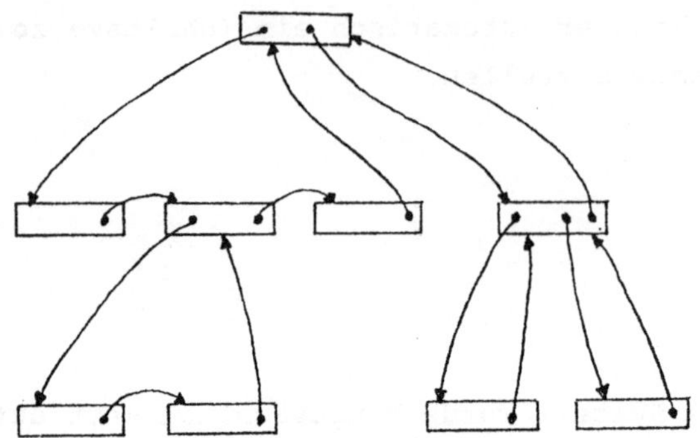

Die Befehle sind in je einem Knoten gespeichert. Die einzelnen Knoten enthalten eine Anweisungsnummer (instr), einen Zeiger auf das nächste Element der Liste bzw. auf den Vaterknoten (next), eine Komponente, die die Bedeutung des Zeigers next bestimmt (pos), Operanden (info) sowie Zeiger auf Unterbäume (pointer). Die Länge eines Knotens variiert abhängig von der Anzahl der Operanden und Unterbäume.

instr	pos	next	info + pointer

Beim Löschen und Ändern werden einzelne Elemente des Baumes freigegeben. Da diese über den gesamten Speicherbereich verteilt sind, werden sie je nach Größe in verschiedenen Freispeicherlisten gesammelt. Bei Neuanforderung eines Elements wird nur dann Speicherplatz des freien Speichers verwendet, wenn in diesen Listen kein Element entsprechender Größe vorhanden ist.

4.3 Editor

Der Editor besteht aus folgenden Teilen: einer Initialisierungseinheit, einem Modul zur Benutzerführung und Cursorsteuerung, einem Modul zur Ausgabe des Sourceprogramms und einem Modul zum Einlesen, Ausgeben und Überprüfen von frei eingegebenen Texten.

Die wichtigsten Daten des Editors sind im Zwischencodebaum und in der Editortabelle gespeichert. Während des Editierens baut der Editor den Zwischencodebaum auf. Die Editortabelle ist so angelegt, daß sie mittels eines Generators aus einer kontextfreien Grammatik und Menüdefinitionen erzeugt werden kann. Die Tabelle enthält folgende Elemente:

- eine Analysetabelle für die Befehlsauswertung, die zu den Zuständen des Programmbaumes und den eingegebenen Zeichen die Befehlsnummer und einen eventuellen Parameter enthält,
- die Länge der verschiedenen Codeknoten
- die Bedeutung der einzelnen Elemente innerhalb eines Knotens,
- Informationen über Terminalknoten,
- die Texte der Menüs, der Anweisungen und Schablonen
- Informationen über Zeilenvorschübe und Einrückungen.

Bei der Ausführung von Cursorbefehlen wird der Baum entsprechend abgesucht und die neue Position berechnet. Bei Rückwärtssuchen geschieht dies über den Vaterknoten.

4.4 Interpreter

Der Zwischencodeinterpreter arbeitet den Codebaum ab. Er ist linear (nicht rekursiv) programmiert. Der Befehlszähler wird indirekt adressiert, d. h. er erhält bei jedem Schritt den Wert des next-Zeigers bzw. den Wert des Zeigers auf einen Unterbaum.

Bei der Vorwärtsexekution werden die Werte der Bedingungen von Schleifen und Verzweigungen in einem logischen Puffer, und die Werte, die bei Variablenzuweisungen verloren gehen, in einem numerischen Puffer gespeichert. Bei der Rückwärtsexekution wird die vorhergehende Anweisung über den Vaterknoten gefunden. Der Programmablauf und die Variablenwerte können aus den beiden Puffern wieder rekonstruiert werden.

4.5 Inkrementeller Compiler

Der inkrementelle Compiler übersetzt das Programm stückweise in Maschinencode. Der Editor markiert die Programmteile, die sich geändert haben. Der Compiler übersetzt nur die geänderten Teile, für den Rest wird der Code vom letzten Übersetzungslauf verwendet. Dadurch ist bei kleinen Änderungen die Übersetzungszeit sehr kurz.

4.6 Der Editorgenerator

Der Editorgenerator übersetzt die kontextfreie Grammatik direkt in eine Tabelle. Der Editorgenerator konnte mit dem Editorgenerator selbst erzeugt werden. Zuerst wurde für einen "Bootstrapeditor" die Tabelle manuell erstellt. Dann wurde der eigentliche Editorgenerator in mehreren Stufen unter Verwendung des Bootstrapeditors generiert.

5. Zusammenfassung

Das Roboterspiel wurde bereits mit großem Erfolg in Programmierkursen eingesetzt. Die entwickelten Programmierumgebungen haben folgende Vorteile gegenüber herkömmlichen Programmierumgebungen:

- Zeitersparnis bei der Eingabe (durch abgekürzte Eingabe)
- Ausschluß lexikalischer und syntaktischer Fehler
- Anzeige statisch-semantischer Fehler
- keine Wartezeiten (durch den Interpreter)
- gute Testmöglichkeiten durch den Debugger
- Insbesonders bei der Ausbildung kann sich der Lernende auf die Hauptprobleme des Programmierens (Algorithmisierung, Programmlogik) konzentrieren. Er muß sich daher nur in geringem Umfang mit der ungewohnten Syntax einer Programmiersprache befassen.

In Zukunft sollen die Programmierumgebungen noch um einen Programmanalysator erweitert werden. Der Programmanalysator dient zur Erkennung von Anomalien im Programm- und Datenfluß. Der Benutzer erhält Hinweise auf gewisse Klassen von Programmierfehlern und Informationen über Situationen, die zu Laufzeitfehlern führen können. Der Analysator arbeitet mit Programm- und Datenflußanalyse.

6. Literatur

/GaMi84/ Garlan, David B.; Miller, Philip L.: GNOME: An Introductory Programming Environment Based on a Family of Structure Editors; SIGPLAN Notices, April 1984

/Gold84/ Goldberg, Adele: Smalltalk-80: The interactive Programming Environment; Addison-Wesley, Reading, 1984

/Habe84/ Habermann, Nico, A.: The Gandalf Project; Programmierumgebungen und Compiler; Teubner, Stuttgart, 1984

/JaBa84/ Jäger, M.; Bahlke, R.; Henhapl, W.; Hunkel, M.; Letschert T.; Snelting G.: PSG - Programming System Generator; Programmierumgebungen und Compiler; Teubner, Stuttgart, 1984

/Kral83/ Krall, Andreas: Entwurf und Implementierung eines Computerlehrspiels für die Programmierausbildung; TR 180B 83/03/01, Technische Universität Wien, 1983

/KrOp84/ Krall, Andreas; Oppitz, Marcus: Karel der Roboter; Überblick über Konzept, Realisierung und Anwendung; TR 180B 84/04/01; Institut für Praktische Informatik, Technische Universität Wien, 1984

/MeFe81/ Medina-Mora, Raul; Feiler, Peter H.: An Incremental Programmming Environment; IEEE Transactions on Software Engeneering, September 1981

/Patt81/ Pattis, Richard: Karel The Robot: A Gentle Introduction to the Art of Programming; Wiley, 1981

/Reps82/ Reps, Thomas: Generating Language-Based Environments; PH.D. Theses, Cornell University, 1982

/ReTe84/ Reps, Thomas; Teitelbaum, Tim: The Synthesizer Generator; SIGPLAN Notices, May 1984

/TeMa81/ Teitelman, Warren; Masinter, Larry: The Interlisp Programming Evironment; Computer, April 1981

/TeRe81/ Teitelbaum, Tim; Reps, Thomas: The Cornell Program Synthesizer: A syntax-directed programming environment; Communications of the ACM, September 1981

/Vose84/ Vose, Michael: MACINTOSH PASCAL; Byte, Juni 1984

MIKRORECHNER IN FORSCHUNG UND LEHRE VON CAD

Hubert Frank
Randolf Arnold

Abt. Mathematik
Universität Dortmund
Postfach 50 05 00
D-4600 Dortmund 50

Zusammenfassung

Die derzeitige Mikrorechnergeneration eignet sich für den Einsatz bei Teilaufgaben von CAD. Hierzu wurde von den Verfassern ein dialogfähiges dreidimensionales Geometrie-Programmpaket für Mikrorechner geschaffen, auf dem weitere Moduln für technische Anwendungen aufgebaut wurden. Insbesondere werden ein interaktives 3D-System zur graphischen Grobplanung von Rohrleitungssystemen im Anlagenbau der Chemietechnik, ein Modelliersystem für ebene Freiformkurven nach Bézier - de Boor - Böhm und ein Modelliersystem für Freiformflächen nach Coons als für Mikrorechner geeignete Systeme vorgestellt. Diese Systeme werden in der Lehre zur Ausbildung von Studenten der Ingenieurwissenschaften im Fach "Konstruktive Geometrie und CAD" und zur Fortbildung und Umschulung von Konstrukteuren in CAD eingesetzt.

1. Einführung

Die Mikrorechner sind in den letzten Jahren sehr viel leistungsfähiger, mit Hilfe von integrierten Arithmetik-Prozessoren und Festplatte deutlich schneller und dank hochauflösender Graphik für technische Graphik geeigneter geworden. Ihr Leistungsvermögen liegt inzwischen in einem Bereich, in dem der Einsatz dieser Geräte für Aufgaben in Forschung und Lehre von CAD (Computer Aided Design) möglich ist.

Hiervon ausgehend haben die Verfasser zusammen mit einer Projektgruppe "Konstruktive Ingenieurgeometrie und CAD" ein dreidimensionales Geometrie-Programmpaket auf Mikrorechnern [1] für das rechnergestützte Entwerfen und Konstruieren (CAD) im Bereich der Ingenieurwissenschaften entworfen und implementiert. Dieses Geometrie-Modul und drei darauf aufbauende Moduln für spezielle Problemstellungen der technischen Anwendungen sollen im folgenden vorgestellt werden. Dabei zeigen sich Leistungsvermögen und Leistungsgrenzen der derzeitigen Mikrorechnergeneration. Bei diesen Untersuchungen scheint sich bereits anzudeuten, daß für spezielle, gut überschaubare Aufgaben in CAD Mikrorechner in Zukunft eingesetzt werden können. Unter dem Trend zu integrierten Systemen und dezentraler Intelligenz dürfte dieser Gesichtspunkt zukünftig stärker an Bedeutung gewinnen. Beim Einsatz derartiger CAD-Moduln kann der Mikrorechner insbesondere für die Vermittlung von Basiswissen und Methodik in der CAD-Ausbildung erfolgreich eingesetzt werden.

2. Modul der dreidimensionalen Geometrie auf Mikrorechnern

Im Kern eines jeden CAD-Systems ist ein Geometrie-Modul enthalten (siehe ENCARNACAO u. SCHLECHTENDAHL [4]), das entsprechend der Anwendungsumgebung sowohl im Inhalt als auch im Umfang unterschiedlich gestaltet sein kann. Bei Mikrorechnern der 16-Bit-Klasse wird derzeit die Größe dieses Geometriekerns dadurch Beschränkungen unterworfen, daß nur ein bescheidener Arbeitsspeicher von höchstens einem Megabyte zur Verfügung steht und der Zugriff auf externe Speicher die Arbeitsgeschwindigkeit erheblich herabsetzt. Dies begründet auch, daß bei CAD-Anwendungen auf Mikrorechnern nur an nichtumfangreiche Teilaufgaben oder überschaubare inselartige Anwendungsbereiche gedacht werden kann. Da CAD-Anwendungen meistens mit großen Datenmengen - dies gilt auch bei Beschränkung auf aktuelle Daten - verbunden sind (siehe ENCARNACAO et al. [5]), kommt es darauf an, eine rechnerinterne Darstellung der Geometrie zu wählen, die möglichst wenig Speicherkapazität benötigt und trotzdem breite Anwendungsmöglichkeiten und sehr gutes Laufzeitverhalten bietet.

Eine eingehende Untersuchung (siehe FRANK [6]) zeigt, daß es zweckmäßig ist, sich in CAD nicht auf Funktionen und Abbildungen der euklidischen Geometrie zu beschränken, sondern die diese enthaltende allgemeinere affine Geometrie des Raumes zugrundezulegen. Viele Objekte in technischen Anwendungen lassen sich transparenter und weniger aufwendig affingeometrisch als im euklidischen Sinne beschreiben.

---

[1] Eine Realisierung des Geometrie-Moduls auf Fortranbasis existiert auf dem System Sirius 1 mit MS/DOS und Grafix.

Es sei hier etwa nur an die prismatischen Körper erinnert, die sich nach FRANK [6] als affine Profilkörper in einer kontinuierlichen Affinschiebung aus ebenen Profilen erzeugen lassen (siehe Figur 1).

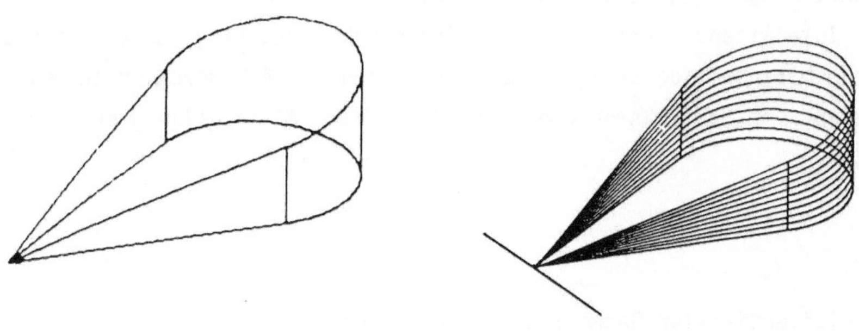

Figur 1: Profilkörper, der durch eine affine Schiebung erzeugt ist

Die Parallelprojektionen des Raumes in die Ebene sind singuläre affine Abbildungen mit einem Dimensionsverlust um 1 und sind daher systematisch im affingeometrischen Konzept der Geometrie enthalten (siehe ARNOLD u. FRANK [1]). Die Zentralprojektion ist nicht affingeometrisch und sollte im Geometrie-Kern eines Mikrorechnersystems nicht enthalten sein. Für den interaktiven Entwurf ist sie ohnehin bedeutungslos, da ihre effiziente Verwendung die Optimierung der zentralperspektivischen Parameter voraussetzt (siehe FRANK [6]). Die Zentralprojektion kann jedoch sinnvoll für das Endprodukt des interaktiven Entwurfs sein, wie Anwendungen in der Architektur und im Bauwesen zeigen.

Das implementierte Modul der dreidimensionalen affinen Geometrie enthält daher die allgemeinen affinen Abbildungen der Ebene und des Raumes und die Parallelprojektionen des Raumes auf die Ebene. Es können beliebig viele reguläre affine Abbildungen derselben Dimensionsstufe hintereinander geschaltet werden. Zu den Elementarkonstruktionen gehören die Tangentenkonstruktionen an Kreise und Ellipsen und deren Schnitt mit Geraden. Die rechnerinterne Darstellung der dreidimensionalen affinen Geometrie ist in ARNOLD und FRANK [1] ausführlich behandelt. Eine Realisierung für Mikrorechner (Sirius 1) auf Fortranbasis liegt vor und ist ergänzt durch ein Modul für die Dialogführung und Cursorsteuerung. Die existierende GKS-verbundene Version ist auf Mikrorechnern erst dann sinnvoll einzusetzen, wenn GKS auf einem Chip realisiert ist, da sonst der Arbeitsspeicher zu stark belastet wird.

3. Anwendungsbereiche von CAD auf Mikrorechnern

Bisher wurden von den Verfassern im wesentlichen drei Bereiche für CAD-Anwendungen auf Mikrorechnern bearbeitet, von denen zwei Bereiche eine echte dreidimensionale Geometrieverarbeitung voraussetzen. Die Untersuchungen, Entwicklungen und erzielten Ergebnisse werden im folgenden abgehandelt.

A Dreidimensionale Rohrleitungsplanung

Aufbauend auf das Geometrie-Modul wurde ein dreidimensionales interaktives System zur graphischen Grobplanung von Rohrleitungssystemen im Anlagenbau der Chemietechnik erstellt und zunächst auf einem Großrechner bei verfügbarer Arbeitsspeicherkapazität von 256 K erprobt (siehe FRANK [7]). Dieses System ist auf Fortranbasis realisiert und GKS-verbunden, wobei GKS-Funktionen insbesondere für den Dialog benutzt werden. Es sollen nur die wichtigsten Funktionen dieses Systems hier angeführt werden. Für eine ausführliche Darstellung wird auf FRANK [7] der Literaturliste verwiesen.

Ein quaderförmiger Planungsraum wird vorgegeben und unter beliebig wählbarer Blickrichtung (d. h. Parallelprojektion) auf dem Bildschirm eines Graphikterminals betrachtet. Im Dialog werden Apparate einer Objektbibliothek entnommen und am Bildschirm im Planungsraum positioniert. Die Apparate können auch während des interaktiven Entwurfs mit Hilfe eines Objektgenerators in das System eingefügt werden. Der vorliegende Objektgenerator stellt hierzu fünf Grundtypen für Apparate zur Verfügung - Kubus, Zylinder, Zylinder mit Kugelkappen, abgesetzte Kolonne, Silo (siehe Figur 2), die mit maximal fünf freiwählbaren Parametern dimensioniert und mit beliebig vielen Stutzen für Rohranschlüsse und Armaturen ausgestattet werden können.

Für jeden Apparat gibt es eine markierte Grundstellung.

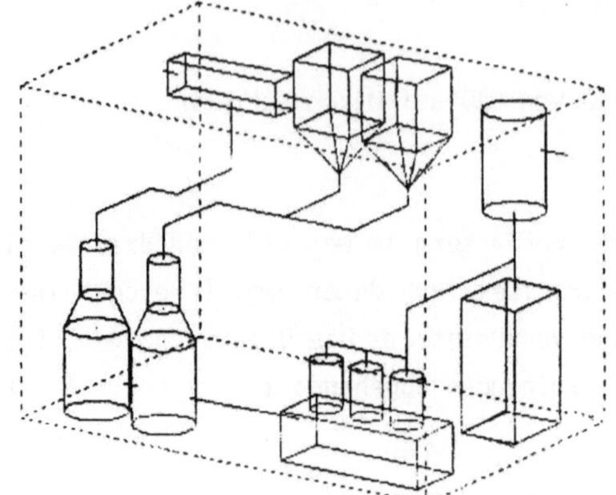

Ein Planungsraum

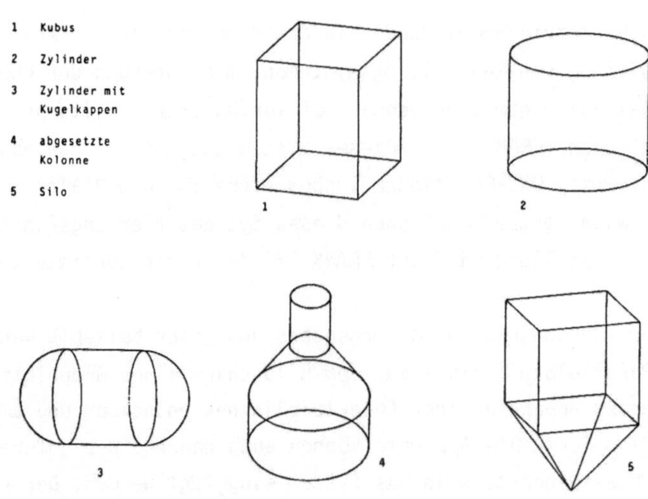

Figur 2: Grundtypen des Objektgenerators

Die in den Planungsraum eingesetzten Apparate können nun interaktiv am Bildschirm unter gleichzeitigem Einfügen von neuen Stutzen, Krümmern, Schiebern, Armaturen usw. verrohrt werden. Rohre können mit einer Farbe belegt werden, um ihre Zugehörigkeit zu einem bestimmten Kreislauf zu kennzeichnen. Sämtliche eingebrachten Objekte können am Bildschirm identifiziert werden. Daher stehen bereits konstruierte Rohranschlußpunkte für den interaktiven Rohrleitungsentwurf stets zur Verfügung.

Objekte wie Rohre und Apparate können gelöscht oder ihre Lage am Bildschirm geändert werden. Stutzen und Armaturen, die bei diesen Operationen keine Verbindung zu einem Objekt mehr besitzen, werden automatisch gelöscht.

Alle in den Planungsraum eingebrachten Objekte sind mit ihrer räumlichen Geometrie und Lage, mit technischen Daten und Farbmerkmalen gespeichert. Die Kollision von Rohren und Apparaten wird bereits während des interaktiven Entwurfs geprüft und führt gegebenenfalls zu einer Fehlermeldung des Systems. Über eine Liste der freien Stutzen kann die Vollständigkeit der Anlage kontrolliert werden.

Die graphische Ausgabe in der Interaktion gibt für Apparate Umrißmodelle, für Rohre Mittellinien (auf Wunsch mit Farbe) und für Stutzen, Armaturen usw. unterschiedliche Symbole. Auf einen Hidden-Line-Algorithmus wird hier wegen der großen Rechenintensität bewußt verzichtet. Dieser Verzicht bedeutet keine Einschränkung des Systemeinsatzes, da die zwei eingebauten Funktionen "space zooming" und "space windowing" für den interaktiven Entwurf sehr viel effizientere Eigenschaften bieten. Das "space zooming" ermöglicht es, die Umgebung eines räumlichen Objekts ohne störenden Vorder- und Hintergrund beim Konstruktionsprozess sichtbar zu machen. Mit Hilfe des "space windowing" kann in einer "dicken Ebene" konstruiert werden, wobei die häufig in Reihe stehenden Apparate mittels eines quaderförmigen Clipping-Fensters ohne störende Nachbarschaft verrohrt werden können.

Das System ist so ausgelegt, daß bei einer Kapazität des Arbeitsspeichers von 1 MB ca. 1000 Objekte aktuell verarbeitet werden können.

B Kurvenmodellierung in der Ebene

In manchen CAD-Anwendungen kommen freigeformte Kurven vor, die dann häufig bereits beim Entwurf frei modelliert werden sollen (z. B. Stickmuster, Werbegraphik). Die CAD-Anwendungen liegen hier nicht selten in gut überschaubaren inselartigen Bereichen, die für den Einsatz von Mikrorechnern geeignet erscheinen. Für Mikrorechner läßt sich nun ein Kurvenmodellierer realisieren, der die verschiedenen Eingabemöglichkeiten nach der Bézier-Methode für ebene Freiformkurven (siehe BÖHM u. KAHMANN [2]) zur Verfügung stellt.

Eine dieser Eingabemöglichkeiten besteht in der Vorgabe einer geordneten Punktwolke, durch die eine Kurve so hindurch gelegt wird, daß die gegebenen Punkte im Sinne von Gewichtspunkten auf die Kurve einwirken (siehe BÖHM [3]). Durch Verändern dieser Punktwolke kann die zunächst erzeugte Kurve in ihrer Gestalt beliebig geändert werden (siehe Figur 3).

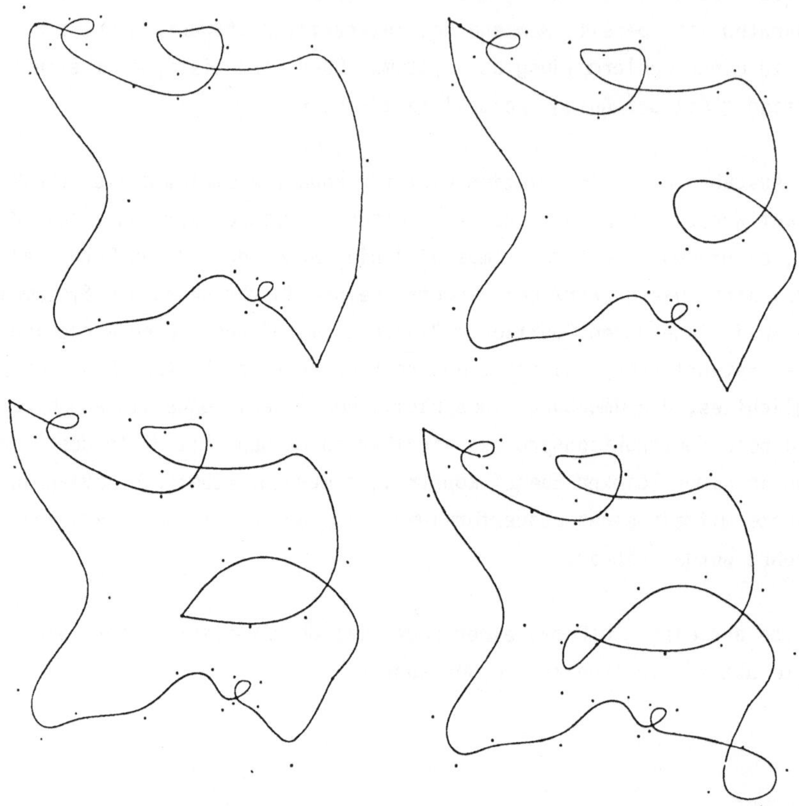

Figur 3: Eine Folge von Kurvenmodellierungen

Die Veränderungen sind Einfügen oder Löschen einzelner Punkte. Insbesondere erhält man eine Kurvenspitze, wenn ein Punkt hintereinander dreimal gezählt wird. Man hat die Wahl geschlossene oder offene Kurven zu modellieren, wobei für offene Kurven Anfangs- und Endpunkt noch frei gewählt werden können. Die Kurvenmodellierung geschieht interaktiv, wobei die Punkte graphisch eingegeben und identifiziert werden können.

Technisch von großer Bedeutung sind die sog. Äquidistanten, also die Parallelkurven bei vorgegebenem Abstand, für Freiformkurven (z. B. Stickmuster, Werbegraphik, Bahnkurven NC-gesteuerter Werkzeuge). Von den Verfassern wurde ein Algorithmus zur Erzeugung der Äquidistanten von Freiformkurven entwickelt, der die Einhaltung vorgegebener

Toleranzen garantiert. Die Äquidistante einer Freiformkurve ist wieder Freiformkurve desselben Typs.

Für die NC-Steuerung von Werkzeugen auf Äquidistanten zu freigeformten Konturen tritt zusätzlich das Problem der Kollision auf, das sich in Selbstüberschneidungen der Äquidistanten zeigt. Diese Selbstüberschneidungen werden vom System erkannt, so daß die Äquidistante geeignet verkürzt werden kann (siehe FRANK [6]). - Figur 6

C Flächenmodellierung im Raum

Für Freiformflächen können Flächenmodellierer auf Mikrorechnern nach den Methoden von Bézier und Coons (siehe BÖHM und KAHMANN [2]) realisiert werden. Freiformflächen werden nicht nur im Automobil-, Schiff- oder Flugzeugbau verwendet, sondern auch in kleineren Bereichen wie der Herstellung von Leuchten und der Erzeugung von Ausrundungsflächen im Rohrleitungsbau (siehe NOWACKI u. GNATZ [8]). Weitere Anwendungen sind bei der Beschreibung von Zwischenlagen im Gesenkschmieden und Tiefziehen von Blechen und der Modellierung von Gußteilen zu erwarten.

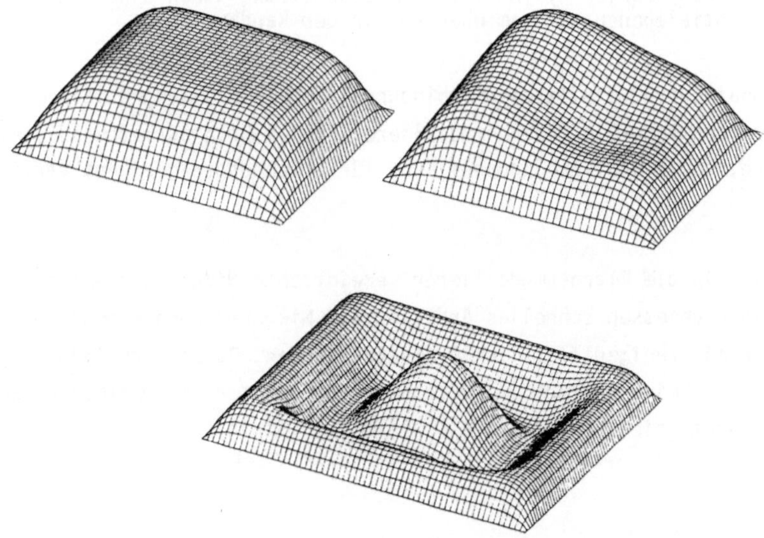

Figur 4: Eine Folge von Flächendeformationen

In Figur 4 wird eine Folge von Flächendeformationen gezeigt. Ein Beispiel für eine ausrundende Verbindungsfläche zu zwei gegebenen Flächen ist in Figur 5 enthalten.

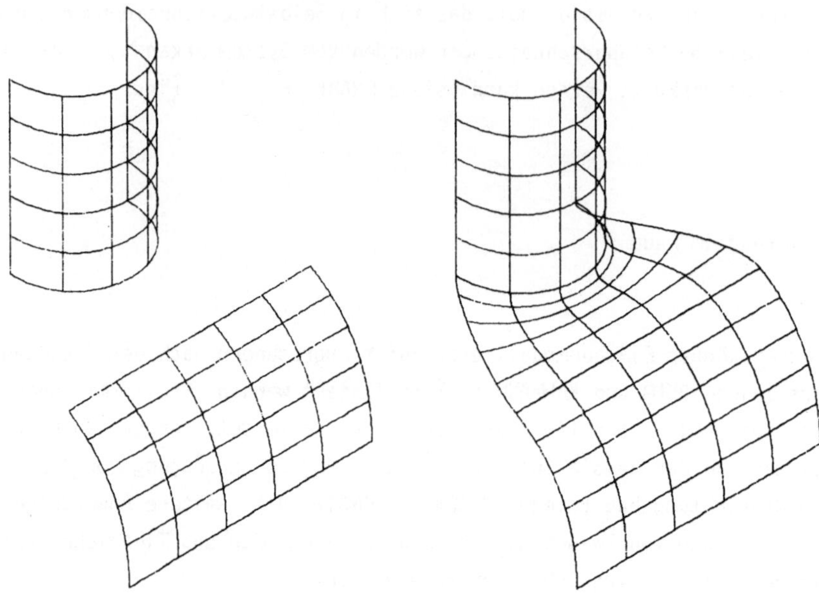

Figur 5: Verbindung zweier zylindrischer Flächenstücke durch eine Freiformfläche mit tangentialebenenstetigem Übergang in den Randkurven

Längs der Ansatzkurven stellt die Verbindungsfläche einen tangentialebenenstetigen Übergang her. Der benutzte Flächenmodellierer stellt noch ausreichend viele Parameter zur Verfügung, damit die Verbindungsfläche für Anwendungen geeignet variiert werden kann.

Weiterhin sind in die Flächenmodellierer vereinfachte Hidden-Line-Algorithmen eingebaut, die ein angemessen schnelles Arbeiten auf Mikrorechnern ermöglichen, wenn nur Kombinationen mit wenigen Teilflächen benutzt werden. Dabei wird jedoch weder der wahre noch der scheinbare Umriß der Fläche bezüglich der freiwählbaren Parallelprojektion berechnet (siehe Figur 4).

4. Forschung und Ausbildung in CAD auf Mikrorechnern

Insbesondere in der Grundlagenforschung für die Entwicklung von CAD-Systemen bieten Mikrorechner wegen der geringen Investitionskosten dem akademischen Forscher günstige und häufig ausreichende Einstiegsmöglichkeiten. Dies zeigte sich vor allem bei den beiden Projekten, die sich mit Kurven- und Flächenmodellierung befaßten. Dazu kommt der Vorteil, daß die CPU nicht mit anderen Benutzern geteilt werden muß. Für die Grundlagenvermittlung in der Lehre von CAD bei großen Teilnehmerzahlen bietet sich der Mikrorechner ebenfalls als geeignetes Lehrmittel an. Bei der systematischen und methodischen Ausbildung in CAD ist ein großes CAD-System eher hemmend als unterstützend, da der Lernende bereits durch die umfangreiche Geräte- und Systembedienung erdrückt und ihm so der Blick für das Wesentliche verstellt wird.

Es bietet sich daher an, kleine CAD-Bausteine mit begrenztem methodischem Ziel für die Vermittlung von Grundlagenwissen und Methoden von CAD auf Mikrorechnern zur Verfügung zu haben. Diese CAD-Bausteine können als Dialogsysteme unter didaktischen Gesichtspunkten so angelegt werden, daß eine Unterrichtung im Klassenverband mit großen Teilnehmerzahlen möglich ist. Dafür ist auf der Hardware-Seite ein Labor mit zehn bis zwanzig graphikfähigen PCs erforderlich, so daß mindestens für je zwei Teilnehmer ein Gerät vorhanden ist. Periphere Geräte können zentral eingesetzt und über Schnittstellenverteiler angesprochen werden.

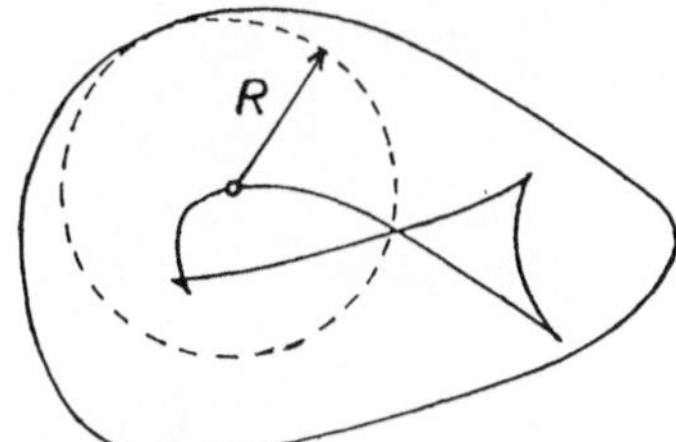

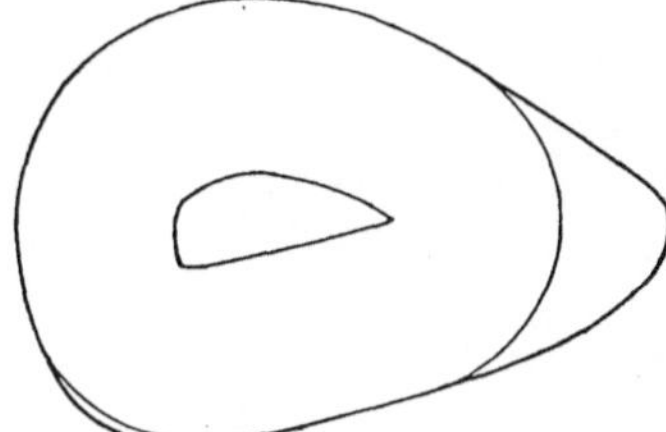

Figur 6: Kollisionsfreie Mittelpunktskurve eines Fräswerkzeuges beim Innenfräsen einer freigeformten Kontur mit Ist-Soll-Vergleich von Eingriffslinie und Kontur

Literatur

[1] ARNOLD, R.; FRANK, H.: Methoden der Abbildungsgeometrie im Computer Aided Design. Angew. Inf. (1984), 340 - 345

[2] BÖHM, W.; KAHMANN, J.: Grundlagen kurven- und flächenorientierter Modellierung. Inf.-Fachber. 65 (1983), 173 - 210

[3] BÖHM, W.: Parameterdarstellung kubischer und bikubischer Splines. Computing 17 (1976), 87 - 92

[4] ENCARNACAO, J.; SCHLECHTENDAHL, H.: Computer Aided Design Verlag Springer Berlin 1982

[5] ENCARNACAO, J.; HORNUNG, C.; KUHLMANN, H.: Geometrische Modelliersysteme, Stand und Trends. Inf.-Fachber. 65 (1983), 3 - 23

[6] FRANK, H.: Zur Grundausbildung in rechnergestützter Konstruktiver Geometrie und CAD. Inf.-Fachber. GI-Jahrestagung '84

[7] FRANK, H.: Computer Aided Design in Piping of Chemical Plants. Proc. of the Confer. 'Math. in Industry', Okt. 1983 Oberwolfach. Teubner Verl. Stuttgart 1984, 209 - 218

[8] NOWACKI, H.; GNATZ, R.: Geometrisches Modellieren. Fachtagung der GI und der TU Berlin, Nov. 1982. Inf.-Fachber. 65 (1983)

SOFTWARESCHUTZ
vor unberechtigtem Benutzen von Daten auf einem IBM Personal Computer

ANDERLA PETER
Forschungsinstitut für Microprozessortechnik
Johannes Kepler Universität
Linz-Auhof

1. Die Beschreibung der Problemstellung

Seit dem Bewußtsein der Menschheit, daß Wissen gleich Macht ist, besteht auch das Bedürfnis, Informationen vor mißbräuchlicher Verwendung zu schützen und da der Begriff "mißbräuchlich" als ein sehr relativer Begriff einzustufen ist, besteht weiters das Bedürfnis, sich Informationen zu beschaffen, sei es auch auf illegale Weise.

Es besteht daher die Notwendigkeit, Computer vor der unberechtigten Benützung zu schützen, um einerseits ein mächtiges Werkzeug vor Mißbrauch zu bewahren und andererseits darauf gespeicherte Daten nicht jedermann zugänglich zu machen.
Aus der Vielzahl der am Markt befindlichen Computer sei hier der IBM Personal Computer herausgegriffen, stellvertretend für eine sehr weit verbreitete Computerfamilie im professionellen Einsatz, die Familie der Micro- und Personalcomputer.
Der IBM PC bietet nur in einer seiner möglichen werksmäßigen Konfigurationen, nämlich als IBM PC AT, einen standardmäßig vorhandenen Schutz vor unberechtigter Benützung, dieser Schutz ist in Form eines Schlüsselschalters gegeben.
Alle anderen werksmäßigen Konfigurationen besitzen keinen derartigen Schutzmechanismus, der Zubehörmarkt bietet zur Zeit keine befriedigende Lösung, es bedarf daher der Entwicklung einer Schutzmethode, die auf allen möglichen Konfigurationen des IBM PC einsetzbar ist.

2. Die Forderungen an die Schutzmethode und ihre Konsequenzen

2.1 Die Forderungen an die Schutzmethode

Folgende Hauptforderungen, die generell gelten, lassen sich aufstellen:

(1) die Forderung nach WIRKSAMKEIT
(2) die Forderung nach WIRTSCHAFTLICHKEIT
(3) die Forderung nach EINFACHHEIT
(4) die Forderung nach KOMPATIBILITÄT
(5) die Forderung nach SICHERHEIT

2.1.1 Die Forderung nach WIRKSAMKEIT

Der Zweck jeder Schutzmethode muß darin bestehen, daß der Gegenstand des Schutzes möglichst wirksam vor Mißbrauch geschützt ist. Da das Schutzsystem zwischen berechtigten und unberechtigten Benützern zu unterscheiden und im Fall der Berechtigung den Schutzmechanismus aufzuheben hat, gibt es keine Schutzmethode, die theoretisch und praktisch hundertprozentig wirksam ist.
Dies gilt deshalb, weil ein Weg zur Aufhebung des Schutzmechanismusses ja bestehen muß und dieser Weg rein theoretisch von einem unberechtigten Benützer herausgefunden werden kann.
Daher die Forderung nach maximal MÖGLICHER Wirksamkeit.
Praktisch gesehen geht es also darum, den Aufwand für das Lösen des Schutzmechanismusses derart hochzuschrauben, daß dieser Vorgang für unberechtigte Benutzer ZUMINDEST wirtschaftlich uninteressant wird.
Probleme in dieser Hinsicht entstehen durch gewisse Personenkreise, die bei Versuchen, Schutzsysteme aufzuheben, primär keinerlei wirtschaftliche Überlegungen anstellen, sondern aus rein persönlichen Gründen handeln.

2.1.2 Die Forderung nach WIRTSCHAFTLICHKEIT

Wie bereits erwähnt, ist abgesehen vom IBM PC AT, standardmäßig kein Schutzsystem für den IBM Personal Computer verfügbar.
Will man nun Schutzsysteme installieren, so bedeutet dies zusätzlichen Aufwand, der aus wirtschaftlichen Überlegungen so klein als möglich zu halten ist. Dies gilt nicht nur für die Anschaffung, sondern auch für Installation, Wartung und Bedienung des Schutzsystems.
Aus der Sicht des Herstellers sollte das Schutzsystem so konzipiert sein, daß einer Eroberung eines großen Marktanteiles nichts im Wege steht.

2.1.3 Die Forderung nach EINFACHHEIT

Idealerweise sollte das Schutzsystem möglichst einfach, also wie eine gängige Standardsoftware, installierbar sein.
Eine Voraussetzung für eine große Verbreitung am Markt ist die Bedingung, daß jedermann, der seinen Computer bedienen kann, auch dazu befähigt sein müßte, ein Schutzsystem zu installieren, ohne daß besondere Hard- und/oder Softwarekenntnisse nötig sind.
Gleiches gilt für die Wartung des Systems, vor allem aber für die Bedienung.

2.1.4 Die Forderung nach KOMPATIBILITÄT

Ein Grundprinzip der Familie der Micro- und Personalcomputer ist die Tatsache, daß der Benutzer mit einem relativ kleinen System in die automatisierte Datenverarbeitung einsteigen kann, ohne daß er fürchten muß, bei gehobenen Anforderungen sein Einstiegssystem gegen ein neues System austauschen zu müssen. Dies bedeutet für den Benutzer, daß er seine Hardware gehobenen Anforderungen durch ZUSÄTZE anpassen kann und nicht ein gänzlich anderes System in seine Dienste stellen muß.

Ein Umstieg auf ein gänzlich neues System bedingt ja nicht nur eine Hardwareumstellung, sondern meist auch eine Software- und damit eine Bedienungsumstellung.
Dieses Grundprinzip bedarf einer besonderen Berücksichtigung beim Design von Schutzsystemen.
Man muß also davon ausgehen, daß der Benutzer verschiedenste externe Hardwaresysteme einsetzt und eventuell auch verschiedene Versionen eines Betriebssystems im Laufe seines Arbeitens in Verwendung bringt.

2.1.5 Die Forderung nach SICHERHEIT

Die automatisierte Datenverarbeitung ist, wie viele Dinge dieser Welt, nicht perfekt.
Der Computer mit seiner Peripherie ist als physischer Teil der EDV ebenso fehleranfällig wie der Mensch und die von ihm entworfene Software; die Kombination Mensch - Maschine darf erst recht als fehleranfällig bezeichnet werden.
Auch diese Tatsache muß beim Entwurf eines Schutzsystems Eingang finden.

2.2 Die Konsequenzen

Im Prinzip sollte jedes dem Markt zur Verfügung gestelltes Produkt zwei Bedingungen erfüllen:

- ein bestehendes Problem muß damit lösbar sein
- ein wirtschaftlicher Nutzen sollte daraus ableitbar sein

Für Programme bzw. Programmsysteme und damit auch für ein Schutzsystem gelten diese Bedingungen ebenfalls, deshalb sind die Forderungen nach WIRKSAMKEIT und nach WIRTSCHAFTLICHKEIT die stärksten Forderungen.
Natürlich konkurrieren alle Forderungen untereinander. Eine erhöhte Wirksamkeit bedingt erhöhten Aufwand, der seinerseits auf die Einfachheit und Kompatibilität drückt. Mitunter kann unter einem erhöhten Aufwand auch die Wirtschaftlichkeit leiden.
Es gilt, eine OPTIMALE Berücksichtigung aller Forderungen zu finden.

3. Die möglichen Lösungsansätze

Den Problemkreis von Schutzsystemen kann man in zwei Hauptprobleme untergliedern:

(1) wie wird der eigentliche Schutz realisiert ?
(2) wie wird die Berechtigung bzw. Nichtberechtigung eines Benutzers festgestellt ?

Für beide Teilprobleme ergeben sich dem Prinzip nach drei Lösungsansätze bezüglich der Realisierung:

(1) eine hardwaregestützte Lösung
(2) eine softwaregestützte Lösung
(3) eine Kombination aus (1) und (2)

3.1 Zur Realisierung des eigentlichen Schutzes

Der Hauptansatzpunkt zur Realisierung des eigentlichen Schutzes ist das Medium, auf dem die zu schützenden Daten gespeichert sind. Dabei kann man vorab den Hauptspeicher als eine Variante der Speichermöglichkeit ausscheiden, da der IBM PC durchwegs von Betriebssystemen gesteuert wird, die gleichzeitig immer nur einen Benutzer und nur eine Aufgabe (Single User, Single Task) bedienen können.
Übrig bleibt also nur die entsprechende externe Peripherie wie Diskettenlaufwerke, Festplatten, Magnetbänder und dergleichen.
Hier genügt es in weiterer Folge das Interesse hauptsächlich auf die schwer zu transportierenden Datenträger zu legen, da es einerseits dem Benutzer zumutbar ist, zum Beispiel Disketten oder Magnetbänder, die leicht transportierbar sind, auf konventielle Weise wie Einsperren in Tresore zu schützen und andererseits es aber unzumutbar ist, etwa eine Festplatte täglich aus dem System auszubauen, um sie in einen Tresor einsperren zu können. Der eigentliche Zugriff auf Daten, die zum Beispiel auf einer Magnetplatte gespeichert sind, sei er nun berechtigt oder unberechtigt, kann nur durch vollständige Blockierung der externen Einheit auf unterster Hardwareebene verhindert werden.

Im Hinblick auf die gestellten Forderungen und auf den schwierigen nachträglichen Einbau mit allen seinen Konsequenzen (z. B. eventueller Wegfall von Garantieleistungen) ist dies abzulehnen.
Viel interessanter für das nachträgliche Anbringen eines Schutzsystems ist die Manipulation des Zugriffs, sodaß der unberechtigte Zugriff nicht den gewünschten Erfolg bringt.
Zu diesem Zweck gibt es drei Möglichkeiten:

(1) Modifikation aller zu schützenden Daten in geeigneter Weise, sodaß der Informationsgehalt dieser Daten gleich Null wird.
(2) Modifikation der Zugriffswege zu den zu schützenden Daten in geeigneter Weise, sodaß nur berechtigte Benutzer zu den Daten zugreifen können.
(3) eine Kombination der Möglichkeiten (1) und (2)

Hardwaregestützt können diese drei Möglichkeiten wieder nur auf der untersten Hardwareebene realisiert werden, was aus bereits genannten Gründen kritisch ist. Wirkungsvoller und wesentlich flexibler ist für diesen Zweck der Einsatz einer softwaregestützten Lösung.

3.2 Zur Feststellung der Berechtigung bzw. Nichtberechtigung

Gerade die Feststellung der Berechtigung ist immer wieder Zielpunkt von Versuchen, ein Schutzsystem zu überlisten. Dies wohl deshalb, weil keine Maschine derzeit einwandfrei und absolut täuschungssicher eine Person oder einen Personenkreis identifizieren kann, ja selbst der Mensch als intelligentestes Wesen ist vor Betrug und Täuschung in diesem Bezug nicht sicher.
Fest steht jedenfalls, daß mit einem für Einsatzmöglichkeiten im Micro- und Personalcomputerbereich normalen Aufwand keine Methode realisierbar ist, die es einer Maschine ermöglichen würden, Personen bzw. Benutzer an ihren (menschlichen) Merkmalen zu erkennen, die Maschine und damit das Schutzsystem muß sich also zur Feststellung der Berechtigung an Dingen orientieren, die letztenendes kopierbar und übertragbar sind, wie zum Beispiel Passwörter oder mechanische Schlüssel.
Auch hier erscheint somit der Einsatz einer softwaregestützten Lösung am sinnvollsten.

4. Der gewählte Lösungsweg

Der eigentliche Schutz wird durch eine Modifikation der Zugriffswege realisiert, die Feststellung der Berechtigung bzw. Nichtberechtigung erfolgt per Passwortprüfung.

Setzt man softwaregestützte Lösungen für Schutzsysteme ein, so soll sich diese Software auf die Unterstützung eines Betriebssystems verlassen können, um nicht Funktionen benützen zu müssen, die wiederum hardwareabhängig sind.
Aus der Menge der für den IBM PC und kompatible Systeme verfügbaren Betriebssyteme bietet sich besonders MS-DOS bzw. PC-DOS von Microsoft an.
MS-DOS deshalb, weil dieses Betriebssystem zur Zeit das einzige ist, das alle möglichen Konfigurationen des IBM PC steuern kann, insbesondere auch den IBM PC AT mit der 16-Bit-CPU. Die Miteinbeziehung von MS-DOS gewährleistet also folglich automatisch die Forderung nach Kompatibilität ohne zusätzlichem Aufwand und ermöglicht gleichzeitig, das Schutzsystem auf vielen anderen IBM-kompatiblen Systemen einzusetzen, da MS-DOS sehr häufig in Verwendung ist. Dies wiederum unterstützt wesentlich die Forderung nach Wirtschaftlichkeit aus Herstellersicht.
Natürlich existiert MS-DOS in verschiedenen Versionen. Nachfolgend seien mit MS-DOS (bzw. DOS) alle Versionen dieses Betriebssystems gemeint, die eine Versionsnummer größer oder gleich 2.0 besitzen. Ältere Versionen miteinzubeziehen erscheint als sinnlos, da diese Versionen nur Disketten als externe Speichereinheiten unterstützen.

4.1 Zur Realisierung des eigentlichen Schutzes

Um die Wirkung einer Modifikation der Zugriffswege zu verstehen, sei nachfolgend erklärt, in welcher Weise das Betriebssystem MS-DOS bzw. PC-DOS von Microsoft Daten auf externen Speichereinheiten wie Disketten oder Platten verwaltet.

Je nach Kapazität der externen Einheit ist die Anzahl der Oberflächen (Heads, Sides), die Anzahl der Zylinder je Oberfläche und die Anzahl der Sektoren je Zylinder variabel.
Alle Platten und Disketten sind softsektoriert, neben der normalen Adressierung eines Sektors durch Angabe von Laufwerksnummer, Head-Nummer, Zylinder-Nummer, Sektor-Nummer stellt DOS die Verwaltung einer logischen Sektornummer zur Verfügung. Diese logische Nummer impliziert Head- und Zylindernummer, sie läuft von 0 (dem ersten möglichen Sektor) bis zur Anzahl der vorhandenen Sektoren.
Dabei werden aber die Sektoren nicht physisch sequentiell durchnumeriert, sondern in Hinblick einer Minimierung der Lesekopfbewegung speziell numeriert.
Begonnen wird mit Head 0, Zylinder 0 und Sektor 1 (=erster logischer Sektor), fortgefahren wird dann auf dem gleichen Head und dem gleichen Zylinder, bis die maximale Sektorenanzahl pro Zylinder erreicht ist. Sodann wird der Head gewechselt und solange auf dem gleichen Zylinder verblieben, bis alle Heads durchschritten wurden.
Benutzt man also diese logische Sektorennummer, so braucht sich das Anwenderprogramm nicht darum kümmern, wieviele Sektoren ein Zylinder beinhaltet oder wieviele Zylinder die externe Einheit zur Verfügung stellt, DOS übernimmt diese Aufgabe.
Dies ist in Hinblick der Kompatibilität ein wichtiger Punkt, da es dann dem Schutzsystem egal sein kann, welche externe Einheit die zu schützenden Daten zur Speicherung aufnimmt.

Fordert man von DOS Speicherplatz für Dateien auf einer externen Einheit an, so ist die kleinste Einheit, die DOS zur Verfügung stellt, nicht etwa ein Sektor, sondern eine Zuordnungseinheit, die auch Cluster genannt wird. Ein Cluster besteht aus zwei oder mehreren Sektoren, wobei aber diese Sektoren nicht unbedingt physisch hintereinander stehen müssen, vielmehr sind diese Sektoren logisch (siehe logische Sektorennummer) hintereinander angeordnet.
Weiters vergibt DOS Speicherplatz für Dateien dynamisch, das heißt, Speicherplatz wird erst bei Bedarf reserviert.
Daraus folgt, daß DOS zum üblichen Inhaltsverzeichnis eine weitere Tabelle benötigt, die die Cluster verwaltet und gleichzeitig die einzelnen Cluster einer Datei miteinander verkettet.
Diese Tabelle heißt Dateizuordnungstabelle oder File Allocation Table (kurz: FAT).

Wie nun DOS beliebige Teile einer Datei lokalisieren kann, ist aus dem nachstehenden Schema ersichtlich:

```
        INHALTSVERZEICHNIS                           FAT
-------------------------         ---------------------------
!                       !         !   ------        ------     !
!                       !   -----!--)! Ci !-------)! Cj !     !
!-----------------------! !       !   ------        ------     !
! Eintrag der Datei im !  !--!    !                  !         !
! Inhaltsverzeichnis   !  !       !                  !         !
!-----------------------!         !                  V         !
!                       !         !               ------       !
!                       !         !               ! Ck !       !
!                       !         !               ------       !
!                       !         !                            !
-------------------------         ---------------------------
```

Jeder Verzeichniseintrag enthält neben dem Namen der Datei und anderen Informationen auch die Nummer des ersten Clusters der Datei, den sogenannten Startcluster (Zeiger auf Cluster Ci).
Dieser Zeiger verweist also auf eine bestimmte Position in der FAT, die wie jede Position in der FAT zweierlei Informationen enthält:

- die Clusternummer, aus der die logischen und damit physischen Sektoren ermittelbar sind

- den Verweis auf den nächsten Cluster bzw. einen Hinweis, daß dies der letzte Cluster der Datei ist.

Nebenbei kann DOS aus der Dateizuordnungstabelle ableiten, welche Sektoren reserviert bzw. fehlerhaft sind, wieviel freier Speicherplatz auf der Einheit noch verfügbar ist und in Zusammenhang mit dem Inhaltsverzeichnis, ob herrenlose Clusterketten vorhanden sind.

Man kann sich nun vorstellen, was passieren würde, wenn diese Informationen fehlerhaft sind oder gar fehlen.

Die Idee bei dieser Realisierung des eigentlichen Schutzes besteht nun darin, die Informationen aus Inhaltsverzeichnis und Dateizuordnungstabelle so zu verändern, daß DOS damit beim besten Willen nichts mehr anfangen kann.
Daraus folgt, daß der eigentliche Zugriff zwar nicht verhindert wird, aber jeglicher Zugriff auf geschützte Daten wird sicher nicht den gewünschten Erfolg bringen.

Bei der Veränderung der Informationen aus FAT und Inhaltsverzeichnis muß beachtet werden, daß dieser Vorgang auf jeden Fall eindeutig umkehrbar sein muß, da sonst der Schutzmechanismus nie wieder aufgehoben werden könnte.

4.2 Zur Feststellung der Berechtigung bzw. Nichtberechtigung

Wie bereits erwähnt, erfolgt die Feststellung der Berechtigung bzw. Nichtberechtigung per Passwortabfrage.
Um nicht mit der Lösung dieses Teilproblemes einen echten Schwachpunkt zu bilden und damit die Wirksamkeit des gesamten Schutzsystems zu gefährden, wurde die Feststellung der Berechtigung oder Nichtberechtigung als Teil eines Public Key Encryption Schemas in das Schutzsystem eingebunden. Das Schutzsystem verwendet also ein Passwort als Public Key zum "Zusperren" und ein weiteres Passwort als Private Key zum "Aufsperren".
Dies bedeutet, daß der Public Key und besonders der Private Key vom Benutzer selbst in das Programm eingebracht werden und deshalb alle Versuche, das Passwort im Programm zu finden oder gar die Passwortabfrage zu eliminieren, völlig sinnlos sind, denn ohne das per Eingabe eingebrachte Passwort kann weder auf- noch zugesperrt werden.
Diese Methode verbindet beide Teilprobleme (Realisierung des eigentlichen Schutzes, Feststellung der Berechtigung) und erhöht so nicht unwesentlich die Wirksamkeit des Schutzsystems.

5. Die Diskussion des Lösungsweges

Abschließend sei der gewählte Lösungsweg in Hinblick auf die gestellten Anforderungen durchleuchtet.
Konkret ist das Schutzsystem so ausgeführt, daß der Benutzer eine Diskette geliefert bekommt, die quasi den Schlüssel und den Schutzmechanismus darstellt.
Das "Auf- und Zusperren" erfolgt durch Einlegen der Diskette in das Laufwerk A und nachfolgendem Starten des Systems, sei es durch Kalt- oder Warmstart. Durch diesen Vorgang wird bei der Initialisierung von DOS das Schutzprogramm aktiviert, das seinerseits nach dem Passwort frägt. Nur bei korrekter Bekanntgabe des Passwortes an das Schutzsystem führt dieses die gewählte Funktion aus, ansonsten bricht das Programm ab und beläßt die Daten in ihrem Zustand.

Die Wirksamkeit der gewählten Methode ist einerseits durch eine geeignete Wahl der Modifikation der Zugriffswege und andererseits durch eine gut abgesicherte Feststellung der Berechtigung gewährleistet.
Auf die Modifikation aller Daten wurde absichtlich verzichtet, da im Falle des IBM PC XT zu diesem Zweck mehr als 20.000 Sektoren gelesen und beschrieben werden müßten. Der Umstand, daß nur die Zugriffswege modifiziert werden, ergibt aber keinen Verlust an Wirksamkeit, denn den meisten Programmen wird durch eine scheinbar fehlerhafte Dateizuordnungstabelle von vorneherein die Basis ihrer Funktion entzogen (siehe NORTON-Utilities).
Natürlich kann man sich mit Spezialprogrammen trotzdem den Datenbereich der externen Einheit anschauen, muß dann aber bestimmte Konventionen von DOS verletzen und bekommt wegen der dynamischen Platzzuweisung von DOS für Dateien kaum zusammenhängende Daten, da einerseits eine Zerstückelung immer vorhanden ist und andererseits die Semantik von Sektorinhalten wohl schwer ermittelbar wäre.
Sind die Daten allerdings Textdaten (aus ASCII-Files), so fällt die Interpretation der Sektorinhalte natürlich leichter. Gegen ein Ausdehnen der Modifikation auf den gesamten Datenbereich spricht nur der Zeitaufwand des Lesens und des Schreibens, nicht aber das Prinzip der Methode.

Da das Schutzprogramm nicht besonders aufwendig zu gestalten ist, kann für das Programm ein marktgerechter Preis kalkuliert werden. Installationsarbeiten für den Benutzer fallen nicht an, die Bedienung ist denkbar einfach und die Wartung besteht aus dem Anfertigen einer Kopie, falls Gefahr besteht, daß sich die Originaldiskette einem unerlaubten Abnutzungsgrad nähert.
Diese Umstände lassen eine große Akzeptanz erwarten.

Da das Schutzprogramm mit standardmäßigen DOS-Funktionen realisierbar ist, bestehen keinerlei Kompatibilitätsprobleme, weder in Hinblick auf die extern eingesetzte Hardware, noch in Hinblick auf die eingesetzte Version des Betriebssystems.

Bezüglich der Sicherheit des Schutzsystems kann wegen des ausschließlichen Einsatzes von Software bei der Realisierung viel ermöglicht werden.
Bei Verlust des Schlüssels, also der Diskette, ist es sehr einfach, ähnlich einem Schlüsseldienst, Ersatz zu leisten. Gegen die einzige Abnützung, der der Schlüssel unterliegt, kann der Benutzer selber Vorsorge treffen, in dem er sich genügend Kopien anfertigt.
Der Stromausfall oder ein mechanischer Schaden der externen Einheit (Headcrash) sind die einzigen gefährlichen Feinde dieses Schutzsystems. Vorsorge gegen Stromausfall während der Aktivität des Schutzprogrammes kann in gewissem Umfang zwar getroffen werden, gegen mechanische Schäden aber ist wohl kein System gefeit.

Nebenbei herrscht bei den Philosophen noch immer Uneinigkeit darüber, wer bei einem Schadensfall durch Vergessen des "Absperrens" Schuld hat: der Benutzer, der sich die Vergeßlichkeit geleistet hat, oder der Zeitgenosse, der sich diesen Umstand auszunützen erlaubt hat.

AUTOMATISIERTE QUALITÄTSMESSUNG MIT EPSOS-D

Wilfried Emmerich

Institut für Wirtschaftsinformatik
Universität des Saarlandes, Saarbrücken

1 Überblick

In der aktuellen Diskussion um die Software-Qualitätssicherung ist die **Messung der Software-Qualität** eine besonders häufig auftretende Fragestellung.

Eine inhaltliche Bestimmung des Begriffs Software-Qualität ist bisher noch nicht einheitlich erfolgt. In Veröffentlichungen sind verschiedene Konzepte zur Definition der Software-Qualität vorgestellt worden. Gemeinsam ist allen Konzepten der Versuch, die Software-Qualität zu quantifizieren und somit meßbar zu machen. Der Weg zur Quantifizierung der Software-Qualität wird in mehreren Schritten zurückgelegt:

- **Bestimmung qualitativer Kriterien**
  Die aus einer begrifflichen Verfeinerung von Software-Eigenschaften wie Zuverlässigkeit, Portabilität und Wartbarkeit resultierenden Kriterien stellen Anforderungen an Software-Systeme dar. Diese sind jedoch nicht ausreichend konkret, um für eine objektive Überprüfung der Software-Qualität anwendbar zu sein. Dieser Mangel führt zur

- **Ableitung quantitativer Merkmale**
  Merkmale sind Indikatoren für bestimmte Objekteigenschaften (Kriterien), die sich durch ihre Meßbarkeit auszeichnen.

Damit wird eine objektive und nachvollziehbare Messung von Qualitätseigen-schaften von Software-Systemen möglich.

Die manuelle Messung der Software-Qualität bedeutet bei einer Vielzahl von Merkmalen und umfangreichen Programmen einen erheblichen Aufwand. Dies ist sicherlich neben dem Fehlen geeigneter Meßverfahren ein Grund dafür, daß solche Messungen sehr selten in der Praxis der Software-Erstellung durchgeführt werden.
Für eine wirtschaftliche Software-Qualitätssicherung ist deshalb die **Automatisierung der Software-Messung** Voraussetzung.

Das Programmsystem EPSOS-D ist ein Werkzeug zur Messung der Qualität von Software-Systemen (vgl. /2/, /3/, /5/, /6/).

Die computergestützte Qualitätsprüfung umfaßt

- **vollautomatische Messungen**
  solcher Qualitätseigenschaften, die auf der formalen lexikalischen und strukturellen Analyse von Programmen basieren, sowie

- **Messungen im Dialog**
  bei denen der Benutzer die Qualität bestimmter Programmelemente bewertet.

Die Aufgliederung des Begriffs Qualität in Kriterien und Merkmale führt zu einer großen Zahl von Einzelbewertungen bei der Beurteilung von Software-Systemen. Das Dialogsystem gibt dem Benutzer die Möglichkeit, diese Einzelergebnisse nach seinen Vorgaben zu aggregieren.

So können Ergebnisse von Merkmalsmessungen zu einer Beurteilung eines übergeordneten Kriteriums aggregiert werden sowie aus Beurteilungen von Objekten einer Hierarchie-Ebene (z.B. Moduln) eine Beurteilung eines Objektes einer übergeordneten Ebene (z.B. Programm) gewonnen werden.

Mit EPSOS-D kann die Prüfung von Software-Systemen individuell auf die Einsatzumgebung ausgerichtet werden: Der Prüfer kann im Dialog aus einer Vielzahl von Qualitätskriterien (Abb. 1) und -merkmalen (Abb. 2) die für ihn relevanten auswählen. Durch die Möglichkeit, die in Meßgröße, Sollwert und Beurteilung enthaltenen Default-Werte zu verändern, kann der Prüfer die Meßvorschriften an die im Unternehmen vorliegenden Richtlinien anpassen.

Zusätzlich zu den Messungen werden software-technische Risiken (Abb. 3) analysiert und aufgezeigt. Dabei handelt es sich um in einer Programmiersprache zulässige Konstrukte, deren Verwendung jedoch besonders fehleranfällig ist. Mit weiteren Funktionen können gezielt diejenigen Programmteile untersucht werden, die aufgrund der Messungen schlecht beurteilt wurden bzw. besondere Risiken enthalten.

Eine Vielzahl von Auswertungsfunktionen ermöglichen dem Benutzer Software-Systeme aus unterschiedlichen Blickrichtungen zu betrachten.

Das Programmsystem EPSOS-D ist ein Dialogsystem. Der Benutzer steuert den Dialog durch Eingabe von Kommandos. Innerhalb der Vorgehenssystematik kann der Anwender die weiteren Dialogschritte selbst bestimmen. Die Möglichkeit, zu vorhergehenden Dialog-Schritten zurückzugehen oder den Dialog zu beenden, ist stets vorhanden. Fehlerhafte Eingaben werden sofort angezeigt und können vom Benutzer umgehend korrigiert werden. Mit der HELP-Funktion werden die im jeweiligen Kontext zulässigen Kommandos angezeigt.

EPSOS-D kann in der vorliegenden Version für die Messung von COBOL-Programmen (inkl. DB/DC-Befehle) eingesetzt werden. Das Systemkonzept erlaubt nach einer entsprechenden Anpassung auch die Messung von Programmen in anderen Programmiersprachen.

Das Problem der Portabilität eines solchen Qualitätsicherungs-Werkzeuges ist durch das Konzept des Prüfungsrechners gelöst. Die zu prüfenden Programme werden mittels File-Transfer vom Host-Rechner auf den Prüfungsrechner übertragen. Alle weiteren Aktivitäten werden dann auf dem Prüfungsrechner durchgeführt.

Das Programmsystem ist auf einem IBM PC/XT in C und COBOL implementiert. Für die umfangreiche Datenverwaltung wird das Datenbanksystem MDBS III verwendet.

2 Qualitätsmessung

Grundlage für die systematische Messung der Software-Qualität ist ein Prüfkatalog, der sämtliche mit dem Werkzeug meßbaren Qualitätskriterien und -merkmale umfaßt. Aus diesem Grundkatalog kann der Anwender neue Prüfkataloge erstellen, welche alle für ihn relevanten Kriterien bzw. Merkmale enthalten.

Das Projekt **EPSOS "Entwicklung von Methoden zur Erstellung prüfungsgerechter Software-Systeme"** wird seit 01.01.1981 am Institut für Wirtschaftsinformatik (IWi) an der Universität des Saarlandes bearbeitet und wird durch den Bundesminister für Forschung und Technologie (BMFT) gefördert (Förderkennzeichen 08301040).

Die Kataloge sind dem Prüfer zugeordnet (Prüfer-Prüfkatalog). Ein solcher 'Prüfer-Prüfkatalog' wird durch die Messung von Moduln, Programmen oder Programmsystemen eines Unternehmens (Mandanten) über die Meßwerte mit dem gemessenen Objekt verknüpft. Es entsteht der 'Mandanten-Prüfkatalog'.

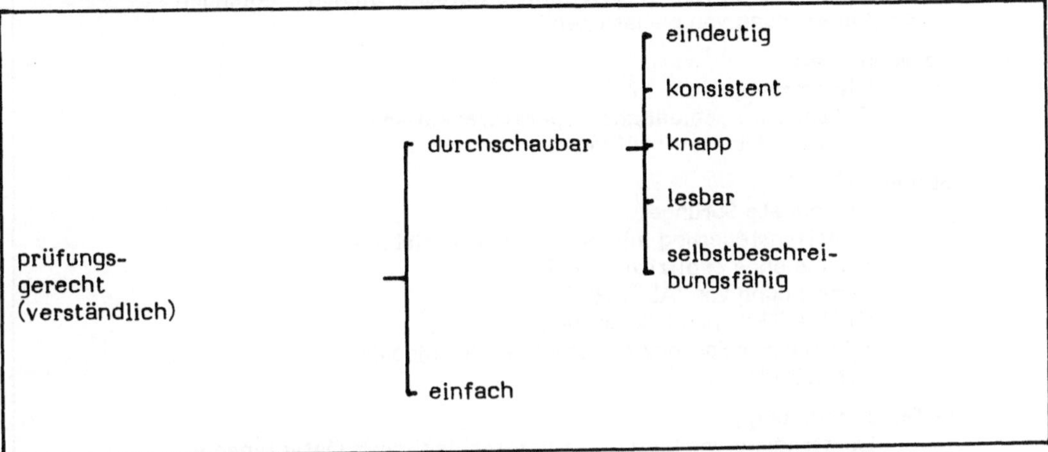

Abb. 1: Systematik der Qualitätskriterien

lesbar	Modulgröße Sichtbarkeit der Datenstruktur Formateinhaltung im Datendefinitionsteil Formateinhaltung im Verarbeitungsteil Anzahl der Anweisungen pro Programmzeile Gewichtete Anzahl Operatoren in Berechnungen Trennung von COBOL-Worten Verwendung von Präfixen
selbstbeschreibungsfähig	Aussagefähigkeit der Problembeschreibung Aussagefähigkeit der Überschriften bzw. Kurzbeschreibungen der Module Selbsterklärende Namen (Datennamen, Prozedurnamen) Verwendung von Präfixen
einfach	Cyclomatic Number Anzahl Eingänge je Modul Anzahl Ausgänge je Modul Anzahl GO TO's Anzahl Sprunganweisungen mit Sprungziel außerhalb des Moduls Schachtelungstiefe bedingter Anweisungen Gewichtete Anzahl logischer Operatoren in Bedingungen Span (= Abstand zwischen den Verwendungen von Variablen)
eindeutig	Klammersetzung in arithmetischen Ausdrücken

Abb. 2: Systematik der Qualitätsmerkmale

Vergleich
- Schachtelungstiefe in bedingten Anweisungen 5
- Vergleiche mit unterschiedlichen Datentypen
- Vergleiche zwischen Daten mit unterschiedlichen Feldlängen
- Verwendung von Negationen

Berechnungen
- Klammerungstiefe 2
- Anzahl unterschiedlicher Operatorenklassen
- Fehlende Überlaufprüfungen

Steuerfluß
- Berechnete Sprünge
- Schleifensteuerung mit Boole'schen Variablen
- Module ohne explizites 'EXIT'
- Verwendung von 'ALTER'
- 'PERFORM' ohne Rücksprung
- 'GO TO' mit Sprungziel außerhalb des Moduls
- Toter Code

Datenübertragung
- Übertragung von Daten mit unterschiedlichen Datentypen
- Übertragung von Daten mit unterschiedlichen Feldlängen

Datendeklaration
- Verwendung von 'REDEFINES'
- Verwendung von 'RENAMES'

Datenreferenz
- Verwendung von 'CORRESPONDING'
- Verwendung von 'IN' und 'OF'

Abb. 3: Software-technische Risiken

3 Funktionen von EPSOS-D

Die Funktionen von EPSOS-D werden in fünf Gruppen eingeteilt.

- **Verwalten der Prüfobjekte**
  Diese Funktion übernimmt die Verwaltung der Programmsysteme, Programme und SECTIONS, insbesondere den File-Transfer der zu prüfenden Programme vom Host-Rechner auf den Prüfungsrechner.
- **Verwalten der Prüfkataloge**
  Die Prüfkataloge werden definiert. Hier kann der Benutzer eine geeignete Auswahl von Qualitätskriterien und -merkmalen aus dem Grundkatalog zusammenstellen.
- **Messen**
  Voraussetzung für die Messung ist das Vorhandensein des Prüfobjektes und eines Prüfkatalogs.
- **Prüfungsunterstützung**
  Mit dieser Funktion können u.a. die software-technischen Risiken analysiert und angezeigt werden.
- **Auskünfte**
  Messergebnisse und sonstige Informationen über Prüfobjekte und Prüfkataloge können mit dieser Funktion am Bildschirm angezeigt und auch ausgedruckt werden.

In den folgenden Abschnitten werden Einzelfunktionen aus den beschriebenen Funktionsgruppen näher erläutert.

3.1 Verwalten der Prüfobjekte

Der Quellcode eines Programms vom Host-Rechner wird auf den Prüfungsrechner übertragen. Daran schließt sich die lexikalische und strukturelle Analyse des Programms an. Die Grunddaten für die Messungen werden ebenfalls in dieser Funktion aufbereitet.

3.2 Verwalten der Prüfkataloge

Mit dem Kommando **ERSTELLE PRUEFKATALOG** stellt der Benutzer die für ihn relevanten Kriterien und Merkmale in einem Katalog zusammen.
Diese Kriterien (qualitative Größen) und Merkmale (quantitative Größen) sind in Form einer Baumstruktur gespeichert.

Nach Eingabe des Kommandos **ERSTELLE PRUEFKATALOG (LESBAR)** wird der Katalog mit dem eingegebenen Namen (im Beispiel: LESBAR) eröffnet. Der Benutzer kann nun Kriterien einschließlich aller Merkmale oder ausgewählte Merkmale mit zugehörigen Kriterien aus anderen bereits erstellten Katalogen bzw. aus dem Grundkatalog kopieren (Abb. 4).

Weitere Funktionen sind:
- Löschen von Kriterien und Merkmalen
- Ändern von Beurteilungsfunktionen
  (sehr hohe (Typ A), normale (Typ B) oder geringe Bedeutung (Typ C) der zu beurteilenden Größe)
- Gewichten der Merkmale zueinander hinsichtlich ihrer Bedeutung bei der Aggregation.

```
EPSOS-D  KOPIERE                        Pruefer-Nr.:  1        06.08.1984

Pruefkatalog : LESBAR                   Pruefer  : AHLERS
Erstelldatum : 06 08 1984               Seite    : 1
```

Kriterium/Merkmal	GW	BF	Messebene	Typ
00000 PRUEFUNGSGERECHT	0		PROGRAMM	
B0000 VERSTAENDLICH	4		PROGRAMM	
B1000 DURCHSCHAUBAR	4		PROGRAMM	
B1400 LESBAR	4		PROGRAMM	
B1401 MODULGROESSE (ZEILE/SEITE)	4	F	MODUL	AUTOM.
B1402 SICHTBARKEIT DER DATENSTRUKTUR	4	B	PROGRAMM	AUTOM.
B1403 FORMATEINHALTUNG IN PIC-CLAUSE	4	B	PROGRAMM	AUTOM.
B1404 FORMATEINHALTUNG IF THEN ELSE	4	A	MODUL	AUTOM.
B1405 ANZAHL ANWEISUNGEN PRO ZEILE	4	A	MODUL	AUTOM.
B1406 ANZAHL OPERATOREN JE ANWEISUNG	4	I	MODUL	AUTOM.

```
ES SIND NOCH WEITERE KRITERIEN/MERKMALE IM KATALOG.
ANZEIGEN (J/N) ?
Geben Sie bitte Werte ein:
```

Abb. 4

Bei Merkmalen mit der Beurteilungsfunktion A, B oder C kann eine dieser drei Funktionen ausgewählt werden. Mit dem Kommando **AENDERE** wird die Voreinstellung der Beurteilungsfunktion überschrieben. Bei Merkmalen mit anderen Beurteilungsfunktionen (D, E, F usw.) können die Beurteilungsfunktionen nicht geändert werden.

3.3 Messen

Mit einem Prüfkatalog kann ein Modul oder das gesamte Programm gemessen werden.

Mit dem Kommando **MESSE** wird die Messung eines Objektes mit einem bestimmten Prüfkatalog angestoßen. Durch Eingabe von **MESSE (EPSOS.U24001.1.,PRUEFGERECHT)** wird bspw. die Messung eines Quellprogrammes (aus dem Programmsystem EPSOS mit dem Programmnamen U24001 und der Versionsnummer 1) mit dem Prüfkatalog PRUEFGERECHT durchgeführt.

Die Meßwerte werden dem Benutzer am Bildschirm angezeigt. Der Prüfkatalog wird, angefangen beim Merkmal mit der höchsten Merkmalsnummer, sukzessive abgearbeitet (Abb. 5).

```
PROGRAMM : EPSOS                        U24001    1
KATALOG  : PRUEFGERECHT
------------------------------------------------------------------------
                                     ZEILEN MIT MEHR ALS 1 ANWEISUNG
ANZAHL ANWEISUNGEN PRO ZEILE    =  ------------------------------------
(B1405)                                  ZEILEN MIT ANWEISUNGEN
------------------------------------------------------------------------
            MODUL                   ZAEHLER    NENNER  BEURTEILUNG
------------------------------------------------------------------------
STEUERLEISTE                           0         10        7
PRUEFEN-AKTUELLE-TABELLE               0         19        7
START-MENUE                           13         34        1
EINGABE1                               6         77        2
ZEILE-BIS-ZEILE                        0         22        7
WEITER-FRAGEN                          1         63        7
ANFANG-BIS-ZEILE                       0         22        7
ZEILE-BIS-ENDE                         0         19        7
EINZELZEILE                            0         18        7
MENUE                                 21         49        1
MENUE2                                11         47        1
MENUE3                                 9         40        1

ABRUCH DER MESSUNG (J/N):
```

Abb. 5

Die Beurteilungsmaßzahlen sind ganzzahlige Werte aus dem Bereich 1 bis 7 (1 = sehr schlecht , 7 = sehr gut).

Detaillierte Informationen können nach Abschluß der Messungen mit dem Kommando ZEIGE MESSERGEBNISSE am Bildschirm angezeigt werden.

3.4 Prüfungsunterstützung

ZEIGE RISIKO

Für Programme oder einzelne Module kann die Anzahl der vorhandenen Risikoelemente bzw. die Gesamtanzahl der Risiken je Risikoklasse angezeigt werden (Abb. 6 u. Abb. 7).

ZEIGE QUELLCODE

Mit diesem Kommando kann sich der Benutzer den Quellcode eines Programms nach verschiedenen Kriterien am Bildschirm anzeigen lassen.

Im Hauptmenu kann er zwischen 'Zeigen von Textzeilen', 'Zeigen von Risiken', 'Zeigen von Variablen' und 'Zeigen von Anweisungen' wählen.

'Zeigen von Textzeilen' ermöglicht die Eingabe von anzuzeigenden Zeilenbereichen mit weiterführendem Rollmode.

Mit 'Zeigen von Risiken' werden die Vorkommen der Risiken im Quelltext angezeigt.

```
  EPSOS-D  ZEIGE RISIKO                              Pruefer-Nr.:  1        07.08.1984

  Programm : EPSOS                  .U24001   .1                            Seite: 01


Risiko-Element                                                    Anzahl

R0100  VERGLEICH                                                      58

       R0101  IF-THEN-ELSE SCHACHTELUNGEN > 5                          0
       R0102  VERGLEICHE MIT UNTERSCH. DATENTYPEN                      0
       R0103  VERGLEICHE V. DATEN M. UNTERSCH. FELDLAENGEN            58
       R0104  VERWENDUNG VON NEGATIONEN                                0




Weiterblaettern (J/N)
```

Abb. 6

```
  EPSOS-D  ZEIGE RISIKO                              Pruefer-Nr.:  1        07.08.1984

  Programm : EPSOS                  .U24001   .1                            Seite: 03

  Risiko-E.: R0103  VERGLEICHE V. DATEN M. UNTERSCH. FELDLAENGEN

             Modul                                                Anzahl


             REST-LOESCHEN                                          1
             VARIABL-ZEIGEN                                         6
             VARIABL-EXTRA                                          1
             VENDE-DISPLAY                                          0
             VEXTRA-OUT                                             1
             B-U-R-V-CHECK                                          4
             VARIABL-KOPF                                           1
             ANWEISUNG-ZEIGEN                                       4
             VAR-OB-ZEIGEN                                          1

Weiterblaettern (J/N)
J
```

Aus dem Menu kann der Benutzer eine Klasse von Risiken (bspw. VERGLEICH, BERECHNUNGEN...)auswählen. Im nächsten Dialogschritt besteht die Möglichkeit, aus dieser Risikoklasse ein bestimmtes Risikoelement auszuwählen (Abb. 8). EPSOS-D zeigt die Quellcode-Teile,welche dieses Risikoelement beinhalten, am Bildschirm an, wobei die das Risikoelement beinhaltende Zeile mit erhöhter Helligkeit dargestellt wird.

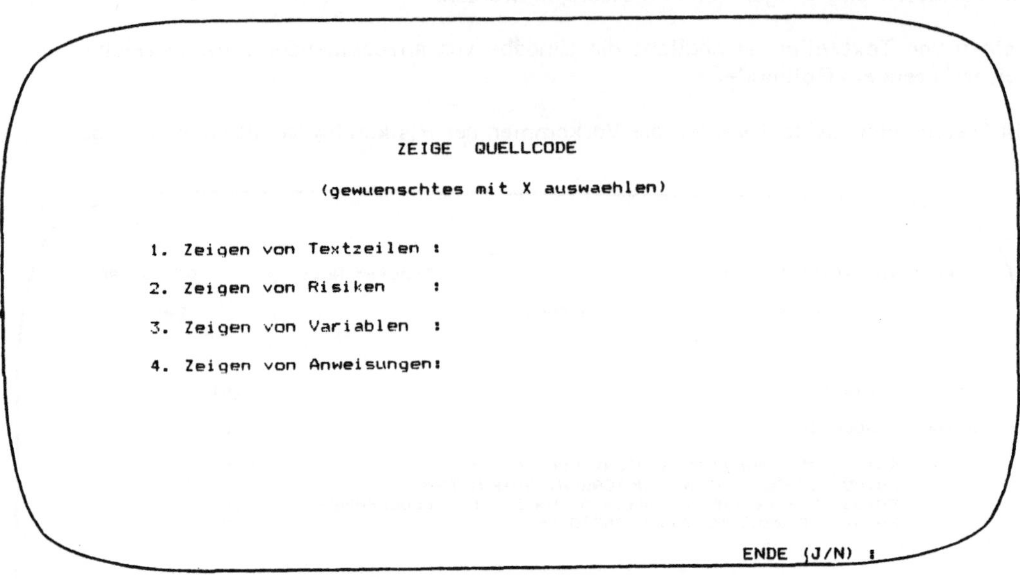

Abb. 8

Die Verwendungen der definierten Variablen in der PROCEDURE DIVISION werden mit dem umliegenden Quelltext angezeigt.

Bei der Eingabe von Anweisungsnamen, wie COMPUTE, MOVE, etc., werden sämtliche COMPUTE-, MOVE-Anweisungen etc. im Quelltext angezeigt.

3.5 **Auskünfte**

Die Übersichtskommandos geben einen knappen Überblick über alle im Prüfungsrechner gespeicherten Programme, Messungen, Kataloge und Prüfer.

ZEIGE UEBERSICHT

Das Kommando **ZEIGE UEBERSICHT** gibt dem Benutzer Informationen,

1. wieviele Programme im System gespeichert sind,
2. ob Programme gemessen wurden und Beurteilungswerte vorhanden sind,
3. wieviele Kataloge vorhanden sind
   - alle Prüfkataloge
   - nur Prüfer-Prüfkataloge (= Prüfkataloge, mit denen noch nicht gemessen worden ist)
   - nur Prüfer-Prüfkataloge des gerade mit dem System arbeitenden Benutzers
   - nur Mandanten-Prüfkataloge (= Prüfkataloge, mit denen bereits gemessen wurde),
4. wieviele Prüfer berechtigt sind, mit dem System zu arbeiten.

Mit Unterkommandos können Listen aller Programme, aller Messungen, aller Kataloge und aller Prüfer angezeigt werden.

Die Messungen können wahlweise nach Katalogen oder nach Programmen sortiert abgerufen werden.

ZEIGE - Kommandos

Diese Kommandos geben detaillierte Informationen zu Moduln, Programmversionen und Meßergebnissen der gespeicherten Programme, sowie zu den Prüfkatalogen, Kriterien und Merkmalen.

ZEIGE MESSERGEBNISSE

Mit dem Kommando **ZEIGE MESSERGEBNISSE** können wahlweise für Programme oder Moduln zu den Kriterien eines Prüfkataloges Beurteilungswerte und zu den Merkmalen Beurteilungswerte und -funktionen sowie eine Gegenüberstellung von Soll- und Istwerten in tabellarischer Form angezeigt werden.

Zu den Meßergebnissen für die Merkmale können wie in dem Beispiel für das Merkmal **B1403** detaillierte Messwerte abgerufen werden (Abb. 9).

```
EPSOS-D  ZEIGE MESSERGEBNISSE                          Pruefer-Nr.:  1        07.08.1984

Programm  : EPSOS                    .U24001   .1                              Seite: 01
Modul     :
Katalog   : TESTKATALOG                                Beurteilungsdatum :   .  .

Kriterium / Merkmal                                    Beurteilung          Soll      Ist
                                                       Wert  Funktion
00000  PRUEFUNGSGERECHT                                  4
B0000  VERSTAENDLICH                                     4
B1000  DURCHSCHAUBAR                                     5
B1400  LESBAR                                            5
       B1401  MODULGROESSE (ZEILE/SEITE)                 0                            0,00
       B1402  SICHTBARKEIT DER DATENSTRUKTUR             1        B        5,25       8,00
       B1403  FORMATEINHALTUNG IN PIC-CLAUSE             1        B        0,00     121,00

                                    ABWEICHUNGEN VON DER TEXT-STRUKTUR                 121
Merkmal : B1403                     ----------------------------------------------- = ---
                                    ANZAHL DER PIC-DEFINITIONEN                        127
Weiterblaettern (J/N) oder detaill. Messwerte (KMENR)
Geben Sie bitte Werte ein:
```

Abb. 9

ZEIGE PRUEFKATALOG

Der Benutzer gibt den Namen eines Prüfer-Prüfkataloges, eines Mandanten-Prüfkataloges oder GK für den Grundkatalog ein und erhält eine Tabelle aller Kriterien und Merkmale eines Kataloges mit Gewichtung (GW), Beurteilungsfunktion (BF), Meßebene (Programm oder Modul) und Typ der Messung (automatische Messung oder Dialogmessung).

(Informationen über die Namen aller gespeicherten Prüfkataloge erhält der Anwender aus den Übersichtskommandos).

Das Kommando **ZEIGE BAUM** ist ein Unterkommando zu ZEIGE PRUEFKATALOG. Es stellt zu einem vom Benutzer ausgewählten Kriterium den Kriteriums-bzw. Merkmalsbaum graphisch dar. Aus der Darstellung (Abb. 10) ist weiterhin erkennbar mit welcher Gewichtung ein untergeordnetes Kriterium oder Merkmal in ein übergeordnetes Kriterium eingeht. In dem Beispiel geht das Merkmal 'Schachtelung bedingter Anweisungen' mit der Gewichtung 4 in das übergeordnete Kriterium 'EINFACH' ein.

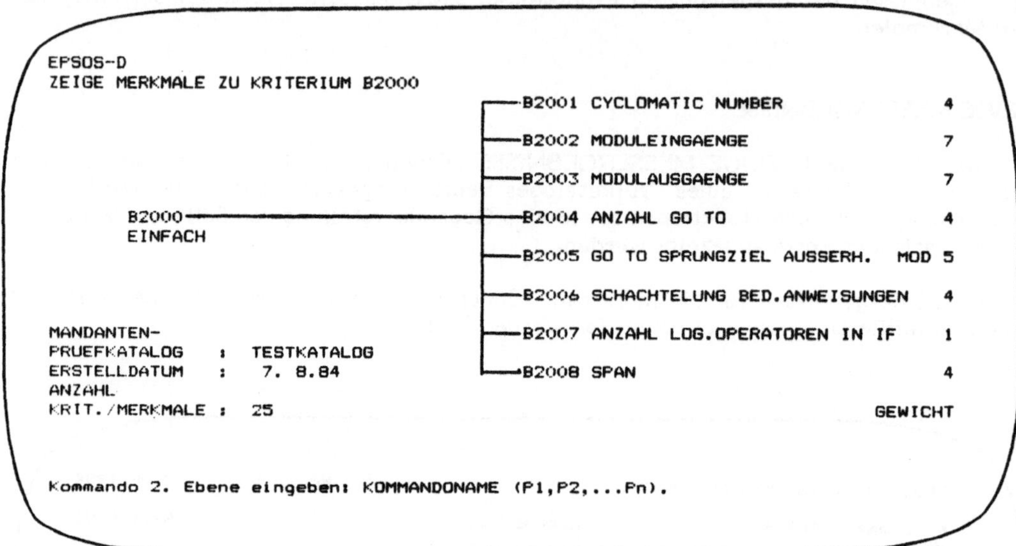

Abb. 10

ZEIGE MERKMAL

Detaillierte Informationen über Meßvorgänge erhält der Benutzer über das Kommando **ZEIGE MERKMAL.**

Diese beziehen sich auf:
- Merkmalsnummer
- Merkmalsbezeichnung
- These
- Sollwert
- Beurteilung
- Meßebene
- Typ der Messung
- Merkmalsverwendung.

Das Beispiel (Abb. 11) zeigt das Erläuterungsblatt zum Merkmal 'MODULEINGAENGE' mit der Merkmalsnummer 'B2002'. Das Merkmal 'MODULEINGAENGE' ist ein Maß für die Einfachheit eines Programms.

```
EPSOS-D  ZEIGE MERKMAL              B2002                                  8. 8.84

B2002 ANZAHL DER MODULEINGÄNGE EINES MODULS

THESE : Die Einfachheit eines Programms wird dadurch unterstützt, daß jedes
        Modul nur einen Eingang besitzt.

Sollwert = 1

Beurteilung = 7..... falls  Istwert = 1
            = 5..... falls  Istwert = 2
            = 3..... falls  Istwert = 3
            = 1..... sonst

                                          MESSEBENE : Modul
                                          MESSTYP   : Automatisch

Kommando 1. Ebene eingeben: KOMMANDONAME (P1,P2,...Pn).
```

Abb. 11

4 Technische Angaben

Das Programmsystem EPSOS-D ist auf einem IBM PC/XT unter dem Betriebssystem PC-DOS 2.0 implementiert. Die Programme sind in COBOL und C geschrieben. Für die umfangreiche Datenverwaltung wird das Datenbanksystem MDBS III eingesetzt. Das Programmsystem umfaßt ca. 70 Unterprogramme mit einem Gesamtumfang von ca. 350 KB Objectcode.

Literaturverzeichnis

/1/ Ahlers, J.; Emmerich, W.; Krcmar, H.; Pocsay, A.; Scheer, A.-W.; Siebert, D. EPSOS - Ein Ansatz zur Entwicklung prüfungsgerechter Software-Systeme, in: Veröffentlichungen des Instituts für Wirtschaftsinformatik (Hrsg.: Prof. Dr. A.-W. Scheer), Heft 34, Saarbrücken, Mai 1982

/2/ Ahlers, J.; Emmerich, W.; Krcmar, H.; Pocsay, A.; Scheer, A.-W.; Siebert, D. EPSOS-D: Konzept einer computergestützten Prüfungsumgebung, in: Veröffentlichungen des Instituts für Wirtschaftsinformatik (Hrsg.: Prof. Dr. A.-W. Scheer), Heft 35, Saarbrücken, Mai 1982

/3/ Ahlers, J.; Emmerich, W.; Krcmar, H.; Pocsay, A.; Scheer, A.-W.; Siebert, D. Die Messung der Prüfungsgerechtheit von EDV-Buchführungssystemen, in: Die Wirtschaftsprüfung, Heft 19/1982, S. 529 - 538

/4/ Ahlers, J.; Emmerich, W.; Krcmar, H.; Pocsay, A.; Scheer, A.-W.; Siebert, D. Neuere Tendenzen in der EDV-Prüfung, in: Die Wirtschaftsprüfung, Heft 1/1984, S. 1 - 7

/5/ Emmerich, W. EPSOS-D - Ein Werkzeug zur Messung der Qualität von Software-Systemen, Vortrag auf der 13. Tagung Technische Zuverlässigkeit - Softwarequalität und Systemzuverlässigkeit, Nürnberg 21.-22. Mai 1985

/6/ Emmerich, W. EPSOS-D-Konzept einer computergestützten Prüfungsumgebung, Vortrag auf dem Kolloquium Software-Entwicklungs-Systeme und -Werkzeuge, 3. - 5. Sept. 1985.

Aufgabenstellung, Aufbau und Verwaltung eines 'dezentralen Rechenzentrums'

Werner Remmele
Siemens AG, München

Zusammenfassung:

Innovationen im Bürobereich werden heute außerordentlich oft diskutiert und bringen sowohl qualitative als auch quantitative Verbesserungen der Arbeiten in diesem Bereich mit sich. In gleichem Maße werden auch die Innovationen im produzierenden Bereich diskutiert, allgemein unter dem Schlagwort Rationalisierung. In weitaus geringerem Maße - da auch noch nicht so häufig im Einsatz - werden Innovationen im Ingenieursbereich, insbesondere auch bei der Software-Entwicklung diskutiert, obgleich auch dort wesentliche Verbesserungen zu erwarten sind. Eine Basis dafür stellen dezentrale Rechner dar, die jeweils auf die Belange des Anwenders zugeschnitten sind. In einem Software-entwickelnden Bereich stellt sich die Aufgabe, ein heterogenes Netz verschiedener Arbeitsplatzrechner derart zu konzipieren und zu verwalten, daß es die Aufgaben während aller Entwicklungs- und Einsatzphasen optimal unterstützt.

Der folgende Beitrag skizziert die Anforderungen und beschreibt eine Lösung der anstehenden Probleme - ein sog. Software Entwicklungs Zentrum (SEZ) - das bereits seit drei Jahren produktiv arbeitet.

1. Einführung

Im Fachgebiet Software-Technik der Zentralen Aufgaben der Informationstechnik (ZTI SOF) der Siemens AG am Standort in München-Perlach wurde vor ca. drei Jahren der Entschluß gefaßt, zur Unterstützung des Software-Entwicklungsprozesses dezentrale Arbeitsplatzrechner einzusetzen. Aufgrund der verschiedenen Aufgabenstellungen in diesem Bereich, die alle Phasen der Software-Entwicklung umfassen und einen weiten Bereich der Software abdecken (Systemsoftware für unterschiedlichste Rechner), konnte bereits von Anfang an kein homogenes Konzept gewählt werden; vielmehr mußten unterschiedliche Rechner für die sehr differierenden Aufgaben angeschafft werden.

Eine Basis ist jedoch für nahezu alle Arbeiten in diesem Bereich fest: als Entwicklungsgrundlage wird ein Phasenplan (Bild 1) verwendet, der detailliert alle Entwicklungsschritte und Teilresultate festlegt, die für eine erfolgreiche Durchführung großer Softwareprojekte notwendig sind. Die Einhaltung aller Details liegt natürlich hier im Ermessensspielraum des Projektleiters, der abhängig von Größe und Komplexität des zu bearbeitenden Projekts auch Abstraktionen und Vereinfachungen vornehmen kann.

Unabhängig vom eigenen Standpunkt wird damit dem Entwickler und vor allem dem Projektleiter eine Richtlinie an die Hand gegeben, anhand derer sowohl er als auch der Auftraggeber Termine, Kosten und Teilergebnisse planen und kontrollieren kann.

ZTI	PHASENORGANISATION

Phase	Anstoß	Studie		Projektierung		Design		Implementierung		Systemintegration/-Test		Abnahme	Betreuung
Phasenziel	Projekt-/ Produktzielsetzung festlegen	Systemanforderungen und Randbed festlegen		Systemgrobstruktur und -eigenschaften festlegen		System- und Testsystem-Feinstruktur festlegen		Systemkomponenten und Testsystem fertigstellen		Abnahmereife des Produktes herstellen		Einsatzreife des Produktes erreichen	Produkteinsatz sichern
Meilensteine	A10	A15	A20		A30		T20	T22 T24	T26	T30 T40	T50	B30	B90
Teilprozesse: • Produkt	•Anforderungskatalog	•Requirementkatalog •Pflichtenheft (System als black box)	REQUIREMENT BASELINE	•Leistungsbeschreibung (Subsysteme als black boxes)	ORDER BASELINE	•Designspezifikation (Komponenten als black boxes)	DESIGN BASELINE	•Komponentenspezifikation •kodierte Komp. •getestete Komponente	INTEGRATIONS BASELINE	•integriertes u. getestetes Produkt •Übergabeprotokoll	PRODUKT BASELINE	•Einsatzreifes Produkt	•Produktprotokoll
• Manual		•Manualgrobplan		•Manualfeinplan				•Manuale (Manuskript)		•Manuale (druckfertig)		•Übersichtsdokument	
• Test		•Abnahmebedingungen		•Testkonzept		•Testplan •Testsystemspezifikation		•Komponententestbericht •einsatzfähiges Testsystem		•Systemtestbericht		•Abnahmebericht	•Testbericht
• Planung	•Projekt-Plan 0 •QS-Plan 0 •Phasenplan 1	•Projekt-Plan 1 •QS-Plan 1 •Phasenplan 2 •Phasenbericht 1		•Projekt-Plan 2 •QS-Plan 2 •Phasenplan 3 •Phasenbericht 2		•Projekt-Plan 3 •QS-Plan 3 •Phasenplan 4 •Phasenbericht 3		•Phasenplan 5 •Phasenbericht 4		•Phasenplan 6 •Phasenbericht 5		•Betreuungsplan •Projektbericht •Phasenbericht 6	•Betreuungsplan •Phasenbericht 7

Legende: A - Aufgabendefinition, T - Technische Realisierung, B - Betreuung

Bild 1: Phasenplan für Software-Entwicklung

Dieser Phasenplan ist ein bereits sehr lange erprobtes und bewährtes Hilfsmittel, mit dem der Entwickler Transparenz in das Softwareprojekt bringt.

Die meisten dieser Phasen sind nun eindeutig 'Dokumenten-orientiert', insbesondere die ersten Phasen bis hin zur Implementierung. Nahezu alle erwarteten Phasenergebnisse werden in Dokumentenform erarbeitet und dem Auftraggeber in dieser Form übergeben. Analoges gilt für die Phasen nach der Implementierung; auch hier werden - mit Ausnahme der reinen Wartungsarbeiten am Produkt - nahezu ausschließlich Dokumente erzeugt.

Aus diesem Grunde ist das wesentlichste Hilfsmittel für den Software-Entwurf ein Rechner, der maßgeblich die qualitativ hochwertige Erstellung von Dokumenten unterstützt. Basis für eine konsistente Einhaltung der gegebenen Richtlinien ist die Verfügbarkeit von standardisierten Gliederungen und Anleitungen für die einzelnen Teilphasenergebnisse. Diese liegen bei ZTI SOF für alle Mitarbeiter in elektronischer Form vor und werden als Hilfsmittel eingesetzt.

Natürlich wird auch für die Implementierungsphase Unterstützung erwartet. Hier dienen Rechner anderer Typen - oder die gleichen Rechner wie oben, jedoch mit anderer Software - als Entwicklungsrechner, was im Einzelfall dann von der konkreten Aufgabenstellung abhängt.

Aus den genannten Gründen wurden zunächst vor allem zwei unterschiedliche Rechnertypen angeschafft, die später noch genauer charakterisiert werden:

- Für die dokumentenorientierten Arbeiten dient im wesentlichen das Bürosystem 5800, das sowohl an den Entwicklerarbeitsplätzen als auch in den Sekretariaten eingesetzt wird.

- Die implementierungsorientierten Aufgaben wurden zunächst auf Rechnern des Typs PERQ (der Three Rivers Corporation bzw. von ICL) durchgeführt, vor allem wegen der Portabilität der erzeugten Programme, die ausschließlich in PASCAL geschrieben wurden.

Diese relativ einfache Konzeption mit im wesentlichen nur zwei unterschiedlichen Rechnertypen hat sich in den vergangenen drei Jahren doch grundlegend gewandelt: Basissystem ist zwar nach wie vor der Rechner des Systems 5800, jedoch mittlerweile mit mehreren Funktionalitäten:

- als Interlisp 5800 (hauptsächlich für unsere Arbeiten im Rahmen von AI-Projekten sowie zur Erstellung von Prototypen),

- als Software-Entwicklungssystem 5800 SE, basierend auf der Programmiersprache MESA (eines PASCAL-Derivats) und einer darauf aufbauenden Programmierumgebung, sowie weiterhin

- als Bürosystem 5800.

Hier sind z.Z. mehr als 60 Geräte im produktiven Einsatz - und die Wachstumstendenz ist noch stetig anhaltend.

Von immer größerer Bedeutung wurden im Verlauf der letzten Jahre Rechner, die UNIX oder eines seiner Derivate als Basisbetriebssystem beinhalten.

Diesen Tendenzen - die nicht zuletzt aus Wünschen unserer Auftraggeber gegenüber ZTI SOF resultieren - muß das SEZ durch einen hohen Grad an Flexibilität Rechnung tragen.

2. Zielsetzungen

Diese nahezu 'fabrikmäßige' Herstellung von Software (häufig auch mit dem Schlagwort der *Software-Factory* umschrieben) muß in ihrer Realität mit modernen Arbeitsplatzrechnern zunächst erprobt werden. Dies ist die globale Zielsetzung, die für das Software-Entwicklungszentrum gesetzt wurde.

Dazu zählen folgende wesentliche Punkte:

- Als erstes müssen die modernen technischen Instrumentarien, wie Arbeitsplatzrechner, hochauflösender Bildschirm, Pointing Device, Fenstertechnik etc., erprobt und im Einsatz verifiziert werden. Die alleinige Verfügbarkeit reicht noch nicht aus, um klare Aussagen über den effektiven Einsatz bei der Entwicklung hochqualitativer Software zu geben. Erst die längerfristige Erprobung im täglichen Einsatz kann endgültig Aufschluß darüber geben, wie weit diese Geräte den Software-Entwicklungsprozeß unterstützen helfen.

- Die modernen Instrumentarien können grundsätzlich nur dann sinnvoll eingesetzt werden, wenn für alle Phasen der Software-Entwicklung abgestimmte Methoden und Werkzeuge bereitgestellt werden, deren Einsatz durch Hilfsmittel unterstützt wird.

- Die Qualität eines Software-Produktes wird maßgeblich durch den Einsatz von Methoden des Projektmanagements beeinflußt. Diese Methoden müssen - um effektiv einsetzbar zu sein - ein integraler Bestandteil des gesamten Entwicklungsprozesses sein. Aus diesem Grunde ist es nicht möglich, die Projektmanagementverfahren losgelöst vom Entwicklungsrechner zu betrachten; vielmehr müssen sie in den Prozeß eingebettet direkt durch Hilfsmittel während der Entwicklung unterstützt werden.

- Für ausgewählte Projekte bietet das SEZ Engineeringleistung an. Dies betrifft vor allem die Unterstützung beim Einsatz moderner Methoden an Arbeitsplatzrechnern.

- Aufgrund der Erfahrungen, die im SEZ mit dem Einsatz moderner Hardware für die Software-Entwicklung gemacht werden, ist es auch möglich, benutzerspezifische Beratung (im Sinne des Know how-Transfers) durchzuführen und Anregungen zu geben, wie ähnliche Entwicklungszentren in Software-entwickelnden Bereichen aufgebaut werden können.

Um der Aufgabenstellung gerecht zu werden, ist die Hardware-Ausstattung bei ZTI SOF insbesondere im Software-Entwicklungszentrum während der letzten Jahre sehr stark von der Investition in Arbeitsplatzrechnersysteme geprägt worden.

Nahezu alle diese Stationen sind über ein im gesamten Gebäude verlegtes Ethernet miteinander verbunden (siehe auch Kapitel 7). Die zentralen Dienste für das System 5800 (wie z.B. Dateidienst, Druckdienst, Postdienst bzw. Kommunikationsdienst) werden dabei zentral verwaltet. Wo notwendig, wurden Drucker in verschiedenen Etagen installiert, damit der Zugang dazu erleichtert wird. Zentral und für den Normalbenutzer unzugänglich installiert sind die Dienste, auf die nur der Systemadministrator Einfluß hat.

Wie sieht nun eine derartige Station aus?

3. Aufbau eines Arbeitsplatzrechners

Ein gutes Beispiel für einen modernen Arbeitsplatzrechner stellt die Hardware des Systems 5800 dar. Sie ist identisch zur Hardware, die für die anderen Ausprägungen verwendet wird (Software-Entwicklungssystem und Interlisp 5800).

Der Rechner basiert auf einer 16 Bit breiten CPU mit 32 Bit Adreßbreite. Er ist in Bitslicetechnik aufgebaut und realisiert im wesentlichen eine MESA-orientierte Architektur. Durch die Fixierung auf eine höhere Programmiersprache kann gewährleistet werden, daß alle Systemprogramme in dieser höheren Programmiersprache geschrieben werden können, die Performance jedoch gegenüber einer Assemblerrealisierung an einem anderen - nicht Hochsprachen- orientierten - Rechner nicht verschlechtert ist.

Die Befehle selbst sind in einem 4 Kilowort großen Mikroprogrammspeicher realisiert. Die Wortbreite dieses Speichers beträgt 48 Bits. Es ist somit offensichtlich, daß eine eher vertikale Mikoprogrammierungstechnik verwendet wird, die auf leichte Änderungsfähigkeit schließen läßt.

Der Arbeitsspeicherausbau beträgt - je nach Ausstattung - zwischen 0,5 MB und 1,5 MB. Die Kapazität der standardmäßig eingebauten Winchesterplatte beträgt 42 MB; die der (im wesentlichen Sicherungszwecken dienenden) Floppydisk 1 MB.

Interessant ist das Format des Bildschirms: Es ist ein Rasterbildschirm mit 809 x 1024 Bildpunkten (sog. Pixels). Die Größe dieses Bildschirms läßt in sehr hoher Auflösung die Darstellung nahezu zweier ganzer DIN A4-Seiten nebeneinander zu. Dabei können sowohl Grafiken als auch Schattierungen in schwarz-weiß dargestellt werden.

Der Rechner besitzt eine Standardschnittstelle RS 232 C, über die mit Rechnern kommuniziert werden kann, die nicht mit dem standardmäßig verfügbaren Ethernet-Anschluß ausgestattet sind.

Der zentrale Druckdienst basiert auf einem Xerox-Laserdrucker, der etwa 12 DIN A4-Seiten pro Minute nahezu in Offsetqualität ausdrucken kann. Die Auflösung ist dabei gegenüber der des Bildschirms nochmals um den Faktor 4 erhöht.

Im Betrieb als Bürosystem 5800 sind die zugrundeliegenden Betriebssysteme nicht sichtbar, da eine Benutzeroberfläche zur Verfügung gestellt wird, die herkömmliche Vorgänge und Ressourcen aus dem Bürobereich elektronisch nachbildet und somit leicht erlernbar ist.

4. Einsatz der Arbeitsplatzrechner

Einen großen Teil der im SEZ installierten Rechner setzen wir als Bürosysteme ein. Dies bedeutet, daß sie im wesentlich für Erstellung und Modifikation von Dokumenten, insbesondere des Software-Entwicklungsprozesses sowie zur Kommunikation, verwendet werden.

Nach den Design-orientierten Phasen werden Arbeitsplatzrechner mit Programmumgebungen eingesetzt, wobei die Wahl entsprechend den Anforderungen der zu entwickelnden Software zu treffen ist.

Eine Reihe von 5800-Systemen setzen wir als Geräte zur Unterstützung unserer Aufgaben im Bereich der künstlichen Intelligenz ein. Wir nützen die gleiche Hardware für Interlisp-orientierte Arbeiten.

Retrospektiv gesehen ist die Einführung von Arbeitsplatzrechnern im Bereich ZTI SOF mehr oder weniger problemlos vorgegangen. Sowohl Installation als auch Einführung und Handhabung waren problemlos durchzuführen und konnten längere Zeit parallel zur Entwicklungsarbeit realisiert werden. In der Zwischenzeit ist der Umfang der anfallenden Arbeiten aufgrund der verwaltungstechnischen Komplexität der Gerätemenge so groß geworden, daß wir gezwungen sind, einen rechenzentrumsartigen Betrieb zu installieren.

Die Geräte selbst wurden von Anfang an sowohl von Entwicklern als auch von anderen Endbenutzern, wie z.B. Sekretärinnen, gut akzeptiert. Die dort realisierten Benutzeroberflächen, verbunden mit guter Ergonomie der Geräte, haben zu dieser hohen Akzeptanz maßgeblich beigetragen.

Der anfangs zu erwartende und teilweise befürchtete Eingriff in Ablaufstrukturen des Arbeitstages ist nicht eingetreten. Es hat sich keine Änderung bei Arbeitsabläufen ergeben, wenngleich manche, die bisher physikalisch mit Papier, Kopieren, Korrekturen und Post durchgeführt wurden, nunmehr auf elegante Weise elektronisch gelöst werden können. Dies dürfte ein weiterer Grund für die hohe Akzeptanz dieser Geräte sein, daß kein Umdenken aus bestehenden Arbeitsabläufen erzwungen wird.

5. Wirtschaftlichkeitsaspekte

Ein solch technologisch hervorragendes Equipment ist natürlich nicht ganz billig. Der hohen Investition stand das Risko eventuell geringer Wirtschaftlichkeit gegenüber. Die Praxis zeigt jedoch, daß durch ein dezentrales Rechenzentrum auch wirtschaftlich gearbeitet werden kann.

Ein wesentlicher Vorteil von Arbeitsplatzstationen ist der der Mehrfachverwendbarkeit z.B. als Bürosystem oder als Software-Entwicklungsplatz. In vielen Fällen werden die einzelnen Rechner unterschiedlich benutzt. Beispielsweise kann eine Entwicklung am Software-Entwicklungssystem 5800 stattfinden und gleichzeitig die Dokumentation am gleichen Rechner im Bürosysten realisiert werden. Es erfordert nur ein einfaches Umladen der Software; die jeweils zu benutzende Funktionsmenge ist damit sofort vorhanden.

Diese Vorgehensweise hat sich nicht nur bei Aufgabenstellungen am System 5800 bewährt, sondern sie ist vielmehr für alle anderen Entwicklungsaufgaben, zwar in abgewandter Form, aber dennoch relativ einfach anwendbar. Dokumentationen werden in unserem Bereich nahezu ausschließlich am Bürosystem 5800 erstellt. Die Vorteile dieser Vorgehensweise sind offensichtlich:

- Durch das Netzkonzept können alle am Projekt Beteiligten direkt an *einem* Dokument arbeiten. Ein projektspezifischer (elektronischer) Aktenschrank dient dabei als Projektdatenablage.
- Die Effektivität, mit der die Dokumentation erstellt wird, ist höher als bei herkömmlichen Methoden, da die Funktionalität der Geräte sehr hoch ist, zudem durch das

Netzkonzept gewährleistet wird, daß *ein* abgestimmtes Dokument entsteht und dazu der Zugang zu lokalen bzw. auch globalen Ressourcen sehr einfach ist.

- Schließlich ist auch die Qualität der entstehenden Dokumente außerordentlich hoch. Wollte man Dokumente mit der gleichen Qualität an herkömmlichen Systemen erstellen, so wären Formatieranweisungen in das Dokument mit einzubringen, die den Originaltext verfälschten. Bei unseren Arbeitsplatzzrechnern ist das nicht der Fall. Es genügt eine einheitliche Formatieranweisung, die projektspezifisch ausgegeben werden kann, um die Einheitlichkeit auch des Layouts zu gewährleisten.

Gerade dieser letzte Faktor der Qualität der entstehenden Dokumente ist häufig von großer Bedeutung. Es ist ja nicht nur die Qualität des Erscheinungsbildes, die durch die modernen Hilfsmittel erhöht wird, sondern vielmehr auch durch die hohe Funktionalität der Geräte deren innere Qualität; Änderungen an Dokumenten sind ohne weiteres relativ schnell in das Dokument einzufügen, Ergänzungen können problemlos durchgeführt werden, so daß bisher vorhandene Hemmnisse, ein einmal fixiertes Papier umzuformulieren, aus dem Weg geräumt sind. Die Akzeptanz, die mit derartigen Dokumenten zu erzielen ist, ist außergewöhnlich hoch. Die Erfahrung hat uns gelehrt, daß unsere Auftraggeber gerade die Homogenität unserer Papiere als äußerst hoch einschätzen.

6. Weitere Elemente eines dezentralen Rechenzentrums

Die maschinelle Ausstattung des dezentralen Rechenzentrums ist nur *ein* Teil der für die Arbeit benötigten Komponenten, die zur Verfügung zu stellen sind, wenngleich sie auch die Basis für die Durchführung der originären Aufgaben der Anwender darstellt. Je nach typischem Einsatzgebiet der Arbeitsplatzstationen - also nach Applikation - muß auch ein dezentrales Rechenzentrum weitere Ressourcen beinhalten.

Im folgenden werden einige dieser Komponenten symptomatisch anhand des Einsatzfalles in einem softwareentwickelnden Bereich dargestellt. Analoge Forderungen führen z.B. auch in einem ausschließlich verwaltungsorientierten oder kaufmännischen Bereich dazu, daß die benötigten

- Methoden,
- Verfahren und
- Werkzeuge

auf den eingesetzten Arbeitsplatzrechnern durch die Leitung des dezentralen Rechenzentrums *adäquat* zur Verfügung gestellt werden. Effektivität kann ja nur dadurch gewonnen werden, daß die maschinelle und die verfahrenstechnische Komponente eng zusammenarbeiten und die einzelnen Benutzer unterstützen. Abgesehen davon darf nicht vergessen werden, daß es nicht nur die primären Werkzeuge sind, auf die aufzubauen ist, sondern daß auch weiterführende Unterstützung, wie z. B. für Projektmanagement und Organisation zu bieten ist.

Die maschinelle Ausstattung stellt also im wesentlichen nur die Basis für die Rechnerunterstützung dar. Im Beispiel ist sie also die Grundlage für die Unterstützung des Software-Entwicklungsprozesses. Die dazu eingeführten Methoden, Verfahren und Werkzeuge betreffen im wesentlichen die folgenden Punkte:

- Entwurfs- und Validierungswerkzeuge

  Während der ersten Phasen der Software-Entwicklung sind strikte Richtlinien für die Strukturierung großer Softwareprojekte nötig. Hier werden projektspezifisch unterschiedliche Verfahren eingesetzt, je nachdem, welchen Typus das zu entwickelnde Produkt besitzt und welche Vorstellungen der Auftraggeber realisieren möchte. Für Produkte an konventionellen Rechnern können dabei Hilfsmittel verwendet werden, die sich bereits über längere Zeit hinweg an Großrechnern bewährt haben. Es ist jedoch trotzdem unumgänglich, daß neuartige Software-Entwicklungsverfahren maschinell unterstützt an den Arbeitsplatzstationen verfügbar sind.

  Während später Phasen des Software-Entwicklungsprozesses - vor allem in den Phasen, während denen der Test die primäre Rolle spielt - müssen Validierungswerkzeuge eingesetzt werden. Hier kann ein kontinuierlicher Übergang von konventionellen Werkzeugen hin zu dezentralisierten Werkzeugen insbesondere für den Modultest stattfinden.

- Programmierarbeitsplätze

  Die Integration aller Werkzeuge zu liefert de facto einen rechnerunterstützten Arbeitsplatz für Programmierer - einen Programmierarbeitsplatz. Dieser muß nach ergonomischen Gesichtpunkten so gut gestaltet sein, daß

  - sowohl die physikalische Arbeitsumgebung (dargestellt etwa durch hochauflösenden Bildschirm und Tastatur mit pointing device, wie z. B. Maus)
  - als auch die darauf ablaufende Software (zur Unterstützung des Entwicklungsprozesses)

  auf die Belange des Entwicklers zugeschnitten ist. Eine Basis dafür bildet bereits die maschinelle Ausstattung, die einen großen Teil der (allgemeinen) Anforderungen an Arbeitsplatzstationen abdeckt. Hier werden dann die spezifischen Werkzeuge eingebaut, sodaß sowohl die Hardware als auch die Software optimal den Bedürfnissen des Anwenders angepaßt ist.

- Programmiersprachen und Compiler

  Zur qualitativ hochwertigen Erstellung von Software dient nicht nur die maschinelle Ausstattung mit der dazugehörigen Basissoftware, sondern maßgeblich auch die verwendete Programmiersprache. Die Praxis verlangt hier ein Werkzeug, das sowohl den heterogenen Einsatzfällen gerecht wird als auch die Forderungen nach Portabilität und Sicherheit erüllt. Deshalb bauen wir in vielen unserer Projekte auf die

Programmiersprache Siemens-Pascal, eine Erweiterung von Pascal um viele Eigenschaften von Ada, die maßgeblich dazu beitragen, daß damit auch große Projekte sicher abgewickelt werden können.

Vor allem für die gerade angesprochenen großen Projekte ist nun zu den Spezialwerkzeugen auch Unterstützung des Projektmanagements nötig. Diese zweite Dimension von Werkzeugen ist deshalb so relevant, weil sie alle Phasen des Entwicklungsprozesses überstreicht und für unterschiedliche Informationen sorgen muß. Sie wird umso wichtiger, je sensitiver das zu managende Projekt gegenüber den Randbedingungen - Kundenwünschen oder Finanzen - ist. Ein Phasenplan allein, evtl. auch mit zugehörigen Planungs- und Kontrolltools, ist jedoch für die Unterstützung der Projektsteuerung nicht ausreichend. Notwendig werden Aufbau- und Ablauforganisationen, die maschinell unterstützt zur Verfügung gestellt werden müssen. Schließlich müssen die Planungsinstrumente allen Projektbeteiligten (d. h. Entwicklung, Projektleitung und Management) in konsolidierter Form gleichermaßen, aktuell und jeweils sofort zur Verfügung stehen. Notwendige Abstraktionen müssen dabei automatisch vorgenommen werden, Projektkontrollflüsse im System eingebettet sein.

Für dieses Ziel ist die maschinelle Infrastruktur eine Notwendigkeit, die es erlaubt, Daten möglichst aktuell und schnell zu verteilen. Die Notwendigkeit für flexible und außerordentlich schnelle Kommunikation ist gerade bei Kontrollinstrumenten die Basis für Effektivität und sinnvollen Einsatz.

Die strukturelle Grundlage dafür schafft ein lokales Netzwerk.

7. Infrastruktur eines lokalen Netzes

Für ein derartiges Netzwerk könnten nach dem Stand der Technik heute verschiedene Architekturen verwendet werden. Bereits von der Topologie her können unterschiedliche Netzarten eingesetzt werden, wie z. B. Ring-, Bus- oder Sternstrukturen.

Bei der Auswahl ist also vor allem nach dem angestrebten Einsatzfall vorzugehen. Von Bedeutung dafür sind u. a. die folgenden Kriterien

- schnelle Übertragungsrate,
- Ausfallsicherheit,
- Flexibilität und
- Kosten.

Für den Einsatzfall im SEZ stellt in der Summe der benötigten Kriterien - auch was die Verfügbarkeit der anzuschließenden Rechner betraf - das von der XEROX Corp. entwickelte Ethernet die auszuwählende Alternative dar.

Die Verkabelung gestaltete sich relativ einfach - wenn man dabei auch die baulichen Gegebenheiten mit berücksichtigt. Jeder Raum in jedem Flur ist mit Anschlußmöglichkeit versehen, wobei an genau definierten Wandentfernungen das 'gelbe Kabel' im Boden erreichbar ist. Der Anschluß von Arbeitsplatzstationen, und damit auch die Flexibilität der Lösung, ist einfach, obgleich man dazu Spezialwerkzeug benötigt.

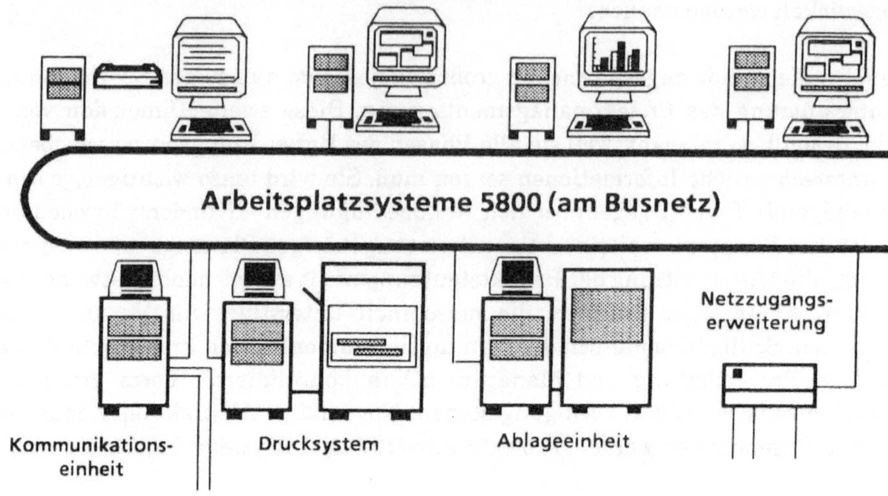

Bild 2: Typische Konfiguration eines lokalen Netzes mit Ethernet

Die Leistungsfähigkeit des Netzes mit einer Übertragungsrate von 10 Mbit pro Sekunde ist für unsere Zwecke ausreichend, obgleich eine sehr große Zahl von Benutzern und Stationen bedient werden. Dazu zählen neben den erwähnten Rechnern des Typs 5800 andere Arbeitsplatzstationen für unterschiedlichste Einsatzfälle und konventionelle mittlere und große Rechner, sowie eine Vielzahl von Personal Computern. Die Auslastung des Netzes ist trotz über 100 Anschlüssen noch nicht so hoch, daß Überlast eintreten würde. Zudem könnten in diesem Fall durch Rekonfigurierung Engpässe eliminiert werden.

8. Planung und Verwaltung

Es ist offensichtlich, daß es eines rechenzentrumsartigen Betriebs bedarf, um die Funktionalität aurechtzuerhalten und zu gewährleisten. Gegenüber konventionellen Rechenzentren, bei denen die Rechenleistung anhand den Anforderungen und Planungen kontinuierlich ausgebaut werden kann ist bei einem dezentralen Rechenzentrum, wenn unterschiedlichste Auftraggeber und Anwender betreut werden sollen, die Planung nur sehr schwer durchführbar. Weiter ist der beschleunigte Generationenwechsel bei PCs und Arbeitsplatzrechnern mit ins Kalkül zu ziehen. Reichte früher *eine* Rechnerarchitektur, die dann technologisch innoviert und in ihrer Leistungsfähigkeit stetig gesteigert werden konnte, so werden heute Spezialrechner für die unterschiedlichsten Einsatzfälle angeboten, die im Konzept mit zu berücksichtigen sind.

Abhilfe schafft hier nur eine Vorgehensweise, die auf *Standardgeräten* oder *-software* und vor allem auf *Standardkommunikation* aufbaut. Es ist also notwendig, das *Zentrum* des dezentralen Rechenzentrums - also die zentralen Dienste - langfristig zu planen, damit auch kurzfristigen Anforderungen nachgekommen werden kann.

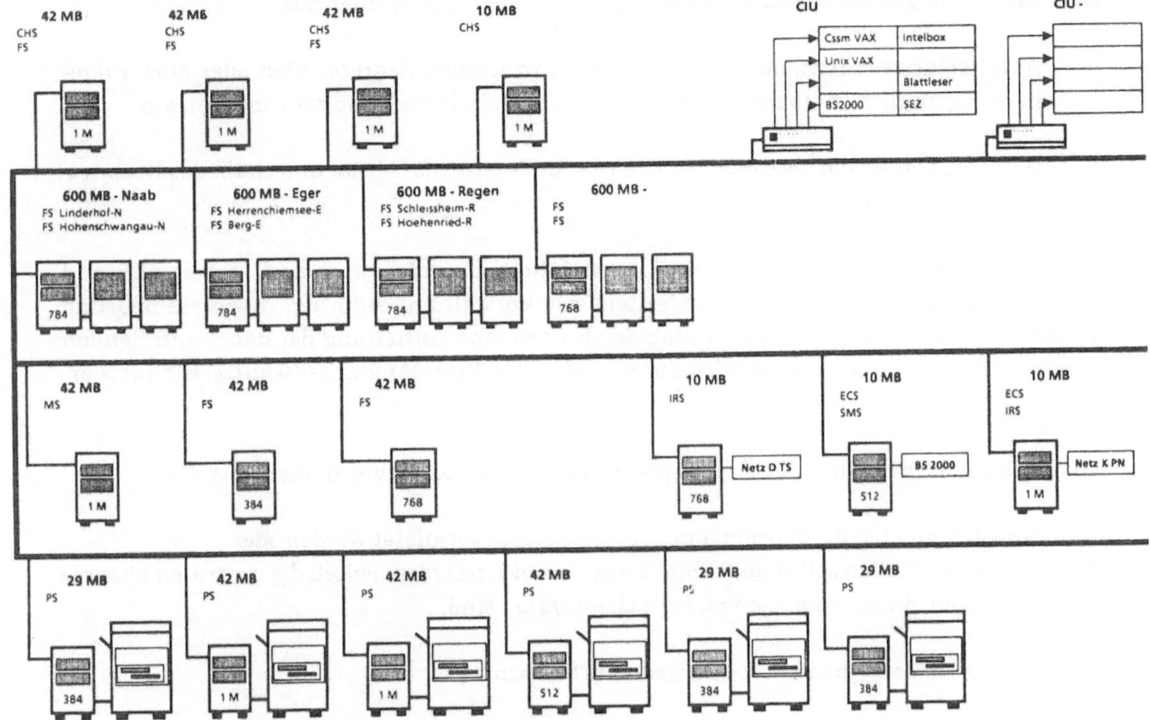

Bild 3: Services im SEZ (Stand 6/85)

Mit einer festen Basis gelingt es dann, die Verwaltung zu vereinheitlichen. Eingeführte Verfahren - z. B. zur Abrechnung oder Verwaltung von Hintergrundspeicher - können dann auch über die Lebensdauer von einzelnen Gerätetypen hinaus verwendet werden

Die Aufgaben dafür umfassen u. a.

- Benutzerbetreuung,
- Betreuung der Infrastruktur (Software- und Hardware),
- Ausbauplanung des dezentralen Rechenzentrums und
- Erarbeitung der kaufmännischen Daten für die Abrechnung.

Gerade dieser letzte Punkt ist hier von entschiedendem Interesse, da de facto ein 'offenes' Rechenzentrum installiert ist, in das *jeder Kunde auch eigene Rechner* integrieren können sollte. Zudem wird wegen der Heterogenität der installierten Rechnertypen die Abrechnungsaufgabe nochmals komplexer.

Somit ist das Problem zu lösen, wie an das Netz problemlos benutzerspezifische Geräte angeschlossen werden können, die allgemein verfügbarer Ressourcen bedürfen, um funktionsfähig zu sein. Somit muß die Grundlast der zentralen Dienste dem Benutzer verrechnet werden.

Es ergibt sich folgende Situation: Standardgeräte bestehen zum einen aus

- Arbeitsplatzrechnern, die entweder vor Ort in Labors, Sekretariaten oder auch allgemein zugänglich in einem zentralen Raum aufgestellt sind, und zum anderen aus

- Server-Geräten, die die zentralen Dienste für dezentrale Geräte innerhalb des Rechnernetzes realisieren.

Die Server-Geräte sind Dienste für die Allgemeinheit, die zudem auch noch Arbeitsaufwand für Verwaltung, Datensicherung, etc. seitens der Verwaltung bedürfen. Aus diesem Grund ist die verursachergerechte Berechnung der Kosten eine Aufteilung der dabei anfallenden Kosten auf *alle* Benutzer. Dies wird durch *pauschale Verrechnung je Benutzerkennung* erreicht.

Anders ist es bei den einzelnen Arbeitsplatzstationen. Diese Geräte können entweder

- vom dezentralen Rechenzentrum angeschafft und vermietet werden oder
- von Dienststellen selbst angeschafft worden sein, trotzdem jedoch die zentralen Dienste benötigen, da sie ohne diese *nicht funktionsfähig* sind.

Somit ergibt sich also die in Bild 4 dargestellte Situation.

Dadurch ist gewährleistet, daß

- die Kosten verursachergerecht zugeordnet werden können,
- die Kosten leicht erfaßt und verrechnet werden können,
- die Unterscheidung zwischen unterschiedlichen Kostenarten möglich ist,
- *alle Geräte* in dieses Schema einbezogen werden können, und
- trotzdem die zentralen Dienste (die ca. 40% des Investments darstellen) ebenfalls verrechnet werden können.

9. Erfahrungen

Seit etwa drei Jahren ist bei der Siemens AG das Software-Entwicklungszentrum in Betrieb. Während dieses Zeitraumes hat sich das SEZ von einem prototypischen Stadium zu einem hochproduktiven dezentralen Rechenzentrum gewandelt. Gründe dafür liegen sowohl in der Akzeptanz der Konstruktion, die aufgrund ihrer Flexibilität die Rechnerunterstützung am Arbeitsplatz für nahezu alle Bereiche in kurzer Zeit realisieren läßt, als auch in der Akzeptanz des Rechners am Arbeitsplatz selbst. Hier kommen vor allem Faktoren der Ergonomie der Soft- und Hardware zum Tragen.

Diese positive Resonanz ist die Basis für den stetigen Ausbau des SEZ. Heute sind bereits Anlagen im Werte von über 5 Mio. DM installiert, und die Tendenz ist weiterhin steigend.

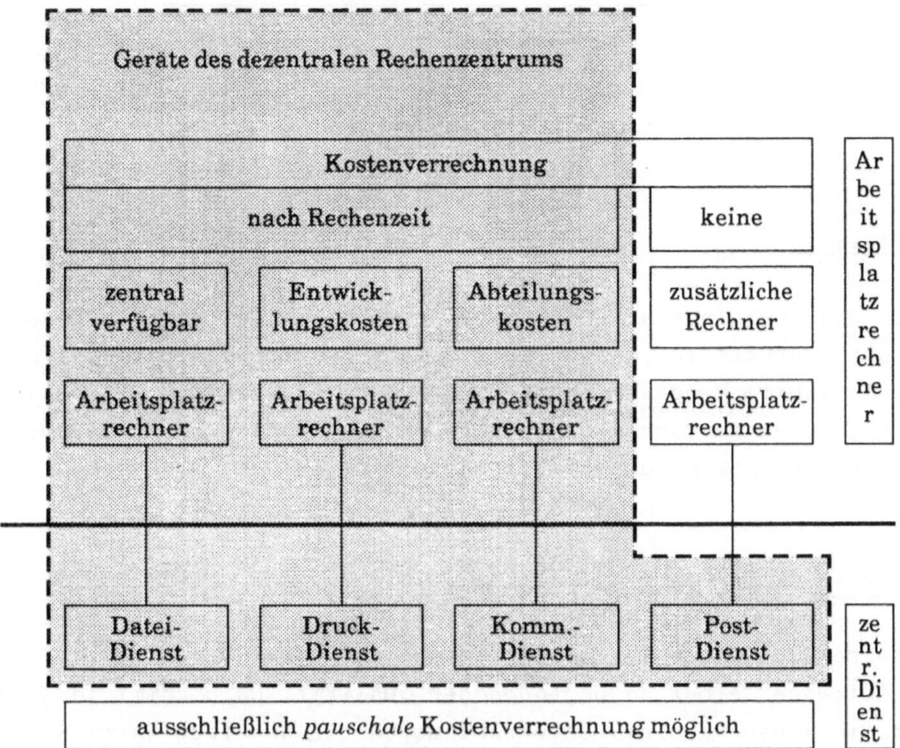

Bild 4: Kostenverrechnungsarten und Gerätealternativen

Trotz aller Wirtschaftlichkeitsrisiken bei diesem Investment erscheint uns der weitere Ausbau nicht nur wünschenswert - er ist unseres Erachtens sogar notwendig, wenn weiterhin mit Steigerungen der Produktivität im Bereich der Software-Entwicklung gerechnet werden soll.

Diese Steigerung ist zwar kaum quantitativ meßbar, da einerseits geeignete und genormte Meßgrößen fehlen und sie andererseits kontinuierlich mit wachsender Verfügbarkeit der Rechner vor sich ging. Vergleiche mit früheren Produktentwicklungen lassen jedoch eindeutig die Tendenz zu *besserer Vor- und Nachbereitung der Implementierung* erkennen, was insgesamt zu einer Steigerung der Softwarequalität führt. Entwicklungs-, Produkt- und Anwenderdokumentation liegen durch die gute maschinelle und Verfahrens-Unterstützung nicht im argen; zudem wird die Teamarbeit durch die Konzeption unseres dezentralen Rechenzentrums, der darin verwendeten Geräte und ihrer Software maßgeblich unterstützt, was dem 'normalen' Arbeitsstil einer Entwicklungsgruppe entgegenkommt.

Stellte der Aufbau des SEZ vor drei Jahren noch ein Risiko dar, so hat es sich heute in der Praxis derart bewährt, daß ein Abgang von dieser Konzeption zu hohen Risiken in unserem Bereich führen würde, wenngleich im gleichen Zeitraum auch das zuständige (konventionelle) Rechenzentrum seine Kapazität überproportional ausbauen mußte. Offenbar ist es das Konzept einer Kombination von Unterstützung täglicher Arbeit am Arbeitsplatz und hoher Rechen- und Speicherleistung im Hintergrund, das für die Zukunft für alle Entwicklungsbereiche anzustreben ist.

EINE C-ORIENTIERTE PROGRAMMIERUMGEBUNG FÜR EINEN HETEROGENEN RECHNERKOMPLEX AUS MIKRO- UND MINI-COMPUTERN

G. Kjossew, A. Gruzdew, Ch. Jovew
INTERPROGRAMMA
Sofia 1000, PF 795/Bulgarien

Zusammenfassung

Es werden die grundlegenden Prinzipien der Konzeption sowie die auf ihrer Basis erarbeiteten Entwurfs- und Implementierungslösungen für eine C-orientierte Programmierumgebung zur Entwicklung von leicht portablen Programmen im Rahmen eines heterogenen Rechnerkomplexes aus Mini- und Mikrocomputern vorgestellt und diskutiert.

1. Einführung

Die Software-Produktion leidet immer noch an mangelnder Effektivität und die Software selbst an ungenügender Qualität. Dazu kommt in letzter Zeit ein neues Problem. Gefordert durch die günstige Entwicklung der Halbleiter- und Computerindustrie steigt die Vielfalt der Rechnertypen und -modelle insbesondere im Bereich kleinerer Anlagen.

Der Einfluß dieser Entwicklungstendenz ist heutzutage bei den meisten Software-Herstellern zu spüren. Er äußert sich vor allem in der zunehmenden Heterogenität ihrer hausinternen Rechnerkomplexe und den damit verbundenen technischen und psychologischen Problemen. Davon seien speziell die uneffektive Nutzung der verfügbaren Rechnerkapazitäten, Kommunikationsschwierigkeiten bei der Softwareentwicklung, Probleme der Anpassung bestehender Anwendungssoftware an neue Nutzungsumgebungen, Fertigstellung von neuen Entwicklungswerkzeugen zur Abdeckung der neuen Zielmaschinen, Umstellungsprobleme mit dem Fachpersonal beim Wechseln der Entwicklungsumgebung usw. erwähnt.

Die angestellte Analyse möglicher Wege zur Lösung der genannten Probleme rechtfertigt die Anwendung einiger grundlegenden Prinzipien bei der Gestaltung der Programmentwicklungsstrategie unter den neuen Verhältnissen. Die in dem vorliegenden Beitrag diskutierte Lösung stellt ein Ergebnis der praktischen Erprobung dieser Prinzipien dar. Sie präsentiert sich in der Form einer C-orientierten Programmierumgebung (Kurzbezeichnung INTERSI) zur Entwicklung von leicht portablen C-Programmen im Rahmen eines heterogenen Rechnerkomplexes aus Mini- und Mikrocomputern. Sie ist Bestandteil eines größeren Entwicklungsvorhabens zur Unterstützung der industriemäßigen Formen von Software-Produktion.

2. Grundlegende Prinzipien der INTERSI-Konzeption

PRINZIP 1: Unterstützung einer höheren Programmiersprache. Der Einsatz höherer Sprachen in der Programmierung wird heutzutage durch die Steigerung der Arbeitsproduktivität und der Programmzuverläßigkeit begründet motiviert. Weiterhin verbessern solche Sprachen die Lesbarkeit und die Wartbarkeit des Programmquellenkodes. Der oft zitierte Nachteil höherer Programmiersprachen, die Generierung eines uneffezienteren Objektkodes als bei den maschinenorientierten Sprachen, wird durch die zunehmende Verbesserung der Betriebsparameter moderner Rechenanlagen wirksam kompensiert.

PRINZIP 2: Durchgängige Unterstützung der Programmentwicklung mit automatisierten Werkzeugen. Um die angestrebte Wirkung der Nutzung höherer Programmiersprachen zu steigern ist eine breite Automatisierung von aufwendigen und Routinearbeiten im Programmentwicklungsprozeß erforderlich. Dies bildet die Grundlage für die Integration maschineller Fähigkeiten (z.B. hohe Verarbeitungsgeschwindigkeit, Speicherung großer Datenmengen, deterministische Arbeitsweise) und Fähigkeiten des Menschen, wie Kreativität, Entscheidungsfähigkeit und Erkennen auf heuristischer Basis.

PRINZIP 3: Konzeptionelle und physische Integration der Werkzeuge. Die konzeptionelle Integration impliziert die softwaretechnologische Anpassung von Werkzeugfunktionen untereinander und die einheitliche Form der maschineninternen Darstellung von Objekten, auf welche die Funktionen ausgeführt werden. Die physische Integration betrifft die prozedurale und datenindizierte Kommunikation zwischen den Werkzeugen sowie den Zugriffsmechanismus zu gemeinsamen Entwicklungsobjekten. Das Prinzip der konzeptionellen und physischen Integration der Werkzeuge steht in einem direkten Verhältnis zu den Forderungen nach einer einheitlichen Benutzerschnittstelle und einer zentralen Verwaltung von Entwicklungsobjekten als Bestandteile der Programmierumgebung.

PRINZIP 4: Intellektualisierung der Entwicklungswerkzeuge und der Benutzerschnittstelle. Ganz allgemein gesprochen verlangt dieses Prinzip von den Werkzeugen und der Benutzerschnittstelle einen bestimmten Grad an "Wissen" über laufenden Zustand von aktiven und passiven Komponenten (d.h. Werkzeuge und Entwicklungsobjekte) des Programmentwicklungsprozesses, Syntax der Programmiersprache, angestrebte Programmstruktur u.a.

PRINZIP 5: Von der Nutzungsumgebung unabhängige Programmentwicklung. Dieses Prinzip bedeutet für den Nutzer, daß er immer mit einer unveränderten Programmierumgebung zu tun hat, abgesehen davon ob er für diese oder jene Zielmaschine seine Programme entwickelt.

PRINZIP 6: Personifizieren von Rechenleistung. Die Konzentration von individuell verfügbarer Rechenleistung am Arbeitsplatz des Programmierers bietet eine Reihe von Vorteilen an:

- ständige Verfügbarkeit der zugeteilten Rechenresourcen,
- ungestörte Arbeit zu jeder Zeit möglich,
- keine Probleme mit Zugriffsrechten zu geschützten Daten,
- günstige Möglichkeit zur individuellen Planung von praktischer Arbeit und Denkpausen,
- alle Programmunterlagen und sonstige Dokumentation immer griffbereit.

Dabei erweist sich der Einsatz von leistungsfähigen Personal Computern als Arbeitsplatzrechner (Workstations) als beste Lösung, um die erwähnten Vorteile im vollen Umfang auszuschöpfen.

PRINZIP 7: Einsatz eines Kommunikationssystems. Die Trennung der Entwicklungs- von der Nutzungsumgebung und das Personifizieren von Rechenleistung führen unter den Verhältnissen des heterogenen Rechnerkomplexes zu einem erhöhten Kommunikationsbedarf. Es sind prinzipiell zwei Situationen möglich, bei denen im Entwicklungsprozeß eine Kommunikation zwischen verschiedenen Komponenten des Rechnerkomplexes erforderlich wird. Erstens - bei der Programmübertragung von einer Entwicklungs- auf eine Zielmaschine, und zweitens - bei der Lösung von Gruppenaufgaben in einem Projektkollektiv, wie z.B. Kommunikation zwischen zwei Workstations oder zwischen einer Workstation und einer Gruppenmaschine (Zugriff zu der Datenbasis des Projektes). Der bestehende Kommunikationsbedarf kann durch den Einsatz eines Kommunikationssystems gedeckt werden. Die Effektivität und die Wirksamkeit eines solchen Einsatzes hängen von der richtigen Auswahl des konkreten Kommunikationssystems ab.

PRINZIP 8: Unterstützung der Programmportabilität. Die Entwicklung von leicht portablen Programmen ist durch spezielle Werkzeuge der Programmierumgebung zu unterstützen. Die Forderung nach Portabilität der Programme hat zwei wichtige Gründe. Auf der einen Seite erfordert die Trennung der Entwicklungs- von der Nutzungsumgebung eine Programmübertragung noch während des Entwicklungsprozesses. Auf der anderen Seite lassen sich leicht portable Programme bei einer späteren Implementierung auf einer neuen Zielmaschine ohne großen Aufwand portieren. Dadurch werden Implementierungskosten reduziert.

3. INTERSI - Entwurfs- und Implementierungsentscheidungen

Der vorliegende Abschnitt gibt einen geschlossenen Überblick über das Gesamtkonzept, Funktionen und Implementierungsstrategie der C-orientierten Programmierumgebung INTERSI.

3.1. Unterstützter Sprachdialekt

Es gibt verschiedene Gründe C als Basissprache der Programmierumgebung zu wählen. Erstens gehört C zu der Klasse der höheren Programmiersprachen (Prinzip 1) und zweitens besitzt sie eine hohe Maschinenunabhängigkeit, was sich positiv auf die Portabilität der entwickelten Programme auswirkt (Prinzip 8). Dazu kommt die große Popularität der Sprache unter den Software-Herstellern insbesondere im Bereich der Klein- und Mikrorechner. Die in der Literatur zitierten Vorteile der Sprache in bezug auf ihre Eigenschaften /1/, decken sich zum grössten Teil mit unserer subjektiven Einschätzung.

Die breite Auswahl an C-Compilern und die knappe Terminsituation sind das Motiv für die Entscheidung, vorhandene Compiler in die Programmierumgebung einzubinden. Eine Vergleichsanalyse verfügbarer C-Compiler ergab, daß zwischen ihnen Unterschiede bestehen /2/. Sie beziehen sich in erster Linie auf die implementierten Standardfunktionen und weniger oder kaum auf die unterstützte Sprachversion. Unter dieser Voraussetzung wurde die Auswahl der in die Programmierumgebung einzubindenden C-Compiler nach folgenden Gesichtspunkten vorgenommen:

- Anzahl der Compiler in der ausgesuchten C-Compilerfamilie ist minimal zu halten,
- alle Klein- und Mikrorechner im heterogenen Rechnerkomplex sind von der erwähnten C-Compilerfamilie abzudecken,
- die von der C-Compilerfamilie definierte Querschnittsmenge der Sprache soll maximal sein.

Der auf dieser Weise entstandene Dialekt der Sprache (INTERSI-Dialekt) stimmt, ausgenommen einige unwesentliche Abweichungen, mit der Sprachdefinition für C im Betriebssystem UNIX V.7 überein. Wie schon erwähnt, sind die wesentlichen Unterschiede zwischen den gewählten C-Compilern im Bereich der Standardfunktionen angesiedelt. Deshalb wird ein großer Teil der praktischen Bemühungen um die Realisierung des portablen INTERSI-Dialektes für den Ausgleich dieser Unterschiede, d.h. für das Ersetzen fehlender bzw. das Unifizieren vorhandener Funktionen, aufgewendet.

3.2. Programmierwerkzeuge

Die INTERSI-Werkzeuge gehören zu einer neuen Generation von Programmentwicklungsmitteln. Beispielgebend dafür sind solche Werkzeugsysteme wie INTERLISP /3/, der CORNELL PROGRAM SYNTHESIZER /4/, PATHCAL /5/ u.a. In diesem Zusammenhang sei auf zwei wichtige Eigenschaften der INTERSI-Werkzeuge hingewiesen.

Die erste betrifft ihre Fähigkeit den Programmtext, anders als bei den traditionellen Programmierhilfen, als strukturiertes Objekt mit gegebener Syntax aufzufassen (Prinzip 4). Dadurch wird es möglich eine Reihe zusätzlicher Tätigkeiten im Programmentwicklungsprozeß zu unterstützen.

Die zweite bezieht sich auf die konzeptionelle und physische Integration der INTERSI-Werkzeuge zu einem kohärenten System (Prinzip 3). Sie wird auf verschiedenen Wegen gewährleistet:

- durch eine einheitliche Benutzerschnittstelle zu allen Werkzeugen der Programmierumgebung,
- durch die funktionelle und kommunikative Anpassung der Werkzeuge untereinander,
- durch die zentrale Verwaltung der Entwicklungsobjekte und die Festlegung einer einheitlichen Schnittstelle für den Zugriff der Werkzeuge zu den Objekten,
- durch die einheitliche und für alle Werkzeuge verbindliche interne Darstellungsform der Entwicklungsobjekte.

Die INTERSI-Werkzeuge dienen im ganzen der Entwicklung von leicht portablen C-Programmen (Prinzip 8). Funktionsmäßig unterstützen sie folgende Tätigkeiten während der Programmentwicklung:

- Programmerstellung,
- Programmdebugging,
- Programmübertragung,
- Programmverwaltung.

Jeder der genannten Grundfunktionen entspricht ein komplexes Werkzeug in der INTERSI-Programmierumgebung.

Programmerstellungswerkzeug (PEW)

PEW unterstützt die Erstellung von C-Programmen im Dialogbetrieb und gewährleistet dabei die syntaktische und strukturelle Korrektheit der Programme. Die in PEW integrierten Funktionen der Syntax- und Strukturanalyse von C-Programmen lassen sich erforderlichenfalls vom Benutzer unwirksam machen. Dies bringt Vorteile dann, wenn man die laufende Überwachung der syntaktischen und strukturellen Richtigkeit des eigegebenen Programmtextes nicht mehr braucht, ja sogar als lästig empfindet. Bei ausgeschalteter Syntax- bzw. Strukturüberwachung verhält sich PEW wie ein gewöhnlicher Bildschirmeditor. Deshalb werden an dieser Stelle nur die syntax- und strukturbezogenen Funktionen von PEW vorgestellt. Diese Funktionen lassen sich in drei Gruppen zusammenfassen:

- Funktionen für syntaxkontrollierte und strukturgesteuerte Programmtexteingabe,
- Funktionen für syntaxgesteuerte Programmabbildung,
- Funktionen für syntaxkontrolliertes Programmeditieren.

Die Funktionen der ersten Gruppe unterstützen die Programmkonstruktion nach den Prinzipien der Strukturierten Programmierung. PEW kontrolliert in diesem Fall die syntaktische Richtigkeit der Eingaben und steuert die nach bestimmten Kompositionsregeln verlaufende Programmstrukturbildung.

Von den Funktionen der zweiten Gruppe verdienen eine spezielle Beachtung die "Elision", das "Fokussieren" und die syntaktische Diagnostik. Die erste Funktion gestattet die Abbildung des Programms ohne unnötige Einzelheiten, z.B. eine Funktion nur durch ihren Namen abzubilden. Auf dieser Weise ist es möglich das Programm als Ganzes auf einem Blick zu erfassen. Die zweite Funktion, dagegen, ermöglicht es, bestimmte Programmkomponenten mit allen Details abzubilden. Durch die syntaktische Diagnostik werden die im Programm enthaltenen syntaktischen Fehler bei seiner Abbildung auf den Bildschirm optisch indiziert.

Mit Hilfe der Funktionen der letzten Gruppe läßt sich das Auffinden oder die Modifikation von Programmtext nach syntaktischen Merkmalen vornehmen.

Programmdebuggingwerkzeug (PDW)

Das Programmdebugging wird quellsprachbezogen im Dialog durchgeführt. Das bringt für den Benutzer den Vorteil, daß die an den Bildschirm ausgegebene Trace-Information während der Programmausführung direkt mit dem Programmquellenkode korreliert.

Das PDW unterstützt alle für eine kontrollierte Programmausführung erforderliche Funktionen, die sowohl ablaufzeit- als auch ablaufstrukturbezogene Aspekte berücksichtigen. Aus dem gesamten Funktionsangebot seien besonders erwähnt:

- quellsprachbezogenes Tracing von ausgeführten Programmanweisungen,
- Tracing von Namen, Variablenwerten und -typen,
- automatisches Ausschalten der Trace-Funktion bei mehrfacher Ausführung von Zyklen mit Angabe der Zahl der Wiederholungen beim Verlassen des Zyklus,
- schrittweise Ausführung von Programmanweisungen,
- Steuerung der Programmausführung über "break points",
- dynamische Modifikation von Variablenwerten,
- Generierung von Trace-Protokollen.

Programmübertragungswerkzeug (PÜW)

Eigentlich wird die Programmübertragung nicht mit Hilfe eines Werkzeuges sondern durch ein ganzes Werkzeugsystem unterstützt. Dabei gilt als Grundprinzip Programme auf Quellenkode-Ebene zu übertragen. Dieses Prinzip wird der Auswahl folgender drei PÜW-Komponenten zugrunde gelegt:

- Familie von aufeinander in bezug auf die Programmübertragung abgestimmten C-Compilern,
- Analyse-Werkzeug zur Erkennung von Portabilitätsverstößen in C-Programmen,
- Kommunikationssystem für die physische Programmübertragung von der Entwicklungs- auf die Zielmaschine.

Das erwähnte Analyse-Werkzeug erfüllt drei Funktionen: Verarbeitung von Preprozessor-Direktiven, lexikalische Analyse und Filtern der "unportablen" Programmkonstrukten. Der von dem Analyse-Werkzeug unterstützte Sprachdialekt ist etwas breiter als der "portable" INTERSI-Dialekt, was damit begründet wird, daß während der Analyse auch unportable Sprachkonstruktionen erkannt werden müssen.

Programmverwaltungswerkzeug (PVW)

Die während der Programmentwicklung entstandenen Objekte (Programme in Quellenkode, in umgewandelter Form, Testdaten, Metadaten) werden in eine zentrale Datenbasis abgespeichert und gepflegt. Die INTERSI-Datenbasis wird den Bedürfnissen eines einzelnen Nutzers zugeschnitten. Deshalb wird als zweckmäßige und kostengünstige Lösung angesehen, sie als Bestandteil in das jeweilige Filesystem am Entwicklungsrechner zu integrieren. Unter dieser Voraussetzung werden von PVW folgende zwei Funktionen unterstützt:

- Verwaltung der Programmversionen,
- Verwaltung der Programmkonfigurationen.

Beispielgebend für den Dienstleistungsumfang dieser Funktionen seien die Programme SCCS und MAKE in dem Betriebssystem UNIX.

3.3. Benutzerschnittstelle

Bildhaft gesprochen stellt die Benutzerschnittstelle das Gesicht der Programmierumgebung dar. Sie bestimmt die jenigen Merkmale und Eigenschaften, mit denen der Nutzer die Programmierumgebung identifiziert und über ihre Leistung sein Urteil macht. Hinter der Benutzerschnittstelle bleiben für den Nutzer die interne Steuerstruktur und Datenorganisation der Programmierumgebung versteckt. Deshalb kann eine schlecht entworfene und implementierte Benutzerschnittstelle einen negativen Einfluß auf die gesamte Beurteilung und die künftige Verwendung der Programmierumgebung haben.

Die INTERSI-Benutzerschnittstelle unterstützt durch ihre Basisfunktionen die Interaktion (Aspekte des Mensch-Maschine Dialoges), die Kommunikation (Aspekte des gerätetechnisch geprägten Informationsaustausches) und die Metakommunikation (Aspekte der Unterstützung der Benutzerkompetenz). Beim Entwurf der Basisfuktionen wird von der einheitlichen Form und Struktur des Dialoges und der Unifizierung der Kommunikationsmittel ausgegangen.

Grundform des Dialoges ist die Auswahl aus einem Menü. Als zweite Dialogform werden symbolische Kommandos mit einheitlicher Syntax nur im eingeschränkten Maße verwendet.

Die Unterstützung der Kommunikationsmittel ist nach Gerätetypen einer Klasse parametrisiert. Die Benutzung von gerätetechnischen Eigenschaften wird einheitlich vereinbart.

Die Unterstützung der Metakommunikation umfaßt verschiedene Formen der Erhöhung der Benutzerkompetenz über den laufenden Zustand des entwickelten Programms, die Geschichte des Dialoges, die Grundfunktionen der Werkzeuge und ihre Benutzung, die Syntax und Funktionen von Kommandos usw.

3.4. Kommunikationssystem

Der volle Leistungsumfang der INTERSI-Programmierumgebung wird nur an den als Entwicklungsmaschinen vorgesehenen Rechnertypen implementiert. Zusätzlich werden die Werkzeuge zur Unterstützung des Debuggings und der Programmübertragung an den entsprechenden Zielmaschinen im heterogenen Rechnerkomplex verfügbar gemacht.

Als potentielle Kandidaten für Entwicklungsmaschinen treten leistungsfähige 16-Bit Personal Computer (Prinzip 6) auf. Diese sind mit den Zielmaschinen im heterogenen Rechnerkomplex über ein Kommunikationssystem zu verbinden (Prinzip 7).

Bei der Auswahl eines konkreten Kommunikationssystems werden folgende Gesichtspunkte berücksichtigt:

- Zusammensetzung des heterogenen Rechnerkomplexes,
- allgemein gültige Forderungen an Kommunikationssystemen, wie z.B. Geschwindigkeit, Zuverläßigkeit, Übertragungsmedien, Zugangsverfahren, Übertragungstechnologie usw.,
- Anschlußmöglichkeiten der gerätetechnischen Komponenten des Rechnerkomplexes usw.

Die durchgeführte Analyse hat gezeigt, daß der Einsatz eines lokalen Netzes (local area network - LAN) die beste Alternative für das erforderliche Kommunikationssystem darstellt.

Auf der Grundlage der durch die Methoden der Imitationsmodellierung von Netzparametern erzielten Ergebnisse wurde als kosten- und betriebsgünstige Variante zwei miteinander gekoppelte LANs gewählt:

- ein schnelles Ring-Netz für den Verbund leistungsfähiger Netzkomponenten,
- ein langsames dafür bedeutend billigeres Ring-Netz zum Anschluß von Personal Computern (Workstations) und langsameren Peripherie.

Die prinzipielle Architektur des Kommunikationssystems mit den daran angeschlossenen Gerätekomponenten des heterogenen Rechnerkomplexes ist in der nachstehenden Abbildung dargestellt.

Das leistungsstärkere LAN gewährleistet die schnelle Rechner-Rechner-Kommunikation zwischen den angeschlossenen "Minis". An dieses Netz ist außerdem der Anschluß von intelligenten Terminalkonzentrators (TK) vorgesehen. Die von einem TK bedienten Komponenten (Terminals, Mikrorechner, Drucker) können sowohl untereinander, im Autonombetrieb, als auch mit den Netzkomponenten kommunizieren.

Zur Vernetzung von langsamen Gerätekomponenten wird das leistungs-

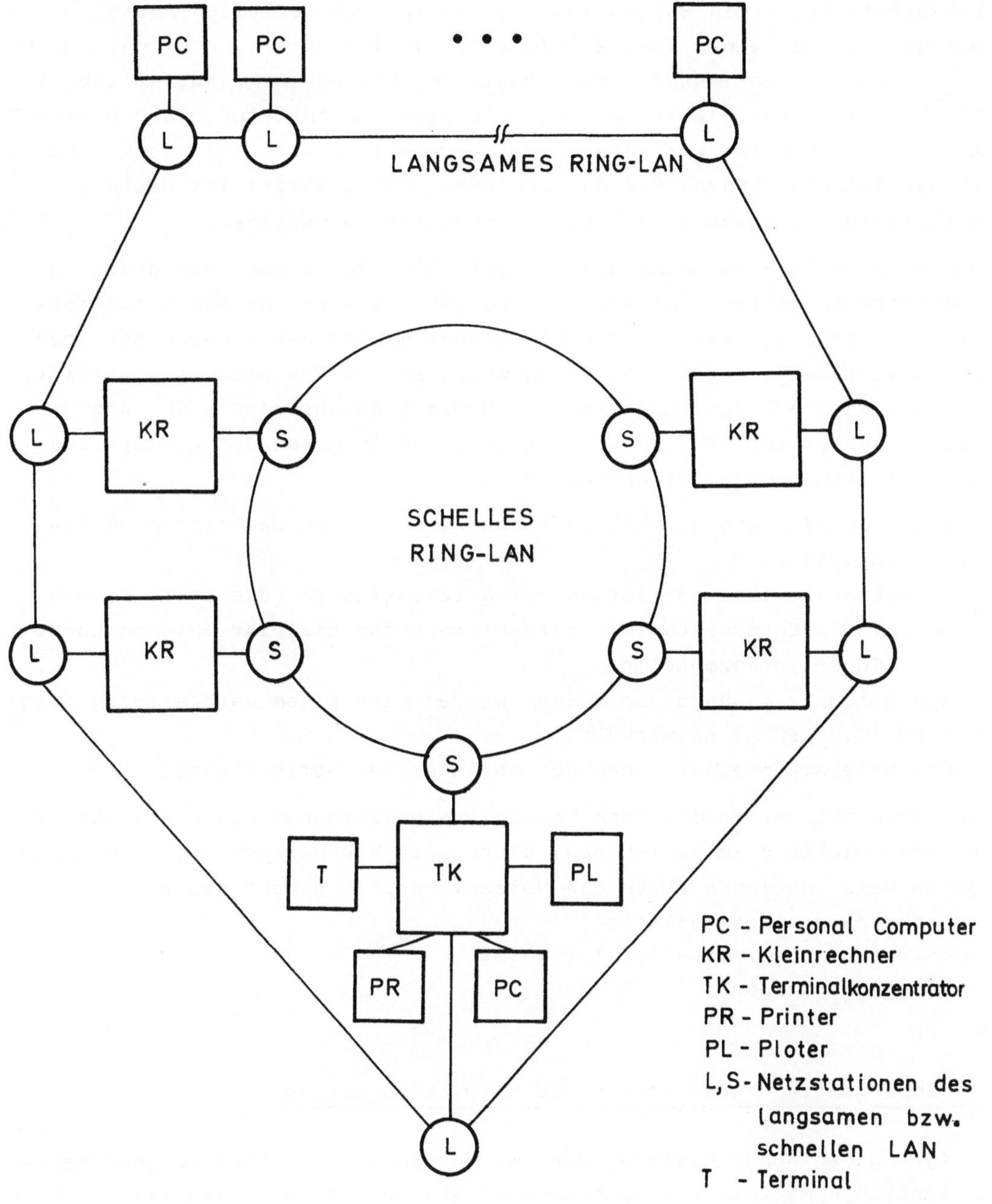

Abbildung: Prinzipielle Architektur des Kommunikationssystems schwächere Netz (ein Basisband-Ring-LAN für den seriellen Anschluß von Geräten mit einem RS-232 C-Interface) eingesetzt. Auf seiner Grundlage wird das gemeinsame Terminalnetz des Rechnerkomplexes aufgebaut. Die Netzstationen dieses LAN gewährleisten den Anschluß einer breiten Auswahl von Geräten und unterstützen dynamische virtuelle Kommunikationen zwischen ihnen. Die Hauptaufgabe dieses Netzes ist die als Workstations eingesetzten Personal Computer zu bedienen.

Die Netzkopplung zwischen den beiden LANs erfolgt über die gemeinsamen Netzkomponenten - Minirechner und TKs. Die beschriebene funktionelle Einteilung zwischen den LAN-Diensten wird damit begründet, daß auf dieser Weise der Anschluß von Workstations kostengünstig erfolgt, die dynamische Rekonfiguration des Systems gewährleistet ist und das leistungsstärkere LAN von den spezifischen Aufgaben der Workstation-Unterstützung entlastet werden kann.

Bei der Entwicklung der Netzsoftware werden folgende Prinzipien berücksichtigt:

- etappenweise Implementierung der Netzfunktionen (die erste Etappe umfaßt die Entwicklung der Netzsoftware für die vier unteren Ebenen des ISO-Refferenzmodells),
- die hardwareunabhängigen Ebenen werden nach einem verbreiteten Standard (z.B. ECMA) entwickelt,
- Gewährleistung einer hohen Portabilität der Netzsoftware.

Entsprechend der zu lösenden Kommunikationsaufgaben während einer Programmentwicklung im Rahmen des heterogenen Rechnerkomplexes sind folgende Netzfunktionen durch die Netzsoftware zu gewährleisten:

- Task-to-Task-Kommunikation,
- Unterstützung virtueller Terminals,
- Filenetztransport.

4. Implementierungsstrategie und Entwicklungsstand

Aufgrund des hohen Risikos, das bei der Entwicklung von softwaretechnologischen Mitteln und Systemen besteht, werden die Entwurfs- und Implementierungsbemühungen nach Etappen und Entwicklungsrichtungen aufgeteilt. Die Forderung nach Portabilität der INTERSI-Programmierumgebung selbst entschied die vorausgehende Entwicklung der Programmübertragungswerkzeuge. Ihre Fertigstellung wird Ende des laufenden Jahres erfolgen. Die anderen Entwicklungsarbeiten werden parallel und zeitlich um einigen Monaten versetzt verlaufen, so daß Ende nächsten Jahres mit der Freigabe der INTERSI-Programmierumgebung zu rechnen ist.

Literaturverzeichnis

1. Kernighan B.W., Ritchie D.M.: The C Programming Language, Prentice-Hall Inc., 1978

2. Kjossew G., Jovew Ch. etc.: Konzeption einer sprachorientierten Programmierumgebung zur Unterstützung der C-Sprache, (bulgarisch) Themenbericht - INTERPROGRAMMA, 1984

3. Teitelman W., Masinter L.: The INTERLISP Programming Environment, Computer, April 1981, S.25-34

4. Teitelbaum T., Reps T.: The Cornell Program Synthesizer: A Syntax Directed Programming Environment, Communications of the ACM, Sept. 1981, S.563-573

5. Wilander J.: An Interactive Programming System for Pascal, in Interactive Programming Environments, McGraw-Hill Book Company, New York etc. 1984, S.117-127

STEUERUNG PARALLEL ARBEITENDER ROBOTER

Franz X. Steinparz
Institut fuer Mikroelektronik
Johannes Kepler Universitaet Linz

LINZ AUSTRIA

Einleitung

In dieser Arbeit wird ein einfaches Verfahren vorgestellt, welches automatisch die Bewegungen mehrerer Roboter koordiniert, die in einander ueberschneidenden Bewegungsraeumen arbeiten.

Dieses Verfahren wurde im Rahmen eines vom Jubilaeumsfonds der Nationalbank gefoerderten Projektes entwickelt.
Ausgangspunkt der Entwicklung waren:

- einerseits die derzeit eher sparsame Ausruestung von Industrierobotersystemen mit Rechnerkapazitaet und damit verbunden die derzeit ueblichen primitiven Programmierverfahren fuer Industrieroboter,
- zweitens die Vorstellung, die Erfahrungen und Erkenntnisse aus der Programmierung von Datenverarbeitungsanlagen in Hinblick auf die zunehmende Komplexitaet der von Robotern auszufuehrenden Arbeiten auf die Programmierung von Robotern zu uebertragen,
- sowie drittens der hohe Aufwand an Computerkapazitaet, der fuer die in Labors laufenden intelligenteren Roboter eingesetzt wird.
- Die Absicht, preisguenstige Mikrokomputer zur Roboter-Programmerstellung und Steuerung von Industrierobotern zu verwenden.

Als Teilaspekt dieser umfangreichen Fragestellung waehlten wir das Problem der Kollisionsvermeidung aus. Im Gegensatz zu den erwaehnten intelligenten Robotersystemen, die mit hoher Komputerkapazitaet ausgestattet sind, konzentrierten wir uns darauf, zu untersuchen ob und wieweit dieses Problem mit preisguenstig am Markt verfuegbaren Computern, also mit Hilfe von Personal Computern loesbar ist.
Wir legten uns darauf fest, einen Personal Computer mit 64 KB Speicher, Z-80 CPU und 2 Diskettenlaufwerken zu je 160 KB unter dem Betriebssystem CP/M zu verwenden. Dieser Rechner wird sowohl als Programmiersystem fuer die Roboterprogramme als auch fuer die Robotersteuerung zur Programmausfuehrung verwendet.

Aus Kostengruenden verzichteten wir auch darauf, echte Industrieroboter zu verwenden und begnuegten uns damit, unser Verfahren fuer preisguenstige Modellroboter zu verwirklichen. Das entwickelte Koordinationsverfahren jedoch ist bei geringfuegig veraendertem Aufwand hinsichtlich Rechnerleistung prinzipiell auf Produktionsroboter anwendbar.

Wir haben gerade diesen Teilaspekt ausgewaehlt, weil wir glauben, dass durch die Entwicklung der Einsatzbereiche von Industrierobotern das Problem der Kollisionsvermeidung zunehmend an Bedeutung gewinnt.

Programmierung von Industrierobotern

Die Programmierverfahren fuer Roboter zerfallen grundsaetzlich in 3 verschiedene Kategorien:

- nicht textuelle Programmierung
- explizite textuelle Programmierung
- implizite textuelle Programmierung

Unter der sogenannten nicht textuellen Programmierung versteht man Verfahren, die vom Roboter auszufuehrenden Arbeiten dadurch zu definieren, dass in einer eigenen Programmierphase der Effektor des Roboters auf einzelne oder eine Vielzahl von Punkten im Raum eingestellt wird, zwischen denen die gewuenschte Bewegungsbahn verlaeuft. Fuer jeden eingestellten Punkt werden die dabei an den einzelnen Gelenken eingenommenen Einstellungen abgespeichert. Die Programmabarbeitung besteht dann darin, diese abgespeicherten Gelenkseinstellungen in der geforderten Reihenfolge wieder einzunehmen und dadurch mit dem Effektor die entsprechende Bahn abzufahren.
Der Vorteil dieser Verfahren gegenueber den textuellen liegt neben der einfachen technischen Realisierung darin, dass exakt zu wiederholende Bewegungen schnell erfasst werden koennen und die Anpassung dieser Bewegungen an Hindernisse im Arbeitsraum des Roboters quasi automatisch erfolgt.
Der Nachteil dieser Programmierverfahren liegt darin, dass die Programme

- nicht in lesbarer Form vorliegen und damit weder mitteilbar noch dokumentiert sind
- nicht beliebig aenderbar sind
- nicht offline (ohne Roboter) erstellt werden koennen
- nicht auf bereits programmierte Teilaufgaben zurueckgreifen koennen
- keine Kontrollstrukturen ermoeglichen
- keine Modifikation des Arbeitsablaufes in Abhaengigkeit von sich aendernden Umweltsituationen zulassen.

Nicht textuelle Verfahren eignen sich damit zur Definition einfacher, exakt zu wierderholender Handlungsablaeufe in genau definierter Arbeitsumgebung. Sie eignen sich nicht zur Definition von komplexen Aufgabenstellungen oder zur Definition von Handlungsablaeufen, die in irgendeiner Form auf Situationsaenderungen der Umwelt reagieren muessen.

Derzeit sind nichttextuelle Verfahren zur Programmierung von Robotern die am weitesten verbreiteten. Dies spiegelt die Anwendungssituation wieder, dass der Grossteil der Industrieroboter seine Arbeit durch exaktes Wiederholen einer vorgegebenen Bewegungsfolge leistet, ohne dabei zu Variationen dieser Bewegungsfolge, etwa in Abhaengigkeit von Umweltsituationen, faehig zu sein.

Unter textuellen Programmierverfahren versteht man die Erstellung von Programmen durch Niederschrift in einer Programmiersprache.
Hier wird zwischen expliziter und impliziter Programmierung unterschieden. Im Falle der expliziten Programmierung werden die durchzufuehren-

den Arbeiten als Folge von Effektor-Bewegungen im Arbeitsraum des Roboters und eventuell Effektoraktionen programmiert. Jede Ausweichbewegung, um Kollisionen mit Hindernissen im Arbeitsraum zu vermeiden, ist zu programmieren. Programmiersprachen der expliziten Programmierung enthalten demgemaess keine Elemente zur Objektbeschreibung, sondern vor allen Dingen solche zur Bewegungsbeschreibung und zur Beschreibung von Lagepunkten des Effektors im Arbeitsraum. Im einfachsten Fall besteht ein textuelles Programm aus einer Folge von Tupeln, die jeweils Gelenkseinstellungen in den Robotgelenken festlegen.
Regelmaessig jedoch bieten die Programmiersprachen weitere Elemente, etwa Kontrollstrukturen und Variable, sodass Programme im herkoemmlichen Sinn erstellt werden koennen. Teilweise ermoeglichen Sensorbefehle in Verbindung mit solchen Kontrollstrukturen eine Variation der Bewegungsfolge in Abhaengigkeit von erfassten Umweltsituationen.

Im Gegensatz dazu werden bei impliziter Programmierung durchzufuehrende Arbeiten nicht nur durch Bewegungen im Arbeitsraum, sondern durch Bezugnahme auf Arbeitsobjekte und Arbeitsumgebung beschrieben. Dazu verwendet das Robotsystem bei impliziter Programmierung ein Umweltmodell, welches die durch die Programmausfuehrung eintretenden Aenderungen laufend beruecksichtigt. Daher koennen bei impliziter Programmierung Arbeiten problembezogen formuliert werden und die Vermeidung von Kollisionen mit Objekten des Arbeitsraumes dem System ueberlassen werden.
Der fuer implizite Programmierung notwendige Aufwand an Computerkapazitaet ist naturgemaess hoeher als der bei expliziter Programmierung erforderliche.Im industriellen Einsatz werden implizite Systeme derzeit allerdings kaum verwendet.
Ein Vergleich von derzeit existenten Programmiersprachen fuer Industrierobotern zeigt auf, dass

- Kontrollstrukturen und Bewegungsbefehle in cartesischen Koordinaten von fast allen diesen Sprachen zur Verfuegung gestellt werden,
- Variablenkonzept, arithmetische Grundoperationen sowie Sensorbefehle nur mehr von einem Teil und
- spezielle robotspezifische Datentypen, geometrische Beschreibungsmittel fuer Arbeitsraum und Werkstuecke sowie Synchronisationsmittel fuer parallele Arbeiten nur noch von einer Minderheit dieser Sprachen unterstuetzt werden.

Verschiedentlich bestehen auch Schnittstellen zur nicht textuellen Programmierung, sodass einzelne Bewegungen innerhalb der zu programmierenden Arbeit nicht textuell erfasst werden muessen, sondern nachtraeglich etwa durch TEACH IN erfasst werden koennen.

Der Einfacheit halber haben wir unser Programmiersystem um Bewegungsbefehle aufgebaut, die durch einen Satz von Solleinstellungen an den einzelnen Gelenken beschrieben werden.
Dadurch ist es moeglich, durch TEACH-IN gewonnenen "Programme" leicht in textuelle Programme ueberzufuehren. Darueber hinaus stehen weitere Operationscodes zur Steuerung des Kontrollflusses zur Verfuegung. Weitere Operationscodes dienen der Prozesskoordination. Ein einfaches Umweltmodell ermoeglicht es, Kollisionsprobleme automatisch zu loesen.

Kollisisonsvermeidung

Das Problem der Kollisionsvermeidung entsteht dadurch, dass bei Ueberschneidungen der Arbeitsraeume mehrerer Roboter einzelnen Arme oder die von solchen Armen bewegten Objekte im Uebverschneidungsbereich der Arbeitsraeume zusammenstossen koennen, falls diese Bewegungen nicht aufeinander abgestimmt sind. Andererseits koennen Roboter nur dann sinnvoll gemeinsam ein Werkstueck bearbeiten (z.B. montieren), wenn ihre Arbeitsraeume einander ueberschneiden.

Um Kollisionen zu vermeiden, ist es erforderlich
- drohende Kollisionen vorab zu erkennen und im Falle einer bevorstehenden Kollision
- geeignete Massnahmen zu ergreifen.

Als Massnahmen eine drohende Kollision zu vermeiden kommen in Frage:

- Umlenken der Bewegungen (Ausweichen im Raum)
- Verzoegern einzelner Bewegungen (Ausweichen in der Zeit)

Kollisionserkennung

Obwohl eine eingetretene Kollision ein deutlich wahrnehmbares Erreignis ist, ist es zur Voraussage von Kollisionen sinnvoll Kriterien fuer Kollisionen anzugeben:

Eine Kollision kann durch folgenden Aussagen beschrieben werden:

1 Eine Kollision liegt vor, wenn der Abstand zweier Arme bzw. der von diesen Armen bewegten Objekte, Null ist.

2 Eine Kollision liegt vor, wenn die - durch die Arme und den von diesen bewegten Objekten - gebildeten Raumgebilde einander im geometrischen Sinn schneiden.

3 Eine Kollision liegt vor, wenn zwei Arme, bzw. die von diesen bewegten Objekte, gemeinsame Punkte im Raum einnehmen bzw. wenn die Mengen der von diesen Armen belegten Raumpunkten, nicht leeren Durchschnitt haben.

4 Trennt man bei Betrachtung einer Bewegung nicht zwischen Zeit und Raum, sondern interpretiert die drei Dimensionen des Raumes und die Zeit als einen 4-dimensionalen Raum, so sind die Bewegungen durch Hyperflaechen dieses Raumes beschrieben. Eine Kollision tritt genau dann ein, wenn sich solche Hyperflaechen schneiden.

Kriterium 1
legt die Beobachtung der Abstaende der Arme voneinander nahe. Diese Abstaende koennen mit Mitteln der analytischen Geometrie laufend bestimmt werden, wenn man aus den Laengen der einzelnen Armglieder und den in den einzelen Gelenken eingestellten Winkeln die durch die Armglieder definierten Strecken berechnet und den Durchmesser der Arme durch einen Sicherheitsabstand beruecksichtigt. Das Problem ist damit auf die Bestimmung der Abstaende offener Polygonzuege im R^3 reduziert. Drohende Kollisionen kann man rechtzeitig erkennen, indem man vor jeder Bewegung ueberprueft, ob die waehrend dieser Bewegung von den einzelen Roboterarmen angenommenen Positionen das genannte Kriterium erfuellen. Da waehrend einer Bewegung prinzipiell unendlich viele verschiedene Positionen eingenommen werden, ist es erforderlich die Anzahl der zu betrachtenen Positionen zu reduzieren. Waehlt man die Schrittweite der Roboterbewe-

gungen hinreichend klein bzw. den Sicherheitsabstand hinreichend gross, so kann eine drohende Kollision dadurch erkannt werden, dass man vor jeder Bewegung fuer jedes Paar von Robotarmen ueberprueft, ob

- die Arme auf der einzunehmenden Position kollidieren
- die Arme kollidieren, wenn einer der beiden bereits die einzunehmende Position erreicht hat, der andere jedoch noch auf der alten Position verweilt.

Durch diese Vergroeberung erreichen wir zwar, dass wir nur eine endliche Anzahl von Positionen betrachten muessen, nehmen jedoch in Kauf, dass moeglicherweise Kollisionen prophezeit werden, obwohl bei tatsaechlicher Durchfuehrung der Bewegung keine auftritt. Durch entsprechend feine Unterteilung der Bewegung in Einzelschritte und damit verbundener sorgsamer Wahl des Sicherheitsabstandes kann die Trefferrate jedoch beliebig gesteigert werden.

Bei direktem Vergleich der Arme ist vor jeder Bewegung des Gesamtsystems ein Ueberwachungsaufwand von $O(n^2)$ erforderlich, da bei n Armen $O(n^2)$ Paare von Armen gebildet werden koennen.

Jede Ueberpruefung benoetigt die Bestimmung der Lage von Strecken aus den Gelenkswinkeln und den Laengen der Einzelglieder und die Bestimmung des Abstandes von je zwei dieser Strecken.
Der Gesamtaufwand kann damit,wenn jeder Arm aus m Gliedern besteht, mit $O(n^2*m^2)$ abgeschaetzt werden.
Die Untersuchung von Polygonzuegen ist auch Gegenstand der geometrischen Programmierung, die fuer eine Reihe von Faellen, insbesondere fuer Probleme aus der Ebene, sehr effiziente Algorithmen, etwa Plane Sweep Algorithmen oder Locus Approach Algorithmen entwickelt hat. Fuer verschiedene Spezialfaelle werden Algorithmen /Le84/ angeboten, die eine Menge von n Objekten in Zeitkomplexitaet $O(n*\log(n))$ untersuchen. Fuer das Problem der Bestimmung minimaler Abstaende von offenen Polygonzuegen im Raum wurde allerdings kein passender Algorithmus mit aehnlicher Zeitkomplexitaet gefunden.

Kriterium 2
legt es nahe, die Loesung des Kollisionsproblems auf geometrischem Weg zu suchen. Unser Problem kann zumindest naeherungsweise als das Problem der Schnittpunktzaehlung zwischen offenen, in einer Menge enthaltenen Polygonzuegen im R^3 aufgefasst werden. Wir abstrahieren bei dieser Betrachtungsweise die raeumlich ausgedehnten Roboterarme auf Streckenzuege im Raum. Auch fuer diese Problemstellung ist es naheliegend, die Verfahren der geometrischen Programmierung zu beruecksichtigen, da diese eine Reihe von Algorithmen zur Zaehlung von Schnittpunkten von Objekte angibt. Fuer den R^2 geben Edelsbrunner und Dobkin in /Do84/ z.B. ein Verfahren an, welches mit etwa $O(n^{0.7})$ die Schittpunkte von n Strecken in der Ebene zaehlt. Dieses Verfahren kann trivialerweise herangezogen werden, die Schittpunkte zwischen offenen Polygonzuegen auf der Ebene zu zaehlen. Leider laesst sich dieses Verfahren nicht auf den Raum uebertragen. Die obengenannten Autoren weisen auch darauf hin, dass ein aehnlich effizientes Verfahren zur Schnittpunktzaehlung von Strecken im Raum nicht bekannt ist.
Durch den Verzicht auf Beruecksichtigung der raeumlichen Ausdehnung der Robotarme und auf die Einhaltung eines Sicherheitsabstandes wird ausserdem das Problem der Kollisionsvermeidung nur noch unvollstaendig beschrieben. Nicht alle Kollisionen zwischen

Armen werden erkannt, da solche auch dann auftreten, wenn die Schwerelinien der Robotarmglieder sich zwar nicht schneiden, aber naeher kommen als der Querschnitt ihrer raeumlichen Ausdehnung zulaesst. Da diese Abstraktion das gestellte Problem nur unvollstaendig wiedergibt, und da ausserdem die effizienten, fuer aehnliche Probleme bekannten Algorithmen sich nicht uebertragen lassen, wird diese Sicht des Problems nicht weiter untersucht.

Kriterium 3
legt die Beobachtung der Punktmengen nahe, die von den einzelnen Roboterarmen belegt werden. Eine Kollision tritt dann ein, wenn Raumpunkte von einem Arm belegt werden sollen, die bereits von einem anderen Arm belegt sind, also wenn der Durchschnitt zwischen der Menge der neu zu belegenden Raumpunkte und der Menge der bereits belegten Raumpunkte nicht leer ist. Die Menge der Raumpunkte ist ebenfalls unendlich, sodass eine Reduzierung erforderlich ist. Fasst man jeweils benachbarte Raumpunkte zu Zonen zusammen, bzw. partitiert man den gemeinsamen Arbeitsraum in Raumzonen (VOXEL), so ist eine endliche Menge zu betrachten . In diesem Fall wird gegebenenfalls eine Kollision vorausgesagt, obwohl die Arme nicht tatsaechlich kollidieren. Die Trefferate kann jedoch durch Wahl einer hinreichend feinen Partition beliebig gesteigert werden.
Eine endliche Menge von exklusiv zu vergebenden Ressourcen zu verwalten ist ein aus der Systemprogrammierung bekanntes Problem. Dort werden solche Probleme mittels Semaphoren oder kritischer Regionen geloest.

Kriterium 4
verlangt die Untersuchung von Hyperflaechen eines 4-dimensionalen Raumes (R^3 und die Dimension Zeit). Diese Hyperflaechen koennen dabei komplexe Strukturen aufweisen und insbesondere so gestaltet sein, dass sie sich nicht durch lineare oder nicht einmal durch stetige Funktionen beschreiben lassen. Es ist daher zu erwarten, dass die Beantwortung der Frage, ob zwei solche Hyperflaechen disjunkt sind, relativ hohen Speicher- und Laufzeitaufwandbestimmung erfordert. Da wir das Problem der Kollisionserkennung und -vermeidung auf einem Personal-Computer loesen wollen, wird diese Darstellungsart nicht weiter verfolgt.

Nach Beurteilung der zu erwartenden Zeitkompexitaet der zur Kollisionserkennung bei den einzelnen Kollisionskriterien naheliegenden Verfahren, sowie nach Beurteilung der Vollstaendigkeit, der sich ergebenden Problemloesung, verbleiben die sich aus den Kriterien 1 und 3 ergebenden Kollisionserkennungsverfahren mit den zugrundeliegenden Darstellungsverfahren der Bewegungen als Alternativen zur Problemloesung. Welcher der beiden Alternativen der Vorzug zu geben ist, wird bei Betrachtung der Massnahmen, die zur Vermeidung erkannter Kollisionen zu setzen sind, entschieden.

Massnahmen zur Kollisionsvermeidung

Nachdem durch eines der oben angefuehrten Verfahren eine drohende Kollision erkannt wurde, ist es erforderlich, zu ihrer Vermeidung geeignete Massnahmen zu setzen. Diese Massnahmen koennen, wie schon erwaehnt, darin bestehen, eine oder mehrere Bewegungen zu verzoegern und so der Kollision zeitlich auszuweichen, oder darin, einzelne oder auch alle Bewegungen neu zu planen und raeumlich umzuleiten. Natuerlich sind auch beide Massnahmen nebeneinder denkbar, da die Unterscheidung

zwischen zeitlichem Ausweichen und Ausweichen im Raum durch Interpretation der Bewegung als Hyperebene des durch Zeit und Raum gegebenen 4-dimensionalen Vektorraumes aufgehoben wird. Aus Komplexitaetsgruenden kommt jedoch diese Problemsicht fuer eine Loesung auf Personal-Computern nicht in Frage.
Wegen der unvollstaendigen Kollisionserkennung bei Abstraktion der Robotarme auf offene Polygonzuege im Raum und laufender Untersuchung, ob sich solche Polygonzuege schneiden, haben wir auch diese Problemsicht als nicht zielfuehrend zureuckgewiesen. Es sind daher Verfahren zur Auswahl geeigneter Massnahmen bei Beobachtung der Abstaende der - zu offenen Polygonzuegen im Raum abstrahierten - Robotarme und bei Beobachtung der von den einzelnen Robotarme belegten Raumsegmente zu vergleichen.

Gemeinsame Aspekte

Bei Interpretation einer Roboterposition als offenes Polygon im Raum liegt jeder dieser Positionen eine Gelenkseinstellung zu Grunde. Um nur eine endliche Menge solcher Polygone untersuchen zu muessen, haben wir uns bereits bei Untersuchung der Kollisionserkennung auf eine endliche Menge solcher Gelenkseinstellungen beschraenkt. Ebenso haben wir uns bei Betrachtung der belegten Raumsegmente auf eine endliche Menge solcher Raumsegmente beschraenkt. Von einem Roboterarm koennen trivialerweise nur solche Mengen von Raumsegmenten belegt werden, zu denen es eine entsprechende Gelenkseinstellung fuer diesen Arm gibt. Daher koennen die Positionen der Robotarme auch fuer diesen Fall durch ihre Gelenkseinstellungen beschrieben werden. Da schon die Menge der beliebig konstruierten Mengen von Raumelementen endlich ist, ist die Menge der Gelenkseinstellungen zur Erreichung tatsaechlich belegbarer Mengen von Raumsegmenten ebenfalls endlich. Wir koennen daher in beiden Faellen die Bewegung eines Roboters, bzw. die simultane Bewegung aller Roboter als Folge von eingenommenen Positionen betrachten. Da nur endlich viele solcher Positionen existieren, liegt eine Folge von Elementen aus einer endlichen Zustandsmenge vor.

Aenderung der Bewegungsbahn (Ausweichen im Raum).

Will man drohende Kollisionen durch Aenderung der Bewegungsbahnen vermeiden, ist, nachdem eine drohende Kollision erkannt wurde, eine Folge von Roboterbewegungen zu finden, die zur geforderten Zielposition fuehrt, ohne zu einer Kollision zu fuehren. Jedes Gelenk kann in seiner Position belassen oder in eine von zwei Richtungen bewegt werden. Zu jeder Position eines Robotarmes existieren daher $3^{(m-1)}-1$ unmittelbar erreichbare Folgepositionen fuer diesen Robotarm. Da alle Roboter gleichzeitig bewegt werden, ist die simultane Betrachtung aller Roboter, also von jeweils n Positionen erforderlich, sodass zu jedem Zustand des Gesamtsystems $3^{(m-1)*n}-n$ unmittelbare Folgezustaende existieren, wobei ein Folgezustand eingenommen werden kann, wenn er keinen Kollisionszustand beschreibt. Als Algorithmen zur Konstruktion eines Bahnvektors als Folge zulaessiger Zustaende bieten sich Backtracking - Algorithmen an. Diese Loesungsmoeglichkeit des Kollisionsproblems kommt fuer Personal Computer wegen der fuer Backtracking-Algorithmen typischen, zu hohen Komplexitaet nicht in Frage.

Verzoegerung von Bewegungen (Ausweichen in der Zeit)

Bei Vermeidung von Kollisionen durch Bewegungsverzoegerung reduziert sich die Anzahl der zu einem Systemzustand moeglichen Systemfolgezustaende drastisch: Fuer jeden Robotarm gibt es exakt zwei Folgepositionen, naemlich: falls die Bewegung ausgefuehrt wird, die programmierte Folgeposition und, falls sie nicht ausgefuehrt wird, die momentan eingenommene Position. Die Bewegung jedes Einzelrobots bleibt streng determiniert. Darueber hinaus kann nur ein Roboter, der in eine Kollision verwickelt zu werden droht, die geplante Bewegung ausfuehren. Im Gesamtsystem reduziert sich die Anzahl der moeglichen Folgepositionen daher auf die Anzahl der in eine drohende Kollision verwickelten Robotarme. Es ist nicht fuer jeden Roboter zu entscheiden, ob er die Bewegung durchfuehren soll oder nicht, sondern welcher Roboter die Bewegung durchfuehrt. Alle anderen betroffenen Roboter haben zu warten. Auch dieses Problem kann mittels Backtracking geloest werden.

Das Problem kann aber auch als Koordinationsproblem paralleler Prozesse interpretiert werden, da jede einzelne Bewegung unveraendert determinert bleibt und nur verzoegert werden kann.

Der Arbeitsraum der Roboter als Menge exklusiv genutzter Betriebsmittel

Bei Betrachtung der von den einzelenen Robotarmen belegten Raumsegmente koennen diese Raumsegmente als Betriebsmittel aufgefasst werden, um deren exklusive Nutzung sich die einzelnen Prozesse bewerben. Diese Problemstellung wurde im Zusammenhang mit Betriebssystemen von Computeranlagen ausfuehrlich studiert. Zur Loesung des Problems wird dort das Semaphorkonzept mit verwendet.
Dieses Konzept ermoeglicht es, auf unser Problem angewandt, die auf den einzelnen Robotern ablaufenden Programme als selbststaendige Prozesse zu betrachten, die durch Semaphoroperationen koordiniert werden. Die Prozesskoordination mittels Semaphoren gewaehrleistet die Exklusivitaet der Betriebsmittelzuteilung durch zeitliche Prozesssteuerung. Entsprechend dieser Koordination wird durch Semaphoroperationen ein Prozess bei Anforderung eines belegten Betriebsmittels solange verzoegert, als dieses belegt ist. Erkennen einer drohenden Kollision und Ergreifen von Massnahmen zu ihrer Vermeidung fallen bei Verwendung von Semaphoren zusammen.

Da aus der Systemprogrammierung mit dem Semaphorkonzept ein Koordinationsmittel fuer parallele Prozesse bekannt ist, welches sich auf das Kollisionsvermeidungsproblem fuer Roboter anwenden laesst, verwenden wir jene Problembeschreibung, welche vom Semaphorkonzept vorausgesetzt wird: Der gemeinsame Bewegungsraum der Roboter wird in Raumzonen partitiert, die mittels Semaphoren verwaltet werden.

Vor jeder Bewegung ist zu berechnen, welche Raumzonen durch diese Bewegung beruehrt werden und welche der bisher belegten Raumzonen freigegeben werden. Vor Durchfuehrung der Bewegung sind die neu zu belegenden anzufordern, nach Bewegungsdurchfuehrung sind die freizugebenden freizugeben. Die anzufordernden sowie die freizugebenden Raumzonen erhaelt man durch Vergleich der vom Arm augenblicklich belegten Raumzonenmenge mit der Menge der Raumzonen, die durchlaufen werden und den Raumzonen, die der Arm in seiner neuen Position belegt. Diese Mengen erhaelt man, indem man die Schnittpunkte der Grenzebenen zwischen den Raumzonen mit den durch die Glieder der Robotarme bestimmten Strecken bestimmt. Der Aufwand fuer die Berechnung der anzufordernden und der freizugebenden Raumzonen haengt linear von deren Anzahl ab. Er kann mit O(c*n) angenommen werden, wobei c die Anzahl der von einem Arm belegten Raumzonen ist. c haengt natuerlich von der Laenge des Robotarmes aber auch von der Feinheit der Partition des Raumes ab.

Deadlockvermeidung

Ungeordnetes Warten auf die benoetigten Raumzonen kann zu Situationen fuehren, wo alle Roboter auf Zuteilung einer Raumzone warten, die gerade von einem anderen, ebenfalls wartenden Roboter belegt ist. Ein illustratives Beispiel dafuer ist jener Fall, in dem zwei Roboter die Effektoren auf einander zu bewegen. Jeder Roboter wartet auf die gerade von seinem Gegegenueber belegte Raumzone, keiner kommt weiter, keiner gibt die von ihm belegten Zonen frei. Das angeschnittene Problem der gegenseitigen Blockade ist als Deadlockproblem in der Informatik bekannt. Ebenso sind Verfahren bekannt, Deadlocks zu erkennen und zu vermeiden. Ein allgemeines Konzept stellen Petrinetze dar. Einfach zu handhaben ist das Konzept der hierarchischen Betriebsmittelvergabe. Numeriert man die zu verwaltenden Betriebsmittel und haelt sich jeder Prozess bei Anforderung und Freigabe von Betriebsmittel an die Regel, dass er jeweils nur Betriebsmittel anfordern darf, die eine hoehere Nummer tragen als die bereits zugeteilten Betriebsmittel, und dass er jeweils nur das Betriebsmittel freigeben darf, das die hoechste Nummer unter den zugeteilten Betriebsmitteln hat, so ist sichergestellt, dass sich diese Prozesse nicht gegenseitig blockieren.

Realisierung des Semaphorkonzeptes zur Kollisionsvermeidung von Roboterarmen:

Der Aufwand zur Durchfuehrung dieser Berechnungen ist zu gross, um von der gewaehlten Hardware waehrend der Abarbeitung des Programmes am Roboter ohne Verzoegerung der Bewegung aufgebracht zu werden. Ausserdem muessen die Betriebsmittel (Raumzonen) in einer bestimmten Reihenfolgen angefordert bzw. freigegeben werden, was bedeutet, dass bei Anforderung bzw. Freigabe eines Betriebsmittels, sowohl die bisher angeforderten bzw. freigegebenen Betriebsmittel, als auch die in der Zukunft von diesem Prozess benoetigten Betriebsmittel beruecksichtigt werden muessen. Die Kenntnis ueber Betriebsmittel, die erst in der Zukunft benoetigt werden, kann zur Laufzeit eines Programmes nicht ohne weiteres vorausgesetzt werden. Aus den genannten Gruenden entschlossen wir uns, den Sprachumfang um die besprochenen Semaphoroperatonen zu erweitern und einen Preprozessor zu verwenden, der ein vorliegendes Roboterprogramm dahingehend modifiziert, dass fuer jeden Bewegungsbefehl die zur Durchfuehrung dieses Befehls anzufordernden und freizugebenden Raumzonen berechnet und vor diesem Befehl die notwendigen WAITS auf die anzufordernden Raumzonen und nach diesem Bewegungsbefehl SIGNALS auf die freizugebenden Raumzonen eingefuegt werden.
Im Anschluss daran wird von diesem Preprozessor das vorliegende Robotprogramm auch zur Deadlockvermeidung modifiziert. Der Preprozessor orientiert sich dazu am statischen Programmtext und ordnet die Semaphoroperationen so um, dass fuer jeden Prozess die Anforderung von benoetigten Betriebsmitteln mit niedriger Nummer so weit vorgezogen und deren Freigabe solange nach hinten verschoben wird, dass die geforderte

Reihenfolge der Anforderungen und Freigaben eingehalten wird. Dabei wird stillschweigend vorausgesetzt, dass das dynamische Verhalten des Programmes nicht vom statischen Programmtext abweicht.
Die Ausfuehrung der Semaphoroperationen zur Laufzeit bedingt keine erkennbare Verzoegerung der von den Armen ausgefuehrten Bewegungen, sodass vom Laufzeitverhalten her gesehen die vorgeschlagene Loesung des Kollisionsvermeidungsproblems mittels Mikrokomputer voll befriedigt.

Durch das Verfahren motivierte Restriktionen an Roboterprogramme:

Da sich der Preprozessor am statischen Programmtext orientert und stillschweigend voraussetzt, dass sich das Laufzeitverhalten des Programmes davon nicht unterscheidet, koennen keine Kontrollstrukturen beruecksichtigt werden.
Zur Deadlockvermeidung wird die hierarchische Betriebsmittelverwaltung eingesetzt. Dazu ist es erforderlich, dass zum Zeitpunkt des Preprozessings bekannt ist, welche Raumzonen durch die im Programm festgelegten Bewegungen benoetigt werden. Diese Feststellung verursacht solange kein Problem, als die in den einzelen Anforderungsoperationen bezeichneten Betriebsmittel bekannt, das heisst durch Konstante bezeichnet, sind. Analoges gilt fuer die Freigabeoperationen. Treten in Anforderungsoperationen Variable zur Kennzeichnung des betroffenen Betriebsmittels auf, ist eine der hierarchischen Betriebsmittelvergabe entsprechende Reihenfolge bei Anforderung und Freigaben von Betriebsmitteln nicht mehr zu gewaehrleisten. Da in unserem Zusammenhang die anzufordernden und freizugebenden Betriebsmittel von den programmierten Bewegungen abhaengen, folgt daraus, dass an die Robotprogramme die Forderung zu stellen ist, dass als Parameter der Bewegungsbefehle nur Konstante vorkommen duerfen.
Damit kann der besprochene Preprozessor genau jene Klasse von Robot-Programmen behandeln, welche eine fix vorgegebene Folge von Bewegungen beschreibt, wie sie etwa auch durch nicht textuell erstellte Robot-Programme beschrieben wird. Mit diesem Preprozessor und dem entsprechendem Laufzeitsystem, welches Semaphoroperationen unterstuetzt, ist es also moeglich, einen preisguenstigen Mikrokomputer zur automatischen Kollisionsvermeidung zwischen - im gleichen Arbeitsraum arbeitenden und mittels nicht textueller Verfahren programmierten - Robotern einzusetzen.

Zusammenfassung:

Zusamenfassend ist festzustellen, dass durch das gewaehlte Verfahren Bewegungsprogramme mit fest vorgegebenen Bewegungen (PICK and PLACE Programme), welche keine Kontrollstrukturen enthalten, mittels eines preisguenstigen Mikrokomputers so koordiniert werden koennen, dass Kollisionsfreiheit gewaehrleistet ist. Mit diesem Preprozessor wird insbesondere die automatische Koordination von durch TEACH IN und Nachfuehren erstellten Programmen unterstuetzt.

DANKSAGUNG

Die diesem Bericht zugrundeliegenden Arbeiten wurden vom Jubilaeumsfonds der Oesterreichischen Nationalbank unter Projektnummer 2046 gefoerdert. Der Autor spricht der Nationalbank seinen Dank fuer diese Foerderung aus.

LITERATUR

/Au79/ Auer B.H., Sinning H., Spur G.: Industrieroboter, Carl Hanser Verlag, Muenchen 1979

/Bl81/ Blume C., Dillmann R.: Frei programmierbarre Manipulatoren, Vogl Verlag, Wuerzburg 1981

/Bl84/ Blume C., Jakob H.: Programmiersprachen fuer Industrieroboter, Vogl Verlag, Wuerzburg 1984

/Do84/ Dobkin D.P.,Edelsbrunner H.: Ham-Sandwich Theorems Applied to Intersection Problems in: Proceedings of the WG84 on Graphtheoretic Concepts in Computer Science, Trauner Verlag, Linz 1984

/Ed83/ Edelsbrunner H., Leeuwen J., Wood D.: Computing the Connected Components of Simple Rectilinear Geometrical Objects in D-Space, University Of Waterloo, 1983

/Ha77/ Hansen P. B.: Betriebssysteme, Carl Hanser Verlag, Muenchen, 1977

/Le84/ Lee D.T., Preparata F.P.: Computational Geometry - A Survey, IEEE Transactions on Computers, Dec. 1984, p1072-11011

/Ni81/ Nievergelt J., Preparata F.P.: Plane-Sweep Algorithms for Intersecting Geometric Figures, Eidgenoessische Technische Hochschule Zuerich, 1981

/Ra81/ Raab H. H.: Handbuch Industrieroboter, Vieweg, Braunschweig, 1981

/SCH82/ Schulz A. (Ed.): Die Industrieroboter, Tagungsband der OeGI-Fachtagung vom 28.-30. 9. 1982 in Linz

/Wo84/ Wood D.: An Isothetic View of Computational Geometry, University Of Waterloo, 1984

Standardsoftware in kaufmännischen berufsbildenden Schulen und in der Lehrer-Weiterbildung in Niedersachsen

Bernd Kretschmer
Berufsbildende Schulen Nienburg
D 3070 Nienburg

1 Softwarenutzung am Arbeitsplatz und Richtlinien

1.1 Qualifikationsziel DV-Kompetenz

Für den Arbeitskreis Schulrechner hat der Verfasser zusammen mit Dr. Müller (BBS Osterode; jetzt NLI Hildesheim) 1979 Führungskräfte von 10 Unternehmen persönlich und von 50 Unternehmen schriftlich befragt, welche EDV-Qualifikationen Sachbearbeiter aufweisen sollten /Kre 80 a/.

Die hierbei zusammengetragenen Ergebnisse scheinen sich bisher zu bestätigen:
Mit der Zunahme von DV-Systemen an Sachbearbeiter-Arbeitsplätzen verändert sich die Nutzungsart: reine Routinearbeiten wie Datenerfassung nehmen anteilmäßig ab, während z.B. Datenbank-Systeme Sachbearbeitern mehr und mehr als Grundlage laufender Entscheidungen dienen. (Siehe auch/Sie 76/, /Die 80/, /Kre 81/)

Von den EDV-Abteilungen werden
- Problemformulierungen, Aufgabenstellung und Entwicklung von Detailkonzepten
- Entwurf, Weiterentwicklung und Pflege nicht unternehmensübergreifend eingesetzter Software,
- Datenerfassung und Dateiabfragen- und Auswertungen

vermehrt auf die Fachabteilungen übertragen.
Sachbearbeiter müssen daher vermehrt
- Benutzeranforderungen formulieren und dokumentieren können,
- DV-Systeme aktiv zur Entscheidungsfindung und Problemlösung einsetzen können

und
- (überwiegend mit datenorientierten Programmierwerkzeugen der 4. Generation) selbst kleine "Programme" zur Lösung von Aufgaben, die an ihrem Arbeitsplatz anfallen, entwickeln können.

1.2 Lehrpläne, Richtlinien und Prüfungen

Die Entwicklung des DV-Einsatzes und Tätigkeits- und Qualifikationswandels der letzten 15 Jahre hat in den Lehrplänen bisher kaum Niederschlag gefunden. Wegen des langen Gremien- und Instanzenweges ist weder bei den Rahmenlehrplänen der Kultusministerkonferenz (z.B. /KMK 78/) noch bei den Lehrplänen bzw. Rahmenrichtlinien der Bundesländer (z.B. /NDS 78/) in absehbarer Zeit eine wirklich zukunftsweisende Aktualisierung zu erwarten.

Nahezu unverändert seit etwa 1978 berücksichtigen die DV-Lehrpläne von kaufmännischen Berufs- und Berufsfachschulen in der BRD nur kognitive Lernziele unterster Taxonomiestufen /Kre 1980 b/. Die meisten Lehrplänen räumen einer EDV-Kunde (Hardware-, Datenträger- und Codierungskunde mit etwas Programmiersprachen- und Mainframe-Betriebsartenkunde) auf dem geschichtlichen Stand von etwa **1970** den meisten Platz ein.

1.3 Gegenüberstellung von Qualifikationswünschen und Lehrplänen

Im Bild 1 sind für wesentliche Lernbereiche die Anzahl der Bundesländer, in deren Lernplänen ein Lernbereich enthalten ist (●) und der der Prozentsatz der befragten Firmenvertreter, die diesen Lernbereich für notwendig oder sinnvoll hielten (□), gegenübergestellt. Besonders kraß fällt auf, daß

- die Ist- Analyse von Informationsstrukturen und Arbeitsabläufen,
- das Formulieren von Benutzeranforderungen an ein Informationssystem und
- Veränderungen der Arbeitsverfahren und -umgebung

in den Lehrplänen kaum genannt sind.

Überhaupt nicht berücksichtigt sind in Lehrplänen Standardsoftware bzw. Softwarewerkzeuge.

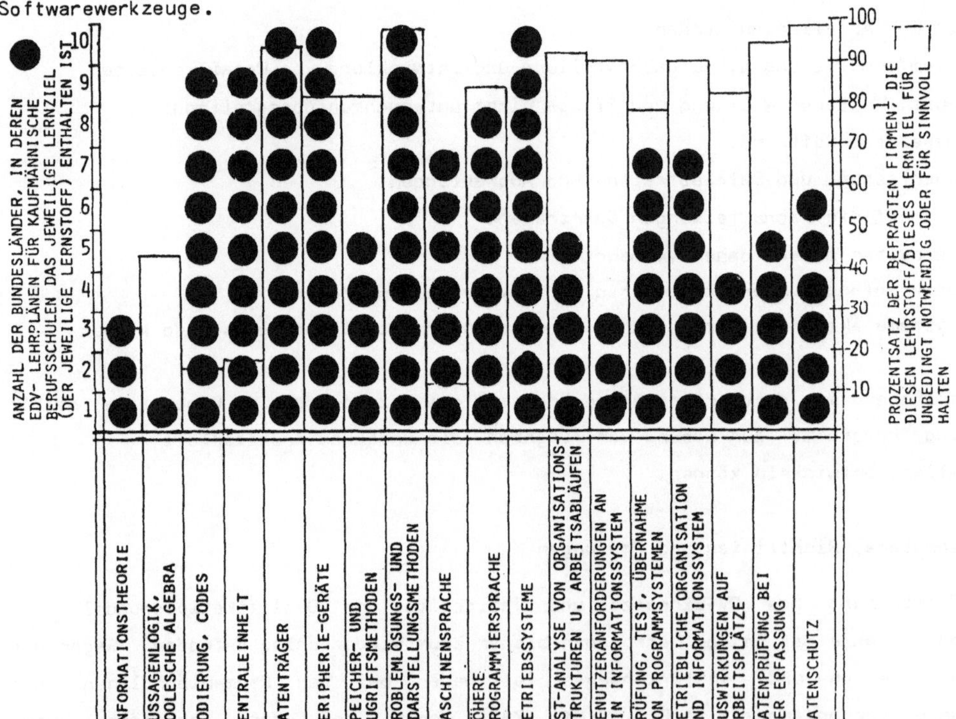

Bild 1: Gegenüberstellung von Lernbereichen und Qualifikationswünschen
Quelle: /Kre 1980 a S. 134/

1.4 Schwierigkeiten der unterrichtlichen Umsetzung anwendungsbezogener Konzepte mit klassischen Programmiersprachen / Modellversuch Schulsprachen

Im Zeitraum 1979 bis 1984 wurden allein in Niedersachsen etwa 2 Dutzend kaufmännische berufsbildende Schulen mit Mehrplatz- Minicomputern und über 3 Dutzend mit einem oder mehreren Einplatz- Microcomputern ausgerüstet. Von 1979 bis 1981 wurde in einem Schulversuch an drei Schulstandorten in Niedersachsen zusammen mit Schulen in Schleswig- Holstein, Baden-Württemberg und Rheinland-Pfalz versucht, im EDV-Unterricht trotz der EDV-kundlichen Lehrpläne mit den Schülern Software zu entwerfen, in Programmiersprachen umzusetzen und an Anlagen zu testen, und dabei die Eignung von BASIC, COBOL und PASCAL als "Schulsprache" zu prüfen/NDS 82/.

Abgesehen von Fragen der Spracheinbettung und Eignung unter Gesichtspunkten der Informatik machten die beteiligten Lehrer wohl mehrheitlich die Erfahrung, daß in der **kaufmännischen Berufsschule** (bei einer Wochenstunde Organisation/EDV über zwei Jahre hinweg) und in der **kaufmännischen Berufsfachschule** (bei zwei Stunden Organisation/EDV in einem Schuljahr) mit Programmiersprachen der 3. Generation in normalen Klassen neben dem umfangreichen EDV-kundlichen und organisationskundlichen Stoff nur sehr bescheidene Entwürfe kleiner Programme zur Zahlenverarbeitung in lauffähige Programme umgesetzt werden konnten. Selbst bei fallorientierter Integration von Organisationsfragen und DV-Fragen war nur leistungsstarken Klassen der Berufsschule mit hohem Abiturientenanteil (Bankklassen und Industrieklassen) und der Höheren Handelsschule die Programmierung von berufsrelevanten Dateiverwaltungsprogrammen oder Fakturierprogrammen wirklich zumutbar.

Die größte Hürde waren für unsere Schüler
- das Umsetzen von Lösungsideen in die ablaufstrukturierte Syntax der Programmiersprachen

und der sehr zeitraubende und wenig komfortable Prozeß
- der Programmeingabe mit zeilenorientierten Editoren,
- des Kompilierens und Testens mit ungenauen und für Schüler wenig aussagenden englischen Fehlermeldungen und
- der Fehlerbereinigung.

Bei dem knappen Zeitrahmen und den geringen Übungsgelegenheiten (3-5 Schüler pro Terminal oder Micro) war eigentlich kaum ein besseres Ergebnis zu erwarten gewesen. Etwas günstiger sah das Bild nur da aus, wo Lehrer ihren Schülern das Leben leichter machen konnten, indem sie ihnen eigene Masken-, Datei- und Listgeneratoren als Programmierwerkzeuge zur Verfügung stellen konnten.

2. Standardsoftware im Unterricht im Fach Organisation/Datenverarbeitung und in den kaufmännischen Unterrichtsfächern in Niedersachsen

2.1 Loccumer Tagung 1983

Auf der Tagung "Neue Technologien und Schule" der Evangelischen Akademie Loccum und des Niedersächsischen Kultusministeriums vom 14. bis 16. Oktober 1983 wurde unter der Fragestellung des Anwendungsbezugs die zukünftige Gestaltung des Datenverarbeitungsunterrichts und des Unterrichts in den übrigen Fächern diskutiert. Grundgedanke war, daß dem Organisations und Datenverarbeitungsunterricht wie dem übrigen Fachunterricht eine Analyse typischer Berufsbilder zugrunde liegen sollte /Kre 84 c/.
Damit war klar, daß EDV-Lösungen im Unterricht nicht ausschließlich mit herkömmlichen Programmiersprachen entwickelt werden können, sondern vermehrt mit Standardsoftware (Textsysteme, Dateisysteme, Tabellenkalkulationssysteme), da diese rationelleren Hilfsmittel typischer für die Arbeit des Sachbearbeiters im Betrieb sind./Hen 83 18/ Vgl./Kre 84 b/ Vgl./Kre 84 c/

2.2 Richtlinien, Unterrichtsinhalte und -Methoden

In den Jahren 1982 und 1983 wurde auf vier "Arbeitstagungen der Fachberater, Fachleiter und Lehrkräfte für Organisation/Datenverabeitung an kaufmännischen Schulen im Lande Niedersachsen" die Richtlinien und Materialien für die Berufs- und Berufsfachschulen, die Lehrerfortbildung und die "Empfehlungen zur Ausstattung von Schulen mit Rechnern für den Unterricht in den Fächern Informatik, Organisation/Datenverarbeitung und Fachkunde" diskutiert mit dem Auftrag, aktuelle Interpretationen zu erarbeiten.
Besonders gründlich wurden die Richtlinien überabeitet. Für das Berufsgrundbildungsjahr wurde betont, daß eine integrative Behandlung von organisatorischen Zielen und Wirkungen des EDV-Einsatzes ist unter besonderer Berücksichtigung der veränderten Abläufe und Arbeitsgegebenheiten auf den einzelnen Arbeitsplätzen vorzusehen ist, wobei der unterrichtende Lehrer dem Schüler vom Beginn des Unterrichts an durch konkretes Arbeiten am Computer den Vergleich zum manuellen Arbeitsablauf ermöglichen soll.
Beim - ausdrücklich genannten - Arbeiten mit der EDV-Anlage steht die Umsetzung im Unterricht erarbeiteter Problemlösungen und/oder das Arbeiten mit schülergemäßer Anwendungssoftware an erster Stelle. Für die Richtlinen der kaufmännischen Berufsschule wurde festgehalten: "Gerade in der Berufsschule ist es zwingend geboten, den Schülern anhand schulgeeigneter Software von Anfang an das Arbeiten am Computer zu ermöglichen."/Hof 83/

2.3 Lehrerfortbildung

Gründlich im Sinne praxisbezogener Arbeit überarbeitet wurden Konzept, Inhalt und Gliederung der zentralen Lehrerfortbildung. Insbesondere wurden in alle Kurse neben Programmiersprachen der 3. Generation solche der 4. Generation hineingenommen. Die vierwöchige Kursfolge hat jetzt die folgende Grobgliederung /NLI 85 a/,/NLI 85 b/;/Kre 84 d/:

Kurs O/DV I: Dateiverarbeittung und Datenorganisation
- Algorithmen zur Dateiverabeitung und Dateiauswertung
- Erstellen von Programmen hierzu mit Programmiersprachen der 3. Generation (BASIC/PASCAL) und der 4. Generation (dBase II und DataStar)
- ergonomische Programmgestaltung mit Masken- und Menüs

Kurs O/DV II: Erweiterung und Vertiefung der Dateiverabeitung
- Arbeiten mit mehreren Dateien und Dateiorganisation
- Algorithmen zur Dateiverarbeitung und Dateipflege
- Erstellen von Programmen mit mehreren Dateien mit Programmiersprachen der 3. Generation (BASIC/PASCAL) und der 4. Generation
- Datenstrukturen und Datenbanken
- Datensicherung, Datenschutz

Kurs O/DV III: Anwendungssoftware
- Arbeiten mit Anwendersoftware
- didaktisch-methodische Probleme des Einsatzes
- Erarbeitung eines komplexen kaufm. Problems

Kurs O/DV IV: Grundlagen der Systementwicklung und neuer Entwicklungen
- Systemanalyse- und Planung
- Datenstrukturen und Datenbanken
- Betriebssysteme und Betriebsarten
- neue Entwicklungen der Datenverarbeitung

Zu den zentralen überregionalen Kursen, die an verschiedenen wechselnden Standorten stattfinden, sind seit Ende 1984 die zentralen Kurse beim Computer-Centrum des NLI hinzugekommen. Diese sollen in der Anfangsphase ausschließlich Multiplikatoren schulen /NLI 84/.

2.4 Hard- und Softwareausstattung

Seit Ende 1983 hat eine Kommission des Niedersächsischen Kultusministers und der kommunalen Spitzenverbände in Niedersachsen die Empfehlungen von 1980 überarbeitet. /MK 85 c/ Im neuen Erlaß vom Februar 1985 werden nur noch Standard-Rechner mit den Standard- Betriebsystemen CP/M oder MS-DOS vorgesehen. Für kaufmännische Schulen gehören neben Programmiersprachen der 3. Generation zur Ausstattung Anwendungspakete (Lohn- und Gehaltsabrechnung, Finanzbuchhaltung und Auftragsbearbeitung) und Programmiersprachen der 4. Generation (Textverarbeitungssysteme, Datenbanksysteme und Tabellenkalkulationsprogramme).

2.6 Schulversuche in Soltau und Wolfsburg

Seit 1984 arbeitet in Soltau eine Arbeitsgruppe an dem BLK-Modellversuch K0054 "Entwicklung und Erprobung unterrichtsgeeigneter 'Anwendungssoftware' beim Einsatz von Informationstechniken in wirtschaftlichen Fächern. Am 21. März 85 haben die Lehrer dieser Arbeitsgruppe über die ersten Ergebnisse berichtet /Arb 85 /.
In Wolfsburg laufen die Vorarbeiten zu einem Modellversuch an den Berufsbildenden Schulen I. In ihm "...soll die Kooperation der Lernorte Berufsschule und Betrieb unter besonderer Berücksichtigung neuer anwendungsbezogender Technologien - dargestellt am Beispiel der Berufsausbildung zum Industriekaufmann - verbessert werden"... /MK 85 d/.

3 Erfahrungen im Unterricht im Fach Organisation/Datenverarbeitung

3.1 Einsatz von Datenbanken, Textsystemen und Tabellenkalkulationsprogrammen

Datenbanken, Textsysteme und Tabellenkalkulationsprogramme werden nach Übersicht des Autors erst seit etwa zwei Jahren systematisch im O/DV- Unterricht und im Unterricht anderer Fächer kaufmännischer berufsbildender Schulen erprobt.
Von insgesamt positiven Erfahrungen im Einsatz des Tabellenkalkulationsprogramms Multiplan von Microsoft im Rechnungswesen berichten die Kollegen R. Alves und C. Wendeburg aus Soltau./Arb 85/
Nur mit wenigen Klassen konnte der Verfasser dieses Referats in den letzen zwei Jahren ein Tabellenkalkulationsprogramm, zwei Datenbanken und ein Textsystem erproben, weswegen die folgenden Aussagen nur sehr vorläufigen Charakter haben können. Den Schülern wurden dabei jeweils ausführliche Lerntexte zur Verfügung gestellt, da vor zwei Jahren in Schulbüchern diese Softwarewerkzeuge noch nicht behandelt wurden. Erst in den letzten Monaten sind Schulbücher erschienen oder angekündigt worden, die Multiplan oder dBase behandeln.
Der Verfasser dieses Referats hat in den letzten zwei Jahren mit Berufsfachschulklassen der Höheren Handelsschule, mit Berufsschulklassen (Bank-,

Großhandels- und Bürokaufleute) und mit Fachpraxiskursen des Fachgymnasiums Multiplan zur Zahlen,- Text- und Dateiverabeitung erprobt und und die Unterrichtserfahrungen in Lerntexten /Kre 85 a/,/Kre 85 b/ und in Kopiervorlagen für Overhead-Folien zusammengestellt.

Besonders hervorzuheben sind meines Erachtens gegenüber Programmiersprachen der 3. Generation

- die ständig auf dem Bildschirm präsenten Befehle und abrufbaren Hilfen,
- die wesentlich schnellere und einfachere datenorientierte Programmierung und
- die sofortige Syntaxprüfung bei der Eingabe von Verarbeitungsvorschriften.

Immer wieder überrascht hat mich, wie leicht es Schülern mit Multiplan fällt, berufsrelevane Aufgaben wie Rechen-, Textverarbeitungs- und Dateiverarbeitungsaufgaben zu lösen und z.B. eine Serienbrief- oder Lieferscheinschreibung mit Kunden- und Artikeldateien zu "programmieren".

Das Dateiverwaltungssystem Datastar zusammen mit dem Textsystem Wordstar (MicroPro) wurden vom Verfasser in einer Unterstufe der zweijährigen Berufsfachschule Wirtschaft, in zwei Klassen der Höheren Handelsschule und in zwei Berufsschulklassen erprobt. Auch für DataStar gilt, daß alle Tätigkeiten aus Bildschirmmenüs (allerdings mit Steuertastenbelegungen) abgerufen werden können. Die bei DataStar und WordStar ähnlich aufgebauten Menüs und Hilfstexte sind wegen ihrer engen Darstellung etwas gewöhnungsbedürftig und nicht ganz so übersichtlich wie bei Multiplan. Beim Entwerfen und Umsetzen von Daten- und Vordruckstruktur oder Bildschirmmasken für Schüler-, Eltern-, Kunden- und Artikeldateien, Serienbriefen (z.B. Rundbrief an Eltern für den Elternsprechtag), Lieferscheinen und Rechnungen hatten die Schüler keine prinzipiellen Schwierigkeiten. Anfangs benötigten jedoch viele Schüler kleinere Hilfestellungen zum Lesen der Menüs. Ähnliche Aufgaben hätten insbesondere die Berufsfachschüler meines Erachtens weder mit PASCAL noch mit BASIC je lösen können - nicht einmal bei fünf mal so viel Unterrichtszeit. Besonders positiv an DataStar fiel mir auf, daß Schüler besonders leicht Karteikarten- und Formular-Entwürfe in Bildschirmentwürfe umsetzen konnten. Da zum Programmieren mit Datastar nur Bildschirmentwürfe übertragen und Feldeigenschaften festgelegt werden müssen, traten selbst bei sonst leistungsschwächeren Schülern keine größeren Entwurfs- und Übertragungsprobleme auf.

Nur mit einem Fachpraxis-Kurs des Fachgymnasiums Wirtschaft habe ich dBase II im Direktmodus zusammen mit Wordstar im Unterricht erprobt. In dieser Betriebsart ermöglicht dBase nicht das freie Gestalten der Bildschirmmasken. Es fehlt ein Menü der möglichen Aktionen; allerdings können Hilfstexte abgerufen werden. dBase erscheint mir im Vergleich mit Multiplan und DataStar - insbesondere wenn die Programmiermöglichkeiten genutzt werden sollen - eher für einen Informatik-Kurs der Sekundarstufe II als für Berufs- und Berufsfachschüler geeignet. Nur gegenüber dem Programmieren mit BASIC oder PASCAL dürfte es für diese eine größere Erleichterung bedeuten und in gleicher Zeit die Bearbeitung wesentlich berufsrelevanterer Aufgaben ermöglichen.

4 Einsatz von Datenbanken und Tabellenkalkulationsprogrammen in der Lehrerfortbildung für Lehrer kaufmännischer berufsbildende Schulen

Das Datenbanksystem dBase wurde bisher zweimal in den Kursen Organisation/Datenverarbeitung I (O/DV I) und zweimal in den Kursen O/DV II eingesetzt, DataStar zweimal in den Kursen O/DV I und einmal in einem Kurs O/DV II. Multiplan konnten die Teilnehmer meiner Kurse I und II jeweils abends nach Kursschluß nutzen.

Durch den Einsatz von Lerntexten konnten sich die Teilnehmer einen sehr schnellen Zugang zu DataStar, zum Direktmodus von dBase erschließen und zu Multiplan. Dateiverwaltungsaufgaben konnten die Teilnehmer mit dBase und DataStar und Lieferschein- und Fakturierprogramme mit DataStar in weniger als einem Viertel der Zeit lösen, die sie für wesentlich primitivere und absturzgefährdetere PASCAL- oder BASIC-Programme für die gleichen Aufgaben benötigten. Im Kurs II in diesem Frühjahr haben die Teilnehmer auch in Ruhe im Programmiermodus mit dBase gearbeitet und dabei Lieferschein- und Fakturierprogramme mit Artikel- und Kundendateien erstellt. Besonders begeistert waren die Kursteilnehmer, die bereits jetzt oder bald auf eigenen oder schuleigenen Rechnern über diese Programmiermöglichkeiten verfügen (werden). Weniger als ein Zehntel der Teilnehmer stand diesen Datenbankprogrammen etwas zögernd gegenüber, da sie in den nächsten Jahren keine Einsatzmöglichkeiten auf den schuleigenen Nicht-Standard- Rechnern sahen. Es bleibt abzuwarten, inwieweit die Kollegen ihre Erfahrungen mit diesen Programmiersprachen der 4. Generation in den Unterricht in den Fächern Organisation/Datenverabeitung und Informatik umsetzen werden.

Literatur

AkA 78	Aufgabenstelle für kauf. Abschluß- und Zwischenprüf. Geschäftsf. IHK Nürnberg	Stoffkatalog für die Abschlußprüfungen im Ausbildungsberuf Einzelhandelskaufmann Nürnberg 1978
Arb 85	Arbeitsgruppe Modellversuch an den Berufsbildenden Schulen I Soltau (Hrsg.)	Wirtschaftsinformatik an kaufmännischen Schulen Konzepte für die Entwicklung und Erprobung unterrichtsgeeigneter 'Anwendungssoftware' beim Einsatz von Informationstechniken in wirtschaftlichen Fächern Tagungsband der Fachtagung am 21.März 1985
Die 80	Diebold Deutschland GmbH	Studie über Zukünftige Rechnertechnologien im Schulbereich und im Informatikunterricht für FEoLL Frankfurt 1980
Hen 83	Hendricks, W.	Neue Technologien und Schule in Niedersachsen Resümee aus den Arbeitsgruppen und Unterrichtsprojekten der Tagung in: forum loccum Neue Technologien und Schule Tagung der Evangelischen Akademie Loccum und des Niedersächsischen Kultusministeriums vom 14. bis 16. Oktober 1983 - Kurzdokumentation
Hof 82	Hoffmann, D., Ilse, B.	Protokoll der Arbeitsgruppe 3 Richtlinien im Fach Organisation/Datenverarbeitung der Arbeitstagung der Fachberater, Fachleiter und Lehrkräfte für Organisation/Datenverabeitung an kaufmännischen Schulen im Lande Niedersachsen Hahnenklee 03.11.82
KMK 78	Ständige Konferenz der Kultusminister der BRD	Rahmenlehrplan für den Ausbildungsberuf Industriekkaufmann Neuwied 1978
Kre 80 a	Kretschmer, B. Müller, H.D.	Über die Entwicklung des Einsatzes des Computers in den Fächern Informatik und Datenverarbeitung in der kaufmännischen Schule bis 1985 in: K.Haefner (Hrsg.) Studien zu Schulrechner 1985 Paderborn 1980
Kre 80 b	Kretschmer, B.	Datenverarbeitungs-Lehrpläne kaufmännischer Schulen Stand April 1980 Wiesbaden 1980
Kre 81	Kretschmer,B.	Berufsqualifizierender Datenverarbeitungsunterricht Anforderungen an den Datenverarbeitungsunterricht kaufmännischer berufsbildender Schulen aus der Sicht der EDV-Anwender und Voraussetzungen ihrer Umsetzung in: Brauer,W. (Hrsg.) GI-11. Jahrestagung Informatik-Fachberichte Berlin Heidelberg New York 1981 S. 390 ff.
Kre 84 a	Kretschmer, B. Müller, H.D.	Anwendungsbezogene Datenverarbeitung im Berufsfeld Wirtschaft und Verwaltung in: Evangelische Akademie Loccum Niedersächsisches Kultusministerium (Hrsg.) Neue Technologien und Schule Loccumer Protokolle Nr. 23 Rehburg-Loccum 1984
Kre 84 b	Kretschmer,B.	Datenverarbeitungs-Einsatz, Datenverabeitungs- und Organisationqualifikationen und Organisations/-Datenverarbeitungs-Unterricht in: Diepold, P.,Borg, B. (Hrsg.) Wirtschaftsinformatik an kaufmännischen Schulen München Wien 1984 S. 69
Kre 84 c	Kretschmer,B.	Arbeitsplatzbezogener Datenverabeitungsunterricht mit Anwenderwerkzeugen der IV. Generation in: Diepold, P.,Borg, B. (Hrsg.) Wirtschaftsinformatik an kaufmännischen Schulen München Wien 1984 S. 181 ff

Kre 84 d Kretschmer,B. Ziele und Inhalte des Lehrerfortbildungskurses Nr. 84 12 97 Organisation/Datenverarbeitung I vom 19.-23.03.84 in Wolfsburg
Kursbericht Nienburg 1984

Kre 85 a Kretschmer,B. Multiplan auf dem Commodore 64
Eine systematische Einführung
Würzburg 1985

Kre 85 a Kretschmer,B. Multiplan-Training auf dem Apple II c & e
Eine leicht lesbare systematische Einführung
Würzburg 1985

MK 85 a Der Niedersächs. Kultusminister Materialien für das Fach Organisation/ Datenverabeitung im Berufsfeld Wirtschaft und Verwaltung
Auftrags- und Rechungsbearbeitung Band 1
Hannover 1985

MK 85 b Der Niedersächs. Kultusminister Materialien für das Fach Organisation/ Datenverabeitung im Berufsfeld Wirtschaft und Verwaltung
Auftrags- und Rechungsbearbeitung Band 2
Benutzungsanleitung am Beispiel von PASCAL-Programmen
Hannover 1985

MK 85 c Der Niedersächs. Kultusminister Ausstattung von Schulen mit Rechnern für den Unterricht
Erl. d. MK v.4.2.85 - 206 - 82235 - GültL158/37
Schulverwaltungsblatt für Niedersachsen
37. Jg. Heft 3/1985 Amtlicher Teil S. 51

MK 85 d Der Niedersächs. Kultusminister Weitere Modellversuche zu den Neuen Technologien im berufsbildenden Schulwesen
Bek. d. MK v. 18.12.84 - 401 - 80205-4/84
Schulverwaltungsblatt für Niedersachsen
37. Jg. Heft 1/1985

NDS 82 Niedersächsische Projektgruppe Länderübergreifender Modellversuch
Überregionale Erprobung und Vergleich von schulspezifischen Programmiersprachen für den Informatik- und Datenverarbeitungs-unterricht
Abschlußbericht der niedersächsischen Projektgruppe
Osnabrück-Soltau-Wolfsburg 1982

NLI 84 Niedersächsisches Landesinstitut für Lehrerfortbildung und Unterrichts-forschung Neue Technologien und Schule im NLI
in: Beispiele 4/1984 S. 9 f

NLI 85 a Niedersächsisches Landesinstitut für Lehrerfortbildung und Unterrichts-forschung Programm der Niedersächsischen Lehrerfortbildung vom Januar bis Juli 1985

NLI 85 b Niedersächsisches Landesinstitut für Lehrerfortbildung und Unterrichts-forschung Programm der Niedersächsischen Lehrerfortbildung vom Juli bis Dezember 1985

Sie 76 Siemens AG Büro 1990
Studie über die Entwicklung von Organisation und Technik
München 1976 (vertraulicher Bericht)

Fachgespräch 5

Software-Entwicklung

in lokalen Netzen

Einführung in das Fachgespräch
"Software-Entwicklung in lokalen Netzen"

K.P. Löhr

Universität Bremen
Fachbereich 3 - Mathematik und Informatik

Postfach 330440
D-2800 Bremen 33

Die Entwicklung umfangreicher Softwaresysteme ist heute ohne Rechnerunterstützung nicht mehr denkbar. Wir haben uns daran gewöhnt, in allen Phasen der Software-Entwicklung "Werkzeuge" zu benutzen oder sogar mit einer integrierten "Software-Entwicklungs-Umgebung" zu arbeiten. Die Software-Entwicklung ist damit zu einem eigenen "Anwendungsbereich" geworden, natürlich mit eigenen, ganz spezifischen Anforderungen an Hardware und Software, die im allgemeinen nicht mit den Anforderungen der zu entwickelnden Anwendungssoftware zusammenfallen.

Dies hat schon in den 70er Jahren dazu geführt, daß der professionelle Software-Ingenieur spezielle Entwicklungrechner bevorzugte, wobei Test und Installation der für den Produktionsrechner entwickelten Software durch eine Rechnerkoppelung erleichtert wurde. Heute stehen für den lokalen Rechnerverbund leistungsfähige Lokalnetze mit Bus- oder Ring-Topologie zur Verfügung. In großen Unternehmen mit vielen verschiedenartigen Entwicklungsrechnern und Produktionsrechnern liegt es daher nahe, auf der Basis eines lokalen Netzes einen die Belange der Software-Entwicklung berücksichtigenden Verbund zu realisieren.

Schwierigkeiten entstehen dadurch, daß das Netz im allgemeinen heterogen ist und oft nicht einmal die Entwicklungsrechner homogen sind. Letzteres kann durchaus beabsichtigt sein: das ideale, universelle Entwicklungssystem gibt es nicht - und kann es auch nicht geben; und so ist es naheliegend, daß verschiedenartige und einander ergänzende Systeme verwendet werden, die zudem noch laufenden Veränderungen unterworfen sind.

Für den Software-Entwickler attraktiv ist die Verfügbarkeit von Arbeitsplatzrechnern. Vielfach führt erst die Einführung von Arbeitsplatzrechnern und die Notwendigkeit einer schnellen Verbindung zwischen ihnen zur Installation eines lokalen Netzes. Es gibt ein ganzes Spektrum von Arbeitsplatzrechner-Konzepten mit variierender Funktionalität (mono- bis multifunktional). Wir finden darunter eigenständige Mikrorechner, nicht notwendig homogen, auf deren Betriebssysteme besondere, für die Software-Entwicklung geeignete Netzdienste aufgesetzt sind. Das andere Extrem bilden Arbeitsplatzrechner ohne Hintergrundspeicher, die wie Terminals im Teilnehmerbetrieb benutzt werden.

Im eingeladenen Vortrag berichtet J. Donahue (Xerox PARC) über das verteilte Entwicklungssystem Cedar. Bei Cedar handelt es sich um ein homogenes System mit äußerst leistungsfähigen Arbeitsplatzrechnern, die einen hohen Autonomiegrad haben.

B. Menth (Siemens, München) vergleicht mono- und multifunktionale Arbeitsplatzrechner und zeigt, unter welchen Umständen der Einsatz monofunktionaler Geräte - in verschiedener Ausprägung und geeignet vernetzt - sinnvoll sein kann.

R. Isle/C. Zahlten (Universität Bremen) berichten über Erfahrungen mit einem Verbund eigenständiger Mikrorechner zu einem Netz von Arbeitsplatzrechnern. Geräte verschiedener Hersteller werden dabei über Unix "homogenisiert".

Th. Spitta (Schering Berlin) analysiert die Schwächen konventioneller Lösungen in heterogenen Netzen von Entwicklungs- und Produktionsrechnern und klassifiziert beteiligte Personengruppen und benutzte Werkzeuge. Daraus werden eine geeignete Topologie und wünschenswerte Netzdienste abgeleitet.

H. Geist (Nixdorf Paderborn) begründet, warum für einen heterogenen Verbund das angestrebte Ideal einer netztransparenten Benutzung unter den üblichen Randbedingungen industrieller Software-Entwicklung kaum realisierbar ist. Als mögliche Konsequenz wird vorgeschlagen, ein heterogenes "Back-End-Netz" mit Standarddiensten zu schaffen und diesem ein Terminalvermittlungssystem als "Front-End" aufzusetzen.

Programmkomitee für dieses Fachgespräch: H. Geist (Nixdorf, Paderborn), K.-P. Löhr (Universität Bremen), V. Risak (Siemens, Wien), P. Schnupp (Interface, München), J.C.W. Schröder (DANET, Darmstadt), A. Schulz (Universität Linz), R. Studer (Universität Stuttgart).

ANFORDERUNGSPROFIL UND TOPOLOGIE EINES VERTEILTEN SOFTWARE-ENTWICKLUNGS-SYSTEMS

Thorsten Spitta
SCHERING AG Berlin/Bergkamen

Zusammenfassung

Der Beitrag entwickelt aus den Anforderungen professioneller Softwareentwicklung an Werkzeuge und Entwicklungsrechner eine Topologie für verteilte Software-Entwicklungssysteme im kommerziellen Bereich. Die Anforderungen an verteilte Werkzeuge und die Lösung des Portabilitätsproblems bei dedizierter Entwicklung bilden die Kernpunkte praktisch verwendbarer Systeme. Die Komplexität dieser beiden Fragestellungen wird im Zuge einer gewissen "PC-Euphorie" häufig unterschätzt. Kurz betrachtet werden "Sprachen der 4. Generation" in diesem Zusammenhang und ein Praxisbeispiel.

1 Einführung

1.1 Begriffe und Abgrenzung

Unter "verteiltes Software-Entwicklungs-System" (VSES) wird hier ein inhomogenes Rechnernetz mit verteilten Software - Werkzeugen verstanden, das verschiedene Rechnertypen von Entwicklungs- und Produktionsrechnern für verschiedene Benutzergruppen umfaßt.

"Verteilt" sind Software-Werkzeuge, wenn die von ihnen verwalteten Entwicklungsergebnisse oder Informationsbasen physisch auf mehrere Rechner aufgeteilt oder redundant sind und somit konsistent gehalten werden müssen. Die Notwendigkeit, ein Werkzeug verteilt zu halten, ergibt sich aus den Anforderungen der Benutzer an die Verfügbarkeit des Werkzeugs während des Entwicklungsprozesses.

Als Synonym für "Software-Entwicklungs-System" wird häufig der Begriff "Software-Produktions-Umgebung" benutzt (vgl. HAU 83). Uns erscheint der Begriff "Software-Entwicklungs-Umgebung" zutreffender, denn die Analogie zur industriellen Produktion ist nicht gegeben. Es besteht vielmehr eine starke Ähnlichkeit mit der ingenieursmäßigen Entwicklung von Produkten.

Da auch die Kennzeichnung "Umgebung" sprachlich nicht das kennzeichnet, um was es sich handelt, nämlich um ein Hardware-/Softwaresystem, benutzen wir den Begriff "Software - Entwicklungssystem" (SES).

Unter "Rechnertyp" wird insbesondere das Betriebssystem verstanden. Von unterschiedlichem Typ sind vor allem der/die Entwicklungsrechner (ER) und der/die Produktionsrechner (PR). Wenn beide vom gleichen Typ sind, ist dies als einfach gelagerter Sonderfall (homogenes Rechnernetz) zu betrachten. Der Produktionsrechner muß in die Überlegungen einbezogen werden, da der letzte Entwicklungsschritt immer ein Test auf der Zielmaschine ist.

Die Beziehung mehrerer Produktionsrechner zueinander bleibt aus Sicht der Entwicklung außer Betracht. Für die ER existiert logisch nur ein PR.

Die "Produktion" sei die Abwicklung von Aufgaben der kommerziellen Datenverarbeitung, also schwerpunktmäßig das Operieren auf einer großen integrierten Datenbasis im Batch- und Dialogbetrieb. Demzufolge werden die Aussagen des folgenden Papiers auf die Entwicklung und die Installation kommerzieller Anwendungssoftware eingeschränkt.

Es wird unterstellt, daß die Softwareentwicklung in professionell organisierten Projekten abläuft. Vom Benutzer selbst codierte Abfragen (mit sog. "Endnutzersprachen") zählen nicht zu diesem Typ von Software.

1.2 Gründe für ein verteiltes System

Dedizierte Softwareentwicklung und der Bedarf nach verteilten Werkzeugen läßt sich nicht voneinander trennen.

Ein Bedarf nach verteilten Software-Werkzeugen ergibt sich daraus, daß man dezentrale Entwicklungen zentral integrieren will oder muß und bei Beibehaltung von Arbeitsplätzen der Entwickler Projektgruppen flexibel zusammensetzen möchte.

Dedizierte Entwicklung entsteht aus dem starken Bedarf nach Nutzung dezentraler

- Intelligenz
- Flexibilität
- Einfachheit
- Datensicherheit

von "Midi-Rechnern" oder Arbeitsplatzrechnern.

Dabei darf jedoch die integrative Komponente der Softwareentwicklung nicht vernachlässigt werden. Das schlägt sich in Anforderungen von Benutzertypen, Software-Werkzeugen und Rechnertypen an ein verteiltes System nieder. Diese werden im folgenden diskutiert.

Die Ausführungen zeigen, daß ein verteiltes Entwicklungssystem leistungsfähige integrierende Werkzeuge benötigt und daß das Portabilitätsproblem zufriedenstellendgelöst werden muß. Letzteres wird im Zuge einer "PC-Euphorie" z.T. gründlich unterschätzt.

Bevor eine Topologie skizziert wird, erfolgt eine knappe Beurteilung der Software - Entwicklungssysteme der sog. 4. Generation daraufhin, ob sie eine Alternative zu einem VSES darstellen.

2 Anforderungen aus dem Softwareentwicklungsprozeß

2.1. Benutzertypen und Ergebnistypen

Aus Sicht der Organisation von Softwareprojekten gibt es
1. aufbauorganisatorische (wer hat welche Funktion?)
2. ablauforganisatorische (wer bearbeitet welche Typen von Entwicklungsergebnissen?)
Benutzertypen.

Die aufbauorganisatorischen sind

- Projektmanager (PM)
- Projektleiter (PL)
- Entwickler (EW).

Die ablauforganisatorischen sind gleich den obigen, wobei die Entwickler aber noch in

- Anwender (AN)
- Systementwickler (SE)

unterteilt werden müssen.

Die ablauforganisatorisch begründeten Typen ergeben sich aus der Prämisse, daß die späteren Anwender der zu erstellenden Software an der Systementwicklung beteiligt sind (vgl. MAM 84). Diese Tätigkeit erfolgt schwerpunktmäßig in den frühen Phasen (Anforderungsdefinition) und kann sich bis zur Erstellung von Prototypen erstrecken.

Die Systementwickler sind nach der Fertigstellung für die Wartung und Pflege der Software zuständig.

Da auch reale Mengengerüste den Bedarf nach einem verteilten oder nicht verteilten System begründen, sei eine grobe Einschätzung auf der Basis persönlicher Erfahrung für die Zahl der in einem DV-Bereich gleichzeitig in Arbeit befindlichen Projekte (PRJ) und die Zahl der Entwickler angegeben (vgl. auch SURBOECK: SUR 78).

Org-Größe	klein	mittel	groß	sehr groß
Zahl der Projekte	< 4	> 4	> 50	> 130
Entwickl.	< 10	> 10	> 300	> 1000
EW/PRJ ca.	4	5	6	8

Die Projektgruppen müssen häufig räumlich voneinander getrennt in verschiedenen Gebäuden arbeiten.

Die Entwickler erstellen im Zuge des Entwicklungsprozesses Ergebnisse oder lassen sich Informationen über die Entwicklung vom ER erzeugen. Im letzten Fall "erstellen" sie Anfragen an den ER.

Mit Bezug auf die Bedienung eines ER unterscheiden sich die Benutzertypen durch

- Fertigkeiten
- Benutzungshäufigkeit
- bearbeiteten Ergebnistypen.

An Ergebnistypen werden unterschieden:

- TEXT : Texte und Grafik
- DATA : Daten in speicherbarer Form
- SOURCE : jede Art von formaler, maschinell verarbeitbarer Sprache
- QUERY : Eingaben zum Gewinnen von Informationen aus dem Rechner im Dialog
- ACC : Accounting-Daten, die maschinell auswertbar sind (z.B. zur Kostenverrechnung).

Es bestehen folgende Zusammenhänge:

Kategorie \ Benutzertyp	P M	P L	E W	
			A N	S E
Fertigkeiten	gering	mittel	mittel	hoch
Benutzungshäufigkeit	gering	mittel	mittel	ständig
Ergebnisstypen:				
TEXT		X	X	X
DATA		(X)	X	X
SOURCE		(X)	(X)	X
QUERY	X	X	X	X
ACC		X	X	X

Legende: X = ja, wird erzeugt
(X) = wird gelegentlich oder fallweise erzeugt

Die Erstellung von Datenbankabfragen durch den Anwender durch sog. "Endnutzersprachen" wird als Typ QUERY gesehen.

Für die Verteilung in einem Netz bedeutet die Tabelle:

Für den ständigen Benutzer (EW) ist die dezentrale komfortable Verfügbarkeit von Werkzeugen und Informationen am wichtigsten. Sie beeinflußt bekanntlich unmittelbar und nachhaltig seine Produktivität. Der Bedarf für PM und PL kann dem nachgeordnet werden, wenn es technisch oder wirtschaftlich Restriktionen gibt. Im Bereich QUERY muß in jedem Fall ständige Verfügbarkeit gefordert werden.

Accounting-Daten werden dezentral eingegeben und brauchen i.d.R. nicht online über QUERY abfragbar zu sein.

2.2 Werkzeugtypen auf Entwicklungsrechnern

Die in der Softwareentwicklung erforderlichen Werkzeuge werden im folgenden unter dem Gesichtspunkt ihrer "Verteilbarkeit" betrachtet und in 2.2.5 in einer Tabelle zugeordnet:

- nur dezentral benötigt.....: D
- nur zentral benötigt.......: Z
- verteilt benötigt..........: V.

Werden Ergebnisse von QUERY dezentral gespeichert, weil sie nicht im Dialog erzeugbar sind, so sind sie zueinander nicht konsistent. Dies fällt nicht unter den Begriff "Verteilung", wenn die Primärdaten nicht verteilt gehalten werden.

Die Werkzeuge werden grob in der zeitlichen Folge ihrer Benutzung im Entwicklungsprozeß betrachtet.

Es werden nur die wichtigsten strategischen Werkzeuge detaillierter diskutiert, und zwar diejenigen, bei denen es eine Frage ist, ob sie zentral oder verteilt benötigt werden.

2.2.1 Dezentrale Werkzeuge

Dezentral zu halten sind folgende Werkzeuge:

- Mailbox-System
- Werkzeuge zur Texterstellung
  (vom Textsystem über Druckprozeduren bis zum syntaxgesteuerten Editor)
- Werkzeuge zur Grafikerstellung
- Produktmuster
  (vom kommentierten Inhaltsverzeichnis bis zum Programmskelett)
- Design-unterstützende Werkzeuge
  (z.B. für Spezifikation oder Modularisierung)
- die Codierung unterstützende Werkzeuge
  (Compiler, Interpreter, Generatoren, Prüf-Werkzeuge)
- Testwerkzeuge
  (Generatoren für Testtreiber, Stubs, Testdaten und Testfälle, Werkzeuge für Regressionstests)
- Technologie-Handbuch

Alle diese Werkzeuge müssen dezentral als Kopien existieren, die identische Ergebnisse bei gleichen Eingaben liefern.

Compiler und Interpreter werden dezentral -wenn verteilt Source entwickelt wird- und zentral auf dem PR benötigt (Wiederherstellung zerstörter Object-Module).

Unter "Design-unterstützende Werkzeuge" fallen im Bereich der Spezifikation sowohl einfache Formatier-Unterstützungen für Methoden als auch Spezifikatiossprachen wie etwa PROLOG.

Ein Online-Technologie-Handbuch, das wichtige Verfahren, Beispiele, Definitionen und Standards enthält, muß dezentral verfügbar sein und zentral gepflegt werden. Das Handbuch dient als zentrales Regelwerk innerhalb der Organisation und als Auskunftinstrument.

Die sonst nicht weiter diskutierten Werkzeuge erscheinen in der Tabelle von 2.2.5 . Sie werden dort z.T. zusammengefaßt.

2.2.2 Projektbibliothek

"Eine Projektbibliothek(PB) ist ein rechnergestütztes Bibliothekssystem für die Softwareentwicklung und -wartung, das

- Entwicklungsprodukte und ihre Beziehungen zueinander verwaltet,
- Dokumente durch einfache Abfragen gezielt und schnell zur Verfügung stellt,
- den Fortschritt einer Entwicklung jederzeit transparent macht." (SPI 84)

Eine Projektbibliothek wird dezentral für die Nutzung in Projekten benötigt. Sie muß aber zentral auskunftsfähig sein und den Zustand zentraler Produktionsbibliotheken kennen oder mitverwalten. Da sie zentral Kenntnisse über die dezentral gehaltenen projektspezifischen Ergebnisse benötigt,fällt sie unter die Kategorie "V". Sowohl Dokumentationen als auch Quellprogramme werden verteilt über die Entwicklungsrechner gehalten.

Die PB ist die Eingabeschnittstelle für Accounting-Daten. Sie liefert die Schnittstelle für QUERY über alle entwicklungsrelevanten Daten für alle Benutzergruppen. Nützlich ist es, wenn die Schnittstelle zu zentralen SOURCE-Bibliotheken in die PB integriert ist.

2.2.3 Source- und Object - Bibliotheken

Logisch sind SOURCE- und OBJECT - Bibliotheken Bestandteil der PB. Es sind jedoch historisch zwei Werkzeugtypen entstanden, die sich in der Praxis nur mit sehr großem Aufwand integrieren lassen.

Bei diesem Typ von Werkzeug müssen zwei Fälle unterschieden werden:

1. Programme "in Produktion" (Produktionsversion)
2. Programme "in Entwicklung", "in Wartung", "im Archiv".

zu 1:

Die Bibliothek enthält Source und Object der Programme und darf nur genau einmal auf dem Produktionsrechner existieren. Die Projektbibliothek muß mit der Produktionsbibliothek (PRB) kommunizieren können, da der PB die Versionsverwaltung unterliegt.

Die Erfahrung in unserem Hause zeigt, daß die PRB erst zum Werkzeug wird, wenn sie den eigentlichen Datenbestand der SOURCE-Bibliothek abschirmt und Operationen auf ihr anbietet. Hierzu gehört auch das Übergabeverfahren an Produktion bzw. die "Rückgabe" an die Wartung. Jede gezogene Kopie muß protokolliert werden.

zu 2.:
Alle übrigen Programm-Versionen werden von der Projektbibliothek zusammen mit den übrigen Dokumenten verwaltet. Sie werden sinnvollerweise dezentral in Verantwortung von Entwicklungs- und Wartungsgruppen gehalten.

Eine "Übergabe an Produktion" ist keine Verteilungsoperation, sondern ein Datentransfer (einer SOURCE). Das Original wird aus der PB in die PRB ausgelagert und in der PB gelöscht. Die PB kennt den Lagerort.

2.2.4 Datendesigner und Datenlexikon

"Datendesigner" ist eine Klasse von Werkzeugen, die der Analyse und Synthese von Datenmodellen dient, z.B. um relationale Datenmodelle zu erhalten. Sie werden langfristig mit den historisch älteren Data Dictionaries zusammenwachsen, da ihre Datenbasis dieselbe ist.

Bezüglich einer Verteilung stellen sich dieselben Anforderungen wie an eine PB, jedoch verschärft, da ein ständiger Abgleich dezentraler Ergebnisse mit zentralen erforderlich ist. Ein verteiltes Datenlexikon (DLX) ist technisch eine verteilte Datenbank mit allen Konsequenzen bezüglich Datensicherheit, Konsistenz, Transparenz und Synchronisation bei updates (vgl. BAY 84).

Ein DLX ist inhaltlich die zentrale Meta-Datenbank der Informationsressourcen einer Organisation. Bei dieser Verwendung genügt die dezentrale Auskunftfähigkeit eines nicht verteilten zentralen DLX.

Häufig wird das DLX auch als formaler Strukturspeicher benutzt, vor allem zur Speicherung der Beziehungen zwischen Programmen (Aufrufbeziehungen) und zwischen Programmen und Daten (Schnittstellen). Dann genügt die dezentrale Auskunftfähigkeit nicht. Vielmehr muß es dezentrale Sublexika geben, die dazu beitragen, unnötig viele Abstimmungen zwischen Projektgruppen zu vermeiden. Erfahrungsgemäß sind während der frühen Phasen Beziehungen zwischen Daten und ihren Inhalten ständig im Fluß, so daß das zentrale DLX zu schwerfällig ist.

Die Sublexika bieten neben der Speicherung von Datenbeschreibungen Generierungsleistungen an (Daten-INCLUDES für Programme), über die Dictionaries üblicherweise verfügen.

Die dezentralen Sublexika müssen zu einem wohldefinierten Zeitpunkt der Entwicklung in das zentrale DLX integriert werden. Dies muß vor der Entwicklung der Programme sein. Ab diesem Zeitpunkt dürfen Datenbeschreibungen der Sublexika nicht mehr ohne weiteres geändert werden können, da sie teilweise Kopien darstellen. Bis zur Integration sind die Sublexika dezentrale, weitgehend autonome Werkzeuge. Danach sind sie Bestandteil eines verteilten Gesamt-DLX.

Die Datenhaltung des zentralen DLX sollte ohne Redundanzen aussschließlich zentral folgen. Im Gegensatz zu den Datenbanken ist das Datenvolumen eines DLX so gering, daß es aus Gründen des Mengengerüstes keine Gründe für eine Verteilung der Daten selbst gibt. Dies gilt für die allgemein übliche Verwendung des DLX wie bisher beschrieben. Vereinzelt wird jedoch das DLX auch als Projektbibliothek benutzt, indem Dokumente in die Beschreibung der Knoten des DLX gestellt werden. Dann ist u.E. das DLX nur noch verteilt zu handhaben.

2.2.5 Überblick

Werkzeug \ Benutzertyp	P M	P L	E W		Lokalität	Anmerkung / vgl.
			A N	S E		
Projektbibl.	X	X	(X)	(X)	V	2.2.2
Mailbox-Syst.	X	X	X	X	V	
Editor, Grafik Textsystem, Produktmuster		X	X	X	D	
Datendesigner, Datenlexikon		X X	 X	X X	V Z/V	2.2.4
Spezifikations -Hilfsmittel		(X)	X	X	D	2.2.1
Moduldesigner		X		X	D	u.W. nicht verfügbar
Source-Bibl.		(X)		X	Z	2.2.3
Test-Datenbank		(X)	(X)	X	D	2.3.4
Compiler/Int.		(X)		X	D	
Werkzeuge zur Codeerzeugung u. -prüfung		X		X	D	Typ SOURCE
Testwerkzeuge		(X)	(X)	X	D	
Übergabe-Software an Prod. / Wartung		X		X	Z	2.2.3
online-Handbuch Technologie u. Standards	X	X	X	X	D	2.2.1

2.2.6 Zusammenfassung zu den Software - Werkzeugen

Der überwiegende Teil der Werkzeuge kann dezentral gehalten werden, wenn ein geregeltes Verfahren zur Verteilung der Kopien bei neuen Releases von Werkzeugen existiert.

Der Projektbibliothek als verteilter PB kommt eine privilegierte Funktion in einem verteilten Software - Entwicklungssystem zu, da sie einen zentralen Katalog mit entsprechender Zustandsverwaltung über die dezentralen Dokumente und Sourcen, deren Versionen und die Beziehungen zu Programmen in der Produktion führen muß. Eine -allerdings an ein bestimmtes Betriebssystem gebundene- verteilte PB ist als neues Release einer am Markt vorhandenen angekündigt. Die einzige uns bekannte "verteilte PB" ist das Bibliotheks-Verwaltungssystem CONTROL, das auf TANDEM-Rechnern läuft.

Ein reines Datenlexikon kann zentral gehalten werden, wenn es dezentral auskunftfähig ist.

Ein DLX als allgemeiner Strukturspeicher muß verteilt (zentrales DLX + Sublexika) ausgelegt sein. In diesem Fall müssen die Strukturen mit der Projektbibliothek konsistent gehalten werden oder die PB benutzt das DLX als Strukturspeicher. (Bsp.: verteilte PB im Hause SCHERING.)

Das Datenlexikon muß zunächst zentral erfolgreich eingeführt sein. Danach kann und sollte seine Erweiterung zum verteilten DLX durch dezentrale Sublexika erfolgen. Ein homogenes verteiltes DLX ist derzeit am Markt nicht verfügbar. Der Anwender muß also selbst verschiedene Dictionaries integrieren.

Alle dezentralen Werkzeuge müssen in einem priviligierten Netzknoten gepflegt und von dort als Kopien bereitgestellt werden. Alle zentralen Werkzeuge können in einem beliebigen Netzknoten angesiedelt sein, wenn ein effizienter Zugriff von den Stationen gewährleistet ist.

Es kann also scheinbar (!) möglichst viel Intelligenz auf dezentrale Arbeitsplatzcomputer verlegt werden, wenn es ein zentrales Instrument (verteilte PB) gibt, das Kenntnis vom Geschehen auf den dezentralen ER hat.

Die Lösung ist für alle Ergebnistypen, die im weitesten Sinne "Dokumentation" sind (TEXT, DATA, QUERY,ACC), in der Tat nur noch von der technischen Mächtigkeit der dezentralen ER und entsprechender Netzknoten abhängig.

Für den Typ SOURCE trifft dies nicht zu, da sich hier das Problem der Rechnertypen von Entwicklung und Produktion stellt, und zwar bezüglich der Portabilität der Quellprogramme. Dies wird im folgenden näher beleuchtet.

2.3 Rechnertypen

Während bei den Software-Werkzeugen der heutige Istzustand nicht explizit betrachtet wurde, erscheint dies bei den Basissystemen angebracht, da sich konkrete Umwälzungen auf diesem Gebiet abzeichnen, die realisierbare verteilte Entwicklungssysteme in der kommerziellen Welt prägen. Aus diesem Grund werden auch Systemnamen genannt, die im Bereich unserer Zielgruppe dominieren.

2.3.1 Anforderungen

Softwareentwickler brauchen ein leistungsfähiges Teilnehmer - Betriebssystem mit

1. guter Text- und Druckaufbereitungssoftware
2. leistungfähigem, einfach zu handhabendem File-System mit Schutzmechanismen
3. Programmiersprachen zur Erstellung von Software-Werkzeugen mit guten Eigenschaften zur String-Manipulation
4. den "Produktionssprachen" der Zielmaschine (=PR)
5. Zugriffsmechanismen auf den/die DB-Typen der Zielmaschine, zumindest eine Simulation derselben
6. Möglichkeit des Testens der entwickelten Software unter dem Teilhaber - Betriebssystem der Produktionsrechners oder eine entsprechende Simulation (sog. Dialogmonitore)
7. einfacher Datenübertragung vom und zum Produktionsrechner.

2.3.2 Das Problem der Portabilität im kommerziellen Bereich

"Portabilität" ist die Eigenschaft eines Quellprogramms, mit möglichst geringen Änderungen von einem Rechnertyp auf einen anderen übertragbar zu sein, indem man auf der Zielmaschine lediglich neu compiliert. Das Programm muß dann dieselben Ergebnisse erzeugen wie auf der Ausgangsmaschine.

Genau der letzte Punkt macht diese Materie so schwierig und gefährlich.

In kommerziellen Umgebungen portabel sind heute nur COBOL und FORTRAN; dies auch nur für Batch-Programme.
Wenn man portieren will, muß in diesen Sprachen mit äußerst rigiden und empirisch überprüften Programmierkonventionen gearbeitet werden, sonst läuft man Gefahr, unerwartete Ergebnisse oder gar versteckte Fehler zu erzeugen.

Bei dedizierter Softwareentwicklung auf Rechnertypen, die sich von dem des PR unterscheiden, ist die Lösung des Portabilitätsproblems entscheidend für die entstehenden Kosten.

Wenn man sich die enormen Anstrengungen ansieht, die unter dem Aspekt der Portabilität bei ADA notwendig sind, so ist die Auffassung, Portabilität auf der Ebene einer Sprache sei nicht der richtige Weg, zumindest berechtigt.

Bei UNIX ist das Betriebssystem -wenn auch mit Einschränkungen- portabel und damit die Compiler selbst. Dieser Ansatz ist u.E. der zukunftsträchtigere,um Software-Investitionen langfristig zu sichern.

2.3.3 Istzustand

Ausgangssituation in der Praxis betrieblicher Rechenzentren ist heute überwiegend:

Entwicklung und Produktion auf demselben Rechner
Entwicklungsarbeitsplätze sind Terminals an diesem Rechner.

Mindestens die Eigenschaften 1. und 2. (vgl. 2.3.1), meist auch 3. sind auf üblichen PR nur eingeschänkt gegeben. Dazu herrscht in der Produktion Teilhaberbetrieb vor, der zusätzliche Teilnehmersysteme auf derselben Maschine stark benachteiligt, zumindest aber von der Belastung durch den Produktionsbetrieb abhängig macht.

Es spricht also vieles für dedizierte Entwicklungsrechner. Drei Wege sind dafür möglich und werden bereits praktiziert:

1. Dediziertes Text- und Filesystem: (TFS)

   Es erfordert für die Entwickler das Arbeiten mit zwei Schnittstellen, denn die Entwicklung läßt sich nur bis zur Quellcode-Editierung vorantreiben. Dafür vermeiden diese Systeme Portabilitätsprobleme.

   Vertreter: MAESTRO; Micro-Computer mit Netzknoten (leistungsfähiger File-Server).

2. Universalrechner mit portablem Betriebssystem: UNIX

   UNIX-Systeme ermöglichen eine geschlossene Entwicklungsumgebung, zugeschnitten auf Software-Entwickler, die es erlaubt, Software bis zum Test fertigzustellen (vgl. IVIE 77 und MAR 83 bzgl. Details). Inzwischen sind die ersten Mehrplatzsysteme mit PC´s unter UNIX verfügbar.

   Für eine professionelle Entwicklung unserer Zielgruppe entsteht dann aber das Portabilitätsproblem, das nicht nur die Programmiersprache, sondern ganz besonders auch Dialogmonitor und DB-System betrifft.

3. Microcomputer, angeschlossen an den Produktions- oder einen Entwicklungsrechner

   Diese Lösung ist einerseits sehr flexibel bzgl. des Einsatzes dezentraler Intelligenz, Zahl und räumlicher Verteilung der Stationen. Andererseits muß die gesamte Integration der Entwicklungsarbeit auf dem zentralen Netzknoten vom Typ "PR" geleistet werden.
   Das Portabilitätsproblem stellt sich wie bei 2. oder es wird umgegangen wie bei 1. Probleme bei der Portierung von Quellprogrammen treten verschärft auf, da z.T. unzuverlässige und lückenhafte Compiler am Markt sind (vgl. CW 84).

Ein funktionsfähiges Netz dedizierter Entwicklungsrechner mit verteilt gehaltenen Werkzeugen ist im Bereich unserer Zielgruppe nicht bekannt.

2.3.4 Sollkonzept

UNIX wird u.E. die klassischen "Produktionssysteme" DOS, MVS, BS2000 u.a. in absehbarer Zeit nicht verdrängen können. So bleibt nur die Lösung, einen weiteren Typ von ER vorzusehen, der die Fertigstellung der Software unter einem dem PR gleichen oder ähnlichen System erlaubt.
Es soll bei der Prämisse bleiben, daß Entwicklung und Produktion zumindest logisch streng getrennt sind.

Einerseits ist UNIX als Entwicklungsrechner unter dem Aspekt von Portabilität und Verfügbarkeit von Software-Werkzeugen das Gegebene (vgl. MAR 83), andererseits wird ein "Hypervisor" benötigt, der UNIX und das Produktionssystem auf einer Maschine zusammenführt. Dies erleichtert die notwendigen Tests erheblich. Ein solches System ist z.B. VM.
Im Falle BS2000 als Betriebssystem kann nur vom UNIX-Rechner auf einen BS2000-Rechner portiert werden.

Auf von-Neumann-Rechnern ist u.E. für die nächsten 10 Jahre kein neues Betriebssystem zu erwarten, das allgemeine Verbreitung finden wird, wenn man sich vor Augen hält, daß

UNIX ca. 15 Jahre (vgl. THO 82)
VM ca. 20 Jahre (dem Autor als Vorläufer CP/67 seit 1969 bekannt)

alt sind.

Bezüglich der Verteilung von Rechnertypen bzw. Hardware ergibt sich daraus:

I. Kurzfristig:

- Dezentrale Entwicklungsrechner nutzen die Vorteile von UNIX, Werkzeugen von Arbeitsplatzrechnern oder eines spezialisierten TFS wie z.B. MAESTRO.
- Logisch gibt es einen zentralen ER-Z, der unter einem System wie VM die Betriebssysteme UNIX und z.B. MVS auf einer Maschine zusammenführt.
  Dies reduziert die Portabilitätsprobleme UNIX --> MVS, da es gemeinsame Datenbestände auf einer Maschine gibt. Portiert wird jedoch wie folgt:
  ER-D (UNIX) ===> ER-Z (UNIX) ===> ER-Z (MVS)
- Physisch kann ER-Z als separater Rechner existieren oder als "partition"-ähnliches Subsystem auf einem sehr mächtigen (Mehrprozessor-)Produktionsrechner.
- Arbeitsplätze der dezentralen ER sind "Personalcomputer", die die meisten dezentralen Werkzeuge aufnehmen und über einen leistungsfähigen Durchgriff auf ER-Z verfügen.

II. Mittelfristig werden folgende ER einsetzbar sein:

ER-D ist ein Netzknoten für PCs mit zentralem File-System, ein mittelgroßer "klassischer" Rechner oder ein TFS-System. ER-D läuft unter UNIX.

ER-Z kennt UNIX und das Betriebssystem des PR. Die beiden Betriebssysteme laufen unter VM und können gut miteinander kommunizieren. Insbesondere verhalten sich Zugriffe auf Datenbestände für den Programmierer unter UNIX genauso wie unter dem Betriebssystem des PR. ER-Z kann Programme und Daten problemlos "in Produktion" übergeben oder "für Wartung" empfangen. ER-Z kann auch eine "virtuelle Maschine" auf dem PR sein.

III. Langfristig wird die Bedeutung von ER-D als Netzknoten immer mehr abnehmen zugunsten von leistungsfähigen PC's. Irgendein privilegierter PC wird dann die Rolle des Netzknotens in einem Teilnetz übernehmen.

3 4.-Generations - "Sprachen" als Alternative ?

Die sog. "Sprachen" der 4. Generation (Bsp. ADR, FOCUS, MANTIS, MAPPER, NATURAL) enthalten zwar als Kern eine Programmiersprache, sind aber als Ganzes zentralisierte, homogene Software - Entwicklungssysteme.

Ist dies nicht eine einfachere Alternative zu einem VSES ?

Die schnellen Erfolge dieser Systeme beruhen auf der starken Spezialisierung für

- kommerzielle Anwendungen
- bevorzugt DB-Manipulation und online-Schnittstellen
- strukturell gleichartige Zielsysteme als PR
- interpretative Arbeitsweise
- Informationssysteme.

Alle Systeme werden jeweils von einem Hersteller gewartet und weiterentwickelt und unterliegen keiner internationalen Normung.

Die Sprachen selbst sind eine Mischung aus

- hochkomfortablen Lösungen
  Bsp.: Unabhängigkeit von NATURAL-Quellprogrammen vom Dialogmonitor, teilweise der Datenbasis.
  Hierdurch ist das Portabilitätsproblem im Bereich Großrechner exzellent gelöst.
- Sprachkonzepten auf niedrigstem Niveau mit hohen Unsicherheiten
  Bsp.: Tabellenverarbeitung in NATURAL.

Alle Sprachen bieten CALL-Schnittstellen zu allgemeinen Programmiersprachen an. Hierdurch können Mängel z.T. ausgeglichen werden.

Derzeit entwickeln sich die 4. Generations-Systeme einerseits in Richtung auf

- Verbesserung der Programmiersprache
- mehr Entwicklungskomfort
- Zugriffe (lesend) auf beliebige Datenbasen
- Versionen auf Microcomputern, die mehr oder weniger portabel zum weiterhin zentralen Werkzeug auf dem Produktionsrechner sind.

Die Sprachen als Kern dieser SES werden u.E. nicht den Reifegrad erreichen, der es ermöglicht, die konventionellen Programmiersprachen gänzlich zu ersetzen. Die Hersteller geraten nämlich zunehmend in den Bereich überproportional steigender Komplexität der Entwicklung einer Programiersprache. Sie werden "Lösungen der ersten Stunde" aufgeben müssen, dann aber Migrationsprobleme bekommen. Alles dies übersteigt die Finanzkraft eines einzelnen Herstellers.

Weiterhin gehen die Hersteller selbst auf dedizierte Entwicklung mit portablen Sourcen über. Die Systeme entwickeln sich also selbst in Richtung auf verteilte SES.

Der Vorteil für den Anwender von 4. Generations-Systemen liegt darin, daß die Hersteller das Portabilitätsproblem im eigenen Interesse lösen werden und nicht den Anwender damit alleine lassen, wie dies bei den allgemeinen Programmiersprachen der Fall ist.

In einem VSES wird man die großen Vorzüge dieser Systeme im Verbund mit konventionellen Sprachen nutzen, bis völlig neue Sprachen alles dies wiederum ablösen. Die 4. Generationssysteme sind also eine Ergänzung zu einem VSES.

4 Topologie eines verteilten SES

Die Topologie wird in mehreren Alternativen angegeben, wobei sich die bildliche Darstellung für Alternative 3 erübrigt.

1. mehrere physische Entwicklungsrechner
   - Ring von dezentralen ER-D
   - Stern zum zentralen ER-Z

   Zeithorizont: heute bis in ca. 2 Jahren

2. PC-Ring mit Netzknoten
   - Ring von PC´s
   - Stern zum Zentralrechner
     (ER-Z und PR liegen physisch auf derselben Maschine)

   Zeithorizont: ca. 2 Jahre

3. Vollständiges Netz mit Workstations
   Eine "Topologie" erübrigt sich:
   Jeder ER-D kann mit jedem alles.
   Zeithorizont: ca. 5-7 Jahre.

4.1 Mehrere physische ER

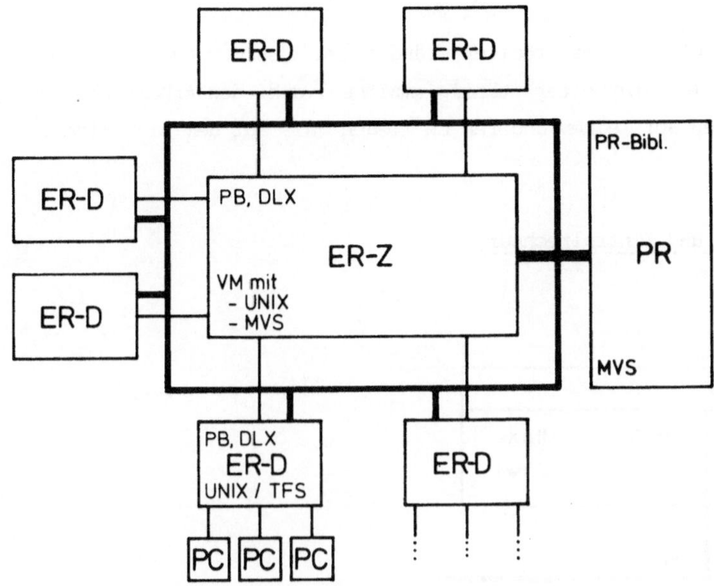

Legende: ER-D : dezentrale Entwicklungsrechner, die als Netzknoten, File-Server und "Verstärker" von Prozessorleistung dienen
ER-Z : zentraler Entwicklungsrechner
PR : Produktionsrechner
PC : Personal-Computer, angeschlossen an ER-D mit Durchgriff zu ER-Z

Ein physisch separater ER-Z wird für kleine Organisationen nicht wirtschaftlich sein. Dann ist er "logisch" - d.h. abgesichert vom Produktionsbetrieb - auf dem PR einzurichten.

Als ungefährer Anhalt kann gelten, daß ein separater ER-Z ab ca. 40 Entwicklern wirtschaftlich ist. Dies hängt jedoch stark von den Gegebenheiten ab.

Die dezentralen Entwicklungsrechner ER-D (UNIX oder TFS, vgl. 2.3.4) sind an einen Ring (z.B. BUS oder Token Ring) angeschlossen <u>und</u> als Stern an den zentralen Entwicklungsrechner. Der Stern ist eine Dialogleitung. Für die Entwicklung wichtig ist eine hohe Ausfallsicherheit des Ringes.

ER-Z und der Produktionsrechner benötigen lediglich eine direkte, ausfallsichere Verbindung in beiden Richtungen. Hier genügt RJE.

Die Nutzerschnittstelle für <u>alle</u> Nutzer liegt physisch an Stationen der ER-D (räumliche Verteilung!).Bei Benutzung von Werkzeugen des ER-Z wird im Dialog-Durchgriff gearbeitet.

Der Ring der ER-D untereinander dient außer dem Mailbox-System und dem Dateitransfer hauptsächlich dazu, jeden Arbeitsplatz (Bildschirm oder PC) an einem ER-D (i) die Arbeit auf jedem Datenbestand jedes beliebiegen ER-D (j) zu erlauben.

Nur diese Topologie stellt ein effizientes Arbeiten ständig neu zusammengesetzter Projektgruppen sicher, ohne daß die Mitarbeiter ständig umziehen, d.h. den Arbeitsplatz wechseln müssen, weil ihre Daten auf einem anderen ER liegen als auf dem bisherigen.

4.2 PC-Ring mit Netzknoten und Zentralrechner

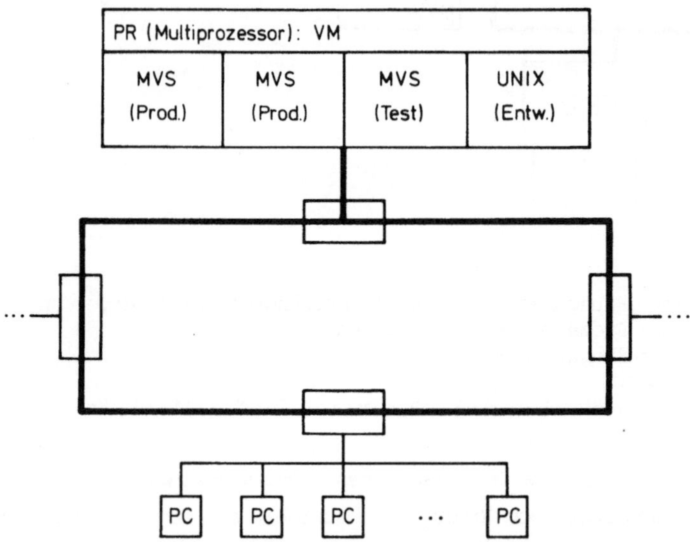

Die dezentralen Entwicklungsrechner sind die PC's selbst. Jeder PC hängt am Ring der Netzknoten und hat über diese auch Durchgriff auf den Zentralrechner. Dieser vereinigt PR und ER-Z in einer Maschine, die ihre verschiedenen "partitions" gegeneinander weitgehend ausfallsicher betreiben kann. Die Ausfallwahrscheinlichkeit des gesamten Prozessorkomplexes wie auch des Ringes der ER-D ist äußerst gering. Privilegierte PC's fungieren als Netzrechner und File server.

5 Praxisbeispiele

5.1. Beispiel Istzustand

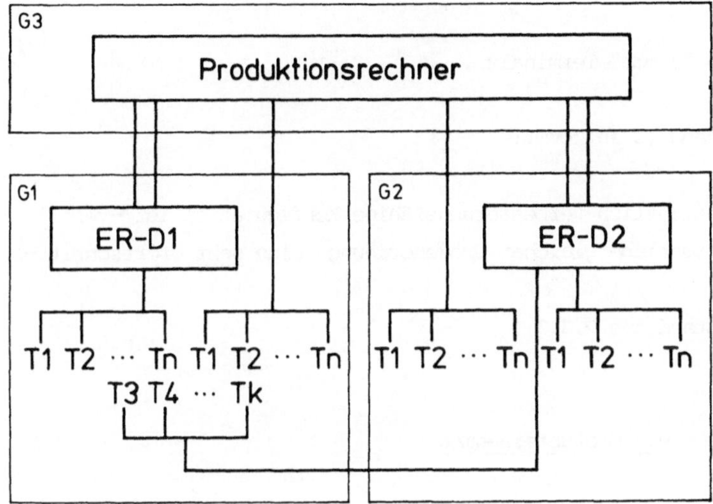

Legende: T1, T2,... = Terminal

Beschreibung:

Softwareentwicklung findet in 3 Gebäuden (Gi) statt (Terminals in G3 sind nicht eingezeichnet). In zwei Gebäuden stehen dedizierte Entwicklungsrechner. G3 hat aus technischen Gründen keinen Zugang zu den ER-D.

Die ER-D verfügen über jeweils k Plätze. Sie sind derzeit nicht weiter ausbaubar. Infolge höheren Bedarfs in G1 und geringeren Bedarfs in G2 sind j Terminals in G1 an ER-D2 angeschlossen. Die Entwickler können z.B. nur in G2 drucken.

Es gibt die -allerdings unkomfortable- Möglichkeit, über Batch-Jobs via PR Datenbestände zwischen ER-D auszutauschen.

Die ER-D sind seit einigen Jahren installiert und verfügen über je eine Batch- und eine Dialogleitung zum PR.

Außer auf den ER-D wird auch direkt auf dem Produktionsrechner entwickelt. Die Werkzeuge auf PR und ER-D sind weitgehend unterschiedlich, die Benutzerschnittstelle für die

Entwickler ebenso. Wenn eine Gruppe mit einer "Mischung" von Terminals ausgestattet ist, kann sie SOURCE-Entwicklung nicht mit den Werkzeugen des ER-D durchführen, sondern ist gezwungen, auf dem PR im Dialog-Durchgriff zu arbeiten.

Hinzu kommt ein weiteres SES auf dem PR, eine 4.-Generations-"Sprache". Wenn Programme damit von ER-D entwickelt werden, geschieht dies im Dialog-Durchgriff. ER-D ist dann reiner Dokumentations-Verwalter.

Alle Entwickler-Terminals sind "dumme" Terminals .

Damit beim Leser kein Mißverständnis aufkommt:

Diese an einigen Stellen offensichtlich verbesserungsfähige Konfiguration ist -verglichen mit der großen Masse der Betriebe gleicher Größenordnung- eine sehr fortschrittliche Lösung.
Es gilt die Aussage zum Istzustand aus 2.3.3 !

5.2 Beispiel Sollzustand für ein Großunternehmen

Mengengerüste: ca. 90 EW
ca. 15 PRJ mit diversen Unterprojekten
möglicher Zeithorizont: stufenweise 1 - 3 Jahre.

Sollzustand kann eine der beiden Alternativen 4.1 oder 4.2 sein. Die konkrete Lösung wird wahrscheinlich dazwischen liegen. Entsprechende Skizzen kann sich der Leser aus 5.1 selbst ableiten.

Da es nicht primäre Aufgabe des DV-Bereiches eines Industriebetriebes ist, anspruchsvolle Software - Werkzeuge zu entwickeln, ist ein Sollkonzept mit folgenden Unsicherheiten behaftet:

Wir wissen nicht, ob:

- in 2 Jahren der entsprechende Multiprozessor als Zentralrechner verfügbar ist und ob er dann angeschafft wird,
- das angekündigte Release eines vernetzten Betriebssystems der ER-D den hier gestellten Anforderungen genügt,
- wie schnell sich die PC's bezüglich Leistungsfähigkeit und Verbindung zu vernetzten Systemen entwickeln.

Literatur

BAY 84 Bayer, R.; Elhardt, K.; Kießling, W.; Killer, D.:
Verteilte Datenbanksysteme
(Eine Übersicht über den heutigen Entwicklungsstand), in:
Informatik-Spektrum 7(1984) H. 1, S. 1-19

CW 84 Edition Computerwoche (Hrsg.):
Höhere Programmiersprachen auf Mainframe und PC,
CW-CSE, München 1984

IVIE 77 Ivie, Evan, L.:
The Programmer´s Workbench - A Machine for Software Development, in:
CACM 20(1977) H. 10, pp. 746-753

HAU 83 Hausen, H.-L.:
Software-Produktionsumgebungen ("Das aktuelle Schlagwort"), in:
Informatik-Spektrum 6(1983) H. 1, S. 39-40

MAM 84 Mambrey, P.; Oppermann, R.:
Partizipation von Nutzern bei der Software-Entwicklung - Fortschritte und Rückschläge - : 5. Fachgespräch der GI-Fachgruppe Software Engineering Berlin Nov. 1984.
erscheint in: Softwaretechnik Trends.

MAR 83 Marty, R.:
UNIX - Eine Einführung für den professionellen Softwareentwickler, in:
Informatik-Spektrum 6(1983) H. 4, S. 191-204

SPI 84 Spitta, Th.:
Die Projektbibliothek als Zentrum der Softwareentwicklung, in:
Handbuch Moderne Datenverarbeitung (HDM), 21(1984), H. 116, S. 37 - 50

SUR 78 Surböck, E.K.:
Management von EDV-Projekten,
Berlin - New-York 1978

THO 82 Thomas, R.A.; Yates, J.:
A Guide to the UNIX System, New York 1982

Software-Entwicklung mit dezentralen Workstations

B. Menth, Siemens München

Zusammenfassung: Gegenüber früher haben sich die Aufgaben zur Software-Entwicklung wesentlich verändert. Von besonderer Bedeutung bei der Entwicklung von großen Software-Systemen ist die Dokumentation. Es wird eine in der praktischen Anwendung erprobte Vorgehensweise vorgestellt mit der die Qualität der Dokumentation und die Effizienz bei ihrer Erstellung wesentlich verbessert werden können.

Voraussetzung dafür ist, daß benutzerfreundliche und effiziente Textbearbeitungsfunktionen, wie sie z.B. in Bürosystemen angeboten werden, zur Verfügung stehen. Aus wirtschaftlichen und pragmatischen Gründen wird derzeit ein Funktions-Verbund von Dokumentations-Workstations mit Programmier-Arbeitsplätzen in einem Software-Entwicklungszentrum befürwortet. Die typische Organisation und Arbeitsweise eines solchen Verbunds werden erläutert und seine Anwendung an einem konkreten Beispiel aus der Praxis gezeigt.

1 Die Veränderung der Software-Entwicklung

Vergleicht man die Vorgehensweisen und Aufgaben der heutigen Software-Entwicklung mit den Aufgaben und Vorgehensweisen aus der Vergangenheit, so kann man hier erhebliche Veränderungen feststellen.

Die Software-Entwicklung von früher (vor etwa 20 Jahren) läßt sich folgendermaßen charakterisieren:

Aufgabenstellung
- technische Lösung eines Problems
- kleine oder mittelgroße Software-Programme (Einzellösungen)

Vorgehensweise
- die Software wird auf dem Zielrechner entwickelt
- einzelne Entwickler in kleinen Teams
- kurze Entwurfszeit (Konzept)
- Haupttätigkeiten sind die Programmierung und das Testen
- wenig Programmdokumentation
- Anwendungsdokumentation technisch, nur für dv-geübte Anwender (z.B. Rechenzentrum)

Arbeitsmittel
- Lochkartenleser, Blattschreiber später auch Terminal mit zeilenorientiertem Editor
- Schreibmaschine des Sekretariats zum Schreiben von Konzeptpapieren und der Anwenderdokumentation: Änderungen mit Schere, Klebstift und Kopierer.

Die Ablösung der Lochkarteneingabe im Batch durch die Terminaleingabe im Dialog (vor 10-15 Jahren) brachte einen wesentlichen Fortschritt für den Software-Entwickler. Zur Verfügung standen jetzt:

- Bildschirm mit Korrektur-Möglichkeiten,
- zeilenorientierter Editor zum Erfassen und Ändern von Texten, Sourceprogrammen und Kommandoprozeduren
- Textaufbereitungsprogramme zur Layout-Aufbereitung mit Hilfe von Anweisungen im Text.

Diese Hilfsmittel sind einigermaßen hinreichend für die Tätigkeiten der Programmierung und des Testens; für die Erfassung und Änderung von umfangreichen Dokumenten sind sie nur ein Notbehelf. Insgesamt war die Tätigkeit des Dokumentierens jedoch relativ kurz, sodaß dieser Notbehelf damals akzeptierbar war.

Software-Entwicklung heute

Bei den Aufgaben der Software-Entwicklung geht es heute kaum mehr um die Lösung eines einzelnen technischen Problems, sondern hauptsächlich um Anwendungen, die ein ganzes Fachgebiet vollständig und für den Benutzer in akzeptabler Form abdecken (z.B. Buchungssystem für Reisebüros, Vermittlungssysteme). Diese Aufgaben können nicht mehr mit einzelnen Programmen ("Insellösungen") abgedeckt werden, dazu ist die Entwicklung von umfangreichen Software-Systemen nötig. Große Software-Systeme unterscheiden sich durch eine Reihe von Merkmalen - wie z.B. Umfang, Komplexität, Schnittstellenanzahl - von Softwareprogrammen üblicher Größe. Aufgrund dieser veränderten Aufgabenstellung werden andere Organisationsstrukturen und Vorgehensweisen für die Software-Entwicklung benötigt als früher.

Große Software-Systeme besitzen so hohe Komplexität, daß sie nicht mehr von einem einzelnen Programmierer überblickt und entwickelt werden können. Gefordert ist die Zusammenarbeit von vielen Entwicklern in einem oder mehreren organisierten Teams.

Die Vielfalt und Größe der Systeme erzwingt eine planvolle Vorgehensweise und eine Unterteilung des Software-Entwicklungsprozesses in definierte, zeitlich aufeinanderfolgende Arbeitsschritte (Phasen). Diese lassen sich grob einteilen in

- Aufgabendefinition und Entwurf
- Implementierung,
- Integration / Systemtest.

Bild 1 zeigt Tätigkeiten zur Software-Entwicklung und deren prozentualen Anteil am Gesamtaufwand. Für Aufgabendefinition und Entwurf der Software wurde früher nur sehr wenig Aufwand investiert, die bei weitem überwiegende Tätigkeit war die Implementierung. Demgegenüber verlagerte sich der Schwerpunkt der Software-Entwicklung so weit, daß heute der Aufwand für Aufgabendefinition und Entwurf der

Software ebenso hoch sein kann wie für Implementierung, Integration und Systemtest zusammen.

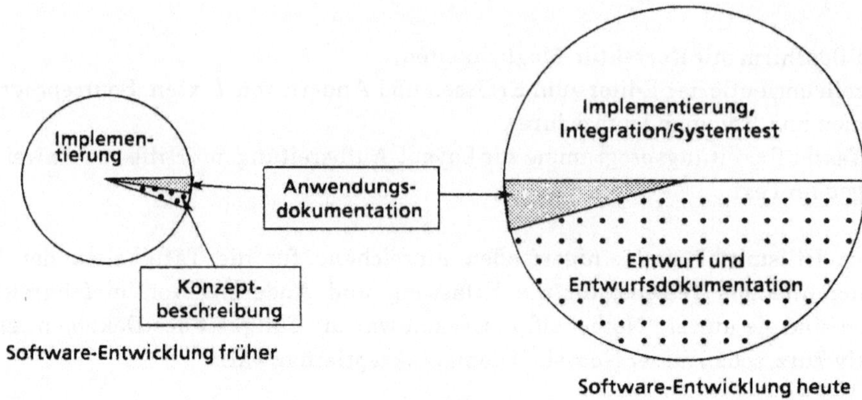

Bild 1: Anteil der Tätigkeiten am Gesamtaufwand

2 Dokumentation eines Softwaresystems

Die Dokumentation eines Softwaresystems ist ein wesentlicher Teil bei Erstellung und Anwendung von Software. Es hat wenig Sinn ein Software-System zu produzieren, wenn es nicht verstanden und deshalb nicht benutzt werden kann und wenn Änderungen des Systems schwierig oder gar nicht machbar sind.

Der Umfang, die Vielfalt und der Aufwand zur Erstellung und Änderung der Dokumentation darf nicht unterschätzt werden. Dokumentation ist eine Tätigkeit, die während des ganzen Software-Lebenszyklus von Bedeutung ist. Insbesondere bei Aufgabendefinition und Entwurf liegt der Schwerpunkt der Tätigkeit auf dem Beschreiben des Softwaresystems. Bei großen Projekten ist der Aufwand für die Dokumentation vergleichbar mit dem Aufwand für die Programmierung [Somm82].

Alle während des Lebenszyklus der Software benötigten Dokumente müssen zu Beginn festgelegt und bezüglich Aufgaben, Inhalt, Form und Erstellungszeitpunkt beschrieben werden. Die Dokumente müssen aufeinander abgestimmt und in eine systematische Gesamtstruktur eingebettet werden. Im Bild 2 ist ein Teil der Dokumente genannt, wie sie bei der Software-Erstellung zur Beschreibung des Produkts anfallen können (nicht enthalten sind z.B. Dokumente zur Projektabwicklung und zum Testen).

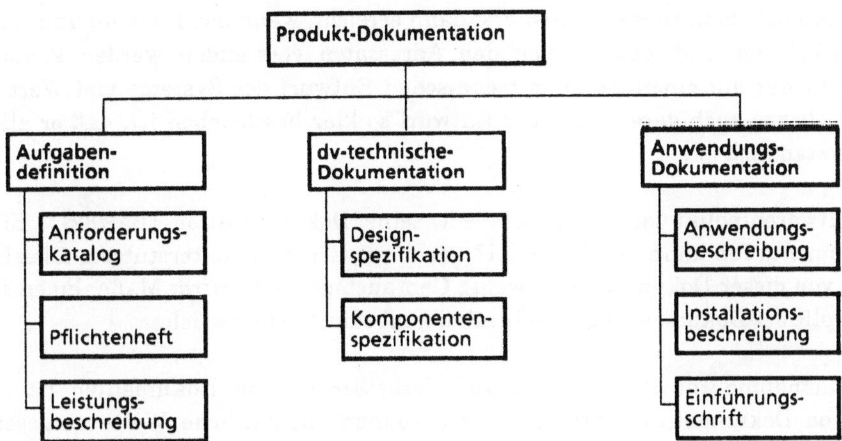

Bild 2: Beispiel für die Produkt-Dokumentation zu einem Software-System

Integrierte Dokumentation

Viele Programmentwickler sehen in der Dokumentation ein leidiges Muß. Wenn das Programm schon längst übergeben ist und interessante neue Aufgaben locken, quälen sie sich widerwillig ein paar Zeilen ab, die sie anschließend zu den Programmtexten heften. Dokumentation ist jedoch nicht Geschichtsschreibung, sondern eine Aufgabe, die den Software-Entwickler über den ganzen Lebenszyklus der Software begleitet [Rank85].

Dokumentation muß aus folgenden Gründen integraler Bestandteil der Software-Entwicklung sein [Balz82]:

- Bei einer Nachdokumentation am Ende der Code-Erstellung sind wichtige Informationen, die während der Entwicklung angefallen sind, nicht mehr vorhanden.
- Entwicklungentscheidungen (z.B.: warum wurde welche Alternative gewählt) müssen dokumentiert werden, um bei Modifikationen und Neuentwicklungen bereits gemachte Erfahrungen auswerten zu können.
- Der Aufwand für die Dokumentation wird reduziert, wenn zu dem Zeitpunkt, an dem die Information anfällt von demjenigen, der sie erzeugt oder verarbeitet, auch dokumentiert wird.

Entwicklung und Dokumentation hängen somit eng zusammen. Die Unterlagen, die im Laufe der Entwicklung entstehen, werden automatisch Teil der Dokumentation.

Qualität der Dokumentation

Ziel der Dokumentation ist es, die Kommunikation zwischen den am Projekt beteiligten Personen - das sind Entwickler, Auftraggeber und zukünftige Anwender - möglichst zweifelsfrei zu ermöglichen. Dieses Ziel ist erst dann erreicht, wenn das Problem und seine Lösung so beschrieben sind, daß sie von den Adressaten verstanden werden können. Deshalb ist nicht nur auf einen genauen technischen Entwurf des Systems viel Wert zu legen, sondern ebenso auch darauf, daß der Entwurf so klar beschrieben ist, daß er allen Betroffenen verständlich ist.

Ein Softwareprodukt ist nur so gut wie seine Dokumentation [Balz82]. Eine schlechte Dokumentation kann den Leser u.U. mehr verwirren als unterstützen. Dies hat zur Folge, daß von dieser Dokumentation wenig Gebrauch gemacht wird. Maßnahmen zur Qualitätskontrolle der Dokumentation sind deshalb unbedingt erforderlich.

Eine Maßnahme zur Prüfung und zur Verbesserung von Dokumenten ist das Durchführen von Dokument-Inspektionen. Diese können auf ähnliche Weise eingesetzt werden wie Code-Inspektionen zur Aufdeckung von Programmfehlern. Während einer Dokument-Inspektion wird der vorhandene Text begutachtet, fehlende Teile werden aufgezeigt und Vorschläge zur Verbesserung des Dokuments gemacht [Somm82].

Vorgehensweise zur Erstellung von Dokumenten

Im folgenden werden zwei unterschiedliche Vorgehensweisen zum Erstellen eines Software-Entwurfs skizziert. Dabei wird davon ausgegangen, daß ein Software-System entworfen wird, an dem mehrere Entwickler in einem Team arbeiten.

Häufig ist folgende Vorgehensweise zu beobachten: Entwurf des Systems durch Diskussion im Team. Dabei werden mit großer Begeisterung immer wieder neue Alternativen diskutiert und verworfen. Arbeits- und Diskussionsunterlagen sind unverbindliche Handzettel mit Notizen und Skizzen. Kurz vor Ende der Entwurfszeit wird dann unter Termindruck in kurzer Zeit ein Teil der Gedanken, die in der Zeit vorher diskutiert wurden, zu Papier gebracht, eingetippt und auf Fehler durchgesehen. Diese Papiere sind dann verständlicherweise meist zwischen den einzelnen Kapiteln unabgestimmt (formal, Terminologie, Redundanz usw.) und trotz eines formalen Reviews auch inhaltlich unvollständig, fehlerhaft und zudem schwer verständlich.

Entwicklung und Dokumentation müssen vielmehr Hand in Hand gehen. Entwurf und Dokumentation werden gemeinsam entwickelt und schrittweise verfeinert. Durch die Dokumentation ist jeweils eine konkrete Diskussionsgrundlage für die nächste Verfeinerungsstufe gegeben. Die Dokumente werden in Versionen entwickelt, zwischen den Versionen findet jeweils eine Inspektion statt, bei dem der aktuelle Stand des Systementwurfs und die zugehörige Dokumentation systematisch Punkt für Punkt diskutiert und geprüft werden (siehe Bild 3).

- Version 0.1 besteht aus der Gliederung des Dokuments mit stichpunktartigen Erläuterungen. Nach Diskussion der Gliederungspunkte werden die Anzahl der Seiten und Grafiken für die einzelnen Abschnitte geschätzt und Aufgabenschwerpunkte im Team verteilt.

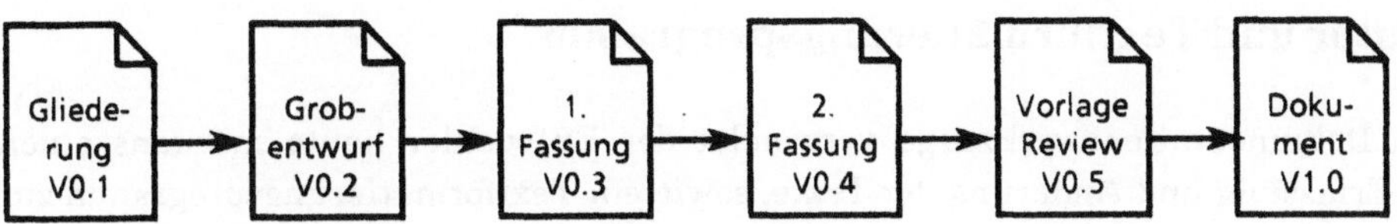

Bild 3: Schrittweise Entwicklung eines Dokuments mit Inspektionen

- Version 0.2 beschreibt den ersten Grobentwurf, die Texte sind Basistexte zur inhaltlichen Klärung und Abstimmung.
- Version 0.3 enthält bereits ausformulierte Texte mit Grafiken, jedoch noch nicht abgestimmt und unvollständig.
- Version 0.4 wird vor der Freigabe zum externen "Review" nochmals auf Fehler und Unstimmigkeiten überprüft.
- Version 0.5 ist die Basis für ein Review, bei dem Auftraggeber und zukünftige Anwender, gemeinsam mit Entwicklern, Entwurf und Dokumentation der Software begutachten.
- Die Änderungswünsche des Review-Teams führen schließlich zur endgültigen Version 1.0 des Dokuments.

Mit einer solchen systematischen Vorgehensweise kann die Qualität des Entwurfs gegenüber der herkömmlichen Vorgehensweise *wesentlich* verbessert werden. Die Unterteilung des Entwurfsprozesses in mehrere Schritte (innerhalb einer Phase) erlaubt eine genauere Planung und Überwachung des Projektfortschritts und ermöglicht damit eine bessere Termintreue; Konzeptfehler werden sehr früh erkannt.

Voraussetzung für eine solche Vorgehensweise sind allerdings Dokumentationswerkzeuge, die ein besonders effizientes Bearbeiten von Dokumenten ermöglichen. Stehen solche Dokumentationswerkzeuge zur Verfügung, dann kann der Gesamt-Entwicklungsaufwand trotz der vielen Dokument-Versionen reduziert werden.

3 Dokumentationswerkzeuge

Im Gegensatz zu früher werden Software-Dokumente heute zumeist nicht mehr mit der Schreibmaschine erstellt, sondern an einem Rechner entwickelt und aufbereitet. Wenn geeignete Dokumentationswerkzeuge zur Verfügung stehen, hat dieses Verfahren viele Vorteile:

- Die im Rechner gespeicherten Dokumente sind verhältnismäßig leicht zu ändern und damit auf den aktuellen Stand zu bringen.
- Der Text kann automatisch formatiert und hinsichtlich des Layouts verbessert werden.
- Der Text kann automatisch analysiert und nach verschiedenen Kriterien überprüft werden (z.B. Schreibfehler).
- Die Verwaltung der Dokumente kann vereinfacht werden.

Editor und Textformatierungsprogramm

Als Dokumentationswerkzeuge verwendet der Entwickler heute meistens einen Editor zur Erfassung und Änderung der Texte, sowie ein Textformatierungsprogramm zur Aufbereitung des Layouts. Dieses ermöglicht die Eingabe von Texten in einem von Zeilenlänge und Seitenumbruch unabhängigen Format. Mit Hilfe des Formatierungsprogramms kann der Anwender eine große Anzahl von Aufbereitungsfunktionen - z.B. Unterstreichungen, Einrückungen, Seitennumerierung - ausführen. Dazu muß er an den entsprechenden Stellen im Text Anweisungen für das Formatierungsprogramm einfügen. Derartige Formatierungsprogramme besitzen oft sehr leistungsfähige Funktionen; sie stehen dem Entwickler meist innerhalb seiner Programmierumgebung zur Verfügung. Das Verfahren hat jedoch einige schwerwiegende Mängel:

- Die Anweisungen für das Formatierprogramm sind, bedingt durch die Vielfalt der Möglichkeiten, komplex in der Anwendung.
- Der Anwender sieht die Auswirkungen der Anweisung nicht am Bildschirm. Er muß sie während der Texteingabe geistig vorwegnehmen und dabei auch eventuell mehrere sich überlagernde Anweisungen mit berücksichtigen. Dies erfordert ein hohes Maß an Abstraktionsvermögen und lenkt von der eigentlichen Tätigkeit ab.
- Durch die Vielzahl von Anweisungszeilen im Text wird die Eingabe unübersichtlich und vor allem das Suchen nach zu ändernden Textstellen umständlich.
- Aus diesen Gründen ist die Anwendung sehr fehleranfällig. Das Dokument wird im allgemeinen erst nach mehreren Versuchen und Korrekturen in dem gewünschten Format aufbereitet.

Ein Beispiel für ein solches Dokumentationswerkzeug ist das in UNIX-Systemen verfügbare *troff/nroff*. Die zuvor gemachten Aussagen sollen anhand eines willkürlich herausgegriffenen Beispiels aus "Programmers Manual" demonstriert werden. Dazu werden im Bild 4 der editierte Text und das aufbereitete Format zur Beschreibung der Funktion *find* gegenübergestellt. Man kann erkennen, daß die Aufbereitungsfunktionen durchaus beachtlich sind, daß aber wenig Anforderungen an die Ergonomie und damit an die effiziente Bearbeitung gestellt werden dürfen [Bach85]. Dieser Eindruck verstärkt sich noch, wenn man versucht einfache Grafiken zu erstellen.

Es ist zwar grundsätzlich von Vorteil, wenn man innerhalb der Programmierumgebung ein Dokumentationswerkzeug zur Verfügung hat, jedoch ist das Ändern von Dokumenten damit so zeitaufwendig, daß eine schrittweise Entwicklung aus Aufwandsgründen damit nicht empfohlen werden kann. Werkzeuge dieser Art sind hauptsächlich zum Erfassen von fertig ausgearbeiteten Texten geeignet, an denen dann nur noch kleinere Korrekturen nötig sind.

```
.TH FIND 1
.SH NAME
find \- find files
.SH SYNOPSIS
.B find
pathname-list  expression
.SH DESCRIPTION
.I Find
recursively descends
the directory hierarchy f
each pathname in the
.I pathname-list
(i.e., one or more pathna
seeking files that match
.I expression
written in the primaries
In the descriptions, the
.I n
is used as a decimal inte
where
.I +n
means more than
.I n,
.I \-n
means less than
.I n
and
.I n
means exactly
.IR n .
.TP 10n
.BR \-name " filename"
True if the
.I filename
argument matches the current file name.
Normal
Shell
argument syntax may be used if escaped (watch out for
`[', `?' and `*').
.TP
.BR \-perm " onum"
True if the file permission flags
exactly
match...
```

```
FIND(1)                XENIX Programmer's Manual                FIND(1)


NAME
     find - find files

SYNOPSIS
     find pathname-list  expression

DESCRIPTION
     Find recursively descends the directory hierarchy for each
     pathname in the pathname-list (i.e., one or more pathnames)
     seeking files that match a boolean expression written in the
     primaries given below.  In the descriptions, the argument n
     is used as a decimal integer where +n means more than n, -n
     means less than n and n means exactly n.

     -name filename
               True if the filename argument matches the current
               file name.  Normal Shell argument syntax may be
               used if escaped (watch out for `[', `?' and `*').

     -perm onum
               True if the file permission flags exactly match...
```

Bild 4: Beispiel eines editierten und mit *troff/nroff* aufbereiteten Textes

Textbearbeitung mit MS-WORD

Eine wesentliche Verbesserung gegenüber der zuvor beschriebenen Methode wird mit Textbearbeitungsprogrammen von der Funktionalität, wie sie MS-WORD oder ähnliche Produkte für Personal-Computer besitzen, erreicht.

Die Editierung erfolgt bildschirmorientiert, Steuerzeichen und Formatierungsanweisungen erscheinen nicht im Text. Trotzdem sind auch dort einige Probleme nicht oder nur sehr unvollkommen gelöst; z.B. kann auf dem meist kleinem und nicht grafikfähigem Bildschirm das Druckbild einer Seite nur unvollkommen nachgebildet werden und das Erzeugen von Grafiken ist nicht oder nur mit viel Mühe möglich.

Workstations zur Entwicklung von Dokumenten

Für die wirtschaftliche Erstellung der Software-Dokumentation sind Werkzeuge erforderlich, die den aufwendigen Erstellungsprozeß insbesondere bei der Handhabung unterstützen. Mit den heute dem Entwickler verfügbaren Workstations ist dies nicht in ausreichendem Maße möglich.

Wenn der Aufwand für die Dokumentation in der gleichen Größenordnung liegt, wie der Aufwand für die Realisierung und wenn außerdem Dokumentation während des ganzen Entwicklungsprozesses betrieben werden muß, so erscheint es gerechtfertigt, eigene Workstations für die Software-Dokumentation einzusetzen, die ganz speziell diese Tätigkeit unterstützen.

An eine Dokumentations-Workstation sind nicht nur funktionelle, sondern vor allem auch ergonomische Anforderungen zu stellen, weil die Eignung einer Workstation für die Bearbeitung von Dokumenten letztendlich davon bestimmt wird, wie einfach und effizient der Benutzer Texte und Grafiken erstellen und modifizieren kann.

- Der Bildschirm sollte ein Format besitzen, das die Darstellung einer DIN-A4-Seite im Hoch- und im Querformat ermöglicht. Dieses Format wird üblicherweise für die Ausgabe von Dokumenten benutzt, es ist eine Struktureinheit des Dokuments, die auch vom Leser als Ganzes betrachtet wird. Außerdem wird durch die größere Informationsmenge die Übersicht über den Textinhalt verbessert.

- Das am Drucker erzeugte Layout sollte mit dem am Bildschirm sichtbaren identisch sein. Dies betrifft z.B. den Umbruch von Zeilen und von Seiten oder die Darstellung von Zeichen in verschiedenen Größen und Schriftarten.

- Die Funktionen des Editors müssen sich an der Struktur des Dokuments orientieren. Das heißt sie müssen sich auf Objekte wie Wort, Satz und Abschnitt beziehen. Es muß z.B. auf einfache Weise möglich sein eine bestimmte Seite des Dokuments aufzublättern.

- Zur Erläuterung des Textes sollten Grafiken im Dokument enthalten sein. Eine Dokumentations-Workstation muß deshalb in der Lage sein Grafiken zu erzeugen und diese - an der richtigen Stelle im Dokument - am Bildschirm darzustellen.

- Aus wirtschaftlichen Gründen muß sowohl das Erstellen als auch das Ändern von Texten und Grafiken einfach und schnell möglich sein (z.B. durch Verwendung einer "Maus").

4 Software-Entwicklungszentrum

Werden für die Software-Entwicklung, abhängig von der jeweiligen Tätigkeit, verschiedene Workstations eingesetzt, dann können sich daraus Probleme wirtschaftlicher oder technischer Art ergeben:

- Die Workstations werden nur zu bestimmten Zeiten des Entwicklungsprozesses intensiv genutzt, damit werden aus kaufmännischer Sicht die Investitionen schlecht ausgelastet:

- Arbeiten mehrere Entwickler gemeinsam an einer Teilaufgabe, dann muß die Möglichkeit gegeben sein problemlos auf gemeinsame Daten zuzugreifen und Dateien auszutauschen.

- Es kann notwendig sein, Daten die während einer früheren Tätigkeit an einer Workstation erstellt wurden, in einer nachfolgenden Tätigkeit an einer anderen Workstation weiter zu bearbeiten.

Um eine wirtschaftliche Nutzung zu erreichen, wurden alle Workstations organisatorisch in einem Software-Entwicklungszentrum (SEZ) zusammengefaßt und einem Kreis von Entwicklern zur Verfügung gestellt. Diese nutzen die Workstations nach ihrem zeitlichen Bedarf und nach der erforderlichen Funktion.

Für die Kopplung der Workstations untereinander bietet sich ein Local Area Network (LAN) an. Dieses zeichnet sich durch eine schnelle Datenübertragung und flexible Konfigurierbarkeit aus. Leider gibt es dafür keine einheitliche Norm, sodaß bei der Auswahl der Workstations die Anschlußmöglichkeit an das eingesetzte LAN berücksichtigt werden sollte.

Arbeitsweise eines Software-Entwicklungszentrums

Ein Software-Entwicklungszentrum arbeitet nach folgenden Prinzipien:

- Alle Workstations werden organisatorisch im SEZ zusammengefaßt und zentral verwaltet.
- Alle Workstations sind über ein flächendeckendes Local Area Network (LAN) miteinander verbunden. Dieses LAN verbindet alle Büroräume miteinander und mit dem physikalischen SEZ und ermöglicht damit eine flexible Konfigurierung der Workstations.
- Zentrale Dienste zum Betreiben des LAN, wie z.B. Drucker und zentrale Dateienablage, sind im physikalischen SEZ zusammengefaßt. Außerdem stehen dort die freien Workstations zur Verfügung.
- Workstations können nach ihrem zeitlichem Bedarf und nach der benötigten Funktion (z.B. Dokumentbearbeitung, LISP-Maschine, MESA-Entwicklungsumgebung) vom SEZ ausgeliehen werden. Danach werden sie wieder ans SEZ zurückgegeben. Aufgrund der flexiblen Konfigurierbarkeit des LAN ist dies jederzeit möglich ohne den laufenden Betrieb zu stören.
- Für einen kurzzeitigen Bedarf oder zur Überbrückung von Engpässen können die Workstations im physikalischen SEZ genutzt werden.

Beispiel für die Arbeitsweise eines SEZ

Im Bild 5 ist an einem Beispiel die Organisation und Arbeitsweise eines SEZ dargestellt.

- Während sich das Projekt A in der Entwurfsphase befindet, benutzen die Entwickler zum Schreiben der Entwurfsdokumente in der Hauptsache Workstations, die zum Bearbeiten von Dokumenten geeignet sind. Dies sind Workstations, wie sie auch im Bürobereich eingesetzt werden (z.B. Bürosystem 5800).
- Währenddessen befindet sich Projekt B in der Entwicklungsphase. Die Entwickler benutzen Workstations, die eine direkte Kopplung mit dem Entwicklungsrechner besitzen und die speziell dessen Funktionen unterstützen (z.B. BS2000-Terminal oder PC-X).
- Ein Mitarbeiter von Projekt C erstellt an einer Dokumentations-Workstation (z.B.Bürosystem 5800) Unterlagen für Anwendung, Akquisition und Schulung.

5 Erfahrungen in einem Projekt

Das Beispiel am Schluß soll aufzeigen, wie diese Arbeitsweise bei der Abwicklung eines konkreten Projektes eingesetzt wurde und welche Erfahrungen dabei gemacht wurden.

Projektdarstellung

In einem Team von 4 Mitarbeitern war Software zu erstellen, die auf Siemens-Rechnern sowohl im BS2000 als auch im BS3000 ablauffähig sein sollte. Das Projekt war nach dem Software-Entwicklungs-Prozeß-Plan des Auftraggebers durchzuführen. Das bedeutete eine Gliederung des Entwicklungsprozesses in die Phasen Anstoß, Studie, Design, Implementierung, Integration und Systemtest. Die Tabelle zeigt in einer Übersicht welche Workstation zu welchen Tätigkeiten eingesetzt wurden. Die Spalte Aufwand soll nochmals verdeutlichen, daß eine Dokumentationsumgebung für den Entwurf genauso wichtig ist, wie eine Programmierumgebung für die Programmentwicklung.

Tätigkeit	Aufwand %	Workstation
Anstoß, Studie, Design	40	Bürosystem 5800
Implementierung	15	BS2000/BS3000-Terminal
Integration und Systemtest	40	BS2000/BS3000-Terminal
Manual, Schulung	5	Bürosystem 5800

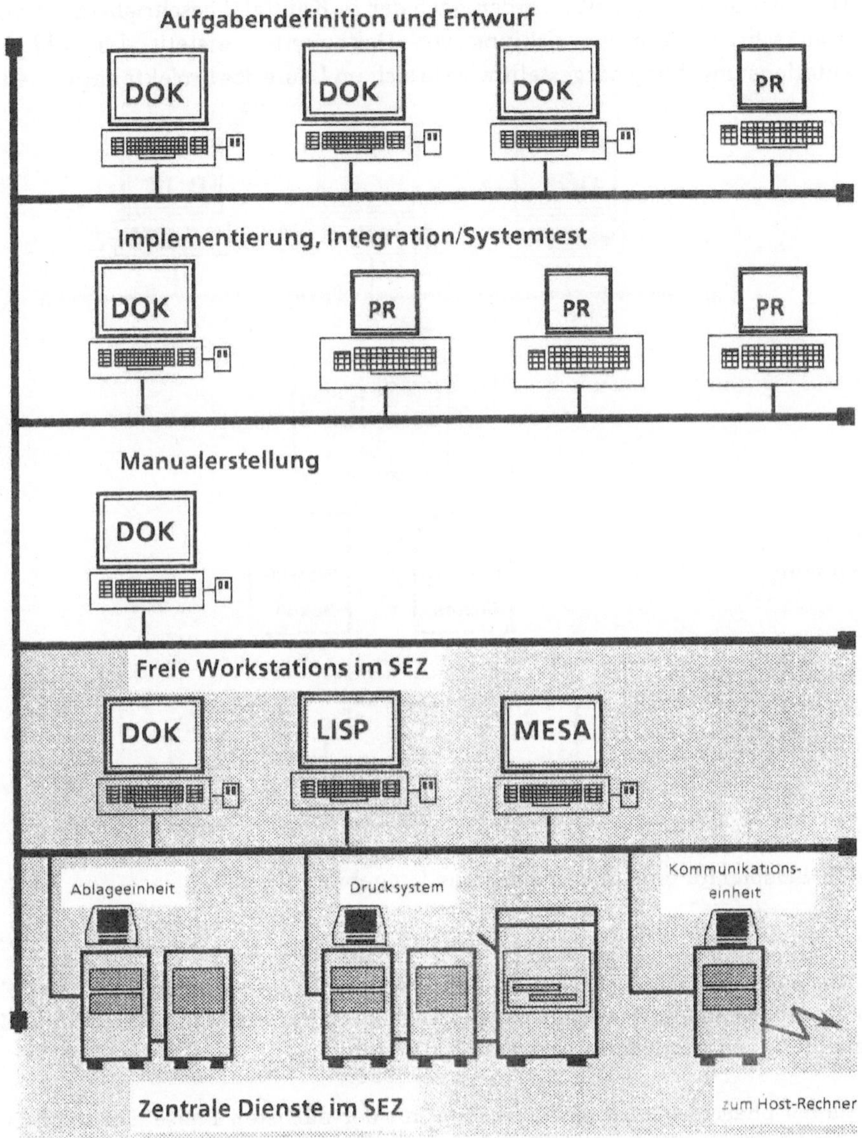

Bild 5: Beispiel für Organisation und Arbeitsweise eines SEZ

Die Software-Dokumente wurden nach der in Kapitel 2 beschriebenen Methode der integrierten schrittweisen Entwicklung von Dokumenten erstellt. Im Bild 6 ist die Dokumentationsumgebung dargestellt wie sie sich im Laufe des Projekts entwickelt hat.

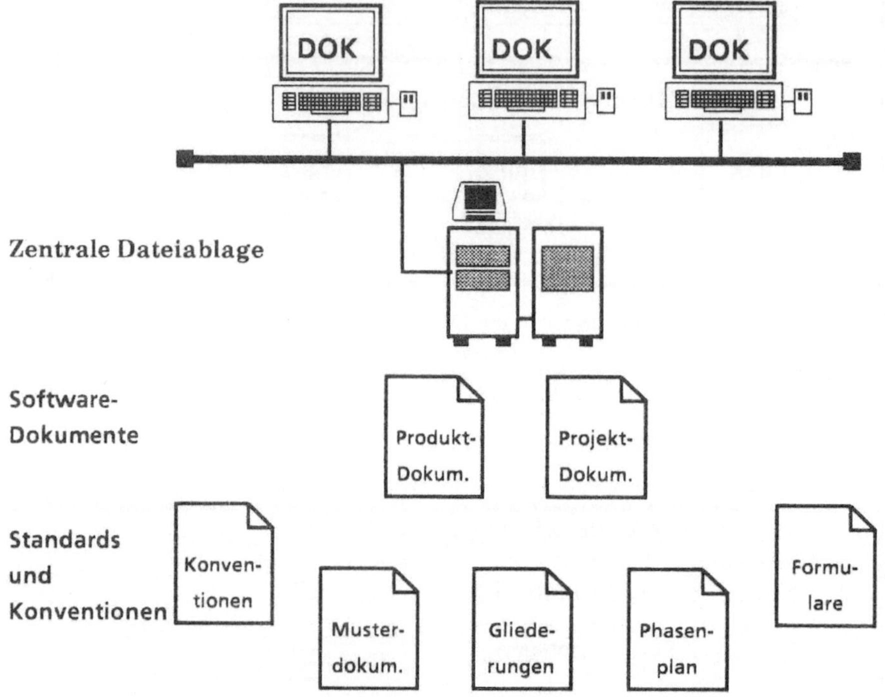

Bild 6: Beispiel für eine Dokumentations-Umgebung

Die mehr dv-technischen Dokumente für Definition und Entwurf der Software wurden ebenso wie die anwendungsbezogenen Dokumente wie Manuale, Produktblatt und Vortragsunterlagen mit dem Bürosystem 5800 erstellt.

Da bei phasenorientiertem Vorgehen mit der nächsten Phase erst dann begonnen werden kann, wenn die vorhergehende Phase abgeschlossen ist, waren immer alle Mitarbeiter mit der gleichen Aufgabe z.B. Erstellen einer Studie, eines Pflichtenheftes oder einer Designspezifikation betraut. Damit ein Dokument gleichzeitig von unterschiedlichen Entwicklern an unterschiedlichen Workstations bearbeitet werden konnte, wurde es in einer zentralen Dateiablage gespeichert. Von dort wurden einzelne Kapitel des Dokuments an die Workstation des jeweiligen Bearbeiters transportiert und erst nach Abschluß der Bearbeitung wieder zentral gespeichert. Während der Bearbeitungszeit waren sie dem Zugriff der anderen Entwickler entzogen, sodaß eine gleichzeitige Bearbeitung desselben Kapitels ausgeschlossen war.

Die Programmierumgebung für die Entwicklung und den Test der Programme war an Siemens-Rechnern mit den Betriebssystemen BS2000/BS3000 installiert. Diese Rechner waren gleichzeitig die Zielrechner für die neue Software. Die Tätigkeiten für Implementierung und Integration/Systemtest wurden deshalb mit BS2000 / BS3000 - spezifischen Terminals am BS2000 bzw. BS3000 Host-Rechner durchgeführt.

Erfahrungen

Das für die Dokumentation eingesetzte Bürosystem 5800 bietet eine Vielfalt von unterschiedlichen Möglichkeiten zur Gestaltung und Verbesserung des Layouts von Text und Grafik. In der Anfangszeit führte dies dazu, daß im Bestreben möglichst alle der neuartigen Möglichkeiten zu nutzen und im Drang nach Perfektion zuviel Aufwand für relativ geringfügige Verbesserungen im Layout verwendet wurde.

Dies zu verhindern ist eine wichtige Aufgabe des Projektleiters. Dazu wurde das Format der Dokumente, der Gebrauch von Schriftarten und die Verwendung von Grafiken definiert und in einem eigenen Dokument festgeschrieben. Diese Konventionen waren für alle Dokumente bindend. Ihre Einhaltung wurde unter anderem bei den Dokument-Inspektionen überprüft. In einem Musterdokument wurden die Format-Eigenschaften vordefiniert, sodaß ein neues Dokument diese von dort automatisch übernimmt.

Die Hantierungsmöglichkeiten zum Erstellen und Ändern von Text und Grafik waren aus unserer Sicht - der Sicht der Ersteller - fast optimal. Die Möglichkeiten gehen weit über die der konventionellen Systeme hinaus und bringen in Bezug auf die manuelle Hantierung eine wesentliche Produktivitätssteigerung. Auch umfangreiche Änderungen waren mit geringem manuellem Aufwand durchführbar. Für eine integrierte Erstellung der Software-Dokumentation ist die leichte und effiziente Modifizierbarkeit von entscheidender Bedeutung. Einziger Kritikpunkt in Bezug auf die Hantierung ist die Geschwindigkeit, die bei manchen Funktionen (z.B. Seiteneinteilung) zu Wartezeiten führt, in denen das System nicht für andere Funktionen genutzt werden kann.

Wie allgemein bekannt, sehen viele Software-Entwickler in der Dokumentation eine lästige Pflicht. Wenn darüberhinaus das Ändern von Dokumenten umständlich und mit hohem manuellem Aufwand verbunden ist, wird die Abneigung zur Erstellung und Verbesserung der Dokumentation verstärkt.

Mit der Verfügbarkeit von ergonomischen Dokumentations-Workstations wurde die Bereitschaft zum Dokumentieren deutlich verbessert. Dies zeigte sich auch in der höheren Akzeptanz von Kritik und Verbesserungsvorschlägen bei Inspektionen.

Durch die integrierte Software-Dokumentation und durch die regelmäßigen Inspektionen wurde bei allen Dokumenten eine sehr hohe Qualität (ohne höheren Aufwand) erreicht. Dies bezieht sich auch auf die äußere Qualität z.B. ansprechendes Layout, einheitliche und übersichtliche Darstellung von Text und Grafik, Verwendung einer einheitlichen Terminologie und Sprache. Wesentlicher aber war die Verbesserung der inhaltlichen Qualität, z.B. Klarheit der Formulierungen und Darstellungen, Vollständigkeit und Korrektheit des Dokumentinhalts.

Damit wurde eine deutlich höhere Akzeptanz bei den Adressaten der Dokumente (Manager, Auftraggeber, Anwender und Software-Entwickler) erreicht. Die für Nacharbeiten zur Review-Kritik eingeplanten Aufwände wurden nur zu einem geringen Teil benötigt.

Aufgrund der einfachen Änderbarkeit ist auch der Aufwand zum Aktualisieren früher erstellter Dokumente geringer und die Bereitschaft, dies zu tun, höher. Die gesamte Entwicklungsdokumentation wurde mit wenig Aufwand immer auf dem aktuellen Stand gehalten.

Während der Aufwand für die Erstellung der Dokumentation mit dem vorher geschätzten Aufwand übereinstimmte, ließ sich die Software schneller und problemloser implementieren als erwartet. Dies war eine direkte Folge der Qualität der Dokumente, mit denen das Design des Softwareprodukts entwickelt und beschrieben wurde. Ebenso waren nach dem Piloteinsatz, von Fehlerkorrekturen abgesehen, keine funktionellen Nachbesserungen erforderlich.

Die eingesetzte Dokumentations-Workstation ließ bezüglich der einfachen und effizienten Hantierung kaum Wünsche offen. Für den Bearbeiter ist dies sicherlich auch das wichtigste Entscheidungsmerkmal für ihren Einsatz.

Dennoch gibt es eine Reihe von zusätzlichen Werkzeugen, die für die Erstellung von Dokumenten hilfreich wären. Nützlich sind insbesondere Textanalysen mit deren Hilfe zum Beispiel Schreibfehler gefunden werden können oder die Einhaltung der Terminologie überprüft werden kann. Andere Auswertungen dienen der automatischen Erstellung von Inhaltsverzeichnissen und Stichwortlisten. Änderungen einer Dokumentversion sollten durch Markierungen automatisch gekennzeichnet werden können, um eine Kontrolle über die Modifikationen zu haben und um den Leser auf wichtige neue Aussagen aufmerksam zu machen.

Häufig wird die Forderung aufgestellt, daß die Software-Dokumentation und die Software selbst am gleichen Rechner gespeichert sein sollen. Die Forderung ist meines Erachtens nur notwendig, wenn Programme eingesetzt werden, die mit Hilfe von inhaltlichen Textanalysen im Sinne von "fact retrieval" automatisch Querbezüge zwischen Quellprogrammen und Dokumenten herstellen können. Solange solche Programme nicht eingesetzt werden, besteht keine zwingende Notwendigkeit die Dokumente am gleichen Rechner wie die Quellprogramme zu speichern.

Manche Dokumente, wie z.B. Bedienungsanleitung und Installationsanleitung sollen dem Anwender am Zielrechner zur Verfügung stehen. Diese Anforderung beinhaltet nicht automatisch, daß sie dort erstellt werden müssen. Auch in diesem Fall kann die Dokumentation an der Dokumentations-Workstation erstellt werden, wenn dafür gesorgt ist, daß eine Portierung auf den Zielrechner möglich ist.

6 Zusammenfassung

Der Aufwand für die Software-Entwicklung hat sich in den letzten Jahren immer mehr von der Implementierung auf die Tätigkeiten zur Dokumentation der Software verlagert. Dieser Tatsache wird mit den heutigen Software-Entwicklungsumgebungen nicht Rechnung getragen, da diese meist nur die Implementierung unterstützen, für die Erstellung von Dokumenten jedoch keine angemessenen Hilfsmittel anbieten.

Ebenso wie für die Programmierung der Software eine Programmierumgebung zur Verfügung gestellt wird, wird für die Dokumentation eine Dokumentationsumgebung gefordert, deren Software und Hardware für die Entwicklung von Dokumenten geeignet ist. Eine solche Umgebung erlaubt eine Vorgehensweise zur schrittweisen Erstellung und Verfeinerung der Dokumente. Dadurch werden die Effizienz und Qualität der Dokumente und damit auch der Software-Entwicklung wesentlich verbessert.

Leistungsfähige und gleichzeitig ergonomisch hochwertige Dokumentationsumgebungen sind teuer. Ein wirtschaftlicher Einsatz ist heute dennoch möglich, wenn sie in einem Funktions-Verbund mit Programmier-Workstations einer größeren Anzahl von Software-Entwicklern zur Verfügung gestellt werden.

In diesem Beitrag ist eine Lösung angeboten, die mit den heute verfügbaren Mitteln realisierbar ist. Es ist sicher anzunehmen, daß die Leistungsfähigkeit der Personal-Computer (Hardware und Software) weiterhin steigt und gleichzeitig die Preise sinken werden. Dann werden hoffentlich auch Workstations für die Software-Entwicklung leistungsfähige Funktionen besitzen, die eine qualitativ hochwertige und gleichzeitig rationelle Dokumentation ermöglichen.

Literaturverzeichnis

[Bach85] Bach, J; Domann, P; Remmele, W.
UNIX Transparent: Die Ergonomie von UNIX
Springer Verlag, 1985

[Balz82] Balzert, H.
Die Entwicklung von Software-Systemen: Prinzipien, Methoden, Sprachen, Werkzeuge
Bibliographisches Institut, 1982

[Rank85] Rank, O.
Dokumentation ist nicht Geschichtsschreibung
Computer Persönlich, 15.5.85

[Somm82] Sommerville, I.
Software Engineering
Addison-Wesley Publishing Company, 1982

Verbund von Arbeitsplatzrechnern für die Software-Entwicklung

Rainer Isle
Cornelia Zahlten

Fachbereich Mathematik und Informatik
Universität Bremen
Postfach 330440, D-2800 Bremen 33

Zusammenfassung

Konzepte für die Vernetzung von Arbeitsplatzrechnern werden auf ihre Eignung für die Software-Entwicklung untersucht. Fragen der Netztransparenz und der Verteilung von Werkzeugen und Betriebsmitteln stehen bei der Untersuchung im Vordergrund.

Es wird begründet, warum weder ein homogenes Arbeitsplatzrechner-Netz mit verteiltem Betriebssystem noch ein Verbund eigenständiger Arbeitsplatzrechner mit Beschränkung auf klassische Netzdienste eine wünschenswerte Lösung ist.

Über Erfahrungen mit Betrieb und Nutzung eines Verbundes von Rechnern, der auf Hardware-Ebene heterogen, aber auf Betriebssystem-Ebene homogen ist, wird berichtet. Die durch die Verteilung von Betriebsmitteln, insbesondere Hintergrundspeicher, auftretenden Probleme werden näher analysiert und Lösungen aufgezeigt.

1. Einleitung

Der "Arbeitsplatzrechner" kann definiert werden als ein Gerät, das sich einerseits wie ein sehr leistungsfähiger Mikrorechner und andererseits wie ein intelligentes Terminal verhält. Der erstere Aspekt betrifft die Eigenständigkeit des Gerätes und insbesondere die Qualität der Mensch-Maschine-Kommunikation (vor allem im Bereich der interaktiven Graphik), der letztere Aspekt betont die Einbindung in ein umfassendes System ähnlich einem klassischen Teilnehmersystem. Diese Einbindung kann über verschiedene Netz-Konzepte erfolgen; verbreitet sind schnelle Lokalnetze mit Bus- oder Ring-Topologie.

Der Einsatz von Arbeitsplatzrechnern ist in verschiedenen Gebieten unterschiedlich verbreitet. Ein typisches Einsatzgebiet ist die rechnergestützte Konstruktion. In der Software-Entwicklung sind Arbeitsplatzrechner noch relativ selten anzutreffen; die Gründe dafür sind:

(1) Entscheidend für den Software-Ingenieur ist die Verfügbarkeit flexibler und leistungsfähiger Programmierumgebungen und Entwicklungssysteme. Solange in diesen Bereichen noch viel Aufbauarbeit zu leisten ist, sind die besonderen Probleme verteilter Entwicklungssysteme von zweitrangiger Bedeutung.

(2) Software-Entwicklung ist ein komplexer und hochgradig arbeitsteiliger Prozeß. Kommunikation, Kooperation und Projektführung spielen eine zentrale Rolle. In einem zentralisierten Teilnehmersystem kann man die damit verbundenen Probleme gut in den Griff bekommen. Unser Verständnis von verteilten Systemen ist demgegenüber noch rudimentär: Es ist nicht klar, wie die durch die Verteilung und das Arbeitsplatzrechner-Konzept gegebene Möglichkeiten optimal zu nutzen sind, ohne dabei die Vorteile der zentralisierten Software-Entwicklung zu verlieren.

Existierende Konzepte für die Software-Entwicklung mit vernetzten Arbeitsplatzrechnern lehnen sich dann auch entweder an den üblichen Teilnehmerbetrieb an oder beschränken sich auf die Benutzung von Standard-Netzdiensten (z.B. Dateitransfer), wie man sie von heterogenen Rechnernetzen her kennt. Vor dem Hintergrund dieser Situation analysieren wir im folgenden die mit der Verteilung von Werkzeugen und Betriebsmitteln für die Software-Entwicklung zusammenhängende Probleme und begründen, warum weder ein homogenes Arbeitsplatzrechner-Netz mit verteiltem Betriebssystem noch eine Kopplung eigenständiger Arbeitsplatzrechner zu einem klassischen Rechnernetz eine wünschenswerte Lösung ist. Ausgehend von der Feststellung, daß es "die ideale Lösung" nicht geben kann, werden Empfehlungen für pragmatische Vorgehensweisen gegeben.

2. Homogene Netze mit verteiltem Betriebssystem

Ein intelligentes Terminal ist ein Mikrorechner, der sowohl als Terminal im Teilnehmerbetrieb als auch als eigenständiges Gerät, beispielsweise für lokales Editieren, eingesetzt wird. Rein lokale Aktivitäten werden durch ein kleines Betriebssystem unterstützt. Ferner besteht die Möglichkeit, Dateien vom/zum Hauptrechner zu übertragen. Der Benutzer muß mit zwei verschiedenen Betriebssystemen vertraut sein. Im Terminal können nur solche Programme unmittelbar zur Ausführung gebracht werden, die dort auch unmittelbar verfügbar sind - z.B. auf einer Diskette.

Die Weiterentwicklung des intelligenten Terminals zum Arbeitsplatzrechner bedeutet den Ausbau garantierter dezentraler Ressourcen (Prozessor, Speicher, Graphik) bei gleichzeitiger Rückkehr zur Funktionalität des einfachen Teilnehmerbetriebs. Systeme dieser Art sind durch die folgenden Eigenschaften charakterisiert:

(1) Benutzerprogramme werden ausschließlich in den Arbeitsplatzrechnern ausgeführt. Sie werden entweder von einem zentralen Hintergrundspeicher oder von einem Hintergrundspeicher am Arbeitsplatz geladen.

(2) Es gibt keinen Zentralrechner mehr, dafür aber neben den Arbeitsplatzrechnern weitere Rechner mit speziellen Aufgaben, z.B. einen (oder mehrere) "File Server" zur Verwaltung von zentralem Hintergrundspeicher oder einen (oder mehrere) "Printer Server" zur Verwaltung von Druckern.

(3) Dateien werden häufig nicht an dem Ort, an dem sie lagern, verarbeitet. Das gilt insbesondere für das Laden von Programmen. Die notwendige extrem schnelle Datenübertragung zwischen den Rechnern erfolgt über ein Lokalnetz.

(4) Die beteiligten Rechner bilden ein homogenes Netz. Die Gesamtheit der Systemsoftware bildet ein verteiltes Betriebssystem.

Ein typischer Arbeitsplatzrechner in einem Netz dieser Art ist die Sun Workstation [Bechtolsheim et al. 82]. Der Benutzer der Sun sieht ein modifiziertes Unix-System. Der Charakter des klassischen Teilnehmerbetriebs wird durch die Tatsache unterstrichen, daß eine Sun Workstation normalerweise über keinen Hintergrundspeicher verfügt und somit ohne File Server gar nicht arbeitsfähig ist. Trotz des fehlenden Hintergrundspeichers wird sogar virtueller Speicher unterstützt; der Seitenaustausch wird über das Netz vorgenommem (!).

Ein ähnliches System ist der Apollo [Leach et al. 82]. Er verfügt im Gegensatz zur Sun in der Regel über lokalen Hintergrundspeicher, der vom Betriebssystem als Cache für Dateien (und andere Objekte) verwendet wird.

Auch im Bereich der Personal Computer findet man ähnliche, wenn auch etwas bescheidenere Netzkonzepte. Als Beispiel mag die Erweiterung des MS-DOS für den IBM PC dienen [3COM 83]. Hier können auf der Festplatte einer als Disk Server ausgezeichneten Station "virtuelle Platten" für einzelne Benutzer eingerichtet werden. (Natürlich erhält man auf diese Weise kein System, das mit einem vollwertigen Teilnehmersystem vergleichbar wäre; unzureichend sind insbesondere die Schutzmöglichkeiten.)

Wenn Systeme der hier behandelten Kategorie für die Software-Entwicklung eingesetzt werden, ergeben sich für den Benutzer kaum neuartige Fragen hinsichtlich der Verteilung von Projektbibliothek, Werkzeugen, Betriebsmitteln etc. Das Ziel dieser Systeme ist es ja gerade, eine möglichst weitgehende Netztransparenz zu erzielen. Der klassische Teilnehmerbetrieb wird auf eine neue, leistungsfähigere technische Grundlage gestellt. Das resultierende verteilte System ist, wenn nicht physisch, so doch hinsichtlich seiner Funktionalität nach wie vor "monolithisch".

Damit nicht der Eindruck entsteht, als würde im homogenen Fall dem Benutzer grundsätzlich ein netztransparentes Dateisystem angeboten, sei hier noch das Programmentwicklungssystem Cedar erwähnt [Teitelman 84]. In Cedar wird sehr wohl unterschieden zwischen lokalen Dateien und solchen, die von einem zentralen File Server verwaltet werden. Die Gründe dafür sind allerdings eher historischer Natur.

3. Kopplung eigenständiger Systeme

Das direkte Gegenteil des homogenen Netzes mit verteiltem Betriebssystem ist das heterogene Netz, das durch Kopplung zunächst eigenständiger Rechner - mit jeweils eigenen Betriebssystemen - entsteht. Für den Software-Entwickler attraktiv sind Netze, die zwar auf der Hardware-Ebene heterogen, auf der Betriebssystem-Ebene aber homogen sind. Denn das bedeutet einerseits, daß man nicht auf einen Hersteller und die von ihm angebotenen Entwicklungswerkzeuge festgelegt ist, und andererseits, daß der Benutzer netzweit mit nur einem einzigen Betriebssystem konfrontiert ist.

Als typisches, für die Software-Entwicklung gut geeignetes Betriebssystem hat sich Unix einen Namen gemacht [Kernighan/Pike 84]. Unix ist zudem auf vielen Rechnern verfügbar. Es liegt somit nahe, ein Unix-Netz als Basis für die verteilte Software-Entwicklung zu wählen.

Ein elegantes Netzkonzept für Unix-Systeme ist das an der University of Newcastle entwickelte Unix United [Brownbridge et al. 82], bei dem alle Dateibäume der beteiligten Systeme zu einem einzigen (virtuellen) Dateibaum zusammengefaßt werden. Das gibt dem Benutzer einerseits die Illusion eines einheitlichen Systems, ohne andererseits die Eigenständigkeit der Komponentensysteme zu beeinträchtigen. Die Kommunikationssoftware - genannt Newcastle Connection - ist so konzipiert, daß neue Systeme ohne großen Aufwand in das Netz eingebracht werden können.

Wir untersuchen im folgenden die Eignung des Unix-United-Konzepts, stellvertretend für andere Netze auf heterogener Basis, für die Software-Entwicklung. Zunächst ist festzustellen, daß Unix United sinnvoll nur mit einer leistungsfähigen Lokalnetz-Technologie betrieben werden kann. Charakteristisch ist weiterhin, daß ein Programm immer nur in demjenigen Rechner geladen und ausgeführt wird, in dessen Dateisystem es lagert. Wegen der Heterogenität ist diese Einschränkung sinnvoll; außerdem wäre ein Laden über das Netz ohne größere Eingriffe in die Betriebssysteme nicht zu realisieren. Allerdings bedeutet das, daß die **lokale** Ausführung von Programmen, die bei einem zentralen File Server lagern, nicht unmittelbar möglich ist; man muß zuvor einen Dateitransfer vornehmen. Dies wiederum impliziert, daß ein Netzknoten, der als Arbeitsplatzrechner fungiert, über Hintergrundspeicher verfügen muß (anders als bei der Sun Workstation).

Wir betreiben am Fachbereich Mathematik/Informatik ein lokales Netz auf Ethernet-Basis, an dem zur Zeit neun Arbeitsplatzrechner mit Motorola-68000-Prozessor, 1.5 MB Hauptspeicher, kleiner Platte (20 MB) und einem Rastergraphik-Bildschirm angeschlossen sind. Auf allen Geräten sind Unix-Systeme mit der Newcastle Connection als Kommunikationssoftware installiert. An zwei Geräten sind Laserdrucker angeschlossen. Weiter ist eine VAX 751 am Netz, die über große Plattenkapazität (500 MB), Magnetbandstation, Schnelldrucker und sechs Terminals verfügt.

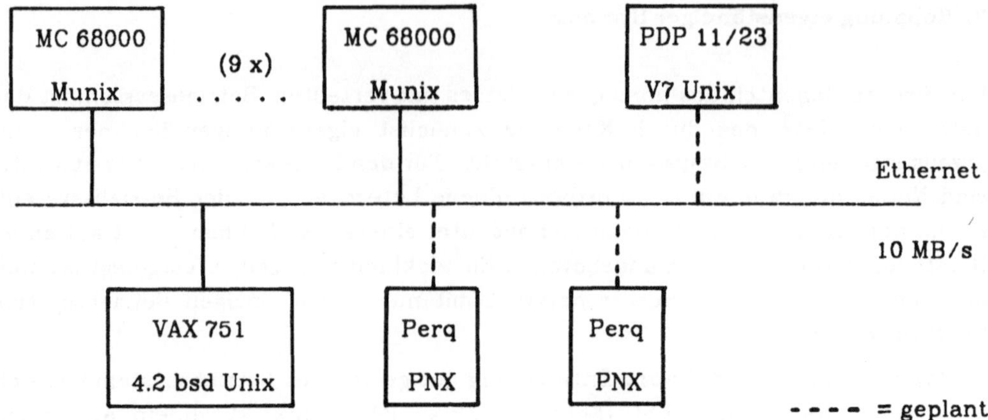

Lokales Rechnernetz am Fachbereich Mathematik/Informatik

Dank der Newcastle Connection stellt sich das Netz dem Benutzer als **ein** großes Unix-System dar. Der Benutzer kann das Netz sehr flexibel benutzen und zwar ohne jede Änderung auf der Ebene der Kommandosprache, als auch auf der Ebene der Systemaufrufe. Neu ist lediglich, daß sich Dateinamen auf nicht lokale, in einem abgesetzten Rechner lagernde Dateien beziehen können. Dateitransfer und abgesetzte Programmausführung sind somit Spezialfälle regulärer Unix-Kommandos.

Wir wollen im folgenden vorstellen, wie der Betrieb der Arbeitsplatzrechner in diesem Verbund organisiert wird. Die Arbeitsplatzrechner und die VAX werden hauptsächlich für die Ausbildung im Informatik-Hauptstudium für Praktika, Projekte und Diplomarbeiten verwendet. Projekte und Praktika entwickeln zur Zeit Software auf den Gebieten Datenbanksysteme, interaktive Graphik, Übersetzerbau und lokale Rechnernetze. Wenn im folgenden von Benutzer gesprochen wird, ist immer ein Benutzer in diesem Sinne gemeint.

4. Betrieb von Arbeitsplatzrechnern im Verbund

Der Betrieb der Arbeitsplatzrechner wird nach folgenden Grundsätzen organisiert:

(1) Ein Benutzer soll jeden Arbeitsplatzrechner, der gerade frei ist, ohne Einschränkungen im Funktionsangebot nutzen können.

(2) Die geringe Plattenkapazität der Arbeitsplatzrechner soll möglichst ökonomisch genutzt werden.

(3) Die Lage von spezieller Peripherie und Werkzeugen zur Software-Entwicklung, die nur auf bestimmten Rechnern im Verbund verfügbar sind, soll für den Benutzer transparent sein.

Die Realisierung des ersten Punktes erfordert, daß jeder Benutzer auf jedem der Arbeitsplatzrechner geführt wird. Die Aufnahme eines Benutzers wird zentral durch die Systemverwaltung der Arbeitsplatzrechner vorgenommen. Sie vergibt eine Benutzeridentifikation, trägt den Benutzer in die Paßwortdatei auf einem beliebigen Arbeitsplatzrechner ein und kopiert die erweiterte Paßwortdatei mithilfe einer einfachen Kommandoprozedur auf alle am Netz angeschlossenen Arbeitsplatzrechner. In einem zweiten Schritt wird der Benutzer auf allen Rechnern registriert, zu denen er von seinem Arbeitsplatzrechner aus über das Netz Zugang haben soll.

Des weiteren wird für den Benutzer auf jedem Arbeitsplatzrechner ein sogenanntes Heimverzeichnis ("home directory") eingerichtet, mit dem er beim Einloggen verbunden wird. Dieses Verzeichnis erlaubt dem Benutzer, eigene Dateien abzulegen, und stellt ihm damit gleichzeitig lokalen Hintergrundspeicher zur Verfügung.

Würden die Arbeitsplatzrechner wie eigenständige Rechner verwaltet, so hätte jeder Benutzer auf jedem der Arbeitsplatzrechner permanenten Hintergrundspeicher. Diese Verfahrensweise hat jedoch offensichtliche Nachteile für den Benutzer und für eine ökonomische Nutzung des Plattenplatzes. Da der Benutzer im allgemeinen an mehreren Arbeitsplatzrechnern arbeitet, hält er möglicherweise seine Daten verteilt und muß sich um deren Ort kümmern. Häufig werden Dateien unnötig kopiert und mehrfach gehalten.

Unser jetziges Konzept versucht, den Plattenplatz möglichst ökonomisch zu nutzen, ohne jedoch volle Transparenz zu erreichen. Die Systemverwaltung weist einem neuen Benutzer nur auf **einem** der Arbeitsplatzrechner oder aber auf der VAX, die über größeren Plattenplatz verfügt, einen permanten Bereich zu. Auf allen anderen Rechnern werden für den Benutzer nur temporäre Bereiche zur Verfügung gestellt. Letztere werden regelmäßig gelöscht.

Betrachten wir die Konsequenzen, die diese Organisation für den Benutzer hat. Arbeitet er dort, wo auch sein permanter Bereich gehalten wird, so ergeben sich keine Unterschiede zur Arbeit im üblichen Teilnehmerbetrieb. Im anderen Fall kann er von jedem Arbeitsplatzrechner bzw. Terminal auf seine Dateien im permanten Bereich zugreifen.

Er kann hierzu die Lage der Datei im Unix-United-Netz explizit in einem um die Rechnerbezeichnung erweiterten Pfadnamen angeben, z.B.

edit /vax/usr/conny/bericht

Der Editor wird lokal auf dem Arbeitsplatzrechner ausgeführt und eröffnet eine abgesetzte Datei auf dem Rechner VAX. Es können alle Kommandos (bis auf wenige Ausnahmen, zur Zeit noch einige Übersetzer) auf abgesetzte Dateien angewendet werden.

Bei mehrfachem Zugriff auf den abgesetzten Rechner ist es einfacher, das aktuelle Verzeichnis dorthin zu verlegen:

cd /vax/usr/conny
edit bericht

Die Kommandos haben den gleichen Effekt wie das obige, der Dateiname *bericht* wird relativ zum aktuellen Verzeichnis interpretiert und abgesetzt eröffnet.

Bemerkenswert ist, daß die Antwortzeit bei Zugriff auf abgesetzte Dateien unter Umständen kürzer ist als beim Zugriff auf lokale Dateien. Dies ist bei schnellerer Zugriffszeit der abgesetzten Platte und relativ geringer Systemlast auf dem angesprochenen Rechner zu beobachten.

Es stellt sich die Frage, ob überhaupt temporäre Bereiche für die Benutzer auf allen Arbeitsplatzrechnern benötigt werden. Temporärer Plattenplatz ist jedoch notwendig, damit man überhaupt irgendwelche **eigenen** Programme **lokal** ausführen kann! Ein Programm, daß auf dem lokalen Rechner ausgeführt werden soll, muß im Dateisystem dieses Rechners lagern - eine Einschränkung, die die Eignung des Unix-United-Konzepts für Arbeitsplatzrechner stark beeinträchtigt.

Eine wünschenswerte Erweiterung des Konzepts wäre daher, daß Programme in der Regel im Arbeitsplatzrechner ausgeführt werden. Zu diesem Zweck müsste ein abgesetztes Laden von Programmen, ohne vorheriges Kopieren, möglich sein. Dies erfordert allerdings Modifikationen auf Betriebssystem-Ebene. Ein eigenes Programm, daß auf einem abgesetzten Rechner lagert, würde im Arbeitsplatzrechner zur Ausführung gebracht werden, falls es dort lauffähig wäre. Im folgenden Beispiel würde ***connysort*** vom Rechner ***xyz*** auf den lokalen Rechner geladen und ausgeführt werden:

```
cd /xyz/usr/conny/programs
connysort data
```

Diese Erweiterung des Unix-United-Konzepts gestattet den vollständigen Verzicht auf temporäre Arbeitsbereiche der Benutzer. Auf allen Arbeitsplatzrechnern würde mit dem Eintritt in das Unix-System das Heimverzeichnis des Benutzers auf den Rechner gelegt, auf dem er seine Dateien führt.

Diese weitergehende Lösung würde es erlauben, die Lage des permanten Bereichs für den Benutzer transparent zu halten. Je nach den Erfordernissen des Betriebs könnte die Systemverwaltung die Zuordnung zu einem anderen Rechner im Verbund vornehmen.

5. Verteilung von Werkzeugen und Zugriff auf Betriebsmittel

Komplexe Systeme wie Projektbibliotheken, Compiler-Generatoren, Laser-Satz-System etc. können im allgemeinen nicht beliebig portiert werden, selbst wenn sie "unter Unix verfügbar" sind. Typische Gründe dafür sind: unterschiedliche Versionen von Unix, spezielle Hardware-Anforderungen, Quellencode nicht verfügbar. Dieses Problem wird durch einen Verbund wie oben vorgestellt gelöst. Dabei wird der Zugriff auf Betriebsmittel wie Laserdrucker, Schnelldrucker und Magnetbandstation durch Programme abgewickelt, die jeweils nur auf dem Rechner installiert sind, der über das jeweilige Betriebsmittel verfügt. Gleichzeitig hat man die Freiheit, je nach Bedarf Kopien häufig benutzter Werkzeuge kleineren Umfangs bei den Arbeitsplatzrechnern zu halten.

Auf sehr einfache Weise kann der Ort der Programme und Geräte für den Benutzer transparent gehalten werden. Der Kommandointerpreter im Unix-System führt Befehle aus, deren Namen er in festgelegten Verzeichnissen sucht, normalerweise zuerst im aktuellen Verzeichnis und danach in Standardverzeichnissen. Diese Suchstrategie kann in Unix United einfach um abgesetzte Verzeichnisse ergänzt werden. Damit hat der Benutzer automatisch Zugriff auf alle in diesen Verzeichnissen geführten Programme.

Eine Alternative ist, die vorhandenen Standardverzeichnisse um Alias-Namen, die sich auf abgesetzte Dateien beziehen, zu ergänzen. Dieses Vorgehen ist effizienter, da ein eventuell unnötiges Durchsuchen abgesetzter Verzeichnisse entfällt. Die Systemverwaltung muß sich jedoch um die Einrichtung und den jeweils aktuellen Stand der Alias-Namen auf allen Rechnern kümmern.

6. Schlußfolgerungen

Für die Kopplung eigenständiger Systeme, darunter Mikrorechner, die als Arbeitsplatzrechner für die Software-Entwicklung eingesetzt werden sollen, stellt Unix-United eine tragfähige Basis dar. Für die Benutzer kann weitgehende Netztransparenz erreicht werden. Die Vorteile des Arbeitsplatzrechners, garantierte Ressourcen zur Verfügung zu stellen, kommen so voll zum Tragen.

Es hat sich herausgestellt, daß eine auf die Erfordernisse unseres Verbunds abgestimmte Vorgehensweise für den Betrieb entwickelt werden muß. Für eine Reihe von Problemen konnten pragmatische Lösungen vorgestellt werden. Unser Konzept ist sicher zum Teil typisch für unsere Umgebung, und erst weitere Erfahrungen können es erhärten. Wir sind jedoch der Meinung, daß die hier behandelten Probleme auch in anderen Zusammenhängen auftreten und ähnliche Lösungen gefunden werden müssen.

Literatur

[Bechtolsheim et al. 82]
A. Bechtolsheim, F. Baskett, V. Pratt: The Sun workstation architecture. TR Comp. Sc. Dept., Stanford University, Januar 1982.

[Brownbridge et al. 82]
D. R. Brownbridge, L. F. Marshall, B. Randell: The Newcastle Connection or UNIXes of the World Unite . Software Practice and Experience, Vol. 12, 1982.

[Kernighan/Pike 84]
B. W. Kernighan, R. Pike: The Unix Programming Environment. Prentice Hall, Englewood Cli s, NJ, 1984.

[Leach et al. 82]
P.J. Leach, B.L. Stumpf, J.A. Hamilton, P.H. Levine: UIDs as internal names in a distributed system. Proc. 1. Symp. on Principles of Distributed Computing, Ottawa, August 1982.

[3COM 83]
Ether Series User s Guide for use with DOS 2.0. 3Com Corporation, Mountain View, Ca, 1983.

[Teitelman 84]
W. Teitelman: The Cedar Programming environment: a midterm report and examination. TR CSL-83-11, Xerox PARC, Juni 1984. Ein Teil daraus, "A tour through Cedar", ist abgedruckt in IEEE Software, April 1984.

Literatur

[Bechtolsheim et al. 82]
A. Bechtolsheim, F. Baskett, V. Pratt: The Sun workstation architecture. TR Comp. Sc. Dept., Stanford University, Januar 1982.

[Brownbridge et al. 82]
D. R. Brownbridge, L. F. Marshall, B. Randell: The Newcastle Connection or UNIXes of the World Unite!. Software Practice and Experience, Vol. 12, 1982.

[Kernighan/Pike 84]
B. W. Kernighan, R. Pike: The Unix Programming Environment. Prentice Hall, Englewood Cliffs, NJ, 1984.

[Leach et al. 82]
P.J. Leach, B.L. Stumpf, J.A. Hamilton, P.H. Levine: UIDs as internal names in a distributed system. Proc. 1. Symp. on Principles of Distributed Computing, Ottawa, August 1982.

[3COM 83]
Ether Series User's Guide for use with DOS 2.0. 3Com Corporation, Mountain View, 1983.

[Teitelman 84]
W. Teitelman: The Cedar Programming environment: a midterm report and examination. TR CSL-83-11, Xerox PARC, Juni 1984. Ein Teil daraus, "A tour through Cedar", ist abgedruckt in IEEE Software, April 1984.

Entwicklungsstufen einer LAN-Einsatzstrategie

Harald Geist

Nixdorf Computer AG
D-4790 Paderborn

Zusammenfassung

Die LAN-Strategie zur Vernetzung unserer dezentralen Entwicklungsrechner hat im Laufe der Zeit wesentliche Veränderungen erfahren. Von der Vorstellung, alle Dienste auf einem Netz zu realisieren, das alle Unix-, VMS- und MVS-Rechner verbindet und dessen Operationen transparent in die Betriebssysteme eingebettet sind, sind wir zu einer Konzeption gelangt, die zwei Netze und eine Aufspaltung der Dienste vorsieht. Die Forderung nach transparenter Einbettung wurde fallengelassen. Besondere Bedeutung für die heterogene Vernetzung hat die Frage des Protokollstandards und das Kriterium der leichten Integration der LAN-Komponenten in die Betriebssysteme erhalten. Die skizzierte Lösung wird jedoch keinen Endzustand darstellen. PCs und PC-Netze werden zu integrieren sein. Die Rückkopplung der Arbeiten an der LAN-Strategie mit den Erfahrungen der Benutzer wird auch in Zukunft eine schwierige aber wichtige Aufgabe bleiben.

1. Einleitung

Technische Aspekte verschiedener LAN-Konzepte sind in den letzten Jahren ausgiebig diskutiert worden. Es gab und gibt auch heute noch Spekulationen um den Token Ring, viele präferieren das Ethernet. Daneben hört man inzwischen wieder mehr von Breitbandlösungen. Bei den Protokollen stehen anbieter-spezifische in Konkurrenz zu öffentlichen, de-facto-Standards stehen neben offiziellen. Diese Landschaft ist außerordentlich vielfältig, doch waren bisher ausgereifte, kommerziell angebotene Produkte sehr selten. In der Regel wurden sie für Netze aus Rechnern gleichen Typs und mit gleichem Betriebssystem angeboten, d.h. für den homogenen Fall. Anwender mit unterschiedlichen Rechnern und/oder mit unterschiedlichen Betriebssystemen konnten lange Zeit die LAN-Diskussion in aller Ruhe beobachten. Ein Produktangebot war für ihren, den heterogenen Fall, nicht vorhanden. Dies hat sich inzwischen geändert.

Zwar sind die technischen Fragen noch nicht alle abschließend beantwortet. Dieser Teil der Diskussion muß also weitergehen. Doch gibt es heute eine Reihe einsetzbarer, allerdings sehr unterschiedlicher Produkte für die lokale Kopplung von Rechnern. Unterschiede betreffen das Übertragungsmedium, die Netztopologie, die Protokolle, die angebotenen Dienste, die Verfügbarkeit für bestimmte Rechner und Betriebssysteme und viele andere Aspekte. Der LAN-Interessent fragt sich daher mit Recht, welche Lösung seine Anforderungen am besten erfüllt.

Bevor er mit dem Aufbau eines lokalen Netzes beginnnen kann, muß er sich eine auf seine Umwelt und seine Anforderungen abgestimmte LAN-Einsatzstrategie entwickeln. Hierbei kann er i.d.R. weder von hinreichend präzise formulierten, ausgereiften Anforderungen seiner Benutzer ausgehen, noch auf eine umfangreiche LAN-Erfahrung zurückgreifen.

Die Situation ist in etwa vergleichbar mit der vor dem Kauf des ersten eigenen Autos. Man kann sich hierbei zunächst mehr oder weniger plausibel für ein Auto entscheiden, dieses verwenden und so Erfahrungen sammeln, mit dieser die Entscheidung nach einiger Zeit revidieren und so Schritt für Schritt mit dem Wissen über Autos und die eigenen Anforderungen zu einer besseren Lösung kommen. Dieser individuelle Lernprozeß kann sehr langwierig und risikoreich sein. Durch Erfahrungsaustausch und Diskussion mit anderen kann er jedoch abgekürzt werden. Das gleiche trifft wohl auch für die Entwicklung einer LAN-Einsatzstrategie zu. Auch hier ist ein Lernprozeß erforderlich, um fundiert eine optimale Lösung erarbeiten zu können. Auch hier kann dieser Prozeß beschleunigt werden, wenn neben die Klärung technischer Fragen ein Erfahrungsaustausch und eine Diskussion von Einsatzstrategien tritt. Ein Beitrag dazu soll mit diesem Artikel geleistet werden.

Wir wollen hier beschreiben, wie sich unsere LAN-Strategie für das Nixdorf Entwicklungsrechenzentrum im Laufe der Zeit verändert hat, welche Einsichten und Erfahrungen Strategieänderungen veranlaßt haben und welche Schlußfolgerungen wir daraus für die Zukunft ziehen. Die Aussagen beziehen sich dabei auf die konkrete Konfiguration und die Anforderungen unseres Entwicklungsrechenzentrums. Sie sollten nicht als Aussagen zu einer möglichen Produktstrategie der Nixdorf Computer AG mißverstanden werden.

1. Ausgangssituation und Zielsetzung für das LAN

Zu Beginn der LAN-Überlegungen wurden einige Unix-Rechner (QU68000, PDP11, VAX11), ein Rechner mit VMS sowie eine Anlage mit MVS verwendet. Zusätzlich wurden spezielle Systeme für die Entwicklung insb. den Test von Mikroprozessorsoftware sowie eine große Zahl von Nixdorf-(Ziel-)Systemen für den Softwaretest eingesetzt. Seitdem hat die Zahl der Rechner erheblich zugenommen. In den beiden letzten Jahren stieg dadurch die installierte Rechnerleistung jeweils um den Faktor 1,8. Die Zahl der eingesetzten Betriebssysteme hat sich demgegenüber nur unwesentlich verändert. Die genannten werden auch heute noch verwendet. Hinzugekommen ist ein Nixdorf-System mit VM/370.

Alle Rechner dienen zur Software-Entwicklung. Sie sind jeweils einzelnen Bereichen oder Abteilungen zugeordnet, so daß in der Regel Teams auf einem Rechner lokal zusammenarbeiten können. Trotzdem bestand von Anfang an ein Bedarf nach Vernetzung der Anlagen. Dies hatte verschiedene Gründe:

(1) Teilweise aus Kapazitäts- teilweise aus Gründen mangelnder Verfügbarkeit war es nicht immer möglich, alle von einem Team benötigten Software-Werkzeuge auf dem jeweiligen Entwicklungsrechner des Teams bereitzustellen.

(2) Nicht alle Systeme eignen sich für alle Entwicklungstätigkeiten. So können z.B. die Entwicklungssysteme für Mikroprozessor-Software für den Test verwendet werden. Für alle anderen Tätigkeiten, wie Quellcode-Editieren, Assemblieren bzw. Übersetzen und Dokumentieren, wurden schon bald allgemeinere Entwicklungsrechner mit Kopplungen zu den Mikroprozessor-Entwicklungssystemen gefordert.

(3) Es wäre unwirtschaftlich gewesen, jedes der kleineren Systeme mit einem Drucker und einer Magnetbandstation auszustatten. Diese Geräte werden zwar immer wieder benötigt, würden jedoch von einem System bei weitem nicht ausgelastet. Die Vernetzung sollte die Nutzung derartiger Peripheriegeräte durch mehrere Rechner erlauben.

(4) Die Integration der entstandenen Software-Komponenten zu einer neuen Betriebssystemversion geschah je Produktfamilie auf einem ausgewählten Rechner. Die Komponenten wurden aber nur zum Teil auf diesem Rechner entwickelt. Software von den anderen Entwicklungsmaschinen sollte mit Hilfe des Netzes auf die Integrationsmaschine überspielt werden können.

Daneben gab es Wünsche, auf der Basis eines lokalen Netzes ein electronic-mail-System, remote-login-Möglichkeiten auf anderen Rechnern sowie einen Lastverbund der Rechner zu realisieren.

Sieht man einmal von der fehlenden Forderung nach einem netzweiten Datenbank-Server ab, so war das breite Spektrum der Netzanwendungen fast vollständig vertreten.

Der Vollständigkeit halber muß hier noch erwähnt werden, daß diese Rechnerlandschaft als Dienstleistungsrechenzentrum betrieben wird. Im Vordergrund steht daher nicht die Genialität von Design-Konzepten sondern die Erfüllung der Anforderungen in möglichst kurzer Zeit. Häufig ist dies nur dadurch zu erreichen, daß bereits verfügbare Fremdprodukte zu einer Lösung integriert werden. Eine LAN-Eigenentwicklung verbot sich schon aus Zeit- und Kapazitätsgründen, aber auch aus einem weiteren Grund. Sämtliche verwendeten Betriebssysteme lagen nur in Binärform vor. Modifikationen, um LAN-Komponenten in das System zu integrieren, wären damit nicht möglich gewesen. Unsere technischen Möglichkeiten entsprachen also denen eines Endanwender-Rechenzentrums. Und wir sind der Meinung, daß auch unsere Erfahrungen und Schlußfolgerungen typisch sind für Endanwender mit ähnlichem Aufgabenspektrum und ähnlicher (heterogener) Konfiguration.

2. Erster Lösungsansatz

Die erste LAN-Konzeption, gegen Ende 1982 entwickelt, sah vor, alle Anforderungen mit einem lokalen Netz zu verwirklichen. Dieses Netz sollte zunächst die verschiedenen Unix-Rechner und den VMS-Rechner verbinden, später vielleicht einmal auch die MVS-Anlage. Als Transportmedium entschied man sich wegen der attraktiven hohen Übertragungsleistung von 10 Mbits/Sek für Ethernet. Konsequent der Dienstleistungsidee des Rechenzentrums folgend war man sich sehr schnell einig, daß die anzubietenden Netzdienste soweit wie möglich implizit angeboten werden sollten. Explizite, von den bisherigen Befehlen abweichende Kommandos für Netzoperationen hätten die Benutzerschnittstellen der Systeme komplizierter gemacht. Eine Überarbeitung, in einzelnen Fällen auch eine Zweigleisigkeit der Anwendungsprogramme und -prozeduren wäre erforderlich geworden. Beides wollte man vermeiden. Bei den anzubietenden Basisdiensten dachte man im wesentlichen an die netzweite Ausführung der bisherigen (lokalen) Kommandos (remote exec) sowie an den netzweiten Dateizugriff (remote file access). Die Frage der höheren Protokolle sowie die Frage, wie die Dienste transparent in die verschiedenen Betriebssysteme integriert werden sollten, wurde nur am Rande behandelt. Beide wurden primär als Probleme der LAN-Anbieter betrachtet.

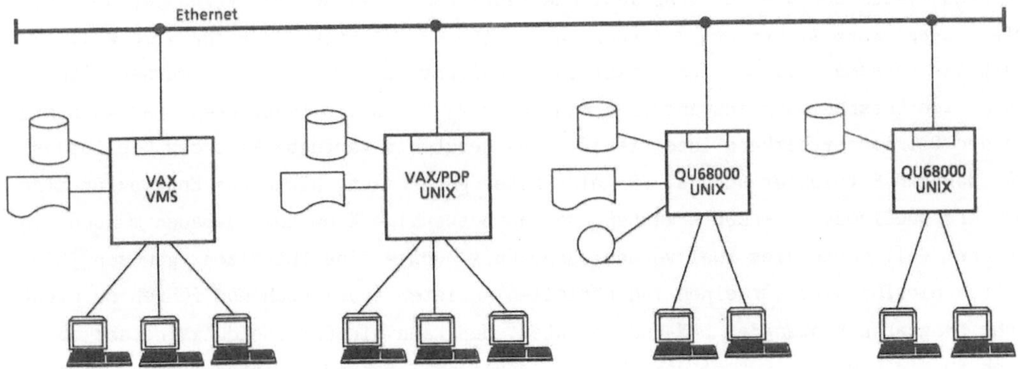

Abb. 1: Erste LAN Konzeption

Die Realisierung dieser Vorstellungen war zum damaligen Zeitpunkt prinzipiell möglich. Wir kannten die Implementation der "Newcastle Connection" [BROW82], die gezeigt hatte, daß die geforderten Dienste transparent in Unix einbettbar sind. Weitere Unix-LANs werden in [KUL83] beschrieben. Es fehlte nur noch ein Anbieter, der über ein entsprechendes Produkt für die von uns verwendeten Systeme verfügte.

Die Suche nach diesem Anbieter führte zu keinem positiven Ergebnis. Zwar gab es Teillösungen. Diese waren aber nur für jeweils eine homogene Teilmenge der Unix-Rechner einsetzbar. Wir hätten die QU68000-Rechner mit einem Netz, die PDP und die VAX-Rechner mit einem sehr ähnlichen, aber nicht gleichen Netz verbinden können. Da intern jeweils anbieter-spezifische Protokolle verwendet wurden, die nicht offengelegt wurden, war es nicht möglich, die Teillösungen zu verknüpfen. Die Kopplung der Unix-Rechner mit der VMS-Maschine war zudem unzureichend gelöst.

Man hätte nun sagen können, die Zeit sei noch nicht reif für eine transparente, heterogene Lösung. Implizit hätte dies bedeutet, daß wir diese Lösung prinzipiell für realisierbar gehalten hätten. Nun stehen aber "Heterogenität" und "transparente Einbettung der Netzdienste" zunächst grundsätzlich im Widerspruch zueinander. Schränkt man jedoch die Heterogenität so ein, daß die Datendarstellung, Datei- und Prozeßstrukturen hinreichend ähnlich sind, sollte es rein technisch gesehen möglich sein, diesen Widerspruch aufzulösen und ein entsprechendes Produkt zu entwickeln. Wichtiger als diese mehr theoretischen Überlegungen war für uns jedoch, daß eine sorgfältige Analyse der LAN-Konzeption und ihrer Realisierbarkeit uns einige nicht so sehr prinzipielle wohl aber faktische Unvereinbarkeiten zeigte.

Da sind zum einen die Forderung nach transparenter LAN-Einbettung in das jeweilige Betriebssystem und die, unterschiedliche Betriebssysteme sollten verbunden werden. Die transparente Einbettung erfordert u.a. eine neue Instanz, die für alle E/A-Aufträge entscheidet, ob diese lokal oder entfernt ausgeführt werden müssen. Eine derartige Entscheidungsinstanz kann man auf zwei Arten implementieren. Man kann sie in den Betriebssystemkern integrieren. Dies setzt die Verfügbarkeit des Quellcodes für den LAN-Entwickler voraus. Für eine heterogene Lösung hätte der Entwickler also mehrere Quellcode-Lizenzen erwerben und das notwendige Know-how aufbauen müssen. In unserem Fall wären dies zwei verschiedene Unix- sowie eine VMS-Lizenz gewesen. Die Kosten hierfür sind für einen industriellen Anbieter enorm hoch und führen zu nicht mehr tragbaren Kosten des LAN-Endproduktes. Man kann die Entscheidungsinstanz aber auch in die Laufzeitsysteme der (höheren) Programmiersprachen integrieren. Dies hat zur Folge, daß alle Anwendungsprogramme noch einmal übersetzt, mindestens aber erneut gelinkt werden müssen. Mit den in der Industrie i.a. vorhandenen Binärlizenzen ist dies nicht immer möglich. Es ist in den meisten Fällen jedoch möglich, erweiterte Lizenzen zu erwerben und die Umstellung dann vorzunehmen. Die Kosten hierfür, die in der Regel der Anwender selbst aufbringen muß, lassen diese Lösung aber ebenfalls unattraktiv erscheinen. Hinzu kommt, daß eine solche Lösung die Hemmschwelle für neue, hinzugekaufte Anwendungssoftware erhöhen würde.

Beide Lösungswege sind also vielleicht rein technisch betrachtet machbar, scheiden aber aus Kostengründen aus. Da wir auf die Forderung nach heterogener Vernetzung nicht verzichten können, haben wir die nach einer transparenten Einbettung fallengelassen.

Beim näheren Hinsehen erwies sich ferner die Forderung, alle Netzdienste über ein Netz abzuwickeln als unvereinbar mit der implizit immer gestellten Forderung nach effizientem Einsatz der Betriebsmittel. Bei der Steuerung interaktiver Abläufe auf entfernten Rechnern (remote login) werden zwei Rechner beschäftigt. Auf dem einen läuft der gewünschte Vorgang ab, der andere wickelt die Kommunikation zwischen dem Benutzerterminal und dem gesteuerten Vorgang ab. Bei einer zeichenweisen E/A-Verarbeitung, wie sie für Unix typisch ist, führt dies zu einer nicht unerheblichen aber unproduktiven Belastung des Benutzerrechners.

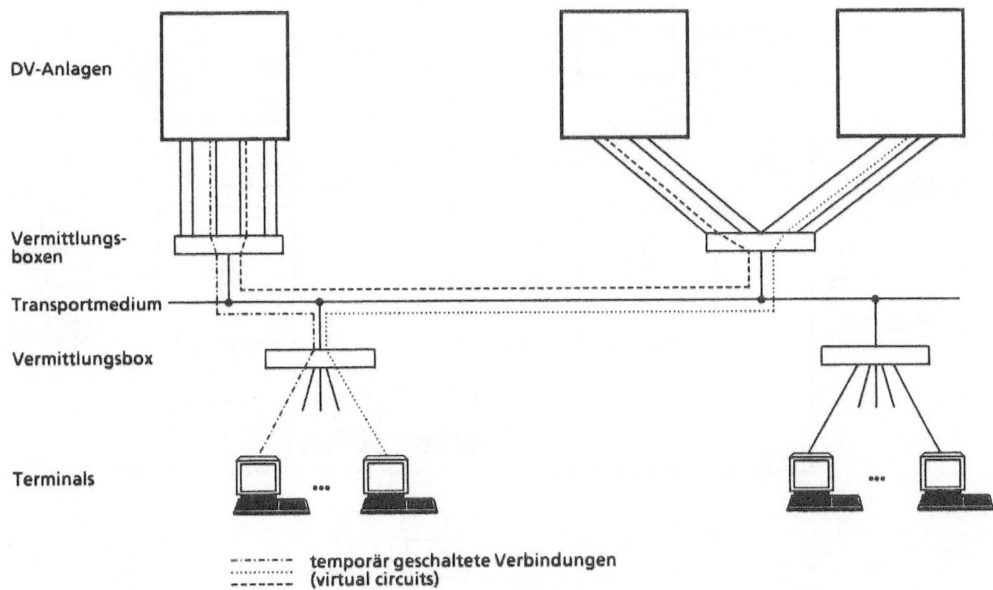

Abb. 2: Schema eines Terminalvermittlungssystems

Die gleichen Ergebnisse bei erheblich geringerer Systembelastung erzielt man, wenn der Benutzer sein Terminal wahlweise an den einen oder an den anderen Rechner anschalten kann. Hierzu brauchen keine physikalischen Leitungen mehr umgesteckt zu werden. Dies übernehmen heute Terminalvermittlungssysteme. Diesen Systemen kommt zugute, daß die Terminalschnittstelle weit stärker standardisiert und weniger betriebssystem-abhängig ist als die übrigen E/A-Schnittstellen. Asynchrone V24-Terminals auf der Basis des VT100 sind z.B. ein de-facto-Standard sowohl in der Unix- wie in der VMS-Welt. Zugunsten der Wirtschaftlichkeit wurde daher die Forderung fallengelassen, remote login zusammen mit den anderen Diensten über ein Netz abzuwickeln. Diese Entscheidung wurde durch das vorhandene Angebot ausgereifter Terminalvermittlungssysteme noch erleichtert.

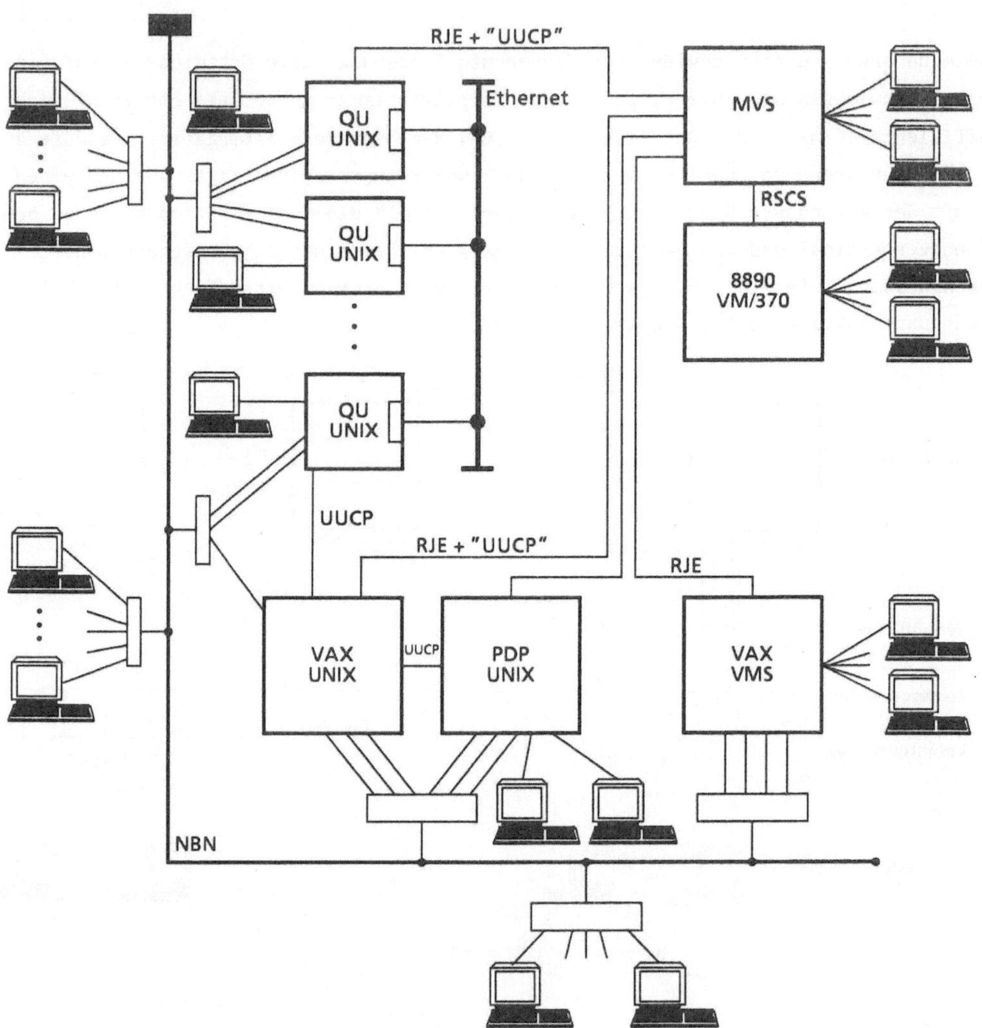

Abb. 3: Schema der heutigen Vernetzung

Die Entscheidung für ein Vermittlungssystem bot ferner die Möglichkeit, ein weiteres Problem zu lösen. In einem großen Rechenzentrum gibt es immer wieder Bedarfsmeldungen für Terminals, die zwar berechtigt sind. Die beantragten Terminals werden aber nicht ausgelastet sein. Bei konventioneller Anschlußtechnik werden sie gleichwohl einen der knappen Terminalanschlußpunkte des Rechners belegen. Vermittlungssysteme bieten hier die willkommene Möglichkeit, weit mehr Terminals zu installieren, als Anschlußpunkte an den Rechnern vorhanden sind.

3. Überarbeitete LAN-Strategie

Die Realisierungsversuche der ersten LAN-Strategie hatten nicht zu dem angestrebten Erfolg geführt. Zwar war 1983 ein transparentes LAN auf Ethernet-Basis installiert worden. Dieses verband jedoch nur die QU68000-Rechner. Eine realistische Chance zur Ausdehnung dieses Netzes auf die übrigen Rechner bestand nicht. So wurde es für die gemeinsame Benutzung weniger Drucker verwendet, zusätzlich auch für Produktionsabläufe, die aus Lastgründen auf andere Rechner ausgelagert wurden. Der LAN-Bedarf war damit aber erst zum Teil gedeckt. Als Übergangslösung bis zu einer Realisierung eines umfassenden LAN wurden nun alle Unix-Rechner mit Hilfe der in Unix vorhandenen uucp/uux-Software vernetzt. Über Terminalleitungen ermöglicht diese Software den Datenaustausch sowie eine Ausführung von Kommandos auf entfernten Rechnern. Die Übertragungsleistung beträgt allerdings höchstens 9600 Bits/Sek. Durch zusätzliche, von uns implementierte Prozeduren, die für eine Weiterleitung von Nachrichten sorgten und Gateway-Funktionen bei den Übergängen zwischen dem LAN und dem uucp-Netz übernahmen, wurde schließlich erreicht, daß Daten ohne Kenntnis der Netztopologie von jedem Unix-Rechner zu jedem anderen geschickt werden konnten. Inzwischen ist auch die MVS-Anlage ein Knoten in diesem Netz.

Wie schon erwähnt führten unsere Überlegungen zum remote-login-Dienst zur Beschäftigung mit Terminalvermittlungssystemen. Wir haben ein solches System zunächst als Fremdprodukt auf der Basis von Ethernet installiert. Es wird nun durch ein hauseigenes Produkt, das Nixdorf Breitband Netz (NBN) [NCAG85] ersetzt. Beide Systeme erfüllen die Anforderungen, doch bietet das NBN weitergehende Möglichkeiten, so z.B. die Vermittlung synchroner Terminals.

Die bis dahin installierte Vernetzung gab den Benutzern eine Reihe der geforderten Möglichkeiten. Sie führte auch zu einer Erleichterung für das Operating. Als Schwachpunkte müssen jedoch die geringe Übertragungsleistung, die weitgehende Beschränkung der uucp-Lösung auf einen Dateiaustausch sowie die fehlende Einbeziehung der VMS-Rechner und des VM-Rechners angesehen werden. Eine neue LAN-Strategie wurde also benötigt, um doch noch zu einem leistungsfähigen, umfassenden LAN zu kommen.

Unter Berücksichtigung der Analyseergebnisse der ersten Strategie sah unsere überarbeitete folgendermaßen aus:

(1) Der LAN Bedarf soll mit zwei, sich ergänzenden Netzen gedeckt werden: einem schnellen Rechner-Rechner-(back-end-)Netz und einem möglicherweise langsameren (front-end-)Netz.

(2) Das back-end-Netz verbindet alle Unix- und VMS-Rechner. Wünschenswert ist der Einschluß des MVS- und des VM/370-Rechners.

(3) Das back-end-Netz bietet die Dienste: Dateiaustausch, entfernte Ausführung eines Kommandos und evtl. auch die Interprozeßkommunikation auf Anwendungsebene. Auf die Forderung nach transparenter Einbettung des back-end-Netzes in das jeweilige Betriebssystem wird verzichtet.

(4) Das front-end-Netz erlaubt es, von jedem angeschlossenen Terminal aus jeden gewünschten Entwicklungsrechner anzurufen. Ist die Verbindung mit dem Zielrechner aufgebaut, muß das front-end-Netz seine Dienste mit Ausnahme einer vereinbarten Escape-Sequenz transparent erbringen.

(5) Das Gesamtnetz muß offen gegenüber Veränderungen der Hardware/Software-Konfiguration sein.

Zusätzliche Verfeinerungen sind notwendig, um diese Strategie realisieren zu können.

4. Verfeinerung der Strategie

Es ist kein Zufall, daß der Punkt "Offenheit gegenüber Änderungen" als zusätzliche Forderung erhoben wurde. Neue Unix-Rechner sowie das Aufkommen von PCs und Grafik-Workstations müssen heute berücksichtigt werden. Zukunftsträchtig erscheint hier nur eine LAN-Lösung, die sich auf weitverbreitete Standards abstützt. Die Frage ist nur, welche Standards sind heute und in der Zukunft in der Unix-, VMS- und MVS-Welt tragfähig?

Für die Zukunft erwarten alle Hersteller Lösungen, die den ISO-OSI Standards folgen. Da die höheren Ebenen hierbei noch nicht definiert sind, konzentrieren sich die Implementationen auf die Ebenen 1 - 4. Es ist unklar, wann für die von uns verwendeten Systeme LAN-Produkte angeboten werden, die den OSI Standards entsprechen und alle Ebenen abdecken. Eine unvoreingenommene Beobachtung des existierenden LAN-Angebots zeigt dagegen andere Fakten.

Hersteller-übergreifend werden heute für das hier betrachtete Einsatzfeld zwei Protokollfamilien verwendet, die Xerox Protokolle XNS [XERO81] und die DARPA Protokolle TCP/IP inkl. der zugehörigen Anwendungsprotokolle [SRII82]. Beide werden in den Produkten mehrerer LAN-Anbieter verwendet, beide decken auch die höheren (Anwendungs-)Schichten ab, doch besitzt TCP/IP die größere Verbreitung. In letzter Zeit ist zunehmend festzustellen, daß ursprünglich voll auf XNS eingeschworene Anbieter nunmehr auch TCP/IP-Lösungen entwickelt haben. Zum heutigen Zeitpunkt erscheint daher TCP/IP als die tragfähigere Protokollbasis für unsere LAN-Strategie. LAN-Komponenten für Ethernet werden mit diesen Protokollen heute für verschiedene Unix-Systeme, für VMS und für VM/370 angeboten.

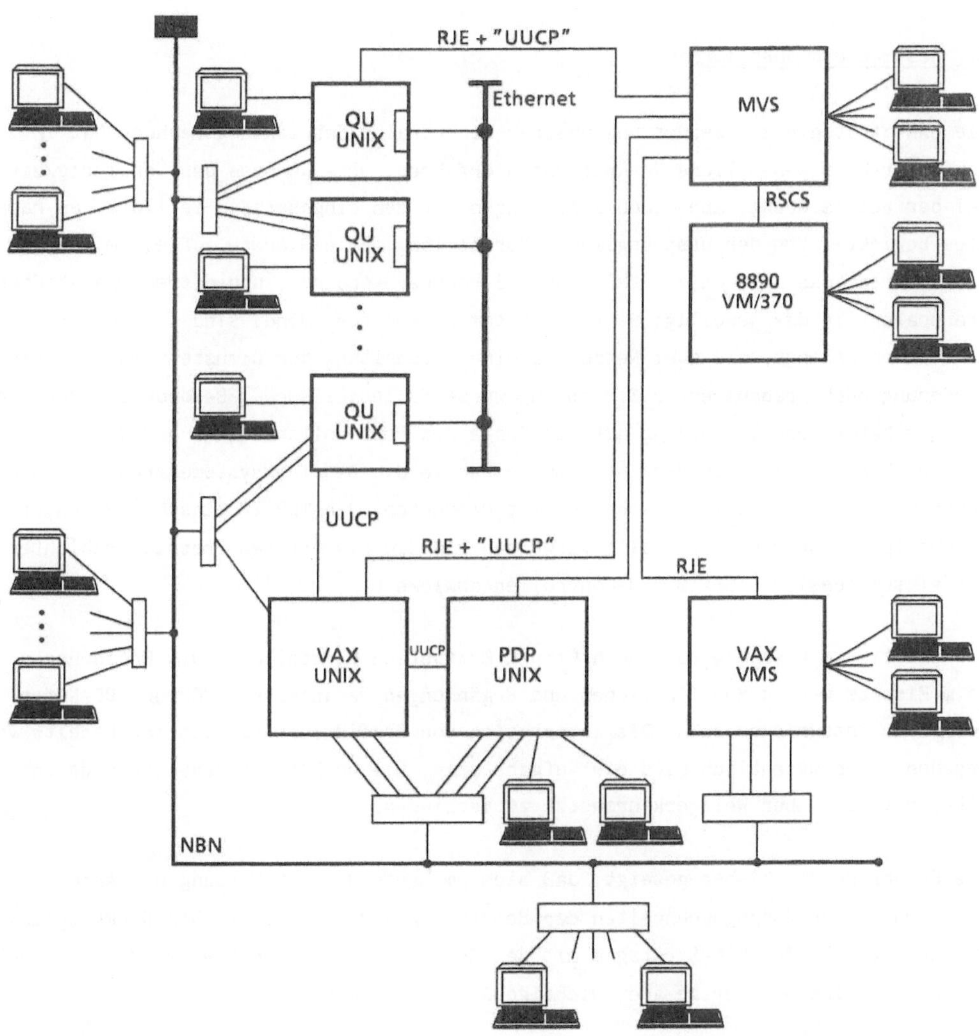

Abb. 4: Überarbeitetes LAN-Konzept

Die Analyse der ersten LAN-Strategie hatte gezeigt, daß jede realistische Lösung die bestehenden Binärlizenzen berücksichtigen muß. Eine Änderung der Lizenzsituation ist nicht zu erwarten. Neuere Controller-Entwicklungen berücksichtigen dies. Sie realisieren die unteren vier Protokollebenen auf dem Controllerboard, die höheren als Anwendungsroutinen. Das Bindeglied sind Treiberroutinen, die auch in solche Systeme eingebunden werden können, für die nur Binärlizenzen vorliegen. Die Vorteile dieser Struktur liegen auf der Hand: leichte Integration in das Wirtssystem, weitgehende Unabhängigkeit von Versionsänderungen des Wirtssystems, Entlastung des Wirtssystems von Verarbeitungsvorgängen sowie Geschwindigkeitsverbesserungen.

5. Resümee und Ausblick

Die LAN-Strategie zur Vernetzung unserer dezentralen Entwicklungsrechner hat im Laufe der Zeit wesentliche Veränderungen erfahren. Die Analyse der Schwierigkeiten bei der Realisierung, aber auch Erfahrungen mit den eingesetzten Teillösungen haben dies bewirkt. Von der ursprünglichen Vorstellung, alle Dienste auf einem Netz zu realisieren, das alle Unix-, VMS- und MVS-Rechner verbindet und dessen Operationen transparent in das jeweilige Betriebssystem eingebettet sind, sind wir zu einer Konzeption gelangt, die zwei Netze und eine Aufspaltung der Dienste vorsieht. Die Forderung nach transparenter Einbettung wurde fallengelassen. Besondere Bedeutung für die heterogene Vernetzung hat die Frage des Protokollstandards und das Kriterium der leichten Integration der LAN-Komponenten in die Betriebssysteme erhalten. Hier sehen wir heute Realisierungschancen mit Produkten, die TCP/IP einschließlich der zugehörigen Anwendungsprotokolle verwenden und die die unteren Protokollschichten bis einschliesslich TCP im LAN-Controller abwickeln.

Die skizzierte Lösung wird jedoch keinen Endzustand darstellen. Die Erfahrungen beim Einsatz werden Modifikationen und Ergänzungen veranlassen. PCs und PC-Netze werden zu integrieren sein. Die Integration von Grafik-Workstations ist bereits vorgesehen. Ganz wesentlich wird die Aufgabe sein, dieses LAN mit denen in anderen Betriebsteilen über Weitverkehrsnetze zu verbinden.

Die Erfahrung hat bisher gezeigt, daß sich im Laufe der LAN-Nutzung die Anforderungen und Nutzungsgewohnheiten der Benutzer stark verändern. Die Rückkopplung der Arbeiten an der LAN-Strategie mit den Erfahrungen der Benutzer wird daher auch in Zukunft eine schwierige aber wichtige Aufgabe bleiben.

Literaturangaben:

BROW82 Brownbridge, Mashall, Randell: The NEWCASTLE CONNECTION or UNIXes of the World Unite! .- Software - Practice and Experience, Vol. 12, No. 12 (Dez.1982), S. 1147-1162

KUL83 Katholieke Universiteit Leuven: Survey of Unix Networking Systems .- = Anhang B in Logica SP: ESPRIT Preparatory Study Portable Common Tool Environment Final Report, Kommission der EG, Brüssel 1983

NCAG85 Nixdorf Computer AG: Das Nixdorf Breitband Netz .- Paderborn 1985

SRII82 SRI International: Internet Protocol Transition Workbook .- Stanford CA (SRI International, Network Information Center) 1982

TANE81 Tanenbaum: Computer Networks .- Englewood Cliffs NJ (Prentice Hall) 1981

XERO81a Xerox Corp.: Xerox System Integration Standard - Internet Transport Protocols .- XSIS 028112 Dez. 1981

XERO81b Xerox Corp.: Xerox System Integration Standard - Courier: Remote Procedure Call Protocol .- XSIS 038112 Dez. 1981

***

Fachgespräch 6

Bildschirmtext

Einführung in das Fachgespräch "Bildschirmtext"

H. Maurer
Technische Universität Graz
Institut für Informationsverarbeitung (IIG)
Schießstattgasse 4a
A-8010 Graz

Bildschirmtext (Btx) wurde ursprünglich konzipiert als billiges und einfaches Informationssystem für jedermann, ist aber in den meisten Aspekten (bis auf die Einfachheit der Bedienung und die Farbprächtigkeit der Anzeigen) anderen computergestützten Informationssystemen deutlich unterlegen. In den letzten Jahren setzt sich jedoch immer mehr die Ansicht durch, daß Btx nur dann erfolgreich sein kann, wenn es sich stark zur Standard-EDV hinbewegt, wenn Btx als ein preiswertes und landesweites Rechnernetz gesehen wird, das Btx-taugliche Personal Computer (PC) bedient.

Auf der Netzwerkseite hat man die Bedeutung externer Rechner erkannt, d.h. Rechner und Datenbanken beliebiger Organisationen, auf die man über Btx als Gateway zugreifen kann. Bei den Btx-Terminals besteht man zunehmend auf höherwertiger Grafik, die sich eng an Computer-Grafik-Standards anlehnt. Neben Primitivterminals, die nur mit numerischem Menü den Abruf von Texten und Grafiken gestatten, gewinnen intelligente Terminals (d.h. Btx-Terminals mit lokalen PC-Funktionen bzw. Personal Computer mit Btx-Funktionen) immer mehr an Bedeutung. Parallel zum Ausbau öffentlicher Btx-Netze wächst die Anzahl der In-Haus-Systeme, häufig zwar noch nicht an das öffentliche Btx-Netz gekoppelt, aber mit denselben Endgeräten wie das öffentliche Btx benutzbar. Btx hat damit das Potential, ein Universalsystem für ein breites Anwendungsspektrum zu werden.

Im Vordergrund des Fachgespräches stehen moderne Anwendungen von Btx. Neben zwei eingeladenen Überblicksvorträgen einerseits über Btx in Österreich, das als modernstes Btx-System der Welt eingestuft werden muß (Hofbauer) und über die Bedeutung von Btx für die Büroautomation und -kommunikation (Kraus, Beitrag nicht rechtzeitig eingegangen) wird in elf Vorträgen ein breites Spektrum behandelt, vom Einsatz von Btx für Unterrichtsanwendungen (Garratt/Huber und Göpfrich) über den Einsatz der Chip-Karte (Piller), zu Personalcomputern mit Btx-Platine (Reiter/Wilfling), modernen In-Haus-Systemen (Cheng/Lipp/Maurer/Posch), bis hin zu Btx für Blinde (Schweikhard), Btx im Büro (Weidner) und schließlich vier Vorträge, die Anwendungen von Btx für die Information und Kommunikation mittels Telesoftware (Krieger/Stork einerseits und Felfernig andererseits) bzw. mittels Rechnerverbund behandeln (Schippang/Sternberger/Trommer einerseits und Maciejewski andererseits).

Programmkomitee für dieses Fachgespräch: H. Ambros (Österr. Sparkassenverband, Wien), V. Haase (Technische Universität Graz), J. Koren (EDV-Abteilung der Landesregierung Steiermark, Graz), H. Maurer (Technische Universität Graz), W. Rauch (Universität Klagenfurt), G. Schlageter (Fernuniversität Hagen), W. Stucky (Universität Karlsruhe).

EIN AUF BILDSCHIRMTEXT AUSGELEGTES UNTERRICHTSSYSTEM

John S. Garratt
Control Data GmbH Deutschland

Friedrich Huber
Institute f. Informationsverarbeitung, TU Graz

1. EINLEITUNG

In diesem Vortrag wird ein Unterrichtssystem, das speziell für Bildschirmtext (Btx) geschaffen wurde, vorgestellt. Nach dem Wissen der beiden Autoren ist dieses System das einzige seiner Art. Es wurde in Zusammenarbeit zwischen der Control Data GmbH Deutschland und den Instituten für Informationsverarbeitung der OCG und der TU Graz entwickelt. Es nutzt Btx als Verteilungsnetz für die Lektionen und als Kommunikationsnetz für bessere Betreuung der Lernenden. Der Vortrag selbst gliedert sich in vier Teile: nach einem Oberblick über computerunterstützten Unterricht wird das System aus der Sicht des Benutzers erläutert. Der dritte Teil behandelt die Erstellung von Lektionen, und im letzten Teil werden die Btx-spezifischen Aspekte behandelt.

2. COMPUTERUNTERSTÜTZTER UNTERRICHT (CUU)

Die Anfänge des CUU gehen auf das Ende der fünfziger Jahre zurück. Man war von der Idee, den Computer als Lehrer einzusetzen, fasziniert und setzte große Erwartungen in die zukünftige Entwicklung des CUU. Rückblikkend muß man sagen, daß die Erwartungen nur zum Teil erfüllt wurden, was auf verschiedene Gründe zurückzuführen ist, die später noch erwähnt werden. Die Ausbildung lief damals auf Großrechnern der 1. und 2. Generation. Um eine möglichst natürliche Umgebung für den Lernenden zu schaffen, und um offensichtlich Mängel zu umgehen, wurden Arbeitsplätze z.B. mit Lichtgriffel und Diaprojektoren ausgestattet. In einfachen Versionen mußte dabei der Lernende selbst die Dias einlegen, deren Nummer ihm vom Computer mitgeteilt wurde. Größere Anlagen verfügten über einen systemgesteuerten Projektor. Mit der Verbesserung der Hardware und der Entstehung neuer Medien wurden die Arbeitsplätze nicht nur aufwendiger, sondern auch in ihren Möglichkeiten stark verbessert: der Lichtgriffel ist durch die "touchscreen" ersetzt, und die Videoplatte liefert mehr und ansprechendere Information als der Diaprojektor. Zusätzlich wurden - und das ist ein wichtiger Punkt der Hardware Seite - zunehmend kleinere und billigere Geräte (PC´s) verwendet. Solange CUU nur auf Großrechnern betrieben werden konnte, war der Benutzerkreis zwangsläufig auf Großunternehmen wie Banken, Versicherungen, Fluggesellschaften u.ä. beschränkt.

Aber nicht nur auf der Hardwareseite gab es Verbesserungen, auch die Erstellungsmöglichkeiten für Kurse kamen den Benutzern immer mehr entgegen. War es in den Anfängen des CUU noch notwendig, daß man eine Programmiersprache beherrschen mußte, so ist diese Voraussetzung heute weitgehend gefallen. Zur Erstellung einer Lektion ist heute nur mehr ein Spezialist notwendig: der Fachmann dieses Gebietes. Damit ist ein weiterer wichtiger Punkt für die Verbreitung von CUU genannt: ein gutes System ist so konzipiert, daß ein Pädagoge Lektionen erstellen kann.

Die möglichen Anwendungen des Computers in der Ausbildung sind weit gestreut: man kann ihn zur reinen Wissensvermittlung verwenden, quasi als elektronisches Buch, oder als drill and practice-Maschine. Für solche Zwecke verzichtet man aber auf viele der Möglichkeiten, die Computer bieten, und es stellt sich die Frage, wozu man ihn hier überhaupt einsetzt. Erst unter Einbeziehung der Dialogfähigkeiten wird CUU auch für den Lernenden interessant. In der einfachsten Dialogform kann der Lernende entscheiden, wie er innerhalb eines Kurses weitergehen möchte. Zum dialogorientierten Lernen gehört auch das Beantworten von Fragen. Zu den aufwendigsten Anwendungen von Computern zu Ausbildungszwecken gehören Modellbildungen und Simulationen. In manchen Bereichen ist eine Schulung ohne Computer kaum vorstellbar, wie etwa im Pilotentraining, da die Ausbildung am Gerät zu teuer und oft auch zu gefährlich ist.

Das hier vorgestellte Unterrichtssystem AUTOOL basiert auf dem Tutoriellen Lektionenmodell (TLM) von Plato, einem Produkt der Firma Control Data. Es ist ein einfaches System zur Präsentation von Lehrstoff mittels Text und Grafik. Der Lernende kann den Verlauf des Kurses steuern, indem er entscheidet, ob er weiter- oder zurückgehen will. Um den Lernfortschritt zu überprüfen, kann der Autor des Kurses Fragen stellen (Multiple Choice und Freitextfragen). In Abhängigkeit von der Beantwortung einer Frage kann der Autor den weiteren Verlauf einer Lektion festlegen. TLM ist ursprünglich als reines Präsentationsmodell konzipiert, ohne die Möglichkeit von Modellbildungen oder Simulation. AUTOOL ermöglicht aber den Aufruf von Basic-Programmen, womit in Verbindung mit dem vorhandenen Grafikmöglichkeiten auch anspruchsvolle Berechnungen und Simulationen möglich sind - vorausgesetzt der Autor beherrscht Basic. Das System besteht im wesentlichen aus 3 Komponenten: einem Editor zur Erstellung von Lektionen, einem Kompressor zur Speicherung fertiger Lektionen in Btx und einem Exekutor, der zur Abarbeitung von Kursen notwendig ist. Der Editor ist menügesteuert, programmierfrei und unterstützt on screen-Arbeiten, d.h. der Bildschirm enthält zu jedem Zeitpunkt nur die Information, die auch der Lernende bei der Abarbeitung des Kurses sieht. Der Exekutor ist ein Programm, das die in codierter Form gespeicherten Elemente eines Kurses interpretiert, den Verlauf des Kurses steuert und die Analyse von Antworten durchführt.

2.1 Ein Kurs aus der Sicht des Lernenden

Der Lernende muß über einen Btx-Anschluß mit MUPID verfügen. Eine Diskettenstation ist nicht notwendig, obwohl es auch möglich ist, Kurse über Disketten zu verteilen und zu exekutieren. Nachdem er sich an Btx angewählt hat, lädt er den Kurs seiner Wahl in den Speicher des MUPID. Der für die Interpretation der Kursdaten notwendige Exekutor wird automatisch mitgeladen. Ein Kurs kann Daten bis zum Umfang von 32K enthalten, was je nach Schwierigkeit des Lernstoffes einer Lerndauer von etwa 1 bis 1 1/2 Stunden entspricht. Nachdem der Kurs geladen ist, kann die Telefonverbindung unterbrochen werden. Damit ist gewährleistet, daß für den Lernenden keine hohen Telefonkosten entstehen. Danach beginnt die Präsentation des Lehrstoffes. Der Lernende wird durch Mitteilungen in der untersten Zeile des Bildschirmes geführt: so gibt es z.B. die Aufforderung, sich durch Eingabe von "*" oder "#" für den weiteren Kursverlauf zu entscheiden. Hat der Autor an bestimmten Stellen des Kurses Hilfestellungen vorgesehen, so kann sie der Lernende durch die Eingabe von "?" abrufen. Falsche Eingaben werden vom Exekutor ignoriert, sodaß Bedienerfehler ausgeschlossen sind. Innerhalb eines Kurses kann der Autor Stellen definieren, an denen angehalten wird, bis der Lernende eine beliebige Taste drückt. Auch dazu wird er durch eine Meldung in der letzten Bildschirmzeile aufgefordert. Der Autor kann auch Verzweigungen innerhalb eines Kurses definieren, wobei vom Lernenden durch Eingabe einer Ziffer entschieden wird, wo er weitermachen möchte (z.B. einzelne Kapitel innerhalb einer Lektion). Dazu wird der Lernende aufgefordert, eine Ziffer einzugeben. Wiederum werden ungültige Eingaben mit einer Rückmeldung quittiert, und die Eingabe erneut verlangt.

An einer weiteren Stelle wird das Mittun des Lernenden verlangt: bei Fragen. Bei Multiple Choice Fragen wählt er aus den vorgegebenen Antworten eine oder mehrere richtige durch das Tippen einer Ziffer aus. Für jede eingegebene Antwort bekommt der Lernende eine Rückmeldung, die der Autor festgelegt hat. Gibt es mehrere richtige Antworten, so muß der Lernende auch alle angeben. Bei Freitextfragen tippt er eine Antwort ein, die bis zu 3 Zeilen lang sein kann. Das System vergleicht die Antwort mit der vom Autor festgelegten Musterantwort, und entscheidet darüber, ob sie richtig ist. In diesem Fall geht es im Kurs weiter, ansonsten hat der Lernende noch einen zweiten Versuch. Ein besonders für den Lernenden wichtiger Aspekt ist, daß Tippfehler, sofern sie nicht zu häufig auftreten, akzeptiert werden. Er wird darauf hingewiesen, wie das Wort richtig zu schreiben ist, und muß die Antwort wiederholen. Selbstverständlich kann der Autor aber auch festlegen, daß in gewissen Fällen Rechtschreibfehler nicht toleriert werden. In der letzten Zeile des Bildschirms scheint auch eine Zahl auf. Diese Zahl bezieht sich auf die Lernschritte eines Kurses und gibt dem Lernenden einen Hinweis darauf, wo er sich innerhalb des Kurses befindet. Er kann daher bei Unklarheiten durch die Referenz auf die Nummer des Lernschrittes dem Autor eindeutig mitteilen, wo die Schwierigkeiten aufgetreten sind.

Auf diese Weise geht der Lernende durch den Kurs. Möchte er nach der ersten Lektion noch eine weitere durchmachen, so wählt er wieder Btx an und lädt die nächste Lektion. Der Exekutor wird allerdings nicht mehr angefordert, da er ja schon im Speicher des MUPID ist.

2.2 Ein Kurs aus der Sicht des Autors

Zur Erstellung von Kursen ist ein MUPID mit Diskettenstation notwendig. Der Editor ist ein Programm, mit dem ohne Programmierkenntnisse Lektionen erstellt werden können. Er ist menügesteuert und zeigt zu jedem Zeitpunkt den Bildschirm in dem Zustand, wie ihn später auch der Lernende zu sehen bekommt, d.h. es ist keinerlei Übersetzung oder Interpretation notwendig.

Jede AUTOOL Lektion besteht aus Frames. Ein Frame ist eine Anzeigeeinheit, die vollständig durchgearbeitet werden muß. Jeder Frame hat einen Vorgänger und einen Nachfolger, die vom Autor bestimmt werden. Nachdem ein Frame durchgearbeitet ist, kann sich der Lernende entscheiden, welchen dieser beiden Frames er sehen möchte. Ausnahmen von dieser

Regel gibt es an zwei Stellen: bei Index- und Frageframes. Bei einem Indexframe kann der Autor bis zu neun verschiedene Nachfolger festlegen, von denen der Lernende einen auswählt. Frageframes haben immer zwei Nachfolger: einen für den Fall, daß die in diesem Frame gestellte Frage richtig beantwortet wurde, und einen weiteren, an dem der Kurs fortsetzt, wenn die Frage falsch beantwortet wurde. Die Verzweigungen Vorgänger/ Nachfolger sind nicht starr, sondern können, falls sich das als notwendig erweist, leicht geändert werden.

Jeder Frame selbst besteht aus Objekten. Sie sind die kleinsten Teile einer Lektion und gliedern sich in Textobjekte, grafische Objekte und eine Reihe weiterer, wie etwa Pausen, Bewegungsobjekte oder Fragen. Bei der Erstellung eines Frames ist jedes Objekt durch einen Kennbuchstaben bezeichnet (z.B. T für Text, R für Rechteck oder O für Kreis). Alle diese Kennbuchstaben sind in einem Menü des Editors enthalten. Tippt der Autor einen Kennbuchstaben, so verlangt das System alle weiteren Bestimmungsstücke, die zu diesem Objekt gehören. So wird der Autor etwa beim Rechteck nach der Dicke des Randes, der Linienart des Randes und der Füllung (Schraffur) des Rechtecks gefragt. Dies alles geschieht in einer einheitlichen Notation, sodaß man sich rasch einarbeiten kann und sich auch auf den Inhalt des zu vermittelnden Stoffes konzentrieren kann, ohne durch ein schwer zu verstehendes System gefordert zu sein.

Die verfügbaren Objekte sind Text und grafische Objekte der Ebenen CØ-C2 des Btx, erweitert um einige didaktische Elemente. Jedes Textobjekt kann alle Darstellungsmöglichkeiten, wie verschiedene Zeichengrößen, Blinkmodi und Farbattribute ausnutzen. Die grafischen Objekte der Ebene C2 (Vektorgrafik) werden in einigen Kleinigkeiten erweitert: so ist es z.B. möglich, beim Rechteck den Rand aus mehreren Linien aufzubauen oder einen Kreis mit verschiedenen Rändern zu zeichnen. Darüberhinaus existiert ein grafisches Objekt "Vektor", das aus einer Linie und einem Dreieck - der Vektorspitze - besteht. Text und grafische Objekte können bewegt werden. Dazu kann der Autor einen Weg definieren, an dem entlang das zu bewegende Objekt verschoben wird. Zusätzlich kann der Autor festlegen, ob das bewegte Objekt an jedem Punkt der Bewegung gelöscht werden soll oder nicht.

Außer den Darstellungselementen gibt es eine Reihe weiterer Objekte, die für ein Unterrichtssystem notwendig sind. Um den Ablauf einer Lektion an das Lerntempo des Lernenden anzupassen, kann der Autor Pausen definieren, in denen der Student durch Tippen einer Taste den Kurs weiter ablaufen läßt, wie in Abschnitt 2.1 schon erwähnt wurde. Weiters kann der Autor Verzweigungen zu anderen Frames festlegen. Das System fragt den Autor nach der Anzahl der Verzweigungen und überprüft bei der Exekution des Kurses, ob die vom Lernenden eingegebene Verzweigungsnummer gültig ist.

Die Definition von Multiple Choice Antworten ist ziemlich offensichtlich: der Autor definiert die Anzahl der Wahlmöglichkeiten und legt für jede fest, ob sie richtig oder falsch ist und welche Rückmeldung der Lernende erhalten soll. Bei Freitextantworten definiert der Autor die Musterantwort. Dafür gibt es eine eigene Syntax, die durch spezielle Klammern die Bestandteile der Antwort kennzeichnet. In einer Antwort können folgende Teile vorkommen:

- vorgeschriebene Worte: sie müssen auch in der Antwort des Studenten vorkommen
- Synonymgruppen: jede Synonymgruppe enthält einige Begriffe, von denen in der Antwort ein einziger vorkommen muß
- optionale Gruppen: eine optionale Gruppe enthält Begriffe, die in der Antwort vorkommen dürfen. Fehlen sie, so kann die Antwort doch richtig sein; tippt der Lernende die optionale Gruppe ein, so wird sie den Standardtests über Rechtschreibung unterworfen
- offene Gruppen: in einer offenen Gruppe werden alle Eingaben des Studenten ignoriert, bis auf "nicht" und die Silbe "kein". Sie dient als eine Art Filter, der die unwesentlichen Teile einer Antwort eliminiert.
- Rechtschreibgruppe: innerhalb einer Rechtschreibgruppe werden keine Tippfehler akzeptiert. Die Antwort muß vollständig mit der Musterantwort übereinstimmen, also auch in Groß-und Kleinschreibung
- Vertauschgruppe: eine Vertauschgruppe besteht aus Worten oder anderen Gruppen, die in der Antwort des Lernenden in beliebiger Reihenfolge vorkommen dürfen.

Für Anwendungen, die z.B. vom Benutzer gesteuerte Simulationen oder Berechnungen mit variablen Anfangswerten durchführen sollen, gibt es die Möglichkeit, Basic Programme aufzurufen. Die Programme können in normalem Integer MUPID-Basic geschrieben sein und unterliegen nur einer Beschränkung: ihre Größe darf 8K nicht übersteigen. Ansonsten kann jedes Programm, auch ein vielleicht schon länger existierendes, verwendet werden. Mit den Grafikbefehlen des MUPID-Basic können ansprechende Simulationen auf elementare Weise erstellt werden.

Während der Erstellung eines Frames kann der Autor zwischen einem Objektdefinitionsmodus und einem Überarbeitungsmodus wechseln. Im Überarbeitungsmodus können einzelne Objekte gelöscht, kopiert, in ihren Attributen verändert oder am Bildschirm verschoben werden. Ist der Autor mit der Gestaltung eines Frames zufrieden, so kann er ihn auf Diskette speichern. Beim Speichern definiert der Autor auch die Verzweigungen des Frames. Der Autor kann auch Teile eines Kurses exekutieren, um sich von der derzeitigen Form der Lektion ein Bild zu machen. Dazu gibt es eine spezielle Version des Exekutors, die bei Verzweigungen zu Frames, die noch nicht existieren, die Möglichkeit bietet, an einer anderen Stelle des Kurses weiterzumachen oder zum Editor zurückzukehren. Ein fertig erstellter und getesteter Kurs kann mit dem Kompressor in Btx eingespielt werden. Der Kompressor packt möglichst viele Frames auf eine Btx-Seite und bindet in den Kurs auch alle verwendeten DRCS und Bildschirmtextseiten ein, sodaß die fertige Lektion alles enthält, was in ihr verwendet wird. Dadurch ist sichergestellt, daß jede Lektion offline exekutiert werden kann.

2.3 Btx-Aspekte des Unterrichtssystems

Unter der Vielzahl der Lernsysteme, die auf PC´s laufen, ist AUTOOL das einzige, das Btx-orientiert ist. Es gibt einige Tatsachen, die die Nutzung eines flächendeckenden, billigen Verteilnetzes für wichtig erscheinen lassen - sowohl aus der Sicht eines Informationsanbieters, als auch aus der Sicht des Lernenden.

Für den Anbieter sind vor allem zwei vorhandene Voraussetzungen interessant: Erstens kann er auf ein bestehendes Verteilnetz zugreifen. Damit ist vor allem Unternehmen gedient, die über mehrere Filialen verfügen, und die ihre Mitarbeiter oft informieren oder schulen müssen. Auf der anderen Seite kommt das auch professionellen Anbietern von Kursen entgegen, die sich nicht mehr darum kümmern müssen, wie sie ihre Kurse einfach vertreiben können. Zweitens ist durch die zentrale Speicherung gewährleistet, daß notwendige Updates einer Lektion wirklich jedem Lernenden zur Verfügung stehen. Das ist bei Kursen, die auf Literatur-oder Diskettenvertrieb basieren, nicht möglich. Damit spart der Ersteller der Lektionen nicht nur Kosten, sondern er kann auch garantieren, daß zu jedem Zeitpunkt die beste Version einer Lektion verfügbar ist. Und weiters hat der professionelle Anbieter einen großen Teilnehmerkreis zur Verfügung.

Der Lernende hat durch die Möglichkeit, offline Kurse zu exekutieren, ein billiges Ausbildungsmedium vor sich. Außerdem ist er nicht an seinen Arbeitsplatz gebunden, sondern kann eine Lektion von jedem Btx-Terminal abrufen. Er muß nicht einmal eine Diskette mit sich nehmen. Auch der Lernende profitiert davon, daß die geänderte Version eines Kurses sofort verfügbar ist. Durch die eindeutige Kennzeichnung der Frames innerhalb einer Lektion kann er außerdem bei Unklarheiten dem Kursanbieter unzweideutig mitteilen, wo er sich nicht ausgekannt hat. Wenn man am Ende jedes Kurses eine Antwortseite anbietet und der Kurserstel-ler eine Betreuung einrichtet, die gewährleistet, daß jede Anfrage innerhalb einiger Stunden oder eines Tages beantwortet wird, so wird Btx als das genutzt, was es auch sein sollte: ein elektronisches Kommunikationsmedium.

In der derzeitigen Version des Unterrichtssystems wurde Wert darauf gelegt, daß jeder Lernende vollkommen anonym bleiben kann. Damit bringt man sich aber auch um die Möglichkeit, Tests durchzuführen, bei denen der Betreuer die Ergebnisse gesammelt erhält. Es soll bis zum Herbst 1985 aber zumindest eine Version geben, die auf Diskette läuft und als Prüfungsmodell arbeitet. Dabei soll eine Statistik über die Anzahl der gestellten Fragen und deren Beantwortung auf Diskette mitgeführt werden. Außerdem könnte - mit Einverständnis des Lernenden - ein Monitor statistische Daten wie etwa: Welche Frames wurden besonders häufig aufgerufen? Welche Fragen werden selten richtig beantwortet? mitführen. Die Analyse dieser Daten kann der Autor dazu verwenden, Schwachstellen in Kursen zu entdecken und auszumerzen.

3. LITERATUR

J.S. Garratt, F. Huber, H. Huemer, "AUTOOL - Ein Btx-orientiertes Autorensystem", Report 206, Institute für Informationsverarbeitung, TU Graz, 1985.

H. Maurer, "New developments in videotex and their implications for computer-aided instruction (CAI)", Information Services & Use 3; 1983, pp. 319-324.

J. Nievergelt, "A Pragmatic Introduction to Courseware Design", COMPUTER, September 1980, pp. 8-21.

B.F. Skinner, "The Science of Learning and the Art of Teaching", Harvard Educational Rev., Vol. 24, 1954, pp. 86-97.

MÖGLICHKEITEN DES EINSATZES DER CHIPKARTE ZUR ERHÖHUNG DER SICHERHEIT IM BILDSCHIRMTEXT-SYSTEM

Ernst Piller
Honeywell Bull AG Österreich
Linke Wienzeile 236, A-1150 Wien

KURZFASSUNG:

An ein modernes Bildschirmtext-System (BTX-System) werden hohe Sicherheitsanforderungen gestellt. Diese können auf einfache und benutzerfreundliche Weise mit dem Einsatz der Chipkarte erfüllt werden. Die Chipkarte ist eine Plastikkarte im Scheckkartenformat mit integriertem Mikroprozessor und Speicher.

1. EINLEITUNG

Ein modernes BTX-System erlaubt "sensible" Nutzungsmöglichkeiten wie z.B. Home-Banking, anonymes Abrufen und Verrechnen von kostenpflichtigen Informationen und Teleprogrammen, Senden und Empfangen von Mitteilungen (z.B. persönliche, geheime), Bestellen von Waren und Dienstleistungen, Zugang zu externen Rechnersystemen und damit in fremde Datenbanken.
Angesichts dieser Anwendungen und der Tatsache, daß es sich bei BTX um offene Netze handelt, werden an ein BTX-System hohe Sicherheits- und Datenschutzanforderungen gestellt. Vor allem eine eindeutige, nicht simulierbare Identifikation des BTX-Teilnehmers, ein Schutz der Daten während der Übertragung gegen "sinnvolles Abhören" und gegen "Verfälschung", die Anonymität des Teilnehmers im "anonymen" BTX und der Schutz von Teleprogrammen vor Diebstahl müssen von einem sicheren BTX-System gewährleistet werden können.
Weiters dürfen sämtliche Sicherheitsmaßnahmen die Benutzerfreundlichkeit des BTX-Systems nicht beeinträchtigen und der zusätzliche Verwaltungs- und Kostenaufwand muß sich in einem vertretbaren Rahmen bewegen.
Alle diese Anforderungen können durch die Verwendung der Chipkarte auf einfache und benutzerfreundliche Weise erfüllt werden.

2. WAS IST DIE SMART-CARD ?

Die rasante Entwicklung in der Mikroelektronik erlaubt heute bereits die Integration eines Mikrocomputers in eine Plastikkarte in Scheckkartengröße (ISO-Standard 2894). Diese Karte, meist Chipkarte (oder Smart-Card, Carte a memoire, chip-in-card) genannt, ist seit 1982 im praktischen Einsatz (/2/, /6/). In Frankreich wurden schon Großaufträge mit insgesamt über 5 Millionen Stück vergeben. Der Massenstückpreis der Chipkarte liegt derzeit bei etwa ö.S. 70.-- pro Karte.

Die Konzeption der Chipkarte ermöglicht einen vielfältigen Einsatz in öffentlichen und privaten BTX-Systemen. In Zukunft wird sie als Multifunktionskarte neben der BTX-Anwendung zusätzlich auch als Kreditkarte, Bankomatkarte, Zutritts- und Benutzungsberechtigungskarte, tragbare Datenbank (Ausweis, Gesundheitspaß, Studienbuch etc.) verwendet werden können. Die Chipkarte als Universalkarte mit bisher ungeahnten Einsatzmöglichkeiten und höchstem Sicherheitsstandard wartet auf ihre Einführung. Von der Normierung der Anwendungen wird es abhängen, wann und ob überhaupt diese Zukunftsvision Wirklichkeit wird.

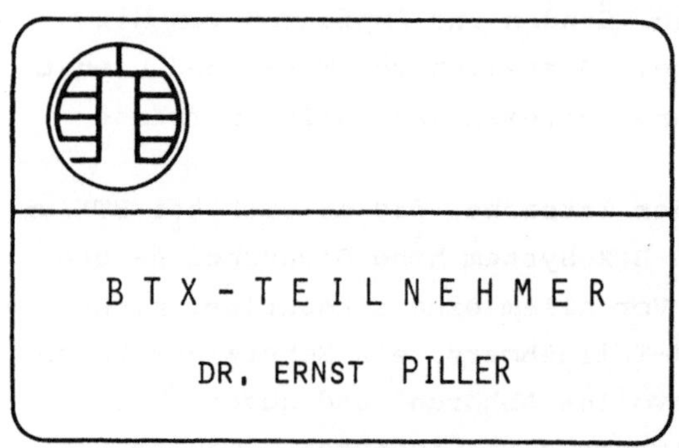

BILD 1 : VORDERANSICHT DER CHIPKARTE CP8

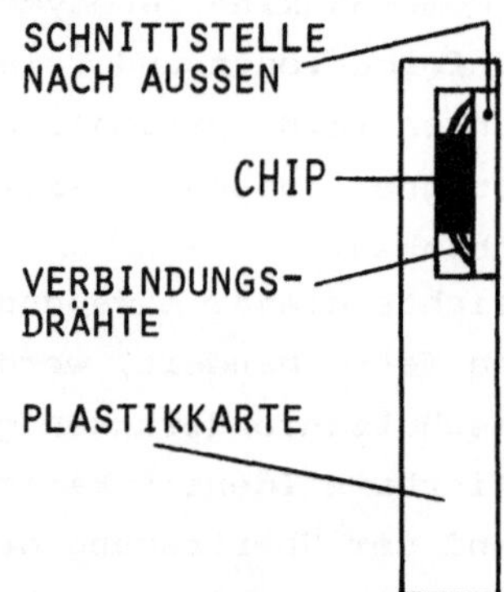

BILD 2 : SCHNITT DURCH EINE CP8-KARTE

Bild 1 zeigt die Vorderansicht der weitverbreiteten Chipkarte CP8. In der linken oberen Hälfte befindet sich die Schnittstelle nach außen, genau dahinter liegt der Chip. Der Rest der Karte (über 94 %) ist frei für die Kartenbeschriftung, Foto etc.

Bild 2 zeigt einen Schnitt durch diese Karte in der Höhe des Chips, der aus Sicherheitsgründen sowohl den Mikroprozessor als auch den Speicher enthält. Ein Zugriff auf den Speicher ist nur über den Mikroprozessor möglich. Die Einchiplösung verhindert eine Ausschaltung des Mikroprozessors durch direktes "Anzapfen" beim Bus oder Speicher (siehe Bild 3).

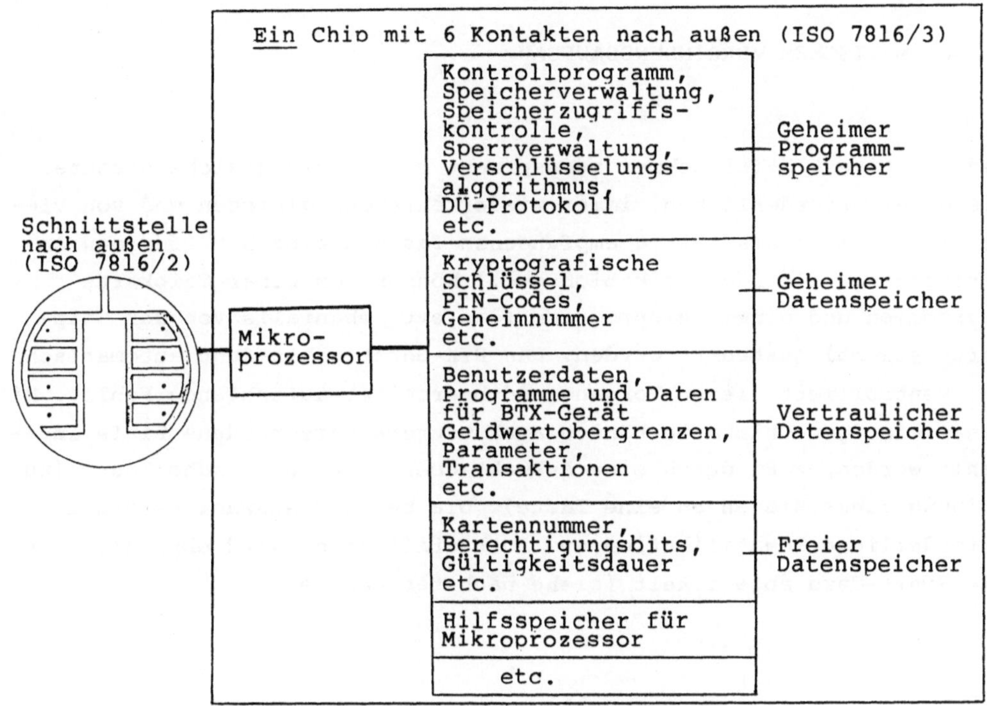

BILD 3: ARCHITEKTUR EINER CHIPKARTE

Der Speicher einer Chipkarte ist logisch in verschiedene Zonen unterteilt (siehe Bild 3). Die interessantesten sind die geheime und die vertrauliche Speicherzone. Die geheime Speicherzone enthält alle geheimen Daten (Schlüssel, PIN-Code, Geheimnummer etc.) und ist von außen nicht auslesbar. Die vertrauliche Speicherzone ist gegen Zugriffe von außen geschützt. Nur nach Eingabe eines richtigen PIN-Codes (Personal Identification Number) ist ein Zugriff auf diese Zone möglich. Der Code wird einmal von seinem Besitzer (BTX-Teilnehmer) über sein BTX-Gerät (ohne Zugriff auf ein BTX-System) auf die Karte geschrieben und dort von außen nicht auslesbar abgespeichert. An keiner Stelle des gesamten BTX-Systems (BTX-Geräte, Postrechner, externe Rechner etc.) ist der PIN-Code einer Smart-Card bekannt. Nur die Chipkarte selbst und sein Besitzer kennen ihn. Der BTX-Teilnehmer kann seinen PIN-Code auch wieder ändern. Die Verantwortung für die Geheimhaltung des PIN-Codes liegt daher ausschließlich beim BTX-Teilnehmer. Nachfolgend werden die einzelnen Anwendungsmöglichkeiten der Chipkarte in einem BTX-System besprochen.

3. AUTOMATISCHER VERBINDUNGSAUFBAU

Jeder aktive BTX-Teilnehmer beansprucht regelmäßig gleiche Dienste. Die dabei erforderlichen, immer wiederkehrenden gleichen und von vielen Teilnehmern als lästig empfundenen Tastatureingaben (für den Anwählvorgang, die Identifikation etc.) können von einer Chipkarte übernommen und einem Teleprogramm (das evt. ebenfalls von der Chipkarte stammt) gesteuert werden. Das BTX-Gerät wählt dann automatisch an, kontrolliert diesen Vorgang und bearbeitet auftretende Fehler. Mit einer einzigen Chipkarte können auch mehrere verschiedene Ziele angewählt werden, z.B. durch eine Auswahl über eine numerische Taste (Zuordnung eines Zieles an eine Taste). Die bei der Auswahl eventuell erforderliche Identifikation und Authentifikation wird ebenfalls über die Smart-Card abgewickelt (siehe nächstes Kapitel).

4. IDENTIFIKATION, AUTHENTIFIKATION, DATENVERSCHLÜSSELUNG

BTX wird in Zukunft ein Massendienst mit vielen "sensiblen" Anwendungen. Es eröffnet sich für Hacker und Kriminelle ein großes Betätigungsfeld. Der Erfolg von BTX wird daher auch davon abhängen, wie gut man die Attacken der Hacker und Kriminellen abwehren kann. Ein entscheidender Punkt dabei ist die Realisierung eines benutzerfreundlichen und sicheren Identifikationsmechanismus. Zum Beispiel erfüllen statische Paßwörter, die im Klartext über die Leitung übertragen werden, nicht die Sicherheitsanforderungen. Variable Paßworttechniken, z.B. mit geheimen Paßwortlisten (pro Identifikation ein neues Paßwort), die dem Teilnehmer in einem geschlossenen Kuvert zugesandt oder persönlich übergeben und gleichzeitig als Kopie im BTX-Rechner abgespeichert werden, sind wiederum wenig benutzerfreundlich und verursachen Sicherheitsprobleme beim Teilnehmer.

Eine Lösung liegt in der Datenverschlüsselung mit kurzlebigen und geheimen Schlüsseln (pro Identifikation ein neuer Schlüssel). Die Datenverschlüsselung auf der Teilnehmerseite kann z.B. vom BTX-Gerät durchgeführt werden. Die Sicherheit läßt sich durch den Einsatz der Chipkarte noch wesentlich steigern. Die Chipkarte übernimmt dabei die Datenverschlüsselung. Die Portabilität und "Intelligenz" der Chipkarte ermöglichen den Aufbau eines End-to-End-Sicherheitssystems. Die Identifikation erfolgt zwischen der Chipkarte des Teilnehmers und einer dem BTX-Rechner angeschlossenen Identifikationseinheit, die die Generierung der Zufallszahlen und Datenverschlüsselung auf der Rechnerseite übernimmt.

Der Ablauf ist in Bild 4 dargestellt. Die Identifikation erfolgt durch eine Berechnung mit einem speziellen Algorithmus (z.B. DES-Algorithmus, bei der CP8-Karte mit dem Telepaß-Algorithmus), deren Ergebnis von einer Zufallszahl, einer Chipkarten-internen Geheimnummer, der Karten- und Teilnehmernummer abhängig ist. Zusätzlich können z.B. auch noch Werte vom letzten Identifikationsprozess, Datum und Uhrzeit in die Berechnung einfließen. Das Ergebnis wird zum BTX-Rechner übertragen und dort von der Identifikationseinheit nachgerechnet. Wenn die beiden Ergebnisse übereinstimmen, ist der Identifikationsprozess abgeschlossen.

	Tastatur des BTX-Gerätes	CHIPKARTE	Identifikationseinheit des BTX-Rechners
1.	PIN-CODE eingeben		ZUFALLSZAHL generieren und auf BTX-Gerät übertragen
2.		RESULTAT1 := f(ZUFALLSZAHL, GEHEIMNUMMER DER KARTE, TEILNEHMERNUMMER, KARTENNUMMER)	
3.		Übertragen von RESULTAT1, KARTENNUMMER auf BTX-Rechner	
4.			RESULTAT2 := f(ZUFALLSZAHL, GEHEIMNUMMER DER KARTE, TEILNEHMERNUMMER, KARTENNUMMER)
5.			Vergleich der beiden Resultate

BILD 4: IDENTIFIZIERUNG MIT EINER CHIPKARTE

In /4/ wird eine Lösung angegeben, wo neben der aktuellen (neuen) Zufallszahl auch die Zufallszahl des vorhergehenden Identifikationsprozesses (alte Zufallszahl) mitbenutzt wird. Diese Lösung erfordert eine Abspeicherung der jeweils aktuellen Zufallszahl auf der Chipkarte und im BTX-Rechner. Diese Zufallszahl erscheint bei der nächsten Identifikation nicht mehr auf der Leitung.

Die oben erwähnte Berechnung und Überprüfung bei der Identifikation kann auch auf beiden Seiten erfolgen. Das heißt, jede Seite überprüft das Ergebnis der anderen Seite mit verschiedenen Parametern (vor allem Zufallszahlen). Damit ist die Authentizität beider Seiten geklärt. Eine eindeutige Identifikation des Teilnehmers alleine wird in Zukunft nicht ausreichen, da bei einer großen Anzahl von externen BTX-Rechnern auch die Gefahr besteht, daß nicht genehmigte BTX-Rechner (Systeme) auftauchen, die dem Teilnehmer einen für ihn gewohnten BTX-Betrieb vorspielen und ihn dabei schädigen oder einen Datenmißbrauch durchführen. Die Chipkarte schaltet einen sinnvollen Betrieb derartiger BTX-Rechner (Systeme) aus.

Die Identifikation mit Hilfe der Chipkarte erfolgt völlig unabhängig vom verwendeten BTX-Gerät. Durch die Datenverschlüsselung mit einer Zufallszahl und einer in der Chipkarte gespeicherten und nicht auslesbaren Geheimnummer ist eine Identifikation ohne die entsprechende Chipkarte nicht möglich. Eine Simulation des Identifikationsprozesses wird praktisch "ausgeschlossen". Bei einer mehrmals falschen Eingabe des PIN-Codes erfolgt eine dezentrale Sperre durch die Chipkarte selbst. Es werden dabei weder der BTX-Rechner noch das BTX-Gerät oder System beansprucht, und es gibt daher auch keine Manipulationsmöglichkeiten. Eine gestohlene Chipkarte ist ohne Kenntnis des PIN-Codes für den Dieb ein wertloses Stück Plastik.

5. SCHUTZ DER DATENÜBERTRAGUNG

Mit der wachsenden Verbreitung von BTX wird ein Schutz der Daten während der Übertragung vor "sinnvollem Abhören" und "Verfälschung" zunehmend wichtiger. Der Einsatz der Chipkarte bietet auch hier eine sichere Lösung. Dabei übernimmt die Chipkarte mit ihrer internen Verschlüsselungsfunktion die gesamte Datenverschlüsselung (siehe Kap. 4).

Da die verwendeten Schlüssel von der Karte selbst generiert werden und nicht auslesbar sind, hängt die Sicherheit vom Verschlüsselungsverfahren ab. Mit der Datenverschlüsselung wird ein Abhören sinnlos.

Die "unerkannte Verfälschung" kann durch eine Abbildung der übertragenen Daten vor der Verschlüsselung auf eine Zahl praktisch verhindert werden. Im einfachsten Fall ist diese Abbildung die Aufsummierung der Dezimalwerte aller übertragenen Datenbytes vor der Verschlüsselung. Das Ergebnis wird ebenfalls mit den Daten übertragen. Nach einer Verfälschung stimmt das Ergebnis der Summenbildung über alle übertragenen Datenbytes (nach der Entschlüsselung) mit dem übertragenen Wert nicht mehr überein. Die Chipkarte kann also Datenverfälschungen erkennen und als Fehler melden. Eine gezielte und daher nicht erkennbare Änderung des "Abbildungswertes" nach einer Datenverfälschung durch einen Kriminellen scheint nahezu ausgeschlossen, da dies eine gesamte Datenentschlüsselung erfordert.

6. ANONYME BEZAHLUNG GEBÜHRENPFLICHTIGER DIENSTE

Die Angst vor dem "großen Bruder" hat in Österreich zur Einführung des anonymen BTX geführt. Die Anonymität beschränkt sich bisher aber auf gebührenlose Dienste. Eine Erweiterung auf gebührenpflichtige Dienste ist konzeptionell gelöst. Sie ist mit Hilfe "gekaufter Paßwörter", anonymer Konten oder der Chipkarte möglich (siehe /1/). Die benutzerfreundlichste Lösung davon bietet die Chipkarte. Bei dieser Lösung wird die Chipkarte als aufladbare Debitkarte (vorausbezahlte Karte) verwendet, d.h. der gewünschte Geldwert wird von einem Konto oder durch Bezahlung auf eine Chipkarte übertragen. Der Karteneinsatz erfolgt <u>völlig</u> anonym. Bei jeder kostenpflichtigen Verwendung wird der Geldwert bis minimal dem Nullwert reduziert; anschließend kann sie wieder bei der Post (evt. auch bei einer Bank) aufgeladen werden.

Bild 5 zeigt einen möglichen Ablauf während eines anonymen Zahlvorganges. Der BTX-Rechner überprüft nach der Entschlüsselung von Ergebnis 1 und Ergebnis 2 (siehe Bild 5), ob die Differenz der beiden Ergebnisse "Geldbetrag" ergibt. Im "Ja-Fall" wird der Dienst angeboten, sonst ein Fehler gemeldet.

	Tastatur des BTX-Gerätes	CHIPKARTE	Identifikationseinheit des BTX-Rechners
1.	PIN-CODE eingeben		ZUFALLSZAHL generieren und gemeinsam mit GELDBETRAG auf BTX-Gerät übertragen
2.		RESULTAT1 := f(ZUFALLSZAHL, GEHEIMNUMMER, GELDWERT DER KARTE, TEILNEHMERNUMMER, KARTENNUMMER)	
3.		GELDWERT DER KARTE := GELDWERT DER KARTE - GELDBETRAG	
4.		RESULTAT2 := f(ZUFALLSZAHL, GEHEIMNUMMER, GELDWERT DER KARTE, TEILNEHMERNUMMER, KARTENNUMMER)	
6.		Übertragen von RESULTAT1, RESULTAT2, KARTENNUMMER auf BTX-Rechner	
7.			GELDWERT1 := f^{-1}(ZUFALLSZAHL, GEHEIMNUMMER, KARTENNUMMER, TEILNEHMERNUMMER, RESULTAT1)
8.			GELDWERT2 := f^{-1}(ZUFALLSZAHL, GEHEIMNUMMER, KARTENUMMER, TEILNEHMERNUMMER, RESULTAT2)
9.			Vergleich GELDBETRAG mit (GELDWERT1 - GELDWERT2)

BILD 5: ANONYME BEZAHLUNG GEBÜHRENPFLICHTIGER BTX-DIENSTE

7. NICHT-ANONYME BEZAHLUNG GEBÜHRENPFLICHTIGER DIENSTE

Die Bezahlung gebührenpflichtiger Dienste im nicht-anonymen Betrieb kann auf die gleiche Weise erfolgen wie im Kapitel 6 beschrieben. Zusätzlich besteht die Möglichkeit der Kreditkarte, d.h. es wird erst nach der Konsumierung des gebührenpflichtigen Dienstes der Geldwert automatisch per BTX vom Konto abgebucht. Die Chipkarte hat keinen Geldwert (nur Geldwertobergrenzen, z.B. pro BTX-Dienst, Tag, Monat), muß daher auch nicht nachgeladen werden, und bei einem Kartenverlust tritt kein Geldverlust auf.

8. KOPIERSCHUTZ VON TELEPROGRAMMEN

Intelligente BTX-Geräte, vor allem Personalcomputer, erlauben auf einfache Weise die Anfertigung von illegalen Kopien von Informationsangeboten auf Floppy-Disk, Magnetplatten, Drucker etc. Der dadurch auftretende Schaden wird in Zukunft Ausmaße annehmen, die noch über den heutigen Werten bei Personalcomputern liegen (pro Programmlizenz bis zu 10 Raubkopien, 1983 in den USA ein geschätzter Schaden von 10 Milliarden Schilling). Der Einsatz eines effektiven Kopierschutzes von Teleprogrammen ist daher eine wichtige Forderung bei modernen BTX-Systemen. Da legistische Maßnahmen nicht ausreichen, müssen technische Maßnahmen eingeführt werden. Eine äußerst sichere Lösung bietet das Software-Schutzsystem SOFT-SEAL, das die Chipkarte verwendet (siehe /3/). Bei dieser Lösung wird zwischen dem zu schützenden Programm und einer dazugehörigen Chipkarte ein enger, logischer Zusammenhang hergestellt, sodaß eine "Exekution" des Programms (Teleprogramms) ohne "ihre" Chipkarte nicht möglich ist. Dabei können mehrere Teleprogramme einer Chipkarte zugeordnet werden.

Der logische Zusammenhang zwischen der Karte und dem Teleprogramm wird durch 3 Schutzmechanismen realisiert:

- Wiederholtes Abfragen, ob die Karte im Kartenleser ist.
- Speicherung ausgesuchter Programmdaten (Startwerte von Variablen u.ä.) in chiffrierter Form auf der Karte; Übertragung bei Bedarf.
- Auslagerung eines oder mehrerer kurzer, ausgewählter Teile des zu schützenden Programms auf die Karte; Exekution in der Chipkarte; Übergabe berechneter Daten an das Teleprogramm.

Der Schutz der Teleprogramme besteht in erster Linie also darin, daß Teile des Programms auf eine Chipkarte ausgelagert und dort - nicht auslesbar - auch exekutiert werden. Die auf der Karte liegenden Teile sind nur dem Programmentwickler (Software-Haus etc.) bekannt, werden streng geheimgehalten und nur bei der Ausstellung der Chipkarte in verschlüsselter Form auf die Karte übertragen. Bei dieser Chipkarten-Ausstellung erfolgt auch die Verrechnung, die ein Einzelpreis (mit oder ohne Verwendungsdauer) oder ein Preis pro Verwendung (Exekution des Teleprogrammes) sein kann. Wenn die Verrechnung pro Verwendung erfolgt, wird auf der Chipkarte die erlaubte Anzahl der Verwendungen (Programmexekutionen) vermerkt. Da bei jeder Exekution des Teleprogramms die ihr zugeordnete Chipkarte angesprochen werden muß (sonst ist das Teleprogramm nicht ablauffähig), kann die Chipkarte die Anzahl der Teleprogramm-Exekutionen zählen. Nach Ablauf der verrechneten Verwendungen sperrt die Chipkarte dieses Teleprogramm automatisch.

Die Übertragung der Teleprogrammteile auf die Chipkarte und die Verrechnung ist auch per BTX denkbar, da diese Teile in verschlüsselter Form übertragen werden. Diese Programmteile werden sofort nach der Übertragung in der Karte entschlüsselt, nicht auslesbar abgespeichert und sind nur auf dieser Chipkarte ablauffähig.

9. ZWEI-SCHNITTSTELLEN-KARTE

Bei den oben beschriebenen Anwendungen wird einerseits eine sichere Identifikation vorgestellt, andererseits eine Lösung für die anonyme Bezahlung gebührenpflichtiger Dienste. Wenn man diese beiden Anwendungen über dieselbe Chipkarte abwickelt, könnten Zweifel über die Anonymität auftreten. Mit einer Karte, die eine sichere Identifikation des Teilnehmers ermöglicht, könnte unter Umständen auch im anonymen Betrieb eine unerlaubte Identifizierung (z.B. durch eine Programm-Manipulation im externen Rechner) erfolgen. Obwohl durch verschiedene Sicherheitsmaßnahmen in der Chipkarte die Anonymität gewährleistet werden kann, sind besonders kritische Teilnehmer vielleicht doch verunsichert.

Nachfolgend wird eine Zwei-Schnittstellen-Karte vorgestellt, die wahrscheinlich auch den letzten Zweifler zu überzeugen vermag. Diese Chipkarte enthält 2 Schnittstellen nach außen (siehe Bild 6), eine Schnittstelle wie bisher auf der Vorderseite, die andere auf der Rückseite. Eine Seite ist für den anonymen Betrieb (siehe Kartenaufschrift Bild 7), die andere für den nicht-anonymen. Beide Seiten haben eine eigene "Intelligenz", die völlig unabhängig voneinander (ohne jegliche Verbindung) arbeitet.

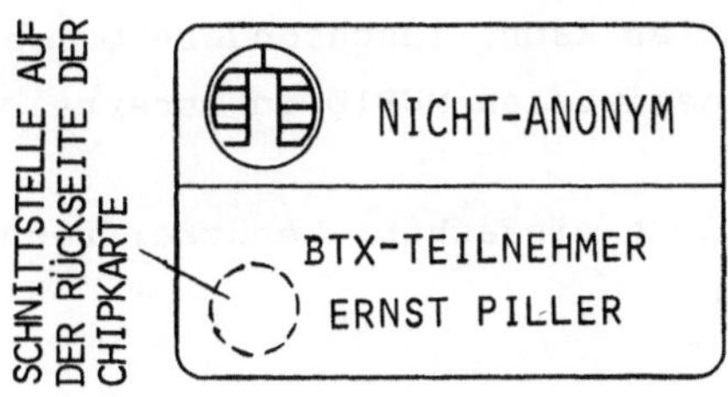

BILD 6 : ZWEI - SCHNITTSTELLEN KARTE (VORDERSEITE)

BILD 7 : RÜCKSEITE EINER ZWEI - SCHNITTSTELLENKARTE

10. MULTIFUNKTIONALER EINSATZ

Bisher wurde die Chipkarte in Einzelanwendungen beschrieben. Ein großer Vorteil dieser Karte liegt aber auch darin, daß alle diese Anwendungen mit ein und derselben Chipkarte abgedeckt werden können. Nachdem der BTX-Teilnehmer seine Chipkarte in den Leser seines BTX-Gerätes gesteckt hat, werden der gesamte Anwählvorgang, die Identifikation, Authentifikation, Verrechnung gebührenpflichtiger Dienste (anonym oder nicht-anonym) etc. über die Chipkarte gesteuert. Verschiedene Tasten auf dem BTX-Gerät rufen verschiedene BTX-Dienste auf. Der Teilnehmer kann sich die Funktionen dieser Tasten selbst definieren.

Die Chipkarte entspricht dem neuesten Stand der Technologie mit noch ungeahnten Einsatzmöglichkeiten. Sie ist aufwärtskompatibel, d.h. ohne Austausch der Leseeinheit, des BTX-Gerätes etc. kann eine neue Chipkarten-Generation eingeführt werden.

Ein wesentlicher Sicherheitsvorteil der Chipkarte liegt darin, daß alle erforderlichen Sicherungsprogramme und Daten nicht auslesbar im geheimen Speicherbereich der Karte abgespeichert sind und damit wesentlich besser geschützt sind als in einem BTX-Gerät etc. Als weitere Vorteile sind die Portabilität, Benutzerfreundlichkeit und der geringe Preis zu nennen. Als Nachteil tritt die Notwendigkeit eines Chipkarten Lesers auf, dessen Preis - obwohl geringer als bei einem Magnetstreifenleser - doch sehr ins Gewicht fallen kann, insbesondere bei sehr billigen BTX-Geräten, wie z.B. dem gemieteten MUPID in Österreich.

Der Einsatz der Chipkarte kann BTX noch einfacher, benutzerfreundlicher und vor allem sicherer machen.

LITERATUR:

/1/ Maurer H.A., Rozsenich N. and Sebestyen I.: Videotex Without "Big Brother". Forschungsberichte IIG, Report F128, Graz,1984.

/2/ Piller Ernst: Mikroprozessorgesteuerte Speicherkarte im Scheckkarten-Format. Teubner Verlag, GC of the ACM, Microcomputing II, Band 17, 1983, Seite 81 - 95.

/3/ Schaumüller I. and Piller E.: A Method of Software Protection Based on the Use of Smart-Cards and Cryptographic Techniques. Eurocrypt 84, Paris, 1984, Springer Verlag, in Druck.

/4/ Schröther E. und Weimann J.: Smart Card Plans for Videotex and Public Pay-Phones in Germany. Proceedings 9th Annual Payment Systems International Symposium, Wien, 1984.

/5/ Sebestyen I. and Jaburek W.: Computerized Message Sending and Teleconferencing on Videotex Through Intelligent Decoders, Smart Cards and Optical Cards. Proc. IFIP Working Conference, Computer based message services, North Holland Publ., 1984, Seite 329 - 340.

/6/ Simitis Spiros: Der Hessische Datenschutzbeauftragte, 12. Tätigkeitsbericht. Seite 116 - 127, 1983.

Die PCM Systeme

Monika Reiter
Manfred Wilfling
IMD, Steyrergasse 25a
8010 Graz

1. Allgemeines und Anwendungen

Im diesem Teil wird beschrieben, was ein PCM System ist, wie es eingesetzt werden kann und wie die möglichen Anwendungen aussehen könnten.

1.1. Begriffsdefinition

PCM bedeutet PC-Erweiterung durch MUPID, dh, wir bezeichnen damit Hardware- und Software für Personal Computer, die diesen die Fähigkeit geben, sie als intelligente Endgeräte für Bildschirmtext zu verwenden. Die PCM-Systeme gehören zur Familie der intelligenten Btx-Decoder MUPID. MUPID-kompatible Mikrocomputer werden als Einschubplatinen (mit Coprozessor und Zusatzspeicher) in den PC integriert. Sie sind mit eigenem Betriebssystem (kompatibel zur MUPID-Decoder-Software) ausgerüstet. Dieser "MUPID im PC" verwendet die Peripherie des PC, wie Massenspeicher (Diskette, Festplatte), Drucker, Tastatur und gegebenenfalls den Bildschirm. Auf diese Weise wird aus dem PC nicht nur zusätzlich ein leistungsfähiges Btx-Endgerät, sondern auch ein Zweiprozessorsystem, das es erlaubt, PC Programme (z.B. Textverarbeitung, Tabellenkalkulation und dgl.) und Btx bezogene MUPID Programme (z.B. Grafik Editor) auf denselben Daten (Btx Seiten oder PC Files) arbeiten zu lassen.

PCM Systeme gibt es für PRESTEL Btx: PCM1, und für CEPT (C0 - C2) Btx: PCM2. Beide Varianten weisen eine einheitliche Benutzerschnittstelle auf.

1.2. Verwendungsmöglichkeiten

Durch PCM werden die Anwendungsmöglichkeiten von Personal Computern erweitert, dadurch daß diese das Btx Netz als intelligente Endgeräte nutzen können. Das Btx Netz ist grundsätzlich von jedem Telefonanschluß zu günstigen Kosten erreichbar und bietet gegenüber anderen Telekommunikationsformen zusätzlich eine Reihe von höheren Diensten (Elektronische Post, Teleprogrammabruf und dgl.)/HAA83/. Deshalb ist es überlegenswert, einen PC als intelligentes Endgerät an dieses Netz anzuschließen /PON84/. Insbesonders kann der PC verwendet werden, um

1) im Btx-System gespeicherte Informationen abzurufen
2) eigene Informationen in der Btx-Zentrale zu speichern
3) Mitteilung anderer Btx-Teilnehmer zu empfangen und selbst Mitteilungen an andere Teilnehmer zu senden.
4) eine Verbindung zu einem externen Rechner aufzubauen.

ad 1) Die vom Btx-System abgerufenen Informationen können am PC weiterverarbeitet werden. Dh. die Btx-Seiten können auf der Festplatte oder auf Disketten des PCs gespeichert und am PC - Drucker ausgedruckt werden. Auf die gespeicherten Informationen kann dann auch von bereits existierenden, am PC laufenden Anwendungsprogrammen aus zugegriffen werden.

ad 2) Am PC gespeicherte Informationen können durch das PCM-System in der Btx-Zentrale gespeichert werden. Der Transfer von Daten vom PC zur Btx-Zentrale geschieht durch am PCM-System laufende Teleprogramme. Zu diesen gehört z.B. auch ein komfortabler Grafikeditor. Mit diesem kann man Btx-Seiten erstellen und diese auf PC-Disketten oder in der Btx-Zentrale speichern, vom PC oder von der Btx-Zentrale gelesene Seiten verändern und diese dann wahlweise am PC oder in der Btx-Zentrale speichern, und Inhalte von verschiedenen Btx-Seiten und PC-Files miteinander kombinieren. Man kann auf diese Weise zum Beispiel komfortable Textverarbeitungsprogramme des PC zusammen mit dem Grafikeditor zur Seitengestaltung verwenden.

ad 3) Mit Hilfe des Btx-Mitteilungsdienstes kann man jedem anderen Btx-Teilnehmer eine Nachricht senden. Dieser muß zu diesem Zeitpunkt gar nicht mit dem Btx-Netz verbunden sein. Die Daten werden in einem eigens für ihn bestimmten Mitteilungspool so lange gespeichert, bis er sie abruft. Mit Hilfe solcher Mitteilungen könnte man ein- oder mehrmals täglich alle Neuigkeiten (z.B. Bestellungen oder aktueller Lagerstand) in die PC-Datenbank holen und dort weiterverarbeiten. Eine weitere Anwendung des Mitteilungsdienstes, das Teleconferencing wird durch Teleprogramme unterstützt.

ad 4) Als externe Rechner werden private Computer bezeichnet, die mit der Btx-Zentrale durch das Datex-P Netz verbunden und mittels eines speziellen Protokolls ("Gatewayseiten") von den Btx-Teilnehmern erreichbar sind. Mit Hilfe dieser externen Rechner können kommerzielle Transaktionen (z.B. Bestellungen oder Telebanking) über das Btx-Netz durchgeführt werden. Auf diesen externen Rechnern können auch große Datenbanken gespeichert sein. Daraus benötigte Informationen sind vom Btx-Teilnehmer abrufbar. Das bedeutet z.B., daß wir private Informationen in unserem PC und gemeinsame Informationen, die in vielen PC-Workstations benötigt werden, in der Btx-Datenbank oder in einem externen Rechner speichern können. Damit ist es möglich, single-user-stations (unsere PC workstations mit PCM System) miteinander und mit multi-user-stations (Btx-Zentrale, externer Rechner) zu verbinden.

Diese als Btx-Endgeräte verwendeten PCs können sowohl an das öffentliche Btx-Netz als auch an ein privates Inhouse-Btx-System angeschlossen werden. Damit kann ein und dasselbe Gerät für ein internes Informationssystem mit privatem Computer und für das öffentliche Btx-Netz verwendet werden /MAU84/.

Die PCM-Systeme bieten den Vorteil, daß zur PC Programmpalette noch der volle Satz Btx speizifischer Software des (voll programmierbaren) MUPID kommt. Das breite Angebot an Software für Btx-Anwendungen steht so auch für die PCM-Systeme zur Verfügung. Hier seien einige der wichtigsten Teleprogramme angeführt /MUH83/:

1) GRAFIKEDITOR, mit dem hochwertige und hochauflösende Farbgrafiken erstellt werden können.
2) BTX TO DISK zum Kopieren von Btx-Daten auf PC-Disketten
3) MBASIC: Basic System zum raschen Schreiben von Teleprogrammen
4) DRUCKEN: ermöglicht ein Hardcopy von Btx Seiten, wahlweise kann nur Text (schnell) oder Text und Grafik (vollständiges Faksimile Bild) ausgedruckt werden.
5) MUPID Lernsystem PLATO (für PCM2).

Abbildung 1: Verwendung von PCs mit PCM als Btx-Endgeräte

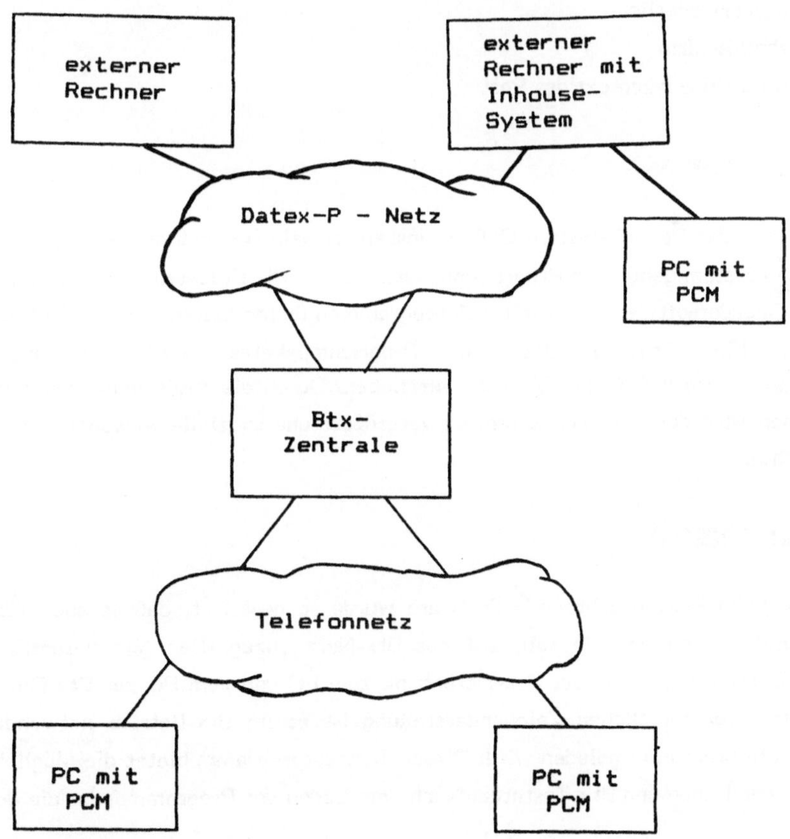

1.3. Benötigte Hardware

Die Hardware der PCM-Systeme besteht aus einer Platine bei PCM1, aus zwei Platinen bei PCM2. Diese können in freie Erweiterungspositionen eines IBM-kompatiblen PCs eingebaut werden /MCG84/. Der PC muß dabei mit mindestens den folgenden Adaptern und Peripheriegeräten ausgerüstet sein:

Adapter und Erweiterungen:

- Adapter für 5 1/4 " Diskettenlaufwerk
- Bildschirmadapter
  a) Monochrom-Bildschirm-/Druckeradapter (dann wird ein Betrieb mit zwei Bildschirmen erforderlich)
  b) Farb-/Grafik-Bildschirmadapter

Periphere Geräte:

- Tastatur
- Drucker (nicht unbedingt erforderlich)
- Bildschirm
  a) Monochrom Bildschirm, dann ist noch ein TV-Bildschirm für die Anzeige der Btx-Seiten erforderlich
  b) Farbbildschirm
- Modem für Bildschirmtext der Post

1.4. Benötigte Software

Am PC muß das Betriebssystem DOS xx installiert sein (xx muß größer oder gleich 2.0 sein). Zum PCM-System gehört ein Programmpaket, das vom PC-Prozessor exekutiert wird und mit der PCM-Decodersoftware bzw. mit Teleprogrammen (beide laufen am MUPID Prozessor) kommuniziert. Ein Großteil des PC Programmpaketes wird als sogenannte Unterstützungssoftware (USW) auf Diskette vertrieben. Durch die zusätzliche Benutzung von Teleprogrammen wird der Bedienungskomfort vergrößert und spezielle Anwendungen werden dadurch erleichtert.

1.5. Bedienung des Systems

Die zum PCM-System gehörende Software wurde so gestaltet, daß es auch für einen ungeübten Benutzer einfach sein soll, auf das Btx-Netz zuzugreifen. Sie unterstützt den Transfer von Informationen von der Btx-Datenbank zum PC und vom PC zur Btx-Datenbank. Auf Grund der unterschiedlichen Zeichendarstellung ist es im Btx-Betrieb notwendig, daß zuvor ein Tastaturprogramm geladen wird. Dieses Tastaturprogramm bietet die Möglichkeiten der deutschen, englischen und Btx-Tastatur. Nach dem Laden des Programmes ist die deutsche

Tastatur eingestellt. Beim Start des Btx-Betriebes wird automatisch auf die Btx-Tastatur umgeschaltet. Beim Verlassen des Btx-Betriebes wird diejenige Betriebsart wiederhergestellt, die vor dem Start des Btx-Betriebes verwendet worden ist.

Die Funktionstasten F1 bis F10 und Shift F1 bis Shift F10 sind mit Kommandos für das PCM-System belegt.

Es werden immer zwei Bilder erzeugt, eines vom MUPID zur Anzeige von Btx-Seiten, eines vom PC mit Hilfsinformationen für den Benutzer. Wenn zwei Bildschirme verwendet werden, können diese Bilder gleichzeitig gesehen werden, sonst kann mit einer Funktionstaste zwischen diesen beiden Bildern umgeschaltet weden. Die Funktionstasten Alt F1 bis Alt F10 können jederzeit zum Auswählen von Hilfsinformationen verwendet werden.

Abbildung 2: Aufbau eines PC mit PCM2 System

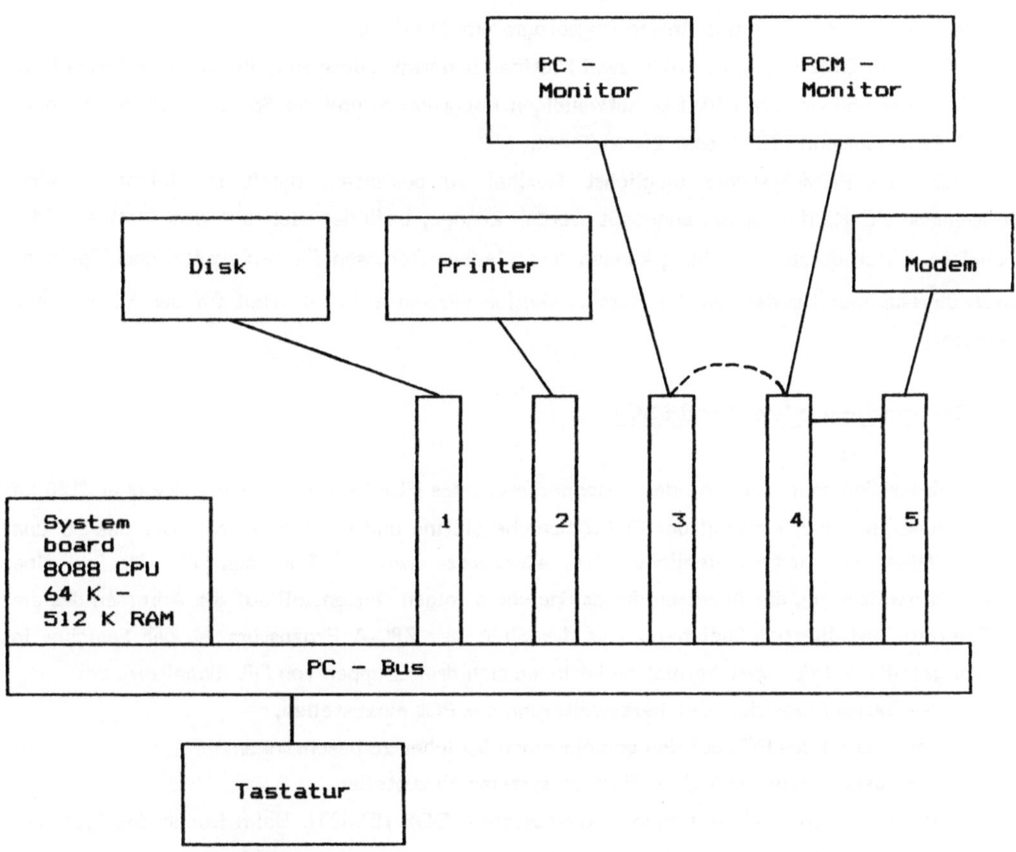

1 . . Disk - Adapter
2 . . Printer - Adapter
3 . . Display - Adapter
4 . . PCM2 - Decoderplatine
5 . . PCM2 - Speicherplatine

2. Technische Beschreibung

Jedes PCM-System kann in vier Ebenen gegliedert werden. Das sind

- die Hardware (eine oder zwei Platinen)
- die Decodersoftware
- die Unterstützungssoftware (wird am PC exekutiert)
- die Telesoftware (wird am PCM-Prozessor exekutiert)

2.1. Die Hardware

Alle PCM-Systeme haben einen Z80A-Prozessor und mindestens 65K RAM. Die Hardware des PCM1-Systems besteht aus einer Platine, auf welcher sich der Z80A-Prozessor, 24K PROM, (beinhaltet Btx-, Video-Routinen und einen BASIC-Interpreter) und 65 K RAM (für Display, System-Routinen und Anwendungsprogramme) befinden.

Für das PCM2-System werden zwei Platinen benötigt. Diese sind die Decoderplatine (mit dem Decoder und weiteren für Btx notwendigen Baugruppen) und die Speicherplatine mit dem Z80-A Prozessor und 128 kb oder 256 kb RAM.

Um die PCM-Systeme möglichst flexibel zu gestalten, damit sie leicht an eine bestehende PC-Konfiguration angepaßt werden können, befinden sich auf den Platinen DIL-Schalter. Durch deren Einstellung können verschiedene Adressen für den zusätzlichen Speicher bzw. die Nummer für den bei der Kommunikation verwendeten Interrupt für den PC gewählt werden.

2.2. Der gemeinsame Speicher (PCM2)

Dieser Speicher ist eine der Besonderheiten des PCM2-Systems. Der Speicher (128 kb oder 256 kb) befindet sich auf der PCM2-Speicherplatine und kann vom Prozessor des PC und vom Z80-A auf unterschiedliche Art adressiert werden. Für den PC ist es eine Speichererweiterung, die Adressen dieses Speichers folgen sequentiell auf die Adressen des am PC bereits installierten Speichers. Aus der Sicht des Z80-A Prozessors ist der Speicher in Bänke geteilt. Auf der Speicherplatine befinden sich drei Gruppen von DIL-Schaltern, um

- die Basisadresse der Speichererweiterung des PCs einzustellen,
- den Zugriff des PCs auf den gemeinsamen Speicher zu beschränken,
- die Basisadresse des MUPID Betriebssystems einzustellen.

Am PC arbeiten wir mit dem Betriebssystem DOS /IBM83/. Beim Laden des Systemes prüft dieses, wieviel Speicher vorhanden ist, und der Hauptteil des DOS wird immmer an das Ende des Speichers geschrieben. Das bedeutet, daß das DOS Betriebssystem im Speicher auf der PCM2-Speicherplatine gespeichert ist (siehe Abbildung 3). So steht dem Benutzer mehr Speicher für seine Programme zur Verfügung; der Z80-A braucht zu diesem Zeitpunkt keinen

Speicher, da er noch nicht aktiv ist. Wenn der Benutzer ein Programm ausführen will, welches das PCM-System benötigt (um Informationen von der Btx-Zentrale abzurufen, um Btx-Seiten anzuzeigen oder um ein Teleprogramm auszuführen), müssen 128 kb oder 256 kb des gemeinsamen Speichers frei gemacht werden, so daß dieser ausschließlich vom Z80-A Prozessor benutzt werden kann (diese Speichergröße ist abhängig von der Konfiguration des Systems und vom Programm, das am PCM-System exekutiert werden soll). Um diesen Speicher freizumachen gibt es ein Initialisierungsprogramm. Dieses Programm führt eine DOS-Verschiebung durch. Eine DOS-Verschiebung ist nur nach dem Einschalten des Gerätes vor dem ersten Btx-Betrieb notwendig, da nach Beendigung des Btx-Betriebes die DOS-Obergrenze nicht wieder zurück verschoben wird.

Abbildung 3: Die Verwendung des gemeinsamen Speichers (PCM2)

nur DOS aktiv:

Interr. Vektor Tabelle	DOS Kommun. Area	Benutzer-Programme	DOS

```
|<------------ PC - Memory --------------->|<-- shared memory -->|
               64K bis 512K                   auf PCM2 - Platine
                                                128K oder 256K
```

PCM - System aktiv:

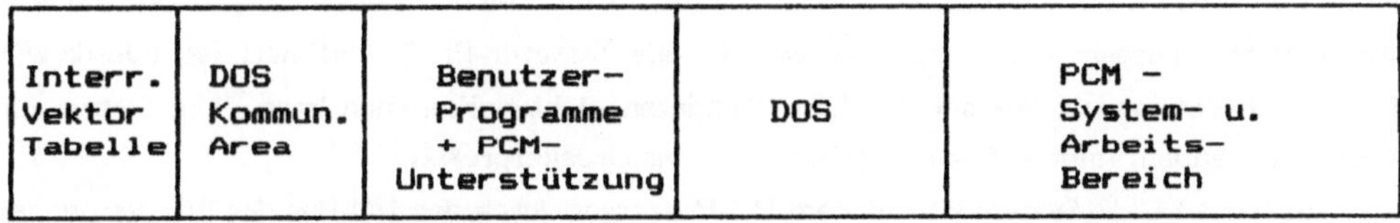


```
|<------------ PC - Memory --------------->|<-- shared memory -->|
               64K bis 512K                   auf PCM2 - Platine
                                                128K oder 256K
```

2.3. Die Decodersoftware

Mit Decodersoftware wird das Betriebssystem für den Z80-A Prozessor bezeichnet. Die Decodersoftware des MUPIDs ermöglicht es, Informationen aus einem Btx-Netz abzurufen, Btx-Seiten anzuzeigen, Teleprogramme zu laden und zu exekutieren. Sie wurde erweitert für die Benutzung der PCM-Platinen im PC, um die Kommunikation des MUPID-Prozessors mit dem PC-Prozessor zu ermöglichen und eine logische Verbindung zu den Peripheriegeräten des PCs aufzubauen (zur Festplatte und Diskettenstation, zur Tastatur und zum Drucker des PCs).

Auf der PCM1-Karte ist die Decodersoftware im 24 kb PROM gespeichert. Die PCM2-Karte hat kein PROM. Daher muß die Decodersoftware von einem am PC laufenden Programm in den gemeinsamen Speicher geladen werden. Für das Verschieben des DOS und für dieses Laden benötigen die PC-Programme Parameter, welche auf einem PC-File gespeichert sind.

2.4. Die Kommunikation zwischen dem PCM-System und dem PC

Wenn die PCM-Karten in Erweiterungspositionen des PC gesteckt werden, sind sie durch den I/O Bus des PC physikalisch mit dem PC-Prozessor verbunden. Logisch gesehen sind sie verbunden mit der Tastatur, allen Festplatten oder Diskettenstationen des PCs und mit dem Drucker. Spezielle Zeichen werden dazu verwendet, um mitzuteilen, von welcher logischen Einheit ein übertragenes Zeichen kommt, und zu welcher es gesendet werden soll. Dabei werden die folgenden Verbindungen unterschieden:

- vom PC zum PCM-System: von Festplatte oder Diskette
  von der Tastatur
- vom PCM-System zum PC: zur Festplatte oder Diskette
  zur Tastatur
  zum Drucker

Dieses logische Konzept gilt für alle PCM-Systeme, aber durch die Unterschiede in der Hardware wurden unterschiedliche Implementierungen notwendig.

Das PCM1-System ist mit dem PC nur über ein I/O-Port verbunden. Das heißt, daß alle Daten nur sequentiell übertragen werden können. Alle Zeichen werden als Diskettendaten interpretiert - ausgenommen das eine, welches als Tastatur-Prefix definiert ist. (Dafür wird ein Zeichen verwendet, das bei den Diskettendaten nicht vorkommen kann.) Um Daten zum Drucker zu senden, folgt auf das Tastaturprefix das Druckerprefix.

Auch das PCM2-System ist mit dem PC-Prozessor durch den I/O Bus des PCs verbunden, aber es hat auch den gemeinsamen Speicher mit dem PC . Der Datenaustausch zwischen dem PCM-System und dem PC erfolgt über genau definierte "Mailboxes", das sind Kommunikationszellen, die im gemeinsamen Speicher liegen. Die Kommunikationszellen werden interruptgesteuert geschrieben und gelesen. Für die Kommunikation "PCM2 an PC" und "PC an PCM2" werden jeweils zwei solche Mailboxes verwendet: eine als Steuerzelle (1 Byte) und eine als Zeichenzelle (1 Byte). Hier haben wir immer ein Informationspaar [status,character]. Der Inhalt der Steuerzelle gibt darüber Auskunft, wie der Inhalt der Zeichenzelle zu interpretieren ist (von welcher logischen Einheit die Information kommt, bzw. zu welcher sie gesendet werden soll). Das Senden eines Zeichens geht folgendermaßen vor sich: Die Zeichenzelle muß leer sein, dann darf ein Zeichen in diese geschrieben werden; in die

Steuerzelle wird die entsprechende Zusatzinformation geschrieben. Der Prozessor, der dieses Zeichen abholen soll, erhält einen Interrupt. Ist das Zeichen abgeholt, ist der Inhalt der Zeichenzelle wieder leer.

Am PC wird von der Unterstützungssoftware eine Interruptroutine installiert, die aufgerufen wird, wenn der PC einen Interrupt vom PCM-System erhält. Sie liest den Inhalt der Zeichenzelle und den der Steuerzelle und speichert das gelesene Zeichen und die dazugehörige Steuerinformation in einem eigens dafür reservierten Puffer.

Abbildung 4: Schema der Kommunikation PC mit PCM2

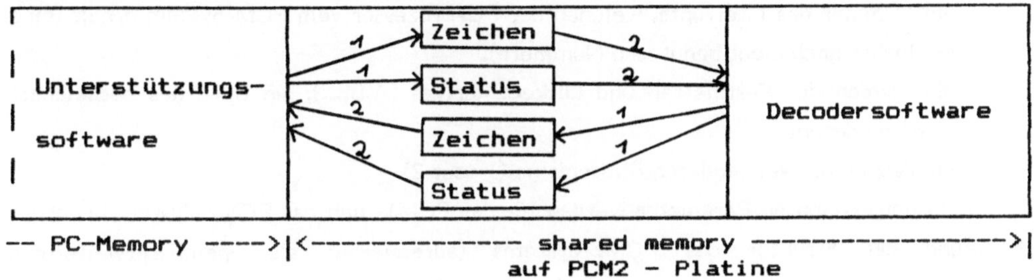

1 . . Schreiben
2 . . Lesen

2.5. Die Unterstützungssoftware

Zu einem PCM-System gehören Unterstützungsprogramme, welche am PC exekutiert werden. Um die PCM-Systeme so flexibel wie möglich zu gestalten, sind wichtige Funktionselemente auf eigene Files geschrieben worden. Für den Btx-Betrieb werden folgende Programme bzw. Files benötigt:

- für PCM1 und PCM2:
  1) Tastaturprogramm
  2) Btx-Programm
  3) Konfigurationsfile
  4) Helpdirectory
- und für PCM2 zusätzlich noch:
  5) Initialisierungsprogramm
  6) Decodersoftware

ad 1) Tastaturprogramm: enthält das Tastaturprogramm für englische, deutsche und Btx-Tastaturbelegung.

ad 2) Btx-Programm: enthält folgende für den Btx-Betrieb notwendige Programme:

- Initialisierung des PCM-Systems
- Interrupthandling (Zeichen vom MUPID empfangen und puffern)
- Installieren der Interrupt-Routinen
- Lesen der Zeichen vom PCM-System (vom Puffer)
- Senden von Daten an den MUPID

ad 3) Konfigurationsfile: enhält die Parameter, die notwendig sind, um das PCM-System möglichst flexibel zu gestalten. Zu diesen gehören:

- die Nummer des PC-Ports, welches für die Kommunikation mit MUPID verwendet wird (um Schwierigkeiten bei der Adressierung anderer bereits installierter Erweiterungskarten zu vermeiden).
- die Nummer des Interrupts, welchen der PC-Prozessor vom PCM-System erhält (eine der bisher noch nicht benutzten Nummern).
- die Namen der Festplatten und Diskettendrives (A,B,...), wo Btx-Files gespeichert werden können.
- die Anzahl der verwendeten Bildschirme (1 oder 2)

Die bisher erwähnten Parameter werden für das PCM1- und das PCM2-System benötigt. Auf Grund der Struktur das PCM2-Systems (adressierbar als Speichererweiterung, Decodersoftware von PC-Programm zu laden), werden hier einige weitere Parameter benötigt:

- die DOS Obergrenze (Adresse, wo das DOS enden muß, damit dem Z80-A Prozessor genug Speicher zur Verfügung steht)
- die Ladeadresse für die Decodersoftware
- der Name des Files, in welchem die Decodersoftware gespeichert ist
- die Adresse des Speichers, welches für die Kommunikation zwischen dem PC und dem PCM-System verwendet wird.

ad 4) HELPDIRECTORY: ist ein Subdirectory, das Files zur Anzeige von Hilfsinformationen enthält

ad 5) INITIALISIERUNGSPROGRAMM: dient zur DOS Verschiebung, um dem PCM-System genug Speicherplatz zur Verfügung zu stellen

ad 6) DECODERSOFTWARE: enthält die Decodersoftware für das PCM2-System.

2.6. Die Vtx-Files

Die Files, mit welchen das PCM-System arbeitet (dh. die Files in welchen die Informationen in Form von Btx-Seiten gespeichert sind), werden in einem Subdirectory namens VTX gespeichert und ihr Format entspricht dem DOS Fileformat. Daher kann auf diese Files von der am PC laufenden Unterstützungssoftware, aber auch von anderen Applikationsprogrammen, die am PC laufen, zugegriffen werden. Diese Files können auch als ein Mittel für den Informationsaustausch zwischen einem am PC und einem am MUPID laufenden Programm verwendet werden.

3. Ausblick (PCM2)

Die Entwicklung der PCM2 USW ist als abgeschlossen zu betrachten. Von ihr werden jedoch noch nicht alle Möglichkeiten des PCM2-Systems ausgenutzt.

Eine große Nachfrage besteht nach einer Schnittstelle für PC-Programme zu der PCM2-Karte. Dashalb wird ein High-Level-Interface von einer höheren Programmiersprache (derzeit Turbo-Pascal) zur PCM2-Karte entwickelt. Das dieser Schnittstelle zugrunde liegende Konzept reicht über die Implementierung von I/O Funktionen hinaus. Außer sogenannten Read/Write Operationen werden auch "asynchrone PCM2-Funktionen" entwickelt. Diese bestehen aus zwei Teilen:

1) PC-Teil: Unterprogramme, die von am PC laufenden Programmen aufgerufen werden
2) MUPID-Teil: im MUPID Speicher residente Programme

Erhält der PC-Programmteil die Kontrolle, wird von diesem der MUPID-Teil aktiviert. Dies geschieht dadurch, daß ein gerade am MUPID laufendes Programm unterbrochen und sein Zustand gespeichert wird. Die Ergebnisse des MUPID-Programmteiles werden im shared memory gespreichert und dann wird der vorherige Zustand des unterbrochenen Progammes wieder hergestellt und das Programm wieder aktiviert. Die Ergebnisse des MUPID-Teilprogrammes werden vom PC-Programm gelesen und an das aufrufende Programm übergeben.

Um die Möglichkeit der parallelen Verarbeitung auf der 8088 und der Z80 CPU auszunutzen, werden am PC Funktionen implementiert, die nicht auf die Terminierung des Z80 Teiles warten. Die Sysnchronisation der am 8088 und am Z80 laufenden Prozesse wird durch einen binären Semaphor gewährleistet. Einige der geplanten asynchronen PCM2-Funktionen sind:

- Lesen der Textinformation vom MUPID Bild, ab einer Startposition bis zu einer Endposition am Bildschirm
- Lesen der diakritischen Bildschirminformation ab einer Startposition bis zu einer Endposition am Bildschirm
- Lesen der Zeichensatzinformation am Bildschirm an einer gewünschten Position
- Drucken von Grafik oder Text
- Lesen der Btx-Daten, die vom Modem kommen, ohne daß diese vom MUPID interpretiert werden

Diese Turbo-Pascal PCM2 Schnittstelle erlaubt das rasche Entwickeln von Kommerziellen Btx-Applikationen, mit allen Vorteilen, die eine höhere Programmiersprache mit sich bringt. Der Umweg über die PCM2 Unterstützungssoftware ist dabei nicht mehr notwendig. Falls M-Disk-Funktionen benötigt werden, können diese leicht vom Applikationsprogramm simuliert werden. Wir glauben, daß mit dieser Schnittstelle ein großes Spektrum an Möglichkeiten für die Anwendung des PCM2-Systems erschlossen wird.

4. Referenzen

/MCG84/ MCG: "Anschlußanleitung MUPID PCM2 für IBM PC" Juli 1984

/MUH83/ MUPID Team: MUPID Handbuch, Verlage Bohmann, FRIC, Wien 1983

/IBM83/ IBM Personal Computer, Computer Language Series: "Disk Operating System" by Microsoft Corp. 1983

/HAA83/ V.Haase: "Die Technik der neuen Medien", BI Wien 1983

/MAU84/ H.Maurer, R.Posch: "MUPID2: Durchbruch für Bildschirmtext", IIG Bericht B43, 1984

/PON84/ H.Pongratz, W.Schinnerl: "Moderne Btx-Terminals" Seite 691 - 699 in FIM Tagungsbuch: "Mikroelektronik für den Menschen", Linz 1984

/MAU82/ H.Maurer, R.Posch: "Ein Beitrag Österreichs zur Entwicklung von Bildschirmtext", IIG Bericht B17, 1982

GASC

ein Graphik- und Software Kommunikationssystem[1)]

H. Cheng, P. Lipp, H. Maurer, R. Posch[2)]

Kurzfassung

Lokale Btx- und Btx-ähnliche Systeme haben erst durch den Einsatz von intelligenten Endgeräten die Chance, erfolgreich zu sein. Die am Markt erhältlichen Systeme nutzen aber zur Zeit die Intelligenz der Endgeräte nicht voll aus. In dieser Arbeit stellen wir ein System vor, bei dem die Ausnützung der Intelligenz der Endgeräte von Anfang an im Mittelpunkt der Überlegungen stand. Dadurch kann ein besonders gutes Preis/Leistungsverhältnis erzielt werden.

1. Einleitung

Die Entwicklung von Btx in den vergangenen 10 Jahren hat gezeigt, daß diese Idee nur dann erfolgreich sein kann, wenn man mehr tun kann als nur Informationen mit einfachen Endgeräten abzufragen. Als Konsequenz davon hat man einerseits die einfache Zentrale durch ein Netz von Datenbasen ersetzt, und anstelle der einfachen Terminals mit rein numerischer Eingabe sind PC-s mit guten graphischen Fähigkeiten getreten. So hat sich das erfolglose Btx der Vergangenheit in ein Btx mit Zukunft verwandelt.

Derzeit verfügbare Btx-Zentralen nutzen aber die Tatsache, daß ein immer größer werdender Teil der Benutzer intelligente Endgeräte verwendet, nicht aus. Viele Aufgaben, die genausogut von den Endgeräten übernommen werden könnten, werden weiterhin in der Zentrale durchge-

---

1) Die Forschungstätigkeit, die zum vorliegenden Bericht führte, wurde maßgeblich unterstützt durch das Bundesministerium für Wissenschaft und Forschung.

2) IIG, Schießstattgasse 4a, A-8010 Graz

führt. Aus diesem Grunde kann eine Btx-Zentrale einer bestimmten Größe S nur eine begrenzte Anzahl M von Teilnehmern bedienen, bevor sie überlastet wird. Dieses Verhältnis S/M soll durch eine neue Systemkonzeption drastisch gesenkt werden, indem so viel Arbeit wie nur möglich von der Zentrale in die Endgeräte ausgelagert wird. Dadurch wird es möglich, wesentlich mehr Teilnehmer mit einer Zentrale gleicher Größe zu bedienen.

2. Das GASC-System

Das in dieser Arbeit beschriebene System wird Ende 1985 verfügbar sein. Es unterscheidet sich von herkömmlichen Systemen durch die Verwendung der Endgeräte, die viel mehr können und wesentlich mehr Aufgaben von der Zentrale übernehmen müssen. Dadurch wird die Zentrale wesentlich entlastet. Außerdem müssen die eingesetzten Endgeräte farbgraphikfähig sein im Sinne von GKS und dem CEPT-Btx-Standard (Klassen C0-C2). Auch stellen die Zentralen nicht nur Information im üblichen Sinne zur Verfügung (Text, Graphik), sondern auch Programme, die in die Endgeräte geladen werden (Telesoftware).

Da sich sowohl Zentrale als auch Endgeräte stark von den üblichen Btx-Systemen der Vergangenheit unterscheiden, wäre die Verwendung der Bezeichnung Btx zu ungenau. Deswegen hielten wir die Einführung einer neuen Bezeichnung für gerechtfertigt: wir nennen ein derartiges System GASC, eine Abkürzung für Graphik And Software Communikation System.

Ein typisches GASC-System besteht im wesentlichen aus einer großen Festplatte (100 MByte oder mehr), einer Möglichkeit, die Daten zu sichern (z.B. auf einem Streamer-Tape) sowie einem Rechner, der kaum mehr macht, als die Disk zu lesen und zu beschreiben und eine große Anzahl von Terminals (bis zu 128) mit einer Geschwindigkeit von 4800 oder 9600 baud bedienen kann.

Eine derartige Konfiguration kann zum Preis von ca. je 500.000 Schilling für die Hardware und die Grundsoftware erworben werden. Die Grundsoftware besteht aus den Programmen für die Zentrale sowie einigen Dienst- und Anwendungsprogrammen für die Endgeräte.

Als typisches GASC-Terminal wird ein PC mit Graphikfähigkeit eingesetzt (wie Mupid oder PC mit Mupid-Platine).

3. Anwendungen

Es können sehr viele Anwendungen mit Hilfe eines GASC-Systems realisiert werden. Die folgenden Beispiele können keine vollständige Liste der Möglichkeiten darstellen, sie sollen nur ein Gefühl für die bestehenden Möglichkeiten vermitteln.

3.1 GASC als Informationssystem

Wie Btx kann auch GASC als reines Informationssystem benutzt werden. Aber bereits für diese einfache Anwendung können wir mit einigen wesentlichen Verbesserungen aufwarten. Wie wir bereits in der Einleitung erwähnt haben, wurden eine Reihe von Aufgaben in die Endgeräte verlagert, so auch die Verzweigungen von Seiten. Beim üblichen Btx-System kann man durch Eingabe einer Ziffer (0 bis 9) eine vom Informationsanbieter bestimmte neue Seite erreichen. Das würde bei einem Ortslexikon etwa so aussehen:

```
 ________________________________________________
!                                                !
! GASC-Ortelexikon          Hauptstädte der Welt !
!                                                !
! A-E ..... 1               F-H ...... 2         !
! I-M ..... 3               N-P ...... 4         !
! Q-T ..... 5               U-Z ...... 6         !
!                                                !
! Wählen Sie nach dem Anfangsbuchstaben des Ortes !
!________________________________________________!
```

Im GASC-System werden derartige Verzweigungsdefinitionen nicht von der Zentrale, sondern vom Endgerät behandelt. Dadurch kann die Beschränkung auf numerische Eingaben fallengelassen werden. Der Benutzer darf jede sinnvolle Kombination von Zeichen zur Wahl der Verzweigung verwenden, solange diese Kombination als Verzweigung zu einer anderen Seite definiert wurde. Dadurch wird das Suchen im System um vieles leichter. Zur Erläuterung das obige Beispiel noch einmal für das GASC-System:

```
-----------------------------------------------------
!                                                   !
! GASC-Ortelexikon           Hauptstädte der Welt   !
!                                                   !
! Geben Sie die ersten Buchstaben des gewünschten   !
! Ortes ein!                                        !
!                                                   !
!___________________________________________________!
```

Um diese Auswahlmöglichkeit durchführen zu können, muß natürlich dem Endgerät die Zuordnung Eingabe - Seitennummer bekannt sein. Diese Zuordnung wird als Tabelle mit der Seite mitgeladen.

Außer diesen Verbesserungen, die nur durch Verwendung intelligenter Endgeräte möglich sind, wird es auch ein Dateiverwaltungsprogramm geben, das Erstellung, Verwaltung und Verwendung auch sehr großer Dateien effektiv durchführt. Dieses Programm wird auch Suchen nach bestimmten Begriffen in derartigen Datenbeständen noch bequemer, schneller und effektiver machen.

3.2 GASC als Kommunikationssystem

Drei Arten von Kommunikationsmöglichkeiten sind im GASC-System verfügbar:

(a) Kommunikation unter Benutzern,
(b) Kommunikation mit anderen GASC-Systemen,
(c) Kommunikation mit öffentlichen oder privaten Btx-Systemen.

a) Kommunikation unter Benutzern

Diese Kommunikationsmöglichkeit wird durch ein Programm im Endgerät ähnlich dem Mitteilungsdienst einer öffentlichen Btx-Zentrale übernommen. Details finden sich weiter unten.

Diese beiden Punkte können auf zweierlei Weise bewältigt werden.

1) Da das GASC-Terminal sich an die Vorschriften des CEPT- Präsentationsschicht-Protokolls hält, kann das Terminal direkt mit jedem anderen GASC- oder Btx-System verbunden werden, indem einfach die entsprechende Telephonnummer gewählt wird.

2) Die Verbindung wird über die GASC-Zentrale hergestellt, die über ausgewählte Endgeräte mit anderen Zentralen verbunden ist. Diese Endgeräte haben nur eine einzige Aufgabe: Daten zwischen den beiden Systemen zu transportieren. Das ergibt nur für bestimmte Anwendungen Sinn: Zum Beispiel das Einsammlen von Mitteilungen aus dem öffentlichen Btx-System und überspielen ins GASC-System.

An dieser Stelle müssen wir betonen, daß die GASC-Zentrale nicht als externer Rechner im Sinne von Btx verwendet werden kann. Dies würde nämlich dem Prinzip widersprechen, die Zentrale zu entlasten. Es gibt allerdings die Möglichkeit, einen eigenen Verbindungsrechner zu verwenden, der sich zur öffentlichen Btx-Zentrale wie ein externer Rechner und zur GASC-Zentrale wie ein (oder mehrere) Terminal(s) verhält.

3.3 Andere Anwendungen

Die GASC-Zentrale beinhaltet eine Reihe von Programmen, die in das GASC-Terminal geladen und dort durchgeführt werden können. Unter der Annahme, daß die Übertragungsgeschwindigkeit zwischen Zentrale und Terminal groß genug ist (Min. 4800 baud), benötigt das Endgerät nicht unbedingt externen Speicher, um arbeiten zu können. Es kann die Zentrale als billigen, externen Speicher verwenden. Dadurch können auch die Kosten für die Endgeräte sehr niedrig gehalten werden.

Andere Programme, die in der GASC-Zentrale angeboten werden, enthalten ein Tabellenkalkulationsprogramm (Spreadsheet), ein Dateiverwaltungsprogramm, einen Text-Editor, einen Graphik-Editor, Computerunterstützen Unterricht (Erstellung und Verwendung von Lernprogrammen), mehrere Sprachcompiler und vieles mehr.

4. Das "Innere" des GASC-Systems

4.1 Die GASC-Datenstruktur

Der verfügbare Massenspeicher (auf einer oder mehreren Festplatten) wird in gleiche Teile geteilt, die Seiten genannt werden. Jede dieser Seiten besteht aus exakt 1024 Bytes. Dadurch kann eine einfache Abbildung zwischen der Nummer der Seite und der Stelle auf der Disk geschaffen werden. Diese Seiten sind fortlaufend von 0 bis zum Maximum nummeriert. Der gesamte Seitenbereich wird in Benutzer-Bereiche geteilt, wobei ein derartiger Bereich jeweils einem Benutzer oder einer Benutzergruppe zur Verfügung steht. Diese Bereiche sind von unterschiedlicher Größe (0 bis 32767 Seiten). Eine einzelne GASC-Seite kann nur durch Angabe von Bereichs- und Seitennummer angesprochen werden.

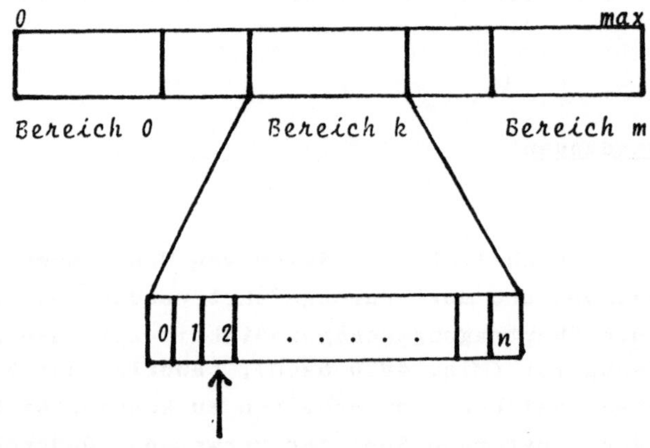

Die 1024 Bytes einer Seite enthalten die folgende Information:

Länge der gespeicherten Daten	2 Bytes
Leseschlüssel	10 Bytes
Schreibschlüssel	10 Bytes
Änderungsschlüssel	10 Bytes
gespeicherte Daten	bis zu 992 Bytes

Die hier angeführten Schlüssel sind der einzige Zugriffsschutz, der im GASC-System existiert. Ein Benutzer darf eine Seite verwenden, wenn er deren Schlüssel kennt:

- Er kann sie lesen, wenn er den Leseschlüssel kennt,
- kann sie beschreiben, wenn er den Schreibschlüssel kennt und
- kann deren Schlüssel ändern, wenn er deren Änderungsschlüssel kennt.

Die Leseschlüssel der meisten Seiten werden leer sein; das bedeutet, daß sie von jedem Benutzer gelesen werden können. Soll eine Seite mit Schlüssel gelesen werden, so muß sich der Benutzer nicht identifizieren, indem er irgendein Kennwort eingibt, er muß nur den richtigen Leseschlüssel für diese Seite angeben.

Dieser einfache Kontrollmechanismus hat folgende Vorteile:

- Es gibt keine Benutzeridentifikation und keinen Anmeldevorgang. Die Zentrale tut nur das Notwendigste, um unerlaubten Zugriff auf Seiten zu verhindern.

- Es wird wenig zusätzlicher Speicher für die Verwaltung der Zugriffsinformation verbraucht. Alle Schlüssel werden im Rahmen der Seite gespeichert, die Anzahl der notwendigen Plattenzugriffe wird minimiert.

Die Verantwortlichkeit, Seiten vor unerlaubtem Zugriff zu schützen, liegt völlig in der Hand des Benutzers, dem diese Seiten gehören. Setzt also ein Benutzer seine Schlüssel auf bestimmte Werte, so muß er diese geheimhalten. Will er irgendeinem andereren Benutzer die Möglichkeit geben, auf seine Seiten zuzugreifen, muß er ihm den entsprechenden Schlüssel bekanntgeben. Wichtig ist aber, daß er den Änderungsschlüssel möglichst nicht aus der Hand gibt, da dann andere Benutzer die Schlüssel seiner Seiten ändern und sie ihm dadurch "sperren" könnten.

Dieser Schlüsselmechanismus kann auch verwendet werden, um etwas Ähnliches wie eine geschlossene Benutzergruppe zu organisieren. Nur Mitglieder einer bestimmten Gruppe kennen die Schlüssel der entsprechenden Seiten und können diese verwenden.

Aus Gründen des Datenschutzes ist es notwendig, Seiten auf eine weitere Art vor unerlaubtem Zugriff schützen zu können: durch einen sogenannten "indirekten" Schlüsselmechanismus. Dies war notwendig, um ein Mitteilungssystem zu ermöglichen, das voll in den Endgeräten läuft und bei dem die Mitteilungen auf normalen GASC-Seiten gespeichert werden können. Dabei erhält die Seite mit der Mitteilung einen Leseschlüssel folgenden Aufbaus:

*p.n

Der Stern kennzeichnet diesen Schlüssel als indirekten Schlüssel. p.n kann als Zeiger auf den eigentlichen Leseschlüssel aufgefasst werden, wobei p die Seitennummer einer Schlüsselseite ist, und n die Nummer eines Eintrags in dieser Seite. Dieser Eintrag wird dann als Lese- bzw. Schreibschlüssel für diesen Seitenabruf verwendet. Der Vorteil dieses Verfahrens liegt darin, daß der Inhaber einer Seite deren Inhalt einem anderen Benutzer verfügbar machen kann und dabei weiß, daß wirklich nur der gewünschte Empfänger diese Seite lesen kann. Ohne diesen Mechanismus hätte er zwei Möglichkeiten: er könnte dem anderen Benutzer den Leseschlüssel bekanntgeben, oder einen dem anderen Benutzer bereits bekannten Leseschlüssel verwenden. Durch die Verwendung dieses Verfahrens ist es nicht notwendig, irgendeinen Schlüssel aus der Hand geben zu müssen, was die Sicherheit des Systems beträchtlich erhöht.

4.2 Die GASC-Terminal-Schnittstelle

Dem Benutzer des GASC-Systems stehen die folgenden Befehle zur Verfügung:

- Lesen einer GASC-Seite
- Beschreiben einer GASC-Seite
- Abrufen des Datums und der Uhrzeit
- Beenden der Sitzung

Dem privilegierten Benutzer, dem Operator (Identifikation durch die Hardware), stehen außerdem folgende Befehle zur Verfügung:

- Ein-/Ausschalten der Überprüfung der Schlüssel
- ordnungsgemäßes Abschalten des Systems

5. Realisierung einiger wichtiger Funktionen des Gasc-Systems

Die Realisierung der Funktionen Datenspeicherung und Zugriffskontrolle wurde in den vorhergegangenen Kapiteln behandelt. Im Folgenden beschreiben wir die Funktionen:

- Benutzerverwaltung
- Mitteilungsdienst

5.1 Benutzerverwaltung

Benutzerverwaltung ist eine Aufgabe, die, nicht nur bei Btx-Zentralen, sondern auch bei Großrechenanlagen, immer von der Zentrale durchgeführt wurde. Der Grund dafür liegt wohl in den großen Sicherheitsanforderungen bei solchen Systemen. Um den Zugang zu solchen Systemen zu kontrollieren, muß der Benutzer seine Identifikation und ein Passwort eingeben. Mit jeder Identifikation ist eine Menge von Rechten und Möglichkeiten verbunden, die dem Benutzer zur Verfügung stehen. Die Zentrale hat dann die Aufgabe, den Benutzer bei der Verwendung des Systems dauernd zu kontrollieren. Gibt es sehr viele Benutzer, muß das System dafür eine relativ große Datenbasis verwalten.

Wir haben uns für die Verwendung des bereits beschriebenen, sehr einfachen Kontrollmechanismus entschlossen. Mit diesem ist es nicht notwendig, eine zentrale Benutzerverwaltung im üblichen Sinne durchzuführen. Wird eine höhere Sicherheit gefordert als sie der Schlüsselmechanismus bietet, kann man, dank der Verwendung intelligenter Endgeräte, auf bekannte Datenverschlüsselungsverfahren zurückgreifen.

Um einem Benutzer das Recht zu geben, Seiten des Systems zu verwenden, muß der Systembetreuer einen neuen Benutzerbereich einrichten. Die Seiten, die dieser Benutzerbereich enthält, erhalten neue, vom Benutzer wählbare Schlüssel.

5.2 Das Mitteilungssystem

Ein Btx-System oder ein Rechnernetz ohne Mitteilungssystem ist wohl nicht wünschenswert. Bei diesen Systemen ist meist ein zentraler Rechner für die Verwaltung dieser Mitteilungen verantwortlich. In unserem System soll nicht die Zentrale diese Aufgabe übernehmen, sondern die Endgeräte.

Dabei gibt es mehrere wesentliche Unterschiede zu herkömmlichen Btx-Systemen. Einer davon ist der Speicherplatz, der zur Speicherung der Mitteilungen verwendet wird. In Btx-Systemen wird dafür ein eigener Seitenpool verwendet, der keinem Benutzer zur Verfügung steht. Im GASC-System wird jede Mitteilung auf einer Seite des Seitenbereichs des Absenders gespeichert. Auch die Hinweise für die Empfänger, daß sie eine Mitteilung erhalten haben, werden nicht auf Seiten des Systems gespeichert, sondern auf einer speziellen Seite, der Seite 0, des Seitenbereichs des Empfängers.

Der Vorgang des Versendens einer Mitteilung läuft etwa so ab:

Der Absender editiert eine Mitteilung mit Hilfe des Textverarbeitungsprogramms. Danach lädt er das Mitteilungsprogramm in das Endgerät. Will er nur eine kurze Mitteilung verschicken, so kann er diese auch sofort mit Hilfe des Mitteilungsprogrammes erstellen, wobei er aber auf komfortable Editiermöglichkeiten verzichten muß. Dem Mitteilungsprogramm muß er dann nur noch die Nummer der Seite, auf der die Mitteilung steht, sowie den Namen des Empfängers bekanntgeben.

Mit Abruf des Mitteilungsprogramms kann der Benutzer auch feststellen, ob für ihn eine Mitteilung eingetroffen ist. Diese Mitteilung kann er dann lesen, auf eine seiner eigenenen Seiten kopieren, sie ausdrucken oder einfach aus dem Pool der eingelangten Mitteilungen löschen.

Da das Mitteilungssystem Seiten verwendet, die von mehreren Benutzern gleichzeitig verändert werden könnten, muß dafür gesorgt werden, daß das nicht der Fall ist. Benötigt wird dafür ein Algorithmus, der derartige Kollisionen verhindert, indem er den Zugriff auf Seiten sperrt, auf den Endgeräten läuft und dabei möglichst stabil ist gegen hardwarebedingte Ausfälle.

Es ist sehr einfach, einen derartigen Sperrmechanismus im GASC-System vorzusehen. Man muß nur den Leseschlüssel der entsprechenden Seite ändern, sodaß andere Programme auf diese Seite nicht mehr zugreifen können. Sobald alle notwendigen Änderungen durchgeführt sind, kann die Seite wieder freigegeben werden, indem der alte Leseschlüssel wieder hergestellt wird.

6. Was unser System nicht kann

Wenn man ein dezentralisiertes System hat, bei dem die Funktionen der Zentrale sehr sehr eingeschränkt sind, dann muß man in bestimmten Bereichen Beschränkungen in Kauf nehmen. So ist unser System in dem Sinn anonym, daß sich niemand identifizieren muß, um das System verwenden zu können. Die Angabe eines Schlüssels, um eine Seite lesen zu können, kann man wohl kaum als Identifikation betrachten. Die Zentrale wird auch keinerlei Statistiken über die Anzahl der Aufrufe einer bestimmten Seite erstellen. Das alles ist aber in vielen Fällen kein Nachteil, im Gegenteil: wir sind sogar stolz auf diese Anonymität im Sinne von [8].

Im Gegensatz zu Btx-systemen ist bei uns keine Vergebührung von Seitenabrufen vorgesehen. Das ist aber unserer Meinung nach ebenfalls kein Nachteil, da derartige Systeme hauptsächlich in Firmen und Organisationen ihren Einsatz finden werden, wo eine Vergebührung kaum notwendig erscheint. Prinzipiell wäre aber eine Vergebührung realisierbar. Dabei müsste bei jedem Abruf einer gebührenpflichtigen Seite eine "Kontonummer" eingegeben werden. Die Zentrale würde dann den entsprechenden Betrag von diesem Konto abbuchen. Der Mehraufwand, den die Zentrale leisten müsste, ist recht hoch. Daher haben wir vorerst keine Vergebührung vorgesehen.

7. Abschließende Bemerkung

Das in dieser Arbeit beschriebene GASC-System wurde bereits implementiert. Die erste Version ist in C geschrieben, um sie auf so vielen Anlagen wie nur möglich installieren zu können, ohne große Programmänderungen notwendig zu machen. Die erste Version wurde auf einem FORTUNE 32:16 unter UNIX implementiert. Außerdem läuft sie auf einer VAX 750 unter VMS sowie einem VERSACOM 1 unter OS-9. Daß die Entscheidung für C richtig war, hat sich bereits bestätigt. Die Installation der Software auf einer neuen Maschine kann, bei hinreichend guter Kenntnis des Systems und Dokumentation, in weniger als einer Woche durchgeführt werden. Außerdem bietet diese Lösung einen kostengünstigen, risikolosen Einstieg. Um aber eine gute Leistung des Systems erreichen zu können, ist eine spezielle Hardware mit entsprechend angepasster Software notwendig.

Zu diesem Zweck werden wir ein oder mehrere Systeme auswählen (z.B. VERSACOM von BEL oder Cromenco) und auf diesen Rechnern die besonders zeitsensiblen Funktionen (Disk-I/O, Terminal-I/O) hardwarenahe implementieren.

Als Endgerät wird hauptsächlich Mupid, bzw. ein PC mit Mupid-Platine, eingesetzt. Dank einer in C geschriebenen, portablen Routinenbibliothek kann aber jeder andere PC sehr leicht an GASC angeschlossen werden. Wie weit er dann aber alle Möglichkeiten ausnutzen kann, hängt von dessen Graphikfähigkeit ab.

8. Literatur

[1] Cheng, H., Maurer, H.: Telesoftware - the right approach to Videotex - if you do it right; Proc. IRE Conf. on Telesoftware, London (1984), 75-78.

[2] Conference of European Post and Telecommunication Administrations; Videotex Presentation Layer Data Syntax; Issue 2, Recommendation T/CD 6, (Sept. 1983).

[3] Fellner, W.D., Maurer, H., Posch, R.: Intelligent Videotex terminals for rapid videotex penetration; Proc. Videotex Europe; Amsterdam (1983), 155-164.

[4] Gecsei, J.: The architecture of Videotex systems; Englewood Cliffs, N.J., Prentice Hall (1983).

[5] Maurer, H.: Die Bedeutung intelligenter Terminals f}r Bildschirmtext, Proc. Telematica 84, Stuttgart, Band 1, 55-71.

[6] Maurer, H., Posch, R.: Mupid 2: Durchbruch f}r Bildschirmtext, Bericht B43, IIG Graz, (1984).

[7] Maurer, H.: The austrian approach to videotex; proc. 7th EM CSR Meeting, North Holland Publishing Co., Amsterdam (1984), 589-592.

[8] Maurer, H., Rozsenich, N., Sebestyen, I.: Videotex without "Big Brother"; Electronic Publishing Review 4 (1984), 201-214.

BILDSCHIRMTEXT - EIN RECHNERUNTERSTÜTZTES KOMMUNIKATIONSMITTEL AUCH FÜR BLINDE

Waltraud SCHWEIKHARDT
Institut für Informatik
Universität Stuttgart
Azenbergstr.12, D-7000 Stuttgart 1

Kurzfassung

Bildschirmtext kann auch von blinden Teilnehmern genutzt werden, wenn Ihre Teilnehmereinrichtung durch einen Mikrorechner und elektronische Ausgabegeräte mit tastbarer Anzeige ergänzt werden. In diesem Beitrag wird unsere taktile Repräsentation von Texten wie von Grafiken in Bildschirmtext-Seiten vorgestellt, und es wird erklärt, wie sich ein Blinder den Inhalt einer Grafik im Dialog mit unseren Programmen erarbeiten kann. Schließlich wird von ersten Erfahrungen beim Erproben der Lesbarkeit und Verständlichkeit der tastbaren Btx-Seiten mit Blinden berichtet.

1. Einleitung

Interaktive Videotex-Systeme sind heute in den meisten europäischen Ländern im Einsatz. Diese Kommunikationsnetze heißen BILDSCHIRMTEXT (Belgien, Bundesrepublik Deutschland, Österreich), DATA VISION (Schweden), PRESTEL (Groß Britannien), TELEDATA (Norwegen und Dänemark), TELESET (Finnland), TELETEL (Frankreich), VIDEOTEL (Italien) und VIDEOTEX (Schweiz und Spanien).

Zur Übertragung und Darstellung von Informationen legten 26 europäische staatliche Fernmeldeverwaltungen den europäischen CEPT-Standard fest (Conférence Européenne des Administrations des Postes et des Télécommunications). Dieser Standard wird nun in den einzelnen Ländern seit 1984 nach und nach eingeführt.

Alle Dienste dieses Netzes sind nach Bereitstellung einer geeigneten Benutzerschnittstelle auch blinden Teilnehmern zugänglich. Blinde erhalten dadurch Zugang zu einer Fülle von Informationen, die ihnen bisher ohne eine Vorlesekraft verschlossen waren. Die Möglichkeit, per Bildschirmtext mit Personen, die Blindenschrift weder lesen noch schreiben können, Briefe zu wechseln, sowie der Zugang zu einem persönlich geführten Bankkonto, öffnen Blinden erstmals eine Privatsphäre, die Sehenden selbstverständlich ist.

2. Informationsdarstellung gemäß dem CEPT-Standard

Im folgenden werden die Darstellungseigenschaften des CEPT-Standards zusammengestellt, die bei der Aufbereitung von Btx-Seiten in eine tastbare Form von Bedeutung sind.

Die in der zentralen Datenbank eines Videotex-Systems gespeicherte Information ist in Seiten mit 24 Zeilen und 40 Spalten aufgeteilt. Jede Seite ist aus 3 logischen Schichten zusammengesetzt (siehe Bild 1).

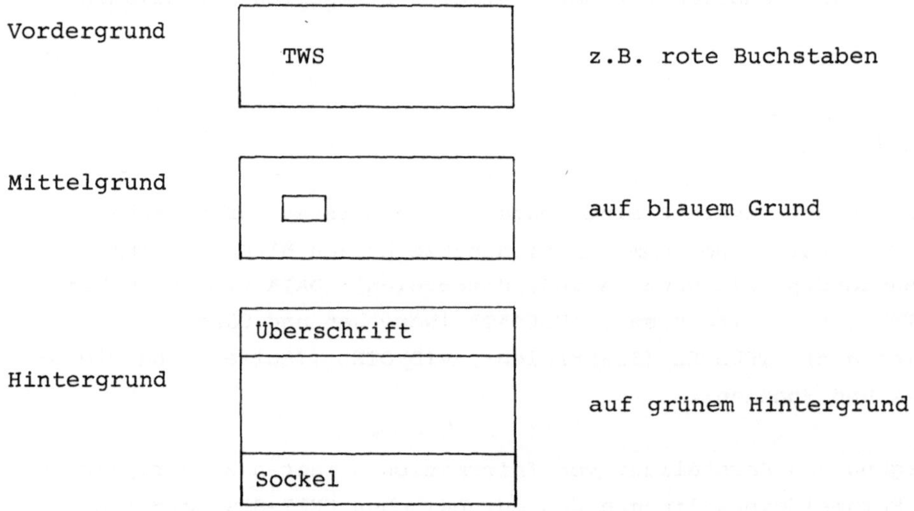

Vordergrund — TWS — z.B. rote Buchstaben

Mittelgrund — auf blauem Grund

Hintergrund — Überschrift / Sockel — auf grünem Hintergrund

Bild 1: Logische Schichten einer Btx-Seite

Die Grundschicht enthält die Überschrift einer Seite mit dem Namen des Anbieters und dem Preis für den Seitenaufruf und einen Sockel, der für das Erstellungsdatum der Seite und ihre Nummer sowie für Systemmeldungen vorgesehen ist. In der Grundschicht wird die Hintergrundfarbe der Seite oder einzelner Zeilen festgelegt. Die Hintergrundfarbe ist jeweils als schwarz voreingestellt. Sollen später Videobilder in die Seite eingespielt werden, wird in der Grundschicht der dafür vorgesehene Bereich als "Fenster" vereinbart.

Die zweite Schicht stellt den Mittelgrund der Seite dar. Er ist mit der Farbe transparent vorbelegt. Dies bewirkt, daß die Farben der Grundschicht durchscheinen. Im Mittelgrund werden die Hintergrundfarben der alphanumerischen und der grafischen Zeichen festgelegt, die in der dritten, der Vordergrundschicht liegen.

Es gibt vier Gruppen darstellbarer Zeichen. Sie sind in Bild 2 zusammengestellt. Die diaktritischen Zeichen können zum Überschreiben der lateinischen Buchstaben verwendet werden. Zusätzlich kann ein Informationsanbieter selbst Zeichen definieren. Diese bilden dann seinen frei definierten Zeichensatz, auf englisch Dynamically Redefinable Character Set (DRCS).

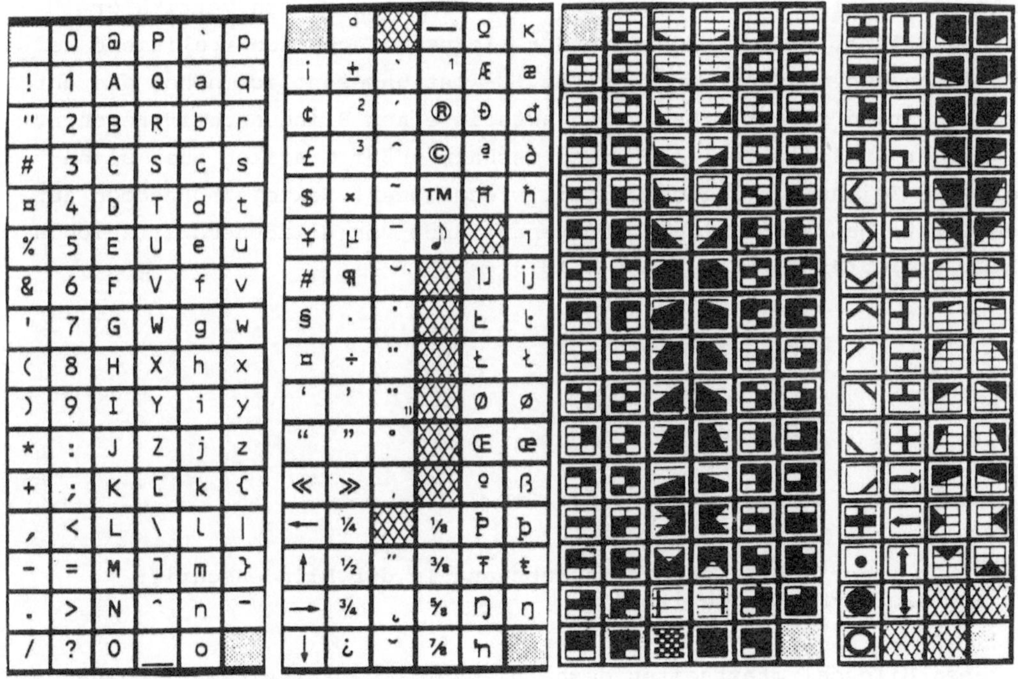

Bild 2: Zeichensätze des CEPT-Standards

Die Ausprägung der Zeichen wird durch Attribute beschrieben. Zeichen können

- in 8 Grundfarben in je 2 Intensitäten oder je Seite in 16 weiteren frei mischbaren Farben dargestellt werden,
- in 4 verschiedenen Größen angezeigt werden,
- in 3 verschiedenen Phasen blinken,
- invertiert wiedergegeben werden, was bedeutet, daß die Farben von Zeichenhintergrund und Zeichen vertauscht werden.

3. Aufbereitung von Bildschirmtext-Seiten in eine tastbare Darstellung

Die Bildschirmtextseiten werden auf einer elektronisch ansteuerbaren Stiftplatte dargeboten, die für uns von der Firma METEC, Stuttgart, {8} in Zusammenarbeit mit der Firma Papenmeyer, Schwerte, {9} hergestellt und Anfang 1985 geliefert wurde. Die Stifte sind von unseren Rechnerprogrammen einzeln heb- und senkbar.

Der Abstand zweier Stifte beträgt in horizontaler wie in vertikaler Richtung 3,1 mm. Dies ist derzeit der kleinste technisch realisierbare Abstand einzeln ansteuerbarer Stifte. Er ist unwesentlich höher als der übliche Abstand zweier erhabener Punkte in einem Blindenschriftzeichen. Auf unserer Stiftplatte lassen sich deshalb außer Grafiken auch alphanumerische Zeichen in Blindenschrift wiedergeben. Texte sind jedoch auf einem Gerät, das auch übliche Zeichenabstände von Blindenschriftzeichen einhält, leichter lesbar (siehe Bild 3).

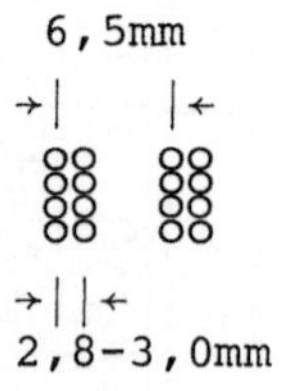

Bild 3: Üblicher Punkt- und Zeichenabstand in der Blindenschrift (hier 8-Punkt-Schrift)

Wir geben Bildschirmtextseiten deshalb zusätzlich auf einem Blindenschrift-Ausgabegerät vom Typ MBT 80 der Firma EHG (Elektronik und Hilfsmittel gGmbH) in D-7240 Horb a.N. {10} aus (siehe Bild 4).

Der Zustand der Stiftplatte wird durch eine Matrix beschrieben, die aus den logischen Werten 0 und 1 besteht. 1 bedeutet, daß der entsprechende Stift gehoben ist, 0, daß er versenkt bleibt. Die zu lösende Aufgabe ist damit eine Abbildung des Bildschirminhalts auf 0-1-Matrizen.

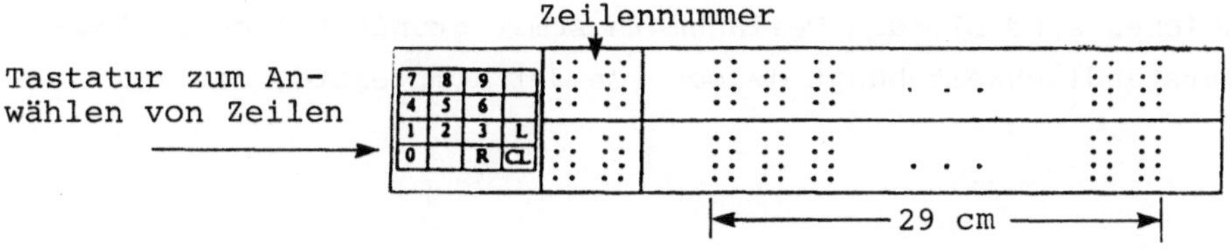

Bild 4: Blindenschrift-Ausgabegerät MBT 80

3.1 Tastbare Codierung der Zeichensätze des CEPT-Standards

Um die alphanumerischen Zeichen auf Blindenschriftzeichen abbilden zu können, benötigt man eine 8-Punkt-Schrift mit ihrem Vorrat von 256 Zeichen {2}. Auf dem Bildschirm belegt ein alphanumerisches Zeichen einschließlich des Abstands zu den Nachbarzeichen den gleichen Platz wie ein Grafikzeichen. Um eine Fehlpla-zierung von Texten, die mit Grafiken in Zusammenhang stehen, zu vermeiden, dürfen Blindenschriftzeichen die Größe von Blindengrafikzeichen nicht überschreiten. Andererseits sollen Grafikzeichen nicht durch Zeilen- und Zeichenabstände voneinander getrennt werden, was für benachbarte alphanumerische Blindenschriftzeichen notwendig ist.

Wir haben deshalb eine Codierung entworfen, die jedem alphanumerischen Zeichen unter Berücksichtigung der europäischen Blindenschriften ein 8-Punkt-Schrift-Zeichen und jedem Grafikzeichen eine Teilmenge von erhabenen Punkten einer 5x3-Matrix zuordnet {3}. Das Punktmuster gibt die Form des Grafikzeichens so gut wie möglich wieder (siehe Bild 5).

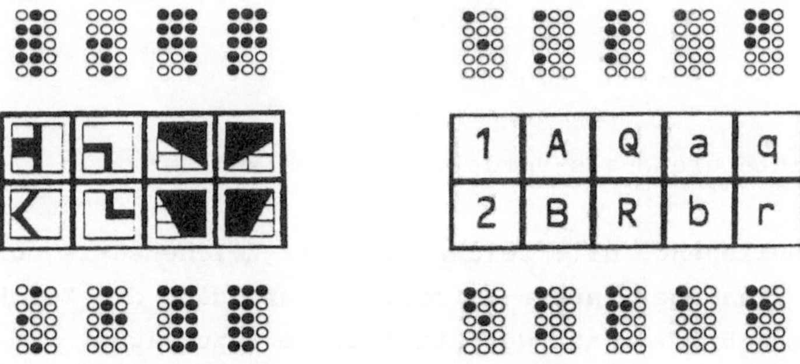

Bild 5: Beispiele für Codierungen von CEPT-Zeichen. Die ●-Zeichen stellen erhabene und somit fühlbare Punkte dar.

Auch frei definierte Zeichen werden auf die 5x3-Matrix abgebildet. Dabei geht die hohe Auflösung des Zeichens zwar verloren, der Teilnehmer kann sich aber jedes frei definierte Zeichen auch in seiner ganzen Größe auf die Stiftplatte ausgeben lassen. Jedem Bildpunkt entspricht dann ein Stift. Eine Farbzerlegung ist wie mit der gesamten Seite möglich. Frei definierte Zeichen sind blinden Teilnehmern somit grundsätzlich zugänglich. Ihre Verständlichkeit hängt jedoch von der Komplexität des Zeichens ab.

3.2 Überarbeitung der empfangenen Daten

Die im Btx-Decoder empfangene Zeichenkette besteht aus darzustellenden alphanumerischen Zeichen und Grafikzeichen sowie aus Steuerzeichen. Einige typische Probleme, die eine Überarbeitung erforderlich machen, werden im nachfolgenden beschrieben.

3.2.1 Das "Rot-auf-Rot-Problem"

Bildschirmtext-Seiten enthalten manchmal Zeichen, deren Farbe mit der Hintergrundfarbe übereinstimmt. Solche Zeichen sind auf dem Bildschirm nicht sichtbar. Im Decoderspeicher sind sie jedoch vorhanden. Würde man also die gespeicherten Zeichen als Blindenschriftzeichen bzw. als tastbare Grafikzeichen ausgeben, erhielte der blinde Teilnehmer zusätzliche Zeichen. Derart unsichtbare Zeichen können versehentlich in einer Seite stehen; vielleicht möchte ein Informationsanbieter diese unsichtbare Information aber zu einem anderen Zeitpunkt aufdecken, indem er lediglich das Farbsteuerzeichen ändert.

Um einem blinden Teilnehmer den gleichen Seiteninhalt auszugeben wie einem sehenden, müssen "rot-auf-rot-Zeichen" gefunden und entfernt werden.

3.2.2. Das "Hintergrund-als-Vordergrund-Problem"

Es scheint naheliegend, alle Zeichen der Btx-Zeichensätze durch tastbare Kombinationen erhabener Punkte zu codieren und dann die Zeichen der Schicht a (siehe Bild 1) auf der Stiftplatte anzuzeigen. Eine Figur muß jedoch nicht nur aus Vordergrund-Zeichen gebildet werden. In Ihr enthaltene Flächen können auch dadurch entstehen, daß die Hintergrundfarbe der betroffenen Positionen entsprechend eingestellt wird. Bereits die in Bild 6 dargestellte Schrift, die aus einfachen Blockgrafikzeichen zusammengesetzt zu sein scheint, mag die Problematik erläutern. Der Schriftzug ist auf einem Raster dargestellt, dessen Felder den Schreibpositionen auf einem Btx-Bildschirm entsprechen.

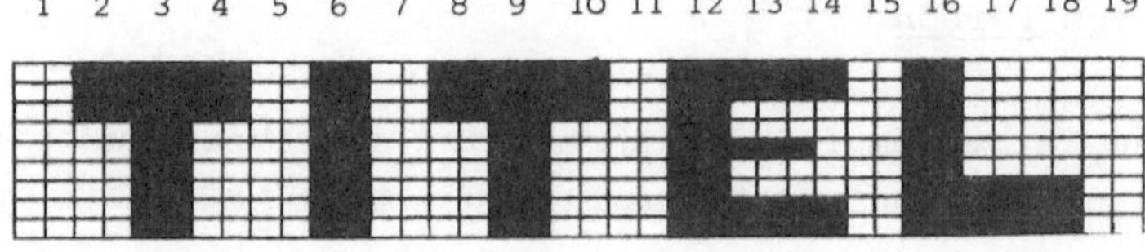

Bild 6: Beispiel eines Schriftzugs aus Grafikzeichen

Die folgenden Bilder zeigen die Wiedergabe des blau auf weiß geschriebenen Wortes "Titel" auf der Stiftplatte, wenn jeweils die vom Informationsanbieter verwendeten Vordergrundzeichen angezeigt werden. "o" steht dabei für einen gehobenen Stift. Jedes Grafikzeichen wurde von uns als eine Teilmenge erhabener Punkte einer 5x3-Matrix codiert.

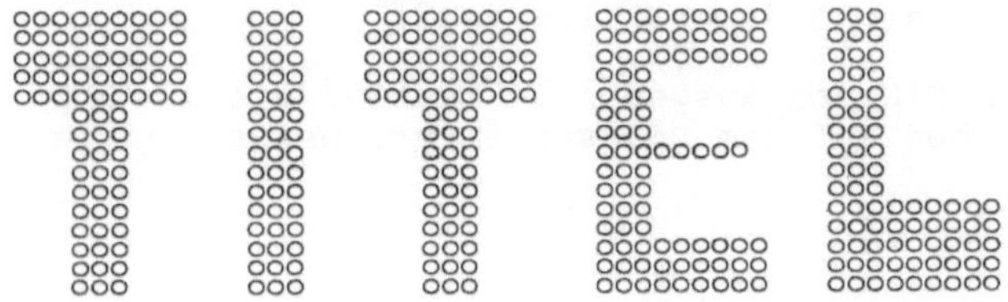

Bild 7: Die blauen Flächen in Bild 6 werden ausschließlich durch Vordergrundzeichen wiedergegeben, der Hintergrund aller 3 Zeilen ist weiß.

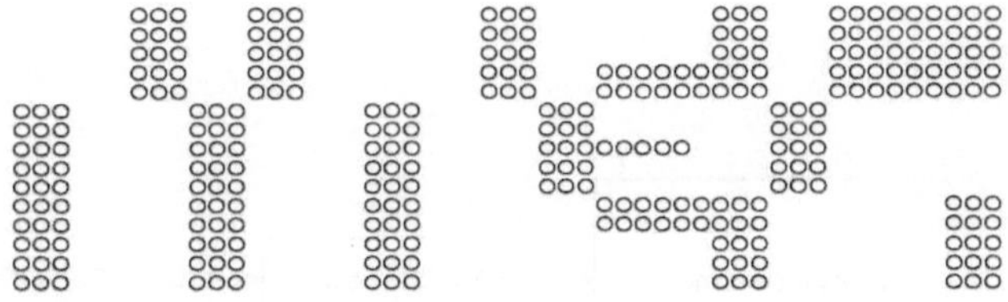

Bild 8: Vordergrundzeichen, wenn in Zeile 1 ab Position 2 die Hintergrundfarbe blau eingestellt wurde, Zeile 2 durchgehend weißen Hintergrund hat und in Zeile 3 die Hintergrundfarbe ab Position 12 blau ist.

Diese Beispiele machen die Notwendigkeit deutlich, aus den im Decoder vorliegenden Steuerzeichen und Daten, die auf dem Bildschirm sichtbaren Farbflächen abzuleiten und für die tastbare Wiedergabe geeignet zu speichern.

3.3 Die Bedeutung von Farben

Obwohl Blinde keine Farben empfinden können, sind sie ihnen aus ihrer Umgebung als Attribute bekannt. Objekte gleicher Form können in verschiedenen Farben unterschiedliche Bedeutung haben. So könnte eine gelbe Kreisfläche die Sonne darstellen, eine weiße einen Schneeball. Neben der Eigenschaft, Objekte näher zu beschreiben, können Farben auch die Aufgabe haben, Teilbereiche einer Figur voneinander abzugrenzen. Solche Teilbereiche können z.B. Staaten in einer Landkarte sein.

Unsere Programme ermöglichen es deshalb einem blinden Teilnehmer,

- die in einer Seite enthaltenen Farben zu erfragen,
- nur die Seiteninhalte tastbar ausgeben zu lassen, die in den von ihm angegebenen Farben dargestellt sind,
- nur die Umrisse von Flächen ausgeben zu lassen, die in den von ihm angegebenen Farben auf dem Bildschirm erscheinen.

4. Die Stuttgarter Pilotkonfiguration für einen blinden Bildschirmtext-Teilnehmer

In unserer Pilotkonfiguration an der Universität Stuttgart (siehe Bild 9) benutzt ein blinder Btx-Teilnehmer für die Eingabe die Tastatur des verwendeten Mikrorechners. Dieser ist mit dem Btx-Decoder verbunden.

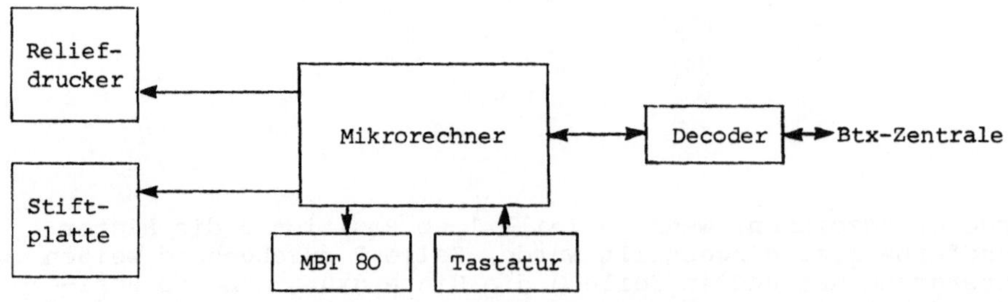

Bild 9: Stuttgarter Pilotkonfiguration für blinde Teilnehmer

Die Eingaben des Teilnehmers an das Bildschirmtextsystem werden an den Decoder weitergeleitet. Zur Aufbereitung durch unsere APL-Programme wird der Decoderinhalt in den Speicher des Mikrorechners eingelesen. Der Datenaustausch zwischen Mikrorechner und Decoder erfolgt über Hilfs-Prozessoren.

Einer empfangenen Btx-Seite werden zuerst alle alphanumerischen Zeichen entnommen und auf dem MBT 80 in Blindenschrift übersetzt ausgegeben. Der blinde Teilnehmer kann daraufhin diese Seite mit der Grafik vervollständigen lassen, sie wie in 3.3 beschrieben in Farbschichten zerlegt auf der Stiftplatte anzeigen, kombinierte Schichten ausgeben oder eine geprägte Kopie jeder Darstellung auf der Stiftplatte mit dem Reliefdrucker {11} anfertigen lassen.

5. Abschließende Bemerkungen

Die tastbare Wiedergabe von alphanumerischen Zeichen auf Bildschirmen in Blindenschrift und in Blindenkurzschrift ist seit einigen Jahren möglich {4}. Die Wiedergabe von Bildschirmgrafiken für Blinde wurde im Rahmen unseres Projekts "Bildschirmtext als rechnerunterstütztes Kommunikationsmittel für Blinde", das seit 1982 von der Deutschen Forschungsgemeinschaft gefördert wird, erstmals verwirklicht. Es war notwendig, eine tastbare Repräsentation von farbigen Bildern zu entwerfen, Algorithmen zu entwickeln, die den Informationsgehalt einer Bildschirmseite aus den im Decoder gespeicherten Daten ableiten und schließlich in geeignete Punktmuster übersetzen.

Bildschirmtextseiten im Prestel-Standard konnten von uns bereits mit dem damals schon verfügbaren Blindenschriftgerät MBT 80 tastbar wiedergegeben werden {5}. Eine Stiftplatte war damals schon eine dringend erwünschte Verbesserung der Teilnehmerkonfiguration, zur Wiedergabe von Grafiken im CEPT-Standard ist sie nun notwendig geworden. Solange nur die Werte "erhaben" und "nicht erhaben" für die Informationsdarstellung zur Verfügung stehen, müssen Seiten in verschiedene Farbschichten zerlegbar sein, damit ein Teilnehmer z.B. auf durch Farben hervorgehobene Zeichenfolgen aufmerksam wird oder Farbflächen innerhalb von Grafiken erkennen kann. Es ist denkbar, daß unterschiedliche Farben einmal durch Stifte unterschiedlicher Höhe wiedergegeben werden oder durch Stifte, die in verschiedenen Frequenzen vibrieren.

Zunächst besteht jedoch noch eine wesentliche Aufgabe darin, Blinde mit tastbaren Grafiken vertraut zu machen. Wir haben deshalb ein Programm zum rechnerunterstützten Erlernen geometrischer Zeichnungen entwickelt und implementiert, das blinde Schüler und Späterblindete an tastbare geometrische Objekte wie Punkt, Strecke, Gerade bis hin zu Kegelschnitten und Körpern heranführt {6}. Die Bedeutung des Reliefs als wichtiges Informations- und Lehrmittel für Blinde wurde auch in den Schlußfolgerungen und Empfehlungen der Internationalen Konferenz über Reliefsdarstellungen für Blinde zum Ausdruck gebracht {7}.

Unsere Arbeiten waren erst sinnvoll zu verwirklichen, nachdem wir eine Firma gefunden hatten, die in der Lage war, eine elektronisch ansteuerbare Stiftplatte herzustellen. Sie ermöglicht es erstmals, veränderbare tastbare Muster wiederzugeben.

Erste Leseversuche mit Blinden haben gezeigt, daß taktile Btx-Grafiken verstanden werden können und daß die Fertigkeit, Grafiken zu Ertasten, erlernbar ist. Um zu allgemeingültigen Aussagen zu kommen, ist jedoch noch eine längere Erprobung mit mehr Personen unterschiedlichen Alters und unterschiedlichen Vorbedingungen erforderlich.

Das Interesse unter den Blinden an Bildschirmtext ist groß, öffnet dieses Kommunikationsmedium doch den Zugang zu bisher verschlossenen Informationen. Zusätzlich ermöglicht es Blinden die selbständige schriftliche Kommunikation mit Sehenden. Wir hoffen, daß es gelingt, nach Abschluß des Forschungsvorhabens die Ergebnisse einem großen Kreis von Interessenten zugänglich zu machen.

6. Dank

Ich möchte allen, die dazu beigetragen haben, daß diese Arbeit durchgeführt werden konnte, herzlich danken, insbesondere Herrn Prof.Dr.Rul Gunzenhäuser. Die Zusammenarbeit mit Herrn Dipl.-Inform. Klaus Klöpfer und unserem Programmierer, Herrn Alfred Werner, ist sehr erfreulich. Die Besprechungen mit Herrn Werner, der blind ist, und seine Ratschläge sind für uns sehr wertvoll.

Literatur

{1} Rahmenbedingungen für Bildschirmtext-Terminals, Deutsche Bundespost, Fernmeldetechnisches Zentralamt, Referat T25, Februar 1983.

{2} Schweikhardt, W.: "8-Dot-Braille for Representing Information from Computers", Proceedings of the IEEE Computer Society Workshop on Computers in the Education und Employment of the Handicapped, IEEE Computer Society Press, 1983, S.85-88.

{3} Schweikhardt, W.: "Vorschlag für eine tastbare Darstellung der Zeichen des CEPT-Standards der europäischen Videotex-Systeme", Institutsbericht, Institut für Informatik, Universität Stuttgart, in Vorbereitung.

{4} Schweikhardt, W.: "The Impact of Micro-Computers on the Education of the Blind", in Lewis, R. und Tagg, D. (Hsg.), Computers in Education, North Holland, Amsterdam 1981, S. 461-467.

{5} Klöpfer, K., Schweikhardt, W.: "Anpassung der Benutzerschnittstelle des Bildschirmtextsystems der Deutschen Bundespost für blinde Teilnehmer", in Brauer W., Kupka, I., Informatik-Fachberichte, GI-13. Jahrestagung, Hamburg, 1983, S. 403-410.

{6} Schweikhardt, W.: "Teaching the Blind to Read Tactile Graphics by Computers", Tagungsband der WCCE 85 (World Conference on Computers in Education), Norfolk, Virginia, USA, 1985.

{7} Schlußfolgerungen und Empfehlungen, Internationale Konferenz über Reliefdarstellungen für Blinde, 25.-27.4.1984, Berlin, DDR, Umschau des europäischen Blindenwesens, 4/1984, S. 15.

{8} METEC GmbH, Senefelderstr. 77a, D-7000 Stuttgart 1

{9} F.H. Papenmeier GmbH & Co. KG, Postfach 1620, D-5840 Schwerte

{10} Deutsche Blindenstudienanstalt Elektronik und Hilfsmittel gGmbH, Brunnenstr. 10. D-7240 Horb a.N.-Nordstetten.

{11} Fa. Thiel GmbH & Co. KG, Industrie-Electronic, Pauerweg 4, Postfach 88, D-6104 Seeheim-Jugenheim.

Time-Sharing-Dialog über Bildschirmtext-Rechnerverbund

C. Schippang, K. Sternberger, W. Trommer

FernUniversität -GHS- Hagen
Universitätsrechenzentrum
Feithstr. 140, D 5800 Hagen

INHALTSVERZEICHNIS

ZUSAMMENFASSUNG

Im Rahmen einer 2. Stufe des Projektes BIRD wird die Basis für eine verallgemeinerte Form des Time-Sharing-Dialogs über Bildschirmtext(Btx)-Rechnerverbund entwickelt. Grundlage ist ein Vorrechnerkonzept mit einem Rechner IBM Serie/1 und der Rechnerverbund-Software VCSIP. Die für einen Time-Sharing-Dialog notwendigen Erweiterungen dieser Btx-Basis auf Vorrechner- und Endgeräteseite werden dargestellt.

1. Einleitung

Seit Beginn des Btx-Feldversuches verfolgt die Fernuniversität den Ansatz, Studenten die Möglichkeit zu geben, auf individueller Basis über private Btx-Endgeräte auf Dialogsysteme des Zentralrechners in Hagen zuzugreifen. Ab Mai 1982 wurde in einem von der DFG geförderten Projekt "Time-Sharing-Zugriff über Bildschirmtext Rechnerverbund", kurz BIRD, eine Btx-Anwendung entwickelt, die es erlaubt, auf das Dialogsystem TSO zuzugreifen /1,2,3/. Diese Anwendung emuliert ein Datensichtgerät des Typs IBM 3278, sodaβ es möglich ist, über eine einheitliche Softwareschnittstelle auf unterschiedliche Dialogsysteme zuzugreifen, solange diese Ein-/Ausgabe über ein solches Endgerät zulassen. Als weiterer Vorteil ergibt sich daraus, daβ nicht zwischen den verschiedenen Zugangsformen über übliche Datensichtgeräte oder Btx-Endgeräte unterschieden werden muβ.

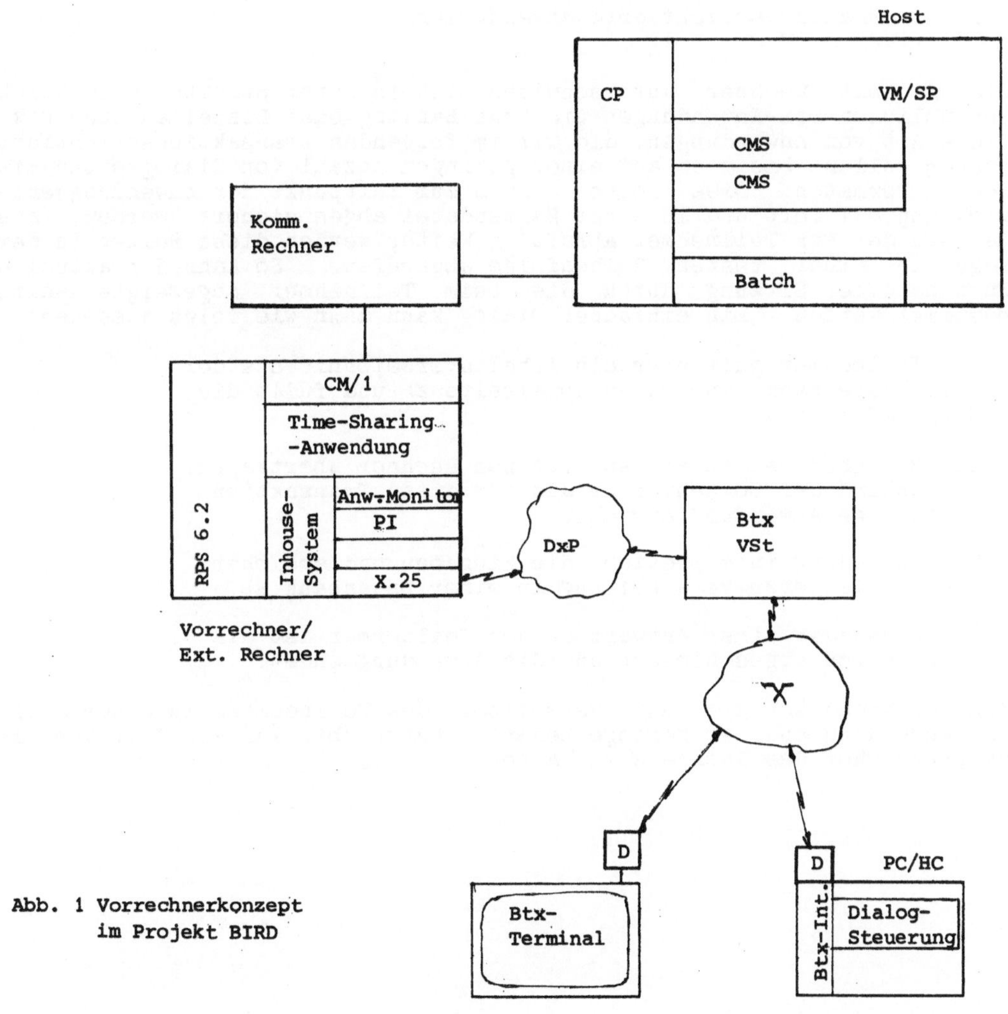

Abb. 1 Vorrechnerkonzept im Projekt BIRD

Dieser Ansatz wird in verstärktem Maße im neuen CEPT-Standard verfolgt. Während im Feldversuch eine Host-gebundene Lösung realisiert wurde - die Emulation und die Btx-Software werden auf demselben Rechner wie das Dialogsystem betrieben - wird jetzt ein Vorrechnerkonzept verfolgt. Als Vorrechner wird ein Doppelprozessorsystem IBM Serie/1 mit der Rechnerverbundsoftware VCSIP eingesetzt, das über eine BSC-Leitung mit dem eigentlichen Zielrechner (Host) verbunden ist, auf dem das Dialogsystem läuft. Dabei verhält sich der Serie/1-Rechner wie ein Terminalcontroller (Abb.1). Durch diese funktionelle Trennung zwischen Btx-Vorrechner und Hostrechner wird eine vollständige Unabhängigkeit von der Art des Zugangs erreicht, den der Teilnehmer gewählt hat. Ihm steht derselbe Funktionsumfang zur Verfügung, der auch dem Benutzer eines lokalen Datensichtgerätes geboten wird.

2. Strukturen von Btx-Dialogen

2.1. Transaktionsorientierte Anwendungen

Dialoge mit Rechner unterscheiden sich in ihrer Struktur wesentlich von üblichen Btx-Anwendungen wie Home-Banking oder Bestellen über Btx. Diese Art von Anwendungen, die wir im folgenden transaktionsorientiert nennen wollen, basieren auf einer geringen Anzahl von Dialogseiten mit festen Formaten. Diese Seiten können zum Zeitpunkt der Anwendungsentwicklung editiert und in einer Seitendatei abgespeichert werden, aus der sie der Btx-Teilnehmer abruft. Weiter werden diese Seiten in der Regel in einer festen Reihenfolge abgerufen. So kann der aktuelle Zustand einer Sitzung durch die beim Teilnehmer angezeigte Seite bestimmt werden. Ein einfacher Dialog kann dann wie folgt aussehen:

- Der Teilnehmer ruft über ein Inhaltsverzeichnis aus der Seitendatenbank eine Datensammelseite ab und füllt die Eingabefelder aus.

- Die Eingaben werden an den externen Rechner übertragen, der anhand der Seitennummer die für diese Transaktion zuständige Anwendung auswählt.

- Die Anwendung interpretiert die Eingaben und speichert sie zur weiteren Verarbeitung in einer Datenbank ab.

- Mit Aussenden einer Antwort an den Teilnehmer ist die Transaktion abgeschlossen und die Anwendung endet.

Kennzeichnend ist die kurze Verweilzeit des Teilnehmers in einer aktiven Anwendung und der geringe Bedarf, Daten über längere Zeiträume im Hauptspeicher des Rechners zu halten.

2.2. Dialogorientierte Anwendungen

Betrachten wir im Gegensatz dazu eine dialogorientierte Anwendung, so kommen deutlich andere Konzepte zum Tragen. Als erstes fällt die vergleichsweise lange Verweilzeit eines Benutzers in einer aktiven Anwendung auf, die mehrere Stunden betragen kann. Über den gesamten Zeitraum muß die Anwendung den aktuellen Zustand der Sitzung, die aktuelle Anzeige und die Eingaben des Teilnehmers zwischenspeichern und zur Bearbeitung an das Dialogsystem weiterleiten. Auswerten der Eingaben ist in einem solchen System nicht möglich, da formal gleiche Eingaben in verschiedenen Kontexten unterschiedliche Bedeutungen haben können. So ist es möglich, daß ein Benutzer eine Prozedur mit gleichem Namen wie ein Standardkommando erstellt. Diese Prozedur wird über ihren Namen aufgerufen und anstelle des Kommandos ausgeführt.

Auch die Sitzungssteuerung kann nicht mehr über die Auswahl voreditierter Seiten erfolgen, da der Benutzer in der Lage ist, neue Eingabemasken im Dialog mit dem Rechner zu erstellen. Als Beispiel ist das Erstellen von SPF-Masken zur Benutzerführung zu nennen. Die Btx-Anwendung muß deshalb in der Lage sein, anhand der Ausgabedaten des Dialogsystems neue Btx-Seiten aufzubauen und sofort beim Teilnehmer anzuzeigen.

2.3. Möglichkeiten im CEPT-System

Der im Feldversuch eingesetzte PRESTEL-Standard basiert auf einem Seitenkonzept, wie es von transaktionsorientierten Anwendungen benötigt wird. Um in diesem System eine dialogorientierte Sitzung zu führen, muß eine Anwendung zwar auf eine voredierte Seite in der Seitendatei zugreifen, sie wird sie aber nie in dieser Form beim Teilnehmer zur Anzeige bringen, sondern vor dem Aussenden entsprechend dem Zustand der Sitzung ändern.

Gegenüber dem starren Seitenkonzept der Btx-Feldversuche werden seit Juni 1984 im bundesweiten Btx-Betrieb die *einheitlichen höheren Kommunikationsprotokolle* (EHKP) für die Kommunikation zwischen den externen Rechnern (ER) und den Verbundrechnern (VR) der Btx-Vermittlungsstelle eingesetzt. Besondere Beachtung verdient in diesem Zusammenhang das Protokoll der Ebene 6 (EHKP6).

Dieses Protokoll basiert auf dem Konzept des Presentation Image (PI). Das PI ist in hierarchisch angeordnete Strukturelemente (SE) gegliedert, mit deren Hilfe der Zustand der Sitzung im VR und ER gespeichert wird (Abb. 2).

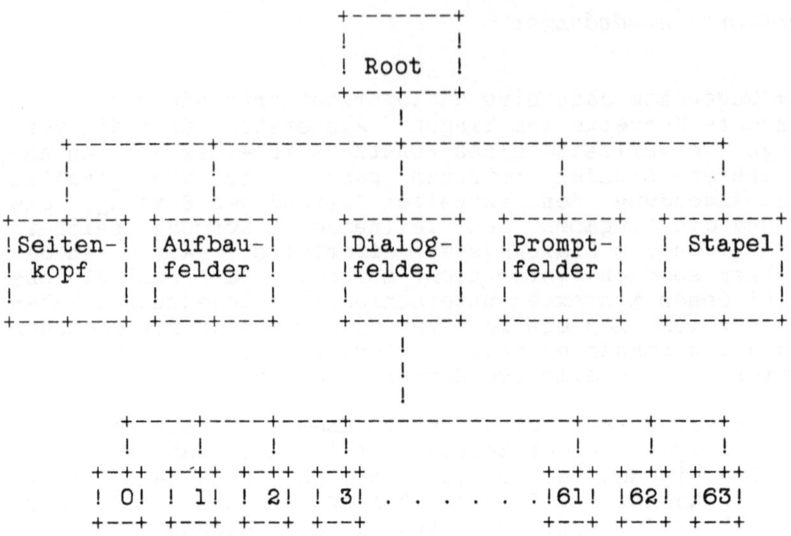

Abb. 2: Baumstruktur des PI, Quelle /4/

Prinzipiell ist vorgesehen, daß Btx-Anwendungen (im Sinne der ISO-OSI Ebene 7) auf das SE durch protocol data units zugreifen können, mit denen SE'e angelegt, gelöscht oder deren Inhalt geändert werden kann. Die Synchronisation der beiden am Kommunikationsprozeß beteiligten Rechner erfolgt durch den Austausch eines Transferflags und durch die Vergabe des Schreibrechts auf ein SE an einen der beteiligten Rechner.

Diese erweiterte Zugriffsmöglichkeit für konkrete Anwendungen zu eröffnen, ist bei der Realisierung der Rechnerverbund-Software vernachlässigt worden. Die Entwickler der Kommunikations-Software sind offensichtlich davon ausgegangen, daß - wie im Feldversuch - lediglich transaktionsorientierte Anwendungen eingesetzt werden, und haben aus Gründen einer einfachen Schnittstelle den direkten Zugriff auf das PI nicht eröffnet.

3. *Zugang zum Dialogsystem bei BIRD*

Bereits in der Feldversuchsphase hat die Fernuniversität im Rahmen von Programmierkursen einen Zugang über Btx-Rechnerverbund zu dem Dialogsystem TSO des Hagener MVS-Rechners angeboten. Aufbauend auf den hier gemachten guten Erfahrungen, soll auch nach Einführung des bundesweiten Dienstes ein ähnlicher Zugang zum Dialogsystem CMS unseres Zentralrechners mit dem Betriebssystem VM angeboten werden.

Dabei sind zwei Zugangsvarianten geplant, die beim Teilnehmer unterschiedliche Endgerätekonfigurationen voraussetzen. Im ersten Fall wird wie im Feldversuch lediglich ein Btx-Engerät mit alphanumerischer Tastatur vorausgesetzt, während im zweiten Fall die Konfiguration um einen Personal Computer (PC) erweitert wird. Die unterschiedliche Leistungsfähigkeit der Endgeräte bewirkt, daß unterschiedliche Anforderungen an die Leistungsfähigkeit der Rechnerverbundsoftware gestellt werden müssen, die in den nachfolgenden Abschnitten erläutert werden sollen.

3.1. Standard Btx-Endgerät

Der Zugang über ein Standard-Btx-Endgerät setzt beim Teilnehmer minimale Investitionen voraus. So werden lediglich ein Fernsehgerät mit Decoder und eine alphanumerische Tastatur benötigt. Wegen der vergleichsweise geringen Leistungsfähigkeit des Endgerätes müssen jedoch einige Unbequemlichkeiten in Kauf genommen werden. Als wichtigster Punkt ist das im Vergleich zu üblichen Datensichtgeräten kleine Ausgabeformat zu nennen. So können statt der üblichen 24 Zeilen und 80 Spalten nur 22 Zeilen und 40 Spalten dargestellt werden. Der Teilnehmer sieht stets nur einen Ausschnitt der Ausgabe des Dialogsystems und muß die verdeckten Teile explizit vom externen Rechner abrufen.

Das Format der Ausgabe soll jedoch erhalten bleiben. Um dies bewerkstelligen zu können, muß die Btx-Anwendung, über die die Verbindung zum Dialogsystem hergestellt wird, in der Lage sein, das Format der Ausgabe am Btx-Endgerät dynamisch zu definieren. Das ist nur dann möglich, wenn die Rechnerverbundsoftware folgende Funktionen unterstützt:

- Anlegen, Löschen und Modifizieren der Strukturelemente des Aufbaucodes

- Anlegen, Löschen und Modifizieren der Strukturelemente der Dialogfelder und Prompttexte

Damit ist eine Btx-Anwendung in der Lage, nicht nur die Inhalte einer Ausgabe beim Teilnehmer dynamisch zu bestimmen, sondern auch die Positionen, die Attribute und die Vorbelegungen der Dialogfelder zu verwalten.

Die Freiheiten, die sich aus diesen Anforderungen ergeben, können zusätzlich zur Reduzierung der Datenübertragungskosten genutzt werden. Am Beispiel einer fehlerhaften Eingabe in der Kommandozeile eines Editors soll das veranschaulicht werden. Üblicherweise reagiert ein Editor auf eine solche Eingabe mit einer Fehlermeldung, die an einer festen Position am Bildschirm angezeigt wird. Der Rest der Ausgabe wird nicht geändert. Um diese Fehlermeldung beim Btx-Teilnehmer auszugeben, genügt es, ein neues SE des Aufbaucodes mit dem Text der Fehlermeldung zu erzeugen. Da sich die Eingabefelder nicht geändert haben, muß für diesen Teil der Ausgabe nur das Schreibrecht zum Rechner der Vermittlungsstelle übertragen werden, da Vorbelegung und Attribute dieser Felder bereits in einem vorangegangenen Schritt gesendet wurden.

Aber auch bei der Behandlung der Eingaben eines Teilnehmers stellt eine Dialoganwendung besondere Anforderungen an die Schnittstelle zur Rechnerverbundsoftware. So muß eine Anwendung entscheiden können, ob der Teilnehmer beim Ausfüllen einer Datensammlung die Voreinstellung übernommen hat. Die Notwendigkeit dazu läßt sich am Beispiel des Line-Editors des Dialogsystems TSO erläutern. Hier dient eine leere

Eingabe zum Wechsel zwischen Kommando- und Eingabemodus, während die Eingabe von Leerzeichen (blanks) im Eingabemodus eine Zeile in der editierten Datei erzeugt.

Aus diesen Überlegungen ergeben sich neben den üblichen Funktionen, die eine Rechnerverbundsoftware bereitstellen muß, zusätzliche Anforderungen, die hier noch einmal zusammengefaßt werden sollen:

- die Anwendung muß in der Lage sein, SE des Aufbaucodes neu anzulegen, zu löschen und zu modifizieren

- die Anwendung kann über die gleiche Schnittstelle die SE der Dialogfelder und Prompttexte neu anlegen, löschen und modifizieren

- die Anwendung kann entscheiden, ob der Teilnehmer ein Eingabefeld ausgefüllt oder die Voreinstellung übernommen hat

- es werden stets nur die modifizierten Teile und nicht das gesamte PI zum Rechner der Vermittlungsstelle übertragen

3.2. PC-gestützter Zugang

Variante 1 enthält als Endgerät lediglich ein Btx-Terminal mit Tastatur, dagegen keine Programmierfähigkeit. Trotz zusätzlicher Möglichkeiten im CEPT-Standard wird der Time-Sharing-Dialog mit einem derartigen Endgerät immer mit Unbequemlichkeiten behaftet sein. Eine Lösung dieses Problems bietet der Anschluß eines Heim- oder Personalcomputers an den Decoder des Teilnehmers. In diesem Fall kann der Dialog mit der Btx-Vermittlungsstelle vom PC abgewickelt werden. Dadurch wird der Teilnehmer von Eingaben entlastet, die der Steuerung der Verbindung dienen. Setzt man einen Monitor voraus, auf dem 24*80 Zeichen dargestellt werden können, kann ein Dialogzugang über ein preisgünstiges Netz angeboten werden, der sich kaum von einem konventionellen Anschluß unterscheidet.

Auch bei dieser Variante 2, kurz PC-BIRD, ist die Btx-Anwendung Verbindungsstation zwischen der Standard-Terminalemulation des Vorrechners und der Rechnerverbundsoftware. Die Anwendung baut jedoch selbst keine darstellbare Btx-Seite auf, sondern übermittelt die Daten zur Terminalsteuerung (Feldinhalte, -attribute) - verpackt in Btx-Formate - zum Teilnehmerendgerät. Der Decoder reicht diese Informationen transparent an den angeschlossenen Personalcomputer weiter, der diese Daten auswertet und zur Darstellung auf dem Bildschirm aufbereitet. Funktionen wie "Sperren bei Eingabe in geschützte Feldern" werden lokal vom PC behandelt.

Eingaben des Bedieners werden direkt in eine bereitgestellte Datensammelseite übertragen, um trotz der geringen Datenübertragungsrate gute Antwortzeiten zu ermöglichen. Neben den Eingaben des Benutzers können zusätzliche Informationen wie z. B. die aktuelle Position der Schreibmarke und eine Kennung der Taste, mit der abgeschlossen wurde, übertragen werden. Restriktionen durch das Bildschirmtextprotokoll - wie die maximale Größ eines Eingabefeldes - können dadurch umgangen werden, daß die ausgefüllte Seite zum externen Rechner geschickt und eine neue Eingabeseite abgerufen wird. Diese Kommunikation wird vom PC gesteuert. So arbeitet der Teilnehmer am PC wie an einem konventionellem Datensichtgerät.

Da beim Zugang mit einem PC alle Funktionen, die zur Darstellung der Ausgabe und zur Eingabesteuerung dienen, vom Endgerät und nicht mehr von der Vermittlungsstelle behandelt werden müssen, kann in diesem Fall mit voreditierten Masken- und Eingabeseiten gearbeitet werden. Die Funktionen, die vorher den Zugriff auf das PI notwendig machten, sind hier auf eine höhere Ebene verlagert worden. Trotzdem können aber Überlegungen zur Kostenreduzierung im Datex-P Verkehr dazu führen, daß eine Kontrolle des PI durch die Btx-Anwendung sinnvoll erscheint.

4. *Gegenüberstellung der Lösungsvarianten*

Im folgenden werden die wichtigsten Unterschiede zwischen den beiden BIRD-Realisierungen (einfaches Endgerät bzw. mit lokaler Intelligenz) unter Teilnehmeraspekten zusammenfassend aufgezeigt. Außerdem wird eine kurze Gegenüberstellung mit dem START-Btx-System /6/ vorgenommen, das transaktionsorientiert ebenfalls das Btx-System als Datenübertragungsmedium benutzt und eine 80 Spalten breite Anzeige realisiert.

4.1. *Teilnehmer-Konfiguration*

Während die Standard-Version mit einem herkömmlichen Btx-Fernseher und alphanumerischer Tastatur auskommt, benötigt die PC-Version einen Btx-Decoder mit einer zusätzlichen Schnittstelle zum entsprechenden PC oder Heimcomputer und ein 24*80 Display. Der Decoder kann entweder im Btx-TV-Gerät integriert oder als Einschubkarte für den PC bzw. als Softwaredecoder im PC realisiert sein.

4.2. *Bedienerschnittstelle*

Bei PC-BIRD ist für den Teilnehmer kaum ein Unterschied in der Bedieneroberfläche gegenüber einem herkömmlich angeschlossenen Endgerät sichtbar, während der Benutzer der Standardversion jedoch nur einen eingeschränkten Bedienungskomfort hat (siehe auch /2,3/). Neben dem Hauptmangel des kleinen Fensters bezogen auf die tatsächliche Bildschirmgröße der Anwendung ist das Fehlen wichtiger lokaler Funktionen wie "Zeichen löschen", "Zeichen einfügen" hervorzuheben. Funktionstasten wie Interrupt und PF-Keys müssen subsitutiert werden und einige Sonderzeichen stehen nicht unmittelbar zur Verfügung.

Während die Terminalsteuerfunktionen bei PC-BIRD vollständig durch die Emulation im PC abgewickelt wird, werden beim Standard-Btx Steuerungen des Endgerätes durch die Btx-Vermittlungsstelle (z.B. Cursorpositionierung) vorgenommen. Da sich diese Funktionen geringfügig von denen eines üblichen Datensichtgerätes unterscheiden, kann es bei einem ungeübten Benutzer insbesondere beim Wechsel zwischen den verschiedenen Zugangsarten zu Schwierigkeiten kommen. Das führt unter Umständen dazu, daß die Verbindung abgebrochen wird, um einen definierten Zustand zu erreichen, von dem die Arbeit fortgesetzt werden kann.

4.3. Vergleich mit dem START-System

Beim START-System /6/ werden zu Sitzungsbeginn an den Teilnehmer-PC Emulationssoftware und Maskenformate übermittelt, um während der eigentlichen Sitzungsphase nur noch Nutzdaten transferieren zu müssen. Dies trägt wesentlich zur Beschleunigung des Dialogs und zur Reduzierung der Datenübertragungskosten bei. Dieses Vorgehen ist jedoch grundsätzlich nur bei transaktionsorientierten Verfahren möglich (s. 2.1).

Auch bei PC-BIRD werden nur Änderungen im Bildschirmaufbau übertragen, so daß die Felddefinitionen und die geschützten Ausgaben nur einmal übertragen werden. Lokal gespeicherte Masken können aber nicht genutzt werden, da eine Auswahl die Interpretation der Eingaben des Teilnehmers voraussetzt, was eine Schnittstelle zu einem Dialogsystem jedoch nicht leisten kann.

In der folgenden Tabelle sind noch einmal wichtige Unterschiede der BIRD-Varianten und Eigenschaften des Standard-Rechnerverbund und des START-Systems /6/ zusammengestellt.

	Btx-RV	BIRD	BIRD	START
	Standard - Btx -Endgerät		PC mit Btx-Schnittstelle	
Datendarstellung	22*40	22*40	24*80	24*80
Formatbeschränkung	Btx-Standard	Btx-Standard	keine	vordefinierte Formulare
Software im Endgerät	-	-	Terminalemulation; Diskette	Emulation und Formulare; Telesoftware
Anwendungs-steuerung im ER	Transaktionsmonitor	Time-Sharing- oder Transaktions-Monitor	Time-Sharing- oder Transaktions Monitor	Transaktions-monitor (UTM)
Umstellung der Anwendung	im Regelfall: ja	nein	nein	nein
Datenrate Host--› Endgerät	vollständige Btx-Seite	Änderungen gegenüber zuletzt angezeigter Seite	Änderungen gegenüber zuletzt angezeigter Seite	Ausfüllen der Formularfelder bzw. vollständige Btx-Seite
Endgerät --› Host	alle modifizierten Datensammelfelder	alle modifizierten Datensammelfelder	alle modifizierten Terminalfelder; mehr als 1 Datensammelseite möglich	alle modifizierten Formularfelder; maximal 1 Datensammelseite
Bedienungs-komfort	keine allgemeine Aussage möglich	Einschränkung gegenüber DV-Terminal, falls keine Anpassung in Host-Anwendg.	vergleichbar mit DV- Terminal	vergleichbar mit DV-Terminal
Investitionskosten	ca. DM 2.700 (incl. TV)	ca. DM 3.000 incl. TV und Alphatastatur	DM 4.500 (ohne TV)	DM 4.500 (ohne TV)

5. *Ausblick*

Der dargestellte Lösungsweg für einen Time-Sharing-Dialog über Btx-Rechnerverbund befindet sich in Entwicklung und wird zum Herbst 1985 einsatzfähig sein.

Literaturliste

/1/ Elzner et al.: Time Sharing Zugriff über Btx-Rechnerverbund in: Informatik-Fachbericht Nr. 60, Herausgeber S. Schindler und O. Spaniol, Berlin, 1983

/2/ 2. Arbeitsbericht DFG-Projekt BIRD, interner Bericht RZF 83.04, Hagen 1983

/3/ 3. Arbeitsbericht DFG-Projekt BIRD, interner Bericht RZF 85.01, Hagen 1985

/4/ Btx-Rechnerverbund, Protokoll-Handbuch für den Anschluß externer Rechner über Datex P, FTZ, Darmstadt 1983

/5/ Series/1 Videotex Communication System for Information Providers 5777-DAC: Anwendungs- und Bedienerhandbuch, IBM, Januar 1985

/6/ START
in Btx-Praxis, 5/85

KONZEPT FÜR DIE BTX-UNTERSTÜTZTE ORGANISATION UND ADMINISTRATION DER LEHRE AN UNIVERSITÄTSINSTITUTEN

Hans R. GÖPFRICH

Wirtschaftsuniversität Wien
Institut für Unternehmensführung
Abteilung Wirtschaftsinformatik
Augasse 2 - 6, A-1090 Wien

1. Ausgangssituation

Die stark **zunehmenden Hörerzahlen** stellen derzeit eines der Hauptprobleme der österreichischen Universitäten dar. Vor allem die Wirtschaftsuniversität Wien (WU) ist in den letzten Jahren zum Musterbeispiel einer Massenuniversität geworden. Im Wintersemester 1984/85 studierten 16.077 Hörer an der WU (ordentliche und außerordentliche Hörer, Gasthörer und Teilnehmer an Universitätslehrgängen). Etwa 4.000 Studenten - die Zuwachsrate lag in den letzten Jahren jeweils bei über 10 % - beginnen jährlich ihr Studium an der WU (2.106 ordentliche Erstinskribierende im Wintersemester 1984/85). Überfüllte Hörsäle, beträchtliche Studienverzögerungen, außerordentliche Belastungs- und Streßsituationen für die Universitätslehrer bei der Beratung und Betreuung der Studierenden, aber auch bei der Abwicklung von Lehrveranstaltungen und Prüfungen, Überstunden sowie Ressourcenengpässe sind die logische Folge dieser Entwicklung.

Für einzelne Universitätsinstitute verschärft sich die Situation durch das bevorstehende Inkrafttreten der **Studienreform der sozial- und wirtschaftswissenschaftlichen Studienrichtungen,** da sie mit verstärkten Ausbildungs- und damit in Zusammenhang stehenden Administrationstätigkeiten konfrontiert werden. So bedeutet z. B. die Einführung des Pflichtfachs "EDV" im 1. Studienabschnitt für alle wirtschaftswissenschaftlichen Studienrichtungen für die Abteilung Wirtschaftsinformatik an der WU ein ungeheuer großes zusätzliches Ausbildungsvolumen von voraussichtlich etwa 4.000 Studenten p.a.

Institute und Universitätsverwaltung sehen sich angesichts dieser Entwicklungen in immer stärkerem Ausmaß gezwungen, durch den **Einsatz neuer Methoden, Instrumente und Hilfsmittel zur Unterstützung der Lehr-, Forschungs- und Verwaltungsaufgaben** Lösungsmöglichkeiten für die sich ständig verschärfende Engpaßsituation zu finden. Es ist naheliegend, daß die Entlastung von Routineanfragen und administrativen Tätigkeiten durch den **Einsatz der konventionellen EDV** ebenso wie durch die **Verwendung neuer elektronischer Medien** als wichtigste Möglichkeit gesehen wird, sich auf die eigentlichen (pädagogischen und didaktischen) Aufgaben in Lehre und Forschung zu konzentrieren. Vor allem durch das neue **Telekommunikationsmedium Bildschirmtext (BTX)** scheinen sich auch im universitären Bereich Anwendungsmöglichkeiten für die elektronische Datenverarbeitung aufzutun, die bisher aufgrund der notwendigen teuren Hardwarekomponenten den einzelnen Universitätseinrichtungen verschlossen waren. An der Abteilung Wirtschaftsinformatik der WU wurde daher die **Untersuchung der Anwendungsmöglichkeiten von Bildschirmtext im universitären Bereich** zu einem Forschungsschwerpunkt erhoben. Die laufenden BTX-Projekte werden angesichts des erwarteten BTX-Aufschwungs und der damit verbundenen Rationalisierungschancen sowohl von staatlicher Seite (Bundesministerium für Wissenschaft und Forschung) als auch von seiten der Wirtschaft gefördert.

2. Das WU-BTX-Auskunftssystem

2.1 "Philosophie" der WU-BTX-Anwendungen

Aus der ursprünglich nur vagen Idee von der Entwicklung eines **"BTX-Studenteninformationssystems"** kristallisierte sich immer mehr die Entwicklung eines umfassenden **"WU-BTX-Auskunftssystems"** für die gesamte Wirtschaftsuniversität als Gesamtziel heraus, über das Studierende mit jeweils aktuellen Informationen (z.B. Öffnungszeiten der Institute, Lehrveranstaltungsangebot, Studieninformationen, Lehrveranstaltungsabsagen und -verschiebungen, Prüfungsergebnissen etc.) versorgt werden sollen. Wie bei anderen bisherigen Ansätzen umfaßte die ursprüngliche Vorstellung ein reines Auskunftssystem, das die WU-Mitarbeiter von Routineanfragen und -verwaltungstätigkeiten entlasten sollte. Nach näherer Beschäftigung mit der BTX-Technologie stellte sich aber sehr bald heraus, daß dieses neue Medium mit seiner Kommunikations- und Dialogkomponente weit mehr Möglichkeiten in sich birgt als das bloße Abrufen editierter Informationen. Die Einbindung von Externen Rechnern in den BTX-Verbund eröffnet eine Palette von Anwendungsmöglichkeiten, die qualitativ gegenüber dem bloßen "Seitenblättern" in BTX-Angeboten ungleich höher zu bewerten sind. Sehr rasch wurde evident, daß in einem BTX-Informationssystem, wie es das WU-BTX-Auskunftssystem darstellt, nicht nur die **Möglichkeit des Informationsabrufs** durch die Studenten von entscheidender Wichtigkeit ist, sondern daß vor allem die **Nutzung von Dialogprogrammen durch die BTX-Benutzer** und die **Möglichkeit der Weiterverarbeitung der über BTX erfaßten Daten durch die Informationsanbieter** (Kommunikations-, Dialogkomponente) die eigentlichen Neuerungen darstellen und hierin die größten Rationalisierungspotentiale enthalten sind. Weiters muß es möglich sein, die **angebotene Information programmgesteuert zu aktualisieren.** Diese Erkenntnis erfordert eine **Integration von BTX in ein langfristiges, Lehre und Verwaltung unterstützendes Gesamtkonzept,** und bestimmt auch die "Philosophie", die den WU-BTX-Anwendungen zugrunde gelegt wurde: BTX wird als **Komponente der (konventionellen) Datenverarbeitung** verstanden, **die Serviceleistungen rund um die Uhr einem großen Benutzerkreis** (auch privaten BTX-Teilnehmern) **zugänglich macht (Datenfernverarbeitung für jedermann).** Eine Analyse der Kommunikationsstruktur zeigt vor allem bei den Kommunikationsbeziehungen zwischen der Universität und ihren Studenten das größte BTX-Nutzungspotential auf. BTX wird daher vorwiegend als **Dienstleistungs- und Marketinginstrument** gegenüber den Studenten eingesetzt. Sowohl Hochschullehre als auch -verwaltung (Lehrveranstaltungsorganisation und -administration) können auf diese Weise erheblich rationalisiert werden.

2.2 Architektur des WU-BTX-Auskunftssystems

Seit November 1982 ist die Wirtschaftsuniversität Wien als Informationsanbieter und BTX-Benutzer im BTX-Pilotversuch der österreichischen Post unter der Leitseitennummer *3240# vertreten. Informationsanbieter im WU-BTX-Auskunftssystem, das mittlerweile auf etwa 4000 Seiten angewachsen ist, sind die Institute der Wirtschaftsuniversität bzw. andere Universitätseinrichtungen (Universitätsverwaltung, Hochschülerschaft etc.); Informationsnachfrager sind primär Studenten, aber auch andere Universitätsangehörige, denen das Angebot über auf dem Gelände der WU aufgestellte, öffentlich zugängliche BTX-Terminals verfügbar ist. Durch die Realisierung des Externen Rechner-Anschlusses ist das als Inhouse-System ausgeprägte WU-BTX-Auskunftssystem österreichweit auch an privaten BTX-Stationen verfügbar (Abb. 1).

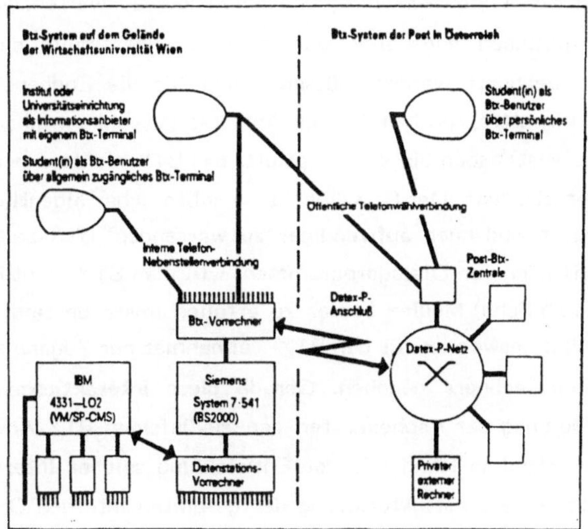

Abb. 1: Architektur des WU-BTX-Auskunftssystems

2.3 Akzeptanz durch die Betroffenen

Das WU-BTX-Auskunftssystem wurde zu Beginn des Wintersemesters 1983/84 für den Studienbetrieb freigegeben. Studenten und andere Interessenten können sich seither über BTX **rund um die Uhr Informationen über wichtige Sachverhalte, Vorgänge und Dienstleistungen** verschaffen. Das System stellt quasi ein **für die gesamte Universität gemeinsames "Schwarzes Brett"** dar, **das dezentral gefüllt und abgerufen werden kann.** Es ermöglicht eine **einfache Aktualisierung und Erweiterung des Informationsangebots,** die **Entlastung der Informationsanbieter von Routineanfragen und -tätigkeiten** und die **Informationsverfügbarkeit unabhängig von der physischen Anwesenheit der Kommunikationspartner.**

Seitens vieler **Informationsanbieter** herrscht **reges Interesse,** möglichst rasch in das WU-BTX-Auskunftssystem aufgenommen zu werden, doch beeinträchtigt **mangelnde Informiertheit über sinnvolle BTX-(Dialog-)Anwendungen** und **fehlendes Know-how über (BTX-)Systementwicklungen** die Akzeptanz:

Teils aus mangelndem Wissen über die Möglichkeiten BTX-unterstützter Datenverarbeitung, teils aus (falscher) Scheu vor langfristigem Zusatzaufwand und aus fehlender Bereitschaft, als Gegenleistung für Rationalisierungsvorteile Personal- und Sachkapazitäten zu investieren, werden oft **reine "Abfragesysteme"** entwickelt, in denen der Kommunikations- und Dialogkomponente von BTX (Zweiwegkommunikation) in keiner Weise Rechnung getragen wird. Derartige Teilsysteme sind dann tatsächlich schwierig und aufwendig zu warten, weil einerseits nicht systemadäquate Informationen angeboten werden bzw. andererseits diese als BTX-Seiten mühselig editiert und geändert werden müssen. Auch für die Endbenutzer sind derartige Systeme inhaltlich wenig attraktiv. Nur wenige Anbieter (sowohl im Inhouse-System als auch im öffentlichen BTX-Dienst) haben bisher akzeptiert, daß BTX nichts anderes ist als eine neue Form der Datenfernverarbeitung. Der BTX-Suchbaum sollte daher eigentlich nicht zum Finden von (aufwendig erstellten und noch aufwendiger zu wartenden) BTX-Seiten dienen, sondern hauptsächlich zum Auffinden von Dialogprogrammen, will man BTX nicht Funktionen aufdrängen, die andere (herkömmliche) Medien besser zu erfüllen imstande sind. Durch die Nutzung von BTX als Kommunikationsweg ist für den BTX-Teilnehmer der Zugang zu einer Vielfalt von Ressourcen des Externen Rechners gegeben. Gerade diese **Interaktionsanwendungen** werden nach überwiegender Meinung der Fachexperten den zukünftigen BTX-Anwendungen maßgebliches Gepräge geben. Hand in Hand mit der Entwicklung solcher Interaktionsanwendungen kann aber eine umfangreiche Umstrukturierung der gesamten internen Organisation und eine grundlegende Veränderung von (innerbetrieblichen) Arbeitsabläufen offensichtlich werden, während der entstehende Nutzen nicht in jedem Fall ohne weiteres zu quantifizieren sein wird. **Information, Beratung und Schulung** potentieller Informationsanbieter werden daher einen entscheidenden Stellenwert bei der Weiterentwicklung des WU-BTX-Auskunftssystems einnehmen.

Die **Akzeptanz seitens der Studenten** wird von folgenden Faktoren bestimmt:

- vom individuellen Nutzen der angebotenen Information,
- vom Grad der Motivation bzw. vom "Zwang", BTX zu benutzen (z.B. bei der Lehrveranstaltungsanmeldung),
- von der Geschwindigkeit der Abwicklung von administrativen Vorgängen,
- von der Benutzerfreundlichkeit der entwickelten Teilsysteme.

3. BTX-Unterstützung der Lehre an der Abteilung Wirtschaftsinformatik der WU Wien

3.1 Übersicht über mögliche BTX-Anwendungen im Bereich der universitären Lehre

Am Beispiel der Abteilung Wirtschaftsinformatik wird nachfolgend ein **Vorschlag für den Einsatz von BTX an einem Universitätsinstitut** präsentiert. Beschrieben werden dabei Teile eines BTX-Prototypsystems, das an der Abteilung selbst entwickelt wurde und teilweise bereits im Echtbetrieb eingesetzt wird. Betont sei an dieser Stelle die Notwendigkeit der Integration der vielfältigen BTX-Einsatzmöglichkeiten und der Entwicklung eines umfassenden, BTX in die konventionelle EDV einbeziehenden Gesamtkonzepts für die ganze Wirtschaftsuniversität. Angestrebte Globalziele des BTX-Teilsystems der Abteilung Wirtschaftsinformatik sind eine **Rationalisierung im Bereich der universitären Lehre** und eine **Verbesserung der Kommunikationsbeziehungen zwischen der Universität und ihren Studenten.**

Das BTX-Konzept der Abteilung Wirtschaftsinformatik geht von der in Abb. 2 dargestellten Gliederung aus.

Auf der einen Seite wird BTX als **Instrument für die Organisation und Administration der Lehre** betrachtet und es wird untersucht, inwieweit sich dieses Medium für die administrative Unterstützung von Universitätslehrern bei der Wahrnehmung ihrer Lehraufgaben eignet. Auf der anderen Seite wird BTX als **Medium zur Unterstützung der Lehre selbst** verstanden. Computerunterstützter Unterricht ist dabei nur ein Teil aller Möglichkeiten, BTX als "Lehrmedium" zu verwenden. Daneben ist es ebenso möglich, Spiele oder Simulationsprogramme zur Schulung einzusetzen, über BTX ein leicht aktualisierbares Lexikon anzubieten oder durch die Projektion von BTX-Seiten auf Leinwand auch nur einen Vortrag zu unterstützen. Die wichtigste Möglichkeit scheint aber zu sein, daß dem Studenten ein kostengünstiges Heimterminal zur Verfügung gestellt werden kann, von dem aus er jederzeit Rechnerleistung (Dienstleistungen der WU) in Anspruch nehmen kann.

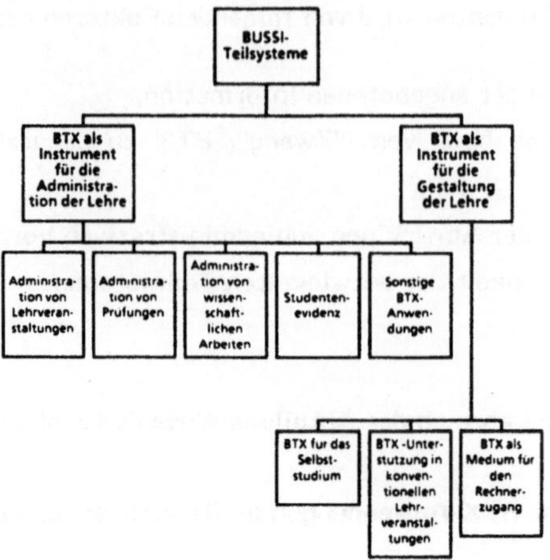

Abb. 2: Übersicht über mögliche BTX-Anwendungen an einer Universitätsabteilung im Bereich der universitären Lehre

3.2 Architektur der Teilsysteme

Praktisch alle Teilsysteme sind entsprechend den unterschiedlichen Zielgruppen zweigeteilt (Abb. 3).

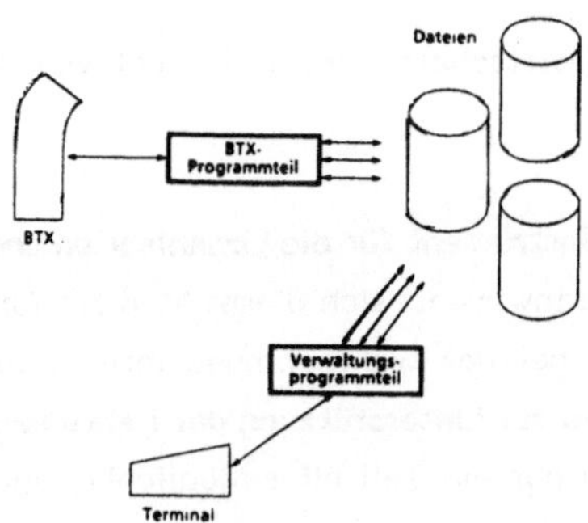

Abb. 3: Architektur der BTX-Teilsysteme

Der **BTX-Programmteil** ermöglicht den Benutzern des WU-BTX-Auskunftssystems (im allgemeinen Studenten) die Abfrage von Information und die Benutzung von Dialogfunktionen. Er ist der Öffentlichkeit (jedermann) im Inhouse-System bzw. über Datex-P im öffentlichen BTX-System (Externer Rechner) zugänglich, ist aber von den Funktionen her auf Abfragen und

Datenerfassungsmöglichkeiten beschränkt. Die Benutzerschnittstellen der BTX-Programmteile sind so konzipiert, daß der Benutzer (fast) nicht merkt, ob er sich im BTX-Suchbaum oder in einem dort eingebundenen Dialogprogramm befindet.

Der **Verwaltungsprogrammteil** des jeweiligen Teilsystems ist zwar im allgemeinen auch in das WU-BTX-Auskunftssystem eingebunden, ist aber nur bestimmten BTX-Benutzern (nämlich Abteilungsmitarbeitern, die zum Beispiel Lehrveranstaltungsdaten ändern oder Diplomarbeiten EDV-gestützt approbieren wollen) bei Kenntnis der entsprechenden Kennwörter zugänglich. Damit kann die gesamte Administration der Daten im BTX-System (Editieren von BTX-Seiten, Erfassung der Daten für die Anwendungsprogramme, Abwicklung der erforderlichen administrativen Routinetätigkeiten) über ein einziges (und relativ billiges) BTX-Terminal abgewickelt werden.

3.3 Teilsystem "Administration von Lehrveranstaltungen"

3.3.1 Architektur des Teilsystems

Am Beispiel der Abwicklung der **Proseminare "Einführung in die betriebliche Datenverarbeitung"** soll das Konzept der BTX-Anwendungen der Abteilung Wirtschaftsinformatik überblicksmäßig demonstriert werden:

Mit dem Basiswissen der zugehörigen Vorlesung und einer kurzen Einführung in die Bedienung von Mikrocomputern sollen die Studierenden in dieser Lehrveranstaltung die **Handhabung des integrierten Softwarewerkzeugs Open Access** durch praktische Arbeit (Lösen von Beispielen, Entwickeln von EDV-Anwendungen) direkt am Computer erlernen. Am Beginn des Semesters wird eine für alle Proseminare gemeinsame **Eingangsprüfung** über den Stoff der Vorlesung "Einführung in die betriebliche Datenverarbeitung" abgehalten. In die Proseminare werden nur Studenten mit positiv absolvierter Eingangsprüfung aufgenommen. Diese Teilnehmer werden dann möglichst gleichmäßig auf die einzelnen Proseminare aufgeteilt. Die laufende Leistungskontrolle während des Semesters erfolgt durch das Einsammeln und Beurteilen von schriftlich auszuarbeitenden **Übungsbeispielen** (im allgemeinen EDV-Anwendungen), die die Studenten jeweils innerhalb einer Woche zu lösen haben. Die Gesamtnote ergibt sich aus der Note der Eingangsprüfung, der Beurteilung der während des Semesters abgegebenen Beispiele und der Note eines eventuell abgehaltenen Schlußtests über den in der Lehrveranstaltung vermittelten Stoff. Daraus leitet sich folgendes EDV-Konzept ab (Abb. 4).

Über BTX meldet sich der Student zu den gewünschten Lehrveranstaltungen an. Seine Anmeldung wird in einer Anmeldedatei ANMELDAT registriert. Bei Proseminaren (20 bis 30 Parallelveranstaltungen) ist bei der Anmeldung eine Prioritätenfolge der gewünschten Lehrveranstaltungen anzugeben. Aufgrund dieser erfaßten Rangfolge kann nach Abwicklung der

Eingangsprüfung eine möglichst gleichmäßige, der Größe der einzelnen Hörsäle und den Prioritäten der einzelnen Teilnehmer entsprechende Aufteilung der Hörer auf die einzelnen Parallelveranstaltungen vorgenommen werden. Dabei sind alle Studenten zu berücksichtigen, die eine positive Eingangsprüfung abgelegt haben (unter Umständen auch bereits in Vorsemestern).

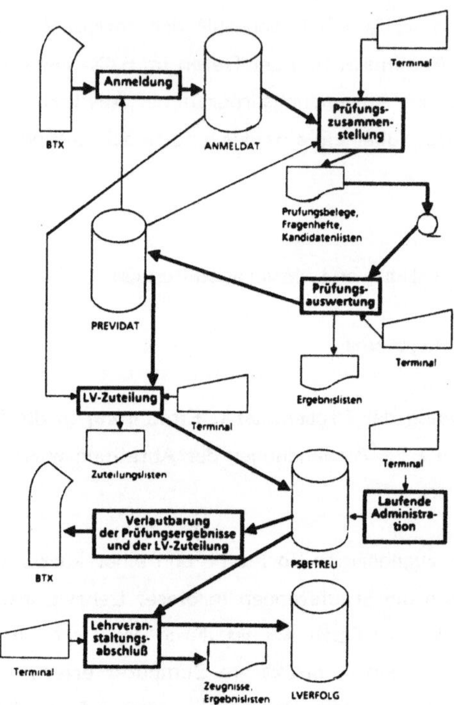

Abb. 4: Administrative Tätigkeiten bei der Abwicklung von Einführungsproseminaren

Mit Hilfe der Anmelde- und der Prüfungsevidenzdatei PREVIDAT, in der einmal bestandene Eingangsprüfungen evident gehalten werden, können Kandidatenlisten für die Eingangsprüfung ausgedruckt und maschinenlesbare Markierungsbelege beschrieben werden, die bei der Prüfung zur Erfassung der Antworten verwendet werden (Multiple Choice-Fragen). Die Prüfung selbst wird aus einer Prüfungsfragendatenbank im Dialog erzeugt und es werden Fragenhefte ausgedruckt. Nach automatischer Auswertung der Prüfung werden die Ergebnisse in der Prüfungsevidenzdatei abgelegt, von dort kann eine (automatische) Verlautbarung der Prüfungsergebnisse über ein BTX-Programm vorgenommen werden. Nach Abstimmung der Anmelde- mit der Prüfungsevidenzdatei wird die Zuteilung der angemeldeten Studenten auf die einzelnen parallelen Proseminare durchgeführt. Die dabei entstehende Datei kann dann während der laufenden Lehrveranstaltung ständig aktualisiert werden (laufende Administration).

Bei Abschluß der Lehrveranstaltungen am Semesterende werden aufgrund der gespeicherten Daten Zeugnisse und Ergebnislisten gedruckt, außerdem wird die Gesamtnote in einer WI-Lehrveranstaltungserfolgsdatei LVERFOLG abgelegt. Automatisch erzeugte Statistiken könnten wiederum über BTX verfügbar gemacht werden. Die nicht mehr benötigten Daten werden anschließend aus Datenschutzgründen gelöscht.

3.3.2 Vorteile und Probleme bei der EDV-unterstützten Administration von Lehrveranstaltungen

Das hier vorgeschlagene System bietet für Studenten und Universitätsabteilungen folgende **Vorteile:**

- Integrierte Datenverarbeitung, da Verwaltungs- und BTX-Programme auf dieselben Dateien zugreifen, was die laufende Aktualisierung des BTX-Informationsangebots maßgeblich vereinfacht. Datenerfassungsaufgaben werden soweit wie möglich an den Datenentstehungsort verschoben.

- Vereinfachung von Routinetätigkeiten bei der Abwicklung von Lehrveranstaltungen durch die Abwälzung des Datenerfassungsaufwands an den Datenverursacher, die integrierte Weiterverarbeitung der Daten durch Dialogprogramme und die Möglichkeit rascher Datenbankabfragen. Auch für die Studenten vereinfachen und vereinheitlichen sich bislang unterschiedliche Verwaltungsabläufe.

- Informationsvorteile für Abteilungsmitarbeiter durch Evidenz über den gegenwärtigen Hörerstand bzw. über Absolventenzahlen vergangener Jahre, für die Studenten durch ein jederzeit aktuelles, umfassendes Informationsangebot.

- Ortsungebundenheit, Zeitsouveränität.

Demgegenüber kann das entworfene Teilsystem zur Unterstützung der Lehrveranstaltungsadministration folgende **Nachteile** mit sich bringen:

- Starres Ablaufschema,

- organisatorische Probleme in bezug auf Datenschutz,

- Verlust persönlicher Beziehungen,

- Entwicklungskosten,

- kurzfristige Engpaßprobleme bei BTX-Terminals.

3.4 Teilsystem "Administration von Prüfungen"

Die Abwicklung von Prüfungen verursacht für die betroffenen Universitätslehrer einen unverhältnismäßig hohen Routineverwaltungsaufwand, der gerade angesichts großer Kandidatenzahlen zu eintöniger, öder Belastung wird. Nicht nur, daß es mühsam ist, mehrmals im Jahr geeignete Prüfungsfragen auszuarbeiten und prüfungsgerecht aufzubereiten, es müssen darüber hinaus Lehrstoffänderungen in den Prüfungen berücksichtigt werden, so daß unter Umständen von einer Prüfung mehrere Varianten vorbereitet werden müssen, es müssen Kopien angefertigt werden und es müssen nach erfolgter Prüfung die Ergebnisse festgestellt (Auswertung) und verlautbart werden (Aushang). Die damit verbundene hohe zeitliche Belastung der Universitätslehrer und die Unmöglichkeit einer raschen Rückkopplung zwischen Prüfer und Studenten bezüglich des Prüfungserfolgs waren Anlaß dazu, daß man sich in der Abteilung Wirtschaftsinformatik der EDV-Unterstützung der Prüfungsabwicklung bereits sehr frühzeitig angenommen hat.

Die Grobarchitektur des Teilsystems für die Unterstützung der 2. Diplomprüfung ist in Abb. 5 wiedergegeben.

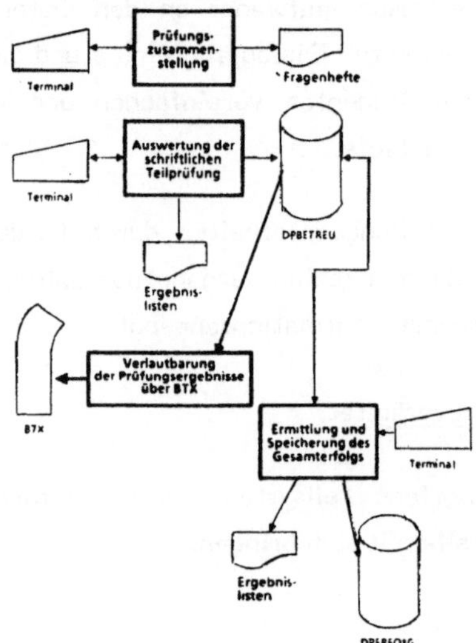

Abb. 5: Grobkonzept für das Teilsystem "Administration von Prüfungen"

3.5 Teilsystem "Administration von wissenschaftlichen Arbeiten"

Auch die organisatorische Betreuung von wissenschaftlichen Arbeiten erscheint in hohem Maße automatisierbar. Ein **Wartungsprogrammteil**, der nur den Mitarbeitern der Abteilung zugänglich ist und die Wartung der für das BTX-Programm benötigten Dateien ermöglicht, hat die Aufgabe, alle administrativen Arbeiten, die im Zusammenhang mit der Abfassung wissenschaftlicher Arbeiten von Studenten anfallen, zu unterstützen. Dies sind:

- Erweiterung und Veränderung von gespeicherten Daten (Themen, Bearbeitungsdaten etc.),
- Vergabe von wissenschaftlichen Arbeiten,
- Approbierung von wissenschaftlichen Arbeiten,
- statistische Auswertung von abgeschlossenen wissenschaftlichen Arbeiten,
- Auskunftserteilung (Datenbankabfragen) sowie
- Ausdrucken diverser Listen (z.B. Themenlisten).

Der **BTX-Programmteil** ist in das WU-BTX-Auskunftssystem eingebunden und für alle BTX-Benutzer frei zugänglich. Der Benutzer (Student) soll sich auf möglichst einfachem Weg über den Stand von wissenschaftlichen Arbeiten an der Abteilung Wirtschaftsinformatik und über Themenvorschläge für die eigene Diplomarbeit oder Dissertation informieren können.

Mit Hilfe dieses Systems erscheint es möglich, die Betreuung von wissenschaftlichen Arbeiten erheblich zu rationalisieren. Vor allem der hohe Aktualisierungsaufwand sowohl im BTX-System (Editieren von BTX-Seiten) als auch auf dem Anschlagbrett (ständige Aktualisierung der noch freien Themen) fällt damit praktisch vollständig weg, da das BTX-System durch die in den Dateien programmgesteuert vollzogenen Datenänderungen automatisch aktualisiert wird.

3.6 Teilsystem "Studentenevidenz"

Die bisher beschriebenen Anwendungen schaffen die Grundlage für eine umfassende (interne) Evidenz über die Hörer der Abteilung Wirtschaftsinformatik. Aus den in den drei zuvor beschriebenen Teilsystemen erzeugten Daten lassen sich für die Institutsmitarbeiter zahlreiche Informationen für die laufende Betreuung von Studenten in Lehrveranstaltungen, bei wissenschaftlichen Arbeiten und bei der Prüfungsvorbereitung gewinnen. Die in den Studienerfolgsdateien gespeicherten Daten können aber auch ex post ausgewertet werden. So können diverse **Globalstatistiken** für die Abteilung (z.B. Absolventenzahlen, Hörerzahlen im 1. und 2. Studienabschnitt, in der Speziellen Betriebswirtschaftslehre oder im Wahlfach etc.) ebenso generiert werden, wie Informationen über den Studiengang eines einzelnen Studenten im Fach Wirtschaftsinformatik gewonnen werden können (**Studienverlaufskontrollen**). Selbstverständlich müssen die den einzelnen Mitarbeitern zugänglichen Datenbankabfragen im Sinne des Datenschutzgesetzes abgesichert sein.

3.7 Weitere mögliche BTX-Anwendungen

Bei den folgenden Teilsystemen geht es im allgemeinen darum, ähnlich wie beim Auskunftssystem für wissenschaftliche Arbeiten den Studenten aktuelle Information (und Serviceleistungen) im WU-BTX-Auskunftssystem zur Verfügung zu stellen, ohne diese Information mühselig auf BTX-Seiten editieren zu müssen. Vielmehr sollen Verwaltungsprogramme, die von Institutsmitarbeitern bedient werden können, (formatierte) Daten in Dateien (bzw. Datenbanken) manipulieren und so das WU-BTX-Auskunftssystem als elektronisches Schwarzes Brett weitgehend "automatisch" aktualisieren. Solche Anwendungen (Serviceleistungen), die die Lehre im weitesten Sinne betreffen, wären etwa:

- **Mitteilungsdienst** (elektronische Post) für die Kommunikation der Studenten untereinander bzw. mit den Informationsanbietern,

- institutsinterne Registrierung von Mitarbeiter-Absenzzeiten über ein Dialogprogramm und Verlautbarung über BTX (**Dienstzeitauskunftssystem**),

- zentrale Verwaltung von Stellenangeboten und -nachfragen sowie deren Verlautbarung über BTX (**Jobvermittlung**),

- **Lehrveranstaltungsverschiebungen,**

- **Betreuung der Institutsbibliothek.**

4. Schlußbetrachtungen

Der vorliegende Beitrag sollte aufzeigen, daß für das Medium BTX auch auf universitärem Boden eine Reihe attraktiver Anwendungsmöglichkeiten besteht und daß BTX auch in diesem Bereich mehr als nur eine akademische Spielerei oder ein Objekt zur Austragung wissenschaftlicher Dispute darstellt.

Erst wenn aus den (theoretischen) Konzepten ein (praktischer) Nutzen für die Beteiligten gezogen werden kann, hat die wissenschaftliche Forschung ihren Sinn erfüllt. Das an der Abteilung Wirtschaftsinformatik der WU entwickelte Konzept für den BTX-Einsatz an einer Universitätsabteilung ist als Prototypsystem realisiert, das sich (mit mehr oder minder großen Adaptionen) auch auf andere Institutionen übertragen läßt. Nach Meinung des Verfassers wird die Zukunft des WU-BTX-Auskunftssystems (und sinngemäß die Zukunft des BTX-Dienstes als Ganzes) maßgeblich davon abhängen, ob andere Organisation(seinheit)en der diesem Prototyp zugrundeliegenden "Philosophie", die den Aufbau attraktiverer BTX-Angebote sowohl für

Informationsanbieter (geringerer Wartungsaufwand) als auch der Informationsnachfrager (jederzeit aktuelles Informationsangebot) gewährleistet, folgen werden.

Literatur

- Bernard, P.: Ist- und Schwachstellenanalyse der die Lehre betreffenden Verwaltungstätigkeiten an der Abteilung Wirtschaftsinformatik, Diplomarbeit, Wirtschaftsuniversität Wien, Wien 1984.

- Bundesministerium für Wissenschaft und Forschung (Hrsg.): Hochschulbericht 1984, Wien 1984.

- Frackmann, E.; Leicht, B.: BTX im Hochschulbereich, HIS-Kurzinformationen, Hochschul-Informations-System GmbH, Hannover 1984.

- Göpfrich, H.R.: BUSSI-Projektbericht für den Zeitraum 1984-01-01 bis 1985-04-15: Sollkonzept für den Einsatz von Bildschirmtext zur Unterstützung der universitären Lehre an der Wirtschaftsuniversität Wien, Arbeitsberichte zum Tätigkeitsfeld Wirtschaftsinformatik, Hrsg. H.R. Hansen, Wirtschaftsuniversität Wien, Wien 1985.

- Hansen, H.R.: Bildschirmtext-Unterstützung des Selbststudiums in Informatik (BUSSI) an der Wirtschaftsuniversität Wien (Projektantrag), Arbeitsberichte zum Tätigkeitsfeld Wirtschaftsinformatik, Hrsg. H.R. Hansen, Wirtschaftsuniversität Wien, Wien 1982.

- Hansen, H.R.: Anlagen zum Projektantrag: Bildschirmtext-Unterstützung des Selbststudiums in Informatik (BUSSI) an der Wirtschaftsuniversität Wien, Arbeitsberichte zum Tätigkeitsfeld Wirtschaftsinformatik, Hrsg. H.R. Hansen, Wirtschaftsuniversität Wien, Wien 1982.

- Hansen, H.R.: BTX macht Schule, in: Data Report, 19. Jg., Heft 4, August 1984.

- Hansen, H.R.; Göpfrich, H.R.: BUSSI-Jahresbericht 1983, Teilsysteme "BTX-Lehrveranstaltungsinformation" und "Prüfungsautomatisierung", Arbeitsberichte zum Tätigkeitsfeld Wirtschaftsinformatik, Hrsg. H.R. Hansen, Wirtschaftsuniversität Wien, Wien 1984.

- Schier, H.: Möglichkeiten für Aufbau und Einsatz von computerunterstützten Informationssystemen in der Hochschulverwaltung und -planung, Dissertation, Universität Wien, Wien 1982.

- Voß, H.: Nutzungsmöglichkeiten von Bildschirmtext an wissenschaftlichen Hochschulen - dargestellt am Beispiel der Universität zu Köln, Reihe: Planung, Information und Unternehmensführung, Bergisch Gladbach 1984.

- Ederleh, J.: Materialien der Rundfrage Bildschirmtext, in: Mitteilungen für die Hochschulverwaltung, Arbeitsstelle für Informationsaustausch der Hochschulverwaltungen, HIS Hochschul-Informations-Systeme GmbH, Hannover 1984.

BILDSCHIRMTEXT ALS ADD-ON VON EINZEL- UND MEHRPLATZ-DV-SYSTEMEN IN DER BÜROUMGEBUNG

Dr. Wolfgang Weidner
Philips Kommunikations Industrie AG
Unternehmensbereich Philips Data Systems
Werk für Informationstechnik
Postfach 31 02 17
5900 Siegen - Eiserfeld

1. Einstimmung

Mit Bildschirmtext- (Btx-) Systemen wurden bisher speziell für Btx entwickelte und ausschließlich für Btx verwendbare Systeme bezeichnet. Eine Konfiguration dieser Art besteht aus einem Farbbildschirm mit zusätzlicher, Btx-spezifischer Hardware, einer Tastatur und (eventuell) Hintergrundspeicher.
Dies ändert sich langsam. Seit rund einem Jahr beobachten wir einen deutlichen Trend:

- die Nachfrage nach Btx ist im privaten Bereich (Fernseher plus Btx-Decoder) spürbar unter den damaligen Erwartungen geblieben
- die Nachfrage nach Btx im professionellen Bereich ist weit über die damaligen Prognosen hinaus gewachsen.

Die Umkehr der bisherigen Voraussagen zur Verbreitung und Akzeptanz von Btx sowie die schnelle Verbreitung von Personal Computers (PC) haben dazu geführt, daß sich in den Entwicklungsabteilungen der in Europa vertretenen DV-Hersteller Gedanken gemacht werden,

- woraus denn Btx in der DV-Umgebung besteht und
- wie DV-Systeme Btx-fähig gemacht werden können.

Was im Nachfolgenden berichtet wird, ist nicht die Auflistung dessen, was konzeptionell alles möglich und wünschenswert wäre, sondern das Ergebnis einer Machbarkeitsstudie, die im Anschluß an die Prototypenentwicklung eines multifunktionalen Terminals durchgeführt wurde und

Grundlage für eine Produktentwicklung war.
Dieser Prototyp integrierte Daten-/Textverarbeitung, Graphics, Btx und Bewegtbilder durch pixelorientierte Displaytechnik.
Die Erfahrungen aus diesem Ansatz und die heutigen kommerziellen Randbedingungen führten zur Entwicklung eines Btx Add-on Controllers und eines Spezialmonitors. Dadurch entstand ein Terminal, das mit Character orientierter Displaytechnik Daten-/Textverarbeitung, Btx und Bewegtbilder integriert und Graphik entweder in der eingeschränkten Btx-Auflösung oder durch einen speziellen Graphik-Controller ermöglicht.

2. Was wird in der Büroumgebung gebraucht?

In der Büroumgebung wird im wesentlichen offline Daten- und Textverarbeitung betrieben. Teletex- und Online-Anwendungen (VT100, 3270-Emulationen) und monochrome sowie farbige Graphik-Anwendungen gehören immer mehr zum Standardrepertoir heutiger Einzel- und Mehrplatz-DV-Systeme.
Welche Hardware-Eigenschaften Terminals besitzen müssen, um die Anforderungen aus diesen unterschiedlichen Anwendungsgebieten bezüglich Auflösung, Zeilenanzahl, usw zu erfüllen, ist in Tabelle 1 zusammengefaßt, die um die Anforderungen von Bildschirmtext, CEPT-Alphageometrie und Bewegtbildern ergänzt wurde.
Die wesentlichen Eigenschaften von Einzel- und Mehrplatz-DV-Systemen ergeben sich aus ihrem Einsatzort: der Büroumgebung.
Gestochen scharfe und flimmerfreie Darstellung von 80 bis 132 Zeichen pro Zeile und 25 Zeilen pro Bildschirm gehören heute schon zum Stand der Technik für monochrome Displays.
Hilfsmittel an einem Büroarbeitsplatz unterliegen grundsätzlich einer wesentlichen Einschränkung: sie dürfen den für das eigentliche Arbeiten notwendigen Platz nicht einengen. Daher verbietet es sich von selbst, neben einem DV-Terminal für Standard-EDV ein weiteres Gerät für Textarbeitung zu betreiben oder etwa noch ein weiteres für Graphikanwendungen. Neben der kunterbunten Häufung unterschiedlichster Hardware spricht gegen diese Lösung außerdem die von System zu System unterschiedliche Benutzeroberfläche und - was besonders negativ ins Gewicht fällt - die Unmöglichkeit, die Daten der unterschiedlichen Anwendungen zu integrieren.
Sehr viele Displays an heutigen DV-Systemen sind deshalb multifunktionale Terminals. Sie ermöglichen das Arbeiten mit Daten-/Text- und Graphikanwendungen auf ein- und demselben Gerät.
Ich möchte bewußt vorsichtig mit dem Begriff "Integration" umgehen.
Denn damit kann verschiedenerlei gemeint sein:

1. nur **das gleichzeitige Arbeiten** einer speziellen Anwendung **auf den Daten** aus Daten-, Text- und Graphikverarbeitung oder
2. **das sequentielle Arbeiten** mit Daten-, Text- und Graphikanwendungen **auf ein- und demselben Terminal** oder
3. **das parallele Arbeiten** mit Daten-, Text- und Graphikanwendungen **auf ein- und demselben Display**

ANFORDERUNGEN AUS DEN VERSCHIEDENEN ANWENDUNGSGEBIETEN

Konsequenzen / Anforderung	Zeichen vert x hor	Box hor x vert	Zeichen-vorrat	Pixels hor x vert	Attribute	Grauwerte/ Farben	Besonderheit/ Bemerkungen
Daten, Text	25 x 80	9 x 15	< 256	(720 x 375)*	je Zeichen: underline, inverted	je Zeichen: 3 Stufen	flimmerfreie Darstellung
Teletex, VT100, 3270	25 x 132	6 x 15	< 512	(792 x 375)*	je Zeichen: underline, partial line up, partial line down, inverted, double	je Zeichen: 3 Stufen	flimmerfreie Darstellung
Monochrome Grafik	n. a.	n. a.	n. a.	640 x 480 oder 512 x 390 (Tektronix)	n. a.	je Pixel: 2 -4 Stufen	entsprechend 2 planes, äquidist. Pixels, flim.fr.Darst.
Farbige Grafik	n. a.	n. a.	n. a.	320 x 240	n. a.	je Pixel: 8 aus 8 Farben	entsprechend 3 planes, äquidistante Pixel flimmerfreie Darstellung
Bildschirmtext (BTX)	(24+1) x 40	12 x 10	571 + 94 DRCs (dynamically redefinable characters)	(480 x 252)*	je Zeichen: flash, underline conceal, size window, inverted protected, marked	je Zeichen: Vordergrund Hintergrund 32 aus 4096 Farben plus Sonderbehandlung der Zeichen aus dem DRC-Set	entsprechend 5 planes bei Pixel-Darstellung, nicht äquidistante Pixels
oder	(20+1) x 40	12 x 12					
oder (Closed User Group)	(24+1) x 80	6 x 10					
oder (Closed User Group)	(20+1) x 80	6 x 12					
Videotex/CEPT (geometric mode)	wie BTX	wie BTX	wie BTX	wie BTX	wie BTX	je Pixel: 32 aus 4096 Farben	entsprechend 5 planes
Fest-/Bewegtbild (von VLP, Scanner,etc)	n. a.	n. a.	n. a.	n. a.	n. a.	n. a.	625 Zeilen TV-Norm: 15625 Hz Zeilenfrequ. 50 Hz non-interl.

n.a.: nicht anwendbar

* : errechneter Wert aus Zeilenzahl, Boxformat

TABELLE 1

Wir sollten deshalb genauer von

1. Integration der Daten
2. Integration in einem Terminal
3. Integration auf dem Display

bezüglich einer bestimmten Menge von Anwendungen in dem Sinne sprechen, daß ein Terminal, dem man einen bestimmten Integrationsgrad zusprechen kann, auch alle geringeren Integrationsgrade bezogen auf dieselbe Menge von Anwendungen besitzt.

Ideal und zukunftssicher würde sicher jeder eine Hardware betrachten, die Character-orientierte Darstellung für Daten-/Textverarbeitung sowie Pixel-orientierte für monochrome und farbige Graphik ebenso wie Btx und Bewegtbilder auf dem Display integriert.
Der Benutzer bräuchte sich nur noch auf seine eigentliche Aufgabe zu konzentrieren und könnte anwendungsfremde Probleme wie z.B. inkompatible Datenformate vollständig vergessen.
Für Daten-/Text- und monochrome Graphikanwendungen gibt es schon heute solche integrierten Systeme.
In einer Prototypenentwicklung versuchten wir die zusätzliche Integration von farbiger Graphik, Btx und Bewegtbildern. Das Ergebnis war nur von theoretischem Interesse. Die notwendige Hardware wurde ohne Einsatz von Gate-Array-Technik zu aufwendig. Der Markt für solche Produkte ist außerdem zur Zeit viel zu klein, so daß der Preis bei der zu erwartenden Stückzahl unverhältnismäßig hoch ausfallen müßte.

3. Was ist realisierbar?

Das Ziel, die Integration von Daten-/Textverarbeitung, Graphik, Btx und Bewegtbildern, ließ sich also nicht in einem Schritt erreichen. In irgendeiner Weise mußten wir uns beschränken, bzw. Prioritäten setzen. Daten- und Textverarbeitung muß natürlich weiterhin betrieben werden können. Btx-Information muß durch Daten- und Textanwendungen bearbeitbar werden. Hinzu kommt die im geschäftlichen Bereich als für die Zukunft wichtig bezeichnete Möglichkeit, Daten und Texte mit Stand- oder Bewegtbildern unterlegen zu können.
Graphikanwendungen haben zur Zeit noch längst nicht die Verbreitung, wie sie von manchem herbeigeredet wird. Außerdem fehlt eine verbindliche Spezifikation für den Datenaustausch. Die Deutsche Bundespost arbeitet zwar zur Zeit an einem Referenzmodell für die Alphageometrie-Option der CEPT-Empfehlung T/CD-6.1. Wir selbst arbeiten in diesem Gremium mit. Es ist jedoch zur Zeit nicht absehbar, wann hieraus eine stabile Spezifikation entstehen wird. Außerdem wird Alphageometrie nicht Bestandteil des Basis-Dienstes sondern nur eine von vielen Optionen sein.
Unserer Einschätzung nach reicht deshalb die **Beschränkung auf Daten-/ Textverarbeitung, Btx und Bewegtbilder** .
Eine kommerzielle Forderung wird vor allem dem Verbraucher einleuchten:

Im Markt befindliche Systeme müssen um das Add-on von Btx und Bewegtbildern **aufgerüstet werden können** , sonst müßte der Kunde seine alte Hardware verschrotten. Das heißt, der Kunde soll nur für das Add-on zahlen müssen.
Unabdingbar ist für die Integration selbstverständlich die Beibehaltung der bisher von den monochromen Displays her gewohnten Qualität, d.h. die **gestochen scharfe und flimmerfreie Darstellung** .
Daß dieser Ansatz auch noch **bezahlbar** sein muß, versteht sich von selbst.
Damit ergaben sich als Randbedingungen für unsere Entwicklung:

1. Integration von Daten-/Textverarbeitung, Btx und Bewegtbild in einem Gerät
2. Btx und Bewegtbilder als Add-on zu bestehender Hardware
3. gestochen scharfe und flimmerfreie Wiedergabe von Daten, Text, und Btx
4. kostengünstige Hardware-Lösung für das Add-on.

4. Was ist Btx Add-on in DV-Umgebung?

Unabhängig von der Umgebung benötigt man für den Btx-Betrieb die Komponenten:

- Btx-Netzzugang
- Btx-Decoder
- Btx-Anzeige für Alphamosaikzeichen
- Btx-Anzeige für Alphamosaikzeichen mit Videobildern
- Btx-Software (optional)

Wie können nun die einzelnen Btx-Komponenten unter Beachtung dieser Randbedingungen einem DV-System hinzugefügt werden? Abhängig davon, ob ein Einzel- oder Mehrplatz-DV-System Btx-fähig werden soll, sind die Btx-Komponenten unterschiedlich im System verteilt.

4.1 Einzelplatz-DV-System mit Btx Add-on

Eine zusätzliche, steckbare Erweiterungskarte kann den Btx-Netzzugang, Teile des Btx-Decoders, Teile der Displayansteuerung und den Zugang zum Videoplattenspieler enthalten. Das Display unterliegt zusätzlichen Anforderungen, die weiter unten näher erläutert werden. Der Rest kann in Software gelöst werden.

4.2 Mehrplatz-DV-Systeme mit Btx Add-on

Es ist wenig sinnvoll, jedem Arbeitsplatz mit Btx Add-on einen separaten Netzzugang zuzuordnen, weil dieser Netzzugang nur zu einem geringen Prozentsatz der Gesamtarbeitszeit genutzt würde. Denn Btx ist nur eine von vielen Funktionen dieses Arbeitsplatzes. Deshalb muß der Btx-Netzzugang eine systemseitig verwaltete Resource sein, die von den Btx-Arbeitsplätzen bei Bedarf angefordert werden kann. Die übrigen Btx-Komponenten sind pro Arbeitsplatz erforderlich.
Das Hinzufügen des Btx-Netzzuganges ist unproblematisch. Das Hinzufügen

des Btx-Decoders wird durch die Btx-Anzeige problematisch:

- Der Übergang von monochromer auf farbige Darstellung ist bei vergleichbarer Qualität des Monitors mit einem Verlust an Schärfe verbunden. Durch höhere Auflösung der Röhre kann diese Qualitätseinbuße zum Teil ausgeglichen werden.

Die von Text- und Datenverarbeitung her gewohnte, hohe Qualität des monochromen Displays bezüglich der Flimmerfreiheit auch in der Btx-Umgebung zu erhalten, erfordert neue Eigenschaften der Monitore:

1. Text- und Datenverarbeitung mit mindestens 60 Hz non interlaced für 25 Zeilen je 80 Zeichen
2. Btx-Anzeige von Alphamosaik-Zeichen mit mindestens 60 Hz non interlaced für 25 Zeilen je 40 Zeichen
3. Btx-Anzeige von Alphamosaik-Zeichen für 25 Zeilen je 40 Zeichen plus unterlegten Video-Bildern mit 50 Hz interlaced (Fernsehnorm).

Hieraus ist unschwer ablesbar, daß diese Forderungen durch Standard-Hardware für das Add-on nicht erfüllbar sind. Andererseits muß Spezial-Hardware verkaufbar bleiben. Diese Randbedingungen legen eine Hardware-Architektur bereits in ihren Grundzügen fest.

5. Welche Hardware-Architektur für das Btx Add-on?

Die zuletzt geforderten Display-Eigenschaften sind ohne einen auf mehrere Zeilenfrequenzen umschaltbaren Monitor nicht denkbar. Die Btx-spezifische Displayansteuerung ließe sich ohne große Schwierigkeiten mit diskreter Logik erstellen, jedoch sprechen die nicht unerheblichen Hardwarekosten dagegen. Deshalb ist langfristig die Verwendung von integrierten Bausteinen zu empfehlen, wie sie mit dem EUROM bereits vorliegen.

5.1 Hardware-Architektur eines Einzelplatz-DV-Systems

5.1.1 Displayansteuerung

Die Erweiterbarkeit von Einzelplatz-DV-Systemen (PCs) ist heute dadurch gewährleistet, daß freie Steckplätze für Erweiterungskarten vorhanden sind. Also liegt es nahe, die Btx-Zusatzhardware (Btx-Adapter) als solche steckbare Zusatzkarte zu realisieren.

Der Ausgang des Btx-Adapters ist die Video-Verbindung zum (Zeilenfrequenz-) umschaltbaren Monitor. Die übliche Displayansteuerung eines Standard-PCs setzt jedoch einen monochromen Monitor voraus. Andererseits benötigt eine Standard-Farbkarte für Graphik-Anwendungen einen Farbmonitor mit TTL-Interface.

Unter Abwägung dieser unterschiedlichen Anforderungen ist es am sinnvollsten, den Standard-Videoausgang bzw. den Ausgang der Standard-Farbkarte auf den Btx-Adapter zu führen und dort die Umsetzung auf den umschaltbaren Monitor vorzunehmen.

5.1.2 Netzzugang

Um universell einsetzbar zu sein, müssen sowohl das Standard-Modem

D-BT03 als auch das Modem D1200S12, mit dem sinnvollerweise Bulk-Updating betrieben wird, anschließbar sein.

5.1.3 Videoplattenspieler

Für das Unterlegen von Btx-Seiten mit Bewegtbildern muß ein Videoplattenspieler anschließbar sein. Dieser kann sowohl im Offline-Betrieb für Präsenta-tionszwecke als auch im Online-Betrieb direkt von der Btx-Zentrale aus betrieben werden.

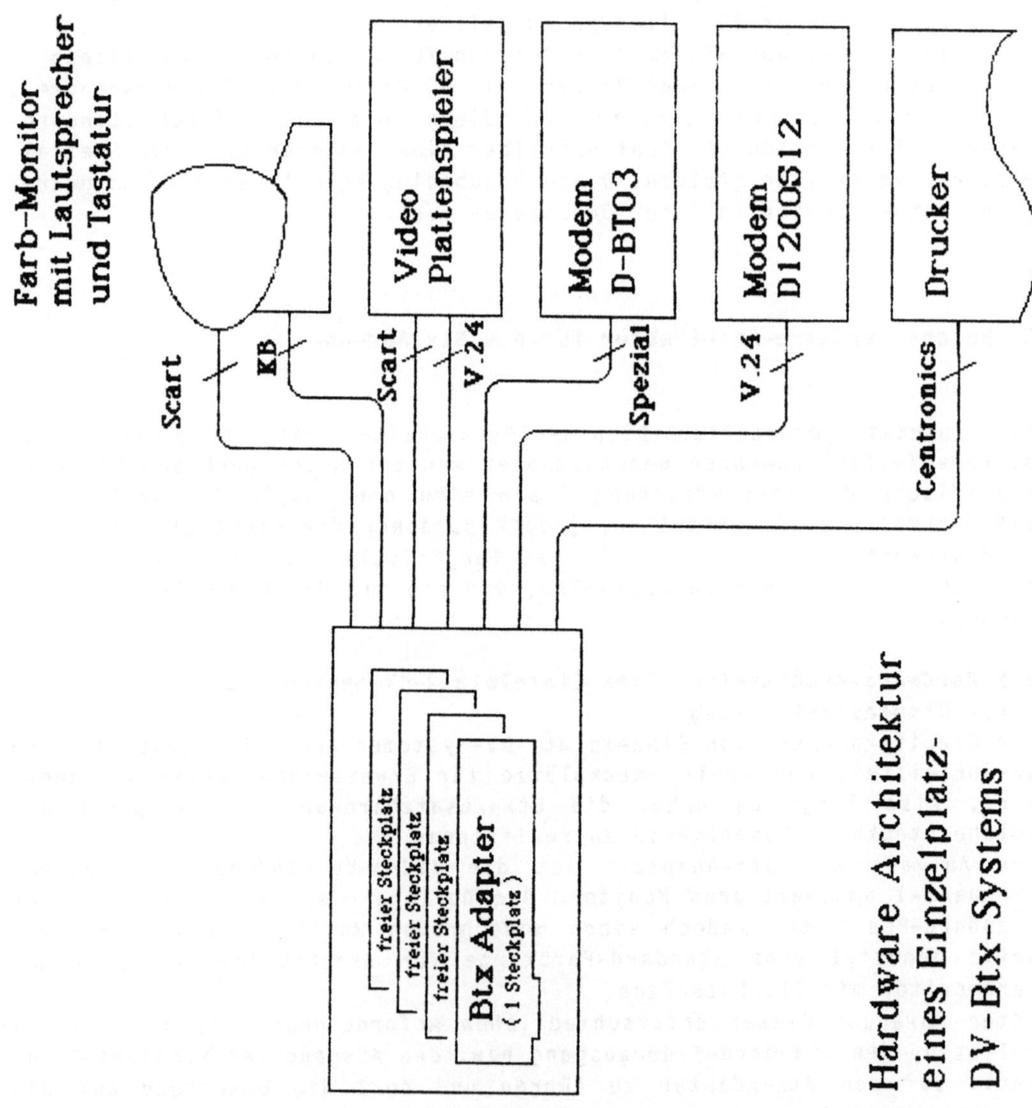

Abbildung 1 Hardware Architektur eines Einzelplatz-DV-Btx-Systems

5.2 Hardware-Architektur eines Mehrplatz-DV-Systems

Der Unterschied zur Einzelplatzlösung besteht im wesentlichen in der zentralen Ansiedlung der Netzzugänge, siehe Abbildung 2.

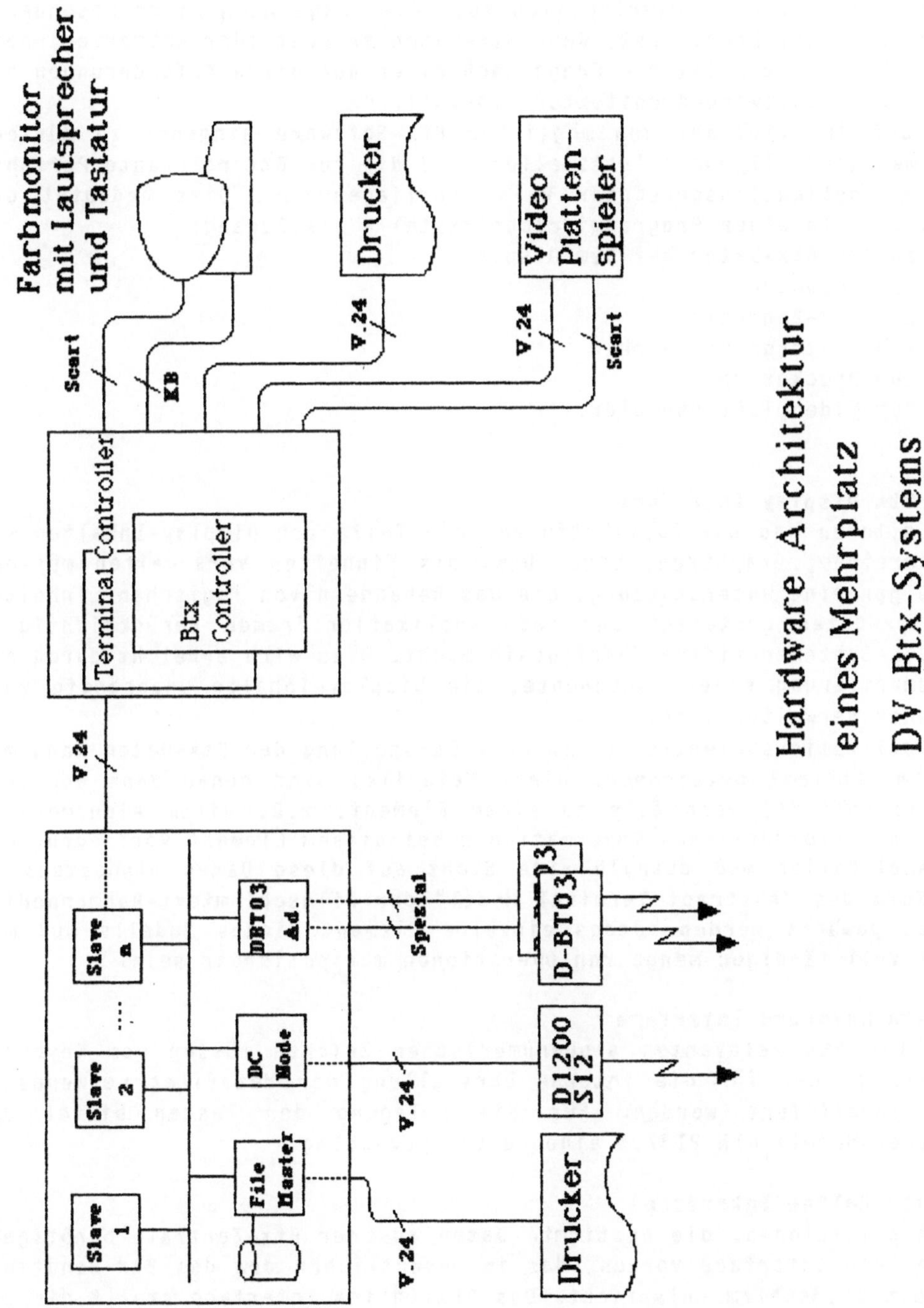

Abbildung 2 Hardware Architektur eines Mehrplatz-DV-Btx-Systems

6. Welche Software-Architektur für das Btx Add-on?

Besteht das Btx Add-on nur aus der Abrufmöglichkeit von Btx-Seiten aus der Btx-Zentrale, so ist außer dem Btx Data Link Service und der Btx-Interpretations- und -Präsentationssoftware keine weitere Software erforderlich. Damit erübrigt sich auch die Frage nach einer besonderen Software-Architektur. Erst, wenn Btx-Daten erzeugt oder weiterverarbeitet werden sollen, ist die Frage nach einer auf diese Anforderungen hin optimierten Software-Architektur sinnvoll.
Ohne auf die Vielzahl von möglicher Btx-Software eingehen zu müssen, kann man ganz allgemein feststellen, daß die für Btx relevante Periphrrie in applikationsgerechter Weise vorliegen muß. Dies bedeutet das Vorhandensein einer Programmierschnittstelle als Zugang:

1. zu den Btx-Daten auf dem Display
2. zum Keyboard
3. zur Btx-Zentrale
4. zum Hintergrundspeicher
5. zum Drucker und
6. zum Videoplattenspieler.

6.1 Btx Display Interface

Btx-Editoren und Btx-Applikationen, die Teile von Display-Inhalten wie Textbereiche, Graphiken, Logos usw. als Einheiten verarbeiten müssen, benötigen eine Unterstützung, die das Behandeln von logischen Einheiten von Btx-Daten gestattet und jede applikationsfremde Berücksichtigung von Btx-Systemspezifika überflüssig macht. Dies wird erreicht durch die Implementierung einer Komponente, die Display-Inhalte unabhängig voneinander verwalten kann.
Die applikationsorientierte, interne Darstellung der Btx-Daten kann man als "Metafiles" bezeichnen. Diese Metafiles sind genau dann applikationsorientiert, wenn alle zu einem Element, z.B. einem Alphamosaik-Zeichen, erforderlichen Informationen bei diesem Element vorliegen. Der Btx-Applikation muß deshalb eine Sicht auf diese Daten mindestens in der Form des "Abstract Terminal Model" der Bildschirmtext-Rahmenbedingungen gewährt werden. Jedes einzelne Element dieses Modells muß mit einer vollständigen Menge von Operationen manipulierbar sein.

6.2 Btx Keyboard Interface

Alle für Btx relevanten alphanumerischen Zeichen müssen vom Keyboard bereits in der für die interne Darstellung der Metafiles verwendeten Form angeliefert werden. Für die Belegung der Tasten bietet das 4-Ebenen-Modell DIN 2137.5 einen guten Vorschlag.

6.3 Btx Online Interface

Btx-Applikationen, die bestimmte Daten aus der Btx-Zentrale benötigen, setzen ein Interface voraus, das im wesentlichen dem des Btx-Benutzers vor dem Bildschirm entspricht. Das Btx Online Interface stellt die angeforderten Daten in der internen Darstellung als Metafile zur weiteren Verarbeitung zur Verfügung.

6.4 Btx Data Store Interface

Insbesondere Bulk-Updating Terminals benötigen eine Nachbildung der Btx-Unterbäume, wie sie in der Btx-Zentrale vorliegen. Denn für eine kostengünstige offline-Erstellung von Btx-Seiten muß der Zusammenhang der Btx-Seiten untereinander bezüglich Verweisstruktur und DRCS-Verteilung verwaltet werden können. Dies macht eine automatische Verwaltung aller Querverweise bei Änderungen der Baumstruktur notwendig.

6.5 Btx Drucker

Zur Zeit liegen noch sehr unterschiedliche Meinungen darüber vor, wie ein Btx-Displayinhalt ausgedruckt werden sollte. Für Applikationen, die nur am alphanumerischen Inhalt interessiert sind, reicht sicher die Wiedergabe mit den Möglichkeiten eines vorhandenen Standarddruckers aus. Designer von Btx-Seiten wollen natürlich einen Eindruck der Btx-Seite auch auf Papier, z.B. für Archivierungszwecke, vorliegen haben. In diesem Fall wird ein Drucker mit Dot-Graphik benötigt. Für solche Bedürfnisse bieten sich drei Realisierungen an:

a. Wiedergabe des Inhaltes in Schwarz/Weiß, siehe Abb. 3 (nur für alpha numerische und 2-Farb-DRCS-Zeichen sinnvoll)
b. Wiedergabe des Inhaltes in Graustufen entsprechend den Intensitäten der vorliegenden Farben, siehe Abbildung 4
c. Wiedergabe in einer reduzierten Anzahl von Farben (hier nicht darstellbar).

Fachhochschule RH-Pfalz 58610a OP

Schrift Schrift Schrift

Schrift Schrift Schrift

Schrift Schrift Schrift

Schrift Schrift Schrift

Schriftdarstellung - DRCS 12x10 >1

Abbildung 3

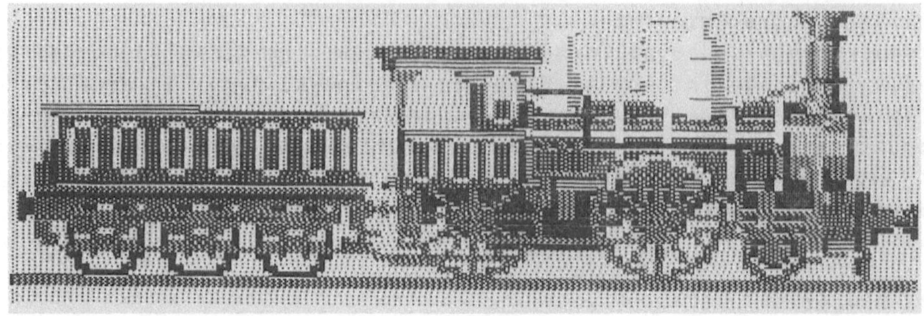

Abbildung 4

6.6. Btx Interface zum Videoplattenspieler

Ein Videoplattenspieler wird über einen ganz normalen seriellen Port betrieben, so daß sich ein besonderes Interface erübrigt.

Mit dem nun vorliegenden Baukastensystem lassen sich alle nur erdenklichen Btx-Systeme konfigurieren. Btx-Applikationen, die neu erstellt werden müssen, können sich nun auf ihre eigentliche Aufgabe konzentrieren, weil alle Btx-systemspezifischen Zugänge zur Peripherie bereits vorliegen.

Als Beispiele seien genannt:

Btx-Dialogterminal

In der Grundversion kommt es mit dem Btx-Netzzugang und als Applikation mit einem komfortablen Menue zur Auswahl aller Online-Wahlmöglichkeiten aus. Erst, wenn Btx-Daten weiterverarbeitet, d.h. auf Hintergrundspeicher geschrieben und ausgedruckt werden sollen, werden weitere Bausteine nämlich Drucken und auf Hintergrundspeicher ablegen, benötigt. In diesem Fall wird allerdings keine Nachbildung der Datenbank der Btx-Zentrale benötigt, sondern ganz simple Ablage in dem Sinne: 1 Btx-Seite ententspricht 1 File auf Hintergrundspeicher.

Btx-Editierterminal

Mit diesem Arbeitsplatz wird das Erstellen von Btx-Seiten und das anschließende Überspielen dieser Seiten zur Btx-Zentrale möglich. Aus diesem Grunde werden alle Zugänge zur Peripherie benötigt. Als Applikationen stehen neben Bulk-Editor (zum Erstellen des Btx-Baumes) und dem Bulk-Transfer (zum Überspielen in die Btx- Zentrale) ein professioneller Btx-Editor zur Verfügung, der das Arbeiten mit vorgefertigten Teilen - wie Textbausteinen, Graphiken, Logos, etc. - und das anschließende Arrangieren dieser Teile zum endgültigen Btx-Bild ermöglicht. Zum Arrangieren sollte noch erwähnt werden, daß die Auffassung von Bildschirminhalten als Metafiles zur Folge hat, daß diese Inhalte sich auf dem Bildschirm zerstörungsfrei überlagern können.

Btx-Informationsterminal

Dieser Arbeitsplatz ist für Selbstbedienungszonen, z.B. in Immobilienbüros oder Reisebüros gedacht, an Plätzen also, wo statische und aktuelle Daten mit Bewegtbildern unterlegt werden sollen. Arbeitsplätze dieser Art können offline, online oder gemischt betrieben werden. Es werden alle Zugänge zur Peripherie benötigt. Als Applikationen kommen Programme in Frage, die lokale Datenbestände, Daten aus der Btx-Zentrale und Bewegtbilder von einem lokalen Videoplattenspieler mischen.

7. Ausblick

Eine Low-Cost-Version des oben geschilderten Ansatzes ist nicht in Sicht. Zwar wird oft die Meinung vertreten, mit einem länger nachleuchtenden Monitor könne man auch mit weniger als 60Hz Bildwiederholfrequenz für den Btx-Modus ohne Bewegtbilder eine flimmerfreie Darstellung erzielen - was durchaus korrekt ist - nur ließe sich eine solche Konfiguration niemals mit einem Videoplattenspieler aufrüsten, weil Bewegtbilder auf einem länger nachleuchtenden Monitor Schlieren bilden. Anders ausgedrückt: wenn eine solche Lösung jemals kommerziell relevant gewesen wäre, besäßen wir heute alle flimmerfreie Fernseher in unseren Wohnstuben. Die Integration von Daten und Texten mit Bewegtbildern hat aus unserer Sicht im Augenblick höhere kommerzielle Relevanz als die Integration mit Graphik.

Die Entwicklung eines Btx-Systems, das den obigen Anforderungen genügt, ist sowohl für Einzel- wie auch Mehrplatz-DV-Systeme für C/PM- wie MSDOS Umgebung mit identischer Benutzeroberfläche abgeschlossen.
Dieser Ansatz läßt eine Integration von Graphik mit den übrigen Komponenten im Terminal - nicht auf dem Display - zu.
Der nächste Schritt ist die Integration auf dem Display für Graphik-Anwendungen in dem Sinne, daß vorhandene Graphik-Software, z.B. ein GKS-System, eingeschränkt auf die geringe Btx-Auflösung gerade dem Alphageometrie-Modus entspricht. Diese Integrationsstufe ist kein simpler Schritt, denn die bisher erreichte Integration muß von Charakter-orientierter Displaytechnik auf Pixel-orientierte übertragen werden. Jede Funktion für sich betrachtet ist von der Hardware wie von der Software her beherrscht.
Die Integration auf dem Display erfordert jedoch einen Aufwand, der der Summe der Aufwände für die Einzelkomponenten bei weitem übersteigt.

BILDSCHIRMTEXT UND TELESOFTWARE IM TIERSEUCHEN-BERICHTSWESEN
- EINE EXEMPLARISCHE FALLSTUDIE -

von
R. Krieger und H.-G. Stork
Institut für Angewandte Informatik
und Formale Beschreibungsverfahren
der Universität Karlsruhe

1. EINLEITUNG

In der Bundesrepublik Deutschland gibt es, wie in fast allen anderen Ländern auch, ein Tierseuchen-Berichtswesen, welches dazu dient, Daten über gefährliche und/oder wirtschaftlich folgenschwere Tierkrankheiten zu sammeln und auszuwerten. Die Daten über das Tierseuchengeschehen werden von den Kreisveterinärämtern erfaßt und an übergeordnete Instanzen (Regierungsbezirk, Landesministerium, Bundesministerium) weitergeleitet.

Für das gesamte Bundesgebiet einheitlich vorgeschrieben sind die vierzehntägigen Tierseuchennachrichten (Stichtage: 1. und 16. eines jeden Monats) an das Bundesministerium für Ernährung, Landwirtschaft und Forsten. Hierfür verwenden die Kreisveterinärämter vorgedruckte Meldekarten. Den Zeilen dieser Karten sind alle aktuell zu überwachenden (derzeit 24) Tierseuchen zugeordnet. In den Spalten der Karten wird jeweils die Anzahl der von einer Seuche befallenen ("Neuausbrüche") und befreiten ("Erlöschungen") Gemeinden und Gehöfte im Zuständigkeitsbereich des Veterinäramtes vermerkt. Nur bei einzelnen Seuchen, wie der Tollwut, weicht der Umfang der Meldung von dieser allgemeinen Form geringfügig ab. Im Bundesministerium werden die per Post eingegangenen Tierseuchennachrichten (insgesamt 322 Meldekarten) manuell zum Tierseuchenbericht des Bundes zusammengefasst. Dieser enthält eine nach Bundesländern und Regierungsbezirken gegliederte Auflistung aller befallenen Kreise und der je Kreis gemachten Angaben. Zusätzlich werden die Daten für das gesamte Bundesgebiet aufsummiert. Der Bericht wird etwa zwei Wochen nach dem jeweiligen Stichtag in gedruckter Form an verschiedene in- und ausländische Behörden und Institutionen (wie Ministerien, Kreisveterinärämter und Forschungseinrichtungen) versandt.

Die derzeitige Organisation (periodische Meldungen, manuelle Auswertungen, postalischer Versand) erfüllt nicht alle Ansprüche aller im Veterinärwesen tätigen Institutionen im Hinblick auf Aktualität und benötigte Daten. Daher gibt es parallel zum Bundesbericht noch zusätzliche regionale Meldungen und Berichte. Dies bedeutet aber, daß in manchen Regierungsbezirken oder Bundesländern zum Teil dieselben Daten mehrfach, zu unterschiedlichen Zeitpunkten und in unterschiedlicher Form erfaßt und ausgewertet werden. Auch diese regionalen Berichte werden, bis auf eine Ausnahme, ohne EDV-Einsatz erstellt. In einer Studie (vgl. [5]) wurde daher untersucht, ob und in welcher Weise ein bundesweites, computergestütztes Informationssystem aufgebaut werden kann.

2. ANFORDERUNGEN AN DIE NEUGESTALTUNG DES BERICHTSWESENS

Die erwähnte Studie ergab folgende Anforderungen für die Neugestaltung des Tierseuchen-Berichtswesens:

- VERBESSERTE AKTUALITÄT: Um diese Forderung zu erfüllen, müsste - anstelle von Sammelmeldungen - jeder einzelne Seuchenausbruch sofort gemeldet und die Meldung sofort verarbeitet werden können.
- UMFANGREICHERE INFORMATIONEN ZUM EINZELNEN SEUCHENFALL: Da bei der Meldung eines Seuchenausbruchs noch nicht alle für spätere Auswertungen benötigten Daten verfügbar sind, muß es möglich sein, Daten nachzumelden. Voraussetzung ist, daß der einzelne Seuchenfall (etwa durch geeignete Numerierung) identifiziert werden kann.
- UMFANGREICHERE AUSWERTUNGEN DES DATENBESTANDES: Erwartet werden zum Beispiel gezielte zeitliche und/oder regionale Zusammenfassungen.
- DATENSCHUTZ: Wenn detailliertere und umfangreichere Daten zu jedem Seuchenfall (etwa auch der Name des Besitzers eines Gehöfts) erfaßt werden sollen, so muß ein weitgehender Datenschutz gewährleistet sein.
- BENUTZERFREUNDLICHKEIT: Um die Akzeptanz eines neuen Systems zu erleichtern, muß die Handhabung einfach sein und jeder Benutzer muß die Daten in der Zusammenstellung erhalten, die er benötigt (s.o.).
- ERWEITERBARKEIT: Das System muß sowohl hinsichtlich der Datenverwaltung flexibel sein (z.B. Einfügen neuer Attribute) als auch integrierbar mit anderen Veterinär-Informationssystemen (etwa Abgleich mit Datenbeständen aus der Viehzählung, von Schlachthöfen, der Veterinär-Untersuchungsämter u.ä. mit dem Ziel epidemiologischer Auswertungen).
- WIRTSCHAFTLICHKEIT: Wie es häufig der Fall ist, so kann auch hier der Nutzen umfangreicherer und aktuellerer Informationen nur schwer oder gar nicht quantifiziert werden. Man kann lediglich gleiche Anforderungen an die alternativen Lösungsmöglichkeiten stellen und diese hinsichtlich der Kosten vergleichen. Angesichts

des relativ geringen Datenvolumens (bundesweit etwa 10000 Seuchenausbrüche pro Jahr, wobei jeweils etwa 200 Zeichen zu erfassen und zu übertragen sind) können technisch aufwendige Lösungen nicht in Betracht kommen.

3. GENERELLE ÜBERLEGUNGEN ZUR TECHNISCHEN REALISIERUNG

Zu untersuchen sind die Möglichkeiten der Kommunikation zwischen den dezentralen Orten der Datenerfassung (Kreisveterinärämter) und den zentralen Datensammelstellen (Ministerien, Regierungspräsidien) sowie die Verteilung der Rechnerkapazität im System. Angesichts des geringen Datenvolumens (s.o.) scheint es voll ausreichend, von einer einzigen zentralen Datensammelstelle auszugehen und diese mit einem geeigneten Rechner auszustatten. Dessen Auswahl, ebenso wie die Auswahl der an den Erfassungsorten aufzustellenden Endgeräte hängt wesentlich von den benutzten Kommunikations-Netzen bzw. -Diensten ab. Für diese sind folgende Alternativen zu betrachten:

- Fernsprechnetz,
- Datex-Netz (insbesondere Datex-P) und
- Bildschirmtext (Btx).

Die beiden ersten Möglichkeiten konnten im vorliegenden Fall ausgeschieden werden (vgl. [5]). Einige Gründe, die für die Nutzung von Bildschirmtext sprechen, sind offensichtlich:

- das geringe Datenaufkommen,
- standardisierte Übertragungstechnik und Dienste,
- breites Angebot an sonstigen Informationen.

Weitere Gründe werden sich aus den folgenden Abschnitten ergeben. Wir werden also lediglich Möglichkeiten der Implementierung des Tierseuchen-Informationssystems mit Hilfe des Btx-Systems behandeln. Dazu stellen wir zunächst die in Frage kommenden Konfigurationen dar, um dann etwas eingehender mögliche Vorteile einer Verwendung intelligenter Btx-Terminals zu diskutieren. Schließlich werden die durch Telesoftware implementierbaren Funktionen des Informationssystems herausgearbeitet.

4. MÖGLICHE BTX-KONFIGURATIONEN

Für die Realisierung eines speziellen, zum Gebrauch durch eine eingeschränkte Benutzergruppe bestimmten Informationssystems auf der Basis des öffentlichen Btx-Systems sind mindestens die folgenden Aspekte zu berücksichtigen:

- Interpretation der Btx-spezifischen Rollen des "Informations-Anbieters" und des "Informations-Konsumenten" innerhalb des Informationssystems;

- Art und Weise der Nutzung der Standard-Dienste:
  . Informationsangebot und -abruf,
  . Mitteilungsdienst (Teilnehmer zu Teilnehmer allgemein, sowie Teilnehmer zu Anbieter speziell)
  . Rechnerverbund (Anbindung von Rechnern Dritter an das öffentliche Btx-System);
- Hardware-/Software-Installationen, welche auf der Anbieter- bzw. Konsumenten-Seite zum Einsatz kommen können.

Der Terminus "Informations-Konsument", der wohl ursprünglich den Btx-Teilnehmer ohne Anbieterrechte charakterisieren sollte, gibt dessen mögliche Aktivitäten in Bezug auf ein Informationssystem nur unzureichend wieder. Tatsächlich kann der "Informations-Konsument" - und dies ist für die Realisierung eines Btx-zentrierten Informationssystems von besonderer Bedeutung - sowohl über den Mitteilungsdienst als auch im Rechnerverbund als "Informations-Lieferant" auftreten. Er ist der eigentliche Benutzer des Systems.Dem "Informations-Anbieter", einer für die gesamte Benutzergruppe zentralen Stelle, obliegt die Verwaltung der Datenbasis des Informationssystems. Er ist vergleichbar etwa mit dem "Datenbank-Administrator" herkömmlicher Datenbanksysteme.

Die Art und Weise der Nutzung der Btx-Standard-Dienste ist in hohem Maße abhängig von den im folgenden darzustellenden Geräteausstattungen.

Benutzerseitig stehen im wesentlichen zwei Endgeräte-Typen zur Verfügung:
- "einfache" Btx-Terminals und
- "intelligente" Btx-Terminals.

Unter "einfachen" Btx-Terminals verstehen wir dabei solche Endgeräte, welche lediglich die Dekodierung von Informationen gemäß der CEPT-Darstellungsnorm C0 (vgl. [2]) sowie die Sendung von Zeichen an einen Btx-Rechner der Post (entsprechend der gleichen Norm) erlauben.

"Intelligente" Btx-Terminals dagegen verfügen darüber hinaus über "off-line"-Datenverarbeitungs-Kapazitäten. Solche Endgeräte lassen sich wiederum in zwei Klassen einteilen:
- Zum einen können sie durch den Verbund (etwa über eine V.24-Schnittstelle) eines Mikro-Rechners mit einem "einfachen" Btx-Terminal realisiert sein ([1]).
- Zum anderen sind es Mikrorechner, welche die Funktion eines "einfachen" Btx-Terminals erfüllen ([4]).

Prinzipiell gilt für die Vertreter sowohl der ersten als auch der zweiten Teilklasse "intelligenter" Terminals, daß sie über den Btx-Standard-Dienst "Informations-Abruf" mit "Telesoftware" fernladbar sind.

Für die Anbieterseite stehen folgende Gerätetypen zur Auswahl:

- "Einfache" Editierplätze zur Aufbereitung von Informationen (gemäß CEPT C0) und deren Überspielung in das öffentliche Btx-System.
- "Intelligente" Editierplätze: Sie unterstützen die Funktionen "intelligenter" Benutzer-Terminals, indem sie zusätzlich in der Lage sind, z.B. Telesoftware zu erzeugen und im Btx-System abzuspeichern. Ein solcher Editierplatz unterscheidet sich prinzipiell nicht von den "intelligenten" Benutzer-Terminals, die er "versorgt". Seine zusätzlichen Merkmale sind allenfalls höhere Kapazität (intern und auf lokalen Massenspeichern) und eine den Editierfunktionen angemessene ergonomische Gestaltung.
- "Externe Rechner": Diese gestatten den quasi-direkten (d. h. über das öffentliche Btx-System vermittelten) Zugang eines Teilnehmers zu den auf eben jenen Rechnern implementierten Dienstleistungen von Anbietern.

Mit den beschriebenen Geräte-Varianten ergeben sich für die Gestaltung eines Informationssystems mit Btx als zentraler Komponente die folgenden alternativen Konfigurationen:

Benutzerseite	Anbieterseite
a. "einfache" Terminals	"einfacher" Editierplatz
b. "einfache" Terminals	Externrechner
c. "intellig." Terminals	"intellig." Editierplatz
d. "intellig." Terminals	Externrechner

Bei den Konfigurationen a und c kann anbieterseitig außerdem eine Kopplung zwischen dem jeweiligen Editierplatz und einem weiteren Rechner bestehen, der jedoch nicht als externer Rechner (im Btx-Sinne) fungiert.

Die rein kombinatorisch möglichen anderen Zusammenstellungen kommen für eine weitere Diskussion offenbar nicht in Frage. In den Fällen a und c befindet sich die Datenbasis des Informationssystems im öffentlichen Btx-Datenspeicher, in den Fällen b und d im unmittelbaren Bereich des externen Rechners. Die Konfigurationen a und b werden im folgenden als "Standard-Konfigurationen", c und d dagegen als (um lokale Intelligenz) "erweiterte Konfigurationen" bezeichnet.

5. ALLGEMEINE VORTEILE INTELLIGENTER BTX-ENDGERÄTE

Gegenüber den Standard-Konfigurationen bieten erweiterte Konfigurationen eine Reihe von Vorteilen, die sich unter anderem aus der Fernladbarkeit intelligenter Btx-Endgeräte mit Telesoftware ergeben.

Die durch Telesoftware gegebenen Vorteile wurden in der Vergangenheit mehrfach hervorgehoben (vgl. z.B. [6]). Sie werden daher nur insoweit behandelt, als sie für die Realisierung eines Btx-zentrierten Informationssystems von Interesse sind.

A. Anhebung der Btx-Benutzer-Schnittstelle,
B. Implementierung von Sichten auf die Datenbasis,
C. Erhöhung der Datensicherheit und Verbesserung des Datenschutzes,
D. Bessere Auslastung der Leitungs-Kapazitäten,
E. Entlastung externer Rechner (falls vorhanden).

ZU A: Mit Hilfe von Telesoftware kann der relativ primitiven Btx-Benutzer-Schnittstelle eine komfortablere Benutzer-Schnittstelle überlagert werden. Ein Beispiel hierfür ist ein an der Universität Karlsruhe entwickeltes Telesoftware-Paket, welches die Definition und Anwendung von Formularen (unabhängig von den mit dem Btx-Dialog-Editor formatierbaren Antwortseiten) gestattet. Mit einem Formulareditor erzeugte kompakte Formularbeschreibungen werden auf Btx-Seiten abgespeichert. Ein Formular-Interpreter kann dann diese Beschreibungen abrufen, Formulare darstellen, einen Benutzer bei ihrer Ausfüllung führen und die erfaßten Daten seinerseits (etwa auf einer unformatierten Antwortseite) im Btx-System abspeichern (vgl. [7]).

ZU B: Mittels geigneter Telesoftware können aus einer im Btx-Datenspeicher enthaltenen (oder von einem externen Rechner verwalteten) Datenbasis die einer definierten Benutzersicht entsprechenden Daten extrahiert, aufbereitet und dargestellt werden. Bei der Darstellung ist man insbesondere unabhängig von der CEPT-Norm C0, so daß zum Beispiel die Visualisierung von Daten ("Business-Graphik") auch auf der Grundlage mächtigerer Graphik-Software (etwa GKS, vgl. [3]) möglich ist.

ZU C: Mittels Telesoftware lassen sich einfache File-Transfer-Protokolle realisieren. Die Verbesserung des Datenschutzes kann durch die Anwendung von in Telesoftware implementierten kryptographischen Verfahren erreicht werden.

ZU D: Die Übertragung von Text-Information oder von formatierten Daten kann durch den Einsatz von Komprimierungsverfahren im Endgerät (als Telesoftware implementiert) wesentlich beschleunigt werden.

ZU E: Ein externer Rechner (in Konfiguration d) kann von der Bedienung des Terminals und der Ausführung von Berechnungen weitgehend entlastet werden, indem Funktionen, für die in der entsprechenden Standard-Konfiguration (c) die Kapazität des externen Rechners benötigt wird, in Form von Telesoftware im Endgerät ablaufen können.

Diese Programme fordern dann bei Bedarf Daten aus dem externen Rechner an. Prinzipiell gilt, daß in den genannten Beispielen "Telesoftware" allgemein durch "im Endgerät ablaufende Software" ersetzt werden kann. Diese kann auch auf anderem Weg (z.B. durch Distribution von Disketten o.ä.) den Benutzern zugestellt werden. Dies setzt jedoch voraus, daß die Benutzer-Terminals über lokale Massenspeicher verfügen. Weiters ergäbe sich ein logistisches Problem bei allfälligen Aktualisierungen von Programmen, welches beim Einsatz von Telesoftware nicht entsteht.

Generell ist zu bemerken, daß viele Anwendungen, die mit "einfachen" Terminals nur durch die Verwendung eines externen Rechners möglich sind, bereits auf der Konfiguration c, also ohne externen Rechner, realisiert werden können (vgl. [4,6]).

6. TELESOFTWARE FÜR FUNKTIONEN DES TIERSEUCHEN-INFORMATIONSSYSTEMS

In diesem Abschnitt skizzieren wir eine mögliche Realisierung des Tierseuchen-Informationssystems auf der Grundlage der Konfiguration c. Mit Rücksicht auf die letzte Bemerkung im vorigen Abschnitt werden wir auf eine Diskussion der Kommunikation zwischen intelligenten Terminals und einem externen Rechner (Konfiguration d) verzichten. Stattdessen soll die hier betrachtete Realisierung sowohl qualitativ als auch in beschränktem Maße quantitativ (d.h. den Kostenaspekt betreffend) gegen eine Lösung auf der Basis von Konfiguration b kontrastiert werden. Wir gehen also davon aus,

- daß die am Tierseuchen-Informationssystem Beteiligten in einer geschlossenen Btx-Benutzergruppe (GBG) zusammengefaßt sind;
- daß sie über intelligente, mit Telesoftware ladbare Endgeräte verfügen, wobei im Einzelfall noch lokale Peripheriegeräte (z. B. Diskettenlaufwerk, Drucker) vorhanden sein können (aber nicht notwendig sein müssen);
- daß der für die GBG zuständige Anbieter über einen "intelligenten" Editierplatz mit ausreichender Massenspeicher-Kapazität (z.B. Hard-Disk) verfügt.

Die den Benutzern zugeordneten "Rechte und Pflichten" müssen sich auf Funktionen des Informationssystems abbilden lassen:

- Die Benutzer haben die Pflicht, über Veränderungen der Tierseuchen-Situation in ihrem Verantwortungsbereich Meldungen zu erstatten. Das Informationssystem muß also Funktionen zur Erfassung der solche Veränderungen charakterisierenden Daten bereitstellen.
- Die Benutzer haben das Recht, sich gezielt über die Tierseuchen-Situation in einem bestimmten Bereich zu informieren.

Hierfür hat das Informationssystem die Funktionen des Suchens und des Darstellens anzubieten (wobei letzterem z.B. durch Suchanfragen spezifizierte Verarbeitungen vorausgehen können).

In der betrachteten Btx-Umgebung haben die Benutzer nicht das Recht, direkt Veränderungen der Datenbasis, welche durch eine geeignet organisierte Kollektion von "Seiten" im Btx-Datenspeicher repräsentiert ist, vorzunehmen. Sämtliche Manipulationen der Datenbasis (Updates, Reorganisationen, usw.) liegen ausschließlich in der Verantwortung des "Anbieters". Diese wird er in der Regel unmittelbar ausüben, d.h. mit Hilfe der Bulk-Update- oder Dialog-Editier-Fazilität des Btx-Systems.

Die Meldungen der Benutzer werden also - ebenfalls in aller Regel - über den Weg des Btx-Mitteilungsdienstes und die Station des "Anbieters" zu Veränderungen der Datenbasis führen. Damit können die Kommunikationsbeziehungen grob wie in Abb. 1 skizziert dargestellt werden:

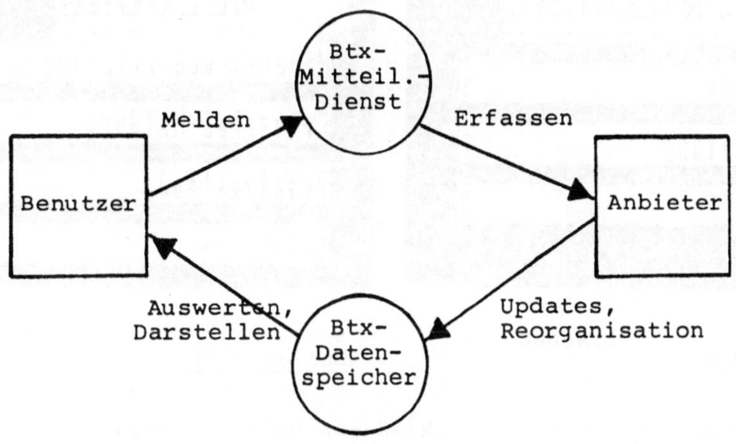

Abbildung 1

In welcher Weise nun können die für den Benutzer relevanten Funktionsbereiche ERFASSEN, SUCHEN, AUSWERTEN/DARSTELLEN durch Telesoftware unterstützt werden?

Zur Untersuchung dieser Frage wurde an der Universität Karlsruhe ein Telesoftware-Paket entwickelt, welches prototypisch für einen relativ kleinen Ausschnitt aus einem Tierseuchen-Informationssystem (Teilen des Tierseuchen-Berichtswesens des Bundes entsprechend) die jeweiligen Dienstleistungen anbietet. In dieses Paket integriert ist der in Abschnitt 2 erwähnte Formular-Interpreter.

Die Modalitäten seines Einsatzes sowie die Btx-spezifischen Funktionen des gesamten Pakets werden im folgenden erläutert.

- In dem für die GBG reservierten Bereich des Btx-Datenspeichers steht das Paket allen Benutzern zur Verfügung. Für die Aktualisierung und Pflege der Software ist allein der "Anbieter" zuständig.

- Zu Beginn der Arbeitssitzung eines Benutzers wird ein "Selektor-Programm" geladen, welches zunächst das in Abb. 2a dargestellte Menü präsentiert.
- Die Wahl "1" ("Meldungen") führt zum Nachladen des Formular-Interpreters, der so konfiguriert wurde, daß er genau die für Meldungszwecke vom "Anbieter" (mit Hilfe des Formular-Editors) spezifizierten Formulare "kennt" (Abb. 2b).
  Er läuft "unter der Regie" des Selektor-Programms" und ruft zunächst die entsprechenden Formular-Beschreibungen aus dem Btx-Datenspeicher ab.

Abbildung 2a

Abbildung 2b

- Der Selektor bietet die verschiedenen Meldungsarten an und veranlaßt, nachdem der Benutzer seine Wahl getroffen hat, den Formular-Interpreter zur Darstellung des zugehörigen Formulars.
- Die Ausfüllung des Formulars kann unterstützt werden durch den (vom Selektor-Programmen gesteuerten) Abruf von Seiten, welche Informationen etwa zur eindeutigen Identifizierung von Seuchenarten bzw. des jeweiligen Gebiets (für das die Meldung gilt) enthalten.
- Ferner werden bestimmte Felder einiger Formulare automatisch besetzt. Zum Beispiel wird bei einer "Zusatzmeldung" der "alte Stand" aus dem Btx-Datenspeicher abgerufen und eingetragen.
- Die weitere Ausfüllung des Formulars erfolgt unter der Führung des Formular-Interpreters.
- Die erfassten Daten werden zunächst lokal gespeichert und nach einer entsprechenden Aufforderung auf einer (formatfreien) Ant-

wortseite dem "Anbieter" übermittelt.

- Beim "Anbieter" ruft dessen Endgerät - gesteuert durch ein geeignetes Programm - die eingegangenen Antwortseiten ab.
  Es wird davon ausgegangen, daß hier ein getreues Abbild der im Btx-Datenspeicher enthaltenen Datenbasis vorliegt. Eine eingetroffene Meldung kann damit zunächst lokal auf Korrektheit bzw. Konsistenz überprüft werden. Im Fehlerfalle wird dem Absender über den Btx-Mitteilungsdienst eine diesbezügliche Nachricht gegeben. Andernfalls jedoch kann die eingetroffene Meldung (einzeln oder mit weiteren Meldungen zusammen) zur Aktualisierung der Btx-Datenbasis verwendet werden.

Die im Btx-Datenspeicher befindliche Datenbasis bildet andererseits die Grundlage für die vom Selektor-Menü angebotenen Auswertungen (Wahl 2). Für den Prototyp ist die Aufbereitung folgender Informationen vorgesehen:

- Aktuelle Seuchensituation auf Kreisebene; dabei können sowohl Zusammenfassungen erzeugt als auch gezielt Tierarten, Seuchenarten und einzelne Gemeinden herausgegriffen werden. Die Darstellung erfolgt wahlweise entweder tabellarisch oder - sofern dies sinnvoll erscheint - in graphischer Form (vgl Abb. 3).

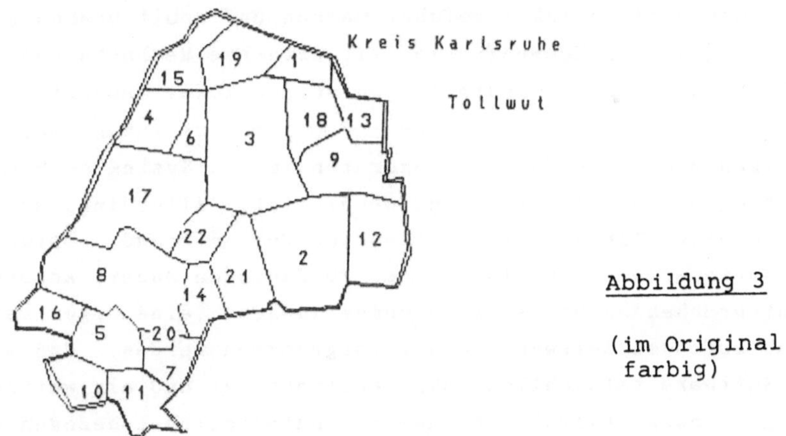

Abbildung 3

(im Original farbig)

- Entwicklung der Seuchensituation auf Kreisebene; auch hier können tabellarische Übersichten oder zum Beispiel Balkengraphen dargestellt werden.
  Ebenso wie die Erfassung von Meldungen werden auch die Auswertungen und Darstellungen durch nachgeladene Teleprogramme vorgenommen. Diese "kennen" die jeweils für sie notwendigen Seiten des Btx-Datenspeichers und rufen sie bei Bedarf ab. Da für die Implementierung des Prototyps ein Gerät (vgl. [4]) verwendet wurde,

welches über die C0-Klasse des CEPT-Standards hinaus die komfortableren (an GKS angelehnten, vgl. [3,4]) Möglichkeiten von CEPT-C2 bietet, konnten die verschiedenen graphischen Darstellungen ohne unverhältnismäßig großen Aufwand realisiert werden.

Eine Alternative zu lokalen, mittels Telesoftware vorgenommenen Auswertungen und Darstellungen ist deren Erzeugung und Abspeicherung (in Btx) durch das Endgerät des Anbieters. Zweifellos ist diese Alternative jedoch weniger flexibel und würde, falls nur annähernd das durch Telesoftware mögliche Maß an Selektivität erreicht werden soll, sehr viel speicher- (und damit kosten-) aufwendiger sein. (Da der Anbieter lokal über die gesamte Datenbasis verfügt, können Auswertungen, die nur für ihn von Interesse sind, selbstverständlich unabhängig von Btx vorgenommen werden.)

Bereits der beschriebene einfache Prototyp zeigt, daß Btx und Telesoftware die in Abschnitt 2 aufgeführten Anforderungen im wesentlichen erfüllen können. Durch Telesoftware insbesondere werden Benutzerfreundlichkeit, Datenschutz (z.B. bei Einsatz geeigneter kryptographischer Verfahren - s.o. Abschnitt 5 -) und Wirtschaftlichkeit gegenüber einer vergleichbaren Implementierung auf der Basis von Konfiguration b deutlich verbessert.

Ein höheres Maß an Benutzerfreundlichkeit ergibt sich zum Beispiel dadurch, daß Dialoge lokal geführt werden und damit unabhängig sind von den Regeln der Kommunikation mit externen Rechnern und weniger zeitraubend. Graphische Darstellungen werden lokal erzeugt und können qualitativ besser gestaltet werden. Freilich ist zuzugeben, daß bei den heutigen niedrigen Übertragungsraten im Btx-System auch das Laden von Teleprogrammen relativ zeitaufwendig ist. Allerdings werden vermutlich einige längere Wartezeiten weniger störend empfunden als häufige Warteperioden von 15 bis ca. 30 Sekunden Dauer. Außerdem kann - bei entsprechenden Hardware-Voraussetzungen - eine Organisation der lokal ablaufenden Software derart vorgenommen werden, daß ein Teil dieser Software tatsächlich lokal resident ist und ein weiterer Teil (etwa sog. "Change-Files") aus dem Btx-Datenspeicher bezogen wird.

Bezüglich des Datenschutzes ist zu bemerken, daß das "intelligente" Endgerät Daten bereits verschlüsselt über die Leitung schicken kann, während das "einfache" Endgerät dazu nicht in der Lage ist.

Hinsichtlich der Kosten schließlich ist zu berücksichtigen, daß die "einfachen" Endgeräte nicht erheblich billiger sind als "intelligente" Endgeräte (bei letzteren ist die Abwärtstendenz des Preises eher ausgeprägter). Für Konfiguration b aber kommen die stark ins Gewicht fallenden Kosten für die Installation und den Betrieb des externen Rechners hinzu.

7. ZUSAMMENFASSUNG

Am Beispiel eines kleinen, zur Zeit noch manuell betriebenen Informationssystems ("Tierseuchen-Berichtswesen") wurde gezeigt, daß Btx ein geeignetes Medium für dessen "Computerisierung" ist. Ein entscheidender Grund hierfür besteht darin, daß intelligente Btx-Endgeräte in Verbindung mit Telesoftware zur Erfüllung wesentlicher Anforderungen an ein Btx-zentriertes Informationssystem beitragen. Die betrachtete Anwendung ist unter anderem charakterisiert durch:

- relativ geringes Datenaufkommen,
- die Notwendigkeit
  . verbesserter Aktualität der gelieferten Informationen,
  . besserer Selektivität von Auswertungen vorhandener Daten,
- "gelegentliche" Benutzer.

Insofern ist sie exemplarisch. Für wichtige benutzerorientierte Funktionen wurde ein prototypisches Telesoftware-Paket vorgestellt.

LITERATUR

[1] Brunner,H./Kalt,H.: Btx und PC: Techniken, Verfahren und Tendenzen der Weiterentwicklung; Tagung "Kommunikation in verteilten Systemen", Karlsruhe 13.-15.3.1985

[2] CEPT CD/SE T/CD6 "Videotex Presentation Layer Protocol" (siehe auch: "Rahmenbedingungen für Bildschirmtext-Terminals", FTZ 157 D2, Fernmeldetechnisches Zentralamt der Deutschen Bundespost, Referat T25, Darmstadt)

[3] Eckert,R./Enderle,G./Kansy,K./Prester.F.-J.: Graphische Datenverarbeitung: Entwicklungen auf dem Weg zur Standardisierung; Informatik Spektrum 3, 1980

[4] Fellner,W.D./Maurer,H.: MUPID 2 - eine Übersicht; Bericht B47 des Instituts für Informationsverarbeitung der TU Graz, Graz 1984

[5] Krieger,R./Stucky,W.: Zur Einführung der EDV bei der Erfassung anzeigepflichtiger Tierseuchen in der Bundesrepublik Deutschland; Berichte über Landwirtschaft, Band 62, Heft 4, 1984, S.552-574

[6] Maurer,H.: Die Möglichkeiten der CEPT-Ebenen C1-C2 beim Einsatz intelligenter Decoder - Die Verwendung von Telesoftware als Ersatz für Rechnerverbund; GI-Arbeitstagung "Offene multifunktionale Büroarbeitsplätze und Bildschirmtext", TU Berlin 27.-29.6.1984

[7] Stork,H.-G.: Telesoftware: Ein Mittel zur ergonomischen Gestaltung Btx-zentrierter Informationssysteme; Tagung "Software-Ergonomie" des ACM German Chapter, Stuttgart, 24.-25.9.1985

BILDSCHIRMTEXT - DAS KOMMUNIKATIONSMEDIUM FÜR KLEIN- UND MITTELBETRIEBE [1)]

Kurt A. Felfernig [2)]

1. Problemstellung:

Gegenstand des vorliegenden Beitrags ist eine Untersuchung der Anforderungen, die von Klein- und Mittelbetrieben mit mehreren Filialen an Telekommunikationsnetze gestellt werden, und ob Bildschirmtext diesen Bedürfnissen gerecht werden kann.

2. Vortragsinhalt

2.1 Einführung

2.2 Analyse der Problematik der Kommunikation und Informationsverteilung in einem Mittelbetrieb mit mehreren Filialen anhand eines konkreten Beispieles.

2.3 Vergleich der, unter Punkt 2.2 erstellten Forderungen mit den Möglichkeiten, die Bildschirmtext bei Verwendung intelligenter Endgeräte bietet.

2.4 Analyse der Fähigkeiten, die von einem intelligenten BTX-Endgerät gefordert werden, wenn der Schwerpunkt des Einsatzes im Bereich der Textkommunikation in einem Betrieb kleiner bis mittlerer Größenordnung liegt.

---

1) Die Forschungstätigkeit, die zur vorliegenden Arbeit führte, wurde maßgeblich unterstützt durch das Bundesministerium für Wissenschaft und Forschung.

2) IIG, Schießstattgasse 4a, A-8010 Graz

2.5 Entwicklung einer beispielhaften Struktur der Hardwareausstattung eines Informationsnetzes im oben erläuterten Fallbeispiel, unter besonderer Berücksichtigung der derzeitigen Situation in Österreich.

2.1 Einführung

Im Bereich der Betriebsorganisation macht sich seit einigen Jahren ein Trend zum möglichst lückenlosen Angebot von Informationen über betriebsinterne Vorgänge bemerkbar.
Großbetriebe haben aus diesem Grund schon sehr bald nach deren Einführung die schnellen Datennetze wie Datex-P oder Datex-L dahingehend genutzt, täglich die wichtigsten Informationen über Vorgänge in den Filialen in die Zentrale zu übermitteln.
Dies war ein Weg, der Klein- und Mittelbetrieben bisher verschlossen war, da die Gebührenstruktur und die Größe der benötigten Hardware einen Einstieg in diesen Bereich aus wirtschaftlichen Gründen ausschloß.
Mit der Einführung von Bildschirmtext wird eine neue Alternative geboten, deren Nutzbarkeit als internes Kommunikationsmedium kurz beleuchtet werden soll.

2.2 Analyse der Problematik der Kommunikation und Informationsverteilung in einem Mittelbetrieb anhand eines konkreten Beispiels

Filialen von Klein- und Mittelbetrieben unterscheiden sich in einigen Punkten von denen eines Großunternehmens.
Zum einen ist die Anzahl der Mitarbeiter in einer Zweigstelle meist sehr gering und daher keine Spezialisierung auf bestimmte Arbeitsbereiche möglich.
Dadurch muß die Benutzung des Informationsnetzes ohne größeren Einschulungs- und Bedienungsaufwand möglich sein, da ansonsten kein fehlerfreier Betrieb gewährleistet werden kann.
Weiters ist das Vorhandensein von EDV-Anlagen in den Filialen praktisch auszuschließen, da entsprechende Arbeiten meist ausschließlich in der Zentrale ablaufen.
Eine Benutzung von Datex-P, Datex-L oder ähnlichen Netzen ist aus

diesen Gründen nicht praktikabel, da die dafür notwendigen Hardware-Investitionen den erreichbaren Vorteil bei weitem übersteigen.
Drittens ist das anfallende Datenvolumen pro Teilbetrieb und Tag meist so klein, daß der Geschwindigkeitsvorteil schneller Datennetze gegenüber Bildschirmtext vernachlässigbar wird.
Und als letzter Punkt, der hier angeführt werden muß, ist die Tatsache zu nennen, daß es in kaum einem kleineren Betrieb eine eigene EDV-Abteilung gibt, die die Einführung dieser neuen Art der Informationsübermittlung durch Beratung und Programmierung unterstützen kann.

Anhand eines konkreten Unternehmens, für das all diese Punkte zutreffen, sollen die Forderungen an ein Datennetz analysiert werden.

Zur Darstellung der Ausgangsposition eine kurze Vorstellung des Unternehmens:

1 zentrale Verwaltungsstelle (Direktion), 8 Mitarbeiter
1 Produktionsstätte, die in einem anderen Bundesland liegt, 20 Mitarbeiter
7 Vertriebsstätten, die im gesamten Bundesgebiet verteilt sind, je 2 Mitarbeiter
Jahresumsatz ca. 30 Mio. öS

Gefordert wird von diesem Unternehmen, daß folgende Informationen durch ein Übertragungsnetz betriebsintern übermittelt werden können:

1. Daten deren Form vorgegeben ist:

1.1. Daten, die von der Zentrale an die Betriebsstätten gesandt werden, wie z.B. Auslieferungsaufträge, Produktionsanweisungen etc.
1.2. Daten, die von den einzelnen Betriebsstätten in die Zentrale übertragen werden dort weiterverarbeitet werden. Dies können beispielsweise Bestellungen, Lieferscheine, Produktionsberichte und ähnliches sein.
1.3. Daten, die von beliebigen Stellen angefordert werden und von allgemeinem Interesse sind, wie Lagerstand eines Artikels in allen Filialen.
1.4. Daten, die von einer beliebigen Betriebsstätte an eine andere beliebige übermittelt werden, dies können Bestellungen einer Filiale bei einer anderen sein.

2. Daten deren Form und Herkunft frei sind:
   Dies sind Mitteilungen, die zwischen den einzelnen Betriebsstätten in freier Form ausgetauscht und in den meisten Fällen nicht maschinell weiterverarbeitet werden.

Die Eingabe der Daten, Anwahl der empfangenden Station und Übertragung sollen sowohl einfach, als auch sicher sein, um Probleme bei der Einschulung der Mitarbeiter möglichst gering zu halten.
Eine mehrmalige Eingabe von Daten, die in ausgedruckter Form vorliegen müssen, soll vermieden werden, um menschliche Fehler zu minimieren.
Identifikationen und Kennungen sollen automatisch eingegeben werden um aus Geheimhaltungsgründen nicht bei jedem Mitarbeiterwechsel diese ändern zu müssen.
Eine leichte Änderbarkeit der Formularformen muß selbstverständlich ebenso möglich sein, wie die Einbindung neuer Artikel in die Angebotspalette.

Aus der Anordnung der Firma, den ermittelten Datenformen und den zusätzlichen Wünschen ergeben sich folgende Forderungen, die an die Fähigkeiten eines innerbetrieblichen Kommunikationsnetzes gestellt werden:

1. Übertragung von formulargebundenen Vorgängen in möglichst kurzer Zeit und ohne auf die Verfügbarkeit einer zweiten Person Rücksicht nehmen zu müssen.
2. Übertragung von Mitteilungen freier Form und unbestimmten Umfangs zwischen den einzelnen Betriebsstätten
3. schnelle Informationsmöglichkeit über wichtige betriebsinterne Daten ohne Inanspruchname einer zweiten Person (z.B. Lagerbestände aller Filialen)
4. Möglichkeit der direkten Übernahme aller Daten in die zentrale Klein-EDV, sei es zur Weiterverarbeitung oder zur Dokumentation eingetroffener Nachrichten.
5. möglichst hohe Verfügbarkeit des Systems mit Speichermöglichkeit der Daten beim Sender bis zum vorgegebenen Sendezeitpunkt
6. Unterstützung von Eingabe und Übertragung durch ein intelligentes Endgerät
7. niedrige Kostenbelastung durch Installation und Betrieb

Einige Punkte dieses Forderungskataloges konnten auch bisher schon durch die bekannten Datennetze wie DATEX-P, DATEX-L erfüllt werden.
Diese Dienste sind allerdings auf die Übertragung großer Datenmengen ausgerichtet und verursachen durch die geforderte Hardware, sowie die laufenden Betriebsfixkosten eine finanzielle Belastung des Benutzers,

die für Klein- und Mittelbetriebe nicht tragbar ist.
Billigere Kommunikationsnetze, wie beispielsweise Telex, beinhalten keine direkte Zugriffsmöglichkeit auf gespeicherte Daten und sind nicht auf den Anschluß intelligenter Endgeräte ausgerichtet, und fallen damit als Alternative aus.
Die Verwendung eines Modems oder Akustikkopplers und Übertragung mittels des normalen Telefonnetzes würde den permanenten Anschluß der zentralen Klein-EDV-Anlage an das Fernsprechnetz bedingen und ist unter den gegebenen Voraussetzungen bezüglich Telefonanschluß, Belegung des Rechners durch die tägliche Verwaltungsarbeit etc. nicht durchführbar.
Die Belastung durch Telefongebühren wäre auf Grund der anfallenden Ferngespräche außerdem um ein Vielfaches höher als bei der Vewendung des Bildschirmtext-Systems.
Da die gleichzeitige Anfrage von zwei Filialen auch zwei angeschlossene Fernsprechleitungen und Multitaskingfähigkeiten des PC voraussetzen würde, wurde diese Lösung als nicht praktikabel ausgeschieden.

2.3 Vergleich der unter Punkt 2.2 erstellten Anforderungen mit den Möglichkeiten, die Bildschirmtext bei Verwendung intelligenter Endgeräte bietet.

Mit der Einführung von Bildschirmtext in Verbindung mit der kostengünstigen Vermietung eines intelligenten Terminals wurde die computerunterstützte Datenübertragung erstmals auch für finanzschwächere Unternehmen erschwinglich.
Der folgende Vergleich der Forderungen mit den Fähigkeiten von Btx und MUPID soll zeigen, ob diesem Anspruch Genüge getan wird.
Vorausgesetzt wird ein Programm, das die Fähigkeiten des MUPID in Bezug auf Kommunikation mit der Btx-Zentrale der Post ausnützt und die Eingabe der Daten in Bildschirmmasken ermöglicht.

Um den Vergleich der Forderungen mit den Fähigkeiten sinnvoll durchführen zu können ist es notwendig, kurz auf die Art der Datenübermittlung im Btx-System einzugehen.
Bildschirmtext stellt ein Datenübertragungssystem dar, das von den bisher gebräuchlichen in mehreren Punkten signifikant abweicht:

1. der Empfänger muß zum Zeitpunkt des Sendens nicht empfangsbereit sein.
2. der Erhalt der Nachricht durch den Empfänger ist vom Sender nicht

sofort, sondern nur indirekt durch eine Reaktion des Adressaten überprüfbar.

3. es erfolgt keine Benachrichtigung des Empfängers über neu eingetroffene Daten, solange dieser nicht von sich aus in das System einsteigt
4. die Verwendung eines intelligenten Endgerätes wird sowohl von der Konzeption als auch aus wirtschaftlicher Sicht durch die Vermietung des MUPID durch die ÖPT unterstützt.

Die Punkte 2 und 3 stellen im Bereich der innerbetrieblichen Kommunikation meist keinen gravierenden Mangel dar, wenn die Fähigkeiten des intelligenten Terminals genutzt werden und die Organisation des Betriebes auf diese Tatsache Rücksicht nimmt. Dieses kann, wenn nötig, in regelmäßigen Abständen die Verbindung zum Btx-Postrechner aufbauen und die neu eingelangten Daten abrufen und je nach Art decodieren, ausdrucken oder/und bis zur Weiterverarbeitung speichern.

Eine derartige Nachrichtenübermittlung ist bei geeigneter Betriebsorganisation durchaus realistisch, da ein großer Teil der kurzfristig zu beantwortenden Fragen durch die Speicherung der Lagerbestände und ähnlicher Daten nicht mehr durch Mitarbeiter in der Zentrale oder der betreffenden Filiale beantwortet werden müssen, sondern direkt vom Interessierten vom Postrechner abgerufen werden können.

Für die innerbetriebliche Nachrichtenübermittlung stehen zwei Arten zur Auswahl offen:

1. Verwendung des Mitteilungsdienstes
2. Editieren gemieteter Seiten

Da der programmiertechnische Aufwand für beide Formen nicht signifikant unterschiedlich ausfällt, und durch die Konzeption des MUPID als intelligentes Btx-Terminal auch nicht sehr groß ist, fallen als Auswahlkriterien nur mehr die Kostenfaktoren an.

Um die Unterschiede deutlich machen zu können, ist hier ein ein kurzer Auszug aus der Gebührenordnung notwendig:(1)

Gebührenart:	Mitteilungsdienst	gemietete Seiten
Leitseite/Monat	------	500.-/1500.-
Seitenmiete(960 Z)/Tag	------	0.30
Nachricht/397 Zeichen	1.-	----

Aus dieser kurzen Gegenüberstellung ergibt sich schon, daß die Kosten beim Mitteilungsdienst sehr stark aufkommensabhängig sind, während sie bei gemieteten Seiten mehr von der Dauer der Seitenbelegung beeinflußt werden.
Die Verwendung des Mitteilungsdienstes wird also dann von Vorteil sein, wenn starke Schwankungen in Anzahl und Umfang der übermittelten Nachrichten auftreten.
Werden dagegen regelmäßig größere, zusammenhängende Datenmengen übertragen, so ist sicherlich dem Editieren eigener Seiten der Vorzug zu geben.
Sinnvoll werden meist Mischformen sein, so beispielsweise die Verwendung eigener Seiten bei den täglichen Umsatzmeldungen und die Benutzung des Mitteilungsdienstes bei Bestellungen, freien Mitteilungen und ähnlichem, da dabei kein übermäßiger Seitenverwaltungsaufwand auftritt und die Kosten auf einem Minimum gehalten werden können.

Im genannten Beispiel hat sich folgende Lösungsform als zielführend erwiesen:
sowohl die formularisierten als auch die freien Mitteilungen werden mittels Mitteilungsseiten übertragen.
Beides geschieht programmunterstützt in der Weise, daß die Eingabe ohne Verbindung zur Postzentrale in eine Bildschirmmaske erfolgt, nach Beendigung und eventuellen Korrekturen wird die Verbindung aufgebaut, die Daten abgeschickt und das jeweilige Formular oder die Mitteilung am angeschlossenen Drucker ausgedruckt.
In allen Betriebsstätten wird zweimal täglich, zu festgesetzten Zeitpunkten, abgefragt ob neue Nachrichten eingetroffen sind.
In der Zentrale werden die eingelangten Daten durch einen Personalcomputer mit eingebauter MUPID-Platine abgerufen, auf einer Harddisk gespeichert, und bei Bedarf weiterverarbeitet.
Diese Weiterverarbeitung geschieht auch in der Weise, daß die Lagerstände aller Filialen anhand der eingelangten Lieferscheine täglich ermittelt werden und diese dann in komprimierter Form im Postrechner auf gemieteten Seiten gespeichert werden.
In den Filialen ist es damit möglich, sich kurzfristig zu informieren, ob ein benötigter Artikel eventuell in einer anderen Zweigstelle noch vorrätig ist, ohne in der Zentrale anfragen zu müssen.
Durch die Verwendung eines MUPID mit eingebauter 128 kB-CMOS-Platine ist außerdem eine hohe Sicherheit gegen Systemausfälle gewährleistet, da sowohl die benötigten Programme, als auch die eingegebenen Daten, bis zur Übertragung in den Postrechner, dort gespeichert bleiben.
Diese Form der Programm- und Datenspeicherung stellt im übrigen eine sehr sinnvolle Alternative zu den bisherigen Möglichkeiten dar, da der

Bedienungskomfort für die Mitarbeiter sehr hoch ist, keine Gefahr der Beschädigung von Datenträgern besteht und Programmupdates sehr leicht über Bildschirmtext verteilt werden können.
Bei Datenmengen und Programmen, die das Ausmaß von 128 kB übersteigen wird allerdings die Verwendung externer Massenspeicher erforderlich.
Die Kostenbelastung, die durch die Miete von 50 Seiten, Benutzung des Mitteilungsdienstes und Übertragungskosten entsteht ist unter den gegebenen Umständen als minimal anzusehen und liegt zur Zeit bei ca. 700.- öS/Betriebsstätte und Monat, dazu kommen noch die Hard- und Softwareabschreibung in der Höhe von 1000.-öS/Filiale(2). Diese Kosten wurden für alle Betriebe gemeinsam ermittelt und dann aufgeteilt.
Dem stehen allerdings Einsparungen im Bereich Telefon und Porto in der Höhe von ca. 2000.-öS/Betriebsstätte gegenüber.
Daß diese Einsparungen durchaus keinen Einzelfall darstellen wird auch an anderer Stelle nachgewiesen (2),(3).
Daraus ist also ersichtlich, daß, auch ohne Berücksichtigung der verbesserten Informationsstruktur und daraus resultierend einer besseren und effizienteren Betriebsführung, Bildschirmtext als Kommunikationsmedium für Klein- und Mittelbetriebe, eine Marktlücke geschlossen hat und damit bisherige Wettbewerbsnachteile für kleinere Betriebe vermindert werden können.

2.4 Fähigkeiten, die von einem intelligenten BTX-Endgerät gefordert werden, wenn der Schwerpunkt des Einsatzes im Bereich der Textkommunikation in einem Betrieb kleiner bis mittlerer Größenordnung liegt.

Aus den oben genannten Lösungen ergeben sich folgende Forderungen an ein Btx-Engerät:

1. die Fähigkeit, unabhängig von der Btx-Zentrale Programme zu exekutieren.
2. automatischer Verbindungsauf- und -abbau
3. anschließbarer, externer Massenspeicher oder eingebauter batteriegepufferter CMOS-Speicher mit Überspielmöglichkeit der dort gespeicherten Daten in das Postnetz
4. Verbindungsmöglichkeit mit anderen Computeranlagen und Übertragung der empfangenen Daten in diese
5. Druckeranschluß

Diese Forderungen werden vom österreichischen Btx-Terminal MUPID voll erfüllt (4). Durch seinen frei programmierbaren Speicherbereich von

128 kb und die Benutzbarkeit von CP/M als Betriebssystem ist er für die Aufgaben, die in einem Filialbetrieb anfallen, voll ausreichend und kann bei kleinen Betrieben eventuell sogar für verwaltungstechnische Aufgaben und Büroarbeiten herangezogen werden. Seine spezielle Konzeption als Bildschirmtext-Terminal beinhaltet alle Fähigkeiten, die bei der Kommunikation mit dem Zentralrechner der Post erforderlich sind und erlaubt, diese programmgesteuert zu verwenden (5).

Damit ist es beispielsweise realisierbar, das Editieren von Seiten vollautomatisch nach Abschluß der Offline-Eingabe vornehmen zu lassen, ohne einem Mitarbeiter die Kenntnis bestimmter Daten, wie Identifikation oder Editierkennwort zu ermöglichen.

Der Anschluß eines externen Massenspeichers ist in mehreren Formen möglich, da sowohl eine intelligente Diskettenstation als auch eine kleinere und billigere Mini-Disk erhältlich sind.

Der Einbau eines CMOS-Speichers bietet sich vor allem in jenen Bereichen an, wo in den Filialen keine größere Datenverarbeitung stattfindet und das Hauptanwendungsgebiet im Bereich der Kommunikation über Btx liegt.

Durch den Einbau einer MUPID-Platine in einen Personal-Computer ist eine leichte Übertragungsmöglichkeit der empfangenen Daten in diesen gewährleistet und nach entsprechender Aufbereitung auch eine Verwendung dieser Daten in handelsüblichen kommerziellen PC-Programmen.

Durch die eingebauten Schnittstellen im normalen MUPID ist eine Kommunikation mit anderen EDV-Anlagen ebenfalls gewährleistet, wobei diese dann auch als Programmspeicher für MUPID-Programme dienen können und zusätzliche Massenspeicher nicht mehr benötigt werden.

Die einzige Bedingung dafür ist das Vorhandensein einer V-24-Schnittstelle im angeschlossenen Gerät, die mit einer Übertragungsrate von 1200, 2400 oder 4800 bit/sec betrieben werden kann.

Diese Bedingung gilt auch für den Anschluß eines Druckers an MUPID. Dies dürfte allerdings kein Problem sein, da fast alle am Markt befindlichen Geräte mit solch einer Schnittstelle zumindest nachrüstbar sind.

Aus diesen Fakten ergibt sich, daß die firmenspezifischen Hardwarebedürfnisse ohne großen speziellen Aufwand durch marktübliche Geräte und damit auch ohne überhöhten Kostenaufwand zu befriedigen sind.

2.5 Entwicklung einer beispielhaften Struktur der Hardwareausstattung eines Informationsnetzes im oben erläuterten Fallbeispiel, unter besonderer Berücksichtigung der derzeitigen Situation in Österreich.

Die folgenden Komponenten der Hardwareausstattung sind aufgrund der gefundenen Fakten für das genannte Unternehmen gewählt worden und müßten für andere Betriebe, abhängig von deren Erfordernissen, eventuell ergänzt werden.
Abweichungen dürften allerdings nicht sehr groß sein, sofern die genannten Parameter nicht sehr stark zum Beispielsunternehmen differieren.

Ausstattung der Zentrale:

1 PC mit 10 MB-Harddisk und 1 Diskettenlaufwerk
1 MUPID-Platine
1 Monochrombildschirm
1 Farbbildschirm
1 Drucker

Ausstattung der Produktionsstätte:

1 MUPID (gemietet von der Post)
1 Diskettenstation
1 Farbbildschirm
1 Drucker

Ausstattung der Filialen:

1 MUPID mit 128 kB CMOS-RAM
1 Farbbildschirm
1 Drucker

Durch den Anschluß eines Druckers an MUPID wird der Ersatz einiger Schreibmaschinen, die in der nächsten Zeit dringend ausgewechselt hätten werden müssen, überflüssig.
Mit dieser Ausstattung ist es möglich, in allen Betrieben die erforderlichen Schreibarbeiten und Datenerfassungen durchzuführen und die Daten mit minimalem Arbeitsaufwand in die Zentrale zu übermitteln.
Durch die einmalige Eingabe der Daten wird sichergestellt, daß Übermittlungsfehler minimiert werden.

Resumee:

Als Resumee des Gesagten kann man also feststellen, das der Einsatz intelligenter Endgeräte im Bereich der betriebsinternen Kommunikation sicherlich als sinnvoll und zukunftsträchtig anzusehen ist.
Da dies bisher immer mit sehr hohen Kosten verbunden war, stellt Bildschirmtext mit MUPID die zur Zeit optimale Alternative dar.
Die Verwendung von Geräten mit CMOS-RAMs vermindert dabei die Gefahr des Datenverlustes und verbessert für die meist nicht EDV-geübten Mitarbeiter die Bedienungsfreundlichkeit des gesamten Systems.
Dabei bleibt durch den möglichen Ausbau der einzelnen Filialausrüstungen die Zukunftssicherheit gewahrt, auch wenn eine starke Steigerung der Anforderungen eintreten sollte.

Literatur:

1) Bundesministerium für Verkehr
Generaldirektion für die Post- und Telegraphenverwaltung
Tarife für Text- und Datenkommunikationsdienste
Informationsheft
MAI 1985

2) MAURER H./FELFERNIG K.
Bildschirmtext als Kommunikationssystem für Klein- und Mittelbetriebe/in Vorbereitung

3) Bildschirmtext zahlt sich aus
Btx Praxis 6/85

4) FELLNER W. D./MAURER H.(Herausgeber)
Mupid 2 - Eine Übersicht
B 47, Bericht des Institutes für Informationsverarbeitung
Juni 1984

5) MAURER H./POSCH R.
Mupid 2: Durchbruch für Bildschirmtext
B 43, Bericht des Institutes für Informationsverarbeitung
Februar 1984

Aufbau eines Btx-gestützten Informationssystems für den Innen- und Aussendienst von Unternehmen

Paul G. Maciejewski

Fraunhofer-Institut für Arbeitswirtschaft und Organisation(IAO), Stuttgart

1 Problemstellung

Der ursprünglich für Btx vorgesehene Einsatzschwerpunkt - Verbesserung der Informations- und Kommunikationsbeziehungen zwischen anbietenden Unternehmen und nachfragenden privaten Haushalten - verlagert sich in zunehmendem Maße hin zu innerbetrieblichem oder von Unternehmen zu Unternehmen gerichtetem Informationsaustausch (Btx als Inhouse-System). Ein wesentliches Anwendungsgebiet dieses neuen Mediums in den nächsten Jahren wird der Transfer von sporadischen Informationen sowohl vom Innen-(ID) zum Außendienst(AD) als auch vice versa sein.
Ziel des Vortrages ist es, eine praxiserprobte Vorgehensweise darzustellen, wie Unternehmen ein Btx-gestütztes Informationssystem für den Innen- und Außendienst aufbauen können.

2 Marketing-Informationssysteme und Außendienst

Die heutige Informationsverarbeitung des Ad vor und nach einem Kundenbesuch läßt sich wie folgt darstellen (vgl. Abb.1):

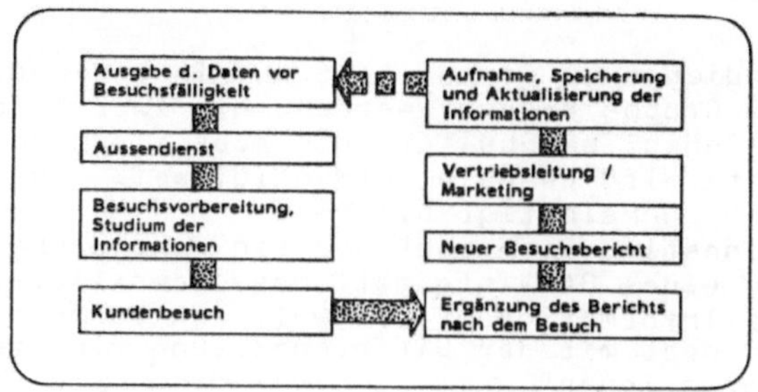

Abb. 1: Informationsverarbeitung des Außendienstes

3 Schaffung von Informations-Gruppen

In der Literatur findet man häufig die Ansicht, daß auf einen festgestellten Ist-Zusatand unmittelbar die Bildung bzw. Formulierung eines Soll-Zustandes erfolgen soll. Diese, für alle betrieblichen Bereiche übliche Vorgehensweise bedarf im Falle des Aufbaus eines Btx-Informationssystems einer Zwischenstufe:
Nach einer mehr unsystematischen als systematischen Anhäufung von In-

formationen, die heute in vielen Unternehmen zwischen Innendienst und Außendienst fließen, muß zunächst ein Ordnungsprinzip Strukturen erkennen lassen, die dann weiterverfolgt und in einen Soll-Zustand überführt oder fallengelassen werden können(Schlagwort: Informations-Gruppen-Bildung).
Als Ordnungskriterium kann z.B. gewählt werden:

- Bedeutung der Informationen(strategisch-taktisch-operativ)
- Umfang der Informationen
- Herkunft der Informationen/intern-extern)
- Verwendungszweck(Planung-Durchführung-Kontrolle)
- Informationsflußrichtung(in diesem Fall vom Außendienst zum Innendienst oder umgekehrt)
- Häufigkeit der Verwendung(einmalig-mehrmalig-regelmäßig).

Aufgrund der in zahlreichen Firmen vorliegenden, sehr komplexen und undifferenzierten Daten- bzw. Informationsvielfalt und deren nicht hinreichend oder eindeutig definierbaren Eigenschaften wie Quelle, Art und Inhalt, Aufbereitung, Zeitpunkt und Speicherung, empfehle ich drei Kriterien zur Bildung von Informationsgruppen:

- die Informationsfluß-Richtung
- die klassische Herkunftsuntergliederung und
- die technisch-betriebswirtschaftliche Abgrenzung.

Der letzte Punkt, also die Bildung von Gruppen mit einerseits technischen und andererseits betriebswirtschaftlichen Informationen, läßt sich in praxi oft nur schwer durchführen, weil eine klare Trennung nicht oder nur sehr schwer möglich ist. Im folgenden wird zuerst eine Aufschlüsselung des Informationssystems nach der Informationsfluß-Richtung weiterverfolgt(vgl. Abb.2).

Die beiden Richtungen Außendienst zu Innendienst und Innendienst zu Aussendienst sollen durch eine Gruppe ergänzt werden, die zwar Informationen, die zum Innendienst fließen, beinhaltet, die aber nicht vom Außendienst stammen. Dieser Zusatz wird deshalb notwendig, weil sonst Teile der Informationsvorgänge unberücksichtigt blieben.
Da das Kriterium "Informationsfluß-Richtung" nur ein sehr grobes Konzept für die Strukturierung eines Btx-Informationssystems liefert, wird das Kriterium "Herkunft der Informationen" zur weiteren Verfeinerung herangezogen; begonnen wird dort mit der Differenzierung "Interne Informationen" und "Externe Informationen".
So gelangt man, durch die Kombination von zwei Kriterien, zu einer systematischen Anordnung von Informations-Gruppen, die als Ausgangsbasis für nachfolgende Schritte bei der Bildung eines Btx-Informations-Systems dienen.
Nachstehend ist die Grundstruktur der Informations-Gruppen dargestellt.

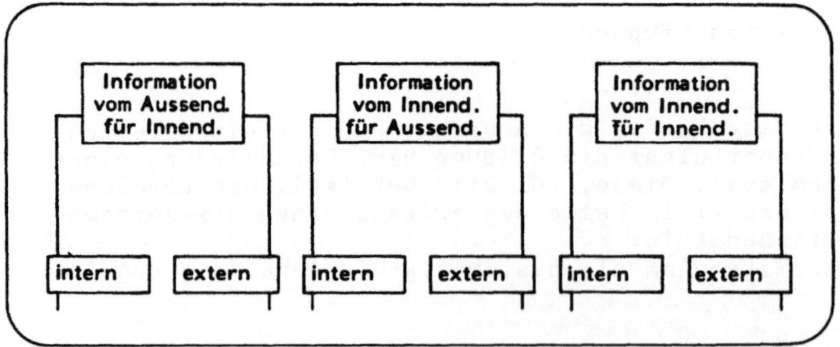

Abb.2: Grundstruktur der Informations-Gruppen eines Unternehmens

4 Bestimmung des Soll-Zustands beim Aufbau des Informationssystems Innendienst-Aussendienst

Zeitliche Restriktionen/ Termindruck der Mitarbeiter in den Unternehmen sprechen dafür, den Informationsbedarf anhand eines "Informations-Kataloges zum Aussuchen" zu ermitteln. Dabei ist von vornherein klar, daß diese Vorgehensweise mit dem Nachteil einer "vorsortierten Informationsauswahl" behaftet ist. Auf der anderen Seite besitzt diese Methode den Vorteil, daß die zu bestimmenden Soll-Informationen einem gewissen Formalisierungsgrad zu entsprechen haben und so eine Erleichterung und Vereinfachung der Übertragung auf den Bildschirmtext-Einsatz gewährleistet werden kann.
Der Informationskatalog baut auf den in Kapitel 4 festgelegten Informationsgruppen auf, d.h. nach einer Differenzierung in "von-zu" -Gruppen (z.B. Informationen vom Außendienst für den Innendienst) folgt eine weitere Untergliederung in interne und externe Informationen.
Die nachfolgende Graphik verdeutlicht die Vorgehensweise (vgl. Abb.3):

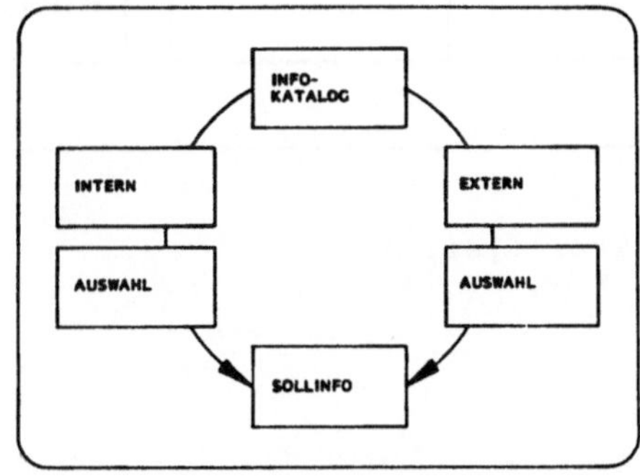

Abb. 3: Generierung von Soll-Informationen

5 Übertragung der Informationsstruktur auf Btx

Die festgelegte Informationsstruktur ist in der nächsten Stufe auf den Btx-Suchbaum zu übertragen.
Eine vom IAO ausgearbeitete Btx-Programmstruktur für ein Informationssystem Innendienst/Außendienst besitzt nachfolgende Struktur. Diese Struktur soll als Anregung für Unternehmen verstanden werden, die sich Gedanken im Hinblick auf die Erarbeitung eines Inhouse-Btx-Programms machen.

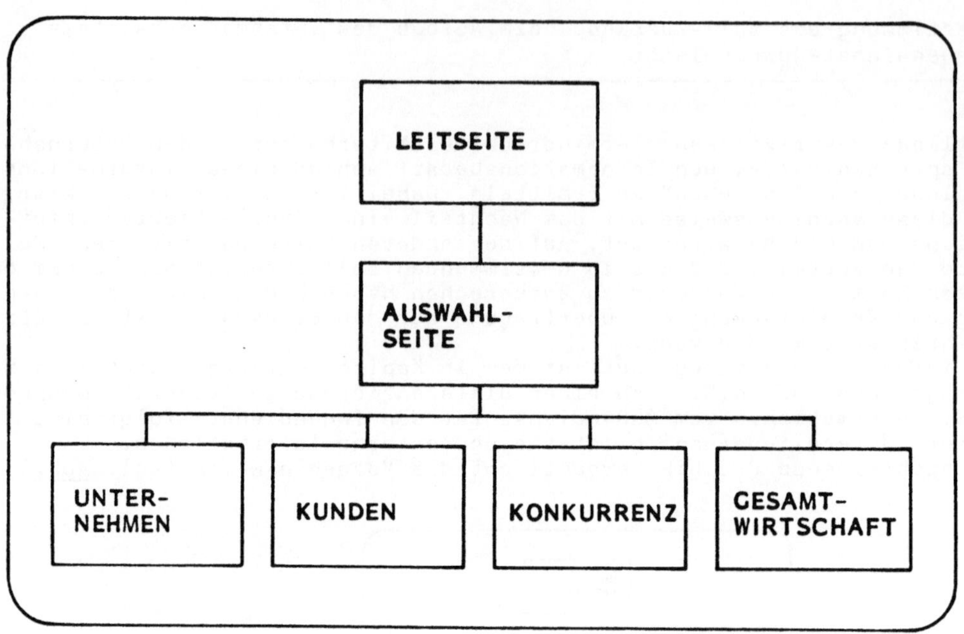

Abb. 4a: Btx-Programmstruktur (Teil 1)

In Abb. 4b ist der Sektor "Unternehmen" näher untergliedert.

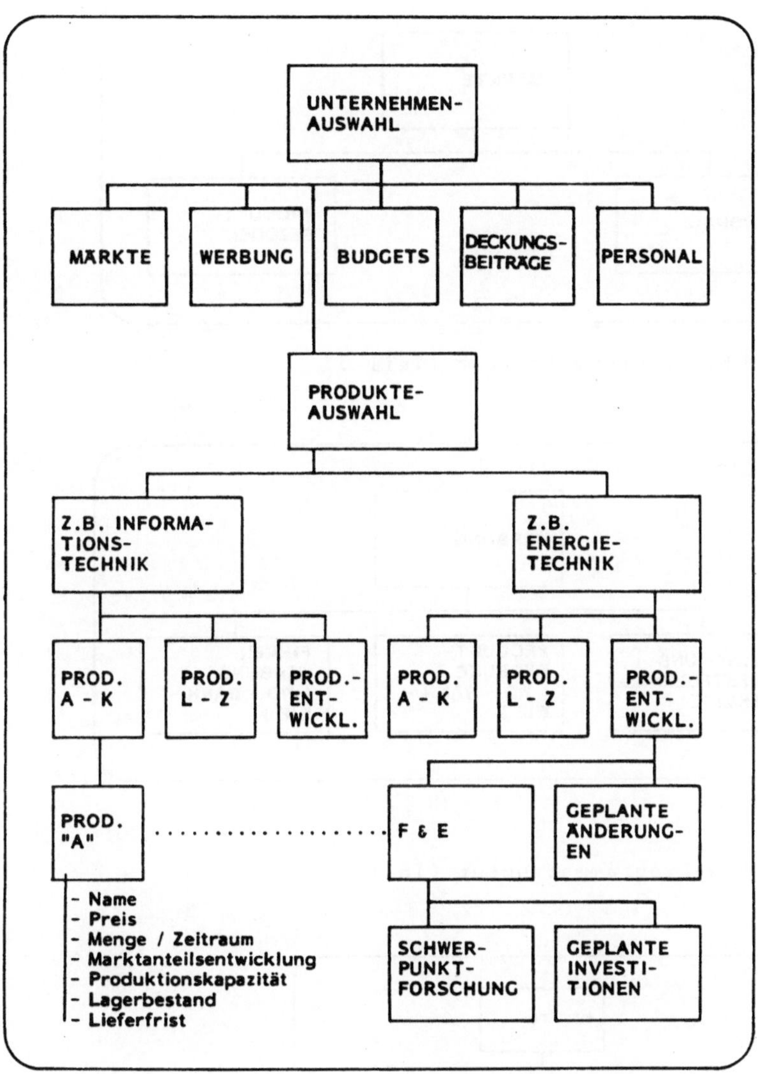

Abb. 4b: Btx-Programmstruktur (Teil 2)

In den folgenden Abbildungen 4c-4f findet eine nähere Spezifizierung der Bereiche "Märkte", "Werbung", "Budgets" und "Deckungsbeiträge" statt.

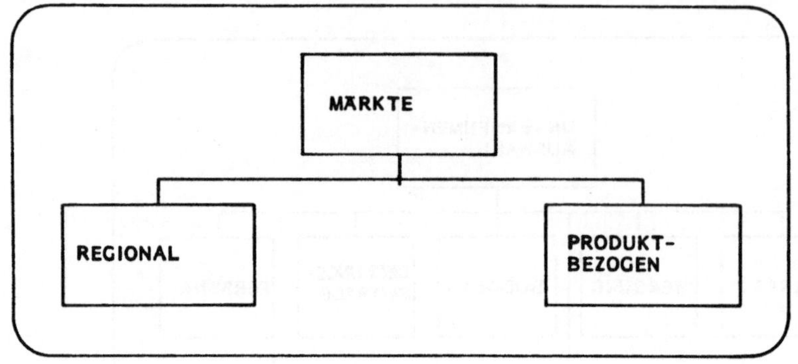

Abb. 4c: Btx-Programmstruktur (Teil 3)

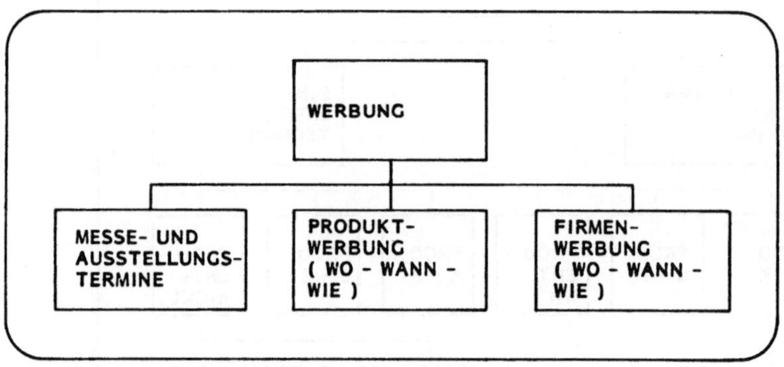

Abb. 4d: Btx-Programmstruktur (Teil 4)

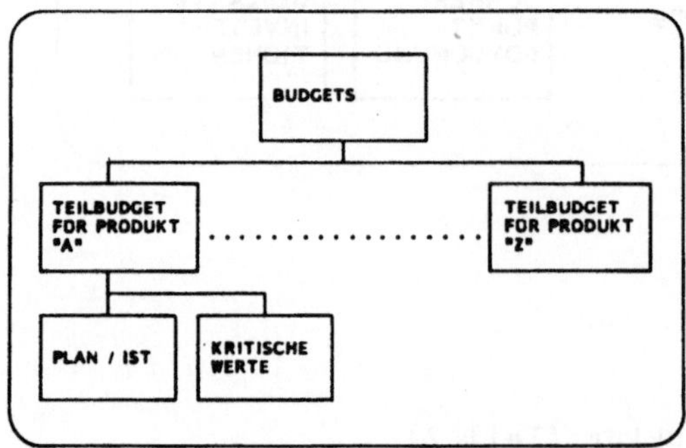

Abb. 4e: Btx-Programmstruktur (Teil 5)

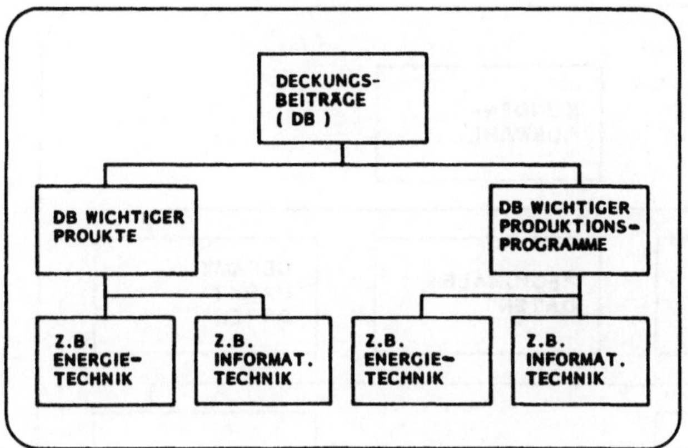

Abb. 4f: Btx-Programmstruktur (Teil 6)

Die Abbildungen 4g-4k zeigen beispielhaft, wie die Bereiche "Kunden", "Konkurrenz" und Gesamtwirtschaft" weiter aufgeteilt werden können.

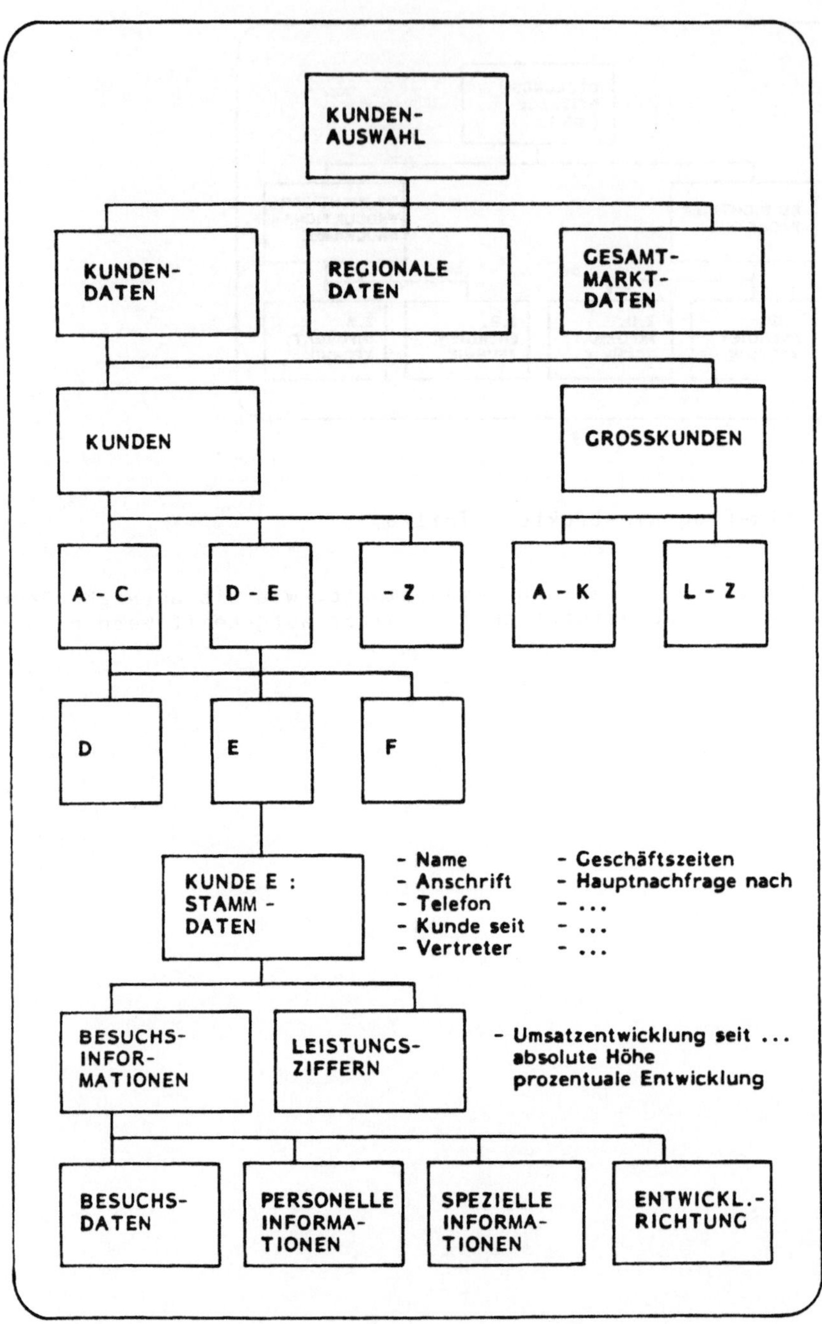

Abb. 4g: Btx-Programmstruktur (Teil 7)

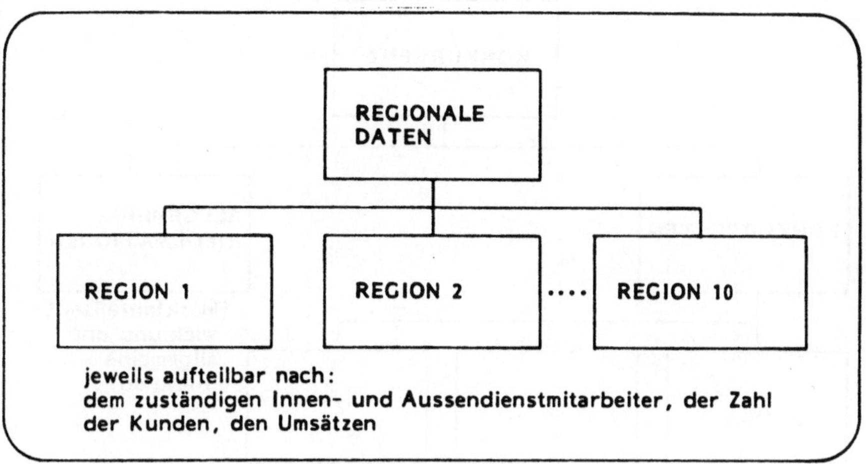

Abb. 4h: Btx-Programmstruktur (Teil 8)

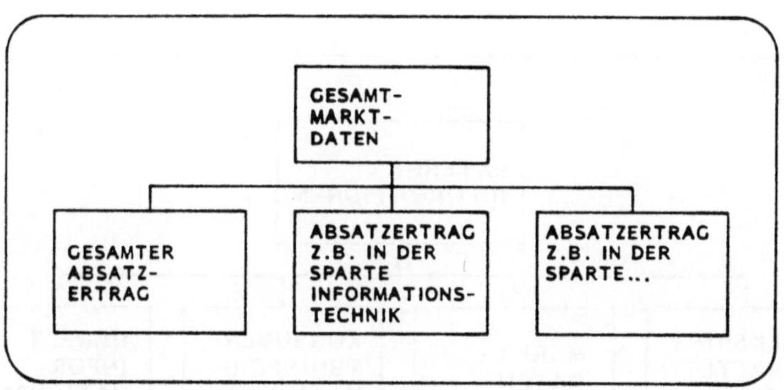

Abb. 4i: Btx-Programmstruktur (Teil 9)

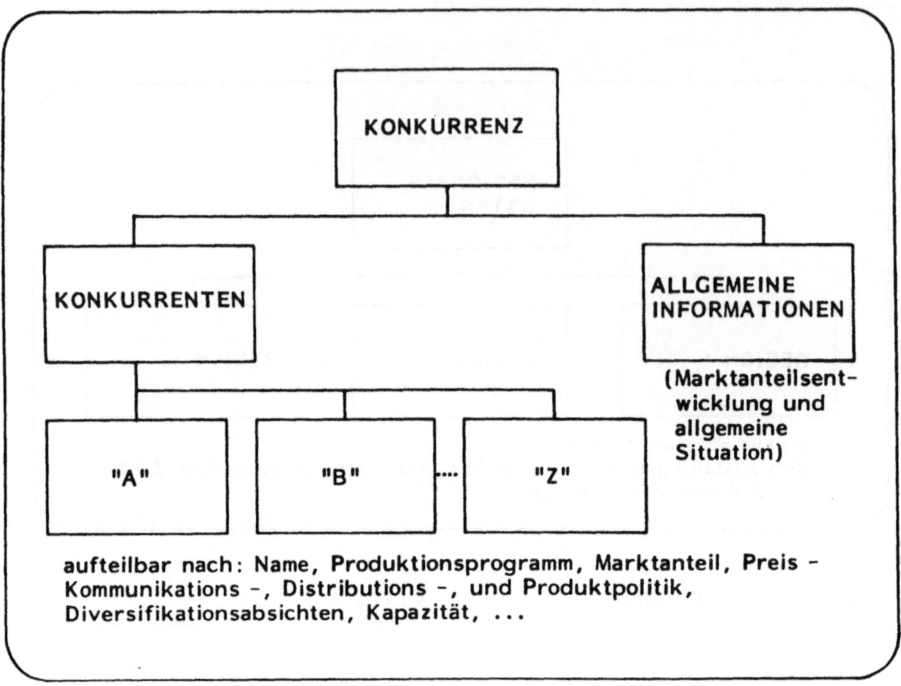

Abb. 4j: Btx-Programmstruktur (Teil 10)

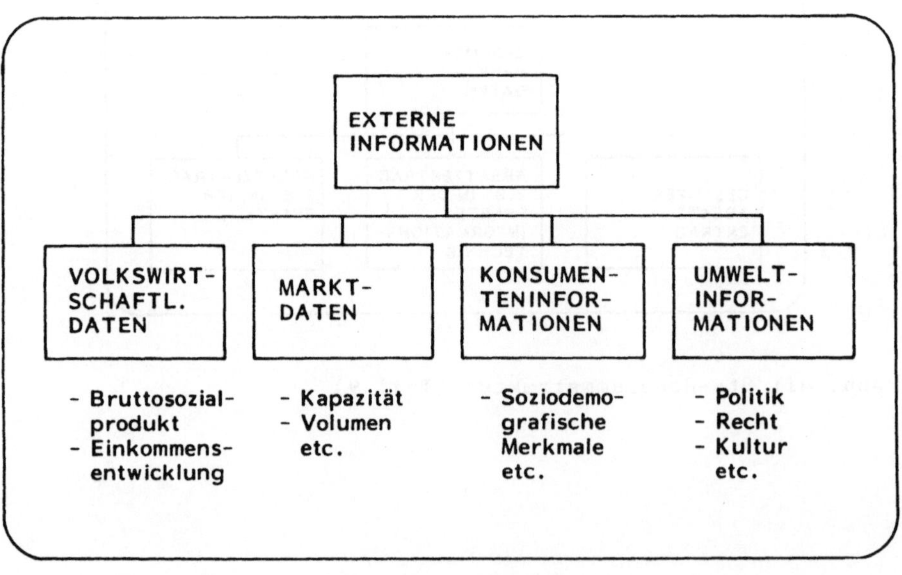

Abb. 4k: Btx-Programmstruktur (Teil 11)

6 Anforderungen an die Speicher-Kapazität

Der Aufbau eines Informationssystems, gleich welcher Art, erfordert neben der inhaltlichen Festlegung der Informationen, also deren Soll- Zustand, eine Aussage über die quantitativen Bedürfnisse des einzusetzenden Mediums.
Die Frage, welcher Kapazitätsbedarf für das Medium Bildschirmtext bei dem festgelegten Informations-Soll-Zustand notwendig ist, läßt sich durch die Eigenschaften von Btx relativ einfach feststellen:
Da die Darstellung der Informationen in Form von Btx-Seiten bzw. -blättern (die mit Informationen gefüllt werden) erfolgt, kann folgendermaßen umgerechnet werden:

1/2 Schreibmaschinenseite DIN A4 entspricht in etwa einer Btx-Seite.
Die am Fraunhofer-Institut für Arbeitswirtschaft und Organisation (IAO) gewonnenen Erfahrungswerte zeigen, daß eine Kapazität von ca. 10000 Btx-Seiten für ein Btx-Inhouse-System nicht utopisch ist, will man die in Punkt 4 dargestellte Informationsstruktur mit Fakten füllen.

7 Schlussbemerkung

Zum Schluß der Ausführungen muß nochmals darauf hingewiesen werden, daß die getroffenen Aussagen den Charakter einer "feasibility study" im Sinne einer grundsätzlichen Vorstudie haben. Es wäre unzureichend, das vorliegende Informationssystem-Modell in jedem Unternehmen unreflektiert zu implementieren: zu unterschiedlich sind die Informationsstrukturen der einzelnen Firmen.

Fachgespräch 7

Expertensysteme im Betrieb

Einführung in das Fachgespräch
"Expertensysteme im Betrieb"

Wolfgang Wahlster

Universität des Saarlandes
Fachbereich 10 - Informatik
Lehrstuhl für Künstliche Intelligenz und Datenbanken

D-6600 Saarbrücken 11

Expertensysteme sind wissensbasierte Systeme, die Expertenwissen und bestimmte darauf beruhende Fähigkeiten maschinell verfügbar machen. Ihre wesentlichen Bestandteile sind eine Wissensbasis und eine Inferenzkomponente. Derzeit bilden Expertensysteme den Teilbereich der Künstlichen Intelligenz, in dem weltweit die stärkste Expansion industrieller Anwendungen zu beobachten ist.

Mit den Methoden der Wissensverarbeitung, deren Grundlagen in den letzten 15 Jahren im Informatik-Teilgebiet Künstliche Intelligenz entwickelt wurden, ist ein neuer Zweig der Informationstechnik entstanden, der als Komplement zur Datenverarbeitung aufgefaßt werden kann. Fig. 1 bietet eine tabellarische Zusammenfassung der wichtigsten inhaltlichen und formalen Kriterien, aufgrund derer die Wissensverarbeitung von der Datenverarbeitung abgegrenzt werden kann.

In der Bunderepublik Deutschland markiert das Jahr 1985 den Beginn einer intensiven Unterstützung dieses Gebietes durch die öffentliche Hand. Im Rahmen der BMFT-Förderung wurde ein Schwerpunkt "Wissensverarbeitung" gebildet, in dem die informationstechnische Industrie mit Hochschulen und Großforschungseinrichtungen in Verbundprojekten bei der Entwicklung wissensbasierter Systeme kooperiert. Diese anwendungsorientierten Projekte werden durch die notwendige Grundlagenforschung ergänzt, die schwerpunktmäßig in dem von der Deutschen Forschungsgemeinschaft neu gegründeten Sonderforschungsbereich "Künstliche Intelligenz - Wissensbasierte Systeme" (Partner: die Universitäten Karlsruhe, Kaiserslautern und Saarbrücken sowie das IITB der FhG) durchgeführt werden soll.

Die sieben Beiträge zum Fachgespräch, die vom Programmkomitee aus 13 Vortragsanmeldungen ausgewählt wurden, bieten zusammen mit dem Übersichtsbeitrag von Horn einen Querschnitt aktueller Entwicklungen wissensbasierter Systeme im deutschsprachigen Raum. Es werden fünf Prototypen von Expertensystemen für ein breites Spektrum betrieblicher Anwendungen beschrieben. Dabei ist die Vielfalt der verwendeten Wissensrepräsentationssprachen und Implementationswerkzeuge bemerkenswert.

Klar und Wittur beschreiben ein Expertensystem, das Diagnoseaufgaben im Kundendienstbereich der Automobilbranche übernehmen soll. Das System liegt in zwei Versionen vor, die in

INTERLISP-D bzw. in dem von der GMD entwickelten Rahmensystem BABYLON implementiert sind. Lehmann et al. geben einen Erfahrungsbericht über die Entwicklung eines Expertensystems zur Konfigurierung von Betriebssystemen für SICOMP-Rechner, das in INTERLISP-D und LOOPS implementiert wurde. Hermann und Hornung stellen zwei wissensbasierte Systeme zur kundenspezifischen Anpassung von Software-Paketen für die Finanzbuchhaltung vor, die Frame-Konstrukte und Produktionsregeln der LISP-Erweiterung HPRL nutzen. Güntzer et al. berichten über den Ansatz zu einem Expertensystem für das Bankwesen, der in PROLOG implementiert wurde.

Zwei Beiträge befassen sich mit den noch offenen Fragen der effizienten Verwaltung und Konsistenzprüfung großer Wissensbestände. Linnemann leistet einen Beitrag zur Entwicklung sog. Wissensbasisverwaltungssysteme, durch die ein effizienter Zugang zu großen, auf Sekundärspeichern ausgelagerten Wissensbasen realisiert werden kann. Barachini und Adlassnig beschreiben ein Verfahren zur formalen Konsistenzprüfung von Wissensbasen, dessen Übertragbarkeit auf anders strukturierte Wissensbasen allerdings noch nachgewiesen werden muß.

Wegen der geringen Zahl von Wissensträgern in der Künstlichen Intelligenz und der oftmals zu hoch geschraubten Erwartungen prospektiver Anwender ist die Entwicklung von Expertensystemen heute noch mit erheblichen Risiken verbunden. Die Beiträge dieses Fachgespräches sollen helfen, eine realistische Einschätzung der Chancen und Grenzen von Expertensystemen im Betrieb zu erreichen.

Programmkomitee für dieses Fachgespräch: W. Horn (Universität Wien), E. Lehmann (Siemens, München), S. Savory (Nixdorf, Paderborn), W. Wahlster (Universität Saarbrücken).

Datenverarbeitung	Wissensverarbeitung
Inhaltliche Kriterien	
Automatisierung monotoner, klar strukturierter und wohldefinierter Informationsverarbeitungsprozesse	Automatisierung komplexer Informationsverarbeitungsprozesse, die den intelligenten Umgang mit diffusem Wissen erfordern
Zu automatisierende Verarbeitungsabläufe sind aus nicht-automatisierten Informationsverarbeitungsprozessen bekannt	Zu automatisierende Verarbeitungsabläufe sind kognitive Prozesse und daher nicht direkt beobachtbar
Systementwickler schreibt mit Hilfe seines Wissens über den Anwendungsbereich ein Programm	Wissensträger transferiert sein Wissen über den Anwendungsbereich in ein wissensbasiertes System
Nur der Programmierer, nicht das System selbst kann einen ausgeführten Verarbeitungsprozeß erklären und rechtfertigen	Das wissensbasierte System selbst kann prinzipiell einen ausgeführten Verarbeitungsprozeß erklären und rechtfertigen
Hauptsächlich Verarbeitung homogen strukturierter Massendaten	Hauptsächlich Verarbeitung heterogen strukturierter Wissenseinheiten
Bei formaler Ein/Ausgabespezifikation ist prinzipiell die Möglichkeit eines Korrektheitsbeweises gegeben	Da die Verarbeitung durch Heuristiken und diffuses Wissen gesteuert ist, sind Korrektheitsbeweise nicht möglich
Komplexität entsteht hauptsächlich durch den Umfang der Datenmenge	Komplexität entsteht hauptsächlich durch die Reichhaltigkeit der Wissensstrukturen
Formale Kriterien	
Ausgangspunkt: Verarbeitung von Zahlen	Ausgangspunkt: Verarbeitung symbolischer Ausdrücke
Wenige Datentypen, aber viele Instanzen eines Typs	Viele Strukturtypen, oft wenige Instanzen eines Typs
Typische Programmiersprachen: COBOL, PASCAL	Typische Programmiersprachen: LISP, PROLOG
Programmiermethodik: strukturiertes Programmieren	Programmiermethodik: exploratives Programmieren
Verarbeitungsablauf ist explizit festgelegt	Verarbeitungsablauf ist nur implizit oder gar nicht vorgegeben
Unvollständige Eingaben werden zurückgewiesen	Verarbeitung unvollständiger Strukturen ist möglich
Effiziente Verarbeitung mit konventionellen Rechnerarchitekturen möglich	Effiziente Verarbeitung mit konventionellen Rechnerarchitekturen nicht möglich

Fig. 1: Die wichtigsten Unterschiede zwischen Datenverarbeitung und Wissensverarbeitung

-DEX.C3-
Ein Expertensystem zur Diagnose von Fehlverhalten im automatischen Getriebe C3 von Ford

Walter Klar, Karl-Heinz Wittur
Gesellschaft für Mathematik und Datenverarbeitung
Forschungsgruppe Expertensysteme

1. Einführung

DEX.C3 ist ein Expertensystem zur Fehlerdiagnose im automatischen Getriebe C3 der Firma Ford. Es wurde von der Forschungsgruppe Expertensysteme im Projekt KNENG (KNowledge ENGineering) auf einer XEROX 1108 am Institut für Angewandte Informationstechnik der GMD im Auftrag der FORD-Werke AG Köln entwickelt [FOREXP84]. Die Firma Ford Europa prüft zur Zeit die Frage, in welchen Firmenbereichen und für welche Aufgaben Expertensysteme nutzbringend eingesetzt werden können. Ziel der Entwicklung von DEX.C3 war es, Arbeitsweise und Einsatzmöglichkeiten eines Expertensystems im Kundendienstbereich anhand eines konkreten Beispiels zu erproben.

Ziel der Arbeiten im Projekt KNENG ist es, basierend auf Impulsen aus der Grundlagenforschung, prototypartige Expertensysteme für den praktischen Einsatz beim Anwender zu entwickeln und implementieren. Auf diese Weise soll die bestehende Kluft zwischen akademischer Forschung und industrieller Praxis überbrückt werden. In bezug auf den angestrebten Aufbau eines Software- und Methodeninventars für Expertensysteme [BUNPRI84] im Projekt SWMET (SoftWare- und METhoden) innerhalb der Forschungsgruppe, erfüllt eine Anwendung wie DEX.C3 die Aufgabe, die schon verfügbaren Instrumente und Verfahren zu erproben und praxisrelevante Anforderungen für deren Weiterentwicklung zu liefern. In diesem Zusammenhang fand eine Re-Implementation der XEROX-Version unter der Expertensystem-Shell BABYLON [PRIBRE85] auf SYMBOLICS 36xx für die Hannover Messe 1985 statt.

2. Ausgangslage und Ziel der Entwicklung

In jüngster Zeit finden Expertensysteme in der Industrie - und zwar gerade auch in der Automobilindustrie - großes Interesse. Expertensysteme ermöglichen es, Wissen beliebig zu vervielfältigen und breiter verfügbar zu machen [MICHIE79]. Wenn es mit Hilfe solcher Systeme gelingt, Wissen in der Werkstatt zielgerichtet einzusetzen, das bisher nur bei wenigen erfahrenen Kfz-Meistern und Experten in Entwicklung und Fertigung vorliegt, so ist eine erhebliche Steigerung der Qualität und Effizienz des Kundendienstes zu erwarten.

Man darf aber nicht darüber hinwegsehen, daß die Nutzung solcher Systeme in der betrieblichen Praxis einer Automobilfirma noch weitgehend Neuland ist. Gerade der Kundendienstbereich mit seiner organisatorisch und regional dezentralen Struktur bedeutet für die praktische Implementation dieser neuen Technik eine besondere Herausforderung [THOME83], [REITMA84]. Eine Fülle von Problemen müssen gelöst werden, bevor dort der praktische Nutzen spürbar werden kann. Bei der Einführung der Expertensysteme im Kundendienst ist daher ein sorgfältig geplantes Vorgehen in mehreren Einzelschritten erforderlich.

Mit der Entwicklung des Expertensystems zur Diagnose von Fehlern im automatischen Getriebe C3 wurde nun der erste Schritt gemacht. Dieser Schritt hatte in hohem Maße Versuchscharakter: Es ging darum, Arbeitsweise und Einsatzmöglichkeiten eines Expertensystems anhand eines konkreten Anwendungsbeispiels zu illustrieren und die prinzipielle Machbarkeit nachzuweisen.

Genauer gesagt, galt es nachzuweisen, daß das Wissen und die Vorgehensweise eines C3-Experten bei der Fehlerdiagnose mit einem Expertensysystem korrekt und umfassend nachgebildet werden können. Desweiteren sollte das System im Falle des Gelingens für Demonstrationszwecke bereitgestellt werden. Ziel ist es auch, andere Bereiche der Firma über diese neue Anwendungsmöglichkeit der Informationstechnik anhand eines aussagekräftigen Beispiels zu informieren.

2.1 Fehlerdiagnose im C3-Getriebe

Für die Auswahl des C3-Getriebes als Anwendungsfeld waren mehrere Punkte ausschlaggebend:

1. Die Expertise über Fehlerdiagnose im C3-Getriebe ist nicht bei jedem Mechaniker vorhanden.

2. Es handelt sich um ein überschaubares Feld, so daß die Entwicklung in verhältnismäßig kurzer Zeit abgeschlossen werden konnte.

3. Es kommt vor, daß Fehler im automatischen Getriebe nicht richtig erkannt werden, wodurch unnötig hohe Kosten entstehen.

Das automatische Getriebe C3 ist im wesentlichen ein in sich abgeschlossenes System, welches mechanische und hydraulische Komponenten in sich vereinigt. Aus diesem Grund stellt die Fehlersuche im C3-Getriebe ein komplexes Problem dar. Speziell ist hier die Mehrfachfunktion des Öls angesprochen (siehe auch Abb. 3), welches für die Steuerung des Getriebes, die Schmierung seiner Bauteile, sowie die Kühlung verantwortlich ist. Damit kann es die Ursache unterschiedlicher Störfälle sein, die sich durch verschiedenartige Symptome erkennbar machen und schwer zu diagnostizieren sind.

Abgesehen von Fehlern, die durch Undichtigkeit des Getriebes verursacht werden, handelt es sich bei dem C3-Getriebe um ein wenig störanfälliges Bauteil. Hinzu kommt, daß in Europa nur wenige Fahrzeuge mit automatischen Getrieben ausgestattet sind. In Deutschland treten jährlich im Durchschnitt pro Ford-Werkstatt zwei Störfälle an automatischen Getrieben auf. Aus diesen Gründen gibt es in den Werkstätten nur wenig Erfahrung mit der Fehlerfindung in defekten Getrieben, so daß eine korrekte Diagnose, die in den meisten Fällen die Voraussetzung für eine kostengünstige Reparatur bildet, nicht immer die Regel ist. Zwar stehen in den Werkstätten die Werkstatthandbücher zur Verfügung, welche pro Automodell erstellt und verteilt werden, sie können jedoch in der Praxis durch den Automechaniker nicht immer adäquat genutzt werden. So ergeben sich zum einen Probleme mit der Aktualisierung der Handbücher, zum anderen ist der Mechaniker oft nicht in der Lage, die im Handbuch enthaltenen Informationen und Hinweise gezielt auszunutzen, wenn er mit einem konkreten C3-Störfall konfrontiert ist. Ein intelligentes 'aktives Werkstatthandbuch' in Form des C3-Expertensystems unterstützt das konsequente Verfolgen einer Diagnosesystematik, und könnte so den Erfordernissen einer zielgerichteten Informationsbereitstellung bei der Kundenreparaturdiagnose gerecht werden.

3. Wissensrepräsentation

3.1 Getriebewissen

Die Wissensbasis enthält das für C3-Reparaturen relevante Erfahrungswissen des Kundendienst-Fachmannes bzw. Kfz-Meisters und ist im wesentlichen durch die potentiellen Fehlerfälle bestimmt, auf die sich die Diagnosen beziehen. Es wurde Wert darauf gelegt, das Getriebe nur so detailliert darzustellen, wie es in bezug auf die Fehlerfindung sinnvoll ist.

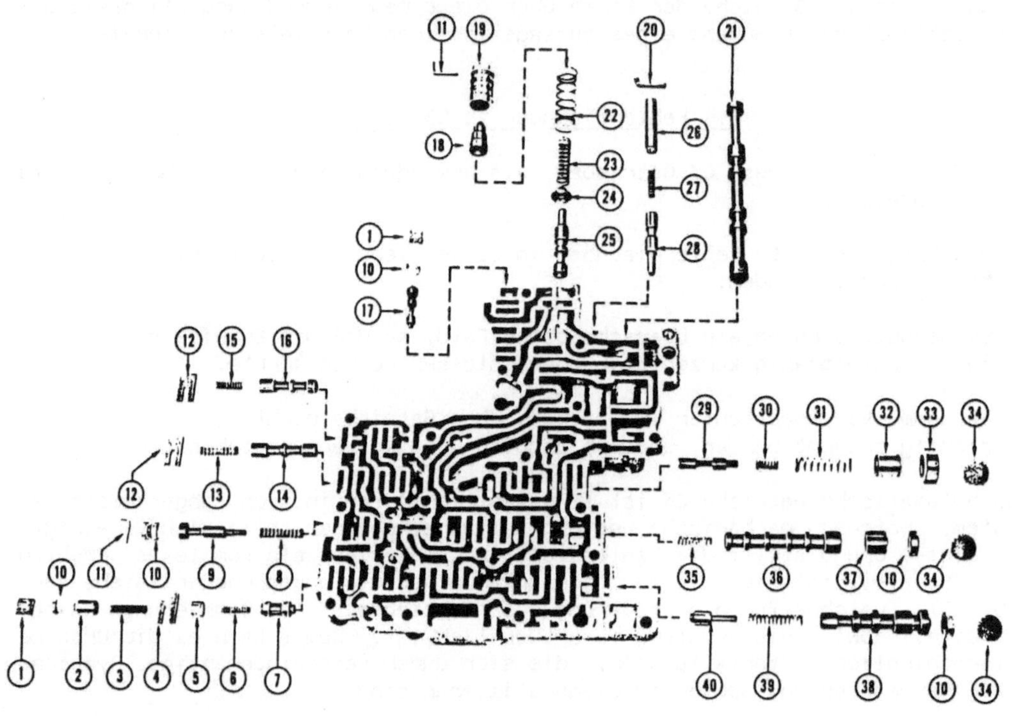

1 = Sicherungsplatte
2 = Bandlöse-Verzögerungsventil
3 = Ventilfeder (hellgrün, dunkelblau, orange)
4 = Sicherungsplatte
5 = Distanzstück
6 = Ventilfeder (dunkelblau, gelb, hellgrün)
7 = Servo-Ausgleichsventil (2.-3. Gang)
8 = Ventilfeder (dunkelblau, braun)
9 = Drosseldruck-Verstärkerventil
10 = Blindstopfen
11 = Sicherungsstift (in obere Hülsennut montieren)
12 = Sicherungsplatte
13 = Ventilfeder (braun, hellblau)
14 = Schaltkontrollventil 3.-2. Schaltung)
15 = Ventilfeder (orange, gelb)
16 = Abstimmungsventil (3.-2. Schaltung)
17 = Hauptleitungsdruck (3.-2. Schaltung)
18 = Hauptleitungsdruck-Verstärkerventil
19 = Hülse
20 = Sicherungsstift
21 = Handwählschieber
22 = Ventilfeder (dunkelblau)
23 = Ventilfeder (orange)
24 = Federteller
25 = Hauptleitungsdruck-Regulierventil
26 = Distanzstück
27 = Ventilfeder (gelb)
28 = Kick-Down-Ventil
29 = Druckerhöhungsventil (Wählhebelstellung 1.-2.)
30 = Ventilfeder (hellgrün)
31 = Ventilfeder (hellblau)
32 = Druckerhöhungsventil (in Wählhebelstellung 1+2)
33 = Blindstopfen
34 = Sicherungsplatte
35 = Ventilfeder (weiß, orange)
36 = 2. Gang-Ventil
37 = Schaltventil (1.-2. Gang)
38 = Schaltventil (2.-3. Gang)
39 = Ventilfeder (orange, hellblau)
40 = Drosseldruck-Reduzierventil

Abb. 1: Steuerkasten im C3-Getriebe (aus [REPGRA81])

Am Beispiel des Getriebebauteils Steuerkasten (siehe Abb. 1) erläutert, bedeutet das Gesagte z.B., daß nicht alle 21 Ventile eine separate Darstellung in der Wissensbasis haben, sondern nur die Schalt- und Hauptleitungsdruck-Ventile, die auch speziell als Ursache eines Störfalles aufgrund von Symptomen diagnostizierbar sind.

STEUERKASTEN	
Hauptleitungsdruck-Regulierventil:	<i.O/n.i.O>
Hauptleitungsdruck-Verstärkerventil:	<i.O/n.i.O>
Schaltventil-1-2:	<i.O/n.i.O>
Schaltventil-2-3:	<i.O/n.i.O>
Restliches Steuergehäuse:	<i.O/n.i.O>

Abb. 2: Steuerkasten in der DEX.C3-Wissensbasis

Aus dem Vergleich der beiden Abbildungen 1 des realen Steuerkastens und 2 des Steuerkastenmodells in der Wissensbasis des Getriebe-Expertensystems läßt sich unschwer erkennen, daß DEX.C3 den restlichen Steuerkasten genauso wie eins seiner speziellen Ventile behandelt. Bei der systeminternen Darstellung dieser Ventile ist wiederum soweit abstrahiert, daß nur die entscheidende Eigenschaft, Funktionsfähigkeit in Ordnung (Gängigkeit 'i.O') oder nicht in Ordnung (Gängigkeit 'n.i.O'), in der Wissensbasis abgebildet ist.

Als potentielle Fehlerquelle nimmt das Öl eine Sonderstellung ein (Abb.3). Die Aufgaben des Getriebeöls sind so vielschichtig, daß es die unterschiedlichsten Störfälle verursachen kann, die sich durch verschiedenartige Symptome erkennbar machen.

GETRIEBEÖL	
Stand:	<normal/zu hoch/zu niedrig>
Farbe:	<normal-rot/dunkel-verbrannt/schwarz>
Beschaffenheit:	<normal/schaumig/verharzt>
Rückstände:	<keine/Metallabrieb/Belagabrieb>
Druck-insgesamt:	<normal/zu hoch/zu niedrig>
Druck-in-1:	<normal/zu hoch/zu niedrig>
Druck-in-2:	<normal/zu hoch/zu niedrig>
Druck-in-D:	<normal/zu hoch/zu niedrig>
Druck-in-R:	<normal/zu hoch/zu niedrig>
Druck-in-N-P:	<normal/zu hoch/zu niedrig>

Abb. 3: Öl-Objekt in DEX.C3-Wissensbasis

Das Getriebeöl dient als Hydraulik-Steuerflüssigkeit für das Schalten der Gänge und wird gleichzeitig zur Wärmeabsorbierung und zur Schmierung von Lagern und Zahnrädern benutzt. Der Öldruck kann in den einzelnen Gangpositionen zwischen 3,4 und 19 kp/qcm variieren, die Öltemperatur kann über 70 Grad ansteigen und die Ölmenge darf nicht wesentlich unter 6,3 Liter sinken (Angaben für Ford Granada aus [REPGRA81]). Ein Defekt im Ölversorgungssystem (Abb. 4), im Regelsystem (Abb. 5) mit Hauptleitungsdruck-(HLD)-Regulier- und Verstärker-Ventil oder im Steuerkasten (Abb. 2) haben direkte Auswirkungen auf den Öldruck und somit auf die gesamte Steuerung des Getriebes. Andere Fehlerfaktoren bezüglich des Öls, die ebenfalls eine breite Auswirkung auf Fehlfunktionen des Getriebes haben, sind ein falscher Ölstand und die Verwendung nicht vorgeschriebenen Getriebeöls.

```
ÖL-VERSORGUNGS-SYSTEM
Kühler:              <i.O/n.i.O>
Pumpe:               <i.O/n.i.O>
Sieb-Ansaug-Weg:     <i.O/n.i.O>
```

Abb. 4: Öl-Versorgungs-System

```
REGEL-SYSTEM
Regler:                <i.O/n.i.O>
Reglerdichtringe:      <i.O/n.i.O>
Vakuumsystem:          <i.O/n.i.O>
Kick-Down-System:      <i.O/n.i.O>
HLD-Verst-Ventil:      <i.O/n.i.O>
HLD-Reg-Ventil:        <i.O/n.i.O>
```

Abb. 5: Regel-System in der DEX.C3-Wissensbasis

Die Diagnosen, die als Ursache die Fehlerquelle Öl haben, und die für Öl existierenden Regeln zur Herleitung dieser Diagnosen machen insgesamt 24 Prozent der gesamten Regelbasis von 140 Regeln aus.

3.2 Diagnosen

Die Problematik der korrekten Diagnosestellung in den Werkstätten liegt darin, daß die möglichen Ursachen für einen Defekt oft nicht systematisch überprüft werden. Dies führt dann teilweise zur Durchführung unnötiger Reparaturen, die den Defekt nur kurzzeitig beseitigen. Zu spätes oder zu frühes Schalten in den Gängen kann z.B durch Auffüllen des Ölstandes auf die korrekte Füllhöhe korrigiert werden, wird aber die Ursache für den zu geringen Ölstand nicht erforscht, z.B. äußere Undichtigkeit durch Ölaustritt am Entlüfter-Ventil, dann wird der beanstandete Mangel nach kurzer Zeit wieder auftreten und evtl. noch Folgefehler verursachen.

Eine Diagnose im Sinne des C3-Getriebe-Expertensystems DEX.C3 ist die Bezeichnung einer Komponenten des C3-Getriebes und der damit verbundene Vermerk 'i.O' (in Ordnung) oder 'n.i.O' (nicht in Ordnung). Beispiele für Diagnosen im Sinne von DEX.C3 sind:

(Vorderes Bremsband n.i.O)   (Ölkühlung i.O).

Insgesamt ergeben sich 33 für das System relevante Diagnosen.

- Kraftübertragung
  - Kraftschlüssig
  - Formschlüssig
- Hydraulik
  - Ölversorgung, Ölzustand

  - Stellhydraulik
  - Schalthydraulik
- Verschiedenes

Die Diagnosen werden grob in die drei Kategorien 'Kraftübertragung' (11 Diagnosen), 'Hydraulik' (17) und 'Verschiedenes' (5) unterteilt. Unter die Kategorie 'Kraftübertragung', die ihrerseits nochmals in 'kraftschlüssig' (6) und 'formschlüssig' (5) aufgeteilt wird, fallen z.B. die Kupplungen und Bremsbänder. Die Kategorie 'Hydraulik' spaltet sich auf in 'Ölversorgung,Ölzustand' (5), 'Stellhydraulik' (5) und 'Schalthydraulik' (7). In ihr werden z.B. die Ventile und Dichtringe zusammengefaßt. Diese 33 Enddiagnosen spiegeln nicht die Gesamtzahl aller möglichen Fehler im Getriebe wieder. Vielmehr sind die Diagnosen, ähnlich wie das Getriebewissen, nur bis zu einem bestimmten Detaillierungsgrad im System vorhanden, da eine Verfeinerung nur bis zu diesem Grad sinnvoll ist.

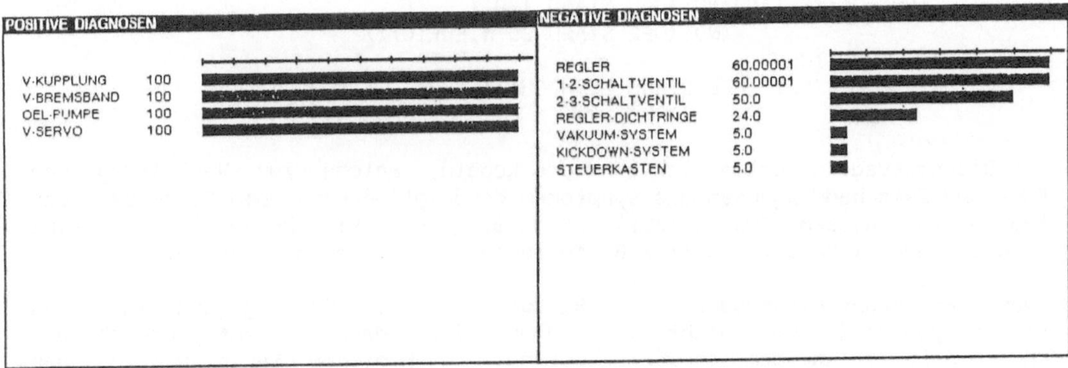

Abb. 6: Enddiagnosen in DEX.C3

Die Enddiagnosen werden in positive und negative Diagnosen aufgeteilt und aufgelistet, grafisch unterstützt durch ein Balkendiagramm (siehe Abb. 6). Zusätzlich werden die Bauteile aufgelistet, für die ein bestimmter Verdacht generiert wurde, der aber für eine Diagnose als Fehlerursache nicht ausreichte. Verdächtige Bauteile sollten bei einer Demontage des Getriebes speziell auf Fehler untersucht werden. Alle Bauteile die von DEX.C3 nicht gesondert aufgeführt werden, gelten implizit als unverdächtig.

3.3 Regeln

DEX.C3 enthält insgesamt 140 Regeln. Diese lassen sich aufteilen in:

- Steuerregeln
- Konsistenzregeln
- Diagnoseregeln

Die Struktur aller Regeln ist einheitlich, d. h. eine Regel besteht immer aus Bedingungs- und Aktionsteil. Insgesamt sind 37 Steuerregeln im System vorhanden. Sie dienen zur Kontrolle des Systemverhaltens, legen z.B. die Fragestrategie fest (z.B. RULE12A3), bestimmen die Reihenfolge zu prüfender

Hypothesen oder unterdrücken unsinnig gewordene Tests.

```
(RULE12A3 IF (AND (ANFAHREN IN-D I.O)
                  (ANFAHREN IN-1 I.O)
                  (ANFAHREN IN-2 I.O))
          THEN
          (ASK (VERHALTEN BEI-FAHRT I.O)))
```

"Wenn das Anfahren in allen Vorwärtsgängen, d.h. in 'D', '1' und '2' in Ordnung ist, dann frage als nächstes nach dem Verhalten während der Fahrt!"

In DEX.C3 sind 24 Konsistenzregeln vorhanden. Konsistenzregeln beschreiben logische Zusammenhänge allgemeiner Art. So folgert z.B. eine dieser Regeln (RULE4):

"Wenn der Ölstand nicht zu niedrig und nicht in Ordnung ist, dann ist der Ölstand zu hoch!"

```
(RULE04 IF (AND(NOT(OEL STAND I.O))
               (NOT(OEL STAND ZU-NIEDRIG)))
        THEN
        (LET (OEL STAND ZU-HOCH)))
```

Die Diagnoseregeln schließlich sind die Regeln, welche zur Herleitung von End- und Zwischendiagnosen aus Symptomen benötigt werden. Die Gesamtzahl der Regeln von diesem Typ beläuft sich auf 79. Ein Beispiel für eine Diagnoseregel (RULE61) stellt z.B. folgende Verdachtshypothesen auf:

"Wenn der Hauptleitungsdruck im Rückwärtsgang in Ordnung und in allen Vorwärtsgangpositionen nicht in Ordnung ist, dann besteht Verdacht auf Undichtigkeiten an der Vorwärtskupplung, am hinteren Servo und an den Reglerdichtringen!"

```
(RULE61 IF (AND (HL-DRUCK IN-R I.O)
                (NOT (HL-DRUCK IN-D I.O))
                (NOT (HL-DRUCK IN-1 I.O))
                (NOT (HL-DRUCK IN-2 I.O)))
        THEN
        (LET (SET-CF .5)
             (NOT (DICHTRINGE V-KUPPLUNG I.O))
             (NOT (H-SERVO I.O))
             (NOT (REGLER-DICHTRINGE I.O))))
```

4. Arbeitsweise des Systems

Es gibt zwei grundsätzlich verschiedene Strategien [NILSSO80] zur Abarbeitung der oben beschriebenen Regeln:

'Forward-chaining': man geht aus von bekannten Fakten, sucht eine Regel, deren Bedingungsteil aufgrund der Fakten erfüllt ist und leitet so neue Fakten ab, die sich aus dem Aktionsteil der Regel ergibt.

'Backward-chaining': man geht aus von einer Hypothese und versucht, sie zu verifizieren. Dazu muß eine Regel gefunden werden, die die Hypothese im Aktionsteil enthält und deren Bedingungsteil erfüllt ist.

Die Mächtigkeit von DEX.C3 ergibt sich daraus, daß diese beiden Verfahren miteinander kombiniert werden. Es werden zunächst Übersichtsfragen gestellt, die (vorwärts) zur Verdachtsgenerierung benutzt werden. Die jeweils aussichtsreichste Hypothese wird daraufhin (rückwärts) überprüft. Dabei werden an den Benutzer weitere Fragen gestellt, die dazu dienen, den Verdacht zu erhärten oder zu widerlegen. Wenn eine Hypothese auf diese Weise abgearbeitet wurde, werden die inzwischen vom Benutzer erhaltenen Informationen (wiederum vorwärts) zur erneuten Verdachtsgenerierung benutzt usw. Dieser Zyklus von Verdachtsgenerierung und Verdachtsüberprüfung spiegelt nach unserer Erfahrung auf angemessene Weise das Vorgehen des menschlichen Experten bei der Fehlersuche wieder.

4.1 Behandlung von unsicherem Wissen

Die Informationen, mit denen ein Experte arbeiten muß, sind häufig ungenau und vage. Deshalb muß auch ein Expertensystem mit unsicherem Wissen umgehen können. Die Behandlung von Unsicherheit in DEX.C3 geschieht intern durch numerische Werte (certainty factors), die mit Fakten assoziiert werden und den Grad ihrer Bestätigung angeben. Der Benutzer kann auf Fragen nicht nur mit JA und NEIN, sondern auch mit VIELLEICHT, UNBEKANNT oder WAHRSCHEINLICH NICHT antworten (siehe auch Abb. 9). Diese Antworten werden in entsprechende certainty factors umgewandelt und vom System auf plausible Weise verwertet.

4.2 Erklärungskomponente

Das Verhalten von Expertensystemen muß für den Benutzer transparent und kontrollierbar bleiben [HAWALE83]. Deshalb spielt die Erklärungskomponente in jedem dieser Systeme eine wesentliche Rolle. In DEX.C3 gibt es folgende Möglichkeiten:

- der Benutzer kann sich erklären lassen, warum das System eine bestimmte Frage stellt. Es werden dann die Regeln aufgelistet, aus denen zusammen mit dem erfragten Faktum die untersuchte Hypothese abzuleiten ist,

- der Benutzer kann erfragen, wie das System ein Faktum abgeleitet hat,

- der Wissensstand des Systems kann zu jeder Zeit erfragt werden,

- man kann sich alle Regeln auflisten lassen, die ein bestimmtes Faktum enthalten,

- während des gesamten Dialogs wird das Getriebe in perspektivischer Darstellung gezeigt (siehe Abb. 8). Bauteile, die gerade untersucht werden und als hinreichend verdächtig erscheinen, blinken dabei auf. Auf diese Weise kann der Benutzer stets den Fortgang der Untersuchung durch DEX.C3 beobachten,

- der Trace (Abb. 7 u. 8) veranschaulicht in welchem Modus (FORWARD oder BACKWARD) der Interpreter welches Faktum bearbeitet. Dabei spiegelt der Trace zeilenweise die Ergebnisse der einzelnen Regeln wieder, wie sie sich, durch Dialogeingaben und den Systeminterpreter ('forward-/backward-chainer') gesteuert, durch Ausführen der jeweiligen Regeln ergeben. Dabei ist auch zu erkennen, welchen aktuellen Evidenzwert (CF) das gerade betrachtete Fakt hat.

```
(TRACE)
1 FORWARD: (SCHALTGESTAENGE EINSTELLUNG I.O) CF = 100
2 FORWARD: (ANTRIEB TOTAL-DEFEKT) CF = -100
3 FORWARD: (OEL STAND I.O) CF = 100
4 FORWARD: (OEL BESCHAFFENHEIT I.O) CF = 100
5 FORWARD: (VERDAECHTIGE GERAEUSCHE) CF = -100
6 FORWARD: (ANFAHR-START VERHALTEN I.O) CF = 100
7 FORWARD: (OEL STAND ZU-NIEDRIG) CF = -100
8 FORWARD: (OEL STAND ZU-HOCH) CF = -100
9 FORWARD: (OEL AUSTRITT AN-ENTLUEFTUNG) CF = -100
10 FORWARD: (OEL AUSTRITT AM-GEHAEUSE) CF = -100
11 FORWARD: (OEL BESCHAFFENHEIT WEISSLICH.VERFAERBT) CF = -100
12 FORWARD: (OEL BESCHAFFENHEIT BRAUN.VERBRANNT) CF = -100
13 FORWARD: (OEL ENTHAELT METALLABRIEB) CF = -100
14 FORWARD: (ANFAHREN IN-D I.O) CF = 100
15 FORWARD: (ANFAHREN IN-1-UND-2 I.O) CF = 100
16 FORWARD: (ANFAHREN IN-R I.O) CF = 100
17 FORWARD: (VERHALTEN BEI-FAHRT I.O) CF = -100
18 FORWARD: (V-KUPPLUNG I.O) CF = 100
19 FORWARD: (FAHRZEUG-ZIEHT-VORWAERTS IN-R) CF = -100
20 FORWARD: (LEISTUNG I.O) CF = 100
21 FORWARD: (SCHALTVERHALTEN I.O) CF = -100
22 FORWARD: (ERSTER GANG I.O) CF = 100
23 FORWARD: (ZWEITER GANG I.O) CF = -100
24 FORWARD: (DRITTER GANG I.O) CF = -100
25 FORWARD: (REGLER I.O) CF = -5.0
26 FORWARD: (REGLER-DICHTRINGE I.O) CF = -5.0
27 FORWARD: (1-2-SCHALTVENTIL I.O) CF = -5.0
28 FORWARD: (2-3-SCHALTVENTIL I.O) CF = -5.0
29 FORWARD: (VAKUUM-SYSTEM I.O) CF = -5.0
30 FORWARD: (KICKDOWN-SYSTEM I.O) CF = -5.0
31 FORWARD: (STEUERKASTEN I.O) CF = -5.0
32 FORWARD: (ERSTER GANG VORHANDEN) CF = 100
```

Abb. 7: Trace-Beispiel

5. Implementation und Bedienung von DEX.C3

Für die Implementation des C3-Getriebe-Expertensystems als Prototyp für Demonstrationszwecke wurde auf eine Entwicklungsumgebung mit einem hohen Niveau aufgesetzt, da die Transparenz des Systems und eine besonders gut ausgebildete Benutzerschnittstelle für Expertensysteme eine besonders wichtige Rolle spielen. Die von XEROX entwickelte INTERLISP-D-Umgebung [INTERL83], [XEROX84] bildete eine geeignete Lösung. Hierbei handelt es sich um eine erweiterte Version von INTERLISP, die die Dialog-Ein-/Ausgabe und graphische Gestaltungsmöglichkeiten von der zugrundeliegenden Hard-/Software gut unterstützt.

Im Hinblick auf einen späteren Einsatz in der Werkstatt wurde die Bedienung von DEX.C3 sehr benutzerfreundlich gestaltet. Die Benutzeroberfläche ist weitgehend durch die interaktive Auswahl von Alternativen mit Hilfe der Menütechnik realisiert. Der Bildschirm ist in verschiedene Fenster ('windows') aufgeteilt, in denen Fragen, Erklärungen, Ergebnisse und die graphische Darstellung des Systems erscheinen (siehe Abb. 8).

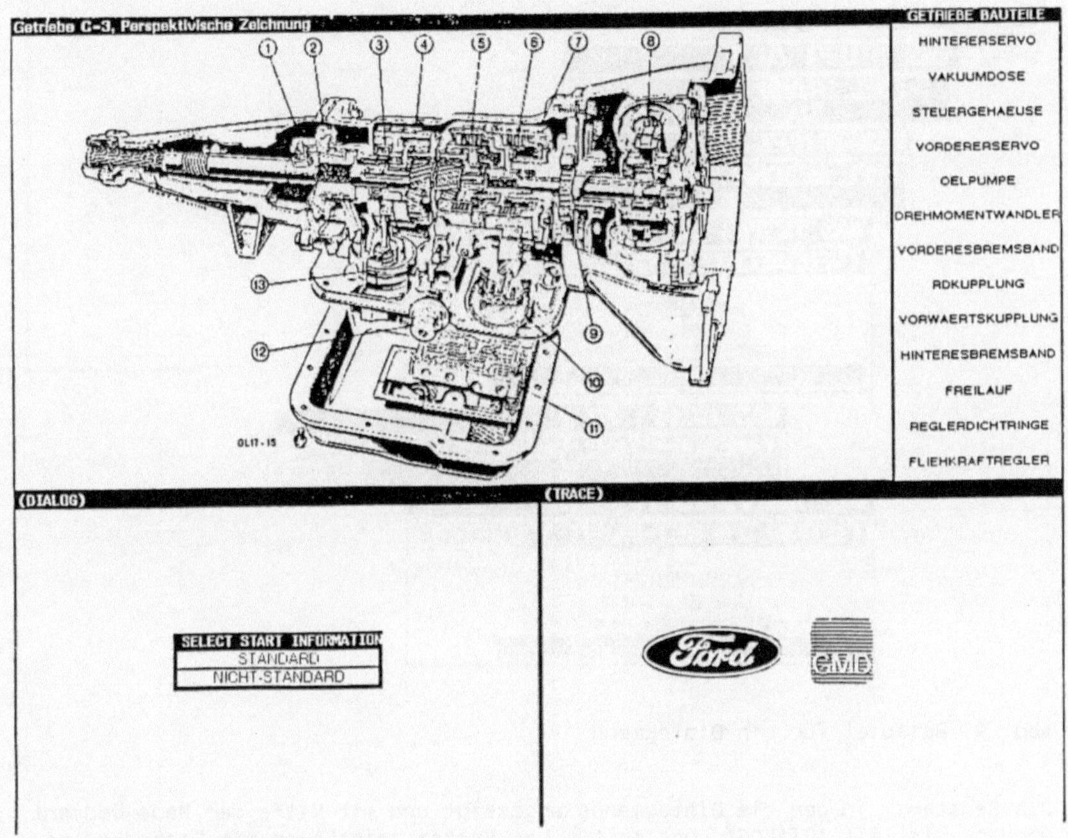

Abb. 8: Start-Menü des Expertensystems

Das Vorhandensein von maussensitiven Feldern ist Grundbestandteil des Systems: Die möglichen Antworten auf Fragen sind jeweils in Menüs zusammengestellt, die Auswahl der richtigen Antwort geschieht durch 'Klicken' einer Taste auf der Maus.

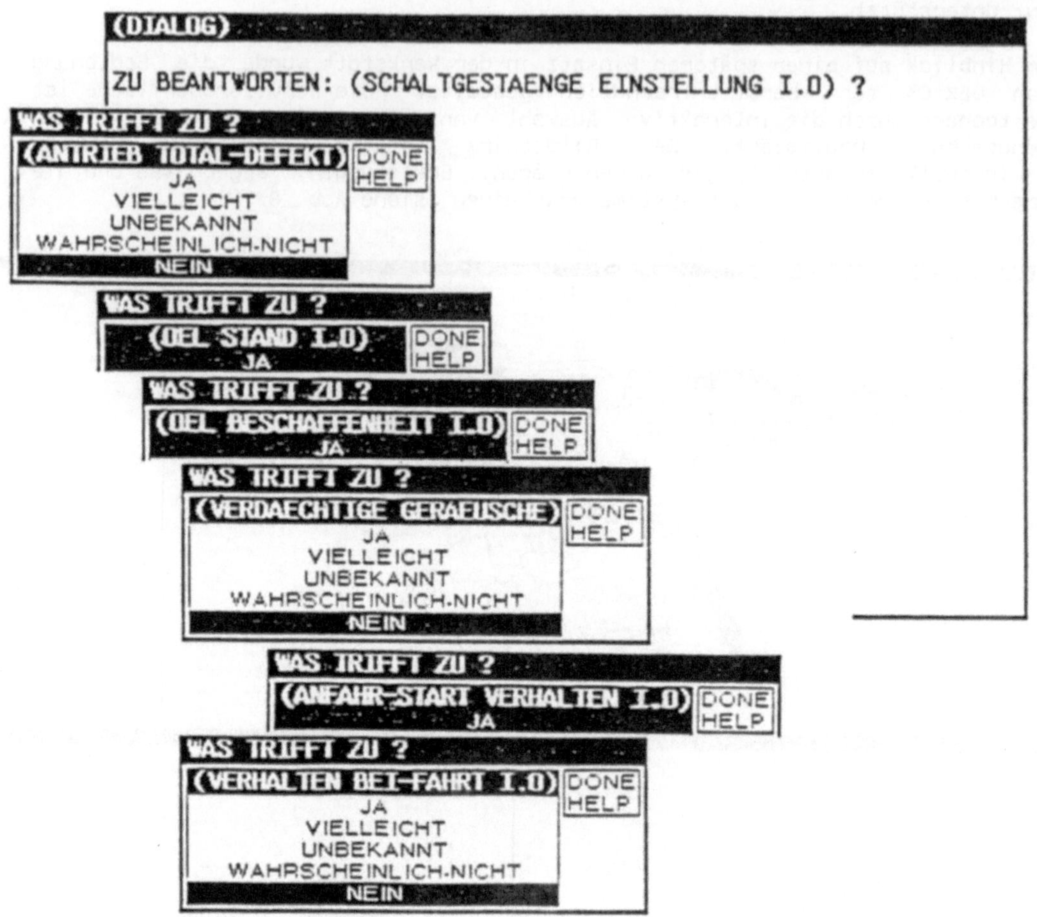

Abb. 9: Beispiel für ein Dialogmenü

Das Fenster, in dem die Dialogmenüs angezeigt und mit Hilfe der Maus bedient werden, ist mit 'DIALOG' betitelt. Das System zeigt hier mit Fortschreiten des Dialogs jeweils die gestellte Frage an. Eine der angezeigten Antwortalternativen wird durch 'Anklicken' ausgewählt. Die Antwortmenüs (siehe Abb. 9), die am Bildschirm nacheinander einzeln erscheinen und nach Beantwortung wieder verschwinden, sind hier synoptisch abgebildet, d.h. sie sind alle auf einer Abbildung in der Reihenfolge ihres Erscheinens wiedergegeben.

6. Ergebnis und Ausblick

Bei der entwickelten Version von DEX.C3 stand der Demonstrationszweck im Vordergrund. Die besonderen Erfordernisse des Einsatzes in einer Arbeitsumgebung des Kundendienstes, in der Reparaturdiagnosen in der Praxis stattfinden, wurden noch nicht berücksichtigt.

Mit dieser Entwicklung wurde aber nachgewiesen, daß das Wissen und die Vorgehensweise eines C3-Experten bei der Fehlerdiagnose mit einem Expertensysystem korrekt und umfassend nachgebildet werden können. Zumindest nach dem Urteil des menschlichen C3-Experten, der bei der Entwicklung von DEX.C3 mitgewirkt hat, stellt das System die richtigen Fragen im richtigen Augenblick und liefert korrekte Diagnosen.

Die Frage, ob ein Expertensystem wie DEX.C3 im Kundendienst wirklich nutzbringend eingesetzt werden kann, ist damit aber nur teilweise beantwortet. Offen ist vor allem:

- Wie verhält sich das System, wenn es nicht mehr unter Laborbedingungen sondern unter den Bedingungen einer realen betrieblichen Einsatzumgebung zur Diagnose von echten C3-Störfällen 'aus dem Feld' eingesetzt wird?

Und insbesondere:

- Vermag ein 'relativer Laie' das Expertensystem so einzusetzen, daß seine damit unterstützten Reparaturdiagnosen auch wirklich Expertenqualität erreichen?

Erst wenn diese Fragen positiv beantwortet sind, kann davon ausgegangen werden, daß Expertensysteme zur Qualitätssteigerung des Kundendienstes tatsächlich einen Beitrag leisten können: Für das tägliche Wartungs- und Reparaturgeschäft könnte künftig ein Wissen genutzt werden, über das nur wenige erfahrene Kfz-Meister und die Experten in Entwicklung und Fertigung verfügen. Gegenwärtig ist dieses Wissen im Kundendienst nur sehr begrenzt vorhanden.

7. Danksagung

An der Entwicklung haben auf Seiten der GMD Dieter Bungers, Klaus Groth, Hans-Werner Güsgen, Peter Henne, Walter Klar, Jochen Poetsch und Karl-Heinz Wittur mitgearbeitet. Außerdem haben Gerd Brewka und Franco di Primio wertvolle Hinweise gegeben.

Ohne die engagierte Mitwirkung von Ford - und hier ganz besonders des "Mr. Transmission" Hermann Többens - wäre dieses Expertensystem nicht zustandegekommen. Neben dem Expertenwissen, das Ford dem Projektteam der GMD für den Aufbau der Wissensbasis von DEX.C3 zur Verfügung gestellt hat, war vor allem die ausgesprochen kooperative Atmosphäre, in der das 'Knowledge Engineering' stattfand, eine wichtige Voraussetzung für das Gelingen. Für diese gute Zusammenarbeit gilt der Firma Ford unser besonderer Dank.

8. Literatur

[BUNPRI84] D. Bungers, F. di Primio; Funktionsschema für Expertensysteme, in: GMD-Jahresbericht 1983, GMD-Birlinghoven, Selbstverlag, St. Augustin, 1984.

[FEIGEN80] E. A. Feigenbaum; Knowledge Engineering: The Applied Side of Artificial Intelligence, Memo HPP-80-21, Computer Science Dept., Stanford University, 1980.

[FOREXP84] Forschungsgruppe Expertensysteme; -DEX.C3- Ein Expertensystem zur Diagnose von Fehlverhalten im Automatischen Getriebe C3 von Ford, interner Bericht F3, GMD-Birlinghoven, Selbstverlag, St. Augustin, Dezember 1984.

[INTERL83] Interlisp-D Reference Manual; Artificial Intelligence Ltd., Watford, England, 1983.

[HAWALE83] F. Hayes-Roth, D.A. Waterman, D.B. Lenat; Building Expert Systems, Addison-Wesley Pub. Co., Reading, Massachusetts, 1983.

[MICHIE79] D. Michie; Expert Systems in the Micro-Electronic Age, University Press, Edinburgh ,1979.

[NILSSO80] N. J. Nilsson; Principles of Artificial Intelligence, Tioga Pub. Co., Palo Alto, California, 1980.

[PRIBRE85] F. di Primio, G. Brewka; BABYLON: Kernsystem einer integrierten Umgebung für Entwicklung und Betrieb von Expertensystemen, in: Nachrichten für Dokumentation, Sonderheft 'Expertensysteme', erscheint 1985.

[RAULEF81] P. Raulefs; Expert Systems: State of the Art and Future Prospects, in: German Workshop on Artificial Intelligence 1981 (GWAI 81), J. Siekmann (Hrsg.), Bad Honnef, Januar 1981, Springer-Verlag, S. 98 - 111.

[RAULEF82] P. Raulefs; Expertensysteme, in: Künstliche Intelligenz - Frühjahrsschule 1982 (KIFS 82), W. Bibel u. J. Siekmann (Hrsg.), Teisendorf, März 1982, Springer-Verlag, S. 61 - 98.

[REITMA84] W. Reitmann (Hrsg.); Artificial Intelligence Applications For Business, Proceedings of the NYU Symposium, Mai 1983, Ablex Pub. Co., Norwood, New Jersey, 1984.

[REPGRA81] Ford Granada Reparatur Anleitung; C3-Automatik Getriebe, Reparatur Anleitung, Ford-Werke AG, Kundendienst Selbstverlag, Köln, 1981.

[TECHC382] Ford Techniker Information;
C3-Automatik Getriebe, Arbeitsweise und Fehlerdiagnose, Ford-Werke AG, Kundendienst Selbstverlag, Köln, 1982.

[THOME83] R. Thome (Hrsg.);
Datenverarbeitung im KFZ-Service und -Vertrieb, Anwendergespräche, Uni Bamberg,1982, Springer-Verlag, Berlin, 1983.

[XEROX84] Rank Xerox (User's Guide);
1108 Artificial Intelligence Workstation, Artificial Intelligence Ltd., Watford, England, 1984.

SICONFEX
ein Expertensystem für die Konfigurierung eines Betriebssystems

E.Lehmann, R.Enders, H.Haugeneder, R.Hunze, C.Johnson, L.Schmid, P.Struß,
Siemens AG, Zentrale Aufgaben Informationstechnik, München

1. Einleitung

Expertensysteme werden gegenwärtig als neue und zukunftsträchtige Klasse stark anwendungsorientierter Softwaresysteme betrachtet, bei denen Techniken der Symbolmanipulation und Artificial Intelligence (bezüglich Wissensrepräsentation und Inferenz) sowie komfortable Formen der Mensch-Maschine-Interaktion zum Einsatz kommen. Die inzwischen zahlreichen und vielfach stark vergröberten Überblicksdarstellungen zu diesem Thema suggerieren die Vorstellung, es handele sich hier um einen nach einem ziemlich einheitlichen Bauplan ausgebildeten Typus von wissensbasierten problemlösenden Systemen, der in unterschiedlichsten Anwendungsgebieten eindrucksvoll zum Einsatz gebracht werden kann. Die in einem generellen Inferenzmechanismus inkorporierte Problemlösungsfähigkeit soll bei einem solchen System dazu ausgenutzt werden, nach Bereitstellung einer inkrementell aufgebauten Wissensbasis ein expertenhaftes Problemlösungs- und Entscheidungsverhalten nachzubilden, ohne dieses als komplexes System dynamischer Abläufe programmieren zu müssen. Diese aus bestimmten Erfahrungen mit mehr oder weniger logisch orientierten regelbasierten Systemen für plausibles Entscheiden und Klassifizieren stammenden (Shortliffe 1976, Feigenbaum 1978), unzulässig verallgemeinerten und simplifizierten Vorstellungen haben sich mit der Zeit zu einer Ideologie verdichtet, die die derzeitigen Erwartungshaltungen prägt.

Im folgenden Beitrag sollen einige Ergebnisse und Erkenntnisse aus einer sehr konkret und pragmatisch angelegten Pilotentwicklung eines Expertensystems zur Konfigurierung eines Betriebssystems vermittelt werden, die im Forschungslabor für Expertensysteme (ZTI INF) der Siemens AG in München in engem Zusammenwirken mit Betriebssystemspezialisten (Siemens, E STE 3, Karlsruhe) durchgeführt wurde. Das auf dem Gebiet der Artificial Intelligence (AI) erfahrene Entwicklungsteam setzte leistungsfähige AI-Werkzeuge (LISP-Maschinen, Softwaretools) und unterschiedliche Programmierstile und Interaktionsformen ein, um den Gegebenheiten (vorliegendes Expertenwissen) und Erfordernissen (Anwenderbedürfnissen) des Aufgabengebietes so weit wie möglich gerecht zu werden.

2. Problemstellung

Bei den von Siemens angebotenen SICOMP-Prozeßrechnern (Nachfolger des Systems 300) wird der Betriebsablauf durch ein konfigurierbares Betriebssystem ORG organisiert, das an die beim jeweiligen Anwender eingesetzte Hardwarekonfiguration und die anwenderspezifischen Anforderungen angepaßt werden kann. Für den Konfigurierungsprozeß sind eine Vielzahl von impliziten Anforderungen der Anwenderwünsche sowie Verträglichkeitsbedingungen und Wechselbeziehungen zwischen den Hard- und Softwarekomponenten zu berücksichtigen. Um ein optimales Betriebssystem zu erzeugen, müssen sodann beim Aufteilen des Hauptspeichers und beim Zuordnen von Softwarekomponenten zu den sog. Laufbereichen Probleme gelöst werden, die an diskrete Optimierung erinnern. Wesentlich ist dabei, daß der Weg von den Anwenderwünschen zum adäquaten Betriebssystem nicht nur detaillierte Betriebssystemkenntnisse , sondern auch sinnvolle Kompromisse zwischen widersprüch-lichen Anforderungen erfordert und nicht eindeutig fixiert ist.

Bisher mußte der Anwender zur Neugenerierung seines Betriebssystems eine Folge von 40 bis 200 Konfigurierungsanweisungen (Parameterkartenstapel) auf niedrigem Sprachniveau manuell erstellen, woraus mit Hilfe eines Generators dann das benutzerspezifische Betriebssystem (ORG) erzeugt werden kann (s. Abb. 1).

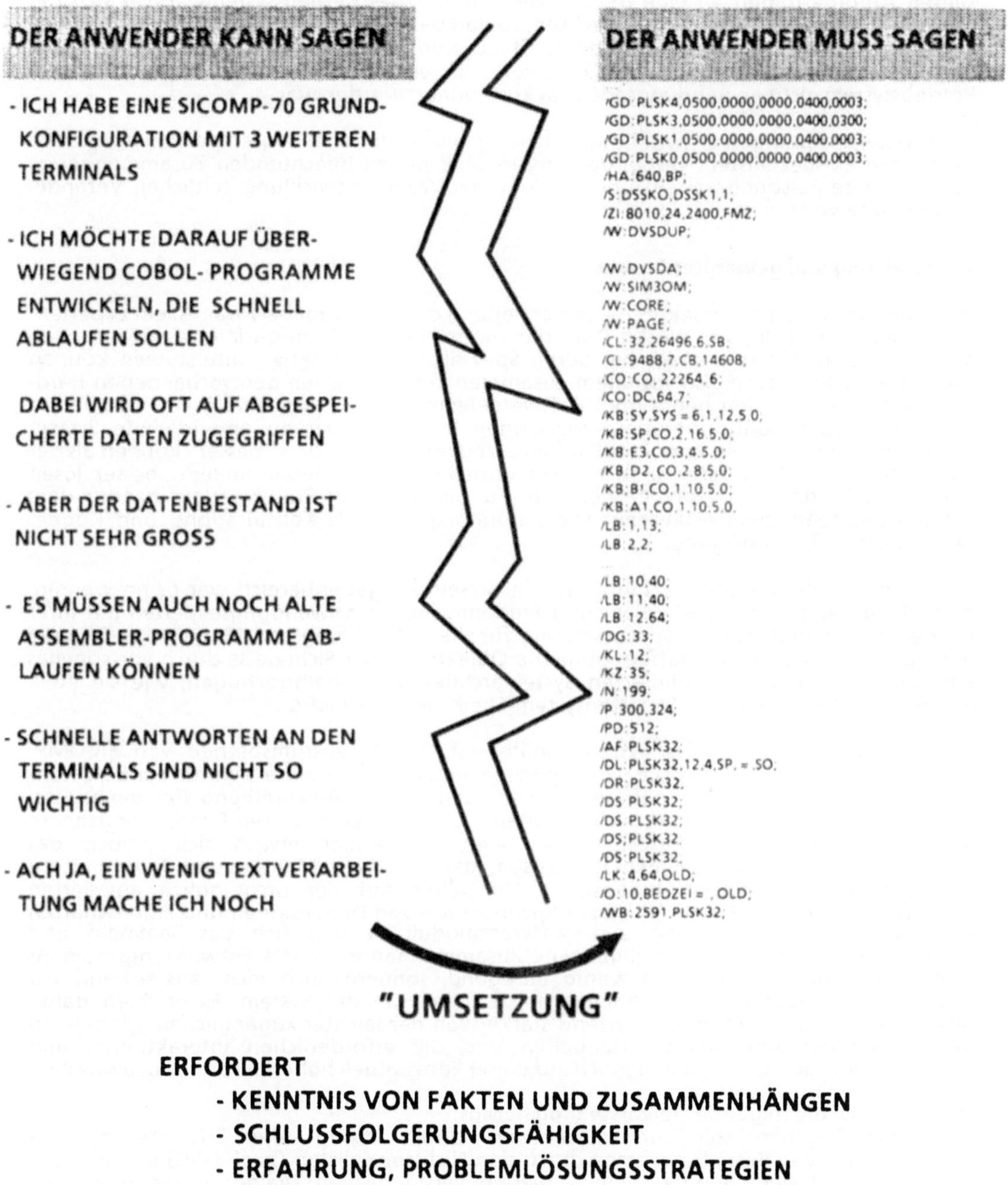

DER ANWENDER KANN SAGEN

- ICH HABE EINE SICOMP-70 GRUND-KONFIGURATION MIT 3 WEITEREN TERMINALS
- ICH MÖCHTE DARAUF ÜBER-WIEGEND COBOL- PROGRAMME ENTWICKELN, DIE SCHNELL ABLAUFEN SOLLEN

  DABEI WIRD OFT AUF ABGESPEI-CHERTE DATEN ZUGEGRIFFEN
- ABER DER DATENBESTAND IST NICHT SEHR GROSS
- ES MÜSSEN AUCH NOCH ALTE ASSEMBLER-PROGRAMME AB-LAUFEN KÖNNEN
- SCHNELLE ANTWORTEN AN DEN TERMINALS SIND NICHT SO WICHTIG
- ACH JA, EIN WENIG TEXTVERARBEI-TUNG MACHE ICH NOCH

DER ANWENDER MUSS SAGEN

```
/GD:PLSK4,0500,0000,0000,0400,0003;
/GD:PLSK3,0500,0000,0000,0400,0300;
/GD:PLSK1,0500,0000,0000,0400,0003;
/GD:PLSK0,0500,0000,0000,0400,0003;
/HA:640,BP;
/S:DSSKO,DSSK1,1;
/ZI:8010,24,2400,FMZ;
/W:DVSDUP;

/W:DVSDA;
/W:SIM3OM;
/W:CORE;
/W:PAGE;
/CL:32,26496,6,SB;
/CL:9488,7,CB,14608,
/CO:CO, 22264,6;
/CO:DC,64,7;
/KB:SY,SYS=6,1,12,5,0;
/KB:SP,CO,2,16,5,0;
/KB:E3,CO,3,4,5,0;
/KB:D2, CO,2,8,5,0;
/KB;B1,CO,1,10,5,0;
/KB:A1,CO,1,10,5,0,
/LB:1,13;
/LB:2,2;
...
/LB:10,40;
/LB:11,40;
/LB:12,64;
/DG:33;
/KL:12;
/KZ:35;
/N:199;
/P:300,324;
/PD:512;
/AF:PLSK32;
/DL:PLSK32,12,4,SP,=,SO;
/DR:PLSK32,
/DS:PLSK32;
/DS:PLSK32;
/DS;PLSK32,
/DS:PLSK32,
/LK:4,64,OLD;
/O:10,BEDZEI=,OLD;
/WB:2591,PLSK32;
```

"UMSETZUNG"

ERFORDERT

- **KENNTNIS VON FAKTEN UND ZUSAMMENHÄNGEN**
- **SCHLUSSFOLGERUNGSFÄHIGKEIT**
- **ERFAHRUNG, PROBLEMLÖSUNGSSTRATEGIEN**

Abb 1: Problemstellung aus der Sicht des Anwenders

Diesen Anforderungen an eine detaillierte Kenntnis des Betriebssystems erwies sich der normale Benutzer bisher kaum gewachsen, so daß das Betriebssystem in einem mühevollen trial-and-error-Prozeß erzeugt werden mußte. Dieser Vorgang dauerte in der Regel 1 bis 3 Tage und war sehr fehleranfällig. Oft zeigte sich erst beim laufenden Betrieb, daß ein Betriebssystem nicht anwendungsadäquat konfiguriert worden war.

Auch in der zuständigen Entwicklungsabteilung gibt es nur eine begrenzte Zahl erfahrener Betriebssystemspezialisten, wobei das Wissen über die zu beachtenden Zusammenhänge über mehrere Personen verteilt und im Zuge der Weiterentwicklung zeitlichen Veränderungen unterworfen ist.

3. Zielsetzung und gewählter Ansatz

Ursprüngliches Ziel des Projektes (nach Vorstellung der Auftraggeber) war es, ein Expertensystem zu entwickeln, das Wissen über die zu erstellenden Konfigurierungsanweisungen ausnutzen und den Anwender bei deren Spezifikation interaktiv unterstützen können sollte. Das Wissen sollte also vor allem Zusammenhänge zwischen den vorhandenen Hardwarekomponenten, den benötigten Softwareelementen und den einzelnen Parametern unterschiedlicher Konfigurierungsanweisungen betreffen. Das zu entwickelnde System sollte in der Lage sein, ein korrektes ORG zu erzeugen. Es sollte dies "besser" können als der durchschnittliche Anwender, jedoch nicht unbedingt jedes Detailproblem besser lösen können als der darauf spezialisierte Experte. Für den gesamten Projektverlauf standen dem Entwicklungsteam zwei erfahrene Anwendungsexperten als Konsultations- und Kooperationspartner zur Verfügung.

Wegen des Fehlens eigener Erfahrungen in diesem Aufgabenbereich war es notwendig, durch Eindringen in die Gedanken- und Problemwelt der Anwendungsexperten mit ihrer speziellen Terminologie die Voraussetzung für die Entwicklung von Modellvorstellungen und Lösungsansätzen zu schaffen, ohne die Objektivität der Sichtweise durch vorschnelles Zugrundelegen einer vordefinierten Systemarchitektur zu beinträchtigen, wie sie etwa durch die eine oder andere "Expertensystem-Shell" impliziert wird.

Als Anwendungsbereich des Systems sollte der Rechenzentrumsbetrieb von SICOMP-Rechnern betrachtet werden, d.h. von typischem Prozeßrechnereinsatz wurde zur Beschränkung des Arbeitsaufwandes abgesehen. Die zur genauen Beschreibung der genannten Objekte erforderlichen umfangreichen Daten wurden in einer ersten Bearbeitungsphase aufbereitet und zusammengestellt. Als weit schwieriger erwies sich jedoch das Zusammentragen von echtem Expertenwissen, das über die in Manuals und Datenblättern enthaltenen Informationen hinausgeht. Vor allem auf der ursprünglich anvisierten konzeptuell niedrigen Ebene (etwa zur Spezifikation von Dimensionen und Eigenschaften von Puffern, Zählerbereichen und Softwaremoduln) erwies sich das Sammeln und Strukturieren von Wissen über allgemeine Zusammenhänge für das Entwicklungsteam als nicht nur recht schwierig und wenig anregend, sondern auch nicht ausreichend zur Erfassung der wesentlichen Benutzeranforderungen an das System. Es erschien daher ratsam, bei der Konzeption des Systems stärker von der leichter zugänglichen, globaleren Begriffswelt des Anwenders auszugehen und die erforderlichen Interaktionen und Schlußfolgerungen soweit wie möglich auf dieser konzeptuell höheren Ebene abzuwickeln.

So bildete sich die folgende Zielvorstellung heraus:
Das Expertensystem soll zur interaktiven Unterstützung und Erleichterung des Konfigurierens von Betriebssystemen durch den Nichtspezialisten (bzgl. ORG) dienen . Das System soll mit dem Benutzer einen diesem verständlichen Dialog führen und nach Festlegung der Rechnerkonfiguration und der Softwarewünsche die Konfigurierung der Software sowie eine sinnvolle Speicherplatzzuordnung automatisch vornehmen. Die gefundenen Resultate sollen dem Benutzer (möglichst grafisch) gezeigt und die erforderlichen Konfigurierungsanweisungen erzeugt werden.

Bei einer genaueren Sichtung des gesammelten Expertenwissens ergab sich folgender Eindruck: Zum großen Teil handelte es sich um Wissen über die verschiedenen Objekte des Anwendungsbereichs (Geräte, Anschlüsse, Dienstprogramme, Moduln, usw.) und die möglichen oder notwendigen Beziehungen zwischen diesen. Es zeigte sich, daß viele dieser

Beziehungen rein lokal darstellbar waren. Dies legte eine objektorientierte Betrachtungsweise nahe.

Eine Gemeinsamkeit der Spezifikation der beim SICOMP-Anwender vorhandenen Rechnerkonfiguration und der impliziten Softwareanforderungen besteht darin, daß eine Auswahl aus vorgegebenen Mengen von Objekten unter Berücksichtigung von Wissen über deren Erfordernisse und Abhängigkeiten zu treffen ist. Bei der Rechnerhardware tritt überdies noch Wissen über die spezifische Art der Verbindung dieser Objekte hinzu (z.B. belegte Kanäle, mögliche Anschlußeinheiten usw.).

Deutlich abgehoben hiervon ist ein anderer Problembereich, das Finden einer adäquaten Hauptspeicheraufteilung. Hierbei sind globale Gesichtspunkte maßgeblich, wobei rein algorithmische Teile (z.B. für die rechnerische Abschätzung des Umfangs von ORG-Komponenten) einbezogen werden müssen. Für diese nichtlokalen Betrachtungen schien die Benutzung von Regeln angemessen. Leider lag das Wissen über günstige Hauptspeicheraufteilungen in wenig objektivierter Form vor (d.h. weder als Konstruktionsvorschrift, noch als Bewertungsfunktion, sondern lediglich als Menge möglichst wenig zu verletzender Bedingungen). Der hierfür gewählte Formalisierungsansatz sieht zunächst die Konstruktion einer in gewissem Sinne "idealen Lösung" vor, die jedoch den vorgegebenen Hardware-Beschränkungen (vor allem der vorhandenen Hauptspeicherkapazität) nicht Rechnung trägt und daher anschließend unter Verletzung möglichst weniger bzw. gering gewichteter Ausschlußbedingungen schrittweise in eine akzeptable "reale Lösung" überführt werden muß. Dabei spielen heuristische Bewertungen der Bedeutung von Programmen und Laufbereichen eine wesentliche Rolle. Die Ausschlußbedingungen sind als Regeln formuliert.

Als Grundskelett der statischen Wissensbasis wurde eine begriffliche Taxonomie aufgebaut, die grafisch visualisiert und interaktiv verändert werden kann . Die Beschreibungen von Begriffen und diesen zugeordneten Instanzen (Individuen) sind frameartig strukturiert und in Vererbungshierarchien eingebettet. Die dynamischen Elemente der Wissensbasis machen von lokal wirkenden Methoden (objektorientierte Programmierung mit message passing und "aktiven Werten") sowie von Mengen von IF-THEN-Regeln mit explizit modifizierbarer Kontrollstruktur Gebrauch. Als Ganzes betrachtet ist SICONFEX kein monolithisches Expertensystem mit einem einzigen zugrundeliegenden Problemlösungsparadigma, sondern benutzt für unterschiedliche Teilaufgaben unterschiedliche Verfahren. Das von Xerox PARC entwickelte Softwaresystem LOOPS (Bobrow/Stefik 1983) zur Unterstützung des "knowledge programming" erschien den Gegebenheiten des Projektes besonders unter dem Aspekt der Heterogenität der Wissensquellen und der daraus resultierenden Notwendigkeit zur Verwendung verschiedenartiger Repräsentationsansätze angemessen (Bobrow 1984). Dabei wurde von den objektorientierten Möglichkeiten am stärksten Gebrauch gemacht. Aber auch die anderen Programmierparadigmen (prozedurale, zugriffsorientierte und regelorientierte Programmierung) wurden in bestimmten Teilbereichen benutzt.

Großer Wert wurde auf einen bequemen Interaktionsmodus mit starker Einbeziehung grafischer Möglichkeiten gelegt, da dieser Aspekt vom Auftraggeber immer wieder betont wurde. Dem Benutzer wird ermöglicht, seine Bedürfnisse in der geläufigen Terminologie und Sichtweise zu spezifizieren. Das Ergebnis solcher sukzessiven Spezifikationen wird für die Hardwarekonfiguration als Blockschaltbild, für die Softwarewünsche als verbale Zusammenfassung und schließlich für die erzeugte Speicheraufteilung als (durch Anklicken abfragbares) Balkendiagramm dargestellt und kann zu beliebigen späteren Zeiten inspiziert oder ausgedruckt werden.

Von wenigen Ausnahmen abgesehen erfolgt die Interaktion des Benutzers mit SICONFEX nicht über die Eingabetastatur, sondern mit Hilfe der Maus. Dies führt nicht nur zu einem ergonomisch günstigeren Interaktionsverhalten, sondern verringert auch die Fehlermöglichkeiten bei der Systembedienung bedeutend. Die eingegebenen Informationen werden in der Regel auf ihre Plausibilität abgeprüft und gegebenenfalls vom System zurückgewiesen. In vielen Fällen gibt SICONFEX dem Benutzer gewisse Empfehlungen. Die anspruchsvolle Gestaltung der grafischen Möglichkeiten der Benutzerschnittstelle trug wesentlich zur Akzeptanz durch die Anwender bei.

Nach einem internen Beschluß sollte dieses System als erstes auf einen echten Einsatzfall zugeschnittenes Expertensystem bei Siemens innerhalb kürzester Zeit entwickelt werden.

De facto wurde - nach Vorgesprächen seit Ende 1983 - die eigentliche Software-Entwicklung von April bis November 1984 durchgeführt und das Ergebnis, eine erste komplette SICONFEX-Version, am 29.11.84 beim Auftraggeber erfolgreich vorgeführt. Diese Vorführung und die folgenden Probe- und Evaluierungsläufe weckten ein (über das begrenzte Anwendungsgebiet weit hinausgehendes) lebhaftes Interesse und führten zu einer sehr aufgeschlossenen Haltung gegenüber der hier angewandten AI-typischen Softwaretechnologie.

Das System wurde auf der Basis der INTERLISP-D/LOOPS Software auf Arbeitsplatzrechnern SIEMENS EMS 5815 (mit 1.5 MB Hauptspeicher und 42 MB lokaler Festplattenspeicher, hochauflösendem Grafikbildschirm und Maus) realisiert.

4. Systemaufbau und Funktionsweise

Wie bereits angedeutet besteht SICONFEX im wesentlichen aus drei unterschiedlich strukturierten Teilen, die zusätzlich durch die persönliche Handschrift und Erfahrung der jeweiligen Implementatoren geprägt wurden und im folgenden etwas genauer erläutert werden sollen. Das System als Ganzes ist daher als heterogenes wissensbasiertes System zu betrachten, das verschieden ausgebildete Teile und verschiedene Paradigmen in sich vereint.

4.1. Spezifikation der vorhandenen Hardware

Die Aufgabe der Komponente Hardwarespezifikation besteht darin, dem Benutzer die Beschreibung der bei ihm vorhandenen, während der gesamten Sitzung als unveränderlich betrachteten Hardwarekonfiguration zu ermöglichen . Diese Spezifikationsphase soll sich vom Ergebnis her dabei nicht nur in der für den Benutzer sichtbaren graphischen Darstellung der beschriebenen Hardware erschöpfen, sondern vielmehr und in erster Linie muß dabei eine explizite interne Repräsentation dieser Hardwarekonfiguration aufgebaut werden, auf die nachfolgende SICONFEX-Komponenten zielgerichtet zugreifen können.

Der durch die Komponente für den Benutzer in der Spezifikationsphase zur Verfügung gestellte Interaktionsmodus ist durch eine hohe Benutzerfreundlichkeit ausgezeichnet. Diese artikuliert sich auf der Bedienungsebene in einem graphisch orientierten, stark Maus-gesteuerten Interaktionsmodus, der es dem Benutzer mit minimalen Bedienungskenntnissen der Maschine erlaubt, den Spezifikationsprozeß durchzuführen. Darüber hinaus äußert sich die Benutzerfreundlichkeit auf der konzeptuellen Ebene darin, daß der Benutzer über keine detaillierten Kenntnisse der Hardware verfügen muß, um eine Konfiguration zu erstellen, da das System dem Benutzer nur die Konfiguration zulässiger Rechnerarchitekturen ermöglicht .

Den eigentlichen statischen Teil der gesamten Komponente stellt die Beschreibung der dem System bekannten Hardwareeinheiten dar. Diese besteht zum einen aus der Beschreibung der einzelnen Einheiten (wie etwa verschiedene Datensichtstationen, Anschlußeinheiten), die als Objekte (Klassen) dargestellt sind, deren Variablen Informationen über einzelne Merkmale enthalten, wie etwa Produktkennung, Anzahl und Art der zur Verfügung gestellten bzw. benötigten Anschlüsse, Information bezüglich der graphischen Repäsentation der Geräte usw. Die Objekte selbst sind wiederum in einer Taxonomie angeordnet, welche die Strukturierung von Geräten zu Gerätetypklassen leistet und eine redundanzfreie Beschreibung deskriptiver und prozeduraler Eigenschaften solcher Gerätetypklassen sowie auch einzelner Geräte darstellt. Die vier Haupttypen von verwendeten Geräteklassen sind dabei die Klassen Anschalteinheit (z.B. Promea), Rahmen (z.B. Zentraleinheit), Einbaueinheit (z.B. 512K-Speichermodul) und Endgerät (z.B. Drucker).

Diese taxonomische Strukturierung des Gegenstandsbereiches ermöglicht die Ausnutzung von Vererbungsmechanismen sowohl auf der Ebene der Beschreibung der relevanten Information (Variablen) als auch der prozeduralen Aspekte (Methoden) und führt damit zu einem modularen Design, das sowohl Modifikationen als auch Erweiterungen um neue Geräte in hohem Maße unterstützt (soweit sie den gegebenen konzeptuellen Rahmen nicht sprengen).

Neben diesen Aspekten der Darstellung und Strukturierung des Gegenstandsbereiches der Hardwaregeräte gibt es (unter Vernachlässigung der rein graphischen) noch drei weitere Beschreibungsebenen, die aufgrund ihrer Komplexität oder ihres von den eigentlichen Geräten verschiedenen Charakters durch eigene Klassen und Taxonomien realisiert sind. Dies sind die Taxonomie der logischen Geräte, welche für die Zuordnung von logischen zu physikalischen Geräten verantwortlich ist, die Taxonomie der Klasse Adresse, in welcher die Regularitäten der Bestimmung von (auf Bitebene kodierten) Adressen zu den Gegebenheiten der benützten Anschlüsse und Kanäle (und umgekehrt) angelegt sind und schließlich noch die Taxonomie der Klasse Anschluß, in der das Anschließen von Geräten definiert ist.

Die eigentliche Interaktion zwischen diesen Klassen bei der Spezifizierung einer bestimmten Hardwarekonfiguration wird durch message passing zwischen Objekten dieser einzelnen Klassen realisiert, welches konzeptuell durch die Aktionen des Erzeugens (und Löschens) sowie des Anschließens (und Trennens) von Geräten initiiert wird. Diesen Hauptoperationsmodi entsprechen auch vier Methoden (Create, Delete, PlugIn, PullOut), welche diesen gesamten Prozess des message passing in Gang setzen, an dessen Ende eine Repräsentation der spezifizierten Hardware in der Form einer stark vernetzten Struktur von Instanzen der einzelnen Klassen steht (Geräte verschiedenen Typs, logische Geräte, Adressen, Anschlüsse verschiedenen Typs). Die gesamte in dieser Struktur enthaltene Information ist über die Instanz der in der Konfiguration enthalten Zentraleinheit zugänglich und steht mittels einiger als Methoden definierter Zugriffsoperationen den nachfolgenden Komponenten zur Verfügung.

Der gewählte Ansatz hat sich als tragfähige Basis - auch für die Weiterentwicklung des Systems und dieser Komponente - erwiesen; er stellt auch unter dem Aspekt der Wartbarkeit und Erweiterbarkeit des Systems (neue Geräte, neue Anschlußtypen) einen praktikablen und konzeptionell ausreichend breiten Rahmen dar. Außerdem kann die Benutzerschnittstelle unter dem Gesichtspunkt der manuellen und konzeptuellen Bedienbarkeit als den Bedürfnissen des laienhaften (bezüglich detaillierter Hardware-Kenntnise) Benutzers angemessen betrachtet werden.

4.2. Spezifikation der gewünschten Betriebsweise und Ableitung benötigter Software

Aufgabe dieser Komponente ist es, die Anforderungen und Wünsche des Benutzers zu repräsentieren und daraus die zu ihrer Befriedigung notwendigen und sinnvollen Software-Bausteine (ORG-Moduln, Dienstprogramme, etc) unter Berücksichtigung der gegenseitigen Abhängigkeiten abzuleiten. Dabei ist davon auszugehen, daß die Benutzeranforderungen nicht (nur) durch die explizite Angabe von gewünschten Softwarekomponenten, sondern überwiegend durch die Bezeichnung von Benutzungsarten, gewünschten Systemtypen und bevorzugtem Systemverhalten etc. geschieht.

Die vorliegende Version löst dieses Problem, indem es in einheitlicher Weise verschiedene Objekte der (Software-)Anwendungswelt modelliert (z.B. "Textverarbeitung", "COBOL-Compiler") , die in bezug auf die gewünschte Konfiguration eines Anwenders einen bestimmten Status (z.B. "wird benötigt") erhalten und durch Qualifikatoren (z.B. "Gewichtung") näher bestimmt sein können. Ihre gegenseitigen Abhängigkeiten werden überwiegend als Relationen zwischen den Objekten dargestellt (z.B. "Textverarbeitung erfordert den Editor MEDIS"). Beeinflußt der Status eines Objekts den anderer Objekte, so teilt es ihnen dies durch Versenden einer Nachricht (z.B. "du wirst von mir benötigt") mit. Daneben existieren komplexere oder bedingte Abhängigkeiten, die als Regelmengen oder im Falle der Abhängigkeit von Hardware-Voraussetzungen in Form eines logischen Ausdrucks dargestellt sind. Die Evaluierung dieser Regelmengen und Ausdrücke benutzt ebenfalls bei der Beeinflussung des Status von Objekten den genannten Nachrichtenmechanismus.

Objekte sind sowohl reale Softwarekomponenten wie ORG-Module, Dienstprogramme etc. , als auch "konzeptuelle Objekte" und Begriffe wie Datenhaltung, COBOL-Anwendungssystem, etc. oder gar bloße Elemente des Abfrageprozesses, etwa die Entscheidungsalternative "Datenhaltung auf Platten oder Bändern". Auch der Benutzer existiert als Objekt 'User' im System, das in Relation zu anderen Objekten steht. Diese Objekte werden in LOOPS als Klassen dargestellt.

Als Abhängigkeitsbeziehungen kennt das System "starke" und "schwache". Die starken implizieren, daß eine Software-Komponente zum Ablauf andere unbedingt erfordert. Die schwachen Abhängigkeiten bringen in einer Abstufung zum Ausdruck, wie "wünschenswert" die Existenz einer Softwarekomponente für den Betrieb einer anderen ist (z.B. durch Erhöhung des Bedienungskomforts, Beschleunigung, etc.). Auch die Umkehrungen dieser Relation werden gespeichert.

Durch diese Relationen werden nicht nur die Beziehungen verschiedener einzelner Software-Bausteine dargestellt (z.B. "Die Testhilfe D benötigt das Subsystem P"), sondern auch die Implikationen von Benutzungsanforderungen repräsentiert, also etwa "Softwareentwicklung erfordert als Dienstprogramm einen Editor").

Disjunktion tritt "natürlicherweise" dort auf, wo eine Abhängigkeit zu einer Klasse besteht, die aufgrund der begrifflichen Taxonomie Unterklassen hat, z.B. ein Rechenzentrums-System erfordert "DVS-Komponente", letztere hat aber Unterklassen wie "Datenhaltung auf Platten", "Datenhaltung auf Bändern" etc., von denen eine oder mehrere erst die Anforderung befriedigen. Andere Entscheidungsalternativen wurden ebenfalls durch die Klasse-Unterklasse-Beziehung dargestellt. Negation ist im System nicht dargestellt (etwa "Programm X kann nicht gleichzeitig mit Programm Y vorhanden sein"), da solche Beziehungen in der Anwendung nicht auftraten.

Ein Objekt kann während des Abfrageprozesses verschiedene *Status* (auch mehrere gleichzeitig) erhalten. Derzeit sind realisiert: Needed (als direkte Folge der Benutzerauswahl oder über starke Abhängigkeiten vermittelt), VeryDesirable, Desirable, Comfortable, RoundingOff (als Folge der jeweiligen schwachen Abhängigkeiten), Impossible (als direkte Folge nicht vorhandener nötiger Hardware oder über die Umkehrrelationen der starken Abhängigkeiten vermittelt), ToBeSpecified (genau eine bzw. mehrere Unterklassen müssen vom Benutzer ausgewählt werden).

Die Wünsche des Benutzers werden zum einen ausgedrückt, indem er (über Menü-Auswahl) gewissen Objekten den Status Needed gibt. Zum zweiten hat der Benutzer die Möglichkeit, diese ausgewählten Objekte mit *Qualifikatoren* zu versehen, die seine Anforderungen präziser spezifizieren.

Im System wird zwischen globalen und lokalen Qualifikatoren unterschieden. Erstere stellen Attribute dar, die für alle gewählten Unterklassen einer Klasse vom Benutzer mit Werten zu versehen sind. Der einzige derzeit im System realisierte globale Qualifikator ist "Gewichtung", mit der der Benutzer die unterschiedliche Wichtigkeit mehrerer Selektionen (z.B. bei der Auswahl der benutzten Programmiersprachen) angibt. Lokale Qualifikatoren sind Eigenschaften, die nur für einzelne Objekte abgefragt werden, z.B. "Ausmaß der Simultanarbeit" beim Objekt DVS-Call-Schnittstelle). Alle Qualifikatoren haben einen vordefinierten Wertebereich, aus dem der Benutzer auswählen muß. Die Auswahl eines Werts kann für den Benutzer obligatorisch oder fakultativ sein. Im letzteren Fall umfaßt der Wertebereich den Wert "keine Angabe". Ferner kann "Standard" im Wertebereich enthalten sein. Dann verfügt das System über Standardwerte dieses Qualifikators für unterschiedliche Hauptspeichergrößen der Anlage des Benutzers.

Erhält ein Objekt einen Status, so kann dies Konsequenzen für den Status anderer Objekte haben, zu denen Abhängigkeitsrelationen bestehen. Zum Beispiel hat der Status Impossible eines Objekts zur Folge, daß auch alle Objekte mit starker Abhängigkeit von diesem Objekt Impossible werden. Oder der Status Needed eines Objekts bewirkt ggf. das Löschen Status ToBeSpecified in seinen Superklassen. Dies wird im System dadurch erreicht, daß jedes Objekt, das einen Status erhält, die (unmittelbar) davon betroffenen Objekte in einer Nachricht unterrichtet und so ggf. Änderungen ihres Status bewirkt. Jedes Objekt etwa, das Needed als neuen Status bekommt, schickt u.a. jedem Objekt, von dem es abhängt, die Nachricht, daß es von ihm benötigt wird und bewirkt so den Status Needed dieser Objekte, die ggf. weitere Objekte verständigen. Das globale Resultat, aus einer Statusänderung alle resultierenden abzuleiten, wird durch eine *Folge lokaler, objektzentrierter Aktionen* des Nachrichtenverschickens erreicht.

Jedes Objekt erfährt durch diese Nachrichten nicht nur einen Status, sondern auch dessen Urheber. Diese aktualisierten Abhängigkeitsbeziehungen werden ebenfalls explizit dargestellt. Dies bildet z.B. die Basis dafür, daß ermittelt werden kann, für welche

Anwendungsschwerpunkte bestimmte Objekte benötigt werden und welche Gewichtung sie von daher haben. Die von den Objekten zu versendenden Nachrichten sind durch LOOPS-Methoden implementiert.

Hat ein Objekt den Status ToBeSpecified, so werden dem Benutzer in einem Menü die Unterklassen zur Auswahl angeboten, wobei die Selektion auf ein Objekt beschränkt werden kann. Mit der Auswahl eines Objekts werden vom Benutzer in einem Submenü die jeweiligen Qualifikatoren erfragt. Selektionen können rückgängig gemacht werden. Erst bei explizitem Abschluß des Menüs wird in den ausgewählten Objekten durch die entsprechende Nachricht der Status Needed gesetzt, und zwar mit dem Objekt User als Urheber, so daß die Abhängigkeit von der Benutzerauswahl und die übrigen Objektabhängigkeiten homogen behandelt und insbesondere explizit dargestellt werden.

In einigen Fällen sind die vorhandenen Abhängigkeiten nicht durch einfache Relationen zwischen Objekten darstellbar. Das System kennt z.B. gewisse Standardsysteme (etwa für Datenhaltung). Die Auswahl der Objekte, aus denen ein solches Standardsystem besteht, hängt von mehreren Bedingungen wie Hauptspeichergröße, anderen Selektionen des Benutzers, etc. ab. Solche komplexen Abhängigkeiten sind durch *Regeln* bzw. Regelmengen dargestellt. In solchen Regeln ist z.B. formuliert: "Wenn Schulungsbetrieb benötigt wird und der Hauptspeicher mittelgroß ist, dann wird das Programm D benötigt (als Teil eines Standardsystems für Datenhaltung auf Platten)". Diese Regelmengen sind ebenfalls objektorientiert indiziert, also im obigen Beispiel vom Objekt "Standardsystem für Datenhaltung auf Platten" aus zugänglich. Die Regelmenge wird evaluiert, wenn im Objekt der Status Needed gesetzt werden soll. Sie muß jedesmal evaluiert werden, wenn eine solche Nachricht eintrifft, da seit der letzten Nachricht neue Bedingungen aus den Regeln erfüllt worden sein könnten.

Die andere komplexere Abhängigkeit besteht in den Hardware-Voraussetzungen für die Softwareobjekte. Diese Voraussetzungen werden als Konjunktion von Disjunktionen erforderlicher Geräte dargestellt, sofern die Minimalkonfiguration des Systems nicht ausreicht. Da die Spezifizierung der Hardware grundsätzlich als abgeschlossen betrachtet wird, kann für alle Softwareobjekte der oben genannte Ausdruck vor Beginn der Software-Spezifizierung ausgewertet und im negativen Fall der Status 'Impossible' gesetzt werden. Die geschilderten Mechanismen sorgen dafür, daß dies auch für alle abhängigen Objekte geschieht. Bei der Abfrage kann der Benutzer daher schon auf den höheren Ebenen darauf hingewiesen werden, daß bestimmte Anforderungen mit der spezifizierten Hardware nicht realisiert werden können

4.3. Speicherplatzaufteilung und -zuordnung

Nachdem alle zu berücksichtigenden Randbedingungen spezifiziert sind, beginnt das System mit der Aufteilung des Hauptspeichers für die einzelnen Teile des Betriebssystems unter Berücksichtigung heuristischer Annahmen und Kriterien.

Insgesamt ist der Hauptspeicher bei Betriebssystemen von SICOMP-Rechnern in die folgenden Bereiche unterteilt:

- Code des Betriebssystemkerns (ORGCODE)
- Verwaltungslisten des Betriebssystemkerns (ORGDAT)
- Bereich für den Verkehr mit Hintergrundspeichern (Kachelbereiche)
- Bereich für das Ausführen von Programmen (Laufbereiche)

Für die ersten drei Bereiche konnten die Experten einen Satz von ca. 200 Regeln angeben. Mit deren Hilfe werden Größe und Aufbau dieser Bereiche aus der Spezifikation von Hardware und gewünschter Software abgeleitet. (In der aktuellen Implementierung sind jedoch die Regeln von dem sie verarbeitenden Mechanismus nicht getrennt.)

Besonders schwierig ist die Bestimmung der Größe und Struktur des Bereichs für das Ausführen von Programmen, da das SICOMP-Betriebsystem keine dynamische Hauptspeicheraufteilung kennt. Das SICOMP-Betriebsystem beruht auf folgendem Konzept: der Ausführungsbereich für Programme wird bereits zum Zeitpunkt der Generierung des Betriebssytems in diskrete Teile, die sogenannten Laufbereiche eingeteilt. Für jedes Programm ist festzulegen, in welchem Laufbereich es ablaufen soll. Dies scheint eine spezifische Eigenart der betrachteten Prozeßrechnerorganisation zu sein. Deshalb gehen die beim Konfigurieren dieses Betriebssystems auszuführenden Leistungen über das übliche Maß wesentlich hinaus.

Diesem Systemteil wurde der folgender Ansatz zugrunde gelegt: Zunächst wird unter der Voraussetzung unbegrenzt verfügbarer Hauptspeicherkapazität eine "ideale Laufbereichszuordnung" festgelegt, bei der jede Klasse gleichartiger Softwareelemente einen eigenen Laufbereich der jeweils erforderlichen Länge beansprucht. Dies geschieht bei Multi-User-Betrieb unter Berücksichtigung des n-fachen Ladens bestimmter Programme (n wird durch Heuristiken bestimmt und hängt vor allem von Benutzungsmodus, Benutzerzahl und Benutzungshäufigkeit ab).

Meist wird jedoch der tatsächlich vorhandene Hauptspeicher kleiner als die Gesamtheit der so bestimmten "virtuellen" Laufbereiche sein, so daß es erforderlich wird, durch Mehrfachbelegung von Laufbereichen Speicherplatz einzusparen. Dies geschieht durch sukzessives Auflösen von virtuellen Laufbereichen, deren Programme nunmehr einem anderen ausgewählten Laufbereich zugeordnet werden und somit dort neben den bereits vorhandenen Programmen koexistieren müssen. Bei der Auswahl der beiden jeweils zusammenzulegenden Laufbereiche müssen (In)Kompatibilitätskriterien und heuristische Bewertungen berücksichtigt werden. Durch Ausschriften im Promtwindow wird der ablaufende iterative Prozeß zur Kontrolle protokolliert und beendet, wenn soviele virtuelle Laufbereiche aufgelöst worden sind, daß die verbliebenen Laufbereiche in den tatsächlich existierenden Hauptspeicher hineinpassen.

Die Vorgehensweise zur Speicherplatzaufteilung und Programmzuordnung ist ihrer Natur nach ein hochgradig dynamischer Prozeß, der sich offenbar nicht weitgehend aus statischem Wissen über bestimmte Zusammenhänge und Unverträglichkeiten ergibt. Da es sich hier um sehr spezielle Probleme der diskreten Optimierung handelt, erscheint eine algorithmische Lösung unter Einbeziehung heuristischer Kriterien als angemessen. Allerdings kann es sich hierbei nur noch sehr bedingt um ein Nachbilden der von Experten tatsächlich praktizierten Verhaltensweisen (mit einem offenbar bedeutenden Anteil analogen Schließens) handeln. Nach wie vor besteht beträchtliche Unsicherheit, wie Experten hierbei vorgehen und ob sich die Vorgehensweisen verschiedener Experten überhaupt zwanglos auf einen Nenner bringen lassen.

4.4. Angaben zum Umfang des Systems

SICONFEX ist nach heutigen Maßstäben ein recht umfangreiches Expertensystem. Es belegt insgesamt einen Speicherbereich von 6 MByte (einschließlich der von INTERLISP-D/LOOPS benötigten 4 MByte). Das Wissen über den Anwendungsbereich reflektiert sich in ca. 400 Objektklassen, ca. 800 Instanzen sowie ca. 800 (LISP-)Funktionen bzw. (LOOPS-) Methoden, was dem Umfang eines regelbasierten Systems von einigen tausend Regeln entsprechen dürfte. Es treten ca. 6000 verschiedene anwendungsspezifische Namen auf. Eine Sitzung mit dem System dauert etwa 30 Minuten.

5. Benutzeroberfläche und Ablauf einer Sitzung

Die Konfigurierungsaufgabe wird in fünf Schritten vollzogen:

1) Interaktive graphisch unterstütze Auswahl der vom Benutzer gewünschten Hardware-Komponenten. Hier liegt die Initiative beim Benutzer des Systems, der sich seine Anlage nach dem Baukastenprinzip zusammenstellen kann.
2) Interaktive menügesteuerte Auswahl der Software: zunächst beschreibt der Benutzer seine Anwendungsschwerpunkte, welche seine qualitativen Zielvorstellungen präzisieren. Die zur Realisierung erforderlichen bzw. möglichen Module werden vom System aus den vorangegangenen Selektionen des Benutzers abgeleitet und diesem zur Auswahl vorgelegt. Bei diesem Schritt liegt die Initiative für den Dialog beim System.
3) Berechnung der Hauptspeicheraufteilung: dieser und die folgenden Teile werden vom System ausgeführt und erfordern keine Benutzerangabe mehr.
4) Verteilung der Programme auf Laufbereiche: dieser Unterpunkt von (3) wird wegen seiner Wichtigkeit eigens hervorgehoben.

5) Erzeugung der Konfigurierungsanweisungen: hier gehen die expliziten Benutzerangaben aus den Teilen (1) und (2) sowie die impliziten (vom System abgeleiteten) Anforderungen aus den Teilen (2) bis (4) ein.

Jeder dieser Teilaufgaben wird ein Fenster auf dem Bildschirm zugeordnet, welches im nicht aktivierten Zustand durch ein kleines schwarzes Symbol auf dem Bildschirm dargestellt wird (siehe Anhang). Jedes dieser Symbole kann jederzeit mit der Maus angesprochen und das zugehörige Window aktiviert werden. Der Benutzer kann das Fortschreiten des Systems von einem Schritt zum nächsten durch Selektion des in der rechten unteren Ecke des Bildschirms dargestellten Steuermenüs selbst vornehmen. Auf dem Bildschirm befinden sich außer den eben genannten Symbolen am unteren Bildschirmrand und dem Steuermenü noch in der oberen linken Ecke das schwarze Promptwindow und weitere für SICONFEX aber bedeutungslose Windows . Im Promptwindow werden Informationen des Systems an den Benutzer ausgegeben und Benutzereingaben angefordert.

Im folgenden werden die operationalen Möglichkeiten im Verlauf einer Sitzung beschrieben. Ein konkretes Sitzungsbeispiel findet sich im Anhang.

5.1. Hardwarespezifikation

Zu Beginn der Sitzung ist auf dem Bildschirm ein kleines Symbol mit der Aufschrift ZE (Zentraleinheit) sichtbar. Die Hardwarespezifizierung beginnt mit der Selektion dieses Symbols und erfolgt im wesentlichen durch Auswahl einer Zentraleinheit oder einer Standardkonfiguration und wiederholtes Auswählen und Zusammenschließen einzelner Komponenten, wobei jede Konfiguration aus einer Zentraleinheit und diversen angeschlossenen Geräten besteht. Dabei sind zwei verschiedene Modi möglich. Der eine Modus dient zur Nachbildung einer beim Betreiber der SICOMP-Anlage bereits vorhandenen und verdrahteten Hardware. Die in diesem Modus auftretenden Anfragen des Systems nach Geräteadressen kann der Benutzer durch Ablesen auf seiner Anlage einfach ermitteln. In einem anderen Modus stellt das System keine Fragen nach einer Geräteadresse, und das Anschließen der Geräte erfolgt ausschließlich über Mausoperationen, die weiter unten beschrieben werden. In der jetzigen Implementierung von SICONFEX liegt das Schwergewicht auf der Behandlung des erstgenannten Modus .

Nach der Selektion des ZE-Symbols erscheint ein Menü, aus dem eine Zentraleinheit oder eine Standardkonfiguration auszuwählen ist. Die vom System erzeugten Geräte werden graphisch dargestellt und müssen vom Benutzer mit der Maus an einer beliebigen Stelle innerhalb des nun aktivierten Hardwarewindows plaziert werden. Bei der Erzeugung der Zentraleinheit muß der Benutzer außerdem Fragen nach dem Hauptspeicherausbau sowie nach eventuell vorhandenem Gleitpunktprozessor und Batteriepufferung beantworten. In einigen Fällen macht das System zur Beantwortung von Fragen konkrete Vorschläge, die dann nur mit der Returntaste zu bestätigen sind, aber auch abgeändert werden können.

Nach der Positionierung der Zentraleinheit im Hardwarewindow verschwindet das ZE-Symbol und auf dem Bildschirm erscheinen Symbole für periphere Geräte wie Drucker, Datenerfassungsstation, Datensichtstation, Plattenspeicher, Diskette, Magnetband und Graphiksichtstsation. Das Handling dieser Symbole ist dasselbe wie beim ZE-Symbol mit der Ausnahme, daß diese Symbole während des ganzen Prozesses der Hardwarespezifizierung auf dem Bildschirm sichtbar bleiben und erst nach der Beendigung der Hardwareauswahl durch Selektion im Steuermenü zum Verschwinden gebracht werden.

Wenn der Benutzer Geräteadressen eingibt, werden diese vom System überprüft und gegebenenfalls zurückgewiesen. Außerdem werden benötigte Zwischenanschaltungen zwischen Zentraleinheit und Endgerät vom System automatisch erzeugt. Mit der Erzeugung eines Endgerätes verbunden ist die Erzeugung der diesem Gerät zugeordneten logischen Geräte (in der Regel eines, welches auf das Gerät aufgedruckt wird). Diese können vom Benutzer abgefragt werden, wenn er die graphische Darstellung des Gerätes im Hardwarewindow mit der rechten Maustaste selektiert. Wird die Taste dabei länger als 500 ms gedrückt, so erscheint ein Menü, mit dem die logischen Geräte verändert werden können. Allgemeine Information über Geräte erhält man durch Selektion des Gerätes mit der mittleren Maustaste .

Dem Hardwarewindow ist neben dem normalen (LISP-)Fenstermenü ein SICONFEX-spezifisches Menü zugeordnet, welches die Grundoperationen zum Modifizieren der Hardware zur Verfügung stellt. Auf alle im Hardwarewindow abgebildeten Geräte (ZE's, Speicher, Endgeräte usw.) oder (Teil-) Konfigurationen sind diese Operationen (entweder monadische oder dyadische Kommandos) anwendbar. Sie gestatten es, in jeweils zwei Schritten die Konfiguration zu inspizieren, zu verändern oder graphisch umzugestalten:

1. Selektieren eines oder zweier Geräte oder einer (Teil-) Konfiguration
2. Ausführen der gewünschten Operation

Dem Benutzer stehen die Kommandos Bewegen, Löschen, Layout, Kopieren, Anschließen und Trennen zur Verfügung. Die Kommandos Anschließen bzw. Trennen erfordern zwei selektierte Geräte, wobei das zuerst selektierte Gerät an das zuletzt selektierte angeschlossen wird bzw. von diesem getrennt wird. Der Benutzer hat dabei die Auswahl zwischen einem vom System ermittelten Standardanschluß, wobei das System die nächste passende freie Anschlußstelle für das anzuschließende Objekt benutzt, kann aber auch über Menüauswahl eine Anschlußstelle gezielt auswählen, ohne etwas von den Konventionen der Geräteadressierung wissen zu müssen.

5.2. Softwarespezifikation

Zur Spezifizierung der Software wird nun nacheinander eine Reihe von großflächigen quer angeordneten Menüs angeboten, von denen die jeweils gewünschten Betriebsarten und Softwaremodule auszuwählen sind. Bei einigen Schritten kann nur eine Möglichkeit ausgewählt werden ("einfaches Menü"), bei anderen mehrere ("mehrfaches Menü"). Eine bereits abgeschlossene Auswahl und/oder Gewichtung kann durch erneutes Selektieren wieder rückgängig gemacht werden. Bei der Menüauswahl können Submenüs auftreten, die genauso behandelt werden.

Während des Prozesses der Softwareauswahl erkennt das System, ob die zum Betreiben der Programme nötige Hardware vorhanden ist und regt den Benutzer gegebenfalls zur Ergänzung fehlender Hardwarekomponenten an.

Nach Beendigung der Softwarespezifikation erscheint eine Aufstellung der explizit spezifizierten SW-Module (die vom System abgeleiteten Module braucht der Benutzer nicht zu kennen, da er mit SICONFEX in einer seiner begrifflichen Umwelt angepaßten Weise kommuniziert). Diejenigen Hardwarekomponenten, auf denen Systemdateien abgelegt sind oder die als Standardmeldegerät dienen, werden mit einem Stern gekennzeichnet.

5.3. Hauptspeicheraufteilung

Das System hat nun alle Informationen zur Verfügung, um die Aufteilung des Hauptspeichers vorzunehmen. Es protokolliert seine gerade laufenden Aktivitäten im Promptwindow. Die endgültige Aufteilung des Hauptspeichers wird in einer über die Maus ansprechbaren Graphik dargestellt, so daß der Benutzer kontrollieren kann, in welchen Laufbereichen seine Programme ablaufen und die Größe von ORGCODE,ORGDAT etc. feststellen kann.

In der letzten Phase setzt SICONFEX seine intern aufgebaute Repräsentation von Hardware, Software und Hauptspeicheraufteilung durch die Erzeugung des Kartenstapels in eine Syntax um, die vom Betriebssystemgenerator MGEN (dieser bewirkt letztlich die Festlegung der physikalischen Adressen im Rechner) verstanden wird. Der Kartenstapel wird in einem eigenen Window ausgedruckt und gleichzeitig auf Diskette oder local disc abgelegt.

6. Ergebnis und Nutzen

Da dem Projektstart bedauerlicherweise keine Studienphase vorausgehen konnte, erwies sich das Zusammentragen von Wissen und die Erarbeitung der Spezifikation des zu entwickelnden Systems als recht zeitaufwendig. Wegen des hohen Zeitdrucks mußten bestimmte Systemteile entwickelt werden, während andere noch völlig unspezifiziert waren. Dank der vorzüglichen INTERLISP-D/LOOPS-Programmierumgebung (Sheil 1983, Xerox 1983) und der im Entwicklungsteam vorliegenden Erfahrungen mit dem Entwurf von AI-Systemen unterschiedlichster Art ließ sich der Zeitbedarf für die eigentliche

Programmierung jedoch erstaunlich gering halten. Zwischen den Mitarbeitern des Entwicklungsteams war ein hohes Maß an informeller Interaktion erforderlich und auch vorhanden. Trotzdem dürfte eine Teamstärke von durchschnittlich 5 Personen bei Projekten dieser Art eher schon an der oberen Grenze des Sinnvollen liegen. Die Gesamteffizienz hätte bei längerem Bearbeitungszeitraum und geringerer, aber stabiler Mitarbeiterzahl noch gesteigert werden können.

Für die Vorgehensweise beim Aufbau neuer Wissensbasen ("knowledge acquisition") werden methodische und softwaretechnische Hilfsmittel dringend benötigt. Trotzdem sollte man sich vor übertriebenen Erwartungen hinsichtlich der Automatisierbarkeit dieser eminent kreativen Leistungen hüten.

SICONFEX ist recht komplex und in seiner Gesamtheit kaum verallgemeinerbar, dies gilt vor allem bezüglich der prozedural realisierten Teile der Hauptspeicheraufteilung. Jedoch erscheint es lohnend, über die Verallgemeinerung einzelner Systemteile zu vielseitig einsetzbaren Softwaretools nachzudenken.

Das mit einem Aufwand von ca. 5 MJ (zuzüglich 2 MJ für die Bereitstellung des Expertenwissens) entwickelte Pilotsystem SICONFEX hat die Erwartungen der Auftraggeber erfüllt, teilweise sogar erheblich übertroffen. Bei einigen tausend jährlich von Siemens ausgelieferten SICOMP-Anlagen ist schon allein der Nutzen durch Verringerung des Zeitaufwandes für eine Betriebssystemgenerierung von 1-3 Tagen auf weniger als eine Stunde beträchtlich. Wichtiger erscheint jedoch die mögliche Verbesserung von Qualität und Zuverlässigkeit beim Neugenerieren des Betriebssystems. SICONFEX kann als Beispiel für den Nutzen des "rapid prototyping" bei Zugrundelegung wissensbasierter Systeme betrachtet werden. Neben der eigentlichen Systementwicklung kann der erfolgreiche know-how-Transfer von AI-typischen Betrachtungs- und Vorgehensweisen von einer Forschungsabteilung in einen technischen Anwendungsbereich als beispielhafte Erfahrung gewertet werden. Offenbar wurde allein schon die erreichte größere Objektivierung des einschlägigen Konfigurierungswissen von den Praktikern als recht hilfreich und anregend empfunden.

Danksagung

Unser Dank gilt den Herren G.Dobner und M.Schlüter (Siemens E STE 3, Karlsruhe), die uns als Fachexperten ihr Wissen freimütig und geduldig zur Verfügung stellten, mit uns gemeinsam um die Herausarbeitung der Konturen von SICONFEX rangen und nun die Evaluierung und praxisnahe Weiterentwicklung des Systems übernehmen werden sowie Herrn E. Renner (Siemens ZTP FWO), der uns in den entscheidenden letzten fünf Monaten bei der Implementation tatkräftig und umsichtig unterstützte.

Literatur

Bobrow, D.G.: If PROLOG is the answer, what is the question? In Proc. of the Int. Conf. on 5th Generation Computer Systems, ICOT 1984, 138-145

Bobrow, D.G.; Stefik, M.: The Loops Manual. Xerox Corp., Dec. 1983

Feigenbaum, E.A.: The art of artificial intelligence - themes and case studies of knowledge engineering. National Computer Conference 1978, AFIPS-Proceedings, 227-240

Sheil, B.: Power Tools for Programmers. Datamation, Febr. 1983, 131- 144

Shortliffe, E.H.: Computer based medical consultations: MYCIN. North-Holland, Amsterdam 1976

Xerox Corp.: Interlisp Reference Manual. Xerox Palo Alto Research Center. Oct. 1983

ANHANG: Beispiel einer SICONFEX-Sitzung

Es wird eine ZE30/70-Zentraleinheit mit 768 KB Hauptspeicher und angeschlossenem Gleitpunktprozessor und Batteriepufferung erzeugt. Über die Zwischenschaltungen Promea, PSM-10 und Kombianschaltung werden als Endgeräte drei Datensichtstationen mit den assoziierten logischen Geräten DSSK0, DSSK1 und DSSK2, ein Drucker mit dem logischen Gerät DRUA0, eine Magnetbandkassette mit dem logischen Gerät MSK0, eine Festplatte mit dem logischen Gerät PLSK6 und eine Wechselplatte mit dem logischen Geräten PLSK0 bis PLSK5 angeschlossen. Bei den Endgeräten sind die hexadezimalen Adressen aufgedruckt.

Durch Selektieren des Steuermenüs kann der Benutzer die Hardwarespezifikation beenden. In der oberen Bildschirmmitte sind die Gerätesymbole sichtbar, durch deren Selektion sich der Benutzer seine Anlage zusammenstellen kann. Am unteren Bildrand befinden sich die Symbole zur Bezeichnung der einzelnen Ablaufschritte von SICONFEX. Oben links sieht man das Promptwindow für Erklärungen des Systems an den Benutzer und für Benutzereingaben. Die anderen Symbole (Loops, History) und das TTYwindow sind für den Ablauf von SICONFEX irrelevant. Abb2 zeigt den Bildschirm nach der Spezifikation der vorhandenen Rechnerkonfiguration.

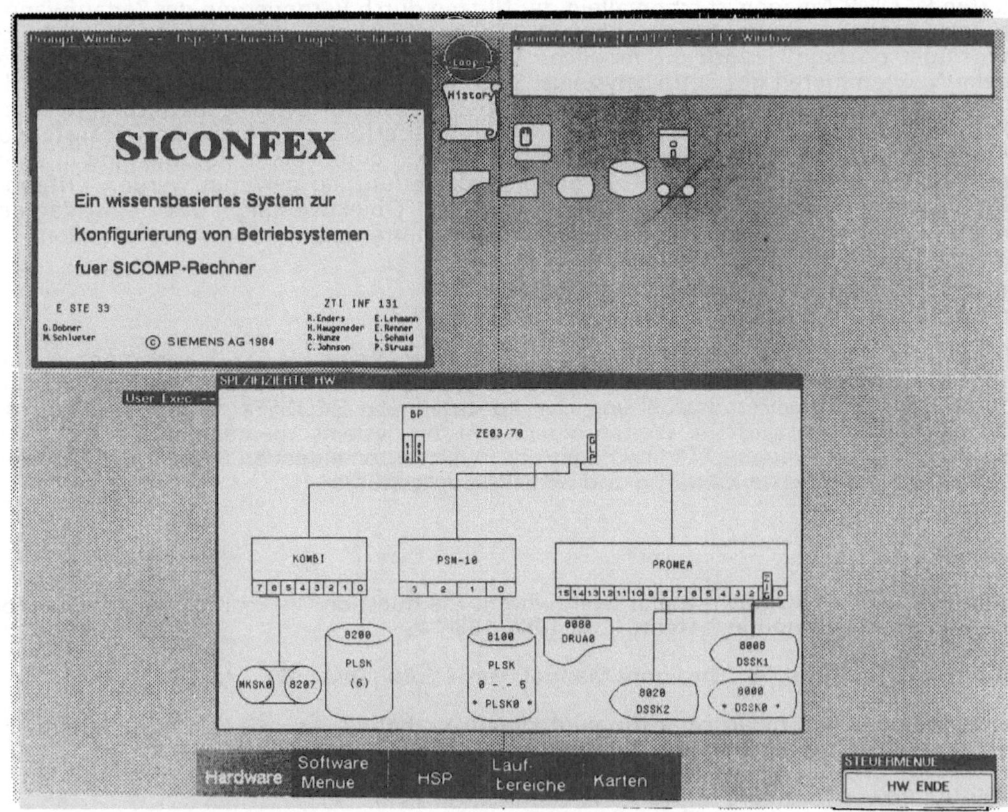

Abb. 2: Der Bildschirm nach der Hardwarespezifikation

Abb.3 zeigt eine Zusammenfassung der vom Benutzer explizit geäußerten Softwarewünsche. Die SICOMP-Anlage wird im Multi-User- und Dialogbetrieb genutzt. Auf die primär (über Menüs) gewählten Anwendungsschwerpunkte Textverarbeitung, Datenhaltung und Softwareentwicklung hat das System mit der Erzeugung von Submenüs reagiert, worauf vom Benutzer Daten auf Platten, Call-Schnittstelle, DVSDA-Standard und die verschiedenen Compiler ausgewählt wurden. Auch die Qualifikatoren mittel, durchschnittlich, beschleunigt etc. wurden vom Benutzer angegeben.

Nach der automatischen Festlegung der Speicheraufteilung druckt das System eine grafische Darstellung der Aufteilung des Hauptspeichers und insbesondere der Laufbereiche aus. Die erzeugten Konfigurierungsanweisungen, über deren Syntax und Parameter sich der Benutzer jetzt keine Gedanken mehr zu machen braucht, werden in einem eigenen Fenster gezeigt. Abb. 4 zeigt den Inhalt der drei zuletzt genannten Fenster.

```
MULTI-USER
DIALOG
Textverarbeitung
        Gewichtung : durchschn
        VerarbeitungsArt : (ausgabeorientiert)
        TextAufkommen : mittel
        TextUmfang : mittel
Datenhaltung
        Gewichtung : dominant
Softwareentwicklung
        Gewichtung : durchschn
        QuelldatenAufkommen : gross
Daten auf Platten
        MittlereSatzlaenge : mittel
        SimultanArbeit : mittel
        TransferVerhalten : beschleunigt
        DatenUmfang : gross
CALL-Schnittstelle
        SimultanArbeit : mittel
DVSDAStandard
Softwareentwicklung - PASCAL
        Gewichtung : dominant
Softwareentwicklung - FORTRAN
        Gewichtung : durchschn
Softwareentwicklung - Assembler
        Gewichtung : minimal
```

Abb. 3: Softwarewünsche (Zusammenf.)

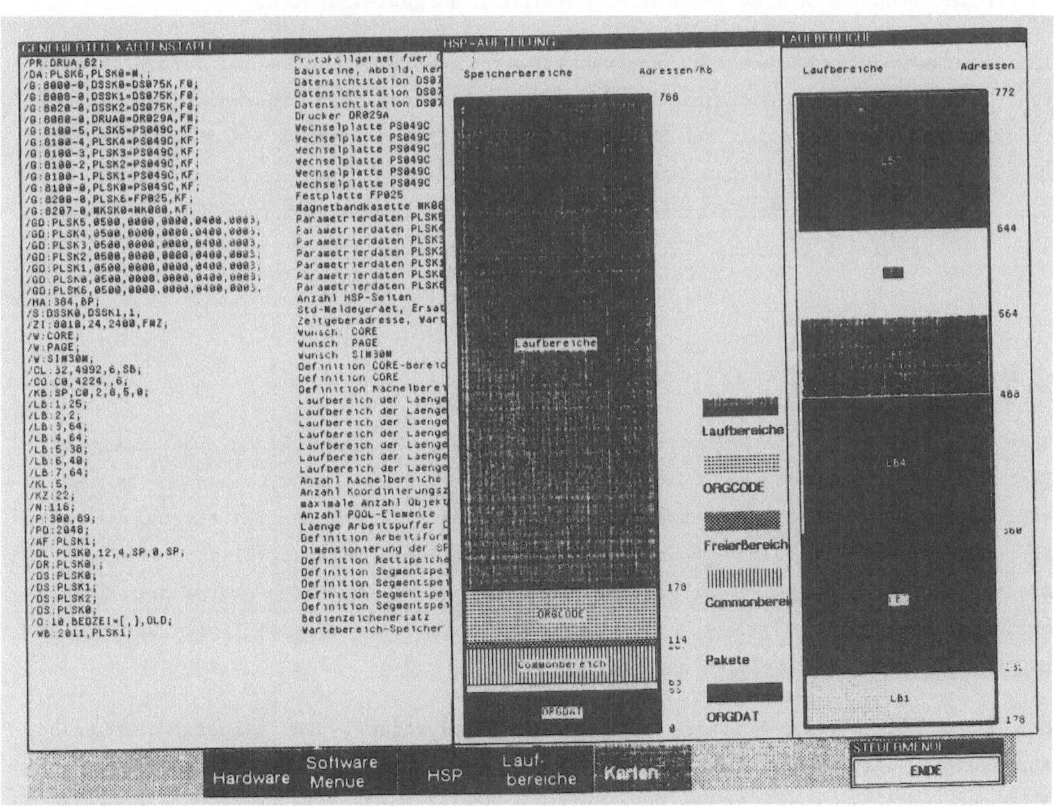

Abb. 4: Der Bildschirm nach Hauptspeicheraufteilung und Kartenerzeugung

Expertensysteme zur Software-Konfiguration

Feodora Herrmann, Günter Hornung

Administrative Productivity Operation (APO)

Hewlett-Packard GmbH, D-7030 Böblingen

1. Einleitung

Expertensysteme sind Computerprogramme, die Expertenwissen über ein Spezialgebiet in leicht verständlicher Form zur Verfügung stellen. Häufig umfaßt Expertenwissen neben fundiertem Sach- und Faktenwissen auch persönliches, manchmal vages, schwierig zu formulierendes, in langer Zeit erworbenes Erfahrungswissen. Der menschliche Experte - und somit auch das Expertensystem findet nicht nur die Lösung für ein Problem, sondern muß darüber hinaus während des Lösungsprozesses Erklärungen, Begründungen und Teillösungen anbieten (Hayes-Roth et al. 1983). Hierbei ist es hilfreich, wenn das Wissen im Rechner symbolisch dargestellt wird.

Typische Anwendungsgebiete für Expertensysteme sind die Diagnose und Interpretation von Daten (z.B. im medizinischen Bereich: Diagnose und Therapie von Infektionskrankheiten (Buchanan und Shortliffe 1984), Interpretation von EKGs) oder die Planung (z.B. im technischen Bereich: Maschinen- und Software-Konfiguration). Die bisher praktisch eingesetzten Expertensysteme sind auf Rechnern verfügbar, für die auch eine spezielle Umgebung für die Entwicklung solcher Systeme existiert.

2. Problemstellung

Unsere Abteilung hat die weltweite Verantwortung für die Entwicklung und Wartung der Finanzbuchhaltungs-Software. Das gesamte Software-Paket umfaßt mehrere Buchhaltungsprogramme wie Debitoren, Kreditoren oder Kostenrechnung und ist für den Rechner HP 3000, ein kommerzielles Computersystem der mittleren Leistungsklasse, verfügbar. Die verschiedenen Aufgaben der Finanzbuchhaltung werden durch den Aufruf sog. Transaktionen bewältigt; so stehen im Produkt "Kreditoren" u.a. Transaktionen zum Prüfen und zum Verbuchen von Belegen zur Verfügung.

Die Finanzbuchhaltungs-Software ist ein Standardprodukt. Zur kundenindividuellen Anpassung des Programmpakets (Währungsumrechnungen, Berücksichtigung von länderspezifischen gesetzlichen Vorschriften) bietet Hewlett-Packard "Customization" als spezielle Anwendungstechnologie an. Bei der einfachen Customization kann der Kunde Felder auf Bildschirmmasken, auf Druckerprotokolle und in Datenbanken hinzufügen, ändern oder löschen.

Traditionelle Aufgaben bei der Finanzbuchhaltung sind die immer wieder gleich ablaufenden Manipulationen großer Datenmengen, also Problembereiche, die gut mit traditionellen Programmierwerkzeugen und -sprachen gelöst werden können. Typische Expertenaufgaben bei der Verwendung von Finanzbuchhaltungs-Software sind deren optimaler Einsatz oder deren Anpassung an kundenindividuelle Bedürfnisse und Gegebenheiten.

Zur Untersuchung, inwieweit Expertensystemtechnologie in diesem Bereich sinnvoll eingesetzt werden kann, wurden zwei Pilotsysteme entworfen und implementiert:

- PERFXS ("Performance Expert System") zum Vorhersagen und Bewerten von Laufzeiten für Transaktionen
- CUSTXS ("Customization Expert System") zur Unterstützung bei der Softwareanpassung

3. Werkzeuge zur Konstruktion von Expertensystemen

In den Forschungslaboratorien von Hewlett-Packard wurde HPRL (Heuristic Programming and Representation Language) (Rosenberg 1982), eine Sprache zur Konstruktion von Expertensystemen entwickelt. HPRL ist in dem LISP-Dialekt PSL implementiert. HPRL enthält Sprachmittel zur Darstellung und Verarbeitung von Wissen.

Das Wissen wird mit Hilfe sog. Frames dargestellt. Frames sind komplexe Datenstrukturen, die hierarchisch organisiert sind. Hierarchisch niedrigere Frames sind dabei Spezialisierungen der jeweils höheren. Innerhalb von Frames wird Information in sog. Slots abgespeichert. Hierarchisch höhere Frames können diese Information an niedrigere "vererben". Das Hinzufügen oder Löschen von Information kann den Aufruf von Prozeduren auslösen.

Schlußfolgern und damit die Generierung von neuem Wissen aus bereits vorhandenem geschieht mit Hilfe von Regeln der Form

```
(rule <Regel-Name> <Regel-Typ>
   (premise     <Wenn-Teil>)
   (conclusion  <Dann-Teil>))
```

Der Wenn-Teil einer Regel beschreibt eine Menge von Aussagen. Rückwärtsverkettete (zielgesteuerte) Regeln beschreiben in ihrem Dann-Teil Aussagen, die aus den Aussagen im Wenn-Teil geschlossen werden können. Sie erlauben somit, nach Bedarf neues Wissen aus vorhandenem abzuleiten. Vorwärtsverkettete (datengesteuerte) Regeln geben in ihrem Dann-Teil Aktionen an, die ausgeführt werden, wenn eine Aussage aus dem Wenn-Teil wahr wird. Durch sie können z.B. Konsistenzprüfungen angestoßen werden.

PSL und damit HPRL laufen derzeit auf HP 9000 Computern. Zur Konstruktion von Expertensystemen wird eine benutzerfreundliche und komfortable Programmierumgebung angeboten, die neben einem sehr komfortablen auf EMACS basierenden Editor Hilfsmittel zum Formulieren von Regeln und Testen des Interpretationsprozesses umfaßt.

4. Zwei Beispiele für Expertensysteme

Im folgenden werden zwei Expertensysteme vorgestellt, die zur Zeit als intern genutzte Prototypen bei APO zur Verfügung stehen.

4.1 Das Performance Expertensystem

Die Datenverarbeitung in unserem Finanzbuchhaltungspaket erfolgt in mehreren aufeinanderfolgenden Transaktionen, die teils online gesteuert werden (z.B. manuelle Belegeingabe), teils als Hintergrundprozesse zu vom Benutzer bestimmten Zeitpunkten gestartet werden (z.B. Drucken von Überweisungen). Abhängig vom Datenvolumen (Anzahl der zu verarbeitenden Belege) und vom Zyklus ergeben sich unterschiedliche Laufzeiten dieser Hintergrund-Transaktionen.

Das folgende Bild zeigt einen Ausschnitt aus dem Datenflußdiagramm für Transaktionen der Debitoren- und Kreditorenbuchhaltung:

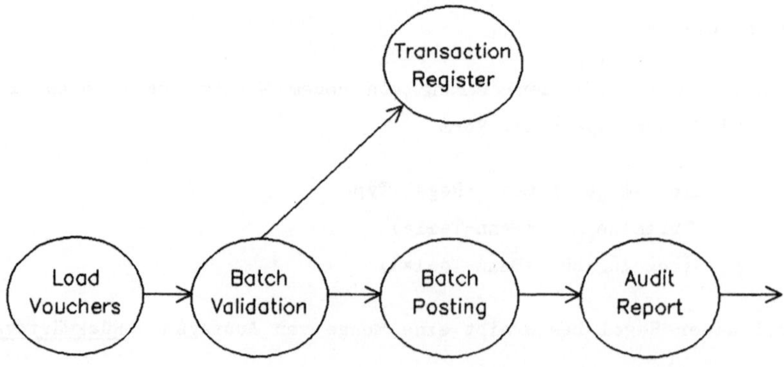

Dabei lädt z.B. "Load Vouchers" Belege ins System, und "Batch Validation" überprüft die Gültigkeit der geladenen Belege.

Für den Anwender ist es schwierig zu entscheiden, wie oft diese Prozesse gestartet werden sollen. Das Performance Expertensystem (PERFXS) unterstützt den Benutzer bei dieser Entscheidung, indem es ihm eine Konfiguration vorschlägt, die einerseits seine Wünsche (minimaler Zyklus, maximale Laufzeit, Datenvolumen), andererseits aber auch die logischen Abhängigkeiten (z.B. Reihenfolge) zwischen den einzelnen Transaktionen berücksichtigt. Die folgende Liste ist ein Auszug aus einem solchen Vorschlag:

```
*****************************************************************************
*
*            HPFA Batch Transactions
*
*****************************************************************************

Daily Transactions

Values:                 items      time
Constraints:                                  cycle      items      time

  Load Vouchers          2200      35.20 min               2200       60.00 min
  Batch Validation       2200      30.80 min                          60.00 min
  Transaction Register   4000      18.10 min
  Batch Posting          4000      28.00 min               4000
* Audit Report           4000      60.00 min                          45.00 min
  ...

* The constraints for this transaction could not be satisfied.
```

Es wird hier für jede der angegebenen Transaktionen in den beiden ersten Spalten unter ITEMS die Anzahl der zu verarbeitenden Belegteile und unter TIME die geschätzte Verarbeitungszeit angegeben. Die letzten drei Spalten notieren die vom Benutzer vorgegebenen Beschränkungen der Laufhäufigkeit, der zu verarbeiten Belegteile und der Laufzeit. Im Beispiel konnten die Bedingungen für "Audit Report" nicht erfüllt werden.

Die Information über die Transaktionen und ihre Abhängigkeiten wurde in Frames dargestellt. Das folgende Beispiel zeigt einen Auszug aus dem Frame für die Transaktion "Batch Validation":

```
(deframe BATCH_VALIDATION
   (ako  ($value (BATCH_TRANSACTION_CYCLE)))
   (name ($value ("Batch Validation")))
   (predecessor ($value (LOAD_VOUCHERS)))
   (successor   ($value (TRANSACTION_REGISTER)
                        (BATCH_POSTING)))
   (time_maximum ($prompt "What is the run time limit for BATCH VALIDATION?"))
   (time_factor ($value (0.014)))
   ... )
```

Der Slot AKO ("a kind of") gibt den Vorgänger in der Frame-Hierarchie zu BATCH_VALIDATION an. Im Beispiel ist in den Slots PREDECESSOR und SUCCESSOR die logische Folgebeziehung zwischen der "Batch Validation"-Transaktion und den im Datenflußdiagramm benachbarten Transaktionen dargestellt. Im Slot TIME_MAXIMUM ist unter $PROMPT ein Text angegeben. Wenn das System einen Wert für TIME_MAXIMUM benötigt, ihn aber nicht aus vorhandenem Wissen ableiten kann, wird der Benutzer mit diesem Text gebeten, einen Wert anzugeben.

Rückwärtsverkettete Regeln werden zur Deduktion benutzt. Die folgende Regel wird angewandt, wenn für eine Transaktion die Anzahl der zu bearbeitenden Belegzeilen (LINE_ITEMS) berechnet werden soll. Sie ergibt sich als Quotient der Slot-Werte für TIME und TIME_FACTOR:

```
(rule TIME_LINE_ITEMS_RULE backward-chain-rule
   (premise (and (?BATCH_TRANSACTION time ?T)
                 (?BATCH_TRANSACTION time_factor ?TF)))
   (conclusion (?BATCH_TRANSACTION line_items (quotient ?T ?TF))))
```

Vorwärtsverkettete Regeln sichern die Konsistenz der vorgeschlagenen Konfiguration mit den Wünschen des Benutzers und den logischen Abhängigkeiten der Transaktionen. Die folgende Regel ist dafür verantwortlich, daß die vom Benutzer vorgegebenen Laufzeitgrenzen eingehalten werden:

```
(rule TIME_MAXIMUM_RULE forward-chain-rule
   (premise (and (?BATCH_TRANSACTION time ?T)
                 (?BATCH_TRANSACTION time_maximum ?TM (< ?TM ?T))))
   (conclusion (replace ?BATCH_TRANSACTION time ?TM)))
```

Wenn bei einer Transaktion der Wert für TIME (Laufzeit) oder für TIME_MAXIMUM (Laufzeitgrenze) so verändert wird, daß TIME das TIME_MAXIMUM überschreitet, wird automatisch die vorstehende Regel aktiviert. Dabei wird der Wert für TIME durch den TIME_MAXIMUM - Wert ersetzt.

4.2 Das Customization Expertensystem

Die Softwaretechnologie Customization erlaubt es den Anwendern des HP-Finanzbuchhaltungspakets, unternehmensspezifische Anpassungen selbst vorzunehmen, ohne erst EDV-Spezialisten konsultieren zu müssen. Eine solche typische Anpassung ist beispielsweise das Erweitern von Standard-Druckprotokollen (Bilanz, Zahlungsvorschlag) um zusätzliche, für den Kunden notwendige Information (zusätzliche Währungsfelder). Damit Daten für das zusätzliche Feld auf Druckerprotokollen oder Bildschirmmasken angezeigt werden, muß dafür eine Maske zur Dateneingabe für das

Feld bestimmt und diese Maske ebenfalls erweitert werden. Weiterhin soll dieses Feld natürlich nicht nur auf den dafür vorgesehenen Druckerprotokollen, sondern auch auf allen relevanten Bildschirmmasken zum Überprüfen und Ändern der Information erscheinen. Schließlich sind noch die Datasets in den Anwendungsdatenbanken zu erweitern, um die zusätzliche Information abzuspeichern. Da die Anzahl der Standard-Druckprotokolle, Bildschirmmasken und Datasets (zusammenfassend auch Formate genannt) groß ist, und die Beziehungen zwischen ihnen sehr komplex sind, muß der Anwender über ein solides und umfangreiches Wissen über den Datenfluß in jedem Finanzbuchhaltungs-Produkt verfügen.

Das Customization Expertensystem (CUSTXS) findet in Zusammenarbeit mit dem Benutzer alle Formate (Druckerprotokolle, Bildschirmmasken und Datasets), die für eine Anpassung relevant sind. Als Ergebnis erhält er folgende Tabelle:

```
==============================================================================
|                                                                            |
|                          CUSTOMIZATION EXPERT                              |
|                                                                            |
==============================================================================
|                                                                            |
|    In order to customize the additional field COUNTRY-ID                   |
|    to the report of the report class VOUCHERS,                             |
|    the following formats have to be customized as well.                    |
|    Select those which are necessary for your application.                  |
|                                                                            |
==============================================================================
|     Datasets      |   Data Entry     |      Review        |   Maintenance    |
|                   |    Screens       |      Screens       |     Screens      |
|----------------------------------------------------------------------------|
| PAYMENT-PROPOSAL  |                  | MASS-MOD-PROP03    | EDIT-PROPOSAL    |
|                   |                  |                    | EDIT-PROPOSAL01  |
|                   |                  |                    | EDIT-PROPOSAL03  |
|                   |                  |                    |                  |
| VENDOR            | ADD-VENDOR       | REV-VENDOR         | VENDOR-TERMS     |
|                   |                  | CASH-PAY-AP03      | VENDOR-TERMS01   |
|                   |                  | MANUAL-PAY-AP04    | MODIFY-VENDOR    |
|                   |                  | SINGLE-ENTRY-AP    | MODIFY-VENDOR01  |
|                   |                  |                    |                  |
| AP-ADD-ADDR       | ADD-SUPP-ADDR    | DEL-SUPP-ADDR      | MOD-SUPP-ADDR    |
|                   |                  | DEL-SUPP-ADDR01    | MOD-SUPP-ADDR01  |
==============================================================================
| ITEM LIST IDS:     EDITPROP           VOUCHERS             PAY-PROP          |
|                    VENDOR             VENDOR-CAT                             |
==============================================================================
| FORMATS:           AUDIT-TRAIL-PRINT  GL-JOURNAL           VENDOR-PRINT      |
==============================================================================
```

Ein auf Wunsch verfügbarer Trace bietet Begründungen an, warum ein bestimmtes Format für eine Customization vorgeschlagen wurde. Dabei werden die einzelnen Schritte der Regelanwendung aufgeführt, wie aus dem folgenden Auszug hervorgeht:

```
...

Using Review_Screen_Rule:
Since MASS-MOD-PROP contains a ct_move_corr between dataset AP-CORPORATE
   and review screen DEL-CORPAP,
therefore review screen DEL-CORPAP is a candidate for customization.

...
```

Das Wissen über die Beziehungen zwischen den Formaten ist mit Hilfe von Frames formuliert, während Regeln die Bedingungen spezifizieren, unter welchen ein Format angepaßt werden muß. Frühere Erfahrungen bei der Konstruktion von Expertensystemen haben uns gezeigt, daß Wissenserwerb durch Interview der Anwendungsexperten extrem zeitaufwendig und dieses Wissen meist unvollständig und fehlerhaft ist. Das Wissen über die Formatbeziehungen wurde deshalb überwiegend aus dem Quellcode für das Finanzbuchhaltungspaket generiert. Neben der Vollständigkeit und Korrektheit von aus Programmen erzeugtem Wissen hat es den Vorteil, daß es bei neuen Produktversionen (durchschnittlich einmal pro Jahr) schnell und fehlerfrei aktualisiert werden kann.

4.3 Folgerungen

Die Entwicklung der beiden Pilotsysteme PERFXS und CUSTXS hat gezeigt, daß es in einer komfortablen Entwicklungsumgebung möglich ist, kleine lauffähige wissensbasierte Systeme in relativ kurzer Zeit (etwa je 3 Monaten) zu erstellen. Dabei wird die meiste Zeit benötigt, um im Gespräch mit Experten die Expertise für ein Problem zu gewinnen. Die Verfügbarkeit eines Experten ist von kritischer Bedeutung für das Projekt. Sie wurde auch von uns zunächst unterschätzt.

5. Verfügbarkeit der Expertensysteme

Expertensysteme, die in HPRL implementiert sind, sind auf Rechnern verfügbar, auf denen die Programmierumgebung für HPRL installiert ist. Zur Zeit ist dies nur auf dem technischen Rechner HP 9000 möglich. Um unsere Expertensysteme auch auf kommerziellen Rechnern wie der HP 3000 verfügbar zu machen, wurde HPRL/Pascal (Herrmann und Hornung 1985) definiert. Diese Sprache ist eine Untermenge von HPRL; sie ist aber mächtig genug, um Expertensysteme wie PERFXS oder CUSTXS zu formulieren. Die Programmierung von Expertensystemen in HPRL/Pascal wird damit auch weiterhin auf der HP 9000 erfolgen, deshalb konnte beispielsweise auf viele Sprachmittel zur Programmierunterstützung verzichtet werden.

Der von uns entworfene und implementierte HPRL/Pascal-Crosscompiler übersetzt ein in HPRL/Pascal geschriebenes Expertensystem in ein Pascal-Quellprogramm. Dieses Programm enthält auch den Interpreter, der die Frames und Regeln, die jetzt in Pascal dargestellt sind, abarbeitet.

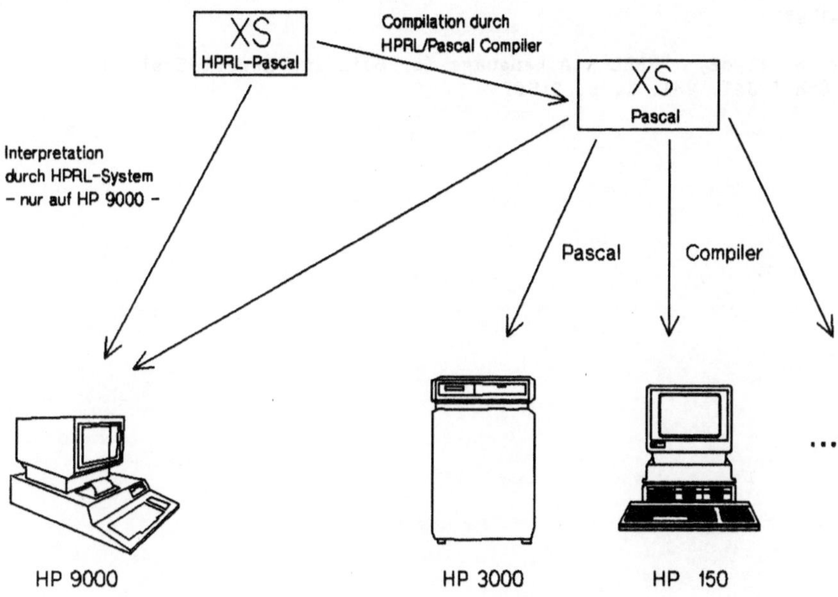

HPRL-Pascal macht Expertensystem-Technologie auf anderen HP-Rechnern einsetzbar

Da Pascal auf sehr vielen Rechnern verfügbar ist, haben wir so die Möglichkeit, Expertensystem, die auf einem HP 9000 Rechner entwickelt wurden, auf andere Maschinen zu portieren.

6. Zusammenfassung

Unsere Expertensysteme können dem Applikationsingenieur helfen, die Finanzbuchhaltungs-Software optimal beim Kunden einzusetzen und an dessen Anforderungen anzupassen. Durch die Verwendung von HPRL/Pascal als Programmiersprache zur Konstruktion von Expertensystem kann eine bessere Verfügbarkeit solcher Systeme erreicht werden.

Literaturverzeichnis

Buchanan, B.G.; Shortliffe, E.H. (eds.) (1984): "Rule-Based Expert Systems: The MYCIN Experiments of the Stanford Heuristic Programming Project", Addison-Wesley

Hayes-Roth, F.; Waterman, D.A.; Lenat, D.B. (eds.) (1983): "Building Expert Systems", Addison-Wesley

Herrmann, F.; Hornung, G. (1985): "HPRL/Pascal Language Specification", Internal Working Paper, Administrative Productivity Operation, Hewlett-Packard GmbH, Böblingen

Rosenberg, S. (1982): "HPRL - A Language for Building Expert Systems", in: Proc. of the 8th ICJAI, Vol. 1, p. 215ff

KONSISTENZPRÜFUNG DER WISSENSBASIS DES MEDIZINISCHEN EXPERTENSYSTEMS CADIAG-1

F.BARACHINI, K.-P.ADLASSNIG
Institut für Medizinische Computerwissenschaften
(Vorstand: Prof.Dr.G.Grabner) Garnisongasse 13, A-1090 Wien

Kurzfassung

Computerunterstützte medizinische Diagnosesysteme versuchen als aktiver Partner des Arztes mit Hilfe einer Wissensbasis aus einem Patientensymptommuster Diagnosen zu deduzieren. Die Wissensbasis fungiert dabei als zentraler Baustein eines Expertensystems. Wenn eine "updating"-Operation stattfindet, dann muß garantiert werden, daß der neue Wissensbasiszustand die Integritätsbedingungen nicht verletzt. Dieses Ziel kann oft nur mit sehr zeitaufwendigen Methoden erreicht werden. Die Garantie einer konsistenten Wissensbasis verhindert jedoch Fehldiagnosen und erhöht das Qualitätsniveau der computerunterstützten medizinischen Diagnostik.

CONSDED (CONSistency and DEDuction) ist eine Inferenzmaschine, die die Konsistenz der Wissensbasis des medizinischen Diagnosesystems CADIAG-1 (Computer Assisted DIAGnosis) feststellt. Die vorgeschlagene Methode basiert auf der Tatsache, daß es gelungen ist, die verwendeten Relationen zwischen den medizinischen Entity-Typen mit Hilfe des Prädikatenlogischen Kalküls formal darzustellen.

1. Formale Interpretation von Wissensbasen

Eine Wissensbasis ist im allgemeinen in zwei logische Ebenen /10/ unterteilt:

- die Ebene des Faktenwissens (extensionale Ebene)
- die Ebene des Regelwissens (intensionale Ebene)

Die extensionale Ebene beinhaltet atomare Fakten, die in Form von Relationen zwischen den Entity-Typen "Symptom" und "Diagnose" gespeichert sind. Jedes Entity in dieser Ebene hat die Bedeutung einer Konstante.

Die intensionale Ebene beinhaltet nicht nur atomare, sondern auch beliebige Aussagen zur Darstellung von Regeln, die Wenn-Dann-Implikationen zwischen Entities darstellen. Jedes Entity in dieser Ebene hat die Bedeutung einer Variablen.

Treten in der extensionalen Ebene Widersprüche auf, so ist es dennoch möglich, daß die Wissensbasis noch sicher arbeiten kann, denn der Widerspruch einer atomaren Aussage "ß" macht sich nur dann bemerkbar, wenn gerade das Faktum "ß" abgefragt wird. Wird jedoch "ß" im Sinne eines deduktiven "Frage-Antwortsystems" nie abgefragt, dann wird auch der Widerspruch nicht entdeckt.

Die intensionalen Fakten "α" müssen jedoch immer widerspruchsfrei sein, wenn "α" widersprüchig und "ß" eine Aussage ist, dann folgt aus "α" sowohl "ß" als auch dessen Negat, d.h. jede Frage an die Wissensbasis würde positiv beantwortet werden.

2. Überlegungen zur Konsistenzproblematik

Soll z.B. eine Relation in eine Wissensbasis eingefügt werden, so bedeutet das, daß der extensionale Teil der Wissensbasis erweitert wird. Die neu hinzugekommene Relation darf aber nicht im Widerspruch zu den schon vorhandenen a priori als konsistent angenommenen Relationen stehen.

Folgendes Problem muß also gelöst werden:

$$(X_1\ ß_1\ X_2) \wedge (X_2\ ß_2\ X_3) \wedge \ldots \wedge (X_{n-1}\ ß_{n-1}\ X_n) \xrightarrow{?} X_1\ ß_n\ X_n$$

$ß_n$ ... Relationen

X_n ... Entities

Man versucht nun einen Kalkül zu finden /2/, in dem die Relationen darstellbar sind und mit dessen Hilfe man von vorhandenen Relationen auf weitere schließt. Für den Beweis der Validität einer neu eingefügten Relation bietet sich das Herbrandsche Theorem /4/ oder das Resolutionsprinzip von Robinson /9/ an, vorausgesetzt die Relationen sind mittels wohlgeformter Formeln (wgFs) prädikatenlogisch darstellbar.

Sowohl das Herbrandsche Theorem als auch das Resolutionsprinzip versuchen die Validität einer wgF nachzuweisen, indem sie die Inkonsistenz der Vereinigung der negierten wgF mit einer Prämissenmenge beweisen. Solche Verfahren heißen auch Refutationsprozeduren, sie lassen sich ohne Verlust der Allgemeinheit durchführen. Im generellen läßt sich das oben formulierte Problem auf Frage-Antwortsysteme bzw. auf Programmverifikationssysteme zurückführen, in denen man versucht aus vorgegebenen Prämissen ein sogenanntes Antwortclause /3/ oder Halteclause /7/ zu deduzieren.

Die Frage, ob es gelingt, $ß_n$ aus den Prämissen abzuleiten, ist jedoch unentscheidbar. Wenn es weder gelingt $ß_n$ noch dessen Negat aus einer Menge M von Relationen abzuleiten, dann nennt man $ß_n$ unentscheidbar konsistent bezüglich M; formal ausgedrückt:

$M = \{ß_1, \ldots ß_{n-1}\}$ $\qquad$ $ß_i$ ... widerspruchsfreie Relationen

$ß_1, \ldots ß_{n-1} \not\vdash ß_n$ $\qquad$ $\vdash$ .. Ableitungsoperator

$ß_1, \ldots ß_{n-1} \not\vdash \neg ß_n$

Als Konsequenz ergibt sich, daß bei einem Konsistenztest in die Menge der widerspruchsfreien Relationen auch die unentscheidbaren Relationen aufgenommen werden müssen. Man erhält dadurch eine unentscheidbare konsistente Wissensbasis.

3. Das Diagnosesystem CADIAG-1

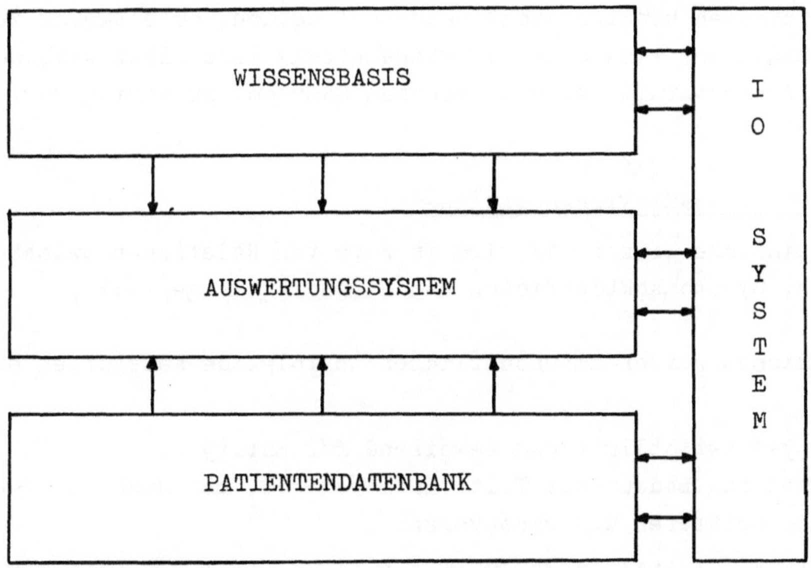

Abb.1: Funktioneller Aufbau des Diagnosesystems

Das IO-System bildet das Interface zum Benutzer und gestattet es, die Patientendatenbank und die Wissensbasis zu erweitern.

Die Patientendatenbank enthält Patientendaten und stellt die Zuordnung zwischen klinischen Untersuchungen und Laborergebnissen zu internen Symptomen her. Das Laborergebnis "Leber unter dem Rippenbogen palpabel 3-6cm" wird z.B. auf das interne Symptom "Leber vergrößert" abgebildet.

Die Wissensbasis enthält ca. 50.000 medizinische Relationen. Das Auswertungssystem versucht mit Hilfe der Wissensbasis und eines Inferenzalgorithmus aus einem interaktiv eingegebenen Patientensymptommuster alle möglichen Krankheiten differentialdiagnostisch zu deduzieren.

Die bewiesenen Diagnosen ergeben sich aus beobachteten Symptomen mit den im nächsten Kapitel beschriebenen OB- oder FB-Relationen. Die ausgeschlossenen Diagnosen ergeben sich aus beobachteten Symptomen mit A-Relationen sowie aus definitiv nicht vorhandenen Symptomen mit OB- oder ON-Relationen. Diagnosehypothesen werden aufgrund einmaliger sogenannter Symptomkombinationen, die in der Wissensbasis vom Arzt beschrieben werden, berechnet.

Unter der Annahme, daß die klinischen Diagnosen alle korrekt waren, konnte CADIAG-1 ca. 70% der Krankheiten richtig berechnen. Die restlichen Diagnosen konnten nicht deduziert werden, da entweder zu wenig medizinisches Wissen in der Wissensbasis integriert war, oder weil die Aussagekraft der eingegebenen Symptome zu gering war.

4. Das extensionale Wissen CADIAG-1

Das medizinische Wissen /1/ wird in Form von Relationen zwischen Symptomen, Symptomkombinationen und Diagnosen dargestellt.

Die Relationen werden im wesentlichen in folgende Kategorien eingeteilt:

OB: Entity-1 ist obligat und beweisend für Entity-2.
Semantische Bedeutung: Tritt Entity-1 auf, muß auch Entity-2 auftreten und vice-versa.

ON: Entity-1 ist obligat für Entity-2, es beweist es aber nicht.
Semantische Bedeutung: Tritt Entity-1 beim Patienten nicht auf, so ist Entity-2 auszuschließen.

A: Entity-1 ist ausschließend für Entity-2.
Semantische Bedeutung: Entity-1 kann nicht gemeinsam mit Enti-

ty-2 bei einem Patienten auftreten.

FB: Entity-1 ist fakultativ und beweisend für Entity-2.
Semantische Bedeutung: Es besteht nicht die Notwendigkeit, daß Entity-1 auftreten muß, doch wenn es auftritt, beweist es Entity-2.

FN: Entity-1 ist fakultativ und nicht beweisend für Entity-2.
Semantische Bedeutung: Entity-1 kann auftreten, wenn Entity-2 auftritt. Tritt Entity-1 auf, so beweist es Entity-2 nicht.

5. Das intensionale Wissen von CADIAG-1

Das intensionale Wissen repräsentiert Wenn-Dann-Implikationen, und für die Bildung der Implikationskette aus Kapitel 2 genügt es, alle Folgerungen aus

$$\underbrace{(X_i\ ß_i\ X_j) \wedge (X_j\ ß_j\ X_k)}_{\text{Prämisse}} \longrightarrow \underbrace{(X_i\ ß_k\ X_k)}_{\text{Konklusion}} \qquad \text{zu kennen.}$$

$X_{i,j,k}$ ... Symptome bzw. Diagnosen

$ß_{i,j,k}$ ... Relationen $\in \{OB, ON, A, FB, FN\}$

Um logische Schlüsse ableiten zu können, teilt man die gefolgerten Relationen in drei Klassen ein:

BR - Klasse der bewiesenen Relationen: das sind jene Relationen, die beweisbar sind (Tautologien).

AR - Klasse der ausgeschlossenen Relationen: das sind jene Relationen, die widerlegbar sind (Antitautologien).

IR - Klasse der indeterminierten Relationen: das sind jene Relationen, die im Sinne der Logik unentscheidbar sind.

Das folgende Tableau beinhaltet 25 Theoreme, mit deren Hilfe das extensionale Wissen von CADIAG-1 auf Konsistenz geprüft werden soll. Gemäß Abschnitt 1 müssen die Theoreme bewiesen werden, da sie das intensionale Wissen repräsentieren. Ziel ist es nun, einen Kalkül zu finden, in dem die medizinischen Relationen darstellbar sind und mit dessen Hilfe man die Theoreme beweisen kann.

X_i	$ß_i$	X_j	$ß_j$	X_k	X_i	$ß_l$	X_k
					BR	AR	IR
	FN		FN				OB,ON,A,FB,FN
	FN		FB			OB,ON,A	FB,FN
	FN		ON			OB,FB	ON,A,FN
	FN		OB		FN	OB,ON,A,FB	
	FN		A			OB,FB	ON,A,FN
	FB		FN			OB,ON	A,FB,FN
	FB		FB		FB	OB,ON,A,FN	
	FB		ON				OB,ON,A,FB,FN
	FB		OB		FB	OB,ON,A,ON	
	FB		A		A	OB,ON,FB,FN	
	ON		FN			OB,A,FB	ON,FN
	ON		FB			A	OB,ON,FB,FN
	ON		ON		ON	OB,A,FB,FN	
	ON		OB		ON	OB,A,FB,FN	
	ON		A			OB,FB	ON,A,FN
	OB		FN		FN	OB,ON,A,FB	
	OB		FB		FB	OB,ON,A,FN	
	OB		ON		ON	OB,A,FB,FN	
	OB		OB		OB	ON,A,FB,FN	
	OB		A		A	OB,ON,FB,FN	
	A		FN			OB,ON	A,FB,FN
	A		FB			OB,ON	A,FN,FB
	A		ON		A	OB,ON,FB,FN	
	A		OB		A	OB,ON,FB,FN	
	A		A				OB,ON,A,FB,FN

Abb.2:
Klassenzugehörigkeit der gefolgerten Relationen aufgrund von vorhandenen Prämissen.
X_i, X_j, X_k ... Symptome und Diagnosen
$ß_i, ß_j, ß_k$ ... Relationen OB,ON,A,FB,FN

Erläuterungen zur 2. Zeile aus Abb.2

Ist zwischen Entity X_1 und Entity X_2 die Relation FN eingetragen und zwischen Entity X_2 und Entity X_3 die Relation FB, so sind zwischen X_1 und X_3 die Relationen FB und FN möglich. Die Relationen OB,ON,A sind ausgeschlossen.

Daraus resultieren die Mengen: BR = { }
AR = {OB,ON,A}
IR = {FB,FN}

6. Die Darstellung der medizinischen Relationen im prädikatenlogischen Kalkül

Man hat schon mehrfach versucht /1/ die medizinischen Relationen in verschiedenen Kalkülen darzustellen, jedoch hat sich gezeigt, daß alle bisherigen Darstellungen für den Beweis der Theoreme aus Abb.2 nicht zielführend waren /2/. Um den Beweis der 25 Theoreme durchzuführen, wurde ein Kalkül gewählt, der die Trennung von Subjekt-Prädikatenstrukturen einer Aussage ermöglicht und unserer natürlichen Sprache am ähnlichsten ist.

Die in prädikative Aussagen übersetzten Relationen lauten:

$$X_1 \text{ OB } X_2 \mathrel{\hat{=}} \forall x(X_1(x) \leftrightarrow X_2(x)) \wedge \neg\forall x(X_1(x) \rightarrow \neg X_2(x)$$

$$X_1 \text{ ON } X_2 \mathrel{\hat{=}} \neg\forall x(X_1(x) \rightarrow X_2(x)) \wedge \forall x(X_2(x) \rightarrow X_1(x)) \wedge \neg\forall x(X_1(x)) \rightarrow \neg X_2(x))$$

$$X_1 \text{ A } X_2 \mathrel{\hat{=}} \forall x(X_1(x) \rightarrow \neg X_2(x) \wedge \neg\forall x(X_1(x) \rightarrow X_2(x)) \wedge \neg\forall x(X_2(x) \rightarrow X_1(x))$$

$$X_1 \text{ FB } X_2 \mathrel{\hat{=}} \forall x(X_1(x) \rightarrow X_2(x)) \wedge \neg\forall x(X_2(x) \rightarrow X_1(x)) \wedge \neg\forall x(X_1(x)) \rightarrow \neg X_2(x))$$

$$X_1 \text{ FN } X_2 \mathrel{\hat{=}} \neg\forall x(X_1(x) \rightarrow \neg X_2(x)) \wedge \neg\forall x(X_1(x) \rightarrow X_2(x) \wedge \neg\forall x(X_2(x) \rightarrow X_1(x))$$

$\forall$ ... Allquantor (für alle)
X_1, X_2 ... Symptome und Diagnosen

Anhand der wohlgeformten Formeln kann man erkennen, daß die Mengen X_1, X_2 nicht leer sein dürfen. Diese Tatsache ist in der Medizin gegeben, da es in der Praxis keine leeren Mengen von Patienten, bei denen ein Symptom beobachtet wird, geben kann.

Diejenigen Relationen, die der Klasse BR angehören, müssen bewiesen werden, da sie Antitautologien darstellen. Die restlichen Relationen sind gemäß der Unentscheidbarkeit der Prädikatenlogik indeterminiert.

Unter der Voraussetzung, daß dem Leser die prädikaten- und aussagenlogischen Termini /4,5,6/ bekannt sind, wird als repräsentatives Beispiel ein Beweis für das 3. Theorem von Abb.2 durchgeführt.

Beispiel: 3. Theorem

Es ist zu zeigen, daß aus der Prämisse "$(X_1 \text{ FN } X_2) \wedge (X_2 \text{ ON } X_3)$" die zwischen X_1 und X_3 gefolgerten Relationen den drei Klassen BR,AR,IR wie folgt zugeordnet sind:

$$BR = \{\ \}$$
$$AR = \{OB, FB\}$$
$$IR = \{ON, A, FN\}$$

Beweisverfahren:

Da die wohlgeformte Formel $\forall x(X_1 \rightarrow X_3)$ Element der Relationen OB,FB ist, genügt es, zu zeigen, daß das Negat $\neg\forall x(X_1 \rightarrow X_3)$ aus der Prämisse ableitbar ist. Gelingt es also, $\neg\forall x(X_1 \rightarrow X_3)$ aus der Prämisse abzuleiten, dann ist die Behauptung bewiesen. Gemäß dem Refutationsprinzip /8/ wird das Negat der zu beweisenden Formel in die Prämisse aufgenommen, und es wird versucht, einen Widerspruch herbeizuführen. Die angewendeten Regeln sind Axiome und Theoreme der Prädikatenlogik, wobei das Zeichen " $\vdash$ " als Ableitungsoperator fungiert.

Prämisse:

$(X_1 \text{ FN } X_2) \wedge (X_2 \text{ ON } X_3)$

Prädikatenlogische Übersetzung:

$$\neg\forall x(X_1(x) \rightarrow \neg X_2(x)) \wedge \neg\forall x(X_1(x) \rightarrow X_2(x)) \wedge$$
$$\neg\forall x(X_2(x) \rightarrow X_1(x)) \wedge \neg\forall x(X_2(x) \rightarrow X_3(x)) \wedge$$
$$\forall x(X_3(x) \rightarrow X_2(x)) \wedge \neg\forall x(X_2(x) \rightarrow \neg X_3(x))$$

Beweis:

$\vdash \forall x(X_1(x) \rightarrow X_3(x))$	Aufnahme des Negats der zu beweisenden Formel
$\vdash \forall x(X_1(x) \rightarrow X_3(x)) \rightarrow (X_1(x) \rightarrow X_3(x))$	Axiom
$\vdash X_1(x) \rightarrow X_3(x)$	modus ponens
$\vdash X_3(x) \rightarrow X_2(x)$	Prämissenformel
$\vdash (X_1(x) \rightarrow X_3(x)) \rightarrow ((X_3(x) \rightarrow X_2(x)) \rightarrow (X_1(x) \rightarrow X_2(x)))$	Axiom
$\vdash X_1(x) \rightarrow X_2(x)$	2 x modus ponens
$\vdash \underline{\forall x(X_1(x) \rightarrow X_2(x))}$	Generalisation

Ein Widerspruch zur Prämisse konnte gefunden werden, daher sind die Relationen OB,FB ausgeschlossen. Die Formel $\neg\forall x(X_1(x) \rightarrow X_3(x))$ steht jedoch nicht im Widerspruch zu den drei Relationen ON,A,FN. Diese drei Relationen lassen sich weder beweisen, noch widerlegen - sie sind daher indeterminiert.

Mit den Axiomen und Theoremen der Prädikatenlogik gelingt es, alle 25 Theoreme zu beweisen - daher ist das intensionale Wissen konsistent.

7. Die Inferenzmaschine CONSDED (CONSistency and DEDuction), deren Eigenschaften und Algorithmusstrategie

Die Inferenzmaschine ist in der Programmiersprache PL1 auf IBM-4341 unter dem Betriebssystem VM-CMS im Batchbetrieb implementiert und prüft die Konsistenz des extensionalen Wissens von CADIAG-1. Die Maschine nimmt dabei eine beliebige Relation als sicher richtig (klinisch wahr) an und baut um diese Relation mit Hilfe der 25 Theoreme aus Abb.2 ein semantisches Netzwerk auf. Wann immer eine neue Relation den bewiesenen oder indeterminierten Relationen zugeordnet werden kann, wird diese Relation in das semantische Netzwerk aufgenommen. Die Aufnahme einer Relation entspricht also der positiven Antwort eines Frage-Antwortsystems. Sollte die Antwort negativ ausfallen, so wird die Begründung für diesen Widerspruch dem Benutzer mitgeteilt, womit auch die Transparenz der Inferenzmaschine gewährleistet ist.

Das semantische Netzwerk wird mit der zum Konsistenztest minimal erforderlichen Knoten- und Kanteninformation während des Tests im RAM in Form von Arrays gespeichert. Dabei wächst die Stack- und Heapgröße bis zu 0,6 MB.

Die Responsezeit beträgt für ca. 50.000 Relationen 20 Minuten.

Das extensionale Wissen kann, wie in Abb.3 gezeigt wird, als semantisches Netzwerk interpretiert werden. Dabei entspricht jeder Knoten einem medizinischen Entity (Symptom, Diagnose), während eine Kante die jeweilig gültige Relation zwischen zwei Entities repräsentiert.

Angenommen, die Relation OB soll auf Widerspruch zwischen den Entities X_1 und X_6 getestet werden. Beginnend beim Ausgangs-Entity X_1 wird versucht einen Weg zum Ziel-Entity X_6, der die Relation OB beweist oder widerlegt, zu finden. Dabei werden mit Hilfe des intensionalen Wissens für jene Knoten, die am Weg liegen, die Mengen BR, AR,IR berechnet. Insbesondere werden auch für den Zielknoten X_6 diese drei Mengen berechnet.

Da sich im Ziel-Entity X_6 die Relation OB in der Menge AR (ausgeschlossene Relationen) befindet, kann sie zwischen X_1 und X_6 nicht eingetragen werden.

Werden für die am Weg zwischen Ausgangs- und Ziel-Entity liegenden

Knoten Relationen gefunden, die der Menge BR (bewiesene Relationen) angehören, so werden diese Relationen als neue Relationsvorschläge zwischen Ausgangs-Entity und den am Weg liegenden Entities ausgegeben.

Die Verfolgung eines Weges entspricht dem "automatical inferencing" aus bereits vorhandenen Prämissen. Der nicht backtracking-freie Inferenzalgorithmus wird abgebrochen, wenn ein Bremsknoten erreicht ist.

Ein Bremsknoten liegt vor, wenn der Knoten markiert ist, d.h. die Mengen BR,AR,IR wurden für diesen Knoten schon berechnet oder wenn die Mengen BR,AR leer sind und IR alle Relationen umfaßt.

In Abb.3 ist z.B. X_3 ein Bremsknoten. Da die überwiegende Mehrzahl (ca. 75%) Relationen des Typs FN sind und eine Sequenz von zwei unmittelbar aufeinander folgenden FN-Relationen sicher zu einem Bremsknoten führt, wird das Abbruchkriterium für den Inferenzprozeß im allgemeinen schnell erreicht.

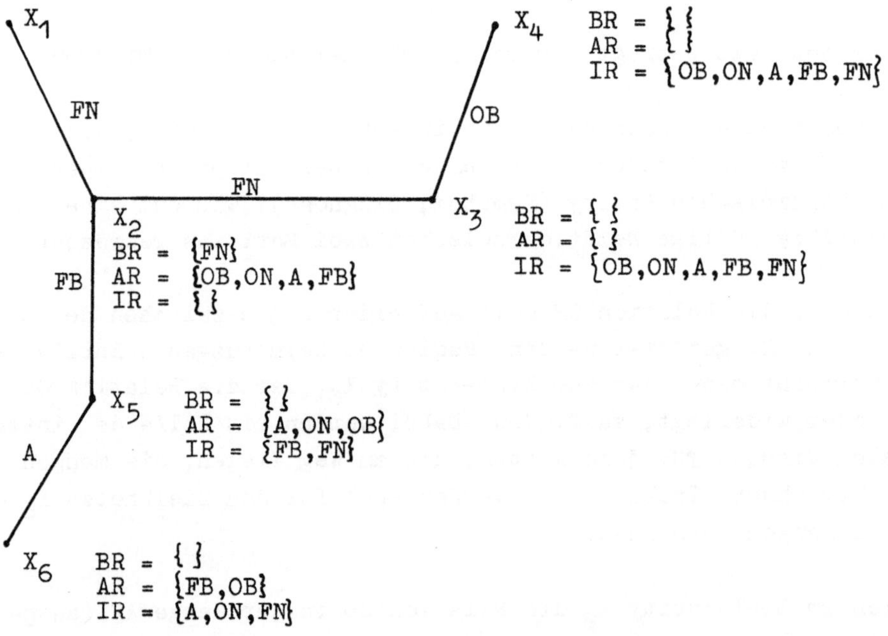

Abb.3: Berechnung der Mengen BR,AR,IR, falls X_1 das Ausgangs-Entity darstellt. Zwischen X_1 und X_3 sind alle Relationen möglich. Zwischen X_1 und X_5 sind A,ON,OB ausgeschlossen.

8. Ergebnis des Konsistenztests

CONSDED gibt die gefundenen Widersprüche und Vorschläge in einer für den Arzt lesbaren Form aus. Dabei wird ein Entity durch ein ihm adequates Kurzzeichen in einem Symptomen- bzw. Diagnosenthesaurus durch die Diagnosegruppenzugehörigkeit, dessen interne Symptom- oder Diagnosenummer und dessen umgangssprachliche Bezeichnung repräsentiert.

Abb.4 zeigt die Ausgabe der widersprüchigen Relation ON zwischen dem Symptom "Röntgen-Gelenk, Arthrosezeichen, Daumengrundgelenk" und der Diagnose "Rhizarthrose". Um die Transparenz des Systems zu gewährleisten, wird auch die Begründumg für den jeweiligen Vorschlag oder Widerspruch ausgegeben.

```
CADIAG-1 / KONSISTENZ  und  DEDUKTION
W I D E R S P R U C H :
------------------------------------------------------------
SYMPTOM : KRFH                      2                  1819
RTG.,GEL.,ARTHROSEZEICH.,DAUMENGRUNDGEL.
------------------------------------------------------------
                                 ON |
------------------------------------------------------------
DIAGNOSE : 71537                    2                    36
RHIZARTHROSE
------------------------------------------------------------
B E G R Ü N D U N G
------------------------------------------------------------
SYMPTOM : KRFH                      2                  1819
RTG.,GEL.,ARTHROSEZEICH.,DAUMENGRUNDGEL.
------------------------------------------------------------
                                 FB |
------------------------------------------------------------
SYMPTOM : KRF                       2                   754
RTG.,GEL.,ARTHROSEZEICH.
------------------------------------------------------------
                                 FN |
------------------------------------------------------------
DIAGNOSE : 71537                                         36
RHIZARTHROSE
------------------------------------------------------------
```

Abb.4: Ausgabeformat für einen gefundenen Widerspruch der 2. Diagnosegruppe (Gelenkskrankheiten). Der Widerspruch wurde dadurch beseitigt, daß "FN" durch "ON" ersetzt wurde.

9. Zusammenfassung

Durch die erfolgreiche Formalisierung von unexaktem medizinischem Wissen ist es gelungen, die Korrektheit der verwendeten Inferenzregeln zu beweisen. Die theoretischen Voraussetzungen für den praktischen Einsatz von CONSDED wurden daher erfüllt.

Da eine konsistente Wissensbasis die Korrektheit jedes deduzierten Wissens garantiert, ist die Implementierung von Konsistenztestverfahren eine unbedingte Notwendigkeit.

Liteartur:

/1/ ADLASSNIG K.-P.,KOLARZ G.,LIPOMERSKY F.,GRÖGER I.,GRABNER G.: CADIAG-1: Ein logisches computerunterstütztes Diagnosesystem und seine Anwendung in der internen Medizin in: ADLASSNIG K.-P., DORDA W.,GRABNER G.(Hrsg): Medizinische Informatik. Verlag R. Oldenburg, Wien-München, 1981, 220-227.

/2/ BARACHINI F.: Konsistenzprüfung von Wissensbasen Medizinischer Expertensysteme. Dissertation TU-Wien, 1984.

/3/ CHANG C.-L.,LEE R.C.-T.: Symbolic logic and mechanical theorem proving. Academic Press, New York, 1973.

/4/ HERBRANDT J.: Recherches sur la Thèorie de la demonstration. Travaux de la Societe des Sciences et des Lettres de Varsovie 33-128. 1930.

/5/ HERMES H.: Einführung in die mathematische Logik, G.Teubner Verlag, 1972.

/6/ KUICH W.: Mathematische Logik, Vorlesungsskriptum TU-Wien, 1974.

/7/ MANNA Z.,WALDINGER R.J.: Towards automatic program systems. CMCM.14,3. 151-165, 1971.

/8/ NILS J.NILSSON: Principles of Artificial Intelligence. Springerverlag, 1982.

/9/ ROBINSON J.A.: The generalized resolution principle. In: Machine Intelligence, Bd.3 (Hrsg. Michie D.). Edinburgh: Edinburgh University Press. 1968.

/10/ SCHÖNFELD W.: Zum Einsatz von automatischen Beweissuchverfahren in Informationssystemen. Universität Stuttgart, 1983.

Datenbankunterstützung für Expertensysteme

Volker Linnemann
Fachbereich Informatik
Johann Wolfgang Goethe-Universität
Dantestr. 9
D-6000 Frankfurt am Main 1

Kurzfassung

Expertensysteme mit einer grossen Wissensbasis sind auf die Unterstützung von Datenbanksystemen angewiesen. Datenbanksysteme stellen jedoch nur begrenzte Möglichkeiten zur Wissensrepräsentation zur Verfügung, insbesondere ist es nicht möglich, rekursive Regeln zu definieren, welche auf der Basis von vorhandenen Daten (= Relationen im relationalen Datenbankmodell) definiert sind. In der Terminologie von PROLOG bedeutet dies, dass Datenbanksysteme zwar eine Verwaltung von Facts, nicht jedoch von Rules erlauben. Der Abstand zwischen konventionellen Datenbanksystemen und den Erfordernissen von wissensbasierten Systemen erscheint also zu gross. In dieser Arbeit wird daher eine Erweiterung einer auf dem Relationenmodell basierenden Datenbanksprache vorgestellt, die es erlaubt, Regeln auf der Basis von Relationen zu definieren. Diese Regeln können auch rekursiv sein, daher bietet der neu vorgestellte Regelmechanismus ähnliche Möglichkeiten wie PROLOG, er ist jedoch mengenorientiert und erlaubt effizientere Implementierungsmöglichkeiten. Darüberhinaus werden Nachteile von PROLOG, wie z.B. endlose Rekursionen, vermieden.

1. Einleitung

Expertensysteme haben eine Wissenskomponente, die in vielen Fällen so gross ist, dass die Verwendung von Datenbanksystemen erforderlich ist, um zu effizienten und guten Implementierungen zu kommen. Daher ist es heute eine wichtige Fragestellung, wie man die semantischen Möglichkeiten einer regelbasierten Wissensrepräsentation, wie sie für Expertensysteme notwendig ist, mit den effizienten, aber beschränkten Möglichkeiten eines Datenbanksystems kombiniert [Kers 84].

Die Programmiersprache PROLOG [ClMe 81] hat in den letzten Jahren eine relativ grosse Verbreitung, gerade im Bereich der Expertensysteme, gefunden. Es liegt daher nahe, ein vorhandenes Datenbanksystem unverändert zu übernehmen und sinnvolle Schnittstellen zu PROLOG zu definieren. Dies ist bereits mehrfach geschehen, z.B. [JaVa 84] in Bezug auf ein relationales System oder [Zani 84] für einen netzwerkorientierten Ansatz.

Es stellt sich jedoch die Frage, ob eine durch die Historie definierte Schnittstelle, z.B. ein relationales Datenbanksystem, sinnvoll für ein Expertensystem ist. Aho und Ullman [AhUl 79] haben schon 1979 die Frage aufgeworfen, ob der von Codd eingeführte Begriff der relationalen Vollständigkeit [Codd 72], der eine wichtige Messlatte für relationale Datenbanksysteme darstellt, nicht zu einschränkend ist. In [AhUl 79] wird beispielsweise gezeigt, dass Relationenkalkül und Relationenalgebra nicht in der Lage sind, die transitive Hülle einer Relation auszudrücken. Dies liegt daran, dass der Relationenkalkül keine Rekursion zulässt, eine wesentliche Komponente z.B. von PROLOG.

In dieser Arbeit wird daher ein Konzept für sogenannte Konstruktormengen vorgestellt, das es erlaubt, (rekursive) Regeln für neue Relationen zu definieren. Die Semantik dieser Regeln wird definiert durch Fixpunkte von Mengenfunktionen. Konstruktormengen werden eingebunden in die in

Frankfurt in Entwicklung befindliche Datenbankprogrammiersprache DBPL [MaReSc 84], [ScMa 83], eine Weiterentwicklung von Pascal/R [Schm 77].

Die Arbeit ist wie folgt aufgebaut: Abschnitt 2 gibt einen Überblick über die wesentlichen Konzepte von DBPL, soweit sie für das folgende benötigt werden. Abschnitt 3 führt Konstruktormengen an Hand von Beispielen ein und erläutert die generelle Semantik von Konstruktormengen. Abschnitt 4 behandelt Optimierungsprobleme während Abschnitt 5 eine Diskussion der vorgestellten Sprachelemente enthält.

2. Datenbankprogrammierung

Das Gebiet der Datenbankprogrammierung ist ein aktives Forschungsgebiet in den letzten Jahren gewesen. Beispiele sind ADAPLEX [Smith 81], Taxis [MBW 80], Plain [Wass 79], Pascal/R [Schm 77] oder PS-ALGOL [AtCC 81]. Datenbankprogrammiersprachen haben das Ziel, eine saubere Integration von Datenbanken und Programmiersprachen zu realisieren. Hauptsächlich wird dies durchgeführt durch eine Erweiterung des Typkonzepts und des Variablenkonzepts in Programmiersprachen. In diesem Abschnitt werden kurz die wesentlichen Konzepte erläutert, die in Pascal/R [Schm 77] und im DBPL Projekt [ScMa 83], [MaReSc 84] entwickelt wurden, soweit sie für das folgende notwendig sind.

2.1. Relationen als Datentypen

Die Datenbankprogrammiersprache DBPL [ScMa 83], [MaReSc 84] integriert das relationale Datenmodell [Codd 70] in die Programmiersprache Modula-2 [Wirth 83]. DBPL ist eine Fortsetzung der Sprache Pascal/R [Schm 77]. Das wesentliche Konzept, das im folgenden benötigt wird, ist die Einführung eines RELATION-Typs, wobei die Relationenelemente Werte eines gegebenen flachen RECORD-Typs sind, z.B.

```
TYPE citytype = RECORD
                    (* Record-Komponenten, die eine Stadt
                       beschreiben, z.B. Stadtname, Einwohnerzahl,
                       Lage, etc. *)
                    ...
                END;
     cityrel = RELATION OF citytype;
VAR Cities: cityrel.
```

Cities ist eine Variable, in der Relationen gespeichert werden können mit Tupeln, die den Datentyp citytype haben. Normalerweise gibt es in Relationen immer eine Teilmenge der Attribute, deren Werte jeweils ein Tupel eindeutig identifizieren (Schlüssel). In DBPL wird dieser Schlüssel wie folgt im Relationentyp angegeben: Wir nehmen an, dass jede Stadt eindeutig durch den Namen gekennzeichnet ist:

```
TYPE citytype = RECORD
                    cityname: cityidtype;
                    size: sizetype;
                    position: positiontype;
                    ...
                END;
     cityrel = RELATION cityname OF citytype;
VAR Cities: cityrel.
```

Dieser Schlüssel wird verwendet, um Städte miteinander in Beziehung zu setzen, z.B. um direkte Verkehrsverbindungen zwischen 2 Städten darzustellen:

```
TYPE connectionrel = RELATION start,dest OF
                     RECORD
                         start,dest: cityidtype
                     END;
VAR Trains: connectionrel.
```

Relationen können aufgebaut werden durch Ausdrücke des Relationenkalküls und zugewiesen werden an Relationenvariable z.B. wie folgt:

```
TrainsfromVienna := connectionrel
                        {EACH r IN Trains: r.start = "Vienna"}
```

weist an die Variable TrainsfromVienna alle Paare mit erster Komponente "Vienna" zu. Das folgende Beispiel erläutert die Kombination von mehreren Relationen: Wir wollen die Einwohnerzahlen von Städten ermitteln, die an eine Bahnlinie angeschlossen sind:

```
TYPE sizerec = RECORD
                  name: cityidtype;
                  size: sizetype
               END;
     sizerel = RELATION name OF sizerec;

VAR Sizes: sizerel;

Sizes := { <r.cityname,r.size> OF EACH r IN Cities:
              SOME t IN Trains
                 (t.start=r.cityname) OR (t.dest=r.cityname) }.
```

Weitere Beispiele relationaler Ausdrücke werden im Verlauf der Arbeit gegeben.

2.2. Selektoren zur Datenselektion

Relationenvariable müssen nicht immer als ganzes zugegriffen werden, sondern es können Teile durch sog. **Selektoren** ausgewählt werden, sowohl zum Lesen als auch zum Schreiben. Ein Relationenelement, dessen Schlüssel gegeben ist, kann ähnlich wie ein Element aus einem Array ausgewählt werden:

```
Cities ["Vienna"]
```

bezeichnet in Cities das Tupel mit "Vienna" als cityname. Eine andere City - Information c mit "Vienna" als cityname kann ähnlich wie ein neues Array-Element zugewiesen werden durch

```
Cities ["Vienna"] := c.
```

Darüberhinaus können Teile einer Relation durch allgemeine Selektoren ausgewählt werden, die generell wie folgt angegeben werden:

```
SELECTOR s FOR Rel: reltype(parameter);
BEGIN
   EACH r IN Rel: p(r,...)
END s.
```

Der folgende Selektor selektiert beispielsweise aus einer Relation vom Typ connectionrel alle Tupel mit erster Komponente "Vienna", d.h. alle direkten Verbindungen ab Wien.

```
SELECTOR starting_in_Vienna FOR Rel: connectionrel();
BEGIN
    EACH r IN Rel: r.start="Vienna"
END starting_in_Vienna.
```

Dieser Selektor kann angewendet werden auf eine Relation wie folgt:

```
Trains [starting_in_Vienna].
```

Die Wirkungsweise eines Selektors s kann gemäss [JaLiSc 85] wie in Bild 1 angegeben veranschaulicht werden.

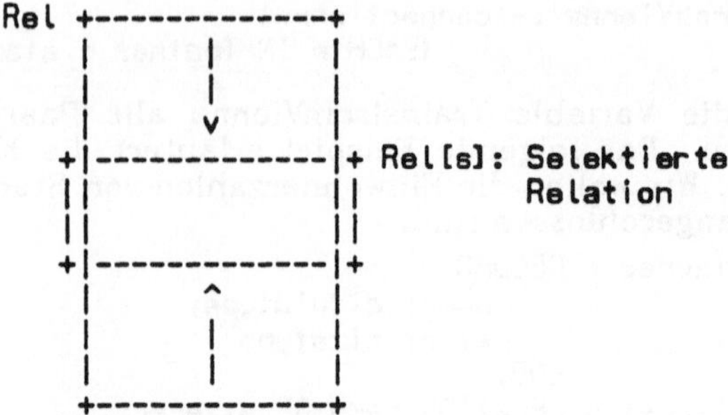

Bild 1: Relation und Selektor

3. Darstellung von Regeln durch Konstruktormengen

In diesem Abschnitt sollen Sprachelemente eingeführt werden, die die Verwendung von Regeln in der Datenbankprogrammierung erlauben. Zunächst sollen die Sprachelemente durch Beispiele erläutert werden, anschliessend erfolgt eine formale Definition der Regelsemantik über Gleichungssysteme von Mengenfunktionen. Der hier vorgestellte Konstruktor stellt eine Verallgemeinerung des in [JaLiSc 85] vorgestellten Konzepts dar, da zusammenhängende Konstruktoren zu einer Konstruktormenge zusammengefasst werden.

3.1. Beispiele für (rekursive) Regeln

Ausgehend von einer Relation Rel vom Typ connectionrel wollen wir eine Regel definieren, die alle Städtepaare ermittelt, die durch höchstens einmaliges Umsteigen verbunden sind:

```
CONSTRUCTORSET change (Rel: connectionrel);
BEGIN
    change_1: connectionrel
                    { EACH r IN Rel: TRUE,
                      <r1.start,r2.dest> OF
                          EACH r1,r2 IN Rel:
                              r1.dest=r2.start }
END change.
```

Hierdurch wird eine von einem Parameter Rel abhängige Menge change von Konstruktoren (= Regeln) definiert, die hier nur aus einem Element change_1 besteht. Die Regel kann angewendet werden auf eine spezielle Relation, z.B. Trains, durch

```
change(Trains).change_1
```

Diese Anwendung liefert alle Städtepaare, die per Bahn durch höchstens einmaliges Umsteigen verbunden sind. Die Verallgemeinerung auf n-maliges Umsteigen kann wie folgt aussehen: Wir definieren eine Konstruktormenge mit n Konstruktoren:

```
CONSTRUCTORSET change (Rel: connectionrel);
BEGIN
    change_1: connectionrel
               { EACH r IN Rel: TRUE,
                 <r1.start,r2.dest> OF
                      EACH r1,r2 IN Rel:
                         r1.dest = r2.start },
        .
        .
        .
    change_n: connectionrel
               { EACH r IN Rel: TRUE,
                 <r1.start,r2.dest> OF
                      EACH r1 IN Rel,
                        EACH r2 IN change_n-1:
                           r1.dest = r2.start }

END change.
```

Eine beliebige Umsteigeanzahl lässt sich durch Rekursion realisieren:

```
CONSTRUCTORSET change (Rel:connectionrel);
BEGIN
    change_at_all: connectionrel
                  { EACH r IN Rel: TRUE,
                    <r1.start,r2.dest> OF
                         EACH r1 IN Rel,
                           EACH r2 IN change_at_all:
                              r1.dest = r2.start  }
END change.
```

Die Parameter einer Regelmenge geben die Basisrelationen (= facts) an, die von den Regeln verwendet werden. Irgendwelche Relationen der entsprechenden Typen können als Aktualparameter verwendet werden.

Beispiel:

```
change(Trains).change_at_all
```

enthält alle Paare von Städten, die durch beliebig häufiges Umsteigen mit dem Zug erreichbar sind, während

```
change(Flights).change_at_all
```

alle Städtepaare enthält, die irgendwie per Flugzeug verbunden sind, wenn Flights alle direkten Flugverbindungen enthält.

Formal werden rekursive Regeln als Mengengleichung aufgefasst. Die (kleinste) Lösung einer solchen Gleichung kann durch eine Schleife berechnet werden, z.B. folgende Schleife berechnet in der Variablen change_at_all alle Tupel, die der Regelanwendung

```
change(Trains).change_at_all
```

entsprechen:

```
Change_at_all := {};
REPEAT
     Oldchange_at_all := Change_at_all;
     Change_at_all :=
          { EACH r IN Trains: TRUE,
            <r1.start,r2.dest> OF
                 EACH r1 IN Trains
                    EACH r2 IN Oldchange_at_all:
                         r1.dest = r2.start   }
UNTIL Oldchange_at_all = Change_at_all .
```

Da die Mengenfunktion monoton ist und da nur endliche Domänen betrachtet werden, bricht die Schleife nach endlich vielen Schritten ab. Mehr über die Semantik von Konstruktormengen findet sich in Abschnitt 3.2 . Man kann das Ergebnis einer Regelanwendung wie eine Relation behandeln und verwenden, z.B. einen Selektor darauf anwenden:

```
SELECTOR starting_in FOR Rel:connectionrel(city:cityidtype);
BEGIN
    EACH r IN Rel: r.start = city
END starting_in;

change(Trains).change_at_all [starting_in("Vienna")]
```

liefert alle Städte, die von Wien aus per Bahn mit Umsteigen erreichbar sind. Ein WITH - Statement kann zur Abkürzung verwendet werden:

```
WITH change(Trains) DO
    .
    .
    change_at_all [starting_in("Vienna")] ...

    change_at_all [starting_in("Paris")] ...

END.
```

Die Mächtigkeit des Konzepts der Konstruktormengen zeigt sich erst, wenn mehrere Regeln in einer Regelmenge wechselseitig rekursiv sind. Als Beispiel wollen wir eine Regel betrachten, die alle Städtepaare liefert bei Start mit dem Zug und Weiterfahrt nach dem ersten Umsteigen mit dem Zug oder mit dem Flugzeug. Eine zweite Regel soll alle Städtepaare bei Start mit dem Flugzeug liefern:

```
CONSTRUCTORSET train_or_flight (Trainrel, Flightrel: connectionrel);
BEGIN
  trainfirst: connectionrel
              { EACH r IN Trainrel: TRUE,
                <r1.start,r2.dest> OF
                   EACH r1 IN Trainrel,
                     EACH r2 IN trainfirst:
                        r1.dest = r2.start,
                <r1.start,r2.dest> OF
                   EACH r1 IN Trainrel,
                     EACH r2 IN flightfirst:
                        r1.dest = r2.start    }
 flightfirst: connectionrel
              { EACH r IN Flightrel: TRUE,
                <r1.start,r2.dest> OF
                   EACH r1 IN Flightrel,
                     EACH r2 IN flightfirst:
                        r1.dest = r2.start,
                <r1.start,r2.dest> OF
                   EACH r1 IN Flightrel,
                     EACH r2 IN trainfirst:
                        r1.dest = r2.start    }
END train_or_flight.
```

Diese Regeln werden am besten mit Hilfe eines WITH-Statements verwendet:

```
WITH train_or_flight (Trains, Flights) DO
    .
    .
    ... trainfirst  [start_in_city("Vienna")] ...
    ... flightfirst [start_in_city("Vienna")] ...
    .
    .
END.
```

Geschachtelt rekursive Regeln werden als Gleichungssystem für Mengen aufgefasst, die (kleinste) Lösung lässt sich durch eine Schleife berechnen, in unserem Beispiel wie folgt:

```
Trainfirst:={}; Flightfirst:={};
REPEAT
 Oldtrain:=Trainfirst; Oldflight:=Flightfirst;
 Trainfirst:=connectionrel
              { EACH r IN Trains: TRUE,
                <r1.start,r2.dest> OF
                   EACH r1 IN Trains,
                     EACH r2 IN Oldtrain:
                        r1.dest = r2.start,
                <r1.start,r2.dest> OF
                   EACH r1 IN Trains,
                     EACH r2 IN Oldflight:
                        r1.dest = r2.start }
 Flightfirst:=connectionrel
               { EACH r IN Flights: TRUE,
                 <r1.start,r2.dest> OF
                    EACH r1 IN Flights,
                      EACH r2 IN Oldflight:
                         r1.dest = r2.start,
                 <r1.start,r2.dest> OF
                    EACH r1 IN Flights,
                      EACH r2 IN Oldtrain:
                         r1.dest = r2.start }
 UNTIL (Oldtrain=Trainfirst) AND (Oldflight=Flightfirst) .
```

Die Rümpfe der Regeln werden also solange wechselseitig iteriert, bis keine neuen Tupel mehr hinzukommen. Die Schleife bricht ab, da die Regeln monotone Mengenfunktionen darstellen und da wir nur endliche Domänen zulassen. Einzelheiten zur Semantik finden sich in Abschnitt 3.2 .

3.2. Allgemeine CONSTRUCTORSET-Semantik

Ein CONSTRUCTORSET hat generell folgendes Aussehen:

CONSTRUCTORSET cset (params);
BEGIN
c_1: $c_1$type f_1 (c_1, ..., c_n, params,...);
.
.
.
c_n: $c_n$type f_n (c_1, ..., c_n, params,...);
END cset,

wobei jedes f_i ein DBPL-Ausdruck, geklammert durch { und }, für eine Relation vom Typ $c_i$type ist. Der Ausdruck kann abhängen von den anderen Konstruktoren c_1, ..., c_n sowie von den CONSTRUCTORSET-Parametern und evtl. von globalen Grössen.

Die Semantik der Konstruktoranwendung

cset(actparams).c_m

auf aktuelle Parameter actparams ist wie folgt festgelegt:

Wir definieren für i=1, ...,n :

$C_{i,0} = \{\}$,

$C_{i,k+1} = f_i\ (C_{1,k}, ..., C_{n,k}, \text{actparams}, ...)$

und berechnen die Grenzwerte

$C_i = \lim_{k \to \infty} C_{i,k}$.

C_m ist der Wert der Konstruktoranwendung

cset(actparams).c_m

Natürlich ist diese Definition nur dann sinnvoll, wenn der Grenzwert der obigen Folgen existiert. Wenn die Funktionen f_i monoton sind, so gilt $C_{i,0} \subseteq C_{i,1}$, daher, durch Induktion: $C_{i,k} \subseteq C_{i,k+1}$. Da alle Relationen auf endlichen Domänen basieren, muss ein Schritt j existieren, so dass $C_{i,j} = C_{i,j+1}$. Falls daher die f_i monoton sind, existieren die Grenzwerte und werden nach endlich vielen Schritten erreicht. Man kann zeigen [ChHa 82], dass die Funktionen f_i monoton sind, falls ihre Prädikate kein ALL und kein NOT enthalten.

Nach [Tars 55] berechnen wir den kleinsten Fixpunkt des Systems von Gleichungen

$c_1 = f_1\ (c_1, ..., c_n, \text{actparams}, ...)$

...

$c_n = f_n\ (c_1, ..., c_n, \text{actparams}, ...)$.

Ein Programm zur Berechnung der Grenzwerte kann prinzipiell wie folgt geschrieben werden:

```
C1 := {}; ...; Cn := {};
REPEAT
     Oldc1 := C1;
       ...
     Oldcn := Cn;
     C1 := f1 (Oldc1, ..., Oldcn, actparam, ...);
       ...
     Cn := fn (Oldc1, ..., Oldcn, actparam, ...);
UNTIL (C1 = Oldc1) AND ... AND (Cn = Oldcn)
```

In [JaLiSc 85] wird ein Kriterium angegeben, welches bei Anwesenheit von ALL und NOT die Existenz der Grenzwerte sichert. Das Kriterium sagt im wesentlichen aus, dass die Rekursion unter einer geraden Gesamtzahl von ALLs und NOTs stehen muss.

4. Optimierungsfragen

Betrachtet man die Prinzipalgorithmen in den Abschnitten 3.1 und 3.2, so stellt man fest, dass i.a. Verknüpfungen von Tupeln mehrfach durchgeführt werden. Um dies zu vermeiden, kann eine Idee von Bayer [Baye 85] verwendet werden. Die Arbeit von Bayer basiert auf der relationalen Algebra und führt eine sogenannte Delta-Transformation ein, die, im Gegensatz zum Prinzipalgorithmus in Abschnitt 3.2, nur die Inkremente der rekursiv definierten Relationen für die weitere Berechnung verwendet, d.h. nur die Tupel, die im vorherigen Schritt neu hinzugekommen sind. Die Beschränkung auf die Inkremente ist nicht immer vollständig möglich, z.B. wenn ein Join von 2 rekursiv definierten Relationen innerhalb eines Konstruktors auszuführen ist. [Baye 85] zeigt jedoch, dass es dennoch auch in diesem Fall möglich ist, nur die wesentlichen Teile der Ausdrücke zu extrahieren, um unnütze, schon früher durchgeführte Verknüpfungen zu vermeiden. In unserem Beispiel der Konstruktormenge train_or_flight aus Abschnitt 3.1 genügt es, sich auf die Inkremente zu beschränken. Ein entsprechendes Programm kann wie folgt aussehen:

```
Trainfirst  := Trains;
Flightfirst := Flights;
Deltatrain  := Trainfirst;
Deltaflight := Flightfirst;
REPEAT
    Htrain := { <r1.start,r2.dest> OF
                   EACH r1 IN Trains,
                       EACH r2 IN Deltatrain:
                          r1.dest = r2.start,
                <r1.start,r2.dest> OF
                   EACH r1 IN Trains,
                       EACH r2 IN Deltaflight:
                          r1.dest = r2.start     };
    Hflight:= { <r1.start,r2.dest> OF
                   EACH r1 IN Flights,
                       EACH r2 IN Deltaflight:
                          r1.dest = r2.start,
                <r1.start,r2.dest> OF
                   EACH r1 IN Flights,
                       EACH r2 IN Deltatrain:
                          r1.dest = r2.start     };
    Deltatrain := Htrain;
    Deltaflight:= Hflight;
    union(Trainfirst,Deltatrain,bool1);
    union(Flightfirst,Deltaflight,bool2)
UNTIL bool1 AND bool2,
```

wobei die Prozedur union(rel,deltarel,bool) definiert ist durch

```
bool := (deltarel ⊆ rel);
rel  := (rel U deltarel).
```

Man beachte, dass hier nicht die Bedingung

```
(Deltatrain={}) AND (Deltaflight={})
```

verwendet werden kann, da möglicherweise Tupel existieren, die immer wieder generiert werden können, z.B. falls eine der Basisrelationen einen Zyklus enthält. Die Schleife bricht ab, wenn beide Deltarelationen keine neuen Tupel mehr enthalten.

5. Diskussion

Natürlich stellt sich die Frage, ob es überhaupt notwendig ist, Regelmechanismen zu einer Datenbankprogrammiersprache hinzuzufügen. Eine Sprache wie z.B. DBPL ist ja bereits so allgemein, dass man mit ihr beliebige Relationen berechnen kann, und eine Regel in dieser Arbeit ist letztlich nichts anderes als eine möglicherweise rekursive Vorschrift zur Berechnung einer Relation. Hierzu lässt sich folgendes sagen:

1. Die Konstruktormenge ist ein deskriptives Sprachelement. Insbesondere muss das Ende der Rekursion nicht explizit programmiert werden, sondern es ergibt sich implizit aus der Lösung eines Gleichungssystems, d.h. es wird solange iteriert, bis sich nichts mehr ändert. Ähnliche Ideen für einfache, nicht geschachtelte Rekursion finden sich in Query-by-example [Zloof 77] und in einer Erweiterung der Sprache QUEL [Kung 84], [IoShWo 84], allerdings auf einer sehr informellen Basis.

2. Eine Konstruktoranwendung lässt sich wesentlich leichter optimieren als entsprechende allgemeine DBPL-Programmstücke. Hierbei kann die von Bayer [Baye 85] angegebene Technik verwendet werden. Wichtig ist darüberhinaus die Möglichkeit, Relationen, die durch einen Konstruktor definiert sind, nicht vollständig zu berechnen, sondern sich auf die Teile zu beschränken, die beispielsweise für einen anderen relationalen Ausdruck notwendig sind. Hinweise hierzu finden sich in [JaLiSc 85].

Im Bereich der wissensbasierten Systeme hat die Programmiersprache PROLOG einen wichtigen Stellenwert erreicht. Es stellt sich natürlich die Frage, wie der definierte Konstruktor mit den Ausdrucksmitteln von PROLOG zusammenhängt. Hierzu gibt es folgendes Ergebnis [JaLiSc 85]:

Lemma:

Der Konstruktor-Mechanismus ist so mächtig wie funktionsfreies PROLOG ohne cut, fail und Negation.

Beweisskizze: Horn Klauseln können repräsentiert werden durch Anwendung eines Fixpunkt-Operators auf eine positive, existenzquantifizierte Anfrage [ChHa 82]. Daher ist jede Anfrage, die sich durch eine funktionsfreie Hornklausel ausdrücken lässt, repräsentierbar durch den Konstruktor-Mechanismus. Positive, existenzquantifizierte Anfragen entsprechen genau den DBPL-Anfragen ohne Negation und ohne den ALL-Quantor.

Die Auswertung der Rekursion über Fixpunkte hat einen wesentlichen Vorteil gegenüber der Auswertung von Hornklauseln über den Backtracking-Mechanismus von PROLOG:

Der Fixpunkt wird immer nach endlich vielen Schritten erreicht. Der PROLOG Backtracking-Mechanismus führt in manchen Fällen zu Endlosschleifen [Covi 85]. Die Reihenfolge der Regelanwendungen auf der rechten Seite von Regeln in PROLOG ist für die Auswertung und für den Abbruch des Backtracking wesentlich während bei Konstruktormengen nach wie vor alle Kommutativ- und Assoziativgesetze der Logik gelten.

6. Zusammenfassung und Ausblick

Diese Arbeit erläutert das Konzept der Konstruktormengen als Ergänzung einer Datenbankprogrammiersprache, welches die rekursive Ableitung von Relationen aus Basisrelationen erlaubt. Der Konstruktormechanismus soll dazu dienen, die Lücke zwischen gewissen Anforderungen von Expertensystemen einerseits und den eingeschränkten, aber effizienten Möglichkeiten von relationalen Datenbanksystemen andererseits zu schliessen. Konstruktoren sind so allgemein wie funktionsfreie Hornklauseln, sie bieten daher ähnliche Möglichkeiten wie PROLOG, wobei einige Nachteile von PROLOG vermieden werden.

In [LiScJa 85] wird demonstriert, wie rekursive Datenstrukturen nach [Hoare 75], [Lame 84] und [LaMuSc 84] zur Repräsentierung von Konstruktoren verwendet werden können. Dies erlaubt die Definition und die Änderung einer Regelbasis. Weiterhin zeigen wir, wie dieses Konzept verwendet werden kann, um Regelbanken aufzubauen und somit einen ersten Beitrag zur Integration von Fact- und Rule-Management unter Verwendung der relationalen Technologie zu leisten.

Danksagung:

Prof. Dr. J.W. Schmidt und Prof. Dr. M. Jarke, Universität Frankfurt, danke ich für zahlreiche Diskussionen, Anregungen und Beiträge zu früheren Versionen dieser Arbeit.

7. Literatur

[AhUl 79]
Aho,A.V.; Ullman,J.D.: Universality of Data Retrieval Languages, 6th ACM Symp. on Principles of Programming Languages, San Antonio, Texas, January 1979

[AtCC 81]
Atkinson,M.P.; Chrisholm,K.; Cockshott,P.: The New Edinburgh Persistent Algorithmic Language, University of Edinburgh, Department of Computer Science, CSR-90-81, August 1981

[Baye 85]
Bayer,R.: Query Evaluation and Recursion in Deductive Database Systems, Institut für Informatik Techn. Univ. München, Januar 1985

[BrMySc 84]
Brodie,M.L.; Mylopoulos,J.; Schmidt,J.W. (eds.): On Conceptual Modelling, Perspectives from Artificial Intelligence, Databases, and Programming Languages, Springer Verlag, 1984

[ChHa 82]
Chandra,A.K.; Harel,D.: Horn Clauses and the Fixpoint Query Hierarchy, ACM Symposium on Principles of Database Systems, Los Angeles, 1982, 158-163

[ClMe 81]
Clocksin,W.F.; Mellish,C.S.: Programming in PROLOG, Springer Verlag 1981

[Codd 70]
Codd,E.F.: A Relational Model of Data for Large Shared Data Banks, CACM Vol.13, No. 6, June 1970, 377-387

[Codd 72]
Codd,E.F.: Relational Completeness of Data Base Sublanguages, **in** R. Rustin, (ed.): Data Base Systems, Prentice Hall, Englewood Cliffs, NJ, 1972, 65-98

[Covi 85]
Covington,M.A.: Eliminating Unwanted Loops in PROLOG, SIGPLAN Notices Vol. 20, No. 1, January 1985, 20-26

[GaMN 84]
Gallaire,H.; Minker,J.; Nicolas,J.M.: Logic and Databases: A Deductive Approach, Comp. Surveys, Vol.16, No.2, June 1984, 153-185

[Hoare 75]
Hoare,C.A.R.: Recursive Data Structures, International Journal of Computer and Information Structures, Vol.4, No. 2, 1975, 105-132

[IoShWo 84]
Ioannidis,Y.; Shinkle,L.L.; Wong,E.: Enhancing INGRES with Deductive Power, **in** [Kers 84], 847-850

[JaLiSc 85]
Jarke,M.; Linnemann,V.; Schmidt,J.W.: Data Constructors: On the Integration of Rules and Relations, 11th International Conference on Very Large Data Bases, Stockholm, August 1985

[JaVa 84]
Jarke,M.; Vassiliou,Y.: Coupling Expert Systems and Database Management Systems, **in** Reitman,W.R. (ed.): Artificial Intelligence Applications for Business, Ablex,Norwood,NJ, 65-85

[Kers 84]
Kerschberg,L. (ed.): Proceedings of the First International Workshop on Expert Database Systems, Kiawah Island, South Carolina, October 1984

[Kung 84]
Kung,R.M.; Hanson,E.; Ioannadis,Y.; Sellis,T.; Shapiro,L.; Stonebraker,M.: Heuristic Search in Data Base Systems, **in** [Kers 84], 96-107

[Lame 84]
Lamersdorf,W.: Recursive Data Models for Non-Conventional Database Applications, Proc. Intern. IEEE Conference on Data Engineering, Los Angeles, April 1984

[LaMuSc 84]
Lamersdorf,W.; Müller,G.; Schmidt,J.W.: Language Support for Office Modelling, Proc. 10th VLDB Conf., Singapore, August 1984, 280-290

[LiScJa 85]
Linnemann,V.; Schmidt,J.W.; Jarke,M.: Integrated Fact and Rule Management Based on Relational Technology, Workshop on Knowledge Base Management Systems, Crete, Greece, June 24-26, 1985

[MaReSc 84]
Mall,M.; Reimer,M.; Schmidt,J.W.: Data Selection, Sharing, and Access Control in a Relational Scenario, in [BrMySc 84], 411-436

[MBW 80]
Mylopoulos,J.; Bernstein,P.; Wong,H.T.K.: A Language Facility for Designing Interactive Databsae-Intensive Applications, ACM TODS, Vol.5, No.2, June 1980

[Schm 77]
Schmidt,J.W.: Some High-level Language Constructs for Data of Type Relation, ACM TODS 2,3 (1977), 247-261

[ScMa 83]
Schmidt,J.W.; Mall,M.: Abstraction Mechanisms for Database Programming, Proc. SIGPLAN Symp. on Programming Language Issues in Software Systems, San Francisco, June 1983, 83-93

[Smith 81]
Smith,J.M.; Fox,S.; Landers,T.: Reference Manual for ADAPLEX, CCA, Cambridge, Mass., January 1981

[Tars 55]
Tarski,A.: A Lattice Theoretical Fixpoint Theorem and its Applications, Pacific J. Mathematics 5:2, June 1955, 285-309

[Wass 79]
Wasserman,A.I.: The Data Management Facilities of PLAIN. Proc. ACM SIGMOD Conf., Boston, May 1979

[Wirth 83]
Wirth,N.: Programming in MODULA-2, Springer Verlag 1983

[Zani 84]
Zaniolo,C.: Prolog: A Database Query Language for All Seasons, in [Kers 84], 63-73

[Zloof 77]
Zloof,M.M.: Query-by-Example: a Database Language, IBM Syst. J. 16:4 (1977), 324-343

Ein Expertensystem zur Unterstützung der Filialanalyse bei der HYPO-BANK

U. Güntzer, Institut für Informatik TU München
G. Huber, TU München
G. Jüttner, Leibniz-Rechenzentrum München

Zusammenfassung:

Im vorliegenden Beitrag wird ein Prototyp-Expertensystem zur Unterstützung der Filialanalyse bei der HYPO-Bank vorgestellt.

Im Rahmen dieser Analyse werden bestimmte Kennzahlen benutzt, die Erfolg und Wirtschaftlichkeit einer Filiale beschreiben. Die einzelnen Kennzahlen werden bewertet, wobei das System auf näher zu analysierende Signifikanzfälle hinweist. Im Dialogbetrieb kann der Benutzer eine Begründung für die Bewertung einer Kennzahl verlangen. Diese Ursachenanalyse entspricht dem wesentlichen Teil der Arbeit des Experten.

Das in IF/PROLOG auf einem IBM PC XT implementierte Expertensystem dient primär dem Ziel, die Einsatzfähigkeit eines Expertensystems im Bankensektor zu demonstrieren.

0. Einführung

Ein Expertensystem ist ein Rechensystem, das die Tätigkeit eines Experten teilweise mechanisiert (vgl. /1/ , /2/ , /3/).
Dies entspricht einem Programmsystem zur Darstellung und Auswertung des Wissens eines oder mehrerer Experten mit Hilfe von Rechnern.

Expertensysteme finden als Anwendungsgebiet der künstlichen Intelligenz zunehmende Verbreitung im Dienstleistungs- und Beratungssektor (vgl. /4/ , /5/ , /6/).

Insbesondere interessieren sich auch Banken dafür, wo Expertensysteme in ihren Unternehmen eingesetzt werden können und welche Vorteile und Probleme dabei gegenüber bisherigen Vorgehensweisen der Software-Entwicklung auftreten (vgl. / 7/).

Aus diesem Grund regte die HYPO-Bank München die Erstellung eines Prototyp-Expertensystems zur Unterstützung der Filialanalyse an, das im Rahmen eines Projektes der Technischen Universität München und des Leibniz-Rechenzentrums der Bayerischen Akademie der Wissenschaften entwickelt wurde.

Hierbei war primäres Ziel festzustellen, inwieweit ein Expertensystem bei der Analyse-Arbeit der HYPO-Bank-Experten Hilfeleistung geben kann.

Für die Zusammenarbeit mit den beteiligten Stellen der HYPO-Bank, speziell mit den Herren Dr. P. Wassermann, Dr. K.-R. Moll, Chr. Felgendreher, N. Pawlowski, H. Blaschek, bedanken wir uns herzlich.

1.0 Filialanalyse in der HYPO-BANK

1.1 Problemstellung

Die Bayerische Hypotheken- und Wechsel-Bank ist eine Filialbank. Sie besteht aus einer Zentrale und ca. 450 Filialen. Um Wirtschaftlichkeit und Erfolg dieser Vielzahl von Filialen beurteilen zu können, ist eine regelmäßige Analyse der Filialen notwendig (vgl. / 8/). Grundlage für die Durchführung dieser Filialanalyse bilden Kennzahlen über Ertragslage, Produktivität und Geschäftsentwicklung im periodischen Zeitvergleich. Aus diesen Kennzahlen können Aussagen über Stärken und Schwächen einzelner Filialen getroffen werden. Darüberhinaus ist es möglich, Filialgruppen untereinander zu vergleichen.

Das durch das Prototyp-Expertensystem zu lösende Problem ist die Unterstützung der Interpretation der Kennzahlen einer einzelnen Filiale. Dieses Problem kann in mehrere Teilprobleme gegliedert werden:

1. Klassifizierung der Kennzahlenwerte
   Zur Bestimmung der Stärken und Schwächen einer Filiale werden die einzelnen Kennzahlen nach ihrem Wert klassifiziert, d. h. sie werden einer bestimmten "Bewertung" (z. B. "schlecht", "durchschnittlich", "gut") zugeordnet.

2. Bestimmung von Signifikanzfällen
   Das Expertensystem soll auf Kennzahlen aufmerksam machen, deren Werte einer näheren Analyse unterzogen werden sollten.

3. Bestimmung von Diskrepanzfällen
   Aufgrund von Inkonsistenzen, die bei der Bewertung voneinander abhängiger Kennzahlen auftreten können, sollen Schwächen im Analyseverfahren oder Fehler bei der Datenübermittlung erkannt werden.

4. Ursachenanalyse
   Die Hauptaufgabe bildet die sogenannte Ursachenanalyse. Dabei werden einzelne Kennzahlen analysiert und somit Gründe für Stärken und Schwächen einer Filiale dargelegt.

Um verstehen zu können, wie diese Filialanalyse durch das Expertensystem realisiert werden kann, muß die Einteilung der Filialen und der Aufbau des Kennzahlensystems vorgestellt werden.

1.2 Filialgruppeneinteilung

Die Filialen werden 5 Ressorts zugeordnet. Ein Ressort wird von einem Mitglied des Vorstandes geführt und umfaßt 5 bis 10 A-Filialbezirke, wobei jeder A-Filialbezirk einem Wirtschaftsraum entspricht, d. h. die Filialen, die zu einem A-Filialbezirk gehören, liegen auch geographisch in einem Gebiet.

Jeder A-Filialbezirk besteht aus einer vorgesetzten A-Filiale und mehreren angeschlossenen B-Filialen. Den B-Filialen können C-Filialen zugeordnet sein.

Die A-Filiale ist Kopfstelle des A-Filialbezirks und nimmt damit innerhalb dieses Bezirks eine Sonderstellung ein, weil sie bestimmte Tätigkeiten für die angeschlossenen B-Filialen übernimmt. Auch B-Filialen können Tätigkeiten für ihre zugeordneten C-Filialen ausführen. Dadurch sind in bestimmten Geschäftssparten jeweils nur Filialen desselben Status' (A, B, C) untereinander vergleichbar.

Als Gegenstand der Problemlösung im Expertensystem ist zunächst nur die Analyse einer beliebigen einzelnen Filiale vorgesehen, aber noch kein Vergleich ganzer Filialgruppen untereinander. Außerdem werden Sonderstellungen der A-, B- und C-Filialen zunächst nicht berücksichtigt, d. h. alle Filialen werden im derzeitigen System gleich behandelt.

1.3 Aufbau des Kennzahlensystems

Eine Gruppe von Kennzahlen wird in der Regel durch eine übergeordnete Kennzahl charakterisiert. So setzt sich beispielsweise das Provisionsgeschäft aus dem Wertpapiergeschäft, dem Auslandsgeschäft und dem Zahlungsverkehr zusammen. Ähnliche Abhängigkeiten gibt es für fast alle Kennzahlen, insgesamt liegt eine hierarchische Kennzahlenstruktur vor.

Nachfolgende Abbildung zeigt im Überblick die baumartige Struktur der Kennzahlen-Bereiche. Dabei bedeutet Außenstelle die zu untersuchende Filiale.

Graphik 1: Strukturbaum der Kennzahlenbereiche

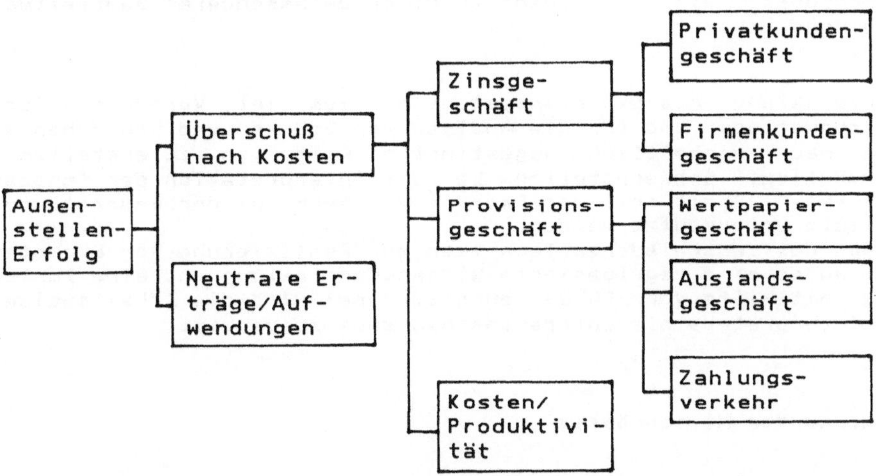

In jedem Kennzahlen-Bereich (durch Rechtecke gekennzeichnet) kommen mehrere Kennzahlen vor. Die einzelnen Kennzahlen werden von jeder Filiale erfaßt und zentral in einer Datenbank gespeichert. Zweimal jährlich (für die Periode Januar - Juni und für das Gesamtjahr) werden die Kennzahlen pro A-Filialbezirk in sogenannten Filialkennzahlblättern zusammengestellt. Diese Blätter, die auch Durchschnittszahlen für den A-Filialbezirk und für das Ressort enthalten, zu dem der A-Filialbezirk gehört, bilden die Grundlage für die Analyse der Filiale.

2.0 Realisierung des Expertensystems

2.1 Motivation und Zielsetzung

Die wesentlichen Gründe für die Entwicklung eines Expertensystems zur Unterstützung der Filialanalyse waren:

¤ Das Gebiet der Filialanalyse stellt ein gut abgrenzbares Problemgebiet dar und erschien uns deshalb für ein Prototyp-Expertensystem sehr geeignet.

¤ Bei der Beurteilung der Filialen werden Heuristiken verwendet. Diese müssen bei der Entwicklung des Expertensystems explizit als Regeln formuliert werden. Damit sind die Lösungsprinzipien der Experten diskutierbar und verbesserbar.

¤ Die Änderung und Erweiterung des zugrunde liegenden Wissens ist durch Austausch oder Hinzufügung der Wissensregeln in einfacher Weise möglich.

¤ Bis jetzt wird die Filialanalyse von verschiedenen Experten, d. h. den jeweils verantwortlichen Führungskräften durchgeführt. Das hat zur Folge, daß subjektive Interpretationen der einzelnen Kennzahlen entstehen können, die voneinander abweichen. Ein Expertensystem stellt im Gegensatz dazu eine für alle Filialen einheitliche Analyse bereit.

¤ Das Expertenwissen könnte breit genutzt werden, so daß ein weniger geübter Bankexperte, der heute z. T. nur eine Minimalanalyse durchführt, ein Instrument zu einer umfassenderen Beurteilung in die Hand bekommt.

Die Entwicklung des Expertensystems hat zum Ziel, Vorschläge für die Ergebnisbewertung und für die Analyse von Stärken und Schwächen einer Filiale nach einheitlich abgestimmten Kriterien zu erstellen und, falls möglich, Schwachstellen bei der Interpretation der Kennzahlen aufzudecken. Damit soll der Experte der Bank bei der Beurteilung einer Filiale unterstützt werden.
Im Rahmen der verschiedenen Techniken zur Realisierung von Expertensystemen wurde eine regelbasierte Wissensdarstellung und eine Implementierung mit Hilfe von PROLOG gewählt. Dabei wird die Arbeitsweise des PROLOG-Interpreters als Inferenzmechanismus ausgenutzt.

2.2 Aufbau der Wissensbasis

2.2.1 Faktenwissen

Das Faktenwissen setzt sich aus mehreren Grunddaten zusammen:

¤ alle Kennzahlen einer Filiale

¤ Ressortdurchschnittszahlen

¤ Standardrichtwerte für Kennzahlen

¤ Status der Filiale (A, B, C)

¤ Zahlen über die Zielerreichung von Sollvorgaben

Die Fakten sind Teil der Wissensbasis und werden derzeit in Form von sequentiellen Dateien bereitgestellt.

Beispiel 1: Fakten der Wissensbasis

1. Überschuß nach Kosten pro Mitarbeiter der Filiale 'XYZ' = 22,0 TDM.

2. Der Durchschnitt von Überschuß nach Kosten aller Filialen des Ressorts = 30,5 TDM.

3. Dienstleistungserträge in Promille des Leistungsvolumens = 5,0.

2.2.2 Klassifizierung der Filialkennzahlwerte

Regeln zur Klassifizierung der Kennzahlwerte haben prinzipiell zum Ziel, Bewertungen der Kennzahlen vorzunehmen.

Kriterium für die Bewertung von Kennzahlen sind deren relative Abweichungen vom Ressortdurchschnitt, wobei zwischen einer isolierten und einer gewichteten Bewertung unterschieden wird. Der Wertebereich der relativen Abweichung wird in Intervalle eingeteilt, um diese auf isolierte und gewichtete Bewertung abbilden zu können.

Ziel der isolierten Bewertung ist eine vom Strukturbaum unabhängige Einzelbewertung einer Kennzahl. Die Intervalle für diese Bewertungsart sind für fast alle Kennzahlen gleich.

Bei der gewichteten Bewertung kommt im Unterschied dazu die gegenseitige Abhängigkeit der Kennzahlen zum Ausdruck. Im Sinne des Strukturbaumes (vgl. Abschnitt 1.3) wirken Sohnkennzahlen unter Umständen mit unterschiedlicher Gewichtung auf die Vaterkennzahl ein.

Beispiel 2: Gewichtung von Kennzahlen

Beispielsweise setze sich das Provisionsgeschäft zu 50 % aus dem Wertpapiergeschäft, zu 30 % aus dem Auslandsgeschäft und zu 20 % aus dem Zahlungsverkehr zusammen.

Die Grenzen der Intervalle sind primär Erfahrungswerte der Experten. Bei der gewichteten Bewertung wird zusätzlich die Gewichtung durch Verschiebung der Intervallgrenzen ausgedrückt. In der Regel wird der Wertebereich der relativen Abweichungen einer Kennzahl sowohl für die isolierte als auch gewichtete Bewertung in drei Intervalle eingeteilt, wobei das "Durchschnittsintervall" symmetrisch zum Nullpunkt ist. Damit werden die Intervalle durch die "Durchschnittsintervallgrenzen" r_i im isolierten und r_g im gewichteten Fall festgelegt.

<u>Beispiel 3:</u> isolierte Bewertung für Wertpapiergeschäft, Auslandsgeschäft und Zahlungsverkehr

Es gilt: $r_{i_1} = r_{i_2} = r_{i_3} = 10\ \%$

[-100 %, - 10 %) -------> schlecht (-1)
[-10 %, + 10 %] -------> durchschnittlich (0)
(+ 10 %, + ∞ %) -------> gut (+1)

Die Durchschnittsintervallgrenze r_g für die gewichtete Bewertung einer Kennzahl wird gemäß folgendem Verfahren V1 bestimmt:
(V1):

1. Für die gewichtigste Sohnkennzahl S1 eines Vaterknotens V gilt:

$$r_{i_1} = r_{g_1}$$

2. Seien g_i die Gewichte von S_i , g_1 das Gewicht des gewichtigsten Sohnes und $r_{i_1} = r_{g_1}$ dessen Durchschnittsintervallgrenzen. Dann gilt für die Durchschnittsintervallgrenzen r_{g_i} der Söhne S_i :

$$r_{g_i} = \frac{g_1}{g_i} \, r_{g_1}$$

Entsprechend Beispiel 2 und Verfahren (V1) wird das Wertpapiergeschäft Bezugsgröße für Auslandsgeschäft und Zahlungsverkehr ($r_{i_1} = r_{g_1} = 10\%$). Das Auslandsgeschäft erhält aufgerundet die Durchschnittsintervallgrenze $r_{g_2} = 17\ \%$ und der Zahlungsverkehr $r_{g_3} = 25\ \%$.

Damit wird der Wertebereich der relativen Abweichung vom Ressortdurchschnitt im Falle des Zahlungsverkehrs in folgende Intervalle für die gewichtete Bewertung unterteilt:

<u>Beispiel 4:</u> gewichtete Bewertung des Zahlungsverkehrs

Es gilt: $r_{g_3} = 25\ \%$

[-100 %, - 25 %) -------> schlecht (-1)
[-25 %, + 25 %] -------> durchschnittlich (0)
(+ 25 %, + ∞ %) -------> gut (+1)

Bei der weiteren Analyse werden dann nicht mehr die Kennzahlenwerte, sondern nur noch isolierte und gewichtete Bewertungen betrachtet. Auf Grund der Einführung der gewichteten Bewertung werden Gewichtungsaspekte bei der Kennzahlenanalyse miteinbezogen.

Für jede Kennzahl gibt es eine Regel, die die relative Abweichung des betreffenden Kennzahlenwertes vom Ressortdurchschnitt auf die entsprechende isolierte und gewichtete Bewertung abbildet. Diese Regeln werden Klassifizierungsregeln genannt und sind Teil der Wissenbasis des Expertensystems.

<u>Beispiel 5:</u> Klassifizierungsregel

Wenn die relative Abweichung vom Ressortdurchschnitt der Kennzahl Zahlungsverkehr in % des Bruttoüberschusses im Intervall [-25 %, 10 %) liegt,
dann ist die isolierte Bewertung der Kennzahl Zahlungsverkehr in % des Bruttoüberschusses "schlecht" und die gewichtete Bewertung "durchschnittlich".

2.2.3 Analyse der Filialkennzahlwerte

2.2.3.1 Zustandsraum

Wesentliches Hilfsmittel bei der Analyse eines Kennzahlenwertes (Ursachenanalyse) sind die gewichteten Bewertungen der entsprechenden Sohnkennzahlen. Diese werden in Beziehung zur isolierten Bewertung der Vaterkennzahl gesetzt. In Abhängigkeit von der Klassifizierung und der Anzahl der Sohnkennzahlen ergibt sich insgesamt ein Zustandsraum der möglichen Bewertungskombinationen zwischen Vater- und Sohnknoten.

Der Zustandsraum umfaßt für jede Kennzahl bei einer 3-teiligen Klassifizierung $(n + 1)^3$ Elemente, wobei n die Anzahl der Sohnknoten der Kennzahl ist.

<u>Beispiel 6:</u> Element des Zustandsraumes einer Kennzahl mit 4 Söhnen

(+ 1, +1, -1, 0) ---> 0

Gemäß Abschnitt 1.1 ist die Hauptaufgabe des Expertensystems, in diesem Zustandsraum einen Weg zur Problemlösung, also eine Ursache für die Bewertung der Kennzahl, zu finden. Die Suche nach Problemlösungswegen in komplexen Zustandsräumen charakterisiert auch wesentlich die Technologie von Expertensystemen (vgl. / 9/).

Der Zustandsraum kann im Fall der Filialanalyse bei Betrachtung der isolierten Bewertung in 4 Klassen unterteilt werden:

1. Kompensationsfall
   Kompensationsfälle liegen vor, wenn sich die Bewertungen der Sohnkennzahlen gegenseitig aufheben und die Vaterkennzahl mit "durchschnittlich" bewertet ist. Dabei muß es mindestens einen Sohn mit der Bewertung "schlecht" und mindestens einen Sohn mit der Bewertung "gut" geben.

2. Überkompensationsfall
   Falls die Bewertungen der Sohnkennzahlen nicht alle gleich sind, kein Kompensationsfall vorliegt und es mindestens eine Sohnkennzahl gibt, deren Bewertung gleich der der Vaterkennzahl ist, dann liegt ein Überkompensationsfall vor. Wir sprechen auch davon, daß sich eine oder mehrere der Sohnkennzahlen durchsetzen.

3. Verstärkungsfall
   Ein Verstärkungsfall ist gegeben, wenn alle Sohnkennzahlen die gleiche Bewertung wie die Vaterkennzahl haben.

4. Diskrepanzfall
   Falls die Bewertung des Vaters besser oder schlechter wie die Bewertung aller Söhne ist, liegt ein Diskrepanzfall vor.

Graphisch kann die Zustandsraumaufteilung für 2 Sohnkennzahlen S1 und S2 wie folgt dargestellt werden:

Graphik 2: Zustandsraumaufteilung zweier Sohnkennzahlen

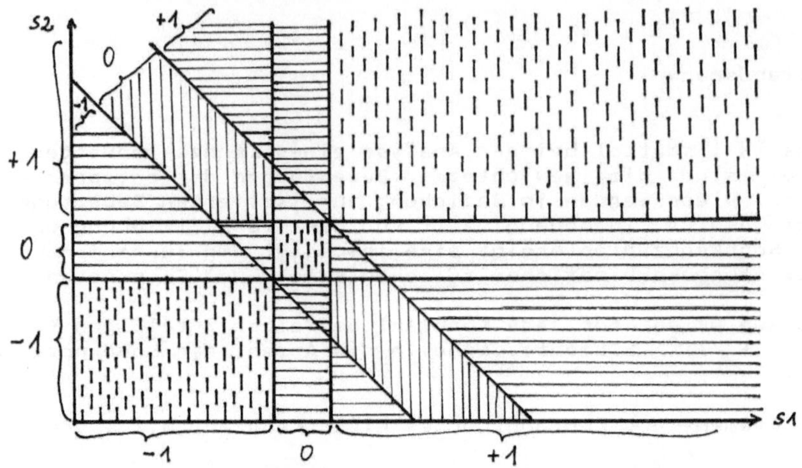

Verstärkungsfälle Überkompensationsfälle Kompensationsfälle

Auf den Koordinatenachsen werden die Intervalle der isolierten Bewertungen für die Sohnkennzahlen S1 und S2 aufgetragen. Die Intervalle der isolierten Bewertung der Vaterkennzahl werden im 45 Grad-Winkel dazu gezeichnet, da wir für dieses Beispiel annehmen, daß sich der Vaterkennzahlwert aus der Summe der Sohnkennzahlwerte zusammensetzt.

Die nicht in der Graphik erfaßte Teilmenge des Zustandsraumes weist auf Inkonsistenzen zwischen Vater- und Sohnkennzahlen hin. Diese Elemente des Zustandsraumes werden Diskrepanzfälle genannt.

Beispiel 7: Diskrepanzfälle

(-1, -1) ---> +1
(+1, 0) ---> -1

Das Expertensystem soll die Diskrepanzfälle feststellen und den Benutzer explizit darauf hinweisen.

Neben den Diskrepanzfällen werden signifikante Fälle aus dem Zustandsraum gekennzeichnet, die aufgrund ihrer besonderen Effekte für eine weitere Analyse interessant sind. Dazu gehören:

¤ Kompensationsfälle

¤ Der mittels Verfahren V2 bestimmte Teil der Überkompensationsfälle

(V2):
Für jeden Vaterknoten im Strukturbaum wird aus den gewichteten Bewertungen seiner Sohnknoten eine Gesamtbewertung berechnet und mit der isolierten Bewertung des Vaterknotens verglichen. Stimmen diese Bewertungen nicht überein, so liegt ein Überkompensationsfall vor.

Regeln zur Zustandsraumaufteilung und damit zur Bestimmung von Signifikanzfällen und Diskrepanzfällen sind ebenfalls in der Wissensbasis enthalten.

2.2.3.2 Ursachenanalyse

Wie in Abschnitt 1.1 bereits erwähnt, zählt zu den Hauptaufgaben des Expertensystems eine Analyse der Ursachen aller Kennzahlenbewertungen. Insbesondere werden Signifikanzfälle zur Analyse empfohlen. Bei Diskrepanzfällen wird dabei gegenüber den Kompensations-, Überkompensations- und Verstärkungsfällen unterschiedlich vorgegangen.

1. Analyse der Diskrepanzfälle

   Diskrepanzfälle können folgende Ursachen haben:

   ¤ einer oder mehrere der beteiligten Kennzahlenwerte ist falsch übermittelt

   ¤ es gibt eine Größe, die auf eine Vaterkennzahl Einfluß hat, aber im Strukturbaum nicht berücksichtigt wurde

   Entsprechende Rückfragen beim Benutzer können zur Klärung dieser Punkte beitragen. Dadurch werden entweder Übermittlungsfehler behoben oder Vorschläge zur Verbesserung des Kennzahlensystems getroffen.

2. Analyse der Kompensations-, Überkompensations- und Verstärkungsfälle

   Um eventuell unterschiedliche Gewichtungen einzelner Sohnkennzahlen bei der Begründung von Bewertungen ausdrücken zu können, werden 4 verschiedene Wichtigkeitsstufen eingeführt:

   (V3):
   Die Wichtigkeit W von Sohnkennzahlen sei in Prozentwerten ausgedrückt (vgl. Beispiel 2). Dann benutzen wir folgende Abbildungsfunktion F

$$F(W) = \begin{cases} \text{"unwichtig"}, & \text{falls } 0\ \% < W < 15\ \% \\ \text{"weniger wichtig"}, & \text{falls } 15\ \% <= W < 30\ \% \\ \text{"ziemlich wichtig"}, & \text{falls } 30\ \% <= W < 45\ \% \\ \text{"wichtig"}, & \text{falls } 45\ \% <= W < 100\ \% \end{cases}$$

   Für die im Rahmen des Expertensystems entwickelten Analyseregeln gilt:

   ¤ die Regeln kommen für alle 3 oben genannten Fälle zur Anwendung

   ¤ im derzeitigen System wird von einer Klassifizierung in 3 Bewertungsgruppen ausgegangen

   ¤ die Regeln gelten auch im n-dimensionalen Fall, d. h. falls n Sohnkennzahlen vorgegeben sind

   ¤ die Regeln sind kennzahlenunabhängig

   ¤ in den Begründungen werden nur die isolierten Bewertungen verwendet

   ¤ die Sohnkennzahlen werden in der Reihenfolge der Wichtigkeit behandelt

Der Bedingungsteil der Analyseregeln basiert im wesentlichen auf folgenden Grundlagen:

a. Vergleich der Bewertung der Vaterkennzahl mit der Bewertung einer Sohnkennzahl

b. Vergleich der isolierten und gewichteten Bewertungen

c. Berücksichtigung der Wichtigkeitsstufe

Im Aktionsteil der Analyseregeln werden die Texte für die Begründungen der Bewertungen ausgedruckt.

Der Kern des Analyseprozesses wird durch 6 Regeln bestimmt, wobei diese für jeweils eine Sohnkennzahl zur Anwendung kommen.

<u>Beispiel 8:</u> Bedeutungsregel

<u>Wenn</u>

1. gewichtete Bewertung der Sohnkennzahl gleich der isolierten Bewertung der Sohnkennzahl ist
   und
2. die gewichtete Bewertung der Sohnkennzahl nicht "durchschnittlich" ist
   und
3. das "Durchschnittsintervall" für die gewichtete Bewertung größer ist als das "Durschnittsintervall" für die isolierte Bewertung

<u>dann</u>

setze "sehr" vor die isolierte Bewertung der Sohnkennzahl

Nachfolgend wird ein Beispiel für die Begründung der Provisionsgeschäftsbewertung aufgeführt (vgl. Beispiel 2)

<u>Beispiel 9:</u> Begründung der Provisionsgeschäftsbewertung

Die Sohnkennzahlen sind (in der Reihenfolge der Wichtigkeit): Wertpapiergeschäft, Auslandsgeschäft, Zahlungsverkehr

isolierte Bewertung der Sohnkennzahlen: (0, -1, +1)
gewichtete Bewertung der Sohnkennzahlen: (0, -1, 0)
Bewertung des Provisionsgeschäfts: -1

Begründungstext:

Das Provisionsgeschäft ist "schlecht",
    obwohl Wertpapiergeschäft "durchschnittlich" und wichtig,
    weil Auslandsgeschäft <u>sehr</u> "schlecht" und ziemlich wichtig,
    obwohl Zahlungsverkehr "gut", aber weniger wichtig.

Mit Hilfe der Begründungen der einzelnen Kennzahlenbewertungen kann sich der Benutzer ein Gesamtbild über die Stärken und Schwächen einer Filiale machen.

2.3 Problemlösung mit PROLOG

Das Expertensystem ist derzeit auf einem IBM PC XT mit 512 Kbyte Hauptspeicher mit Hilfe der Prolog-Version IF/PROLOG der Firma Interface GmbH München implementiert.

Das PROLOG-Programm setzt sich aus mehreren Dateien zusammen:

¤ Die Filialkennzahlen jeder Filiale stehen in einer eigenen Datei,

¤ ebenso die Durchschnittswerte eines jeden Ressorts,

¤ weitere Dateien enthalten alle Regeln zur Klassifizierung, Bestimmung von Signifikanz- und Diskrepanzfällen und zur Ursachenanalyse.

Beim Start des Expertensystems werden die die Regeln enthaltenden Datei in die PROLOG-Datenbasis eingelesen. Anschließend gibt der Benutzer die zu analysierende Filiale an. Die Datei mit den Kennzahlen dieser Filiale und die entsprechende Durchschnittsdatei werden dann durch den Befehl CONSULT (<dateiname>) in die Datenbasis geladen.

Mit Hilfe der in den Abschnitten 2.2.1 bis 2.2.3 beschriebenen Fakten und Regeln wird nun eine Bewertung der Kennzahlen und eine Analyse dieser Filiale durchgeführt.

Dabei erhält der Benutzer zunächst auf dem Bildschirm die isolierten Bewertungen der Kennzahlen, Signifikanzfälle werden mit 's' und Diskrepanzfälle mit 'd' gekennzeichnet. Danach können gezielt Ursachen für Kennzahlenbewertungen angefordert werden.

Als Beispiel seien die PROLOG-Klauseln für die Bewertung der Kennzahl "Provisionsertrag in Promille des Leistungsvolumens" aufgeführt.

<u>Beispiel 10:</u> PROLOG-Klauseln zur Bewertung einer Kennzahl

```
Fakten:
dsc_prov_ertrag(2.1).
kz_prov_ertrag(4.9).
intervall(0,0,kz23, -10, +10).
intervall(-1,0,kz23, -40, -10).
intervall(-1,-1,kz23, -100, -40).
intervall(+1,0,kz23, +10, +40).
intervall(+1,+1,kz23, +40, maxint).

Regeln:
in (A,Kz_Bez,IB,GB) :- intervall(IB,GB,Kz_Bez,U,V),
                       A >= U,
                       A =< V.

berechne_rel_abw(X,R,A):- A is (X-R) * 100/R.

bewertung_23(IB,GB):- kz_prov_ertrag (X),
                      dsc_prov_ertrag (R),
                      berechne_rel_abw(X,R,Abw),
                      in(Abw,kz23,IB,GB).

Aufruf: bewertung_23(IB23,GB23).
```

Dabei bedeutet IB23 isolierte Bewertung und GB23 gewichtete Bewertung für den Wert der Kennzahl 23 (=Provisionsertrag).

2.4 Projekterfahrungen

2.4.1 Wissensakquisition

Die Wissensakquisition erfolgte nahezu ausschließlich durch Gespräche mit einem Experten der HYPO-Bank. Beim Auftreten von Problemen wurden weitere Experten befragt.

Durch Beobachtung des Vorgehens der Experten bei der Interpretation einer Filiale wurde erkannt, daß zwei verschiedene Vorgehensweisen simultan benutzt werden, die gut voneinander zu trennen sind:

1. die Diagnose, d. h. das Feststellen von Kennzahlen, die aufgrund ihres guten oder schlechten Wertes analysiert werden müssen

2. die Interpretation dieser Diagnosen

Der erste Punkt bestimmt die Klassifizierung der Kennzahlenwerte, der zweite Punkt spezifiziert deren Zusammenhänge (Ursachenanalyse).

Die Aufstellung der Regeln für die Klassifizierung und die Erkennung der Kennzahlenstruktur und der Regeln zur Ursachenanalyse nahmen je zwei Monate in Anspruch.
Als besonders schwierig erwies sich die Übertragung der heuristischen Vorgehensweise der HYPO-Bank-Experten bei der Filialanalyse in ein regelbasiertes System.
Die Wissensbasis umfaßt neben den Fakten ca. 60 Regeln.

2.4.2 Verwendung von PROLOG

Das Expertensystem wurde aus folgenden Gründen mit Hilfe von PROLOG implementiert:

1. PROLOG steht zu einem relativ günstigen Preis auf einem Personal Computer zur Verfügung

2. PROLOG erlaubt rapid prototyping, wenn als Inferenzmaschine der PROLOG-Interpreter verwendet wird

3. Beratung bei der Verwendung von IF/PROLOG war bei einer ortsansässigen Firma gegeben

Im allgemeinen ist PROLOG für rapid prototyping gut geeignet. Die Regeln der Wissensbasis lassen sich relativ einfach in PROLOG-Regeln übertragen. Der Regelinterpreter kann als Inferenzkomponente eingesetzt werden und steht sofort zum Testen der Regeln zur Verfügung.

Nachteilig ist zu bemerken:
Der consult-Befehl zum Laden von Dateien ist sehr langsam (Leistung des PC).
PROLOG bietet außerdem wenig Sprachmöglichkeiten zum Aufbau einer Benutzerschnittstelle und ist dadurch beim Bildschirmaufbau ebenfalls sehr langsam.

3.0 Weiterentwicklung des Systems

Nach Fertigstellung des Prototyps sind folgende Erweiterungen vorgesehen:

¤ Datenbankanschluß

Es ist ein Anschluß an die Datenbank des Großrechners, in der die Filialkennzahlen gespeichert sind, geplant. Die hardwaremäßigen Voraussetzungen dafür sind bereits geschaffen, der IBM PC besitzt einen Anschluß an den Großrechner (IRMA-Karte).

¤ Realisierung einer Erklärungskomponente

Wichtig für die Transparenz und Akzeptanz des Expertensystems ist, daß der Benutzer Fragen zum Verlauf der Analyse stellen kann. Mit Hilfe der Erklärungskomponente wird gezeigt, welche Regeln zur Beurteilung einer Filiale herangezogen werden.

¤ Berücksichtigung des Filial-Status'

Da innerhalb der Filialstruktur bestimmte Filialen Tätigkeiten für andere Filialen übernehmen (vgl. Abschnitt 1.2), müssen diese Leistungen bei der Bewertung und Ursachenanalyse der betroffenen Kennzahlen berücksichtigt werden.

¤ Berücksichtigung des internen Verrechnungssatzes der HYPO-Bank

Die Filialen geben ihre Einlagen zu einem internen Zinssatz an die Zentrale weiter und bekommen von der Zentrale zu einem anderen internen Zinssatz Geld für die Kundenkredite.
Da diese internen Zinssätze (= interne Verrechnungssätze) von den Zinssätzen abweichen, die die Filiale mit ihren Kunden vereinbart, wird dadurch das Zinsergebnis der Filiale beeinflußt. Im wesentlichen soll durch Regelerweiterung festgehalten werden, wie stark sich der interne Verrechnungssatz auf das Zinsergebnis auswirkt und welche Gründe dafür verantwortlich sind.

¤ Einbeziehung von lokaler Information

Das Expertensystem kann von Ressortleitern und Filialleitern zur Unterstützung bei der Beurteilung der Filialen benutzt werden.
Da der einzelne Filialleiter genauere Informationen über die Zusammenhänge seiner Geschäfte hat, könnten diese zusätzlich in die Analyse mit einbezogen werden.

¤ Bei der Analyse von Kennzahlen soll auch die Zielerreichung von Sollvorgaben miteinbezogen werden.

¤ Vergleich von A-Filialbezirken bzw. von Ressorts.

Diese Art des Vergleichs wird vereinfacht, wenn man die Filialen eines A-Filialbezirks bzw. eines Ressorts als 'Superfiliale' zusammenfaßt. Diese Superfiliale kann dann ähnlich wie eine einzelne Filiale behandelt werden.

¤ Weitere Zukunft:
Prinzipiell ist die hier vorgestellte Analysemethodik auf andere hierarchische Kennzahlensysteme übertragbar.

4.0 Literatur

1. P.Raulefs
   Expert Systems: State of the Art and Future Prospects in: German Workshop on Artificial Intelligence, Springer Verlag, 1981

2. P. Raulefs
   Expertensysteme
   in: Künstliche Intelligenz, Frühjahrsschule, Teisendorf Springer Verlag, 1982

3. M. A. Bramer
   A Survey and Critical Review of Expert Systems Research in: D. Michie (ed): Introductory Readings in Expert Systems, Gordon and Breach,
   Science Publishers, 1982

4. F. Hayes-Roth
   Building Expert Systems
   Addison Wesley, 1983

5. F. Hayes-Roth
   Knowledge-Based Expert Systems
   Computer, Vol. 17, No. 10, October 1984, p. 263 - 273

6. S. Savory (ed.)
   Künstliche Intelligenz und Expertensysteme
   Oldenbourg, 1984

7. R. W. Blanning
   Issues in the design of expert systems for management in: J. Frailey (ed.): AFIPS Conference Proceedings,
   Las Vegas, 1984, p. 489 - 494

8. H. Lehner, M. Müller
   Der Filialvergleich bei Banken
   Paul-Haupt-Verlag, 1976

9. D. S. Nau
   Expert Computer Systems
   Computer, Vol. 16, No. 2, February 1983, p. 63 - 85

10. W. F. Clocksin, C. S. Mellish
    Programming in Prolog
    Springer Verlag, 1981

11. U. Leibrandt, P. Folkjaer, L. Bernhard
    IF/PROLOG User's Manual
    Interface Computer GmbH, München, September 1984

WISSENSBASIERTE UNTERSTÜTZUNG VON ARBEITSPROZESSEN

Ernst Schatz, Jutta Estenfeld,
Nora Iacobetz, Werner Zucker

SIEMENS AG
ZT ZTI INF 32
Otto-Hahn-Ring 6
8000 München 83

1 ZUSAMMENFASSUNG

Heutige Bürosysteme bieten eine große Anzahl von computerbasierten Werkzeugen, wie z.B. Programme zur Betriebs-Buchhaltung. Diese Werkzeuge sind vor allem auf Problemklassen zugeschnitten, die einen hohen Anteil an Routine-Arbeit haben, gut strukturiert sind und daher auch mit Algorithmen gut lösbar sind. Darüber hinaus sind Systeme erforderlich, die auch schwach strukturierte Arbeitsprozesse unterstützen, in denen nur einzelne Schritte automatisierbar sind, der Rest aber "von Hand" ausgeführt werden muß.

Daher entstand der Prototyp eines "Task-Service" zur Beschreibung und Ablauf-Unterstützung von Arbeitsprozessen im Büro.

Der Prototyp wurde im Rahmen des ESPRIT Projektes 112 gefördert.

2 PROBLEMSTELLUNG

Typische Arbeitsprozesse im Büro haben unter anderem folgende Charakteristika:

- Es werden oft unterschiedliche Werkzeuge verwendet, die auf der Basis unterschiedlicher Technologien und Sprachen Lösungen für unterschiedliche Probleme anbieten.

- Viele Arbeitsprozesse haben eine Laufzeit von Tagen und sogar Wochen, jedenfalls lange im Vergleich zum Arbeitstempo heutiger Computer.

- Viele Arbeitsprozesse enthalten einen hohen Anteil an Teilschritten, die menschliche Fähigkeiten zur Lösung von Problemen benötigen. Das sind insbesondere Aufgaben, die nicht automatisch erledigt werden können.

- Oft sind an einem Arbeitsprozess mehrere Personen mit unterschiedlicher Verantwortlichkeit beteiligt. Sie arbeiten an unterschiedlichen Orten und gehören oft auch unterschiedlichen betrieblichen Einheiten an.

Entsprechend groß ist die Vielfalt der Ereignisse, die zwischen einzelnen Arbeitsschritten eintreten können. Entsprechend hoch ist auch der Bedarf, Arbeitsprozesse adäquat kontrollieren und steuern zu können.

3 APPLIKATION

Für eine prototypische Applikation des Task-Service wurde ein Budget-Planungs-Prozess ausgewählt. In diesem Prozess werden als Werkzeuge eingesetzt: ein Datenbank-System zur Haltung der Planungs-Daten, ein Text-System, Electronic Mail.

4 TASK-MODELL

Der Task-Service hält ein Netz von Objekten, das den Zustand des Arbeitsprozesses repräsentiert. Dieses Task-Netz stellt die "Wissensbasis" des Task-Service dar.

Das Netzwerk enthält Objekte des Typs:

Auftrag
- Beschreibung einer Aufgabe

Fakt
- Zustands-Informationen, die z.B. als Randbedingungen und Vorbedingungen von Arbeits-Schritten wichtig sind

Task
- repräsentiert eine Aktivität zur Bearbeitung eines Auftrages, eines Fakts oder einer Botschaft

Task-Message
- Botschaft an eine Task

Plan
- beschreibt das Verfahren für eine Aktivität

Service
- technische Einheit des Systems, die Aktivitäten unterstützt und einem Problembereich zugeordnet ist

Interface-Beschreibung
- beschreibt, wie ein Auftrag am Bildschirm dargestellt wird und damit das Benutzerinterface zu einem Service.

Bearbeiter
- Mensch, der die Verantwortung für Tasks trägt

Die Beziehungen zwischen diesen Objekten wird in Bild 1 skizziert.

Der Task-Service stellt Anweisungen zur Verfügung, durch die diese Objekte erzeugt, gelöscht, erklärt werden können. Die Anweisungen werden entweder über das User-Interface oder bei Ausführung von Plänen gegeben.

4.1 AUFTRAG

Ein Objekt vom Typ Auftrag beschreibt eine Aufgabe und wird durch eine AUFTRAG-Anweisung erzeugt.

Zur Identifizierung und zum Auffinden hat jeder Auftrag:
- einen Namen (:NAME)
- ein Muster (:PATTERN), das beim Suchen nach Plänen mit deren Muster verglichen wird
- den Namen des Service (:SERVICE), der die Bearbeitung des Auftrags unterstützt.

TASK-NETZ

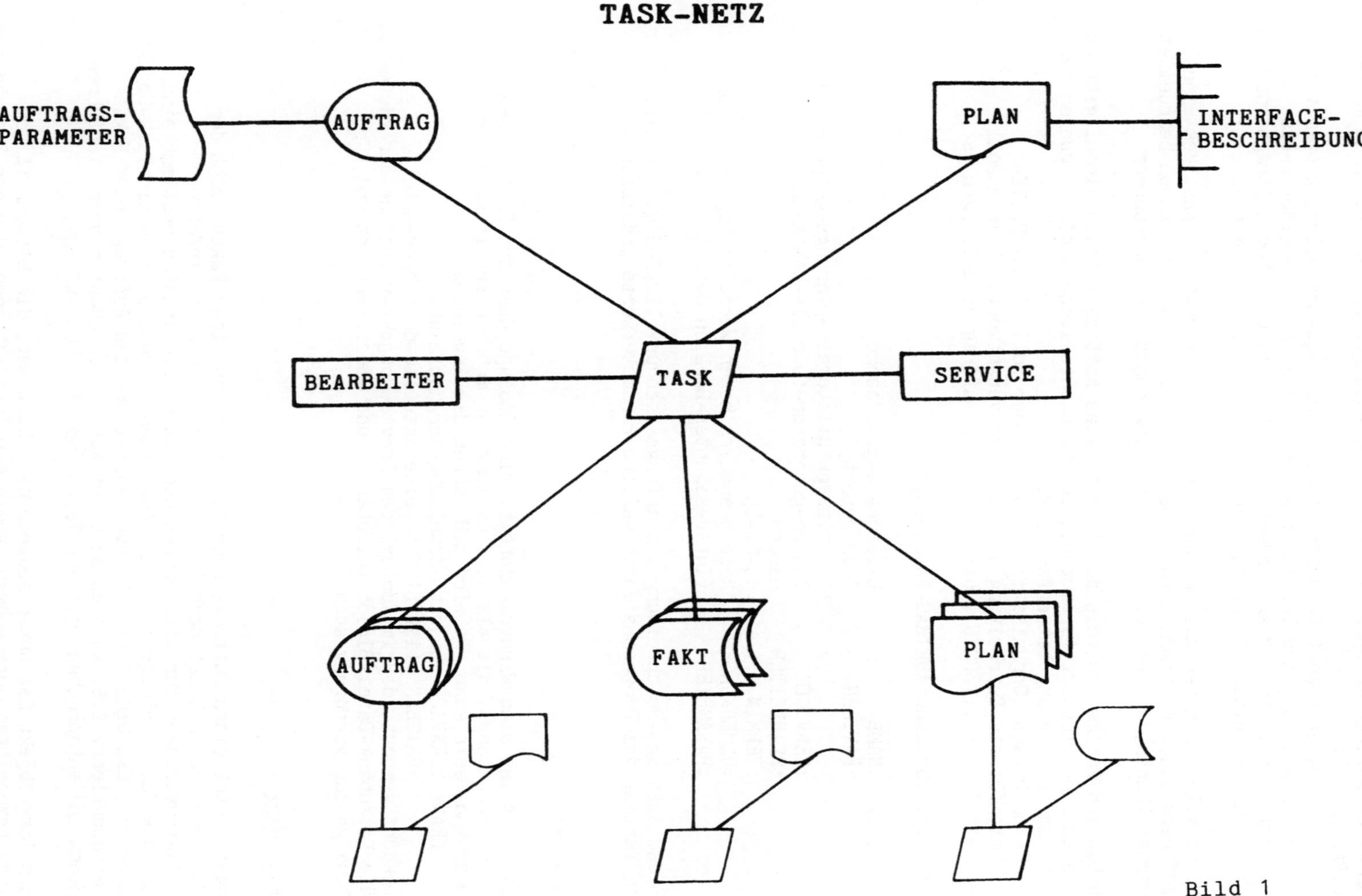

Bild 1

Um einen Auftrag zu spezifizieren, sind Aussagen zu Parametern zu machen (:PARAMETER):

- der Parameter-Wert kann bereits bei Auftrags-Erstellung bestimmt sein
- zur Bestimmung des Parameter-Werts kann auch ein Parameter-Plan existieren, in dem auf andere Parameter des gleichen Auftrags oder auf Parameter eines übergeordneten Auftrags Bezug genommen wird.

Nicht alle Parameter müssen und können zum Zeitpunkt des Anstoßes eines Auftrags schon bestimmt werden. Dennoch soll der Auftrag schon bearbeitet werden können, und sei es nur zur Planung benötigter Ressourcen.

Neben den Parametern, die den Inhalt eines Auftrages beschreiben, gibt es zusätzliche wichtige Parameter, die organisatorische Randbedingungen der Auftrags-Abwicklung betreffen, z.B.:

- eine Person, Organisations-Einheit oder Rolle (:BEARBEITER), die für die Bearbeitung des Auftrags verantwortlich sein soll.
- ein Termin (:TERMIN), bis zu dem der Auftrag zu erledigen ist.

Beispiel für eine AUFTRAG-Anweisung:

```
(auftrag :NAME          bilaterale-gespraeche
         :PATTERN       (ein report
                             (zweck bilaterale-planungs-gespraeche))
         :SERVICE       listen-generator-fuer-die-kaufm-abt
         :BEARBEITER    maier
         :TERMIN        10-08-85
         :BEMERKUNGEN   "die besonders hohen Werte farbig markieren"
         :PARAMETER     (Interessierter-Bereich Geschaeftsbereich-B)
```

Diese Auftrags-Beschreibung ist anfangs noch unvollständig, sie wird im Verlauf des Prozesses durch weitere Parameterwerte präzisiert.

4.2 FAKT

Ein Fakt ist eine Wissens-Einheit, eine Aussage über den Zustand des Arbeitsprozesses, die als Vorbedingung für mehrere Arbeitsschritte von Bedeutung sein kann. So wird z.B. durch die Anweisung

```
    (FAKT :SERVICE  objekt-verwaltung-der-kaufm-abt
          :PATTERN  (ist BI8586 (eine aktuelle-datenbank-datei))
```

bekannt gemacht, daß im Kontext des Service objekt-verwalter-der-kaufm-abt die Datenbank-Datei BI8586 vollständig und konsistent ist und für Auszüge zur Verfügung steht.

4.3 TASK

Nach Anstoß eines Auftrags oder Bekanntwerden eines Fakts sucht der Task-Service zunächst nach Plänen, die gemäß bereits erfolgter PLAN-Anweisungen für die Bearbeitung dieses Ereignisses bestimmt sind. War die Suche erfolgreich, wird für jeden gefundenen Plan ein Task-Objekt angelegt, das eine Aktivität zur Bearbeitung des Auftrags oder Fakts repräsentiert. Z.B. kann es zu einem Auftrag durchaus mehrere Verfahren geben und entsprechend mehrere Tasks zum gleichen Auftrag.

Ein Task-Objekt ist unter anderem dazu bestimmt, die Mitschrift von Arbeitsschritten aufzunehmen, sowie der Informationen, die den Zustand der

Aktivität beschreiben. Im weiteren Verlauf und als Ergebnis der Task können weitere Aufträge, Fakten, Pläne etabliert werden zu denen wiederum Tasks entstehen.

Die Beziehungen zwischen einer Task und den von ihr erzeugten Objekten bleiben erhalten. Dadurch ergibt sich eine Baum-Struktur, der Task-Baum. An Hand dieses Baumes kann zu einer Task festgestellt werden, was ihre Super-Tasks, Sub-Tasks und Fortsetzungs-Tasks sind.

Aufträge werden immer im Kontext ihrer übergeordneten Aufträge bearbeitet. Es ist möglich, im Task-Baum Auftrags-Prototypen einzuhängen, die einige Parameter-Bedingungen und Default-Werte enthalten. Damit kann z.B. bestimmt werden, daß für Druck-Aufträge in einem gewissen Kontext normalerweise eine bestimmte Papier-Qualität verwendet werden soll.

Tasks (nicht Services) sind wegen ihrer Langlebigkeit die primären Objekte für Scheduling, Speicherung, Retrieval, Resource-Allocation.

4.4 TASK-MESSAGES

Tasks sind als aktive Einheiten konzipiert, die Botschaften - genannt Task-Messages - senden und empfangen können. Durch sie werden Informationen über Ereignisse an Tasks vermittelt. Es gibt Botschaften, die der Task-Kontrolle dienen und die auch über das User-Interface von menschlichen Bearbeitern ausgelöst werden können, z.B.:

- die Supertask wünscht die Beendigung der Aktivität (:retract)
- eine Subtask hat ihren Auftrag erfolgreich oder erfolglos beendet (:success, :reject)
- ein Auftrags-Parameter wurde definiert oder geändert (:param-neu)
- ein Fakt (Vorbedingung) ist gegeben oder wird zurückgezogen (:true, :false)
- ein Termin ist überschritten (:time-out)
- ein Teil-Auftrag ist angenommen (:accept)

Es gibt zusätzlich service-spezifische Botschaften.

4.5 SERVICE

Ein Service ist eine softwaretechnische Einheit, die Lösungen für Problemklassen anbietet. Er ist meist auf der Basis unterschiedlicher, dem Problem adäquater Technologien implementiert. Services in diesem Sinn sind Editoren, DBMS, Expertensysteme, Netz-Software, sowie ggfls. ihre Subsysteme.

Services können auf verschiedenen Sprachebenen definiert sein: Assembler, PASCAL, LISP, Expertensystem-Shell. Diese Art von vorgegebenen und als Werkzeuge in den Prozess zu integrierenden Services heißen **Basis-Services**.

Über diesen Basis-Services können "höhere" Services definiert werden. Dazu bietet der Task-Service in den PLAN-, AUFTRAG-, FAKT- und weiteren Anweisungen eine Sprache zur Beschreibung von Services an, z.B. des Service listen-generator-fuer-die-kaufm-abt, der für Teilaufgaben als Basis-Services u.a. ein DBMS und einen Druck-Service anspricht.

4.6 BEARBEITER

Eine wichtige Forderung an den Task-Service ist, der Vielfalt von Problem-Lösungs-Möglichkeiten in Arbeitsprozessen Rechnung tragen zu können: Einsatz verschiedener Technologien und Werkzeuge, automatische und halb-automatische Lösungen. Das heißt insbesondere, eine Applikation in Form eines Services ist in einem Büro nicht erst dann einsetzbar, wenn ihr Problem-Bereich schon so vollständig strukturiert und beherrscht ist, daß eine automatisierte Lösung durch ein Programm implementiert werden kann.

Wo das System-Wissen auf Grund von PLAN-Anweisungen nicht mehr ausreicht, um ein Ereignis zu bearbeiten, muß der Task-Service einen menschlichen Bearbeiter dazu veranlassen, seine Kenntnisse einzubringen.

Ein Bearbeiter kann bei einem der Aufträge, Fakts oder Pläne spezifiziert sein, die den Kontext der Task bilden, die den menschlichen Beistand benötigt. Ein Bearbeiter ist entweder explizit durch einen Namen spezifiziert (z.B. mueller) oder eine indefinite Beschreibung, (z.B. (ein mitarbeiter-der-kaufm-abt (mit expertise KA-datenbank))).

4.7 PLAN

Pläne werden durch PLAN-Anweisungen definiert. Sie beschreiben was zu tun ist, wenn ein neuer Auftrag bzw. ein neuer Fakt etabliert wird oder eine Message bei einer Task eintrifft. In PLAN-Anweisungen wird der Normalverlauf der Aktivität beschrieben, in TASK-MESSAGE-Plänen werden die Ausnahme-Fälle beschrieben.

Folgende Fälle sind zu berücksichtigen, wenn auf ein Ereignis (neuer Auftrag, Fakt, Task-Message) zu reagieren ist:

- das System findet einen Plan, der automatisch ausführbar ist, vorausgesetzt die spezifizierten Vorbedingungen sind erfüllt.

- das System kann auf das Ereignis nicht automatisch reagieren, es kann jedoch Funktionen anbieten, die ein menschlicher Experte selbst auswählen kann, um mit ihrer Hilfe das Problem zu lösen.

- das System kann einen Plan anbieten (Arbeitsanweisung), der nur von einem Menschen interpretiert und in Aktionen umgesetzt werden kann, z.B. dann, wenn Arbeit außerhalb des Systems geleistet werden muß, wie Besprechungen abhalten, telefonisch Auskünfte einholen etc.

- das System hat keinerlei Information darüber, wie auf das Ereignis zu reagieren ist. Dies entspricht dem nur teil strukturierbaren Charakter der zu unterstützenden Arbeitsprozesse und den stets vorhandenen Lücken in der Prozess-Beschreibung.

Eine PLAN-Definition umfaßt Verwaltungs-Informationen, Beschreibung von Vorbedingungen und einen Aktions-Teil.

VERWALTUNGS-INFORMATIONEN, VORBEDINGUNGEN

Zur Identifizierung und zum Auffinden hat jeder Plan:
- einen Namen (:NAME).
- ein Muster (:WENN), das den Typ des Ereignisses bestimmt, für den der Plan bestimmt ist
  (z.B. (AUFTRAG (ein report (zweck bilaterale-planungs-gespraeche)))).
- den Namen des Service (:SERVICE), dem der Plan zugeordnet wird.

In einer PLAN-Anweisung können weiter definiert werden:
- die Namen der Parameter (:PARAMETER-NOETIG), die im Aktions-Teil des Planes benötigt werden.
- ein Task-Flavor (:FLAVOR) zur Zuordnung der Interface-Beschreibung und zur Anbindung von Task-Methoden.
- ein kurzer Text (:DOKUMENTATION), der bei der Darstellung des Auftrags in Auftrags-Listen verwendet wird.
- eine Person, Organisations-Einheit, oder Rolle (:BEARBEITER), die für diesen Ereignis-Typ zuständig ist.

AKTIONS-TEIL

Der Aktions-Teil wird durch das Schlüsselwort :DANN eingeleitet. Er wird erst dann ausgeführt, wenn alle durch :PARAMETER-NÖTIG angeforderten Parameter spezifiziert sind, generell, wenn alle Vorbedingungen erfüllt sind.

Der Aktions-Teil ist in LISP geschrieben. Er kann Anweisungen an den Task-Service enthalten (AUFTRAG, PLAN, SEND-TASK, ...), Zugriffe auf service-spezifische Daten-Strukturen, Messages an Basis-Services innerhalb und außerhalb der Arbeitsstation.

Zur Ausführungs-Zeit sind Informationen zur aktuellen Task entweder an Variablen gebunden (z.B. Parameter des bearbeiteten Auftrags) oder über Funktions-Aufrufe (z.B. gib-rahmen-auftrag) verfügbar. Zur Ausführungszeit ist gesichert, daß die Parameter den Bedingungen genügen, die in den Interface-Beschreibungen definiert wurden.

Beispiel für einen Plan, der beschreibt, was zu tun ist, wenn der Auftrag (ein ub-und-d-themen-plan) etabliert wird.

```
(PLAN :NAME              plan-fuer-liste-der-ub-und-d-themen
      :SERVICE           listen-generator-fuer-die-kaufm-abt
      :WENN              (AUFTRAG (eine liste der ub-und-d-themen))
      :FLAVOR            flavor-ub-und-d-themen
      :PARAMETER-NOETIG (inber gj)
      :DOKUMENTATION     (param-plan (inber) (text "Liste ... fuer UB" inber)
      :DANN
      (AUFTRAG :NAME        db-auszug-ub-und-d-themen
               :PATTERN     (ein 'datenbank-auszug)
               :SERVICE     objekte-verwalter-der-kaufm-abt
               :PARAMETER   (db-datei  (param-plan (:RAHMEN budget)))
                            (such-kriterium ((thart ub) (thart d) ...)))
      (PLAN :NAME              fortsetzung-nach-datenbank-auszug
            :WENN              (MELDUNG db-auszug-ub-und-d-themen :success)
            :PARAMETER-NOETIG  (ub-liste)
            :DANN
            ....
```

TASK-MESSAGE-PLAN

Task-Message-Pläne sind die Pläne, nach denen Task-Messages bearbeitet werden. Jede Task ist eine Instanz einer Task-Klasse (Task-Flavor) von der sie Task-Message-Pläne (Methods) erben kann. Die Task-Klassen bilden eine Hierarchie, an deren Spitze die generische Task-Klasse TASK steht. Ihr sind Standard-Task-Pläne für Task-Control-Messages (z.B. :retract) zugeordnet. Damit wird ein einheitliches Kommunikations-Verhalten der Tasks der verschiedenen Services gefördert, eine wesentliche Voraussetzung für die Integrierbarkeit mehrerer Services in das Gesamtsystem. Eine :retract-Message an eine Task wird z.B. interpretiert als Aufforderung, die Aktivitäten einzustellen und entsprechend wird in der Standard-Methode die :retract-Message im Task-Baum nach unten propagiert.

Die Logik eines speziellen Services kann es jedoch erfordern, z.B. auf eine :retract-Message an eine Task service-spezifisch zu reagieren, um etwaige Aufräumungs-Arbeiten durchzuführen, wie z.B. Zwischen-Dateien zu löschen, die während der bisherigen Aktionen zu dieser Task angefallen sind.

PARAMETER-PLAN

Um Abhängigkeiten zwischen einzelnen Parametern eines Auftrags-Typs bzw. Abhängigkeiten zwischen Parametern von Aufträgen und Unteraufträgen ausdrücken zu können, gibt es sogenannte Parameter-Pläne.

Beispiel für eine AUFTRAG-Anweisung für den Drucker-Service mit einem Parameter-Plan für den Parameter 'kopien':

```
(auftrag ... :SERVICE    drucker ...
             :PARAMETER  (datei  ...)
                         (kopien (param-plan (:RAHMEN teiln-a teiln-b)
                                             (+ teiln-a teiln-b))))
```

Der Parameter-Plan kann als Anweisung der auftraggebenden Task an die auftragnehmende Task verstanden werden: "Sobald Du den Parameter 'kopien' brauchst, nimm meine Parameter 'teiln-a' und 'teiln-b' und addiere sie."

Damit wird ermöglicht, daß bereits teil-spezifizierte Aufträge bearbeitet werden können.

4.8 INTERFACE BESCHREIBUNG

Für alle Auftrags-Typen, bei denen vom Benutzer Entscheidungen verlangt werden, z.B. in Form von Parametereingabe, benötigt das System eine Interface-Beschreibung zur Darstellung des speziellen Auftrags am Bildschirm. Jede Interface-Beschreibung für einen Auftragstyp enthält eine Formular-Beschreibung und für jeden Parameter, der im Plan zu diesem Auftrags-Typ auftritt, eine Parameter-Beschreibung.

In einer Formular-Beschreibung wird definiert, wie die Parameter eines Auftrages einem Bearbeiter präsentiert werden. Bei einen speziellen Auftrag wird dann ein Formular erzeugt und am Bildschirm dem Benutzer auf Verlangen dargestellt (Bild 3, ENVIRONMENT-MANAGER).

In einer Parameter-Beschreibung kann man u.a. folgendes spezifizieren:
- ein oder mehrere Prädikate (:PREDICATES), zur syntaktischen Überprüfung des vom Benutzer eingegebenen Parameterwertes.
- eine Menge von möglichen Belegungen für den Parameter (:POSS-VALUES).
- ein Vorschlag für den Parameterwert (:DEFAULT).
- ob eine Zustimmung des Benutzers zu dem Parameterwert benötigt wird oder nicht (:COMMITMENT).
- Zusammenhänge mit anderen Parametern (param-plan)

5 TASK-SERVICE

Der Task-Service umfaßt die Sub-Services Task-Manager, Agent-Manager, Agenda-Manager und Environment-Manager, die zusammen den Task-Service bilden und im folgenden grob skizziert werden (Bild 2).

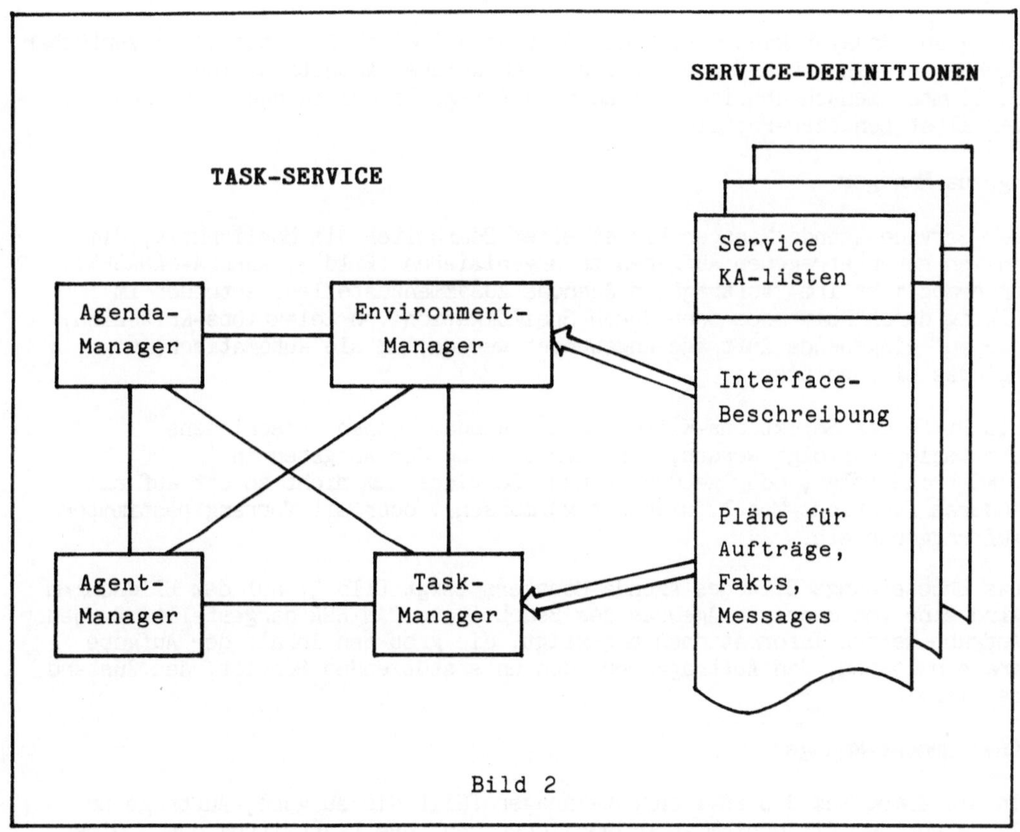

Bild 2

Task-Manager

Der Task-Manager ist die Komponente des Task-Services, die das Task-Netz und seine Objekte verwaltet: Aufträge, Fakten, Tasks und Pläne.

Der Task-Manager ordnet den Ereignissen Pläne zu, prüft deren Vorbedingungen und bringt sie zur Ausführung.

Der Task-Manager weist den anderen Komponenten des Task-Services die für sie bestimmten Aufgaben zu (zB Darstellung eines Auftrages auf dem Bildschirm als Aufgabe für den Environment-Manager).

Agent-Manager

Die Domäne des Agent-Managers sind die organisatorischen und zeitlichen Beziehungen zwischen Services, Bearbeitern, Rollen, etc.

Der Agent-Manager kann z.B. einen Service auf einer Arbeitsstation verfügbar machen, er kann in Erfahrung bringen, an welcher Arbeitsstation ein bestimmter Mensch arbeitet, er kann "Auftrags-Berechtigungen" überprüfen, verwaltet Benutzer-Profile.

Agenda-Manager

Der Service Agenda-Manager bietet einem Bearbeiter die Möglichkeit, die an ihn herangetragenen Aufgaben zu organisieren (Bild 3, AGENDA-MANAGER). Er ermöglicht ihm, Aufträge in Agendas zusammenzustellen, entweder im Dialog durch Kommandos oder durch Spezifikation von Selektions-Kriterien, die auf eingehende Aufträge angewendet werden, um sie automatisch in Agendas einzusortieren.

Mit Hilfe der Selektions-Kriterien zu Agendas können verschiedene Strategien verfolgt werden, z.B. Abarbeitung der Aufgaben in FIFO-Reihenfolge, oder gebündelt nach Services (um nicht so oft auf ein anderes Funktions-Modell umdenken zu müssen), oder mit Vorrang bestimmter Auftraggeber etc.

Das Erscheinungs-Bild des Agenda-Managers zeigt Bild 3: auf dem Bildschirm wird eine von mehreren Agendas des Bearbeiters PANTHER dargestellt. Zu jeder Aufgabe werden Informationen angezeigt, die grob den Inhalt der Aufgabe erahnen lassen, den Auftraggeber, den unterstützenden Service, den Zustand, den Termin.

Environment-Manager

In die Kompetenz des Environment-Manager fällt die Aufgabe, Aufträge und Tasks auf dem Bildschirm zu präsentieren und ihre Bearbeitung durch einen Menschen zu ermöglichen.

Darüberhinaus zeigt er einen Auftrag im Kontext seiner übergeordneten Aufträge und der bereits laufenden Aktivitäten zu seiner Erledigung, z.B. in welchen Teil-Aufträgen und Verarbeitungs-Schritten der Parameter-Wert bereits Eingang gefunden hat.

Vorbilder für seine Funktions-Weise und Technologie sind bei [Hayes 82] zu finden.

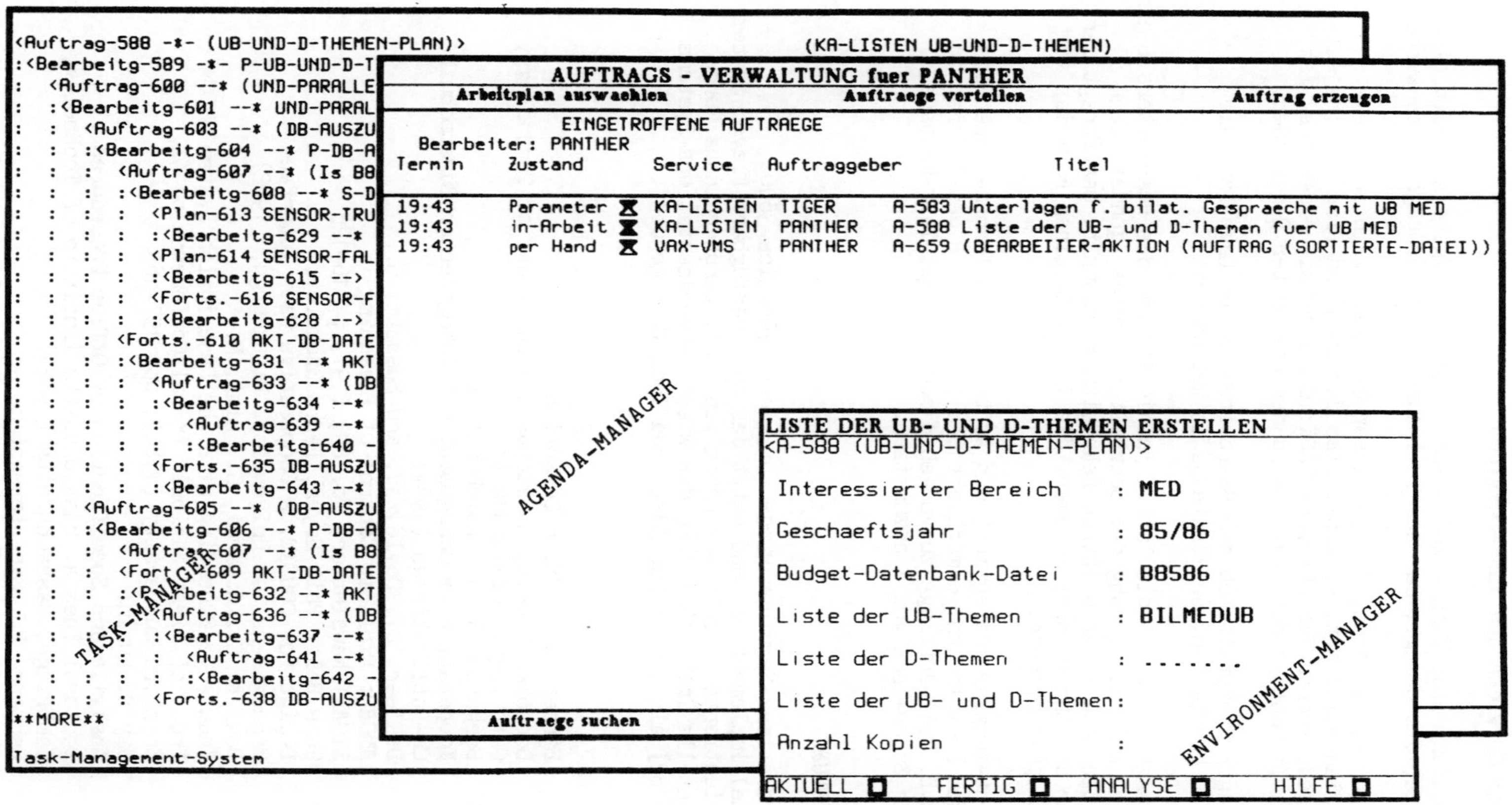

```
<Auftrag-588 -*- (UB-UND-D-THEMEN-PLAN)>            (KA-LISTEN UB-UND-D-THEMEN)
:<Bearbeitg-589 -*- P-UB-UND-D-T
:  <Auftrag-600 --* (UND-PARALLE
:  :<Bearbeitg-601 --* UND-PARAL
:  :  <Auftrag-603 --* (DB-AUSZU
:  :  :<Bearbeitg-604 --* P-DB-A
:  :  :  <Auftrag-607 --* (Is B8
:  :  :  :<Bearbeitg-608 --* S-D
:  :  :  :  <Plan-613 SENSOR-TRU
:  :  :  :  :<Bearbeitg-629 --*
:  :  :  :  <Plan-614 SENSOR-FAL
:  :  :  :  :<Bearbeitg-615 -->
:  :  :  :  <Forts.-616 SENSOR-F
:  :  :  :  :<Bearbeitg-628 -->
:  :  :  <Forts.-610 AKT-DB-DATE
:  :  :  :<Bearbeitg-631 --* AKT
:  :  :  :  <Auftrag-633 --* (DB
:  :  :  :  :<Bearbeitg-634 --*
:  :  :  :  :  <Auftrag-639 --*
:  :  :  :  :  :<Bearbeitg-640 -
:  :  :  :  <Forts.-635 DB-AUSZU
:  :  :  :  :<Bearbeitg-643 --*
:  :  <Auftrag-605 --* (DB-AUSZU
:  :  :<Bearbeitg-606 --* P-DB-A
:  :  :  <Auftrag-607 --* (Is B8
:  :  :  <Forts.-609 AKT-DB-DATE
:  :  :  :<Bearbeitg-632 --* AKT
:  :  :  :  <Auftrag-636 --* (DB
:  :  :  :  :<Bearbeitg-637 --*
:  :  :  :  :  <Auftrag-641 --*
:  :  :  :  :  :<Bearbeitg-642 -
:  :  :  :  <Forts.-638 DB-AUSZU
**MORE**
Task-Management-System
```

TASK-MANAGER

AUFTRAGS - VERWALTUNG fuer PANTHER

Arbeitsplan auswaehlen | **Auftraege verteilen** | **Auftrag erzeugen**

EINGETROFFENE AUFTRAEGE

Bearbeiter: PANTHER

Termin	Zustand	Service	Auftraggeber	Titel
19:43	Parameter ⧗	KA-LISTEN	TIGER	A-583 Unterlagen f. bilat. Gespraeche mit UB MED
19:43	in-Arbeit ⧗	KA-LISTEN	PANTHER	A-588 Liste der UB- und D-Themen fuer UB MED
19:43	per Hand ⧗	VAX-VMS	PANTHER	A-659 (BEARBEITER-AKTION (AUFTRAG (SORTIERTE-DATEI))

AGENDA-MANAGER

Auftraege suchen

LISTE DER UB- UND D-THEMEN ERSTELLEN

<A-588 (UB-UND-D-THEMEN-PLAN)>

Interessierter Bereich	: **MED**
Geschaeftsjahr	: **85/86**
Budget-Datenbank-Datei	: **B8586**
Liste der UB-Themen	: **BILMEDUB**
Liste der D-Themen	: ....
Liste der UB- und D-Themen	:
Anzahl Kopien	:

AKTUELL ☐ FERTIG ☐ ANALYSE ☐ HILFE ☐

ENVIRONMENT-MANAGER

Bild 3: **Benutzer-Interface des Task-Service, eine Arbeits-Situation**

Der Bearbeiter Panther holte die Agenda der eingetroffenen Aufträge (AGENDA-MANAGER), wählte den Auftrag A-588 zur Bearbeitung (ENVIRONMENT-MANAGER) und ließ sich den Task-Baum zu A-588 zeigen (TASK-MANAGER).

Kooperation der Services des Task-Services

Ausgangs-Situation: eine Task T zur Bearbeitung der Aufgabe A erhält eine :reject-Message, die besagt, daß der Teil-Auftrag TA zurückgewiesen wurde.

Der Task-Manager stellt fest, daß zu dieser Situation kein service-spezifischer Plan existiert. Er wählt also den Standard-Plan für :reject-Messages des generischen Task-Flavors TASK: der Bearbeiter der Task ist einzuschalten. Im Kontext der Task T wird der Bearbeiter B gefunden.

Der Agent-Manager überprüft, ob der Bearbeiter in der Lage ist, die Task-Message zu bearbeiten, er könnte ja in Urlaub sein.

Der Agenda-Manager sortiert die Task T in die Agendas des Bearbeiters B ein und präsentiert auf Anforderung dem Bearbeiter B seine Agendas. Wenn Bearbeiter B die Task T zur weiteren Bearbeitung auswählt, beauftragt der Agenda-Manager den Environment-Manager, die Task T in einem Formular zur Bearbeitung zu präsentieren.

Der Environment-Manager präsentiert den Auftrag A und Informationen aus Task T in einem Formular und ermöglicht dem Bearbeiter B den Auftrag zu bearbeiten, z.B. Teil-Aufträge zu vergeben oder :reject-Task-Message :reject an die Super-Task von T abzusetzen.

6 IMPLEMENTIERUNG

Ein Prototyp des Task-Services wurde auf einer Symbolics 3600 (Lisp-Maschine) implementiert und nutzt das dort verfügbare Flavor System als objekt-orientierte Spracherweiterung von LISP. Darüberhinaus wurde eine experimentelle Implementierung des Wissens-Repräsentations-Systems OMEGA [Barber 82] als Quelle für Ideen und Techniken genutzt.

7 LITERATUR

[Barber 82] Barber, G., **Office Semantics**
Doctoral Thesis, Massachusetts Institute of Technology, Cambridge, Massachusetts (1982).

[Beckurts 84] Beckurts, K. H., Reichwald, R.,
Kooperation im Management mit integrierter Bürotechnik
CW-Publikationen (1984)

[DeKleer 77] DeKleer, J., Doyle, j., and Sussman, G.,
AMORD: Explicit Control of Reasoning
SIGART Newsletter, No. 64, (1977), 116-125

[Hayes 82] Gene Ball, Phil Hayes, Pedro Szekeley,
Design for COUSIN: a Cooperative User Interface
Carnegie-Mellon University, Pittsburgh, (1982)

[Hewitt 80] Hewitt, C., Attardi, G., Simi, M.
Knowledge Embedding with the Description System OMEGA
Proc. of First National Annual Conference on AI, Stanford University (1980), pp. 157-163

[Kunin 82] Jay S. Kunin:
Analysis and Specification of Office Procedures
Doctoral Thesis, Massachusetts Institute of Technology, Cambridge, Massachusetts (1982).

[Lehmann 83] Lehmann, E., **Expertensysteme -**
!berblick über den aktuellen Entwicklungsstand
BMFT-Bericht 0830616, (1983)

Fachgespräch 8

Textverarbeitungssysteme

Einführung in das Fachgespräch

"Textverarbeitung"

H. Krallmann

Technische Universität Berlin
Fachbereich 20 - Informatik

Franklinstraße 28/29
D-1000 Berlin 10

Die einfache Schreibmaschine als traditionelles Sinnbild der Textverarbeitung entwickelt sich in den Betrieben immer mehr zu einer Seltenheit. Mit der Erkenntnis, daß Texte oft nicht ohne Tabellen, Formeln, Graphiken oder sogar Bilder auskommen, wachsen verstärkt integrierte Bürosysteme heran, die die Möglichkeit der Einbeziehung dieser Darstellungsarten bieten. Die heutige Entwicklung ist durch erste Produkte solcher integrierter Bürosysteme gekennzeichnet (z.B. Xerox NS 8000, Siemens EMS 5800 Office, CPT Bürodialog, HP Deskmanager, WANG Professional Computer u.a.), die jedoch Integration nur in Teilbereichen bieten. Eine Möglichkeit der Integration der Textverarbeitung mit den Leistungen der konventionellen Datenverarbeitung bietet z.B. die Kopplung des IBM-Systems 8100 als Textverarbeitungssystem mit DISOSS (Distributed Office Support System). Neben den normalen Textverarbeitungsfunktionen werden dabei besonders die Retrieval- und Kommunikationskomponente unterstützt. Die Einbeziehung eines Scanners ermöglicht sogar die Archivierung eingehender Post. Inwieweit sich Universalrechner zur Wahrnehmung von Textverarbeitungsfunktionen eignen, untersucht Herr R. Dierstein in seinem Beitrag ("Textverarbeitung mit Universalrechnern").

Eine wesentliche Voraussetzung für den sinnvollen Einsatz von Textverarbeitungssystemen im Unternehmen ist ihre Kommunikationsfähigkeit. Eine wesentliche Rolle spielt dabei die unternehmensübergreifende, externe Kommunikation. Die Entwicklung des ISDN wird in wenigen Jahren die Abwicklung unterschiedlicher Dienste über ein Netz zulassen. Damit wird auch die Übertragung von Mischdokumenten z.B. aus Text und Graphik im öffentlichen Bereich möglich. Die ISDN-Fähigkeit von Textverarbeitungssystemen wird damit zur wesentlichen Voraussetzung für deren sinnvollen Einsatz. Als Voraussetzung für einen problemlosen Austausch von Dokumenten zwischen unterschiedlichen Prozessen sind die z.Zt. sehr intensiv geführten Diskussionen über die Standardisierung von Dokumentenarchitekturen von entscheidender Bedeutung. Ihr Ziel ist, zu gewährleisten, daß möglichst alle Produkte der unterschiedlichen Hersteller Dokumente in gleicher Weise interpretieren. Die Beiträge der Herren H. Musielak ("Konzeptionelle Aspekte einer Dokumentenarchitektur zur Datenintegration") und G. Krönert ("Anforderungen an ein Textverarbeitungssystem auf der Grundlage des Standard-Dokumentenarchitekturmodells") befassen sich eingehend mit den Möglichkeiten der Übertragung von Mischdokumenten und deren anschließender Weiterverarbeitbarkeit.

Die unterschiedlichen Normierungsansätze auf dem Gebiet der Textgestaltung und die Probleme der Verarbeitung von Texten in Netzen beschreibt Frau A. Scheller in ihrem Referat ("Dezentrale Verarbeitung von Dokumenten im Rahmen des DFN auf der Basis internationaler Standards").

Neben der Kommunikationsfähigkeit bietet vor allem das erheblich erweiterte Leistungsspektrum der neuen Textverarbeitungssysteme die Grundlage für organisatorische Konsequenzen. Die reine Automatisierung von Tätigkeiten hatte auf dem Gebiet der Textverarbeitung zur organisatorischen Zentralisierung in zentralen Schreibbüros geführt. Aufgrund der einfachen Editier-, Speicher- und der Kommunikationsmöglichkeiten moderner Textverarbeitungssysteme wird es möglich, diese ausgelagerten Tätigkeiten in den Aufgabenkontext zurück zu verlagern. Der Beitrag von Herrn W. Appelt ("Konzeption eines Arbeitsplatzes zur Erstellung wissenschaftlicher Texte in hoher typographischer Qualität") beschreibt die Einbettung eines Textverarbeitungssystems in die Arbeitsumgebung eines Sachbearbeiters oder Managers.

Die Möglichkeiten, die ein derartiger Einsatz von Textverarbeitungssystemen bietet, zeigen an zwei Beispielen die Vorträge der Herren H. Göttler, H. Schwarz und R. Straubmeier ("Ein Textsystem für eine Rechtsanwaltskanzlei") sowie von Herrn M. Schumann ("Möglichkeiten und Grenzen einer computergestützten Eingangspostbearbeitung"). Dabei werden einmal Anforderungen und Lösungsmöglichkeiten für ein Textverarbeitungssystem in einer speziellen Einsatzumgebung beschrieben. Der andere Beitrag untersucht die Folgeerscheinungen der Kommunikationsfähigkeit von Textverarbeitungssystemen. Je einfacher es wird, Dokumente zu erstellen und zu versenden, desto größer wird das Problem, die anwachsende Briefflut vernünftig zu bewältigen.

Mit Zukunftsaspekten der Textverarbeitung beschäftigt sich neben dem Einführungsvortrag von Herrn P. Wißkirchen ("Entwicklungstendenzen auf dem Gebiet der Textverarbeitungssysteme") der Beitrag von Herrn L. Miller ("Natural Language Computing in the 1990's: Technologies and Applications").

Ich möchte allen Autoren sowie meinen Kollegen im Programmkomitee für ihre wertvolle Mitarbeit bei der Vorbereitung dieses Fachgesprächs sehr herzlich danken.

Programmkomitee für dieses Fachgespräch: F. Demelbauer (WSR, Wien), R. Dierstein (DFVLR, Oberpfaffenhofen), H. Krallmann (Technische Universität Berlin), G. Neumann (Wirtschaftsuniversität Wien), K. Wenke (Wenke Informatik, Achim).

Konzeptionelle Aspekte einer Dokumentenarchitektur zur Datenintegration

Hartmut Musielak
IBM Deutschland GmbH
Program Product Development Center, Sindelfingen

In den letzten Jahren ist ein stark wachsendes Angebot von unterschiedlicher Hard- und Software für Anwendungen im Büro zu erkennen. Die Zunahme umfaßt sowohl die Quantität, als auch die Komplexität der Systeme. Im Bereich der Textverarbeitung begründet sich dieses Wachstum zu einem großen Teil auf die Integration unterschiedlicher Objekttypen in Dokumenten. Bestanden früher elektronische Dokumente hauptsächlich aus Texten, so werden heute zunehmend Daten aus bestehenden Dateien und Datenbanken, Grafiken und Sprache integriert. Zum Teil sind diese Anwendungen erst möglich geworden durch die weite Verbreitung der Datenverarbeitung mittels Personal Computer und deren großem Leistungsvermögen.

Mit der Zunahme der Programme und Geräte wuchsen auch die Anforderungen und Wünsche nach Verträglichkeit der Informationen, die zwischen den unterschiedlichen Produkten übertragen werden. Dies zu erreichen ist ein wesentliches Ziel einer Dokumentenarchitektur. Sie erlaubt den Produkten, die sie implementieren, Dokumente und zugehörige Informationen auszutauschen und in gleicher Weise zu interpretieren. Es sollte aber nicht vorausgesetzt werden, daß alle Produkte sich auf ein einheitliches internes Format für die Darstellung von Dokumenten festlegen. Jedes Produkt sollte auch weiterhin die Möglichkeit haben, eine geeignete interne Darstellungsform eines Dokumentes wählen oder beibehalten zu können. Erst bei einer Übertragung der Dokumente zwischen den Produkten, ist die jeweilige interne Form in eine einheitlich spezifizierte Bytefolge, einen Datenstrom, zu transformieren. Die Architektur definiert die Syntax und Semantik dieses Datenstroms (1). Pauschal ausgedrückt regelt die Syntax den Aufbau des Datenstroms, während die Semantik die Beschreibung des zugehörigen Dokumentes erlaubt. Wichtig ist auch, daß die Architektur den gewachsenen Anforderungen an Datenintegration und zukünftiger Erweiterbarkeit gerecht wird. Bild 1 beschreibt die Aufgabe einer Dokumentenarchitektur in einem solchen 'interchange environment'.

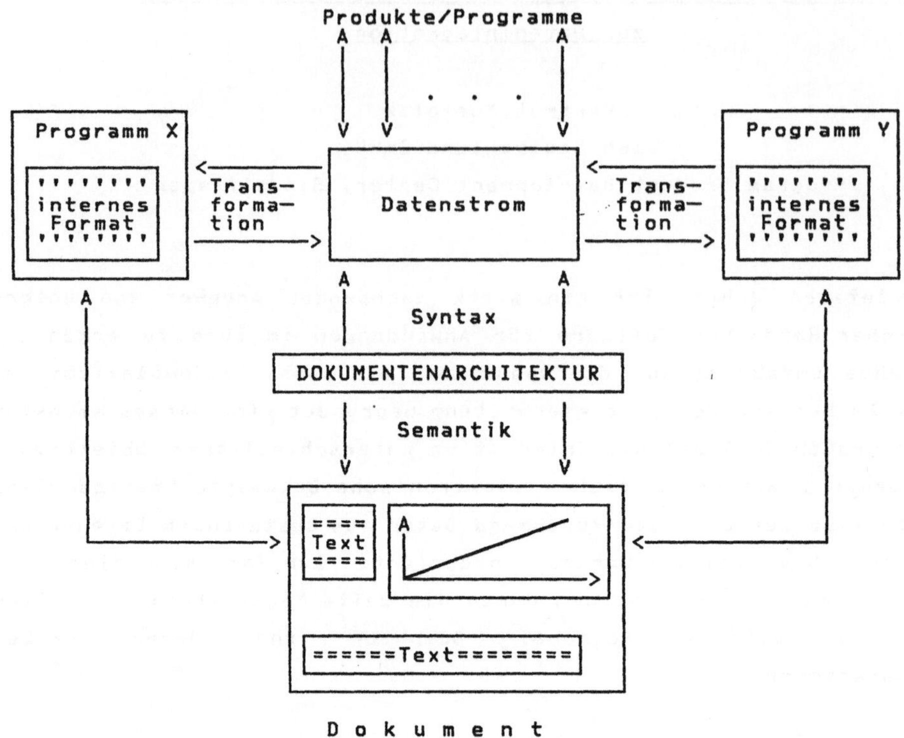

Bild 1: Dokumentenarchitektur im 'interchange environment'

Abgrenzung

Die hier vorgestellten Aspekte einer Dokumentenarchitektur behandeln den Aufbau und Inhalt der Dokumente, sowie deren Darstellung im Datenstrom. Die Benutzerschnittstelle und der Transport der Dokumente setzen das Vorhandensein entsprechender Architekturen voraus (z.B. DIA, SNA) (2,3). Es darf nicht geschlossen werden, daß die IBM sich hiermit zur Unterstützung des dargestellten Konzeptes verpflichtet.

Schwerpunktthema dieses Beitrags ist nicht die Vorstellung einer Architektur, sondern die Beschreibung der Anforderungen an eine Dokumentenarchitektur, die durch die Integration verschiedener Objekttypen in einem Dokument begründet sind. Aufgrund des beschränkten Umfangs dieses Beitrags kann keine komplette Erörterung der Problematik erfolgen, sondern nur eine Auswahl wesentlicher Aspekte. Die aufgezeigten Lösungsmöglichkeiten stellen kein vollständiges Architekturkonzept dar. Deshalb kann auch kein Vergleich zu alternativen Konzepten durchgeführt werden. Neben ausgewählten, generellen Aspekten einer Datenintegration wird besonders das Thema der Integration formatierter Daten behandelt. Formatierte Daten bezeichnen die üblicherweise in der klassischen Datenverarbeitung benutzten Daten.

Architekturfamilie

Die in den Dokumenten zu integrierenden Daten sind vielfältiger Art. Die heute wichtigsten Objekttypen sind:
- Texte,
- Grafiken,
- Festbilder,
- Sprache,
- Formatierte Daten.

Zukünftige Innovationen lassen erwarten, daß sowohl neue Objekttypen, als auch neue Funktionen auf bestehenden Objekttypen etabliert werden. Dies erfordert von der Architektur die Fähigkeit, diese Erweiterungen zu integrieren. Aufgabe der hier behandelten Architektur ist es, den Austausch von Dokumenten, bestehend aus unterschiedlichen Objekten, zwischen verschiedenen Produkten so zu unterstützen, daß alle Produkte die Dokumente in gleicher Weise interpretieren können. Dies ist die Voraussetzung für eine Weiterverarbeitung der Dokumente. Die daraus abgeleiteten Anforderungen lassen sich in zwei Gruppen einteilen:
1. Steuerung des Aufbaus von Dokument und zugehörigem Datenstrom,
2. Behandlung der unterschiedlichen Objekttypen.

Der Aufbau des Dokuments kann sich auf die Beschreibung der Struktur beschränken. Dazu gehört die Reservierung und Anordnung der Darstellungsflächen für die jeweiligen Objekte. Das Ausfüllen dieser Flächen mit entsprechenden Daten verlangt auf den Objekttyp abgestimmte Eigenschaften der Architektur. Diese logische Trennung spiegelt sich analog im Aufbau des Datenstroms wieder. Es gibt Elemente, die den generellen Dokumentenaufbau und die Datenstromverwaltung bestimmen und solche, die die eigentlichen Objekte beschreiben.

Als geeignete Lösung bietet sich eine Aufteilung in eine Menge von verschiedenen Architekturen an. Notwendig ist eine Trägerarchitektur und für jeden Objekttyp eine zugeordnete Objekttyparchitektur. Die Trägerarchitektur deckt die Anforderungen der Gruppe 1 ab und ist somit weitgehend unabhängig von den jeweiligen Eigenschaften der Objekttypen.

Die Objekttyparchitekturen definieren die Interpretation und Darstellung der Objekte des jeweiligen Typs. Sie haben, falls erforderlich, definierte Schnittstellen. Bei Modifikation existierender Objekttypen ist lediglich ein Anpassen der betroffenen Objekttyparchitektur erforderlich. Das Hinzufügen eines neuen Objekttyps erfordert die Definition einer zugehörigen Architektur. Sie übernimmt die Interpretation der in den Trägerdatenstrom eingebetteten Objekte dieses Typs.

Ein durch diese Architekturfamilie bestimmter Datenstrom enthält entsprechend dem Aufbau des Dokuments, eingebettet in Konstrukte der Trägerarchitektur, die jeweiligen Objekte. Bild 2 zeigt den zum Dokument aus Bild 1 gehörenden strukturellen Aufbau des Datenstroms. Die Nummern bezeichnen die Zuordnung der jeweiligen Architektur zu den von ihr bestimmten Teilen des Dokuments und Datenstroms. Die gepunkteten Flächen werden von der Trägerarchitektur bestimmt. Dazu gehören auch die Grenzen der Darstellungsflächen der Objekte.

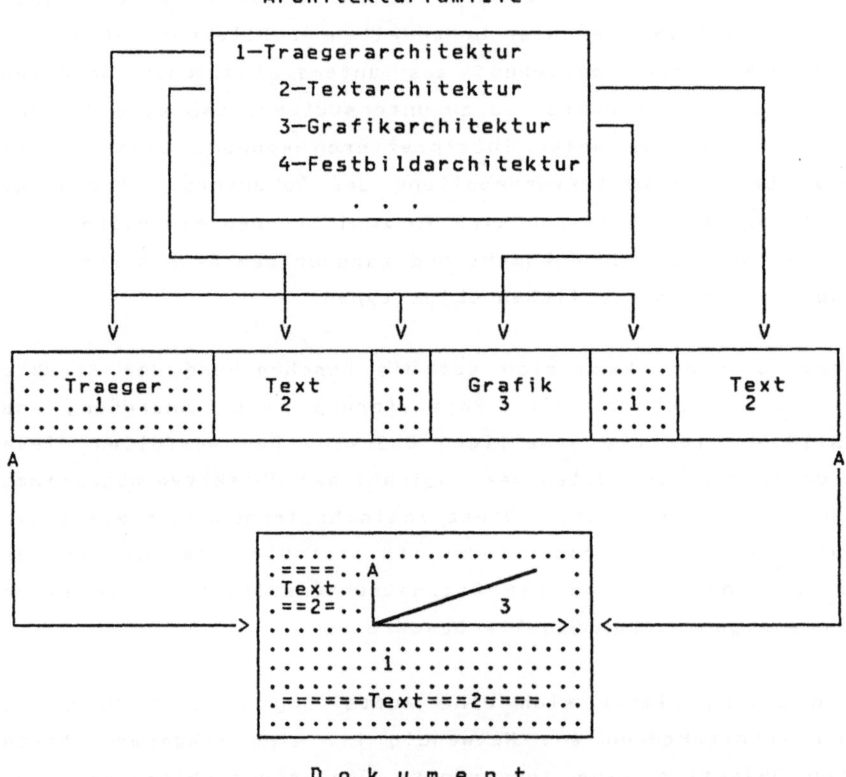

Bild 2: Generelle Darstellung eines Dokuments im Datenstrom

Darstellungsflächen ('Presentation Space')

Die Darstellung der Objekte im Dokument erfordert eine bestimmte Fläche, die als Darstellungsfläche bezeichnet wird. Wegen der unterschiedlichen Behandlung der Objekttypen ist es nützlich, jedes Vorkommen eines Objekts im Dokument zu separieren und ihm eine entsprechende Darstellungsfläche zuzuordnen. Ein Dokument besteht demnach aus der Aneinanderreihung einzelner Darstellungsflächen mit den zugeordneten Objekten. Ein Vermischen von Daten in einem Dokument verlangt jedoch nicht nur das Hintereinanderreihen größerer Objekte verschiedenen Typs, sondern erfordert auch eine engere Verzahnung unterschiedlicher Objekte. Beispiele dafür sind das Einbetten von Grafiken in Texte oder das Beschriften von Achsen eines Koordinatensystems. In solchen Fällen bedeutet die Aufteilung in eine Sequenz unterschiedlicher Objekte eine zu große Zerstückelung des Datenstroms, verbunden mit entsprechendem Verwaltungsaufwand. Die ökonomische Lösung besteht in der Überlagerung von Darstellungsflächen. Daraus ergibt sich die Forderung nach einer beliebigen Positionierung der Darstellungsflächen im Medium.

Beschriftungen parallel zur Koordinatenachse verlangen eine Rotation des zur senkrechten Achse gehörigen Textes. Verallgemeinert ergibt sich daraus die Forderung nach beliebiger Orientierung der Daten im Dokument. Bilder und Grafiken benötigen die Adressierung einzelner Punkte innerhalb der Darstellungsflächen (All Points Addressability). Aufgrund unterschiedlicher Geräteeigenschaften variiert die Punktdichte. Die heute in der Textverarbeitung verbreitete Möglichkeit, Zeichen innerhalb von Zeilen zu adressieren, reicht nicht mehr aus.

Eine Lösungsmöglichkeit zu den genannten Forderungen ist die Einführung von Koordinatensystemen, die die jeweiligen Darstellungsflächen bestimmen. Von einem Leitkoordinatensystem, welches das Gesamtdokument umfaßt, bestimmen sich die Positionen der zugehörigen Objektkoordinatensysteme. Um den beschriebenen Anforderungen gerecht zu werden, sind folgende Eigenschaften erforderlich:

- Überlappen der Systeme,
- Unabhängige Orientierung der Systeme,
- Verwendung unterschiedlicher Maßeinheiten.

Das Reservieren und Anordnen der Darstellungsflächen ist Aufgabe der Trägerarchitektur. Bild 3 zeigt ein Dokument bestehend aus drei Objekten mit zugehörigen Darstellungsflächen. Der Ursprung der gedachten Koordinatensysteme ist mit * bezeichnet, die Orientierung durch Pfeile.

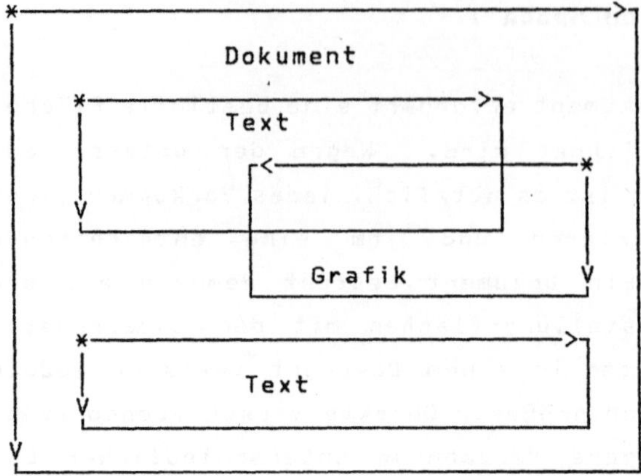

Bild 3: Anordnung von Objekten im Dokument

Identifizierung der Daten

Die Architektur soll ein möglichst breites Spektrum von Produktanforderungen abdecken. Dabei darf selbstverständlich nicht vorausgesetzt werden, daß alle Produkte alle Objekttyparchitekturen implementieren können. Es wird z. B. häufig Produkte geben, die keine Sprachverarbeitung erlauben. Trotzdem sollte der Rest des Dokumentes verarbeitet werden können, denn ein Dokument mit erklärenden sprachlichen Hinweisen kann auch ohne diese nützlich sein. Auf jeden Fall aber muß verhindert werden, daß die Sprachdaten falsch interpretiert werden (etwa als Text).

Die Architektur muß also sicherstellen, daß jedes Produkt die einzelnen Objekttypen identifizieren kann. Dem implementierenden Produkt kann die Entscheidung überlassen werden, ob bei Auftreten nicht verarbeitbarer Objekte diese ignoriert werden, oder ob die Verarbeitung abgebrochen wird. Erreichbar ist dies durch eine Registrierung der Objekttypen in der Trägerarchitektur. Registrierung bedeutet die Festlegung einer einheitlichen Codierung für Beginn und Ende eines jeweiligen Objekts.

Teilmengen/Stufen

Wie im Kapitel 'Identifizierung der Daten' erwähnt, wird von der Flexibilität der Architektur erwartet, möglichst viele Funktionen eines

Produktes zu unterstützen. Es darf jedoch nicht von allen Produkten die Implementierung sämtlicher Funktionen der Architektur verlangt werden. Der Designer benötigt einen Freiraum zur Entwicklung seines Produktes unter wirtschaftlichen Aspekten und unter Einbezug neuester Technik. Die Architektur darf ihm keine zu engen Grenzen setzen. Deshalb muß eine solche Architektur nicht nur unterschiedliche Daten integrieren, sondern auch einen unterschiedlichen Funktionsumfang unterstützen. Dies erfordert eine Aufgliederung der Architekturen in Teilmengen. Eine Basismenge der jeweiligen Architektur muß dabei von allen Produkten unterstützt werden, die diese Architektur implementieren. Zusätzlich ergänzende Teilmengen steuern den Komfort und Funktionsumfang des Produktes. Durch vordefinierte Architekturteilmengen ergibt sich die Möglichkeit, bereits im voraus die Entwicklungskosten eines Produktes besser abzuschätzen.

Neue Entwicklungen erfordern ein Anpassen der Architektur. Es kann vorkommen, daß bestimmte Funktionen entfernt oder modifiziert werden. Dies bedeutet eine Redefinition bestehender Elemente und damit ein Verändern der Architektur. Es wird also erforderlich, analog der Programmentwicklung, eine Stufenbezeichnung einzuführen. Aus ihr ist der Stand der implementierten Architektur ersichtlich; sie wird im Datenstrom kommuniziert.

Datenstrombibliotheken

Das Antwortzeitverhalten eines Systems ist häufig ein kritischer Wert. Es wird u.a. auch durch die begrenzte Datenübertragungsrate bestimmt. Man ist daher bestrebt, die zu übertragende Datenmenge möglichst gering zu halten. Auch die Architektur sollte dem Rechnung tragen. Hier bietet es sich an, im Datenstrom Bibliotheken zu definieren, die unterschiedliche Elemente des Dokumentes und notwendige Hilfsinformationen aufnehmen, wie z.B. Grafiken, Textteile, formatierte Daten, 'fonts'. Die Bibliothek enthält also neben Objektdaten auch solche Daten, die die Verarbeitung und Darstellung des Dokumentes unterstützen. Die Daten werden erst dann ins Dokument übernommen oder zur Dokumenterstellung benutzt, wenn sie an bestimmten Stellen innerhalb des Dokumentes referiert werden. Dies erlaubt es, wiederkehrende Dokumentbestandteile und Hilfsinformationen einmal zu definieren und beliebig oft zu referieren. Bild 4 zeigt vier Referenzen aus dem Datenstrom zu zwei Datenbeständen in der Bibliothek.

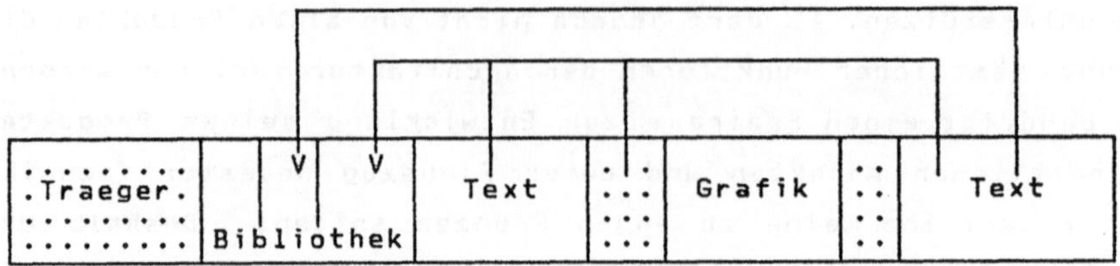

Bild 4: Datenstrom mit einer Datenstrombibliothek

Formatierte Daten ('Formatted Data')

Gegenstand der weiteren Betrachtung ist die Integration formatierter Daten. Quellen solcher Daten können sein:

- Dateien,
- Datenbanken,
- Eingabe vom Benutzer über ein Terminal,
- Anwendungsprogramme.

Die Architektur soll neben der Aufnahme der eigentlichen formatierten Daten auch eine Beschreibung dieser Daten erlauben. Die Datenbeschreibung versetzt die den Datenstrom verarbeitenden Produkte in die Lage, die Daten, falls erforderlich, von der externen Quelle zu holen, sie entsprechend zu modifizieren und dann für eine Verarbeitung im Dokument zur Verfügung zu stellen. Die wesentlichen Bestandteile einer solchen Beschreibung sind die Bestimmung der Herkunft, eine auf die Daten anzuwendende Funktion, um sie vor Benutzung zu modifizieren, die Datenstruktur und der Datentyp. Der Datentyp bezeichnet die Darstellungsform der Daten im Datenstrom (z.B. binäre -, gepackte Darstellung). Die Datentypen der Daten im Datenstrom und in der Quelle können sich voneinander unterscheiden.

Da formatierte Daten häufig in andere Objekte integriert werden (z.B. in Texte) oder eine Menge formatierter Daten mit einem Zugriff zur externen Quelle erhalten werden (z.B. ein Satz einer Datei), eignen sich diese Daten besonders für eine Übertragung in einer Datenstrombibliothek, wie sie im Kapitel 'Datenstrombibliothek' definiert wurde. Im einfachsten Fall werden die Daten mit ihrer notwendigen Beschreibung in die Bibliothek gestellt und aus dem Dokument an geeigneter Stelle referiert. Unterbleiben diese Referenzen, so sind die entsprechenden

Daten innerhalb des Dokumentes nicht direkt sichtbar. Solche Daten enthalten lediglich Zwischenwerte für weitere Verarbeitungen.

Häufig gibt es den Wunsch, Daten vor ihrer Benutzung im Dokument gegenüber ihrer ursprünglichen Darstellung zu modifizieren. Das Spektrum der Modifikationen ist breit gestreut; es reicht von einer einfachen Darstellungsveränderung (z.B. Verwandlung von Groß- in Kleinbuchstaben) bis zu einer Verknüpfung mehrerer formatierter Daten mittels geeigneter Funktionen, wobei letztlich nur der Funktionswert ins Dokument eingehen kann. Ein Beispiel ist die Bildung der Jahresverkaufssumme aus den monatlichen Verkaufszahlen.

Im Zusammenhang mit dem Zugriff auf externe Datenbestände hat die Architektur einige besondere Probleme zu lösen. Hier ist die Architekturanforderung nach Produktunabhängigkeit zu berücksichtigen. Dies bedeutet, daß Dateizugriffsarten und Datenbankprodukte nicht direkt bekannt sind, sondern über allgemeine Modelle abgebildet werden müssen. Ein weiteres Problem ist die Bestimmung des Zeitpunktes eines wiederholten Zugriffs auf die Datenbank, um dort erfolgte Veränderungen zu übernehmen. Wann die Erneuerung eines Wertes geschehen soll, kann allein die Anwendung entscheiden. Der Architektur bleibt die Aufgabe, geeignete Hilfsmittel für die Kommunikation dieser Wünsche zur Verfügung zu stellen.

Mit Zugriff auf eine externe Quelle (z.B. Datei) ist es nicht immer erforderlich und erwünscht, daß das Ergebnis des Zugriffs nur aus einem Wert besteht. Vielmehr wird erwartet, als Ergebnis eines logischen Zugriffs auch eine beliebige Teilmenge einer Datei zu erhalten. Die Teilmenge der qualifizierten Daten kann aufgrund des dynamischen Verhaltens der Datenbestände in Abhängigkeit von der Zeit variieren. Von der Architektur erfordert dies die Fähigkeit, die an eine einzelne Beschreibung formatierter Daten geknüpfte Datenmenge zu strukturieren. Dieser spezielle Aspekt erlaubt es, den Datenstrom als einen Dateitransfermechanismus zu benutzen. An die Trägerarchitektur werden dadurch zwei weitere Anforderungen gestellt:

- Aufbau eines Datenstroms, der nur eine Datenstrombibliothek enthält, aber kein Dokument,
- Unterstützung von Referenzen zu Bibliotheken außerhalb des eigenen Datenstroms.

Für die Praxis ergibt sich die Möglichkeit, einen lediglich aus einer Dateiteilmenge bestehenden Datenstrom zu einem Zielsystem zu übertragen. Weitere Datenströme enthalten Dokumente, deren Referenzen sich auf die Bibliothek des ersten Datenstroms beziehen.

Anwendungsbeispiel

Ein Beispiel soll eine Anwendungsmöglichkeit der beschriebenen Konzeption zeigen.

In einem Netzwerk wird von einem Rechner A der Standardtext für Massenbriefe generiert. Ein solcher Brief besteht aus einheitlichem Text und je nach Empfänger unterschiedlicher Anschrift und unterschiedlichen weiteren Daten ('pattern letter'). Generiert und gedruckt werden sollen die Briefe auf Rechner B. Die Daten stammen von einer Datenbank, zu der Rechner B keinen Zugriff hat.
Lösungsvorschlag:
System A erzeugt den Standardbrief und markiert die Stellen der empfängerabhängigen Einfügungen von Daten. Zusätzlich selektiert es aus der Datenbank die benötigten Daten aller Adressaten. Die Daten, enthalten in einer Datenstrombibliothek, werden zusammen mit dem Standardbrief in einem Datenstrom nach System B übertragen. System B erzeugt die Briefe durch Mischen von Daten und Standardtext und druckt sie aus.

Literatur

(1) M.R.DeSousa: Electronic Information Interchange in an Office Environment, IBM System Journal No. 1, Vol. 20, 4-22, 1981

(2) System Network Architecture Concepts and Products, GC30-3072, IBM Corporation

(3) Office Information Architectures: Concepts, GC23-0765, IBM Corporation

Anforderungen an ein Textverarbeitungssystem auf der Basis des Standard-Dokumentenarchitekturmodells

Günther Krönert

SIEMENS AG München

Unternehmensbereich Kommunikations- und Datentechnik

Privat- und Sonderkommunikationsnetze

Ein wesentlicher Teil der Bürokommunikation ist der Austausch von Dokumenten. Werden Dokumente in elektronischer Form ausgetauscht, so sollen sie beim Empfänger nicht nur zweidimensional reproduzierbar , sondern auch weiterbearbeitbar sein. Zum Verständnis dieser Vorgänge gibt es ein Dokumentenarchitekturmodell (*ODA = Office Document Architecture*) und zur Übertragung die davon abgeleiteten Dokumentenaustauschformate (*ODIF = Office Document Interchange Format*). Der ODA/ODIF-Standard wurde im Juni 1985 von der ECMA verabschiedet. Erweiterungen des Standards sind von den Standardisierungsgremien ISO, ECMA und CCITT für die nächsten Jahre geplant.

Dieses Papier gibt zunächst einen kurzen Überblick über diesen Standard und zeigt dann auf, welche Anforderungen an zukünftige Dokumentverarbeitungssysteme sich davon ableiten lassen und welche Lösungsansätze gegenwärtig erprobt werden.

1. **ODA - Office Document Architecture**

1.1 Aufbau von Dokumenten

Nach diesem Standard-Dokumentenarchitekturmodell kann man, wie Bild 1 zeigt, in jeder *Beschreibung eines Dokuments* zwei eigenständige aber durch Layout-Direktiven verbundene, Baumtrukturen erkennen: Die logische Struktur wird aus zwei verschiedenen Objekttypen aufgebaut, nämlich zusammengesetzten Objekten und Basisobjekten. Basisobjekte sind die Blätter und haben Inhalt von einem bestimmten Typ, wie Zeichentext, Liniengraphik, Photographik, usw. Dadurch ist es möglich, hier entsprechende bereits existierende oder auch zukünftige Normen einzubetten. Sie legen entsprechende Inhaltsarchitekturen fest. Die logischen Objekte gehören verschiedenen Objektklassen an. Beispiele für Objektklassen sind, Kapitel, Überschriften, Fußnoten usw.. Die Layoutstruktur, wird aus vier verschiedenen Objekttypen aufgebaut, nämlich Seitengruppe, Seite, Rahmen und Blöcken. Blöcke sind die Blätter des Baumes. Während des Formatierens wird der Inhalt eines Dokuments in Rahmen eingefüllt, wodurch die Blöcke entstehen. Auch Layoutobjekte

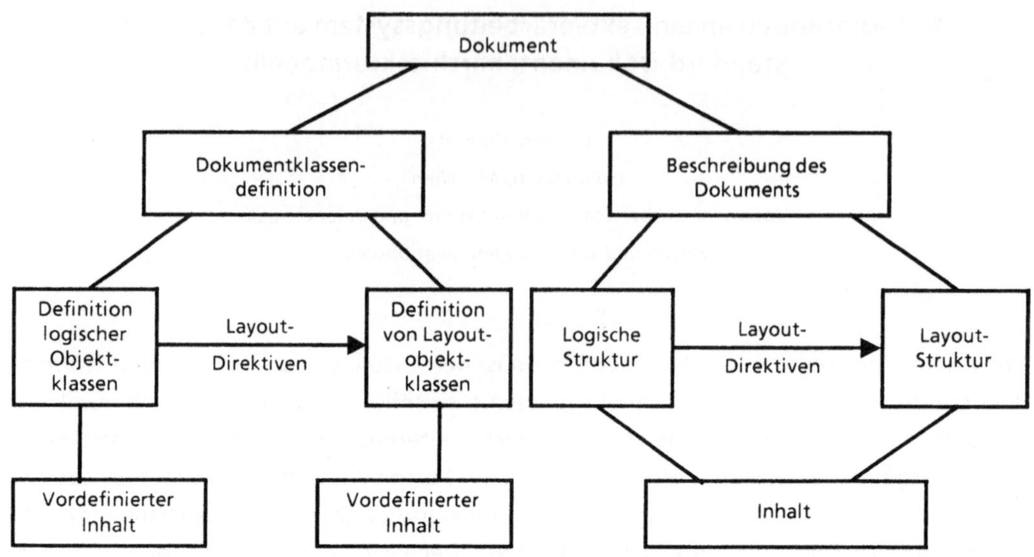

Bild 1 : ODA - Dokumentenaufbau

sind Exemplare verschiedener Objektklassen. Beispiele für solche Klassen sind Titelseite, Folgeseite, Spaltenrahmen, Textblock, Graphikblock usw..

Alle Objekte können Attribute besitzen, die die Eigenschaften der Objekte angeben. Für logische Objekte kann das z.B. die Kapitelnummer sein, für Layoutobjekte z.B. die Position, die Dimension usw.. Es gibt standardisierte Attribute und frei definierbare. Unter dem Begriff Layout-Direktiven werden die Attribute zusammengefaßt, die an logischen Objekten hängen und die Abbildung der logischen in die Layoutstruktur steuern.

Jedes Dokument wir als ein Exemplar einer bestimmten Dokumentklasse betrachtet. Dokumentklassen sind z.B. Bericht, Bestellformular oder Notiz. Weil es aber zahllose Dokumentklassen gibt, stellt ODIF auch Mittel zur *Definition von Dokumentklassen* zur Verfügung. Die Klassenzugehörigkeit eines Dokuments unterstützt das Bearbeiten von Dokumenten, so ermöglicht sie z.B. das automatische Formatieren oder das automatische Verwalten von Kapitelnummern . Eine Dokumentklasse wird definiert durch eine Menge von Definitionen logischer Objektklassen, einer Menge von Definitionen von Layoutobjekteklassen und den Layoutdirektiven. Exemplare dieser Objekte bilden die logische bzw. die Layoutstruktur eines Dokuments dieser Klasse. Definiert werden Objekte durch Aufbauregeln und Eigenschaftsregeln.

Die Aufbauregeln legen fest, welche untergeordneten Objekte ein Objekt haben darf. Sie sind vergleichbar mit den Produktionen einer kontextfreien Grammatik. Die Eigenschaftsregeln legen fest, welche Attribute ein Objekt haben darf und wie die Attributwerte zu besetzen sind. Für ein genaueres Studium sei auf die Papiere /Hor84, Hor84a ,Hor85, Krö84,

Krö84a, Sch85/ und auf den am weitesten entwickelten ECMA-Standard /ECMA85/ verwiesen.

1.2 Das Dokumentbearbeitungsmodell

Das Dokumentbearbeitungsmodell (*processing model*) beschreibt, welche Komponenten bei welchen Bearbeitungsvorgängen welche Rolle spielen. Wie Bild 2 zeigt, besteht dieses

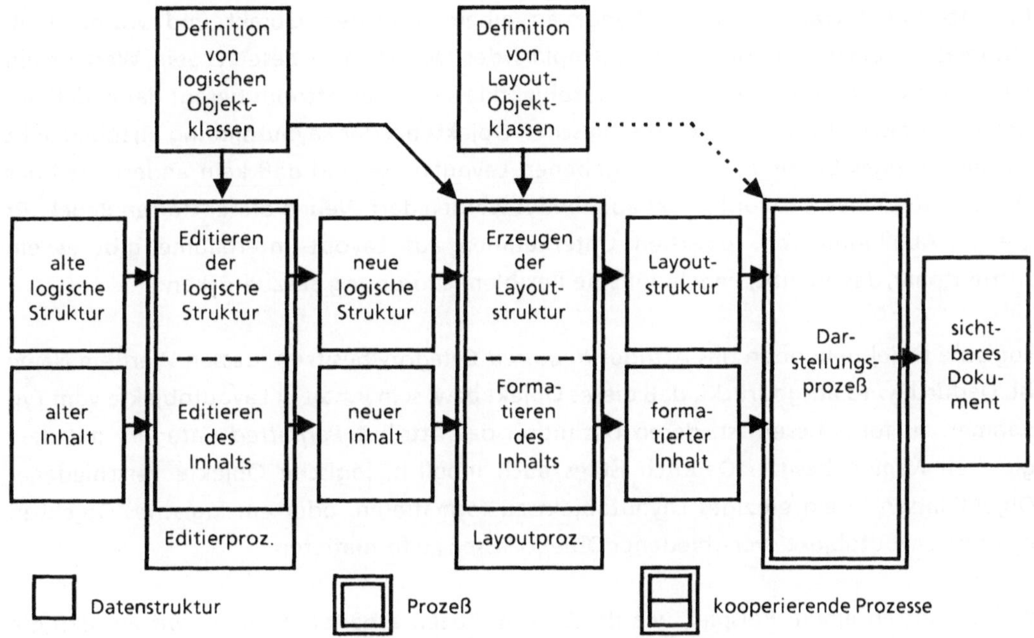

Bild 2: ODA - Dokumentbearbeitungsmodell

Modell aus drei Prozessen, dem Editierprozeß: dem Layout-Prozeß und dem Darstellungsprozeß. Die Reihenfolge der Prozesse in dem Diagram soll jedoch nicht bedeuten, daß sie in einer Implementierung streng sequentiell ablaufen müssen, was einem Batch Processing entsprechen würde.

Beim Editierprozeß kann unterschieden werden zwischen dem Editieren des Inhalts von Basisobjekten, wodurch neuer Inhalt erzeugt wird oder bereits existierender verändert wird, und dem Editieren der logische Struktur, wodurch eine neue logische Struktur erzeugt oder eine bereits existierende verändert wird. Editiervorgänge in der logischen Struktur müssen stets konsistent mit den Aufbauregeln der entsprechenden logischen Objektklassen-Definitionen sind.

Der Layoutprozeß besteht ebenfalls aus zwei kooperierenden Vorgängen, nämlich dem Erzeugen der Layoutstruktur und dem Formatieren des Inhalts in Blöcke. Diese beiden

Vorgänge wechseln sich gegenseitig ab nach der Art von Co-Routinen. Der Layoutprozeß wird gesteuert von der logischen Struktur, dem Inhalt der logischen Basisobjekte, der Definition von logischen Objektklassen und der Definition von Layout-Objektklassen. Das Grundprinzip des Layoutprozesses besteht darin, daß der logische Strukturbaum in Preorder durchlaufen wird und dabei versucht wird, den Layoutstrukturbaum ebenfalls in Preorder aufzubauen. Das Erzeugen des Layoutstrukturbaumes wird durch die folgenden Attribute gesteuert:

Das Attribut *Layout Reference* hängt an einem logischen Objekt und wurde z. B. automatisch beim Erzeugen eines Exemplars der Objektklasse besetzt. Sein Wert ist ein Verweis auf eine Definition einer Layoutobjektklasse. Dieses Attribut besagt dann, daß der gesamte logische Unterbaum dieses logischen Objekts bei der Layoutbildung abzubilden ist auf ein einziges Exemplar der angegebenen Layoutklasse und daß kein anderer Teil des Dokuments in dieses Layoutobjekt abgebildet werden darf. Neben dieser starren Regel für die 1-1-Abbildung von logischen Unterbäumen auf Layout-Unterbäume gibt es ein Attributpaar, das erlaubt, Regeln für eine flexiblere Zuordnung auszudrücken:

Logische Objekte können das Attribut *Required Category* besitzen, dessen Wert ein Name ist. Dadurch wird ausgedrückt, daß dieses Objekt bzw. sein Inhalt in Layoutobjekte vom Typ Rahmen zu formatieren ist, deren Definition das Attribut *Permitted Category* mit dem gleichen Namen besitzt. Dadurch ist es auch möglich, logische Objekte verschiedener Objektklassen in ein einziges Layoutobjekt zu formatieren, oder ein logisches Objekt in mehrere Layoutobjekte verschiedener Objektklassen zu formatieren.

Bild 3 zeigt an einem Beispiel, wie der Layout-Prozeß arbeitet. Nehmen wir an, daß die logische Struktur existiert. Beginnend mit dem Bericht-Knoten wird auf der Layoutseite ein Berichtseitengruppen-Knoten angelegt, in den der gesamte Bericht zu formatieren ist. Gemäß Preorder wird als nächster der Titel-Knoten betrachtet. Für diesen wird der Berichtsseitengruppen-Knoten so lange produziert, bis ein Titelseite-Knoten existiert, in den der Unterbaum von Titel formatiert wird. Dieses Formatieren wollen wir aber nicht näher betrachten. Im weiteren Preorder-Durchlauf wird schließlich der Kapitel-Knoten betrachtet, dessen Unterbaum in einem Kapitelseitengruppen-Knoten zu formatieren ist. Dieser Knoten entsteht durch das Ausführen weiter Produktionen der Layoutstruktur. (Hierzu kann unter Umständen eine bottom-up-Analyse nötig sein.) Der Kapitel-Knoten besteht aus einem Überschrift-Knoten der das Attribut *Required Category* = 1 hat und einer Sequenz von Abschnitts- und Bild-Knoten, die alle das Attribut *Required Category* = 2 haben. Entsprechend wird zunächst ein Rahmen mit *Permitted Category* = 1 und dann ein Rahmen mit *Permitted Category* = 2 benötigt. Dem entsprechend wird der Kapitelseitengruppen-Knoten durch eine bottom-up-Analyse weiter produziert. (Diese bottom-up-Analysen können eingespart werden, wenn weitere Attribute an den Zwischenknoten eingefügt werden, die in Abhängigkeit der Attributwerte ein gezieltes Produzieren ermöglichen.) Werden noch weitere Rahmen mit *Permitted Category* = 2 benötigt, so werden weiter Andere Seite-

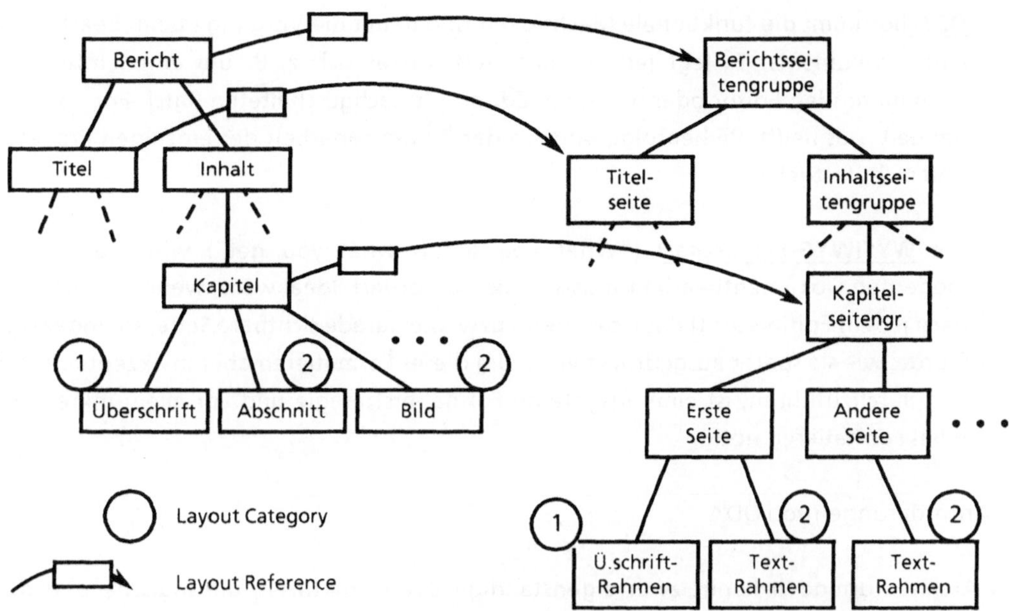

Bild 3: Layouterzeugung gemäß ODA-Dokumentbearbeitungsmodell

Knoten erzeugt mit den entsprechenden Text-Rahmen-Knoten. In diese Rahmen wird der Inhalt formatiert. Dadurch entstehen dann Blöcke. Die Blockbildung wird beeinflußt durch Attribute an den logischen Objekten, wie z.B. vom Typ *Offset, Separation, Indivisible* usw.. Alle in diesem Abschnitt beschriebenen Attribute werden unter dem Oberbegriff Layout-Direktiven zusammengefaßt.

Der Mechanismus der 1-1-Zuordnung und der Mechanismus der Zuordnung über *Category*-Attribute wirken kumulativ, d.h. die Category-Zuordnung darf die 1-1-Zuordnung nicht durchbrechen. Treten auf einem logischen Pfad jedoch mehrer *Required Category*-Attribute auf, so wirken diese nicht kumulativ, d.h. nur das letzte Attribut ist bestimmend.

Der dritte Prozeß im Dokumentbearbeitungsmodell (Bild2) ist der Darstellungsprozeß. Er benützt die Layoutstruktur, um den Inhalt zweidimensional und für den Menschen erfaßbar darzustellen.

2. Anforderungen an einen ODA-Editor

Die Anforderungen an einen interaktiv formatierenden ODA-Editor lassen sich von zwei Seiten ableiten :

1. **ODA** bestimmt die funktionale Mächtigkeit und damit die Vorgänge beim Bearbeiten eines Dokuments. Es legt jedoch nicht fest, ob es sich z. B. um einen interaktiv formatierenden Editor oder um einen Editor mit nachgeschalteten Batch-Formatierer handelt. Das heißt, Reihenfolge und Art der Zusammenarbeit der einzelnen Prozesse sind nicht festgelegt.

2. Die **WYSIWYG-Eigenschaft** ("What you see is what you get") wird heute von modernen Dokumentbearbeitungssystemen gefordert. Ideal wäre, wenn unmittelbar nach jedem Editierschritt das Dokument, bzw. die gerade sichtbare Seite, so angezeigt würde, wie sie später ausgedruckt wird. Um dieses Formatieren aber in akzeptierbarer Zeit durchzuführen, ist eine ausgefeilte Formatierstrategie und vor allem inkrementelles Formatieren nötig.

2.1 Anforderungen von ODA

Das Architekturmodell kennt zwei eigenständige Baumstrukturen, die logische und die Layoutstruktur. Beim Editieren wird die logische Struktur erzeugt oder verändert. Dazu ist ein Editor für die logische Struktur nötig. Die Layoutstruktur wird beim Formatieren erzeugt oder verändert. Sie kann auch vom Benutzer in einem Layoutrevisionsprozeß manipuliert werden, wenngleich dieser vom Architekturmodell her nicht unterstützt wird. Beide Prozesse benutzen die Operationen des Editors für die Layoutstruktur. Existierende Editoren sind entweder logisch oder Layoutstruktur-orientiert, aber stellen nicht beide Strukturen zur Verfügung.

Basisobjekte haben ihre eigene Inhaltsarchitektur (*content architecture*). Für jede vom Dokumentbearbeitungssystem akzeptierte Inhaltsarchitektur muß deshalb ein entsprechender Editor für Basisobjekte existieren. Diese Editoren editieren und formatieren den Inhalt von Basisobjekten. Zu diesem Zweck müssen sie mit den Struktureditoren zusammenarbeiten.

Werden die Strukturen als Bäume dargestellt, so hängen an jedem Knoten die zu ihm gehörigen Attribute, d.h. die Struktureditoren manipulieren attributierte Bäume. Attribute sind von einem bestimmten Attributtyp und haben einen bestimmten Attributwert. Die Attributwerte können automatisch berechnet oder vom Benutzer explizit angegeben werden.

ODA betrachtet jedes Dokument als ein Exemplar einer Dokumentklasse. Daraus ergibt sich für einen ODA-Editor, daß er an Dokumentklassen anpaßbar sein muß, d.h. der ODA-Editor liest zuerst die Dokumentklassendefinition ein und verwandelt sich dadurch in ein maßgeschneidertes Werkzeug, das dem Benutzer viele Routinearbeiten abnimmt.Der ODA-Editor wird so z.B. zu einem Berichtseditor, einem Geschäftsbriefeditor, einem Bestellformulareditor, einem Monatsberichteditor usw.. Eine ODA-Dokumentklassendefinition besteht aus der Definition von logischen Objektklassen und von Layoutobjektklassen. Eine solche Objektklassendefinition umfaßt :

* eine Regel (*Aufbauregel*), die angibt, welche untergeordneten Objekte (Söhne) ein Objekt dieser Klasse haben darf, und
* Eigenschaftsregeln, die angeben, von welchem Typ die zulässigen Attribute sind, und wie ihr Wert zu berechnen ist. Diese Regeln bestimmen also, wie ein Baum korrekt zu attributieren ist.

Die Anpaßbarkeit des ODA-Editors wird dadurch erreicht, daß die Objektklassendefinitionen umgewandelt werden in eine attributierte Grammatik / Wil79, Rech84/ für den logischen Strukturbaum und eine attributierte Grammatik für den Layoutstrukturbaum. Diese beiden attributierten Grammatiken steuern dann die beiden Struktureditoren. Jede Aufbauregel wird in eine Produktion umgewandelt und die Attributauswertungsregeln werden als semantische Funktionen ausgedrückt.

2.2 Anforderungen von WYSIWYG

Das WYSIWYG-Prinzip verlangt , daß im Idealfall nach jedem Editiervorgang das Dokument bzw. die sichtbaren Teile in ihrer endgültigen Form dargestellt werden. Daraus ergeben sich folgende Forderungen :

Interaktives Formatieren fordert, daß Editierprozeß, Layoutprozeß , Darstellungsprozeß und Benutzer zyklisch aktiv sind. Um bei diesem Konzept akzeptable Wartezeiten zu erreichen, muß das Formatieren inkrementell durchgeführt werden.

Das Konzept des inkrementellen Formatierens besteht darin, daß nicht das ganze Dokument neu formatiert wird, sondern nur die Teile, die wirklich neu formatiert werden müssen, d.h. eventuell bekommen Seiten nur neue Seitennummern oder formatierte Blöcke werden als ganzes verschoben.Dadurch wird der Aufwand für das Formatieren erheblich vermindert.Da die Layoutstruktur als attributierter Baum im ODA-Editor gehalten wird, bedeutet inkrementelles Formatieren im wesentlichen, daß eine korrekte Attributierung für den Layout-Strukturbaum zu berechnen ist. Dafür gibt es Standardverfahren /Ken76, Mön84/. Obgleich die inkrementelle Formatierung wesentlich weniger Aufwand erfordert als die komplette Formatierung eines Dokumentes, lassen sich die Wartezeiten für den Benutzer noch wesentlich verkürzen durch die folgende Strategie:

Nach abgeschlossenem inkrementellen Formatieren ist das gesamte Dokument gültig formatiert. Der Bearbeiter sieht jedoch auf dem Bildschirm nur einen Teil des Dokuments, so daß es dem WYSIWYG-Prinzip bereits genügen würde, wenn dieser Teil gültig formatiert und entsprechend angezeigt würde. Diese Überlegung führt dazu, daß das inkrementelle Formatieren verzögert ausgeführt wird: Nach einem Editiervorgang wird zunächst die nächste Umgebung konsistent formatiert und es wird markiert, welche Layoutobjekte dadurch ungültig formatiert sind, d.h. ungültig attributiert sind. Diese Objekte werden zunächst nicht formatiert. Daraufhin ist sofort wieder ein Editiervorgang zulässig, dem die gleiche Aktion folgt. Folgt jedoch nicht unmittelbar ein Editiervorgang, so wird schrittweise die inkrementelle Formatierung für die markierten Layoutobjekte durchgeführt, bis entweder das gesamte Dokument gültig formatiert ist oder der Benutzer wieder eine Editieroperation startet.

Der Formatiervorgang nützt also die vom Editierprozeß nicht benützte Zeit voll aus, er behindert aber den Benutzer keineswegs in seinem Arbeitstempo beim Editieren des Dokuments.

3. Architektur des ODA-Editors

Mit diesen abgeleiteten Anforderungen steht bereits die grobe Architektur eines ODA-Editors fest (Bild 4).

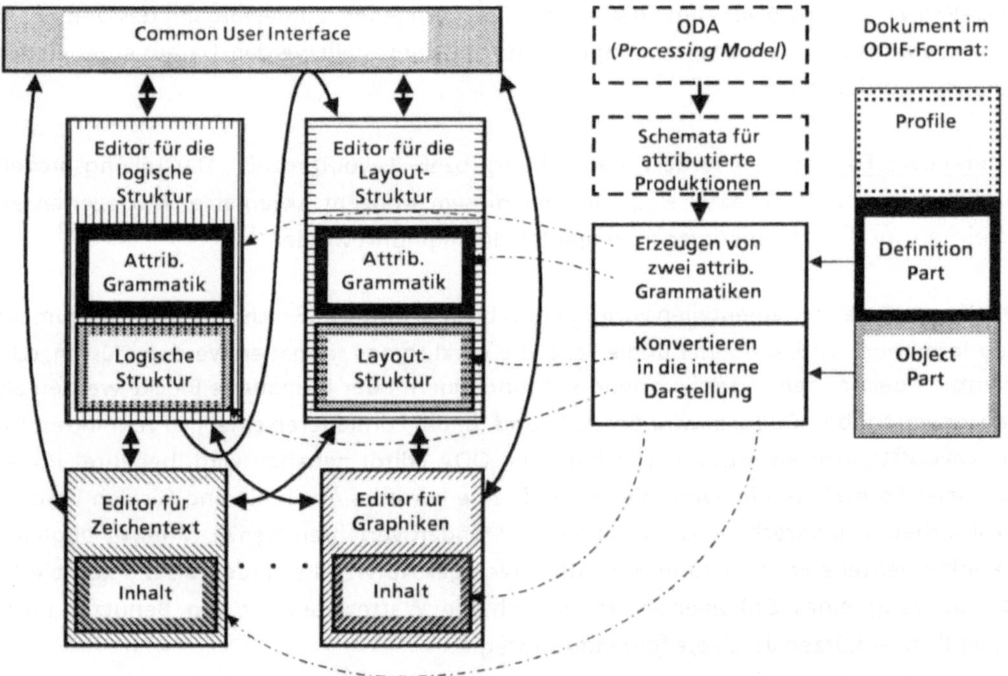

Bild 4: Architektur eines ODA-Editors und Transformation von ODIF-Dokumenten

Der <u>Editor für die logische Struktur</u> wird von der entsprechenden attributierten Grammatik gesteuert. Nach einer Änderung der logischen Struktur wird das Formatieren vom logischen Struktureditor durch die Ausführung semantischer Funktionen angestoßen. Diese berücksichtigen die Attribute vom Typ *Layout Reference* und *Required Category* und geben entsprechende Aufträge an den Editor für die Layoutstruktur.

Der Editor für die Layoutstruktur wird von der entsprechenden attributierten Grammatik gesteuert.Er bekommt Aufträge entweder vom Editor für die logische Struktur, wie es oben beschrieben wurde, oder vom Benutzer, wenn dieser eine Layoutrevision durchführt. Ein solcher Auftrag betrifft im allgemeinen nur ein Layoutobjekt, eventuell zusammen mit allen seinen untergeordneten Layoutobjekten. Kommt der Auftrag vom Benutzer, so wird das Objekt entsprechend markiert, um später noch zu erkennen, daß dieses Objekt eventuell bewußt inkonsistent mit der Dokumentklassendefinition sein darf. Solche Objekte werden dann später so behandelt, als ob sie konsistent wären.

Nachdem der Editor für die Layoutstruktur das vom Auftrag direkt betroffene Objekt entsprechend verändert oder erzeugt hat, ist der Layout-Strukturbaum im allgemeinen inkonsistent attributiert. Die Berechnung der konsistenten Attributierung wird nun nach der Strategie des verzögerten Formatierens angestoßen. Dabei müssen der Editor für die Layoutstruktur und die formatierenden Editoren für die Basisobjekte zusammenarbeiten und Attributwerte austauschen, ähnlich wie Scanner und Parser in Compilern. Der Editor für die Layoutstruktur gibt z.B. die maximale Dimension eines Blocks als *inherited* Attribut an den Editor für Basisobjekte vom Typ Text. Dieser füllt den Text in diesen provisorischen Block ein und erzeugt dadurch einen tatsächlichen Block, dessen Dimension er als *synthesized* Attribut zurückgibt an den Editor für die Layoutstruktur.

Basisobjekte haben ihre eigen Inhaltsarchitektur, die abhängig ist vom Typ, z.B. Text, Graphik, Faksimile usw.. Für jeden Basisobjekttyp gibt es einen eigenen Editor.Wurde der Inhalt eines Basisobjektes vom Benutzer editiert, so wird er anschließend sofort formatiert. Dabei versucht der Basisobjekt-Editor den Inhalt so zu formatieren, daß er weiterhin in dem vorhandenen Block untergebracht wird. Wenn dies möglich ist, dann bleibt die Layoutstruktur unverändert und das Dokument ist gültig formatiert. Besonders bei Text-Objekten kann es jedoch sein, daß sich der Block vergrößert oder verkleinert hat, oder daß weitere Blöcke benötigt werden, um den Inhalt unterzubringen. Entsprechende Meldungen oder Anforderungen schickt der Basisobjekt-Editor an den Layoutstruktur-Editor. Dadurch kann dieser die neuen, angeforderten Layoutobjekte erzeugen, Layoutobjekte löschen und/oder Attributwerte - nämlich die Dimension von Layoutobjekten - ändern. Danach ist wieder ein (verzögertes) Formatieren nötig, das durch Kooperation von Basisobjekt-Editor und Layoutstruktur-Editor durchgeführt wird.Voraussetzung für diesen Ansatz ist, daß in der internen Darstellung der Layoutstruktur noch erkennbar ist, welche Layoutobjekte "zusammengehören" in dem Sinne, daß sie aus einem logischen Objekt entstanden sind. Ist diese Information vorhanden, dann weiß der Layoutstruktur-Editor, welche "Textströme" in welche Rahmen-Typen einzufüllen sind. Dadurch ist inkrementelles Formatieren effizient möglich.

4. Konvertierung von ODIF-Dokumentklassendefinitionen in die interne Darstellung

Informell betrachtet, sind die wichtigsten Teile einer attributierten Grammatik

- die Produktionen, die angeben, wie syntaktisch korrekte Bäume aufgebaut werden dürfen, und
- die semantischen Funtionen, die festlegegen, wie die Werte der Attribute an den Knoten zu berechnen sind.

Betrachtet man die attributierten Grammatiken, die die beiden Struktureditoren steuern, so kann man die semantischen Funktionen gemäß ihren Aufgaben gruppieren. Es gibt:

- Semantischen Funktionen zur Berechnung von Attributwerten.
- Semantische Funktionen, bei deren Ausführung Aufträge an den Layoutstruktur-Editor geschickt werden.
- Semantische Funktionen, die Attribute unverändert durch den Strukturbaum reichen, bis sie bei Basisobjekten ankommen. Dort werden sie von den entsprechenden Basisiditoren verwendet.
- Semantische Funktionen, bei deren Ausführung nicht die Attributierung des Baumes sondern die Struktur des Baumes verändert wird, wie z.B. beim Erzeugen neuer Rahmen zum Einfüllen von Inhalt. Dies ist eine Erweiterung des Konzepts der attributierten Grammatiken und wird zur Zeit untersucht. Durch eine solche Veränderung des Strukturbaumes wird im allgemeinen seine Attributierung ungültig, d.h. nachfolgend muß die Attributierung neu berechnet werden.

Von ODA/ODIF und den dort beschriebenen *Layout Process* lassen sich Schemata für semantische Funktionen ableiten. Aus diesen Schemata und den ODIF-Attributen in der Objektklassendefinitionen werden dann ausführbare semantische Funktionen erzeugt. Dabei werden manche Attribute zur Auswahl der Schemata verwendet, andere dazu, die Schemata zu ausführbaren Funktionen zu ergänzen.

Ferner muß die Definition der Layoutstruktur nach unten um Blockdefinitionen erweitert werden. Diese Blockdefinitionen nehmen dann einige der Layout-Direktiven-Attribute auf, wie *Separation* oder *Offset*. Erst dadurch kann das inkrementelle Formatieren allein in der Layoutstruktur durchgeführt werden.

Das folgende einfache Beispiel in Bild 5 zeigt, wie die ODIF-Deskriptoren für Objektdefinitionen umgesetzt werden in Produktionen von attributierten Grammatiken:

Ein *Chapter Body* kann aus einem oder mehreren *Pragraphs* bestehen. *Paragraphs* sind Basisobjekte und haben Inhalt vom Typ Zeichentext. Für sie soll der Font *Modern* verwendet werden und sie sind in einen Rahmen mit *permitted category = Para* zu formatieren. Dabei soll der Abstand zum Vorgänger 400 BMU (1BMU = 1/1200 inch) betragen. Die ent-

ODIF

Logical Definition Descriptors

...

Definition-identifier = *Chapter Body*
object-type = composite-logical-object
generator-for-subordinates =
{*Paragraph*}

Definition-identifier = *Paragraph*
object-type = basic-logical-object
content-architecture = character-content
required-category = *Para*
character-font = *Modern*
leading-separation = 400

Layout Definition Descriptors

...

Definition-identifier = *Pararahmen*
object-type = frame
position = (1200, 2000)
dimension = (6000, 10000)
object-path = d0 /* top - down */
permitted-category = *Para*

Attributierte Grammatiken

für die logische Struktur

...

Chapter Body **:: =** {***Paragraph***}

Paragraph **:: = BASIC CHARACTER OBJECT**
Paragraph.required-catgory = *Para*

für die Layout-Struktur

...

Pararahmen **:: =** {**BLOCK**}
Pararahmen.permitted-category = Para
Pararahmen.x-position = 1200
Pararahmen.y-position = 2000
Pararahmen.x-dimension = 6000
Pararahmen.y-dimension = 10000
BLOCK(1).x-position = 0
BLOCK(1).y-position = 0
BLOCK(1).x-dimension = 6000
BLOCK(1).y-maximal-dimension = 10000
BLOCK(1).y-dimension = SYNTHESIZED
BLOCK(1).character-font = Modern
BLOCK(n).x-position = 0
BLOCK(n).y-position = BLOCK(n-1).y-position +
BLOCK(n-1).y-dimension + 400
BLOCK(n).x-dimension = 6000
BLOCK(n).y-maximal-dimension = 10000 -
BLOCK(n).y-position
BLOCK(n).y-dimension = SYNTHESIZED
BLOCK(n).character-font = Modern
CONDITION: BLOCK(n).y-dimension > 200
/* Höhe einer Zeile */

Bild 5: Beispiel für die Umsetzung von ODIF-Definitionen in attributierte Grammatiken

sprechende attributierte Grammatik für die logische Struktur ist sehr einfach, weil die Attribute *character font* und *leading separation* in die attributierte Grammatik für die Layoutstruktur eingehen. Dort werden sie für die inkrementelle Layoutbildung bzw. für die Darstellung des Dokuments benötigt.

Auf der Layoutseite soll es einen Deskriptor für *Pararahmen* geben. Diese Rahmen enthalten keine weiteren Rahmen. In sie dürfen logische Objekte mit *required category = Para* formatiert werden. Die Größe dieser Rahmen ist fest und beträgt 6000 x 10000 BMU. Die Position relativ zum übergeordneten Layoutobjekt ist (1200, 2000). Das Koordinatensystem hat gemäß dem Standard seinen Ursprung in der linken oberen Ecke eines Layoutobjektes; die positive x-Achse entspricht der oberen waagrechten Kante und die positive y-Achse der linken senkrechten Kante. Das Attribut *object path* legt fest, daß sich die Blöcke im Rahmen von oben nach unten fortsetzen sollen. In der attributierten Grammatik wird das Terminalsymbol BLOCK eingeführt und die entsprechende Produktion drückt aus, daß ein Pararahmen aus einem oder mehrere Blöcken bestehen kann. Für diese Folge von Blöcken wird ein Zählattribut eingeführt, das in der Notation in KLammern steht, z.B. BLOCK(n). Die

Attribute für *Pararahmen* werden unverändert vom ODIF-Deskriptor übernommen. Die Blöcke erhalten das Attribut *character font = Modern.* der erste Block hat relativ zum Rahmen die Position (0, 0). Diese Attributwertzuweisung ergibt sich aus dem Attribut *object path*, das festlegt, daß der erste Block im Rahmen oben zu positionieren ist, und daß sich die Blöcke nach unten fortsetzen sollen. Daraus ergibt sich auch die feste x-dimension mit 6000 BMU. Die y-dimension wird als synthesized Attribut vom Zeichentext-Formatierprozeß im Basisobjekt-Editor geliefert. Dieser bekommt dazu die Attribute x-dimension und y-maximal-dimension, wodurch ihm der maximal zur Verfügung stehende Raum beschrieben wird. Für die weiteren Blöcke ergibt sich die y-position und die y-maximal-dimension in Abhängigkeit von den Attributen der Vorgänger-Blöcke und vom *separation*-Attribut des logischen ODIF-Deskriptors. Auch hier spielt das Attribut *object path* für die Erzeugung der Attributauswertungsregeln eine Rolle. *Object path* ist ein Attribut, das bei der Grammatikerzeugung zur Auswahl von Attributauswertungsschemata verwendet wird.

5. Ausblick

Der gegenwärtige ODA/ODIF-Standard wird in den nächsten Jahren weiterentwickelt werden, um die Bearbeitung von ausgetauschten Dokumenten noch komfortabler zu ermöglichen, wie z.B. die automatische Erzeugung von Inhaltsverzeichnissen, die automatische Behandlung von Verweisen oder die Verwendung von Rahmen mit variablen Dimensionen. Entsprechende Attribute in den ODIF-Deskriptoren werden festgelegt werden und die Dokumentklassen-getriebenen Dokumentbearbeitungssysteme müssen dadurch entsprechend gesteuert werden. Soweit heute überschaubar, lassen sich auch diese Attribute in die attributierten Grammatiken einbetten, die ODA-Editoren steuern.

6 Literatur

/ECMA85/ ECMA/TC29/85/11: Office Document Architecture, Text for submission to ECMA General Assembly in June 1985, February 1985

/Hor84/ Horak.W.; Krönert, G.: An Object-Oriented Office Document Architecture Model for Processing and Interchange of Documents. ACM Conference on Office Information Systems, Toronto, Canada, June 1984, pp. 152-160

/Hor 84a/ Horak, W.: Dokument-Architektur und Dokument-Austauschformate, Stand der internationalen Normung. Offene Multifunktionale Büroarbeitsplätze und Bildschirmtext, Berlin, Juni 1984, S. 181-202

/Hor85/ Horak, W.:Office Document Architecture and Office Document Interchange Formats - Current Status of International Standardization, eingereicht an IEEE Computer

/Ken76/ Kennedy, K.; Warren, S.K.: Automatic Generation of Efficient Evaluators for Attributed Grammars. Conf. Record 3rd ACM Symp. Principles of Programming Languages, pp. 32-49, 1976

/Krö84/ Krönert, G.: Standardisiertes Architekturmodell für Bürodokumente: Stand der Normung und Interpretation des objekt-orientierten Modells im Hinblick auf Austausch und Bearbeitung von Dokumenten.ONLINE 84, Symposion O, 14.-17. Feb. 84, Berlin

/Krö84a/ Krönert, G.: Textverarbeitung auf Basis der standardisierten Dokumentenarchitektur. Tutorium zur GI-Tagung "Offene Multifunktionale Büroarbeitsplätze und Bildschirmtext", Berlin, Juni 1984

/Mön84/ Möncke, U.; Weisgerber, B.; Wilhelm, R.: How to Implement a System for Manipulation of Attributed Trees. 8.Fachtagung "Programmiersprachen und Programmentwicklung", Informatik Fachberichte, Vol. 77, pp 112-117, Springer, 1984

/Rech84/ Rechenberg, P.: Attributierte Grammatiken als Methode der Softwaretechnik. Elektronische Rechenanlagen, 26(1984), Heft 3, S.111-119

/Sch85/ Scheller, A.: Dezentrale Verarbeitung von Dokumenten im Rahmen des DFN auf der Basis internationaler Standards, in diesem Tagungsband

/Wil79/ Wilhelm, R.: Attributierte Grammatiken. Informatik Spektrum 2, 1979, S. 123-130

Dezentrale Verarbeitung von Dokumenten im Rahmen des Deutschen Forschungsnetzes (DFN) auf der Basis internationaler Standards

Angela Scheller
Hahn-Meitner-Institut, Berlin

Das Gebiet der Dokumentenverarbeitung ist seit einiger Zeit Gegenstand der Arbeit sowohl nationaler als auch internationaler Standardisierungsgremien. Durch die immer größere Verbreitung von Rechnernetzen besteht der Bedarf nach allgemeingültigen Dokumentendatenstrukturen, die unabhängig von spezieller Hardware und Formatiersystemen sind.

Die Arbeiten erstrecken sich über ein breites Spektrum, welches durch Schlagworte wie "Büroinformations- und Kommunikationssyteme", "electronic mail", "Be- und Verarbeiten von technischen Dokumenten" beschrieben wird.

Im vorliegenden Artikel wird ausschließlich auf den letzten Punkt eingegangen. Es werden Entwicklungen erläutert, die sich mit den Problemen der Erstellung, Manipulation und dem Transport von technisch-wissenschaftlichen Dokumenten befassen. Solche Dokumente enthalten neben alphanumerischen Zeichen auch Sonderinformationen wie zum Beispiel mathematische und chemische Formeln und Graphiken.

Heutzutage existieren zahlreiche batchorientierte Formatiersysteme wie zum Beispiel TEX /KNU84/, TROFF (Formatierer für UNIX-Syteme) oder SCRIPT (Formatierer für IBM-Systeme). Bei der Erzeugung der Dokumente wird der Inhalt mit Formatierkommandos durchsetzt, die das spätere Layout bestimmen. Die Auswirkungen dieser Kommandos werden für den Benutzer erst nach dem Formatieren des gesamten Dokumentes sichtbar. Viele dieser Formatiersysteme sind an bestimmte Betriebssysteme bzw. Hersteller gebunden.

Viele Autoren wollen oder dürfen das Layout ihrer Berichte und Bücher gar nicht mehr selbst beeinflussen, da es ihnen von Verlagen oder anderen Institutionen vorgegeben wird. Diese Autoren sind nur noch an der logischen Struktur ihrer Dokumente interessiert. Layout-Begriffe wie Zentrieren, Unterstreichen oder Seitenwechsel werden durch logische Begriffe wie Kapitel, Überschriften und Paragraphen verdrängt.

Im Gegensatz zu den batchorientierten Formatiersystemen stehen die interaktiven. Beispiele dafür sind das Star-System von XEROX oder Lisa von Apple. Hier werden die Auswirkungen der Editieranweisungen dem Benutzer sofort sichtbar gemacht. Dieses Verfahren ist unter dem Begiff WYSIWYG *(What You See Is What You GET)* bekannt. Die Daten dieser Systeme sind jedoch bisher nicht austauschbar.

Wenn mehrere Autoren an unterschiedlichen Orten gemeinsam einen Bericht oder ein Buch verfassen wollen, ist heute ein sehr großer Aufwand notwending, um die einzelnen Teile zusammenzufassen und eine einheitliche Struktur für ein bestimmtes Endsystem zu erzeugen. Durch die Einführung einer standardisierten übergeordneten Dokumentdatenstruktur entfällt dieser Aufwand.

Eine weitere Forderung an die Dokumentenverarbeitung der nahen Zukunft ist die Integration von Graphiken in Dokumente. Diese Integration findet heute zum überwiegenden Teil noch mit Schere und Klebstoff statt. In der Vergangenheit war das dadurch bedingt, daß die Ausgabehardware nicht in der Lage war, sowohl Text als auch Graphik darzustellen. Das ist durch die Entwicklung zahlreicher nach dem Rasterprinzip arbeitender Geräte (Laserdrucker, Photodrucker, Rastersichtgeräte) überholt. Diese Geräte können sowohl Texte in beliebigen Schriftarten (somit also auch Formeln) als auch Graphiken in Form von Vektor- oder Rastergraphik in beliebiger Reihenfolge darstellen. Das Auflösungsvermögen von Rastergeräten ermöglicht eine qualitativ hochwertige Darstellung aller Informationen.

Heutzutage liegt der Engpaß nur noch bei den Softwaresystemen. Neben den zahlreichen mehr oder minder komfortablen batchorientierten Formatiersystemen existieren ebenso zahlreiche Systeme zur Erzeugung von Graphiken. Es gibt aber nur sehr wenige Systeme, die beide Funktionen integrieren. Bei diesen wenigen handelt es sich meist um nicht portable Speziallösungen für bestimmte Formatierer oder Betriebssysteme. So ist zum Beispiel TROFF mit dem Graphikpaket PIC nur unter UNIX ablauffähig.

Im Rahmen dieses Artikels werden die derzeit in der *International Organization for Standardisation (ISO)*, dem *Comite Consultatif International Telegraphique et Telefonique (CCITT)* und der *European Computer Manufacturers Association (ECMA)* behandelten Vorschläge für einheitliche Dokumentendatenstrukturen kurz erläutert. Danach wird anhand eines konkreten Projektes im Deutschen Forschungsnetz (DFN) untersucht inwieweit es möglich ist, diese Normentwürfe bereits heute für den technisch-wissenschaftlichen Bereich einzusetzen.

Alle Normentwürfe zeigen nur sehr flüchtige bzw. gar keine Ansätze zur Integration der Graphik in die Dokumentdatenstrukturen. Zum Abschluß dieses Artikels wird dargestellt, wie die Graphik in den Dokumentendienst des Deutschen Forschungsnetzes integriert wird.

Standards auf dem Gebiet der Dokumentenverarbeitung

Auf internationaler Ebene beschäftigen sich CCITT, ECMA und die ISO mit dem Thema Dokumentenverarbeitung. Es gibt zahlreiche Normenentwürfe, aber keiner der hier erläuterten Entwürfe hat bisher den Status eines internationalen Standards erreicht.

Ein Normentwurf unter dem Titel "Office Document Architecture (ODA)" wird sowohl in der ISO als auch in der ECMA bearbeitet. Da die beiden Entwürfe im wesentlichen identisch sind, wird an dieser Stelle nur die ISO-Version erläutert.

• Office Document Architecture

In der ISO TC97/SC18/WG3 entsteht ein mehrteiliger Standard, der sich mit einem Dokumentenmodell, den möglichen Inhalten von Dokumenten und einem Austauschformat für Dokumente befaßt.

Obwohl in den Titeln einzelner Teile der Begriff "Office" auftritt, ist die Anwendung keineswegs auf den Bürobereich beschränkt. Mit dem in Teil 2 dieses Standards beschriebenen Architekturmodell ODA *(Office Document Architecture)* lassen sich Dokumente aus allen Anwendungsbereichen beschreiben.

Dokumente bestehen in diesem Modell aus zwei Strukturen – der logischen und der Layout-Struktur. Beide Strukturen sind hierarchisch aufgebaut, wobei Querbezüge innerhalb einer hierarchischen Ebene bestehen können. Zusammen mit den Relationen, die die Abbildung der logischen auf die Layout-Struktur definieren, hat man mit beiden Strukturen ein Mittel zur vollständigen Beschreibung formatierter und unformatierter Dokumente.

Die logische Struktur beschreibt die Beziehungen zwischen sogenannten logischen Objekten und ihren Attributen. Die Objekte der logischen Struktur sind vom Benutzer frei wählbar (z.B. Kapitel, Paragraphen, Fußnoten usw.), während die Layout-Struktur nur aus den Objekten *Document, Page Set, Page, Frame* und *Block* bestehen kann, in die die logische Struktur durch einen Formatierer abgebildet wird.

Es besteht die Möglichkeit, sogenannte Dokumentenklassen zu definieren, die gemeinsame logische und Layout-Strukturen aufweisen. Diese generische Definition legt die allgemeinen Regeln für die Erstellung eines Dokumentes einer bestimmten Dokumentenklasse fest. Abbildung 1 zeigt eine einfache generische logische Definition.

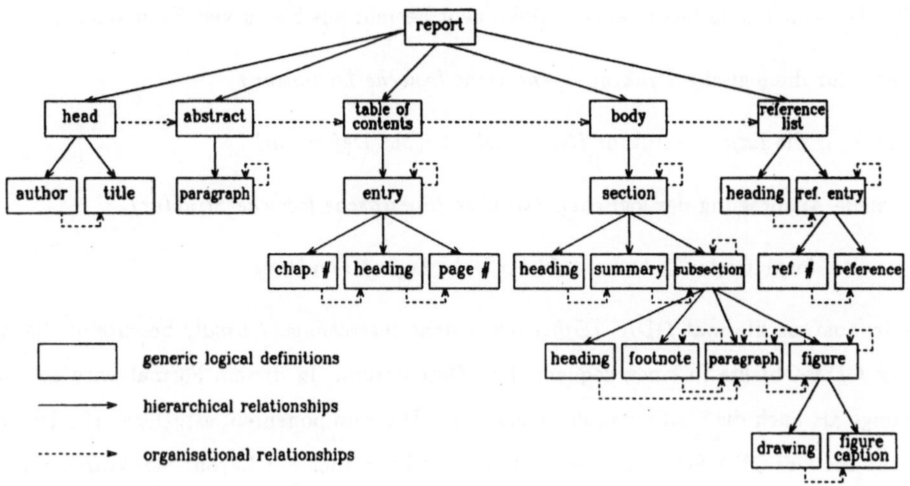

Abb. 1: Generische logische Definition

Bei der Erstellung eines Dokumentes werden anhand der Richtlinien, die die generische Definition festlegt, spezifische Strukturen erzeugt. Diese spezifischen Strukturen stellen spezielle Ausprägungen dieser Dokumentenklasse dar. Abbildung 2 zeigt zu der generischen logischen Definition aus Abbildung 1 eine spezifische logische Struktur.

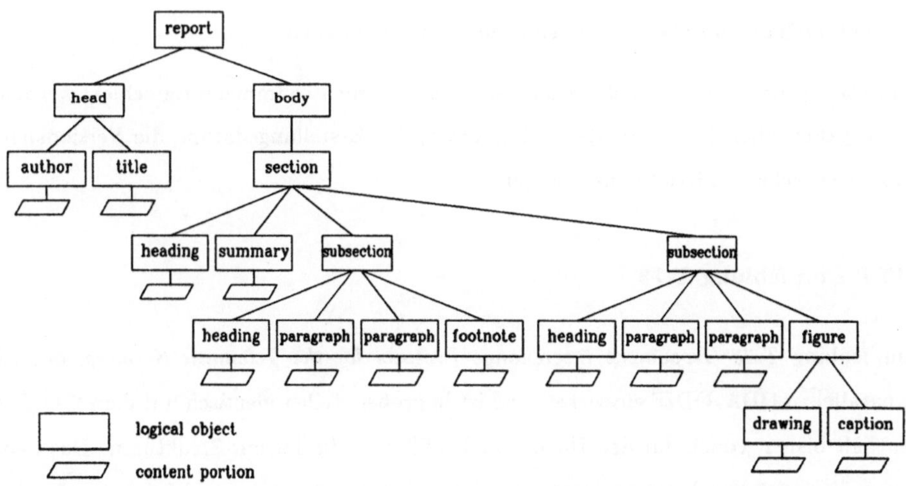

Abb. 2: Spezifische logische Struktur

Ein mit ODA vollständig beschriebenes Dokument besteht aus bis zu vier Komponenten:

— Regeln für die logische Struktur *(Generische logische Definition)*

— Regeln für die Layout-Struktur *(Generische Layout-Definition)*

— Spezielle Ausprägung der logischen Struktur *(Spezifische logische Struktur)*

— Spezielles formatiertes Dokument *(Spezifische Layout-Struktur)*

Das Datenaustauschformat ODIF *(Office Document Interchange Format)* beschreibt die Abbildung der ODA-Objekte in einen sequentiellen Datenstrom. In diesem Format wird sowohl die Reihenfolge als auch die Codierung der einzelnen ODA-Komponenten festgelegt. Ein Dokument muß nicht alle vier ODA-Strukturen enthalten. Man kann auch nur Layout-Strukturen zur reinen Ausgabe oder aber die logischen Strukturen für die Weiterverarbeitung übermitteln.

Die zulässigen Inhalte eines Dokumentes werden in den sogenannten *Inhalts-Architekturen* festgelegt. Als Inhalts-Architekturen sind bisher nur Character /ISO 6937/ und Photographien /CCITTT6/ zugelassen. Es wird jedoch an einer Integration Graphik in ODIF gearbeitet, so daß der *Computer Graphics Metafile (CGM)* als eigene Inhalts-Architektur mit speziellen Darstellungsattributen zur Verfügung stehen wird.

ODIF verwendet die Presentation Transfer Syntax *X.409* der CCITT /CCITTX409/ für die Kodierung der einzelnen Objekte. Es handelt sich hierbei um eine erweiterte Backus-Naur-Form, in der jedes Datenelement aus Identifikation, Länge und Inhalt besteht. Dokumente in diesem Format sind nur mit speziellen Dokumenteneditoren zu erstellen.

In einem *Document Profile*, der beim Austausch von Dokumenten immer mitgeschickt werden muß, werden Angaben über den Autor des Dokumentes, das Erstellungsdatum, die Versionsnummer, verwendete Sprachen und vieles mehr abgelegt.

• CCITT-Empfehlung T.73

Die Empfehlung *T.73 (Document Interchange Protocol for the Telematic Services)* der CCITT wurde parallel zu ODA/ODIF entwickelt und ist in großen Teilen identisch mit dem ISO-Entwurf. T.73 enthält bisher jedoch nur den Document Profile und die Layout-Strukturen. Das bedeutet, daß die so übermittelten bereits formatierten Dokumente nicht mehr modifiziert werden können. Es ist jedoch zu erwarten , daß auch T.73 um die logischen Definitionen und Strukturen erweitert wird.

• Computer Languages for the Processing of Text (CLPT)

Ein ursprünglich mit zehn Teilen geplanter Standard zu diesem Bereich wurde in der ISO TC97/SC18/WG8 unter dem Titel *"Computer Languages for the Processing of Text"* erarbeitet. Zur Zeit werden jedoch nur noch zwei Teile weiterverfolgt. An dieser Stelle soll nur der für die Definition von Dokumentdatenstrukturen relevante ehemalige Teil 6 *"Generic Document Representation Specification" (SGML)* /ISO18-8-40/ erläutert werden.

SGML ist ein Werkzeug zur Definition sogenannter Markup-Sprachen. Unter Markups versteht man Begriffe, die in den Text eingefügt werden, um eine Weiterverarbeitung des Dokumenteninhalts zu ermöglichen. Diese Weiterverarbeitung ist nicht auf das Formatieren von Texten beschränkt, sondern kann zum Beispiel auch im Dokumenten-Retrieval-Bereich liegen. Obwohl SGML und ODA/ODIF völlig unabhängig voneinander entwickelt wurden, lassen sich auch mit SGML Dokumente analog zum Architekturmodell von ODA darstellen. Die neueste Ausgabe von ODIF /ISO18-3-466/ läßt sogar SGML-Module innerhalb eines ODIF-Datenstromes zu. Ein zulässiges ODA-Dokument kann also auch nur aus Document Profile und SGML-Modulen bestehen.

Obwohl SGML ursprünglich nur zur Definition logischer Strukturen entwickelt wurde, ist die Sprache mächtig genug, um auch Layout-Strukturen beschreiben zu können. Die Objekte aus ODA werden in SGML als Elemente bezeichnet. Bei den einzelnen Element-Deklarationen können beliebige Attribute mit den entsprechenden Vorbelegungen definiert werden, während bei ODA/ ODIF die erlaubten Attribute bereits festgelegt sind. Die folgenden Beispiele sollen die Syntax von SGML kurz erläutern. Es werden ein ODA-Modell und die entsprechende SGML-Syntax gegenübergestellt. Die Symbole in der rechten bzw. linken oberen Ecke bestimmen die Rangfolge der untergeordneten Elemente und die Häufigkeit des Auftretens eines Elementes. Sie haben im einzelnen folgende Bedeutung:

, Die Reihenfolge der untergeordneten Elemente ist einzuhalten

* Das Element ist optional und beliebig oft wiederholbar

+ Das Element muß einmal auftreten und kann beliebig oft wiederholt werden

– Das Element muß genau einmal auftreten

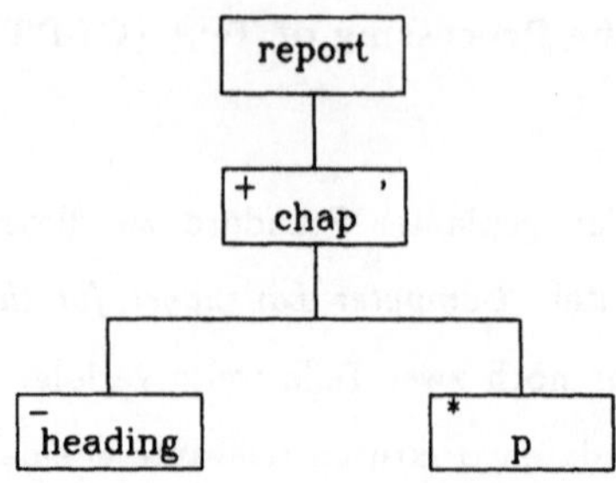

Abb. 3: Generische logische Definition

SGML-Definition zu der in Abbildung 3 dargestellten generischen logischen Definition:

```
<!ELEMENT    report       chapter* >
<!ELEMENT    chapter      (heading, paragraph*) >
<!ELEMENT    heading      CDATA >
<!ELEMENT    paragraph    CDATA >
```

Standards auf dem Gebiet der Graphischen Datenverarbeitung

Auf dem Gebiet der Graphischen Datenverarbeitung ist durch die Entwicklung des Graphischen Kernsystems GKS ein internationaler Standard /ISO7942/ festgeschrieben worden, der eine einheitliche Verarbeitung zweidimensionaler graphischer Information ermöglicht. Eine 3D-Version von GKS befindet sich noch in der Entwicklung.

Die beim Arbeiten mit GKS erzeugten Bilder können im graphischen Metafile GKSM sowohl archiviert als auch weiterverarbeitet werden. Die Definition des GKSM befindet sich jedoch nur im Anhang des GKS-Dokumentes und ist somit kein offizieller Bestandteil der internationalen Norm.

Da der GKSM nicht nur als Speichermedium für fertige Bilder sondern auch als Protokolldatei für eine GKS-Sitzung dient, übersteigt seine Funktionalität die hier benötigte.

Zur Zeit wird an einem weiteren internationalen Standard für die Speicherung zweidimensionaler graphischer Information gearbeitet - dem Computer Graphics Metafile CGM /ISO8632/. Beim CGM sind drei verschiedene Codierungen Bestandteil der Norm (Klartext-, Character- und Binärcodierung). Für den GKSM ist bisher nur eine Codierung vorgesehen, die man auch als Klartextkodierung bezeichnen kann. Sie entspricht jedoch nicht der des CGM.

Das Deutsche Forschungsnetz DFN

Das Deutsche Forschungsnetz (DFN), das vom Bundesministerium für Forschung und Technologie gefördert wird, soll als anwendungsorientiertes Projekt rechnergestützte Kommunikationsdienste für die Wissenschaft bereitstellen. Zentraler Gesichtspunkt aller Entwicklungen beim DFN ist die Möglichkeit, Nutzer mit Kommunikationsdiensten auszustatten, welche die tägliche Arbeit erleichtern.

Im wissenschaftlichen Bereich entstehen zahlreiche Dokumente wie zum Beispiel Ergebnisberichte, Zeitschriftenartikel, Benutzeranleitungen und Bücher. Neben alphanumerischen Zeichen treten in diesen Dokumenten aus dem technisch-wissenschaftlichen Bereich auch zahlreiche Sonderinformationen, wie zum Beispiel mathematische oder chemische Formeln und Graphiken auf. Der Dokumentendienst im DFN soll eine netzeinheitliche Verarbeitung solcher Dokumente ermöglichen.

Unter der Verarbeitung von Dokumenten wird die einheitliche Erstellung, Darstellung, Manipulation und der Transport der Dokumente innerhalb des DFN verstanden. Mehrere Autoren an unterschiedlichen Orten sollen in die Lage versetzt werden, mit geringem Aufwand einen gemeinsamen Bericht oder Artikel zu verfassen (Joint Editing). Abbildung 4 zeigt ein Beispiel für die dezentrale Erzeugung eines Dokumentes.

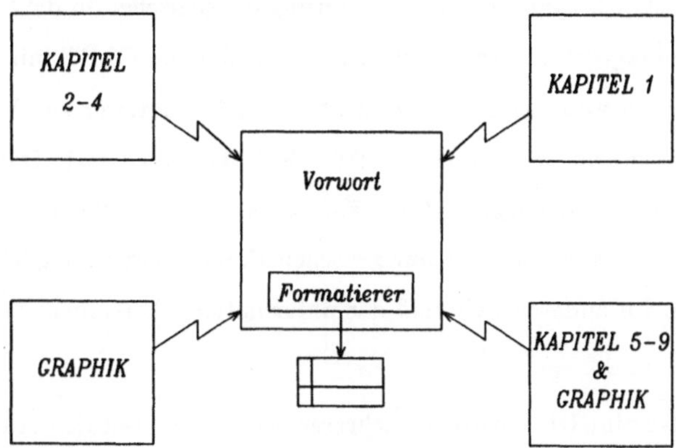

Abb. 4: Dezentrale Erzeugung eines Dokumentes

Die übertragenen unformatierten Dokumente oder Teildokumente sollen an jedem im DFN zur Verfügung stehenden Rechner unabhängig von den dort eingesetzten Formatiersystemen weiterverarbeitet werden können.

Die Integration des Dokumentensystems in das DFN soll dem Benutzer weiterhin die Nutzung spezieller Ausgabegeräte (z.B. Photosatzanlagen), die nicht vor Ort zur Verfügung stehen, ermöglichen. Speziell für die Anwendung in lokalen Netzen kann ein bereits formatiertes nicht mehr modifizierbares Dokument, der sogenannte Dokumenten-Metafile, übertragen werden. Dieser Metafile enthält analog zu den graphischen Metafiles geräteunabhängige Informationen, die durch spezielle Treiber auf das gewünschte Gerät abgebildet werden.

DFN-einheitliche Dokumentdatenstruktur

Im Rahmen des DFN hat man sich für den Einsatz von ODA in Zusammenhang mit SGML entschieden. SGML bietet mehr Freiheiten bei der Definition der Dokumentenklassen, da die Attribute nicht vom Standard vorgeschrieben werden. Die Integration von Graphik ist bei SGML schon heute möglich, während bei ODIF eine Erweiterung des Standards abgewartet werden muß. SGML bietet gegenüber ODIF den weiteren Vorteil, daß die Dokumente zunächst mit jedem beliebigen Text-Editor erzeugt werden können, während für die Erzeugung von ODIF ein spezieller Editor implementiert werden muß. Völlig unklar ist bei ODA/ODIF bisher die Abbildung der logischen auf die Layout-Struktur. Zu diesem Gebiet gehört zum Beispiel auch die für den technisch-wissenschaftlichen Bereich relevante Darstellung von Formeln.

Bei dem Einsatz von SGML kann für die Überführung der logischen in die Layout-Struktur jeder beliebige Formatierer eingesetzt werden. Obwohl sich Teil 5 von CLPT mit Formatierfunktionen auseinandersetzt, wird in absehbarer Zeit kein Standard-Formatierer zur Verfügung stehen. Im Hahn-Meitner-Institut, Berlin wird zunächst $\TeX$ /KNU84/ eingesetzt. Dabei wird das gesamte Dokumentensystem wird so angelegt, daß die Formatiersysteme beliebig austauschbar sind. Der Austausch des Dokumentenmetafiles ist nur zwischen Einrichtungen möglich, die über denselben Formatierer verfügen. Im anderen Fall muß das unformatierte Dokument verschickt und vor Ort formatiert werden.

Das Dokumentensystem im DFN wird in mehreren Entwicklungsstufen realisiert. Für die erste Entwicklungsstufe des Dokumentensystems wurden zunächst drei DFN-einheitliche Dokumentenklassen *report, paper und letter* in SGML definiert. Für die Bearbeitung der mit SGML markierten Dokumente wird ein Interpretationsprogramm, der sogenannte SGML-Parser benötigt. Neben der Überprüfung von Syntax und Semantik besteht die Hauptaufgabe des Parsers in der Überführung der SGML-Metasymbole in Formatieranweisungen. Für die Bearbeitung jedes SGML-Elementes werden vom Parser zwei Prozeduren benötigt. Diese werden jeweils beim Element-Start und beim Element-Ende aufgerufen und setzen die vom Formatierer benötigten Kommandos ab. Bei

Verwendung eines anderen Formatierers müssen nur diese Prozeduren modifiziert werden; der Parser kann ohne Änderungen übernommen werden. Im Rahmen des DFN wird dieser Satz von Prozeduren zunächst für TEX , TROFF und SCRIPT realisiert.

Der erste Einsatz bei den Benutzern wird sicher noch einige Erweiterungen dieser Dokumentenklassen erforderlich machen. Eventuell werden auch weitere Dokumentenklassen hinzukommen. Aus diesen Gründen muß der Parser, der zunächst in PASCAL auf einer VAX 11/780 der Firma Digital Equipment implementiert wurde, sehr flexibel sein, so daß es jeder Zeit möglich ist, neue Dokumentklassen zu definieren bzw. bereits bestehende zu erweitern. Ein Parser-Generator erzeugt mit Hilfe der SGML-Definitionen der Dokumentenklassen die vom eigentlichen Parser benötigten Datenstrukturen.

Eine direkte Definition von Dokumentenklassen durch den Benutzer wird innerhalb des DFN nicht zugelassen, da von dem Benutzer eines Dokumentensystemes die Bereitstellung der entsprechenden Formatierprozeduren nicht erwartet werden kann.

In den weiteren Entwicklungsstufen wird die Benutzerschnittstelle zur Erzeugung von Dokumenten komfortabler gestaltet. Ein graphischer Editor wird in den Text-Editor integriert und kann über eine Arbeitsstation betrieben werden. Zusätzliche Editor-Befehle erlauben das Einfügen, Löschen und Ersetzen von CGM bzw. GKSM sowie den direkten Übergang in den graphischen Editor. Der Dokumenteneditor wird strukturabhängiges Editieren ermöglichen. Editorfunktionen wie Suchen, Löschen, Einfügen, Verschieben usw. können auf Objekte der logischen Struktur angewendet werden (z.B. Vertauschen zweier Kapitel).

Auf dem Gebiet der Metafiles werden Untersuchungen angestellt, ob sich die Übernahme weiterer Codierungen im Hinblick auf den Anteil graphischer Elemente in transferierten Dokumenten lohnt.

Zur Übertragung der Dokumente wird ein spezieller Netz-Dienst entwickelt, der automatisch eine komprimierte Transferkodierung erzeugt und eine Vereinbarungsphase beinhaltet. In dieser Vereinbarungsphase wird festgelegt, ob ein Dokument, das eine größere Funktionalität beinhaltet als der Empfänger verarbeiten kann, übertragen wird oder nicht oder ob Teilmengen verarbeitet werden können.

Einbettung der Graphik in SGML

In SGML wird vorgeschlagen, die Integration von Graphik über Referenzen auf externe Dateien zu realisieren. Die Deklaration eines Graphikelementes würde dann folgendermaßen aussehen:

```
<!ELEMENT graphic     - O         ( picture, subtitle? ) >
<!ELEMENT picture     - O         CDATA
          file        CONREF      REQUIRED >
<!ELEMENT subtitle    - O         CDATA >
<graphic><picture file=ci$disk:[tex.gik]netz>
```

Diese Definition hat für den Einsatz in offenen Rechnernetzen zwei wesentliche Nachteile. Beim Transport eines Dokumentes im Netz muß das gesamte Dokument interpretiert werden, um festzustellen, welche Graphiken mitgeschickt werden müssen. Da die Dateinamen innerhalb des Dokumentes systemabhängig sind (im obigen Beispiel VAX/VMS) müssen beim empfangenden System unter Umständen alle Dateinamen innerhalb des Dokumentes modifiziert werden. Daraus ergibt sich die eindeutige Forderung, daß die im Netz eingesetzten Datenstrukturen Text und Graphik in einer Datei enthalten müssen. Im Rahmen des DFN wird daher folgende Definition verwendet:

```
<!ELEMENT GRAPHIC     - O         ( CGM, SUBTITLE? )
                      SIZEX       CDATA          REQUIRED
                      SIZEY       CDATA          REQUIRED
                      X0          CDATA          UNKNOWN
                      Y0          CDATA          UNKNOWN
                      X1          CDATA          UNKNOWN
                      Y1          CDATA          UNKNOWN
                      POSX        ( LEFT | RIGHT | CENTER ) CENTER
                      POSY        ( FLOAT | FIXED )         FLOAT
                      FRAME       ( FRAME | NOFRAME)        NOFRAME >
<!ELEMENT CGM         - O         NDATA
                      CODING      (CLEAR | CHARACTER | BINARY)
                                                 CLEAR>
<!ELEMENT SUBTITLE    - O         (RCDATA) >
```

Durch diese Definition kann der entsprechende Metafile direkt nach dem SGML-Markup mit Hilfe des Editors integriert werden. Der Benutzer kann mit Hilfe von Darstellungsattributen die Größe seiner Graphik in x- und y-Richtung festlegen, einen Ausschnitt definieren und einen Rahmen um die gesamte Abbildung zeichnen lassen. In x-Richtung können die Graphiken linksbündig, rechtsbündig oder zentriert ausgegeben werden. Für die y-Richtung kann angegeben werden, ob die Graphik direkt nach einem bestimmten Textteil erscheinen muß oder ob sie zugunsten eines besseren Seitenumbruchs auch verschoben werden kann.

Da für den CGM verschiedene Codierungen vorgesehen sind, wurde bei dessen Element-Deklaration ein Attribut eingeführt. Im DFN wird jedoch in der ersten Entwicklungsstufe des Dokumentendienstes nur die Klartextcodierung unterstützt.

Es sollte angestrebt werden, eine Standard-Definition für das Element Graphik in SGML aufzunehmen. Für die Interpretation der Graphiken ist umfangreiche Software notwendig. Daher ist es nicht sinnvoll, daß in unterschiedlichen Dokumentenklassen unterschiedliche Graphik-Definitionen auftreten. Das obige Beispiel ist nur als Vorschlag aufzufassen, der möglicherweise noch um einige Attribute erweitert werden muß.

Um die Graphik auch in ODA/ODIF zu integrieren, müßte der Standard um eine weitere Inhalts-Architektur für den CGM erweitert werden. Es sollte aber sichergestellt werden, daß die Darstellungsattribute mit den in der SGML-Definition eingeführten Attributen übereinstimmen, so daß dieselben Interpretationsprogramme verwendet werden können.

Ausblick

Die erste Entwicklungsstufe des DFN-einheitlichen Dokumentensystems wurde Ende März 1985 in Betrieb genommen. Erste Erfahrungen über den Einsatz des Systems liegen im Herbst 1985 vor.

Literaturhinweise

/CCITTX409/ CCITT/SGVII: Draft Recommendation X.409, Message Handling Systems: Presentation Transfer Syntax and Notation, Juni 1983

/CCITTT6/ CCITT/SGVIII: T.6 - Facsimile Coding Schemes for Group 4 Facsimile Apparatus, 1984

/CCITTT73/ CCITT/SGVIII: T.73 - Document Interchange Protocol for the Telematic Services, Third Draft , October 1983

/ISO6937/ ISO/DIS 6937 Coded Character Sets for Text Communication, Februar 1982

/ISO7942/ ISO/DIS 7942 Graphical Kernel System, Functional Description, September 1984

/ISO8632/ ISO/DIS 8632 Computer Graphic - Metafile for Storage and Transfer of Picture Description Information, December 1984

/ISO18-8-40/ ISO/TC97/SC18/WG8/N40 Text Preparation and Interchange, Part Six - Generic Document Representation Specification (SGML), November 1984

/ISO18-3-283/ ISO/TC97/SC18/WG3/N283 Office Document Architecture, Februar 1984

/ISO18-3-285/ ISO/TC97/SC18/WG3/N285 Document Profile, Februar 1984

/ISO18-3-466/ ISO/TC97/SC18/WG3/N388 Office Document Interchange Formats, October 1984

/KNU84/ Knuth, Donald E., The TEXbook, Addison-Wesley Publ. Co. 1984

Konzeption eines Arbeitsplatzes zur Erstellung wissenschaftlicher Texte in hoher typographischer Qualität

WOLFGANG APPELT

Gesellschaft für Mathematik
und Datenverarbeitung mbH

Zusammenfassung: *Hardware- und Software-Entwicklungen in den letzten Jahren haben die Möglichkeit geschaffen, auch auf konventionellen Rechenanlagen Texte in hoher typographischer Qualität herzustellen. Der Artikel beschreibt dabei auftretende Schwierigkeiten und einige Entwicklungsarbeiten der GMD in diesem Bereich.*

1. Einleitung

Unter dem Begriff "*wissenschaftliche Texte*" sollen im folgenden Texte verstanden werden, bei denen mehrere Zeichensätze (*Fonts*), und unterschiedliche Schriftgrößen, möglicherweise Grafiken, Abbildungen, Tabellen und (mathematische oder chemische) Formeln benötigt werden und bei denen ein kompliziertes Layout (ein- oder mehrspaltiger Satz mit Kopf- und Fußzeilen und Fußnoten) und unter Umständen umfangreiche Querverweise innerhalb des Textes erforderlich sind.

Bis vor wenigen Jahren war die übliche Art der Herstellung solcher Text so, daß der Autor eines Textes sein Manuskript einem Setzer gab, der daraus Druckvorlagen "in Blei gegossen" hat, mit denen anschließend der Text gedruckt wurde. Der Autor selbst besaß — abgesehen von einer Schreibmaschine mit ihren sehr beschränkten Fähigkeiten zur Gestaltung eines Textes — praktisch keinerlei Möglichkeiten, einen wissenschaftlichen Text in angemessener Weise zu Papier zu bringen.

Diese Situation begann sich Mitte der sechziger Jahre mit dem Aufkommen von Time-Sharing-Rechnern etwas zu ändern. Eine ständig wachsende Zahl von Autoren, insbesondere im mathematisch-naturwissenschaftlichen Bereich, ging dazu über, ihre Texte mit Hilfe von Textverarbeitungssystemen auf Rechenanlagen zu erstellen und auf der angeschlossenen Ausgabehardware zu drucken. Bis Ende der siebziger Jahre war die dabei erreichbare typografische Qualität allerdings in der Regel wenig befriedigend: Die Drucker der DV-Anlagen verfügten nur über einen sehr begrenzten Zeichenvorrat, die Zeichen besaßen in der Regel eine äquidistante Breite und waren nur in einem groben Zeichen/Zeilenraster positionierbar. Die Gestaltung der Zeichen widersprach häufig allen typographischen Regeln. Das Lesen etwa von mathematischen Texten, die auf diese Art hergestellt wurden, bereitet häufig große Mühe.

Parallel dazu vollzog sich im typographischen Bereich mit der Entwicklung softwaregesteuerter Lichtsatzanlagen ein grundlegender technologischer Wandel, der eine Integration der Erfassung wissenschaftlicher Texte mit Textverarbeitungssystemen auf Rechenanlagen und ihrem Druck in hoher typographischer Qualität ermöglichte. Allerdings ist die Programmierung dieser Lichtsatzanlagen, d. h. die Erfassung der Texte in einer Form, die von den Satzrechnern der Lichtsatzanlagen verarbeitet werden kann, in der Regel nur für Spezialisten aus dem typographischen Bereich möglich, da sich die "Eingabesprachen" der Lichtsatzanlagen eng an die tradierte Fachsprache der Setzer anlehnen. Erst in jüngster Zeit wird diese "Sprachbarriere" abgebaut, wie im folgenden noch erklärt werden soll. (Übrigens ist die typographische Qualität wissenschaftlicher Veröffentlichungen durch den Einsatz von Lichtsatzanlagen im Vergleich zum konventionellen Bleisatz häufig deutlich gesunken, was in der Regel auf unzureichende Software zurückzuführen ist. Die Druckqualität mathematischer Bücher etwa, die mit Lichtsatz hergestellt werden, liegt oft unter dem Niveau, das im Bleisatz über Jahrzehnte hinweg Standard war.)

Seit Beginn der achziger Jahre haben nun einige Entwicklungen stattgefunden, die den Herstellungsprozeß wissenschaftlicher Text grundsätzlich ändern dürften. Es sind dies

— neue Technologien bei der Ausgabehardware,
— leistungfähige Textverarbeitungssoftware,
— Personal Computer mit Rasterdisplays und
— Normungsarbeiten im Bereich der Textverarbeitung.

Im folgenden soll etwas näher auf diese Entwicklungen und ihre Konsequenzen für die Herstellung wissenschaftlicher Texte eingegangen werden. Anschließend wird über einige Arbeiten der GMD auf diesem Gebiet berichtet.

2. Ausgabehardware

Die Probleme, die der Druck wissenschaftlicher Texte in hoher typographischer Qualität stellt, führen zu der Forderung, daß die Ausgabegeräte im wesentlichen die Funktionalität von Lichtsatzanlagen haben müssen, d. h. es muß, etwas vereinfacht formuliert, möglich sein, ein *beliebiges* Zeichen in *beliebiger* Größe an eine *beliebige* Stelle des Papiers zu drucken. Von Lichtsatzanlagen selbst, zu denen die Benutzer von Rechenanlagen in den seltensten Fällen Zugang haben, sowie Plottern, die in der grafischen Datenverarbeitung schon seit längerem zur Verfügung stehen, aber zum Drucken von Texten kaum geeignet sind, einmal abgesehen waren die ersten Geräte, die diese Funktionalität boten, *Laserdrucker*, die Anfang der achziger Jahre auf den Markt kamen.

Bei diesen Geräten handelt es sich um rastergrafikfähige Drucker mit einer Auflösung von (anfangs) etwa 10 Rasterpunkten (*Pixel*) pro Millimeter. Die einzelnen Zeichen liegen in Form von Rastermatrizen vor, die an eine beliebige Position im Rahmen des Druckerrasters gedruckt werden können. Zwar erreichen diese Geräte nicht die Auflösung von Lichtsatzanlagen, aber für die meisten Anwendungsfälle kann die Forderung nach beliebiger Zeichengestaltung und -plazierung als erfüllt gelten. (Pro Quadratmillimeter lassen sich immerhin $2^{10} = 1024$ unterschiedliche Pixelmuster drucken.)

Die ersten Geräte dieses Typs, etwa der Xerox Laserdrucker 9700, waren sehr teuer (mehrere 100 000 DM), so daß nur wenige Institutionen sich eine Anschaffung leisten konnten. Zur Zeit jedoch kommen Geräte auf den Markt, die teilweise kaum mehr als 10 000 DM kosten; die Zahl der Autoren, die Zugang zu solchen Geräten hat, wird in Zukunft sehr stark anwachsen. Darüberhinaus ist die Auflösung der neueren Geräte deutlich höher und liegt inzwischen bei 300, teilweise sogar bei 400 und mehr Pixel pro Zoll. Damit wird schon fast Lichtsatzqualität erreicht. Neben der Lasertechnologie werden inzwischen auch einige andere Verfahren zum Aufbau des Bildseite verwendet, beim Agfa P400 etwa werden LED-Zeilen als Lichtquelle benutzt.

3. Software

Die zur Erstellung wissenschaftlicher Texte relevante Software läßt sich grob in *Editoren* und *Formatierer* unterteilen. Editoren werden zur Erfassung des Textes benötigt; Formatierer — in der Regel Batchprogramme — bereiten den Text anschließend zum Drucken auf einem Ausgabegerät auf, wobei sie den Text in die vom Autor gewünschte Form (*Layout*) bringen, die er üblicherweise durch im Text enthaltenen "Formatieranweisungen" spezifiziert.*

* Es gibt inzwischen auch eine Reihe integrierter Editoren/Formatierer, die schon während der Texteingabe den Text in die gewünschte Form (Umbruch, Fontauswahl usw.) bringen und meist als *WYSIWYG*-Editoren ("what you see is what you get") bezeichnet werden. Auf diese soll im folgenden nicht näher eingegangen werden. Unseres Erachtens erreicht keines dieser heute existierenden integrierten Systemen die typographische Qualität, die mit guten Formatierern erreicht wird.

Von wesentlicher Bedeutung für die Erstellung wissenschaftlicher Texte ist die Leistungsfähigkeit der Formatierer. Zwar gibt es Formatierer schon seit etwa zwanzig Jahren, doch waren die ersten Systeme auf die sehr beschränkten Funktionen der damals verfügbaren Ausgabehardware der Rechenanlagen (Zeilendrucker) zugeschnitten und boten insofern kaum die Möglichkeit, einen wissenschaftlichen Text in akzeptabler Weise zu Papier zu bringen. Diese Situation änderte sich etwa Mitte der siebziger Jahre, als die ersten Formatierer speziell für Lichtsatzanlagen entwickelt wurden (z. B. TROFF [OSS74], das in den letzten Jahren als Komponente des UNIX-Betriebssystems einem breiten Benutzerkreis zugänglich wurde). Mit diesen Systemen war es auch Laien auf dem Gebiet der Satztechnik möglich, ihre Texte in hoher typographischer Qualität zu drucken. (Ein gute Einführung in Editoren und Formatierer ist in [ACM82] zu finden.)

Seit Anfang der achziger Jahre ist eine starke Verbreitung dieser leistungsfähigen Formatierer zu beobachen, was sicher auch wesentlich auf die oben beschriebenen preiswerten Laserdrukker, die in letzter Zeit auf dem Markt erschienen, zurückzuführen ist. Eine große Bedeutung hat insbesondere das TEX-System von D. E. Knuth [KNU84] gewonnen, das einerseits in PASCAL (bzw. einer Metasprache von PASCAL) geschrieben ist und andererseits als Ausgabe eine Beschreibung des formatierten Textes in einem geräteunabhängigen Code erzeugt, der leicht in die von den unterschiedlichen Druckern benötigten Eingabeformate transformiert werden kann. Es gibt inzwischen TEX-Portierungen auf zahlreiche Rechner und Betriebssysteme, auch auf Personal Computer, sowie Driver für eine große Zahl von Lichtsatzanlagen und Druckern, insbesondere die oben erwähnten Laserdrucker. In absehbarer Zeit dürfte ein großer Teil der Autoren wissenschaftlicher Texte Zugang zu diesem System haben.

4. Rasterdisplays

Eine weitere technologische Entwicklung, die Herstellung wissenschaftlicher Texte unseres Erachtens stark beeinflussen dürfte, sind hochauslösende Rastergrafikdisplays. Zwar gibt es auch diese Geräte speziell im Bereich der grafischen Datenverarbeitung schon seit längerem, doch ist eine relative weite Verbreitung erst in den letzten Jahren, häufig als Terminal an Personal Computern, zu beobachten. Die Auflösung dieser Geräte liegt heute meist in der Größenordnung von etwa 4 Pixel pro Millimeter bei einer Gesamtgröße des Bildschirms von etwa 800 $\times$ 1200 Punkten. Dies reicht ungefähr aus, um eine DIN A4 Seite in Originalgröße darzustellen. Auch diese Geräte sind in letzter Zeit deutlich im Preis gefallen und werden wohl längerfristig die konventionellen alphanumerischen Terminals ersetzen.

Der Vorteil dieser Rasterdisplays bei der Texterstellung liegt darin, daß sich auf diesen (zumindest in recht guter Näherung) auch ein wissenschaftlicher Text mit seinen hohen typographischen Anforderungen in der Form darstellen läßt, die er beim Ausdruck auf Papier annimmt, auch wenn die Auflösung der Laserdrucker deutlich höher und die Druckqualität dementsprechend besser ist. Auch Grafiken lassen sich auf dem Rasterschirm darstellen bzw. interaktiv herstellen, wenn die entsprechende Software hierfür vorhanden ist. Darüberhinaus lassen sich auf Rasterdisplays sogenannte Mehrfenstertechniken realisieren: Der Bildschirm wird in unterschiedliche Bereiche (Fenster) aufgeteilt, die jeweils unterschiedlichen Programmen (Prozessen) zugeordnet werden. Mehrere Programme können so gleichzeitig in ihren jeweiligen Fenstern ablaufen und ggf. mit dem Benutzer kommunizieren. Hierauf wird später noch näher eingegangen.

5. Normungsaktivitäten

In den letzten Jahren wurden in mehreren internationalen Gremien, insbesondere in der ECMA und ISO, eine Reihe von Normungsprojekten auf dem Gebiet der Textverarbeitung begonnen, wobei in dem hier betrachteten Problemkreis die meist mit den Stichworten *ODA* (Office Document Architecture) und *SGLM* (Standard Generalized Markup Language) bezeichneten Arbeiten von Interesse sind. Es ist zu erwarten, daß die Ergebnisse dieser Normungaktivitäten von ähnlicher Bedeutung für die zukünftige Entwicklung der Textverarbeitung werden, wie es inzwischen die GKS-Norm für die grafische Datenverarbeitung geworden ist. Der Begriff "Text" wird in diesen Gremien wird übrigens umfassender verstanden als es normalerweise der Fall ist; insbesondere ist hierbei auch Grafik (z. B. GKS-Grafik) eingeschlossen.

Ein Hauptziel der Normung ist es, eine Sprache zur Beschreibung von Dokumenten zu entwikkeln, die deren Austausch über Rechnernetze in sogenannter "*revisable form*" ermöglicht, d. h. dem Empfänger eines solchen Dokumentes ist es möglich, dessen Inhalt oder Form zu modifizieren. (Bei der Übertragung von Dokumenten etwa in Faksimile-Form wäre dies nicht möglich.) Um dieses Ziel zu erreichen, wurde folgendes Konzept entwickelt:*

— Ein Dokument besitzt eine ***logical structure*** und eine ***layout structure***, wobei die ***logical structure*** den Inhalt eines Dokuments in eine Hierarchie von ***logical objects*** wie Kapitel, Überschriften, Absätze, Fußnoten, Abbildungen usw. gliedert und die ***layout structure*** den Inhalt in eine Hierarchie von ***layout objects*** wie Seiten, Spalten, Blöcke, usw. unterteilt, die zur Wiedergabe eines Dokuments auf einem Ausgabemedium (Papier, Bildschirm) erforderlich sind.

— Zwischen der ***logical structure*** und der ***layout structure*** bestehen Beziehungen (***logical-layout relations***), die angeben, wie eine bestimmtes (logisches) Objekt auf einem Ausgabemedium dargestellt werden soll. (Beispiel: Fußnoten in einem Text sollen aufgesammelt, durchnumeriert und am Ende des Textes in einem bestimmten Font gedruckt werden.)

— Die ***logical structure*** sowie die ***layout structure*** werden jeweils unterteilt in ***generic logical structure*** und ***specific logical structure*** sowie ***generic layout structure*** und ***specific layout structure***. Die ***generic logical structure*** gibt dabei etwa an, welche ***logical objects*** in welcher hierarchischen Struktur bei einem bestimmten Dokumententyp (***object class***) auftreten können. (Ein wissenschaftlicher Artikel mag etwa aus den logischen Objekten "Titel", "Autor", "Zusammenfassung", einer Folgen von "Kapiteln" und einem "Literaturverzeichnis" bestehen, ein "Kapitel" ist weiter untergliedert in "Abschnitte", diese wiederum in "Absätze", "Grafiken" und "Tabellen" usw.). Die ***specific logical structure*** andererseits definiert den tatsächlichen Inhalt eines bestimmten Dokuments entsprechend der gegebenen ***generic logical structure***. Analog sind die Beziehungen zwischen ***generic layout structure*** und ***specific layout structure***.

  Die Verhältnisse zwischen den generischen Strukturen und den spezifischen Strukturen lassen sich in etwa vergleichen mit der formalen Definition einer Programmiersprache, in der festgelegt wird, nach welchen syntaktischen Regeln Programme in dieser Sprache aufgebaut sind, und einem bestimmten Programm, das in dieser Programmiersprache geschrieben ist.

— Zur Definition dieser Strukturen stehen Sprachmittel zur Verfügung. Mit *SGML* ist es etwa möglich, ***generic logical structures*** für Dokumente zu definieren und anschließend — möglicherweise schon während der Erstellung eines Textes durch den Editor — bei der Definition der ***specific logical structure*** überprüfen zu lassen, ob ein bestimmtes Dokument diesen Definitionen entspricht. *SGML* hat also zwei Aspekte: Zum einen dient *SGML* zur Definition von Dokumententypen (ähnlich wie z. B. *BNF* zur formalen Definition der Syntax einer Programmiersprache benutzt werden kann), zum anderen können anschliessend auch die Dokumente selbst mit *SGML* beschrieben werden.

Für den Autor, der in Zukunft einen Text entsprechend diesen Normkonzepten erstellen will, ist die Situation allerdings wesentlich einfacher, als es diese knappe Darstellung erscheinen lassen mag. Üblicherweise wird sich der Autor nur um die ***specific logical structure*** seines Textes kümmern müssen. Hierauf wird gleich noch näher eingegangen.

---

* Es kann hier nur sehr knapp und oberflächlich auf den derzeitigen Stand der Normung eingegangen werden. Leider ist Literatur zu aktuellen Normungsarbeiten für Außenstehende in der Regel nur schwer zugänglich. Eine gute Einführung findet sich in [FLA85]. Im folgenden werden die in der englischsprachigen Normungsliteratur verwendeten Fachbegriffe verwendet.

6. Erfahrungen in der GMD

In der GMD wurde im Jahre 1981 begonnen, das TEX-System von D. Knuth zu installieren und eine Systemumgebung für die Herstellung wissenschaftlicher Texte aufzubauen. Zur Zeit sind praktisch auf allen GMD-Rechnern TEX-Installationen vorhanden (SIEMENS 7.571 unter BS2000, IBM 3083 unter OS/MVS, VAX 11/750 unter bsd 4.2, ICL-PERQ unter PNX, PCS-Cadmus 9230 unter MUNIX); ebenso sind zahlreiche Ausgabemöglichkeiten verfügbar (VERSATEC V80 Printer/Plotter mit einer Auflösung von 200 Pixel/Zoll, ein LGP1 Laserdrucker sowie mehrere CANON LBP10 Laserdrucker mit 240 Pixel/Zoll, ein QMS Lasergrafix 1200 Laserdrucker mit 300 Pixel/Zoll; außerdem besteht die Möglichkeit, auf einer DIGISET 40/T2 Lichtsatz zu produzieren). Alle Rechner sind miteinander vernetzt, so daß insbesondere jederzeit eine freie Wahl des Ausgabegerätes möglich ist.

Die Zahl der relativ regelmäßigen Benutzer des Systems dürfte inzwischen mehrere Dutzend betragen, wobei die Art der Benutzung fast ausschließlich so aussieht, daß die Autoren ihren Text mit einem Editor erfassen, anschließend TEX im Prinzip als Batchprogramm ablaufen lassen (TEX ist im wesentlichen als Batchprogramm konzipiert), dann den Text auf einem der Ausgabegeräte drucken lassen, um danach anhand des gedruckten Textes ggf. den Eingabetext wieder zu korrigieren. Die Dauer einer solchen "Iterationsschleife" liegt günstigstenfalls bei etwa 15 Minuten, beträgt häufig allerdings auch mehrere Stunden, wenn ein vom Arbeitsplatz weiter entfernter Drucker gewählt wird bzw. der Drucker stark ausgelastet ist.

Eine Beobachtung des Benutzerverhaltens ergibt dabei folgendes:

— Die Komplexität des TEX-Systems — im *TEXbook* [KNU84] sind immerhin etwa 900 "Kommandos" beschrieben — ist für die überwiegende Zahl der Autoren zu groß. In der Terminologie der oben beschriebenen Normungsarbeiten können diese Kommandos in der Regel als Angaben zur *specific layout structure*, teilweise auch zur *generic layout structure* bezeichnet werden. Die Bereitschaft der Autoren, während der Texterstellungsphase ständig in Layoutstrukturen denken und entsprechende Anweisungen in den Text einfügen zu müssen, ist allerdings — natürlich völlig zu Recht — ausgesprochen gering.

— Den Benutzern stehen deshalb Makropakete zur Verfügung, insbesondere LaTEX [LEM84] sowie ein weiteres Makropaket namens *MiniTEX* [APP84], das als besonders einfache Schnittstelle zu TEX, natürlich mit entsprechend eingeschränkter Funktionalität, konzipiert ist. (Ohne diese Makropakete wäre wohl auch heute noch die Zahl der TEX-Benutzer in der GMD sehr klein.) In der Normungsterminologie definieren die Autoren bei diesen beiden Makropakete hauptsächlich *generic logical structures* (z. B. durch die Auswahl einer Dokumentenklasse, zu der ein bestimmter Text gehört) und *specific logical structures* (z. B. "Kapitel", "Numerierte Liste" usw.), wobei diesen logischen Strukturen bestimmte Layoutstrukturen automatisch zugeordnet sind. Die Zeitaufwand zum Erlernen der Benutzung der Makropakete ist recht gering. Autoren, die einmal einen Text hiermit erstellt haben, werden in der Regel zu ständigen Benutzern des Systems.

— Natürlich unterlaufen den Autoren häufig Fehler bei der Eingabe ihrer Texte. Einfache Schreibfehler, etwa daß "$KAPATEL" statt "$KAPITEL" geschrieben wird, lassen sich auch während des TEX-Laufs anhand einer Fehlermeldung des TEX leicht identifizieren. TEX hat nun aber die Eigenschaft, daß häufig Klammerstrukturen benötigt werden, etwa um einem Kommando Parameter zu übergeben oder um die Wirkung eines Kommandos auf einen bestimmten Bereich einzugrenzen. Solche Eingabefehler bei der Klammerungsstruktur haben allerdings häufig die unangenehme Wirkung, daß sie erst zu einem späteren Zeitpunkt von TEX erkannt werden können. Die Analyse solcher Fehler und deren rasche Korrektur wird dem Benutzer nun erheblich dadurch erschwert, daß er zum Zeitpunkt des TEX-Laufs nicht mehr den Eingabetext auf dem Bildschirm sehen kann. Er muß sich in solchen Situationen die Fehlermeldung merken, den TEX-Lauf abbrechen und dann den Editor aufrufen, um den Text zu korrigieren. Dieses Verfahren kann insbesondere bei längeren Texten recht zeitraubend sein.

— Ein weiteres Problem für die Autoren liegt darin, daß sie den formatierten Text häufig erst nach mehreren Stunden in gedruckter Form vor sich liegen haben und erst dann feststellen können, ob etwa eine mathematische Formel auch das gewünschte Aussehen hat, da die meisten Autoren an konventionellen alphanumerischen Terminals arbeiten. Dies verhindert bzw. erschwert erheblich ein manchmal durchaus sinnvolles "Experimentieren" ("mal sehen, ob der Text nicht in einer anderen Form besser lesbar ist"). Gelegentlich haben wir sogar die kuriose Beobachtung gemacht, daß die Autoren in der Endphase der Erstellung eines Textes, bei der "nur noch" die letzten Feinheiten im Layout* durchzuführen sind, plötzlich die Lust an dieser, bei der derzeitigen Sitation sehr zeitaufwendigen Endredaktion verlieren und sich mit suboptimalen Lösungen zufrieden geben.

Diese Probleme sprechen unseres Erachtens nun keineswegs gegen das TEX-System, sondern haupstächlich gegen die Umgebung (Benutzerschnittstelle), in der das System eingebettet ist. Im folgende soll deshalb beschrieben werden, welche Systemumgebung unserer Meinung nach vernünftig ist und welche Arbeiten dazu bisher in der GMD durchgeführt wurden.

7. Konzeption eines Autorenarbeitsplatzes

Wir machen ab hier die Annahme daß die Herstellung wissenschaftlicher Texte unter Benutzung von Formatiersystemen sinnvoll ist. (Über die Frage, ob es hierzu bessere Möglichkeiten gibt, etwa die oben erwähnten *WYSIWYG*-Editoren, kann man sich durchaus streiten.)

Der Autor eines Textes sollte dann die Möglichkeit besitzen, *gleichzeitig* auf seinem Terminal den Eingabetext, den fertig umbrochenen Text sowie ggf. Fehlermeldungen des TEX** sehen zu können. Voraussetzung ist hierfür ein rastergrafikfähiger Bildschirm mit hoher Auflösung und ausreichender Größe sowie ein Betriebsystem, das es dem Benutzer gestattet, gleichzeitig mehrere Programme aktiviert zu haben.

Ein System, das diese Voraussetzungen erfüllt und mit dem wir in der GMD arbeiten, ist der PERQ von ICL unter dem PNX-Betriebsystem. Dabei handelt es sich über einen Arbeitsplatzrechner mit einem Raster-Bildschirm, der eine Größe von 1024×768 Bildpunkten (Höhe×Breite) hat. Dies ist ausreichend, um eine komplette DIN A4 Seite darzustellen. Außer der üblichen alphanumerischen Tastatur steht eine *Mouse* als Eingabegerät zur Verfügung. PNX ist eine Variante des UNIX-Betriebsystems.

Neben Systemprogrammen zur Ausnutzung der Grafikeigenschaften des Schirms steht insbesondere ein recht leistungsfähiger *Window Manager* zur Verfügung. Mit diesem läßt sich der Bildschirm in mehrere Fenster aufteilen, in denen dann gleichzeitig unterschiedliche Prozesse ablaufen können. Für den Benutzer verhält sich jedes Fenster praktisch wie ein eigenes Terminal. Die Fenster können sich auch überdecken, wobei in diesem Fall der Inhalt überdeckter Fenster nicht oder nur teilweise sichtbar ist. Welches Fenster "oben" liegen soll, läßt sich jederzeit ändern; außerdem lassen sich die Fenster beliebig auf dem Schirm verschieben. Prozeße in verschiedenen Fenstern können, etwa über eine UNIX *Pipe*, miteinander kommunizieren. (Ein Beispiel für eine mögliche Aufteilung des Schirms in drei Fenster ist in Abbildung 1 dargestellt.)

Zur Zeit*** läuft auf dem PERQ das TEX-Programm selbst sowie ein Driver, der den formatierten Text auf dem Bildschirm so darstellt, wie er in gedruckter Form auf Papier aussehen würde. Die beiden Programme sind über eine *Pipe* miteinander verbunden. TEX benötigt

---

* Bestimmte Layout-Entscheidungen lassen sich unseres Erachtens nicht nach formalen Regeln, nach denen ja ein Programm arbeitet, treffen. In schwierigen Situationen ist eine Entscheidung durch den Autor, unter Berücksichtigung des Inhalts des Textes, erforderlich.

** Statt "TEX" kann man sich auch einen anderen Formatierer vorstellen. Da wir dieses System als Basis unserer Arbeiten genommen haben, wird deshalb der Einfachheit halber im folgenden nur auf dieses eingegangen.

*** Dieser Artikel wurde im März 1985 geschrieben.

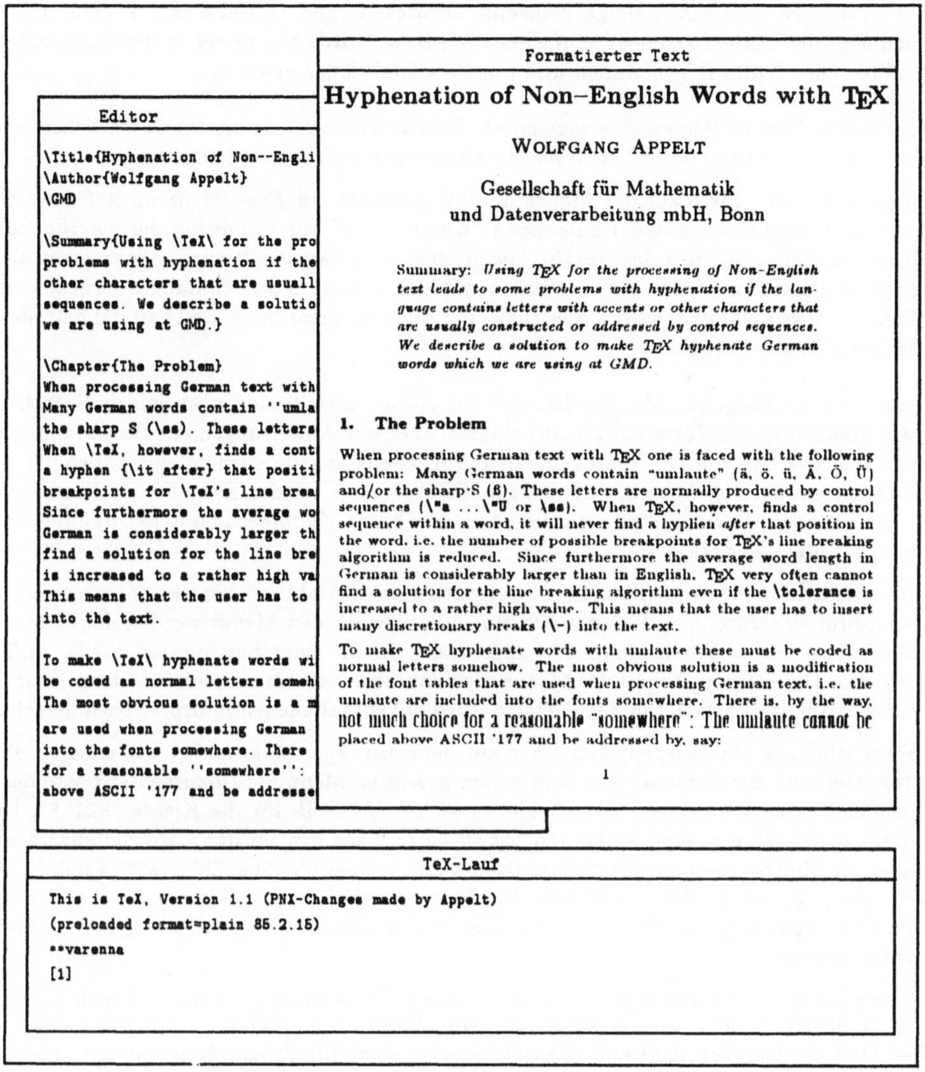

Formatierter Text

Hyphenation of Non–English Words with TEX

WOLFGANG APPELT

Gesellschaft für Mathematik
und Datenverarbeitung mbH, Bonn

Summary: *Using TEX for the processing of Non-English text leads to some problems with hyphenation if the language contains letters with accents or other characters that are usually constructed or addressed by control sequences. We describe a solution to make TEX hyphenate German words which we are using at GMD.*

1. The Problem

When processing German text with TEX one is faced with the following problem: Many German words contain "umlaute" (ä, ö, ü, Ä, Ö, Ü) and/or the sharp S (ß). These letters are normally produced by control sequences (\"a ... \"U or \ss). When TEX, however, finds a control sequence within a word, it will never find a hyphen *after* that position in the word, i.e. the number of possible breakpoints for TEX's line breaking algorithm is reduced. Since furthermore the average word length in German is considerably larger than in English, TEX very often cannot find a solution for the line breaking algorithm even if the **\tolerance** is increased to a rather high value. This means that the user has to insert many discretionary breaks (\-) into the text.

To make TEX hyphenate words with umlaute these must be coded as normal letters somehow. The most obvious solution is a modification of the font tables that are used when processing German text, i.e. the umlaute are included into the fonts somewhere. There is, by the way, not much choice for a reasonable "somewhere": The umlaute cannot be placed above ASCII '177 and be addressed by, say:

1

Editor

```
\Title{Hyphenation of Non--Engli
\Author{Wolfgang Appelt}
\GMD

\Summary{Using \TeX\ for the pro
problems with hyphenation if the
other characters that are usuall
sequences. We describe a solutio
we are using at GMD.}

\Chapter{The Problem}
When processing German text with
Many German words contain ``umla
the sharp S (\ss). These letters
When \TeX, however, finds a cont
a hyphen {\it after} that positi
breakpoints for \TeX's line brea
Since furthermore the average wo
German is considerably larger th
find a solution for the line bre
is increased to a rather high va
This means that the user has to
into the text.

To make \TeX\ hyphenate words wi
be coded as normal letters someh
The most obvious solution is a m
are used when processing German
into the fonts somewhere. There
for a reasonable ``somewhere'':
above ASCII '177 and be addresse
```

TeX-Lauf

```
This is TeX, Version 1.1 (PNX-Changes made by Appelt)
(preloaded format=plain 85.2.15)
**varenna
[1]
```

Abbildung 1: Bildschirmaufteilung in mehrere Fenster

etwa 30 Sekunden, um eine Seite zu formatieren; der Driver braucht zur anschließenden Darstellung des formatierten Textes etwas weniger. Wir hoffen, diese Zeiten noch reduzieren zu können, insbesondere indem wir den Dateizugriff statt mit PASCAL–Routinen mit C–Routinen durchführen.

Neben den Anpassungen an das PNX–Betriebssystem haben wir einige weitere Modifikationen an TEX vorgenommen. Die wichtigste hiervon ist die, daß der formatierte Text *seitenweise* an den Driver weitergereicht wird, d. h. sobald eine Seite fertig umbrochen ist, läßt sie sich auf dem Bildschirm betrachten. Es ist beabsichtigt, in Zukunft zu kleineren "Texteinheiten" überzugehen, die nach ihrer Formatierung sofort dargestellt werden können. Ohne größere Eingriffe in TEX sollte dabei ein Übergang zur ***absatzweisen*** Verarbeitung möglich sein, d. h. sobald ein Absatz umbrochen ist, wird er auf dem Schirm dargestellt. Bei einer (zur Zeit noch nicht realisierten) direkten Kopplung von Editor und TEX ist es dann möglich, daß der Benutzer wenige Sekunden nach der Eingabe seines Textes diesen in formatierten Form auf dem Schirm sieht.

Außerdem wurden inzwischen einige Konzepte entwickelt (und teilweise schon realisiert), die dem Benutzer die Texterfassung vereinfachen. Als Basis wurde hierzu der in der GMD entwikkelte Editor *hac* [KRE84] genommen und um zwei Funktionen erweitert:

— Der Editor liest zu Beginn eine sogenannte *Textstrukturdatei*, in der im wesentlichen Informationen zur *generic logical structure* von Dokumententypen enthalten sind.

— Wenn man eine Taste auf der Mouse drückt, erscheint ein *Pop-Up-Menu* auf dem Bildschirm, in dem eine Liste der zulässigen "Kommandos" zur Definition der *specific logical structure* (teilweise auch der *specific layout structure*) dargestellt wird. Wenn eines dieser Kommandos dann (durch ein Ansteuern mit der *Mouse* und nochmaliges Drücken einer Taste) ausgewählt wird, wird dieses (bzw. der diesem zugeordnete Text) an die betreffende Stelle im Textes eingefügt.

Die dabei zugrundeliegende Idee ist die, daß der Autor eines Textes zwar seinen eigentlichen Text wie üblich über die Terminaltastatur eingibt, aber *alle* Anweisungen zur Beschreibung der Struktur und des Layouts des Textes aus den ihm jeweils angebotenen Menus auswählt. Dies hat zunächst einmal den Vorteil, daß er keine Schreibfehler bei der Eingabe der Kommandos mehr machen kann; insbesondere sind die oben erwähnten Klammerungsstrukturen der TEX-Anweisungen stets korrekt.

Darüberhinaus ist ein so erstellter Text aber auch stets syntaktisch korrekt entsprechend der *generic logical structure* des jeweiligen Dokumententyps. In den Menus werden dem Benutzer nämlich immer nur solche Kommandos angeboten, die an einer bestimmten Stelle im Text zulässig sind. Der jeweilige Inhalt der Menus wird dabei nach einem simplen tabellengesteuerten Algorithmus auf der Basis der in der Textstrukturdatei enthaltenenen Informationen berechnet.

Zur Verdeutlichung ein Beispiel: Bei einer auf dem *MiniTEX*-Makropaket basierenden Textstrukturdatei muß der Benutzer aus dem ersten gezeigten Menu die Dokumentenklasse des zu erstellenden Textes auswählen. Entscheidet er sich dabei z. B. für die Klasse "BRIEF", kann bzw. muß er danach erst eine Reihe von *logical objects* aus den im dann angebotenen Menus festlegen, die üblicherweise im Kopf eines Briefes auftauchen ("ABSENDER", "EMPFÄNGER", "BETREFF" usw.), bevor er den eigentlichen Brieftext eingeben kann. Hätte er sich stattdessen für den Dokumententyp "BERICHT" entscheiden, wären ihm anschließend völlig andere Menus angeboten worden.

Dieses von uns gewählte Konzept der Unterstützung des Benutzers bei der Texteingabe durch Menus ist übrigens nicht auf die Erstellung von "Texten" im engeren Sinn beschränkt. So dürften etwa ohne großen Aufwand "Textstrukturdateien" für Programmiersprachen generierbar sein. In den Menus würden dann die jeweils zulässigen Sprachkonstrukte (z. B. "if ... then ... else"-Statements bei PASCAL) dargestellt werden.

Das hier in groben Zügen beschriebene Konzept eines Autorenarbeitsplatzes wird derzeit als Prototyp in der GMD implementiert. Bis ein abgerundetes System vorliegt, sind sicher noch eine Reihe von Problemen zu lösen, nicht zuletzt das Problem der Integration von Text und Grafik.

Literatur

ACM82 —: "*Special Issue on Editing and Document Formatting Systems*"; ACM Computing Surveys, Vol. 14, No. 3, 1982.

APP84 APPELT, W.: "*MiniTEX — Ein Makropaket zur einfachen TEX-Benutzung*"; Arbeitspapiere der GMD Nr. 100, Gesellschaft für Mathematik und Datenverarbeitung mbH Bonn, 1984.

FLA85 FLASCHE, U.: "*The Framework of SC18/WG3 and SGML*"; Interner Bericht der TU Berlin, 1985.

KNU84 KNUTH, D. E.: "*The TEXbook*"; Addison-Wesley, Reading, Mass., 1975.

KRE84 KREIFELTS, TH.: "*hac - Ein bildschirmorientierter Texteditor für UNIX*"; Benutzeranleitung, Interner Bericht der GMD, 1984.

LAM84 LAMPORT, L.: "*The LaTeX Document Preparation System*"; Internal Report, Stanford Research Institut, Menlo Park, 1984.

OSS74 OSSANA, J. F.: "*Nroff/Troff User's manual*"; Computer Science Tech, Rep. 54, Bell Laboratories, 1974.

EIN TEXTSYSTEM FÜR EINE RECHTSANWALTSKANZLEI

Herbert Göttler / Horst Schwarz / Reinhold Straubmeier
c/o Lehrstuhl für Programmiersprachen
Martensstraße 3
D-8520 E r l a n g e n

Zusammenfassung: Marktanalysen erweisen, daß kommerzielle Textverarbeitungssysteme viele Funktionen besitzen, die in einer Kanzlei nicht gebraucht werden (etwa Formatsteuerungen), aber unbefriedigend beim Umgang mit Textbausteinen sind. Diese Arbeit will zeigen, wie einfache Grundkenntnisse aus der Berechenbarkeitstheorie und auch SIMULA-Klassen wertvolle Anregungen für die Gestaltung eines klaren Konzepts für die Textbausteinverarbeitung geben können, das in gewissem Sinn universell ist: Es muß erlauben, daß Textbausteine andere sequentiell, iterativ sowie selektiv - und dies beliebig geschachtelt - aufrufen dürfen. Außerdem muß die Ausführung arithmetischer Operationen mit den in den Textbausteinen auftretenden Variablen möglich sein. In der Arbeit wird auch noch kurz auf die Implementierung eingegangen.

Abstract: An analysis of the market shows that commercial textprocessing systems have many features which are never used in a lawyer's office (i.e. formatting) but perform unsatisfactorily dealing with text-blocks. This paper wants to point out how even rudimentary knowledge on the theory of computability and SIMULA-classes, too, could give valuable hints for the design of a clear - and in a certain sense - universal concept for processing text-blocks: This concept must allow, that a text-block can call others sequentially, iteratively, and selectively. This can be done arbitrarily nested. In addition, arithmetical operations on the variables in the text-blocks must be possible. In this paper the reader finds a brief description of the implementation, too.

1. EINLEITUNG

Zu Beginn des Jahres 1983 trug ein Nürnberger Rechtsanwalt an den Lehrstuhl die Bitte heran, eine Studie für ihn zu erstellen, welche Arbeitsvorgänge in seiner Kanzlei durch EDV-Einsatz unterstützt werden könnten. Die Aktualität des Themas wurde noch dadurch unterstrichen, daß der Deutsche Anwaltverein etwa zur gleichen Zeit beabsichtigte, mit der GMD, Birlinghoven, und der Fa. ADVODAT-GmbH als 'Institut der Anwaltschaft für Büroorganisation und Bürotechnik GmbH' (Gründung August 1983) 'anwaltliche Software zu erarbeiten'.

Wir begannen im April 1983 mit der Problemanalyse und der Erstellung des Sollkonzepts. Sehr bald stellte sich heraus, daß in der Kanzlei die Bereiche Stammdatenverwaltung, Buchhaltung, Termin/Fristenkalender und insbesondere die Textverarbeitung EDV-unterstützt werden sollten (siehe dazu auch [GÖ85]).

Die Initiative des Deutschen Anwaltvereins und eigene Marktanalysen belegten aber, daß das Angebot für anwaltliche Software für die o.g. Bereiche recht dürftig war (ist?). Wir fanden kein System, das die anwaltliche Arbeit in allen vier o.g. Bereichen zufriedenstellend unterstützt hätte. Außerdem schien es nicht möglich zu sein, vorhandene gute Software-Einzelbausteine zu einem zufriedenstellenden Gesamtsystem integrieren zu können.

Den Anforderungen, die wir nach der Schriftgutanalyse in der Kanzlei aufstellten, zeigte sich kein uns bekanntes Textverarbeitungssystem gewachsen. Es gab auch einige, die Funktionen besaßen, die unser Auftraggeber und wir als unnötig erachteten, wie Randausgleich, automatisches Trennen oder zweispaltiges Schreiben. Besonders im Bereich Textbausteine ließen aber alle - sofern die Option überhaupt vorhanden war - zu wünschen übrig. Im folgenden werden wir hierzu besonders ausführen, wie eine gewisse *Universalität* erreicht werden kann.

Nach unseren Beobachtungen sind für die Textverarbeitung in einer Rechtsanwaltskanzlei drei Funktionsgruppen nötig: gewöhnliche *Editor*-Funktionen, *Arithmetik* im Text und *Textbausteinverarbeitung*.

Die einfachsten Systeme für die Textverarbeitung, die auf dem Markt angeboten werden, sind zeilenorientierte Editoren mit Möglichkeiten zum Eintragen, Ändern, Löschen, Verschieben, Zentrieren, Suchen etc. von Textketten (XEDIT/CDC). Für die Textverarbeitung im Büro werden etwas erweiterte Editoren vertrieben, die Texterstellung, Textänderung und Aufruf bereits geschriebener Texte ermöglichen (also ein rudimentäres Textbausteinkonzept). Zu dieser Gruppe können Wordstar/Micropro und Wordpro/CBM gerechnet werden.

Diese Textverarbeitungssysteme realisieren Inserierungen in Textbausteine durch den Benutzer mittels Ausfüllen von Leerzeichenketten. Ein weiteres Verarbeiten der inserierten Angaben - etwa einer eingegebenen Zahl in einer Formel - ist in den uns bekannten Textverarbeitungssystemen dieses Typs nicht möglich.

Manche Systeme besitzen die Möglichkeit (CPT oder Open Access/IBM-PC), mittels Datenblättern oder einer Datenbankanbindung auf die Stammdatenverwaltung zuzugreifen. Bei Textverarbeitungssystemen dieses Niveaus ist schon (einfache) Arithmetik möglich, etwa in einer Rechnungszeile durch Angabe von 'Stückzahl' und 'Einzelpreis' den Gesamtpreis zu berechnen (BITSY/Triumph-Adler). Die Möglichkeit, Serienbriefe zu drukken, ist üblich, wie auch sequentieller Textbausteinaufruf.

Weitergehende Konzepte - wie *iterativer* und *selektiver* Aufruf von Textbausteinen - sind nach unserer Erkenntnis nicht verfügbar.

Die Ausrichtung des Textverarbeitungssystems auf eine Rechtsanwaltskanzlei führte zu weiteren speziellen Funktionen wie Berechnungen von Tagen zwischen Terminen, die man in den Text eingibt, oder 'Beschränkungen', also die Möglichkeit, z.B. die BRAGO-Verordnung "4/10 aus dem eingegebenen Betrag, aber nicht mehr als DM 40" in einem Textbaustein angebbar zu machen. Die Möglichkeiten findet man nicht in Textverarbeitungssystemen für andere Branchen, aber auch nicht in den bislang marktüblichen anwaltlichen Systemen.

2. KONZEPT

Wie bereits in Abschnitt 1 erwähnt, muß ein Textverarbeitungssystem die üblichen Editorfunktionen ausführen können, auf die deshalb nicht näher eingegangen wird. Wir wollen im folgenden aus Platzgründen nur unser *Textbausteinkonzept mit Arithmetik* behandeln, das die gesamte Kanzleitextverarbeitung realisieren kann und es nicht nötig macht, z.B. für die Zwangsvollstreckung ein extra Subsystem zu implementieren (wie bei manchen auf dem Markt befindlichen Systemen). Außerdem sollten Gesetzesänderungen keine Eingriffe ins Programm erfordern. Darüber hinaus muß der Benutzer die erforderlichen Textbausteine selbst erstellen können.

Wie oben erwähnt, sollen Textbausteine mit Platzhaltern für spezielle Einträge die Textverarbeitung in einer Kanzlei erleichtern. Wir werden künftig die 'Platzhalter' treffender als *Variable* (im programmiersprachlichen Sinne mit Typ "Zeichenkette") bezeichnen, denn mit ihnen kann - nach entsprechender "Interpretation", s.a. Abschnitt 4 - weitergearbeitet werden. Dabei kann man von einem einfachen Konzept ausgehen, daß es etwa nur eine Menge einfacher Textbausteine gibt, deren Namen vom Benutzer explizit angegeben werden und die in ihrer ausführlichen Form - ggf. mit Inserierungen - in den Text geschrieben werden. Das bedeutet aber, daß der Benutzer stets eine sinnvolle Reihenfolge von Textbausteinen im Gedächtnis haben muß. Einzige Hilfestellung sind die Textbausteinhandbücher.

Komfortable Textverarbeitungssysteme mit Textbausteinverarbeitung erlauben bereits die Definition von Metatextbausteinen, die andere Textbausteine über ihren Namen aufrufen. Diesen Mechanismus kann man als die Bildung einer rechnerunterstützten *Sequenz* von Textbausteinen bezeichnen, im Gegensatz zu einer vom Benutzer jedesmal explizit anzugebenden Sequenz.

Für einen sinnvollen Textbaustein "Rechnung" genügt aber die Sequenz nicht, da man den Textbaustein "Einzelposten" mit den Variablen "Einzelpreis" und "Stückzahl" beliebig oft aufrufen können muß. Wenige Textverarbeitungssysteme besitzen die Möglichkeit, Textbausteine *iterativ* aufzurufen.

Die meisten Textverarbeitungssysteme enden beim Textbausteinkonzept spätestens hier, siehe etwa [ER82]. Um aber ein Textverarbeitungssystem in gewissem Sinn *universell* zu machen, ist es nötig, daß von einem Textbaustein angeboten werden kann, aus Gruppen von Textbausteinen einen zu *selektieren*. Unser Textverarbeitungssystem besitzt diese Möglichkeit.

[Ja75] empfiehlt, Ein- und Ausgabedaten eines Programms durch Sequenz, Iteration und Selektion zu beschreiben, um daraus die Programmstruktur abzuleiten. Die einfache Umkehrung des Gedankens, daß eben ein 'Textdarstellungssystem' diese drei Strukturierungselemente haben *muß*, ergab die genannten Anforderungen an den Textbausteinmechanismus unseres Textverarbeitungssystems.

Nach unserer Ansicht besteht das Schriftgut einer Rechtsanwaltskanzlei aus Textbausteinen, die selbst als Sequenz, Iteration bzw. Selektion strukturiert sind. Diese Strukturelemente können beliebig geschachtelt sein. Nachdem wir einen Textbaustein 'Fließtext' einführten, der durch '@@' gekennzeichnet wird, ist die obige Aussage allgemeingültig: Kommt in einem Schriftstück keine Textfolge vor, die als Textbaustein gespeichert ist, dann kann man dieses Schriftstück eben als nur aus dem Textbaustein 'Fließtext' bestehend betrachten, dessen Text der Benutzer angeben muß. (der Textbaustein '@@' hat in unserem Textverarbeitungssystem gewöhnlich die Aufgabe, längere Fließtexteinschübe in Textbausteine, die i.a. gemäß der o.g. Prinzipien organisiert sind, auf effiziente Weise zu gestatten.)

Wenn oben im Zusammenhang mit Textbausteinen der Begriff 'universell' bei Textverarbeitungssystemen benutzt wurde, der im Informatikbereich stets die Konnotation 'Turing-berechenbar' anklingen läßt, sind noch einige Anmerkungen zu machen:

Es ist wohl nicht möglich, ein Textverarbeitungssystem zu entwerfen, das jeden denkbaren Gestaltungswunsch eines Textes durch den Benutzer antizipiert. Insofern wäre das Adjektiv 'universell' sicher nicht angebracht. Daß hier Einschränkungen gemacht werden müssen, ist trivial.

Eine andere Frage ist, ob man das Textverarbeitungssystem so flexibel (und damit so komplex) gestalten soll, daß es gestattet, etwa einen Textbaustein "Konto" zu formulieren, der z.B. nach einem Stück festen Textes die Anweisung enthält: Wenn der Benutzer (oder die Stammdatenverwaltung) einen positiven Betrag für eine Variable liefert, bietet der Textbaustein "Konto" - genauer: der Verwaltungsmodul für Textbausteine des Textverarbeitungssystems bei der Interpretation des Textbausteins "Konto" - einen weiteren Textbaustein "freundlicher_Gruß" als einzige Alternative von sich aus an, ansonsten den Textbaustein "abfälliger_Gruß". Demnach muß das Textverarbeitungssystem die rechnergesteuerte bedingte Selektion durch ein Sprachkonstrukt erlauben wie (Zeichenketten, die nicht einfach Text sind, sondern z.B. Variablen darstellen, werden bei uns durch '@' gekennzeichnet!):

```
@if @betrag >0 @then @"freundlicher_Gruß" @else @"abfälliger_Gruß" @fi
```

Wir wollten indes den Sprachkomfort für die Gestaltung von Textbausteinen nicht zu weit treiben, weil sich abschätzen läßt, daß man letztendlich die Ausdrucksfähigkeit einer vollständigen Programmiersprache implementieren müßte, um alle Eventualitäten zu berücksichtigen. Das würde aber bedeuten, daß der Benutzer, also ein Mitglied der Rechtsanwaltskanzlei, bei der Erstellung des Textbaustein-Geflechtes programmieren können muß. Für uns war es hinreichend, daß man in unserem Textverarbeitungssystem auf *einfache* Weise formulieren kann, daß die Eingabe zu einer Variablen 'betrag' angefordert wird und danach die Alternativen

1:"freundlicher_Gruß"/2:"abfälliger_Gruß"

angeboten werden, so daß jetzt der Benutzer - unabhängig vom eingegebenen Betrag - mit '1' oder '2' die Grußformel entscheidet.

Analoge Probleme für ein Textverarbeitungssystem-Konzept ergeben sich bei der Iteration: Soll man eine Bedingung angeben können, unter der das wiederholte Aufrufen eines Textbausteines automatisch abbricht, oder den Benutzer den Abbruch entscheiden lassen?

Wir entschlossen uns aus guten Gründen für ein Textbausteinkonzept, das einfach genug ist, um nicht einen geschachtelten Textbaustein als ein Programm betrachten zu müssen, bei dem 'writeln'-Anweisungen durch Textbausteinnamen ersetzt sind. Es muß aber flexibel genug sein, um alle geschachtelten Kombinationen von Textbaustein-Sequenzen/ Selektionen/Iterationen zuzulassen.

Wie im Abschnitt 1 bereits erwähnt, werden an ein Textverarbeitungssystem für eine Kanzlei bemerkenswerte Anforderungen bzgl. Arithmetik gestellt. Einige marktgängige Textverarbeitungssysteme bieten Arithmetik an, die allerdings nur *innerhalb* eines Textbausteines Werte verarbeiten kann. Ebenso wichtig aber ist die Möglichkeit, Variablen eines Textbausteines "TB1" in einer Formel eines Textbausteines "TB2" zu verwenden, also Arithmetik *zwischen* Textbausteinen betreiben zu können. Außerdem soll es *globale Variablen* geben, die für alle Textbausteine gelten. Man will sicher nicht die Forderung erheben, daß der Einfachheit halber alle Variablen voneinander verschieden bezeichnet werden müssen. (Mnemotechnisch ist empfehlenswert, einen (kaufmännischen) 'Betrag' am besten als '@Betrag' darzustellen.)

Faßt man in einfacher Analogie einen Textbaustein wie eine SIMULA-Klasse auf und seinen Aufruf als eine *Inkarnation*, wird man sofort zum Konzept des *Qualifizierens* geführt, d.h. durch den Textbaustein-Bezeichner als Präfix werden gleichnamige Variablen in verschiedenen Textbausteinen unterscheidbar gemacht. Die Variablen beim iterierten Aufruf eines Textbausteines lassen sich durch Anhängen eines *Index* ansprechen.

Die Konzepte "Qualifizierung" und "Indizierung" machen es möglich, auf die Werte der Variablen in den verschiedenen Textbausteinen und Aufrufschachtelungstiefen zuzugreifen. Die Tabellensumme "@#" erlaubt die Summation über Spalten im Text auf einfache Weise.

Unabdingbar war auch die Möglichkeit, Variablenwerte umspeichern zu können, also die *Wertzuweisung*, die wir durch das Zeichen '↑' ausdrücken.

Sehr wichtig für die Rationalisierung in der Rechtsanwaltskanzlei ist auch die Anbindung des Textsystems an die Stammdatenverwaltung. Durch '$↑4711' wird auf die Daten zur Akte 4711 zugegriffen (wobei der '↑' mnemotechnisch für 'zeige' steht und $ (bzw. die <ESC>-Taste) "Ende der Texteingabe und Beginn eines Befehls" anzeigt.) Der so gerufene Modul Stammdatenverwaltung schreibt in eine Datei als Schnittstelle zum Textverarbeitungssystem alle Informationen in Form von Zuweisungen an Variable, also etwa '@gegnername = Maier', '@gerichtsort = Nürnberg', etc. Tritt in einem Textbaustein eine Variable wie z.B. '@gegnername' auf, wird die durch die Stammdatenverwaltung bewirkte Vorbelegung übernommen. Ist die Akte noch unvollständig, wird die für die Variable notwendige Information am Bildschirm als 'gegnername unbekannt' angefordert. Ein oft gebrauchter Standardbrief, z.B. an den Gegner des Mandanten mit der Aktennummer 4711 zur "Anzeige der Mandatsübernahme", ist einfach durch

$↑4711@"Mandatsübernahme"

anzufertigen, wobei - s.a. Abschnitt 3 - ein Textbaustein über seinen Namen mit dem einleitenden Befehl '@' gerufen wird. Wenn sich alle Textbausteinbezeichner z.B. in den ersten drei Zeichen unterscheiden, genügt auch

$↑4711@"Man*"

Zum Abschluß seien noch stichwortartig einige weitere Funktionen erwähnt, die ein Textverarbeitungssystem in einer Kanzlei zur Verfügung stellen muß: Geräteparametereinstellung, Wiederaufsetzmöglichkeit bei Fehlbedienung ohne komplette Neueingabe, Makrokonzept, längen- und spaltenorientiertes Formatieren (von Variablenwerten), Taschenrechnerfunktion.

Man kann das vorgestellte Texterstellungskonzept auch in einen allgemeinen Rahmen "Dokumentenentwicklung" eingebettet denken, wie es etwa die ODA-Spezifikation (Office Document Architecture) beschreibt [Ho84]. So ließe sich die Bausteinstruktur des erstellten Textes durch ODA-Sprachelemente beschreiben und sie so etwa einer nichtredundanten Speicherung (über die Textbausteinbezeichner nebst Zusätzen wie Angaben zu Variablen, Ersteller des Textbausteins, Erstellungsdatum, etc.) zugänglich machen.

3. EIN BEISPIEL

Um einen globalen Eindruck von der Arbeitsweise unseres Textverarbeitungssystems zu vermitteln, wollen wir ein Beispiel behandeln, das in einer Kanzlei relativ häufig vorkommt. Es geht um eine "Restschuldberechnung", bei der der Rechtsanwalt eine Forderung für seinen Mandanten aufstellt. (Man stelle sich dabei vor, daß der Beklagte in Raten eine Schuld tilgen soll und im Rückstand ist. Aufgelaufene Zinsen werden mit berücksichtigt.) Wir fanden bei unserer Schriftgutanalyse Texte, die über mehrere Seiten gingen. Es erfordert vom Rechtsanwalt viel Zeit, um die einzelnen Kalkulationen durchzuführen. Die Fig. 1 zeigt den 'obersten' Textbaustein, der durch die Angabe von @"restschuldberechnung" aufgerufen wird.

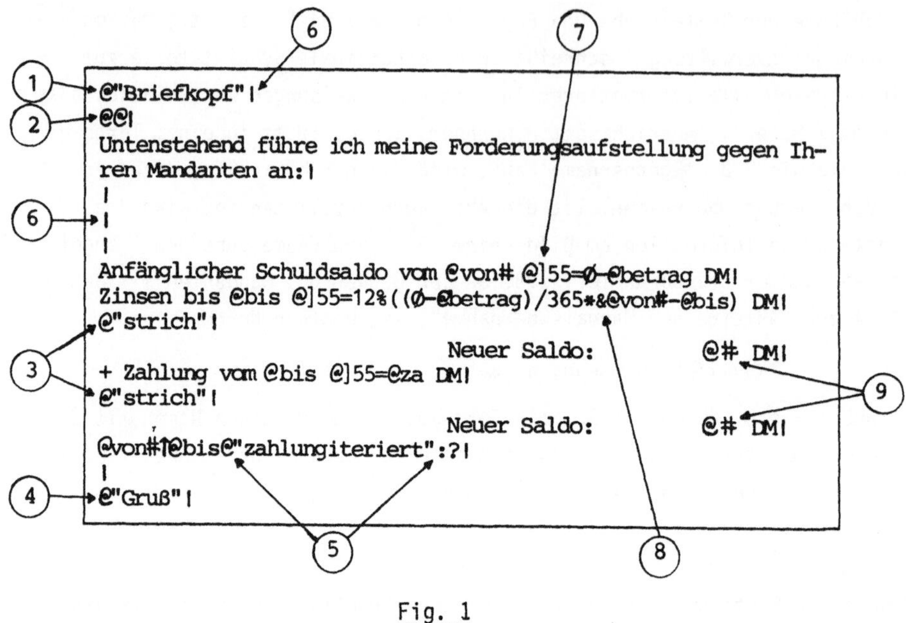

Fig. 1

Fig. 1 zeigt, daß die "Restschuldberechnung" aus der Sequenz der Textbausteine "Briefkopf", '@@ '(Fließtext), zweimal "strich" und dem Textbaustein "Gruß" besteht, was durch ①, ②, ③ bzw. ④ gekennzeichnet ist. Der Textbaustein ⑤ "zahlungiteriert":? kann beliebig oft - durch ':?' angedeutet - aufgerufen werden, bis der Benutzer explizit abbricht. Die senkrechten Striche ⑥ sind Anweisungen an das Textverarbeitungssystem, hier eine neue Zeile zu beginnen; ansonsten wird der Text nach dem zur Verfügung stehenden Platz auf die Zeilen verteilt. Die ']55' bei ⑦ bedeutet, daß das Ergebnis der Berechnung *rechtsbündig* an Spalte 55 einzufügen ist. *Terminberechnungen* werden durch '&' gekennzeichnet, wie bei ⑧ dargestellt wird. Mittels '@#' bei ⑨ wird die Summe der Beträge gebildet, die durch die Berechnungen über Position 55 eingetragen wurden.

Der Textbaustein "Briefkopf" wird in Fig. 2 behandelt. Er enthält neben einem festen Text die Möglichkeit, zwischen dem Textbaustein "herr" oder "frau" auszuwählen, was bei ① gekennzeichnet ist. Das 'datum#' ist das Tagesdatum, das global vom System zur Verfügung gestellt wird, ② .

In der Fig. 3 sind die Textbausteine "herr" und "frau" beschrieben, die neben der Anrede noch die Variable '@name' besitzen. Die Angaben zu der Variablen können von der Stammdatenverwaltung durch Angabe der Aktennummer geliefert werden.

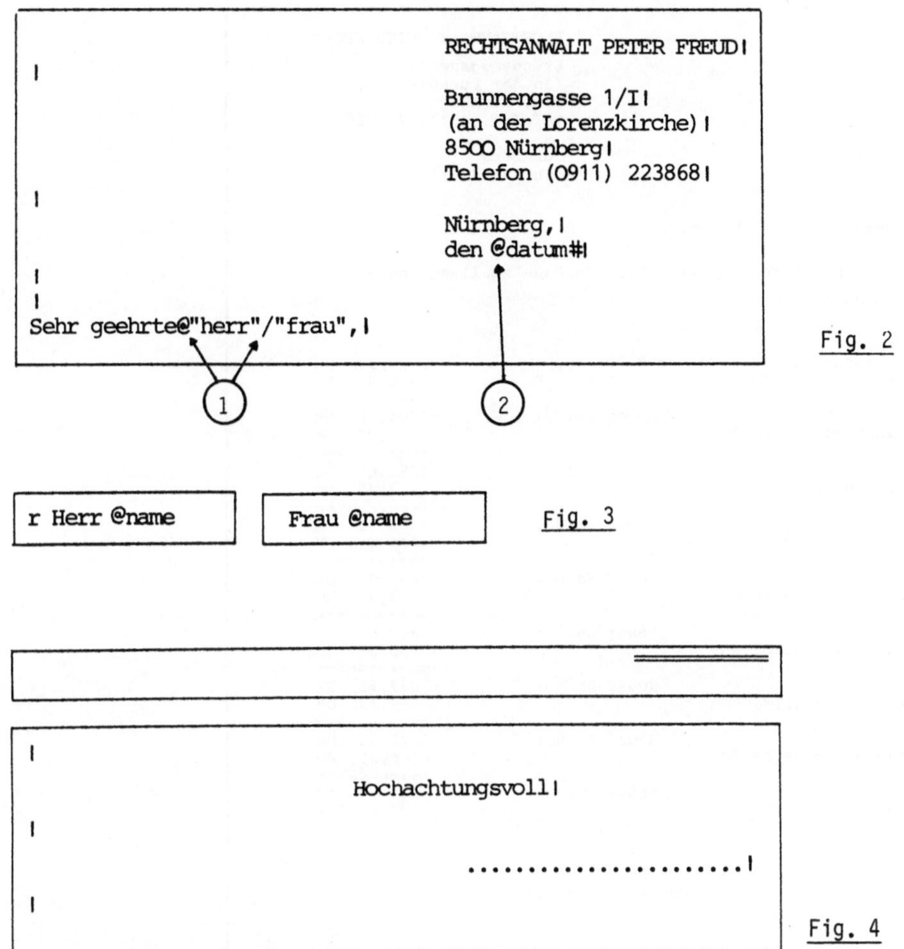

Fig. 2

Fig. 3

Fig. 4

Die trivialen Textbausteine "strich" und "Gruß" sind in Fig. 4 aufgelistet.

Der Textbaustein "zahlungiteriert" befindet sich in Fig. 5, wobei darauf hinzuweisen ist, daß mit der Variablen Tabellensumme (#) in der Zinsformel gearbeitet werden kann. Den erstellten Brief zeigt Fig. 6, in dem die Benutzereingaben kursiv gekennzeichnet sind.

```
Zinsen bis @bis @]55=12%(#/365*&@von#-@bis)   DM|
@"strich"|
                         Neuer Saldo:          @#   DM|
+  Zahlung vom @bis @]55=@za DM|
@"strich"|
                         Neuer Saldo:          @#   DM|
@von#↑@bis
```

Fig. 5

RECHTSANWALT PETER FREUD
Brunnengasse 1/I
(an der Lorenzkirche)
8500 Nürnberg
Telefon (0911) 223868

Nürnberg,
den 08.03.1985

Sehr geehrter Herr *Kollege*,

untenstehend führe ich meine Forderungsaufstellung gegen Ihren Mandanten an:

Anfänglicher Schuldsaldo vom *29.05.80*		*-1494,84* DM
Zinsen bis *20.06.80*		-10,81 DM
		===========
	Neuer Saldo:	-1505,65 DM
+ Zahlung vom 20.06.80		*150,00* DM
		===========
	Neuer Saldo:	-1355,65 DM
Zinsen bis *18.07.80*		-12,48 DM
		===========
	Neuer Saldo:	-1368,13 DM
+ Zahlung vom 18.07.80		*150,00* DM
		===========
	Neuer Saldo:	-1218,13 DM
Zinsen bis *12.09.80*		-22,43 DM
		===========
	Neuer Saldo:	-1240,56 DM
+ Zahlung vom 12.09.80		*200,57* DM
		===========
	Neuer Saldo:	-1039,99 DM
Zinsen bis *19.09.80*		-2,39 DM
		===========
	Neuer Saldo:	-1042,38 DM
+ Zahlung vom 19.09.80		*100,00* DM
		===========
	Neuer Saldo:	-942,38 DM

Hochachtungsvoll

....

Fig. 6

4. IMPLEMENTIERUNG

Das Textverarbeitungssystem wurde auf einem Mehrbenutzersystem von PCS, München, unter UNIX realisiert.

Auch für die Implementierung der Textbausteinkonzepte lassen sich Ideen aus dem programmiersprachlichen Bereich übernehmen: So empfiehlt es sich, einen Kellermechanismus zu verwenden, in dem die Eingaben, mögen sie vom Benutzer kommen oder als Textbausteine aus einer Datei, ggf. in Teile zerlegt und sukzessive verarbeitet werden können [Sn75].

Die Fig. 7 zeigt das Prinzip der dezentral gesteuerten Eingabeverarbeitung. Sämtliche Textsystemeingaben werden von dem Programmteil bearbeitet, der im folgenden als Interpreter bezeichnet werden soll. Diese Bezeichnung wurde gewählt, da alle Eingaben

(Kommandos, Texteingaben, Variablenaufrufe etc.) sofort analysiert und ausgewertet werden. Die Analyse wird von den 5 aufgezeigten Moduln des Interpreters durchgeführt. Kann eine Eingabesequenz vom aktuell aktiven Interpretermodul nicht weiter ausgewertet werden - beispielsweise, wenn in einem Text, der durch den Textverwaltungsmodul bearbeitet wird, ein arithmetischer Ausdruck auftritt -, so übergibt dieser die Steuerung an den zuständigen Modul - hier die Arithmetikanalyse -. Dies ist durch '→' gekennzeichnet. (Bei Programmstart ist die Kommandoanalyse aktiviert.) Auf diese Weise ist eine extrem flexible Eingabe möglich, d.h. bei der Eingabe braucht vom Benutzer nicht zwischen Texteingabe-, Kommando- oder ähnlichen Modi unterschieden zu werden.

Nach Abarbeitung einer Eingabe werden vom Interpreter Ausgaben, z.B. auf dem Bildschirm, oder (interne) Zwischenergebnisse erzeugt. Die Zwischenergebnisse werden gekellert und als 'neue Eingabe' behandelt (s.a. das Beispiel in Fig. 9).

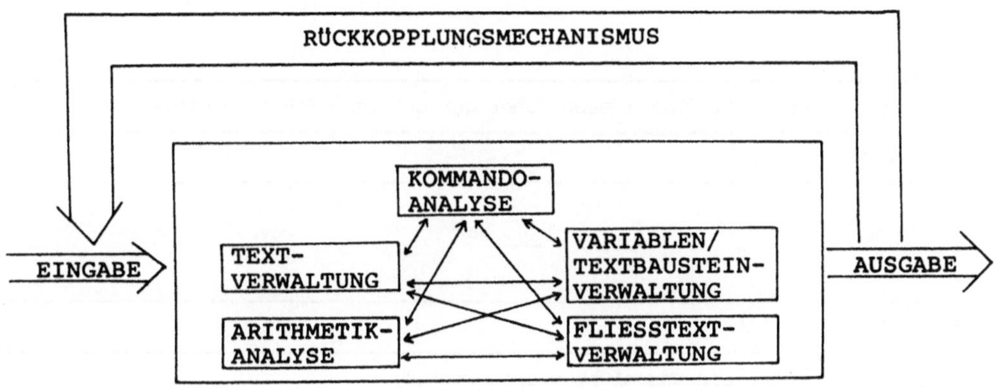

Fig. 7

Der Datenfluß des Textverarbeitungssystems wird in der Fig. 8 gezeigt. Man erkennt, daß die Daten von verschiedenen Quellen kommen können, z.B. explizite Benutzereingaben vom Bildschirm oder Text aus der Textbausteindatei. Durch einen 'Schaltmechanismus' wird die entsprechende Zuordnung der Eingabedaten an den jeweils aktiven Interpretermodul gewährleistet.

In der Fig. 9 wird das Zusammenspiel zwischen Benutzereingaben (9a), Aktionen, die aufgrund eines Textbausteines vom Interpreter (also intern) angestoßen werden und u.a. den Zustand des Kellers (9b) verändern, sowie der Bildschirmausgabe genauer erklärt. Fig. 9a zeigt also die zwei zur Erstellung des Mahnschreibens nötigen Benutzereingaben. (Das $-Zeichen ist stets die Befehlskennzeichnung.) 'mz' steht für 'Mittenzentrierung'. Die erste Benutzereingabe wird in den (zunächst leeren) Keller gebracht, ① in Fig. 9b. Der Interpreter analysiert bis zur Position ②. Es kann bereits bis zur Position △1 der Bildschirminhalt (Fig. 9c) erzeugt werden.

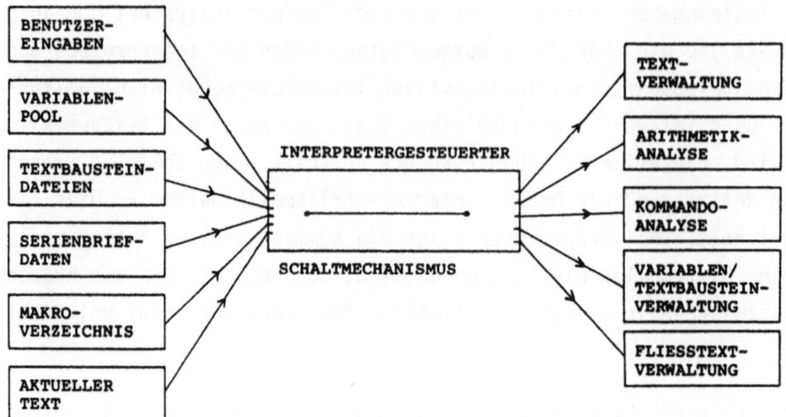

Fig. 8

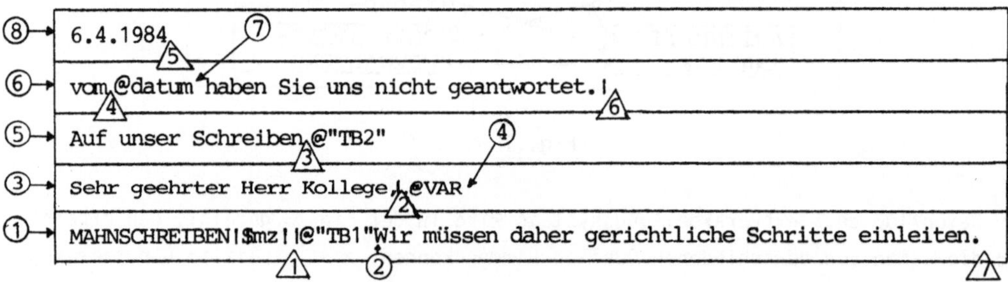

Fig. 9a

Fig. 9b

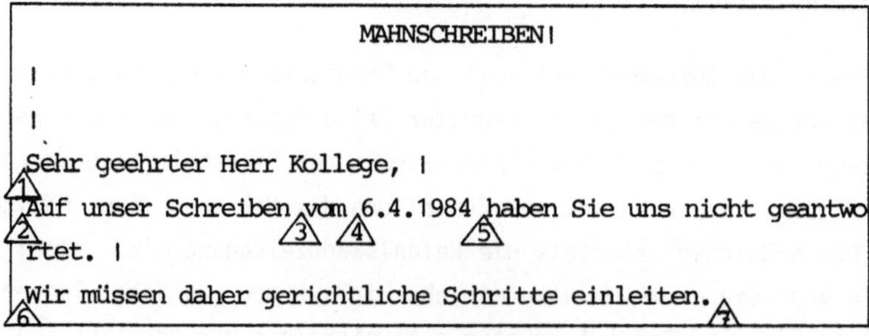

Fig. 9c

Der Aufruf des Textbausteines "TB1" hat den Kellereintrag ③ zur Folge, der bis zur Position ④ angesehen und bis △2 am Bildschirm gezeigt werden kann.

Für das Beispiel wurde die Variable VAR willkürlich mit dem Wert vorbelegt, wie er in ⑤ gezeigt ist, und in den Keller gespeichert. Nach Interpretation des Kellereintrags ⑤ kann bis zur Position △3 die Bildschirmausgabe erfolgen.

Die Analyse von "TB2" stößt den Kellereintrag ⑥ an, der bis zur Position ⑦ gelesen wird. Bis zu △4 kann Text am Bildschirm angezeigt werden. Das '@datum' wird beim Benutzer erfragt und als (oberster) Eintrag ⑧ in den Keller gebracht. Bis △7 , sukzessive über △5 und △6 gehend, wird der Keller geleert und der entsprechende Text am Bildschirm nachgetragen.

5. LITERATUR

[ER82] A. ENDRES/J. REETZ (Eds.): "Textverarbeitung und Bürosysteme", Oldenbourg, München, 1982.

[Gö85] H. GÖTTLER: "Automatisierung einer Rechtsanwaltskanzlei (Konzepte, Methoden, Erfahrungen)", Proc. d. GI/ÖGI-Jahrestagung 1985, (in diesem Tagungsband).

[Ho84] W. HORAK: "Concepts of the Document Interchange Protocol for the Telematic Services - CCITT Draft Recommendation S.a", Computer Networkts 8 (1984), North-Holland.

[Ja75] M.A. JACKSON: "Principles of Program Design", Academic Press, London, 1975.

[Sm83] A. SCHMITT: "Dialogsysteme", BI, Mannheim, 1983.

[Sn75] H.J. SCHNEIDER: "Compiler", de Gruyter, Berlin, 1975.

Möglichkeiten und Grenzen einer computergestützten Eingangspostbearbeitung

Matthias Schumann
Lehrstuhl für Betriebs- und Wirtschaftsinformatik
(Prof. Dr. P. Mertens) an der Universität Erlangen-Nürnberg
Lange Gasse 20
D-8500 Nürnberg

1. Problemstellung

Die gegenwärtigen Entwicklungen im Bereich der Bürokommunikation sind durch Fortschritte in der Integration von Funktionen zur Dokumentererstellung, -speicherung, zum Retrieval und zur elektronischen Versendung gekennzeichnet.

Die Unterstützung bei der Bearbeitung der Eingangspost ist dagegen jedoch weiterhin gering. Gerade die Eingangspostbearbeitung bietet aber eine gute Möglichkeit, Fach- und Führungskräfte von Routinetätigkeiten zu entlasten, zusätzliche Zeit für qualifiziertere Aufgaben zu schaffen und so eine Integrationsinsel zu schließen (1).

2. Aufgaben und Entwicklungsstand der Eingangspostbearbeitung

2.1. Probleme des elektronischen Informationsaustausches

Aus dem Mißverhältnis zwischen der Unterstützung zur elektronischen Postversendung und der Eingangspostbearbeitung werden sich zukünftig eine Reihe von Konsequenzen für den elektronisch unterstützten Verwaltungsarbeitsplatz ergeben:

- Durch die einfachen Möglichkeiten der Dokumenterstellung und -verteilung nimmt die Menge der zu bearbeitenden Eingangspost zu (2).
- Die unkontrollierte Nutzung von "Verteilerlisten" schafft zusätzliche, ungewollte Informationen (3).

- Damit steigt auch der Anteil unwichtiger Nachrichten, es muß eine Selektion, ein Schutz vor einer "Informationsüberflutung" erfolgen.
- Bei steigender Geschwindigkeit der Nachrichtenerstellung und -verteilung muß die Aufarbeitung beschleunigt werden, um keine Warteschlangen unbearbeiteter Eingangspost entstehen zu lassen.

Erste Beispiele für Ansätze derartiger Mißstände sind heute bereits in Rechnernetzen, wie z. B. dem ARPA-Netz, festzustellen.

Zu einer qualifizierten Unterstützung der Postbearbeitung können verschiedene, teilweise aufeinander aufbauende Funktionen unterschieden werden:

- Automatische Deskribierung aller eingehenden Post, um auf dieser Grundlage eine weitere Erschließung durchführen zu können.
- Entschlüsselung der Semantik der Informationen.
- Abspeichern der Informationen in der Datenbank unter Berücksichtigung von Rechercheaspekten.
- Erkennen und Selektieren redundanter Nachrichten.
- Automatische Verteilung der Post an den (die) zuständigen Sachbearbeiter.
- Ergänzen der Postvorlage um zugehörige Vorgänge aus der Datenbasis.
- Vergabe von Prioritäten für die Wichtigkeit und Dringlichkeit der Informationen.
- Auslösen standardisierter, eventuell zentral oder vom Sachbearbeiter bestimmbarer Prozeduren.

Dieses können z. B. sein:

- Festlegen eines Vorlagetermins für einen Themenbereich,
- Informationen an zusätzliche Adressen weiterverteilen,
- Standardantwortbrief/Nachricht versenden.

Solche Hilfen gilt es schrittweise in Bürokommunikationssysteme zu integrieren. Dabei kann auf unterschiedlichen Lösungsansätzen aufgebaut werden.

2.2. Entwicklungsstand von Electronic-Mail-Systemen zur Bearbeitung der Eingangspost

Electronic-Mail-Komponenten müssen heute noch stark nach inner- und zwischenbetrieblicher Kommunikation unterschieden werden. Insbesondere für Inhaus-Kommunikationssysteme werden menügestützte Postkorb-Schnittstellen angeboten, die eine einfache Übersicht über die eingegangenen Nachrichten bieten und einen mehrstufigen Zugriff auf die einzelnen Dokumente erlauben (Übersicht, Anfangszeilen, eigentlicher Text). Darüber hinaus können eine vom Absender vergebene Priorität, ein vom Empfänger bei der ersten Einsichtnahme vergebener Wiedervorlagetermin oder der Grad der Vertraulichkeit als Organisationshilfe des Eingangspostkorbes verwendet werden.

Die Angabe eines Gültigkeitsdatums für eine Information ist ebenso wie die vom Telefon bekannte Einrichtung der Informationsumleitung (abgestuft nach Prioritäten, z. B. bei Krankheit oder Urlaub) nur in Systemen mit erweitertem Funktionsvorrat realisiert. Darüber hinaus wird z. B. eine "Einschreiben-Funktion" angeboten, die dem Absender automatisch dann eine Mitteilung zukommen läßt, wenn das Dokument beim Empfänger angekommen oder von diesem eingesehen worden ist. Sollen weitreichendere Möglichkeiten angeboten werden, so gehen die Aktivitäten dazu vorwiegend vom Absender aus. In dem System PROFS kann beispielsweise der Absender neben einer formalisierten Standarddeskribierung des zu versendenden Dokuments auch eine manuelle Indexierung vornehmen. Diese Indexierung kann in einer Datenbank abgelegt werden. Sowohl Nachrichtenabsender wie auch -empfänger können dann Deskriptoren zur Dokumentrecherche angeben.

3. Informationsaufnahme und -aufbereitung

3.1. Informationswege

Untersuchungen zum betrieblichen Informationsaufkommen zeigen, daß ca. 60 bis 80 % der anfallenden Dokumente dem innerbetrieblichen Kommunikationsaustausch dienen (4). Dennoch darf der Stellenwert zwischenbetrieblicher Kommunikation nicht zu gering erachtet werden, da hier ja der häufige Ursprung innerbetrieblicher Informationsentstehung zu suchen ist.

Diese zwischenbetriebliche Kommunikation wird sich künftig in drei Organisationsformen abspielen:

- Dem herkömmlichen Informationsaustausch über die "gelbe Briefpost".
- Der elektronischen Kommunikation mit der Nutzung von Postdiensten, wie z. B. Teletex.
- Dem halbstrukturierten Nachrichtenaustausch über Rechnernetze, wobei unternehmensübergreifende Dokument- und Formulardefinitionen die Kommunikation standardisieren oder eine Automatisierung erlauben.

Die drei Kommunikationsformen ergänzen sich wechselseitig und haben insbesondere unter Berücksichtigung von kleinen Mittelbetrieben ihre wirtschaftliche Berechtigung. Für den Betrieb, der die Bürokommunikation rentabel einsetzen will, besteht aber so die Notwendigkeit, sämtliche Eingangspost, also auch die Briefpost, zu integrieren. Die Verknüpfungspunkte eines solchen Klassifikationssystems zeigt Abbildung 1.

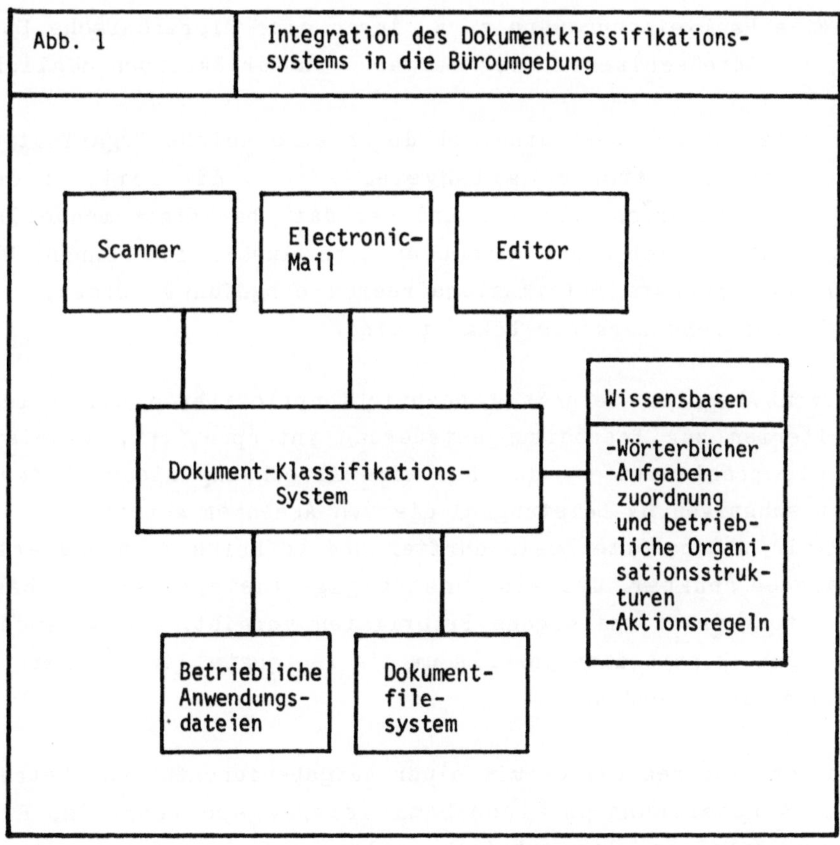

Dazu werden heute überwiegend zeichenorientierte Seitenleser verwendet. Die zukünftige Entwicklung dürfte hier zum Einsatz von Scannern führen, die aufgrund der pixelorientierten Technologie sowohl Grafiken wie auch Texte einlesen können (5). Zur Zeit besteht noch das Problem, daß diese Verfahren große Ressourcen in Anspruch nehmen und daher noch nicht wirtschaftlich eingesetzt werden können.

3.2. Organisationskriterien zum Informationsaustausch

Im allgemeinen ermöglicht Electronic-Mail die ungehinderte Kommunikation jedes Teilnehmers mit jedem beliebigen Empfänger. Eine solche Kommunikation steht im Gegensatz zu den in einem Unternehmen üblicherweise festgefügten, hierarchischen Kommunikationsstrukturen. Diese besitzen einen Filtereffekt für den Informationsaustausch (die Sekretärin sortiert die Briefe ihres Chefs). So ist zu überlegen, ob eine geeignete Hierarchisierung der Electronic-Mail-Wege nicht zu einer besseren Steuerung und damit Selektion des Informationsflusses führen würde. Eine Realisierung wäre z. B. durch eine hierarchische Strukturierung der Adreßschlüssel oder Vergabe von Adreßkreisen möglich (6).

Andererseits ist zu überprüfen, ob durch eine solche Organisation die Effizienz des Electronic-Mail-Systems, d. h. die Zeit, in der der Empfänger die Nachricht erhält, und der dazu benötigte manuelle Verwaltungsaufwand, sich nicht verschlechtern. Zusätzlich können, ähnlich dem Telefon, private Briefkastenadressen eingeführt werden, die nur einem kleinen Benutzerkreis bekannt sind.

Werden vom Absender vergebene Nachrichtenprioritäten als Dringlichkeitskriterien zur Bearbeitungssteuerung interpretiert, erweist sich dieses als problematisch, da ohne eine Abrechnung dieser Prioritäten (ähnlich sonstigen DV-Leistungen) die vom Absender getroffenen Angaben tendenziell überbewertet sein dürften und so keine Trennung erlauben. Auch wäre es denkbar, daß eine unabhängige Instanz stichprobenartig die Bewertung prüft und eigene Prioritäten vergibt. Die Absenderprioritätenangabe könnte dann jeweils um die festgestellte mittlere Abweichung korrigiert werden.

Sind mehrere Sachbearbeiter mit einer Aufgabendurchführung betraut, so wird die Adressierung an einen Sammeleingangspostkorb (z. B. einer Abteilung) erfolgen. Die Arbeitszuteilung muß dann durch interne Abstimmung vorgenommen werden. Hier ist zu untersuchen, ob automatisierbare Zuteilungsstrategien sinnvolle Unterstützungsmöglichkeiten bieten.

4. Ansätze zur Eingangspostverteilung und -bearbeitung

Bei der teilautomatischen oder automatischen Bearbeitung betrieblicher Eingangsdokumente können drei Vorgehensweisen unterschieden werden:

- Der Einsatz überwiegend aus dem linguistischen Bereich stammender Systeme, die ein inhaltliches Verstehen der Texte ermöglichen sollen. Ist der Inhalt des Schreibens bekannt, so kann durch die Abbildung manueller Bearbeitungsregeln eine vom System durchzuführende Aktion ausgewählt werden.
- Ein Verfahren zur Grobanalyse der Eingangspost, das auf der Untersuchung der Ausprägung formaler Kriterien des Geschäftsbriefwechsels beruht. Dabei wird insbesondere auf Informationen über den bereits mit dem Absender geführten Schriftwechsel zurückgegriffen. Als Analyseobjekte stehen z. B. die Absender- und Empfängeradresse im Mittelpunkt.
- Die zwischenbetriebliche Normierung von Dokumentklassen auf der Basis sich abzeichnender Protokolle für die oberen Schichten von Netzarchitekturmodellen. Dabei bieten die Standardisierungsbestrebungen für Dokumentarchitekturen die Möglichkeit, ein überregional einheitliches Formularwesen für die unterschiedlichsten Zwecke des Büro- und Verwaltungsbereichs zu schaffen.

Die drei Ansätze repräsentieren ein Spektrum, das von einem von dem Absender fast völlig frei zu gestaltenden Schriftstück bis hin zu doch recht eng einzuhaltenden Konventionen bei der Formulargestaltung und dem Formulareinsatz reicht.

4.1. Inhaltliche Analyse der Eingangspost

Bei Verfahren zur inhaltlichen Analyse von Texten wird heute die linguistische Datenverarbeitung stark von Methoden der Künstlichen Intelligenz beeinflußt. Dennoch sind die Fortschritte hier, insbesondere bei Verfahren des Textverstehens, ähnlich wie bei Systemen zur automatischen Übersetzung, eher als bescheiden zu bezeichnen (7).

Zwar sind inzwischen Systeme für den Bürobereich entwickelt, die englischsprachliche Texte auf korrekte Syntax und guten Stil untersuchen, ein inhaltlicher Verstehensprozeß findet dabei aber nicht statt (8). Außerdem wurden Forschungsprojekte, die eine automatische Indexierung und ein natürlichsprachliches Retrieval von Bürodokumenten weiterentwickeln sollten, aufgrund enttäuschender Ergebnisse eingestellt (9). Als Beispiel sei das Projekt CONDOR genannt (10). Hier sind enge Beziehungspunkte zur automatischen Speicherung der Eingangspost zu sehen. Natürlichsprachliche Ein-/Ausgabeschnittstellen von Expertensystemen und Datenbanken bieten dagegen heute bereits befriedigende Ergebnisse. Der wesentliche Unterschied bei der Dokumentanalyse rein auf inhaltlicher Basis besteht jedoch darin, daß von vornherein keine Filterbegriffe bekannt sind, nach denen im Text gesucht werden kann. Dazu kommt, daß bei mehrdeutigen Interpretationsmöglichkeiten des Analysetextes, das System keine Rückfragen stellen kann.

Während bei der Textaufbereitung die Syntaxanalyse im allgemeinen gut beherrscht wird, bestehen Probleme bei den semantischen und pragmatischen Verfahren. Die Güte der semantischen Analyse hängt dabei insbesondere von dem zur Verfügung stehenden Wissen über den Diskursbereich ab (11). Dieses stellt aber auch ein wesentliches Problem für das Angebot an Standardlösungen mit derartigen Systemen dar. Für Unternehmen mit unterschiedlichen Aufgaben sind aufwendige individuelle Lösungen zu erstellen. Befristete Projekte und Einzelaufgaben sowie sich zeitlich verändernde Tätigkeitsschwerpunkte erfordern eine aufwendige Pflege der verwendeten Wissensbasis.

Von dem textverstehenden Entwicklungssystem der IBM, EPISTLE, das zur Korrektur des Textstils und zur Abstracterstellung eingesetzt werden soll, wird berichtet, daß ca. 2 Mio. Instruktionen zur Analyse eines englischen Satzes notwendig sind (12). Dieses zeigt, daß derartige Verfahren auch enorme Rechnerressourcen in Anspruch nehmen, die jedoch in Klein- und Mittelbetrieben nicht zur Verfügung stehen und für größere Unternehmen bei einem Eingangspostaufkommen von mehreren hundert bis tausend Schreiben pro Tag zu aufwendig sind.

Daher erscheint es angezeigt, pragmatische Lösungsverfahren anzuwenden. Diese können eventuell mit den noch zu schildernden Verfahren einer Grobanalyse verbunden und zur Feinklassifizierung und Deskribierung eingesetzt werden. Dabei ist an Methoden der Volltextdeskribierung zu denken, wobei abteilungs- und sachbearbeiterspezifische Wörterbücher eine Zuordnung der Dokumente ermöglichen. Diese Vergleichswörterbücher können automatisch oder teilautomatisch durch Erfassung an den einzelnen Arbeitsplätzen, verbunden mit Textverarbeitungssoftware, gewonnen werden. Durch periodische Aggregation ist jeweils eine Auffrischung des zentralen Zuteilungswörterbuches möglich (13).

Verfahren zur Volltextdeskribierung sind schon lange (z. B. STAIRS) auf zentralen Systemen in Einsatz. Auch die Funktionen zur Eingangspostbearbeitung sollten einer zentral durchgeführten Serviceleistung entsprechen. Zwar werden heute auch Programmpakete zur Volltextdokumentdeskribierung und -recherche mit dezentralen Arbeitsplatzrechnern angeboten, es erscheinen jedoch weder die Speicherkapazität noch die Geschwindigkeit zur Neudokumentaufnahme ausreichend. Auch dezentrale File-Server werden vorwiegend nur für einen begrenzten Anwenderkreis eingesetzt.

4.2. Grobklassifikation der Eingangspost

Bei der Durchführung der Grobanalyse werden zwei Annahmen getroffen. Zum einen sind über die Korrespondenzpartner des Unternehmens häufig schon Informationen vorhanden. Stellenweise kann aufgrund des bereits geführten oder stattfindenden Schriftwechsels auf den Empfänger oder das Thema des Eingangsschreibens geschlossen werden. Dazu ist es notwendig, derartige Informationen automatisch zugänglich zu machen. Die entstehenden Nutzeffekte können auch zur Verbesserung des Information-Retrieval im Rahmen des Bürosystems dienen.

Zum anderen erfüllen die Geschäftsbriefe zumeist ein Mindestmaß an formalen Kriterien. So lassen sich Absender und genauer Empfänger bei Electronic-Mail-Übertragung direkt anhand des Protokolls ermitteln oder sie können aufgrund der Struktur des Briefes, der Trennung in Sinn- oder Inhaltsblöcke wie Absender, Empfänger, Anrede usw., festgestellt werden. Erste Ansätze zu derartigen Verfahren, die auf PROLOG-Programmen zur Untersuchung der Sinneinheiten der Eingangsbriefe basieren, sind bekannt (14). Solche Anwendungen können aber auch in herkömmlichen Produktionsumgebungen, z. B. in Verbindung mit betrieblichen Datenbanken, realisiert werden. Abbildung 2 beschreibt den groben Aufbau des Systems.

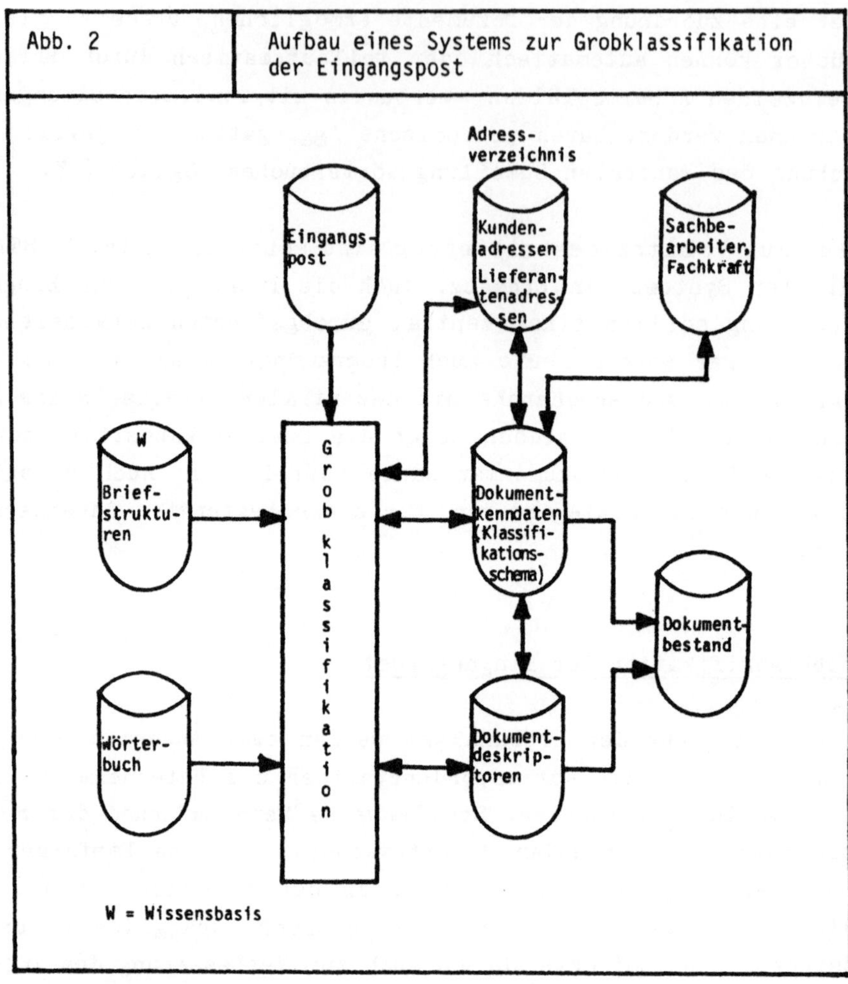

Dazu wird vorgeschlagen, für die Eingangsschreiben ein Klassifikationsschema bereitzustellen, das den einzelnen Dokumenten quasi als "Deckblatt" beigefügt wird. Abbildung 3 zeigt ein Beispiel für ein solches Schema. Unternehmensindividuelle Ergänzungen, wie z. B. Felder für Vertragsnummern bei Versicherungen oder Bausparkassen, wären aufgrund ihrer Identifikationsgüte sinnvoll.

Der Brief kann nun unter Zuhilfenahme eines Regelwerkes über die Konventionen des formalen Briefaufbaus nach den Ausprägungen des Klassifikationsschemas durchsucht werden. Das Regelwerk bestimmt das Vorgehen zur Suche nach einzelnen Sinneinheiten und innerhalb dieser die Zerlegung eines Informationsblocks in seine Bestandteile. Dabei wird

Abb. 3	Klassifikationsschema für die Eingangspost

ABSENDERANGABEN:

- Firma
- Abteilung
- Bearbeiter
- Straße/Postfach
- PLZ/Ort
- Telefon
- Bearbeitungszeichen/Absender

EMPFÄNGERANGABEN:

- Werk
- Abteilung
- Bearbeiter
- Bearbeitungszeichen/Empfänger

ALLGEMEINE ANGABEN:

- Erstellungsdatum
- Bezugsnachricht
- Betreff

UNTERNEHMENSINDIVIDUELLE ZUSÄTZE:

- z. B. Nummernschlüssel

beispielsweise ausgenutzt, daß sich die Absenderadresse im oberen Drittel der Briefseite befindet und nur die überwiegend linke Hälfte der Textbreite einnimmt. Beispiele für derartige Regeln sind in Abbildung 4 aufgeführt. Durch Vergleich des Inhalts unterschiedlicher Textblöcke können einzelne Annahmen gestärkt werden. So findet sich die Empfängeradresse häufig sowohl im Adressatenblock wie auch in der Anrede.

Die Empfänger- und Absenderadressen lassen sich durch Zugriff auf die Unternehmensdatenbank überprüfen. Ebenso können dazu Zeichen- und Betreffszeichenzeilen beitragen. Der Empfänger oder der Grund des Schreibens kann dann in vielen Fällen direkt ermittelt werden.

Abb. 4	Beispielhafte Regeln zur Grobklassifikation

<u>Regeln zur Identifikation eines Informationsblocks:</u>

wenn Informationsblock ⩾ 3 Zeilen und ⩽ 6 Zeilen
und Informationsblock in der oberen 1/3 Seite
und Blockspaltenende ⩽ 1/2 Zeilenbreite
und Absenderblock bereits gefunden,
dann Empfängerblock gefunden.

<u>Regeln zum Erkennen eines Klassifikationsschemaeintrags:</u>

wenn Absenderblock
und Textzeile (1) = Unternehmensangaben,
dann Absenderfirma gefunden.

In der Datenbank können ebenfalls Verknüpfungen zwischen den bereits bearbeiteten Dokumenten, ihren Absendern und Empfängern bestehen. Dieses erlaubt es, alle Schriftstücke eines Absenders zu selektieren, wenn beispielsweise der Empfänger aus der Grobklassifikation nicht eindeutig hervorgeht. Durch Vergleich der Deskriptormuster dieser Schreiben mit dem des Eingangsbriefes kann möglicherweise eine Sachbearbeiter- oder Aufgabenzuteilung erfolgen. Verfahren der Feinanalyse, die im Abschnitt 4.1. geschildert wurden, können hier anschließen. Nicht verschwiegen werden soll, daß auch dieses Verfahren einige Mängel aufweist, die insbesondere bei der Anknüpfung neuer Geschäftsbeziehungen zutage treten.

4.3. Standardisierte Schichten höherer Netzarchitekturmodelle

Für den zwischenbetrieblichen Dokumentaustausch werden heute von den unterschiedlichsten Gremien Standards entwickelt. Am stärksten konkretisiert sind Normvorstellungen für die Anwendungsschichten der Architekturmodelle bei herstellereigenen Protokollen, z. B. der DIA und DCA der IBM (15). Mittlerweile wurden aber auch von der CCITT Protokolle zum Nachrichtenaustausch mit dem X.400ff-Standard vorgeschlagen.

Diese Protokolle zum Nachrichtenaustausch bilden quasi einen erweiterten Briefumschlag für die einzelnen Dokumente ab. Neben der Informationsverteilung steuern sie Funktionen zur Bearbeitung von Dokumentdatenbanken.

Darüber hinaus interessieren hier insbesondere die Protokolle zum Dokumentinhalt. Zu unterscheiden sind eine endgültige und eine veränderbare Dokumentform. Während bei endgültiger Form ein Schutz vor Veränderung besteht und damit die Dokumentechtheit sichergestellt ist, ermöglichen bearbeitbare Dokumentformate die Modifikation eines Schriftstückes an unterschiedlichen Arbeitsplätzen. Die Eigenschaften der einzelnen Informationseinheiten, z.B. von Absätzen, Schlüsselfeldern oder Bildern, werden in formalisierter Form dem Dokument als Beschreibung hinzugefügt (16). Bürowerkzeuge lassen sich nun automatisch der Objektklasse des zu bearbeitenden Dokuments, die durch Interpretation der zusammengefügten Informationseinheiten definiert wird, anpassen. Damit können Formulare erkannt, Formularausprägungen überprüft und auf Basis der gewonnenen Ergebnisse automatisch Handlungen im Sinne einer aktionsorientierten Datenverarbeitung angestoßen werden.

Die Definition einer Dokumentklasse zur Rechnernetzkommunikation ist mit dem Entwurf von herkömmlichen Formularen und Richtlinien zu vergleichen, die in Unternehmen heute zumeist von Organisationsabteilungen wahrgenommen wird. Bei überbetrieblichen Standardisierungen müssen dagegen nationale und internationale Normungsgremien wie DIN-Ausschüsse, CCITT oder auch ISO verantwortlich zeichnen.

Ein erster derartiger Ansatz wäre z. B. die Kennzeichnung elektronischer Werbedokumente. Die Objektklasse Werbung könnte dann z. B. nachrangige Bearbeitungspriorität erhalten. Eine solche Offenlegung entspräche der üblichen Kennzeichnungspflicht in Presseartikeln.

Für den Ein- und Verkaufsbereich wurden solche Datenelement-Definitionen bereits durch das ANSI X.12-Committee mit dem EDI-Standard vorgenommen (17). Die definierten Geschäftsdokumente können eingesetzt werden zur:

- Nachfrage und Angabe von Preisen und Lieferbedingungen,
- Auftragserteilung,
- Nachfrage des Produktions- und Versandstatus,

- Versandmeldung und
- Fakturierung.

Eine zumindest teilautomatische Kommunikation ist möglich. Protokollergänzungen zur Übertragung detaillierterer Angebote oder Produktinformationen sind denkbar (18). Im Bereich des Rechnungswesens kann eine ähnliche Kommunikation, z. B. zwischen Unternehmen und Wirtschaftsprüfungsgesellschaften oder Steuerberatern, angedacht werden. Auch hier könnten benötigte Informationen, z. B. Kontensalden oder Bilanzwerte, mit festgelegten Datenelementen ausgetauscht werden, da durch gesetzliche Vorschriften ein Maximalschema zur Definition der Elemente feststellbar erscheint.

Im Bereich der Terminabsprachen ist an unterschiedlichste Formularnormierungen zu denken. Beispiele sind:

- Terminvorschläge,
- Termingegenvorschläge,
- Terminbestätigungen,
- Terminstornierungen,
- Terminablehnungen

oder darauf aufbauend Anmeldeschreiben für Tagungen oder Kongresse. Hier muß die Definition Raum für individuelle Eintragungen, z. B. den Grund einer Terminstornierung, freihalten.

4.4. Aktionsorientierte Eingangspostbearbeitung

Sollen nicht nur die Verteilung und Deskribierung der Eingangspost, sondern auch Ansätze einer Bearbeitung erfolgen, so sind zwei Vorgehensweisen zu unterscheiden. Zum einen müssen zentral spezifizierte, sachbearbeiterunabhängige Prozeduren zur Ausführung gebracht werden können. Der für den Einzelfall zuständige Sachbearbeiter nimmt dann nur noch eine Kontrollfunktion war.

Als Einsatzbereich eines derartigen Systems sind z. B. Bausparkassen oder Versicherungen vorstellbar. In Bausparkassen sind beispielsweise regelmäßig Kundenanfragen zu beantworten, die den Zeitpunkt der Zuteilung oder noch zu leistende Einzahlungen für Bausparverträge zum Inhalt haben. Wird nun zentral über eine Grobklassifikation (z. B. mit

Hilfe der Vertragsnummer) erkannt, daß es sich bei dem Eingangsschreiben um eine derartige Anfrage handelt, könnte folgender Ablauf stattfinden:

- Über die Vertragsnummer erfolgt der Zugriff auf die kundenindividuellen Daten, z. B. über eine Datenbankabfrage.
- Das System berechnet unter Zuhilfenahme vorgegebener Algorithmen und Konditionenregeln die benötigten Werte.
- Die bei der Bearbeitung des Eingangsdokumentes zu erstellenden individuellen Textteile werden aus der Textbank selektiert, über das Regelwerk werden die Textbausteine aufgrund der ermittelten Werte aufgefüllt.
- Die Ausgangs- und Eingangsschreiben werden in die Aktionsdatei des Sachbearbeiters eingestellt. Dieser Überprüfungsvorgang dient dem zusätzlichen Schutz vor fehlerhaftem oder falschem Schriftwechsel.

Solche Antwortschreiben können sehr individuell die jeweilige Problemstellung beschreiben. Dazu müssen Regeln gespeichert sein, die aufgrund des abzubildenden Themas einzelne Texte auswählen. Mit derartigen Expertensystemansätzen wurden im Bereich der teilautomatischen Erstellung von Wirtschaftsprüfungsberichten von uns bereits erste erfolgversprechende Ergebnisse erzielt (19).

Die zweite Alternative ist die, bei der sachbearbeiter- oder abteilungsindividuelle Tätigkeiten zu automatisieren sind. Diese können eventuell auch eine zeitliche Befristung besitzen. Hier erscheint eine zentral angebotene Lösung nicht ratsam, es muß vielmehr ein Werkzeug zur Verfügung gestellt werden, das es auch dem EDV-Laien erlaubt, einfache Bürovorgänge zu gestalten.

Für folgende Tätigkeiten sind dabei Unterstützungsfunktionen anzudenken:

- die Verknüpfung der zentral bereitgestellten Themenbereiche mit den sachbearbeiterspezifischen Aktionen,
- die Angabe von Vorlageterminen für Themenbereiche,
- die Angabe von Standard-Antworttexten oder Textbausteinen,
- die Angabe von Verteilerlisten für einzelne Nachrichtenarten oder die automatische Berücksichtigung von Verteilern bei Antwortschreiben (20).

Für die Benutzerschnittstelle würde sich bei derartigen Systemen eine Menü- oder Windowunterstützung anbieten. Sogenannte Endbenutzersprachen für Bürokommunikationssysteme sind heute bereits vorhanden. Erfahrungen, die wir bei der Unterstützung einer formulargestützten Produktplanung mit einem Bürokommunikationssystem gewonnen haben, zeigen aber, daß diese Sprachen in dem hier angesprochenen Bereich nur bedingt eingesetzt werden können (21). Gut lassen sich solche Sprachen dagegen bei der Gestaltung, Auswertung und Zusammenfassung von Dokumenten anwenden. Die Abbildung komplexer Formularvorgänge wird damit möglich. Bei der kompletten Vorgangsgestaltung bestehen jedoch bei automatischer Einbeziehung von logischen Postkörben und insbesondere der Gestaltung von Triggerfunktionen noch Probleme. Außerdem zeigte es sich, daß umfangreiche Problemlösungen auch mit diesen Sprachen nur nach intensiver Einarbeitung gelöst werden konnten.

5. Zukünftige Entwicklung

Bürokommunikationssysteme der Zukunft werden nicht nur große Datenmassen bewältigen, sie werden auch über strukturiertes Wissen verfügen, das es erlaubt, Zusammenhänge und Aufgabenbereiche, Kommunikationsprozesse und -probleme zu erkennen sowie abzubilden. Damit wird es möglich, Problemlösungen für Bereiche wie die Eingangspostbearbeitung bereitzustellen. Schrittweise kann dann eine Unterstützung von der Bearbeitung genormter Dokumente bis hin zu schließlich völlig individuellen Schriftstücken angeboten werden.

Literatur

(1) Honschka, P., Lehren aus der Praxis: Neue Forderungen an Bürokommunikationssysteme, in: Witte, E. (Hrsg.), Bürokommunikation, Ein Beitrag zur Produktivitätssteigerung, Berlin-Heidelberg-New York-Tokyo 1984, S. 268 f.

(2) Zum Postaufkommen vgl. Höring, K. und Spengler-Rast, Chr., Elektronische Bürokommunikation im praktischen Einsatz, Baden-Baden 1983, S. 30 f.

(3) Rohlfs, S., Office Communication: Promises, Problems and Pitfalls, in: Schneider, H. J. (Hrsg.), Proceedings of the International Computing Symposium 1983 on Application Systems Development, Stuttgart 1983, S. 250 f.

(4) Höring, K. und Spengler-Rast, Chr., a.a.O., S. 33 ff.

(5) Einen Überblick geben: Wong, K. Y., Casey, R. G. und Wahl, F. M., Document Analysis System, in: IBM Journal of Research and Develop 26 (1982) 6, S. 647 ff.

(6) Denning, P. J., Electronic Junk, in: Communications of the ACM 25 (1982) 3, S. 163 ff.

(7) Krallmann, D., Linguistische Datenverarbeitung - Gestern, Heute und Morgen, in: Bátori, I., Krause, J. und Lutz, H. D. (Hrsg.), Linguistische Datenverarbeitung, Tübingen 1982, S. 8.

(8) Ein solches System wird beschrieben in: MAC Donald, N. H., Lawrence, T. F., Frase, P. S. und Stacey, A. K., The Writer's Workbench: Computer Aids for Text Analysis, Transactions on Communications 30 (1982) 1, S. 105 ff.

(9) Zur Praxisrelevanz solcher Systeme vgl. Krause, J., Praxisorientierte natürlichsprachliche Frage-Antwort-Systeme, zur Entwicklung vor allem in der Bundesrepublik Deutschland, Nachrichten für Dokumentation 34 (1983) 4/5, S. 188 ff.

(10) Das Projekt CONDOR wird beschrieben in: Büttel, I., Foltas, H., Leppert, M., Panyr, J., Stork, B. und Struß, P., Beschreibung des Modells CONDOR in: Fischer, H. G. (Hrsg.), Information Retrieval und natürliche Sprache, Integrierte Verarbeitung von Daten und Texten im Modell CONDOR, München 1982, S. 9 ff.

(11) Bates, M. und Bobrow, R., Natural Language Interfaces: What's here, what's comming and who needs it, in: Reitman, W. (Hrsg.), Artifical Intelligence Applications for Business, Proceedings of the NYU Symposium Norwood, New Jersey, May 1983, S. 180 ff, insb. S. 183.

(12) O.V., Six Top Information Systems Issues, EDP Analyser 23 (1985) 1, S. 9. EPISTLE wird beschrieben in: Heidorn, G. E., Jensen, K., Miller, L. A., Byrd, R. J. und Chodrow M. S., The EPISTLE text-critiquing system, IBM Systems Journal 21 (1982) 3, S. 305 ff.

(13) Überlegungen auf derart einfacher Basis findet man bei: Schneider, R., Analyse formaler und inhaltlicher Kriterien von Eingangspoststichproben zur Beurteilung der Möglichkeiten automatischer Postbearbeitung, Diplomarbeit, Nürnberg 1984, S. 57 ff.

(14) Ein solches System wird vorgestellt in: Woehl, K., Automatic Classification of Office Documents by Coupling Relational Data Bases and Prolog Expert Systems, in: Proceedings 2nd Conference on very large Data Bases, Singapore 1984, S. 529 ff. Ergänzungen finden sich bei: Balzert, H. und Fritsch, K., Integrierte Bürosysteme - Stand und Entwicklungstendenzen, in: Bullinger, H. J. (Hrsg.), Integrierte Bürosysteme - Zukunftsichere Strategien und erfolgreiche Anwendungen, 3. IAO-Arbeitstagung, 27.-28.11.1984, Stuttgart-Berlin-Heidelberg-New York-Tokyo 1984, S. 27 ff, insb. S. 37 ff.

(15) Im Überblick: IBM, Information Interchange Architecture Concepts, No. GC23-0765, IBM 1983.

(16) Horak, W., Concepts of the Document Interchange Protocol for the Telematic Services - CCITT Draft Recommendation S.a, Computer Networks 8 (1984), S. 175 ff.

(17) Jones, T., Paving the way for universal document interchange, Data Communications 11 (1982) 7, S. 123 ff.

(18) Weitere Überlegungen zu Einsatzmöglichkeiten von Protokollstandards finden sich bei: Frankl, D., Entwicklungsstand der höheren Schichten von Architekturmodellen und deren Anwendungsmöglichkeiten im Bereich zwischenbetrieblicher Integration, Diplomarbeit, Erlangen 1984.

(19) Wittmann, St., Konzeption und Programmierung eines Expertensystems zur computerunterstützten Erstellung von WP-Berichten, Diplomarbeit, Nürnberg 1984.

(20) Vgl. dazu auch: Kreifelts, Th. und Wißkirchen, P., Informationstechnik im Büro, in: Wißkirchen, P., Kreifelts, Th., Krückeberg, F., Richter, R. und Wurch G. (Hrsg.), Informationstechnik und Bürosysteme, Stuttgart 1983, S. 84.

(21) Scheuch, N., Einsatz des Bürokommunikationssystems EMS 5800 zur Unterstützung der Produktplanung bei einem Markenartikelhersteller, Diplomarbeit, Nürnberg 1984.

Fachgespräch 9

Telearbeit

Einführung in das Fachgespräch

"Telearbeit"

K.T. Schröder
Fraunhofer-Institut für Systemtechnik
und Innovationsforschung
Breslauer Straße 48
D-7500 Karlsruhe 1

Obwohl die technischen Möglichkeiten zur Realisierung von Telearbeit erst seit kurzem gegeben sind, befindet sich diese neue Organisationsform von informations- und kommunikationstechnisch unterstützter Arbeit in einer Phase umfassender und kontrovers geführter Diskussion. Dabei werden sowohl die heute bestehenden technischen Möglichkeiten, als auch ökonomische und vor allem soziale Aspekte unterschiedlich betrachtet und bewertet.

DOSTAL geht davon aus, daß sich mit der heute angebotenen Technik Telearbeit als Sonderform der Beschäftigung realisieren läßt. Rahmenbedingungen und Entwicklungstendenzen auf dem Arbeitsmarkt begünstigen aber die traditionelle abhängige Erwerbsarbeit. Es ist kaum zu erwarten, daß die individuelle Bereitschaft zur Telearbeit die mittlerweile institutionell aufgebaute Ablehnung in den nächsten Jahren kompensieren kann.

Der Beitrag von KORTE gibt Ergebnisse einer Repräsentativbefragung von ca. 5 000 Erwerbspersonen in der Bundesrepublik Deutschland wieder, in der die Einstellung der Befragten zur elektronischen Heimarbeit erhoben wurde. Insgesamt bestehen deutliche Differenzierungen des Interesses an Telearbeit insbesondere nach

- dem Alter,
- der Betriebsgröße,
- der beruflichen Tätigkeit bzw. der Stellung auf dem Arbeitsmarkt,
- der Schulbildung,
- der Vertrautheit im Umgang mit neuen Informations- und Kommunikationssystemen und
- den Raumtypen (Ballungsraum/ländlicher Raum).

Nach den Ergebnissen der Repräsentativbefragung ist die größere Vertrautheit mit technischen Geräten, die geringere Schwellenangst vor Arbeit mit Bildschirmgeräten ein entscheidender Faktor, der die Einstellung zu DV-gestützten dezentralen Arbeitsplätzen (Telearbeit) bestimmt.

MÜLLNER argumentiert, daß die Anwendung von Telearbeit wünschenswert und notwendig ist. Sie sollte sich zunächst in einer experimentellen Realisierungsphase vollziehen. Für die Gestaltung von Telearbeit steht gegenwärtig ein ausreichendes rechtliches Instrumentarium zur Verfügung, das auch eine Neuorientierung auf den sich in der Arbeitswelt vollziehenden grundlegenden Wertewandel zu mehr Eigenbestimmung, mehr Freizeit und einer stärkeren Betonung des Privatbereichs zuläßt.

KERN und WAWRZINEK berichten vor allem über Erkenntnisse, die im Rahmen des Modellversuchs "Schaffung dezentraler Arbeitsplätze unter Einsatz von Teletex" in Baden-Württemberg gewonnen wurden. Im einzelnen stellen sie Wirtschaftlichkeitsbetrachtungen an und untersuchen die sozialen Effekte unterschiedlicher Organisationsformen von Telearbeit. Um eine umfassende Beurteilung zu ermöglichen, berücksichtigen sie ein breites Spektrum wirtschaftlicher Faktoren, die Erfahrungen von Vorgesetzten mit der Telearbeit einerseits und familiäre Aspekte andererseits.

Der Beitrag von HEILMANN basiert auf einer empirischen Untersuchung von Telearbeit im Bereich Teleprogrammierung. Untersucht wurden siebzehn bundesdeutsche, acht amerikanische, drei englische und vier schweizer Unternehmen. Im besonderen werden

- Organisationsformen,
- eingesetzte Technik,
- Vertragsgestaltung,
- Unternehmensdaten und
- Gründe für die Einführung von Telearbeit sowie
- erkennbare Auswirkungen

vorgestellt.

Nach HERRMANN bietet Telearbeit eine Möglichkeit, die Ort- und Zeitbindung der Arbeit aufzulösen und völlig neue Arbeitsstrukturen zu finden. In der gesellschaftspolitischen Diskussion in der Bundesrepublik Deutschland ist sie derzeit heftig umstritten. Ihre Befürworter sehen darin eine Chance für mehr Lebensqualität für den einzelnen wie für die Gesellschaft. Die Gegner befürchten eine Vielzahl an negativen Konsequenzen für die wirtschaftliche und soziale Situation der Telearbeiter. Die Gewerkschaften bangen - wegen zu erwartender geringer Organisationsbereitschaft der Telearbeiter - um Macht und Einfluß. Doch die Mehrzahl der gegen die Telearbeit vorgebrachten Einwände geht nach der Auffassung der Autorin an der Realität vorbei.

Telearbeit bedeutet nach der Auffassung von BAHL-BENKER bislang vor allem elektronische Heimarbeit, die in der Regel mit fehlender sozialer Absicherung und mangelhafter Interessenvertretung, geringerem Einkommen, Dequalifizierung und sozialer Isolation verbunden ist. Gesellschaftlich führt die Ausbreitung derartiger "ungeschützter Beschäftigungsverhältnisse" zu einer Aushöhlung des kollektiven Arbeits- und Sozialrechts und der damit erreichten Qualität von Arbeitsbedingungen und Regelungsformen industrieller Beziehungen. Humane Formen von Telearbeit würden größere organisatorische Einheiten, soziale Absicherung und Interessenvertretung sowie qualitativ befriedigende Arbeitsinhalte und -bedingungen (Qualifikation, Einkommen, begrenzte Belastungen etc.) fordern.

Programmkomitee für dieses Fachgespräch: T. Bartels (FORBIT, Hamburg), W. Heilmann (Integrata, Tübingen), F. Margulies (IFAC-Sekretariat, Laxenburg), M. Moritz (Gewerkschaft der Privatangestellten, Wien), K.T. Schröder (Fraunhofer-Institut, Karlsruhe), H.U. Wegener (Siemens, München), H. Winkler (Häussler, Stuttgart).

Telearbeit im Arbeitsmarkt relevant?

Werner Dostal
Institut für Arbeitsmarkt- und Berufsforschung
Nürnberg

1. Einführung

Die Diskussion um das Phänomen Telearbeit findet eine breite öffentliche Resonanz. Auch in der wissenschaftlichen Auseinandersetzung ist dieses Thema in der letzten Zeit immer wichtiger geworden.[1] Eine Vielzahl der unterschiedlichsten Aspekte werden in dieser Diskussion angesprochen, die in ihrer Fülle bisher kaum überblickt werden können. Im folgenden Beitrag sollen Rahmenbedingungen der Telearbeit, die sich aus der Entwicklung des Beschäftigungssystems und des Arbeitsmarktes ergeben, behandelt werden.

2. Erwerbsarbeit und Arbeitsmarkt

Die gegenwärtige Beschäftigungs- und Arbeitsmarktstruktur ist nur zu verstehen, wenn man sich mit ihrer Entwicklungsgeschichte auseinandersetzt. Es sind die unterschiedlichsten Gründe, die dafür verantwortlich sind, daß heute die abhängige Erwerbsarbeit dominiert. Demgegenüber sind andere Formen der Erwerbstätigkeit, wie sie in anderen Gesellschaften und in unserer Gesellschaft früher dominant waren, wie die selbständige Tätigkeit, die Arbeit im Familienverbund oder die Heimarbeit heute kaum noch von Bedeutung (Tabelle 1).

Tabelle 1 Statusgruppen am Arbeitsmarkt und im Beschäftigungssystem 1983

	insgesamt (in 1000 Personen)	Frauenanteil (%)
abhängig Beschäftigte	23.204	38
Selbständige	2.324	23
mithelfende Familienangehörige	149	84
Heimarbeiter *)	138	89
Arbeitslose mit Leistungsbezug	1.499	61
Arbeitslose ohne Leistungsbezug	759	66
Stille Reserve	1.184	51
insgesamt	30.057	39

*) 1981

Arbeitslosigkeit und Ausschluß aus dem Erwerbssystem, wie bei der sogenannten Stillen Reserve, erhalten erst ihre Bedeutung durch die Dominanz abhängiger Erwerbstätigkeit.[2)]

Die Entwicklung hin zur Dominanz abhängiger Erwerbstätigkeit ist bislang nicht gebremst worden. Der 10-Jahresvergleich (Tabelle 2) zeigt

Tabelle 2

Statusgruppen am Arbeitsmarkt und im Beschäftigungssystem 1973 - 1983

	1973	1983	Veränderung
	(in 1000 Personen)		(%)
abhängige Beschäftigte	23.045	23.204	+ 1
Selbständige	2.529	2.324	- 8
mithelfende Familienangehörige	1.492	949	-36
Heimarbeiter *)	192	138	-28
Arbeitslose mit Leistungsbezug	176	1.499	+751
Arbeitslose ohne Leistungsbezug	98	759	+674
Stille Reserve	90	1.184	+1216
insgesamt	27.622	30.057	+ 9

*) nur bis 1981

die Verschiebungen weg von der selbständigen Arbeit hin zur abhängigen Beschäftigung. Gleichzeitig aber auch die dramatische Zunahme der Arbeitslosigkeit.

Viele Aspekte dieser Entwicklung lassen sich sehr schnell durch den Beschäftigungsrückgang in der Landwirtschaft erklären, in der der Anteil der Selbständigen und der mithelfenden Familienangehörigen immer schon sehr groß war. Dasselbe gilt auch für die Heimarbeit, die im Zuge des Beschäftigungsrückgangs im produzierenden Gewerbe ebenfalls deutlich zurückgegangen ist. Vor diesem Hintergrund würde es auf einen Strukturbruch hinauslaufen, wenn zukünftig durch Informationstechnik zunehmend Sonderformen der Beschäftigung außerhalb der abhängigen Erwerbsarbeit wieder neu entstünden.

3. Der Informationsbereich

Werden quer zu den traditionellen drei Sektoren Landwirtschaft, Produktion und Dienstleistungen die Informationsberufe abgegrenzt[3] (Bild 1),

Bild 1: Vier-Sektoren-Entwicklung

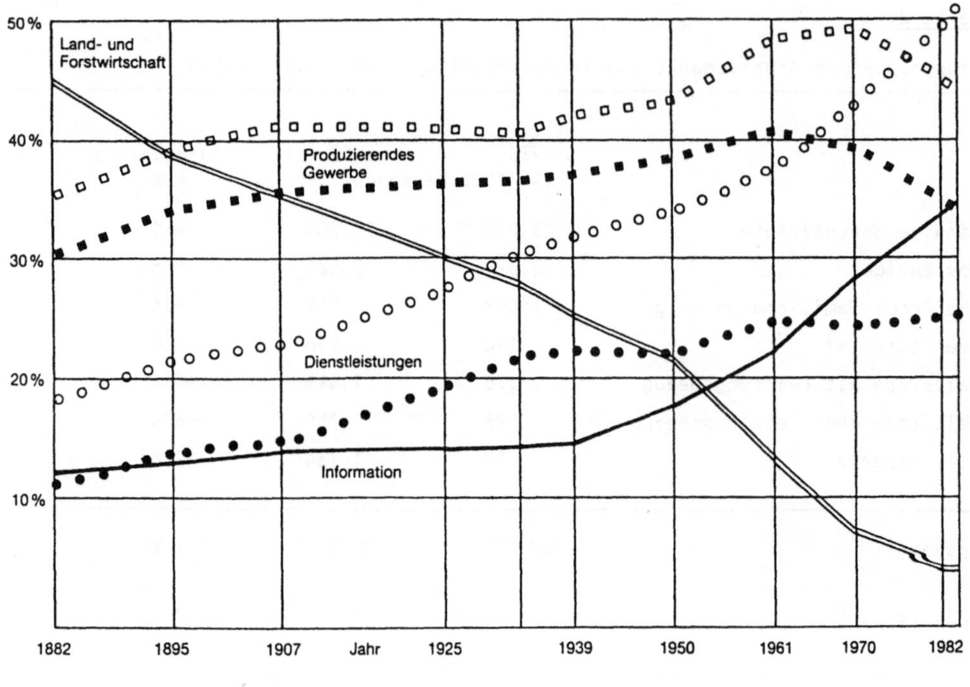

dann wird die zunehmende Bedeutung von Informationstätigkeiten offensichtlich. Heute schon umfaßt dieser Informationsbereich mehr Beschäftigte aks das produzierende Gewerbe. Von diesen in Informationsberufen Beschäftigten arbeitet etwa die Hälfte im Büro, von denen wiederum ein gewisser Anteil Tätigkeiten ableistet, die im Sinne der traditionellen Definition als informationstechnisch unterstützte Telearbeit in beliebiger räumlicher Allokation abgewickelt werden könnten. Aus diesen Betrachtungen der Arbeitsinhalte und Tätigkeiten wird zunächst ansatzweise deutlich, daß das Potential für derartige neue Arbeitsformen eher zu- als abnimmt.

4. Das Phänomen Telearbeit

Der Begriff Telearbeit ist eine Abkürzung für informationstechnisch gestützte Heimarbeit oder Fernarbeit.[4)] Folgende Aspekte helfen, den Begriff näher zu spezifizieren:

- Die räumliche Trennung
- Die Nutzung von Informationstechnik
- Die Vernetzung verschiedener Arbeitsplätze miteinander, meist die Zuarbeit für eine Zentrale
- Die quantitative Relevanz derartiger Arbeitsformen
- Die Qualifikationsanforderungen am ausgelagerten Arbeitsplatz
- Die organisatorische Relevanz derartiger Arbeitsformen
- Die zeitlichen Kriterien.

Diese Kriterien erlauben es nur hilfsweise, Inhalt und Form von Telearbeit zu bestimmen. Es gibt eine Reihe weiterer ungewöhnlicher Arbeitsformen (s. Kapitel 5), bei denen einige dieser Kriterien ebenfalls wirksam sind.

In der meist gegebenen technologiezentrierten Sicht werden für die Telearbeit bestimmte Tätigkeiten wie Datenerfassung, Schreibarbeiten, einfache, manchmal auch qualifizierte Sachbearbeitung, Dokumentation und Auswertungsarbeiten, sowie die Programmierung angeführt. Es wird aber in den meisten Fällen unterstellt, daß nur verhältnismäßig einfache Tätigkeiten auslagerbar sind, während komplexere Aufgaben in der Zentrale verbleiben.

Ein weiterer Aspekt ist die Frage der räumlichen Verteilung. Extremform ist die Telearbeit zuhause. Daneben werden Zwischenformen wie Satellitenbüros (Zusammenfassung von Arbeitnehmern desselben Auftraggebers) und Nachbarschaftsbüros (Zusammenfassung regional tätiger Arbeitskräfte für verschiedene Auftraggeber) unterschieden.

Bezogen auf die betroffenen Personengruppen wird vorwiegend - analog zur traditionellen Heimarbeit - Frauenbeschäftigung unterstellt. Es gibt aber auch Abgrenzungen, in denen vor allem Behinderte oder Jugendliche als Zielgruppe gelten.

Über die Statusfrage des Telearbeiters ist bereits viel diskutiert worden. Nach heutigen Erkenntnissen ist es durchaus möglich, daß der Telearbeiter entweder als abhängig Beschäftigter, als Selbständiger oder als freier Mitarbeiter seine Tätigkeit ausübt. Auch der Besitz der jeweiligen Telekommunikationseinrichtungen bzw. Endgeräte kann durchaus verschieden aufgeteilt sein. So kann der Arbeitgeber die Einrichtungen zur Verfügung stellen, der Arbeitnehmer kann sie besitzen oder Dritte stellen die Infrastruktur bereit und Arbeitsgeber oder Arbeitnehmer tragen die Kosten.

Darüber hinaus sind Fragen der Tätigkeit eines Telearbeiters für mehrere Arbeitgeber, die Nutzung eines Telearbeitsplatzes durch verschiedene Arbeitnehmer, Mischstrukturen, in denen Telearbeit mit Arbeit im Büro oder anderen außerhäusigen Tätigkeiten im regelmäßigen Wechsel ausgeführt wird, und die Frage von Telearbeitsmärkten bislang noch wenig diskutiert.

Zusammenfassend kann konstatiert werden, daß das engere Phänomen der Telearbeit, wie es üblicherweise disktuiert wird, lediglich ein sehr kleines Segment theoretisch möglicher neuer Arbeitsformen abdeckt und es deshalb erforderlich ist, das Thema aus der Sicht der Beschäftigung und des Arbeitsmarktes wesentlich breiter zu diskutieren.

5. Mischformen

Telearbeit wird vor allem als ausschließliche Arbeit besonderer Personengruppen diskutiert. Es geht um die Personen, die aus verschiedenen Gründen nicht mobil sein können und bei denen deshalb die Arbeit zum Arbeitnehmer transportiert werden muß. Dieses Phänomen entspricht dem der traditioneller Heimarbeit.

Im Unterschied dazu gibt es am Arbeitsmarkt eher privilegierte Statusgruppen, wie Segmente aus der Gruppe der Selbständigen, die von sich aus ihren Arbeitsort frei wählen können. Neue Formen der Telekommunikation könnten hier zu geändertem Allokationsverhalten führen, soweit Möglichkeiten und Kosten der Datenübertragung adäquat erscheinen. Allerdings wird sich bei diesen Personengruppen die Arbeit nicht vollständig auf den frei gewählten abgegrenzten Arbeitsplatz beschränken. Sie werden daneben andere Formen der Kommunikation und sonstiger Arbeitstätigkeiten nutzen, soweit sie für das Arbeitsergebnis sinnvoll und notwendig erscheinen. Daraus ergeben sich dann Mischformen, bei denen der souveräne Selbständige Struktur der Arbeit, räumliche und zeitliche Allokation und die jeweilige Gewichtsverteilung autonom bestimmt. Im Zeitalter leistungsfähiger Informationsnetze und -dienste lassen sich bei dieser Statusgruppe am ehesten Verhaltensänderungen erwarten.

Schon heute hat auch innerhalb von räumliche zusammengefaßten Organisationen die Kommunikation über entsprechende Medien eindeutig Dominanz vor der direkten Interaktion. Dies vor allem dann, wenn entsprechende Organisationskonzepte diese Medien als Rationalisierungselemente bewerten und deshalb auch durchsetzen. Deshalb gilt diese Verlagerung der Kommunikationsformen für alle Beschäftigten. Neue Rahmenbedingungen, wie Breitbandnetze oder neue räumliche Orientierungen im privaten wie im beruflichen Bereich können dann zu einem Umschlagen führen, indem zukünftig der Hauptteil der eingebrachten Arbeitszeit nicht mehr in der Agglomeration, sondern dezentral erbracht wird. Dies ist umso wahrscheinlicher, je wichtiger es für den Betroffenen ist, ungestört und begünstigt durch andere infrastrukturelle Elemente, die Kerntätigkeit abzuwickeln. Dabei wird aber die direkte Interaktion weiterhin ihre Bedeutung erhalten, sie wird nur zusammengefaßt zu bestimmten Zeiten an bestimmten Orten vollzogen, und erhält eine andere Bedeutung. Aus dem Weg zur Arbeit werden dann Dienst- oder Geschäftsreisen.

Die Betrachtung der selbständig Tätigen ist in diesem Zusammenhang deshalb besonders wichtig, da sie auch aus anderen Gründen beste Voraussetzungen für eine tätigkeitsasäquate Dezentralisierung bieten. Sie können ihre Arbeitsaufgaben zeitlich und räumlich selber einteilen, sie verfügen meist über entsprechende Räumlichkeiten, so daß die Störungen durch familiäre Ereignisse den Arbeitsfortschritt weniger betreffen, und ihre Arbeit wird letztlich weniger zeitlich, sondern mehr inhaltlich und ergebnisorientiert bemessen und bewertet. Sie sind auch bei der Wahl ihrer informationstechnischen Hilfsmittel weitgehend frei. Sie sind im Besitz ihrer eigenen Arbeitsmittel und sind deshalb an offenen Informationsnetzen besonders interessiert.

Dieselben Bedingungen gelten für freie Mitarbeiter, wie es beispielsweise Versicherungsvertreter sind, die - soweit sie hauptamtlich tätig sind - ihre Büroarbeit auch heute schon mit schmalbandigen Informationsnetzen in ähnlicher Form abwickeln. Auch hier kann die Breitbandverkabelung zu einer Ausweitung der zu hause geleisteten Arbeit führen und gleichzeitig in der Zentrale das Beschäftigungsvolumen reduzieren. Ähnliches gilt für freie Mitarbeiter in der Datenverarbeitung und in manchen anderen Bereichen, in denen Höherqualifizierte mit besonderem Status tätig sind.

Die im Zuge der jüngsten Tarifverhandlungen diskutierte Entkoppelung von Arbeitszeit und Betriebszeit kann ebenfalls zu Mischformen führen. Schon heute sind stark belastete Mitarbeiter bekannt, die Teile ihres Arbeitsvolumens "mit nachhause nehmen" und dort versuchen, in einer Atmosphäre mit geringeren Störungen bestimmte Arbeiten zu erledigen, die im hektischen Bürotrubel kaum erledigt werden können. Mit der Entkopppelung und der Einführung von Schichtarbeit auch im Büro werden derartige Sonderformen, in denen Elemente der Arbeitszeit außerhalb des Büros verbracht werden, für die "Hausaufgaben" vergeben werden, viel wahrscheinlicher sein, als die ausschließliche Telearbeit. Dies wird aber vor allem bei dem Segment der besser eingestuften Angestellten erprobt werden müssen, bevor es dann in den mittleren Bereich beispielsweise qualifizierter Sachbearbeiter oder Hilfskräfte gehen wird. Hier werden auch die Kosten für die technischen Einrichtungen und für die Datenübertragung sehr genau zu berücksichtigen sein. Für die unmittelbare Zukunft läßt sich sogar erwarten, daß derartige Entkopplungsmöglichkeiten völlig ohne jede breitbandige Datenübermittlung erfolgen kann, daß höchstens über Telefon ein gewisser Kontakt erforderlich ist, um bei Rückfragen oder Unklarheiten weiterarbeiten zu können. Bild 2

Bild 2: Anbindung und Entkopplung

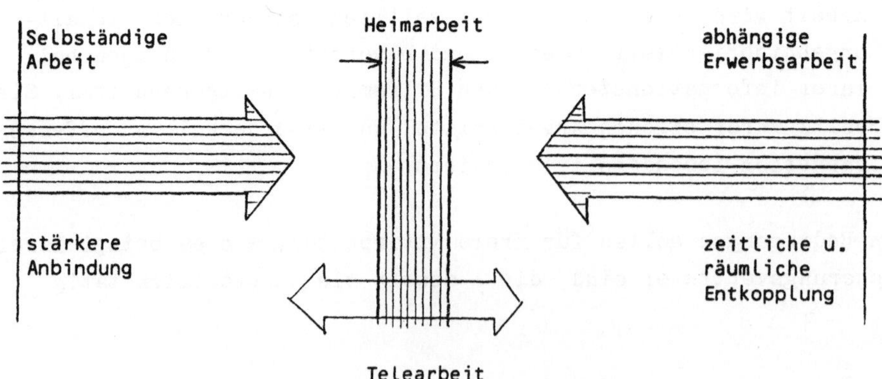

enthält schematisch die Darstellung der Ausbreitung dieser Mischformen von den jeweiligen Polen. Es ist damit zu rechnen, daß in den nächsten Jahren der mittlere Bereich mengenmäßig kaum eine Rolle spielen wird.

6. Selbstbedienung

Die Auslagerung von Arbeit bedeutet, daß Arbeitspakete sehr genau abgegrenzt und modifiziert definiert werden, um die entkoppelte Arbeitsleistung überhaupt zu ermöglichen. Genauso gut könnten derartige Arbeitsinhalte auch an Serviceunternehmen oder an andere Institutionen weitergegeben werden. So lassen sich viele, bislang unternehmensintern geleistete Arbeitsaufgaben ohne besondere Probleme von darauf spezialisierten Selbständigen, von Kunden oder Lieferanten mit übernehmen. Die Verschiebung von Arbeitsvolumen im Geflecht der Wirtschaftssubjekte ist meist nicht zwingend, wie die international unterschiedlich realisierten Strukturen immer wieder deutlich zeigen. Gesamtgesellschaftlich wird es immer davon abhängen, in welcher Organisationsform und bei welcher Institution die anstehenden Aufgaben, soweit sie separierbar sind, am wirtschaftlichsten erledigt werden können.

Dieser Prozeß macht auch vor dem privaten Kunden oder sonstwie Beteiligten nicht Halt. Die Übertragung von Arbeitsvolumen an den Privaten hat in vielen Wirtschaftsbereichen bereits Tradition und hat sich bewähren können. Die verschiedensten Formen von Selbstbedienung sind insbesondere durch moderne Informationstechnik in neuen Bereichen möglich geworden. Diese Informationstechnik wirkt hierbei in zweierlei Hinsicht:

- Der sich Bedienende kann durch entsprechende Informationstechnik überwacht und so daran gehindert werden, seine Kompetenz zu überschreiten und sich damit ungerechtfertigt zu bereichern oder das System zu gefährden. Die Potentiale der Informationstechnik als Kontrolltechnik haben sich in vielen Bereichen in dieser Form schon erwiesen.

- Informationstechnik kann auch als Möglichkeit zur Überspielung fehlender Qualifikationen genutzt werden. Entsprechende Systeme der Benutzerführung und der Variantendarbietung für unterschiedlich Qualifizierte erlauben es, auch komplexere Aufgaben von "Laien" erledigen zu lassen. Auch kann angenommen werden, daß die durchschnittliche Qualifikation der Kunden im Hinblick auf die Nutzung von Informationstechnik zunehmen wird und daß deshalb es zukünftig immer leichter sein wird, Kundenkreise zu gewinnen, die sich als Selbstbediener am Gesamtprozess beteiligen.

Analog zur Eigenarbeit im handwerklichen Bereich wird also Selbstbedienung überall dort dominant werden, wo Informationstätigkeiten abgewikkelt werden und entsprechende Informationssysteme zur Verfügung stehen. Damit könnte es sein, daß - bezogen auf die Erwerbsarbeit - der Zuwachs der Informationstätigkeiten, wie er in Bild 1 dargestellt ist, in Zukunft wieder gebremst wird, ähnlich wie es im Dienstleistungsbereich (außer Informationsdienstleistungen) bisher schon erkennbar ist.

7. Die Rolle des Arbeitsmarktes

Alle diese Entwicklungen laufen weder technokratisch noch demokratisch ab. Wünsche und Hoffnungen auf der einen Seite und Ängste und Befürchtungen auf der anderen Seite entscheiden weitgehend, ob die vorhandene Technik genutzt und wie sie benutzt wird. Die Klärung über das Wie erfolgt in einem Prozeß der Auseinandersetzung, in dem die einzelnen Gruppen unterschiedliche Ausgangspositionen haben.

In dieser Auseinandersetzung spielen Angebots- und Bedarfslagen eine entscheidende Rolle. Bei Arbeitskräftemangel werden die Kompromisse arbeitnehmerfreundlich, bei Arbeitskräfteüberschuß arbeitgeberfreundlich sein. Die aktuelle Situation mit einer hohen globalen Arbeitslosigkeit (Arbeitslosenquote April 1985 9,3 %) deutet auf arbeitgeberfreundliche Regelungen hin, soweit sie nicht durch entsprechende gesetzliche Rahmenbedingungen oder Tarifverträge verhindert werden.

Diese Tendenz wird noch massiver bei Berufen und Qualifikationen mit überdurchschnittlichen Arbeitsmarktproblemen. Dort kann es sein, daß Arbeitslose auch für sie ungünstige Rahmenbedingungen akzeptieren, nur um erwerbstätig werden zu können.

Im Unterschied dazu können Berufsgruppen mit guten Arbeitsmarktbedingungen (z.B. Programmierer) ihre Rahmenbedingungen bei der Erwerbstätigkeit so gestalten, daß sie arbeitnehmerfreundlich werden. Die somit neu entstehenden Kapazitäten werden von den Arbeitgebern für wichtig gehalten und hoch bewertet.

Diese guten Arbeitsmarktbedinungen gelten aber derzeit nur für einige wenige Berufsgruppen, die auch nur wenig Personen umfassen. Die Sorge vor belastenden Rahmenbedingungen der Telearbeit beruht vor allem auf den ungünstigen Arbeitsmarktbedingungen der Personengruppen, die zunächst im Gespräch sind: Den Schreibkräften, den einfachen Sachbearbeitern. Hier ist auch langfristig vom Arbeitsmarkt her kaum eine Besserung zu erwarten, so daß in diesem Bereich die Regelungen eher arbeitgeberorientiert ausfallen werden.

8. Relevanz von Telearbeit

Die geschilderten Rahmenbedingungen, die alternativen Möglichkeiten und bereits heute realisierte Sonderformen von Informationstätigkeiten legen es nahe, das Potential für die mit dem Begriff Telearbeit normalerweise verbundene informationstechnisch geschützte Heimarbeit als sehr gering anzunehmen. Dies ist umso wahrscheinlicher, da die bislang diskutierte Telearbeit aus den verschiedensten gesellschaftlichen und sozialen Gründen als diskriminierend und wenig akzeptabel gilt. Die in reicher Variabilität existierenden Sonderformen der Erwerbsarbeit mit neuen räumlichen und zeitlichen Allokationsmustern sind demgegenüber zunächst auf Höherqualifizierte und im Aushandlungsprozeß mächtigere Gruppen zugeschnitten, sie sind noch besser auf die jeweiligen Arbeitsinhalte und die Bedürfnisse der Beteiligten hin orientiert und sind auch im Zuge neuer Arbeitszeitmuster und geänderter Freizeitgewohnheiten der gesellschaftlichen Entwicklung weit besser angepaßt. Sie werden deshalb auf absehbare Zeit dominant bleiben.

Bezogen auf den Bedarf an informationstechnischer Infrastruktur, sowohl gerätemäßig als auch netzmäßig, lassen sich diese Sonderformen mit den heutigen Telekommunikationseinrichtungen schon relativ gut abgewickeln. Über Teletex und Bildschirmtext werden die bisher noch offenen Wünsche genügend abgedeckt, so daß diese Sonderformen der Erwerbsarbeit und der Selbstbedienung auf eine Breitbandverkabelung nicht unbedingt angewiesen sind.

Die Erwartung, daß mit leistungsfähigen Dezentralisierungstechnologien eine Dezentralisierung auch erfolgt, kann unreflektiert nicht hingenommen werden und erscheint naiv. Der Übergang von der Dampfmaschine zum Elektromotor hat auch keine oder nur minimale Veränderung in der räumlichen und zeitlichen Struktur der Produktion gebracht, genauso wenig werden neue Informationssysteme grundlegend die regionale und zeitliche Allokation von Informationstätigkeiten beeinflussen können. Der Prozeß der Neugestaltung der Erwerbsarbeit wird langsam ablaufen, von breiten gesellschaftlichen Friktionen begleitet sein und wegen der Vielzahl von beeinflussenden Rahmenbedingungen kaum vorhergesagt werden können.

Anmerkungen

1) Siehe dazu die Literaturhinweise in:
Dostal, W.: Informationstechnik und Beschäftigung. Sonderheft 12 der Literaturdokumentation zur Arbeitsmarkt- und Berufsforschung. Ausgabe 1983 mit Ergänzungsband 1985.

2) Die aktuelle Situation ist dem folgenden Aufsatz zu entnehmen: Autorengemeinschaft: Der Arbeitsmarkt in der Bundesrepublik Deutschland in den Jahren 1984 und 1985. Mitteilungen aus der Arbeitsmarkt- und Berufsforschung 4/1984, S. 435 - 440.

Zeitreihen lassen sich folgender Publikation entnehmen: Ermann, K.: Arbeitsmarktstatistische Zahlen in Zeitreihenform. Jahreszahlen für die Bundesrepublik Deutschland - Ausgabe 1984 - Beiträge zur Arbeitsmarkt- und Berufsforschung 3.1. Nürnberg 1984

3) Dostal, W.: Datenverarbeitung und Beschäftigung. Teil 3: Der Informationsbereich. Mitteilungen aus der Arbeitsmarkt- und Berufsforschung 4/1984, S. 490 - 505.

4) Ballerstedt, E. u.a.: Studie unter Auswahl, Eignung und Auswirkungen von informationstechnisch gestützten Heimarbeitsplätzen. Forschungsbericht DV 82 - 002 des BMFT. Karlsruhe 1982

Telearbeit - Interesse und Akzeptanz

Werner B. Korte / Wolfgang J. Steinle
EMPIRICA
Kaiserstraße 29-31
D-53oo Bonn 1

Einleitung

Durch die rasche Entwicklung auf dem Gebiet neuer Informations- und Kommunikationstechnologien sind die Potentiale und technischen Voraussetzungen für tiefgreifende Veränderungen unserer Arbeitswelt geschaffen worden. Insbesondere im Bürobereich werden viele Arbeitsplätze durch den Einsatz neuer Technologien langfristig entweder überflüssig oder geographisch verlagerbar. Hinsichtlich des Verlagerungspotentials von Büroarbeitsplätzen wird dabei in jüngster Zeit einer neuen durch die Informations- und Kommunikationstechnik bedingten Arbeitsorganisation verstärkt Bedeutung geschenkt. Es handelt sich dabei um Telearbeit, die eine weitreichende organisatorische und räumliche Dezentralisierung von Arbeitsplätzen ermöglicht. Die weitreichendste Form der Telearbeit stellt die elektronische Heimarbeit dar.

Gerade auf diesem Gebiet sind jedoch die meisten der derzeitigen Aussagen und Belege hinsichtlich des Interesses und der Akzeptanz dieser Arbeitsform äußerst spekulativ; Mythos und Realität lassen sich kaum auseinanderhalten.

Vor diesem Hintergrund erfolgt in dem vorliegenden Beitrag eine empirische Analyse der Einstellungen der Erwerbspersonen in der Bundesrepublik Deutschland zur elektronischen Heimarbeit, deren Grundlage eine Repräsentativbefragung von ca. 5000 Erwerbspersonen in der Bundesrepublik Deutschland ist.

Nachdem zunächst auf die Struktur der Erhebung eingegangen wird, erfolgt im Anschluß daran eine Darstellung der allgemeinen Ergebnisse. Daran anschließend wird eine Betrachtung der räumlichen Differenzierungen des Akzeptanz- und Verlagerungspotentials gegeben, um letztendlich einige Schlußfolgerungen zusammenzufassen.

Struktur der Erhebung

Empirische Grundlage dieser Analyse ist eine Ende 1984 von EMPIRICA durchgeführte Befragung von ca. 5.000 Personen in der Bundesrepublik Deutschland.

Die Ergebnisse wurden jeweils auf die Grundgesamtheit, d.h. die Erwerbstätigen bzw. die nicht berufstätige Wohnbevölkerung über 14 Jahre, hochgerechnet und sind repräsentativ für die Bundesrepublik Deutschland.

Struktur der Erhebung:

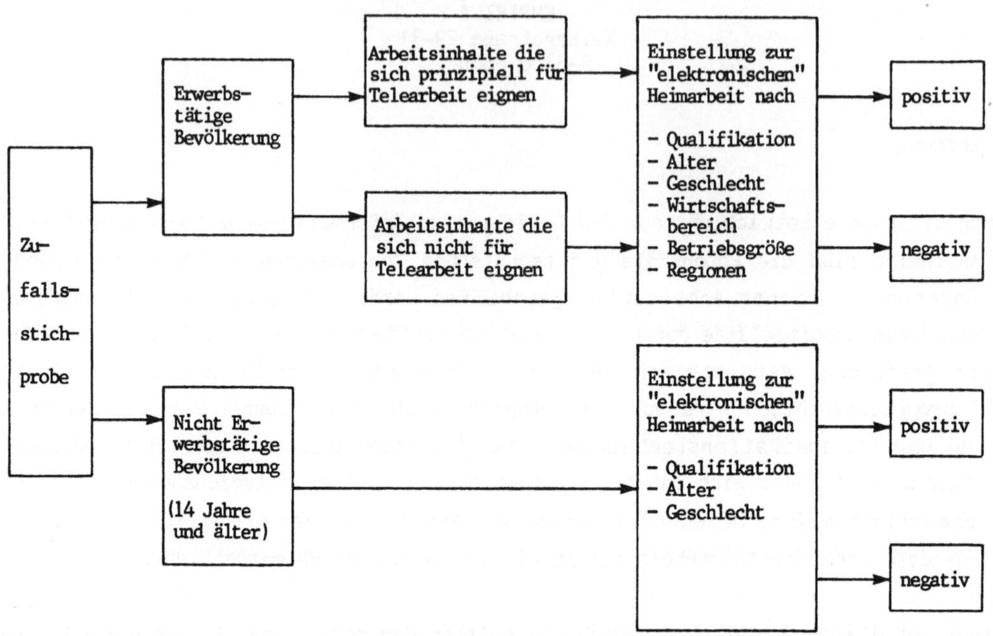

Nachstehend werden einige Ergebnisse der Auswertungen differenziert nach mehreren Indikatoren dargestellt und kommentiert, um daran anschließend zu einer (ersten) empirischen Bestimmung des Akzeptanzpotentials von "elektronischer" Heimarbeit in der Bevölkerung zu gelangen.

Allgemeine Ergebnisse

Das Interesse an informationstechnisch gestützten Heimarbeitsplätzen von seiten der Erwerbstätigen liegt bei über 8% der Erwerbstätigen, d.h. etwas über 2 Millionen Erwerbstätige interessieren sich für einen solchen Arbeitsplatz. Dieser Anteil liegt bei den Nicht-Erwerbstätigen mit etwas über 15% deutlich höher; wobei das Interesse und die Bereitschaft zur Übernahme eines elektronischen Heimarbeitsplatzes bei den arbeitslosen Männern nochmals erheblich größer ist (20%) als bei den Frauen (13%). Die erhöhte Bereitschaft von Nicht-Erwerbstätigen zur Übernahme eines elektronischen Heimarbeitsplatzes scheint jedoch weniger auf diesbezügliche Einstellungsunterschiede zu den Erwerbstätigen zurückzuführen zu sein als vielmehr auf andere Faktoren, wie z.B. die Betroffenheit durch Arbeitslosigkeit.

Bei einer Betrachtung dieser Ergebnisse sollte man auch nicht außer acht lassen, daß eine Vielzahl von Tätigkeiten und Berufen nicht dezentral als elektronische Heimarbeit ausgeübt werden können. Bei 35% der befragten Erwerbspersonen eignet sich die berufliche Tätigkeit nicht für die elektronische Heimarbeit.

Abbildung 1:

Gründe für ablehnende Einstellungen zur elektronischen Heimarbeit

(Nicht-Erwerbstätige)

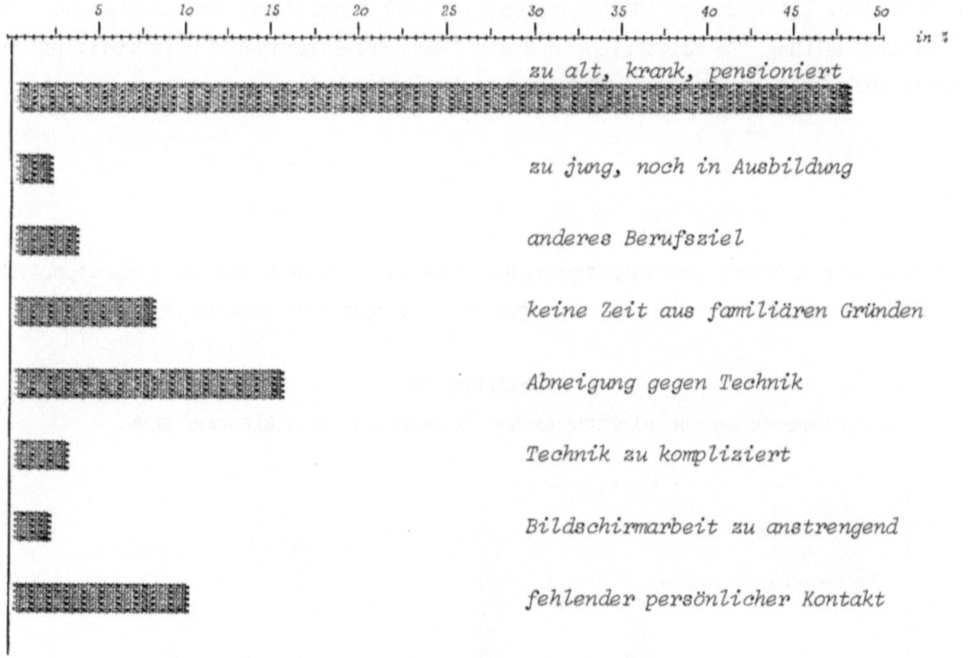

Das Interesse an der elektronischen Heimarbeit ist bei den Erwerbstätigen, die schon heute an einem Arbeitsplatz tätig sind, der sich prinzipiell für Telearbeit eignet, deutlich höher. Hier liegt der Anteil bei fast 17%. Die größere Vertrautheit mit dem technischen Geräten, die geringere Schwellenangst vor der Arbeit mit Bildschirmgeräten dürften hierfür mit ausschlaggebend sein. Offensichtlich besteht bei den anderen Bevölkerungsgruppen - neben anderen Gründen für die Ablehnung eines elektronischen Heimarbeitsplatzes - noch eine ausgeprägte Schwellenangst, möglicherweise auch Technikfeindlichkeit, die die Bereitschaft an Bildschirmgeräten arbeiten zu wollen, stark verringert.

Wie aus Abbildung 1 hervorgeht, wird diese Vermutung durch die angegebenen Gründe für eine negative Einstellung zur elektronischen Heimarbeit bestätigt[1]. Die "Abnei-

----

1) Die in Abbildung 1 dargestellten Werte beziehen sich auf die Ergebnisse der Befragung der Nicht-Erwerbstätigen. Es dürften jedoch kaum gravierende Abweichungen gegenüber den Erwerbstätigen insgesamt zu erwarten sein.

gung gegen Technik" wurde nach der Antwortmöglichkeit "Bin zu alt, krank, pensioniert" als häufigster Ablehnungsgrund angegeben (ca. 16%). Die mit Abstand größte Technikfeindlichkeit zeigt sich bei den 20-29jährigen (ca. 38%) und den Befragten mit höherem Schulabschluß (ca. 26%).

Aber auch fehlender persönlicher Kontakt wird als gewichtiger Grund gegen einen solchen Arbeitsplatz angeführt. Insbesondere bei den 14-19jährigen (ca. 38%), sowie den 20-29 (ca. 24%) und den 30-39jährigen (ca. 20%) liegt darin der Hauptgrund einer ablehnenden Haltung. Es zeigt sich, daß das Thema "elektronische" Heimarbeit bei den jüngeren Befragten am ehesten kontrovers diskutiert wird.

Alter

Bei einer Betrachtung der Umfrageergebnisse diffenziert nach Altersgruppen (vgl. Abb. 2) kann ein großes von Altersgruppe zu Altersgruppe zunehmendes Interesse an

Abbildung 2:
Interesse an der elektronischen Heimarbeit nach Altersgruppen

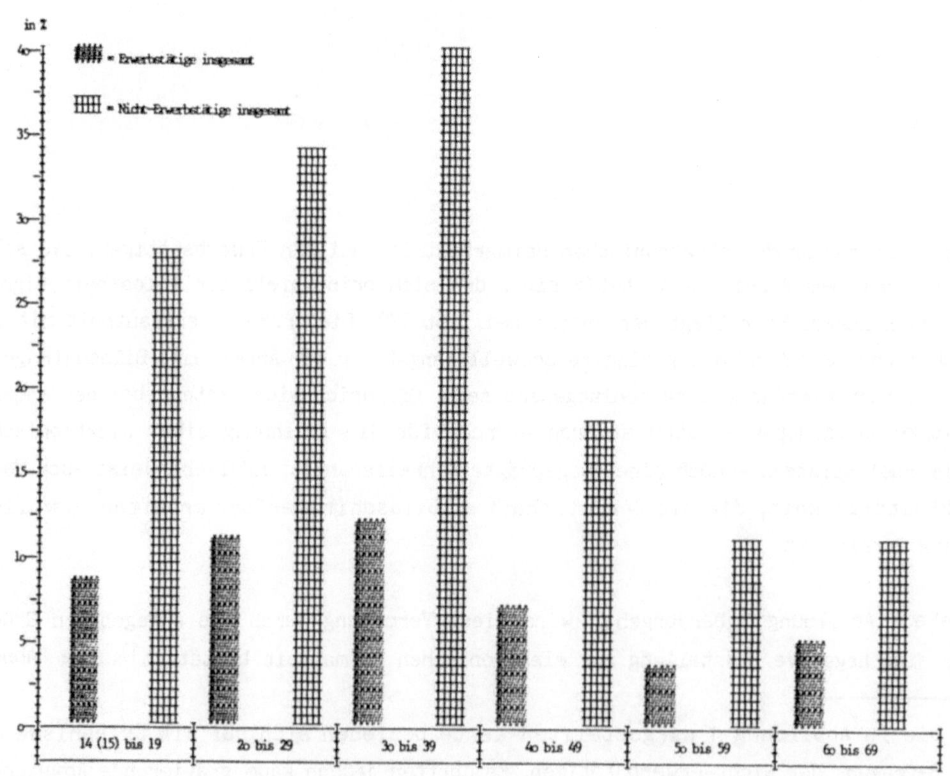

"elektronischer" Heimarbeit in den unteren Altersgruppen (bis 39 Jahre) festgestellt werden. Bei den über Vierzigjährigen zeigt sich ein deutlicher Bruch; das Interesse sinkt mit zunehmendem Alter. Tendenziell gleichen sich die Ergebnisse bei den Erwerbstätigen insgesamt, den an telearbeitsfähigen Geräten Beschäftigten und den Nicht-Erwerbstätigen, wobei das Interesse bei den Nicht-Erwerbstätigen erwartungsgemäß auf einem höheren Niveau liegt.

Berufsgruppen

Von den Arbeitsinhalten sowie von den in Frage kommenden Berufen her eignet sich das gesamte Spektrum der Bürotätigkeit für die Einrichtung elektronischer Heimarbeitsplätze. Das größte Interesse ist bei den Erwerbstätigen aus dem Bereich der Datenverarbeitung vorzufinden (ca. 43%). Aber auch Erwerbstätige aus dem Ingenieurbereich zeigen sich stark interessiert an der dezentralen Ausübung ihrer Tätigkeit. Bei den befragten Sekretären/-innen und Schreibkräften liegt die Befürwortung elektronischer Heimarbeit deutlich niedriger.

Ein entscheidender Faktor, der die Einstellung zu DV-gestützten dezentralen Arbeitsplätzen bestimmt, ist offensichtlich die Vertrautheit im Umgang mit neuen Informations- und Kommunikationssystemen.

Betriebsgröße

Dies spiegelt sich auch in der Verteilung der Einstellung von Erwerbstätigen nach der Betriebsgröße wider: In Betrieben mit 1000 und mehr Beschäftigten ist das Interesse an elektronischer Heimarbeit fast doppelt so groß wie in Betrieben mit weniger

Abbildung 3:
Interesse an elektronischer Heimarbeit nach Betriebsgröße

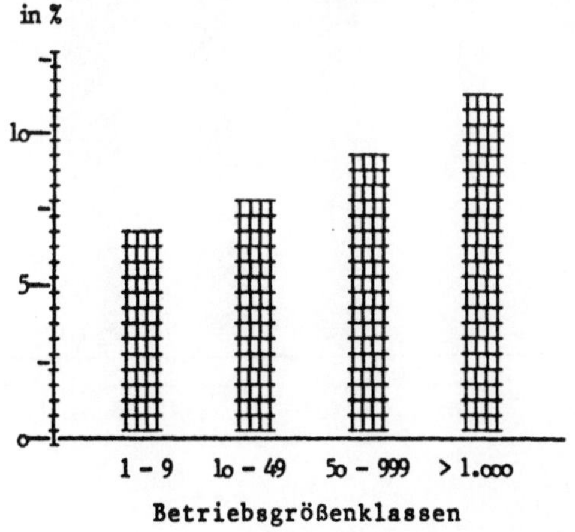

als 50 Beschäftigten (vgl. dazu Abb. 3). Das mit zunehmender Betriebsgröße ansteigende Interesse an elektronischer Heimarbeit läßt sich sicherlich zum Teil darauf zurückführen, daß größere Betriebe in der Regel informationstechnisch weitaus besser ausgestattet sind als kleinere, und von daher die Vertrautheit im Umgang mit neuen Informations- und Kommunikationssystemen bei größeren Betrieben in höherem Maß gegeben ist als bei kleinen.

Räumliche Aspekte

Bezüglich der räumlichen Wirkungen des Auf- und Ausbaus neuer Informations- und Kommunikationstechniken und insbesondere der Telearbeit, existieren eine Reihe von

Abbildung 4:
Anteil der an telearbeitsfähigen Geräten Beschäftigten an den Erwerbstätigen insgesamt nach Gemeindegrößenklassen

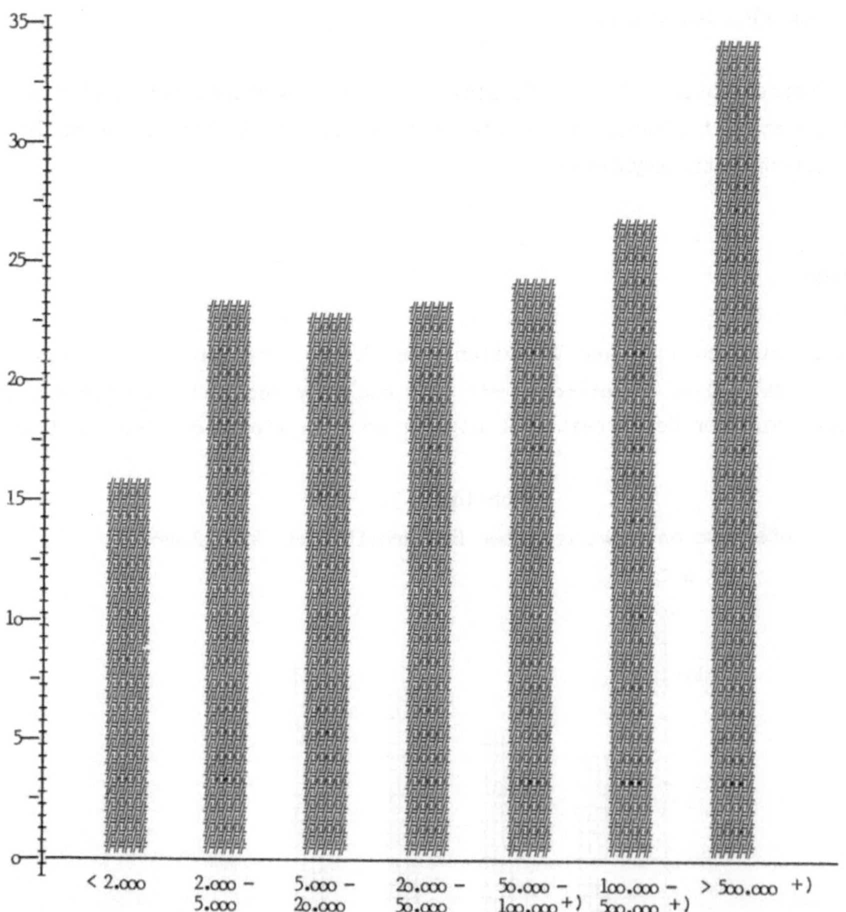

+) ohne Randzonen

Vermutungen[1]. Empirische Belege liegen bisher jedoch kaum vor, so daß im folgenden auf der empirischen Grundlage der Erhebungsergebnisse auf räumliche Aspekte der Telearbeit, d.h. auf räumliche Differenzierungen des Akzeptanz- und Verlagerungspotentials von Arbeitsplätzen eingegangen wird.

Diesbezüglich kommt unsere Untersuchung zu dem Ergebnis, daß das betriebsbezogene Potential für Telearbeit - quantifiziert anhand des Anteils der Beschäftigten, die bereits an Arbeitsgeräten tätig sind, die sich prinzipiell für Telearbeit eignen, an den Erwerbstätigen insgesamt - in den Ballungsräumen (mit 500.000 und mehr Einwohnern) mehr als doppelt so hoch liegt wie in Gemeinden mit weniger als 2000 Einwohnern (vgl. Abb. 4).

Dem geringen betrieblichen Telearbeitspotential im ländlichen Raum steht jedoch ein deutlich höheres Interesse an elektronischer Heimarbeit gegenüber (vgl. Abb. 5). Während beispielsweise der Anteil der telearbeitsfähigen Arbeitsplätze in Gemeinden mit 5.000 - 20.000 Einwohnern bei maximal 24% liegt, belaufen sich die Anteile der an Telearbeit interessierten Erwerbstätigen und Nicht-Erwerbstätigen auf jeweils rund 18%. D.h., daß das dort vorhandene betriebliche Telearbeitspotential nicht ausreicht, um die Nachfrage zu befriedigen.

Bezüglich der Bereitschaft zur Übernahme eines elektronischen Heimarbeitsplatzes scheint Pendlerbeziehungen eine besondere Rolle zuzukommen. Die Verteilung nach Kern- und Randzonen zeigt, daß die Bereitschaft zur Übernahme eines elektronischen Heimarbeitsplatzes in den Randzonen von Ballungsräumen generell sehr hoch ist, insbesondere bei den an telearbeitsfähigen Endgeräten Tätigen. Dabei sinkt das Interesse bei dieser Gruppe mit der Größe des Kerngebiets. In Randzonen von Städten und Gemeinden mit 50.000 - 100.000 Einwohnern erreicht das Interesse dieser Gruppe an elektronischer Heimarbeit sogar 40%. Bei den Erwerbstätigen insgesamt zeigt sich dagegen eine schwache gegenläufige Tendenz; das Interesse dieser Gruppe ist in den Randzonen der größten Ballungsräume (mit 500.000 und mehr Einwohnern) am höchsten.

Auch wenn Interesse und Akzeptanz der elektronischen Heimarbeit in den kleinsten Gemeinden sehr groß ist, finden sich dort aber auch die größten Anteile von "Technikfeinden". Er erreicht bei den Nicht-Erwerbstätigen in den Gemeinden bis 5000 Einwohner etwa 24% und ist nach der Antwortkategorie "Bin zu alt, krank, pensio-

---

1) Vgl. u.a. Henckel, D./Nopper, E./Rauch, N.: Informationstechnologie und Stadtentwicklung. Stuttgart, Berlin, Köln, Mainz 1984; Fischer, K.: Telekommunikation, Raumordnung und regionale Strukturpolitik. Köln 1984; Deutscher Bundestag: Zwischenbericht der Enquête-Kommission "Neue Informations- und Kommunikationstechniken". Drucksache 9/2442, Bonn, 28.3.83, S. 97ff; Informationen zur Raumentwicklung 3/1982: Räumliche Wirkungen Neuer Medien.

Abbildung 5:

Interesse an Telearbeitsplätzen nach Gemeindegrößenklassen

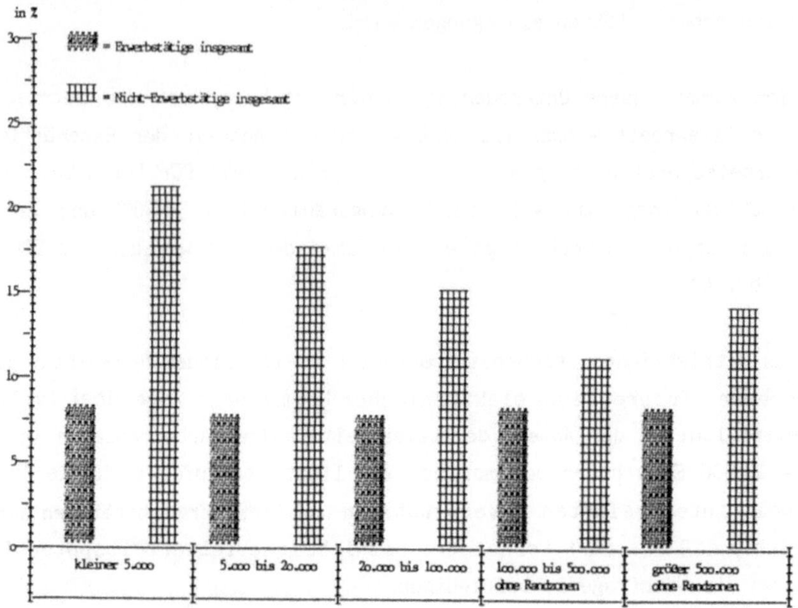

niert" die häufigste Begründung für eine ablehnende Einstellung zur elektronischen Heimarbeit.

Schlußbemerkungen

Will man nun, aufbauend auf den Untersuchungsergebnissen, das Interesse und Akzeptanzpotential von elektronischer Heimarbeit in der Bevölkerung bestimmen, so sollte man sich einige Zahlen vor Augen führen. Derzeit beläuft sich die Zahl der Beschäftigten, die einen dezentralen Telearbeitsplatz (elektronische Heimarbeit) annehmen würden, auf etwas über zwei Millionen. Ungefähr 14 Millionen lehnen eine solche Arbeit grundsätzlich ab. Bei diesen Angaben darf jedoch nicht unberücksichtigt bleiben, daß sich die Arbeiten von etwas über 9 Millionen Erwerbstätigen bei insgesamt etwa 26 Millionen Erwerbstätigen in der Bundesrepublik Deutschland nicht dezentral ausüben lassen.

Insgesamt bestehen jedoch deutliche Differenzierungen des Interesses an elektronischer Heimarbeit insbesondere nach:

- dem Alter,
- der Betriebsgröße,

- der beruflichen Tätigkeit bzw. der Stellung auf dem Arbeitsmarkt,
- der Schulbildung,
- der Vertrautheit im Umgang mit neuen Informations- und Kommunikationssystemen,
- nach Raumtypen (Ballungsraum/ländlicher Raum).

Zusammenfassend läßt sich demnach folgendes festhalten:

- die größere Vertrautheit mit technischen Geräten, die geringere Schwellenangst vor der Arbeit mit Bildschirmgeräten ist ein entscheidender Faktor, der die Einstellung zu DV-gestützten dezentralen Arbeitsplätzen bestimmt. Das Interesse und Akzeptanzpotential von elektronischer Heimarbeit ist bei den Erwerbstätigen, die schon heute an Arbeitsgeräten tätig sind, die sich prinzipiell für Telearbeit eignen und bei Erwerbstätigen in größeren Betrieben, die in der Regel informationstechnisch weitaus besser ausgestattet sind, deutlich am größten.

- Insbesondere bei der jüngeren Bevölkerung wird das Thema "Neue Technologien/ Elektronische Heimarbeit" am ehesten kontrovers diskutiert.
  Einerseits befinden sich in den jüngeren Altersgruppen (bis 40 Jahre) diejenigen mit dem größten Interesse an elektronischer Heimarbeit (vgl. Abb. 2), andererseits zeigt sich aber dort auch die größte Technikfeindlichkeit, die bei den 20-29jährigen Nicht-Erwerbstätigen sogar bei fast 38% liegt.

- Aus räumlicher Sicht bleibt festzuhalten, daß das Interesse an dezentralen Arbeitsplätzen bzw. der elektronischen Heimarbeit in kleineren Gemeinden (bis 20.000 Einwohner) sowie in den Randzonen größerer Ballungsgebiete am höchsten ist. Die Technikfeindlichkeit als ein wichtiger Grund für ablehnende Einstellungen gegenüber der elektronischen Heimarbeit ist in den kleinsten Gemeinden (mit weniger als 5000 Einwohnern) am stärksten ausgeprägt. Dies ist nicht zuletzt auf mangelnde Vertrautheit im Umgang mit der entsprechenden Technik zurückzuführen.

- Dem überdurchschnittlich hohen Interesse an einem DV-gestützten dezentralen Arbeitsplatz in den kleineren, eher peripheren Städten und Gemeinden steht jedoch ein Mangel an qualifizierten Arbeitskräften gegenüber (vgl. Abb. 4). Wenn in diesem Zusammenhang überhaupt eine signifikante räumliche Dezentralisierung von informations- und kommunikationstechnisch gestützten Tätigkeiten stattfindet, dann hinsichtlich gering qualifizierter hochstandardisierter Arbeitsinhalte.

Vor dem Hintergrund, daß in Zukunft neue Informations- und Kommunikationstechniken nicht nur die Arbeitswelt, sondern auch die Privatsphäre (z.B. Heimcomputer, Btx) in immer stärkerem Maße durchdringen und bestimmen werden, ist davon auszugehen, daß es zu einer zunehmenden Vertrautheit im Umgang mit diesen Technologien kommen wird.

Auch wenn in den heute noch jüngeren Altersgruppen das Thema "Neue Technologien" und auch die elektronische Heimarbeit am ehesten kontrovers diskutiert wird, steht zu erwarten, daß mit der zunehmenden Vertrautheit mit den neuen Arbeitsgeräten auch das Interesse und die Akzeptanz an neuen informationstechnisch gestützten Arbeitsformen wie beispielsweise der Telearbeit zunehmen wird[1].

Allerdings ist eine sprunghafte Ausbreitung der Telearbeit mittelfristig wohl wenig wahrscheinlich. Schon allein die Ausstattung der bundesdeutschen Unternehmen mit kommunikationsfähigen Endgeräten und ihre Nutzung der Fernübertragungsdienste der DBP spricht dagegen. Erst ca. 4% der bundesdeutschen Betriebe weisen derzeit die technischen Voraussetzungen für die Schaffung dezentraler Arbeitsplätze auf[2]. Die Wachstumsraten in den Bereichen Textver- und -bearbeitungssysteme, Kleincomputer und Peripherie signalisieren jedoch einen positiven Trend, ebenso wie die neueren Möglichkeiten, zur Daten-, Text-, Bild- und Sprachkommunikation (z.B. Teletex, Btx), die Ende der 80er Anfang der 90er Jahre durch den Ausbau zum ISDN und IBFN noch verbessert werden.

Die euphorischen, zu Beginn der 80er Jahre errechneten Absatzerwartungen bei den Endgeräten werden jedoch weitaus geringer ausfallen.

Somit ist derzeit und auch in naher Zukunft davon auszugehen, daß die entsprechende informationstechnische Infrastruktur (Anschluß an Fernübertragungsdienste, Ausstattung mit kommunikationsfähigen Endgeräten) zunächst nur in einer verhältnismäßig geringen Zahl von Betrieben vorhanden sein wird.

Sollte die DBP beim zukünftigen Netzausbau und der Integration der schmalbandigen Dienste zum ISDN bedarfsorientiert vorgehen, und das steht zu erwarten, so bedeutet dies unter räumlichen Gesichtspunkten eine weitere Zunahme von Standortvorteilen in

----

1) Untermauert wird diese These durch die Ergebnisse mehrerer Umfragen, die alle zu dem Schluß kommen, daß die Einstellungen zu neuen Bürotechnologien bei Bildschirmgeräte-Nutzern deutlich positiver sind als bei den restlichen Bürgern (vgl. Scheffler, H.: Bildschirmnutzer: Urteile und Haltungen. In: IBM Nachrichten 33/1983) Heft 266; GMD/Lange, K.: Das Image des Computers in der Bevölkerung, St. Augustin, März 1984; Chip (Februar 1985): Volkes Stimme. Was die Deutschen vom Computer halten).

2) Vgl. EMPIRICA: Räumliche Wirkungen neuer Informations- und Kommunikationstechnologien. Objektive und subjektive Indikatoren zum Verlagerungspotential von Büroarbeitsplätzen. Bonn 1985.

Agglomerationsräumen, die als erste in die Lage versetzt werden, die technischen Neuerungen nutzen zu können. Für den Fall, daß keine humankapital- und raumorientierten politischen Instrumente konzipiert und implementiert werden, kann mit an Sicherheit grenzender Wahrscheinlichkeit davon ausgegangen werden, daß die bestehenden räumlichen Ungleichgewichte verstärkt werden.

Generell zeigt sich die Notwendigkeit von frühzeitigen Maßnahmen zur Gestaltung der Telearbeit. Dabei erscheint mir ein generelles Verbot der Telearbeit wie es der 14. ordentliche Gewerkschaftstag der IG Metall verlangt hat, genauso abwegig wie eine Unternehmensentscheidung für die elektronische Heimarbeit, die ausschließlich Rationalisierungsüberlegungen verfolgt und soziale und gesellschaftliche Aspekte vermissen läßt. Sicherlich gibt es in diesem Bereich sozial bedenkliche Fälle, die einer Gegensteuerung bedürfen. Dabei handelt es sich jedoch ausschließlich um Heimarbeitsplätze, die weit eher als andere dezentrale Arbeitsformen zu einer sozialen Isolation, teilweise auch Dequalifizierung und anderen negativen Auswirkungen führen können. Bei der künftigen Diskussion über das Für und Wider der Telearbeit sollte man m.E. verstärkt den kollektiven dezentralen Arbeitsformen Beachtung schenken. Sie erscheinen für die Einrichtung dezentraler Arbeitsplätze geeigneter, da dort ähnliche Bedingungen wie bei einem zentralen Arbeitsplatz anzutreffen sind. Generell erscheint die Einrichtung von Teleheimarbeitsplätzen nur sinnvoll, wenn individuelle Randbedingungen hinzukommen, die die erwarteten Nachteile aufwiegen.

ASPEKTE EINER PRIVATISIERUNG DER ARBEIT
- CHANCEN, RISIKEN UND RECHTSFRAGEN DER TELEARBEIT -

Prof. Dr. W. Müllner
Fachhochschule Regensburg

I. Die Herausforderung durch die neuen Technologien

Die rasche Aufeinanderfolge von fundamentalen Entwicklungssprüngen auf dem Gebiet der Kommunikationstechnik setzt den Menschen zunehmend in ihrer Intensität nie gekannten Entscheidungszwängen aus. Die immer kürzer werdenden Innovationszyklen verringern ganz entscheidend die Reaktionszeiten von Staat, Gesellschaft, Wirtschaft und Individuum. Die Wissenschaft gewinnt deshalb immer mehr die Aufgabe, Erfahrungsdefizite durch die frühzeitige und vorausschauende Analyse zukünftiger Entwicklungen zu kompensieren. Sie darf sich hierbei jedoch nicht mit der empirischen Erfassung der Ist-Zustände begnügen, sondern hat darüber hinaus wünschbare Entwicklungslinien aufzuzeigen. Dies gilt auch für die Auseinandersetzung mit der Telearbeit.

Fortschritt ist heute keineswegs eine Frage von primär naturwissenschaftlicher Innovation, sondern elementar mit der sozialen Integrationsfähigkeit von Basistechnologien verknüpft. Sowohl die Fortentwicklung der Arbeitsstrukturen als auch die effizientere gesellschaftliche Bewältigung der Kommunikationstechnologie bieten den Europäern die Möglichkeit, verlorenes Terrain wiederzugewinnen und die zur qualitativen wie quantitativen Sicherung des Lebensstandards notwendige internationale Wettbewerbsfähigkeit zu sichern oder zurückzuerlangen. Dies verlangt ein erhebliches Maß an Kreativität und Konsensfähigkeit und stellt damit die eigentliche Herausforderung des ausgehenden 20. Jahrhunderts dar.

Einen überaus wichtigen Beitrag zur Integration der neuen Kommunikationstechniken in das Arbeitsleben stellt meiner Auffassung nach die Telearbeit dar. Sie eröffnet bei richtiger Anwendung sozial und ökologisch verträglichere Formen der Arbeitsleistung.

II. Chancen und Risiken der Telearbeit

Die partielle Rückverlagerung des Berufslebens in den Privatbereich verbunden mit einer stärkeren Eigenbestimmung des Arbeitnehmers über zentrale Fragen der Arbeitsgestaltung ist prinzipiell zu befürworten[1]. Auch der durchaus mögliche Mißbrauch von Telearbeit zur Umgehung des Sozialschutzes oder zur Diskriminierung von bestimmten Gruppen sollte uns den Blick nicht für die mit Telearbeit verbundenen Entwicklungschancen trüben. Ohne die Risiken bagatellisieren zu wollen, welche mit dem Ausbau von Telearbeit verbunden sind, und welche sich im wesentlichen mit den Stichworten Isolation, Dequalifizierung und Entsolidarisierung zusammenfassen lassen, scheint es mir doch wichtig, auch die Chancen ausreichend zu beleuchten.

Telearbeit weist ein interessantes Humanisierungspotential auf, in dem sie die Belastungen der Anfahrt zum Arbeitsplatz, die betriebliche Kasernierung sowie die Normierung der Arbeitsumgebung beseitigt, und die hierarchische Berührungsdichte verringert. Von einer Reintegration des Arbeitslebens in die Familie können positive Impulse auf das Familienleben ausgehen. So bietet sich zum Beispiel für Ehepartner die Möglichkeit zum Job-sharing. Telearbeit erleichtert die Bildung von echtem Produktivvermögen in Arbeitnehmerhand. Den Telearbeit Leistenden kann das Eigentum an den Arbeitsmitteln eingeräumt werden. Die Bedürfnisse des Einzelnen, die Arbeitsmarktsituation und wirtschaftliche Erfordernisse verlangen eine flexiblere Gestaltung der Arbeitszeitregelungen. Telearbeit ermöglicht einen gleitenden Übergang in den Ruhestand und verringert organisatorische Zwänge für feste Arbeitszeiten. Telearbeit bringt Arbeit zum Menschen, sie mindert damit die Zwänge zur Mobilität und erleichtert den wirtschaftlichen Strukturwandel. Der Arbeitsmarkt wird in den kommenden Jahren gezwungen sein, sich den veränderten ökonomischen und gesellschaftlichen Gegebenheiten anzupassen und damit einen grundlegenden Strukturwandel erfahren. Der Anspruch eines jeden Menschen auf Arbeit setzt veränderte Verteilungsmechanismen voraus, Telearbeit eröffnet hierfür zusätzliche technische und organisatorische Möglichkeiten. Die gesellschaftliche Entwicklung war in den letzten Jahrzehnten geprägt von dem Trend zur Arbeitnehmergesellschaft. Die Verarmung an unternehmerischem Erwerbspotential stellt eine nachhaltige Bedrohung unserer wirtschaftlichen Basis dar. Diese Situation kann nicht allein durch Förderung von Existenzgründungen und Bereitstellung von Risikokapital begegnet werden, notwendig ist vielmehr eine immanente Trendwende. Eine Vielzahl von Arbeitsplätzen muß inhaltlich stärker unternehmerische Qualitäten erhalten[2].

Die bisherige Entwicklung der Ballungsgebiete weist menschenfeindliche Komponenten auf, welche es unter Ausnutzung der technologischen Möglichkeiten zu korrigieren gilt. Eine Reintegration aller Lebensbereiche wie Arbeiten, Ausbilden, Freizeitbetätigung und Wohnen in überschaubare Lebensräume bringt gegenüber der bisherigen Organisation der Ballungsgebiete mehr Lebensqualität[3].

Eine von den ökonomischen, ökologischen, sozialen und technischen Notwendigkeiten bestimmte Strukturpolitik muß nicht nur infolge des eingeengten finanziellen Spielraums der öffentlichen Hand den Menschen als Träger jeglicher effizienter Raumentwicklung in den Vordergrund stellen. Telearbeit kann zu einer Reaktivierung strukturschwacher Gebiete führen. Telearbeit bietet darüber hinaus nachweisbar die Chance, die Umweltbelastung in Ballungsgebieten entscheidend zu mindern[4].

III. Rechtsfragen

Die Rechtsordnung stellt bereits heute ein breitgefächertes Instrumentarium zur Regelung von Telearbeit bereit. Im Rahmen der Privatautonomie sind viele Gestaltungsformen möglich. Gestaltungsformen, welche im Ansatz zu mehr persönlicher Freiheit und Selbständigkeit führen können, wie Werk-, Dienst- oder Franchise-Verträge, oder vertragliche Regelungen, bei denen die soziale Sicherheit im Vordergrund steht, welche aber durch die Abhängigkeit vom Arbeitgeber gekennzeichnet sind, wie der Arbeitsvertrag[5].

Der Heimarbeitsvertrag stellt eine Mischform zwischen Selbständigkeit und Abhängigkeit dar. Sehr häufig wird aus der Tatsache, daß Telearbeit in der Regel von zu Hause aus geleistet wird, die Schlußfolgerung gezogen, es handle sich hierbei in jedem Fall oder überwiegend um Heimarbeit nach dem Heimarbeitsgesetz. Diese verkürzte Betrachtungsweise ist falsch, entscheidend für die rechtliche Einordnung des jeweiligen Telearbeitsplatzes ist vielmehr die konkrete Ausgestaltung der tatsächlichen und rechtlichen Beziehungen zwischen den Vertragsparteien. Heimarbeit- und Hausgewerbetreibende sind keine Arbeitnehmer. Sie schließen mit Unternehmen Dauerschuldverhältnisse, z. B. Dienst- (§§ 611 ff. BGB), Werk- (631 ff. BGB) oder Werklieferungsverträge (§ 651 BGB) ab. Obwohl Arbeitsrecht auf sie im Grunde keine Anwendung findet, enthält das Heimarbeitsgesetz vom 14.3.1951 wegen ihrer faktischen Abhängigkeit und Schutzbedürftigkeit Vorschriften über den Arbeits-, Gefahren-, Entgelt- und Kündigungsschutz. Durch einzelne arbeitsrechtliche Bestimmungen, z. B. § 6 I 2; II 2 BetrVG werden sie Arbeitnehmern gleichgestellt.

Die Abgrenzung der einzelnen Vertragsformen voneinander fällt nicht immer leicht. Wichtig ist deshalb die Kenntnis der Vertragsparteien von den unterschiedlichen Gestaltungsformen und deren Charakteristika. So kann bereits im Stadium des Vertragsabschlusses für ausreichende Klarheit gesorgt werden. Die Aufgabe von Rechtsprechung und Rechtswissenschaft besteht darin, die unterschiedlichen Ausprägungen der Telearbeit nachvollziehbar in die Rechtsordnung zu integrieren. Anfängliche Unsicherheiten dürfen nicht darüber hinwegtäuschen, daß diese Aufgabe durchaus gelöst werden kann.

Einen wichtigen Schritt in diese Richtung stellt die Öffnung des Heimarbeitsgesetzes auch für qualifizierte Angestelltentätigkeiten dar[6]. Die heute überwiegend vertretene enge Interpretation des § 2 Abs. 1 Heimarbeitsgesetz bezieht die qualifizierten Formen der Telearbeit nicht in den Anwendungsbereich des Heimarbeitsgesetzes mit ein und entzieht ihnen damit einen breiteren Sozialschutz, sie steht weder mit dem Gesetzeswortlaut noch der Gesetzesintention im Einklang. Die Auslegung der Bestimmungen des Heimarbeitsgesetzes hat sich in Zukunft stärker an den neuen soziologischen Phänomenen der Telearbeit zu orientieren. Nach richtiger Auffassung kann das gesamte Tätigkeitsspektrum bei Telearbeit, angefangen bei Schreibarbeit über Akquisition und Software-Entwicklung bis hin zur Forschung und Entwicklung, dem Heimarbeitsgesetz unterfallen.

Mit den Heimarbeitern und den arbeitnehmerähnlichen Personen kennt unsere Rechtsordnung Schutzmechanismen für wirtschaftlich abhängige und einem Arbeitnehmer vergleichbar schutzbedürftige Personen. Dieser Mindestsozialschutz muß für Telearbeit praktikabel und wirksam gemacht werden. Besonders die Tarifvertragsparteien sind aufgefordert, entsprechend den Möglichkeiten gemäß § 17 Heimarbeitsgesetz, § 12 a Tarifvertragsgesetz, die Rechtsbeziehungen von Heimarbeitern und arbeitnehmerähnlichen Personen zu regeln.
Gemäß § 17 Heimarbeitsgesetz gelten als Tarifverträge auch schriftliche Vereinbarungen zwischen Gewerkschaften einerseits und Auftraggebern oder deren Vereinigungen andererseits über Inhalt, Abschluß oder Beendigung von Vertragsverhältnissen der in Heimarbeit Beschäftigten oder Gleichgestellten mit ihren Auftraggebern. Damit wird den Gewerkschaften auch für Teleheimarbeit eine Tarifregelungskompetenz eingeräumt. Heimarbeiter unterliegen auch gemäß § 12 Sozialgesetzbuch IV in allen Zweigen der Sozialversicherungspflicht.

Unter arbeitnehmerähnlichen Personen versteht man Dienstleistende, die mangels persönlicher Abhängigkeit keine Arbeitnehmer, aber wegen ihrer ausgeprägten wirtschaftlichen Abhängigkeit keine Unternehmer sind. § 12 a Tarifvertragsgesetz bringt eine Definition für arbeitnehmerähnliche Personen, danach müssen diese wirtschaftlich abhängig und vergleichbar einem Arbeitnehmer sozialschutzbedürftig sein. Sie erbringen die geschuldeten Leistungen persönlich und im wesentlichen ohne Mitarbeit von Arbeitnehmern und sind überwiegend für eine Person tätig, oder sie erhalten von einer Person durchschnittlich mehr als die Hälfte des Entgelts, das ihnen für ihre Erwerbstätigkeit insgesamt zusteht. Eine in Telearbeit beschäftigte Person ist dann wie ein Arbeitnehmer sozialschutzbedürftig, wenn das Maß der

Abhängigkeit nach der Verkehrsanschauung einen solchen Grad erreicht, wie er im allgemeinen nur in einem Arbeitsverhältnis vorkommt und die geleisteten Dienste nach ihrer soziologischen Typik denen eines Arbeitnehmers vergleichbar sind. Auf arbeitnehmerähnliche Personen ist das Arbeitsrecht im Grundsatz zwar nicht anwendbar, allerdings sind einzelne arbeitsrechtliche Vorschriften entsprechend heranzuziehen. So haben arbeitnehmerähnliche Personen etwa einen Urlaubsanspruch gemäß § 2 Bundesurlaubsgesetz, und nach § 12 a Tarifvertragsgesetz können Tarifverträge durch die zuständigen Koalitionen auch für diesen Personenkreis abgeschlossen werden.

Den umfassendsten Sozialschutz gewährt im privatwirtschaftlichen Bereich den Telearbeit Leistenden das Arbeitsverhältnis. Das Arbeitsrecht bietet für diese neue Form der Arbeitsleistung adäquate Gestaltungsmöglichkeiten. Um unnötige Schwierigkeiten zu vermeiden, sollten die Arbeitsvertragsparteien besondere Sorgfalt auf die Regelungen des Vertrages verwenden. Ausdrückliche Vereinbarungen sollten über die Arbeitszeit (eventuell flexible Arbeitszeit, Job-sharing), Nebentätigkeit, Wettbewerbsverbote, Verschwiegenheitspflichten und die Entgeltbemessung getroffen werden. Werden durch Telearbeit neue Arbeitszeitformen eingeführt, so sind diese sozialversicherungsrechtlich problematisch, wenn die Freizeitperioden drei Wochen überschreiten.

Das neue Beschäftigungsförderungsgesetz vom 26. April 1985 (BeschFG) bringt auch für die Telearbeitnehmer wichtige Regelungen. Artikel 1, § 1 BeschFG erleichtert die Zulassung von befristeten Arbeitsverträgen bis zu einer Dauer von achtzehn Monaten. Artikel 1, § 2 Abs. 1 BeschFG verbietet dem Arbeitgeber einen teilzeitbeschäftigten Arbeitnehmer wegen der Teilzeitarbeit gegenüber einem vollzeitbeschäftigten Arbeitnehmer unterschiedlich zu behandeln, es sei denn, daß sachliche Gründe eine unterschiedliche Behandlung rechtfertigen und Artikel 1, § 5 bringt für Job-sharing-Arbeitsverhältnisse Schutzbestimmungen hinsichtlich Vertretung und Kündigung. Bei Abschluß von Telearbeitsverträgen sind diese Bestimmungen besonders zu berücksichtigen.

Das kollektive Arbeitsrecht bietet den Arbeitnehmervertretern und den Arbeitgebern einen weiten Rahmen zur Gestaltung von Telearbeit. Sowohl die Telearbeitnehmer insgesamt, als auch die Teleheimarbeiter, welche in der Hauptsache für den in Betracht kommenden Betrieb tätig sind, unterfallen dem Anwendungsbereich des Betriebsverfassungsgesetzes. Das Betriebsverfassungsgesetz kann insoweit in seinen wesentlichsten Teilen für die Telearbeit erschlossen werden. Die Kooperation auf diesem Gebiet sollte sich auf der Grundlage der vertrauensvollen Zusammenarbeit abspielen. Der Betriebsrat verfügt auch bei der Telearbeit über Informations- und Beratungsrechte, sowie über effiziente Beteiligungsrechte. Angefangen bei der

Gestaltung von Arbeitsplatz, Arbeitsablauf und Arbeitsumgebung, über personelle und soziale Angelegenheiten bis hin zu wirtschaftlichen Fragen kann Telearbeit vom Anwendungsbereich des Betriebsverfassungsgesetzes erfaßt werden. Die räumliche Entfernung vom eigentlichen Betrieb schafft hierbei keine unüberwindlichen Hindernisse. Dieses Handikap wird zum einen auch für den Betriebsrat dadurch gemildert, daß der Arbeitnehmer mit Hilfe der Kommunikationsmittel jederzeit erreichbar ist und umgekehrt. Außerdem setzt die Mitbestimmung bei der Arbeitgebermaßnahme an und diese wird nach wie vor im Betrieb getroffen. Wesentliche Besonderheiten ergeben sich jedoch dort, wo die Fremdbestimmung des Arbeitnehmers der Eigenbestimmung gewichen ist. Hier bleibt für das Korrektiv der Mitbestimmung kein Platz. Weiter findet sowohl die Arbeitgeber- als auch die Betriebsratskompetenz ihre Grenzen an der Privatsphäre des Telearbeitnehmers.

Telearbeit kann in umfassender Weise durch die Tarifvertragsparteien geregelt werden. Bei genauerer Analyse entziehen sich nur echte Selbständige dem Schutzbereich des Tarifrechts. Es liegt also im wesentlichen an den Tarifvertragsparteien, diesen Bereich für die Tarifpolitik zu entdecken.

Auch das Mietrecht behindert in den meisten Fällen nicht die Verbreitung von Telearbeit. Telearbeit wird in den meisten Fällen in gemieteten Räumen ausgeübt werden. Das ergibt sich schon allein aus der mit 37,6 % niedrigen Wohnungseigentumsquote in der Bundesrepublik Deutschland. Wird bei Abschluß des Mietvertrages eine gewerbliche Nutzung von Wohnräumen ausdrücklich zugelassen, so stellen sich keine besonderen Probleme, ebensowenig, wenn dies durch Vertragsänderung zu einem späteren Zeitpunkt eingeräumt wird. Mietverträge ohne Sondervereinbarungen führen zu folgender Rechtslage: Das Bürgerliche Gesetzbuch regelt nur mittelbar, was noch zur Benutzung eines Mietobjekts zu Wohnzwecken gehört. § 536 BGB verpflichtet den Vermieter, die vermietete Sache dem Mieter in einem zu dem vertragsmäßigen Gebrauche geeigneten Zustande zu überlassen, und § 550 BGB verbietet dem Mieter einen vertragswidrigen Gebrauch. Damit obliegt es der Rechtsprechung und Wissenschaft, diese allgemeinen gesetzlichen Bestimmungen näher zu konkretisieren. Meistens kann nicht festgestellt werden, daß sich die Parteien bei Abschluß des Vertrages überhaupt konkrete Vorstellungen über die Zulässigkeit einer beruflichen Tätigkeit in den Wohnräumen gemacht haben. Bei einer Vertragsauslegung gemäß § 157 BGB nach Treu und Glauben und mit Rücksicht auf die Verkehrssitte ist Telearbeit im Grundsatz gestattet. Wie das Landgericht Hamburg[7] festgestellt hat, ist der Wohnbereich als ein Freiraum des einzelnen Mieters anzuerkennen, der eigenständige persönliche Lebensgestaltung und -entfaltung weitestgehend ermöglichen muß und in diesem Rahmen lediglich durch solche örtlichen und personellen Umstände des Mietverhältnisses begrenzt wird, die berechtigte Belange des Vertragspartners oder Dritter tangieren. Telearbeit verändert weder die Beschaffenheit der Wohnung noch übt sie nachteilige Wirkungen auf die übrigen Hausbewohner aus. Üblicherweise ist moderne Kommunikationstechnik nicht mit belästigenden Nebenwirkungen wie besondere Lärmentwicklung, Schwingungen, Hitzeentwicklungen etc. verbunden.

Die rechtspolitische Gestaltung der Telearbeit sollte zum Ziel haben, die Chancen der Telearbeit zu fördern und gleichzeitig die sozialen Risiken zu minimieren. Letztlich ist auch in diesem Bereich ein Ausgleich zu finden zwischen einer marktwirtschaftlichen Ordnung und dem Sozialstaatsprinzip. Die freie Marktwirtschaft lebt entscheidend von der unternehmerischen Initiative Einzelner, je stärker deshalb die Entwicklung in Richtung Arbeitnehmergesellschaft verläuft, desto schmaler wird die gesellschaftliche Basis der marktwirtschaftlichen Ordnung. Der Wandel zur Informationsgesellschaft sollte den Trend zur Arbeitnehmergesellschaft zumindest abschwächen, wobei das Ziel die Schaffung wirklich selbständiger Existenzen und nicht nur rechtlich selbständiger, aber wirtschaftlich abhängiger Erwerbstätiger darstellt. Telearbeit ist vom Prinzip her in der Lage, mehr Selbständigkeit zu fördern, immanent indem Arbeitsverhältnisse mit größeren Freiräumen ausgestattet werden, aber auch durch Arbeitsleistung außerhalb von Arbeitsverhältnissen.
Ein Verbot von Telearbeit wäre deshalb verfehlt. Vielmehr scheint aus den ausführlich dargestellten Gründen ein Ausbau von Telearbeit wünschenswert und richtig. Ein Handlungsbedarf zur differenzierten Steuerung der Telearbeit besteht in erster Linie gegenüber den Tarifvertragsparteien. Sie sind vorrangig in der Lage, adäquate Regelungen für Telearbeit zu schaffen. Alle sozialschutzbedürftigen Gruppen von Telearbeit Leistenden bis hin zu den arbeitnehmerähnlichen Personen unterfallen ihrem Kompetenzbereich.

IV Zusammenfassung

Ich halte den Eintritt von Telearbeit in eine experimentielle Realisierungsphase für wünschenswert und notwendig. Nicht durch Verweigerung, sondern nur durch die aktive Mitgestaltung wird der technologische Wandel beherrschbar. Sowohl für das Individuum, als auch für den Staat, Gesellschaft und Wirtschaft eröffnen sich durch Telearbeit neue Perspektiven. Telearbeit kann in Einklang gebracht werden mit dem sich in der Arbeitswelt vollziehenden grundlegenden Wertewandel, der mehr Eigenbestimmung, mehr Freizeit und eine stärkere Orientierung auf den privaten Bereich erkennen läßt. Die Reintegration des Arbeitslebens in den privaten Bereich zeitigt meiner Auffassung nach überwiegend positive Folgen. Sie ist dazu geeignet, die Rolle der Familie zu stärken. Ferner kann sie zu einer partiellen Neuorientierung der Architektur und Stadtentwicklung führen, und damit zur Belebung neuer Lebensräume beitragen. Durch Dezentralisierung von Arbeit ist Telearbeit geeignet, einen wichtigen Beitrag zur Raumentwicklung und Strukturpolitik zu leisten. Schließlich sind auch die ökologischen Vorteile von Telearbeit unverkennbar.

Die deutsche Rechtsordnung bietet ein breites Spektrum von Möglichkeiten um Telearbeit zu integrieren. In erster Linie richtet sich der Gestaltungsauftrag an die Vertragsparteien, die Tarifvertragsparteien und den betrieblichen Arbeitgeber sowie den Betriebsrat. Der Rechtswissenschaft und der Rechtsprechung obliegt die Aufgabe adäquate Abgrenzungskriterien für die einzelnen Formen der Telearbeit zu entwickeln. Ein gesetzgeberischer Regelungsbedarf ist gegenwärtig noch nicht erkennbar.

Literaturhinweise

1) MÜLLNER W., Privatisierung des Arbeitsplatzes - Chancen, Risiken und rechtliche Gestaltbarkeit der Telearbeit -, Stuttgart - München - Hannover 1985

2) Vgl. dazu auch den Bericht über das Referat von GIERSCH auf dem EMF-Symposium in Davos 1985, Der Betrieb 1985, S. 931

3) Menschengerechte Stadt: Aufforderung zur humanen und ökologischen Stadterneuerung; ein Beitrag der Kammer der Evangelischen Kirche in Deutschland für Soziale Ordnung, 2. Aufl., Gütersloh 1984

4) HENCKEL D., NOPPER E., RAUCH N., Informationstechnologie und Stadtentwicklung, Stuttgart 1984

5) MÜLLNER, a.a.O., S. 93 ff.; vgl. ferner PFARR, Computerwoche v. 14.9.1984

6) So auch KAPPUS, Neue Juristische Wochenschrift, 1984, S. 2387

7) Urteil vom 22.4.1982, Neue Juristische Wochenschrift, 1982, S. 2387

TELEARBEIT - MEHR ALS NUR HEIMARBEIT?

Dipl.-Ing. P. Kern; S. Wawrzinek
Fraunhofer-Institut für Arbeitswirtschaft
und Organisation (IAO), Stuttgart

Durch neue Informations- und Kommunikationstechnologien werden Konzepte der räumlichen Dezentralisierung von Büroarbeitsplätzen in der aktuellen Diskussion auch mit Begriffen wie Telearbeit oder informationstechnisch gestützte Heimarbeit umschrieben, in größerem Umfang denkbar. Die Focussierung auf den Heimarbeitsplatz wird den Möglichkeiten der Dezentralisierung von Arbeitsplätzen aber nicht gerecht. Im folgenden sollen daher alternative Dezentralisierungskonzepte vorgestellt werden.

1 Dezentralisierungskonzepte

Im angelsächsischen Raum wurden schon Mitte der 70er Jahre verschiedene Dezentralisierungskonzepte entwickelt. Nilles et al. z.B. gehen von einem Dezentralisierungsansatz aus, der vier evolutionäre Entwicklungsstadien unterscheidet:

- o centralization (Zentralisation)
- o fragmentation ("Zerstückelung", Teilung)
- o dispersion ("Ver-/Ausbreitung", Spaltung)
- o diffusion ("Zerstreuung", Vermischung).

Die centralization ist die gegenwärtig noch typische Organisationsform von Unternehmungen und Behörden. Eine monolithische, zentrale Organisationsstruktur ist kennzeichnend für die Einheiten.
Bei der fragmentation werden zusammengehörige Teile aus einer zentralen Organisation zu selbständigen Einheiten an unterschiedlichen Standorten angesiedelt. Filiale und Zweigstelle sind die Organisationsformen dieses Stadiums, die typischerweise eine Kopie der Zentra-

le sind. Unterschiede ergeben sich durch den Grad der organisatorischen Eigenständigkeit. Der Kontakt zur Zentrale läuft über den Postweg oder Telekommunikation.
Im Dezentralisierungsstadium der dispersion wird im Rahmen einer weiteren Differenzierung der Organisation eine Reihe von kleineren, räumlich dezentralen Organisationseinheiten geschaffen. Diese können nur durch eine leistungsfähige Informations- und Kommunikationstechnologie effizient kooperieren. Eine "face-to-face"-Kommunikation zwischen Mitarbeitern der verschiedenen Einheiten wird nur noch auf der Ebene des Managements, der Entscheidungsträger notwendig sein. Reduzierte Anfahrtswege für die Mitarbeiter und ein verbesserter Zugang zum Arbeitsmarkt werden in diesem Dezentralisierungsstadium erwartet.

Prämisse für die diffusion, das letzte Stadium der Dezentralisierung, ist ein ausgebautes Telekommunikations-Netzwerk mit entsprechenden Diensten und Endgeräten. Die Unternehmen haben nur noch eine relativ kleine Stammbelegschaft, die auf der Dezentralisierungsstufe der "dispersion" organisiert sein kann. Um Spitzenaufkommen bewältigen zu können, werden Arbeitskräfte zum Kapazitätsausgleich jeweils kurzfristig nachgefragt.
Die "diffusion" beinhaltet demnach zwei Aspekte:

o Veränderung der bisherigen Arbeitsmarktstrukturen, da Personen ohne festes Arbeitsverhältnis ihre Leistungen verschiedenen Organisationen oder Unternehmen anbieten und
o Änderung der Arbeitsplatzstruktur, die soweit gehen kann, daß der Ort der Arbeitserbringung mit dem Wohnort zusammenfällt. Diese Form wird auch informationstechnisch gestützte Heimarbeit oder Teleheimarbeit genannt.

Olson und Diebold haben ein ähnliches Kategoriensystem entwickelt, wobei Flexibilität im räumlichen und/oder zeitlichen Sinne Unterscheidungskriterien sind. Dezentralisierungsformen sind:

o <u>Satellite work centers</u> (Satellitenbüro, Zweigstelle, Filiale)
Eine relativ selbständige, funktionale Einheit wird an einen anderen Standort verlegt, wobei das wichtigste Standort-Kriterium die Optimierung der kürzesten Anfahrtswege für alle Mitarbeiter sein soll. Die Anzahl der Mitarbeiter ist bestimmt durch
  - "economics of scale"
  - Aufrechterhaltung hierarchischer Strukturen und
  - ausreichende soziale Interaktion.

Dieser Typus weist Ähnlichkeiten mit den Organisationseinheiten auf der Ebene der "fragmentation" auf.

o <u>Neighbourhood Work Centers</u>
Angestellte <u>verschiedener</u> Organisationen teilen sich Raum und Büroausstattung an Standorten, die in der Nähe ihres Wohnortes sind.

o <u>Flexible Work Arrangements</u>
Dieses Konzept will den unterschiedlichen Interessensbereichen wie Arbeitserbringung versus persönliche/familiäre Bedürfnisse gerecht werden. Als Formen werden "job sharing" und "flextime", eine Art kapazitätsorientierte variable Arbeitszeit genannt, bei der die Arbeitnehmer nach Arbeitsanfall für das Unternehmen arbeiten und bezahlt werden.

o <u>Work at home</u>
Extremfall ist die ausschließliche Heimarbeit. Mischformen sind möglich, wie z.B. Arbeit an ein oder zwei Tagen zu Hause und der Rest der Woche in der Firma. Dieses Konzept stimmt mit den Dezentralisierungsebenen "dispersion" und "diffusion" von Nilles et al. überein.

2. Der Modellversuch "Schaffung dezentraler Arbeitsplätze unter Einsatz von Teletex"

Ausgehend von diesen theoretischen Konzepten sollten in dem vom Land Baden-Württemberg 1982 initiierten Modellversuch "Schaffung dezentraler Arbeitsplätze unter Einsatz von Teletex" verschiedene Dezentralisationsformen in der Praxis erprobt werden. Der Blickwinkel der Untersuchung wurde jedoch durch den Grundgedanken des Modellversuches eingegrenzt hinsichtlich

o des zu untersuchenden Tätigkeitsfeldes (Schreibtätigkeit),
o des Kommunikationsmittels (Teletex)
o und der Vertragsgestaltung (Außenarbeitnehmerverhältnisse).

Bei der Projektplanung wurde noch davon ausgegangen, daß auf der einen Seite Betrieben und öffentlichen Verwaltungen in Ballungsräumen nicht genügend qualifizierte Schreibkräfte zur Verfügung stehen, auf der anderen Seite aber Gruppen wie z.B. Behinderte oder an das Haus gebundene Frauen Arbeitsplätze in von Ballungsräumen weiter entfernt liegenden, häufig strukturschwachen Gebieten suchen.

Der Modellversuch soll ermitteln und aufzeigen, inwieweit eine Kompensation dieser möglichen Mangelsituation an qualifizierten Schreibkräften über Teletex möglich ist. Technische, wirtschaftliche, organisatorische und soziale Aspekte sollen aufgezeigt und Nutzungskonzepte erarbeitet werden.
Die wissenschaftliche Begleitforschung erfolgt durch das Fraunhofer-Institut für Arbeitswirtschaft und Organisation (IAO), Stuttgart; sie ist fallstudienartig angelegt.
Der Felderhebungszeitraum ist auf zwei Jahre (1. Januar 1984 bis 31. Dezember 1985) terminiert.

2.1 Realisierte dezentrale Arbeitsplätze

In dem Modellversuch wurden drei Dezentralisationsformen umgesetzt:

- o Heimarbeitsplätze,
- o ein Nachbarschaftsbüro und
- o Zweigstellen.

Dabei stellte sich heraus, daß keines der oben genannten theoretischen Konzepte übernommen werden konnte. Vielmehr wurde die definitorische Abgrenzung anhand eines durch zusätzliche Unterscheidungskriterien ergänzten Konstruktes aus beiden Ansätzen vorgenommen. Somit ergibt sich die Abgrenzung zwischen den drei Dezentralisierungsformen anhand organisatorischer Gestaltungsmerkmale sowie des Flexibilitätsgrads in zeitlicher und räumlicher Hinsicht.

- o Die realisierten Heimarbeitsplätze entsprechen einem Element des Konzepts der "diffusion" von Nilles et al. bzw. dem Modell "Work at Home" von Olson. Ort der Arbeitserbringung und der Privatsphäre sind hier identisch.

- o In dem Modellversuch gibt es ein Nachbarschaftsbüro, das in etwa der Ebene der "dispersion" von Nilles et al. gleichkommt. Im Haus einer von zwei beteiligten Arbeitnehmerinnen, die für fünf Auftraggeber arbeiten, wurde ein Büro eingerichtet. Sie können sich ihre Arbeitszeit innerhalb vorgebener Grenzen beliebig einteilen.
- o Ein Teil der realisierten Zweigstellen entspricht der Ebene, der "fragmentation", ein anderer im Prinzip dem Konzept des "Neighbourhood Work Center".

Die Zweigstellen, die sich auf der Ebene der "fragmentation" befinden, arbeiten als selbständige Einheiten; sie wurden aufgrund räumlicher Gegebenheiten ausgelagert. - Bei dem Konzept des "Neighbourhood Work Center" sind die Unternehmen selbständige Einheiten. Es wurden einzelne Arbeitsplätze eingerichtet, bei denen Raum und Büroausstattung einer Unternehmung genutzt wird, die Angestellten jedoch für mindestens zwei Unternehmen arbeiten.

Bild 1 gibt eine Übersicht über die realisierten dezentralen Arbeitsplätze im Modellversuch.

	Dienstleistungsbetriebe	Verwaltungen und wiss. Institute	mittelständische Betriebe	Großbetriebe
Anzahl der Anwender	4	7	2	1
Anzahl dezentraler Mitarbeiter	4	10	4	1
Form des dezentr. Arbeitsplatzes	Heimarbeit: 2 Zweigstelle: 1 Schreibbüro: 1	Heimarbeit: 4 Zweigstelle: 4 Nachbarschaftsbüro: 2	Zweigstelle: 4 Kunden: 1	Heimarbeit: 1
Ausstattung Zentrale	Siemens T 4200 IBM 6580 TA alphatronic P4	SEL 3150 TA Bitsy dds10 IBM 6580 Philips P 5020 Ericsson Eritex Kombi	TA Bitsy dds 30 TA alphatronic P4	IBM 4331
Ausstattung dez. Arbeitsplatz	Siemens T 4200 IBM 6580 TA alphatronic P4	SEL 3150 TA Bitsy dds10 IBM 6580 IBM 85 Ericsson Eritex Kombi	TA Bitsy dds30	IBM 3276

Bild 1: Übersicht über Teilnehmer und technische Ausstattung im Modellversuch "Schaffung dezentraler Arbeitsplätze unter Einsatz von Teletex"

Nach einem guten Jahr Laufzeit des Modellversuches hat sich deutlich gezeigt, daß für die beteiligten Unternehmen die Wirtschaftlichkeit, für die Arbeitnehmer die sozialen Randbedingungen von grundlegender Bedeutung sind. Im folgenden soll daher auf diese zwei Aspekte am Beispiel der realisierten Heimarbeitsplätze näher eingegangen werden.

2.2 Wirtschaftlichkeit

Bei der Einrichtung der dezentralen Arbeitsplätze und der Gestaltung der Arbeitsverhältnisse wurde darauf hingewirkt, daß keine Arbeitsverhältnisse auf der Basis von Werk- oder Dienstverträgen oder Arbeitsverhältnisse nach dem Heimarbeitergesetz abgeschlossen wurden. Die überwiegende Anzahl der Modellversuchsteilnehmer hat die Vertragsform eines Außenarbeitnehmerverhältnisses gewählt. Dieser Tatbestand beeinflußt die durchgeführten Wirtschaftlichkeitsüberlegungen in Form von Kostenvergleichsrechnungen. Dem folgenden Bild kann das Kostenspektrum für drei unterschiedlich ausgestaltete Varianten der Arbeitserbringung entnommen werden.

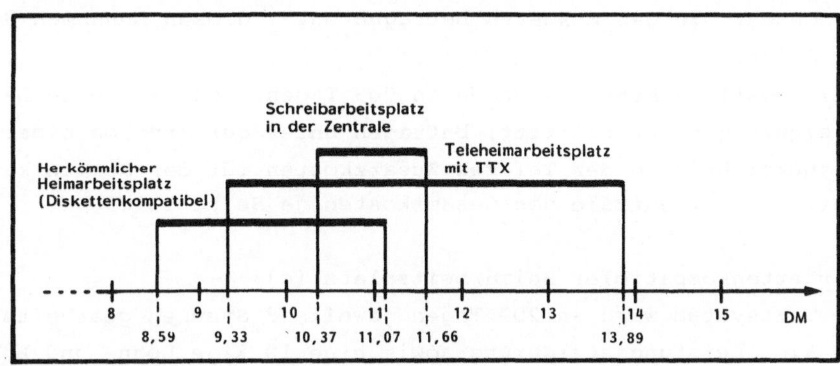

Variable Einflußfaktoren:
- Nutzungszeiten der Geräteausstattung (4-8 Stunden)
- Steigerung von Schreibleistungen (0 bis 10%)
- Senkung der Lohn- und Lohnnebenkosten (0 bis 10%)

Bild 2: Erstellungskosten pro Textseite im Modellversuch "Schaffung dezentraler Arbeitsplätze unter Einsatz von Teletex"

Die Kosten sind für den zentralen Arbeitsplatz (a), den Tele-Heimarbeitsplatz (b) und einen Heimarbeitsplatz, ausgerüstet mit einem diskettenkompatiblen Textsystem (c), berechnet worden. Die Kosten beziehen sich auf eine Seite geschriebenen Text als Leistungseinheit, wobei ausschließlich die Texterstellung, nicht aber ein möglicher Korrekturaufwand berücksichtigt wurde.
Die Extremwerte der 3 Alternativen werden durch die folgenden Annahmen im einzelnen determiniert.

o <u>Zentraler Arbeitsplatz (a)</u>:
Am Textsystem wird an 240 Arbeitstagen im Jahr jeweils täglich 8 Stunden gearbeitet. Die Gesamtkosten je Seite betragen dann 10,37 DM.
Bei jeweils 4 Arbeitsstunden an 209 Arbeitstagen (unter Berücksichtigung von Urlaub und Krankheit (7 %)) (Halbtagsbeschäftigung) betragen die Gesamtkosten je Seite 11,66 DM.

o <u>Tele-Heimarbeitsplatz (b)</u>:
Am Teletex-Endgerät wird an 209 Tagen jeweils 8 Stunden gearbeitet. Eine 10 %ige Leistungssteigerung wird angenommen, das Teletexgerät in der Zentrale wird kostenmäßig nicht berücksichtigt. Weiterhin wird eine 10 %ige Einsparung bei den Lohn- und Lohnnebenkosten angenommen. Die Gesamtkosten betragen unter diesen Annahmen 9,33 DM je Seite.
Bei jeweils 4 Arbeitsstunden an 209 Tagen, und wenn eine Leistungssteigerung nicht eintritt, betragen unter der Annahme einer vollen Berücksichtigung der Teletex-Zusatzkosten für das Kommunikationsteil in der Zentrale die Gesamtkosten je Seite 13,89 DM.

o <u>Diskettenkompatibler Heimarbeitsplatz (c)</u>:
Am Textsystem wird an 209 Tagen jeweils 8 Stunden gearbeitet, eine 10 %ige Leistungssteigerung sowie eine 10 %ige Lohn- und Lohnnebenkostenreduktion wird erreicht. Die Gesamtkosten je Seite betragen dann 8,59 DM.
Bei jeweils 4 Arbeitsstunden an 209 Tagen betragen die Gesamtkosten je Seite 11,07 DM, wenn eine Leistungssteigerung nicht eintritt.

Nicht berücksichtigt sind bei den Alternativen (b) und (c) mögliche Auswirkungen von weitergehenden Veränderungen der Ausstattungs- und Raumkosten bei dezentralen Arbeitsplätzen oder Installations-, Projekt-, Anlauf- und Umstellungskosten.

Die Kostenvergleiche lassen klar erkennen, daß die Kosten je Seite bei einem Heimarbeitsplatz (c) deutlich unter den Kosten je Seite bei einem Tele-Heimarbeitsplatz (b) liegen. Je niedriger der Nutzungsgrad der Geräte dabei ist, desto größer werden die Kostenvorteile des Heimarbeitsplatzes (c) gegenüber dem Tele-Heimarbeitsplatz (b) aufgrund der höheren Fixkosten.

Wesentlich schwieriger ist der Vergleich der dezentralen Alternativen (b) und (c) mit dem Arbeitsplatz in der Zentrale (a). Hier ist jeweils zu prüfen, inwieweit Annahmen, die die Ergebnisse der dezentralen Alternativen (b) und (c) günstig beeinflussen, möglicherweise auch auf die betriebliche/behördliche Situation transponierbar sind.

Diese isolierte Wirtschaftlichkeitsbetrachtung unter den geschilderten Prämissen muß im Einzelfall um Aspekte erweitert werden. Es sind monetär nicht quantifizierbare

I technische und dienstbezogene,
II schriftgutbezogene,
III organisatorische,
IV schreibkraftbezogene und
V gesellschaftspolitische und volkswirtschaftliche Aspekte.

I	z.B. o Adäquanz des Technikeinsatzes o Technische Schwierigkeiten und Zuverlässigkeit o Überarbeitungsaufwand	o Gebührenpolitik o Anschlußdichte o Standard
II	z.B. o Durchlaufzeit o Textart o Textschwierigkeit	
III	z.B. o zusätzl. organisatorischer Aufwand o Betreuung, Kontrolle o Leerzeiten	o Überwälzungskosten o quantitative und qualitative Flexibilität
IV	z.B. o Arbeitszufriedenheit o Eignung o Leistungsunterschiede	o Fluktuation o Krankenstand
V	z.B. o Gesetzl. und tarifliche Regelungen o Arbeitsmarktlage o Entwickl. des Lohnniveaus	o Entwickl. von Raum und Energiekosten o allg. Akzeptanz neuer Technologien

Bild 3: Aspekte der erweiterten Wirtschaftlichkeitsrechnung

Aus Bild 3 wird ersichtlich, daß eine Produktivitätssteigerung allein die Rentabilität einer Auslagerung nicht gewährleisten kann. Erste Erhebungen brachten das Ergebnis, daß hinsichtlich der Schreibleistung an den einzelnen dezentralen Arbeitsplätzen erhebliche Unterschiede festzustellen sind. Produktivitätszuwächse in größerem Maße konnten zumindest in der Anfangsphase nicht bestätigt werden. Gründe dafür waren unter anderem:

- o Einarbeitungzeit an den Geräten, bei Neueinstellungen auch in arbeitsinhaltliche und formale Anforderungen,
- o teils mangelhafte Diktierqualität verbunden mit eingeschränkten Rückfragemöglichkeiten,
- o unregelmäßige Arbeitszustellung und -auslastung,
- o technische und dienstbezogene Mängel und
- o zusätzliche Bedienung des Teletex-Gerätes (Sendefunktion).

Aufgrund des Modellversuchscharakters ist die Bereitschaft sehr gering, in der Zentrale notwendige ablauforganisatorische Änderungen vorzunehmen. Das bedingt, daß die dezentralen Arbeitsplätze eher zum Kapazitätsausgleich herangezogen werden; eine gleichmäßige Grundauslastung kann dadurch nicht gewährleistet werden.
Bild 4 zeigt deshalb auch ein breites Spektrum an einzelnen, bisher gemachten Erfahrungen der Vorgesetzten mit ihren jeweiligen Telearbeitsplätzen. Es wird jeweils unterschieden zwischen "vorher schon beschäftigten" (oben) und "neu beschäftigten" (unten) Schreibkräften.

positiv	negativ
Schreibkraft vorher beschäftigt	**Schreibkraft vorher beschäftigt**
• vorhandenes Wissen über interne Arbeitsabläufe • Know-how Erhalt für die Firma • höhere Schreibleistung, da Nebentätigkeiten entfallen • geringer Einarbeitungsaufwand • kein erhöhter Kontrollaufwand notwendig	• zusätzlicher Bedienungsaufwand des Gerätes und Sendefunktionen • Familiäre Situationen (z.B. Störungen durch Kinder) • eingeschränktes Tätigkeitsspektrum • Qualifikationsverlust
Schreibkraft neu beschäftigt	**Schreibkraft neu beschäftigt**
• zusätzlicher Qualifikationserwerb für die Firma • Kapazitätserweiterung für die Firma • erhöhte Leistungsbereitschaft • Flexibilität bei der Vertragsgestaltung	• zusätzlicher Bedienungsaufwand des Gerätes und Sendefunktionen • Familiäre Situationen (z.B. Störungen durch Kinder) • Fehlendes Wissen über interne Arbeitsabläufe • längere Einarbeitungszeiten • erhöhter Abstimmungsaufwand • erhöhter Kontrollaufwand

Bild 4: Bisherige Erfahrungen der Vorgesetzten mit dezentralen Arbeitsplätzen

2.3 Soziale Situation am dezentralen Arbeitsplatz

Die Entscheidung für Teleheimarbeit lag bei allen teilnehmenden Arbeitnehmerinnen in ihrer familiären Situation begründet. Durch den Arbeitsplatz zu Hause können sie sowohl ihren Verpflichtungen innerhalb der Familie als auch ihren individuellen Interessen nachgehen, was bei einer außerhäuslichen Beschäftigung nicht praktizierbar wäre.
Die Priorisierung der Familie bedeutet jedoch nicht, daß die Berufsarbeit einen geringeren Stellenwert ("Nebenjob") einnimmt. Alle Arbeitnehmerinnen wollen den Anforderungen der Berufswelt voll gerecht werden und nehmen insbesondere bei starken familiären Belastungen (z.B. durch Kleinkinder) auch außergewöhnliche Arbeitsbedingungen (z.B. Arbeitszeiten nach 18 Uhr) in Kauf.

Alle Telearbeiterinnen im Modellversuch nehmen die Möglichkeit der flexiblen Arbeitszeitgestaltung wahr. Die Gesamtarbeitszeit wird meist in zwei Zeitblöcke unterteilt, wobei versucht wird, für einen ersten Block eine im Tagesablauf fest eingeplante Arbeitszeit einzuhalten, während der Rest der Arbeit den familiären Bedingungen flexibel angepaßt wird.
Als weitere positive Faktoren der Telearbeit wurden

- o die Intensivierung der Mutter-Kind-Beziehung,
- o die Arbeitsvertragsgestaltung im Angestelltenverhältnis,
- o die größere Selbständigkeit und
- o die verbesserten Möglichkeiten der Selbstverwirklichung

genannt, während

- o das fehlende "feedback",
- o eine teilweise auftretende mangelhafte Qualität der diktierten Bänder,
- o die oben bereits erwähnte schlechte Gesamtauslastung mit Arbeit und
- o die ungewisse Situation bezüglich des Arbeitsverhältnisses nach dem Modellversuch

negativ beurteilt werden.

Die bisherigen Erfahrungen aus dem Modellversuch zeigen, daß stark strukturierte Tätigkeiten (wie z.B. Textersterfassung) durchaus in

verschiedenen Dezentralisierungsformen organisierbar sind. Die im Modellversuch ausgelagerten Tätigkeiten werden dabei durch eine geeignete Kommunikationstechnik (Teletex) unterstützt.
Überlegungen, daß mit einer positiven Einstellung von Frauen zur neuen Technik auch ein Aufbrechen der traditionellen Familienstruktur zu erwarten ist, sind aufgrund der Untersuchung derzeit nicht aufrecht zu erhalten. Als größerer Einflußfaktor scheinen sich finanzielle Bedingungen für die Berufstätigkeit der Frau herauszukristallisieren. Bei dem Typus der traditionellen Familie ist das Bedürfnis der Frauen sehr groß, mit der Berufstätigkeit eine Selbstbestätigung zu finden.
Bei den sogenannten Übergangsfamilien trägt das Geld, das die Frau verdient, zum Familieneinkommen bei, d.h. der Mann erfüllt hier nicht allein die Funktion des Ernährers. Dieses Faktum kann dazu beitragen, daß sich traditionelle Strukturen wandeln.
Es ist aber grundsätzlich zu betonen, daß die Berufsarbeit allen befragten Frauen "Spaß macht" und sie diese nicht missen möchten.

Das gesamte Dezentralisierungspotential in der Bundesrepublik Deutschland wird allgemein auf höchstens etwa 60 % der im Informationssektor Beschäftigten (= ca. 40 % aller Erwerbstätigen) geschätzt. Die letztendlich realisierte Anzahl und Anwendungsform von Telearbeitsplätzen wird jedoch hauptsächlich durch Faktoren wie Wirtschaftlichkeit und gesellschaftliche Akzeptanz bestimmt werden.

Literaturauszug

Diebold:
Office Work in the Home: Scenarios and Prospects for the 80's.
New York, 1981.

Dostal, W.:
Datenverarbeitung und Beschäftigung - Teil 3: Der Informationsbereich.
In: MittAB, Nr. 4, 1984, S. 490-505.

Fähnrich, K.-P.; Schäfer, P., Wawrzinek, S.:
Teletex bringt Zeitgewinn auch im Mittelstand. In: Maschinenmarkt,
13.07.1984, S. 1314-1316.

Kern, P.; Wawrzinek, S.:
Homework - dezentral produktiver arbeiten? Vortrag auf der AKZENTE-Arbeitstagung "Das Büro an der Wende", 10. und 11. Oktober 1983,
Böblingen.

Kern, P.; Wawrzinek, S.:
Dezentrale Schreibarbeitsplätze im Verbund mit der Zentrale.
In: Office Management; Nr. 5, 1984, S. 436-441.

Klein, B.:
Neue Technologien und ihre Auswirkungen auf Arbeits- und Familienwelt, Eine qualitative Untersuchung im Rahmen des Modellversuches "Schaffung dezentraler Arbeitsplätze unter Einsatz von Teletex". Diplomarbeit, vorgelegt an der J. W. Goethe-Universität, Frankfurt, 1985.

Nilles et al.:
The Telecommunications - Transportation Tradeoff. New York, 1976.

Olson, M.:
Remote Office Work: Implications for Individuals and Organizations.
New York, 1981.

Schäcke, K.:
Räumliche Dezentralisierung von Schreib- und Sachbearbeitertätigkeiten, Organisatorische Auswirkungen und Wirtschaftlichkeitsüberlegungen in Unternehmungen und Behörden.
Diplomarbeit, vorgelegt an der Universität Stuttgart, 1985.

Wawrzinek, S.:
Dezentrale Texterstellung mit Teletex: Erste Ergebnisse aus dem Modellversuch der Landesregierung Baden- Württemberg "Schaffung dezentraler Arbeitsplätze unter Einsatz von Teletex".
Vortrag, gehalten auf der ONLINE 85, Symposion N, 12.-15. Februar, 1985, Düsseldorf.

ERGEBNISSE EINER BEFRAGUNG VON UNTERNEHMUNGEN MIT TELE-ARBEITSPLÄTZEN FÜR PROGRAMMIERER

von Dr. Wolfgang Heilmann
INTEGRATA GmbH, Tübingen (BRD)

I. DIE ZIELGRUPPE

Die Zielgruppe der Befragungen umfaßte Unternehmungen aus den USA, England und dem deutschsprachigen Raum mit Erfahrungen in der Teleprogrammierung. Davon wurden insgesamt 32 ausfindig gemacht (vgl. Tabelle 1), überwiegend Softwarehäuser, aber auch Großbetriebe aus dem Industrie-, Chemie-, Transport- und Bankensektor. Gesprächspartner der Befragungen waren meistens Führungskräfte aus dem Organisationsbereich dieser Unternehmungen oder die Inhaber oder Geschäftsführer der Softwarehäuser. Sofern es sich um deutsche Unternehmungen handelte, haben sie fast alle großen Wert darauf gelegt, daß sie selbst und ihre Firma nicht der Presse bekannt gemacht würden. Im Unterschied zu den Vereinigten Staaten und England, aber auch der Schweiz, nimmt die deutsche Presse einen überwiegend kritischen Standpunkt zur Telearbeit ein.
Wie die Tabelle 2 zeigt, beschäftigten die befragten Unternehmungen zum Zeitpunkt der Untersuchung, also im Zeitraum 1983/1984, ca. 1347 Teleprogrammierer, eine Zahl, die zwar relativ genau ist, aber nicht identisch mit der Gesamtzahl der Teleprogrammierer. Unter Berücksichtigung der jeweiligen Rücklaufquoten, der Publizitätshaltung und der Tatsache, daß im Rahmen der Untersuchung nicht allen Anzeichen für weitere Telearbeitsplätze nachgegangen werden konnte, dürfte die tatsächliche Verbreitung aller Formen der Teleprogrammierung im deutschsprachigen Raum schätzungsweise bei tausend Arbeitsplätzen liegen. In den USA und in England sind die Zahlen entsprechend höher, aber ebenfalls noch begrenzt. Die Schätzungen belaufen sich auf einige tausend Arbeitsplätze in der westlichen Welt, mit schnell wachsender Tendenz: "It's Rush-Hour for Telecommuting", wie die Business Week vom 23. Januar 1984 schreibt.

II. DIE VORGEHENSWEISE

Die Vorgehensweise der Untersuchung ist überwiegend durch standardisierte Interviews gekennzeichnet. Expertengespräche und schriftliche Befragungen spielten eine untergeordnete Rolle. Als ergiebige Informationsquelle in bezug auf die Unternehmensdaten erwiesen sich die Mitarbeiterinterviews, die gar nicht für diesen Zweck gedacht waren. Aus ihnen konnten weitere Anwender der Teleprogrammierung identifiziert und in die Auswertung integriert werden. Insgesamt sind 26 Unternehmungen direkt durch ihre offizielle Repräsentation und 6 durch ihre Mitarbeiter in die vorliegende Untersuchung eingebracht worden, die damit Datenmaterial aus unterschiedlichen Quellen zu verarbeiten hat.

III. DER BEFUND

Dementsprechend vorsichtig ist der Befund der Fakten und Meinungen zu bewerten, der im folgenden dargelegt wird.

1. Der Entstehungsmodus (vgl. Tab. 1)

Der Entstehungsmodus der Telearbeitsplätze ist kaum noch als zufällig zu charakterisieren, denn 15 von 32 Unternehmungen führen ein Telearbeitsprogramm durch oder arbeiten gezielt auf die Einrichtung von Telearbeitsplätzen hin. Diese Unternehmungen stellen mit 1146 von 1347 auch die überwiegende Mehrzahl der Telearbeitsplätze, wobei allerdings die englische Firma F. International Ltd. mit allein 670 Telearbeitsplätzen das Bild prägt.

2. Das Leistungsprogramm (Branche, vgl. Tab. 1)

Die wichtigsten Unternehmensdaten sind dadurch gekennzeichnet, daß 22 von 32 Firmen als Softwarehäuser eingestuft wurden. Obwohl das Leistungsprogramm der Softwarehäuser große Verschiedenheiten aufweist, bilden sie im Rahmen dieser Untersuchung eine relativ homogene Gruppe von Klein- und Mittelbetrieben, neben denen die Großbetriebe aus anderen Branchen (10) auch im Hinblick auf die betroffenen Telearbeitsplätze (369 von 1347) in ihrer Bedeutung zurücktreten. Zählt man die Computerhersteller als Unternehmungen der Informationsindustrie und die Softwarehäuser zusammen, so verfügen die 5 Großunternehmungen unterschiedlicher Branchen nur jeweils über einen, zusammen also über 5 Telearbeitsplätze, die mit einer Ausnahme zufällig entstanden sind.

3. Der Standort (vgl. Tab. 1)

Der Standort der Unternehmungen ist überwiegend als Ballungszentrum einzustufen (23 von 32 Standorten), nur 9 Unternehmungen mit 339 (= 25%) Telearbeitsplätzen haben ihren Firmensitz in einer peripheren Lage, während Standorte in strukturschwachen Gebieten fehlen. Eine Ausnahme bildet auch hier wieder die englische Firma F. International Ltd., die 6 Standorte in England besitzt, mit denen sie z. B. auch Arbeitsplätze im strukturschwachen Schottland schafft.

4. Die Art des Telearbeitsplatzes (vgl. Tab. 2)

Der Art nach stehen die Heimarbeitsplätze im Vordergrund (1217) mit weitem Abstand gefolgt von den Telearbeitsplätzen im Nachbarschaftsbüro (90) und denen im Satellitenbüro (40 von insgesamt 1347). Da die Heimarbeitsplätze in England fast alle von der speziell für Frauen mit Familienpflichten geschaffenen Unternehmung F. International Ltd. gestellt werden, handelt es sich um eine zufällige Überrepräsentation dieser Spielart der Teleprogrammierung, die aber trotzdem im Vordergrund steht.

5. Aufgabenstellung und Art der Projekte (vgl. Tab. 2)

Hinsichtlich der Aufgabenstellung dominiert mit 1107 (= 82%) Fällen die Anwendungsprogrammierung. Erst im weiten Abstand folgt die Systemprogrammierung mit 220 Arbeitsplätzen. Nicht so eindeutig ist das Ergebnis in bezug auf die Art der Projekte, die nur für den deutschsprachigen Raum ermittelt werden konnte, wo Mehrpersonenprojekte mit 56% leicht vor den Einpersonenprojekten mit 44% führen. Es besteht kein Zweifel, daß auch in den USA und in England Mehrpersonenprojekte in Heimarbeit abgewickelt werden.

6. Die Informationstechnik (vgl. Tab. 3)

Die eingesetzte Informationstechnik am Telearbeitsplatz ist, ohne Berücksichtigung der Fa. F. International Ltd., durch das Bildschirmterminal mit einer HfD- oder Datex-P-Leitung zur Zentralanlage gekennzeichnet. Telefonleitungen spielen allerdings mit 20% noch eine wesentliche Rolle. Der Mikrocomputereinsatz mit und ohne Datenfernverarbeitungsanschluß scheint sich auszudehnen (161 Fälle). Aber es gibt auch noch Telearbeitsplätze ohne jede Informationstechnik (3 Fälle sowie praktisch sämtliche Arbeitsplätze der auch hier eine Ausnahme darstellenden Fa. F. International Ltd.). Programmiert wird überwiegend für Standard-Computer als Zielanlagen (81%). Mikros machen aber bereits 16% aus. Bürocomputer spielen mit 3% Anteil nur eine untergeordnete Rolle.

7. **Der Vertragstyp (vgl. Tab. 4)**

Der Vertragstyp ist ohne F. International Ltd. überwiegend der Arbeitsvertrag (614 Fälle), es folgt der Dienstvertrag (58 Fälle) und schließlich mit nur 5 Fällen der Werkvertrag. Verträge nach dem Heimarbeitsgesetz konnten nicht ermittelt werden. Bezieht man F. International Ltd. in die Auswertung ein, so überwiegt allerdings der Dienstvertrag mit 728 (= 54%) der Fälle, die überwiegend Teilzeitarbeitsverhältnisse darstellen.

8. **Der vertragliche Umfang (vgl. Tab. 4)**

Der vertragliche Umfang der Telearbeit ist in der Bundesrepublik Deutschland interessanterweise überwiegend ein Vollzeitarbeitsverhältnis (141 von 172) Fällen), nur in 7 Fällen handelt es sich um Teilzeitverträge und in 24 Fällen um gelegentliche Telearbeit nach Feierabend. Vollzeittelearbeit bedeutet aber nicht, daß der Telearbeiter seine gesamte Arbeitszeit am dezentralen Arbeitsplatz verbracht hat. Erhebliche, im einzelnen nicht genau feststellbare Zeitanteile, waren für Besprechungen und Sonderarbeiten im Zentralbüro erforderlich.

Das Bild ändert sich wesentlich, wenn man die USA betrachtet, wo die gelegentliche Nutzung nach Feierabend offenbar eine große Bedeutung besitzt. Die ausschließliche Teilzeitarbeit in England wird wieder von F. International Ltd. geprägt.

9. **Die Mitarbeiter (vgl. Tab. 5)**

In bezug auf die Mitarbeiterdaten ergaben die Befragungen das Bild einer besonders qualifizierten Gruppe von Programmierern. Fast alle Befragten besaßen mehr als fünf Jahre Programmiererfahrung und waren von ihrer Ausbildung her mehrheitlich (15 von 26) Hochschul- oder Fachschulabsolventen, wenn das letzte Ergebnis auch nicht die Aussagekraft besitzt, die ihm zukäme, wenn die Auswahl der Interviewpartner hätte repräsentativ erfolgen können.

Der Anteil der Frauen war praktisch ebenso hoch wie der der Männer, konnte aber nicht exakt ermittelt werden, weil einige schriftlich Befragte ihr Geschlecht nicht angaben.
Das Durchschnittsalter betrug 36 Jahre, das Durchschnittseinkommen konnte nicht ermittelt werden. In dieser Hinsicht ergeben sich aber offensichtliche Unterschiede zwischen den aus familiären oder gesundheitlichen Gründen auf die Telearbeit angewiesenen Mitarbeitern, die oft schlechter bezahlt werden als normale Angestellte, und den zum Teil sehr gut bezahlten freiberuflichen Programmierern.

10. Gründe für die Teleprogrammierung (vgl. Tab. 5)

Bei den aus der Sicht der Unternehmungen genannten Gründen für die Einrichtung von Telearbeitsplätzen stehen in der Bundesrepublik Deutschland die Behinderungen (70) im Vordergrund. Dieses Ergebnis ist als Folge der Zusammensetzung der Samples anzusehen, so daß daraus keine weiterreichenden Schlüsse gezogen werden können.
An zweiter Stelle rangieren dann die Entfernung zum Kunden (46), die für Softwarehäuser eine große Rolle spielt und die Tatsache der selbständigen Tätigkeit der sogenannten Fremdprogrammierer, die das Gros der Telearbeitsplätze bei einem Computerhersteller bilden. Diese 37 Fälle können im Grunde mit zu den 46 gezählt werden, so daß die Entfernung zum Kunden mit 83 Fällen den gewichtigsten Grund für die Telearbeit darstellt.
An dritter Stelle werden Wartungsnotwendigkeiten genannt (20 Fälle), d. h. hier handelt es sich um gelegentliche Telearbeit nach Feierabend neben einer Haupttätigkeit im Zentralbüro.
Die gewissermaßen "klassischen Gründe" der Telearbeit, nämlich Familienpflichten von Frauen mit Kindern oder pflegebedürftigen Angehörigen, treten dagegen mit 7 Fällen völlig zurück. Fast dieselbe Bedeutung haben Heimbüros, die den jeweiligen Mitarbeitern gewissermaßen als Privileg eingeräumt wurden.

IV. BEWERTUNG

Ohne auf Einzelheiten einzugehen (vgl. dazu das voraussichtlich 1986 im Forkel-Verlag Wiesbaden erscheinende Buch des Verfassers "Die organisatorische Gestaltung der Teleprogrammierung") kann festgestellt werden, daß es sich bei der Teleprogrammierung um eine neue Organisationsform der Arbeit handelt, die sich als Folge der informationstechnischen Entwicklung in der gesamten westlichen Welt schnell ausbreitet und nachhaltige Veränderungen in bezug auf Arbeitsort und Arbeitszeit sowie auf den sozialen Status des arbeitenden Programmierers mit sich bringen wird. Es ist deshalb zu begrüßen, daß die Gesellschaft für Informatik diesem Thema in ihrer diesjährigen Tagung ein ganztägiges Fachgespräch widmet.

TAB.1: UNTERNEHMENSDATEN

ANGABEN \ LAND	USA	UK	BRD	CH	Σ
ANZAHL	8	3	17	4	32
BRANCHE/GRÖSSE					
• SW-HÄUSER,	6	1	12 (=71%)	3	22 (=69%)
DAVON:					
EINMANNBETR.	(1)		(2)		(3)
2-100 MITARB.	(4)		(7)	(3)	(14)
>100 MITARB.	(1)	(1)	(3)		(5)
• COMPUTER-HERSTELLER	2	2	1	-	5
• ANDERE UNTER-NEHMUNGEN	-	-	4	1	5
STANDORT					
• BALL. ZENTRUM	5	2	12	4	23
• PERIPHERE LAGE	3	1	5	-	9
• STRUKT. SCHW. GEBIET	-	-	-	-	
ENTST. MODUS					
• GEPLANT	4	3	8	-	15
• UNGEPLANT	4	-	9	4	17

TAB.2: ZUR ORGANISATION DER TELEPROGRAMMIERUNG

ANGABEN \ LAND	USA	UK	BRD	CH	Σ
ART DES TELEARB.-PLATZES					
• HEIMARBEITSPLATZ	307	830	73 (=42%)	7	1217 (=90%)
• SATELLITENBÜRO	5	-	29 (=17%)	6	40 (=3%)
• NACHBARSCHAFTSB.	20	-	70 (=41%)	-	90 (=7%)
	332	830	172	13	1347
AUFGABENSTELLUNG					
• ANWENDUNGSPROGRAMMIERUNG	201	740	154 (=90%)	12	1107 (=82%)
• SYSTEMPROGRAMMIERUNG	131	70	18 (=10%)	1	220 (=16%)
• ANDERE		20			20 (=2%)
ART DER PROJEKTE					
• EINPERSONENPROJ.	NICHT ERMITTELT		76 (=44%)	1	
• MEHRPERSONENPROJ.			96 (=56%)	12	

TAB.3: DIE VERWENDETE INFORMATIONSTECHNIK

ANGABEN \ LAND - TAPL - FIRMEN	USA 332 (8)	UK 830 (3)	BRD 172 (17)	CH 13 (4)	Σ 1347 (32)
ZIELANLAGE					
● STANDARD-COMP.	196 (=59%)	760 (=92%)	127 (=74%)	2 (=15%)	1085 (=81%)
● BÜRO-COMP.	5 (=2%)	30 (=4%)	5 (=3%)	6 (=46%)	46 (=3%)
● MIKRO-COMP.	131 (=40%)	40 (=5%)	40 (=23%)	5 (=38%)	216 (=16%)
DATENSTATION		NICHT ERMITTELT			
● SCHREIBMASCHINEN-TERMINAL			17 (=10%)	4	21 (=4%)
● BILDSCHIRM-TERMINAL	202 (=61%)		126 (=73%)	4	332 (=64%)
● MIKRO OHNE DFÜ	30 (=9%)		4 (=2%)		34 (=7%)
● MIKRO MIT DFÜ	100 (=30%)		22 (=13%)	5	127 (=25%)
● PAPIER UND BLEISTIFT			3 (=2%)		3 (=1%)
					517
ÜBERTRAGUNGSWEGE (FÜR TERMINAL/PC)	NICHT	ERMITTELT			
● TELEFON			31 (=18%)	6	37 (=20%)
● DATEX-P			20 (=12%)		20 (=11%)
● DATEX-L			7 (=4%)		7 (=4%)
● HFD			106 (=62%)		106 (=57%)
● ANDERE			1	7	8 (=4%)
● KEINE			7 (=4%)		7 (=4%)
					185

TAB.4: VERTRAGSGESTALTUNG

LAND / ANGABEN	USA 332	UK 830	BRD 172	CH 13	Σ 1347
VERTRAGSTYP					
• ARBEITSVERTRAG	310	160	131 (=76%)	13	614 (=46%)
• DIENSTVERTRAG	22	670	36 (=21%)	-	728 (=54%)
• WERKVERTRAG	-	-	5 (=3%)	-	5
ZEITVEREINBARUNG					
• VOLLZEITARBEIT	137	-	141 (=82%)	13	291 (=22%)
• TEILZEITARBEIT	-	830	7 (=4%)	-	837 (=62%)
• NACH FEIERABEND	195	-	24 (=14%)	-	219 (=16%)

TAB.5: MITARBEITERDATEN UND GRÜNDE

LAND / ANGABEN	USA	UK	BRD	CH	Σ
ALTERSDURCHSCHNITT	32,5	36,2	36,5 (BRD + CH)		35,3
(ANZAHL D. PERSONEN)	(11)	(5)	(21)		(37)
GESCHLECHT					
• MÄNNLICH	7		10		17 (=46%)
• WEIBLICH	2	5	9		16 (=43%)
• OHNE ANGABE	2		2		4 (=11%)
AUSBILDUNG			(BRD + CH)		
• FACH-/HOCHSCHULE		2	13 (=62%)		
• ANDERE		3	8 (=38%)		
GRÜNDE FÜR DIE TELEARBEIT	NICHT	ERMITTELT			
• BEHINDERUNGEN			70 (=41%)	1	
• ENTFERNUNG ZUM KUNDEN			35 (=20%)	11	
• SELBSTÄNDIGE TÄTIGKEIT			37 (=22%)		
• WARTUNGSNOTWENDIGKEIT			19 (=11%)		
• FAMILIÄRE PFLICHTEN			7 (=4%)		
• PRIVILEG			4 (=2%)	1	
			172	13	

Telearbeit - Dämon oder Chance ?

H. Herrmann

Die Organisation der Arbeit in industriellen Gesellschaften ist so gestaltet, daß für die abhängig Beschäftigten - mit Ausnahme der Heimarbeiter im traditionellen Sinne - die Ausübung von Erwerbstätigkeit an einen Arbeitsort gebunden und an vorgegebene Zeitkontingente gekoppelt ist. Diese Einheit von Arbeitszeit und Arbeitsort außerhalb des häuslichen Handlungsbereiches haben die Menschen der industriellen Gesellschaft soweit verinnerlicht, daß ihre Auflösung utopisch und nicht realisierbar erscheint. Die modernen I + K-Technologien jedoch schaffen die Voraussetzungen, diese Ort- und Zeitbindung der Erwerbsarbeit aufzulösen. Bilder, Daten und Texte lassen sich beliebig von einem Ort zum anderen übertragen. Das bedeutet, daß informationsverarbeitende Tätigkeiten aus den Räumlichkeiten des Unternehmens ausgelagert werden und an beliebig lokalisierten Arbeitsplätzen ohne Bindung an fixe Arbeitszeiten ausgeübt werden können. Die Möglichkeit, Arbeit als Zwangsorganisation aufzuheben, läßt auch ein neues Verhältnis des Arbeitenden zu seiner Arbeit entstehen: Es wird sich eine gewisse Befreiung aus der hierarchischen Macht großer bürokratischer Systeme einstellen.

Was so auf den ersten Blick als eine chancenreiche Möglichkeit der Arbeitsflexibilisierung erscheint, ist in der Bundesrepublik zum Gegenstand einer heftigen sozialpolitischen Kontroverse geworden. Es wird gestritten, als befände man sich in einem Glaubenskrieg, von dessen Ausgang Wohl und Wehe von Millionen deutscher Arbeitnehmer und vor allem Arbeitnehmerinnen abhängt. Während unsere Nachbarn jenseits des Kanals mit angelsächsischem Pragmatismus diese neue Arbeitsorganisation bereits anwenden und weiterentwickeln und auch aus den USA vielfältige Erfahrungen vorliegen, wird die Telearbeit in unserem Lande erst einmal verbal zu bewältigen versucht. Mancher Diskutant glaubt dabei offensichtlich, die Entwicklung bei den neuen I + K-Technologien mittels negativer öffentlicher Meinungsbildung aufhalten zu können - oder dies sogar zu müssen. Der massivste Widerstand kommt aus dem Gewerkschaftslager, sekundiert auch von Wissenschaftlern und Publizisten. Dabei ist zu beobachten, daß die Gegner der Telearbeit in ihrer Argumentation sich immer weiter von Sachlichkeit entfernen; die Positionen sind inzwischen politisch besetzt. Die Gewerkschaften sehen in der Telearbeit ein Rationalisierungsinstrument, das Arbeitsplätze vernichtet und ihre Organisationen schwächt. Sie haben das Thema zum macht- und interessenpolitischen Vehikel umfunktioniert; ihre Strategie heißt "Abwehr durch negative öffentliche Meinungsbildung".

Das trifft in dieser Pauschalierung zwar nicht für alle Gewerkschaften zu, wohl aber für den DGB und die mitgliederstärksten Einzelgewerkschaften IGM, ÖTV und HBV. Vorläufiger Höhepunkt der Ablehnungsoffensive ist das von der IGM geforderte gesetzliche Verbot von "elektronischer Heimarbeit". Es gibt aber auch Euphoriker, die glauben, Telearbeit werde noch in diesem Jahrhundert eine große Verbreitung finden und vielfältige positive Umwelteffekte auslösen: Entlastung vom Berufsverkehr und Verringerung der damit verbundenen Umweltbelastung, weniger Büroneubauten und andere Raumnutzung bereits vorhandener, auch geringerer Papierverbrauch wegen des Informationsaustausches zwischen Computern könnte die Folge sein. Mit diesen gegensetzlichen Positionen soll im folgenden eine Auseinandersetzung versucht werden.

Telearbeit als frauenpolitisches Thema

Die Gegner der Telearbeit sind fast ausschließlich auf den Extremfall der Arbeitserbringung zu Hause fixiert, auf die völlige und ausschließliche Verlagerung des Arbeitsplatzes in die Privatwohnung. Eine Auseinandersetzung mit den anderen möglichen Formen der Arbeitsdezentralisierung findet so gut wie nicht statt. Argumentiert wird dabei mit Blick auf die Zielgruppe Frauen, denn man geht davon aus, daß "die neuen Heimarbeiter" vorwiegend Frauen sein werden.

Da es technisch möglich ist, Telearbeit an beliebig lokalisierten Arbeitsplätzen, also auch in der Privatwohnung zu verrichten, ist sie für Personen mit Familienpflichten attraktiv - und das sind traditionell die Frauen. Tatsächlich dürfte der Wunsch, trotz familiärer Pflichten erwerbstätig zu sein, für Frauen das wesentliche Motiv für eine Arbeit am häuslichen Computer darstellen. Folglich wird diese Motivation von den Gegnern speziell aus dem Lager der Frauenrechtler gezielt und phantasievoll in Angriff genommen.

Die Problematisierung der Telearbeit

Die Problematisierung der Telearbeit beginnt bereits mit der Wortwahl, und zwar mit der konsequenten Verwendung des Begriffes "Heimarbeit". Von vielen wird dieser Begriff unreflektiert übernommen, auch aus Gewöhnung weitergeschleppt, nicht so bei den Gewerkschaften. Sie knüpfen bewußt an der Tatsache an, daß dieser Begriff aus der Historie der traditionellen Heimarbeit stark negativ belegt ist. Das Elend der schlesischen Weber und das Los der Zigarrenwickler vor 100 Jahren, die materielle Not, die in der Regel den Heimarbeiter zur Aufnahme dieser Arbeit zwang, der Gedanke an schlechte Bezahlung und minderqualifizierte Arbeit schwingen ja noch immer in dem Wort mit. Diese - zweifellos begründeten - negativen Assoziationen der Heimarbeit werden von ihren Gegnern gern heraufbeschworen und in der Argumentation noch verstärkt. Durch die konsequente Anwendung des Begriffes "Heimarbeit" auf die elektronische Fernarbeit sollen die dem Heimarbeitsbegriff anhaftenden negativen Bedeutungsinhalte so auf diese Arbeitsform übertragen werden, daß ihr Sozialprestige bereits in seiner Entstehungsphase untergraben wird.

Die Verwendung des - umfassenderen - Begriffes "Telearbeit" wird demgegenüber abgelehnt, weil diese Bezeichnung angeblich nur einer Assoziation mit den schlechten Arbeitsbedingungen von Heimarbeitern vorbeugen solle.

Die Horrorvision

Solchermaßen vorgerüstet wird ein beachtlicher Einfallsreichtum entfaltet: die Kulturgruppe des DGB Koblenz ersann ein Rollenspiel über den Arbeitsalltag einer Telearbeiterin - fast wie aus dem Leben gegriffen. Darin kommen dann die gängigen Klischeevorstellungen und Problemsituationen der Telearbeit zu Hause gleich gebündelt vor: ein menschenverachtender Firmendirektor, der die Mitarbeiterinnen an den Heimcomputer drängt, ein von der hektisch telearbeitenden Mutter vernachlässigtes Kleinkind, Streit mit dem Ehemann und ein durch den Druck der Geschäftsleitung ausgehöhlter Betriebsrat, der nicht helfen kann (dies alles nachzulesen in dem Taschenbuch "Frauen am Computer", erschienen im Rowohlt Verlag).

Noch mehr Phantasie wird von der IG Metall aufgeboten: um eine möglichst eindrucksvolle Abschreckungswirkung zu erzielen, wird folgendes Zerrbild einer Telearbeiterin als greifbare Realität gezeichnet: eine gestreßte Mutter von Kleinkindern, die in ihrer beengten Sozialwohnung in totaler Isolation an einem "ergonomisch miserablen Billiggerät (da die Arbeitgeber bei der Ausstattung sparen)", (Originalton IGM) kontrolliert vom Zentralcomputer, ohne arbeits- und sozialrechtlichen Schutz bei schlechtester Bezahlung monotone Telearbeit im Akkord verrichtet - Heimarbeiterelend in der Version des Elektronikzeitalters.

Manchen reicht auch diese Horrorvision noch nicht. Zusätzlich wird - wegen der "Faszinationskraft des technischen Gerätes" - deshalb das Gespenst möglicher Kinderarbeit an den Terminals bemüht. An dieser Stelle könnte mancher Beobachter Neigung verspüren, die Argumente der Telearbeits-Gegner pauschal abzutun, weil negativ verzeichnet. Davor muß jedoch gewarnt werden, denn die Forderung nach einem gesetzlichen Verbot der Telearbeit, obwohl vor dem Hintergrund auch von Zerrbildern erhoben, liegt ja auf dem Tisch. Und vieles läßt sich eben durch das Aufbauen von Popanzen und Feindbildern politisch überhaupt nur erreichen.

Konstruktive Mitarbeit erwünscht und notwendig

Andererseits muß aber zugegeben werden, daß manche der geäußerten Befürchtungen im Ansatz nicht unbegründet sind - darauf wird später eingegangen werden. Daher wäre es sinnvoller, den vorhandenen Handlungsbedarf in der Praxis durch Modellversuche auszuloten und sich so an der Gestaltung dieser sozialpolitischen Zukunftsaufgabe zu beteiligen. Das gesellschaftspolitische Kräfteverhältnis in der Bundesrepublik läßt es auch nicht zu, daß eine gesellschaftspolitisch relevante Gruppe - wer auch immer das sei - diese Aufgabe allein bewältigen könnte.

Doch anstelle konkreter Gestaltungsvorschläge und der Mitwirkung bei der Suche nach realistischen Problemlösungen überwiegen im Gewerkschaftslager bizarre Vorstellungen über die sozialen Folgen der Telearbeit noch bevor diese überhaupt nennenswerte Verbreitung gefunden hat. So werden potentiell an Telearbeit interessierte Arbeitnehmer wie Unternehmen verunsichert und angegriffen, als ließen sie sich auf einen Pakt mit dem Teufel ein. Dies zeigte zum Beispiel in der Anlaufphase des 1984 mit 19 dezentralen Arbeitsplätzen gestarteten Modellversuches der Landesregierung in Baden-Württemberg Wirkung: hier nahmen mehrere Großunternehmen von einer Beteiligung an dem Modellversuch Abstand aufgrund der ablehnenden Haltung des jeweiligen Betriebs- beziehungsweise Personalrates. Die zuständigen Gewerkschaften hatten gegen die Errichtung von im Modellversuch vorgesehenen Telearbeitsplätzen in Privatwohnungen vehement Widerspruch erhoben und jede Beteiligung an dem Modellversuch abgelehnt. Geballten Gewerkschaftszorn zog sich auch die Firma Siemens zu, und das schon wegen eines Modellversuches mit drei ehemaligen Sektretärinnen. Zweck des Versuches war, die technischen und organisatorischen Möglichkeiten von Texterfassung außerhalb des Betriebes per Teletex auszuprobieren. Dazu wurde den drei Damen ein mit der nötigen technischen Infrastruktur ausgestatteter Arbeitsplatz zu Hause installiert. Ein Mitarbeiter übernahm Koordinierung und Betreuung. Die in dem Versuch praktizierte Texterfassung mit Teletypistin wird von Hans-Ulrich Wegener, dem Initiator, wie folgt beschrieben: "Man ruft eine Teletypistin. Ist sie aufnahmebereit und kann sie den Text in der gewünschten Zeit erfassen, schaltet sie über Telefonadapter das Diktiergerät ein. Der Auftraggeber spricht. Sein Text wird gespeichert. Wie beim Phonodiktat kann die Teletypistin den Text über Kopfhörer abhören und auf der Textstation erfassen. Hernach überträgt sie den geschriebenen Text an die angegebene Teletexnummer. Da der Text gespeichert ist, kann er korrigiert oder weiterbearbeitet werden." [1)] Das Organisationsmodell wird sowohl aus dem Haus Siemens wie von den beteiligten Damen positiv gewertet; Gewerkschaftskommentar zu dem Versuch (Originalton IG-Druck und Papier): "Mann kann nur sagen, wehret den Anfängen, denn dieses System läßt sich beliebig einsetzen." [2)]

Es soll aber nicht unerwähnt bleiben, daß im Gewerkschaftslager auch Pragmatiker anzutreffen sind, etwa bei der IG-Chemie, Papier, Keramik. Auf deren 12. Ordentlichen Gewerkschaftstag 1984 wurden konkrete Regelungen und Mindestbedingungen für die Einführung elektronischer Heimarbeit präsentiert.

Abwehrhaltung gefährlich

Die engagiert betriebenen Abwehrstrategien führen ihre Initiatoren und Akteure in eine Sackgasse, aus der herauszukommen ohne Gesichtsverlust kaum mehr möglich sein dürfte. Sie können aber auch in ihrer ökonomischen Gesamtwirkung gefährlich sein, weil ihr Ziel die Blockade einer bestimmten Technik ist. Und gerade das können wir uns nicht leisten. Der rohstoff- und energiearmen Bundesrepublik steht nur der technische Fortschritt als einziger Produktionsfaktor grundsätzlich unbegrenzt und aus eigener Kraft zur Verfügung. Ein wie auch immer motivierter Technikverzicht würde tendenziell zu einem Verlust an internationaler Wettbewerbsfähigkeit führen. Die in vielfältige internationale Verflechtungen eingebundene deutsche Volkswirtschaft kann sich nicht von dem internationalen Trend zur Modernisierung der Kommunikationsnetze abkoppeln ohne dabei Schaden zu nehmen. Damit würde auch der erreichte Wohlstand und die soziale Sicherheit gefährdet.

Nun wird gerade dieser Aspekt von der IG Metall herunterzuspielen versucht. Anstatt die Exportfähigkeit der deutschen Industrie weiter einseitig zu betonen, solle die staatliche Technologie- und Forschungspolitik alternative gesellschaftliche Bedürfnisse erforschen und sich diesen zuwenden. Allerdings fehlt dieser politischen Neuorientierung noch die zugehörige demokratische Legitimation.

Gewerkschaften stark und einflußreich

Abschließend sollten diejenigen Gewerkschafterinnen und Gewerkschafter, die ihr kreatives Potential so engagiert in Abwehrstrategien binden, sich einmal nach ihrem Selbstbild von ihrer Organisation fragen lassen. Halten sie diese tatsächlich für so macht- und einflußarm, daß ihnen Arbeitsorganisationen aufgezwungen werden könnten ohne daß man ihnen Gestaltungsfreiräume überlassen muß? Tatsächlich zählen der DGB und seine mitgliederstärksten Einzelgewerkschaften zu den mächtigsten und einflußreichsten Arbeitnehmerorganisationen in den westlichen Industrienationen. Auch seien die Telearbeitsgegner gefragt, ob sie das deutsche Arbeits- und Sozialrecht für so antiquiert halten, daß ein neues Heimarbeiterelend wie im vorigen Jahrhundert neu entstünde.

Organisationsegoistische Gründe

Die ablehnende Haltung der Gewerkschaften zur Telearbeit hat auch handfeste organisationsegoistische Gründe. Sollte tatsächlich Telearbeit in Form von Heimarbeit Verbreitung finden, dann wäre dieser Personenkreis gewerkschaftlich kaum zu organisieren. Zudem scheint die Attraktivität der Gewerkschaften angesichts schrumpfender Verteilungsspielräume ohnehin zu verblassen; allein die IG Metall verlor 1984 über 38 000 Mitglieder. Die Einführung der neuen I + K-Techniken wirkt sich auch insofern ungünstig auf den gewerkschaftlichen Organisationsgrad aus, als durch sie immer mehr Arbeitnehmer in Angestelltenfunktionen kommen, und Angestellte sind traditionell wenig organisationswillig. Vor diesem Hintergrund macht die Dämonisierung der Telearbeit einen gewissen Sinn: Angst vor der Zukunft soll den Gewerkschaften neue Mitglieder in die vermeintlich schützenden Arme treiben, besonders aus der Gruppe der Angestellten und der gleichfalls wenig organisationsfreudigen Frauen. Es geht also vielen Telearbeitsgegnern nur vordergründig um die Arbeits- und Lebensqualität der zu Hause tätigen Telearbeiter; was sie mehr bewegt ist die Sorge um Macht und Einfluß der Gewerkschaften. Sie übersehen dabei - oder nehmen es billigend in Kauf - daß sie dabei vielen Arbeitswilligen die Chance auf einen Arbeitsplatz nehmen: zum Beispiel Behinderten oder Bewohnern strukturschwacher Gebiete mit geringerem Arbeitsplatzangebot.

Abschätzung der sozialen Folgen von Telearbeit

Will man die sozialen Folgen von Telearbeit abschätzen, muß eine Prognose darüber versucht werden, welche Verbreitung sie in der Bundesrepublik erreichen könnte und welche Organisationsform sich dabei am wahrscheinlichsten durchsetzen wird. Für die Telearbeitsgegner ist dies unbestritten die Arbeit in der Privatwohnung, weil sie angeblich von den Arbeitgebern favorisiert wird. Demgegenüber konnte das Fraunhofer-Institut für Arbeitswirtschaft und Organisation (IAO) im Rahmen seiner wissenschaftlichen Begleitung des Modellversuches in Baden-Württemberg keinen konkreten Bedarf an der Einrichtung dezentraler Arbeitsplätze feststellen. Als hemmend erwiesen sich folgende Faktoren:

1. Die noch immer relativ hohen Kosten für die technische Infrastruktur; sie werden aus dem Haus Siemens auf 20 000 - 30 000 DM beziffert. Sie machen besonders bei kleineren Unternehmen die Wirtschaftlichkeit fraglich.

2. Die notwendige Strukturierung der Telearbeit. Es müssen selbständige Arbeitspakete geschaffen werden mit einem geringen Kommunikationsanteil und/oder geringem Ressourcenbedarf, um negative Auswirkungen auf den Arbeitsablauf im Be-

trieb zu vermeiden. Das erfordert einen arbeitsorganisatorischen Zusatzaufwand.

3. Ungeklärt sind auch noch Fragen der Haftung bei Beschädigung des Gerätes, ebenso die Gewährleistung des Datenschutzes.

4. Koordinierungsprobleme können auch hinsichtlich Terminplanung, -überwachung und Qualitätskontrolle entstehen. Das Führungsverhalten gegenüber Telearbeitern wird ein anderes sein müssen als das gegenüber ständig im Unternehmen Anwesenden.

Aus diesen Tatbeständen erklärt sich die zu beobachtende relative Zurückhaltung der Unternehmen gegenüber der Auslagerung von Arbeitsplätzen. Nach Expertenansicht wird es "noch viele Jahre dauern, bis alle Büroeinrichtungen - vom Telefon angefangen über die Telefaxeinrichtung, den Computeranschluß bis hin zur elektronischen Post - in Mehrfunktionsarbeitsplätzen preiswert verfügbar sein werden ... Man kann für die nächsten Jahre erwarten, daß nur die Büroarbeiten dezentralisiert werden, die einen geringen Ressourcen- und Kommunikationsbedarf haben und leicht von anderen Tätigkeiten abgegrenzt werden können"[3].

Erste empirische Ergebnisse für die Bundesrepublik

Wie Beobachtungen aus den USA und Großbritannien belegen, scheint das Gebiet der Softwareentwicklung und der Programmierung sich für Telearbeit besonders zu eignen. Heilmann beziffert die Zahl der Teleprogrammierer in den Vereinigten Staaten auf einige Tausend, in der Bundesrepublik könnte es nach seinen Schätzungen 500 - 1 000 Arbeitsplätze für Teleprogrammierung geben.

Offizielle Zahlenangaben über Telearbeitsplätze sind für die Bundesrepublik derzeit nicht verfügbar; die Schätzungen hierfür laufen weit auseinander. Nicht jeder der zu Hause arbeitet und einen Computer als Hilfsmittel nutzt, gilt als Telearbeiter.

In einer in der Bundesrepublik mit 172 Teleprogrammierern durchgeführten repräsentativen Untersuchung stellte Heilmann fest, daß besonders Softwarehäuser Teleprogrammierung nutzen. Die untersuchten Arbeitsplätze waren alle lokale Mischarbeitsplätze, das heißt die Programmierer verbrachten bestimmte Zeitanteile am dezentralen Arbeitsplatz und im Zentralbüro; der Art nach überwogen mit 42 Prozent Heimarbeitsplätze. Für 82 Prozent von ihnen war es eine Vollzeitbeschäftigung, die übrigen arbeiteten in Teilzeit oder in ihrer Freizeit. Das Arbeitsverhältnis basierte in

76 Prozent der Fälle auf einem normalen Arbeitsvertrag; Verträge nach dem Heimarbeitsgesetz konnten nicht ermittelt werden. Ein gewisser Trend zu unternehmerischer Verselbständigung scheint gegeben. Der Fall der Frau mit Kindern oder pflegebedürftigen Angehörigen trat hier nur insgesamt 7 mal in Erscheinung.

Dieser Tatbestand widerlegt eindeutig die von den Telearbeitsgegnern eingebrachte Unterstellung, elektronische Fernarbeit sei in erster Linie minderqualifiziert. Die Assoziation zur traditionellen Heimarbeit kann also allein schon wegen der höherwertigen Arbeitsinhalte der Telearbeit nicht ziehen.

Soziale Situation des Telearbeiters

Die soziale Situation des Telearbeiters wird von seiner wirtschaftlichen Sicherheit, ebenso wie vom Sozialprestige seiner Arbeit entscheidend beeinflußt. Auf die wirtschaftliche Sicherheit wirkt der rechtliche Status ein. Der Arbeits- und Sozialrechtler Gitter (Universität Bayreuth) unterteilt die am Heimcomputer Tätigen in

- Arbeitnehmer
- Personen, die dem Heimarbeitsgesetz unterliegen, das heißt Heimarbeiter und Gleichgestellte
- Selbständige.

Die Einordnung erfolgt vom Arbeitnehmerbegriff her. Liegt Arbeitnehmereigenschaft vor, besteht auch für die am Heimcomputer Tätigen der volle arbeits- und sozialrechtliche Schutz. Auch im Falle der rechtlichen Einordnung als Heimarbeiter besteht nach Gitter ein arbeits- und sozialrechtlicher Schutz, der mittlerweile fast den gleichen Umfang wie der Schutz der normalen Arbeitnehmer hat. So sei zum Beispiel der Betriebsrat für die in Heimarbeit Beschäftigten im gleichen Maße zuständig wie für die Betriebsangehörigen, beide Personengruppen seien mitbestimmungsrechtlich im Betrieb im selben Umfang vertreten. Eine Einbeziehung der selbständig Tätigen in den Heimarbeits- oder Arbeitnehmerschutz wird als nicht möglich und auch nicht wünschenswert gesehen. "Wer sich willentlich dem Wirtschaftsleben unterwirft, soll auch dessen Vorteile und Risiken tragen".

Allgemeine Lebensqualität

Wie ist nun die allgemeine Lebensqualität des am Heimcomputer Arbeitenden zu beurteilen - unabhängig von wirtschaftlicher Sicherheit? Pessimisten befürchten besonders für familiengebundene Personen soziale Isolation; sie argwöhnen, die Frauen würden damit wieder an die drei K's gebunden, die jetzt Kinder, Küche und (K) Computer heißen. Das Schlagwort von der "elektronischen Einsiedelei" (Battelle-Institut) macht die Runde. Tatsächlich besteht die Gefahr, daß die persönlichen Kollegen-Kontakte zu einer dezentralen Arbeitskraft abbröckeln, daß sie eines Tages "vergessen" wird. Auch fehlen die im Betrieb gegebenen feed-back-Mechanismen; Lob und Anerkennung für die geleistete Arbeit bleiben aus, sofern im Unternehmen nicht ausdrücklich darauf geachtet wird.

Dem stehen jedoch intensive innerfamiliäre Kontakte, ein Zugewinn an Zeit für den Privatbereich durch Wegfall der Pendelzeiten gegenüber. Heilmann hält es für wahrscheinlich, "daß die verstärkte innerfamiliäre Kommunikation zu einem anderen, reicheren Familienleben führen wird". Endgültige Prognosen hierzu sind derzeit kaum möglich; die Empirie kann für die Bundesrepublik noch kein ausreichendes Basismaterial für eine Trendbestimmung liefern. Auch wird die Lebensqualität des Telearbeiters stark von den Gegebenheiten des Einzelfalles abhängen. Für einen hochgradig behinderten Arbeitnehmer zum Beispiel eröffnet Telearbeit neue Chancen, läßt ihn möglicherweise am Erwerbsleben überhaupt erst vollwertig teilnehmen. Familiengebundene Personen indessen laufen Gefahr, die Vereinbarkeit von Familie und Heimcomputer-Arbeit zu überschätzen, das Erfordernis von Disziplin und Organisation des Arbeitsalltages zu übersehen - mit entsprechenden negativen Konsequenzen für die Arbeit und die Familie.

Fazit und Ausblick

Die neuen I + K-Technologien bieten die Möglichkeit, die Arbeit zu den Menschen zu bringen. Damit können die Grenzen regionaler Arbeitsmärkte überwunden, kann die Zeitbindung der Arbeit aufgelöst werden. Neue, flexible Arbeitsorganisationen werden realisierbar. Dabei dürfte der Wunsch nach Telearbeit eher von den Arbeitnehmern als von den Unternehmern ausgehen: Zu Hause arbeiten zu dürfen wird zum Privileg, nicht zur erzwungenen Nothandlung. Die erwähnten positiven Umwelteffekte jedoch werden erst dann spürbar, wenn Telearbeit eine sehr große Verbreitung fände.

Die Zukunft der Telearbeit wird auch von der allgemeinen Entwicklung auf dem Arbeitsmarkt abhängen. Sollte es in den 90er Jahren wieder zu einer Verknappung von Arbeitskräften kommen, bietet sich durch Telearbeit eine Möglichkeit, vorhandene Arbeitspotentiale auch in den entlegensten Winkeln zu erreichen und zu nutzen. Voraussetzung ist die entsprechende Fortentwicklung - aber auch die soziale Akzeptanz der neuen I + K-Technologien.

Der Gedanke, daß die gegenwärtigen Arbeitszeitschemata und die vertrauten Arbeitsstrukturen vom technischen Wandel aufgelöst werden können, mag manchen unheimlich sein, schließlich haben wir uns alle an sie gewöhnt. Doch liegt in dieser Entwicklung eine solche Vielzahl von Chancen für den einzelnen, die Gesamtwirtschaft und die Gesellschaft, daß es töricht wäre, sie aus Ängstlichkeit aufhalten zu wollen.

Zitate:

1) Hans-Ulrich Wegener "Advent der freien Texterfassung" in "Der Erfolg", 2/1983

2) Erwin Ferlemann "telearbeit", ein neuer versuch, kosten zu sparen - zu lasten der arbeitnehmer", druck + papier 16/1983

3) Wolfgang Heilmann "Bringt "Telearbeit" eine neue Heimarbeiterwelle?" in "Blick durch die Wirtschaft", 20.5.1983

Darüber hinaus verwendete Literatur

1) Angelika Bahl-Benker/Hermann Unterhinninghofen: "Elektronische Heimarbeit - die 'schöne, neue Arbeitswelt'? HdA-Beratungsprojekt der IGM.

2) Wolfgang Gitter "Arbeits- und sozialrechtliche Auswirkungen der Beschäftigung an Heimcomputern", Vortrag gehalten bei dem CDU-Hearing zum Thema "Frauenbeschäftigung und neue Technologien" am 29.1.1985.

3) Wolfgang Heilmann "Stand und Entwicklung der Teleprogrammierung in Deutschland", Vortrag gehalten anläßlich des ONLINE-Kongresses 1985, 8. Europäische Kongreßmesse für Technische Kommunikation.

4) Helga Herrmann "Schlesische Verhältnisse", Gewerkschaftsreport des Instituts der deutschen Wirtschaft, 8/1984.

5) Stefan Wawrzinek "Dezentrale Texterstellung durch den Einsatz moderner Informations - und Kommunikationstechnologien", Vortrag gehalten anläßlich des ONLINE-Kongresses 1985, 8. Europäische Kongreßmesse für Technische Kommunikation.

6) Wolfgang Gitter/ Helga Herrmann/Ulrich Lohmar: "Telearbeit", Beiträge zur Gesellschafts- und Bildungspolitik, Institut der deutschen Wirtschaft, Nr. 109, 1985.

"TELEARBEIT" - EIN BEITRAG ZUR HUMANISIERUNG DER ARBEITS- UND LEBENSBEDINGUNGEN DER ARBEITNEHMER/INNEN ?

Angelika Bahl-Benker

Industriegewerkschaft Metall
Frankfurt (Main)

1904 *"Wir haben früher geglaubt, daß man in der Hausindustrie mehr als im zentralistischen Fabrikbetrieb gewisse freiheitliche Ideale verwirklichen könne. Wir haben gedacht, es würde dort noch freie Wahl der Arbeit sein und die ganze Persönlichkeit würde nicht von einem einzigen Apparat absorbiert. Aber diese Vorstellung haben wir im ganzen heute nicht mehr, wir sind zu der Ansicht gekommen, daß das wohl einmal vorhanden gewesene, vielleicht auch nicht vorhanden gewesene Dinge sind, die heute nicht mehr verwirklicht werden können. Wenn man sagt, die Arbeiterin arbeite aus freiem Willen täglich 15 Stunden, so sage ich: 'Nein - nicht aus freiem Willen, sondern wegen des Lohnes!'"*

Prof. Alfred Weber (Nationalökonom; Verein für Socialpolitik) auf dem - von den Gewerkschaften einberufenen - Heimarbeiterschutz-Kongreß 1904 in Berlin

1984 *"Heimarbeit machen nur die, die echt darauf angewiesen sind. Wegen des Kindes mache ich Heimarbeit. Ich habe einen 8-Stunden-Vertrag. Aber gleichzeitig wird gefragt, wer länger arbeitet. Wer nicht dazu bereit ist, der bekommt keine Arbeit. Die acht Stunden am Tag sind schnell vergessen".*

Datenerfasserin, alleinstehend, 1 Kind. Seit 5 Jahren Heimarbeiterin (1).

Lange Jahre schien Heimarbeit ein Relikt vergangener Jahrzehnte: Die Zahl der Heimarbeiter/innen - zu etwa 90 % Frauen - ging zurück und machte einen immer kleineren Anteil an den Erwerbstätigen aus. [2)] Das alte Problem ihrer schlechten Entlohnung und ihrer schlechten sozialen Sicherung schien sich von selbst zu erledigen.

Inzwischen nun aber hat diese Problematik mit der Entwicklung der Informations- und Kommunikationstechniken neue Aktualität erlangt. Zwar gibt es bisher noch relativ wenige Beispiele für eine Auslagerung von Arbeiten in elektronische bzw. Teleheimarbeit, Prognosen für die Jahre 1995 bis 2000 aber rechnen für die BRD mit Anteilen ca. 4 - 20 % 'Teleheimarbeitern' an Erwerbstätigen. [3)] Schon in den letzten Jahren nahm die Büroheimarbeit zu [4)] - bislang in der Regel (noch) nicht 'angekabelt'. Aber die Verbilligung der Geräte und der Ausbau der Übertragungsnetze dürften die Schwelle für die elektronische Anbindung und Übertragung verringern.

Mit diesen Entwicklungen nun drängt sich die Frage nach den Arbeits- und Lebensbedingungen von "elektronischen" Heimarbeiter/inne/n und nach den gesellschaftlichen Problemen dieser Arbeitsform auf. Es reicht nicht, den angeblich "durch historische Bedeutungsinhalte belasteten Begriff der 'Heimarbeit' durch einen neuen zu ersetzen" [5)] und von Telearbeit zu sprechen. Bisher wurde nirgends nachgewiesen, daß sich die traditionellen sozialen Probleme von Heimarbeit aufgrund der veränderten, elektronischen Arbeitsmittel nicht mehr stellen und/oder daß keine vergleichbaren Neuen entstehen.
Es zeichnet sich im Gegenteil ab, daß diese neue Arbeitsform eine Vielzahl von ökonomischen und sozialen Implikationen aufweist und daß sich hier viele ungelöste gesellschaftliche Probleme der Telekommunikation kristallisieren.

(Im folgenden werden die Bezeichnungen elektronische Heimarbeit und Teleheimarbeit synonym verwandt; sie beziehen sich auf die (räumliche) Arbeitsituation, nicht auf den arbeitsrechtlichen Status.)

1. Billig und flexibel: Elektronische Heimarbeit - ein Rationalisierungsinstrument.

Selten fehlt in euphorischen Stellungnahmen und Berichten über Modellversuche zur 'Telearbeit' die Begründung, diese sei ein Beitrag zur Humanisierung der Arbeit. Solche Stellungnahmen und Berichte kommen jedoch überwiegend von Vertretern von Herstellerfirmen und von Rationalisierungsexperten aus Betrieben, Beratungsunternehmen oder Verbänden. Der soziale Standort erhellt hier sehr schnell die jeweiligen Interessen: Denn Hersteller von Computertechnik wollen verständlicherweise viel Endgeräte und Netzbestandteile verkaufen und für die Rationalisierungsexperten fügt sich 'Telearbeit' in ihre Konzepte zur Rationalisierung der Büroarbeit ein: in die flächendeckende Computerisierung von Informationsverarbeitung und Kommunikation sowie in die zahlreichen Ansätze zur Flexibilisierung von Arbeit.
Denn elektronische Heimarbeit erleichtert bzw. ermöglicht z. B.:

- eine Ausweitung des flexiblen Arbeitskräftepotentials und eine Verringerung von Stammbelegschaften. Beschäftigte in Heimarbeit sind ebenso wie Leiharbeiter und Zeitvertragsbeschäftigte sehr viel einfacher nach Bedarf einzusetzen (bzw. wieder 'abzustoßen') als normale Arbeitnehmer. "Der Schreibkräftebedarf kann den betrieblichen Bedürfnissen besser angepaßt werden. Unterschiedliche Anforderungen, wechselnde Belastungen und gezielter Ausgleich innerhalb des Betriebes können berücksichtigt werden"... 6)
- Arbeitszeitflexibilisierung, vor allem auch in den Abend- und Nachtstunden und am Wochenende. "Die ausgewerteten Schreibzeiten zeigen, daß die Teletypistin hauptsächlich von 10.00 bis 13.00 und von 19.00 bis 21.00 Uhr die Texte erfaßte. Gerade zu diesen Zeiten sinkt jedoch die Erfassungsleistung im Betrieb ab".7)

- Kosteneinsparungen. Diese ergeben sich über die Flexibilisierung von Arbeitszeit und Personalstand sowie durch direkte Lohnkosteneinsparung; denn nach geleisteter Arbeitsmenge bzw. auf Werkvertragsbasis bezahlte Heimarbeiter/innen sind billiger als Arbeitnehmer im Betrieb. Hinzu kommen Einsparungen, da die Einrichtung und Unterhaltung von Arbeitsplätzen im Betrieb entfällt.

Wenn man/frau am Lack von Modellversuchen und Renomierbeispielen" kratzt, zeigt sich schnell, daß Teleheimarbeiter/innen trotz schöner Worte als Puffer für den betrieblichen Kapazitätsausgleich und als billige Arbeitskräfte geschätzt werden.

2. Die 'Chancen' der Heimarbeiter/innen: keine soziale Absicherung, geringeres Einkommen, Dequalifizierung, soziale Isolation, keine Interessenvertretung

Zunächst ein Beispiel. Es ist in dieser Form fiktiv, beruht jedoch auf 'kumulierten Erfahrungen' mit gängigen Rationalisierungsstrategien und ihren Folgen.

Die Bürokauffrau Barbara M. hat Anfang der 80er Jahre - nachdem sie mehrere Phasen der Bürorationalisierung über sich hatte ergehen lassen müssen, mangels vernünftiger Kinderbetreuungsmöglichkeiten schweren Herzens ihre Berufstätigkeit unterbrochen.

"1993 will Barbara M. - ihre zwei Kinder sind nun aus dem Gröbsten raus - wieder ins Büro zurück. Sie wohnt inzwischen weit außerhalb von Frankfurt, nur hier sind die Mieten noch zu bezahlen. Aber sie ist bereit zu einer weiten Anfahrt, auch für eine Teilzeitstelle. Sie sucht lange. Inzwischen gibt es jedoch 5 Millionen Arbeitslose und auch in Städten wie Frankfurt mit vielen Angestelltenarbeitsplätzen ist Büroarbeit Mangelware geworden.
Schließlich wird ihr etwas angeboten: Heimarbeit an einem elektronischen Textsystem, das per Kabel mit dem Zentralcomputer eines großen Industriebetriebs nahe bei Frankfurt verbunden ist. Sie sieht dies erst sehr skeptisch, aber schließlich sagt sie mangels anderer Möglichkeiten zu. Der Betrieb stellt ihr ein Textsystem ins Wohnzimmer (diese Geräte sind in den letzten fünf Jahren sehr leistungsfähig und sehr billig geworden). Die Kabelverbindung erfolgt über die Telefonleitung. Barbara M. weiß, daß es großzügig ist von ihrem Auftraggeber, ihr das Gerät zur Verfügung zu stellen. Die meisten neuen 'elektronischen' Heimarbeiter/innen haben sich ihre Geräte selbst anschaffen müssen (und müssen sie, um konkurrenzfähig zu bleiben, immer wieder durch neue ersetzen).
Sie ist nun 'selbständige Unternehmerin', zumindest auf dem Papier. Denn faktisch ist sie von ihrem Auftraggeber wirtschaftlich abhängig; aber mangelnde Aufträge, Krankheit, Überstunden - all das ist ihr Risiko. Sie wird eingesetzt je nach Arbeitsanfall des Betriebes: Wenn sie gebraucht wird, meldet sich der 'Manager für Telearbeit' bei ihr. Die Texte, die sie schreiben - besser gesagt, am Textsystem eingeben soll - erhält sie per Telefon, an das ein Diktiergerät angeschlossen ist.

Theoretisch kann Barbara M. wählen , wann sie arbeitet. Faktisch werden jeweils enge Termine gesetzt. Sie kann sie ablehnen, aber sie weiß genau, daß sie dann das Risiko eingeht, gar keine Aufträge mehr zu erhalten. Bezahlt wird sie nach abgelieferten Seiten. Wenn sie Fehler macht, Seiten doppelt schreiben muß - all das geht zu ihren Lasten. Als 'Selbständige' hat sie natürlich auch keinen Betriebsrat, der sich um ihre Arbeitsbedingungen kümmert!
Nach einem Vierteljahr ist sie fertig von dem dauernden Leistungsdruck. Ihre Heimarbeit beeinträchtigt auch ihre Familie und das gemeinsame Leben. Die Wohnung ist viel zu klein; konzentriert schreiben, wenn die Kinder toben, geht eigentlich nicht. Aber Barbara M. hat feste Abgabe-Termin. Also schreibt sie nachts.
Am meisten aber macht Barbara M. zu schaffen, daß sie die ganze Zeit allein in ihrem Wohnzimmer arbeitet. Ihr fehlt der Kontakt zu Kolleginnen und Kollegen sehr. Das war doch ein wesentlicher Grund, warum sie wieder ins Berufsleben zurückwollte." 8)

Solchen Beispielen wird immer wieder entgegengehalten, Daten- und Texterfasserinnen seien doch nur ein Teil der potentiell Betroffenen und bei 'Teleprogrammierern' sähe ja alles ganz anders aus.

Nun unterscheidet sich zweifelsfrei die Arbeit einer Daten- oder Texterfasserin und die eines Programmierers. Und so lange ein 'Teleprogrammierer' jung und auf dem Höhepunkt seiner Qualifikation und Leistungsfähigkeit ist, mag er sich für einige Zeit seine Arbeits- und Lebensbedingungen angenehm gestalten können. Dies gilt vor allem, so lange auch Programmierqualifikationen auf dem Arbeitsmarkt gefragt sind. Was aber, wenn sich diese Bedingungen ändern? Dann kann sich die soziale Situation des Teleprogrammierers schnell der der Datenerfasserin nähern:

- Bisherige Erfahrungen zeigen, daß Teleheimarbeiter/innen überwiegend als Selbständige oder freie Mitarbeiter beschäftigt werden. Sie haben damit 'ungeschützte Beschäftigungsverhältnisse' ohne Sozialversicherung und Kündigungsschutz, ohne Tarifvertrag und damit ohne vergleichbares Einkommen wie die Beschäftigten im Betrieb, obwohl sie auch von ihrem jeweiligen Arbeitgeber wirtschaftlich abhängig sind. Heimarbeiter nach dem Heimarbeitsgesetz sind zwar in einigen Punkten Arbeitnehmern gleichgestellt, aber auch sie haben keinen wirksamen Kündigungsschutz und regelmäßig geringeres Einkommen.

- Es zeigt sich, daß die organisatorischen Probleme, die mit der Auslagerung von Arbeit verbunden sind, nach altem tayloristischem Muster zur Dequalifizierung führen. Es ist "durch Ausgliederung von Spezialfunktionen möglich, den eigentlichen Programmierprozeß so zu vereinfachen, daß auch ein wenig erfahrener Programmierer die Chance hat, die an ihn gestellte Aufgabe zu lösen". 9) Auch die Battelle-Studie kommt zu dem Ergebnis "informationstechnisch gestützte Heimarbeitsplätze mit... Aufgabenvielfalt sind uns nicht bekannt geworden". 10)

- Die mit Telearbeit verbundene soziale Isolation bedeutet 'elektronische Einsiedelei'. Das bestätigen inzwischen auch Erfahrungen aus den USA. "Die elektronische Heimarbeit vergebenden US-Firmen berichten übereinstimmend, daß nach anfänglicher Euphorie bei den Telecommutern der Widerstand gegen diese Art der Arbeit zunimmt. Dieser Widerstand entstehe aus dem Isoliertsein am dezentralen Arbeitsplatz". 11)

- Elektronische Heimarbeit bedeutet Verlust von wirksamer Interessenvertretung. Für Heimarbeiter nach dem Heimarbeitsgesetz ist zwar der Betriebsrat im Auftraggeber-Betrieb zuständig. Aber es ist leicht nachzuvollziehen, wie schwer es für einen Betriebsrat sein mag, mit einer größeren Anzahl von Heimarbeiter/inne/n überhaupt in Verbindung zu bleiben.
  Selbständige 'Heimarbeiter' fallen aus dieser kollektiven Interessenvertretung völlig heraus. Sie haben aber auch keine eigenständige Interessenvertretung wie die traditionellen Selbständigen. Anwälte, Steuerberater, oder Ärzte haben zu ihrer sozialen und finanziellen Absicherung und zur Interessenvertretung Kammern, Gebührenordnung und Zulassungsbeschränkungen, die ihre starke Stellung auf dem Arbeitsmarkt sichern. Mit der sozialen Situation einer Datenerfasserin, Sekretärin oder auch eines Programmierers in Telearbeit ist das nicht zu vergleichen.

3. Rationalisierung des Alltags - die Chance für Frauen?

Vorwiegend männliche Rationalisierungsplaner und Politiker propagieren seit einiger Zeit elektronische Heimarbeit als 'neue Chance' für Frauen. Diese 'Chance' bedeutet nun aber nicht nur schlechte soziale Absicherung und schlechte Arbeitsbedingungen, sondern auch Rationalisierung des Alltags und Verschärfung der traditionellen Doppelbelastung der Frauen.

Die Grenzen zwischen Berufstätigkeit und Privatleben verwischen. Die Arbeit, die sonst zu Ende ist, sobald die Bürotür zu ist, ist nun allgegenwärtig. Die Arbeitsstunden werden oft mehr, weil man sie nicht an einem Stück hinter sich bringen kann. Wenn Kinder ihre legitimen Ansprüche anmelden, kann die Heimarbeiterin dies oft nur als Störung bei der Arbeit wahrnehmen. Wer elektronische Heimarbeit als familienfreundlich [12)] preist, hat noch nie gleichzeitig Kinderbetreuung und konzentrierte Arbeit vereinbaren müssen.

Hinzu kommt, welche Normalverdienerin kann sich ein eigenes Arbeitszimmer leisten? Ist bei den heutigen Mieten und bei der Wohnsituation der meisten Arbeitnehmerfamilien nicht vielmehr davon auszugehen, daß der knappe Wohnraum nochmals verringert wird, daß Heimarbeit nicht nur Rationalisierung der Lebenszeit, sondern auch des Lebensraumes bedeutet? "Das Datenerfassungsgerät steht bei mir im Kinderzimmer", berichtete uns kürzlich eine Frau, die seit Jahren Heimarbeit macht.

Es drängt sich der Verdacht auf, daß elektronische Heimarbeit gerade deshalb so als frauenfreundlich propagiert wird, weil sie mit dem alten Leitbild der 'Frau am Herd', das derzeit angesichts der Arbeitslosigkeit zur 'neuen Mütterlichkeit' aufpoliert wird, relativ problemlos vereinbar ist. Teleheimarbeit als Chance, die patriarchalische Arbeitsteilung noch über weitere Generationen zu retten?

Trotz alledem machen gerade Frauen Heimarbeit, sehen sie als eine Möglichkeit angesichts anderer schlechterer Bedingungen (wie Arbeitslosigkeit, monotone Arbeit, lange Wegzeiten, fehlende Einrichtungen zur Kinderbetreuung u.ä.). Aber dies rechtfertigt nicht, das 'kleinere Übel' zum Modell zu erheben.

4. Die gesellschaftliche Perspektive: Rationalisierung, Zentralisierung von Macht und Aushebelung des Arbeits- und Sozialsystems

Die individuellen Risiken kumulieren sich auf gesellschaftlicher Ebene:

- Arbeitsplatzvernichtung: Mit elektronischer Heimarbeit können weitere Arbeitsplätze wegrationalisiert werden. Dies in einer Zeit,wo in der Bundesrepublik als einem der reichsten Länder der Erde schon fast jeder Zehnte arbeitslos ist, wo Armut wieder zur alltäglichen Erfahrungen von Vielen wird. Die sozialversicherungspflichtig Beschäftigten werden weniger, die Sozialhilfeempfänger nehmen zu. Schon heute haben viele Rentner/innen Minirenten und können nur mit Sozialhilfe leben. Eine Verbreitung solcher 'ungeschützten Beschäftigungsverhältnisse, wie sie auch die Teleheimarbeit darstellt, würde diese Situation verschärfen.

- Schwächung der Arbeitnehmerposition auf dem Arbeitsmarkt: Isolierte Heimarbeiter/innen können sich nur sehr schwer gewerkschaftlich organisieren. Die Vereinzelung kann dazu führen, daß letztlich wieder jede/r Einzelne allein seine Arbeitsbedingungen (bzw. seinen Werkvertrag!) aushandeln muß. Das ist die eine Seite. Und die andere: Heimarbeiter wären doch sehr geeignet als Streikbrecher. Im Ausland gibt es schon Beispiele dafür, wie die Konkurrenz der isolierten Heimarbeiter dazu genutzt wird, miserable Arbeitsbedingungen durchzusetzen.

- Aushöhlung des Arbeits- und Sozialrechts: Kollektive Regelungen - Sozialversicherung, Arbeitsrecht, Tarifverträge, Betriebsvereinbarungen usw. - können abgelöst werden durch Einzelverträge. Angesichts der Massenarbeitslosigkeit sind die Chancen, in diesen akzeptablen Arbeitsbedingungen durchzusetzen, äußerst schlecht und das kann zu einem Rückfall in frühkapitalistische Verhältnisse führen.

Wenn im Zusammenhang mit Teleheimarbeit von 'Dezentralisierung' die Rede ist, bezieht sich dies deshalb auch nur auf die räumliche Verlagerung. Unter dem Aspekt von Entscheidungskompetenzen, von Macht- und Herrschaftspositionen handelt es sich um eine starke Zentralisierung zugunsten der Arbeitgeberseite.

Insgesamt bedeuten diese Tendenzen: Mit einer Verbreitung von Teleheimarbeit würden Grundlagen des in der Bundesrepublik bestehenden Arbeits- und Sozialsystems - mit dem in den letzten Jahrzehnten auch die Unternehmer nicht schlecht gefahren sind -

ausgehebelt. Die Ansätze zur Verlagerung von Arbeit aus dem Betrieb fügen sich hier ein in die Forderungen nach Aussetzung von Tarifverträgen, wie sie in den letzten Jahren immer wieder von konservativen Wissenschaftlern und Politikern erhoben wurden. Sie zielen darauf ab, den Sozialabbau, der im öffentlichen Bereich der Sozialpolitik erfolgt, in die Arbeitswelt zu verlängern.

Elektronische Heimarbeit, wie heute diskutiert wird, scheint dabei erst der Anfang; die fragwürdigen Perspektiven der Informations- und Kommunikationstechniken gehen viel weiter:

"Wenn wir erst die Datenverarbeitung über Kabel und Satellit auf den Philippinen abwickeln lassen können, was kaum länger dauert und teurer sein dürfte als bei uns, gelten die Regeln des organisierten Arbeitsmarktes nicht mehr". (Bernhard Teriet vom Institut für Arbeitsmarkt- und Berufsforschung der Bundesanstalt für Arbeit). 13)

5. Technikausbau ohne Folgenbewältigung - Politikdefizite bei der Telekommunikation

Elektronische Heimarbeit und andere Formen der 'Dezentralisierung' von Arbeit sind möglich geworden durch die Entwicklung der Informations- und Kommunikationstechniken und es steht außer Frage, daß ihre weitere Verbreitung stark vom Ausbau der Telekommunikation abhängen wird. Gleichzeitig aber kristallisieren sich hier viele der sozialen Probleme der Telekommunikation wie auch die Defizite der Politik: Diese realisiert das 'technische Rückgrat' der künftigen Gesellschaft durch die Bereitstellung von Netzinfrastrukturen und die Förderung immer neuer Anwendungsbereiche der Computertechnik. Sie verharmlost aber die sozialen und politischen Probleme dieser Techniken und der politische Handlungsbedarf, der Voraussetzung für eine sozialverträgliche Anwendung der neuen Techniken wäre, wird in keiner Weise erfüllt.

"Es ist bislang allenfalls in Bruchstücken zu erkennen, daß sich die politischen Institutionen der BRD, insbesonders die Bundesregierung, die jeweiligen Entscheidungskapazitäten geschaffen hätten oder vorbereiteten, die sie zum dialogfähigen Träger eines gesamtstaatlichen Willensbildungsprozesses und notwendiger Klärungen gegenüber Wirtschaft und anderen Staaten macht.
Wenn dieses Defizit nicht schnell abgebaut wird, sind schwerwiegende Fehlentwicklungen denkbar.
Wer durch Politikverzicht der Entwicklung freien Lauf läßt, verschenkt notwendige Legitimation...Man kann von den Unternehmen nicht erwarten, alle politischen und gesellschaftlichen Nebenwirkungen zu bedenken und zu berücksichtigen.
Sie haben dafür weder die kognitive noch die erforderliche handlungsbezogene Kapazität." 14)

Zu dieser Einschätzung kam bereits 1981 Edzard Reuter, Vorstandsmitglied bei Daimler-Benz.

Gerade zynisch muten deshalb die Aussagen von politsch Verantwortlichen an die sozialen Folgen sollten eben die Tarifparteien lösen. Wenn durch Telekommunikation politische Kräfteverhältnisse verschoben werden - und die Teleheimarbeit ist ein deutliches Beispiel dafür, wie die Interessendurchsetzungschancen der Arbeitnehmer paralysiert werden können - dann funktionieren bisherige Instrumente zur sozialen Steuerung nicht mehr. Damit sind aber auch Grundlagen des sozialen und demokratischen Rechtsstaates zur Disposition gestellt.

Politische Bewältigung der sozialen Probleme der Telekommunikation hieße dagegen zum einen, bereits den Technikausbau an sozialen Kriterien zu orientieren. Wenn die soziale und politische Steuerarbeit aufgrund von Technikvernetzung nicht mehr gewährleistet werden kann - und dafür gibt es deutliche Hinweise [15] - ist deshalb Technikbegrenzung notwendig. Das bedeutet zum Beispiel auf den datengerechten Ausbau des Telefonnetzes bis in jedes Wohnzimmer zu verzichten.

Politische Bewältigung hieße zum anderen, unerwünschte soziale Folgen abzuwenden; beispielsweise zu verhindern, daß das Arbeits- und Sozialrecht durch die Anwendung der neuen Techniken ausgehöhlt wird. 'Ungeschützte Beschäftigungsverhältnisse' könnten gesetzlich verboten bzw. voll in den arbeits- und sozialrechtlichen Schutz einbezogen werden. Die SPD-Fraktion im Bundestag hat einen Entschließungsantrag vorgelegt, der in diese Richtung weist [16].

Politische Bewältigung hieße schließlich, Instrumente zur sozialen und politischen Steuerung zu institutionalisieren. Diese müßten von einem breiten gesellschaftspolitischen Willensbildungsprozeß über die Anwendungsformen der Telekommunikation bis zu wirksamen Mitgestaltungsmöglichkeiten der Betroffenen (z. B. durch stark erweiterte Mitbestimmungsrechte der Betriebsräte wie auch durch überbetriebliche Mitbestimmung) reichen. Eine Ausweitung der Mitbestimmung ist die Voraussetzung, um die Verschiebung der politischen Kräfteverhältnisse zu Lasten der Arbeitnehmer auszugleichen; sie ist zugleich zentrale Voraussetzung für die soziale Beherrschbarkeit der Informations- und Kommunikationstechniken [17].

6. Alternativen zur Heimarbeit - mögliche Chancen für sozialverträgliche Formen der Dezentralisierung von Arbeit

Elektronische Heimarbeit in der unter Rationalisierungsinteressen praktizierten Form widerspricht grundlegenden gewerkschaftlichen Zielvorstellungen für eine humane und soziale Gestaltung von Arbeit und Technik. Es sind weder soziale und materielle Sicherheit noch qualifizierte und kooperative Arbeit noch akzeptable Arbeitsbedingungen gewährleistet. Dehalb wenden sich die Gewerkschaften gegen Teleheimarbeit und gegen andere Formen der Dezentralisierung, bei denen vergleichbare Probleme bestehen. Der DGB und mehrere Einzelgewerkschaften (vor allem IGM, ÖTV und HBV) haben sich im Rahmen ihrer Auseinandersetzung mit den Informations- und Kommunikationstechniken mit der Problematik Teleheimarbeit befaßt. Die IG Metall hat beispielsweise beschlossen:

"Die bisher in der Diskussion befindlichen Formen der elektronischen Heimarbeit laufen auf eine elektronische Einsiedelei hinaus, die keine ausreichenden Möglichkeiten bietet, Arbeitnehmerinteressen zu schützen. Aus diesem Grund ist ein gesetzliches Verbot der elektronischen Heimarbeit zu fordern.
Bis dahin sind alle rechtlichen und politischen Einflußmöglichkeiten zu nutzen und zu verstärken, um die Arbeitnehmer vor den Folgen der elektronischen Heimarbeit zu schützen. Dabei sind andere arbeitsorganisatorische Arbeitsformen neuer Telekommunikationssysteme durchzusetzen, wie z. B. die Schaffung betriebsratsfähiger Organisationseinheiten anstelle von Heimarbeit." 18)

Grundsätzlich allerdings mögen Formen der Dezentralisierung von Arbeit denkbar sein,die auch aus Arbeitnehmersicht positiv zu bewerten wären. Solche sozialen und humanen Formen würden aber voraussetzen, daß neue Modelle der Arbeitsorganisation nicht einseitig durch die Rationalisierungsinteressen der Unternehmer bestimmt werden, sondern Ergebnis eines gesellschaftspolitschen Dialogs und eines Konsens der Beteiligten und Betroffenen wäre. Dabei müßten auf jden Fall folgende Bedingungen gewährleistet sein:

- Keine elektronische Heimarbeit oder kleine Nachbarschaftsbüros, sondern betriebsratsfähige Organisationseinheiten.

- Kein Status als Selbständiger oder als Heimarbeiter nach dem Heimarbeitsgesetz, sondern voller Arbeitnehmerstatus. Das heißt volle arbeits- und sozialrechtliche Absicherung, Anwendung der Tarifverträge und des Betriebsverfassungsgesetzes, der Arbeitsschutzbestimmungen und anderer Arbeitnehmerschutzgesetze.

- Mitbestimmung der Betriebsräte über die Arbeitsorganisation einschließlich der Dezentralisierung von Arbeit.

- Humane Arbeitsplatzgestaltung, so daß weder Dequalifizierung noch Abgruppierungen erfolgen. Es müssen Arbeitsbedingungen gewährleistet sein, wie sie einer menschengerechten Gestaltung der Arbeit entsprechen: ganzheitliche, qualifizierte Tätigkeiten, Chancen zur Weiterbildung, keine gesundheitsgefährdenden Belastungen und keine Leistungs- und Verhaltenskontrolle durch Computersysteme.

Mit solchen Vorstellungen stehen die Gewerkschaften nicht ganz allein:
Der genannte Entschließungsantrag der SPD läuft hinaus auf eine Sicherung des Arbeitnehmerstatus und der Arbeitsminister von Nordrhein-Westfalen hat sich kürzlich für eine wesetnliche Ausweitung der Mitbestimmung im Zusammenhang mit neuen Techniken und Teleheimarbeit ausgesprochen [19].

Schließlich bestehen ja durchaus Alternativen zur Teleheimarbeit - eine Verlagerung von Arbeit in wohnortnahe Bürozentren, aber nicht in die Privatwohnungen.

In Skandinavien gibt es dafür Beispiele 20), die sozialpolitisch begründet sind und teilweise im Rahmen regionaler Beschäftigungspolitik realisiert wurden. Solche Ansätze, die sozialpolitische Perspektiven eröffnen könnten, sind in der Bundesrepublik Deutschland bisher nicht verfolgt worden.

Anstatt die Problematik von Heimarbeit auszublenden und den Gewerkschaften vorzuwerfen, daß sie die sozialen Folgen der Telekommunikation öffentlich machen [21)], wäre es überzeugender, wenn die Verfechter von 'Telearbeit' solche Ansätze aufnehmen würden. Möglicherweise könnten so - unter wirksamer Mitbestimmung der Arbeitnehmer/innen - Beispiele für soziale und humane Formen einer Dezentralisierung von Arbeit entwickelt werden.

1) Das Zitat von A. Weber ist entnommen aus: H. Karpf, Heimarbeiter und Gewerkschaften, Köln 1980. Der vollständige Bericht der Datenerfasserin ist enthalten in: Angestelltenmagazin, IG Metall-Beilage, 12/83, S. 16

2) 1981 gab es in der BRD ca. 138 000 Heimarbeiter, ihr Anteil an den Erwerbstätigen betrug ca. 0,55 % (1980). Zahlen aus: D. Bickenberg-Hansen / W. Geers, Heimarbeit. Arbeitspapier des Arbeitskreises Sozialwissenschaftliche Arbeitsmarktforschung (SAMF), Paderborn 1985. (Die Zahlen beziehen sich auf Heimarbeiter nach dem Heimarbeitsgesetzt)

3) D. Henkel / E. Nopper / N. Rauch rechnen mit 4 % Teleheimarbeiterspotential bezogen auf die Erwerbstätigen von 1980. (Informationstechnologie und Stadtentwicklung, Stuttgart 1984, S. 109). H.Afheldt, Prognos AG, nannte kürzlich für Frankfurt 15 - 20 % im Jahre 2000 (Frankfurter Rundschau vom 26.10.84).

4) Vgl. z. B. die Zahlen für Bayern (dem Bundesland mit den meisten Heimarbeitern): "Während 1974 der Anteil nur 3,4 % betragen habe, sei heute schon fast jeder zehnte Heimarbeiter Bayerns mit Büroarbeiten befaßt" (Nürnberger Nachrichten vom 10.09.84). Die Zahlen beziehen sich auf Heimarbeiter nach dem Heimarbeitsgesetz.

5) W. Heilmann, Bringt 'Telearbeit' eine neue Heimarbeiterwelle? In: Frankfurter Allgemeine Zeitung vom 20. Mai 83

6) H. U. Wegener, Advent der freien Texterfassung. In: Der Erfolg 12/82, S. 18

7) H. U. Wegener, a.a.O., S. 15

8) Entnommen aus: A. Bahl-Benker, Statt Hektik im Büro angenehmes Arbeiten daheim? In: E. Vogelheim, Frauen am Computer, Reinbek 1984

9) W. Heilmann, Fallbeispiel Integrata: Telearbeit, Referat auf der Arbeitstagung "Das Büro an der Wende" (IAO u.a.) Böblingen 1983, S. 5

10) Battelle-Institut, Informationstechnisch gestützte Heimarbeit. Endbericht der Vorstudie, Frankfurt, 1982, S. 50

11) Heimarbeit: Ein radikaler Umbruch bahnt sich an. Computerwoche vom 23.03.84

12) Dieser Zusammenhang wird beispielsweise hergestellt in den Leitsätzen und Entschließungen der 19. CDA-Bundestagung 1981 in Mannheim: "Die sanfte Macht der Familie / Schritte zu einer familiären Gesellschaft".

13) Zitiert nach Barbara Boettger, Steht die Vertreibung der Frauen aus Büro und Verwaltung bevor? In: Zukunft der Frauenarbeit - Neue Verhältnisse in Technopatria. Beiträge zur feministischen Theorie und Praxis 9/10, 1983

14) Edzard Reuter, Klassische Hierarchie-Strukturen lösen sich auf oder zerbrechen. Politische Probleme auf dem Weg zur telematischen Gesellschaft. Frankfurter Rundschau vom 01.10.1981, Dokumentation

15) Vgl. zur Frage der sozialen Beherrschbarkeit der Telekommunikation: H. Kubicek, Milliarden-Investitionen und der Übergang zur Informationsgesellschaft - Probleme der sozialen Beherrschbarkeit integrierter Fernmeldenetze, Frankfurter Rundschau vom 22.08.84

16) Entschließungsantrag der SPD-Fraktion zur Frauenarbeitslosigkeit, Bundestagsdrucksache 10/1283 vom 11.04.84

17) Vgl. dazu H. Kubicek, Neue Technologien - neue Aufgaben der Mitbestimmung. Möglichkeiten und Grenzen sozialer Beherrschbarkeit der Neuen Informations- und Kommunikationstechniken. In: Die Mitbestimmung 1/85

18) IG Metall Gewerkschaftstag 1983 in München, Entschließung 9, "Neue Informations- und Kommunikationstechniken". Vgl. auch DGB, Neue Informations- und Kommunikationstechniken, Stellungnahme vom Mai 1984

19) F. Farthmann, Gesellschaftliche Aspekte der Telearbeit. In: Die Betriebswirtschaft, 4/1984, S. 552

20) Vgl. die Berichte in WZB-Mitteilungen 23, Wissenschaftszentrum Berlin, März 1984, S. 39 f

21) Exemplarisch dafür sind die Repliken von W. Heilmann (Integrata). W. Schlaffke (Institut der deutschen Wirtschaft) und M. Tippmann (Bundesvereinigung Deutscher Arbeitgeberverbände) auf den Artikel von Farthmann (a.a.O.) In: Die Betriebswirtschaft, 1/1985, S. 102 ff

Nachträglich eingegangene Beiträge

Textverarbeitung mit Universalrechnern

Rüdiger Dierstein
Deutsche Forschungs- und Versuchsanstalt für Luft- und Raumfahrt e.V. (DFVLR)
- Zentrale Datenverarbeitung - 8031 Oberpfaffenhofen

Zusammenfassung

Bei der Einführung von Schreib- und Textsystemen anstelle der klassischen Schreibmaschinen wird häufig zu wenig darauf geachtet, daß Textverarbeitung weit mehr ist als bloße Edition und Gestaltung eines Textes. Die Anforderungen in einem großen Unternehmen wie zum Beispiel einer Forschungseinrichtung zeigen, daß mit den vorhandenen Universalrechnern ein Großteil der Aufgaben gelöst werden kann, die beim Gestalten, Verteilen, Verwalten und Dokumentieren von Texten anfallen. Im Zusammenwirken mit dezentralen Systemen läßt sich sogar ein Funktionsverbund aufbauen, der die Anforderungen einer Forschungseinrichtung voll erfüllt.

1. Textverarbeitung und Textbearbeitung

Wo immer heute über Textverarbeitung gesprochen oder geschrieben wird, erliegen die Verfasser nur allzu leicht - und vielleicht auch allzu gern? - der Versuchung, ihre Betrachtungen auf einen kleinen Ausschnitt eines von Hause aus weiten und umfassenden Themenkreises einzuschränken. Wo es um Textverarbeitung geht, sei es um Geräte (Hardware) oder um Programme und Systeme, wird allzu häufig und allzu schnell der Blick auf das bloße Aufnehmen, Niederschreiben, Ändern und Gestalten von Texten eingeengt, oder um es mit den heute gängigen Begriffen auszudrücken, auf Edition und Formatierung.

Damit aber setzt man den Teil fürs Ganze, setzt die bloße Text***bearbeitung*** an die Stelle, an der Text***verarbeitung*** in viel umfassenderem Sinne stehen muß. Denn was nützt die beste rechnerunterstützte Formatierung, sei es auf eigens dafür konzipierten Schreibsystemen, sei es auf Universalrechnern, wenn der ganze übrige Teil der Textverarbeitung in althergebrachter Weise abläuft? Was nützt es, wenn 10% der Zeit, die für die Bearbeitung eines Aktenvermerks benötigt werden, in die quasi druckreife Gestaltung des Vermerks gesteckt, 90% aber mit den „klassischen“ Tätigkeiten des Kopierens, Adressenschreibens, Kuvertierens und Versendens vergeudet werden? Was nützt es, wenn Briefe mit Hilfe eines Laserdruckers in feinster Qualität erzeugt und ausgedruckt werden und dann von einem „File-Manager“ abgelegt werden, der einer Sekretärin zumutet, nach der Tageskopie unter solch abstrusen Begriffen des gängigen DV-Chinesisch wie „filetype“, „data set“ oder „member“ zu suchen. Keine Sekretärin der Welt hat je einen Brief unter solchen Begriffen gesucht, geschweige denn gefunden.

1.1 Einbettung der Textbearbeitung

In der Schreibmaschine waren seit eh und je beide Funktionen der Text*be*arbeitung vereinigt, das Edieren und das Formatieren. Was immer an begleitenden Tätigkeiten der Text*ver*arbeitung dazugehörte, vom Versand über die Ablage bis hin zur Dokumentation, war in geeigneter Weise organisatorisch gelöst und selbstverständlich auf die manuelle Arbeitsweise von Bediener und Maschine abgestimmt. Wer jetzt daran denkt, Edition und Formatierung zu automatisieren, an die Stelle der Schreibmaschine ein rechnerunterstütztes Textsystem zu setzen, sollte von Anfang an, also schon bei der Konzeption des Ganzen nicht vergessen, daß Textbearbeitung nicht für sich steht, sondern immer und überall im Zusammenhang mit anderen Tätigkeiten gesehen werden muß (Bild 1).

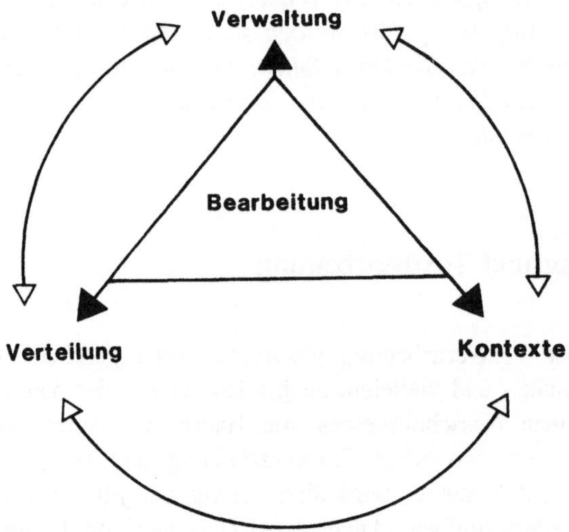

Bild 1. Zusammenhang zwischen Textbearbeitung und Textverarbeitung

Texte werden nicht um ihrer selbst willen geschrieben, sondern sind Werkzeug und Mittel der Kommunikation. Textverarbeitung kann deshalb in vier Bereiche gegliedert werden, die alle miteinander zusammenhängen:

Textbearbeitung
•
Textverteilung
•
Textverwaltung
•
Kontextverarbeitung

Zwischen der Textbearbeitung und den übrigen drei Bereichen ist der Zusammenhang besonders eng. Wird sie, werden also Edition und Formatierung automatisiert, so muß von vornherein danach getrachtet werden, auch die Verteilung, die Verwaltung und die Kontextverarbeitung mit zu automatisieren, wenn nicht die neuen Formen der rechnerunterstützten Gestaltung ins Leere laufen oder unwirtschaftlich werden sollen.

Die Zusammenhänge zwischen den Teilgebieten werden noch deutlicher, wenn man sich kurz vor Augen hält, welche Funktionen hinter den vier Begriffen sich verbergen und welche Stichworte, die zum Teil aus der klassischen Datenverarbeitung stammen, mit ihnen sinnvoll verbunden werden können.

Bearbeitung
- Edition
- Redaktion
- Formatierung
- Satz
- Umbruch

Verwaltung
- Ablage
- Postein- und -ausgang
- Archivierung
- Textbaustein-Verwaltung
- Retrieval

Verteilung
- Versand
- Übermittlung
- Austausch

Kontextverarbeitung
- Dokumentation
- Katalogisierung
- Textanalyse

Sollen diese Gebiete automatisiert werden, so ist der Zusammenhang mit Begriffen aus anderen Bereichen der Datenverarbeitung und Datenübertragung (Kommunikation) offensichtlich: Dateiverwaltung, Datenbanken, Informationssysteme gehören ebenso dazu wie Systeme für Bürokommunikation, Büroautomation oder elektronische Post. Wenn es schließlich um die Kontextverarbeitung geht, läuft die Entwicklung letztlich - wie in vielen anderen Bereichen auch - auf wissensbasierte Systeme in der einen oder anderen Form hinaus.

1.2 Textverarbeitung in der DFVLR

Die Deutsche Forschungs- und Versuchsanstalt für Luft- und Raumfahrt e.V. (DFVLR) ist eine der Großforschungseinrichtungen der Bundesrepublik. Ihre Forschungsarbeiten reichen in nahezu alle Gebiete hinein, die für Luft- und Raumfahrt von Bedeutung sind: Aerodynamik, Strukturmechanik, Energietechnik, Dynamik erdgebundener oder fliegender Systeme, digitale Kommunikation, Erderkundung, und viele andere. Wie in jeder anderen Forschungseinrichtung ist das Produzieren von Information die zentrale Aufgabe der DFVLR.

Rechnerunterstützte Textverarbeitung ist ein Werkzeug, das helfen kann, diese Aufgabe zu lösen. Die Zentrale Datenverarbeitung der DFVLR ist beauftragt worden, ein Konzept für dieses Werkzeug so zu entwerfen, daß künftig das Aufnehmen, Verarbeiten, Verteilen und Verwalten von Information leichter, besser und wirtschaftlicher wird. Dieser Auftrag spiegelt den Zusammenhang zwischen den verschiedenen Teilbereichen der Textverarbeitung aus Bild 1 wieder.

Selbstverständlich ist dies nicht der erste Versuch der DFVLR, mit Hilfe neuer Geräte und neuer Systeme die Textverarbeitung leistungsfähiger und benutzerfreundlicher zu machen. Aber es gibt bisher kein von allen Beteiligten angenommenes einheitliches Konzept. Für verschiedene Aufgaben wurden, oft unter Zeitdruck, Sonderlösungen verwirklicht, die ein Zusammenwirken mit anderen Aufgabengebieten behindern. An vielen Stellen wurden Text- und Formatiersysteme von verschiedenen Herstellern mit unterschiedlicher Konzeption und in ganz verschiedenen Ausführungen installiert. Zum Teil wurden die Systeme auf vorhandenen DV-Anlagen installiert, zum Teil wurde dafür eigens neue Hardware beschafft. In den meisten Fällen wurden Systeme nur nach ganz bestimmten Gesichtspunkten ausgewählt. häufig wurde nur auf einige besondere Fähigkeiten wie zum Beispiel das Schreiben von Formeln oder das Arbeiten mit Formularen und Tabellen geachtet. Fast ausnahmslos wurde der Bezug zu den Nachbargebieten Verteilung, Verwaltung und Kontextverarbeitung vernachlässigt.

Diese Entwicklung ist umso bedauerlicher, wenn man bedenkt, daß die DFVLR seit Jahren über eine leistungsfähige Datenverarbeitung verfügt, daß in allen fünf Forschungszentren, Braunschweig, Göttingen, Köln-Porz, Stuttgart und Oberpfaffenhofen (bei München) große Universalrechner installiert sind, daß diese Systeme seit Jahren über ein leistungsfähiges Netz miteinander verbunden sind, und daß die 3500 Mitarbeiter der DFVLR von jedem Standort aus auf jedem Rechner im Netz zugreifen können. Schon jetzt sind über 500 Sichtgeräte in den Instituten und Einrichtungen der DFVLR installiert.

Was also liegt näher, als diesen Bestand an Hard- und Software als Kern eines einheitlichen und leistungsfähigen Textverarbeitungssystems einzusetzen und als Ausgangspunkt für die weitere Planung herzunehmen?

2. Ziele des Konzepts

Textbearbeitung, das eigentliche Schreiben und Gestalten von Texten - oft mit den Begriffen Edition und Formatierung umschrieben - kann nicht losgelöst davon betrachtet werden, wie die gestalteten (formatierten) Texte danach versandt, verteilt, geordnet, beschrieben, abgelegt, verwaltet, und wiedergefunden werden. In dem Konzept für die "Textverarbeitung mit Universalrechnern" wird Textbearbeitung deshalb stets im Zusammenhang mit den Nachbargebieten gesehen.

Darum ist es nicht verwunderlich, wenn in den Stichworten, mit denen im folgenden die Ziele umrissen werden, die Worte Zusammenarbeit und Kommunikation häufiger auftauchen als das Wort Textverarbeitung selbst.

2.1 Die Ziele

- ***Verbesserung von Zusammenarbeit und Kommunikation***
  - zwischen den Mitarbeitern der DFVLR
  - zwischen verschiedenen Einrichtungen, verschiedenen Instituten, verschiedenen Forschungszentren der DFVLR
  - zwischen internen und externen Bearbeitern und Institutionen

- ***Unterstützung aller Arten von Benutzern***
  - Sekretärinnen, Sachbearbeiter, Wissenschaftler, Führungskräfte
- ***Gestaltung aller Arten von Schriftgut***
  - Berichte, Veröffentlichungen, Bücher
  - Notizen, Vermerke, Mitteilungen, Briefe
  - Dokumentationen
  - Graphiken und Bilder
- ***Zusammenwirken der Textbearbeitung mit verwandten Bereichen***
  - Bürokommunikation (Versand und Verteilung von Schriftgut)
  - Büroautomation (Ablage und Archivierung)
  - Verwaltung von Texten, Textkomponenten und Dokumenten
  - Dokumentation und Information Retrieval
  - Bibliotheks- und Berichtswesen

2.2 Anmerkungen zu den Zielen

2.2.1 Unterstützung aller Arten von Benutzern

Nahezu alle Benutzer, mit denen es die Datenverarbeitung bisher zu tun hatte, besaßen schon Erfahrung mit der Datenverarbeitung oder aber waren bereit, sich Kenntnisse in der Datenverarbeitung anzueignen (resp. nahmen es als vom Schicksal gegeben hin, sich solche Kenntnisse aneignen zu müssen).

Wenn nun mit dem neuen System für die Textverarbeitung ***alle*** Arten von Benutzern unterstützt werden sollen, Wissenschaftler ebenso wie Führungskräfte, Sachbearbeiter und Sekretärinnen, dann wird es unter den neuen Kunden sicher zwei Gruppen geben, die andere Anforderungen an ein solches System stellen, als es die bisherigen Benutzer taten:

- Benutzer ***mit eingeschränkten DV-Kenntnissen*** und DV-Erfahrungen, die DV-Systeme bisher nur für ganz bestimmte, eng abgegrenzte Aufgaben benutzt haben., so z.B. Sachbearbeiter in der Verwaltung oder Hilfskräfte in der Meßdatenverarbeitung u.a.
- Benutzer ***ohne DV-Wissen***, die zum erstenmal mit einem DV-System in Berührung kommen, vielleicht sogar zum erstenmal überhaupt an einem Sichtgerät arbeiten. Zu dieser Gruppe wird der größte Teil der Sekretärinnen und Schreibkräfte gehören.

Es liegt auf der Hand, daß zumindest diese beiden Benutzergruppen kein Textsystem annehmen werden, dessen Bedienung erst ein Studium des klassischen DV-Chinesisch voraussetzt. „Record-Länge“ ist für jede normal denkende Sekretärin vielleicht die Länge einer Bratwurst von 2.75m, aber nicht die Länge eines virtuellen file elements auf einer ebenso virtuellen Minidisk, mit der sie überhaupt keine Vorstellung verbindet, weil sie beide noch nie zu Gesicht bekommen hat. Wer Texte schreibt, zählt Zeilen oder Seiten oder wenn es unbedingt sein muß, Anschläge pro Zeile.

Drei weitere Bemerkungen noch zum Stichwort „Unterstützung aller Benutzer“:

- ***Autoren*** - in einer Forschungsanstalt sind das für einen großen Teil der Texte Wissenschaftler oder Techniker - haben sehr unterschiedliche Kenntnisse der Datenverarbeitung. Von großer DV-Erfahrung über begrenzte Kenntnisse bis hin zum Null-Wissen sind alle Grade von DV-Wissen anzutreffen.

  Wenn Autoren in einem System miteinander kommunizieren sollen, muß dieses System dem DV-Erfahrenen ebenso gerecht werden wie dem DV-Laien. Das aber heißt, es darf den einen nicht durch „überflüssiges Geschwätz“langweilen, den anderen nicht durch einen Wust an Fachbegriffen abschrecken.

- Wenn auch ***Führungskräfte*** das System benutzen sollen, muß die Mensch-System-Schnittstelle besondere Anforderungen erfüllen:

  - Sie muß sehr übersichtlich sein, denn Führungskräfte haben nicht die Muße, sich mit einer Fülle von Details auseinanderzusetzen.

  - Sie muß selbsterklärend sein, denn Führungskräfte benutzen solche Systeme meist in unregelmäßigen Zeitabständen und haben die Einzelheiten der Bedienung vom einen zum anderen Mal nicht mehr bereit.

  - Sie muß selektiv den Zugriff auf die Informationen gestatten, die von einer Führungskraft als „interessant“ eingestuft worden sind.

- ***Fachkräfte der Textverarbeitung*** (Redakteure, Bibliothekare, Verantwortliche für das Berichts- und Dokumentationswesen) wurden als Benutzer bisher noch nicht erwähnt. Obwohl diese Gruppe meist nur aus wenigen Personen besteht, ist ihr Einfluß auf Planung und Ausführung eines solchen Sytems besonders groß, weil sie befugt und befähigt sind, auf den Teilgebieten der Textverarbeitung, insbesondere für Satz und Umbruch oder Layout normative Regeln (Richtlinien, Anordnungen) festzulegen und durchzusetzen.

2.2.2 Gestaltung aller Arten von Schriftgut

Ein Textsystem, das die Kommunikation zwischen so verschiedenartigen Benutzern unterstützen soll, muß beinahe zwangsläufig alle Arten von Schriftgut verarbeiten, das heißt gestalten, verteilen, verwalten und dokumentieren können. Das führt zu Anforderungen an den Inhalt des Schriftguts, das gestaltet werden soll. Die wichtigsten werden hier kurz angegeben

- ***Verarbeitung von Texten in verschiedenen Sprachen*** Verarbeitung heißt hier u.a.

  - Möglichkeit der Eingabe von ***jedem*** Sichtgerät aus, also auch Möglichkeit, in einem Text die Tastatur zu wechseln
  - Möglichkeit des Wechsels der Sprache im Schriftstück (z.B. für Zitate)
  - Wiedergabe in der richtigen Rechtschreibung (Umlaute, Akzente, Sonderzeichen der nationalen Alphabete)
  - Verarbeitung der originalen Rechtschreibung ebenso wie der Transskriptionen (z.B. ß oder ss, ü oder ue)

  Unverzichtbar sind deutsch und englisch (us-amerikanisch), erwünscht wegen der vielfältigen internationalen Beziehungen der DFVLR auch französisch und spanisch.

- ***Ein- und Ausgabe von Sonderzeichen aller Art***
  Der feste Zeichenvorrat muß das ganze griechische Alphabet und die mathematischen und logischen Formelzeichen umfassen. Weitere Zeichen für besondere Anwendungen müssen für die Ein- und Ausgabe definierbar sein.

  Alle Sonderzeichen müssen von allen Endstellen aus eingegeben werden können (symbolisch oder in Transskriptionen). Auf mindestens einem Ausgabegerät muß der vollständige Zeichenvorrat ausgegeben werden können.

- ***Dastellung mathematischer Formeln***
  Mathematische Formeln müssen von - fast - allen Eingabegeräten aus eingegeben und auf mindestens einer Klasse von Ausgabegeräten in Satztechnik wiedergegeben werden können. Für die endgültige Darstellung mathematischer Formeln ist unterschiedliche Größe der Zeichen und freie Positionierbarkeit (keine Zeilenbindung) notwendig.

- ***Tabellen und Listen***
  Tabellen müssen mit Schriften fester Zeichenbreite, wenn möglich aber auch mit Proportionalschriften wiedergegeben werden können.

- Für die weitere Entwicklung eines Textverarbeitungssystems ist die

  - Mischung von Text und Graphik
  - Mischung von Text und Bildern

  im Sytementwurf vorgesehen.

2.2.3 Organisatorische Randbedingungen

Es gibt eine Reihe von Randbedingungen, die Planung und Entwurf des gesamten Textverarbeitungssystems erheblich mit beeinflussen, obwohl sie auf den ersten Blick beinahe nichts mit den Eigenschaften eines Editors oder Formatierers zu tun zu haben scheinen.

Verhältnis Zahl der Bearbeiter / Zahl der Texte

Zwei Fälle aus der Alltagsarbeit wirken sich unterschiedlich auf die Planung eines Textverarbeitungssystems aus:

ein Bearbeiter ===> n Texte
n Bearbeiter ===> ein Text

Der erste Fall ist für Schreibkräfte die Regel: ein Bearbeiter bearbeitet n Texte.[1]) Aber auch Autoren pflegen nicht rein sequentiell zu arbeiten, sei es, daß sie mehrere Schriftstücke (Berichte, Briefe, Vermerke) gleichzeitig bearbeiten, sei es, daß sie an verschiedenen Teilen eines Schriftstücks (Veröffentlichung, Buch) gleichzeitig tätig sind. Dieser Fall kann von

---

1) Selbstverständlich schreibt jeder Verfasser und jede Schreibkraft in einem Augenblick immer nur an einem Schriftstück. Gleichzeitigkeit ist hier so zu verstehen, daß zu dem Zeitpunkt, an dem an einem Schriftstück gearbeitet wird, mindestens ein anderes noch nicht fertig redigiert, abgeschlossen und abgelegt ist.

jedem Textsystem leicht bewältigt werden, das auch nur Ansätze für eine vernünftige Textablage besitzt.

Im zweiten Fall, in dem n Bearbeiter gleichzeitig an einem Schriftstück arbeiten, wird der Kern des Konzepts berührt; denn er ist nur lösbar, wenn das Textsystem - oder dessen Einbettung - seinen Benutzern Möglichkeiten bereitstellt, miteinander zu kommunizieren. Mehrere Verfasser müssen die Textteile, die sie bearbeitet haben, ihren Ko-Autoren zustellen können. Mehr noch: die an einer Stelle erzeugten Texte müssen an der anderen Stelle weiter verarbeitet werden können. Wird an verschiedenen Stellen nicht das gleiche Textsystem verwendet, müssen die beiden Systeme miteinander verträglich sein. Die Folgen dieser Forderung sind einige Untersuchungen wert!

Ein Beispiel für die Beziehung n ==> 1 sind projektbegleitende Dokumentationen aller Art. Schriftstücke solcher Art werden oft von einer Vielzahl von Autoren niedergeschrieben, müssen laufend geändert und auf den neuesten Stand gebracht werden und sind in der Regel erst dann abgeschlossen, wenn das Projekt beendet und die Dokumentation damit obsolet ist.

Ein typisches Beispiel für die Vielfalt der Beziehungen zwischen Autoren und Anzahl von Texten ist der ***Publikations-Kreisel*** (Bild 2). Dieses Beispiel kann noch weiter ausgebaut werden, wenn

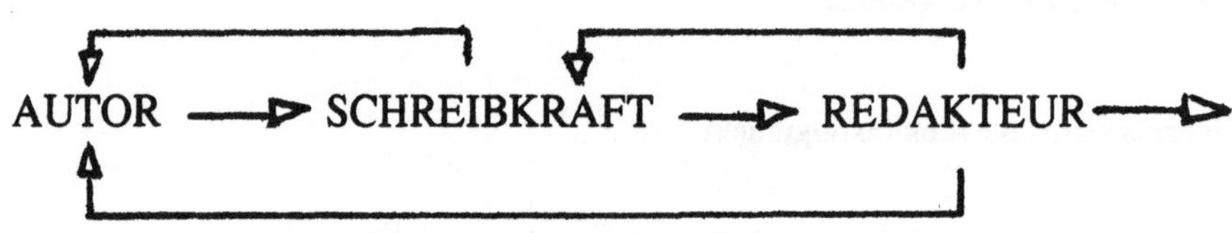

Bild 2. Der Publikations-Kreisel

man (z.B. für Veröffentlichungen und Bücher) den Lektor, den Setzer, den Drucker miteinbezieht. Wie oft ein Schriftstück und seine Teile diese Kreise durchlaufen kann, darüber haben die meisten Autoren ihre eigenen Erfahrungen.

Textverteilung

Diese Aufgabe ist mit der vorhergehenden verwandt.

ein Text ===> n Empfänger
n Texte ===> ein Empfänger

Aus dem ersten Fall folgt zunächst nur, daß das System eine Verteilerfunktion enthalten muß. So einfach diese Forderung im ersten Augenblick ist, so schwierig wird sie lösbar, wenn sie mit anderen Anforderungen, wie z.B. der Gestaltung beliebiger Schriftstücke zusammen auftritt. Sie läuft darauf hinaus, daß der Absender X in einem Netz wissen muß, ob der Empfänger Y an seinem Arbeitsplatz ein Ausgabegerät stehen hat, das überhaupt in der Lage ist, den gewünschten Text (z.B. mathematische Formeln) auszugeben und wenn nein, auf welches Ausgabegerät der Text so übertragen werden kann, daß er den Empfänger auch wirklich erreicht.

Der zweite Fall, n Texte für einen Empfänger, setzt voraus, daß im Textsystem für jeden Empfänger ein Mechanismus bereitsteht (***Briefkasten***), der Texte aufnehmen kann, die ihm über das Netz zugesandt werden.

Auch die Folgerungen aus diesen beiden Fällen sind eigene Untersuchungen wert.

Engpässe

In vielen Institutionen sind Schreibkräfte Mangelware. Sie werden damit zu ***dem*** Engpaß, in dem die Veröffentlichungen hängen bleiben. Hier schafft der Übergang von der Schreibmaschine zum Schreibsystem fast keine Erleichterung. Zwar kann der „Publikations-Kreisel“ abgekürzt werden, weil sich bei der Redaktion Fehler schneller beheben lassen und sich weniger neue Fehler einschleichen. Der Engpaß Schreibkraft aber bleibt nach wie vor bestehen.

Schulung

Wenn das Textsystem Werkzeug für alle Arten von Benutzern sein soll, muß es auch von allen bedient werden können. Es ist aber nicht Sinn der Textverarbeitung, Wissenschaftler zu Setzern, Sekretärinnen zu Datenverarbeitern, Datenverarbeiter zu Schreibsystemsystembedienern auszubilden.

Leistungsfähigkeit und Wert eines Textverarbeitungssystems werden deshalb sowohl vom Umfang und Inhalt der Funktionen bestimmt, die das System anbietet, als auch von den Schnittstellen, über die diese Funktionen aufgerufen werden können.

Ein System, das für die saubere Ausgabe von mathematischen Formeln von Sekretärinnen und Wissenschaftlern quasi eine Ausbildung im Fotosatz verlangt, ist unbrauchbar.

3. Die Strategie

Die Anforderungen an die Textverarbeitung, die aus diesen Zielen ableitbar sind, können mit einem einzigen „***Universal-System***“ nicht erfüllt werden, zumal dann nicht, wenn auch die technischen und organisatorischen Randbedingungen eingehalten werden sollen, von denen im vorhergehenden Abschnitt die Rede war.

Das Konzept der Zentralen Datenverarbeitung der DFVLR sieht deshalb vor, verschiedene zentrale und dezentrale Komponenten in einem Funktionsverbund zusammenzufassen. Aufgabe für Entwurf und Entwicklung ist dabei, Schnittstellen zwischen den verschiedenen Komponenten so bereitzustellen, daß ihr Zusammenwirken im Verbund nicht beeinträchtigt wird.

Wieviel Arbeitszeit und Geld für die Schnittstellen aufgewendet werden muß, hängt wesentlich davon ab, wie weit die Komponenten schon von vornherein auf ein Zusammenwirken hin ausgelegt worden waren. In der Regel wird dieser Aufwand größer,

- wenn die Produkte von verschiedenen Herstellern stammen,
- wenn es für die Produkte noch keine Normen oder Standards (herstellerunabhängig oder nicht) gibt.

Um den Aufwand für die Entwicklung, Erstellung und die Pflege des Textsystems so klein wie möglich zu erhalten, richtet sich der Entwurf der Zentralen Datenverarbeitung zunächst an den Standardprodukten eines Herstellers aus. Alle Komponenten, die in das Gesamtsystem einbezogen werden, müssen sich mit vertretbarem Aufwand an diesen Kern anpassen lassen.

Aus diesen beiden Forderungen, ***Funktionsverbund*** und ***Standardisierung*** ergeben sich zwei Leitsätze für die Strategie der Zentralen Datenverarbeitung:

1. Zusammenwirken zentraler und dezentraler Syteme und Systemkomponenten im Verbund
2. Installation der IBM-Produkt-Palette als Kernsystem im Rahmen der örtlichen und überörtlichen DFVLR-Netze und Anpassung an die Anforderungen der Textverarbeitung in einer Forschungseinrichtung.

In den ersten Ausbaustufen des Textverarbeitungssystems sind folgende Komponenten vorgesehen:

- *Prozessoren*
  - Universalrechner von Siemens und IBM in den fünf Forschungszentren
  - IBM Personal Computer am Arbeitsplatz
- *Betriebssysteme*
  - VM/CMS auf den Universalrechnern
  - alle mit VM verträglichen Systeme auf den PCs
- *Textbearbeitung*
  - GML auf den Universalrechnern
  - TEXT2 auf den PCs und ggf. auf den Arbeitsplatzsystemen
  - Editoren sowohl auf den Universalrechnern als auch auf den Rechnern am Arbeitsplatz
- *Eingabe*
  - von jedem Arbeitsplatz aus über Terminal oder PC im SNA-Netz
  - über Emulation oder Gateway auch von anderen Rechnern (z.B. DEC)
- *Ausgabe*
  - zentral in den Rechenzentren am Standort für Wiedergabe in Offset-Qualität und Massenproduktion

- dezentral in den Instituten und Einrichtungen für Wiedergabe aller Art, einschließlich Formeln, Grafik und Bildern über Laserdrucker (oder vergleichbare Geräte)
- dezentral am Arbeitsplatz für Briefe und Probedrucke über Billiggeräte (Matrix- oder Thermodrucker)
- Kontrolle formatierter Texte am Bildschirm (papierlose Kontrolle), wenn wirtschaftlich möglich auch für Formeln und Grafik über grafische Terminals

4. The Declaration of Freedom(s)

Prinzipien, von denen Entwurf und Planung des Systems geleitet werden, haben wir in einer „Declaration of Freedom(s)" zusammengefaßt um zu betonen, daß größtmögliche Beweglichkeit und Anpassungsfähigkeit unseres Erachtens wesentlich dafür sind, daß das System von möglichst vielen Benutzern angenommen und eingesetzt wird. Dies sind die fünf Freiheiten, die es hier „zu verteidigen" oder besser: einzuplanen gilt:

- freedom from language barriers
- freedom from „Computer Chinese"
- freedom from layout considerations
- freedom from output device
- freedom from input device

Was sich hinter diesen „fünf Freiheiten" verbirgt, wird im folgenden kurz angedeutet.

4.1 Freiheit von Sprachgrenzen

„Freiheit von Sprachgrenzen" wirkt sich auf verschiedenen Ebenen des Systems aus.

- ***Wählbare Systemsprache***
  Die Sprache, in der das Textverarbeitungssystem die
  - Menüs
  - Meldungen
  - Hilf- und Lerntexte
  - Mnemonischen Begriffe

  anbietet und aufnimmt, muß vom Benutzer zu Beginn der Arbeit mit dem System (Systemaufruf) wählbar sein. Verlangt werden wenigstens zwei Sprachen, deutsch und englisch.

- ***Wählbare Sprache des Schriftstücks***
  Für jedes Schriftstück kann angegeben werden, für welche Sprache es gestaltet werden soll. Damit wird der sprachliche Rahmen des Layouts festgelegt (z.B. *Bild* oder *Figure* bei Bildunterschriften, *Inhalt, Content* oder *Contenue* beim Inhaltsverzeichnis, *siehe, see* oder *voir* bei Verweisen uam.).

- ***Wähl- und wechselbare Sprache im Text***
  Die Sprache des Textes ist unabhängig von der Sprache des Schriftstücks wählbar und kann innerhalb eines Schriftstücks gewechselt werden. Danach richten sich u.a. automatische Silbentrennung und Rechtschreibung.

4.2 Freiheit von DV-Chinesisch

Der Benutzer darf nicht mit Begriffen und Verfahren behelligt werden, die lediglich aus der Arbeitsweise und dem Aufbau des DV-Systems zu erklären sind (vgl. 2.). Daraus folgt direkt, daß das System nicht über Kommandos aufgerufen wird, die für den Laien unverständlich sind, sondern über ***Menüs*** gesteuert werden kann.

Das heißt, der Benutzer hat die Möglichkeit, in Masken, die ihm vom System angeboten werden, Angaben einzutragen, mit denen die Funktionen des Systems gesteuert werden. Der Übergang zum kommandogesteuerten System soll möglich sein, damit auch der DV-Experte in der Textverarbeitung seine ihm vertraute Umgebung wiederfinden kann. Masken, die in bestimmten Abläufen nicht benötigt werden, können übersprungen werden (adaptive Steuerung).

Weitere direkte Folgen aus diesem Prinzip sind Forderungen nach

- einer ***Dateiverwaltung***, die auch dem Laien verständliche Hilfen für die Verwaltung seiner Schriftstücke zur Verfügung stellt und zwar insbesondere für
  - das Anlegen von Dateien und Dateigruppen (allocation)
  - das Löschen von Dateien und Dateigruppen
  - das Heraussuchen von Dateien nach bestimmten Begriffen oder Kriterien
  - das Archivieren auf Band oder Massenspeicher
- ***Fehlermeldungen*** in natürlicher Sprache (vgl. auch 4.1).

4.3 Freie Wahl des Layouts

Dieses Prinzip hat bislang die weitestreichenden Folgen für Entwurf und Entwicklung des Systems. Sie verlangt, daß bei der Textbearbeitung drei Bereiche sauber auseinandergehalten werden:

- die Edition
- die logische Struktur der Texte
- die Layout-Struktur der Texte

Die saubere Abgrenzung der Edition ist in allen Systemen grundsätzlich einfach zu erreichen, in denen klar zwischen Quelldateien und formatierten Dateien unterschieden wird.

Die Abgrenzung zwischen logischer Struktur und Layout wird inzwischen auch von verschiedenen Normungsgremien gefordert und spezifiziert. Kein betriebsfähiges Textsystem kann diese Forderung aber bis heute erfüllen. Sie verlangt nämlich in ihrer weitesten Form, daß ein Text, dessen logischer Aufbau aus Kapiteln, Abschnitten, Absätzen, Fußnoten u.s.w. beschrieben worden ist, in einem beliebigen Seitenlayout ohne Änderung der Strukturbeschreibung wiedergegeben werden kann.

Die Trennung in Beschreibung der logischen Struktur und Beschreibung des Layouts ist aber Voraussetzung, wenn ein Text ohne zusätzlichen Aufwand in verschiedenen Layouts wiedergebbar sein soll.

4.4 Freie Wahl der Eingabe

Dieses Prinzip, obwohl es am Rande angesiedelt zu sein scheint, kann entscheidend dazu beitragen, Engpässe zu beseitigen und die Kommunikation zu verbessern. Im einzelnen gehört dazu:

- Texteingabe[2]) ist von jedem Terminal (Sichtgerät), PC oder Arbeitsplatzsystem aus möglich.
- Die Tastatur des Eingabegerätes ist beliebig - eine Forderung, die alles andere als trivial ist, auch wenn es anders scheint.
- Texte können direkt über Tastatur oder aus Dateien eingegeben werden (Bausteinprinzip).
- Die Textgestaltung ist unabhängig von der Wahl des Editors.
- Das Formatieren kann als Vorder- oder Hintergrundsaufgabe ablaufen.

4.5 Freie Wahl der Ausgabe

Dieses letzte Prinzip kann bislang nur hypothetisch aufgestellt werden. Es ist auch noch nicht absehbar, ob es sich in Zukunft in der Allgemeinheit, wie es hier steht, erfüllen läßt. Gemeint ist damit, daß der Benutzer beim Bearbeiten eines Textes die Eigenschaften des Ausgabegerätes, außer Acht lassen können soll. Wenn Layoutstrukturen und logische Strukturen im Textverarbeitungssystem getrennt werden können, wird diese Forderung erfüllbar sein, solange der Benutzer nur mit der logischen Strukur seines Textes arbeitet.

Will er aber das Layout ändern, muß er in der Regel die Eigenschaften der Ausgabe berücksichtigen. Sinnvollerweise muß dann die Forderung nach freier Wahl des Ausgabegeräts darauf reduziert werden, daß der Benutzer sich nicht um die ***Umsetzung*** der logischen Strukturen in ein bestimmtes Layout kümmern muß. Er wird allerdings nie darum herum kommen, sich zu vergewissern, ob ein bestimmtes Ausgabegerät technisch überhaupt in der Lage ist, bestimmte Anordnungen oder Zeichen wiederzugeben.

---

[2]) ***Texteingabe*** umfaßt selbstverständlich auch die Eingabe von Formeln und im weitesten Sinne auch Grafiken und Bilder. Für die die beiden letzteren gilt die Forderung nur bei geeignet ausgerüsteten Terminals.

Natural Language Applications and Technologies

Lance A. Miller

Mgr., Language and Knowledge Systems
IBM T.J. Watson Research Center
Yorktown Heights, NY

INTRODUCTION

Every technical field can be characterized in at least two ways: (1) by the various applications accomplished in that field and (2) by the underlying technologies implementing these applications. It is equally true that new applications depend new technologies or extension of old ones. The purpose of this paper is to show how this thinking can be productively applied to the field of NATURAL LANGUAGE PROCESSING. My hope is that the discussions of language applications, language technologies, and their interrelationships, will make practical systems in this area appear more promising and achievable than they might have been previously.

NATURAL LANGUAGE APPLICATIONS

1. LANGUAGE ANALYSIS

The objective of the first of the threefold classification into Analysis, Generation, and Interfacing (see Table 1) is to take input texts, attempt to understand them somehow, and to render some kind of judgment about them. The two classes of Language Analysis are those of Quality and Character.

Quality

In quality analyses the text is evaluated relative to certain standards of acceptability; it is the concept of quality control applied to texts and is one of the most promising and desirable of the language applications. Some standards are widely accepted, such as notions of correct spelling and grammar. Stylistic standards, however, vary greatly, and are typically application-specific. Thus, newspaper publishers focus on one set of stylistic features while the military focuses on another. Even when enterprises are concerned with the same phenomenon -- such as sentences being "too long" -- they will almost always set different thresholds (cf. Miller, 1982b, 1985). Nevertheless, every enterprise does have quality standards for the text it generates, and applying these standards is a difficult and expensive human process.

Critiquing text for quality standards is language dependent, and quality analysis programs now exist only for English. A number of programs are commercially available for the small personal computers (cf. Seybold, 1984), but the most extensive example of text-quality analysis software is that of the Epistle-1 system, developed by our project (e.g., Miller, 1980, 1985; Heidorn et al, 1982).[1] The system's 27 grammatical critiques and sample of its 106 stylistic critiques are given in Figures 1 and 2.

Character

Analyses to determine **CHARACTER** focuses on what the texts truly contain, not whether they pass certain standards; they emphasize either the **STYLE** or the **CONTENT**. **STYLISTICS** often focuses on authors but also on different text-genres (e.g., Sebeok, 1964; Richards, 1979). While text content may be considered the emphasis is strongly a statistical one concerned with the patterns and ratios of lexical and syntactic categories. Improved stylistics programs would be of great interest to text scholars. In analyses of **CONTENT** the concern is quite the complement: **what** was said is much more important than **how** (e.g., Stone, 1966; Martindale, 1981); some workers also use statistical stylistics for such theme identification (e.g., Holsti, 1963; Misek, 1972). Content analysis is presently a most laborious task of hand-analysis.

There are three important areas, two old and one new, that could be well use effective content analysis tools. The first old one is document indexing and information retrieval, which could greatly benefit by techniques which identified abstract themes and concepts. The second old area is software development; for the problem formulation and functional specification stages content tools could identify the themes (and contradictions) of such often fuzzy text to start design off on the right foot (but this is admittedly

---

[1] The Epistle system is a prototype written in a variant of PL/I, running on an IBM 3081 under VM/CMS, for a 4MB user machine. It performs very sophisticated grammar and style critiques, but we would like to have a much smaller faster system also capable of extensive semantic processing and inferencing. Accordingly, we index the PL/I system as Epistle-1 anticipating the possibility of a new version once we complete our new Prolog parser.

very difficult). The new area is Knowledge-based Systems (e.g., Winston, 1977). Progress is very promising, but already a limiting factor can be identified: getting into the system the massive amount of knowledge needed to start in a new area. I believe the technologies could be developed to analyze technical documents and build up a reasonably comprehensive base of concepts, for focusing subsequent interactions with a specialist to learn more.

2. LANGUAGE GENERATION

The second major area is concerned with Language Generation, the computer generation of new texts, and it can proceed either from an input source text or from a program knowledge base.

From a Source Text

Most generation involves the goal of recasting some input source text in some alternative form. In particular, **MECHANIZED TRANSLATION** (MT) produces a corresponding target text in a different language. The history of MT is one of ups and downs (cf. Hutchins, 1982), but the demand for it is now very high, what with each country clamoring for publications in its national language(s), and the burgeoning increase of international technical documentation. However, the bulk of MT is accomplished by 20-year old technology (e.g., Lawson, 1982), and, despite new projects (e.g., Slocum, 1980) practical effective systems have yet to be developed.

Another type of language generation, **PARAPHRASING**, also involves the generation of target texts from source ones, but in the same language. A significantly shortened paraphrase, **SYNOPSIS**, could be of enormous use for filtering or reviewing one's usually massive incoming information. Paraphrases might be useful for reflecting to authors the full content of their writing. No practical paraphrasing or synopsizing capability yet exists.

From a Knowledge Base

Instead of generating text from an input source text, one can now conceive of generating target text from some computer knowledge base, given the recent advances in knowledge representation (e.g., Bobrow & Winograd, 1977; Findler, 1979; Simmons, 1984). A futuristic example of how such a capability could be useful is to imagine that all of the documentation concerning some complex system had been gathered from the human implementers and then reconciled, resolved, aggregated, compacted, and stored as formal propositions in some representation language; thereafter, all activities by users requiring knowledge about the system -- installation, use, maintenance, modification, training, etc. -- could be supported by a 3-step process of (1) assessing users' task objectives, (2) assessing their knowledge and relevant demographics, and (3) generating customized output text appropriate to these conditions, from that internal knowledge base. Here also are there no instances of advanced systems.

3. LANGUAGE INTERFACING

In the first two major Natural Language Applications areas the system activities are batch-like and usually not in any critical path. In **LANGUAGE INTERFACING** applications language competence is inserted directly between the user and the computer system. Unlike the other applications, a failure in the language interface cannot be ignored or set aside; it directly degrades the user's task productivity and quality (and possibly even safety). Nevertheless, there is enormous appeal in interacting with an application directly in natural language; successful systems will surely have great economic potential. The major types of language interfacing are **QUERY** (database and HELP), **SOFTWARE DEVELOPMENT** (design and programming), and **COMMANDING**.

Query

Database Query. This first type of query interfacing involves an extensional interpretation of the user's input as a request to return certain information from a database. A query is converted into a logical form and then into an expression in some formal database query language, with the conversion logic relying heavily on the particular relations or attributes of the to-be-queried database. The response to a query may be data or text. There are several advanced research prototypes (e.g., Damerau, 1978), but no commercial systems with any substantial natural language processing capability.

HELP Systems. The second major type of query interfacing can be characterized as requiring intensional interpretation of users' input to provide higher-level conceptual assistance. Such systems are designated HELP Systems and can be imagined as operating in two modes. In the invoked mode the user's input can clearly be interpreted as asking for some kind of informational assistance about how to do something or why something happened, and the HELP system is directly invoked. In the triggered mode, the user's input may well be intended as a direct ad hoc query against a database, but logical checks on the input reveal some kind of misunderstanding which could lead to critical misinterpretation of a straight-forward system response, and the HELP system is triggered to provide clarifying conceptual information. For example, if a user asked "How many female telephones do we have on hand", and the system replied "none", the user could well assume that such things in fact existed and could be restocked next week; a triggered HELP system would step in to clear up the user's misunderstanding, using either stored or artificially generated text. Several HELP projects along these lines are starting up, but there are no examples of substantially competent systems as yet.

Software Development

The second major potential area for Language Interfacing is that of Software Development, the two possibilities being for use in high level **DESIGN** or actual **PROGRAMMING**. We know that the design stages (and those preceding it) are critical in determining final product quality (e.g., Miller, 1978), and the design process could very well benefit from improved executable design languages. Given the proliferation of personal computers and the increase in the number of end-users who program, one could argue that a natural programming language could also be of great use, since it is also well-established that many people find formal procedural programming languages hard to use (e.g., Miller, 1974; Schneiderman, 1980).

However, there is considerable question about the suitability of natural language. The many skeptics worry in particular about its purported verbosity and ambiguity (e.g., Wasserman & Gutz, 1982, p. 203). In response, I point to data establishing how strongly different the style of natural language specifications of procedures is from formal programming (Miller, 1981), and to the relative **absence** of ambiguity in published natural language procedures (like recipes and assembly manuals), when authors are quite serious about communicating instructions (Miller, 1976, 1978). Thus, natural language might well be effective for software programming or design, and the present technological advances are substantial enough to support some serious exploration.

Commanding

The third area of Language Interfacing is **COMMANDING**, the short-cycle limited-context issuance of a specific command to the system resulting in some immediate change in the state of the system. One possibility is for natural language **SYSTEM COMMANDING**; but more interesting is **APPLICATION COMMANDING**, controlling an application by normal natural language utterances. For example, for graphics drawing the user can be imagined as commanding: "Draw three circles on top of each other; make the middle smaller and the top smaller still; no, the top a little bigger ...". Or, in editing: "Move this part like you did the last ..." Since the vocabularies of many applications are small, commanding could even be accomplished by means of readily-available isolated speech recognition devices for true ease of control. No good commanding examples yet exist, however.

4. LANGUAGE TECHNOLOGY TRAINING

This fourth area focuses on providing users instruction in various language technology areas, and it is really quite different than the preceding three application areas: these other areas use the technologies to accomplish some function; this area uses them to teach about them. Discussion of this family of applications is best accomplished in reports emphasizing the educational aspects of computers (e.g., Miller, 1985).

NATURAL LANGUAGE TECHNOLOGIES

Now we turn to the technologies underlying all applications: **DICTIONARY, SYNTAX, AND SEMANTICS** (cf. Table 1). Each of these can be developed relatively independent of each other, making it easier to **manage** the technology -- and thus, application development. The technologies are each comprised of databases and processing algorithms, with each technology placing a different emphasis on one or the other.

1. DICTIONARY

General Description

The smallest meaningful unit for linguistic applications is overwhelmingly the word, and the dictionary is the structure that stores and organizes words and word information. It is primarily a very complex and very large database and secondarily a set of access, display, and analysis procedures. The input to a dictionary is some computer-recognizable string of printable characters believed by a text pre-processor to be a word. The output from a dictionary is usually a set of codes representing the informational features associated with the word (cf. Byrd, 1983, 1984; Byrd & McCord, 1985). The key input process is that of **LEXICAL ANALYSIS**, and it has three major outcomes: (1) word found: the word is a main entry in the dictionary, and the output is prepared according to the options existing a run-time; (2) word recognized: the word was not found, but subsequent morphological analyses indicate that the word is derivable from some entry, and its informational features can be computed; and (3) word not recognized: the word is neither found nor recognized, and thus declared unrecognized (one can guess at its part of speech -- we assume a noun -- or one can ask the user or use a spelling correction algorithm to get more information).

The conceptual structure of a dictionary is hierarchical, while the physical structure, on the other hand, depends greatly on its size, update rate, and performance requirements. Structures range from simple sequential files, to relational databases, to parallel ("shadow") tables, to B-trees (our choice).

The size of a dictionary is measured primarily in terms of the number of main entries, and secondarily in terms of the nature and amount of information per entry. For example, our project uses a main English dictionary with approximately 70K main entries (but the recognition capability may greatly exceed the entries if the dictionary is allied with morphological analyses for deriving inflectional variants of a word; ours can recognize at least 130K). Entries usually are single words, but it is very desirable to be able to support phrases since there are many which function as a single concept (especially in technical areas; we support this capability).

A dictionary conceptually is one large structure, but in practice there may be multiple dictionaries, resulting from two different considerations. First, the main dictionary may be subset into cascaded caches for performance reasons, the smallest containing the most frequent words, etc. Second, words may be separated functionally into, e.g., user addenda, technical vocabularies, common words but with special translations, etc.

Information Contained in Dictionaries

Five classes of information can be associated with each main entry (word or phrase): (1) string information, (2) grammatical information, (3) semantic information, (4) pragmatic information, and (5) translation information. Each class has sub-classes, and the discussion treats these more or less in order of importance.

String information. This information is usually concerned with the orthographic representation of words: spelling, alternative spelling, syllable points, hyphenation points, capitalization, and, possibly, similarly spelled words. However, string information could also apply to the acoustic phonetic information, providing for every entry (as we do) a representation of the pronunciation. Associated with the phon-string could be the corresponding list of sound features: pronunciation, alternative pronunciation, syllable points, primary and secondary stress points, and similarly pronounced words.

Grammatical Information. The single most important piece of **GRAMMATICAL INFORMATION** is the part of speech, one of that set of 8 or so values (e.g., noun, verb, article) used to characterize all words. Next come the five features which, depending on the particular language involved, determine how a word is spelled in a particular context. The three most important generally are (1) number (singular or plural), (2) gender (masculine, feminine, and neuter), and (3) person (1st, 2nd, or 3rd). The 4th feature, applying only to a few languages, is (4) the declension (for nouns; or the conjugation, for verbs). The last feature is (5) the case, the grammatical role that a word fulfills in a particular sentence (e.g., nominative, objective or accusative, dative, genitive). In English, simultaneous differentiation of nouns for dimensions 1-3 and 5 occurs only for the personal pronouns, there really being nothing remaining which could be called a declension; most other nouns distinguish only number. Typically the nominative form (or stem thereof) is the main entry, and additional information is given to permit the rule derivation of the inflected word for any permissible changes in the above dimensions.

Other information characterizes those words that can be augmented with additional structures, such as complements (e.g., where "to swim" is the verb-complement in "I like to swim"). Finally grammatical case-frames can be given for verbs which specify (for each sense) the so-called "inner cases" that accompany that sense, and the selectional restrictions (requirements for specific semantic features) which accompany those cases. For example, in the ditransitive sense of "to sell", in "I sold Jim the car", all three inner cases occur with the restrictions that the agent is human, the direct object is non-human, and the indirect object is again human.

Semantic Information. The main type is the several different senses of a word (definitions), given in normal text. While definition text is easy for human users to comprehend, it has yet to be fully analyzed for use by computer algorithms. The next most important type of semantic information is that which indicates how one word is semantically related to other -- synonyms, occasionally antonyms, and rarely higher- or lower-classification levels. Our dictionary contains a third class of semantic information, that of semantic features -- codes indicating that a word-sense has a particular conceptual property, like +HUMAN (whatever else the word means, it implies a human being) or +LOCATION, +TIME, +DOCUMENT. Which semantic features can occur is not well-defined but depends on the particular research goals. Another possibility is that a dictionary could report how a word fits in some large overall taxonomy of knowledge (such as is given in the old Roget Thesaurus; Roget, 1941).

A fourth type of information is semantic case frames, which give the conceptual categories accompanying a particular sense. Thus, the verb **sell**, as in "The agent sold me some term insurance for a small monthly payment, as long as I continue teaching", has a semantic case frame like **seller** (agent), **buyer** (me), **item** (life insurance), **terms** (small, monthly), and **conditions** (teacher). While case frames can be built by hand for small domains, it is an enormous unaccomplished task to develop frames for a reasonably-sized dictionary.

A fifth class of semantic information, semantic constraints, is different from the grammatical selectional restrictions in that the constraints include both the the inner grammatical cases and the semantic cases of the above frames. For example, part of the case frame of the verb **to cook** is: **<<object>**, **<container>**, **<cooking medium>**, **<duration>**, **<container temperature>**, ...>; if the container is an oven (as in "cook the shrimp in an oven ...") there is no constraint that the **<cooking medium>** be identified, but the **<temperature>** should be, and it is further semantically constrained to specify a quantity in **degrees** (as opposed to BTUs); on the other hand, if the container is a pot (as in "cook the shrimp in a pot ..."), there is a semantic constraint to specify the **<cooking medium>** (e.g., "... of water") and perhaps the **<temperature>** in terms relative to liquids, e.g., "... of **boiling** water"). A different type of semantic constraint has to do with the way qualified phrases are coordinated in a sentence, where "The happy lass sang ..." constrains the direct object or verb complement to be marked semantically with positive affective characteristics (and not to contradict "female singer"); however, this type of semantic constraint is not one that can be stored in a dictionary but is derived.

Pragmatic Information. This class occurs in three ways. It is first of all prescriptive, telling how a word should be used (e.g., via usage notes). Second, it is descriptive, characterizing the various aspects of its use in the world -- how it is perceived (e.g., impolite) where people speak it (e.g., West Texas dialect), its relative frequency of use (e.g., archaic), and its literalness (e.g., idiom). I also include as part of the descriptive pragmatic information the etymology, the linguistic history of a word (although it is usually given at the beginning of a word entry and holds for all senses). Third, pragmatic information is sometimes directive, pointing the user to other parts of the dictionary (or to other knowledge sources) where additional pertinent information can be found.

Pragmatic information is useful for direct access by human users, but is less so in on-line projects (although we use the descriptive information to characterize text tone).

Translation Information. This class simply provides pointers from the source text word to target words in other languages. The format is usually to give a brief example of a sense of the source word and then give the target word(s). A key problem is the standardization of translation terms for technical source text.

2. SYNTAX

Whereas the Dictionary Technology is primarily a database and secondarily a set of procedures, **SYNTAX TECHNOLOGY** is in the middle, with the emphasis on procedures, but also with a heavy reliance on a specialized database of rules. The primary syntactic input unit is a complete sentence.

General Description

SYNTAX deals with the definition of a particular language **L** by its associated grammar **G**, the most important aspect being the set of production rules (often called re-write rules) which specify how elements of the language are to be rewritten into other elements.[2] The successive application of these rules to eventually produce a grammatical output string is called **GENERATION**; the reverse, successive reduction of a grammatical input string to the single start symbol, is called **PARSING**.

A major difference between formal languages and natural languages is that, for the former, the grammar is fully and formally defined to permit specification of just those terminal strings which are considered well-formed in the language **L**; further, all grammatical strings can be generated, and all grammatical strings input to the grammar can be parsed (see Aho & Ullman, 1979). However, for natural languages, there is no known case of a complete formal specification of a grammar **G** for any natural language **NL**. It is really not even clear that one natural language is described by a single grammar; it appears likely that there are several, perhaps numerous, grammars which deal with different subsets (e.g., technical writing, military jargon, street talk, business letters, ads, and telegrams). This implies that the development of a syntactic component for a well-constrained textual domain is much more likely to be successful than one targeted to accept any and all input.

The structure of the production rules, the key syntactic data component, is to have a left and a right side, each contain-

---

[2] The three other aspects of a grammar are a set of non-terminal symbols (parts of speech plus additional syntactic categories involving phrases and clauses), a disjoint set of terminal symbols (i.e., words) and a special start symbol.

ing terminal or non-terminal symbols, with an arrow in between indicating that one side's symbols are to be rewritten into the other's; in most natural language projects the to-be-rewritten symbols in the basic (phrase structure) rules are augmented (directly or indirectly) with more or less arbitrary conditions which specify the circumstances under which a pattern must be found before it can be considered for rewriting (so-called "augmented phrase structure rules"); such augmentation provides that the power of the grammar to describe complex language phenomena is essentially unrestricted (equivalent to a Turing machine).

Syntactic Processing

The main syntactic procedure of natural language applications by far is that of parsing. The input is a linear string of words, and the output is a hierarchical structure, often called a **PARSE-TREE**, which indicates how lower-order syntactic categories are governed by higher-order constituents.

Three types of processing choices describe the main varieties of parsers, choice of (1) the text focus, (2) the rule direction, and (3) the replacement focus. The first determines what input is next to be examined, whether it is contiguous with the previously examined text, and whether it is possible to peek ahead at later elements in the input stream. Parsers which begin at the left word of a sentence and then examine each word one at a time are called left-to-right no-look-ahead parsers.

The choice of rule direction defines the two major classes of parsers. **TOP-DOWN PARSERS** start with high constituents and decompose them until they fit the input, while **BOTTOM-UP PARSERS** build up the parse tree from the part-of-speech level, applying lower level rules first. A secondary parser variation results from choice of the replacement rule element; **BREADTH-FIRST PARSERS** apply all possible rules to each element in a rule being examined, **DEPTH-FIRST PARSERS** apply a rule to an element to obtain a new rule, apply a rule to an element there, and so on until no further rules can be applied.

Some parsers are better for some situations than others, but all are adequate for natural languages (given sufficient grammar power). The proof procedure of Prolog provides a native top-down depth-first parser which we found can be well adapted to all situations, even those involving sentence fragments. The main advantage of Prolog, however, is that one can utilize its logic inferencing power at all points. In particular, we interleave strict parsing with semantic processing to reduce the possible number of attachment points and generally to improve the parse accuracy.

The state of the art in parsing is that there are are some outstanding successes but you cannot yet easily just pick up and use someone's parser (or dictionary for that matter). On the other hand, the technology is well enough developed and understood to make development of a parser for a particular application to be a straight-forward matter of the amount of resource put into it.

Parse Tree Qualities

Parse trees can be characterized by the accuracy of their descriptions and by the kind of information they provide. Since sentence parsers don't use prior context, but that context is often the only clue to determine how a particular sentence should be parsed, one has to expect some errors. For example, in the sentence "I saw the dog in the park"; the prepositional phrase "in the park" could refer either to the location of the act of my seeing or to a particular dog; the question is, which to choose? There are at least two reasonable attachment strategies. One is not to attach phrases you're not sure of; just put them on a list to be worked on later (see Marcus, 1980); another is to attach such phrases to the highest verb phrase around which could govern it, making a known but reasonable bias (cf. Heidorn et al, 1982). The first approach avoids error but also commitment -- commitment which may be needed for an application; the second will always make some errors, but we will know its tendencies. Either way one has at least established a reasonable approach.

Concerning parse tree information, one certainly wants to have access to all relevant lexical and syntactic information at each node. In addition, the following classes of information, ordered in terms of difficulty, would be quite useful: (1) the grammatical inner case roles filled by nodes (e.g., indirect object; sometimes difficult); (2) the syntactic association between related but discontinuous elements (as the first and last words in "Who did you talk to?" form a prepositional phrase; difficult); (3) sentence-level properties, such as sentence-type (easy), topic or theme (more difficult); (4) propositional case roles from the semantic case frames (difficult); and (5) discourse-level information, such as the referent for pronouns (very difficult).

Grammar Noise Conditions

The development of a grammar which produces reasonable parse trees for grammatical input is very difficult by itself, but it's not enough: the grammar must also perform reasonably when the input is not so perfect -- when it is **noisy** -- as is the case in **all** naturally-occurring texts.

There are six general types of grammatical noise that must be recognized and dealt with (cf. Miller, 1982a) The first is simple ungrammaticalities; what these are depends on the language. The second type is sentence fragments, and the third is sentence run-ons, input strings having less or more text, respectively, than a single well-formed sentence.

The last three types of noise, types 4-6, refer not just to characteristics of the input string, but to interactions between the input and some incomplete or incorrect aspect of the grammar: (4) the absence of any parse, (5) the production of multiple parses (some of which may be wrong), and (6) the output of a single incorrect parse. Type 4 occurs when the input has a grammatical structure in it never before encountered by the grammar, and the existing rules don't cover for it even in error; this is a fact of parsing life, and will always occur to a decreasing extent. Type 5 results from the grammar either attaching the same components in different ways (structural ambiguity) or from assigning different syntactic categories to the same element (constituent ambiguity); the second causes more problems, both will occur, and preference metrics have to be developed. The last type of "noise", a single incorrect parse, is the worst of all because of the difficulty in detecting it.

The best parses will be those which deal reasonably with all six classes of noise but contrive to avoid single incorrect parses even at the expense of making other errors.

3. SEMANTICS

Of the three technologies, **SEMANTICS** is the most procedural, the least developed, and the most important for advanced applications. While semantics has been long of concern to philosophers, the growing interest in the representation of knowledge and the recent advent of logic programming languages (cf. Sowa, 1984) have really only now made it feasible and desirable to implement reasoning about meaning and knowledge and assess the consequences of various views.

General Description

The input to a Semantics component could be from a word or phrase to a complete sentence, but often it is the parse-tree produced by the syntactic component. The output of semantic processing is typically a **LOGICAL FORM, LF**, a representation, often in first-order logic, of the intensional meaning of a sentence (logical form can also be represented as canonical graphs or other similar schema, cf. Sowa, 1984). An example LF for the sentence "John went home" is **past(go1(John,home3))**. LFs represent sentence meaning in terms of the abstract concepts (e.g., **go1, home3**) defined in the system's dictionary and modified by their syntactic roles as determined by the parser.

The primary criterion for LFs is that (1) their representations capture the intended meaning of sentences over a wide variety of input. Meaning interpretation components of some expert systems designed for a very narrow range of language and knowledge are not properly aspects of the broad view of **SEMANTICS** taken here. A second and third criteria can also be applied to LFs: (2) when the same meaning is conveyed by different texts, the LFs should still be the same, or quite similar; and (3) when the exact same input texts mean **different** things (as a function of some context), the LFs should be quite distinct. Criteria (1) and (2) are being used, but (3) awaits development of discourse-level analysis capability.

Semantic Processing

The derivation of LFs involves a wide variety of interrelated processes. One of the most crucial is **SENSE-SELECTION**, determining for each word in the sentence which of their dictionary senses was intended. For example, an absurd but almost legal interpretation of the sentence "Your drawings met our guidelines on traffic control" could be "Your artistic sketches encountered the dividing line in the middle of the highway." Without accurate sense-selection almost nothing else follows.

Sense selection itself may involve a variety of processes, for example to check to see if the precondition of various senses are met, and even to accomplish some sophisticated **KNOWLEDGE-CHECKING** (as is required to obtain the correct LF for "The pen is in the box" vs. "The box is in the pen"; cf. McCord, 1984). Then, given a particular sense, particularly of a verb, **SEMANTIC-CASE FILLING** must be accomplished; for example, using the phrase "with a match" to complete the sentence "He lit a fire ..." should lead to assignment of that phrase to the **instrument** case; but using "with a friend" should be recognized as something else.

Other processes are **QUALIFIER SCOPING** (how tall are the ideas in "tall men and ideas"?), **QUANTIFIER SCOPING** (for "Every man loves a car", is it the same car that each loves?), interpretation of **DEFINITE NOUN PHRASES**, attributive vs. referential (in "The Monarchy Sleeps", does the speaker have someone definite in mind?), interpretation of **NEGATION** ("It is no longer true that the absence of unhappiness is not uncommon"), interpretation of **TENSE** (and mood: "Were he to have had a chance he would have succeeded -- and he did!"), and identification of **SENTENCE TOPIC** ("My mother, now she was a real lady").

Accomplishing the above results requires a variety of additional complicated processes (not to mention special rule compilation and interpretation capabilities), one of the most important of which is **MODIFICATION**, the iterative process of moving around semantic pieces of what will become the **LF**, so that they can get properly combined (e.g., McCord, 1985b). However, not everyone uses the same processes, nor in the same order, nor even with the same number of passes (e.g., Dahl, 1981; Pereira, 1983).

Semantic Databases

In contrast with massive dictionaries and large grammars, the databases used by the **SEMANTICS** technology are much smaller; nevertheless, they are no less crucial. The largest and most important is that which contains the word-sense case frames, whether these include just the grammatical inner cases or whether they cover the semantic cases as well, including selectional restrictions (and semantic constraints). And a really comprehensive database will provide frames not only for verbs but also for nouns and other parts of speech.

A second small database is the definition of the organization of concepts into a (possibly tangled) hierarchy. These taxonomies permit efficient inferencing about concept properties and inheritance of features.

A third reference structure, on the borderline between data and procedure, is that which codifies the logical interpretation of linguistic entities, primarily by mapping parts of speech into logical forms. For example, McCord (1985b) defines verbs as multi-argument predicates (one for each complement), simple nouns and adjectives as 1-place predicates, and determiners as 2-argument **focalizers**. These assignments critically control the results of the modification and other procedures and ultimately determine the **LFs**.

State of The Semantic Art

This is an extremely young field for being one that is so old: almost all the key computational work appears to have occurred within the last 10 years, much in the last 5. The absolute sine qua non, though, has been the availability of the Prolog logic inferencing language which has supported the very active development and testing of these relatively esoteric ideas **as working programs**

Despite the fact that standards and extensive experience have not yet greatly accumulated, this area is critical to the further real development of Knowledge-Based and Expert systems. Certainly, progress can be expected to continue at least at the present rapid rate. Meanwhile, the facts are that (1) the other technologies can be developed comfortably separate from semantics, and (2) it already provides sufficient capability to use for the first pass of meaning interpretation, where other specialized techniques can be employed to refine it in a particular domain.

PARA-TECHNOLOGIES

There are some other technologies which, although not so substantial or traditional as the others, still are critical to successful applications.

Pre-Processor.

To handle real text files a component is necessary which can find real text among all the formatting tags, data elements, and graphics that populate normal documents; then the sentences must be found with high accuracy. In addition, such a component could usefully recognize and replace lengthy complicated addresses and other kinds of facts with a special code. Finally, the component could determine the various fields of a text from spacing, tags, or other features, and pass this information on to the linguistic components to assist their interpretation of the text. Such a component will need to use the dictionary and may use the phrase-identification capability of the grammar as well (cf. Miller, 1985).

Pragmatics.

This is a proper field of linguistics concerned with the rhetorical and purposive aspects of language use, including the classification of utterances into communication categories (e.g., Searle, 1969). However, this field is immature relative to the other linguistic technologies and not yet one which provides any great amount of guidance.

APPLICATION AND TECHNOLOGY INTERACTIONS

GENERAL REVIEW

The point to be made here is that no matter what natural language application area you want to work in, there's something useful you can do, and the more technology you add in, the more function you can deliver.

Consider Figure 3, which portrays stylistically how various applications can extend their coverage, from minimum to maximum function, by adding in higher-level language technologies. For example, many of the possible spelling errors can be caught by a dictionary alone; but syntax is needed to catch quite a few, and semantics the rest. Similarly, with a dictionary alone you can accomplish some remarkable stylistics analyses; but with syntax, the competence is greatly increased. Machine Translation can be accomplished somewhat with a dictionary, but it requires syntax to achieve any level of function. Any the interfacing applications, while needing dictionary technology, don't begin to acquire any functionality at all until possessing syntactic processing.

TEXT CRITIQUING AND THE ADDITION OF TECHNOLOGY

The point is made more precisely in the context of the Language Analysis application of critiquing text for Quality, as shown in Table 2. The three language technologies are shown across the top, while the critiquing functions of detection Spelling, Grammar, and Style errors comprise the vertical aspect.

Spelling Errors

Looking at the spelling errors in the first row of Table 2, merely a dictionary is required to detect the first error, "ownly" (instead of "only"), since that string will not occur as an entry.

Assume the next error came from a sentence like "Don't press me to hard.". Both "to" and "hard" are going to be found in a dictionary, so this type of error will escape that technology. However, a parser will certainly have a problem with such a sentence. If it could find a noun meaning of "hard", it could have formed a prepositional phrase with "to", and there would have be no problem (other than it didn't mean anything); similarly, if a verb meaning of "hard" existed, the parser could have hypothesized an infinitive phrase (as in "Don't press me to go"). Depending on what additional processing is done once the parser fails to produce a parse tree, it is possible that the exact location of the problem could be identified, and words close to "to" and "hard" substituted until the sentence became grammatical (substituting both "hand" and "too" would result in a grammatical sentence; the system should clearly talk to the user before making any substitutions).

The last spelling error is the most difficult. All of the words are in the dictionary, so that technology is no help; similarly, the sentence is perfectly grammatical, and a good parse tree can be obtained. The problem is that "mental" is semantically constrained only to modify human agents or aspects of human agents; were the word "fatigue" not there but something like "rusting", a semantically smart parser, or a not so well developed semantic component could probably flag the constraint violation existing between "mental" "rusting" and even heuristically discover that the word "mental" was intended to be "metal.". The required error-detection processing is quite a bit more complicated, however: there is a sense of "fatigue" which is marked +HUMAN, so it is locally OK for "mental" to modify it; however a very good parser would be able to establish that the "mental fatigue" in question belonged to the "pipe"; a semantic constraint checker would now have to propagate the restriction that fatigue be +HUMAN back to pipe and discover the inconsistency.

Grammar Errors

A number of so-called grammatical errors are just unallowed words (in almost every syntactic context), so a dictionary is all that's necessary to catch the "aint"s and "t'aint"s, the first grammar problem (row 2, Table 2). A parser will look for subject-verb agreement in number and easily detect the second problem concerning commas. The third error again requires hi-level competence of both grammar and semantics to detect the problem. There, first of all, is no problem at the relative clause level: "... which are unmarried" is grammatically fine; even a semantic-checker would have to be careful, because there are contexts in which "which" can acceptably be used for humans ("who" is usually preferred; but the following is OK: "The manager wants to know, of those men that have the flu, which are unmarried"). Such a situation did not occur in the full sentence, however, and with the semantic component not liking "men" to be the subject of the clause (because of the clash of +HUMAN and -HUMAN markings on "men" and "which" respectively) the syntactic component seeks in vain for another plural subject to agree with "are"; the error is thus detected.

Style Errors.

Bad phrases, for things like "pursuant to" (row 3, Table 2) can easily be stored in the dictionary. The problem with the second example is that it is unbalanced; it reads much better as "He is the person who ...". This was detected, however, with no semantics, just with an examination of the parse tree and finding a very long subject as compared to a single word predicate nominative; the ratio of the two phrase lengths exceeds some threshold, and that stylistic problem is identified.

The last example is called a **DANGLING PARTICIPLE**; in this case it appears that the building was moving right along, turned, and then had the sun shine on it, making it appear red. These are, in general, easy and amusing for people to catch (except the author) and very difficult for computer critiquers. The parser first has to recognize that there is a sentence-initial participial phrase immediately preceding the sentence subject; this is a pattern ripe for a dangling participle. Next, the semantic component has to access the concept hierarchy and concept semantic constraints to find out (hopefully) that "coming" requires some mobile agent; noting that "building" is not so marked, the problem could now be given to the user for verification.

CONCLUSION

The natural language technologies offer great promise for supporting a wide variety of important computer applications. The development of these technologies has not been easy, nor is it complete, particularly for Semantics and the high end of Syntax. But familiarity with their nature, power, and limitations, as was just sketched out here, should aid in making an assessment of their value for various of the possible applications.

The key belief motivating this presentation is that human intellectual achievement is inextricably bound up with language; a corollary then is that the best way to get computers to provide intelligent capability is to provide them the capacity to understand language.

APPENDIX A. REFERENCES

1. Aho, A. V. and J. D. Ullman. Principles of Compiler Design, Menlo Park, CA: Addison-Wesley Publishing Co., 1979

2. Bobrow, D. G. and T. Winograd "An Overview of KRL, A Knowledge Representation Language". Cognitive Science, 1977, 1, 29-42.

3. Byrd, R. J. "Word Formation In Natural Language Processing Systems". Proceedings Of The 8th International Joint Conference On Artificial Intelligence, 1983, 704-706 (Karlsruhe, Germany).

4. Byrd, R. J. "The Ultimate Dictionary Users' Guide", IBM Research Internal Report, 1984.

5. Byrd, R. J. and M. C. McCord "The Lexical Base For Semantic Interpretation In A Prolog Parser." Presented at the CUNY Workshop on the Lexicon, Parsing, and Semantic Interpretation, January 18, 1985, New York City.

6. Dahl, V. "Translating Spanish Into Logic Through Logic", American Journal of Computational Linguistics, 1981, 7, 149-164.

7. Damerau, F. J. "The Transformational Question Answering (TQA) System: Operational Statistics - 1978". IBM Research Report, RC 7739, 1978.

8. Heidorn, G. E., Jensen, K., Miller, L. A., Byrd, R. J., and Chodorow, M. S. "The Epistle Text-Critiquing System." IBM Systems Journal, 1982, 21, 305-326.

9. Holsti, O. R. "Evaluative Assertion Analysis." Content Analysis, R.C. North, O. R. Holsti, M.G. Zannovich, and D.A. Zinnes (Eds.), Evanston, IL: Northwestern University Press, 1963, 91-102.

10. Hutchins, W. J. "The Evolution of Machine Translation Systems." In Practical Experience of Machine Translation, V. Lawson (Ed.), New York: North-Holland Publishing Company, 1982.

11. Lawson, V. Practical Experience of Machine Translation. New York: North-Holland Publishing Company, 1982.

12. Marcus, M. P. A Theory of Syntactic Recognition for Natural Language. Cambridge, MA: The MIT Press, 1980.

13. Martindale, C. "Evolutionary Trends in English Poetry." Perspectives in Computing, 1981, 1.

14. McCord, M. C. "Using slots and modifiers in logic grammars for natural language," Artificial Intelligence, vol 18, 327-367, 1982.

15. McCord, M. C. "Semantic interpretation for the Epistle system," Proc. Second International Logic Programming Conference, 65-76, Uppsala, Sweden, 1984.

16. McCord, M. C. "Modular Logic Grammars," IBM Research Report, RC 10936, 1985.

17. McCord, M. C. "Focalizers, the scoping problem, and semantic interpretation rules in logic grammars," To appear in Logic Programming and its Applications, D. Warren and M. van Caneghem, Eds., 1985.

18. Miller, L.A., "Programming by non-programmers." International Journal of Man machine Studies, 1974, 6, 237-260.

19. Miller, L.A., "Naive programmer problems with specification of transfer-of-control." National Computer Conference Proceedings, Anaheim, 1975, 44, 657-663.

20. Miller, L .A. "Behavioral Studies of the Programming Process", IBM Research Report, No. 7367, 1978.

21. Miller, L. A. "Project Epistle: A system for the automatic analysis of business correspondence." Proceedings of The First Annual National Conference on Artificial Intelligence, Stanford University, August, 1980, 280-282.

22. Miller, L. A. "Natural Language Programming: Styles, Strategies, and Contrasts." IBM Systems Journal, 1981, 20, 184-215

23. Miller, L. A. "Natural language text are not necessarily grammatical and unambiguous. Or even complete." Proceedings of the Association for Computational Linguistics, Toronto, Canada (June 18), 1982a. (Previously appeared as IBM Research Report RC 9441).

24. Miller, L. A. "How To Write: A Barely Annotated Bibliography." IBM Research Report RC 9687, November, 1982b.

25. Miller, L. A. "Computers for Composition: A Stage Model Approach to Helping". IBM Research Report, RC 11261, July, 1985.

26. Miller, L. A. and J. C. Thomas, Jr. "Behavioral Issues in the Use of Interactive Systems". International Journal of Man-Machine Studies, 1977, 9, 509-536.

27. Miller, L. A., G. E. Heidorn, and K. Jensen. "Text-Critiquing with the Epistle System: An Author's Aid to Better Syntax." AFIPS Proceedings of the National Computer Conference, Chicago, May 4-7, 1981, 649-655.

28. Misek, L. D. "Computing a Context: Style, Structure, and the Self-image of Satan in Paradise Lost." Ph.D. Thesis, Case Western Reserve University, 1972. University Microfilms, Ann Arbor, Michigan (Order Number 72, 18, 716).

29. Pereira, F. "Logic for Natural Language Analysis", SRI International, 1983, Technical Note 275.

30. Richards, J. C. "Rhetorical and Communicative Styles in the New Varieties of English." Language Learning, 1979, 29, 1-25.

31. Roget, P. M. Thesaurus of Words and Phrases. New York: Grosset and Dunlap, 1941.

32. Schneiderman, B. Software Psychology: Human Factors in Computer and Information Systems. Boston, MA: Little, Brown and Co., 1980.

33. Searle, J. Speech Acts, New York: Cambridge University Press, 1969.

34. Sebeok, T. A. (Ed.) Style in Language. Cambridge, MA: MIT Press, 1964.

35. Seybold. "Computer Aids For Authors And Editors: A Natural Extension Of Word Processing And Typesetting?" The Seybold Report on Publishing Systems, 1984, 13(10).

36. Simmons, R. F. Computations from the English Englewood Cliffs, NJ: Prentice-Hall, Inc., 1984.

37. Slocum, J. "An experiment in Machine Translation". Proceedings of the Association for Computational Linguistics, Philadelphia, 1980, 163-167.

38. Sowa, J. F. Conceptual Structures: Information Processing in Mind and Machine. Menlo Park, CA: Addison-Wesley, 1984.

39. Stone, P. J. "General Inquirer." Proceedings of the 1966 Invitation Conference on Testing Problems, 1966, 63-79.

40. Wasserman, A. I. and S. Gutz "The Future of Programming." Communications of the ACM, 1982, 25, 196-206.

41. Winston, P. H. Artificial Intelligence. Menlo Park, CA: Addison-Wesley, 1977.

APPLICATIONS AND TECHNOLOGIES

LANGUAGE APPLICATIONS	LANGUAGE TECHNOLOGIES DICTIONARY	SYNTAX	SEMANTICS
LANGUAGE ANALYSIS			
QUALITY			
CHARACTER: Style			
Content			
LANGUAGE GENERATION			
SOURCE: Paraph			
Mech X			
KNOWLEDGE BASE			
LANGUAGE INTERFACING			
QUERY			
SOFTWARE: Design			
Programing			
COMMANDING			

Table 1. Matrix of language Applications and Technologies

1. Subject-verb number disagreement ("The leaves falls")
2. Noun-premodifier number disagreement ("Each valves ...")
3. Subject-complement number disagreement ("This is the books")
4. Subject-verb person disagreement ("I likes to eat")
5. Confusion of "it's" and "its" ("It's nose is dirty")
6. Wrong pronoun in predicate nominative ("The right person is her")
7. Wrong pronoun in object position ("Between you and I, it's a cinch")
8. Wrong pronoun as indirect object ("I will give they the book")
9. Confusion of "who's" and "whose" ("Who's side are you on?")
10. Confusion of possessive's and plural's ("few pet's are lonely")
11. Confusion of semicolon and comma ("Please buy coffee; milk; and eggs")
12. Conjoined verb number disagreement ("The sand both glitters and choke")
13. Incorrect double modals ("He should ought to go")
14. Existential "there" number disagreement ("There's five apples here")
15. Improper form of the infinitive ("He wants to won")
16. Improper form of the verb ("She broked my heart")
17. Missing obligatory commas ("He decided I think on the plan")
18. Missing obligatory hyphens ("I have a yet to be satisfied request")
19. Missing an obligatory question mark ("What is your name.")
20. Mismatching correlative conjunctions ("You are neither happy or sad")
21. Mismatch of the number of a lexical quantifier and its PP ("Several of the man ...")
22. Mismatch of the number of a noun phrase and its relative clause ("I saw the man who are here")
23. Sentence fragment or "non-sentence" ("Also my tires")
24. Unbalanced comma ("My manager, Mr. Hendrix told me about you")
25. Unmatched pronouns ("Him and I are going")
26. Use of wrong indefinite article ("I ate a apple and an pear")
27. Use of "of" for "have" (I could of danced all night)

Figure 1. EPISTLE-1 Grammaticality Critiques

1. Sentence too long (or paragraph, procedure step, or heading)
2. Sentence is not parallel
3. Too many nouns modifying the head noun
4. Too many consecutive prepositional phrases
5. Commas might be missing around non-restrictive modification
6. Preposition and participial are too far apart
7. Incomplete verb construction
8. Incorrect use of "like" as a subordinator
9. Incorrect use of comma as a complementizer
10. Possible excessive use of "and"
11. Incorrect comma between conjoined phrases
12. Possible excessive use of negation
13. Too many hedges/concessions
14. Overused phrase

Figure 2. A Sample of EPISTLE-1 Style Critiques

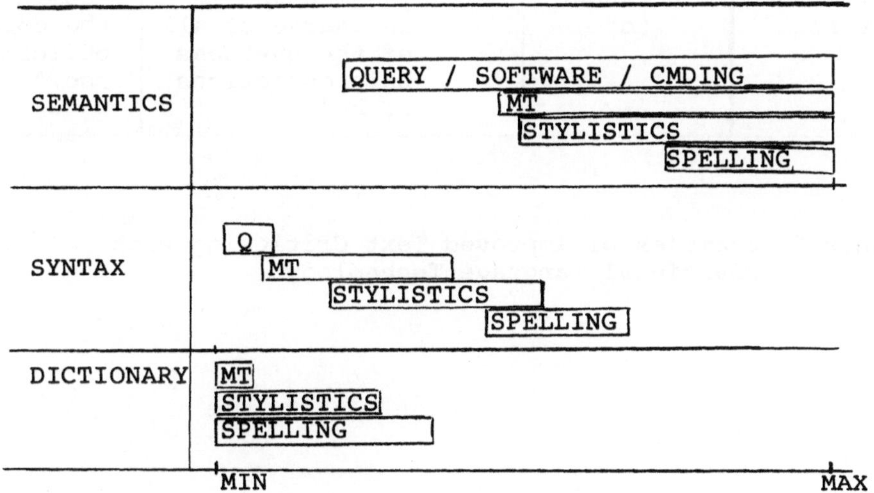

Figure 3. Application function with increasing levels of Technology (stylized).

LANGUAGE TECHNOLOGY

Problem	DICTIONARY	GRAMMAR	MEANING
Spelling errors	"ownty"	"to hard"	"The pipe collapsed due to MENTAL fatigue"
Grammar errors	"aint"	"The role of commas are"	"The age of these men which are unmarried"
Style errors	"Pursuant to"	"The men who is in charge of all of the overseas ship operations is he"	"Coming around the corner the building shone red."

Table 2. Examples of Improved Text Critiquing with Additional Language Technology

BASISKONZEPTE DER BÜROKOMMUNIKATION

oder

TECHNOLOGIEN DES PAPIERLOSEN BÜROS/VERWALTENS

Sigram Schindler

TU/TELES Berlin

1. EINLEITUNG

Es waren wohl Journalisten, die zur Erleichterung der Diskussion neuer Informations- /Kommunikationstechnologien und ihrer Auswirkungen auf die Bürowelt den Slogan vom "papierlosen Büro" kreierten. Wie alle Slogans ist auch dieser zwar griffig aber teilweise unzutreffend: Einerseits geht es nicht um das papierlose sondern nur um das papierarme Büro, und andererseits geht es nicht nur um das Büro sondern um den Gesamtkomplex des Verwaltens. In der auf Klarheit bedachten technisch/wissenschaftlichen Literatur wurde deshalb der Terminus "papierloses Büro" bisher auch häufig gemieden - man beschränkte sich hier bisher lieber auf Teilaspekte und ihre etablierten Schlagworte, wie "Textsysteme", "Bürokommunikation", "Arbeitsplatzsysteme", "Mensch-Maschine-Schnittstelle", ...

Der obige Doppeltitel verdeutlicht ein Dilemma, das sich für den Autor aus dieser Situation anfangs ergab. Ursprünglich wurde der erste Titel in der Absicht gewählt, die Arbeit auf den bisherigen technisch/wissentschaftlichen Sprachgebrauch abzustimmen - ihr über die eigentliche Bürokommunikation hinausgehender Anspruch sollte durch den Präfix "Basiskonzepte" zum Ausdruck kommen. Beim Schreiben der Arbeit verdichtete sich jedoch das Gefühl, daß man der Annahme "papierloses Büro/Verwalten" stünde für ein journalistiches Modewort, offensiv entgegentreten sollte: Dies ist mittlerweile ein Terminus, der für eine breite Skala neuer Kommunikations-/Informationstechnologien in recht spezifischer Ausprägung steht - und Ziel der Arbeit ist eben dies darzulegen. Um diese Absicht deutlich zu formulieren, wurde deshalb der zweite Titel hinzugefügt.

Einige Abgrenzungen dieses Anliegens scheinen gleich hier angebracht. Sie werden deshalb in den nachfolgenden drei Absätzen umrissen.

Zum einen ist diese Arbeit zwar der Versuch einer ganzheitlichen Technologiediskussion des papierlosen Büros/Verwaltens, aber eben nur des Technologiebereichs. D.h. sie behandelt verwaltungstechnisch oder unternehmerisch weitergehende Fragen nicht in der ihnen an sich gebührenden Breite. Insbesondere diskutiert sie also weder konzeptionelle Fragen der "Büro-/Verwaltungsautomation" noch Fragen der "Technologiebedingten Reorganisation der Unternehmungen". Beide Arten von Perspektiven erfordern ein grundsätzliches Umdenken und kommen daher kurzfristig auch kaum zum Tragen. Die einzig drängende Frage dieser Art - nämlich nach den Auswirkungen kurzfristig einführbarer Büro-/Verwaltungstechnologien auf den Arbeitsstellenmarkt - behandelt die Arbeit in ihrem letzten Kapitel mit einiger Ausführlichkeit.

Zum anderen beschäftigt sich die Arbeit nur mit dem absolut übersichtlichen Zeitraum der nächsten 4 bis 5 Jahre, also mit den verbleibenden 80-er Jahren. Bis zu den frühen 90-er Jahren werden keine Produkte auf dem Markt erscheinen, die heute nicht bereits in den Labors in Entwicklung sind - und dies ist insgesamt ein durchaus übersichtlicher Bereich. Von Ungewißheit der grundsätzlichen technischen Entwicklung in diesem Zeitraum kann also keine Rede sein. Die Arbeit wendet sich daher in erster Linie an diejenigen, die noch in diesem Jahrzehnt mit den neuen Büro-/Verwaltungstechnologien arbeiten wollen und daher in Kürze vor entsprechenden investiven/unternehmerischen Entscheidungen stehen werden. Daß es in den späten 90-er Jahren zu völlig neuartigen Büro-/Verwaltungstechnologien kommen wird, ist übrigens absolut nicht absehbar - aber selbstverständlich kann man für diesen Zeitraum nur weniger konkrete Prognosen erwarten. Es gibt dort insbesondere eine "Grauzone" die im nächsten Abschnitt gleich noch ausführlicher diskutiert wird.

Und schließlich unterscheiden sich derzeit die Informations-/Kommunikationstechnologien für Büro/Verwaltung auf Grund der unterschiedlichen umgebenden Pragmatiken sehr deutlich von den analogen Technologien für Prozeß-Systeme oder Robotiks oder künstliche Intelligenz. Stehen bei Büro-/Verwaltungssystemen etwa ihre Möglichkeiten der komplexen Kooperation zwischen unterschiedlichen Instanzen (über kleine oder große räumliche Entfernungen hinweg) im Vordergrund, so sind es bei Prozeß-Systemen etwa ihre Möglichkeiten der zuverlässigen/zeitkritischen Steuerung und Regelung, bei Robotiks etwa die vielfältigen Probleme der Sensorik, bei der künstlichen Intelligenz etwa die Probleme der Erkennung von Sachverhalten. Die Fortschritte, die diese letztgenannten Ausprägungen moderner Kommunikations-/Informationstechnologie entwickeln werden, dürften in den 90-er Jahren natürlich teilweise auch in die Büro-/Verwaltungstechnologie hineindiffundieren. Es wäre allerdings wohl vermessen darüber heute Aussagen zu formulieren, wann und in welchen Ausmaß dies die Büro-/Verwaltungsarbeit erheblich verändern wird - daher der obige Begriff "Grauzone".

2. PAPIERLOSES BÜRO/VERWALTEN - WAS IST DAS?

Bevor wir uns im dritten Kapitel den eigentlichen Technologiefragen zuwenden, seien in diesem Kapitel zunächst die beiden grundlegenden Begriffe/Termini "papierloses Büro" und "papierloses Verwalten" sowie ihr unmittelbares begriffliches Umfeld erläutert. Dabei wollen wir gleich noch einige Erwartungen diskutieren, die in diesem Umfeld angesiedelt sind und die Entwicklung der Büro-/Verwaltungstechnologien einschneidend prägen. Diese Erwartungen beziehen sich auf die Uniformität der Technologie zukünftiger Büroarbeitsplatzsysteme und auf die von ihr begünstigte Dezentralisierung zukünftiger Verwaltungen.

Zunächst wollen wir aber in diesem Absatz das Verhältnis zwischen den Begriffen/Termini "Büro" und "Verwalten" hinreichend klären - für den Bedarf dieser Arbeit jedenfalls. Unter "Verwalten" wollen wir hier die Ausübung einer gewissen - und intuitiv in etwa klaren - Klasse organisatorischer Tätigkeiten verstehen, unabhängig davon, ob diese Ausübung durch einzelne Personen und von ihnen bediente Geräte erfolgt oder durch eine Vielzahl von Personen einer großen Unternehmung und von ihnen bediente Geräte. Sowohl große Unternehmungen dieser Art - sogenannte Verwaltungen - als auch ihre Angehörigen können also "verwalten". Unter "Büro" wollen wir die Räumlichkeiten der Ausübung dieser Tätigkeiten verstehen; ein Büro kann ein Teil eines Zimmers sein, aus mehreren Zimmern bestehen, dieses/diese Zimmer kann/können sich in einem Verwaltungsgebäude befinden oder in einem Wohnhaus, ... Verwalten geschieht demnach in Form von Ausüben von Bürotätigkeiten. Ob und wieweit diese Definitionen außerhalb der in dieser Arbeit diskutierten Bereiche auch noch brauchbar sind, ist hier irrelevant.

2.1 Zum papierlosen Büro

Heute geht man davon aus, daß der zukünftige Büroarbeitsplatz mit einem Büroarbeitsplatzsystem - vor kurzem sagte man dazu "offenes multifunktionales Endgerät" - ausgestattet sein wird. Wir wollen bei der Begriffsabklärung dieses Bereichs von diesem früheren Sprachgebrauch und von dem Begriff "Textsystem" ausgehen.

Was ein Textsystem ist, weiß heute jeder. Darauf aufbauend ist es einfach zu erklären, was ein "offenes multifunktionales Endgerät" - oder ein "offener multifunktionaler Büroarbeitsplatz", in anderer Formulierung - ist. Zunächst einmal ist nämlich die Funktionalität eines Textsystems stets in der Menge der Funktionalitäten eines offenen multifunktionalen Büroarbeitsplatzes enthalten - das "multifunktional" soll u.a. dies zum Ausdruck bringen.

Man sieht an diesem Sprachgebrauch, daß man also häufig auf eine sprachliche/begriffliche Unterscheidung zwischen Büroarbeitsplatz und Büroarbeitsplatz-System - als seiner technischen Unterstützung - verzichtet. Naheliegenderweise abstrahiert man dann häufig auch noch davon, ob diese technische Unterstützung durch Geräte eines zentral aufgestellten Rechners oder durch Geräte eines vollständig am Arbeitsplatz befindlichen (und nur für diesen vorgesehenden) Rechners erfolgt. Vor allem durch das Aufkommen der PCs bedingt geht man heute aber meist von der zweiten Form der technischen Realisierung von Arbeitsplatzsystemen aus; auch diese Arbeit tut dies im Folgenden.

Die Menge aller Funktionalitäten, für die das "multifunktional" steht, ist heute noch nicht abschließend definiert. Klar ist jedoch, daß man sie in zwei Klassen einteilen muß, nämlich in die Klasse der "lokalen" Funktionalitäten und die Klasse der "Kommunikationsfunktionalitäten".

Die Klasse der lokalen Funktionalitäten eines multifunktionalen Büroarbeitsplatzes soll die Durchführung aller üblichen Büroarbeiten, die nur mit der unmittelbaren Nähe dieses Arbeitsplatzes zu tun haben, auf diesem Arbeitsplatzsystem ermöglichen. Hierzu gehören die oben bereits genannte Funktionalität für Textarbeiten, ebenso die Funftionalitäten für lokales Ablegen/Aufsuchen von Akten, für Buchführungs-/Abrechnungsarbeiten, für Bestellung/Lagerverwaltung, ...

Die Klasse der Kommunikationsfunktionalitäten eines multifunktionalen Büroarbeitsplatzes soll die Abwicklung aller üblichen Büro-Kommunikationsvorgänge mittels dieses Arbeitsplatzsystems ermöglichen, besteht also aus der Klasse der Funktionalitäten für den Dokumentenaustausch. Der Begriff Dokument ist dabei in seiner allgemeinsten Interpretation zu verstehen, d.h. er umfaßt jedweden Typs "für menschliches Verständnis bestimmter Information" - die systemintern meist in digitalisierter Form vorliegt und in jedem Fall in solcher Form zwischen Systemen ausgetauscht wird. Die für diesen Dokumentenaustausch benötigten Konventionen beruhen bei den modernen Büroarbeitsplatzsystemen auf einer Menge internationaler Übereinkünfte, sogenannten ISO-Standards bzw. CCITT-/CEPT-Empfehlungen. Die Einhaltung dieser internationalen Übereinkünfte durch Bürosysteme ermöglicht es ihnen, Dokumente auf einfache Weise miteinander auszutauschen - was bei Anwendungen unterschiedlicher, herstellerspezifischer Austauschkonventionan nicht möglich ist. Einige der bekanntesten dieser internationalen Übereinkünfte sind die ISO-Standards für "Open Systems Interconnection, OSI", die CCITT-Empfehlungen zum "Message Handling" oder "Electronic Mailing", und die CEPT-Empfehlungen zum Bildschirmtextbereich. Während man Systeme, die diese speziellen internationalen Übereinkünfte der Kommunikationstechnologie einhalten, als "offene" Systeme bezeichnet, nennt man diesen speziellen Bereich moderner (Büro-) Kommunikationstechnologie "Telematik".

Insider empfinden heute die Attributierungen "offen", "multifunktional" und "papierlos" bereits als antiquiert: Mittlerweile sind für sie neue Büroarbeitsplätze selbstverständlich offen und multifunktional, und die mit ihnen arbeitenden Büros papierarm. Der allgemeine Sprachgebrauch wird dem wohl bereits in Kürze folgen.

Zum Verständnis des Entstehens und des Übergangs zu dieser speziellen Ausprägung der Technologie neuer Büroarbeitsplätze - man kann sich ohne große Mühe auch andere Ausprägungen der Büro-/Verwaltungstechnologie ausdenken als diejenige, die sich gegenwärtig offensichtlich etabliert - seien noch zwei Bemerkungen angefügt:

- Diese spezielle Technologieausprägung ist nicht in allen Bereichen absichtlich herbeigeführt worden, in einigen Bereichen bildete sie sich vielmehr spontan aus - sowohl in Form als auch in Ausmaß unerwartet. Bereiche der ersten Art sind die oben erwähnten internationalen Übereinkünfte. Ein Beispiel der zweiten Art ist etwa der IBM/PC-Bus. Es wäre völlig abwägig anzunehmen, dieser Bus hätte seine breite Akzeptanz nur deshalb gefunden, weil IBM ihn unterstützt oder sogar so gewollt hat - schließlich gibt es viele andere Produkte von IBM, denen kein derartiger Erfolg beschieden war, obwohl IBM klar versuchte, dies zu erzielen. Der Massenerfolg dieser simplen Bus-Technik stellte sich vielmehr deshalb ein, weil zusätzlich zu IBM's Engagement der breite Bedarf dafür einfach da war.
- Der Übergang zu einer speziellen Technologieausprägung in großer Breite stellt einen Vorgang dar, den wir in anderen Technologiebereichen bereits wiederholt durchlaufen und stets als erheblichen Fortschritt begriffen haben, sowohl aus Sicht der Benutzer als auch Betreiber dieser Technologie. Das in diesem Zusammenhang üblicherweise zitierte Analogon ist die Autotechnologie in den 20-er/30-er Jahren, aus der jüngeren Vergangenheit könnte man die Hifi-Technologie nehmen. Daß im anstehenden Fall diese spezielle Technologieausprägung sehr viel weitergehend, als es dabei früher geschah, von vornherein auf - absichtlich oder unabsichtlich entstandene - internationale Vereinbarungen über ihre internen Schnittstellen aufgebaut wurde, ist teilweise darauf zurückzuführen, daß man mittlerweile Mängel früherer Entwicklungen klar erkannt hat und hier zu vermeiden versuchte, teilweise ist dies aber auch durch ein Wesensmerkmal

der neuen Büro-/Verwaltungstechnologien selbst bedingt, nämlich durch ihren hohen Anteil an Kommunikationstechnologie.

Diesen Abschnitt zusammenfassend kommt man zu der Aussage, daß gegenwärtig alle konstituierenden Merkmale der neuen Büro-/Verwaltungstechnologien festliegen und sich auch bereits das Ende der Konzeptionsbildungsphase für ihre technische Integration in zukünftige Geräte abzeichnet: Es wird durch den Beginn der Akzeptanz in größerer Breite der neuen Büroarbeitsplatzsysteme in den nächsten zwei/drei Jahren markiert. Von da an wird Technologie- und Geräteentwicklung auch für den Büro-/Verwaltungsbereich nur noch in kleinen Schritten und in einem absehbaren Rahmen erfolgen - genau wie in jedem anderen etablierten Technologiebereich - bis womöglich in einer fernen Zukunft technologisch grundsätzlich neue Möglichkeiten entwickelt werden.

2.2 Zur papierlosen Verwaltung

Die Einführung neuer Informationstechnologien in die Verwaltung war bisher stets begleitet von ihrer Ausrichtung auf große zentrale DV-Anlagen, sog. mainframes. Die im vorigen Unterabschnitt erwähnten Textsysteme änderten daran nichts. Einher mit diesem - vom Stand der DV-Technik bedingten - Zwang zur Zentralisierung kam häufig Anonymisierung der Verwaltung, Mangel an Plausibilität der Verwaltung, Verwaltungen wurden als fehleranfälliger und ineffizienter empfunden und erlitten ernsthafte Image-Verluste, ...

Darüberhinaus bewirkte diese Form des DV-gestützten Verwaltens insgesamt einen höheren Papierdurchlauf durch die Büros als man ihn früher hatte, also das Gegenteil der angestrebten Papierlosigkeit der Büros. Die Ursache für diesen Effekt ist recht offensichtlich: Die Zusammenführung aller Informationen in den Zentralen und ihre dortige Auswertung mittels großer DV-Anlagen läßt dort sowohl ein "positives" als auch ein "negatives" Informationspotential entstehen - hier entstehen Informationen (über eine Organisation), die in die Infrastruktur (dieser Organisation) hineinverteilt und Informationsbedürfnisse, die aus der Infrastruktur heraus befriedigt werden müssen. Die Entladungen dieser zentralen Informationspotentiale mittels papiergebundenen Dokumentenaustauschs bewirken eben gerade diese Papierflut auf allen Dokumenten-Kommunikationswegen dieser Organisation. Verschärft wird dieser Effekt noch durch einen entscheidenden Mangel der Verwendung von papiergebundenen Dokumenten in der "Massenkommunikation": Solche papiergebundenen Dokumente - wie Rundschreiben, Antrags-/Abrechnungsformulare, ... - stellen starre Schemata dar, sie können aus offensichtlichen technischen Gründen nicht in differenzierter Weise an die Bedürfnisse in den jeweiligen Kommunikationsvorgängen angepaßt werden, sie vermengen - aus der Sicht eines individuellen Kommunikationsvorgangs - Wesentliches mit Unwesentlichem.

Die Hoffnung ist nun, daß die neuen Arbeitsplatzsysteme alle diese unerwünschten Folgeerscheinungen früherer/heutiger DV-Verwaltungen umkehren werden. Auf Grund der enormen Speicherkapazität und Prozessorleistung und Kommunikationsfähigkeit neuer Arbeitsplatzsysteme können nämlich Akten wieder an den Arbeitsplätzen der zuständigen Sachbearbeiter bleiben - im Aktenschrank jedes Arbeitsplatzsystems, genau wie es früher war, nur jetzt eben nicht mehr in Papierform sondern in magneto-elektronischer oder magneto-optischer Form. Da man von jedem Arbeitsplatzsystems aus auf den Aktenschrank jedes Mitarbeiters zugreifen kann, die Registratur bzw. Akten dort verzögerungsfrei einsehen bzw. ergänzen kann (falls man dazu befugt ist) und dies vollständig mitprotokolliert wird, stellt sich das frühere Verantwortlichkeitsgefühl jedes Mitarbeiters für seine Akten bzw. seine Mitwirkung an der Aktenführung wieder ein, ergeben sich Möglichkeiten der Repersonalifizierung und Individualisierung der Verwaltungsvorgänge, bieten sich Möglichkeiten der Effizienzsteigerung, und es entfällt jedes Interesse am Papierdurchlauf. Es ist diese Form des dezentralen, auf schneller und differenzierter Kommunikation beruhenden papierlosen Verwaltens, das durch die neuen Arbeitsplatzsysteme technisch ermöglicht wird. Es sei jedoch nochmals betont, daß papierloses Verwalten die mit ihm verbundenen Erwartungen nur erfüllen kann, wenn die dabei benutzten Arbeitsplatzsysteme "offen" sind, d.h. über die dafür geeigneten Kommunikationsfunktionalitäten verfügen.

Schließlich noch ein Wort zu der Frage, ob der Übergang zum papierlosen Büro/Verwalten eine neue Unternehmens-/Verwaltungsstruktur erfordert. Es sei gleich hier klargestellt, daß die Verwaltungs-/Unternehmensstruktur von diesem Übergang auf die neuen Arbeitsplatzsysteme kaum berührt zu werden braucht - insbesondere bei großen Organisationen wird dieser Technologiewechsel ihre etablierte Struktur fast unverändert lassen. Einerseits kann nämlich dieser Übergang recht rasch vollzogen werden, während weitergehende Strukturveränderungen großer Organisationen aber unweigerlich langfristige Prozesse sind. Andererseits steht die Beibehaltung einer etablierten Unternehmungs-/Verwaltungsstruktur diesem Übergang keineswegs hinderlich im Wege, während es sich als unmachbares Unterfangen herausstellen kann, diesen Übergang zusammen mit der Einführung einer neuen Organisationsstruktur bewerkstelligen zu wollen. Im letzten Kapitel dieser Arbeit werden wir auf diese Fragen nochmals zurückkommen.

3. STATUS/TREND/INTEGRATION DER EINZELTECHNOLOGIEN DES PAPIERLOSEN BÜROS/VERWALTENS

Das papierlose Büro ist nicht im Zuge einer in sich geschlossenen technischen Entwicklung entstanden, sondern es beruht auf einer ganze Reihe von Einzeltechnologien - dies vorab zur Begründung, weshalb wir zusammenfassend häufig von neuen Büro-/Verwaltungstechnologien sprechen. Jede dieser Einzeltechnologien ist ein kleiner Teil eines eigenständigen Universums von Techniken, und diese Technik-Welten entwickeln sich unabhängig voneinander sehr schnell weiter. Ein Gesamtbild der neuen Büro-/Verwaltungstechnologien enthält deshalb Segmente aus ganz unterschiedlichen modernen Kommunikations-/Informationstechnologien, die nachfolgend aufgezählt und kurz kommentiert werden sollen.

Das Spektrum von involvierten Technologiesegmenten ist in dieser Arbeit sehr viel breiter angelegt, als in Industriepublikationen dieses Bereichs. Um den Eindruck der Welt-/Marktfremdheit zu vermeiden, sei deshalb betont, daß es Arbeitsplatzsysteme bereits gibt bzw. demnächst geben wird, die diesen Gesamtkatalog von Technologien adäquat ihren Benutzern zur Verfügung stellen. Die Kommission der Europäischen Gemeinschaft hat diese Produkte in Auftrag gegeben, um die Realisierbarkeit solcher Arbeitsplatzsysteme kurzfristig nachzuweisen und sie für den Eigenbedarf bereitzustellen. Dies ist zum einen das CSS (= Committee Support System, [1]) und zum anderen das INSEM (=Interinstitutional Service For Electronic Mail, [2]). CSS ist heute bereits verfügbar und die ersten Piloten dazu sind europaweit in Betrieb, INSEM hat eine etwas andere Zielsetzung und wird deshalb erst in den nächsten Jahren fertig werden. In diesem Kapitel wollen wir aber nicht diese beiden Produkte erläutern sondern die ihnen zugrunde liegenden Technologien, d.h. ihren Status, ihren Trend und ihre Integration miteinander skizzieren. Der an diesen Produkten, CSS und INSEM, interessierte Leser ist auf die beiden angegebenen Literaturstellen verwiesen. Es sollte hier lediglich noch gesagt werden, daß beide Systeme "Trendsetter" sind: Alle zukünftigen Systeme für den Büro-/Verwaltungsbereich, die in Europa zur größeren Akzeptanz gelangen wollen, werden ebenfalls über die Funktionalitäten von CSS bzw. INSEM verfügen müssen. Bereits existierende firmenspezifische Büro-/Verwaltungssysteme wird man mit der ihnen heute - gegenüber CSS/INSEM - noch fehlenden Funktionalität erweitern um sie am Markt zu halten. Das Instrument des "gateway" erleichtert diese Anpassungs- oder "Interworking"-Arbeit ganz erheblich.

Die Diskussion dieses Spektrums wollen wir - bis zu einem gewissen Grad willkürlich, und sprachliche Unebenheit schweigend akzeptierend - in Abschnitte über Hardware-Technologie, Betriebssystem-/Software-Technologie, Kommunikations-Technologie, Text-Technologie,

Papierschnittstellen-Technologie und Benutzerschnittstellen-Technologie gliedern. In jedem dieser Abschnitte wird es nur soviel einführende Information geben, als dafür heute noch angemessen erscheint, d.h. sehr knappe bei den ersten Abschnitten und etwas ausführlichere bei den letzten Abschnitten. Da die Technologie des papierlosen Büros/Verwaltens eine Massentechnologie sein wird, die aus wirtschaftlichen und politischen Erwägungen weitestgehend auf internationalen Standards - formalen von ISO/CCITT/CEPT ... oder informellen der Marktführer - beruhen wird, wird die zentrale Frage in jedem Abschnitt die nach den sich dort etablierenden solchen Standards sein.

3.1 Hardware-Technologie

Geht man von den Kostenerwartungen aus, die man üblicherweise mit den neuen Arbeitsplatzsystemen verbindet, so sieht man sofort den recht engen Rahmen den die Entwicklung ihrer Hardware-Technologie in den nächsten Jahren nicht verlassen darf. Entsprechend diesen Kostenerwartungen darf ein solches Arbeitsplatzsystem ohne weiteres 20 TDM, aber möglichst nicht mehr als 50 TDM kosten. Da dies unterhalb der Kosten eines Angestellten in einem Jahr wäre und da die Produktivität des Arbeitsplatzes während der nächsten Jahre durch die Beschaffung eines solchen Systems erheblich erhöht würde, wäre dieser Preis eines solchen Systems annehmbar.

Die Implikation dieses Gesamtpreises für ein Büroarbeitsplatzsystem ist jedoch, daß für seine Hardware insgesamt nur etwa 10-20 TDM zur Vefügung stehen werden, der Rest muß für die Software vorgesehen werden. Und dies heißt, daß zur Realisierung von neuen Büroarbeitsplatzsystemen in naher Zukunkt nur die bekannte PC-Technologie - mit ihrer durch extrem hohe Stückzahlen ermöglichten extrem niedrigen Preisstruktur - und ihre geradlinige Fortentwicklung herangezogen werden kann. Alle anderen Varianten heute gut beherrschbarer Mikroprozessor-Technologie würden die Endkosten der Geräte deutlich erhöhen und sie damit einem Akzeptanzrisiko aussetzen.

Die kurzfristige hardwaremäßige Mindestausstattung eines solchen Büroarbeitsplatzsystems ist dann offensichtlich: 1 Prozessor, etwa 1MByte Arbeitsspeicher, 1 multifunktionale Kommunikationskarte, etwa 2 Terminals, 1 Drucker, 1 bis 2 MByte Wechselspeicher, 20 bis 40 MByte Festspeicher.

In den nächsten 2 oder 3 Jahren ist bei etwa gleichen Preisen eine deutliche Steigerung der Leistung der Büroarbeitsplatzsysteme zu erwarten: Die zukünftigen Benutzer werden nämlich - kaum haben sie damit überhaupt umzugehen gelernt - an diese Systeme die gleichen Anforderungen stellen wie sie ein Großrechner erfüllen kann. Um diesen Erwartungen zu genügen, und auch um die Systemverfügbarkeit entscheidend zu verbessern, wird man zu Mehrprozessorsystemen (2-8 CPUs) mit entsprechend großem Arbeitsspeicher (2-8 MBytes) übergehen. Diese Systeme werden dann auch ohne weiteres mehrere Terminals effektiv unterstützen können, wobei man in der Regel zu bit-map unterstützten Geräten (auch bei den Druckern) und zum A4-Format übergehen wird. Die Kapazität der Hintergrundspeicher wird in dieser Zeit um den Faktor 5 bis 10 anwachsen. Gegen Ende dieser Periode ist zu erwarten, daß Farb-Techniken die Schwarz-Weiß Techniken mit derselben Vehemenz zu verdrängen beginnen, wie wir sie bereits bei der Einführung des Farbfernsehens beobachten konnten - die unweigerlich höheren Kosten der Farbtechniken stehen dem nicht entgegen.

3.2 Betriebssystem-/Software-Technologie

Eine der ärgerlichsten Erscheinungen im Bereich moderner Informationstechnologien geht - bei den Arbeitsplatzsystemen jedenfalls - ihrem Ende entgegen: Der Betriebssystem-Wirrwarr. Es gibt für den Büro-/Verwaltungsbereich keine Ankündigungen neuer Systeme mehr, die nicht von vornherein UNIX unterstützten. Dies heißt nicht, daß DOS kurzfristig unbedeutend werden würde - es muß lediglich auf jede weit in die Zukunft reichende Perspektive verzichten, nachdem Version 3 viel zu spät erschien und viel zu dürftig ausfiel. Demzufolge diskutiert man bereits viel über die "multitasking features" von Version 4, entstehen also Auflösungserscheinungen im DOS-Lager, während das UNIX-Lager um leistungstärkere System-V-Versionen und BSD-Versionen herum schell weiter expandiert.

Zu einer ganz ähnlichen Konsolidierung kommt es im Implementierungssprachen-Bereich. Bis vor kurzem wurde C zwar weltweit von ausnahmslos allen schnell arbeitenden Systemteams benutzt, galt aber bei den normalen Anwendungsprogrammierern als Exot. Seit einiger Zeit ist aber - ausgelöst durch den unübersehbaren Erfolg von UNIX - auch in anderen als in UNIX-Gemeinden C wohl gelitten. Da ordentliche C-Compiler mittlerweile auf allen wichtigen Betriebssystemen verfügbar sind ist abzusehen, daß C kurzfristig zu der allgemein bevorzugten Implementierungssprache jedenfalls dann wird, wenn es darum geht portable Softwaresysteme zu erstellen. Büro-/Verwaltungssysteme sind aber sehr groß, werden eine beachtliche Lebensdauer entfalten, und müssen auf einfache Weise auf eine Vielzahl unterschiedlicher Anlagen portierbar sein - man wird sie also in C implementieren.

Diesen Abschnitt abschließend wollen wir die vorangehenden Aussagen verallgemeinern und feststellen, daß die Erstellung und Pflege von Anwendungssystemen für zukünftige Arbeitsplatzsysteme sich in keinem Punkt unterscheidet von der Erstellung und Pflege von Anwendungssystemen für Großrechenanlagen. Dies impliziert insbesondere, daß in beiden Fällen das gleiche softwaretechnische Instrumentarium benutzt werden kann und soll. Die früheren Versuche, eine PC-orientierte oder eine Arbeitsplatzsystem-orientierte Softwaretechnologie zu entwickeln, haben dementsprechend auch zu nichts geführt und können als abgeschlossen betrachtet werden.

3.3 Kommunikations-Technologie

Der Erfolg der neuen Büroarbeitsplatzsysteme und der darauf beruhenden "Technologie-Dezentralisierungs-Bestrebungen" im Verwaltungsbereich steht und fällt mit dem Erfolg der Integrationsbemühungen gegenwärtiger und zukünftiger Kommunikationstechniken für den Bürobereich. Nachdem jahrelange Bemühungen die Voraussetzung für diese Integration (in Form internationaler Vereinbarungen darüber) bereitzustellen in großer Breite erfolgreich waren, befindet sich die Industrie gegenwärtig in der Phase, diese Voraussetzungen in ihren neuen Arbeitsplatzsystemen zur Nutzung zugänglich zu machen. D.h. alle üblichen Kommunikationsdienste werden auf jedem Arbeitsplatzsystem in integrierter Weise zugänglich. Diese Kommunikationsdienste sind zunächst die der öffentlichen Fernnetze - nämlich analoge und digitale Telephonie, Telex, leitungs- und paketvermittelte Datenübertragung mit unterschiedlichen Schnittstellenkonventionen, Teletex, Telefax, Telebox, Btx - sowie der privaten Lokalen Netze und Digitalen Untervermittlungsanlagen.

Um die Aufzählung der vielen internationalen Vereinbarungen dieses Technologiesegmentes hier ersparen zu können sei auf [2b,3c] verwiesen. Dort sind sie weitgehend aufgezählt und ihr Zusammenwirken mit den sogenannten Marktstandards kommentiert.

In der obigen Aufzählung der Fern-Dienste fehlen die Breitband-Kommunikationsdienste, wie sie durch Kabel- oder Satelliten-Kommunikationstechnik derzeit bereitgestellt werden. Ursache für diese Weglassung ist, daß in der hier betrachteten (unmittelbar bevorstehenden und recht kurzen) Entwicklungsperiode die Nutzung dieser Dienste von allen

Arbeitsplatzsystemen aus nicht absehbar ist. In dieser Periode dürften Breitbanddienste in erster Linie zur Vernetzung von Lokalen bzw. PABX Netzen herangezogen werden - und dies liegt außerhalb dieses Berichts.

Die Integration der oben aufgeführten Fern-Kommunikationsdienste und der digitalen privaten Untervermittlungsanlagen ist für '86 zu erwarten - allerdings noch nicht auf der Grundlage der zukünftigen "Schmalband-ISDN" Schnittstellen, sondern mittels firmenspezifischer Interims-Schnittstellenkonventionen. Der breite Eisatz der So-Schnittstellenkonventionen erfordert noch technologische Entwicklung, ist also nicht vor '87/'88 zu erwarten.

In ganz vorsichtiger Formulierung möchte der Autor - angesichts des hier betrachteten Zeitintervalls und des für Büroarbeitsplatzsysteme vorgegebenen Kostenrahmens - gegenüber den LAN- und den Breitband-ISDN-Technologien Zurückhaltung artikulieren. Erst wenn die sehr kostengünstigen digitalen Untervermittlungsanlagen bzw. die Schmalband-ISDN-Technik sich als leistungsmäßig unzulänglich erweisen wird man in einer üblichen Unternehmung/Verwaltung die Implementierung einer dieser beiden Kommunikationstechnologien erörtern. Zweifelsfrei ist allerdings, daß dieser Zeitpunkt früher oder später in jeder größeren Organisation kommen wird.

3.4 Text-Technologie

Während die bisher diskutierten Technologiebereiche durchweg seit Jahren etabliert sind, war dieser Technologiebereich bis vor kurzem als solcher gar nicht anerkannt - wohl meist weil die Reichweite und Ernsthaftigkeit seiner Probleme nicht begriffen waren. Um die Reichweite dieses Technologiebereichs anzudeuten sei an die eingangs bereits gegebene und hier zugrundeliegende Definition des Begriffs "Dokument" (d.h. eines sinnhaften und aus Text aufgebauten Gebildes) erinnert; geht man dieser Definition folgend davon aus, daß Wissen in Form von Dokumenten gewonnen, verwaltet, kommuniziert und verwertet wird, so ist Text-Technologie ein Kürzel für "Wissens-Handhabungs-Technologie". Die Ernsthaftigkeit der Probleme der technologiebedingten Darstellung von Dokumenten hat man nur scheibchenweise begriffen: Anfangs die Probleme der Zeichenrepertoires und ihrer Codierungen, dann die Probleme der lokalen Textarbeiten (Schlagworte "Texteditoren", "Formatierer"), dann die Probleme des Textaustausches bei vollständiger Integration dieser Texte in die lokalen Textsysteme (Schlagworte: "Dokumentenarchitektur" und "Verallgemeinerte (Dokumenten) Auszeichnung"). Dieser Dokumentenbegriff umfaßt heute keine Bewegtbild-Sequenzen, gestattet aber in seiner weitestgehenden Interpretation bereits animierte Festbilder, und bei Festbildern - zusätzlich zur textuellen Information - auch Graphik, Farbe und Faksimile, sowie digitalisierte Stimme.

Status bzw. Trend der Entwicklung der Texttechnologie sind heute als konsolidiert bzw. ganz klar erkennbar und sehr vielversprechend zu bewerten. Für die relevanten älteren internationalen Standards in ISO/CCITT/ECMA/CEPT werden heute "harmonisierende Interpretationen" erarbeitet [3], und die derzeit entstehenden sind von vornherein völlig identisch miteinander. Sie sind als unumstößliche Perspektiven der zukünftigen Texttechnologie der nächsten 3-5 Jahre akzeptiert. Der Fortschritt der Entwicklung texttechnologischer Produkte auf ihrer Grundlage ist - insbesondere seitdem verschiedene ESPRIT-Projekte sie massiv unterstützen - beeindruckend: Die SYSTEMS '85 wird vereinzelt den Status der Vorprodukt-Versionen zeigen. Erste für den Masseneinsatz reife Produkte sind für die Hannovermesse '86 zu erwarten.

3.5 Papierschnittstellen-Technologie

Für eine Sekunde mag es erstaunlich erscheinen Arbeitsplatzsystem-Techniken der Erzeugung und Auswertung papiergebundener Informationsdarstellung als Technologie des papierlosen Büros zu betrachten. Zum einen wäre solches Staunen eine Konsequenz des eingangs erwähnten irreführenden Sprachgebrauchs: Zukünftige Büro-/Verwaltungstechnologie wird papierarm sein, aber nicht papierlos. Zum anderen erfordert die Integration der neuen Büroarbeitsplatzsysteme sowohl in die heutige papierorientierte Bürotechnik als auch in die zukünftigen papierorientierte Informationswirtschafts-Bereiche (wie etwa die Druckindustrie), daß sie über Papierschnittstellen-Techniken verfügen.

Grundsätzlich unterscheidet man hier "Vom Papier"-Techniken (d.h. Erkennungstechniken von papiergebunden vorliegenden Druckschriften, Handschriften, geometrischen Figuren, anderen Graphiken und Bildern), "Mit Papier"-Techniken (d.h. Erkennungstechniken von in der papiergebundenen Entstehung befindlichen Handschriften und Geometrie) und "Zum Papier"-Techniken (d.h. Papieraufzeichnungstechniken von Schrift, Geometrie, Graphiken und Bildern).

Die Von-/Zu-Papier-Techniken stellen sich auf Farbe, auf eine Auflösung bis zu 16 Punkten pro mm, auf die Benutzung gewöhnlichen Papiers, auf eine Bearbeitungszeit von 10-20 Sekunden pro A4-Blatt und auf geräuschlos arbeitende Geräte ein. Im Rahmen des ESPRIT-Programms der EG kooperieren die Firmen AEG, Olivetti, Philips und Plessey bei der Entwicklung dieser Technologie in dem präkompetitiven Projekt 295 ("The Paper Interface"). [3c] gibt einen Überblick über die Vielzahl der Konvertierungsprobleme, die in diesem Bereich auch dann noch zu lösen sind, wenn man sich auf die durch internationale Vereinbarungen unterstützten Zeichenrepertoires und Codierungen beschränkt. Diese Arbeit beschreibt auch die Funktionalität, die ein Büroarbeitsplatzsystem dafür seinem Benutzer zur Verfügung stellen muß. Die Mit-Papier-Techniken versuchen vor allem das sehr komplizierte Problem der Handschrifterkennung besser zu lösen als dies die Vom-Papier-Techniken heute können; einen vollständigen Überblick über diese Ansätze gibt [4].

3.6 Benutzerschnittstellen-Technologie

Die Probleme der Mensch/Maschine-Schnittstelle wurden zwar bereits seit Jahren intensiv diskutiert - aber dies geschah meist auf anderen Grundlagen als sie für die Zukunft gelten. Die bisher übliche Grundlage bestand in der Annahme eines recht einheitlichen Gerätes (zentrales Merkmal: schneller schwarz/weiß Alphabildschirm und Tastatur) zu ihrer Realisierung und in der Annahme der Existenz einer einzigen idealen Gestaltung des Dialogs zwischen Benutzer und Gerät in womöglich anwendungsunabhängiger Weise.

Mit dem Einsatz von Büroarbeitaplatzsystemen in großer Breite werden beide Annahmen unhaltbar. Die gerätetechnische Unterstützung ihrer Mensch/Maschine-Schnittstelle fächert sich dabei auf eine breite Palette von Geräten ganz unterschiedlicher Leistungsmerkmale auf, und diese spezifischen Gerätemerkmale müssen bei der Gestaltung des Benutzerdialogs geeignet genutzt bzw. einschränkend berücksichtigt werden. Aber als noch viel gravierender für die Dialoggestaltung erweisen sich die eigentlichen "human factors", etwa der Ausbildungsstand des Benutzers im Allgemeinen und speziell bezüglich des von ihm gerade genutzten Anwendungssystems, sein Auffassungsvermögen, die Zuverlässigkeit seiner Entscheidungen. Diese Humanfaktoren können wiederum nicht in anwendungsunabhängiger Weise bei der Gestaltung von Benutzungsdialogen berücksichtigt werden: Entgeht ein Tippfehler der automatischen Plausibilitätskontrolle beim Anlegen eines privaten Memos so ist dies bedeutungslos, handelt es sich um das Schreiben eines Geschäftsbriefes so kann dies bereits geschäftsschädigend wirken, und beim Erfassen des Zahlenmaterials der Buchführung wäre dies ein ernsthaftes Problem. Man muß also davon ausgehen, daß für jedes Anwendungssystem eine ganze Reihe von Benutzungsdialogen entworfen und realisiert werden müssen, wobei sich diese Dialoge in ihren Merkmalen - Stringenz der Benutzerführung/-unterstützung/-überprüfung, Alternativen der Informationsdarstellung, ... - an für dieses Anwendungssystem wichtigen Zielgruppen von Benutzern/Geräten orientieren, sich also technisch weitgehend voneinander unterscheiden können.

Gegenwärtig erleben wir gerade die Erschließung neuer großer Benutzergruppen für vorhandene Anwendungsssyteme mittels der Btx-Technologie. Alle dabei gewonnenen Erfahrungen bestätigen die obigen Ausführungen, d.h. die Notwendigkeit von mehreren recht unterschiedlichen Benutzungsdialogen für jedes komplexere Anwendungssystem, das diesen neuen Benutzergruppen auf einfache Weise zugänglich sein soll. Die Qualitäten seiner alternativen Benutzungsdialoge dürften sich sogar als von entscheidener Bedeutung für den ökonomischen Erfolg eines Anwendungssystems erweisen. Insgesamt zeichnet sich ab, daß der Entwurf und die Realisierung zielgruppenorientierter und Anwendungssystem-spezifischer Benutzungsdialoge für ein Anwendungssystem einen größeren menschlichen Aufwand erfordern als der Entwurf und die Realisierung der eigentlichen Funktonalität dieses Anwendungssystems.

Die qualitativen und quantitativen Auswirkungen dieses Trends (zur sorgfältigen Ausgestaltung der Benutzerschnittstellen von Anwendungssystemen) auf den Arbeitstellenmarkt sind ausgesprochen erfreulich. Neue Kommunikations-/Informationstechnologie schafft hiermit die Grundlage für eine sehr große Zahl hochwertiger Arbeitsplätze; im nächsten Kapitel wird dieser Aspekt weitergehend diskutiert. Von einem Status einer so begründeten Benutzerschnittstellen-Technologie kann man aber noch nicht sprechen - es gibt sie als solche noch gar nicht. Es gibt noch keine Programmierer-Werkzeuge dafür - spezielle Editore - die es etwa gestatten, für ein vorgegebenes Anwendungssystem Benutzungsdialoge auf einfache Weise zu entwerfen/realisieren/modifizieren oder einen Benutzungsdialog eines Anwendungssystems auf ein anderes Anwendungssystem zu portieren. Es ist aber zu erwarten, daß man beim Entwickeln einer solchen Benutzerschnittstellen-Technologie weitgehend von Techniken des Spezifizierens und Implementierens von Kommunikationssystem-Moduln wird Gebrauch machen können. Die Erstellung solcher Werkzeuge ist derzeit in Vorbereitung, erste Ergebnisse sollten '86 verfügbar werden.

4. IMPLIKATIONEN DER NEUEN BÜRO-/VERWALTUNGSTECHNOLOGIEN AUF DEN ARBEITSSTELLENMARKT

Es ist unstrittig, daß die neuen Informations-/Kommunikationstechnologien verglichen mit anderen neuen Technologien - wie etwa der Kerntechnologie, der Gentechnologie oder neuen Waffentechnologien - zunächst einmal gut dastehen: Sie bergen keinerlei Welt- oder Menschheit-zerstörendes Potential in sich, wie es diese anderen Technologien auf unterschiedliche Weise stets tun. Insbesondere die neuen Büro-/Verwaltungstechnologien sind völlig frei von jedweder, das menschliche Universum bedrohenden Perspektive. Die ihnen häufig vorgehaltene Problematik ist denn auch von einer ganz anderen Qualität: Sie besteht in der Behauptung, der Prozeß des Zerfalls der etablierten Beschäftigungsstrukturen im Produktionsbereich, der durch den Prozeß seiner Automatisierung bedingt ist, würde durch die Akzeptanz der Technologien des papierlosen Büros auf den Verwaltungsbereich übergreifen und damit dem Heer der Arbeitslosen aus dem Produktionsbereich ein weiteres Heer von Arbeitslosen aus dem Verwaltungsbereich hinzufügen. Diese Behauptung wollen wir in diesem Kapitel zunächst einmal analysieren. Dies wird zeigen, von welchen nicht zu rechtfertigenden Annahmen sie ausgeht und daß sie deshalb nicht haltbar ist. Anschliessend werden wir dann die Akzeptanz des papierlosen Büros/Verwaltens ganz anders bewerten, nämlich als einen Schritt zur Erschließung eines riesigen Arbeitsstellenmarktes völlig neuer Art.

Um die obige Behauptung analysieren zu können, wollen wir sie etwas detaillierter formulieren, nämlich wie folgt. Sie geht aus von der unstrittigen Gegebenheit, daß im Produktionsbereich neue Technologien eingesetzt wurden um sie zu automatisieren und so die Produktionskosten (durch Einsparung eines Teils der Arbeitslohnkosten) zu senken. Sodann wird eine zweite korrekte Beobachtung der Behauptung zugrunde gelegt, daß nämlich auch im Verwaltungsbereich durch Automatisierung die Verwaltungskosten (durch Einsparung eines Teils der Arbeitslohnkosten) gesenkt werden können und daß auch hier die Automatisierung den Einsatz neuer Technologien erfordert, unter anderem den Übergang zum papierlosen Büro/Verwalten. Dann aber zieht die Behauptung zwei nicht zu rechtfertigende Annahmen heran, und zwar

- daß Automatisierung der Produktion und Automatisierung des Verwaltens gesellschaftlich gleichermaßen akzeptiert werden, nur weil sie in beiden Fällen zur Senkung der Produktions- bzw. Verwaltungs- Kosten führt, und
- daß die Technologie des papierlosen Büros/Verwaltens ausschließlich oder primär zur Automatisierung des Verwaltens entwickelt worden wäre, ihre Akzeptanz also ein Schritt in Richtung Automatisierung des Verwaltens ist.

Die erste dieser beiden Annahmen ignoriert völlig die Tatsache, daß eine derartig weitgehende Automatisierung des Verwaltungsbereichs wie sie im Produktionsbereich geschieht, auf absehbare Zeit gesellschaftlich nicht gewollt werden wird. Der Ersatz etwa einer Montagehalle durch eine Automatenstraße wird von den allermeisten als Fortschritt empfunden, aber bereits die Diskussion um die Automatisierung etwa des Verkehrswesens oder des Sicherheitsbereichs muß aus guten Gründen ausgesprochen konträr verlaufen, und die Vision eines Computersystems, das alle Akten eines Betriebs bzw. einer Verwaltung selbständig bearbeitet, wird in jedem dynamischen Unternehmen bzw. jeder demokratisch organisierten Gesellschaft die Attraktivität eines Alptraums behalten. Selbstverständlich macht der Übergang zum papierlosen Büro/Verwalten eine große Zahl heutiger Arbeitsplätze überflüssig - nämlich gerade die mit rein mechanischen Arbeiten betrauten, etwa in den Schreib-/Vervielfältigungs-/Botendiensten - aber von dem Ausmaß der Reorganisation wie im Produktionsbereich kann im Verwaltungsbereich auf absebahre Zeit gar keine Rede sein. Die Entscheidungstätigkeit auf allen Ebenen möchte man nach wie vor von geschultem Fachpersonal durchgeführt wissen. Wir kommen auf diesen Punkt später noch einmal zurück.

Die zweite dieser beiden Annahmen beruht auf der üblichen Vertauschung der Eigenschaften "notwendig" und "hinreichend" von Voraussetzung. Die Papierlosigkeit ist zwar eine notwendige Voraussetzung für die Automatisierung einer Verwaltung, aber natürlich keine hinreichende Voraussetzung dafür. Der Wohlstand einer Gesellschafft ist zwar eine notwendige Voraussetzung für ihren Untergang im Wohlstand, aber natürlich keine hinreichende Voraussetzung dafür. Die Abwegigkeit dieser zweiten Annahme wird noch deutlicher wenn man sich überlegt, daß eine automatisierte Verwaltung natürlich auf einem großen Zentralsystem beruhen würde und nicht auf einem verteilten System, wie es heute jede Verwaltung mit ihren einzelnen Büros - in denen zukünftig die Büroarbeitsplatzsysteme die heutigen Schreibmaschinen und -automaten ersetzen sollen - darstellt. Wollte man also die Entwicklung zur automatisierten, d.h. "menschenleeren", Verwaltung begünstigen, so müßte man den Trend zur Zentralisierung früherer DV-Technologie unbedingt beibehalten und die Akzeptanz der in dieser Arbeit charakterisierten Büro-/Verwaltungstechnologien unbedingt zu verhindern trachten.

Soweit die Analyse der Vermutung, die Einführung neuer Technologien in den Büro-/Verwaltungsbereich werde auf den Arbeitstellenmarkt in gleicher Weise wirken wie die Einführung neuer Technologien in den Produktionsbereich. Ihr Ergebnis ist, daß diese Vermutung nicht haltbar ist. Richtig ist zwar, daß die papierlosen Büro-/Verwaltungstechnologien bisherige Arbeitsstellen überflüssig machen werden - jede neue Technologie hat diese Wirkung auf den Arbeitsstellenmarkt. Aber im Gegensatz zu neuen Produktionstechnologien, die primär auf die Einsparung von Arbeitsstellen hin entwickelt wurden, werden neue Büro-/Verwaltungstechnologien auf ein ganz anderes Ziel hin entwickelt, nämlich auf

Effizienzsteigerung der als Dienstleistungsbringer begriffenen Verwaltungen hin. Mittels neuer Technologien sollen die Verwaltungen also schneller arbeiten können und vor allem nach außen und nach innen transparenter werden - und auf diese Weise sollen die behaupteten und tatsächlichen Mängel heutiger Verwaltungen auf ein akzeptables Maß reduziert werden.

Insgesamt ergeben sich deshalb zunächst einmal zwei entscheidende Unterschiede zwischen der Einführung neuer Technologien in den Büro-/Verwaltungsbereich einerseits und in den Produktionsbereich andererseits.

- Erstens, werden durch den Übergang zum papierlosen Büro/Verwalten sehr viel weniger Arbeitsstellen obsolet als es durch den Übergang zur automatisierten Produktion geschieht. Die Dichte der Entscheidungsträger ist nämlich im Verwaltungsbereich sehr viel höher als im Produktionsbereich, und deren Stellen werden bei diesem Übergang auf absehbare Zeit nicht gefährdet - sie werden allerdings verändert.
- Zweitens, wird dieser Übergang im Büro-/Verwaltungsbereich von seiner Natur her völlig anders beschaffen sein als er es im Produktionsbereich ist. Es wird ein Übergang neuer Art. Dieser Übergang zu neuen Technologien wird im Büro-/Verwaltungsbereich insofern anders verlaufen als im Produktionsbereich, als in letzterem ein tiefgreifender Strukturwandel damit einhergeht, während er die Verwaltungsstruktur fast völlig unverändert läßt. Weitergehend ist sogar abzusehen, daß diese Struktur - falls sie tatsächlich sachgerecht ist - sich mittels der neuen Technologien besser legitimieren und damit stabilisieren kann: Während sie den Stelleninhabern einerseits gestattet besser informiert und schneller zu arbeiten, gibt sie ihnen andererseits auch die Möglichkeit die Sinnhaftigkeit/Komplexität/Angemessenheit ihrer Entscheidungen transparent zu machen. Damit schafft dieser Übergang im Büro-/Verwaltungsbereich Zukunftssicherheit eines großen Teils der Arbeitsplätze.

Diese (vielleicht etwas langatmige) Analyse der quantitativen und qualitativen Auswirkungen der neuen Büro-/Verwaltungstechnologien ist unumgänglich, will man versuchen, auf die eigentliche Frage eine Antwort zu geben und zu belegen. Auf die Frage nämlich, ob moderne Kommunikations-/Informationstechnologien in Form der neuen Büro-/Verwaltungstechnologien denn nun endlich einmal erfreuliche beschäftigungspolitische Perspektiven aufweisen. In Weiterführung der beiden obigen Aussagen, wollen wir diese Antwort als dritte These fassen:

- Drittens, kennzeichnet der Übergang zum papierlosen Büro/Verwalten die Erschließung eines gesamtwirtschaftlich riesigen Arbeitsstellenmarktes neuer Arbeitsarten, genauer: neuer Tätigkeitsprofile, die neuartige hochwertige Fachqualifikationen erfordern. In wenigen Worten umrissen bestehen diese Tätigkeitsprofile darin, Informationen aus Systemen zu extrahieren, sie zu bewerten und auszuwerten, sie für die Integration in andere Systeme bzw. zum unmittelbaren Gebrauch aufzubereiten, und sie schließlich in andere Systeme zu integrieren bzw. zum unmittelbaren Gebrauch verfügbar zu machen. Diese Aktivitäten sind - trotz aller technischen Hilfsmittel - nur mühsam durchführbar und auf absehbare Zeit nicht zu automatisieren. Diese neuen Tätigkeitsfelder sind für den zukünftigen Verwaltungsbereich das Gegenstück zu dem, was etwa Marketing und Vertrieb für den Produktionsbereich sind. Während offensichtlich Marketing/Vertrieb von Produkten mittlerweile weit mehr Arbeitsstellen bieten als der Produktionsbereich selbst, ist es derzeit aber noch nicht offensichtlich, daß es sich mit den neuen Tätigkeitsfeldern und dem Verwaltungsbereich auch so verhalten wird. Um zu erkennen, daß dies tatsächlich so sein wird, muß man sich überlegen wieviel Schreib-/Kopier-/Botenaufwand ein Entscheidungsträger bisher verursacht hat, und wieviel Recherchen-/Auswertungs-/Aufbereitungs-/Reintegrationsaufwand er in Zukunft verursachen wird um sich den neuen Effizienz-/Transparenzanforderungen stellen zu können. Man erkennt dann mit Sicherheit, daß die Erbringung des zweiten Typs von Aufwand sehr viel mehr Arbeitsstellen erfordern wird als die Erbringung des ersten Typs von Aufwand - die Gesamtzahl der Arbeitsstellen im Verwaltungsbereich wird also deutlich zunehmen. Ziel der Einführung der Technologien des papierlosen Büros/Verwaltens kann also das Absenken der Verwaltungskosten gar nicht sein, Ziel ist vielmehr die erhebliche Verbesserung des Leistungs-/Kostenverhältnisses im Verwaltungsbereich.

Zu einem grundsätzlichen Technologie-Pessimismus gäbe es also in unserem Bereich gar keine Grundlage, wenn nur diese Zusammenhänge von denjenigen, die sich darauf einstellen können begriffen und ernstgenommen würden, und wenn nur für diejenigen, die sich nicht mehr darauf einstellen können, ordentlich gesorgt würde. Da die Verkündung beider Aufgaben politisch undankbar zu sein scheint - den einen muß gesagt werden, sie sollen sich mit viel Mühe neu qualifizieren, den anderen sie hätten keine berufliche Perspektive mehr und müßten sich deshalb etwas bescheiden - wird von der Politik der kurzfristig risikolosere Weg gewählt und der technologische Fortschritt über Gebühr und ganz pauschal mit aller Art Skeptizismus bedacht.

Aufgrund der Bedeutung dieser Problematik, aufgrund des deutlich erkennbaren Handlungsdefizits der Politik, und da diese Ausführungen über die Auswirkungen der neuen Kommunikations-/Informationstechnologien auf den Arbeitsstellenmarkt anläßlich einer GI-Jahrestagung vorgetragen werden, erscheint es vertretbar, den Abschluß dieser Ausführungen als Appell an die GI zu formulieren. Sie soll, als unser Dachverband, in den ihr zugänglichen politischen Bereichen offensiv die Hoffnungen und Erwartungen vertreten, die mit den neuen Informations- und Kommunikationstechnologien verbunden sind und den diffusen Fortschritts-Skeptizismus unseren Technologien gegenüber öffentlichkeitswirksam zurückweisen. Insbesondere sollte sie die wirtschaftlichen/gewerkschaftlichen Organisationen herausfordern, in ihren Bereichen in gleicher Weise zu verfahren.

DANKSAGUNG

Diese Arbeit während der Vorlesungszeit zu schreiben wäre mir einfach nicht möglich gewesen ohne die weitreichende Unterstützung aller meiner Mitarbeiter in der Lehre. Dafür möchte ich mich bei ihnen herzlich bedanken und meine Anerkennung dafür aussprechen, daß sie diese Aufgabe so hervorragend zu bewältigen im Stande sind.

LITERATUR

[1] "The Committee Support System, Architechural Defitition", CEC, Directorate General III IFTF, K. Thompson 1984.
"Communications Technology For Mass-Based Office Systems - The CSS Case Study", S.Schindler/U.Flasche/R.Herrtwich/T.Luckenbach, TU/TELES Berlin 1985.

[2] "Interinstitutional Service For Electronic Mail, Briefing Package", CEC, Informatics Directorate, 1985.

[3] "Textbearbeitung und Satzherstellung auf der Grundlage des Standard-Dokumentenarchitekturmodells", S.Schindler/U.Flasche/A.Heimlich/R.Herrtwich/C.Künkel/ G.Zschoche, TUB, 1984.
"Character Repertoires, Control Functions And Encodings For Screen Mode Terminals", U.Flasche/S.Schindler, TU/TELES Berlin, 1985.
"Filterfunktionen für Standard-Protokoll-Umsetzer", U.Flasche/S.Schindler, TU/TELES Berlin, 1985.

[4] "Script And Graphics Recognition - A State Of The Art Study", P.Wright/N.Baker/P.Moulds, PLESSEY, 1985.